Contabilidad de costos

Un enfoque gerencial

Decimocuarta edición

Charles T. Horngren
Stanford University

Srikant M. Datar
Harvard University

Madhav V. Rajan
Stanford University

Traducción:
Jaime Gómez Mont Araiza
Traductor especialista en contabilidad

Revisión técnica:
Miguel Ángel Rodríguez Gutiérrez
Universidad Iberoamericana

Colaboración
Irma Damián González
Departamento de Contabilidad y Negocios Internacional
Instituto Tecnológico y de Estudios Superiores de Monterrey
(ITESM), campus Toluca

PEARSON

Datos de catalogación bibliográfica

CHARLES T. HORNGREN
Contabilidad de costos. Un enfoque gerencial
Decimocuarta edición

PEARSON EDUCACIÓN, México, 2012

ISBN: 978-607-32-1024-9

Área: Contabilidad

Formato 21 × 27 cm   Páginas: 728

Authorized translation from the English language edition, entitled *COST ACCOUNTING, 14th* edition, by *Charles Horngren, Srikant Datar and Madhav Rajan* published by Pearson Education, Inc., publishing as Prentice Hall, Copyright © 2012. All rights reserved.

ISBN 9780132109178

Traducción autorizada de la edición en idioma inglés titulada *COST ACCOUNTING*, 14th edition, by *Charles Horngren, Srikant Datar y Madhav Rajan*, publicada por Pearson Education, Inc., publicada como Prentice Hall, Copyright © 2012. Todos los derechos reservados.

Esta edición en español es la única autorizada.

Dirección general: Laura Koestinger
Dirección de Educación Superior: Mario Contreras
Editor: Guillermo Domínguez Chávez
                                            e-mail: guillermo.dominguez@pearson.com

Editor de desarrollo: Felipe Hernández Carrasco
Supervisor de producción: Rodrigo Romero Villalobos
Diseño de portada: Edgar Maldonado
Marketing: Fabiola Guerrero
                                            e-mail:marketinghead@pearson.com

Gerencia editorial
    Educación Superior Latinoamérica: Marisa de Anta

DECIMOCUARTA EDICIÓN, 2012

D.R. © 2012 por Pearson Educación de México, S.A. de C.V.
    Atlacomulco 500, 5o. piso
    Industrial Atoto, C.P. 53519
    Naucalpan de Juárez, Estado de México
    E-mail: editorial.universidades@pearsoned.com

Cámara Nacional de la Industria Editorial Mexicana. Reg. Núm. 1031

ISBN VERSIÓN IMPRESA: 978-607-32-1024-9
ISBN VERSIÓN E-BOOK: 978-607-32-1026-3
ISBN E-CHAPTER: 978-607-32-1025-6

Impreso en México. *Printed in Mexico.*

PEARSON

Resumen de contenido

Contenido

Acerca de los autores

Charles T. Horngren es Profesor Emérito de Contabilidad con la cátedra Edmund W. Littlefield en la Universidad de Stanford. Como graduado en la Universidad Marquette, recibió su maestría de la Universidad de Harvard y su doctorado de la Universidad de Chicago. También ha obtenido doctorados honorarios de las Universidades Marquette y DePaul.

Como contador público certificado, Horngren colaboró con el Accounting Principles Board durante seis años, con el Financial Accounting Standards Board Advisory Council durante cinco años y con el Council of the American Institute of Certified Public Accountants durante tres años. Por un periodo de seis años, se desempeñó como directivo de la Financial Accounting Foundation, que supervisa al Financial Accounting Standards Board y al Government Accounting Standards Board. Horngren es miembro del Salón de la Fama de la Contabilidad.

Como miembro de la American Accounting Association, Horngren ha sido su presidente y su director de investigación. Ha recibido su primer Reconocimiento como Profesor de Contabilidad Sobresaliente. La California Certified Public Accountants Foundation concedió a Horngren su Reconocimiento de Excelencia en la Cátedra y su Reconocimiento de Profesor Distinguido. Fue la primera persona en recibir ambos reconocimientos.

El American Institute of Certified Public Accountants hizo la presentación del primer Reconocimiento como Profesor Sobresaliente que fue otorgado a Horngren.

Beta Alpha Psi, la fraternidad nacional de la profesión contable, concedió a Horngren el nombramiento de Contador del Año en Educación.

El Profesor Horngren también es miembro del Institute of Management Accountants, de quien ha recibido el Reconocimiento al Servicio Distinguido. También fue miembro del Institutes' Board of Regents, el cual se encarga de administrar los exámenes para contadores administrativos certificados.

Horngren es autor de otras obras de contabilidad publicadas por Pearson Educación: *Introduction to Management Accounting*, 15a. ed. (2011, con Sundem y Stratton); *Introduction to Financial Accounting*, 10a. ed. (2011, con Sundem y Elliott); Accounting, 8a. ed. (2010, con Harrison y Bamber) y *Financial Accounting*, 8a. ed. (2010, con Harrison).

Horngren es consultor editorial para las publicaciones contables de la serie Charles T. Horngren.

Srikant M. Datar es Profesor de Administración de Empresas con la cátedra Arthur Lowes Dickinson y Decano Asociado Senior de la Universidad de Harvard. Como graduado con distinción honoraria de la Universidad de Bombay, recibió medallas de oro en su graduación del Indian Institute of Management, Ahmedabad y del Institute of Cost and Works Accountants de India. Además de ser contador público certificado, tiene dos maestrías y un doctorado de la Universidad de Stanford.

Citado por sus estudiantes como un profesor muy dedicado e innovador, Datar recibió el Reconocimiento George Leland Bach por la excelencia en el aula en la Universidad de Carnegie Mellon y el Reconocimiento a la Enseñanza Distinguida en la Universidad de Stanford.

Datar ha publicado sus investigaciones en periódicos líderes de contabilidad, marketing y administración de operaciones, incluyendo *The Accounting Review, Contemporary Accounting Research, Journal of Accounting, Auditing and Finance, Journal of Accounting and Economics, Journal of Accounting Research* y *Management Science*. También ha colaborado en el consejo editorial de varios periódicos, y ha presentado sus investigaciones a ejecutivos corporativos y audiencias académicas en Norteamérica, Sudamérica, Asia, África, Australia y Europa.

Datar es miembro del consejo de administración de Novartis A.G., ICF International, KPIT Cummins Infosystems Ltd., Stryker Corporation y Harvard Business Publishing, y ha trabajado con muchas organizaciones, incluyendo Apple Computer, AT&T, Boeing, Du Pont, Ford, General Motors, HSBC, Hewlett-Packard, Morgan Stanley, PepsiCo, TRW, Visa y the World Bank. Es miembro de la American Accounting Association y del Institute of Management Accountants.

Madhav V. Rajan es Profesor de Contabilidad con la cátedra Gregor G. Peterson y Decano Asociado Senior en la Universidad de Stanford. Desde 2002 hasta 2010, fue el coordinador del área de contabilidad en la Graduate School of Business Stanford.

Rajan recibió una licencia en comercio a nivel de la Universidad de Madras, India, y el grado de maestro en contabilidad, su maestría y su doctorado de la Escuela de Graduados de Administración Industrial de la Universidad de Carnegie Mellon. En 1990, su disertación ganó el premio Alexander Henderson Award por la Excelencia en Teoría Económica.

La principal área de investigación de interés para Rajan es el análisis de la contabilidad administrativa con base en la economía, especialmente en lo que se refiere a la aplicación de los costos del control interno, el presupuesto de capital, la administración de la calidad, la cadena de suministro y los sistemas de desempeño en las empresas. Ha publicado sus investigaciones en periódicos líderes de contabilidad y de administración de operaciones, como *The Accounting Review, Review of Financial Studies, Journal of Accounting Research* y *Management Science*. En 2004, recibió el reconocimiento de Aportación Notable a la Literatura de la Contabilidad Administrativa.

Rajan se ha desempeñado como editor departamental de contabilidad en *Management Science* y también ha sido editor asociado para las áreas de contabilidad y de operaciones. De 2002 a 2008, Rajan se desempeñó como editor de *The Accounting Review*. Actualmente también es editor asociado de *Journal of Accounting, Auditing and Finance*. Rajan es miembro de la sección de contabilidad administrativa de la American Accounting Association y durante dos ocasiones ha sido ponente en las Conferencias de Contabilidad Administrativa de la AAA.

Rajan ha ganado varios reconocimientos de enseñanza en Wharton y Stanford, incluyendo el reconocimiento David W. Hauck, el premio más alto para la enseñanza a nivel licenciatura en Wharton. Rajan ha impartido sus cátedras en una variedad de programas ejecutivos de educación, incluyendo el Stanford Executive Program, el National Football League Program for Managers y el National Basketball Players Association Program, así como programas personalizados para empresas como nVidia, Genentech y Google.

Prefacio

El estudio de la contabilidad de costos es una de las mejores inversiones de negocios que puede realizar un estudiante. ¿Por qué? Porque el éxito en cualquier organización —desde la pequeña tienda de la esquina hasta la mayor corporación multinacional— requiere el uso de los conceptos y las prácticas de la contabilidad de costos, la cual proporciona datos clave a los gerentes para la planeación y el control, así como para el costeo de productos, servicios e incluso clientes. Este libro se enfoca en la manera en que la contabilidad de costos ayuda a los gerentes a tomar mejores decisiones, ya que cada vez con mayor frecuencia los contadores de costos se están volviendo miembros integrales de los equipos de toma de decisiones de sus compañías. Para enfatizar esta prominencia en la toma de decisiones, utilizamos el tema de "diferentes costos para distintos propósitos", a lo largo de todo este libro. Al centrar la atención en los conceptos básicos, en los análisis, y en los usos y los procedimientos, en vez de observar tan solo los procedimientos, reconocemos la contabilidad de costos como una herramienta administrativa para la estrategia y la implementación en los negocios.

También preparamos a los estudiantes para las recompensas y los desafíos que habrán de enfrentar en el mundo profesional de la contabilidad de costos del presente y del futuro. Por ejemplo, destacamos tanto el desarrollo de las herramientas analíticas como Excel para apalancar la tecnología de la información disponible, como los valores y los comportamientos que hacen que los contadores de costos sean efectivos en el ámbito laboral.

Características distintivas de *Contabilidad de costos*

- Énfasis amplio en las aplicaciones administrativas de la información de costos
- Claridad y facilidad de comprensión del texto
- Excelente equilibrio para integrar los temas modernos con la cobertura tradicional
- Énfasis sobre los aspectos del comportamiento humano
- Uso amplio de ejemplos del mundo real
- Capacidad para realizar el estudio de los capítulos en diferentes secuencias
- Excelentes cantidad, calidad y variedad en los materiales para tarea

Los 13 primeros capítulos brindan la esencia de un curso para un periodo académico (trimestre o semestre). Existe una amplia cantidad de texto y de material para tareas en los 23 capítulos (los últimos cinco capítulos están disponibles en el sitio Web del libro) para un curso de dos periodos. Esta obra se puede estudiar inmediatamente después de que el estudiante haya llevado un curso introductorio en contabilidad financiera. De manera alternativa, este libro puede enriquecer un curso introductorio en contabilidad administrativa.

El hecho de decidir sobre la secuencia de los capítulos de un libro de texto es todo un desafío. Ya que cada profesor tiene una forma única de organizar su propio curso, utilizamos una organización modular y flexible que permite la personalización de un curso. *Esta organización facilita diversos enfoques para la enseñanza y el aprendizaje.*

Como ejemplo de la flexibilidad del libro, considere nuestro tratamiento acerca del costeo por procesos, el cual se describe en los capítulos 17 y 18. Los profesores que estén interesados en cubrir totalmente la perspectiva de un estudiante en relación con los sistemas de costeo se pueden desplazar directamente del costeo por órdenes de trabajo que se describe en el capítulo 4 al capítulo 17, sin que haya interrupción del flujo del material. Otros instructores quizá deseen que sus estudiantes profundicen en el costeo basado en actividades, la elaboración de presupuestos y otros temas más orientados hacia las decisiones desde el inicio del curso. Estos profesores quizá prefieran posponer el estudio del tema de costeo por procesos.

Lo nuevo en esta edición
Mayor énfasis en la estrategia

Esta edición profundiza el énfasis del libro sobre el desarrollo y la ejecución de las estrategias. Varios capítulos incluyen el tema de la estrategia que se introdujo en el capítulo 1. El capítulo 13 presenta una exposición más amplia de los mapas de la estrategia, como una herramienta útil para la implementación del tablero de control balanceado (*balanced scorecard*), y realiza una presentación simplificada de la forma en la cual los estados de resultados de las compañías se analizan desde la perspectiva estratégica de la diferenciación del producto o del liderazgo en costos. También exponemos las consideraciones de la estrategia en el diseño de los sistemas de costeo basados en actividades del capítulo 5, la preparación de los presupuestos en el capítulo 6, y la toma de decisiones en los capítulos 11 y 12.

Mayor consideración de los aspectos globales

Las empresas se están volviendo más globales progresivamente. Incluso las organizaciones pequeñas y medianas en los sectores de manufactura, comercio y servicios se ven obligadas a enfrentar los efectos de la globalización. Las consideraciones globales aparecen en muchos capítulos. Por ejemplo, el capítulo 11 expone los beneficios y los desafíos que surgen cuando se subcontratan productos o servicios fuera de Estados Unidos. El capítulo 22 (disponible en el sitio Web del libro) examina la importancia de la fijación de precios de transferencia al minimizar la carga impositiva que tienen que cumplir las compañías multinacionales. Varios ejemplos nuevos de las aplicaciones de la contabilidad administrativa en diversas compañías se han extraído de los ambientes internacionales.

Mayor enfoque en el sector de servicios

Para mantenerse al nivel de los cambios en la economía de Estados Unidos y de todo el mundo, esta edición hace un mayor uso de los ejemplos del sector de servicios. Por ejemplo, el capítulo 2 expone los conceptos en torno a la medición de los costos para el desarrollo de un software, en vez de basarse en un ambiente de manufactura. El capítulo 6 incluye varios ejemplos del uso de los presupuestos y de la fijación de metas en las compañías de servicios. Varios cuadros de conceptos en acción se concentran en el sector de servicios como el costeo basado en actividades en Charles Schwab (capítulo 5) y la administración de los cuellos de botella para datos inalámbricos (capítulo 19 [disponible en el sitio Web del libro]).

Nuevos ejemplos de vanguardia

La velocidad del cambio en las organizaciones sigue siendo rápida. La 14a. edición de *Contabilidad de Costos* refleja los cambios que están ocurriendo en el papel de la contabilidad de costos dentro de las organizaciones.

● Hemos introducido los temas de divisas extranjeras y los contratos a plazo dentro del contexto de las decisiones de subcontratación.

● Hemos incorporado ideas basadas en Seis Sigma a la discusión de la calidad.

● Hemos redactado de nuevo el capítulo sobre la estrategia y el tablero de control balanceado con una presentación simplificada para conectar el desarrollo de la estrategia, los mapas de estrategias, el tablero de control balanceado y el análisis de la utilidad en operación.

● Exponemos las tendencias actuales que van más allá de la preparación de los presupuestos y del uso de los pronósticos móviles.

● Desarrollamos el vínculo entre las formas tradicionales de la aplicación de los costos y el movimiento naciente en Europa hacia la contabilización del consumo de los recursos.

● Nos concentramos de una manera más precisa en cómo las compañías están simplificando sus sistemas de costeo con la presentación de los flujos de valor y de una contabilidad eficiente.

Viñetas de apertura

Cada capítulo empieza con una viñeta sobre la situación de una compañía real. Las viñetas hacen que el lector participe en una situación de negocios, o dilema, que ilustra el cómo y el porqué los conceptos del capítulo son relevantes en los negocios. Por ejemplo, el capítulo 1 describe la manera en que Apple usa la información de la contabilidad de costos para tomar decisiones relacionadas con la fijación del precio de las canciones más populares en iTunes. El capítulo 3 explica cómo el grupo U2 pagó su nuevo y extenso escenario mediante la reducción de los precios de los boletos. El capítulo 7 describe incluso la forma en la cual la NBA se vio obligada a reducir los costos después de que más de la mitad de las franquicias de la liga declararon pérdidas. El capítulo 11 muestra que JetBlue usa el Twitter y el correo electrónico para ayudar a sus clientes a tomar mejores decisiones de precios. El capítulo 12 expone la manera en que Tata Motors diseñó un automóvil de consumo masivo India, con un precio de tan solo $2,500. El capítulo 14 expone el caso de Best Buy y su intento por mejorar sus utilidades mediante el análisis de sus clientes y de sus hábitos de compra. El capítulo 18 describe cómo fue que Boeing incurrió en grandes pérdidas cuando llevó a cabo el reprocesamiento de su muy anunciado avión Dreamliner.

Secciones de conceptos en acción

Estos recuadros se encuentran en todos los capítulos, y cubren aspectos de la contabilidad de costos del mundo real en diferentes industrias como las carreras de automóviles, los contratos de defensa, el entretenimiento, la manufactura y el comercio al menudeo. Algunos ejemplos nuevos incluyen

- La manera en que Zipcar ayuda a reducir los costos del transporte de negocios, p. 33
- El costeo por órdenes de trabajo en el Cowboys Stadium, p. 108
- La "Espiral de la Muerte" y el final de los servicios telefónicos de líneas terrestres, p. 319
- Una disputa de fijación de precios de transferencia detiene temporalmente el flujo de Fiji Water, p. 793

Presentación más dinámica

Continuamos tratando de simplificar y de hacer más dinámica la presentación de varios temas, para que el estudiante logre proceder con la mayor facilidad posible al aprendizaje de los conceptos, las herramientas y los marcos de referencia que se examinan en diferentes capítulos. Algunos ejemplos de presentaciones más dinámicas se encuentran en

- El capítulo 3 acerca de la exposición de la utilidad neta meta
- El capítulo 5 acerca de los aspectos fundamentales del costeo basado en actividades (ABC)
- El capítulo 8, que usa un solo ejemplo amplio para ilustrar el uso del análisis de variaciones en los sistemas ABC
- El capítulo 13, el cual ofrece una presentación mucho más sencilla del análisis estratégico de la utilidad de operación
- El capítulo 15, con un marco de referencia más sencillo y unificado para exponer los distintos métodos de aplicación de costos
- Los capítulos 17 y 18, donde el material acerca del costeo estándar ha sido transferido al apéndice, lo cual permite una transición más uniforme a lo largo de las secciones del capítulo

Cambios selectos en el contenido de capítulo por capítulo

Agradecemos a los lectores su apoyo continuo a la obra Contabilidad de Costos. *En cada nueva edición nos esforzamos por actualizar este texto en forma total. Para facilitar la transición desde la decimotercera edición, a continuación presentamos algunos puntos de importancia selectos, en relación con los cambios en los capítulos con respecto a la decimocuarta edición.*

El capítulo 1 se redactó de nuevo para concentrar la atención en la estrategia, la toma de decisiones y el aprendizaje, haciendo énfasis en los aspectos administrativos que estimulan la contabilidad administrativa moderna. Ahora enfatiza la toma de decisiones en vez de resaltar la resolución de problemas, la evaluación del desempeño en vez del mantenimiento de registros, y el aprendizaje en vez de la atención hacia la dirección.

El capítulo 2 se desarrolló de nuevo para hacer hincapié en el sector de servicios. Por ejemplo, en lugar de utilizar el contexto de una compañía de manufactura, el capítulo se basa en el ambiente del desarrollo de programas de software de una compañía como Apple Inc. para exponer la administración de los costos. También desarrolla ideas relacionadas con el riesgo cuando discute los costos fijos *versus* los costos variables.

El capítulo 3 se escribió de nuevo para simplificar la presentación de la utilidad neta meta, mediante la descripción de cómo dicha utilidad se puede convertir en una utilidad en operación meta. Esto permite a los estudiantes usar las ecuaciones que ya se desarrollaron para la utilidad en operación meta, cuando se discute dicha utilidad. Hemos eliminado la sección acerca de los generadores de costos múltiples, porque dicho tema está íntimamente relacionado con el ejemplo de productos múltiples que se examina en este capítulo. Los aspectos administrativos y de toma de decisiones del capítulo también fueron reforzados.

El capítulo 4 se ha reorganizado para exponer primeramente el costeo normal y luego el costeo real, ya que aquel es mucho más prevaleciente en la práctica. Como resultado de este cambio, las ilustraciones que se incluyen en la parte inicial del capítulo se relacionan de una forma más estrecha con las ilustraciones detalladas de los sistemas normales de costeo basado en órdenes de trabajo, en la manufactura que se expone en un momento posterior en el capítulo. La presentación del costeo real se ha conservado para ayudar a los estudiantes a entender los beneficios y los desafíos de los sistemas reales de costeo. Para centrar la atención en el costeo por órdenes de trabajo, transferimos la exposición de los centros y departamentos de responsabilidad al capítulo 6.

El capítulo 5 se reorganizó para distinguir claramente las elecciones de diseño, los desafíos de implementación y las aplicaciones administrativas de los sistemas ABC. La presentación de las ideas se simplificó y se agilizó para concentrarse en los temas fundamentales.

El capítulo 6 incluye ahora ideas provenientes de investigaciones relevantes aplicadas sobre la utilidad de los presupuestos y las circunstancias en las cuales agregan mayor valor, así como los desafíos para su administración. Incorpora nuevos materiales sobre el movimiento denominado "Más allá de los presupuestos" y, en particular, la tendencia hacia el uso de los pronósticos móviles.

Los capítulos 7 y 8 presentan respectivamente una exposición dinámica acerca de las variaciones en los costos directos y en los costos indirectos. Las secciones separadas sobre el sistema ABC y el análisis de variaciones en los capítulos 7 y 8 se combinaron en un solo ejemplo integrado al final del capítulo 8. Un nuevo apéndice del capítulo 7 trata ahora de una forma más detallada las variaciones de los ingresos usando el ejemplo actual de Webb Company. Se eliminó el uso de términos potencialmente confusos como el análisis de dos variaciones y el análisis de una variación.

Hemos vuelto a redactar el capítulo 9 como un solo capítulo integrado con el mismo ejemplo funcional, en vez de presentarlo como dos subpartes distintas sobre el costeo del inventario y el análisis de la capacidad. El material acerca de las implicaciones de los reportes de impuestos y de los reportes financieros de diversos conceptos de capacidad también se revisó totalmente.

El capítulo 10 se modificó con la finalidad de ofrecer una progresión más lineal a través de las ideas de la estimación del costo y la elección de los generadores de costos, y termina con el estudio del análisis cuantitativo (análisis de regresión, en particular) para la toma de decisiones gerenciales.

El capítulo 11 incluye ahora una mayor discusión de los aspectos globales como las consideraciones cambiarias en las decisiones de subcontratación a nivel internacional. También hay un mayor énfasis sobre la estrategia y la toma de decisiones.

El capítulo 12 se ha reorganizado para delinear de una manera más aguda el costeo y la fijación de precios a corto y a largo plazos, así como para integrar las diversas consideraciones aparte de los costos que influyen en las decisiones de fijación de precios. Esta reorganización ha ayudado a volver más ágil varias secciones del capítulo.

El capítulo 13 se renovó de una manera sustancial. Los mapas de estrategias se presentan como una forma de vincular los objetivos estratégicos y como un primer paso de utilidad para el desarrollo de las medidas del tablero de control balanceado. La sección sobre el análisis estratégico de la utilidad en operación quedó significativamente simplificada y concentra la atención tan solo en un costo indirecto, en tanto que elimina la mayoría de los detalles técnicos. Finalmente, la sección de los costos previamente acordados y discrecionales se redujo de manera considerable para concentrar la atención únicamente en las ideas clave.

El capítulo 14 expone ahora el uso de las "curvas de ballena" para representar el resultado del análisis de la rentabilidad de los clientes. La última parte del capítulo se racionalizó para concentrarse en el desglose de las variaciones del volumen en ventas en variaciones en cantidad y variaciones en mezclas; también se simplificó el cálculo de las variaciones en la mezcla de ventas.

El capítulo 15 se revisó por completo y usa un marco de referencia sencillo y unificado para discutir diversos métodos de aplicación de costos (tasa única *versus* tasa doble, costos reales *versus* costos presupuestados, etcétera).

El capítulo 16 ofrece ahora una exposición más profunda del fundamento en que se basa la aplicación de los costos conjuntos, así como de las razones por las cuales algunas empresas *no* aplican los costos (junto con ejemplos del mundo real).

Los capítulos 17 y 18 se reorganizaron, y el material sobre el costeo estándar se transfirió al apéndice de ambos capítulos. Esta reorganización hace más fácil la navegación a través de los capítulos y que sean totalmente consistentes (ya que todas las secciones que se presentan en el cuerpo del capítulo usan ahora un costeo real). El material sobre los puntos de inspección múltiples proveniente del apéndice del capítulo 18 se incluye en el cuerpo del capítulo, pero usando ahora una variante del ejemplo de Anzio Corp.

El capítulo 19 (disponible en el sitio Web del libro) presenta la idea de la calidad de Seis Sigma. También integra la calidad del diseño, y las medidas financieras y no financieras de la calidad. La exposición de las colas, las demoras y los costos del tiempo quedó significativamente simplificada.

La exposición del capítulo 20 (disponible en el sitio Web del libro) acerca de la cantidad económica a ordenar se revisó y se desarrollaron más las ideas acerca de una contabilidad eficiente. La sección que trata del costeo de retro-impulsión se desarrolló nuevamente.

Se revisó el capítulo 21 (disponible en el sitio Web del libro) para incorporar el método del periodo de recuperación con los procesos de descuento, y ahora también incluye evidencias de encuestas sobre el uso de varios métodos de elaboración del presupuesto de capital. La exposición de la congruencia con las metas y la medición del desempeño se simplificó y se combinó, haciendo que la última mitad del capítulo sea más fácil de seguir.

El capítulo 22 (disponible en el sitio Web del libro) se redactó nuevamente por completo y ahora presenta una nueva sección acerca del uso de los métodos híbridos de fijación de precio. Este capítulo también incluye una descripción más completa (y diversos ejemplos) acerca del uso de los precios de transferencia para la minimización de impuestos, e incorpora desarrollos tales como cambios fiscales recientes propuestos por la administración de Barack Obama.

El capítulo 23 (disponible en el sitio Web del libro) incluye un análisis más profundo del ingreso residual y del EVA, así como una exposición más dinámica sobre las diversas alternativas que hay en las medidas del desempeño basadas en la contabilidad.

Recursos en inglés

Además de este libro de texto y de MyAccountingLab*, los estudiantes disponen de los siguientes recursos:

* Guía de estudio para el estudiante: un apoyo completa para el autoestudio con material para repaso.

* Manual de soluciones para el estudiante: soluciones y asistencia para problemas con números pares.

* Manual de Excel: libro de trabajo diseñado para la práctica en Excel.

* Sitio Web de la obra: www.pearsoneducacion.net/horngren.

Los profesores tienen a su disposición los siguientes recursos:

* Manual de soluciones

* *Test Gen* (generador de pruebas)

* Manual del profesor

* Presentaciones en PowerPoint

* Biblioteca de imágenes

* Centro de recursos del profesor: www.pearsoneducación.net/horngren

* My AccountingLab requiere registro previo y es independiente del libro impreso por lo que requiere que el profesor contacte al representante local de Pearson.

Adiciones de la edición en español

La edición en español incluye dos prácticas integradoras con el objetivo de que el estudiante vincule los conocimientos aprendidos en su formación en el área de contabilidad de costos. Están identificadas como apéndices B y C, al final del libro.

Ejercicio integrador del sistema de acumulación de costos en la producción por órdenes

La base metodológica para la elaboración de esta práctica es el capítulo 4, "Costeo por órdenes de trabajo". Adicionalmente se integró la metodología de los capítulos 1, "El gerente y la contabilidad administrativa"; 2, "Introducción a los términos y propósitos de los costos"; 6, "Presupuesto maestro y contabilidad por áreas de responsabilidad"; y 15, "Aplicación de los costos del departamento de apoyo, costos comunes e ingresos". Se recomienda su resolución al finalizar el capítulo 4.

Ejercicio integrador del sistema de acumulación de costos en la producción por procesos

La base metodológica para la elaboración de esta práctica es el capítulo 17, "Costeo por procesos". Adicionalmente se integró metodología de los capítulos 1, "El gerente y la contabilidad administrativa"; 2, "Introducción a los términos y propósitos de los costos"; 6, "Presupuesto maestro y contabilidad por áreas de responsabilidad"; y 15, "Asignación de costos del departamentos de apoyo, costos comunes e ingresos". Se recomienda su resolución al finalizar el capítulo 17.

Los profesores que decidan utilizar estas prácticas podrán sugerir a sus alumnos que visiten el sitio http://www.pearsoneducacion.net/horngren/ para obtener las plantillas de hoja de cálculo, desarrollar la práctica y consultar otra información relevante.

Reconocimientos

Estamos en deuda con muchas personas por sus ideas y por su ayuda. Nuestro principal agradecimiento es para los profesores universitarios y para los usuarios que han contribuido al mejoramiento de nuestro conocimiento de la contabilidad de costos. El paquete de material de enseñanza que presentamos es el trabajo de miembros de nuestro equipo de gran talento y de alto valor, quienes desarrollaron algunos de los excelentes materiales para tareas de final de capítulo. Tommy Goodwin, Ian Gow (Northwestern), Richard Saouma (UCLA) y Shalin Shah (Berkeley) brindaron una asistencia sobresaliente en la investigación sobre aspectos técnicos y desarrollos actuales. También nos gustaría agradecer al equipo autoral del material complementario por su trabajo tan delicado y tan arduo, así como a GEX Publishing Services. El libro mejoró mucho debido al esfuerzo de estos colegas.

En cuanto a la formación de esta edición, nos gustaría dar las gracias a un grupo de colegas quienes trabajaron estrechamente con nosotros y con el equipo editorial. Este grupo proporcionó una retroalimentación detallada y participó en grupos de enfoque que guiaron la dirección de esta edición:

Wagdy Abdallah
Seton Hall University

David Alldredge
Salt Lake Community College

Felicia Baldwin
Richard J. Daley College

Molly Brown
James Madison University

Shannon Charles
Brigham Young University

David Franz
San Francisco State University

Anna Jensen
Indiana University

Donna McGovern
Custom Business Results, Inc.

Cindy Nye
Bellevue University

Glenn Pate
Florida Atlantic University

Kelly Pope
DePaul University

Jenice Prather-Kinsey
University of Missouri

Melvin Roush
Pitt State University

Karen Shastri
Pitt University

Frank Stangota
Rutgers University

Patrick Stegman
College of Lake County

También nos gustaría expresar nuestra gratitud a aquellos profesores que efectuaron revisiones detalladas de los escritos o valiosos comentarios sobre los borradores. Estos profesores son los siguientes:

Robyn Alcock
Central Queensland University

David S. Baglia
Grove City College

Charles Bailey
University of Central Florida

Robert Bauman
Allan Hancock Joint Community College

David Bilker
University of Maryland, University College

Marvin Bouillon
Iowa State University

Dennis Caplan
Columbia University

Donald W. Gribbin
Southern Illinois University

Rosalie Hallbauer
Florida International University

John Haverty
St. Joseph's University

Jean Hawkins
William Jewell College

Rodger Holland
Francis Marion University

Jiunn C. Huang
San Francisco State University

Zafar U. Khan
Eastern Michigan University

Larry N. Killough
Virginia Polytechnic Institute & State University

Keith Kramer
Southern Oregon University

Jay Law
Central Washington University

Sandra Lazzarini
University of Queensland

Gary J. Mann
University of Texas at El Paso

Ronald Marshall
Michigan State University

Maureen Mascha
Marquette University

Pam Meyer
University of Louisiana at Lafayette

Marjorie Platt
Northeastern University

Roy W. Regel
University of Montana

Pradyot K. Sen
University of Cincinnati

Gim S. Seow
University of Connecticut

Rebekah A. Sheely
Northeastern University

Robert J. Shepherd
University of California, Santa Cruz

Kenneth Sinclair
Lehigh University

Vic Stanton
California State University, Hayward

Carolyn Streuly
Marquette University

Gerald Thalmann
North Central College

Peter D. Woodlock
Youngstown State University

James Williamson
San Diego State University

Sung-Soo Yoon
UCLA at Los Angeles

Jennifer Dosch
Metro State University

Joe Dowd
*Eastern Washington
University*

Leslie Kren
*University of Wisconsin-
Madison*

Michele Matherly
Xavier University

Laurie Burney
Mississippi State University

Mike Morris
Notre Dame University

Cinthia Nye
Bellevue University

Roy Regel
University of Montana

Margaret Shackell-Dowel
Notre Dame University

Marvin Bouillon
Iowa State University

Kreag Danvers
*Clarion University of
Pennsylvania*

A.J. Cataldo II
West Chester University

Kenneth Danko
San Francisco State University

T.S. Amer
Northern Arizona University

Robert Hartman
University of Iowa

Diane Satin
*California State University
East Bay*

John Stancil
Florida Southern College

Michael Flores
Wichita University

Ralph Greenberg
Temple University

Paul Warrick
Westwood College

Karen Schoenebeck
Southwestern College

Thomas D. Fields
*Washington University in
St. Louis*

Constance Hylton
George Mason University

Robert Alford
DePaul University

Michael Eames
Santa Clara University

También nos gustaría agradecer a aquellos colegas como Molly Brown, Barbara Durham y Anna Jensen, quienes nos ayudaron significativamente a verificar la exactitud del texto y sus complementos.

Expresamos nuestra gratitud al personal de Prentice Hall por su intenso trabajo y por su gran dedicación, sobre todo a Donna Battista, Stephanie Wall, Christina Rumbaugh, Brian Reilly, Cindy Zonneveld, Lynne Breitfeller, Natacha Moore y Kate Thomas, así como a Kelly Morrison de GEX Publishing Services. Debemos expresar una gratitud muy especial a Deepa Chungi, el editor de desarrollo de esta edición, quien se tomó a su cargo este proyecto y lo guió hasta su terminación. Este libro no hubiera sido posible sin su gran dedicación y talento.

Alexandra Gural, Jacqueline Archer y otras personas más llevaron profesionalmente los aspectos de la producción de toda la preparación del manuscrito, con extraordinarios talentos y con una gran dedicación. Valoramos profundamente su amabilidad, su lealtad y su capacidad para conservar la calma durante los momentos de trabajo más intenso. También apreciamos de una forma muy especial del constante apoyo de Bianca Baggio y de Caroline Roop.

Expresamos nuestro reconocimiento al American Institute of Certified Public Accountants, the Institute of Management Accountants, the Society of Management Accountants of Canada, the Certified General Accountants Association of Canada, the Financial Executive Institute of America, y a muchos otros editores y compañías por sus generosos permisos para hacer citas de sus publicaciones. En este contexto diseñamos los problemas para los exámenes uniformes de CPA; los problemas provenientes de los exámenes para Certified Management Accountant (CMA); los problemas de los exámenes canadienses administrados por la Society of Management Accountants (SMA); y los problemas de la Certified General Accountants Association (CGA). Muchos de tales problemas se adaptaron para destacar ciertos aspectos en particular.

Por último, estamos muy agradecidos con los profesores que aportaron materiales para tareas en esta edición. Sus nombres se indican entre paréntesis al inicio de sus problemas específicos. Todos los comentarios provenientes de los lectores serán bienvenidos.

CHARLES T. HORNGREN

SRIKANT M. DATAR

MADHAV V. RAJAN

A nuestras familias
La familia Horngren (CH)
Swati, Radhika, Gayatri, Sidharth (SD)
Gayathri, Sanjana, Anupama (MVR)

1 El gerente y la contabilidad administrativa

Todas las empresas tienen que ver con ingresos y costos.

Ya sea que sus productos sean automóviles, comida rápida o las modas de diseñador más actuales, los gerentes deben entender la manera en que se comportan los ingresos y los costos, o correrán el riesgo de perder el control; asimismo, usan la información de la contabilidad de costos para tomar decisiones relacionadas con la formulación de estrategias, la investigación y el desarrollo, la elaboración de presupuestos, la planeación de la producción y la fijación de precios, entre otras. Algunas veces, tales decisiones implican la búsqueda de un equilibrio entre ventajas y desventajas. El siguiente artículo señala la manera en que las organizaciones, como Apple, toman las decisiones de equilibrio entre ventajas y desventajas, con la finalidad de incrementar sus utilidades.

Asignación de precios variables de iTunes: las descargas disminuyen, pero las utilidades se incrementan[1]

¿Vender una menor cantidad de algo podría ser más rentable que el hecho de vender una mayor cantidad de lo mismo? En 2009 Apple cambió su estructura de fijación de precios para las canciones que se vendían en iTunes, de una cuota fija de $0.99 a un sistema de precio de tres niveles: $0.69, $0.99 y $1.29. Las 200 canciones más solicitadas de cualquier semana representaban más de una sexta parte de las ventas de música digital. Apple carga ahora el precio más alto, de $1.29, por dichas canciones de éxito interpretadas por artistas como Taylor Swift y los Black Eyed Peas.

Después de los seis primeros meses del nuevo modelo de fijación de precios en la tienda de iTunes, las descargas de las 200 pistas más solicitadas habían disminuido en aproximadamente 6%. Aunque el número de descargas disminuyó de manera notable, los precios más elevados generaron mayores ingresos, que los que se tenían antes de adoptar la nueva estructura de fijación de precios. Ya que los costos de iTunes de Apple —costos por canciones al mayoreo, gastos por infraestructura de redes y transacciones, así como otros costos operativos— no varían con base en el precio de cada descarga, las utilidades provenientes del aumento del 30% en el precio ciertamente compensaron con creces las pérdidas derivadas de la disminución del 6% en el volumen.

Para incrementar las utilidades, más allá de aquellas que resultan de mayores precios, Apple también empezó a administrar los costos de iTunes. Los costos de las transacciones (lo que paga Apple a los emisores de tarjetas de crédito como Visa y MasterCard) han disminuido; Apple también ha reducido el número de personal que trabaja en la tienda iTunes.

[1] *Fuentes:* Bruno, Anthony y Glenn Peoples. 2009. Variable iTunes pricing a moneymaker for artists. *Reuters*, 21 de junio. http://www.reuters.com/article/idUSTRE55K0DJ20090621; Peoples, Glenn, 2009, The Long Tale? *Billboard*, 14 de noviembre. http://www.billboard.biz/bbbiz/content_display/magazine/features/e3i 35ed869fbd929ccdcca52ed7fd9262d3?imw=Y; Savitz Eric. 2007 Apple: Turns out, itunes makes Money Pacific Crest says; subscription services seems inevitable. Blog de *Barron* "Tech Trader Daily", 23 de abril. http://blogs.barrons.com/techtraderdaily/2007/0423/Apple-turns-out-itunes-makes-money-pacific-crest-says-subscription-service-seems-inevitable.

El estudio de la contabilidad de costos moderna dio como resultado diversas nociones acerca de la manera en que los gerentes y los contadores contribuyen en la operación exitosa de sus organizaciones. También los prepara para el desempeño de diversas funciones de liderazgo. Muchas compañías grandes, como Constellation Energy, Jones Soda, Nike y los Pittsburg Steelers, tienen altos ejecutivos con amplios antecedentes en contabilidad.

Contabilidad financiera, contabilidad administrativa y contabilidad de costos

Como muchos de ustedes lo habrán visto en sus clases de contabilidad financiera, los sistemas contables toman diversos eventos y transacciones económicas, como las ventas y las compras de materiales, y procesan los datos para convertirlos en información útil para los gerentes, los representantes de ventas, los supervisores de producción y otros más. El procesamiento de cualquier transacción económica implica actividades de recolección, clasificación, síntesis y análisis. Por ejemplo, los costos se recopilan por categoría, como materiales, mano de obra y embarques. Dichos costos se resumen entonces para determinar los costos totales por mes, trimestre o año. Los resultados se analizan para evaluar, por ejemplo, la manera en que los costos van cambiando en relación con los ingresos de un periodo a otro. Los sistemas contables brindan la información que se presenta en el estado de resultados, el balance general, el estado de flujos de efectivo y los informes de desempeño, como el costo por atender a los clientes o por lanzar una campaña publicitaria. Los gerentes usan la información contable para administrar las actividades, las operaciones de negocios o de las áreas funcionales que supervisan, así como para coordinar estas actividades, operaciones de negocios o funciones dentro del marco de referencia de la organización. La comprensión de esta información es esencial para que los gerentes realicen sus labores.

Con frecuencia, los gerentes requieren que la información de un sistema contable se reporte o se presente de una manera distinta. Considere, por ejemplo, la información de una orden de ventas. Un gerente de ventas quizás esté interesado en el monto total de ventas en dólares, para determinar la comisión que deberá pagarse. Un gerente de distribución podría estar interesado en las cantidades establecidas en las órdenes de ventas por región geográfica y por las fechas de entrega requeridas por los clientes para asegurar entregas oportunas. Un gerente de manufactura tal vez esté interesado en las cantidades a producir de los distintos productos y en las fechas de entrega deseadas, de manera que logre desarrollar un plan de producción efectivo. Para atender de forma simultánea las necesidades de los tres gerentes, las compañías crean bases de datos —que en ocasiones se denominan almacén de datos o banco de información—, la cual consiste en pequeños fragmentos de información detallados para propósitos múltiples. La base de datos de órdenes de ventas, por ejemplo, contendrá información específica acerca del producto, la cantidad ordenada, el precio de venta y los detalles de la entrega (lugar y fecha) para cada orden de ventas. La base de datos almacena información en una manera que permite que distintos gerentes tengan acceso a la información que necesitan. Muchas compañías están construyendo sus propios sistemas de planeación de recursos empresariales (PRE), que consisten en bases de datos individuales que recopilan datos y son utilizados en las aplicaciones que dan apoyo a las actividades empresariales de la organización, como compras, producción, distribución y ventas.

La contabilidad financiera y la contabilidad administrativa tienen metas diferentes. Como muchos de ustedes saben, la **contabilidad financiera** se enfoca en el suministro de información a agentes externos, tales como inversionistas, instituciones gubernamentales, bancos y proveedores. Mide y registra las transacciones del negocio para proporcionar estados financieros elaborados con base en los principios de contabilidad generalmente aceptados y/o normas de información financiera (NIF). La manera más importante en que la información de la contabilidad financiera influye en las decisiones y acciones de los gerentes es mediante la remuneración, la cual frecuentemente se basa en las cifras de los estados financieros.

La **contabilidad administrativa** mide, analiza y reporta información financiera y no financiera para ayudar a los gerentes a tomar decisiones encaminadas al logro de los objetivos de una organización. Los gerentes usan la información de la contabilidad administrativa para desarrollar, comunicar e implementar las estrategias. También usan la información de la contabilidad administrativa para coordinar el diseño de productos, la producción y las decisiones de mercadotecnia y para evaluar su desempeño. La información y los reportes de la contabilidad administrativa no tienen que seguir reglas o principios establecidos. Las preguntas clave son siempre: **1.** ¿cómo ayudará esta información a los gerentes a hacer mejor su trabajo?, y **2.** ¿los beneficios por generar tal información exceden los costos?

La ilustración 1-1 resume las principales diferencias entre la contabilidad administrativa y la contabilidad financiera. Sin embargo, observe que reportes como el balance general, el estado de resultados y los estados de flujos de efectivo son comunes, tanto para la contabilidad administrativa como para la contabilidad financiera.

La contabilidad de costos proporciona información para la contabilidad administrativa y para la contabilidad financiera. La **contabilidad de costos** mide, analiza y reporta información financiera y no financiera relacionada con los costos de adquisición o uso de los recursos dentro de una organización. Por ejemplo, el cálculo del costo de un producto es una función de la contabilidad de costos, que responde a las necesidades de evaluación de inventarios de la contabilidad financiera, así como a las necesidades de toma de decisiones de la contabilidad administrativa (por ejemplo, la decisión de cómo asignar los precios a los productos, y la elección de cuáles de ellos se deberán promover). La contabilidad de costos moderna parte de la perspectiva de que la recolección de la información de costos está en función de las decisiones gerenciales que se tomen. Por lo tanto, la distinción entre la contabilidad administrativa y la contabilidad de costos no es tan precisa y, en este texto, con frecuencia usamos estos términos de manera indistinta.

A menudo escuchamos que los empresarios usan el término *administración de costos*. Por desgracia, ese término no tiene una definición uniforme. Utilizamos el concepto **administración de costos** para describir los enfoques y las actividades de los gerentes para utilizar los recursos con miras a incremento el valor para los clientes y al logro de los objetivos organizacionales. Las decisiones de administración de costos incluyen, por ejemplo, las decisiones relacionadas con el hecho de si se debe ingresar a nuevos mercados, implementar nuevos procesos organizacionales y cambiar los diseños de un producto. La información proveniente de los sistemas contables ayuda a los gerentes a administrar los costos; sin embargo, la información y los sistemas contables por sí mismos no constituyen una administración de costos.

Punto de decisión ▶

¿En qué difiere la contabilidad administrativa de la contabilidad financiera?

Ilustración 1-1 Principales diferencias entre la contabilidad administrativa y la contabilidad financiera

	Contabilidad administrativa	Contabilidad financiera
Propósito de la información	Ayuda a los gerentes a tomar decisiones para el logro de los objetivos de una organización	Comunica la posición financiera de la organización a inversionistas, bancos, reguladores y otros agentes externos
Usuarios principales	Gerentes de la organización	Usuarios externos como inversionistas, bancos, reguladores y proveedores
Enfoque y énfasis	Orientada hacia el futuro (presupuesto para 2011 preparado en 2010)	Orientada al pasado (reportes sobre el desempeño de 2010 preparados en 2011)
Reglas de medición y de información	Medidas internas y reportes no tienen que seguir las normas de información financiera, sino que se basan en un análisis de costo-beneficio	Los estados financieros se deben preparar de acuerdo con las normas de información financiera y tienen que estar dictaminados por auditores externos e independientes
Lapso de tiempo y tipo de reportes	Varía desde información por hora hasta información de 15 a 20 años, con reportes financieros y no financieros sobre productos, departamentos, territorios y estrategias	Reportes financieros anuales y trimestrales, principalmente sobre la compañía en su conjunto
Implicaciones de comportamiento	Está diseñada para influir en el comportamiento de los gerentes y de otros empleados	Sobre todo informa acerca de sucesos económicos, aunque también influye en el comportamiento, porque la remuneración del gerente a menudo se basa en los resultados financieros reportados

La administración de costos tiene un amplio enfoque y no solamente trata acerca de la reducción en los costos. La administración de costos incluye las decisiones sobre incurrir en costos adicionales, por ejemplo, para incrementar la satisfacción del cliente y la calidad, así como para desarrollar nuevos productos, con el objetivo de mejorar los ingresos y las utilidades.

Las decisiones estratégicas y el contador administrativo

La **estrategia** especifica la forma en que una organización ajusta sus propias capacidades con las oportunidades existentes en el mercado para lograr sus objetivos. En otras palabras, la estrategia describe cómo habrá de competir una organización, y las oportunidades que sus gerentes deberían buscar y perseguir. Los negocios siguen una de dos amplias estrategias. Algunas compañías, como Southwest Airlines y Vanguard (la compañía de fondos de inversión) siguen una estrategia de liderazgo en costos. Han sido rentables y han crecido durante años con base en el suministro de productos o servicios de calidad a precios bajos, gracias a una administración acertada de sus costos. Otras firmas como Apple Inc., el fabricante de iPods y de iPhones, y Johnson & Johnson, el gigante farmacéutico, siguen una estrategia de diferenciación del producto. Generan sus utilidades y su crecimiento basándose en su capacidad para ofrecer productos o servicios diferenciados o únicos, que sean atractivos para sus clientes y, con frecuencia, les asignan un precio más alto que los productos o servicios menos populares de sus competidores.

El hecho de decidir entre estas estrategias es parte fundamental de lo que hacen los gerentes. Los contadores administrativos trabajan estrechamente con los gerentes al formular la estrategia y, para ello, brindan información acerca de fuentes de las ventajas competitivas —por ejemplo, el costo, la productividad o eficiencia de la compañía en relación con los competidores, o bien, los precios *premium* que una organización carga en relación con los costos por características adicionales que hagan distintivos sus productos o servicios. La **administración estratégica de costos** describe la administración del costo y la manera en que ésta específicamente se enfoca en cuestiones estratégicas.

La información de la contabilidad administrativa ayuda a los gerentes a formular la estrategia respondiendo preguntas como las siguientes:

- ¿Quiénes son nuestros clientes más importantes, y cómo podemos ser competitivos y generarles valor? Después del éxito de Amazon.com en la venta de libros en línea, los contadores administrativos de Barnes y Noble presentaron a sus altos ejecutivos los costos y los beneficios de varios enfoques alternativos para la construcción de la infraestructura de su tecnología de información, así como para el desarrollo de alternativas para vender también libros en línea. Un análisis similar de costo-beneficio llevó a Toyota a la construcción de plantas de manufactura integrada por computadora (MIC) flexibles, lo que le permitió usar con eficiencia un mismo equipo para fabricar una variedad de automóviles en respuesta a los cambiantes gustos de los consumidores.

- ¿Qué productos sustitutos hay en el mercado, y cómo se diferencian de nuestro producto en cuanto a precio y calidad? Hewlett-Packard, por ejemplo, diseña y asigna el precio de las nuevas impresoras después de comparar la funcionalidad y la calidad de sus productos con otras impresoras que están disponibles en el mercado.

- ¿Cuál es nuestra capacidad más importante? ¿Es la tecnología, la producción o el marketing? ¿Cómo podemos apalancarla en términos de las nuevas iniciativas estratégicas? Kellogg Company, por ejemplo, usa la reputación de su marca para lanzar nuevos tipos de cereales.

- ¿Se contará con una adecuada cantidad de efectivo para financiar la estrategia, o será necesario obtener fondos adicionales? Procter & Gamble, por ejemplo, emitió nuevos instrumentos de deuda y de capital contable para financiar la adquisición estratégica de Gillette, un fabricante de artículos para afeitarse.

Las estrategias mejor diseñadas y las capacidades mejor desarrolladas no servirán de mucho, a menos de que se ejecuten con efectividad. En la siguiente sección describiremos la manera en que los contadores administrativos ayudan a los gerentes a tomar decisiones que generen valor para sus clientes.

Análisis de la cadena de valor y de la cadena de suministro, y factores clave del éxito

Los clientes exigen mucho más que tan solo un precio razonable; esperan productos de calidad (bienes o servicios) y que se entreguen de forma oportuna. Estos factores múltiples determinan la manera en que un cliente utiliza un producto y el valor o la utilidad que se deriva del mismo. Por lo tanto, ¿cómo debe proceder una compañía en relación con la creación de dicho valor?

Objetivo de aprendizaje 2

Entender la manera en que los contadores administrativos influyen en las decisiones estratégicas

. . . ellos brindan información acerca de fuentes de ventajas competitivas

◄ **Punto de decisión**

¿Cómo apoyan los contadores administrativos las decisiones estratégicas?

Análisis de la cadena de valor

La **cadena de valor** es la secuencia de funciones empresariales donde se agrega a los productos una utilidad para el cliente. La ilustración 1-2 muestra seis funciones fundamentales del negocio: investigación y desarrollo, diseño, producción, marketing, distribución y servicio al cliente. Ejemplificaremos esas funciones empresariales mediante la división de televisión de Sony Corporation.

1. **Investigación y desarrollo (IyD):** la generación y la experimentación de ideas relacionadas con nuevos productos, servicios o procesos. En Sony, esta función incluye la investigación sobre la transmisión alternativa de señales de televisión (analógica, digital y de alta definición), así como sobre la claridad de diferentes formas y grosores de pantallas de televisión.

2. **Diseño del producto y de los procesos:** la planeación, la ingeniería y la prueba detalladas de los productos y de los procesos. En Sony el diseño incluye la determinación del número de partes componentes de un televisor y el efecto de diseños alternativos del producto sobre la calidad y los costos de manufactura. Algunas representaciones de la cadena de valor se refieren en forma colectiva a los dos primeros pasos como desarrollo de tecnología.[2]

3. **Producción:** la adquisición, el transporte y el almacenamiento (también denominados como logística de entrada), la coordinación y el ensamble (también denominados como operaciones) y los recursos para elaborar un producto o para suministrar un servicio. En Sony la producción de un televisor incluye la adquisición y el ensamble de las piezas electrónicas, el gabinete y el empaque que se usará para embarque.

4. **Marketing (incluyendo ventas):** la promoción y la venta de productos o servicios a clientes o a clientes potenciales. Sony comercializa sus televisores en ferias comerciales, mediante la publicidad en diarios y revistas, en Internet y a través de su fuerza de ventas.

5. **Distribución:** El procesamiento de órdenes de compra y el embarque de productos o servicios a los clientes (también denominado como logística de salida). En Sony la distribución incluye el embarque a los puntos de venta al menudeo, los vendedores por catálogo, las ventas directas por Internet y otros canales a través de los cuales los clientes adquieren los televisores.

6. **Servicio al cliente:** el suministro de un servicio posterior a la venta para los clientes. Sony ofrece al cliente un servicio sobre sus televisores con la forma de líneas telefónicas de ayuda para el cliente, apoyo por Internet y trabajos de reparación por garantía.

Además de las seis funciones fundamentales del negocio, la ilustración 1-2 muestra una función administrativa, la cual incluye funciones como contabilidad y finanzas, administración de recursos humanos y tecnología de información, que brindan apoyo a las seis funciones fundamentales de la compañía. Al exponer la cadena de valor en los capítulos posteriores de este libro, incluimos la función administrativa de apoyo dentro de las funciones fundamentales. Por ejemplo, en la función de marketing se incluye la función de análisis, información y contabilización de los recursos empleados en diferentes canales de marketing; en tanto que la función de producción incluye la función de administración de recursos humanos, consistente en la capacitación de los trabajadores de primera línea.

Cada una de estas funciones de la empresa es esencial para las compañías que satisfacen a sus clientes y que logran mantenerlos satisfechos (y leales) con el paso del tiempo. Las compañías usan el término *administración de la relación con el cliente* (ARC) para describir una estrategia capaz de integrar a los individuos con la tecnología en todas las funciones del negocio, encaminada a profundizar las relaciones con los clientes, los asociados y los distribuidores. Las iniciativas de la administración de la relación con el cliente emplean la tecnología para coordinar todas las actividades relacionadas con el cliente (como marketing, llamadas telefónicas de ventas, distribución y apoyo posterior a la venta), así como las actividades de diseño y de producción necesarias para que los productos lleguen a los consumidores.

Ilustración 1-2   Distintas partes de la cadena de valor

---
[2] M. Porter, *Competitive Advantage* (Nueva York, Free Press, 1985).

En diferentes momentos y en distintas industrias, una o más de estas funciones se vuelven más relevantes que otras. Por ejemplo, una compañía que esté desarrollando un nuevo producto innovador o que esté operando en la industria farmacéutica, donde la innovación es la clave para la rentabilidad, hará énfasis en la investigación y el desarrollo, así como en el diseño de los productos y procesos. Una compañía ubicada en la industria de bienes para el consumo se concentrará en el marketing, la distribución y el servicio al cliente para la construcción de su marca.

La ilustración 1-2 muestra el orden en que comúnmente ocurren las diferentes actividades relacionadas con la función de negocios. Sin embargo, este esquema no debe interpretarse como que esto implique que los gerentes deberían proceder secuencialmente a través de la cadena de valor, cuando planean y administran sus actividades. Las compañías ganan (en términos de costo, calidad y velocidad con que desarrollan los nuevos productos), si dos o más de las funciones individuales de negocios de la cadena de valor se desarrollan en forma concurrente como en un equipo. Por ejemplo, la información que se proporciona para la toma de decisiones sobre los insumos de diseño por parte de los gerentes de producción, marketing, distribución y servicio al cliente con frecuencia conducen a decisiones de diseño que reducen los costos totales para la compañía.

Los gerentes dan seguimiento a los costos en que se incurre en cada categoría de la cadena de valor. Su meta consiste en reducir los costos y mejorar la eficiencia. La información de la contabilidad administrativa ayuda a los gerentes a tomar decisiones de equilibrio entre costos y beneficios. Por ejemplo, ¿resulta más barato comprar los productos a los proveedores externos o producirlos internamente? ¿Cómo se reducen los costos de marketing y servicio al cliente al invertir recursos en diseño y manufactura?

Análisis de la cadena de suministro

Aquellas partes de la cadena de valor que están asociadas con la producción y la entrega de un producto o servicio —producción y distribución— se denominan *cadena de suministro*. La **cadena de suministro** describe el flujo de bienes, servicios e información desde las fuentes iniciales de materiales y servicios hasta la entrega de productos a los clientes, indistintamente de si tales actividades ocurren en la misma organización o en otras organizaciones. Considere el caso de Coca Cola y de Pepsi, por ejemplo: muchas compañías juegan un rol importante al llevar sus productos a los clientes. La ilustración 1-3 presenta un panorama general de la cadena de suministro. La administración de costos hace énfasis en la integración y la coordinación de actividades a través de todas las compañías en la cadena de suministro, con la finalidad de mejorar el desempeño y reducir los costos. Tanto Coca-Cola Company como Pepsi Bottling Group requieren que sus proveedores (como las empresas de plástico y de aluminio, y los refinadores de azúcar) entreguen con frecuencia pequeñas cantidades de materiales directamente al área de producción para reducir los costos por el manejo de materiales. De manera simular, para disminuir los niveles de inventario en la cadena de suministro, tanto Wal-Mart como Coca-Cola solicitan a sus proveedores que se responsabilicen por su inventario y que lo administren, tanto en el almacén de Wal-Mart como en el de Coca-Cola.

Factores clave del éxito

Los clientes desean que las compañías utilicen la cadena de valor y la cadena de suministro, para mejorar los niveles de desempeño y que estén sujetos a una mejora constante en relación con varios de los rubros siguientes (o incluso todos):

- **Costo y eficiencia**: las compañías se enfrentan a presiones continuas para reducir el costo de los productos que venden. Para calcular y administrar el costo de los productos, los gerentes deben entender primero las tareas o las actividades (como la preparación de las máquinas o la distribución de productos) que hacen que aumenten los costos. También deben monitorear el

Ilustración 1-3 Cadena de suministro para una compañía embotelladora de bebidas de cola

mercado para determinar los precios que los clientes están dispuestos a pagar por los bienes o servicios. La información de la contabilidad administrativa ayuda a los gerentes a calcular un costo meta para un producto, al restar el ingreso operativo por unidad de producto que la compañía desea ganar a partir del "precio meta". Para alcanzar el costo meta, los gerentes eliminan algunas actividades (como el reprocesamiento) y reducen los costos del desempeño de las actividades en todas las funciones de la cadena de valor —desde los gastos por investigación y desarrollo iniciales hasta el servicio al cliente.

El incremento de la competencia global ejerce una presión cada vez mayor sobre las compañías para que reduzcan los costos. Muchas firmas estadounidenses han reducido sus costos mediante la subcontratación (*outsourcing*) de algunas de sus funciones. Nike, por ejemplo, trasladó sus operaciones de manufactura a China y a México. Microsoft e IBM están realizando progresivamente el desarrollo de su software en España, Europa Oriental e India.

■ **Calidad:** Los clientes esperan altos niveles de calidad. La administración de la calidad total (ACT), tiene como finalidad mejorar las operaciones a lo largo de toda la cadena de valor, así como ofrecer productos y servicios que superen las expectativas de los clientes. Usando la administración de la calidad total, las compañías diseñan bienes o servicios para satisfacer los deseos y las necesidades de los consumidores, así como también elaboran dichos productos sin defectos ni desperdicios (o un nivel muy bajo de estos) y con inventarios mínimos. Los gerentes emplean la información de la contabilidad administrativa para evaluar los beneficios en costos e ingresos derivados de las iniciativas de la administración de la calidad total.

■ **Tiempo:** el tiempo tiene muchas dimensiones. El tiempo para el desarrollo de nuevos productos es aquel que se necesita para que se creen los nuevos productos y se lleven al mercado. El creciente ritmo de la innovación tecnológica ha conducido a ciclos de vida del producto más cortos, así como a un lanzamiento más rápido de nuevos productos. Para tomar decisiones de producto y de diseño, los gerentes necesitan entender los costos y los beneficios de un producto durante su ciclo de vida.

El tiempo de respuesta del cliente describe la velocidad con la cual una organización responde ante las peticiones de los clientes. Para aumentar la satisfacción del cliente, las empresas necesitan reducir el tiempo de entrega y satisfacer de una manera confiable las fechas de entrega establecidas. La causa fundamental de las demoras son los cuellos de botella que ocurren cuando el trabajo que se va a ejecutar en una máquina, por ejemplo, excede la capacidad disponible. Para entregar el producto a tiempo, los gerentes necesitan aumentar la capacidad de la máquina para alcanzar una mayor producción. La información de la contabilidad administrativa ayuda a los gerentes a cuantificar los costos y los beneficios por la eliminación de las restricciones por los cuellos de botella.

■ **Innovación:** la existencia de un flujo constante de productos o servicios innovadores es la base para el éxito continuo de una compañía. Los gerentes se basan en la información de la contabilidad administrativa para evaluar las alternativas de inversión y las decisiones en investigación y desarrollo.

Las organizaciones están aplicando progresivamente los factores clave del éxito relacionados con costo y eficiencia, calidad, tiempo e innovación para promover la sustentabilidad: el desarrollo y la implementación de estrategias encaminadas al logro de un desempeño financiero, social y ambiental a largo plazo. Por ejemplo, los esfuerzos de sustentabilidad de la firma japonesa de copiadoras Ricoh se enfocan de manera dinámica en la conservación de la energía, la conservación de los recursos, el reciclaje de productos y la prevención de la contaminación. Mediante el diseño de productos que se reciclen con facilidad, Ricoh mejora simultáneamente la eficiencia, el costo y la calidad. El interés en la sustentabilidad parece estarse intensificando. Las regulaciones gubernamentales, en países como China e India, ya están obligando a las compañías a desarrollar e informar acerca de sus iniciativas de sustentabilidad.

Los contadores administrativos ayudan a los gerentes a dar seguimiento del desempeño de los competidores sobre los factores clave del éxito. La información competitiva sirve como un *estándar de comparación* (*benchmark*) y alerta a los gerentes para que realicen cambios. Las compañías están siempre buscando *el mejoramiento continuo* de sus operaciones. Tales mejoras incluyen las llegadas a tiempo como en el caso de Southwest Airlines, el acceso del cliente a las subastas en línea en el caso de eBay y la reducción de costos en artículos para el hogar en el caso de Lowes. Algunas veces serían necesarios cambios más fundamentales en las operaciones, como el rediseño de un proceso de manufactura para disminuir los costos. Sin embargo, la implementación exitosa de una estrategia requiere más que el análisis de la cadena de valor y de la cadena de suministro, y la ejecución de los factores clave del éxito. Son las decisiones que toman los gerentes lo que ayuda a desarrollar, integrar e implementar estrategias.

Punto de decisión ▶

¿Cómo agregan valor las compañías y cuáles son las dimensiones del desempeño que los clientes esperan de las compañías?

Toma de decisiones, planeación y control: el proceso de cinco pasos en la toma de decisiones

Ilustraremos el proceso de toma de decisiones de cinco pasos tomando el ejemplo del *Daily News*, un periódico con sede en Boudler, Colorado. Los capítulos siguientes del libro describen la manera en que los gerentes utilizan este proceso de toma de decisiones de cinco pasos, cuando toman distintos tipos de decisiones.

El *Daily News* se diferencia de sus competidores con base en un análisis profundo de las noticias realizado por sus periodistas que son altamente calificados, el uso de colores para mejorar el atractivo ante sus lectores y anunciantes, así como por un sitio Web que ofrece noticias al minuto, entrevistas y análisis. Cuenta con capacidades sustanciales para implementar esta estrategia, como una planta de impresión automatizada, integrada por computadora de vanguardia; una infraestructura de tecnología de la información basada en la Web; y una red de distribución que es una de las mejores en el ramo periodístico.

Para mantenerse a la altura de los costos de producción sujetos a un incremento constante, Naomi Crawford, la gerente general del *Daily News*, necesita aumentar los ingresos. Para decidir qué debería hacer, Naomi trabaja con el proceso de toma de decisiones de cinco pasos.

1. **Identificar el problema y las incertidumbres**. Naomi tiene dos alternativas básicas:

    a) Aumentar el precio de venta del diario, o bien,

    b) incrementar la tarifa por página que se carga a los anunciantes.

    La principal incertidumbre es el efecto sobre la demanda derivado de cualquier incremento en precios o tarifas. Una reducción en la demanda podría contrarrestar cualquier incremento en los precios o en las tarifas, y conducir a menores ingresos generales.

2. **Obtener información**. La recolección de información antes de tomar una decisión ayuda a los gerentes a lograr una mejor comprensión sobre las incertidumbres. Naomi solicitó al gerente de marketing que hablara con algunos lectores representativos, con la finalidad de medir su reacción ante un incremento en el precio de venta del periódico. También pidió a su gente de ventas de publicidad que se reuniera con los anunciantes actuales y potenciales para evaluar la demanda en la publicidad. También ha revisado el efecto que tuvieron los aumentos de precio anteriores sobre el tiraje y el número de lectores. Ramón Sandoval, el contador administrativo del *Daily News*, presentó información acerca de la influencia de los aumentos o las disminuciones anteriores en las tarifas publicitarias sobre los ingresos por anuncios. Él también ha recopilado y analizado la información sobre las tarifas de anuncios que cobran los periódicos de la competencia y otros establecimientos de medios de comunicación.

3. **Realizar predicciones acerca del futuro**. Con base en esta información, Naomi hace predicciones acerca del futuro. Concluye que el aumento de los precios molestaría a los lectores y disminuiría el número de estos. Pero ella tiene una perspectiva diferente sobre las tarifas publicitarias. Espera un aumento en las tarifas publicitarias extensivo a todo el mercado y considera que el aumento de las tarifas tendrá un efecto mínimo sobre el número de páginas publicitarias vendidas.

    Naomi reconoce que efectuar predicciones requiere de buen juicio y busca incongruencias en su forma de pensar. ¿Ha juzgado correctamente el sentimiento de los lectores, o bien, la publicidad negativa sobre un incremento al precio influye demasiado sobre su toma de decisiones? ¿Qué tan segura está ella de que los competidores aumentarán las tarifas publicitarias? Al respecto, ¿su pensamiento está influido por la manera en que los competidores respondieron en el pasado? ¿Han cambiado las circunstancias? ¿Qué tanta confianza tiene en que sus representantes de ventas convencerán a los anunciantes de que paguen tarifas más elevadas? Naomi vuelve a examinar sus supuestos y revisa sus argumentos. Se siente bien con sus predicciones y sus juicios.

4. **Tomar decisiones mediante la elección entre alternativas**. Cuando se toman decisiones, la estrategia es un indicador vital; muchos individuos ubicados en distintas partes de la organización toman decisiones en momentos diferentes. La congruencia con la estrategia vincula a los individuos con los cronogramas y brinda un propósito común para las decisiones dispares. La alineación de las decisiones con la estrategia permite que una organización implemente su estrategia y alcance sus objetivos. Sin esta alineación, las decisiones estarán descoordinadas, impulsarán a la organización en diferentes direcciones y producirán resultados inconsistentes.

    De manera coherente con la estrategia de diferenciación del producto, Naomi toma la decisión de aumentar las tarifas publicitarias en 4%, lo cual equivale a $5,200 por página, en marzo de 2011. Ella tiene confianza en que el estilo distintivo del *Daily News* y la presencia en la Web aumentarán el número de lectores, creando así un valor para los anunciantes. Ella comunicó el nuevo programa de tarifas publicitarias al departamento de ventas. Ramón estima ingresos por publicidad de $4,160,000 ($5,200 por página × 800 páginas pronosticadas como ventas en marzo de 2011).

Los pasos 1 a 4 se denominan colectivamente como *planeación*. La **planeación** comprende la selección de los objetivos organizacionales y las estrategias, la predicción de resultados con varias formas alternativas para el logro de tales objetivos, la decisión de cómo alcanzar los objetivos deseados, así como la comunicación de dichos objetivos y de cómo lograrlos en toda la organización. Los contadores administrativos funcionan como asociados de la empresa en tales actividades de planeación, debido a su entendimiento de aquello que crea valor y de los factores clave del éxito.

La herramienta de planeación más importante en el momento de implementar una estrategia es el **presupuesto**, que es una expresión cuantitativa de un plan de acción propuesto por la gerencia, y ayuda a la coordinación cuando esta es necesaria para la ejecución del plan. Para marzo de 2011, el ingreso presupuestado por anuncios publicitarios es igual a $4,160,000. La totalidad del presupuesto para marzo de 2011 incluye el ingreso presupuestado por circulación y los costos de producción, distribución y servicio al cliente, necesarios para el logro de los objetivos en ventas; los flujos de efectivo anticipados; y las necesidades potenciales de financiamiento. Como el proceso de elaboración de un presupuesto atraviesa las funciones de la empresa, obliga a la coordinación y a la comunicación en toda la compañía, así como a la comunicación con sus proveedores y clientes.

5. **Implementar la decisión, evaluar el desempeño y aprender.** Los gerentes de *Daily News* toman acciones para implementar el presupuesto de marzo de 2011. Los contadores administrativos recaban información para un seguimiento sobre cómo se compara el desempeño real con el desempeño planeado o presupuestado (lo cual también se denomina como mantenimiento de registros). La información acerca de los resultados reales es diferente de la información de planeación *previa a la decisión* que Naomi obtuvo en el paso 2, la cual le permitió entender mejor las incertidumbres, para realizar predicciones y tomar una decisión. La comparación del desempeño real con el desempeño que se presupuestó es el *control* o la función de la información *posterior a la decisión*. El control abarca el hecho de tomar acciones que implementen las decisiones de planeación, la decisión de cómo evaluar el desempeño y el suministro de retroalimentación, así como de aprendizaje que ayude en la toma de decisiones futura.

La medición del desempeño real informa a los gerentes a cerca de qué tan bien se están desempeñando ellos mismos y sus subalternos. La vinculación de recompensas con el desempeño ayuda a motivar a los gerentes. Dichas recompensas son tanto intrínsecas (reconocimiento por un trabajo bien hecho) como extrínsecas (salario, bonos y promociones relacionadas con el desempeño). Un presupuesto sirve, asimismo, como una herramienta de control y como una herramienta de planeación. ¿Por qué? Porque un prepuesto es un estándar de comparación contra el desempeño real.

Considere la evaluación del desempeño del *Daily News*. Durante marzo de 2011, el periódico vendió anuncios publicitarios, emitió facturas y recibió pagos. Las facturas y los recibos se registraron en el sistema de contabilidad. La ilustración 1-4 muestra el informe de desempeño de los ingresos por publicidad del *Daily News* para marzo de 2011. Este reporte indica que se vendieron 760 páginas de anuncios publicitarios (40 páginas menos que las 800 páginas presupuestadas). La tarifa promedio por página fue de $5,080, en comparación con la tarifa presupuestada de $5,200, lo cual dio como resultado ingresos reales por publicidad de $3,860,800. Los ingresos reales por anuncios publicitarios fueron de $229,200 menos que los $4,160,000 presupuestados. Observe la manera en que los gerentes usan la información tanto financiera como no financiera, como las páginas de anuncios publicitarios, para evaluar el desempeño.

El informe de desempeño de la ilustración 1-4 motiva la investigación y el aprendizaje. El **aprendizaje** consiste en examinar el desempeño anterior (la función de control), y en explorar sistemáticamente formas alternativas para tomar decisiones mejor informadas y realizar planes en el futuro. El aprendizaje puede conducir a cambios en los objetivos, en las estrategias, en las formas en que se identifican las alternativas de decisión, en la gama de información que se recaba cuando se hacen predicciones y, algunas veces, en los gerentes.

Ilustración 1-4

Informe de desempeño de los ingresos por publicidad del *Daily News* para marzo de 2011

	Resultado real (1)	Monto presupuestado (2)	Diferencia: (resultado real – monto presupuestado) (3) = (1) – (2)	Diferencia como porcentaje del monto presupuestado (4) = (3) ÷ (2)
Páginas de anuncios publicitarios vendidas	760 páginas	800 páginas	40 páginas desfavorables	5.0% desfavorable
Tarifa promedio por página	$5,080	$5,200	$120 desfavorables	2.3% desfavorable
Ingresos por anuncios publicitarios	$3,860,800	$4,160,000	$299,200 desfavorables	7.2% desfavorable

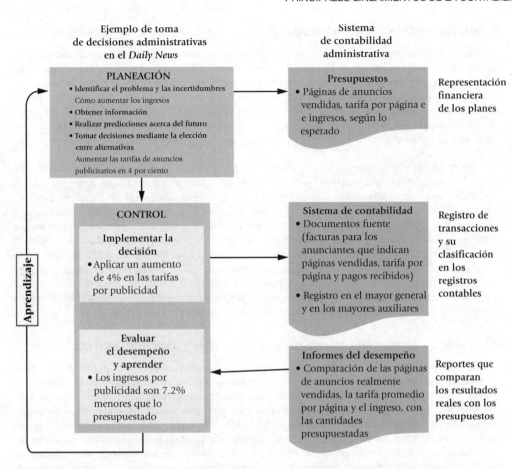

El informe de desempeño que se presenta en la ilustración 1-4 incitaría al contador administrativo a formular varias preguntas, dirigiendo la atención de los gerentes hacia los problemas y las oportunidades. ¿La estrategia de diferenciación del *Daily News* se diferencia con respecto a otros periódicos para atraer a un mayor número de lectores? Al implementar las nuevas tarifas de anuncios publicitarios, ¿los departamentos de marketing y de ventas realizaron esfuerzos suficientes para convencer a los anunciantes de que, incluso con la tarifa más alta de $5,200 por página, el hecho de anunciarse en el *Daily News* era una buena compra? ¿Por qué la tarifa real promedio por página fue de $5,080 en vez de la tarifa presupuestada de $5,200? ¿Algunos representantes de ventas ofrecieron tarifas con descuento? ¿Las condiciones económicas provocaron la disminución en los ingresos por publicidad? ¿Los ingresos disminuyen porque los estándares editorial y de producción se redujeron? Las respuestas a estas preguntas podrían motivar al editor del diario a tomar acciones posteriores incluyendo, por ejemplo, la adición de una mayor cantidad de personal de ventas o la realización de cambios en la política editorial. Una buena implementación requiere que los departamentos editorial, de marketing y de producción trabajen en forma conjunta y coordinada sus acciones.

El contador administrativo podría, incluso, ir más lejos al identificar a los anunciantes específicos que redujeron su compra de publicidad, o bien, dejaron de anunciarse después de que entró en vigor el aumento de la tarifa. Los gerentes podrían entonces decidir cuándo y cómo los representantes de ventas deberían dar seguimiento a estos anunciantes.

El lado izquierdo de la ilustración 1-5 brinda un panorama general del proceso de toma de decisiones en el *Daily News*. El lado derecho de la ilustración destaca la manera en que el sistema de contabilidad administrativa ayuda en la toma de decisiones.

Principales lineamientos de la contabilidad administrativa

Hay tres lineamientos que ayudan a los contadores administrativos a proveer el valor máximo a sus compañías en la toma de decisiones estratégicas y operacionales: la utilización de un enfoque de costo-beneficio, el otorgar un pleno reconocimiento al comportamiento y a las consideraciones técnicas, así como el uso de costos diferentes para propósitos distintos.

◀ **Punto de decisión**

¿Cómo toman decisiones los gerentes para implementar la estrategia?

Objetivo de aprendizaje 5

Describir tres lineamientos que siguen los contadores administrativos al brindar apoyo a los gerentes

. . . utilización de un enfoque de costo-beneficio, reconocimiento del comportamiento, así como de consideraciones técnicas y de cálculo de diferentes costos para propósitos distintos

Enfoque de costo-beneficio

Los gerentes se enfrentan en forma continua a decisiones de asignación de recursos, como el hecho de si se debe comprar un nuevo paquete de software o si se debe contratar a un nuevo empleado. Ellos usan un **enfoque de costo-beneficio** cuando toman esas decisiones: los recursos se tienen que gastar si los beneficios esperados para la organización superan los costos deseados. Los gerentes confían en la información de la contabilidad administrativa para cuantificar los beneficios y los costos esperados, aunque no todos los beneficios ni los costos sean fáciles de cuantificar. Sin embargo, el enfoque de costo-beneficio es una guía muy útil para tomar decisiones sobre asignación de recursos.

Considere la instalación del primer sistema de elaboración de presupuestos de una compañía. Anteriormente, la empresa usaba un sistema de registro histórico y escasa planeación formal. Un beneficio importante de la instalación de un sistema de presupuestos es que obliga a los gerentes a realizar planes hacia el futuro, a comparar la información real con la información presupuestada, a aprender y a tomar acciones correctivas. Tales acciones conducen a diferentes decisiones que mejoren el desempeño con respecto a las decisiones que se hubieran tomado utilizando el sistema histórico, aunque los beneficios no son fáciles de medir. Del lado de los costos, algunos costos, como las inversiones en software y en capacitación, son más fáciles de cuantificar. Otros, como el tiempo que utilizan los gerentes en el proceso de los presupuestos, son más difíciles de cuantificar. De manera indistinta, la alta gerencia compara los beneficios y los costos esperados, ejerce el buen juicio y alcanza una decisión, en este caso la instalación de un sistema de presupuestos.

Consideraciones técnicas y de comportamiento

El enfoque de costo-beneficio es un criterio que apoya a los gerentes al decidir si, por ejemplo, se debe instalar un sistema propuesto de presupuestos, en vez de seguir usando el actual sistema histórico. Al tomar tal decisión, la alta gerencia considera dos misiones simultáneas: una técnica y una de comportamiento. Las consideraciones técnicas ayudan a los gerentes a tomar decisiones económicas bien informadas, ya que se les brinda la información deseada (por ejemplo, los costos en diversas categorías de la cadena de valor) en un formato adecuado (como los resultados reales *versus* los montos presupuestados) y con la frecuencia preferida. Ahora considere el lado humano (del comportamiento) con respecto al porqué se utilizan los presupuestos. Los presupuestos fomentan un conjunto diferente de decisiones dentro de una organización, como resultado de mejores colaboración, planeación y motivación. Las consideraciones de comportamiento motivan a los gerentes y a otros empleados para que se esfuercen hacia el logro de los objetivos de la organización.

Tanto los gerentes como los contadores administrativos deberían recordar siempre que la administración no está confinada de manera exclusiva a cuestiones técnicas. La administración es básicamente una actividad humana que tiene que enfocarse en cómo se ayuda a los individuos a hacer mejor su trabajo —por ejemplo, ayudándolos a entender cuáles de sus actividades agregan valor y cuáles no. Asimismo, cuando los trabajadores tienen un desempeño deficiente, las consideraciones del comportamiento indican que los sistemas y los procesos de la administración deben motivar a los gerentes para que discutan en forma personal con sus trabajadores las diversas formas de mejorar el desempeño, en vez de tan solo enviarles un reporte que destaque un pobre desempeño en su actuación.

Diferentes costos para distintos propósitos

Este libro hace énfasis en que los gerentes usen formas alternativas para el cálculo de los costos en distintas situaciones de toma de decisiones, ya que hay diferentes costos para diversos propósitos. Un concepto de costos que sirva para propósitos de información contable externa quizá no sea un concepto apropiado para la elaboración de informes internos y de rutina para los gerentes.

Considere los costos por publicidad asociados con el lanzamiento de un producto importante de Microsoft Corporation, con una vida útil de varios años. Para fines de información externa para los accionistas, los costos de la publicidad por televisión para este producto se reconocen como gastos en el estado de resultados del año en que se incurren. Las normas de información financiera requieren este reconocimiento inmediato de gastos para propósitos de información externa. Sin embargo, para fines internos relacionados con la evaluación del desempeño administrativo, los costos de la publicidad por televisión se pueden capitalizar y luego amortizarse o eliminarse como gastos durante varios años. Microsoft podría capitalizar estos costos por publicidad, si considera que el hacerlo da como resultado una medida más exacta y más justa del desempeño de los gerentes que lanzaron el nuevo producto.

A continuación expondremos las relaciones y las responsabilidades de información entre los gerentes y los contadores administrativos dentro de la estructura organizacional de una compañía.

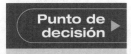

Punto de decisión ▶

¿Qué lineamientos emplean los contadores administrativos?

La estructura de la organización y el contador administrativo

En primer lugar, nos concentramos en las funciones amplias de la gerencia y después, observaremos la manera en que la contabilidad administrativa y las funciones de finanzas apoyan a los gerentes.

Relaciones entre el personal de línea y el de *staff*

Las organizaciones distinguen entre la gerencia de línea y la gerencia de apoyo o de *staff*. La **gerencia de línea**, como la administración de la producción, de marketing y de distribución, es directamente responsable por el logro de los objetivos de la organización. Por ejemplo, los gerentes de las divisiones de manufactura podrían tener como objetivo el logro de niveles específicos de la utilidad en operación presupuestada, ciertos niveles de calidad y seguridad del producto, así como el cumplimiento con la legislación ambiental. De manera similar, el departamento de pediatría de un hospital es el responsable por la calidad de los servicios, los costos y la facturación por los pacientes. La **gerencia de *staff***, como los contadores administrativos, tecnologías de información y administración de recursos humanos, brindan asesoría, apoyo y ayuda a la gerencia de línea. El gerente de la planta (una función de línea) puede ser responsable por la inversión en un nuevo equipo. Un contador administrativo (una función de *staff*) funciona como un asociado del gerente de planta a través de la elaboración de un análisis comparativo detallado sobre alternativas de costos operativos para piezas de equipo.

De manera creciente, las organizaciones tales como Honda y Dell están usando equipos para lograr sus objetivos. Estos equipos incluyen tanto a la gerencia de línea como a la de *staff*, de tal modo que todos los insumos de una decisión estén disponibles simultáneamente.

El director de finanzas y el contralor

El **director de finanzas** (DF), también denominado como **director financiero** en muchos países, es el ejecutivo que tiene la responsabilidad de supervisar las operaciones financieras de una organización. Las labores del director de finanzas varían de una organización a otra pero, por lo general, incluyen las siguientes áreas:

■ **Contraloría:** el suministro de la información financiera necesaria para los reportes de los gerentes y de los accionistas, así como la supervisión de las operaciones del sistema contable.

■ **Tesorería:** las actividades bancarias y el financiamiento a corto y a largo plazos, las inversiones y la administración del efectivo.

■ **Administración del riesgo:** la administración del riesgo financiero de la tasa de interés y las variaciones en los tipos de cambio, así como la administración de instrumentos derivados.

■ **Gravámenes:** los impuestos sobre ingresos (sobre renta), impuestos sobre ventas y la planeación fiscal a nivel internacional.

■ **Relaciones con los inversionistas:** donde se incluye la comunicación e interacción con los accionistas, así como las respuestas que se dan a estos.

■ **Auditoría interna:** la revisión y el atestiguamiento de la integridad de los registros financieros, así como el análisis para el aseguramiento de la integridad de los informes financieros de la organización, y la adherencia a sus políticas y procedimientos.

El **contralor** (también denominado *director de contabilidad*) es el ejecutivo financiero, cuya función fundamental es ser el responsable por la contabilidad administrativa y por la contabilidad financiera. Este libro se concentra en el contralor como el principal ejecutivo de la contabilidad administrativa. Los contralores modernos no ejercen control en términos de una autoridad de línea, excepto sobre sus propios departamentos. Sin embargo, el concepto moderno de la contraloría indica que el contralor tiene el control en un sentido especial. Al informar y al interpretar datos relevantes, el contralor influye en el comportamiento de todos los empleados y ejerce una fuerza que impulsa a los gerentes de línea hacia la toma de decisiones mejor informadas, a medida que implementan sus estrategias.

La ilustración 1-6 es un organigrama del director de finanzas y del contralor corporativo de Nike, la compañía líder en calzado deportivo y en prendas de vestir. El director de finanzas es un gerente de *staff* que reporta al director general (DG) y lo apoya. Como en la mayoría de las organizaciones, el contralor corporativo de Nike reporta al director de finanzas. Nike también tiene contralores regionales que dan apoyo a los gerentes regionales en las principales regiones geográficas

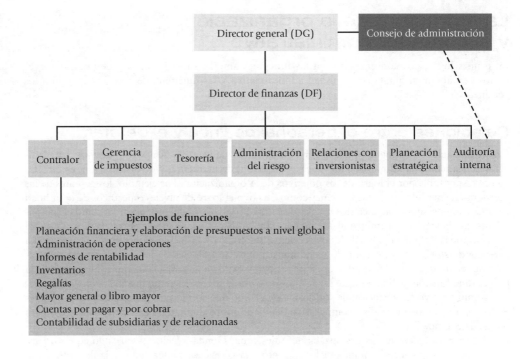

Ilustración 1-6

Nike: relaciones de autoridad para el director de finanzas y el contralor corporativo

donde opera la compañía, como en Estados Unidos, el Pacífico de Asia, América Latina y Europa. Las naciones individuales algunas veces tienen un contralor a nivel federal. Los organigramas, como el que se presenta en la ilustración 1-6, muestran las relaciones formales de autoridad. En la mayoría de las organizaciones también existen relaciones informales que deben entenderse cuando los gerentes tratan de implementar sus decisiones. Algunos ejemplos de relaciones informales son las amistades entre los gerentes (amistades profesionales o de tipo personal), y las preferencias personales de la alta gerencia acerca de quienes de ellos dependen para su toma de decisiones.

Considere lo que hacen los gerentes para diseñar e implementar estrategias y las estructuras de la organización dentro de las cuales operan. A continuación, piense en los roles que desempeñan los contadores administrativos y los contralores. Debería quedar claro que se requiere que un contador administrativo exitoso tenga las competencias técnicas y analíticas, *así como* habilidades conductuales e interpersonales. El recuadro Conceptos en acción que se muestra en la página 15 describe algunos valores y comportamientos deseables, además del motivo por el cual son tan importantes para la asociación entre contadores administrativos y gerentes. Nos referiremos a dichos valores y comportamientos a medida que examinemos distintos temas en los capítulos subsiguientes de este libro.

Punto de decisión ▶

¿Dónde se inserta la función de la contabilidad administrativa dentro de la estructura de la organización?

Ética profesional

En ninguna otra época el enfoque sobre la conducta ética ha tenido que ser más transparente que en la actualidad. Los escándalos corporativos que ocurrieron en Enron, WorldCom y Arthur Andersen han erosionado de una manera muy seria la confianza pública en las corporaciones. Todos los empleados de una compañía, ya sea que se trate de una gerencia de línea o de una gerencia de *staff*, deben cumplir con las expectativas establecidas a través de estándares éticos de la organización —y de una manera más amplia, de la sociedad.

Objetivo de aprendizaje 7

Entender el significado de la ética profesional para los contadores administrativos

. . . por ejemplo, los contadores administrativos deben mantener la integridad y la credibilidad en todos los aspectos de su trabajo

Apoyo institucional

Los contadores tienen obligaciones especiales en relación con la ética, dado que son responsables por la integridad de la información financiera que se entrega a las partes internas y externas. La legislación Sarbanes-Oxley en Estados Unidos, promulgada en 2002 como respuesta a una serie de escándalos corporativos, se concentra en el mejoramiento del control interno, del gobierno corporativo, de la supervisión de los gerentes y en las prácticas de revelación de empresas públicas. Tales regulaciones imponen estándares éticos rigurosos sobre los gerentes y los contadores, y provee de procesos para que los empleados reporten infracciones por actos ilegales e inmorales.

Conceptos en acción

La contabilidad administrativa va más allá de los números

Cuando usted escucha el término "contador", ¿qué le viene a la mente? ¿El contador público que elabora su declaración de impuestos cada año? ¿Los individuos que preparan presupuestos en Dell o en Sony? Para los individuos ajenos a la profesión, parecería que los contadores son tan solo "personas de números". Es cierto que la mayoría de los contadores son administradores financieros capaces; sin embargo, sus habilidades no terminan ahí. Para ser exitosos, los contadores administrativos deben poseer ciertos valores y comportamientos que van mucho más allá de las habilidades analíticas básicas.

Trabajo en equipos interfuncionales y como un asociado empresarial de los gerentes. No basta con que los contadores administrativos sean tan solo técnicamente competentes en su área de estudio. También necesitan tener la capacidad para trabajar en equipo, aprender acerca de problemas en los negocios, entender las motivaciones de los diferentes individuos, respetar los distintos puntos de vista de sus colegas, demostrando empatía y confianza.

Promoción de análisis basado en hechos y la emisión de juicios con mentalidad objetiva y poco apasionada, sin llegar a ser conflictiva. Los contadores administrativos deben plantear cuestionamientos para que sean considerados por los gerentes, sobre todo cuando se elaboran presupuestos. Tienen que hacerlo de manera deliberada y con la intención de mejorar los planes y las decisiones. En el caso del fracaso del banco Washington Mutual, los contadores administrativos deberían haber hecho preguntas acerca de si los préstamos hipotecarios de la compañía —sujetos a altos riesgos— seguirían siendo rentables, aun si disminuyeran los precios de las viviendas.

Conducción y motivación de las personas hacia el cambio y la innovación. No obstante, la implementación de ideas, sin importar qué tan buenas puedan ser, rara vez es sencilla. En Estados Unidos, cuando el Departamento de Defensa trató de consolidar más de 320 sistemas financieros y contables dentro de una plataforma centralizada, el director de servicios de contabilidad y su equipo de contadores administrativos se aseguraron de que la visión para el cambio quedara bien entendida en toda la agencia. A fin de cuentas, el desempeño de cada individuo estuvo alineado con un cambio transformador, y se introdujo una remuneración por incentivos para fomentar la adopción de la innovación dentro de este nuevo marco de referencia.

Comunicación clara, abierta y espontánea. La comunicación de la información es una parte muy importante del trabajo del contador administrativo. Hace algunos años, Pitney Bowes Inc. (PBI), un proveedor global de $4,000 millones de dólares de soluciones integrales en administración de correo y documentos, implantó una iniciativa de comunicación para dar retroalimentación a los gerentes en áreas clave. La iniciativa tuvo éxito porque se diseñó con claridad y fue comunicada abiertamente por el equipo de contadores administrativos de PBI.

Fuerte sentido de integridad. Los contadores administrativos nunca deben sucumbir ante las presiones de los gerentes para manipular la información financiera. Siempre tienen que recordar que su compromiso fundamental es con la organización y con sus accionistas. En WorldCom, bajo presiones provenientes de la alta gerencia, los miembros del personal de contabilidad ocultaron miles de millones de dólares en gastos porque el personal de contabilidad carecía de integridad y de valor para oponerse y reportar a la alta gerencia corrupta, por lo que WorldCom se fue a la quiebra. Algunos miembros del personal de contabilidad y del equipo ejecutivo fueron sentenciados a varios años de prisión por sus acciones.

Fuentes: Dash, Eric y Andrew Ross Sorkin. 2008. Government seizes WaMu and sells some assets. *New York Times,* Septiembre 25. http://www.nytimes.com/2008 /09/26/business/26wamu.html; Garling, Wendy. 2007. Winning the Transformation Battle at the Defense Finance and Accounting Service. *Balanced Scorecard Report,* Mayo–Junio. http://cb.hbsp.harvard.edu/cb/web/product_detail.seam?R=B0705C-PDF-ENG; Gollakota, Kamala y Vipin Gupta. 2009. *WorldCom Inc.: What went wrong.* Richard Ivey School of Business Case No. 905M43. Londres, ON: The University of Western Ontario. http://cb.hbsp.harvard.edu/cb/web/product_detail. seam?R=905M43-PDF-ENG; Green, Mark, Jeannine Garrity, Andrea Gumbus, y Bridget Lyons. 2002. Pitney Bowes Calls for New Metrics. *Strategic Finance,* Mayo. http://www.allbusiness.com/accounting-reporting/reports-statements-profit/189988-1.html

Las organizaciones de contadores profesionales, las cuales representan a los contadores administrativos en muchas naciones, promueven normas éticas de alto nivel.[3] Cada una de estas organizaciones brinda programas de certificación que indican que el aspirante ha demostrado competencia en los conocimientos técnicos requeridos por esa organización, en contabilidad administrativa y administración financiera, respectivamente.

En Estados Unidos, el Instituto de Contadores Administrativos (ICA) también ha emitido lineamientos éticos. La ilustración 1-7 presenta la guía del ICA sobre aspectos relacionados con la

---

[3] Véase el apéndice C: La contabilidad de costos en los exámenes profesionales en MyAccountingLab y en www.personhighe-red.com/horngren donde se presenta una lista de las organizaciones profesionales de contabilidad administrativa en Estados Unidos, Canadá, Australia, Japón y el Reino Unido.

Ilustración 1-7

Comportamiento ético
para los profesionales
de la contabilidad
administrativa y de
la administración
financiera

Los profesionales en contabilidad administrativa y en administración financiera tienen la obligación, ante el público, ante su profesión, ante las organizaciones que atienden y ante sí mismos, de mantener los más altos estándares de comportamiento ético. En reconocimiento a esta obligación, el Instituto de Contadores Administrativos han promulgado las siguientes normas éticas para la práctica profesional. La adherencia a tales normas, tanto a nivel nacional como internacional, resulta fundamental para el logro de los objetivos de la contabilidad administrativa. Los profesionales en contabilidad administrativa y en administración financiera no cometerán actos contrarios a estas normas, ni tampoco se aceptará la comisión de tales actos por parte de otros individuos dentro de sus organizaciones.

DECLARACIÓN DEL ICA ACERCA DE LA PRÁCTICA ÉTICA PROFESIONAL

Los profesionales de la contabilidad administrativa y de la administración financiera se comportarán de una manera ética. Un compromiso hacia una práctica ética profesional incluye los principios generales que expresan nuestros valores y las normas que guían nuestra conducta.

PRINCIPIOS

Los principios éticos generales del ICA incluyen: honestidad, equidad, objetividad y responsabilidad. Los profesionales deberán actuar en conformidad con estos principios y motivarán a los demás individuos dentro de sus organizaciones para que se adhieran a ellos.

NORMAS

La incapacidad de un profesional para cumplir con las siguientes normas podría dar como resultado una acción disciplinaria.

COMPETENCIA

Todo profesional tiene la responsabilidad de:
1. Mantener un nivel adecuado de competencias, las que se desarrollaran con experiencia profesional y capacidad técnica, además del desarrollo continuo de conocimientos y habilidades.
2. Desempeñarse profesionalmente de acuerdo con las leyes, regulaciones y normas técnicas pertinentes.
3. Brindar información y recomendaciones exactas, claras, concisas y oportunas que apoyen las decisiones.
4. Reconocer y comunicar las limitaciones profesionales u otras restricciones que pudieran influir en la emisión de un juicio responsable o el desempeño satisfactorio de una actividad.

CONFIDENCIALIDAD

Todo profesional tiene la responsabilidad de
1. Mantener confidencialidad respecto de la información, excepto cuando su revelación se haya autorizado o se haya requerido en forma legal.
2. Informar a todas las partes relevantes en relación con el uso de la información confidencial. Vigilar las actividades de los subalternos para garantizar su cumplimiento.
3. Abstenerse de usar información confidencial con la finalidad de obtener una ventaja inmoral o ilegal.

INTEGRIDAD

Todo profesional tiene la responsabilidad de:
1. Mitigar los conflictos de intereses reales. Comunicarse de manera regular con los asociados del negocio para evitar aparentes conflictos de intereses. Asesorar a todas las partes de cualesquier conflicto potencial.
2. Abstenerse de participar en cualquier gestión que perjudique el desempeño ético de sus funciones.
3. Abstenerse de participar o apoyar cualquier actividad que pudiera desacreditar la profesión.

CREDIBILIDAD

Todo profesional tiene la responsabilidad de:
1. Comunicar la información de manera suficiente y objetiva.
2. Revelar toda la información sobresaliente que, de manera razonable, pudiera esperarse que influya en la comprensión en cuanto a reportes, análisis o recomendaciones, buscada por el usuario.
3. Revelar demoras o deficiencias en la información, en la oportunidad, en el procesamiento o en los controles internos de conformidad con la política de la organización y/o con las leyes vigentes.

Fuente: Statement on Management Accounting Number 1-C. 2005 IMA *Statement of Ethical Professional Practice*. Montvale, NJ: Institute of Management Accountants. Reimpreso con autorización del Institute of Mangement Accountants, Montvale, NJ, www.imanet.org.

competencia, confidencialidad, integridad y credibilidad. Con la finalidad de apoyar a sus miembros para que actúen de una manera ética en todo momento, el **ICA** ofrece un servicio telefónico de información ética. Los miembros pueden llamar a los asesores profesionales del Servicio de Asesoría Ética del **ICA** y tratar con ellos sus dilemas éticos. Los consejeros ayudan a identificar las cuestiones éticas y las formas alternativas para resolverlos, garantizando confidencialidad. El **ICA** es tan solo una de muchas instituciones que ayudan a los contadores administrativos a navegar a través de lo que podría llamarse "aguas éticas turbulentas".

Desafíos éticos comunes

Los aspectos éticos pueden ser confrontados por los contadores administrativos de diversas maneras. A continuación veremos dos ejemplos:

- **Caso A:** Un gerente divisional está interesado en el potencial comercial de un artículo, el cual consiste en un programa de software, cuyos costos de desarrollo se capitalizan en el momento actual como un activo, en vez de mostrarse como un gasto para fines de información interna. El bono del gerente se basa, en parte, en las ganancias de la división. El gerente argumenta que el hecho de presentar los costos de desarrollo como un activo está justificado porque el nuevo producto generará utilidades, pero presenta evidencia escasa para sustentar su argumento. Los últimos dos productos lanzados por esta división no han tenido éxito. El contador administrativo no está de acuerdo pero desea evitar una difícil confrontación personal con el jefe, el gerente de la división.

- **Caso B:** un proveedor de empaques, quien participa en una licitación por un nuevo contrato, ofrece al contador administrativo de la compañía compradora un fin de semana con todos los gastos pagados durante el Súper Bowl. El proveedor no menciona el nuevo contrato cuando extiende la invitación. El contador no es amigo personal del proveedor y sabe que los aspectos de costos son fundamentales para la aprobación del nuevo contrato; además, le preocupa que el proveedor solicite los detalles acerca de las licitaciones presentadas por firmas empacadoras de la competencia.

En cada uno de estos casos, el contador administrativo se enfrenta a un dilema ético. El caso A se relaciona con la competencia, la credibilidad y la integridad. El contador administrativo debería exigir que el gerente de la división ofrezca una evidencia creíble, en el sentido de que el nuevo producto será comercialmente viable. Si el gerente no brinda tal evidencia, será apropiado el reconocimiento de los costos de desarrollo como gastos en el periodo actual. El caso B se refiere a la confidencialidad y a la integridad.

Los asuntos éticos no siempre están bien definidos. El proveedor del caso B quizá no tenga intención alguna de comenzar discusiones asociadas con la licitación. Sin embargo, la aparición de un conflicto de intereses en el caso B es suficiente para que muchas organizaciones prohíban a sus empleados que acepten "favores" de los proveedores. La ilustración 1-8 presenta los lineamientos del

Ilustración 1-8

Resolución de un conflicto ético

Al aplicar las normas de ética en la práctica profesional, tal vez se encuentren problemas para identificar un comportamiento no ético, o bien, para resolver un conflicto ético. Cuando uno se enfrenta con cuestiones éticas, se deberían seguir las políticas establecidas por la organización para la resolución de tales conflictos. Si dichas políticas no resuelven el conflicto ético, se deben considerar los siguientes cursos de acción:

1. Tratar el problema con el supervisor inmediato, excepto cuando parezca que el supervisor está implicado. En tal caso, se debe exponer la situación al siguiente nivel. Si no se puede lograr una resolución satisfactoria, se tiene que remitir el asunto al siguiente nivel gerencial. Si el supervisor inmediato es el director general o el equivalente, la autoridad revisora aceptable puede ser un grupo tal como el comité de auditoría, el comité ejecutivo, el consejo de administración, la junta directiva o incluso los propietarios. El contacto con niveles situados por arriba del supervisor inmediato se debe iniciar únicamente con el conocimiento del superior, suponiendo que no está implicado. La comunicación de estos problemas a autoridades o individuos que no sean empleados o contratados por la organización no se considera como algo adecuado, a menos que se crea que hay una clara transgresión de la ley.
2. Poner en claro los dilemas éticos relevantes mediante el inicio de una discusión confidencial con un consejero ético del **ICA** o con algún otro consejero imparcial para obtener una mejor comprensión de los posibles cursos de acción.
3. Consultar a su propio abogado en lo referente a las obligaciones y los derechos legales relacionados con el conflicto ético.

Fuente: Statement of Management Accounting Number 1-C. 2005 *IMA Statement of Ethical Professional Practice Montvale, NJ: Institute of Management Accountants.* Reimpreso con autorización del Institute of Management Accountants, Montvale, NJ. www.imanet.org.

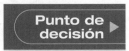

Punto de decisión ▶

¿Cuáles son las responsabilidades éticas de los contadores administrativos?

ICA sobre la "resolución de conflictos éticos". El contador del caso B debería informar de la invitación a su supervisor inmediato. Si la visita se aprueba, el contador tiene que informar al proveedor que la invitación fue oficialmente aprobada de acuerdo con la política corporativa (lo cual incluye el mantenimiento de la confidencialidad en la información).

En todo el mundo, la mayoría de las organizaciones de contadores profesionales emiten declaraciones acerca de la ética profesional. Estas declaraciones incluyen muchas de las mismas cuestiones que expone el ICA en las ilustraciones 1-7 y 1-8. Por ejemplo, el Instituto Colegiado de Contadores Administrativos (ICCA) del Reino Unido identifica los mismos cuatro principios fundamentales que se presentan en la ilustración 1-7: competencia, confidencialidad, integridad y credibilidad.

Problema para autoestudio

Campbell Soup Company incurre en los siguientes costos:

a) La compra de tomates por parte de una planta de enlatado para las sopas de tomate Campbell.

b) La compra de materiales para el rediseño de los contenedores de panecillos Pepperidge Farm, con la finalidad de lograr que los panecillos se mantengan frescos durante más tiempo.

c) El pago a Backer, Spielvogel & Bates, la agencia de publicidad, por trabajos de anuncios para las sopas de la línea Healthy Request.

d) Los salarios de expertos en tecnología alimentaria, quienes investigan la factibilidad de una salsa para pizzas Prego que contengan el mínimo de calorías.

e) El pago a Safeway por la redención de cupones sobre los productos alimenticios de Campbell.

f) El costo de una línea telefónica gratuita para quien llama, que se utiliza para contestar preguntas de los clientes acerca del uso de las sopas Campbell.

g) El costo de los guantes que usan los operadores de línea sobre la producción de alimentos para la línea de desayunos Swanson Fiesta.

h) El costo de computadoras de mano que utiliza el personal de entrega de Pepperidge Farm, a cargo de la atención de las cuentas mayores de supermercados.

Se requiere Clasifique cada partida de costos (**a** a **h**) como parte de las funciones de la empresa en la cadena de valor que se presenta en la ilustración 1-2 (p. 6).

Solución

a) Producción
b) Diseño de productos y de procesos
c) Marketing
d) Investigación y desarrollo
e) Marketing
f) Servicio al cliente
g) Producción
h) Distribución

Puntos de decisión

El siguiente formato de pregunta y respuesta resume los objetivos de aprendizaje del capítulo. Cada decisión presenta una pregunta clave relacionada con un objetivo de aprendizaje. Los lineamientos son la respuesta a esa pregunta.

Decisión	Lineamientos
1. ¿En qué difiere la contabilidad administrativa de la contabilidad financiera?	La contabilidad financiera informa a usuarios externos sobre el desempeño financiero histórico, utilizando las normas de información financiera. La contabilidad administrativa brinda información proyectada hacia el futuro, en formatos que ayudan a los gerentes (usuarios internos) a tomar decisiones y a lograr los objetivos organizacionales.

2. ¿Cómo apoyan los contadores administrativos las decisiones estratégicas?

Los contadores administrativos contribuyen con las decisiones estratégicas al proveer información acerca de las fuentes de ventajas competitivas.

3. ¿Cómo agregan valor las compañías y cuáles son las dimensiones del desempeño que los clientes esperan de las compañías?

Las compañías agregan valor mediante la investigación y el desarrollo; el diseño de productos y procesos; la producción; el marketing; la distribución, y el servicio al cliente. Los clientes desean que las empresas brinden un desempeño en costos y eficiencia, calidad, puntualidad e innovación.

4. ¿Cómo toman decisiones los gerentes en cuanto a la implementación de la estrategia?

Los gerentes utilizan un proceso de toma de decisiones de cinco pasos para la implementación de la estrategia: 1. identificar el problema y las incertidumbres; 2. obtener información; 3. hacer predicciones acerca del futuro; 4. tomar decisiones mediante la elección de alternativas; y 5. implementar la decisión, evaluar el desempeño y aprender. Los cuatro primeros pasos son decisiones de planeación, las cuales incluyen el decidir sobre los objetivos de la organización, la predicción de resultados con varias formas alternativas de lograr dichos objetivos y el decidir cómo alcanzarlos. El paso cinco está referido a decisiones de control, e incluye la toma de acciones para implementar las decisiones de planeación, y decidir sobre la evaluación y retroalimentación del desempeño que ayudará a la toma de decisiones en el futuro.

5. ¿Qué lineamientos emplean los contadores administrativos?

Tres lineamientos que ayudan a los contadores administrativos para aumentar su valor ante los gerentes son a) el empleo del enfoque de costo-beneficio, b) el reconocimiento del comportamiento y de las consideraciones técnicas y c) la identificación de costos diferentes para propósitos distintos.

6. ¿Dónde se sitúa la función de la contabilidad administrativa dentro de la estructura de una organización?

La contabilidad administrativa es una parte integral de la función del contralor en una organización. En la mayoría de las compañías, el contralor reporta al director de finanzas, quien es miembro clave del equipo de la alta gerencia.

7. ¿Cuáles son las responsabilidades éticas de los contadores administrativos?

Los contadores administrativos tienen responsabilidades éticas que se relacionan con la competencia, confidencialidad, integridad y credibilidad.

Términos contables

Todos los capítulos incluirán esta sección. Al igual que todos los términos técnicos, los conceptos contables tienen significados precisos. Aprenda las definiciones de los nuevos términos desde que se encuentren por primera vez. El significado de cada uno de los siguientes conceptos se incluye en este capítulo y en el glosario que aparece en la parte final del libro.

administración de costos (p. 4)
administración estratégica de costos (p. 5)
aprendizaje (p. 10)
cadena de suministro (p. 7)
cadena de valor (p. 6)
contabilidad administrativa (p. 4)
contabilidad de costos (p. 4)
contabilidad financiera (p. 3)
contralor (p. 13)

control (p. 10)
director financiero (df) (p. 13)
director de finanzas (p. 13)
diseño de productos y procesos (p. 6)
distribución (p. 6)
enfoque de costo-beneficio (p. 12)
estrategia (p. 5)
gerencia de línea (p. 13)
gerencia de staff (p. 13)

investigación y desarrollo (IyD) (p. 6)
marketing (p. 6)
planeación (p. 10)
presupuesto (p. 10)
producción (p. 6)
servicio al cliente (p. 6)

Material para tareas

Preguntas

MyAccountingLab

1-1 ¿Cómo difiere la contabilidad administrativa de la contabilidad financiera?
1-2 "La contabilidad administrativa no debería ponerse la camisa de fuerza de la contabilidad financiera". Explique este argumento y mencione un ejemplo.
1-3 ¿Cómo puede un contador administrativo ayudar a formular una estrategia?
1-4 Describa las funciones de la empresa dentro de la cadena de valor.

1-5 Explique el término "cadena de suministro" y su importancia para la administración de costos.

1-6 "La contabilidad administrativa trata únicamente con los costos". ¿Está usted de acuerdo? Explique su respuesta.

1-7 ¿Cómo pueden los contadores administrativos ayudar a mejorar la calidad y a lograr entregas de productos oportunas?

1-8 Describa el proceso de toma de decisiones de cinco pasos.

1-9 Distinga entre decisiones de planeación y decisiones de control.

1-10 ¿Cuáles son los tres lineamientos que ayudan a los contadores administrativos a proporcionar el valor más alto para los gerentes?

1-11 "El conocimiento de los aspectos técnicos como la tecnología computacional es una condición necesaria, pero insuficiente, para convertirse en un contador administrativo exitoso". ¿Está usted de acuerdo? ¿Por qué?

1-12 Como si usted fuera el nuevo contralor, responda al siguiente comentario hecho por el gerente de una planta. "Como yo veo las cosas, nuestros contadores pueden ser necesarios para mantener los registros para los accionistas y para el gobierno del país, pero no quiero que interfieran en mis operaciones cotidianas. Hago las cosas lo mejor que puedo hacerlas. Ningún 'contador de habichuelas' sabe lo suficiente acerca de mis responsabilidades para que me pueda ser de alguna utilidad".

1-13 ¿Dónde se ubica la función de la contabilidad administrativa dentro de la estructura de una organización?

1-14 Mencione las cuatro áreas donde existen normas de comportamiento ético para los contadores administrativos en Estados Unidos. ¿Qué organización establece tales normas?

1-15 ¿Qué pasos debería tomar un contador administrativo, si las políticas escritas establecidas proporcionan una orientación insuficiente sobre cómo manejar un conflicto ético?

Ejercicios

1-16 Cadena de valor y clasificación de los costos, compañía de computadoras. Compaq Computer incurre en los siguientes costos:

a) Costos de electricidad para la planta que ensambla la línea de productos de computadoras Presario.
b) Costos de transporte para el embarque de la línea de productos Presario hacia una cadena de tiendas.
c) El pago a David Kelley Designs por el diseño de la computadora portátil Armada.
d) El salario de científicos en computadoras que trabajan en la siguiente generación de microcomputadoras.
e) El costo de la visita por parte de los empleados de Compaq a un cliente importante, para demostrar la capacidad de Compaq para interconectarse con otras computadoras.
f) La compra de productos de los competidores para probarlos contra los potenciales productos de Compaq.
g) El pago a una cadena televisiva por la transmisión de anuncios de Compaq.
h) El costo de los cables comprados a un proveedor externo y que deberán usarse en las impresoras Compaq.

Se requiere Clasifique cada una de las partidas de costos (*a* a *h*) dentro de una de las funciones del negocio en la cadena de valor que se presenta en la ilustración 1-2 (p. 6).

1-17 Cadena de valor y clasificación de costos, compañía farmacéutica. Merck, una empresa farmacéutica, incurre en los siguientes costos:

a) El costo del rediseño de empaques tipo burbuja para que los contenedores de medicamentos tengan buen aislamiento.
b) El costo de los videos que se envían a los doctores para promover las ventas de nuevos fármacos.
c) El costo de las líneas telefónicas gratuitas para consumidores, que se utilizan para atender las preguntas de estos acerca del uso de medicamentos, de sus efectos colaterales y de otras cuestiones similares.
d) Los equipos comprados para realizar experimentos sobre fármacos pendientes de ser autorizados por el gobierno.
e) El pago a los actores por un infomercial de televisión que promueve un nuevo producto para el crecimiento del cabello en hombres calvos.
f) Los costos de la mano de obra de los trabajadores en el área de empaques de una planta de producción.
g) Un bono que se paga a un vendedor por superar la cuota de ventas mensual.
h) El costo de los servicios de mensajería de Federal Express para entregar medicamentos a los hospitales.

Se requiere Clasificar cada una de las partidas de costos (*a* a *h*) dentro de una de las funciones del negocio en la cadena de valor que se presenta en la ilustración 1-2 (p. 6).

1-18 Cadena de valor y clasificación de costos, restaurante de comida rápida. Burguer King, un restaurante de hamburguesas, incurre en los siguientes costos:

a) Costo del aceite para la freidora profunda.
b) Los sueldos de los ayudantes del mostrador que entregan a los clientes los alimentos que ordenan.
c) El costo de la indumentaria para el rey "King" en los comerciales de televisión de Burguer King.
d) El costo de los juguetes que se obsequian con las comidas infantiles
e) El costo de los carteles que indican la promoción especial de "dos hamburguesas con queso por $2.50".
f) El costo de los anillos de cebolla congelados y de las papas fritas.
g) Los salarios de los especialistas en alimentos que crean nuevos sándwiches para la cadena del restaurante.
h) El costo de las bolsas "para llevar" que solicitan los clientes que no terminan sus alimentos en el restaurante.

Clasifique cada una de las partidas de costos (*a* a *h*) dentro de las funciones del negocio en la cadena de valor que se presenta en la ilustración 1-2 (p. 6). **Se requiere**

1-19 Factores clave del éxito. Grey Brothers Consulting ha emitido un informe donde recomienda algunos cambios para su cliente de manufactura más reciente, Energy Motors, quien fabrica actualmente un solo producto que se vende y se distribuye a nivel nacional. El informe contiene las siguientes sugerencias para el mejoramiento del desempeño de la empresa:

a) Agregar una nueva línea de productos para incrementar el ingreso total y reducir el riesgo general de la compañía.

b) Aumentar las horas de capacitación del personal de la línea de ensamble, para disminuir los altos volúmenes de desperdicios y sobrantes actuales.

c) Reducir los tiempos de espera (el tiempo que transcurre desde la orden del producto hasta la recepción del mismo por parte del cliente) en 20%, con la finalidad de aumentar la retención de clientes.

d) Reducir el tiempo que se requiere para la preparación de las máquinas para cada nueva orden.

e) Comparar los porcentajes de margen bruto de la compañía contra los de sus principales competidores.

Vincule cada uno de estos cambios con los factores claves del éxito que sean de importancia para los gerentes. **Se requiere**

1-20 Decisiones de planeación y de control. Cornner Company elabora y vende escobas y trapeadores. Toma las siguientes acciones, y no necesariamente en el orden que se indica. Para cada una de las acciones (*a* a *e*) defina si se trata de una decisión de planeación o de una decisión de control.

a) Corner solicita a su equipo de marketing que considere la forma de reconquistar la participación de mercado de su competidor más reciente, Swiffer.

b) Corner calcula la participación de mercado después de lanzar su producto más novedoso.

c) Corner compara los costos en que realmente incurrió con los costos en los que espera incurrir para la producción del nuevo producto.

d) El equipo de diseño de Corner propone un nuevo producto para que compita de manera directa con el de Swiffer.

e) Corner estima los costos en que incurrirá para vender 30,000 unidades del nuevo producto en el primer trimestre del siguiente año fiscal.

1-21 Proceso de toma de decisiones de cinco pasos, manufactura. Garnicki Foods elabora alimentos congelados, los cuales vende a través de tiendas de abarrotes. Los productos típicos incluyen pavos, carne para asar, pollo frito y pastel de carne. Los gerentes de Garnicki han introducido en fechas recientes una línea de tartas de pollo congeladas. Toman las siguientes acciones con respecto a esta decisión.

a) Garnicki realiza una prueba de sabor en el centro comercial local, con el propósito de saber si a los clientes les gusta el sabor del producto propuesto como la nueva tarta de pollo.

b) Los gerentes de ventas de Garnicki estiman que venderán más tartas de pollo en el territorio de ventas del norte, que en el territorio de ventas del sur.

c) Los gerentes de Garnicki discuten la posibilidad de lanzar una nueva tarta de pollo.

d) Los gerentes de Garnicki comparan los costos reales de elaborar tartas de pollo contra los costos presupuestados.

e) Se presupuestan los costos para la elaboración de tartas de pollo.

f) Garnicki decide introducir una nueva tarta de pollo.

g) Para ayudar a decidir si se debe lanzar una nueva tarta de pollo, el gerente de compras llama a un proveedor para verificar los precios del pollo.

Clasifique cada una de las acciones (*a* a *g*) de acuerdo con el proceso de toma de decisiones de cinco pasos (identificar el problema y las incertidumbres, obtener información, hacer predicciones acerca del futuro, elegir entre alternativas, implementar la decisión, evaluar el desempeño y aprender). Las acciones no se han listado en el orden en el cual se ejecutan. **Se requiere**

1-22 Proceso de toma de decisiones de cinco pasos, empresa de servicios. Brite Exteriors es una compañía que ofrece servicios de pintura para viviendas. Robert Brite, el propietario, intenta encontrar nuevas formas de aumentar los ingresos. El señor Brite ejecuta las siguientes acciones, aunque no en el orden en que se listan.

a) El Sr. Brite llama a Home Depot para solicitar el precio de los rociadores de pintura.

b) El Sr. Brite discute con sus empleados la posibilidad de utilizar rociadores de pintura, en vez de pintar en forma manual, para incrementar la productividad y así los ingresos.

c) Los trabajadores que no están familiarizados con los rociadores de pintura necesitan más tiempo para terminar un trabajo, que cuando pintan en forma manual.

d) El Sr. Brite compara el costo esperado de la compra de rociadores con el costo esperado por contratar más trabajadores que pinten a mano, y estima las utilidades derivadas de ambas alternativas.

e) El gerente de programación de productos confirma que ha aumentado la demanda por servicios de pintura para casa.

f) El Sr. Brite decide comprar los rociadores de pintura, en vez de contratar a pintores adicionales.

Clasifique cada una de las acciones (*a* a *f*) de acuerdo con el proceso de toma de decisiones de cinco pasos (identificar el problema y las incertidumbres, obtener información, hacer predicciones acerca del futuro, elegir entre alternativas, implementar la decisión, evaluar el desempeño y aprender). **Se requiere**

1-23 Ética profesional e informes acerca del desempeño de la división. Marcia Miller es la contralora de división y Tom Maloney es el gerente de división en Ramses Shoe Company. Miller está bajo una línea de responsabilidad respecto de Maloney, pero también tiene responsabilidad de *staff* respecto del contralor de la compañía.

Maloney enfrenta severas presiones para lograr el ingreso presupuestado de la división para el año. Él solicitó a Miller que registre en libros $200,000 de ingresos al 31 de diciembre. Las órdenes de los clientes son firmes, pero los zapatos aún se encuentran en el proceso de producción. Se embarcarán alrededor del 4 de enero, Maloney aseguró a Miller. "El evento clave consiste en obtener la orden de ventas, no en embarcar los zapatos. Usted debería darme apoyo y no obstruir el logro de los objetivos de mi división".

1. Describa las responsabilidades éticas de Miller.
2. ¿Qué debería hacer Miller, si Maloney le da una orden directa de registrar las ventas en libros?

MyAccountingLab

Problemas

1-24 Decisiones de planeación y control, compañía de Internet. WebNews.com ofrece a sus suscriptores varios servicios, como una guía comentada de TV e información del área local acerca del clima, restaurantes y cines. Sus principales fuentes de ingresos son los cobros por anuncios publicitarios y los pagos realizados por sus suscriptores. Los datos recientes son como se indica a continuación:

Mes/año	Ingresos por anuncios publicitarios	Número real de suscriptores	Pago mensual por suscriptor
Junio de 2009	$ 415,972	29,745	$15.50
Diciembre de 2009	867,246	55,223	20.50
Junio de 2010	892,134	59,641	20.50
Diciembre de 2010	1,517,950	87,674	20.50
Junio 2011	2,976,538	147,921	20.50

Se tomaron las siguientes decisiones de junio a octubre de 2011:

a) Junio de 2011: se aumentó la cuota de suscripción a $25.50 por mes a partir de julio de 2011. El número presupuestado de suscriptores para esta cuota mensual se muestra en el siguiente cuadro.

b) Junio de 2011: se informó a los suscriptores actuales que a partir de julio, la cuota mensual sería de $25.50.

c) Julio de 2011: se ofreció un servicio de correo electrónico a los suscriptores y se mejoraron otros servicios en línea.

d) Octubre de 2011: se despidió al vicepresidente de marketing, después de una disminución significativa en los suscriptores y en los ingresos por suscripción, con base en los datos de julio a septiembre de 2011 del siguiente cuadro.

e) Octubre de 2011: se redujo la cuota de suscripción a $22.50 por mes a partir del mes de noviembre de 2011.

Mes/año	Número presupuestado de suscriptores	Número real de suscriptores	Cuota mensual por suscriptor
Julio de 2011	145,000	129,250	$25.50
Agosto de 2011	155,000	142,726	25.50
Septiembre de 2011	165,000	145,643	25.50

1. Clasifique cada una de las decisiones (*a* a *e*) como una decisión de planeación o de control.
2. Mencione dos ejemplos de otras decisiones de planeación y dos ejemplos de otras decisiones de control, que podrían tomarse en WebNews.com.

1-25 Decisiones estratégicas y contabilidad administrativa. A continuación se presenta una serie de situaciones independientes, donde una empresa está a punto de tomar una decisión estratégica.

Decisiones:

a) Roger Phones está a punto de decidir si debe lanzar la producción y la venta de un teléfono celular con características estándar.

b) Computer Magic intenta decidir si debe producir y vender un nuevo software, que incluya la capacidad de interactuar con una máquina de coser y una aspiradora. Actualmente no existe tal programa de cómputo en el mercado.

c) Se le solicitó a Christina Cosmetics que proporcione un brillo labial de "marca propia", para venderse en tiendas de descuento al menudeo.

d) Marcus Meats está contemplando la idea de desarrollar una línea especial de salchicha mortadela tipo gourmet, elaborada con tomates secados al sol, piñones y corazones de alcachofas.

1. Para cada decisión, indique si la compañía está siguiendo una estrategia de precios bajos o una estrategia de un producto diferenciado. **Se requiere**

2. Para cada decisión, discuta qué información puede brindar el contador administrativo, acerca de las fuentes de ventajas competitivas para estas empresas.

1-26 Lineamientos de contabilidad administrativa. En cada una de las siguientes situaciones, identifique cuál de los lineamientos de la contabilidad administrativa se aplica: enfoque costo-beneficio, consideraciones de comportamiento y consideraciones técnicas, o costos diferentes para propósitos distintos.

1. El análisis de si se debe mantener la función de facturación dentro de la organización o si se debe subcontratar.

2. La decisión de dar un bono por el excelente desempeño de los empleados de una subsidiaria japonesa, y tiempo de vacaciones extra a los empleados de una subsidiaria sueca.

3. La inclusión de los costos de todas las funciones de la cadena de valor, antes de tomar la decisión de lanzar un nuevo producto, pero incluyendo únicamente los costos de manufactura en la determinación de la valuación de su inventario.

4. Considerar la conveniencia de contratar a un vendedor más.

5. Dar a cada vendedor la opción de elegir su remuneración entre un salario bajo y un alto porcentaje de comisión por ventas, o bien, un salario alto y un bajo porcentaje de comisión por ventas.

6. La selección del sistema de cómputo más costoso después de considerar dos sistemas.

7. La instalación de un sistema participativo de presupuestos, donde los gerentes establezcan sus propias metas de desempeño, en vez de que la alta gerencia imponga metas de desempeño a los gerentes.

8. El registro de los costos de investigación como un gasto para propósitos de información financiera (como lo requieren las normas de información financiera); pero la capitalización y el reconocimiento de los mismos como gastos durante un periodo más largo, para fines de evaluación del desempeño.

9. La introducción de un plan de participación de los empleados en las utilidades.

1-27 Papel del contralor, papel del director de finanzas. Jorge Pérez es el contralor de Allied Electronics, un fabricante de dispositivos para la industria de computadoras. A él se le está considerando para una promoción al puesto de director de finanzas.

1. En el siguiente cuadro, indique qué ejecutivo es *principalmente* responsable de cada actividad. **Se requiere**

Actividad	Contralor	Director de finanzas
Administración de las cuentas por pagar		
Comunicación con los inversionistas		
Revisión estratégica de las diferentes líneas de negocio		
Elaboración de presupuestos de fondos para la modernización de la planta		
Administración de inversiones a corto plazo de la compañía		
Negociación de tarifas con los auditores		
Evaluación de la rentabilidad de varios productos		
Evaluación de los costos y beneficios para el diseño de un nuevo producto		

2. Con base en este cuadro y en su comprensión de los dos papeles, ¿qué tipos de capacitación o de experiencias encontrará Jorge más útiles para el puesto de director de finanzas?

1-28 Compañía farmacéutica, presupuestos, ética. En fechas recientes, Eric Johnson fue promovido al puesto de contralor de investigación y desarrollo (IyD) en la empresa PharmaCor, una firma farmacéutica de Fortune 500, la cual elabora medicamentos de receta y complementos nutricionales. Se esperaba que el costo total de investigación y desarrollo (presupuestado) de la compañía para 2012 fuera de $5,000 millones. Durante la revisión presupuestal de la compañía a mitad del año, Eric se dio cuenta de que los gastos actuales de investigación y desarrollo ya eran de $3,500 millones, casi 40%, arriba de la meta establecida para la mitad del año. A ese ritmo de gastos actual, la división de investigación y desarrollo estaba en el camino para exceder su presupuesto total al final del año ¡en $2,000 millones!

En la reunión con el director de finanzas, James Clark, más tarde ese día, Johnson le dio las malas noticias. Clark estaba igualmente sorprendido y enfadado porque los gastos de investigación y desarrollo se habían salido de control. Clark no comprendió las cosas cuando Johnson le reveló que el excedente en costos estaba totalmente relacionado con la investigación y el desarrollo del nuevo fármaco Lyricon, el cual se esperaba lanzar al mercado el año siguiente. El nuevo medicamento daría como resultado altas utilidades para PharmaCor, si el producto lograba aprobarse al final del año.

Clark ya había anunciado sus expectativas en relación con las utilidades del tercer trimestre a los analistas de Wall Street. Si los gastos de investigación y desarrollo no se reducían al final del tercer trimestre, Clark tenía la seguridad de que no se lograrían los objetivos que había anunciado públicamente, y que se derrumbaría el precio de las acciones de la compañía. Clark dio indicaciones a Johnson para que maquillara el presupuesto con la finalidad de quedar por debajo del mismo al final del tercer trimestre, usando "cualesquiera medios que fuera necesario".

Johnson era nuevo en el puesto de contralor y quería estar seguro de que se siguieran las órdenes de Clark. Johnson presentó las siguientes ideas para elaborar los objetivos presupuestados del tercer trimestre:

a) Detener todos los esfuerzos de investigación y desarrollo sobre el medicamento Lyricon, hasta después del final del año. Este cambio demoraría el ingreso del medicamento al mercado al menos durante seis meses. También era posible que, mientras tanto, un competidor de PharmaCor lanzara al mercado un fármaco similar.

b) Vender los derechos sobre el medicamento. La compañía no había planeado hacer esto porque, en las condiciones actuales del mercado, obtendría una cantidad inferior al valor real. Sin embargo, daría como resultado una ganancia que se obtendría de una sola vez y compensaría el déficit del presupuesto. Desde luego, se perderían todas las utilidades futuras provenientes de Markapro.

c) Capitalizar algunos de los gastos de investigación y desarrollo de la compañía, reduciendo así la partida de gastos por ese mismo rubro en el estado de resultados. Esta transacción era contraria a las normas de información financiera, pero Johnson pensó que era justificable, ya que el medicamento Lyricon iba a comercializarse a inicios del año siguiente. Johnson argumentaría que la capitalización de los costos de investigación y desarrollo este año, y su registro como gastos el año siguiente, darían lugar a una mejor correspondencia entre los ingresos y los gastos.

Se requiere

1. Con respecto a las "normas de comportamiento ético para los profesionales de la contabilidad administrativa y de la administración financiera", ilustración 1-7 de la página 16, ¿cuáles en las situaciones anteriores (a a c) son aceptables? ¿Cuáles son inaceptables?
2. ¿Qué recomendaría usted a Johnson que hiciera?

1-29 Ética profesional y acciones del fin de año. Janet Taylor es la nueva contralora de la división de bocadillos (tentempiés) de Gourmet Foods. La compañía ha reportado un crecimiento mínimo de 15% en las ganancias anuales, de cada uno de los cinco años anteriores. La división de bocadillos informó un crecimiento anual en utilidades de más de 20% por año en ese mismo periodo. Durante el presente año, la economía entró en una recesión. El contralor corporativo estima una tasa anual de crecimiento en ganancias de 10% para Gourmet Foods este año. Un mes antes del fin del año fiscal al 31 de diciembre del año en curso, Taylor estima que la división de bocadillos reportará un crecimiento anual en utilidades de tan solo 8%. Warren Ryan, el presidente de la división de bocadillos, no está muy contento, pero asegura que todavía tienen que tomarse las "acciones de fin de año".

Taylor realiza algunas investigaciones y logra compilar la siguiente lista de acciones de fin de año, que fueron más o menos aceptadas por el anterior contralor de la división.

a) Aplazar el mantenimiento rutinario mensual de diciembre sobre los equipos de empaque, que realiza un contratista independiente, hasta enero del año siguiente.

b) Extender el cierre del año fiscal actual más allá del 31 de diciembre, de modo que algunas de las ventas del siguiente año se incluyan en el año actual.

c) Alterar los documentos con las fechas de embarque por las ventas de enero próximo para registrarlas como ventas en diciembre del año actual.

d) Ofrecer al personal de ventas un bono doble si logra exceder los objetivos de ventas de diciembre.

e) Diferir la publicidad del periodo actual, mediante la reducción del número de anuncios por televisión en diciembre, y presentar más anuncios de los planeados en enero del año siguiente.

f) Diferir los costos por publicidad reportados para el periodo actual, haciendo que la agencia de publicidad externa de Gourmet Foods retrase la facturación de los anuncios de diciembre hasta enero del año siguiente, o bien, solicitando que la agencia altere las facturas para ocultar la fecha de diciembre.

g) Persuadir a los transportistas de que acepten mercancía para embarques en diciembre del año actual aunque, por lo general, no lo hubieran hecho así.

Se requiere

1. ¿Por qué querría el presidente de la división de bocadillos tomar tales acciones de fin de año?
2. Taylor está profundamente consternada y lee las "normas de comportamiento ético para los profesionales de la contabilidad administrativa y de la administración financiera" en la ilustración 1-7 (p. 16). Clasifique cada una de las acciones de fin de año (a a g) como aceptables o inaceptables, según ese documento.
3. ¿Qué debería hacer Taylor si Ryan indica que estas acciones de fin de año se tomen en todas las divisiones de Gourmet Foods y que ella perjudicará mucho a la división de bocadillos, si no coopera y pinta el panorama lo más optimista posible acerca de los resultados de la división?

1-30 Ética profesional y acciones de fin de año. Deacon Publishing House es una compañía de publicaciones que vende revistas para consumidores. La división para el hogar, que comercializa revistas para el mejoramiento y la decoración de la casa, ha observado una reducción de 20% en el ingreso operativo durante los nueve meses anteriores, sobre todo debido a la reciente recesión económica y a la depresión en el mercado de los consumidores de artículos para el hogar. El contralor de la división, Todd Allen, ha sentido algunas presiones provenientes del director de finanzas para mejorar los resultados operativos de su división al final del año. Allen está considerando las siguientes opciones para el mejoramiento del desempeño de la división al final del año:

a) Cancelar dos de las revistas menos rentables de la división, lo cual daría como resultado el despido de 25 trabajadores.

b) La venta del nuevo equipo de impresión que se compró en enero y su reemplazo con un equipo desechado y proveniente de una de las otras divisiones de la compañía. El equipo que fue desechado en forma anterior ya no satisface las normas de seguridad actuales.

c) El reconocimiento de los ingresos no devengados por suscripciones (efectivo que se ha recibido en forma anticipada por las revistas que se entregarán en el futuro), como un ingreso cuando se recibe el efectivo en el mes actual (justo antes del fin del año fiscal), en vez de mostrarlo como un pasivo.

d) La reducción de la provisión para los gastos por cuentas incobrables de la división. Por sí misma, esta transacción aumentaría el ingreso operativo en 5 por ciento.

e) Reconocer en el mes de diciembre los ingresos por anuncios publicitarios que se relacionan con el mes de enero.

f) Cambiar el método de depreciación de saldo decreciente a depreciación en línea recta, con la finalidad de reducir el gasto por depreciación en el año actual.

1. ¿Cuáles son las motivaciones para que Allen mejore las utilidades operativas de fin de año de la división?

2. Desde el punto de vista de las "normas de comportamiento ético para los profesionales de la contabilidad administrativa y de la administración financiera", ilustración 1-7 (p. 16), ¿cuáles de las siguientes situaciones (a a f) son aceptables? ¿Cuáles son inaceptables?

3. ¿Qué debería hacer Allen con respecto a la presión para mejorar el desempeño?

Problema de aprendizaje colaborativo

1-31   Compañía global, desafíos éticos. Brehdahl Logistics, una compañía de trasporte estadounidense, acaba de empezar la distribución de bienes a Noruega a través del Atlántico. La firma comenzó sus operaciones en 2010 transportando bienes hacia Sudamérica. Las ganancias de la compañía actualmente se ubican detrás de las de sus competidores y los inversionistas de Brehdahl se están preocupando por ello. Algunos de los inversionistas más grandes de la compañía están incluso hablando de vender su participación en el negocio recién llegado al sector de los transportes. El director general de Brehdahl, Marcus Hamsen, ha convocado a una reunión de emergencia con su equipo ejecutivo. Hamsen necesita un plan antes de su próxima reunión con los inversionistas inconformes. El personal ejecutivo de Brehdahl hizo las siguientes sugerencias para salvar los resultados operativos a corto plazo de la compañía:

a) Detener cualesquiera esfuerzos de embarques trasatlánticos. Los costos de arranque de las nuevas operaciones están perjudicando los márgenes de utilidad actuales.

b) Hacer profundas reducciones al sistema de precios hasta el fin del año, con la finalidad de generar ingresos adicionales.

c) Presionar a los clientes actuales para que acepten una entrega anticipada de bienes antes del final del año, de modo que se logre reportar un mayor ingreso en los estados financieros de este año.

d) Venta de liquidación de equipo de distribución antes del fin del año. La venta daría como resultado ganancias que se obtendrían una sola vez y que compensarían las utilidades rezagadas de la compañía. El equipo que se posee actualmente podría reemplazarse con un equipo arrendado a un costo menor en el año actual.

e) Registrar el bono de fin de año por remuneración de ejecutivos en el siguiente año al pagarse después del fin del año fiscal de diciembre.

f) Reconocer los ingresos por ventas sobre las órdenes recibidas, pero no embarcadas, como si fueran del final del año.

g) Establecer las oficinas matrices corporativas en Irlanda antes del fin del año, disminuyendo así la tasa fiscal corporativa de la empresa de 28% a 12.5 por ciento.

1. Como contador administrativo de Brehdahl, evalúe cada una de las situaciones anteriores (a a g) en el contexto de las "normas de comportamiento ético para los profesionales de la contabilidad administrativa y de la administración financiera", ilustración 1-7 (p. 16). ¿Cuáles de estas situaciones implican una transgresión de tales normas éticas y cuáles son aceptables?

2. ¿Qué debería hacer el contador administrativo con respecto a aquellas situaciones que representan una transgresión a las normas éticas establecidas para los contadores administrativos?

Introducción a los términos y propósitos de los costos

▶ Objetivos de aprendizaje

1. Definir y ejemplificar un objeto de costos.

2. Distinguir entre costos directos y costos indirectos.

3. Explicar los costos variables y los costos fijos.

4. Interpretar cuidadosamente los costos unitarios.

5. Distinguir los costos inventariables de los costos del periodo.

6. Explicar por qué los costos del producto se calculan de diferentes formas para distintos propósitos.

7. Describir el marco de referencia para la contabilidad de costos y para la administración de costos.

¿Qué significa para usted la palabra costos?

¿Es el precio que se paga por algo de valor? ¿Un flujo de salida de efectivo? ¿Algo que afecta a la rentabilidad? Hay muchos tipos diferentes de costos y, en distintos momentos, las organizaciones hacen mayor o menor énfasis en ellos. Cuando las épocas son buenas, las compañías a menudo se concentran en vender tanto como puedan y los costos quedan relegados a un segundo término. Pero, cuando los tiempos son difíciles, usualmente el énfasis cambia a los costos y a la manera de reducirlos, como lo intentó General Motors. Por desgracia, cuando los tiempos se volvieron realmente malos, GM no logró reducir los costos con suficiente rapidez y ello la condujo al capítulo 11 de la quiebra o bancarrota.

GM colapsa bajo el peso de sus costos fijos[1]

Después de casi 80 años de ser el fabricante de automóviles más grande del mundo, General Motors (GM) se vio obligada a solicitar una protección por quiebra en 2009. El descenso en ventas y el incremento de competidores japoneses, como Toyota y Honda, afectaron a la viabilidad de GM dados sus altos costos fijos, que no disminuyeron en la medida en que se reducía el número de automóviles que fabricaba y haciendo que las ventas declinaran.

Después de una década de "ajustarse el cinturón", GM logró alinear sus costos variables —como los costos de materiales que variaban según el número de vehículos que fabricaba— con los que manejaban los japoneses. De manera lamentable para GM, un alto porcentaje de sus costos operativos eran fijos porque los contratos sindicales dificultaban que la compañía cerrara sus fábricas, o redujera las prestaciones por pensiones y servicios médicos que se daban a los trabajadores jubilados.

Para cubrir sus altos costos fijos, GM necesitaba vender un gran número de automóviles. A inicios de 2001 empezó a ofrecer incentivos y rebajas en ventas, los cuales fueron un tanto exitosos durante algunos años. GM también se expandió de manera dinámica hacia China y hacia Europa.

Sin embargo, en 2005 los esfuerzos de crecimiento disminuyeron y la compañía perdió $10,400 millones de dólares. Como resultado, GM emprendió un plan de reorganización cerrando más de una docena de plantas, eliminó decenas de miles de puestos de trabajo, redujo las prestaciones en los planes de retiro para sus más de 40,000 trabajadores asalariados, y congeló su programa de pensiones.

Aun a pesar de estas reducciones, GM no logró disminuir sus costos con la suficiente rapidez como para mantenerse al nivel del mercado de automóviles y camiones en constante declive. En Estados Unidos, cuando los precios de la gasolina aumentaron por arriba de los $4 por galón, la mezcla de productos de GM se encontraba

---

[1] *Fuentes:* Loomis, Carol. 2006 The Tragedy of General Motors. *Fortune*, 6 de febrero; *New York Times*. 2009. Times Topics. Automotive Industry Crisis. 6 de diciembre. http://topics.nytimes.com/top/reference/timestopics/subjects/c/credit_crisis/auto_industry/index.html; Taylor III, Alex. 2005. GM hits the skids. Fortune, 4 de abril; Vlasic, Hill y Nick Bunkley, 2008. G. M. says U.S. cash is its best hope, *New York Times*, 8 de noviembre.

demasiado inclinada hacia camiones, camionetas y vehículos todoterreno que consumían demasiada gasolina, todos los cuales enfrentaban en su totalidad disminuciones significativas en ventas.

A finales de 2008, a medida que empeoraba la crisis económica, GM anunció planes para reducir $15,000 millones en costos y obtener $5,000 millones por la venta de activos, como su marca Hummer de vehículos todoterreno. "Estamos efectuando reducciones al máximo", afirmó Fritz Henderson, presidente de GM. "Pero dada la situación, consideramos que es lo adecuado."

En efecto, fue adecuado, aunque no fue suficiente. En noviembre de 2008, GM había perdido más de $18,000 millones en el año y el gobierno prestó a la compañía $20,000 millones para continuar con sus operaciones. A final de cuentas, sus esfuerzos de reestructuración fueron insuficientes y el peso de los costos fijos de GM la llevó a la quiebra. En los documentos ante los tribunales, la empresa reportaba $82,300 millones en activos y $172,800 millones en deuda.

Cuando salga de la quiebra, GM será una compañía mucho más pequeña con tan solo cuatro marcas de automóviles (en comparación con las ocho anteriores), una reducción de trabajadores sindicalizados de planta que supera los 20,000 empleados y otras 20 fábricas cerradas.

Como lo ilustra la historia de GM, los gerentes deben entender los costos con la finalidad de interpretar y actuar sobre la información contable. Las organizaciones tan variadas como United Way, Clínica Mayo y Sony generan reportes que contienen una variedad de conceptos y términos de costos que los gerentes necesitan para operar sus negocios. Los gerentes deben entender dichos conceptos y términos para usar con efectividad la información que se les brinda. Este capítulo expone los conceptos y términos de costos que son la base de la información contable, utilizada para elaborar reportes que sirven con fines de información interna y externa.

Costos y terminología de costos

Los contadores definen el **costo** como un sacrificio de recursos que se asigna para lograr un objetivo específico. Un costo (como los materiales directos o la publicidad) por lo general se mide como la cantidad monetaria que debe pagarse para adquirir bienes o servicios. Un **costo real** es aquel en que ya se ha incurrido (un costo histórico o pasado), a diferencia de un **costo presupuestado**, el cual es un costo predicho o pronosticado (un costo futuro).

Cuando se piensa en el costo, invariablemente se piensa en este dentro del contexto de identificar el costo de algo en particular. Llamamos a esto **objeto de costos**, que es cualquier cosa para la cual se desea una medición de costos.  Suponga que usted fuera un gerente de la planta de BMW en Spartanburg, Carolina del Sur. BMW fabrica varios tipos diferentes de automóviles y vehículos deportivos (SAV) en esta planta. ¿En qué objetos de costos pensaría usted? Ahora observe la ilustración 2-1.

Usted verá que los gerentes de BMW no solamente quieren saber el costo de varios productos, como el BMW X5, sino también quieren conocer los costos de cuestiones tales como proyectos, servicios y departamentos. Los gerentes usan su conocimiento de tales costos para orientar sus decisiones acerca de, por ejemplo, la innovación del producto, la calidad y el servicio al cliente.

Objetivo de aprendizaje 1

Definir y ejemplificar un objeto de costos

... algunos ejemplos de objetos de costos son los productos, los servicios, las actividades, los procesos y los clientes

Ilustración 2-1

Ejemplos de objetos de costos en BMW

Objeto de costos	Ejemplo
Producto	Un vehículo deportivo BMW X5
Servicio	Una línea telefónica gratuita que brinda información y asistencia a los distribuidores de BMW
Proyecto	Un proyecto de investigación y desarrollo acerca del mejoramiento del sistema de DVD en los automóviles BMW
Cliente	Herb Chambers Motors, el distribuidor de BMW que compra una amplia variedad de tales vehículos
Actividad	Configuración de las máquinas para la fabricación o para el mantenimiento del equipo de producción
Departamento	Departamento ambiental, de salud y seguridad

Piense ahora si un gerente de BMW se interesaría en conocer el *costo presupuestado* de un objeto de costos o el *costo real*. Casi siempre los gerentes necesitan conocer ambos tipos de costos cuando toman decisiones. Por ejemplo, la comparación entre los costos presupuestados con los costos reales ayuda a los gerentes a evaluar qué tan bueno ha sido el desempeño, y a aprender acerca de cómo pueden hacerlo mejor en el futuro.

¿Cómo un sistema de costos puede determinar los costos de varios objetos de costos? Por lo general, en dos etapas básicas: la acumulación seguida por la asignación. La **acumulación de costos** es la recopilación de datos sobre costos en alguna forma organizada, mediante un sistema contable. Por ejemplo, en su planta de Spartanburg, BMW recopila (acumula) los costos en diversas categorías como diferentes tipos de materiales, distintas clasificaciones de mano de obra y costos incurridos en la supervisión. Posteriormente, los gerentes y los contadores administrativos *asignan* estos costos acumulados a objetos de costos designados, como los diferentes modelos de autos que BMW fabrica en la planta. Los gerentes de BMW utilizan esta información de costos en dos formas principales:

1. Cuando *toman* decisiones, por ejemplo, sobre cómo asignar el precio a diferentes modelos de automóviles, o bien, sobre cuánto invertir en investigación y desarrollo, así como en marketing, y

2. al *implementar* decisiones, influyendo en los empleados y motivándolos para que actúen y aprendan, por ejemplo, recompensando a los trabajadores por sus logros en la reducción de costos.

Ahora que sabemos por qué es de utilidad asignar los costos, dirigiremos nuestra atención hacia algunos conceptos que nos ayudarán a hacerlo. Piense nuevamente en los diferentes tipos de costos que acabamos de exponer: materiales, mano de obra y supervisión. Quizás usted esté pensando que algunos costos, como los costos de materiales, son más fáciles de asignar a un objeto de costo que otros, como los costos de supervisión. Como veremos, en realidad ese el caso.

Punto de decisión

¿Qué es un objeto de costo?

Costos directos y costos indirectos

A continuación describiremos la manera en que los costos se clasifican como directos e indirectos, así como los métodos que se emplean para asignar estos costos a los objetos de costos.

Objetivo de aprendizaje 2

Distinguir entre costos directos

… costos que se atribuyen al objeto de costo

y costos indirectos

… costos que se asignan al objeto de costo

■ Los **costos directos de un objeto de costos** se relacionan con el objeto de costos en particular y pueden atribuirse a dicho objeto desde un punto de vista económico (eficiente en cuanto a costos). Por ejemplo, el costo del acero o de los neumáticos es un costo directo del BMW X5. El costo del acero o de los neumáticos puede atribuirse con facilidad a los BMW X5 o identificarse con ellos. Los trabajadores de la línea del BMW X5 requieren materiales del almacén, en tanto que el documento de requisición de materiales identifica el costo de los materiales suministrados para el X5. Asimismo, los trabajadores individuales registran el tiempo que se utiliza para trabajar en las hojas de registro del X5. El costo de esa mano de obra se atribuye con facilidad al X5 y es otro ejemplo de un costo directo. El término **costo atribuible** se utiliza para describir la asignación de los costos directos a un objeto de costos específico.

■ Los **costos indirectos de un objeto de costos** se relacionan con el objeto de costos particular; sin embargo, no pueden atribuirse a dicho objeto desde un punto de vista económico (eficiente en cuanto a costos). Por ejemplo, los sueldos de los administradores de la planta (incluyendo al gerente de la planta), quienes supervisan la producción de los diversos y diferentes tipos de vehículos que se producen en la planta Spartanburg son un costo indirecto de los X5. Los costos por administración de la planta se relacionan con el objeto de costos (los X5), porque la administración de la planta es necesaria para administrar la producción de los X5. Los costos por administración de la planta son costos indirectos, ya que los gerentes de dicha planta también supervisan la producción de otros productos, como el Roadster Z4. A diferencia del costo del

TIPO DE COSTOS	ASIGNACIÓN DE COSTOS	OBJETO DE COSTOS
Costos directos Ejemplo: costo del acero y los neumáticos para el BMW X5	**Atribución de costos** Basada en un documento de requisición de materiales	Ejemplo: BMW X5
Costos indirectos Ejemplo: costo del arrendamiento de la planta en Spartanburg, donde BMW fabrica el X5 y otros modelos de automóvil	**Aplicación de costos** Sin documentos de requisición	

Ilustración 2-2

Asignación de costos a un objeto de costos

acero o de los neumáticos, no hay una requisición de los servicios de administración de la planta y es prácticamente imposible atribuir los costos por administración de la planta a la línea X5. El término **aplicación de costos** se usa para describir la aplicación de los costos indirectos a un objeto de costos en particular. La **asignación de costos** es un término general que abarca: 1. la atribución de los costos directos a un objeto de costos y 2. la asignación de los costos indirectos a un objeto de costos. La ilustración 2-2 muestra los costos directos y los costos indirectos, y ambas formas de asignación de costos —atribución de costos y aplicación de costos— con el ejemplo del BMW X5.

Desafíos en la asignación de costos

Considere el costo del arrendamiento de la planta de Spartanburg. Se trata de un costo indirecto del X5, pues no hay un contrato de arrendamiento por separado para el área de la planta donde se fabrica el X5. No obstante, BMW *asigna* al X5 parte del costo del arrendamiento del edificio con base, por ejemplo, en una estimación del porcentaje del espacio del edificio ocupado para la producción del X5 en relación con el espacio total que se usa para producir todos los modelos de automóvil.

Los gerentes desean asignar con exactitud los costos a los objetos de costos. La existencia de costos de productos inexactos induciría a errores a los gerentes con respecto de la rentabilidad de diferentes productos, y podría ocasionar que los gerentes promovieran de manera inadvertida productos poco rentables y que subestimaran la importancia de los productos rentables. En general, los gerentes tienen más confianza en la exactitud de los costos directos del objeto de costos, tal como el costo del acero y de los neumáticos del X5.

Por otro lado, la identificación de los costos indirectos de los objetos de costos suele ser más desafiante. Considere el arrendamiento. Un método intuitivo consiste en asignar los costos del arrendamiento en función del espacio total que ocupa cada modelo de automóvil. Dicho enfoque mide de una manera razonable y exacta los recursos del edificio que utiliza cada modelo de automóvil. Cuanto más espacio ocupe un modelo de automóvil, mayores serán los costos por arrendamiento asignados al mismo. Sin embargo, la asignación exacta de otros costos indirectos, como la administración de la planta para el X5, resulta más difícil. Por ejemplo, ¿deberían asignarse estos costos con base en el número de individuos que trabajan en cada modelo de automóvil, o en el número de automóviles fabricados para cada modelo? La forma en que se debe medir la porción de la administración de la planta utilizada por cada modelo de automóvil no está bien definida.

Factores que influyen en las clasificaciones de costos en directos e indirectos

Varios factores influyen en la clasificación de un costo como directo o indirecto:

■ **La importancia relativa del costo en cuestión.** Cuanto más pequeño sea el monto de un costo —es decir, cuanto menor sea la importancia relativa de dicho costo— será menos probable que económicamente sea factible atribuir ese costo a un objeto de costos en particular. Considere el caso de una empresa de catálogos para compras por correo como Lands' End. Sería económicamente factible atribuir el cargo de la mensajería, por la entrega de un paquete a un cliente individual, como un costo directo. En contraste, el costo del documento de la factura incluido en el paquete se clasificaría como un costo indirecto. ¿Por qué? Aunque el costo del documento se podría atribuir a cada cliente, hacer esto no es eficiente en cuanto a costos. Los beneficios de saber que, por ejemplo, se incluye papel con valor exacto de 0.5 centavos en cada paquete no exceden los costos de procesamiento de datos y administrativos al atribuir el costo a cada paquete. El tiempo del gerente de ventas, quien gana un sueldo de $45,000 al año, se utilizaría mejor organizando la información del cliente para dar apoyo a los esfuerzos de marketing, que en el seguimiento en los costos del papel.

■ **Tecnología disponible para recopilación de la información.** Las mejoras en la tecnología para la recopilación de la información hacen posible considerar cada vez más costos como costos directos. Los códigos de barras, por ejemplo, permiten que las plantas de manufactura traten ciertos materiales de bajo costo como los sujetapapeles y los tornillos (que se clasificaban anteriormente como costos indirectos) como costos directos de los productos. En Dell las partes componentes como los chips de la computadora y el compartimiento del CD-ROM muestran un código de barras que puede escanearse en cada uno de los puntos del proceso de producción. Los códigos de barras se pueden leer dentro de un archivo de costos por manufactura activando un lector óptico manual, de una forma igualmente rápida y eficiente, que cuando los empleados de las cajas de salida de los supermercados ingresan el costo de cada artículo comprado por un cliente.

■ **Diseño de las operaciones.** La clasificación de un costo como directo es más fácil, si las instalaciones de una compañía (o alguna parte de ellas) se utilizan en forma exclusiva para un objeto de costos específico, como un producto o un cliente en particular. Por ejemplo, el costo de la planta de General Chemicals dedicada a la fabricación de carbonato sódico es un costo directo de dicho carbonato.

Es importante estar conscientes de que un costo específico puede ser tanto un costo directo de un objeto de costos, como un costo indirecto de otro objeto de costos. *Es decir, la clasificación directo/indirecto depende de la elección del objeto de costos.* Por ejemplo, el sueldo de un supervisor del departamento de ensamble en BMW es un costo directo, si el objeto de costos es el departamento de ensamble; pero sería un costo indirecto si el objeto de costos fuera un producto como el BMW X5 SAV, porque el departamento de ensamble arma muchos modelos diferentes. Una regla de utilidad que se debe recordar es que cuanto más amplia sea la definición del objeto de costos —el departamento de ensamble en vez del X5 SAV—, mayor será la proporción de costos totales que sean costos directos, y más confianza tendrá un gerente en la exactitud de los montos de costos resultantes.

Punto de decisión ▶

¿Cómo deciden los administradores si un costo es un costo directo o uno indirecto?

Patrones de comportamiento de los costos: costos variables y costos fijos

Objetivo de aprendizaje **3**

Explicar los costos variables y los costos fijos

... las dos formas básicas en que se comportan los costos

Los sistemas de costeo registran el costo de los recursos adquiridos, como materiales, mano de obra y equipo, y dan seguimiento a la manera en que tales recursos se utilizan para producir y vender productos o servicios. El registro de los costos de los recursos adquiridos y usados permite a los administradores observar la manera en se comportan los costos. Piense en dos tipos básicos de patrones del comportamiento de costos que se encuentran en muchos sistemas contables. Un **costo variable** cambia *totalmente* en proporción con los cambios relacionados con el nivel de actividad o volumen total. Un **costo fijo** se mantiene estable *en su totalidad* durante cierto periodo de tiempo, a pesar de los amplios cambios en el nivel de actividad o volumen total. Los costos se definen como variables o fijos, con respecto a *una actividad específica* y *durante un periodo de tiempo determinado*. Encuestas realizadas han mostrado en forma repetida que la identificación de un costo como variable o como fijo brinda información valiosa para la toma de decisiones administrativas, y es un insumo importante cuando se evalúa el desempeño. Para ejemplificar los dos tipos básicos de costos, considere nuevamente los costos de la planta de BMW en Spartanburg, Carolina del Sur.

1. **Costos variables:** Si BMW compra un volante en $60 para cada uno de sus vehículos BMW X5, entonces, el costo total de los volantes será de $60 multiplicado por el número de vehículos producidos, como se indica el siguiente cuadro.

Número de X5 producidos (1)	Costo variable por volante (2)	Costo variable total de los volantes (3) = (1) × (2)
1	$60	$ 60
1,000	60	60,000
3,000	60	180,000

El costo del volante es un ejemplo de un costo variable, porque el *costo total* cambia en proporción a las variaciones en el número de vehículos fabricados. En un costo variable en costo por unidad es constante. Se debe precisamente al hecho de que el costo variable por volante de la columna 2 es el mismo para cada volante, y que el costo variable total de volantes en la columna 3 cambia de manera proporcional con el número de X5 producidos en la columna 1. Cuando se considera la forma en que se comportan los costos variables, siempre es importante centrar la atención en los costos *totales*.

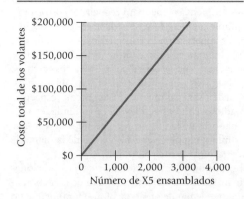

PANEL A: Costo variable de los volantes a razón de $60 por cada BMW X5 ensamblado

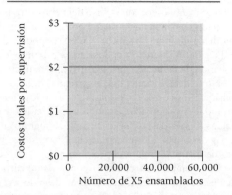

PANEL B: Costos de supervisión para la línea de ensamble del BMW X5 (en millones)

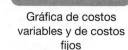

Ilustración 2-3

Gráfica de costos variables y de costos fijos

La ilustración 2-3, panel A, ilustra en forma gráfica el costo variable total de los volantes. El costo está representado por una línea recta que asciende de izquierda a derecha. Las frases "estrictamente variable" y "proporcionalmente variable" se usan algunas veces para describir el costo variable en el panel A.

Considere un ejemplo de un costo variable con respecto a una actividad diferente: el sueldo de $20 por hora que se paga a cada trabajador por efectuar la configuración de las máquinas en la planta de Spartanburg. El costo de la mano de obra para tal configuración es un costo variable con respecto a las horas de configuración, ya que el costo de configuración cambia en forma total y proporcional al número de horas que se usen para la configuración de las máquinas.

2. **Costos fijos:** Suponga que BMW incurre en un costo total de $2,000,000 por año para los supervisores que trabajan exclusivamente en la línea del X5. Estos costos permanecen constantes en forma total, y son designados dentro del rango de variación del número de vehículos producidos durante cierto periodo de tiempo (véase la ilustración 2-3, panel B). Los costos fijos se vuelven cada vez más pequeños sobre una base por unidad, conforme se incrementa el número de vehículos ensamblados, como muestra el siguiente cuadro.

Total de costos fijos de supervisión anuales para la línea de ensamble del BMW X5 (1)	Número de X5 producidos (2)	Costo fijo de supervisión por X5 (3) = (1) ÷ (2)
$2,000,000	10,000	$200
$2,000,000	25,000	80
$2,000,000	50,000	40

Se debe precisamente al hecho de que los costos *totales* de la supervisión de línea permanecen fijos a $2,000,000, por lo que los costos fijos de supervisión por X5 disminuyen conforme aumenta el número de X5 producidos; el mismo costo fijo se distribuye en un mayor número de vehículos X5. No se confunda por el cambio en los costos fijos por unidad. Al igual que en el caso de los costos variables, cuando se consideran los costos fijos, concéntrese siempre en *los costos totales*. Los costos son fijos cuando los costos totales permanecen constantes, a pesar de existir cambios significativos en el nivel de actividad o en el volumen total.

¿Por qué algunos costos son variables y otros son fijos? Recuerde que un costo se mide, por lo general, como la cantidad de dinero que debe pagarse para adquirir bienes o servicios. El costo total de los volantes es un costo variable porque BMW compra los volantes tan solo cuando los necesita. Conforme se producen más X5, se adquiere una mayor cantidad de volantes en forma proporcional y se incurre en más costos en una manera igualmente proporcional.

Contraste la descripción de los costos variables con los $2,000,000 por costos anuales fijos en que incurre BMW por la supervisión de su línea de ensamble para X5. Este nivel de supervisión se adquiere y se instala mucho antes de que BMW lo utilice para producir X5, y antes de que BMW sepa incluso cuántos X5 habrá de producir. Suponga que BMW asigna a individuos capaces de supervisar la producción de 60,000 vehículos X5 cada año. Si la demanda es tan solo por 55,000 autos X5, habrá una capacidad ociosa. Los supervisores de línea de los X5 podrían haber supervisado la producción de 60,000 vehículos X5, pero supervisarán tan solo 55,000 autos X5, a causa de una menor demanda. Sin embargo, BMW debe pagar por la capacidad no usada de supervisión de la línea, ya que el costo de la supervisión no se podría reducir en el corto plazo. Si la demanda es más baja —digamos, solamente de 50,000 X5—, los costos de la supervisión de la línea aún serán los mismos $2,000,000 y aumentará la capacidad ociosa.

A diferencia de los costos variables, los costos fijos de recursos (como la supervisión de una línea de producción) no pueden cambiarse de manera rápida y fácil para ajustarse a los recursos necesarios o usados. Sin embargo, con el paso del tiempo, los gerentes toman acciones para reducir los costos fijos. Por ejemplo, si la línea de los X5 necesita funcionar durante un menor número de horas debido a una baja demanda para los autos X5, BMW podría despedir supervisores o reasignarlos a otra línea de producción. A diferencia de los costos variables, que se eliminan en forma automática, si los recursos no se usan, la reducción de los costos fijos requiere de una intervención activa por parte de los gerentes.

No se debe suponer que las partidas individuales de costos son inherentemente variables o fijas. Considere los costos de la mano de obra, los cuales pueden ser meramente variables con respecto a las unidades producidas, cuando se paga a los trabajadores con base en las piezas o unidades producidas (tasa a destajo). Por ejemplo, a algunos trabajadores de la industria de prendas de vestir se les paga con base al número de camisas cosidas. En cambio, algunas veces los costos de la mano de obra de una planta para el próximo año se clasifican adecuadamente como fijos.

Por ejemplo, un contrato con un sindicato laboral podría establecer salarios y condiciones anuales, contener una cláusula de no despido y restringir severamente la flexibilidad de una compañía para reasignar trabajadores a cualquier otra planta que demande mano de obra. Durante mucho tiempo, las compañías japonesas han tenido una política de empleo vitalicio para sus trabajadores. Aunque tal política implica mayores costos fijos de mano de obra, los beneficios son un incremento en la lealtad y en la dedicación a la compañía, así como una productividad más alta. Como lo ilustra el ejemplo de General Motors al inicio del capítulo (página 26), tal política aumenta el riesgo de pérdidas durante las recesiones económicas, a medida que disminuyen los ingresos mientras los costos fijos permanecen constantes. La reciente crisis económica global ha vuelto a las compañías muy cautelosas para comprometerse con costos fijos. La sección Conceptos en acción de la página 33 describe la manera en que un servicio de automóviles compartidos ofrece a las compañías la oportunidad de convertir los costos fijos de poseer automóviles corporativos en costos variables, mediante la renta de automóviles con base en las necesidades del momento.

Una partida de costos específica sería variable con respecto a un nivel de actividad, y fija con respecto a otro. Considere los costos anuales de registros y licencias de una flotilla de aeronaves que posee una aerolínea. Los costos por el registro y las licencias serían variables con respecto al número de aviones que se tengan. Sin embargo, los costos por el registro y la licencia para un avión en particular son fijos con respecto a las millas recorridas por ese avión durante un año.

Para centrar la atención en los conceptos clave, hemos clasificado el comportamiento de los costos como variables o fijos. Algunos costos tienen elementos tanto fijos como variables, y se denominan costos *mixtos* o *semivariables*. Por ejemplo, los costos por los servicios telefónicos de una compañía pueden implicar un pago mensual fijo y un cargo por cada minuto de teléfono usado. Exponemos los costos y las técnicas de tipo mixto para separar sus componentes fijos y variables en el capítulo 10.

Punto de decisión ▶

¿Cómo deciden los gerentes si un costo es variable o fijo?

Generadores de costos

Un **generador de costos** es una variable, como el nivel de actividad o de volumen, que influye de una manera causal en los costos durante cierto periodo de tiempo. Una *actividad* es un evento, una tarea o una unidad de trabajo con una finalidad específica, por ejemplo, el diseño de productos, la configuración de máquinas o la prueba con productos. El nivel de actividad o de volumen es un generador de costos cuando hay una relación de causa y efecto entre un cambio en el nivel de actividad o volumen, y un cambio en el nivel de costos totales. Por ejemplo, si los costos por el diseño de un producto cambian con el número de partes en dicho producto, el número de partes es un generador de costos para los costos del diseño del producto. Asimismo, las millas recorridas son a menudo un generador de costos para los costos de distribución.

El generador de costos de un costo variable es el nivel de actividad o volumen, cuyo cambio ocasiona modificaciones proporcionales en los costos variables. Por ejemplo, el número de vehículos ensamblados es el generador de costos del costo total de los volantes. Si los trabajadores que se ocupan de la configuración de las máquinas reciben un sueldo por hora, el número de horas para la configuración de las máquinas es el generador de costos del total de costos (variables) para tal actividad.

Los costos que son fijos en el corto plazo no tienen un generador de costos en el corto plazo, aunque sí podrían tenerlo en el largo plazo. Considere los costos por probar, digamos, 0.1% de las impresoras a color fabricadas en una planta de Hewlett-Packard. Tales costos consisten en costos de equipos y costos de personal del departamento de pruebas, los cuales son difíciles de cambiar y, por lo tanto, son fijos en el corto plazo con respecto a las variaciones en el volumen de producción. En este caso, el volumen de producción no es un generador de costos para los costos de prueba en el corto plazo. Sin embargo, en el largo plazo, Hewlett-Packard aumentará o disminuirá el equipo y el personal del departamento de pruebas a los niveles necesarios para dar apoyo a los volúmenes de producción futuros. En el largo plazo, el volumen de producción es un generador de costos para los costos por pruebas. Los sistemas de costeo que identifican el costo de cada actividad tales como prueba, diseño o configuración de las máquinas se denominan *sistemas de costeo basados en actividades*.

Conceptos en acción

Cómo Zipcar ayuda a reducir los costos de transporte de los Twitter

Los crecientes precios de la gasolina, los altos costos por los seguros y las elevadas tarifas de estacionamiento han obligado a muchas empresas a volver a examinar si la posesión de automóviles corporativos es económicamente factible. En algunas ciudades, Zipcar ha surgido como una alternativa muy atractiva, pues ofrece una opción "sobre demanda" para que los individuos y las empresas ubicadas en zonas urbanas renten un automóvil por semana, día o, incluso, por hora. Los miembros de Zipcar hacen una reservación por teléfono o por Internet, acuden al estacionamiento donde se localiza el automóvil (por lo general, caminando o en transporte público), usan una tarjeta electrónica o una aplicación de iPhone que abre la puerta del auto mediante un sensor inalámbrico y, luego, simplemente abordan el vehículo y empiezan a conducir.

Las tarifas por renta empiezan aproximadamente en $7 por hora y $66 por día, e incluyen gasolina, seguros y algunas millas de recorrido (por lo general, cerca de 180 millas o 290 km por día). Actualmente, las cuentas de los clientes del negocio ascienden al 15% de los ingresos de Zipcar; no obstante, se espera que esa cifra se duplique en los próximos años.

Pensemos en lo que significa Zipcar para los negocios. Muchas empresas pequeñas tienen uno o dos automóviles propios para asistir a reuniones, realizar entregas y otras diligencias. Asimismo, muchas compañías grandes poseen una flotilla de vehículos para transportar a los ejecutivos y clientes a sus citas, comidas de negocios y al aeropuerto. De manera tradicional, la posesión de tales autos ha implicado costos fijos muy altos, incluyendo la compra del activo (el vehículo), los costos del departamento de mantenimiento y los seguros para múltiples conductores. Por desgracia, las empresas no tenían otras opciones.

Sin embargo, actualmente firmas como Twitter pueden usar a Zipcar para tener a su disposición una movilidad por demanda reduciendo, al mismo tiempo, los costos indirectos y los costos por transporte. Situados en el centro de la ciudad de San Francisco, los gerentes de Twitter usan la flotilla de Mini Coopers y de Toyotas Prius de Zipcar para reunirse con los inversionistas y socios de negocios en Silicon Valley. "Nosotros usaríamos un automóvil de Zipcar para llevar a San José a un grupo de inversionistas o para atravesar la ciudad", afirma Jack Dorsey, cofundador del servicio de microblogging. "Aquí es difícil encontrar taxis y son poco confiables". Twitter también usa los servicios de Zipcar cuando viaja lejos de las oficinas centrales, como cuando visita a anunciantes en la ciudad de Nueva York y a proveedores de tecnología en Boston, olvidándose de los tradicionales sedanes negros y de los prolongados viajes en taxi desde el aeropuerto.

Desde una perspectiva de negocios, Zipcar permite a las organizaciones convertir los costos fijos por la posesión de un automóvil de la compañía en costos variables. Si los negocios disminuyen, o si no se necesita un automóvil para visitar a un cliente, los clientes de Zipcar no tienen que cargar con los costos fijos que resultan de la propiedad de un vehículo. Desde luego, si las compañías usan Zipcar con demasiada frecuencia, podrían terminar pagando más, en general, que lo que hubieran pagado por la compra y el mantenimiento de sus propios automóviles.

Junto con la reducción en los gastos corporativos, los servicios compartidos de automóviles como Zipcar reducen los congestionamientos en las carreteras y fomentan la sustentabilidad del ambiente. Los usuarios han reportado la reducción de las millas que recorren los vehículos en 44%, y las encuestas indican que las emisiones de CO_2 se redujeron hasta en 50% por usuario. Más allá de eso, cada auto compartido saca hasta 20 automóviles del camino, dado que los miembros venden sus vehículos o deciden no comprar autos nuevos —lo cual desafía integralmente el principio de poseer un automóvil. "El futuro del transporte será una mezcla de cosas como Zipcar, el transporte público y la propiedad de vehículos privados", afirma Bill Ford, presidente ejecutivo de Ford. No obstante, el fabricante de automóviles no está preocupado. "No solamente no tengo temor de ello, sino que considero que es una gran oportunidad para que nosotros participemos en la cambiante naturaleza de automóviles particulares."

Fuentes: Keegan, Paul. 2009 Zipcar–the best new idea in business. *Fortune*, 27 de agosto, http://money.cnn.com/2009/08/26/news/companies/zipcar_car_rentals.fortune/; Olsen, Elizabeth. 2009. Car sharing reinvents the comany wheels. *New York Times*, 7 de mayo. http://www.nytimes.com/2009/05/07/business/businessspecial/07CAR.html; Zipcar, Inc. Zipcar for business case studies, http://www.zipcar.com/business/is-it/case-studies fecha de acceso, 8 de octubre de 2009)

Rango relevante

El rango relevante es la banda del nivel o volumen de la actividad normal, donde hay una relación específica entre el nivel de actividad o volumen, y el costo en cuestión. Por ejemplo, un costo fijo es fijo solamente en relación a un rango dado de actividad o volumen total (en el cual se espera que opere la compañía) y tan solo durante un periodo de tiempo determinado (por lo general, un periodo de presupuestos específico). Suponga que BMW contrata a Thomas Transport Company (TTC) para que transporte los X5 a sus distribuidores. TTC renta dos camiones y cada camión tiene costos anuales fijos por renta de $40,000. El consumo anual máximo de cada camión es de 120,000 millas. En el año actual (2011), los recorridos totales previstos en forma combinada para los dos camiones son de 170,000 millas.

Ilustración 2-4

Comportamiento de los costos fijos en Thomas Transport Company

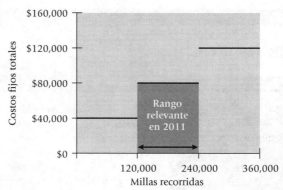

La ilustración 2-4 muestra cómo se comportan los costos fijos a diferentes niveles de millas de transporte. Hasta 120,000 millas, TTC puede operar con un camión; de 120,001 a 240,000 millas, opera con dos camiones; de 240,001 a 360,000 millas, opera con tres camiones.

Este patrón continuará a medida que TTC agregue camiones a su flotilla, con la finalidad de proporcionar más millas de recorrido. Dada la predicción de 170,000 millas para 2011, el rango de 120,001 a 240,000 millas recorridas es el rango donde espera operar TTC, lo cual da como resultado costos fijos por renta de $80,000. Dentro de este rango relevante, los cambios en las millas recorridas no afectarán los costos fijos anuales.

Los costos fijos pueden cambiar de un año a otro. Por ejemplo, si en 2012 la tarifa de renta total de los dos camiones aumenta en $2,000, el nivel total de costos fijos aumentará a $82,000 (si todo lo demás permanece igual). Si ese incremento ocurre, los costos totales por renta serán fijos a este nuevo nivel de $82,000 para 2012, por las millas recorridas dentro del rango de 120,001 a 240,000.

El supuesto básico del rango relevante también se aplica a los costos variables. Es decir, fuera del rango relevante, los costos variables, como los materiales directos, quizá no cambien en forma proporcional con las variaciones en el volumen de producción. Más allá de cierto volumen, por ejemplo, los costos de los materiales directos aumentarían a una tasa menor debido a descuentos en precio sobre compras mayores de cierta cantidad.

Relación entre los tipos de costos

Hemos presentado dos clasificaciones de costos básicas: directos e indirectos, y variables y fijos. De manera simultánea, los costos pueden ser como sigue:

- ■ Directos y variables
- ■ Directos y fijos
- ■ Indirectos y variables
- ■ Indirectos y fijos

La ilustración 2-5 muestra ejemplos de costos en cada una de estas cuatro clasificaciones para los BMW X5.

Ilustración 2-5

Ejemplos de costos con combinaciones por las clasificaciones de costos en directos/indirectos y variables/fijos, para un fabricante de automóviles

Patrón de comportamiento de los costos	Asignación de costos al objeto de costos	
	Costos directos	**Costos indirectos**
Costos variables	● Objeto de costos: BMW X5 producidos Ejemplo: Neumáticos empleados en el ensamble del automóvil	● Objeto de costos: BMW X5 producidos Ejemplo: Costos de energía en la planta de Spartanburg. El consumo de energía se mide tan solo para la planta, donde se ensamblan varios productos
Costos fijos	● Objeto de costos: BMW X5 producidos Ejemplo: Sueldo del supervisor en la línea de ensamble del BMW X5	● Objeto de costos: BMW X5 producidos Ejemplo: Costos anuales de arrendamiento en la planta de Spartanburg. El arrendamiento es por toda la planta, donde se elaboran varios productos

Costos totales y costos unitarios

La sección anterior se concentró en los patrones de comportamiento de los costos totales en relación con los niveles de actividad o de volumen. Ahora revisaremos los costos unitarios.

Costos unitarios

Por lo general, el tomador de decisiones debería pensar en términos de costos totales, en vez de costos unitarios. Sin embargo, en muchos contextos de decisión, el cálculo del costo unitario es esencial. Considere a la agente de reservaciones que tiene que tomar la decisión de hacer una reservación para Paul McCartney por una presentación en el Shea Stadium. Ella estima que el costo del evento será de $4,000,000. Este conocimiento es de utilidad para la decisión, aunque no es suficiente.

Antes de que llegue a una decisión, la agente de reservaciones también debe predecir el número de personas que asistirán. Sin el conocimiento tanto del costo total como del número de asistentes, ella no puede tomar una decisión informada sobre un posible precio de admisión para recuperar el costo del evento, o incluso sobre si se debe realizar dicho evento. Por lo tanto, ella calcula el costo unitario del evento dividiendo el costo total ($4,000,000) entre el número esperado de personas que asistirán. Si asisten 50,000 personas, el costo unitario será de $80 ($4,000,000 ÷ 50,000) por persona; si asisten 20,000 personas, el costo unitario aumentará a $200 ($4,000,000 ÷ 20,000).

A menos de que el costo total "se exprese en unidades" (es decir, se promedie con respecto al nivel de actividad o volumen), el costo de $4,000,000 será difícil de interpretar. El costo unitario combina el costo total y el número de personas de una manera comunicativa y práctica.

Los sistemas de contabilidad por lo general reportan tanto los montos del costo total, como los montos del costo promedio por unidad. Un **costo unitario**, el cual también se denomina **costo promedio**, se calcula dividiendo el costo total entre el número de unidades relacionadas. Las unidades se podrían expresar en varias formas. Algunos ejemplos son los automóviles ensamblados, los paquetes entregados o las horas trabajadas. Suponga que, en 2011, su primer año de operaciones, se incurre en $40,000,000 de costos por manufactura para producir 500,000 sistemas de altavoces (bocinas), en la planta de Memphis de Tennessee Products. Entonces, el costo un unitario es de $80:

$$\frac{\text{Total de costos de manufactura}}{\text{Número de unidades manufacturadas}} = \frac{\$40,000,000}{500,000 \text{ unidades}} = \$80 \text{ por unidad}$$

Si se venden 480,000 unidades y si en el inventario final permanecen 20,000 unidades, el concepto del costo unitario ayuda en la determinación de los costos totales en el estado de resultados y en el balance general y, por lo tanto, en los resultados financieros que reporta Tennessee Products a los accionistas, a los bancos y al gobierno.

Costo de los productos vendidos en el estado de resultados, 480,000 unidades × $80 por unidad	$38,400,000
Saldo del inventario en el balance general, 20,000 unidades × $80 por unidad	1,600,000
Costos totales de manufactura por 500,000 unidades	$40,000,000

Los costos unitarios se encuentran en todas las áreas de la cadena de valor —por ejemplo, el costo unitario del diseño del producto, de las visitas de ventas y de las llamadas del servicio a clientes. Al sumar los costos unitarios en toda la cadena de valor, los gerentes calculan el costo unitario de los diferentes bienes o servicios que entregan, y determinan la rentabilidad de cada bien o servicio. Los gerentes usan esta información, por ejemplo, para decidir los productos en los cuales deberían invertir más recursos, como investigación y desarrollo y marketing, además de los precios que deberían cargar.

Importancia del uso cauteloso de los costos unitarios

Aunque los costos unitarios se usan, por lo general, en los reportes financieros y para tomar decisiones acerca de la mezcla de productos y la asignación de precios, los *gerentes deberían pensar en términos de los costos totales, en vez de los costos unitarios para muchas decisiones*. Considere el caso del gerente de la planta de Memphis de Tennessee Products. Suponga que los $40,000,000 de costos en 2011 consisten en $10,000,000 de costos fijos y $30,000,000 de costos variables (a un costo variable de $60 por cada sistemas de altavoces producido). Suponga que el costo fijo total y el costo variable por sistema de bocinas en 2012 permanecen sin cambios con respecto a 2011.

Objetivo de aprendizaje 4

Interpretar cuidadosamente los costos unitarios

... para muchas decisiones, los gerentes deberían usar los costos totales, no los costos unitarios

Los costos presupuestados para 2012, a diferentes niveles de producción, calculados con base en los costos variables totales, en costos fijos totales y en costos totales, son como sigue:

Unidades producidas (1)	Costo variable por unidad (2)	Total de costos variables (3) = (1) × (2)	Total de costos fijos (4)	Costos totales (5) = (3) + (4)	Costo unitario (5) = (3) ÷ (4)
100,000	$60	$ 6,000,000	$10,000,000	$16,000,000	$160.00
200,000	$60	$12,000,000	$10,000,000	$22,000,000	$110.00
500,000	$60	$30,000,000	$10,000,000	$40,000,000	$ 80.00
800,000	$60	$48,000,000	$10,000,000	$58,000,000	$ 72.50
1,000,000	$60	$60,000,000	$10,000,000	$70,000,000	$ 70.00

Un gerente de planta que utilice el costo unitario de 2011 de $80 por unidad subestimará los costos reales totales, si la producción de 2012 es inferior al nivel de 500,000 unidades de 2011. Si el volumen real es de 200,000 unidades debido a, por ejemplo, la presencia de un nuevo competidor, los costos reales serían de $22,000,000. El costo unitario de $80 multiplicado por 200,000 unidades es igual a $16,000,000, lo cual subestima los costos totales reales en $6,000,000 ($22,000,000 – $16,000,000). *El costo unitario de $80 se aplica únicamente cuando se producen 500,000 unidades.*

En esta situación, una dependencia excesiva sobre el costo unitario podría conducir a una cantidad insuficiente de efectivo disponible para pagar los costos, si el volumen disminuye a 200,000 unidades. Como indica el cuadro, para tomar esta decisión los gerentes deberían pensar en términos de costos variables totales, de costos fijos totales y de costos totales, en vez del costo unitario. Como regla general, calcule primero los costos totales y, luego, calcule un costo unitario si resulta necesario para una decisión particular.

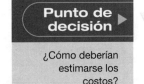

Punto de decisión ▶

¿Cómo deberían estimarse los costos?

Sectores de negocios, tipos de inventarios, costos inventariables y costos del periodo

En esta sección describiremos los diferentes sectores de la economía, los diferentes tipos de inventario que mantienen las compañías y algunas clasificaciones comúnmente utilizadas para los costos de manufactura.

Objetivo de aprendizaje 5

Distinguir entre costos inventariables

... cuando se incurre en activos, entonces el costo de los productos vendidos

de los costos del periodo

... cuando se incurre en los gastos del periodo

Compañías de los sectores de manufactura, comercializadoras y de servicios

Definiremos tres sectores de la economía y daremos ejemplos de compañías en cada sector.

1. **Compañías del sector de manufactura:** compran materiales y componentes, y los convierten en varios productos terminados. Algunos ejemplos son las compañías automotrices como Jaguar, los fabricantes de teléfonos celulares como Nokia, las firmas de procesamiento de alimentos como Heinz y las empresas de computadoras como Toshiba.

2. **Compañías del sector comercial:** compran y posteriormente venden bienes tangibles sin alterar su forma básica. Este sector incluye negocios que se dedican al menudeo (por ejemplo, librerías como Barnes and Noble o tiendas departamentales como Target), distribuidoras (como el proveedor de artículos para hospitales Owens and Minor), o por ventas al mayoreo (por ejemplo, el proveedor de componentes electrónicos Arrow Electronics).

3. **Compañías del sector de servicios:** brindan servicios o productos intangibles —por ejemplo, asesorías o auditorías legales— a sus clientes. Algunos ejemplos son los despachos de abogados como Wachtell, Lipton, Rosen & Katz, las firmas contables como Ernst & Young, los bancos como Barclays, las empresas de fondos de inversiones como Fidelity, las firmas de seguros como Aetna, las compañías de transporte como Singapore Airlines, las agencias de publicidad como Saatchi & Saatchi, las estaciones de televisión como Turner Broadcasting, los proveedores de servicios de Internet como Comcast, las agencias de viajes como American Express y las empresas de corretaje como Merrill Lynch.

Tipos de inventario

Las compañías del sector de manufactura compran materiales y componentes, y los convierten en varios productos terminados. Por lo general, estas compañías tienen uno o más de los tres siguientes tipos de inventario:

1. **Inventario de materiales directos.** Los materiales directos almacenados y que aguardan a ser usados en el proceso de manufactura (por ejemplo, chips de computadoras y componentes necesarios para la fabricación de teléfonos celulares).

2. **Inventario de productos en proceso.** Productos parcialmente procesados, pero que aún no se han terminado (como los teléfonos celulares en varias etapas de terminación de su proceso de manufactura). Esto se denomina también **trabajo en proceso.**

3. **Inventario de productos terminados.** Productos (por ejemplo, teléfonos celulares) terminados pero sin venderse.

Las compañías del sector comercial compran bienes tangibles y luego los venden sin cambiar su forma básica. Mantienen tan solo un tipo de inventario, el cual está formado por los productos en su forma de compra original, y se denomina *inventario de mercancías*. Las empresas del sector de servicios brindan únicamente servicios o productos intangibles y, por lo tanto, no mantienen inventarios de productos tangibles.

Clasificaciones de costos de manufactura comúnmente utilizados

Tres términos que se usan comúnmente cuando se describen los costos de manufactura son los costos de los materiales directos, los costos directos de mano de obra de manufactura y los costos indirectos de manufactura. Tales términos se basan en la distinción de costos directo *versus* indirecto que describimos anteriormente en el contexto de los costos de manufactura.

1. **Costos de los materiales directos:** son los costos de adquisición de todos los materiales que, en última instancia, se convertirán en parte del objeto de costos (productos en elaboración y luego productos terminados), y que se pueden atribuir al objeto de costos de una manera económicamente factible. Los costos de adquisición de los materiales directos incluyen los cargos por fletes de entrega (entregas hacia el interior), los impuestos sobre ventas y los derechos aduanales (aranceles). Algunos ejemplos de los costos de materiales directos son el acero y los neumáticos que se usan para fabricar el BMW X5 , y los chips de computadora que se usa para fabricar teléfonos celulares.

2. **Costos directos de mano de obra de manufactura:** incluyen la remuneración de toda la mano de obra de manufactura que se puede atribuir al objeto de costos (productos en elaboración y luego productos terminados) de una manera económicamente factible. Algunos ejemplos incluyen los sueldos y las prestaciones que se dan a los operadores de maquinaria y a los trabajadores en la línea de ensamble, quienes convierten los materiales directos comprados en productos terminados.

3. **Costos indirectos de manufactura:** son todos los costos de manufactura que están relacionados con el objeto de costos (productos en elaboración y luego productos terminados), pero que no pueden atribuirse a ese objeto de costos de una manera económicamente factible. Algunos ejemplos incluyen suministros, materiales indirectos como lubricantes, mano de obra indirecta como de mantenimiento de planta y labores de limpieza, renta de planta, seguros de planta, impuestos prediales sobre la planta, amortización de planta y remuneración de los gerentes de dicha planta. Esta categoría de costos también se denomina **costos indirectos de manufactura** o **costos indirectos de fábrica.** Usamos el término *costos indirectos de manufactura* y *gastos generales de manufactura* de manera indistinta en este libro.

A continuación se describe la diferencia entre costos inventariables y costos del periodo.

Costos inventariables

Los **costos inventariables** son todos aquellos costos de un producto que, cuando se incurre en ellos, se consideran como activos en el balance general, y que se convierten en costo de los productos vendidos tan solo cuando el producto se vende. En el caso de las compañías del sector manufacturero, todos los costos de manufactura son costos inventariables. Considere el caso de Cellular Products, un fabricante de teléfonos celulares. Los costos de los materiales directos, como los chips de computadora, enviados a producción (del inventario de materiales directos), los costos de mano de obra directa y los costos indirectos de manufactura crean nuevos activos, los cuales empiezan como productos en proceso y se convierten en productos terminados (los teléfonos celulares).

Por lo tanto, los costos de manufactura se incluyen en el inventario de productos en proceso y en el inventario de productos terminados ("se inventarían"), para acumular los costos resultantes de la creación de tales activos.

Cuando se venden los teléfonos celulares, el costo de su manufactura se compara contra los **ingresos**, que son los flujos de entrada de activos (por lo general, efectivo o cuentas por cobrar), que reciben a partir de que los bienes o servicios se entregan a los clientes. El costo de los productos vendidos incluye todos los costos de manufactura (materiales directos, mano de obra directa y costos indirectos de manufactura) en que se incurre para producirlos. Los teléfonos celulares se pueden vender durante un periodo contable distinto del periodo en el cual se manufacturaron. De este modo, el hecho de inventariar los costos de manufactura en el balance general durante el periodo contable, cuando los bienes se manufacturan, y el hecho de registrar como gastos los costos de manufactura en un estado de resultados posterior, cuando los bienes se venden, compara de manera adecuada los ingresos con los gastos.

En el caso de compañías del sector comercial como Wal-Mart, los costos inventariables son aquellos que resultan de la compra de los bienes que se vuelven a vender en su misma forma. Dichos costos comprenden los costos de los bienes mismos más cualesquiera costos por fletes de entrada, seguros y manejo de estos bienes. Las empresas del sector de servicios proporcionan únicamente servicios o productos intangibles. La ausencia de inventarios de productos tangibles para la venta significa que no hay costos inventariables.

Costos del periodo

Los **costos de periodo** o gastos de operación son aquellos costos, reflejados en el estado de resultados, distintos del costo de los productos vendidos. Los costos del periodo, como los costos de marketing, distribución y servicio al cliente, se tratan como gastos del periodo contable en el que se incurre en ellos, porque se erogan con la expectativa de beneficiar los ingresos en ese periodo y no se espera que beneficien los ingresos de periodos futuros. Algunos costos, como los de investigación y desarrollo, se tratan como costos del periodo porque, aunque estos costos quizá beneficien los ingresos en un periodo futuro si los esfuerzos de investigación y desarrollo son exitosos, es altamente incierto si estos beneficios habrán de ocurrir y cuándo. Al registrar como gastos los costos del periodo a medida que se incurre en ellos, se obtiene una mejor comparación entre ingresos y gastos.

En el caso de las compañías del sector manufacturero, todos los costos del periodo del estado de resultados son distintos de los costos de manufactura (por ejemplo, costos de diseño y costos por embarque de productos a los clientes). En el caso de las empresas del sector comercial, los costos del periodo del estado de resultados son todos aquellos gastos de operación o costos que no se relacionan con el costo de los bienes comprados para su reventa. Algunos ejemplos de tales costos del periodo son los costos de mano de obra del personal de ventas y los costos por publicidad. Ya que en el caso de las compañías del sector de servicios no existen costos inventariables, todos los costos del estado de resultados son costos del periodo.

La ilustración 2-5 mostró algunos ejemplos de costos inventariables en clasificaciones como costos directos/indirectos y variables/fijos, para un fabricante de automóviles. La ilustración 2-6

Ejemplos de costos del periodo o gastos de operación, en combinaciones de clasificaciones de costos directos/indirectos y variables/fijos en un banco

Patrón del comportamiento de los costos

	Asignación de costos al objeto de costos	
	Costos directos	**Costos indirectos**
Costos variables	• Objeto de costos: Número de créditos hipotecarios Ejemplo: Tarifas que se pagan a la compañía de avalúos inmobiliarios en cada crédito hipotecario	• Objeto de costos: Número de créditos hipotecarios Ejemplo: Gastos de correo pagados por el envío de documentos de créditos hipotecarios a abogados y propietarios de viviendas
Costos fijos	• Objeto de costos: Número de créditos hipotecarios Ejemplo: Sueldo que se paga a los ejecutivos del departamento de créditos hipotecarios para el desarrollo de nuevos productos en créditos hipotecarios	• Objeto de costos: Número de créditos hipotecarios Example: Ejemplo: Costo para el banco por el patrocinio del torneo anual de golf.

muestra ejemplos de costos del periodo en clasificaciones de costos directos/indirectos y variables/fijos para un banco.

Ilustración del flujo de costos inventariables y de los costos del periodo o gastos de operación

Ilustraremos el flujo de los costos inventariables y de los costos del periodo con el estado de resultados de una compañía manufacturera, donde la distinción entre costos inventariables y costos del periodo es más detallada.

Ejemplo del sector de manufactura

Siga el flujo de costos en Cellular Products en la ilustración 2-7 y en la ilustración 2-8. La ilustración 2-7 destaca visualmente las diferencias en el flujo de costos inventariables y costos del periodo para una compañía del sector de manufactura. Observe la manera en que, como se describió en la sección anterior, los costos inventariables pasan a través de las cuentas del balance general del inventario de productos en proceso y del inventario de productos terminados, antes de ingresar al costo de los productos vendidos en el estado de resultados. Los costos del periodo se registran como gastos de operación directamente en el estado de resultados. La ilustración 2-8 toma la presentación visual de la ilustración 2-7 y muestra la forma en que los costos inventariables y los gastos de operación o costos del periodo aparecerían en el estado de resultados y en el reporte del costo de productos manufacturados de una compañía.

Empezaremos con un seguimiento del flujo de los materiales directos que se muestra en la parte izquierda de la ilustración 2-7 y en el panel B de la ilustración 2-8.

Paso 1: Costos de los materiales directos usados en 2011. Observe que las flechas de la ilustración 2-7 para el inventario inicial de $11,000 (todas las cantidades en miles), y las compras de materiales directos, $73,000, "llenan" el cuadro del inventario de materiales directos y la forma en que los materiales directos usados, $76,000, "vacían" el inventario de materiales directos dejando un inventario final de materiales directos de $8,000, que se convierte en el inventario inicial para el siguiente año.

El costo de los materiales directos usados se calcula en la ilustración 2-8, panel B (área sombreada) como sigue:

Inventario inicial de materiales directos, 1 de enero de 2011	$11,000
+ Compras de materiales directos en 2011	73,000
− Inventario final de materiales directos, 31 de diciembre de 2011	8,000
= Materiales directos usados en 2011	$76,000

[nota manuscrita: Inv inicial + compras − Inv final]

Ilustración 2-7   Flujo de ingresos y de costos de una compañía del sector de manufactura, Cellular Producs (en miles)

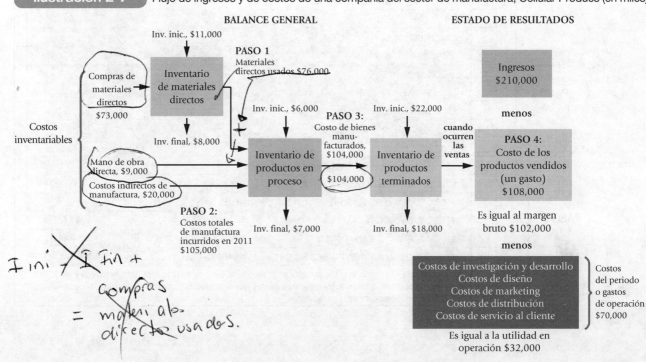

[nota manuscrita: I ini X I fin + compras = materiales directos usados.]

Ilustración 2-8   Estado de resultados y estado de costos de los productos manufacturados de una compañía del sector manufacturero, Cellular Products

	A	B	C	D
1	**PANEL A: ESTADO DE RESULTADOS**			
2	**Cellular Products**			
3	**Estado de resultados**			
4	**Para el año que terminó el 31 de diciembre de 2011 (en miles)**			
5	Ingresos		$210,000	
6	Costo de los productos vendidos			
7	Inventario inicial de productos terminados, 1 de enero de 2009	$ 22,000		
8	Costo de los productos manufacturados (véase el panel B)	104,000	◄	
9	Costo de los productos disponibles para la venta	126,000		
10	Inventario final de productos terminados, 31 de diciembre de 2009	18,000		
11	Costo de los productos vendidos		108,000	
12	Margen bruto (o utilidad bruta)		102,000	
13	Gastos de operación:			
14	Invest. y des., diseño, mktng, distrib. y costos de serv. a clientes	70,000		
15	Gastos de operación totales		70,000	
16	Utilidad en operación		$ 32,000	
17				
18	**PANEL B: COSTO DE LOS PRODUCTOS MANUFACTURADOS**			
19	**Cellular Products**			
20	**Reporte del costo de los bienes manufacturados[a]**			
21	**Para el año que terminó el 31 de diciembre de 2009 (en miles)**			
22	Materiales directos:			
23	Inventario inicial, 1 de enero de 2009	$11,000		
24	Compras de materiales directos	73,000		
25	Costos de materiales directos disponibles para su uso	84,000		
26	Inventario final, 31 de diciembre de 2009	8,000		
27	Materiales directos usados		$ 76,000	
28	Mano de obra directa		9,000	
29	Costos indirectos de manufactura:			
30	Mano de obra indirecta	$ 7,000		
31	Suministros	2,000		
32	Calefacción, luz y energía	5,000		
33	Depreciación: edificio de planta	2,000		
34	Depreciación: equipo de la planta	3,000		
35	diversos	1,000		
36	Total de costos indirectos de manufactura		20,000	
37	Costos de manufactura incurridos durante 2009		105,000	
38	Inventario inicial de productos en proceso, 1 de enero de 2009		6,000	
39	Total de costos de manufactura a considerar		111,000	
40	Inventario final de productos en proceso, 31 diciembre de 2009		7,000	
41	Costo de los productos manufacturados (al estado de resultados)		$104,000	
42	[a]Observe que este documento se puede convertir en un reporte del costo de los productos manufacturados y vendidos, incluyendo simplemente las cifras de los inventarios inicial y final de productos terminados en el reporte soporte, en vez de incluirlos en el cuerpo del estado de resultados.			

PASO 4 — filas 7 a 11
PASO 1 — filas 23 a 26
PASO 2 — filas 30 a 36
PASO 3 — filas 37 a 41

Paso 2. **Costos totales de manufactura incurridos en 2011.** Los costos totales de manufactura se refieren a todos los costos directos de manufactura y a los costos indirectos de manufactura en que se incurrió en 2011, para todos los productos procesados durante ese año. Cellular Products clasifica sus costos de manufactura en las tres categorías que se describieron anteriormente.

i. Materiales directos usados en 2011 (área sombreada de la ilustración 2-8, panel B)	$ 76,000
ii. Mano de obra directa en 2011 (sombreada en la ilustración 2-8, panel B)	9,000
iii. Costos indirectos de manufactura en 2011 (sombreada en la ilustración 2-8, panel B)	20,000
Total de costos de manufactura incurridos en 2011	$105,000

Observe en la ilustración 2-7 la manera en que estos costos aumentan el inventario de productos en proceso.

Paso 3: **Costo de los productos manufacturados en 2011.** El **costo de los productos manufacturados** se refiere al costo de los bienes que llegaron a su terminación, indistintamente de que se hayan empezado antes o durante el periodo contable actual.

Advierta la manera en que el cuadro del inventario de productos en proceso de la ilustración 2-7 tiene una estructura muy similar al cuadro del inventario de materiales directos que se describió en el paso 1. El inventario inicial de productos en elaboración por $6000 y los costos totales de manufactura incurridos en 2011 por $105,000 "llenan" el cuadro del inventario de productos en proceso. Algunos de los costos de manufactura en que se incurrieron durante 2011 se retienen como el costo del inventario final de productos en proceso. El inventario final de productos en elaboración por $7000 se convierte en el inventario inicial para el año siguiente, y el costo de los productos manufacturados durante 2011 por $104,000 "vacía" el inventario de productos en proceso, mientras "llena" el cuadro del inventario de productos terminados.

El costo de los bienes manufacturados en 2011 (sombreado) se calcula en la ilustración 2-8, panel B, como sigue:

Inventario inicial de productos en proceso, 1 de enero de 2011	$ 6,000
+ Costos totales de manufactura incurridos en 2011	105,000
= Costos totales de manufactura pendientes de contabilizar	111,000
− Inventario final de productos en proceso, 31 de diciembre de 2011	7,000
= Costo de los productos manufacturados en 2011	104,000

Paso 4: **Costo de los productos vendidos en 2011.** El costo de los productos vendidos es el costo del inventario de productos terminados vendidos a los clientes durante el periodo contable actual. Al consultar el cuadro del inventario de productos terminados de la ilustración 2-7, observamos que el inventario inicial de productos terminados por $22,000 y el costo de los productos manufacturados en 2011 por $104,000 "llenan" el cuadro del inventario de productos terminados. El inventario final de productos terminados por $18,000 se convierte, entonces, en el inventario inicial para el año siguiente, y el costo de los productos vendidos durante 2011 por $108,000 "vacía" el inventario de productos terminados.

Este costo de los productos vendidos es un gasto que se confronta contra los ingresos. El costo de los productos vendidos para Cellular Products (sombreado) se calcula en la ilustración 2-8, panel A, como sigue:

Inventario inicial de productos terminados, 1 de enero de 2011	$ 22,000
+ Costo de los productos manufacturados en 2011	104,000
− Inventario final de productos terminados, 31 de diciembre de 2011	18,000
= Costo de los productos vendidos	$108,000

La ilustración 2-9 muestra las cuentas T del mayor general para el flujo de costos de manufactura de Cellular Products. Observe la manera en que el costo de los productos manufacturados ($104,000) es el costo de todos los productos completados durante el periodo contable. Todos estos costos son de tipo inventariable. Los productos completados durante el periodo se transfieren al inventario de productos terminados. Estos costos se convierten en el costo de los productos vendidos en el periodo contable cuando se venden los productos. Note también que los materiales directos, la mano de obra directa y los costos indirectos de manufactura de las unidades del inventario de productos en proceso ($7,000) y del inventario de productos terminados ($18,000), al 31 de diciembre de 2011, aparecerán como un activo en el balance general. Estos costos se volverán gastos el año siguiente, cuando se vendan estas unidades.

Ilustración 2-9 Cuentas T del mayor general para el flujo de costos de manufactura de Cellular Products (en miles)

Inventario de productos en proceso				Inventario de productos terminados			Costo de los productos vendidos
Saldo al 31 de ene., 2011	6,000	Costo de productos manufacturados 104,000	→	Saldo al 1 de ene., 2011 22,000	Costo de los productos vendidos 108,000	→	108,000
Materiales directos usados	76,000			104,000			
Mano de obra dir. de manuf.	9,000			Saldo al 31 de dic., 2011 18,000			
Costos indirectos de manuf.	20,000						
Saldo al 31 de dic., 2011	7,000						

Nos encontramos ahora en posición de preparar el estado de resultados de Cellular Products para 2011. El estado de resultados de Cellular Products se muestra del lado derecho de la ilustración 2-7 y de la ilustración 2-8, panel A. Los ingresos de Cellular Products son (en miles) de $210,000. Los costos inventariables registrados como gastos durante 2011 son iguales al costo de los productos vendidos de $108 mil.

Utilidad o margen bruto = Ingresos − Costo de los productos vendidos = $210,000 − $108,000 = $102,000

Los $70,000 de gastos operativos que incluyen investigación y desarrollo, diseño, marketing, distribución y costos del servicio al cliente son costos del periodo para Cellular Products. Estos costos del periodo incluyen, por ejemplo, los salarios de los vendedores, la depreciación sobre las computadoras y otros equipos usados en marketing y el costo del arrendamiento del espacio del almacén para la distribución. La **utilidad en operación** es igual a los ingresos totales provenientes de las operaciones menos el costo de los productos vendidos y los costos del periodo o gastos operativos (excluyendo los gastos por intereses y de los impuestos sobre ingresos) o, de manera equivalente, el margen bruto menos los costos del periodo. La utilidad en operación de Cellular Products es de $32,000 (margen bruto, $102,000 − costos del periodo, $70,000). Quienes estén familiarizados con la contabilidad financiera observarán que, en el estado de resultados, los costos del periodo se denominan por lo regular gastos por ventas, generales y de administración.

Quienes acaban de ingresar al área de la contabilidad de costos suponen con frecuencia que costos indirectos como renta, teléfono y depreciación siempre son costos del periodo en el cual se incurre en ellos, y no están asociados con los inventarios. Cuando se incurre en estos costos en las áreas de marketing o de las oficinas centrales corporativas, son costos del periodo. Sin embargo, cuando se incurre en estos costos en el área de manufactura, son costos indirectos de manufactura y son inventariables.

Resumen de los costos inventariables y de los costos del periodo

La ilustración 2-7 destaca las diferencias entre los costos inventariables y los costos del periodo para una compañía manufacturera. Los costos de manufactura de los productos terminados incluyen los materiales directos, otros costos directos de manufactura como la mano de obra directa y los costos indirectos de manufactura, como la supervisión, el control de la producción y el mantenimiento de la maquinaria. Todos estos costos son inventariables: se asignan al inventario de productos en proceso, hasta que los productos se terminan y luego se asignan al inventario de productos terminados hasta que los productos se venden. Los costos que no son de manufactura, como investigación y desarrollo, diseño y costos de distribución, son costos del periodo o gastos de operación.

En una firma comercial, los costos inventariables y los costos del periodo fluyen a través del estado de resultados, de una manera similar a la forma en que los costos fluyen en una compañía manufacturera. Sin embargo, en esta última, el flujo de costos es mucho más fácil de entender y de seguir. La ilustración 2-10 muestra los costos inventariables y los costos del periodo para un minorista o para un mayorista que compran bienes para volverlos a vender. El único costo inventariable es el costo de la mercancía. (Esto corresponde al costo de los productos terminados y manufacturados para una compañía manufacturera.) Los bienes comprados se mantienen como inventario de mercancías, cuyo costo se muestra como un activo en el balance general. A medida que los productos se venden, sus costos se muestran en el estado de resultados, como el costo de los productos vendidos. Un minorista o un mayorista también tiene una variedad de costos de marketing, de distribución y de servicio al cliente, los cuales son costos del periodo o gastos de operación. En el estado de resultados, los costos del periodo se deducen de los ingresos sin tener que incluirse como parte del inventario.

Costos inventariables

Punto de decisión ▶

¿Cuáles son las diferencias entre la contabilidad de los costos inventariables *versus* los costos del periodo?

Ilustración 2-10 Flujo de ingresos y de costos para una compañía comercial (minorista o mayorista)

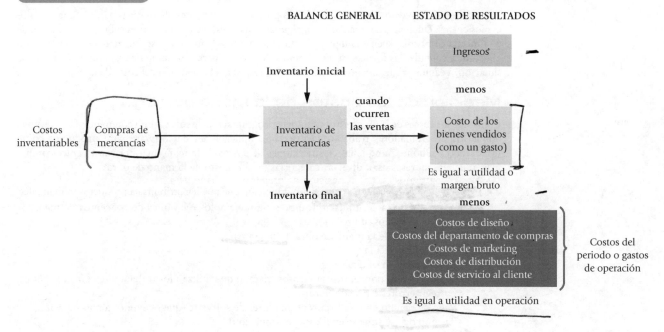

Costos primos y costos de conversión

Los dos términos que se usan para describir las clasificaciones de costos, en los sistemas de costeo de manufactura, son los costos primos y los costos de conversión. Los **costos primos** son todos los costos directos de manufactura. Para Cellular Products,

Costos primos = Costos directos de materiales + Costos directos de mano de obra de manufactura = $76,000 + $9,000 = $85,000

Como ya hemos expuesto, cuanto mayor sea la proporción de costos primos en la estructura de costos de una compañía, más confianza podrán tener los gerentes en la exactitud de los costos de los productos. A medida que mejore la tecnología para la recopilación de la información, las compañías agregarán cada vez más categorías como costos directos. Por ejemplo, los costos de energía podrían medirse en áreas específicas de una planta, e identificarse como costo directo de productos específicos. Además, si una línea de producción se dedicara a la manufactura de un producto específico, la depreciación sobre el equipo de producción sería un costo directo de manufactura y se incluiría en los costos primos. Las compañías de desarrollo de software tienen frecuentemente partidas de costos directos de manufactura para "tecnología comprada". Dichas partidas representan los pagos a los proveedores que desarrollan algoritmos de software para un producto, también se incluye en los costos primos. Los **costos de conversión** son todos los costos de manufactura, pero sin incluir los costos de los materiales directos. Los costos de conversión representan todos los costos de manufactura en que se ha incurrido para convertir los materiales directos en productos terminados. Para Cellular Products,

Costos de conversión = Costos directos de mano de obra de manufactura + Costos indirectos de manufactura = $9,000 + $20,000 = $29,000

Observe que los costos directos de mano de obra de manufactura forman parte tanto de los costos primos, como de los costos de conversión.

Algunas operaciones de manufactura, como las plantas de manufactura integrada por computadora (MIC), tienen muy pocos trabajadores. Las funciones de los trabajadores son vigilar el proceso de manufactura y mantener un equipo que fabrique productos múltiples. En las plantas MIC, los sistemas de costeo no tienen una categoría de costos directos de mano de obra de manufactura porque el costo directo de la mano de obra de manufactura es relativamente pequeño y porque es difícil atribuir tal costo a los productos. En las plantas MIC, el único costo primo son los costos directos de materiales, mientras que los costos de conversión consisten únicamente en los costos indirectos de manufactura.

La medición de los costos requiere buen juicio

La medición de los costos requiere buen juicio porque hay diferentes alternativas para definir y clasificar los costos. Diferentes compañías o, en algunas ocasiones, incluso diferentes subunidades dentro de una misma compañía, suelen definir y clasificar los costos de manera distinta. Se debe tener cuidado al definir y entender las formas en que se miden los costos para una compañía o en una determinada situación. Veamos primeramente este aspecto con respecto a la medición del costo de la mano de obra.

Medición de los costos de la mano de obra

Considere los costos de la mano de obra para la programación de software en compañías como Apple, donde los programadores trabajan en diferentes aplicaciones de software para productos como IMac, iPod y iPhone. Aunque las clasificaciones de costos de la mano de obra varían entre compañías, muchas empresas usan diversas categorías para el costo de la mano de obra:

- Costos directos de mano de obra de programación que pueden atribuirse a productos individuales.
- Gastos indirectos (a continuación se presentan ejemplos relevantes de conceptos de mano de obra a nivel de gastos indirectos):
  - Remuneración de la mano de obra indirecta para:
    Personal de oficina
    Seguridad en la oficina
    Mano de obra por reprocesamientos (tiempo que utilizan los trabajadores directos para corregir errores en el software)
    Pago de tiempo extra a los programadores de software (que se explica a continuación)
    Tiempo ocioso (que se explica a continuación)
  - Sueldos de gerentes, jefes de departamento y supervisores
  - Costos por prestaciones, por ejemplo, prima de gastos médicos mayores y de costos de pensiones (que se explica más adelante)

Observe cómo los *costos indirectos de mano de obra* se dividen, a menudo, en muchas subclasificaciones, por ejemplo, personal de oficina y tiempo ocioso para mantener información sobre las diferentes categorías de la mano de obra indirecta. Observe también que los salarios de los gerentes, por lo regular, no se clasifican como costos indirectos de mano de obra. En cambio, la remuneración de los supervisores, de los jefes de departamento y de todos los demás que se consideran como administradores se colocan en una clasificación separada de los gastos indirectos relacionados con la mano de obra.

Prima por tiempo extra y tiempo ocioso

El propósito de clasificar los costos de una manera detallada es asociar un costo individual con una causa o razón específica de por qué se incurrió en él. Dos clases de mano de obra indirecta —la prima por tiempo extra y el tiempo ocioso— necesitan una atención especial. La **prima por tiempo extra** es la tasa salarial que se paga a los trabajadores (tanto de mano de obra directa como de mano de obra indirecta) *más allá* de sus tasas salariales por sus horarios normales. Por lo general, se considera que la prima de tiempo extra es una parte del costo indirecto o de los gastos indirectos. Considere el ejemplo de George Flexner, un programador de software novato que desarrolla software para diversos productos. El gana $20 por hora por su tiempo normal y $30 por hora (un tiempo y medio) de tiempo extra. Su prima de tiempo extra es de $10 por hora adicional. Si en una semana trabaja 44 horas, incluyendo cuatro horas de tiempo extra, su remuneración bruta se clasificaría como sigue:

Mano de obra directa de programación: 44 horas × $20 por hora	$880
Prima de tiempo extra: 4 horas × $10 por hora	40
Remuneración total por 44 horas	$920

En este ejemplo, ¿por qué generalmente se considera la prima de tiempo extra de mano de obra directa de programación como un costo indirecto, en vez de un costo directo? Después de todo, se puede atribuir a los productos específicos de los cuales se ocupó George mientras laboraba horas extra. La prima de tiempo extra, por lo general, no se considera un costo directo porque el trabajo específico en que se ocupó George durante el tiempo extra es un evento fortuito. Por ejemplo, suponga que George trabajara en dos productos asignando cinco horas a cada uno en un día de trabajo específico de 10 horas, incluyendo dos horas de tiempo extra. ¿Se debería asignar la prima de tiempo extra al producto en que trabajó George durante las horas 9 y 10? ¿O debería prorratearse la prima en ambos productos? El prorrateo de la prima de tiempo extra no "penaliza" —contribuye al costo de— un producto en particular únicamente porque se haya trabajado en él durante las horas de tiempo extra. *En vez de ello, se considera que la prima de tiempo extra es atribuible al volumen general de trabajo fuerte. Su costo se considera como parte del gasto indirecto, el cual es absorbido por ambos productos.*

Algunas veces, el tiempo extra no ocurre al azar. Por ejemplo, una fecha límite de lanzamiento para cierto producto podría ser claramente la única fuente de tiempo extra. En tales situaciones, la prima del tiempo extra se considera como un costo directo del producto.

Otra subclasificación de la mano de obra indirecta es el tiempo ocioso tanto de la mano de obra directa como indirecta. El **tiempo ocioso** son los sueldos que se pagan por el tiempo improductivo ocasionado por la falta de pedidos u órdenes, la descompostura de maquinaria o computadoras, las demoras en el trabajo, una programación deficiente y otras cuestiones similares. Por ejemplo, si George tuviera que trabajar tres horas durante esa semana, mientras se esperara la recepción de un código de otro colega, las ganancias de George se clasificarían como sigue:

Mano de obra directa de programación: 41 horas × $20/hora	$820
Tiempo ocioso (gastos indirectos): 3 horas × $20/hora	60
Prima de tiempo extra (gastos indirectos): 4 horas × $10/hora	40
Ganancia total por 44 horas	$920

Como es evidente, el tiempo ocioso no está relacionado con un producto en particular ni tampoco, como ya lo hemos expuesto, lo está la prima del tiempo extra. Tanto la prima del tiempo extra como el tiempo ocioso se consideran costos indirectos.

Beneficios de la definición de términos contables

Los gerentes, los contadores, los proveedores y otros usuarios se evitarían muchos problemas si entendieran profundamente y se pusieran de acuerdo sobre las clasificaciones y los significados de los términos de costos, que se introducen en este capítulo y posteriormente en este libro.

Considere la clasificación de los *costos de las prestaciones sobre la nómina* para las actividades de programación (por ejemplo, los pagos del empleador relacionados con las prestaciones de los trabajadores como seguro social, seguro de vida, seguro de gastos médicos y pensiones). Considere, asimismo, el caso de un programador de software, a quien se le paga un sueldo de $20 por hora con prestaciones que ascienden a $5 por hora. Algunas compañías clasifican los $20 como un costo directo de la mano de obra de programación del producto, para el cual se está desarrollando el software, y los $5 como un costo indirecto. Otras organizaciones clasifican la totalidad de los $25 como un costo directo de mano de obra de programación. El último enfoque es preferible porque los costos mencionados de sueldos y prestaciones en forma conjunta son parte fundamental de la adquisición de los servicios de mano de obra directa para programación de software.

Cuidado: en cada situación, hay que ubicar con claridad lo que incluye y lo que excluye la mano de obra directa. Asegurar que haya claridad llega a evitar disputas relacionadas con los contratos de reembolso de costos, los pagos de impuestos sobre ingresos y diversos aspectos sindicales. Considere que algunos países como Costa Rica y Mauricio ofrecen ahorros sustanciales de impuestos sobre ingresos, a las compañías extranjeras que generan empleo dentro de sus fronteras. En algunos casos, para calificar para los beneficios fiscales, los costos directos de mano de obra deben ser, por lo menos, iguales a un porcentaje especificado de los costos totales.

Cuando los costos directos de mano de obra no se definen con precisión, surgen disputas en cuanto a si los costos de las prestaciones sobre nómina se deberían incluir como parte de los costos directos de la mano de obra, al calcular el porcentaje de la mano de obra directa que habrá de calificar para tales beneficios fiscales. Las compañías han tratado de clasificar los costos de las prestaciones de la nómina como parte de los costos directos de mano de obra, para que dichos costos representen un mayor porcentaje de los costos totales. Las autoridades fiscales han argumentado que los costos de las prestaciones sobre nómina son una parte de los costos indirectos. Además de las prestaciones, otros aspectos que se han debatido son la remuneración por el tiempo de capacitación, el tiempo ocioso, las vacaciones, las ausencias por enfermedad y la prima por tiempo extra. Para evitar disputas, los contratos y las leyes deberían ser lo más específicos posibles en relación con las definiciones y las mediciones.

Diferentes significados de los costos del producto

Muchos términos de costos que se encuentran en la práctica tienen significados ambiguos. Considere el término *costo del producto*. El **costo del producto** es la suma de los costos que se han asignado a un producto para un propósito específico. Diferentes propósitos suelen dar como resultado distintas mediciones del costo del producto, como indican los eslabones en la cadena de valor de la ilustración 2-11:

- **Decisiones sobre fijación de precios y mezcla de productos.** Para el propósito de tomar de decisiones acerca de la asignación de precios y sobre cuáles productos son más rentables, el gerente estará interesado en la rentabilidad general (total) de diferentes productos y, en consecuencia, asignará los costos incurridos en todas las funciones del negocio de la cadena de valor a los diferentes productos.

- **Realización de contratos con agencias gubernamentales.** Los contratos con el gobierno con frecuencia son acordados con los contratistas con base en el "costo del producto" más un margen de uti-

Objetivo de aprendizaje 6

Explicar por qué los costos del producto se calculan en diferentes formas para distintos propósitos

... algunos ejemplos son las decisiones para la fijación de precios y de mezcla de productos, los contratos del gobierno y los estados financieros

Ilustración 2-11

Diferentes costos de productos para distintos propósitos

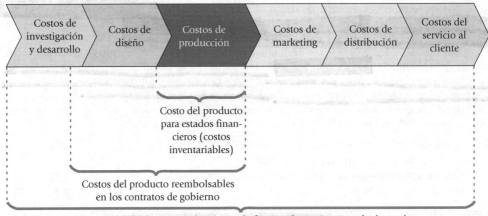

Costos del producto para decisiones de fijación de precio y mezcla de productos

lidad previamente especificado. Debido a la naturaleza del contrato, que se basa en la premisa de costo más margen de utilidad, las agencias gubernamentales brindan lineamientos detallados sobre las partidas de costos que se habrán de permitir o prohibir cuando se calcule el costo de un producto. Por ejemplo, algunas instituciones gubernamentales excluyen de manera explícita los costos por marketing, distribución y servicio al cliente de los costos del producto que califican para su reembolso, y tan solo pueden reembolsar en forma parcial los costos por investigación y desarrollo. Estas agencias buscan compensar a los contratistas únicamente por aquellos costos que estén más estrechamente relacionados con la entrega de productos bajo contrato. El segundo eslabón de la ilustración 2-11 indica la forma en que los cálculos del costo del producto para un contrato específico pueden tomar en consideración los costos de diseño y de producción, pero solamente una parte de los costos por investigación y desarrollo.

■ **Preparación de estados financieros para información externa según los principios de contabilidad generalmente aceptados (PCGA) o normas de información financiera (NIF).** De acuerdo con los estándares contables, en los estados financieros únicamente se pueden asignar los costos de manufactura a los inventarios. Para propósitos del cálculo de los costos del inventario, los costos del producto incluyen únicamente los costos inventariables (costos de manufactura).

Como indica la ilustración 2-11, las medidas del costo del producto van desde un conjunto estrecho de costos para los estados financieros —un conjunto que incluye tan solo los costos inventariables—, un conjunto amplio de costos para el reembolso según un contrato del gobierno, y hasta un conjunto todavía más amplio de costos para las decisiones de fijación de precio y de mezcla de productos.

Esta sección se centra en la manera en que diferentes propósitos dan como resultado la inclusión de distintas partidas de costos en la cadena de valor relacionada con las funciones de la empresa, cuando se calculan los costos del producto. La misma nota de precaución acerca de la necesidad de ser claro y preciso en relación con los conceptos de costos y su medición se aplica a cada clasificación de costos que se introdujo en este capítulo. La ilustración 2-12 resume las principales clasificaciones del costo.

Usando el proceso de cinco pasos que se describió en el capítulo 1, piense en la manera en que esas diferentes clasificaciones de costos son útiles para los gerentes, cuando se toman decisiones y cuando se evalúa el desempeño.

> **Punto de decisión** ▶
>
> ¿Por qué los gerentes asignan diferentes costos al mismo objeto de costos?

1. *Identificar el problema y las incertidumbres.* Considere una decisión acerca de cuánto asignar como precio a un producto. Esta decisión depende con frecuencia de lo que cueste elaborar ese producto.
2. *Obtener información.* Los gerentes identifican los costos directos e indirectos de un producto de cada función de la empresa. Los gerentes también recopilan otra información acerca de los clientes, los competidores y los precios de los productos sustitutos.

Ilustración 2-12

Clasificaciones alternativas de costos

1. Función de la empresa
   a. Investigación y desarrollo
   b. Diseño de productos y procesos
   c. Producción
   d. Marketing
   e. Distribución
   f. Servicio al cliente
2. Asignación a un objeto de costos
   a. Costo directo
   b. Costo indirecto

3. Patrón de comportamiento en relación con el nivel de actividad o volumen
   a. Costo variable
   b. Costo fijo
4. Agregado o promedio
   a. Costo total
   b. Costo unitario
5. Activos o gastos
   a. Costo inventariable
   b. Costo del periodo

3. *Hacer predicciones acerca del futuro.* Los gerentes estiman cuál será el costo por elaborar un producto en el futuro. Estas predicciones requieren saber la cantidad del producto que los gerentes esperan vender, así como conocer acerca de los costos fijos y los costos variables.
4. *Tomar decisiones mediante la elección entre alternativas.* Los gerentes eligen un precio que se deberá cargar con base en una profunda comprensión de los costos y de otra información.
5. *Implementar la decisión, evaluar el desempeño y aprender.* Los gerentes controlan los costos mediante la comparación entre los costos reales, a nivel total y a nivel unitario contra las cantidades pronosticadas.

La siguiente sección describe la manera en que los conceptos básicos que se han introducido en este capítulo conducen a un marco de referencia para la comprensión de la contabilidad de costos y de la administración de costos; para que dicho marco pueda aplicarse al estudio posterior de diversos temas, como la evaluación de la estrategia, de la calidad y de las decisiones de inversión.

Marco de referencia para la contabilidad de costos y para la administración de costos

A continuación se presentan tres características de la contabilidad de costos y de la administración de costos con un amplio rango de aplicaciones:

1. Cálculo del costo de los productos, servicios y otros objetos de costos
2. Obtención de información para la planeación y el control, así como para la evaluación del desempeño
3. Análisis de la información relevante para la toma de decisiones

En los capítulos 3 a 12 desarrollaremos estas ideas, que también forman el fundamento para el estudio de diversos temas que se presentan más adelante en este libro.

Cálculo del costo de los productos, de los servicios y de otros objetos de costos

Ya hemos visto los diferentes propósitos y medidas de los costos del producto. Cualquiera que sea la finalidad, el sistema de costeo atribuye los costos directos y asigna los costos indirectos a los productos. Los capítulos 4 y 5 describen los sistemas, tales como el sistema de costos basados en las actividades, que se usan para calcular los costos totales y los costos unitarios de los productos y servicios. Estos capítulos también exponen la manera en que los gerentes usan esta información para formular estrategias y para tomar decisiones de fijación de precios, de mezcla de productos y de administración de costos.

Forma de obtener información para la planeación y el control, así como para la evaluación del desempeño

La elaboración de presupuestos es la herramienta que se usa más comúnmente para la planeación y el control. Un presupuesto obliga a los gerentes a mirar hacia el futuro, a convertir la estrategia en planes, a coordinar y a comunicar dentro de la organización, además de brindar un estándar de comparación para la evaluación del desempeño. La elaboración de presupuestos desempeña con frecuencia un papel de gran importancia al afectar el comportamiento y las decisiones, porque los gerentes se esfuerzan por satisfacer las metas del presupuesto. El capítulo 6 describe los sistemas presupuestales.

Al final del periodo de información, los gerentes comparan los resultados reales con el desempeño planeado. La tarea del administrador es entender el motivo por el cual surgen diferencias (denominadas variaciones) entre el desempeño real y el desempeño planeado, así como usar la información de tales variaciones como retroalimentación para promover el aprendizaje y la mejora a futuro. Los gerentes también usan las variaciones y ciertas medidas de tipo no financiero, tales como las tasas de bartículos defectuosos y las evaluaciones de satisfacción del cliente, para controlar y evaluar el desempeño de diversos departamentos, divisiones y gerentes. Los capítulos 7 y 8 exponen el análisis de variaciones. El capítulo 9 describe la planeación, el control y los aspectos de costeo del inventario relacionados con la capacidad. Los capítulos 6, 7, 8 y 9 se enfocan la atención en el papel que desempeña el contador administrativo al implementar estrategias.

Análisis de información relevante para la toma de decisiones

Cuando se toman decisiones acerca del diseño de la estrategia y para la implementación de la estrategia, los gerentes deben entender qué ingresos y costos se deben considerar, y cuáles hay que ignorar. Los contadores administrativos ayudan a los gerentes a identificar qué información es relevante y cual información es irrelevante. Considere una decisión acerca de si se debe comprar un producto a un proveedor externo o si se debe fabricar internamente. El sistema de costeo indica que tiene un costo de $25 por unidad si se elabora el producto en forma interna. Un proveedor ofrece el producto a $22 por unidad. A primera vista, parecería que costará menos a la compañía comprar el producto en vez de fabricarlo. No obstante, suponga que de los $25 para elaborar el producto internamente, $5 consisten en costos de arrendamiento de la planta que la compañía ya ha pagado de acuerdo con el contrato de arrendamiento. Además, si se compra el producto, la planta permanecerá inactiva. Es decir, no hay oportunidad de beneficiarse al darle a la planta algún uso alternativo. En tales condiciones, se tendrá un menor costo al fabricar el producto que al comprarlo. Ocurre así porque la fabricación del producto tan solo cuesta $20 *adicionales* por unidad ($25 − $5), en comparación con $22 *adicionales* por unidad si el producto se compra. Los $5 por unidad del costo del arrendamiento son irrelevantes para la decisión, porque este es un costo *histórico* (o *hundido*), en el cual ya se ha incurrido indistintamente de si se fabrica el producto o se compra. El análisis de la información relevante es un aspecto fundamental en la toma de decisiones.

Cuando se toman decisiones estratégicas acerca de qué productos elaborar y de cuántos producir, los gerentes deben saber cómo varían los ingresos y los costos con los cambios en los niveles de producción. Con esa finalidad, los administradores necesitan distinguir los costos fijos de los costos variables. El capítulo 3 analiza la manera en que la utilidad en operación varía con los cambios en las unidades vendidas, y cómo los gerentes usan esta información para tomar decisiones, como cuánto gastar en publicidad. El capítulo 10 describe algunos métodos para estimar los componentes fijos y variables de los costos. El capítulo 11 aplica el concepto de relevancia en la toma de decisiones en distintas situaciones, y describe los métodos que usan los gerentes para maximizar el ingreso dadas las restricciones de recursos a las que se enfrenten. El capítulo 12 describe el modo en el que los contadores administrativos ayudan a los gerentes a determinar los precios y a administrar los costos, a lo largo de la cadena de valor y del ciclo de vida del producto.

Los últimos capítulos del libro examinan temas como la evaluación de la estrategia, la rentabilidad del cliente, la calidad, los sistemas justo a tiempo, las decisiones sobre inversión, los sistemas de precios de transferencia y la evaluación del desempeño. De manera invariable, cada uno de estos temas tiene perspectivas de costeo, planeación y control del producto, así como de toma de decisiones. Un buen manejo de los 12 primeros capítulos ayudará al lector a dominar dichos temas. Por ejemplo, el capítulo 13, acerca de la estrategia, describe el tablero de control (*scorecard*), es decir, un conjunto de medidas financieras y no financieras que se utilizan para implementar una estrategia basada en las funciones de planeación y de control. La sección acerca del análisis estratégico de la utilidad en operación se fundamenta en las ideas de costeo de productos y análisis de variaciones. La sección acerca de los recortes de personal y de administración de la capacidad se fundamenta en las ideas de los ingresos y los costos relevantes.

Punto de decisión ►

¿Cuáles son las tres características fundamentales de la contabilidad de costos y de la administración de costos?

Problema para autoestudio

Foxwood Company es una empresa manufacturera de metales y de cortes de madera, que vende productos al sector de la construcción de viviendas. Considere los siguientes datos para 2011:

Papel esmerilado	$ 2,000
Costos por manejo de materiales	70,000
Lubricantes y refrigerantes	5,000
Diversos conceptos de mano de obra indirecta	40,000
Mano de obra directa	300,000
Inventario de materiales directos, 1 de ene., 2011	40,000
Inventario de materiales directos, 31 dic., 2011	50,000
Inventario de productos terminados, 1 de ene., 2011	100,000
Inventario de productos terminados, 31 dic., 2011	150,000
Inventario de productos en proceso, 1 de ene., 2011	10,000
Inventario de productos en proceso, 31 dic., 2011	14,000
Costo del arrendamiento de la planta	54,000
Depreciación: equipo de planta	36,000
Impuestos prediales sobre el equipo de planta	4,000
Seguros contra incendios sobre equipo de planta	3,000
Materiales directos comprados	460,000
Ingresos	1,360,000
Promociones de marketing	60,000
Salarios de marketing	100,000
Costos de distribución	70,000
Costos de servicio al cliente	100,000

1. Prepare un estado de resultados con un reporte de apoyo por separado para el costo de los productos manufacturados. En todas las partidas de manufactura, clasifique los costos como costos directos o costos indirectos, e indique con una V o con una F si cada uno de ellos es básicamente un costo variable o un costo fijo (cuando el objeto de costos sea una unidad del producto). En caso de duda, decida con base en si el costo total cambiará de manera significativa a partir de un amplio rango de unidades producidas.

2. Suponga que tanto los costos de los materiales directos como los costos del arrendamiento de planta son para una producción de 900,000 unidades. ¿Cuál será el costo del material directo de cada unidad producida? ¿Cuál será el costo del arrendamiento de planta por unidad? Suponga que el costo del arrendamiento de planta es un costo fijo.

3. Suponga que Foxwood Company fabrica 1 millón de unidades el año siguiente. Repita el cálculo correspondiente al punto 2, para los costos de materiales directos y del arrendamiento de planta. Suponga que se mantienen los patrones implícitos de comportamiento de costos.

4. Como consultor administrativo, explique de manera concisa al presidente de la compañía el motivo por el cual el costo unitario de los materiales directos no cambió en los puntos 2 y 3, pero sí cambiaron los costos unitarios del arrendamiento de planta.

Se requiere

Solución

1.

Foxwood Company
Estado de resultados
Para el año que terminó el 31 de diciembre de 2011

Ingresos		
Costo de los productos vendidos		$1,360,000
Inventario inicial de productos terminados al 1 de enero de 2011	$ 100,000	
Costo de los productos manufacturados (véase el siguiente reporte)	960,000	
Costo de los productos disponibles para la venta	1,060,000	
Menos inventario final de productos terminados		
31 de diciembre de 2011	150,000	910,000
Margen bruto (o utilidad bruta)		450,000
Gastos operativos o costos del periodo		
Promociones de marketing	60,000	
Salarios de marketing	100,000	
Costos de distribución	70,000	
Costos de servicio al cliente	100,000	330,000
Utilidad en operación		$ 120,000

Foxwood Company
Reporte del costo de los productos manufacturados
Para el año que terminó el 31 de diciembre de 2011

Materiales directos		
Inventario inicial, 1 de enero de 2011		$ 40,000
Compras de materiales directos		460,000
Costo de los materiales directos disponibles para uso		500,000
Inventario final, 31 de diciembre de 2011		50,000
Materiales directos utilizados		450,000 (V)
Mano de obra directa		300,000 (V)
Costos indirectos de manufactura		
Papel esmerilado	$ 2,000 (V)	
Costos por manejo de materiales	70,000 (V)	
Lubricantes y refrigerantes	5,000 (V)	
Diversos conceptos de mano de obra indirecta	40,000 (V)	
Costos del arrendamiento de planta	54,000 (F)	
Depreciación: equipo de planta	36,000 (F)	
Impuestos prediales sobre el equipo de planta	4,000 (F)	
Seguros contra incendios sobre el equipo de planta	3,000 (F)	214,000
Costos de manufactura incurridos durante 2011		964,000
Inventario inicial de productos en proceso, 1 de enero de 2011		10,000
Costos totales de manufactura pendientes de contabilizar		974,000
Inventario final de productos en proceso, 31 de diciembre de 2011		14,000
Costo de los productos manufacturados (al estado de resultados)		960,000

2. Costo unitario de materiales directos = Materiales directos usados ÷ unidades producidas
   = $450,000 ÷ 900,000 unidades = $0.50 por unidad
   Costo unitario por arrendamiento = Costos del arrendamiento de planta ÷ unidades
   de planta   producidas
   = $54,000 ÷ 900,000 unidades = $0.06 por unidad

3. Los costos de los materiales directos son variables y, por lo tanto, aumentarían en forma total de $450,000 a $500,000 (1 millón de unidades × $0.50 por unidad). Sin embargo, su costo unitario no se vería afectado: $500,000 ÷ 1 millón de unidades = $0.50 por unidad.

   En cambio, los costos por arrendamiento de la planta de $54,000 son fijos y, por lo tanto, no aumentarían en total. Sin embargo, el costo del arrendamiento de planta por unidad disminuiría de $0.060 a $0.054: $54,000 ÷ 1 millón de unidades = $0.054 por unidad.

4. La explicación empezaría con la respuesta al punto 3. Como consultor, usted haría énfasis en que la cuantificación unitaria (el promedio) de los costos que tienen diferentes patrones de comportamiento podría ser engañosa. Un error común consiste en suponer que un costo unitario total, el cual es con frecuencia una suma del costo unitario variable y el costo unitario fijo, es un indicador de que los costos totales cambian en proporción a las variaciones en los niveles de producción. El siguiente capítulo demuestra la necesidad de distinguir entre los patrones de comportamiento de los costos. Es importante ser cuidadoso, sobre todo en lo referente al costo fijo promedio por unidad. Con demasiada frecuencia, el costo fijo por unidad se considera como indistinguible del costo unitario variable.

Puntos de decisión

El siguiente formato de preguntas y respuestas resume los objetivos de aprendizaje del capítulo. Cada decisión presenta una pregunta clave relacionada con un objetivo de aprendizaje. Los lineamientos son la respuesta a esa pregunta.

Decisión	Lineamientos
1. ¿Qué es un objeto de costo?	Un objeto de costo es cualquier cosa para la cual se necesite una medición separada de costos. Algunos ejemplos incluyen un producto, un servicio, un proyecto, un cliente, una categoría de marca, una actividad y un departamento.
2. ¿Cómo deciden los gerentes si un costo es un costo directo o un costo indirecto?	Un costo directo es cualquier costo que esté relacionado con un objeto de costo en particular y que puede atribuirse a ese objeto de costo de una manera económicamente factible. Los costos indirectos están relacionados con un objeto de costo particular, aunque no pueden atribuirse a dicho objeto de una manera económicamente factible. Un mismo costo puede ser directo para un objeto de costo e indirecto para otro. Este libro utiliza la *atribución del costo* para describir la asignación de costos directos a un objeto de costo y la *asignación del costo* para describir la asignación de costos indirectos a un objeto de costo.
3. ¿Cómo deciden los gerentes si un costo es variable o fijo?	Un costo variable cambia *en su totalidad* en proporción a los niveles relacionados con las variaciones en el nivel total de actividad o volumen. Un costo fijo permanece constante *en su totalidad* durante un periodo de tiempo determinado, aun a pesar de la existencia de variaciones relacionadas con el nivel de actividad o volumen total.
4. ¿Cómo deberían estimarse los costos?	En general, concentrándose en los costos totales, y no en los costos unitarios. Cuando se hacen estimaciones totales de costos, se debe pensar en los costos variables como una cantidad por unidad, y los costos fijos como un monto total. El costo unitario de un objeto de costo deberá ser interpretado cuidadosamente cuando incluye un componente de costos fijos.
5. ¿Cuáles son las diferencias en la contabilización de los costos inventariables *versus* los costos del periodo?	Los costos inventariables incluyen todos los costos de un producto que se consideran como un activo en el periodo contable en el que se incurre en ellos, y que se convierten en costo de los productos vendidos en el periodo contable en el cual se vende el producto. Los costos del periodo se registran como gastos de operación en el periodo contable en el cual se incurre en ellos, y son todos los costos que se presentan en el estado de resultados, aparte del costo de los productos vendidos.

6. ¿Por qué los gerentes asignan diferentes costos a los mismos objetos de costos?

Los gerentes pueden asignar diferentes costos al mismo objeto de costos dependiendo del propósito. Por ejemplo, para los reportes externos en una compañía manufacturera, el costo inventariable de un producto incluye tan solo los costos de manufactura. En contraste, los costos provenientes de todas las funciones de la empresa dentro de la cadena de valor con frecuencia se asignan a los productos para considerase en las decisiones de fijación de precios y de mezclas de productos.

7. ¿Cuáles son las tres características fundamentales de la contabilidad de costos y de la administración de costos?

Las tres características de la contabilidad de costos y de la administración de costos son 1. el cálculo del costo de los productos, los servicios y otros objetos de costos; 2. la obtención de información para la planeación y el control, así como para la evaluación del desempeño; y 3. el análisis de la información relevante para la toma de decisiones.

Términos contables

Este capítulo contiene más términos básicos que cualquier otro capítulo del libro. No siga adelante sino hasta que haya verificado que entendió los siguientes términos. Tanto el capítulo como el glosario que aparecen al final de este libro contienen las definiciones.

acumulación de costos (**p. 28**)

aplicación de costos (**p. 29**)

asignación de costos (**p. 29**)

compañías del sector comercial (**p. 36**)

compañías del sector de servicios (**p. 36**)

compañías del sector manufacturero (**p. 36**)

costo (**p. 27**)

costo atribuible (**p. 28**)

costo de los productos manufacturados (**p. 41**)

costo del producto (**p. 45**)

costo directo de un objeto de costo (**p. 28**)

costo fijo (**p. 30**)

costo presupuestado (**p. 27**)

costo promedio (**p. 35**)

costo real (**p. 27**)

costo unitario (**p. 35**)

costo variable (**p. 30**)

costos de conversión (**p. 43**)

costos del periodo (**p. 38**)

costos directos de mano de obra de manufactura (**p. 37**)

costos directos de materiales (**p. 37**)

costos indirectos de manufactura (**p. 37**)

costos indirectos de un objeto de costos (**p. 28**)

costos inventariables (**p. 37**)

costos o gastos indirectos de manufactura (**p. 37**)

costos primos (**p. 43**)

generador de costos (**p. 32**)

ingresos (**p. 38**)

inventario de materiales directos (**p. 37**)

inventario de producto en proceso (**p. 37**)

inventario de productos terminados (**p. 37**)

objeto de costo (**p. 27**)

prima por tiempo extra (**p. 44**)

producto en proceso (**p. 37**)

rango relevante (**p. 33**)

tiempo ocioso (**p. 45**)

utilidad en operación (**p. 42**)

Material para tareas

Preguntas

MyAccountingLab

2-1 Defina el objeto de costo y dé tres ejemplos.

2-2 Defina los costos directos y los costos indirectos.

2-3 ¿Por qué los gerentes consideran que los costos directos son más exactos que los costos indirectos?

2-4 Mencione tres factores que afectarán a la clasificación de un costo como directo o indirecto.

2-5 Explique la definición de costo variable y de costo fijo. Dé un ejemplo de cada uno de ellos.

2-6 ¿Qué es un generador de costos? Dé un ejemplo.

2-7 ¿Qué es el rango relevante? ¿Qué función desempeña el concepto de rango relevante al explicar cómo se comportan los costos?

2-8 Explique por qué los costos unitarios frecuentemente se deben interpretar con precaución.

2-9 Describa la manera en que las compañías de manufactura, comerciales y del sector de servicios difieren entre sí.

2-10 ¿Cuáles son los tres tipos diferentes de inventarios que mantienen las empresas manufactureras?

2-11 Distinga entre costos inventariables y costos del periodo.

2-12 Defina lo siguiente: costos directos de materiales, costos directos de mano de obra de manufactura, costos indirectos de manufactura, costos primos y costos de conversión.

2-13 Describa las categorías de la prima de tiempo extra y del tiempo ocioso de mano de obra indirecta.

2-14 Defina el costo del producto. Describa tres diferentes propósitos para el cálculo de los costos del producto.

2-15 ¿Cuáles son las tres características comunes de la contabilidad de costos y de la administración de costos?

MyAccountingLab

Ejercicios

2-16 Cálculo e interpretación de los costos unitarios de manufactura. Minnesota Office Products (MOP) elabora tres productos diferentes de papel en su planta de madera en Vaasa: supremo, de lujo y regular. Cada producto tiene su propia línea de producción asignada en la planta. Actualmente usa la siguiente clasificación de tres partes para sus costos de manufactura: materiales directos, mano de obra directa y costos indirectos de manufactura. En julio de 2011, los costos indirectos totales de manufactura de planta son de $150 millones ($15 millones de los cuales son fijos). Este monto total se asigna a cada línea de productos con base en los costos directos de mano de obra de manufactura de cada línea. A continuación se presentan los datos resumidos (en millones) para julio de 2011:

	Supremo	De lujo	Regular
Costos directos de materiales	$ 89	$ 57	$ 60
Costos directos de mano de obra de manufactura	$ 16	$ 26	$ 8
Costos indirectos de manufactura	$ 48	$ 78	$ 24
Unidades producidas	125	150	140

Se requiere
1. Calcule el costo de manufactura por unidad para cada producto elaborado en julio de 2011.
2. Suponga que, en agosto de 2011, la producción del supremo fue de 150 millones de unidades; del de lujo, 190 millones de unidades; y del regular, 220 millones de unidades. ¿Por qué la información de julio de 2011 sobre el costo de manufactura por unidad podría ser engañosa al predecir los costos totales de manufactura en agosto de 2011?

2-17 Costos directos, indirectos, fijos y variables. Best Breads elabora dos tipos de pan, los cuales se venden como productos al mayoreo a varias panaderías minoristas de especialidad. Cada pieza de pan requiere de un proceso de tres fases. La primera es el mezclado. El departamento de mezclas combina todos los ingredientes necesarios para crear la masa y para procesarla con batidoras de alta velocidad. Después se deja inflar la masa antes del horneado. La segunda fase es el horneado, el cual es un proceso totalmente automatizado. El departamento de horneado moldea la masa para darle su forma final y hornea cada pieza de pan en un horno de alta temperatura. La fase final consiste en el acabado, que es un proceso totalmente manual. El departamento de acabado recubre cada pieza de pan con un betún especial, permite que el pan se enfríe y, luego, empaca con sumo cuidado cada pieza de pan en una caja de cartón especial para su venta en las tiendas minoristas.

Se requiere
1. A continuación se indican los costos que intervienen en el proceso. Indique para cada costo, si se trata de un costo directo variable, un costo directo fijo, un costo indirecto variable o un costo indirecto fijo, suponiendo que el objeto de costo son las "unidades producidas de cada tipo de pan".

Costos:

Levadura	Gerente del departamento de mezclas
Harina	Cargadores de materiales de cada departamento
Materiales de empaque	Vigilancia de la panadería
Depreciación de los hornos	Guardia nocturno en la panadería
Depreciación de las batidoras	Operador (de la batidora)
Renta del edificio de la panadería	Personal de mantenimiento de las máquinas de cada departamento
Seguros contra incendios para el edificio de la panadería	
Servicios generales de la panadería	Suministros de mantenimiento para la panadería
Trabajadores por hora del departamento de acabado	Suministros de limpieza para la panadería

2. Si el objeto de costos fuera el "departamento de mezclado", en vez de las unidades de producción de cada tipo de pan, ¿cuáles costos de los anteriores serían ahora directos en vez de costos indirectos?

2-18 Clasificación de los costos, sector servicios. Consumer Focus es una firma de investigación de mercados que organiza grupos de enfoque para compañías de artículos de consumo. Cada grupo de enfoque tiene ocho individuos, a quienes se les paga $50 por sesión para que den comentarios sobre los nuevos productos. Los grupos de enfoque se reúnen en hoteles y son dirigidos por un especialista independiente en marketing, altamente capacitado y contratado por Consumer Focus. A cada especialista se le paga una cuota fija para que dirija un número mínimo se sesiones y una tarifa por sesión de $2,000. Un miembro del personal de Consumer Focus asiste a cada sesión para asegurarse de que todos los aspectos de la logística funcionen adecuadamente.

Clasifique cada una de las partidas de costos (A a H) como sigue:

a) Costos directos o indirectos (D o I) con respecto a cada grupo de enfoque individual.
b) Costos variables o fijos (V o F) con respecto a la manera en que se modifican los costos totales de Consumer Focus, a medida que cambia el número de grupos de enfoque conducidos. (En caso de duda, realice la selección con base en el hecho de si los costos totales cambiarán de manera significativa, si hubiera un cambio importante en el número de grupos conducidos.)

Se tendrán dos respuestas (D o I, V o F) para cada una de las siguientes partidas:

Partida de costos	D o I V o F

A. Pago a los individuos de cada grupo de enfoque por sus comentarios sobre los nuevos productos

B. Suscripción anual de Consumer Focus a la revista *Consumer Reports*

C. Llamadas telefónicas hechas por los miembros del personal de Consumer Focus, para confirmar que los individuos asistirán a una sesión del grupo de enfoque (no se llevan registros de llamadas individuales)

D. Honorarios que se pagan al líder del grupo de enfoque por conducir 20 de estos grupos durante el año sobre nuevos productos médicos

E. Alimentos ofrecidos a los participantes en cada grupo de enfoque.

F. Pago de arrendamiento de las oficinas corporativas realizado por Consumer Focus

G. Costo de las cintas utilizadas para registrar los comentarios hechos por los individuos en una sesión de grupo de enfoque (estas cintas se envían a la compañía cuyos productos se están probando).

H. Costos de la gasolina del personal de Consumer Focus para los vehículos que posee la compañía (los miembros del personal presentan facturas mensuales sin detallar las millas recorridas)

2-19   Clasificación de costos, sector comercial. Home Entertainment Center (HEC) opera una tienda grande en San Francisco. La tienda tiene tanto una sección de video como una sección de música (discos compactos y cintas). HEC reporta los ingresos para la sección de video de manera separada de la sección de música.

Clasifique cada partida de costos (A a H) como sigue:

a) Costos directos o indirectos (D o I) con respecto al número total de videos vendidos.
b) Costos variables o fijos (V o F) con respecto a la manera en que cambian los costos totales de la sección de video, en relación con el número total de videos vendidos. (Si se tienen dudas, realice la selección con base en el hecho de si los costos totales cambiarán de manera sustancial, si hay una variación importante en el número total de videos vendidos).

Se tendrán dos respuestas (D o I; V o F) para cada una de las siguientes partidas:

Partida de costos	D o I V o F

A. Iguala anual que se paga a un distribuidor de videos

B. Costos por electricidad de la tienda HEC (una sola factura cubre la totalidad de la tienda)

C. Costos de los videos comprados para su venta a los clientes

D. Suscripción a la revista *Video Trends*

E. Arrendamiento de programas de software utilizados para los presupuestos financieros en la tienda de HEC

F. Costo de las palomitas de maíz que se ofrecen en forma gratuita a todos los clientes de la tienda HEC

G. Póliza de seguros contra sismos para la tienda HEC

H. Costos por fletes por los videos comprados por HEC

2-20   Clasificaciones de costos, sector de manufactura. La planta de Fremont, California, de New United Motor Manufacturing, Inc. (NUMMI), un negocio conjunto de General Motors y de Toyota, ensambla dos tipos de automóviles (Corollas y Geo Prisms). Se usan líneas de ensamble separadas para cada tipo de automóvil.
Clasifique cada partida de costos (A a H) como sigue:

a) Costos directos o indirectos (D o I), con respecto al número total de automóviles ensamblados de cada tipo (Corolla o Geo Prisms).
b) Costos fijos o variables (V o F), con respecto a la forma en que cambian los costos totales de planta a medida que varía el número total de automóviles ensamblados de cada tipo. (Si se tienen dudas, realice la selección con base en el hecho de si los costos totales habrán de cambiar en forma sustancial, si hay un cambio de importancia en el número total de automóviles ensamblados de cada tipo.)

Se tendrán dos respuestas (D o I; V o F) para cada una de las siguientes partidas:

Partida de costos	D o I V o F

A. Costo de los neumáticos usados en Geo Prisms
B. Salario del gerente de relaciones públicas de la planta de NUMMI
C. Cena de reconocimiento anual para los proveedores del Corolla
D. Salario del ingeniero que supervisa los cambios en el diseño del Geo Prisms
E. Costos de los fletes por los motores del Corolla embarcados desde la ciudad de Toyota, Japón, hasta Fremont, California
F. Costos por electricidad para la planta de NUMMI (una sola factura cubre toda la planta)
G. Sueldos pagados a los trabajadores eventuales de la línea de ensamble, contratados en periodos de alta producción (a los cuales se les paga por hora)
H. Costos de la póliza anual de seguros contra incendios para la planta de NUMMI

2-21 **Costos variables, costos fijos, costos totales**. Bridget Ashton se está preparando para abrir un pequeño restaurante. Está limitada a un presupuesto muy estrecho y debe elegir entre los siguientes planes para llamadas telefónicas de larga distancia:

Plan A: Pago de 10 centavos por minuto de llamada de larga distancia.
Plan B: Pago de una cuota fija mensual de $15 hasta por 240 minutos de larga distancia y 8 centavos por minuto adicional (si usa menos de 240 minutos cada mes, aún tendrá que pagar $15 por el mes).
Plan C: Pago de una cuota fija mensual de $22 hasta por 510 minutos de larga distancia y de 5 centavos por minuto adicional (si usa menos de 510 minutos, aún tendrá que pagar $22 por el mes).

Se requiere

1. Elabore una gráfica de los costos mensuales totales de las tres plantas, para diferentes niveles de llamadas mensuales de larga distancia.
2. ¿Qué plan debería elegir Ashton, si espera realizar 100 minutos de llamadas de larga distancia? ¿Y con 240 minutos? ¿Y con 540 minutos?

2-22 **Costos variables y costos fijos**. Consolidated Minerals (CM) posee los derechos para la extracción de minerales de las arenas de playa en la Isla Fraser. CM tiene costos en tres áreas:

a) Pago a un subcontratista minero que cobra $80 por tonelada de arena de playa extraída y devuelta a la playa (después de procesarse en la zona continental para extraer tres minerales: ilmenita, rutilo y circón).
b) Pago de impuestos especiales sobre minería y ecología de $50 por tonelada de arena de playa extraída.
c) Pago a un operador de buques de transporte. Este operador cobra $150,000 mensuales por el transporte de cada lote de arena de playa —hasta 100 toneladas por lote por día— a la zona continental y por el retorno posterior a la isla Fraser (es decir, 0 a 100 toneladas por día = $150,000 por mes; 101 a 200 toneladas por día = $300,000 por mes, y así sucesivamente).
      Cada buque opera 25 días por mes. El cargo de $150,000 mensuales se debe pagar incluso si se transporta una cantidad inferior a 100 toneladas en cualquier día, e incuso si CM requiere menos de 25 días de transporte por buque en ese mes.

CM extrae actualmente 180 toneladas de arena de playa por día durante 25 días al mes.

Se requiere

1. ¿Cuál es el costo variable por tonelada de arena de playa extraída? ¿Cuál es el costo fijo mensual para CM?
2. Elabore una gráfica de los costos variables y otra gráfica de los costos fijos de CM. Sus gráficas deberían ser similares a las ilustraciones 2-3, panel A (p. 31), y 2-4 (p. 34). ¿El concepto de rango relevante es aplicable a sus gráficas? Explique por qué.
3. ¿Cuál es el costo unitario por tonelada de arena de playa extraída, a) si se extraen 180 toneladas diarias, y b) si se extraen 220 toneladas diarias? Explique la diferencia en las cifras de los costos unitarios.

2-23 **Costos variables, costos fijos, rango relevante**. Sweetum Candies elabora dulces de caramelo duro usando un proceso totalmente automatizado. La máquina que produce los caramelos se compró en fechas recientes y puede hacer 4,100 por mes. La máquina tiene un costo de $9,000 y se deprecia usando el método de depreciación en línea recta durante 10 años, suponiendo un valor residual de cero. La renta del espacio de la fábrica y del almacén, así como otros costos indirectos fijos de manufactura, dan un total de $1,200 mensuales.

Sweetum elabora y vende actualmente 3,800 caramelos duros por mes. Sweetum compra justo la cantidad suficiente de materiales cada mes para fabricación de los caramelos que necesita vender. Los materiales cuestan 30 centavos por caramelo duro.

Para el año siguiente, Sweetum espera que la demanda aumente en 100%. A este volumen de materiales comprados, obtendrá un descuento de 10% sobre el precio. La renta y otros costos indirectos fijos de manufactura seguirán siendo los mismos.

Se requiere

1. ¿Cuál es el rango relevante anual de producción de Sweetum que se tiene actualmente?
2. ¿Cuál es actualmente el costo anual fijo por manufactura de Sweetum dentro del rango relevante? ¿Cuál es el costo anual variable de manufactura?
3. ¿Cuál será el rango relevante de Sweetum para el año siguiente? ¿Cómo cambiará el año siguiente el total de costos fijos anuales y el total de costos variables de manufactura anuales, si es que cambian? Suponga que, si fuera necesario, Sweetum podría comprar una máquina idéntica y al mismo costo que la que ya se tiene.

2-24   **Generadores de costos y cadena de valor**. Helner Cell Phones (HCP) está desarrollando un nuevo teléfono inteligente con pantalla digital para competir en la industria de telefonía celular. Los teléfonos se venderán a precios de mayoreo a las compañías de teléfonos celulares quienes, a la vez, los venderán al consumidor final en las tiendas minoristas. HCP ha emprendido las siguientes actividades en su cadena de valor para lanzar su producto al mercado:

La identificación de las necesidades del consumidor (¿qué es lo que quieren los usuarios de teléfonos inteligentes?)
La realización de una investigación de mercado acerca de las marcas de la competencia
El diseño de un prototipo del teléfono inteligente HCP
La comercialización del nuevo diseño a las compañías de teléfonos celulares
La fabricación del teléfono inteligente HCP
El procesamiento de órdenes provenientes de las compañías de teléfonos celulares
El empacado de los teléfonos inteligentes HCP
La entrega de los teléfonos inteligentes HCP a las compañías de teléfonos celulares
El suministro de asistencia en línea a los usuarios de teléfonos celulares para el uso del teléfono inteligente HCP
La realización de cambios en el diseño del teléfono inteligente con base en la retroalimentación del cliente

Durante los procesos de desarrollo del producto, de producción, de marketing, de distribución y de servicio al cliente, HCP da seguimiento a los siguientes generadores de costos:

Número de teléfonos inteligentes embarcados por HCP
Número de cambios de diseño
Número de entregas hechas a las compañías de teléfonos celulares
Horas de ingeniería utilizadas en el diseño inicial del producto
Horas utilizadas en la investigación de las marcas competidoras
Horas de servicio al cliente
Número de órdenes procesadas de teléfonos inteligentes
Número de compañías de teléfonos celulares que compran el teléfono inteligente HCP
Horas de máquina requeridas para operar el equipo de producción
Número de encuestas devueltas y procesadas de los usuarios de teléfonos inteligentes de la competencia

1. Identifique cada una de las actividades listadas al inicio del ejercicio dentro de las siguientes categorías de la cadena de valor: **Se requiere**
  a) Diseño de productos y procesos
  b) Producción
  c) Marketing
  d) Distribución
  e) Servicio al cliente

2. Use la lista de los generadores de costos anteriores para encontrar uno o varios generadores de costos, que sean razonables para cada una de las actividades de la cadena de valor de HCP.

2-25   **Generadores de costos y funciones**. La lista de los generadores de costos representativos, que se encuentran en la columna derecha de este cuadro, se presenta en forma aleatoria con respecto a la lista de funciones de la columna izquierda. Es decir, no corresponden con la que tienen enfrente.

Función	Generador de costos representativo
1. Contabilidad	A. Número de facturas enviadas
2. Recursos humanos	B. Número de órdenes de compra
3. Procesamiento de datos	C. Número de científicos en investigación
4. Investigación y desarrollo	D. Horas en unidades de procesamiento central (CPU)
5. Compras	E. Número de empleados
6. Distribución	F. Número de transacciones procesadas
7. Facturación	G. Número de entregas realizadas

1. Relacione cada función con su generador de costos representativo.   **Se requiere**
2. Proporcione un segundo ejemplo de un generador de costos para cada función.

2-26   **Costos totales y costos unitarios**. Una asociación estudiantil ha contratado a una banda musical y a un proveedor de servicios para fiestas de graduación. La banda cobrará una tarifa fija de $1,000 por una noche de música, y el proveedor cobrará una tarifa fija de $600 por la preparación de la fiesta y un cargo adicional de $9 por cada persona que asista. El proveedor dará los bocadillos y las bebidas gaseosas durante la fiesta. Los estudiantes que asistan a la fiesta pagarán $5 cada uno en la entrada.

1. Elabore una gráfica que muestre el costo fijo, el costo variable y el costo total para la asociación estudiantil, de acuerdo con diferentes niveles de asistencia.   **Se requiere**
2. Suponga que asisten 100 personas a la fiesta. ¿Cuál es el costo total para la asociación estudiantil? ¿Cuál es el costo por persona?

3. Suponga que asisten 500 personas a la fiesta. ¿Cuál será el costo total para la asociación estudiantil y el costo por cada asistente?

4. Elabore una gráfica que muestre el costo por cada persona que asista para cada uno de los diferentes niveles de asistencia. Como presidente de la asociación estudiantil, usted desea solicitar una donación para cubrir algunos de los costos de la fiesta. ¿Utilizará usted la cifra de costos generada por asistente para sustentar su argumento? ¿Por qué?

2-27   Costo total y costo unitario, toma de decisiones. Gayle's Glassworks se dedica a la fabricación de recipientes de vidrio para uso científico. El costo de los materiales es de $1 por recipiente, y a los trabajadores que soplan el vidrio se les paga una tarifa salarial de $28 por hora. Un soplador de vidrio hace 10 recipientes por hora. Los costos fijos de manufactura para los recipientes son de $28,000 por periodo o gastos de operativos. Los costos de periodo (distintos de los costos de manufactura) asociados con los recipientes son de $10,000 por periodo y son fijos.

Se requiere

1. Grafique los costos de manufactura fijos, variables y totales para los recipientes, usando las unidades (número de recipientes) en el eje de las *x*.

2. Suponga que Gayle's Glassworks fabrica y vende 5,000 recipientes en este periodo. Su competidor, Flora's Flasks, vende recipientes en $10 cada uno. ¿Gayle puede vender por debajo del precio de Flora's y obtener todavía una utilidad sobre los recipientes?

3. ¿Cómo diferiría su respuesta al punto 2, si Gayle's Glasswork hiciera y vendiera 10,000 recipientes durante este periodo? ¿Por qué? ¿Qué indica el uso del costo unitario en la toma de decisiones?

2-28   Costos inventariables *versus* costos de periodo. Cada una de las siguientes partidas de costos pertenece a una de estas compañías: General Electric (una firma del sector de manufactura), Safeway (una firma del sector comercial) y Google (una firma del sector de servicios):

a) Agua mineral Perrier comprada por Safeway para venta a sus clientes

b) Electricidad para el suministro de alumbrado en beneficio de los trabajadores de la línea de ensamble, en la planta armadora de refrigeradores de General Electric

c) Depreciación del equipo de cómputo de Google que se usa para actualizar los directorios de los sitios Web

d) Electricidad para el suministro de alumbrado en los pasillos de la tienda de Safeway

e) Depreciación del equipo de cómputo de General Electric que se usa para las pruebas de calidad en componentes de refrigeradores, durante el proceso de ensamble

f) Salarios del personal de marketing de Safeway a cargo de la planeación de campañas publicitarias en periódicos locales

g) Agua mineral Perrier comprada por Google para el consumo de sus ingenieros en programación

h) Salarios del personal de marketing de Google a cargo de la venta de anuncios publicitarios

Se requiere

1. Distinga entre compañías de manufactura, compañías comerciales y compañías de servicios.

2. Diferencie entre costos inventariables y costos del periodo.

3. Clasifique cada una de las partidas de costos (*a* a *h*) como un costo inventariable o como un costo de periodo o gasto de operación. Explique sus respuestas.

Problemas

MyAccountingLab

2-29   Cálculo del costo de las mercancías compradas y del costo de las mercancías vendidas. Los siguientes datos son acerca de Marvin Department Store. Los saldos de las cuentas (en miles) para 2011 son:

Costos de marketing, distribución y servicio al cliente	$ 37,000
Inventario de mercancías, 1 de enero de 2011	27,000
Servicios generales	17,000
Costos generales y administrativos	43,000
Inventario de mercancías, 31 de diciembre de 2011	34,000
Compras o adquisiciones	155,000
Costos diversos	4,000
Transportes al interior del negocio	7,000
Devoluciones y rebajas sobre compras	4,000
Descuentos sobre compras	6,000
Ingresos	280,000

Se requiere

1. Calcule *a*) el costo de las mercancías compradas y *b*) el costo de las mercancías vendidas.

2. Prepare el estado de resultados para 2011.

2-30   Costo de las mercancías compradas, costo de las mercancías vendidas y estado de resultados. Los siguientes datos son acerca de Montgomery Retail Outlet Stores. Los saldos de las cuentas (en miles) para 2011 son:

Costos de marketing y de publicidad	$ 24,000
Inventario de mercancías, 1 de enero de 2011	45,000
Embarques de mercancías a los clientes	2,000

Depreciación del edificio	$ 4,200
Compras	260,000
Costos generales y administrativos	32,000
Inventario de mercancías, 31 de diciembre de 2011	52,000
Fletes de mercancías hacia el interior del negocio	10,000
Devoluciones y rebajas sobre compras	11,000
Descuentos sobre compras	9,000
Ingresos	320,000

1. Calcule a) el costo de las mercancías compradas y b) el costo de las mercancías vendidas.
2. Prepare el estado de resultados para 2011.

Se requiere

2-31 Flujo de costos inventariables. Algunos datos selectos de Renka's Heaters para octubre de 2011 se presentan a continuación (en millones).

Inventario de materiales directos al 1 de octubre de 2011	$ 105
Materiales directos comprados	365
Materiales directos utilizados	385
Total de costos indirectos de manufactura	450
Costos indirectos variables de manufactura	265
Total de costos de manufactura incurridos durante octubre de 2011	1,610
Inventario de productos en proceso al 1 de octubre de 2011	230
Costo de los productos manufacturados	1,660
Inventario de productos terminados al 1 de octubre de 2011	130
Costo de los productos vendidos	1,770

Calcule los siguientes costos:

Se requiere

1. Inventario de materiales directos al 31 de octubre de 2011
2. Costos indirectos fijos de manufactura para octubre de 2011
3. Costos directos de mano de obra de manufactura para octubre de 2011
4. Inventario de productos en proceso al 31 de octubre de 2011
5. Costo de los productos terminados disponibles para la venta en octubre de 2011
6. Inventario de productos terminados al 31 de octubre de 2011

2-32 Costos de los productos terminados manufacturados, estado de resultados, compañía manufacturera.
Considere los siguientes saldos de cuenta (en miles) para la Compañía Canseco.

	A	B	C
1	**Compañía Canseco**	**Inicio de**	**Fin de**
2		**2011**	**2011**
3	Inventario de materiales directos	$22,000	$26,000
4	Inventario de productos en proceso	21,000	20,000
5	Inventario de productos terminados	18,000	23,000
6	Compra de materiales directos		75,000
7	Mano de obra directa		25,000
8	Mano de obra indirecta		15,000
9	Seguro de la planta		9,000
10	Depreciación: planta, edificio y equipo		11,000
11	Reparaciones y mantenimiento: planta		4,000
12	Costos de marketing, distribución y servicio al cliente		93,000
13	Costos generales y administrativos		29,000

1. Prepare el reporte del costo de los productos manufacturados para 2011.
2. Los ingresos para 2011 fueron de $300 millones. Prepare el estado de resultados para 2011.

Se requiere

2-33 Costo de los productos manufacturados, estado de resultados, compañía manufacturera. Considere los siguientes saldos de cuentas (en miles) para la Corporación Piedmont:

Corporación Piedmont	Inicio de 2011	Fin de 2011
Inventario de materiales directos	65,000	34,000
Inventario de productos en proceso	83,000	72,000
Inventario de productos terminados	123,000	102,000
Compras de materiales directos		128,000
Mano de obra directa		106,000
Mano de obra indirecta		48,000
Materiales indirectos		14,000
Seguros de la planta		2,000
Depreciación: planta, edificio y equipo		21,000
Servicios generales de la planta		12,000
Reparaciones y mantenimiento: planta		8,000
Costos de arrendamiento del equipo		32,000
Costos de marketing, distribución y servicio al cliente		62,000
Costos generales y administrativos		34,000

Se requiere

1. Prepare un estado de costos de los productos manufacturados para 2011.
2. Los ingresos de 2011 fueron de $600 millones. Prepare el estado de resultados para 2011.

2-34 Estado de resultados y estado de costos de los productos manufacturados. La Corporación Howell tiene los siguientes saldos de cuentas (en millones):

Por el periodo		Para el año 2011	
Inventario de materiales directos, 1 de ene. de 2011	$15	Compras de materiales directos	$325
Inventario de productos en proceso, 1 de ene. de 2011	10	Mano de obra directa	100
Inventario de productos terminados, 1 de ene. de 2011	70	Depreciación: planta y equipo	80
Inventario de materiales directos, 31 de dic. de 2011	20	Salarios de los supervisores de planta	5
Inventario de productos en proceso, 31 de dic. de 2011	5	Gastos indirectos diversos de la planta	35
Inventario de productos terminados, 31 de dic. de 2011	55	Ingresos	950
		Costos de marketing, distribución y servicio al cliente	240
		Suministros utilizados en la planta	10
		Servicios generales de la planta	30
		Mano de obra indirecta	60

Se requiere

Elabore un estado de resultados y el estado de costos de los productos manufacturados para el año que terminó el 31 de diciembre de 2011. (Para las preguntas adicionales relacionadas con estos hechos, véase el siguiente problema.)

2-35 Interpretación de los estados financieros (continuación del problema 2-34).

Se requiere

1. ¿Cómo se modificaría la respuesta al problema 2-34, si a usted se le pidiera un estado de costos de los productos manufacturados y vendidos, en vez de un reporte del costo de los productos manufacturados? Sea específico.
2. ¿El salario del gerente de ventas (incluido en los costos de marketing, distribución y servicio al cliente) se contabilizaría de alguna manera distinta, si la Corporación Howell fuera una compañía del sector comercial, en vez de una compañía del sector manufacturero? Usando el flujo de los costos de manufactura que se expuso en la ilustración 2-9 (p. 42), describa la manera en que se contabilizarían los sueldos de un ensamblador de la planta en esta compañía de manufactura.
3. Los salarios de los supervisores de la planta, por lo general, se consideran costos indirectos de manufactura. ¿Cuándo podría alguno de estos costos considerarse como costos directos de manufactura? Mencione un ejemplo.
4. Suponga que tanto los materiales directos usados como la depreciación de la planta y el equipo están relacionados con la fabricación de 1 millón de unidades del producto. ¿Cuál es el costo unitario de los materiales directos asignados a esas unidades? ¿Cuál es el costo unitario de la depreciación de la planta y del equipo? Suponga que la depreciación anual de la planta del equipo se calcula por el método de línea recta.
5. Suponga que persiste el costo que implican los patrones de comportamiento de costos del punto 4. Es decir, los costos de los materiales directos se comportan como un costo variable, y la depreciación de la planta y del equipo se comporta como un costo fijo. Repita los cálculos del punto 4, suponiendo que se pronostican los costos para manufactura de 1.2 millones de unidades de producto. ¿Cómo se verían afectados los costos totales?

6. Como contador administrativo, explique de una manera concisa al presidente el motivo por el cual difirieron los costos de los puntos 4 y 5.

2-36 **Estado de resultados y estado de costos de los productos manufacturados.** Las siguientes partidas (en millones) se refieren a la Corporación Calendar:

Por el periodo específico		Para el año 2011	
Inventario de productos en proceso, 1 de ene. de 2011	$18	Servicios generales de la planta	$ 9
Inventario de materiales directos, 31 de dic. de 2011	8	Mano de obra indirecta	27
Inventario de productos terminados, 31 de dic. de 2011	11	Depreciación: planta y equipo	6
Cuentas por pagar, 31 de dic. de 2011	24	Ingresos	355
Cuentas por cobrar, 1 de ene. de 2011	52	Diversos gastos indirectos de manufactura	15
Inventario de productos en proceso, 31 de dic. de 2011	3	Costos de marketing, distribución y servicio al cliente	94
Inventario de productos terminados, 1 de ene. de 2011	47	Compra de materiales directos	84
Cuentas por cobrar, 31 de dic. de 2011	38	Mano de obra directa	42
Cuentas por pagar, 1 de ene. de 2011	49	Suministros de planta utilizados	4
Inventario de materiales directos, 1 de ene. de 2011	32	Impuestos prediales por la planta	2

El sistema de costeo de manufactura de Calendar emplea una clasificación de tres partes de los materiales directos, de la mano de obra directa y de los costos indirectos de manufactura.

Prepare un estado de resultados y un estado de costos de los productos manufacturados. (Para cualquier pregunta adicional relacionada con estos hechos, véase el siguiente problema.)

Se requiere

2-37 **Terminología, interpretación de estados financieros (continuación del problema 2-36).**

1. Calcule los costos primos totales y los costos de conversión totales.
2. Calcule los costos totales inventariables y los costos del periodo o gastos de operación.
3. Los costos de diseño y los costos de investigación y desarrollo no se consideran costos del producto, para propósitos de los estados financieros. ¿Cuándo podrían considerarse algunos de estos costos como costos del producto? Mencione un ejemplo.
4. Suponga que tanto los materiales directos usados como la depreciación de la planta y el equipo están relacionados con la fabricación de 2 millones de unidades del producto. Determine el costo unitario para los materiales directos asignados a esas unidades, así como el costo unitario por la depreciación de la planta y el equipo. Suponga que la depreciación anual se calcula en línea recta.
5. Suponga que se mantienen los patrones que hay en el comportamiento de costos del punto 4. Es decir, los costos de los materiales directos se comportan como un costo variable y la depreciación de la planta y el equipo se comportan como un costo fijo. Repita los cálculos del punto 4, suponiendo que se están pronosticando los costos para la manufactura de 3 millones de unidades del producto. Determine el efecto sobre los costos totales.
6. Suponga que la depreciación del equipo (pero no de la planta) se calcula con base en el número de unidades producidas, ya que el equipo se deteriora con las unidades que se elaboran. La tasa de depreciación del equipo es de $1 por unidad. Calcule la depreciación del equipo suponiendo: a) que se producen 2 millones de unidades del producto y b) que se producen 3 millones de unidades del producto.

2-38 **Costos de la mano de obra, tiempo extra y tiempo ocioso.** Jim Anderson trabaja en el departamento de producción de Midwest Steelworks como operador de máquinas. Jim, un empleado antiguo de Midwest, recibe un sueldo con una tasa de $20 por hora. Jim trabaja 8 horas de lunes a viernes (40 horas) por semana. Cualquier tiempo que Jim trabaja adicionalmente a estas 40 horas se considera tiempo extra y por este tiempo se le paga con la tasa de un tiempo y medio ($30 por hora). Si el tiempo extra cae en los fines de semana, a Jim se le paga una tasa de tiempo al doble ($40 por hora). A Jim también se le paga una cantidad adicional de $20 por hora durante cualesquiera días festivos que labore, incluso si son parte de sus 40 horas regulares.

Jim recibe un sueldo regular aun si las máquinas están inactivas (fuera de operación) debido al mantenimiento ordinario de los equipos o por periodos de baja producción a causa de dificultades mecánicas inesperadas. Estas horas se consideran como "tiempo ocioso".

Durante diciembre, Jim trabajó las siguientes horas:

	Horas trabajadas incluyendo el tiempo inactivo de las máquinas	Tiempo inactivo de las máquinas
Semana 1	44	3.5
Semana 2	43	6.4
Semana 3	48	5.8
Semana 4	46	2

En el total de horas trabajadas, se incluyen dos días festivos de la compañía (la víspera de Nochebuena y la Navidad) durante la semana 4. Todo el tiempo extra que trabajó Jim fue de lunes a viernes, excepto por las horas laboradas en la semana 3. Todas las horas de tiempo extra de la semana 3 se trabajaron un sábado.

Se requiere

1. Calcule: a) la mano de obra directa, b) el tiempo ocioso, c) el tiempo extra y la prima del día festivo, y d) las ganancias totales de Jim en diciembre.
2. ¿El tiempo ocioso y la prima del tiempo extra son un costo directo o indirecto de los productos en los cuales trabajó Jim en diciembre? Explique.

2-39 **Registros faltantes, cálculo de los costos del inventario**. En una fecha reciente, Ron Williams recibió el cargo de contralor de Johnson Brothers Manufacturing. El mes pasado, el contralor anterior salió de la compañía con tan solo una breve notificación y dejó los registros contables en desorden. Ron necesita los saldos del inventario final para reportar las cifras del primer trimestre.

Durante el mes anterior (marzo de 2011), Ron logró integrar la siguiente información:

Materiales directos comprados	$ 240,000
Inventario de los productos en proceso, 1/3/2011	$ 70,000
Inventario de materiales directos, 1/3/2011	$ 25,000
Inventario de productos terminados, 1/3/2011	$ 320,000
Costòs de conversión	$ 660,000
Costos de manufactura totales agregados en el periodo	$ 840,000
Costo de los productos manufacturados	4 veces los materiales directos usados
Margen bruto como porcentaje de los ingresos	20%
Ingresos	$1,037,500

Se requiere

Calcule el costo de:

1. Inventario de productos terminados, 31/3/2011
2. Inventario de productos en proceso, 31/3/2011
3. Inventario de materiales directos, 31/3/2011

2-40 **Comprensión del problema sobre costos unitarios, costos del producto**. Denver Office Equipment fabrica y vende estantería metálica. Inició sus operaciones el 1 de enero de 2011. Los costos incurridos para 2011 son los siguientes (V significa variable, y F fijo):

Materiales directos usados	$147,600 V
Costos directos de mano de obra de manufactura	38,400 V
Costos de energía de la planta	2,000 V
Costos indirectos de mano de obra de manufactura	14,000 V
Costos indirectos de mano de obra de manufactura	19,000 F
Otros costos indirectos de manufactura	11,000 V
Otros costos indirectos de manufactura	14,000 F
Costos de marketing, distribución y servicio al cliente	128,000 V
Costos de marketing, distribución y servicio al cliente	48,000 F
Costos administrativos	56,000 F

Los costos variables de manufactura son variables con respecto a las unidades producidas. Los costos variables de marketing, distribución y servicio al cliente son variables con respecto a las unidades vendidas.

Los datos del inventario son como sigue:

	Inicial: 1 de enero de 2011	Final: 31 de diciembre de 2011
Materiales directos	0 libras	2,400 libras
Productos en proceso	0 unidades	0 unidades
Productos terminados	0 unidades	? unidades

En 2011 la producción fue de 123,000 unidades. Se usan dos libras de materiales directos para elaborar una unidad de producto terminado.

El 2011 los ingresos fueron de 594,000. El precio de venta por unidad y el precio de compra por libra de materiales directos permanecieron estables durante todo el año. El inventario final de la compañía de productos terminados se lleva al costo unitario promedio de manufactura. El inventario de productos terminados al 31 de diciembre de 2011 fue de $26 mil.

1. Calcule el costo total del inventario de materiales directos, al 31 de diciembre de 2011.
2. Calcule las unidades totales del inventario de productos terminados, al 31 de diciembre de 2011.
3. Calcule el precio de venta en 2011.
4. Calcule la utilidad en operación para 2011.

2-41 Clasificación de costos, ética. Scott Hewitt, el nuevo gerente de la planta de manufactura número 7 de Old World, acaba de revisar un reporte preliminar de sus estados financieros de fin de año. Hewitt recibe un bono de fin de año del 10% de la utilidad en operación de la planta antes de impuestos. El estado de resultados de fin de año proporcionado por el contralor de la planta fue decepcionante, por decir lo menos. Después de revisar las cifras, Hewitt pidió que su contralor volviera a "revisar las cifras" una vez más. Hewitt insistió en que si no veía una mejor cantidad de utilidad en operación para la siguiente vez, él se vería obligado a buscar un nuevo contralor.

Old World clasifica directamente todos los costos relacionados con la manufactura de su producto como costos del producto. Estos costos se inventarían y posteriormente se registran como costos de los productos vendidos cuando el producto se vende. Todos los demás gastos, incluyendo los costos por almacenamiento de los productos terminados de $3,250,000 se clasifican como gastos del periodo. Hewitt ha sugerido que los costos de almacenamiento se incluyan como costos del producto, ya que están "definitivamente relacionados con nuestro producto". La compañía fabricó 200,000 unidades durante el periodo y vendió 180,000 unidades.

Cuando el contralor volvió a procesar las cifras, descubrió que si incluía los costos de almacenamiento como costos del producto, podría mejorar la utilidad en operación en $325,000. También estaba seguro de que las nuevas cifras harían feliz a Hewitt.

1. Muestre en forma numérica cómo mejoraría la utilidad en operación en $325, tan solo clasificando los costos anteriores como costos del producto, en vez de gastos del periodo.
2. ¿Tiene razón Hewitt en cuanto a su justificación de que estos costos "están definitivamente relacionados con nuestro producto"?
3. ¿En qué cantidad se beneficiará personalmente Hewitt, si el contralor hace los ajustes en el punto 1?
4. ¿Qué debería hacer el contralor de la planta?

Problema de aprendizaje colaborativo

2-42 Forma de encontrar cantidades desconocidas. Un auditor del Internal Revenue Service está tratando de reconstruir algunos registros de dos contribuyentes, los cuales fueron parcialmente destruidos. En cada uno de los casos que se presentan en la siguiente lista, encuentre las incógnitas designadas por las letras A a D.

	Caso 1	Caso 2
	(en miles)	
Cuentas por cobrar, 31 de dic.	$ 6,000	$ 2,100
Costo de los productos vendidos	A	20,000
Cuentas por pagar, 1 de ene.	3,000	1,700
Cuentas por pagar, 31 de dic.	1,800	1,500
Inventario de productos terminados, 31 de dic.	B	5,300
Utilidad o margen bruto	11,300	C
Inventario de productos en proceso, 1 de ene.	0	800
Inventario de productos en proceso, 31 de dic.	0	3,000
Inventario de productos terminados, 1 de ene.	4,000	4,000
Materiales directos utilizados	8,000	12,000
Mano de obra directa	3,000	5,000
Costos indirectos de manufactura	7,000	D
Compras de materiales directos	9,000	7,000
Ingresos	32,000	31,800
Cuentas por cobrar, 1 de enero	2,000	1,400

3 Análisis costo-volumen-utilidad

Todos los gerentes quieren saber cómo se modificarán las ganancias a medida que cambien las unidades vendidas de un producto o un servicio.

Por ejemplo, los gerentes de Home Depot podrían preguntarse cuántas unidades de un nuevo artículo se deberán vender para alcanzar el punto de equilibrio, o bien, para lograr cierta utilidad. Los gerentes de Procter & Gamble podrían preguntarse cómo se verían afectados los costos, el precio de venta y las ganancias al expandir su negocio hacia un mercado extranjero específico. Tales preguntas tienen una parte común: "¿qué pasaría si...?". Revisar los resultados de las posibles alternativas a la pregunta "¿qué pasaría si...?" ayuda a los gerentes a tomar mejores decisiones.

Los gerentes también deben decidir cómo fijar el precio de sus productos, así como entender el efecto de sus decisiones en cuanto a precios sobre los ingresos y las utilidades. El siguiente artículo explica la manera en que, hace poco, la banda de rock irlandesa U2 decidió si debería disminuir los precios de algunos de sus boletos durante una gira mundial reciente. ¿Le parece a usted una estrategia adecuada la reducción del precio de los boletos?

Cómo "el show de rock más espectacular de todos los tiempos" generó ganancias elevadas[1]

Cuando U2 inició su gira mundial reciente, la revista *Rolling Stone* la denominó "el show de rock más espectacular de todos los tiempos". Luego de visitar estadios de gran tamaño en Estados Unidos y Europa, el cuarteto irlandés dio una presentación en un escenario impresionante de 164 pies (50 metros) de altura que se asemejaba a una nave espacial, junto con una pantalla de video gigante y pasarelas que conducían a andamios rodeados de anillos.

Con una ambiciosa gira que incluía 48 conciertos, U2 tenía en realidad tres escenarios separados que catapultaban su itinerario global —cada uno de ellos con un costo de casi 40 millones de dólares. Como resultado, el éxito de la gira dependía no solamente del concierto de cada noche, sino también de la posibilidad de amortizar sus enormes costos fijos, los cuales no cambian con el número de aficionados que haya en la audiencia.

Para cubrir sus altos costos fijos y obtener una ganancia, U2 necesitaba vender una gran cantidad de boletos. Para maximizar los ingresos, la gira utilizó una configuración única del escenario rodeado de gente y, con ello, aumentó la capacidad del estadio en cerca de 20% y vendió boletos por un monto tan pequeño como $30, muy inferior al de la mayoría de los grandes conciertos al aire libre.

El plan de la banda funcionó: aun a pesar de la severa caída en la industria musical y de la recesión global, U2 superó por mucho los récords de asistencia en la mayoría de las localidades donde tocaba.

---

[1] *Fuente*: Gundersen, Edna. 2009. U2 turns 360 stadium into attendance-shattering sellouts. *USA Today*, 4 de octubre. *www.usatoday.com/life/music/news/2009-10-04-u2-stadium-tour_N.htm*

Al final de la gira, la banda tocó para más de tres millones de personas, acumulando casi 300 millones en venta de boletos y mercancía alusiva, y obteniendo así una ganancia. A medida que lea este capítulo, usted empezará a entender cómo y por qué U2 tomó la decisión de reducir los precios.

Muchas compañías que requieren grandes inversiones de capital, como US Airways y United Airlines en la industria de las aerolíneas, y Global Crossing y WorldCom en el ramo de las telecomunicaciones, tienen altos costos fijos. Deben generar suficientes ingresos para cubrir dichos costos y para lograr una utilidad. Cuando los ingresos disminuyeron en estas compañías durante 2001 y 2002, en tanto que los costos fijos permanecieron a un nivel elevado, tuvieron que declararse en quiebra. El método del análisis costo-volumen-utilidad que se describe en este capítulo ayuda a los gerentes a minimizar tales riesgos.

Fundamentos del análisis costo-volumen-utilidad (CVU)

Objetivo de aprendizaje 1

Explicar las características del análisis costo-volumen-utilidad

. . . . cómo cambia la utilidad en operación con las variaciones en el nivel de producción, los precios de venta, los costos variables o los costos fijos

En el capítulo 2 se revisaron los conceptos de ingresos totales, costos totales e ingresos. El **análisis costo-volumen-utilidad** (CVU) estudia el comportamiento y la relación entre estos elementos, a medida que ocurren cambios en las unidades vendidas, el precio de venta, el costo variable por unidad o los costos fijos de un producto. Consideremos un ejemplo para ilustrar el análisis CVU.

Ejemplo: Emma Frost considera la venta de "GMAT Success", un libro y software de preparación para el examen de admisión a la escuela de negocios, en una feria universitaria de Chicago. Emma sabe que puede comprar ese paquete a un mayorista a un precio de $120 cada uno, con la ventaja de devolver todos los paquetes que no se vendan, recibiendo así un reembolso de $120 por cada uno. También, deberá pagar $2,000 a los organizadores por la renta del espacio (STAND) en la feria. Ella no incurrirá en ningún otro costo. Tiene que tomar la decisión de si deberá rentar o no el espacio.

Emma, al igual que la mayoría de los gerentes que se enfrentan a tal situación, procede a través de una serie de pasos:

1. **Identificar el problema y las incertidumbres.** La decisión de rentar un espacio depende básicamente de la manera en que Emma resuelva dos incertidumbres de importancia: el precio de cada paquete y la cantidad de los mismos que venda. Cualquier decisión tiene que ver con la selección de un curso de acción. Emma debe decidirse sabiendo que el resultado de la acción elegida es incierto y que tan solo se conocerá en el futuro. Cuanto mayor confianza tenga Emma en relación con la venta de un alto número de paquetes a un buen precio, más dispuesta estará a rentar el espacio.

2. **Obtener información.** Cuando se enfrentan a la incertidumbre, los gerentes recaban información que podría ayudarlos a entender mejor las incertidumbres. Por ejemplo, Emma recopila información acerca del tipo de individuos que probablemente asistirán a la feria y de otros paquetes de preparación para exámenes que podrían venderse durante dicho evento. Ella también obtiene datos sobre sus experiencias anteriores en la venta del GMAT Success en ferias muy similares a la feria de Chicago.

3. **Realizar predicciones acerca del futuro.** Usando toda la información disponible, los gerentes hacen sus predicciones. Emma calcula que podría vender a un precio de $200 por el GMAT Success. A ese precio, ella estima que vendería al menos 30 paquetes y quizás hasta 60. Al efectuar tales predicciones Emma, al igual que la mayoría de los gerentes, debe ser realista y ejercer un juicio cuidadoso. Si sus predicciones son demasiado optimistas, Emma rentará el espacio cuando no debería hacerlo. Si son indebidamente pesimistas, Emma no rentará el espacio cuando sí debería hacerlo.

   Las predicciones de Emma se basan en la creencia de que su experiencia en la feria de Chicago será similar a su experiencia en la feria de Boston, cuatro meses antes. Sin embargo, Emma se siente insegura acerca de varios aspectos de sus predicciones. ¿Es adecuada la comparación entre Boston y Chicago? ¿Han cambiado las condiciones y las circunstancias en los últimos cuatro meses? ¿Hay algunos prejuicios que se hayan infiltrado en su pensamiento? A ella le gustaría mucho vender en la feria de Chicago porque, en los últimos dos meses, las ventas han estado más bajas que lo que esperaba. ¿Esta experiencia hace que sus predicciones sean demasiado optimistas? ¿Ha ignorado ella algunos de los riesgos de la competencia? ¿Reducirán los precios los demás vendedores de manuales de preparación para exámenes durante la feria?

   Emma repasa su razonamiento y vuelve a revisar sus supuestos. También explora estas preguntas con John Mills, un amigo cercano, quien tiene una vasta experiencia en la venta de paquetes de preparación para exámenes como el GMAT Success. Al final, ella siente una confianza mayor de que sus predicciones serán razonables, exactas y cuidadosamente pensadas.

4. **Tomar decisiones mediante la elección entre alternativas.** Emma usa el análisis CVU que se presenta a continuación, y decide rentar el espacio en la feria de Chicago.

5. **Implementar la decisión, evaluar el desempeño y aprender.** Los gerentes reflexivos nunca dejan de aprender. Comparan su desempeño real con el desempeño predicho, para entender la razón por la cual las cosas sucedieron de tal o cual manera, y lo que podrían aprender. Al final de la feria de Chicago, por ejemplo, Emma estaría interesada en evaluar si fue correcta su predicción acerca del precio y el número de paquetes que vendería. Tal retroalimentación sería de gran utilidad para Emma, cuando tome decisiones acerca de la conveniencia de rentar espacios en ferias subsecuentes.

¿Cómo usa Emma el análisis CVU del paso 4 para tomar la decisión? Emma empieza con la identificación de cuáles costos son fijos y cuáles son variables y, después, calcula el *margen de contribución*.

Márgenes de contribución

El costo de la renta del espacio de $2,000 es un costo fijo porque no cambiará indistintamente de la cantidad de paquetes que Emma venda. El costo del paquete en sí mismo es un costo variable porque aumenta en proporción al número de paquetes vendidos. Emma incurrirá en un costo de $120 por cada paquete que venda. Para tener una idea acerca de cómo cambiará la utilidad en operación como resultado de la venta de diferentes cantidades de paquetes, Emma calcula la utilidad en operación si las ventas son de cinco paquetes y si las ventas son de 40 paquetes.

	5 paquetes vendidos	40 paquetes vendidos
Ingresos	$1,000 ($200 por paquete × 5 paquetes)	$8,000 ($200 por paquete × 40 paquetes)
Costos de adquisición variables	600 ($120 por paquete × 5 paquetes)	4,800 ($120 por paquete × 40 paquetes)
Costos fijos	2,000	2,000
Utilidad en operación	$(1,600)	$1,200

Las únicas cantidades que cambian como resultado de la venta de diferentes cantidades de paquetes son los *ingresos totales* y los *costos variables totales*. La diferencia entre los ingresos totales y los costos variables totales se denomina **margen de contribución**. Es decir,

Margen de contribución = Ingresos totales − Costos variables totales

El margen de contribución explica por qué cambia la utilidad en operación, a medida que varía el número de unidades vendidas. Cuando Emma vende cinco paquetes, el margen de contribución es de $400 ($1,000 en ingresos totales menos $600 en costos variables totales); cuando Emma vende 40 paquetes, el margen de contribución es de $3,200 ($8,000 en ingresos totales menos $4,800 en costos variables totales).

Al calcular el margen de contribución, asegúrese de restar todos los costos variables. Por ejemplo, si Emma tuviera costos de venta variables porque pagara una comisión a los vendedores por cada paquete que vendieran en la feria, los costos variables incluirían el costo de cada paquete más la comisión por ventas.

El **margen de contribución por unidad** es una herramienta útil para calcular el margen de contribución y la utilidad en operación. Se define como

Margen de contribución por unidad = Precio de venta − Costos variable por unidad

En el ejemplo del GMAT Success, el margen de contribución por paquete, o por unidad, es de $200 − $120 = $80. El margen de contribución por unidad reconoce la estrecha relación del precio de venta y del costo variable por unidad. A diferencia de los costos fijos, Emma incurrirá únicamente en el costo variable por unidad de $120, cuando venda una unidad de GMAT Success en $200.

El margen de contribución por unidad ofrece una segunda manera de calcular el margen de contribución:

Margen de contribución = Margen de contribución por unidad × Número de unidades vendidas

Por ejemplo, cuando se venden 40 paquetes, el margen de contribución = $80 por unidad × 40 unidades = $3,200.

Incluso antes de llegar a la feria, Emma incurre en $2,000 de costos fijos. Ya que el margen de contribución por unidad es de $80, Emma recuperará $80 por cada paquete que venda en la feria. Emma espera vender suficientes paquetes para recuperar totalmente los $2,000 que gastó por la renta del espacio y, luego, empezar a obtener una ganancia.

La ilustración 3-1 presenta los márgenes de contribución para diferentes cantidades de paquetes vendidos. El estado de resultados de la ilustración 3-1 se denomina **estado de resultados variable** porque agrupa los costos en costos variables y en costos fijos, con la finalidad de resaltar el margen de contribución. Cada paquete adicional vendido de 1 a 5 aumenta el margen de contribución en $80 por paquete, recuperando así una mayor cantidad de los costos fijos y reduciendo la pérdida operativa. Si Emma vende 25 paquetes, el margen de contribución es igual a $2,000 ($80 por paquete × 25 paquetes), recupera en forma exacta los costos fijos y obtiene como resultado una utilidad en operación de $0. Si Emma vende 40 paquetes, el margen de contribución aumenta en otros $1,200 ($3,200 − $2,000), todo lo cual se convierte en la utilidad en operación. A medida que se observe la ilustración 3-1 de izquierda a derecha, se verá que el incremento en el margen de contribución es exactamente igual al incremento en la utilidad en operación (o al decremento en la pérdida operativa).

En vez de expresar el margen de contribución como una cantidad en dólares por unidad, podemos expresarlo como un porcentaje denominado **margen de contribución en porcentaje** (o **razón del margen de contribución**):

$$\text{Margen de contribución en porcentaje (razón del margen de contribución)} = \frac{\text{Margen de contribución por unidad}}{\text{Precio de venta}}$$

En nuestro ejemplo,

$$\text{Margen de contribución en porcentaje} = \frac{\$80}{\$200} = 0.40, \text{ o bien, } 40\%$$

El margen de contribución en porcentaje es el margen de contribución por dólar de ingresos. Emma gana 40% de cada dólar de ingresos (lo que es igual a 40 centavos).

	A	B	C	D	E	F	G	H
1				Número de paquetes vendidos				
2				0	1	5	25	40
3	Ingresos	$ 200	por paquete	$ 0	$ 200	$ 1,000	$5,000	$8,000
4	Costos variables	$ 120	por paquete	0	120	600	3,000	4,800
5	Margen de contribución	$ 80	por paquete	0	80	400	2,000	3,200
6	Costos fijos	$2,000		2,000	2,000	2,000	2,000	2,000
7	Utilidad en operación			$(2,000)	$(1,920)	$(1,600)	$ 0	$1,200

Ilustración 3-1

Estado de resultados variable para diferentes cantidades de ventas del paquete GMAT Success

La mayoría de las empresas tienen diferentes productos. Como veremos posteriormente en este capítulo, cuando se tienen productos múltiples el cálculo del margen de contribución por unidad resulta más arduo. En la práctica, las compañías suelen utilizar el margen de contribución en porcentaje como una forma sencilla de calcular el margen de contribución para diferentes cantidades de dólares en ingresos:

$$\text{Margen de contribución} = \text{Margen de contribución en porcentaje} \times \text{Ingresos (en dólares)}$$

Por ejemplo, en la ilustración 3-1, si Emma vende 40 paquetes, los ingresos serán de $8,000 y el margen de contribución será igual al 40% de $8,000, o bien, $0.40 \times \$8,000 = \$3,200$. Emma obtiene una utilidad en operación de $1,200 ($3,200 − costos fijos, $2,000) con la venta de 40 paquetes en $8,000.

Forma de expresar las relaciones CVU

¿Cómo se construyó la hoja electrónica de Excel de la ilustración 3-1? Como fundamento de dicho cuadro se tienen algunas ecuaciones que expresan las relaciones CVU. Para la toma de decisiones mediante el uso del análisis CVU, debemos entender tales relaciones y la estructura del estado de resultados variable de la ilustración 3-1. Hay tres formas relacionadas (las llamaremos métodos) que debemos considerar con mayor profundidad y que son de utilidad para construir modelos de relaciones CVU:

1. El método de la ecuación.

2. El método del margen de contribución.

3. El método gráfico.

El método de la ecuación y el método del margen de contribución son de mayor utilidad cuando los gerentes buscan determinar la utilidad en operación de diferentes niveles específicos de ventas (por ejemplo, 5, 15, 25 y 40 unidades vendidas). El método gráfico ayuda a visualizar la relación entre las unidades vendidas y la utilidad en operación a lo largo de una amplia gama de unidades vendidas. Como veremos más adelante en el capítulo, diferentes métodos son útiles para decisiones distintas.

Método de la ecuación

Cada columna de la ilustración 3-1 se expresa como una ecuación.

$$\text{Ingresos} - \text{Costos variables} - \text{Costos fijos} = \text{Utilidad en operación}$$

¿Cómo se calculan los ingresos de cada columna?

$$\text{Ingresos} = \text{Precio de venta (pv)} \times \text{Cantidad de unidades vendidas } (Q)$$

¿Cómo se calculan los costos variables de cada columna?

$$\text{Costos variables} = \text{Costo variable por unidad (cvu)} \times \text{Cantidad de unidades vendidas } (Q)$$

Por lo tanto,

$$\left[\left(\begin{array}{c}\text{Precio} \\ \text{de} \\ \text{venta}\end{array} \times \begin{array}{c}\text{Cantidad de} \\ \text{unidades} \\ \text{vendidas}\end{array}\right) - \left(\begin{array}{c}\text{Costo variable} \\ \text{por} \\ \text{unidad}\end{array} \times \begin{array}{c}\text{Cantidad de} \\ \text{unidades} \\ \text{vendidas}\end{array}\right)\right] - \begin{array}{c}\text{Costos} \\ \text{fijos}\end{array} = \begin{array}{c}\text{Utilidad en} \\ \text{operación}\end{array} \quad \textbf{(Ecuación 1)}$$

La ecuación 1 se convierte en la base para el cálculo de la utilidad en operación para diferentes cantidades de unidades vendidas. Por ejemplo, si se observa la celda F7 en la ilustración 3-1, el cálculo de la utilidad en operación cuando Emma vende cinco paquetes es

$$(\$200 \times 5) - (\$120 \times 5) - \$2,000 = \$1,000 - \$600 - \$2,000 = -\$1,600$$

Método del margen de contribución

Volviendo a ordenar la ecuación 1,

$$\left[\left(\begin{array}{c}\text{Precio} \\ \text{de} \\ \text{venta}\end{array} - \begin{array}{c}\text{Costo variable} \\ \text{por} \\ \text{unidad}\end{array}\right) \times \left(\begin{array}{c}\text{Cantidad de} \\ \text{unidades} \\ \text{vendidas}\end{array}\right)\right] - \begin{array}{c}\text{Costos} \\ \text{fijos}\end{array} = \begin{array}{c}\text{Utilidad en} \\ \text{operación}\end{array}$$

$$\left(\begin{array}{c}\text{Margen de} \\ \text{contribución por} \\ \text{unidad}\end{array} \times \begin{array}{c}\text{Cantidad} \\ \text{de unidades} \\ \text{vendidas}\end{array}\right) - \begin{array}{c}\text{Costos} \\ \text{fijos}\end{array} = \begin{array}{c}\text{Utilidad en} \\ \text{operación}\end{array} \quad \textbf{(Ecuación 2)}$$

En nuestro ejemplo del GMAT Success, el margen de contribución por unidad es de $80 ($200 − $120) y, por lo tanto, cuando Emma vende cinco paquetes,

$$\text{Utilidad en operación} = (\$80 \times 5) - \$2,000 = -\$1,600$$

La ecuación 2 expresa la idea básica que describimos anteriormente: cada unidad vendida ayuda a Emma a recuperar $80 (en margen de contribución) de los $2,000 de costos fijos.

Método gráfico

En el método gráfico, representamos los costos totales y los ingresos totales de una manera esquemática. Cada uno de ellos se muestra como una línea sobre una gráfica. La ilustración 3-2 muestra el método gráfico para el GMAT Success. Ya que hemos supuesto que los costos totales y los ingresos totales se comportan de una forma lineal, necesitamos tan solo dos puntos para graficar la línea que representa cada uno de ellos.

1. **Línea de costos totales.** La línea de costos totales es la suma de los costos fijos y los costos variables. Los costos fijos son de $2,000 para todas las cantidades de unidades vendidas dentro de la escala relevante. Para graficar la línea de costos totales, use como un punto los $2,000 de costos fijos a cero unidades vendidas (punto A), ya que los costos variables son de $0 cuando no se venden unidades. Seleccione un segundo punto mediante la elección de cualquier otro nivel conveniente de producción (por ejemplo, $40 unidades vendidas) y determine los costos totales correspondientes. A este nivel de producción, los costos variables totales son de $4,800 (40 unidades × $120 por unidad). Recuerde, los costos fijos son de $2,000 para todas las cantidades de unidades vendidas dentro del espacio relevante, de manera que los costos totales a 40 unidades vendidas son iguales a $6,800 ($2,000 + $4,800), lo cual es el punto B en la ilustración 3-2. La línea de costos totales es la recta que va del punto A al punto B.

2. **Línea de ingresos totales.** Un punto de partida conveniente es en $0 ingresos a 0 unidades vendidas, lo cual es el punto C en la ilustración 3-2. Seleccione un segundo punto mediante la elección de cualquier otro nivel conveniente de producción y determine los ingresos totales correspondientes. A 40 unidades vendidas, los ingresos totales son de $8,000 ($200 por unidad × 40 unidades), lo cual es el punto D en la ilustración 3-2. La línea de ingresos totales es la recta que va del punto C al punto D.

   La ganancia o la pérdida a cualquier nivel de ventas se determinan con la distancia vertical que hay entre las dos líneas a ese nivel en la ilustración 3-2. Para las cantidades menores a 25 unidades vendidas, los costos totales exceden los ingresos totales, y el área sombreada oscura del cuadrante inferior izquierdo indica las pérdidas operativas. Para las cantidades mayores a 25 unidades vendidas, los ingresos totales exceden los costos totales, y el área sombreada oscura del cuadrante superior derecho indica las utilidades operativas. A 25 unidades vendidas, los ingresos totales son iguales a los costos totales. Emma alcanzará su punto de equilibrio con la venta de 25 paquetes.

◄ **Punto de decisión**

¿Cómo ayuda a los gerentes el análisis CVU?

Ilustración 3-2

Gráfica costo-volumen para el GMAT Success

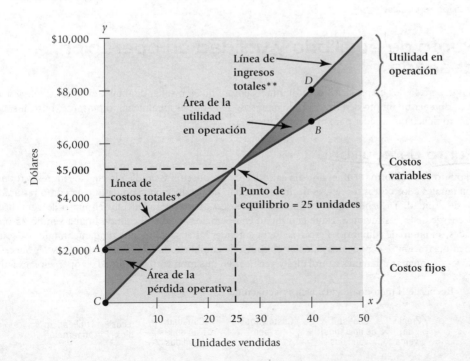

Supuestos del costo-volumen-utilidad

Ahora que hemos visto la forma en la que funciona el análisis CVU, debemos revisar los siguientes supuestos realizados durante el análisis:

1. Los cambios en los niveles de ingresos y de costos surgen únicamente como resultado de las variaciones en el número de unidades vendidas del producto (o servicio). El número de unidades vendidas es el único generador de ingresos y el único generador de costos. Del mismo modo que un generador de costos es cualquier factor que afecte a los costos, un **generador de ingresos** es una variable, como el volumen, que afecta los ingresos de manera causal.

2. Los costos totales se pueden separar en dos componentes: un componente de fijo que no varía con las unidades vendidas, y un componente variable que cambia con respecto a las unidades vendidas.

3. Cuando se representan de una manera gráfica, el comportamiento de los ingresos totales y de los costos totales es lineal (lo cual significa que pueden representarse como una línea recta), en relación con las unidades vendidas dentro de un espacio relevante (y un periodo de tiempo).

4. El precio de venta, el costo variable por unidad y los costos fijos totales (dentro de una escala relevante y un periodo de tiempo) son conocidos y son constantes.

Una característica importante del análisis costo-volumen-utilidad es la distinción entre los costos fijos y los costos variables. No obstante, siempre se deberá tener en mente que si un costo es variable o fijo depende del periodo de tiempo para una decisión.

Cuanto menor sea el horizonte de tiempo, mayor será el porcentaje de costos totales que se considere como fijo. Por ejemplo, suponga que un avión de American Airlines zarpará de su andén dentro de la siguiente hora y que en este momento tiene 20 asientos sin vender. Un pasajero potencial llega con un boleto transferible de una aerolínea de la competencia. Los costos variables (como ofrecer una comida de más) para American, que resultarían del hecho de colocar un pasajero más en un asiento que de otra manera estaría vacío, son insignificantes. En el momento de tomar esta decisión, cuando tan solo falta una hora para que el avión despegue, prácticamente todos los costos (como los costos por la tripulación y por el manejo del equipaje) son fijos.

De manera alternativa, suponga que American Airlines tiene que tomar la decisión de si debería mantener este vuelo dentro de su programa de vuelos. Esta decisión tendrá un horizonte de planeación de un año. Si American Airlines decide cancelar el vuelo debido a que tan solo lo toma un número muy reducido de pasajeros, muchos costos más, incluyendo los costos por la tripulación y el manejo del equipaje y las tarifas por uso del aeropuerto, se considerarían como variables. Ello se debe a que a lo largo de ese horizonte de tiempo más largo, no se tendría que incurrir en dichos costos si el vuelo ya no estuviera en operación. Al clasificar los costos como variables o como fijos, siempre se debe considerar la escala relevante, la longitud del horizonte de tiempo y la situación de decisión específica.

Punto de equilibrio y utilidad en operación deseada

Objetivo de aprendizaje 2

Determinar el punto de equilibrio y el nivel de producción necesaria para alcanzar el objetivo de la utilidad en operación

. . . comparar el margen de contribución y los costos fijos

Los gerentes y los empresarios como Emma siempre quieren saber cuántas unidades deben vender para obtener un monto determinado de ingresos. Y, lo que es igualmente importante, buscan saber cuánto tienen que vender para evitar una pérdida.

Punto de equilibrio

El **punto de equilibrio** (PDE) es aquella cantidad de producción vendida a la cual los ingresos totales son iguales a los costos totales, es decir, la cantidad de producción vendida que da como resultado $0 de utilidad. Ya hemos visto cómo usar el método gráfico para calcular el punto de equilibrio. Recuerde de la ilustración 3-1 que la utilidad en operación fue de $0 cuando Emma vendió 25 unidades, su punto de equilibrio. Pero si se logra entender las ecuaciones que fundamentan los cálculos de la ilustración 3-1, podemos calcular el punto de equilibrio directamente para el GMAT Success, en vez de intentar diferentes cantidades y verificar en qué momento la utilidad en operación es igual a $0.

Recuerde el método de la ecuación (ecuación 1):

$$\begin{pmatrix} \text{Precio} \\ \text{de} \\ \text{venta} \end{pmatrix} \times \begin{pmatrix} \text{Cantidad} \\ \text{de unidades} \\ \text{vendidas} \end{pmatrix} - \begin{pmatrix} \text{Costo variable} \\ \text{por} \\ \text{unidad} \end{pmatrix} \times \begin{pmatrix} \text{Cantidad} \\ \text{de unidades} \\ \text{vendidas} \end{pmatrix} - \begin{pmatrix} \text{Costos} \\ \text{fijos} \end{pmatrix} = \begin{pmatrix} \text{Utilidad en} \\ \text{operación} \end{pmatrix}$$

Al establecer la utilidad en operación como igual a $0 y al denotar la cantidad de unidades producidas que se deben vender con Q,

$$(\$200 \times Q) - (\$120 \times Q) - \$2{,}000 = \$0$$

$$\$80 \times Q = \$2{,}000$$

$$Q = \$2{,}000 \div \$80 \text{ por unidad} = 25 \text{ unidades}$$

Si Emma vende una cantidad inferior a 25 unidades, incurrirá en una pérdida; si vende 25 unidades, alcanzará su punto de equilibrio; y si vende más de 25 unidades, obtendrá una ganancia. Aunque este punto de equilibrio se expresa en unidades, también se expresa en ingresos: 25 unidades × el precio de venta de $200 = $5,000.

Recuerde el método del margen de contribución (ecuación 2):

$$\left(\begin{matrix} \text{Margen de} \\ \text{contribución} \\ \text{por unidad} \end{matrix} \times \begin{matrix} \text{Cantidad de} \\ \text{unidades} \\ \text{vendidas} \end{matrix} \right) - \text{Costos fijos} = \text{Utilidad en operación}$$

En el punto de equilibrio, la utilidad en operación es por definición de $0 y, por consiguiente,

Margen de contribución por unidad × Punto de equilibrio en número de unidades = Costo fijo (**Ecuación 3**)

Volviendo a ordenar la ecuación 3 e ingresando los datos,

$$\begin{matrix} \text{Punto de equilibrio} \\ \text{en número de unidades} \end{matrix} = \frac{\text{Costos fijos}}{\text{Margen de contribución por unidad}} = \frac{\$2{,}000}{\$80 \text{ por unidad}} = 25 \text{ unidades}$$

Punto de equilibrio expresado en términos monetarios = Punto de equilibrio expresado en número de unidades × Precio de venta

$$= 25 \text{ unidades} \times \$200 \text{ por unidad} = \$5{,}000$$

En la práctica (como las empresas tienen diversos productos), por lo general, las compañías calculan el punto de equilibrio expresándolo directamente en términos de ingresos y usando porcentajes para el margen de contribución. Recuerde que, en el ejemplo de GMAT Success,

$$\begin{matrix} \text{Margen de contribución} \\ \text{en porcentaje} \end{matrix} = \frac{\text{Margen de contribución por unidad}}{\text{Precio de venta}} = \frac{\$80}{\$200} = 0.40, \text{ o bien, } 40\,\%$$

Es decir, el 40% de cada dólar de ingresos, o 40 centavos, es el margen de contribución. Para alcanzar el punto de equilibrio, el margen de contribución debe ser igual a los costos fijos de $2,000. Para ganar $2,000 del margen de contribución, cuando $1 gana $0.40 del margen de contribución, los ingresos tienen que ser iguales a $2,000 ÷ 0.40 = $5,000.

$$\begin{matrix} \text{Punto de equilibrio} \\ \text{en ingresos} \end{matrix} = \frac{\text{Costos fijos}}{\%\text{ de margen de contribución}} = \frac{\$2{,}000}{0.40} = \$5{,}000$$

Aunque el punto de equilibrio indica a los gerentes cuánto deben vender para evitar una pérdida, ellos están igualmente interesados en la forma en que lograrán las metas de utilidad en operación que fundamentan tanto sus estrategias como sus planes. En nuestro ejemplo, la venta de 25 unidades a un precio de $200 asegura que Emma no perderá dinero si renta el espacio. Esta noticia es reconfortante, pero a continuación describiremos la manera en que Emma determina cuánto necesita vender para lograr una cierta cantidad de la utilidad en operación deseada.

Utilidad en operación fijada como meta

Ilustraremos los cálculos de la utilidad en operación fijada como meta formulando la siguiente pregunta: ¿Cuántas unidades deberá vender Emma para lograr una utilidad en operación de $1,200? Un enfoque consiste en seguir insertando diferentes cantidades en la ilustración 3-1 y verificar el momento en que la utilidad en operación sea igual a $1,200. La ilustración 3-1 muestra que la utilidad en operación es de $1,200 cuando se venden 40 paquetes. Un enfoque más conveniente consiste en usar la ecuación 1 de la página 66.

$$\left[\left(\begin{matrix} \text{Precio} \\ \text{de} \\ \text{venta} \end{matrix} \times \begin{matrix} \text{Cantidad} \\ \text{de unidades} \\ \text{vendidas} \end{matrix} \right) - \left(\begin{matrix} \text{Costo variable} \\ \text{por unidad} \end{matrix} \times \begin{matrix} \text{Cantidad} \\ \text{de unidades} \\ \text{vendidas} \end{matrix} \right) \right] - \begin{matrix} \text{Costos} \\ \text{fijos} \end{matrix} = \begin{matrix} \text{Utilidad} \\ \text{en operación} \end{matrix} \text{ (Ecuación 1)}$$

Denotamos con Q la cantidad desconocida de unidades que Emma tiene que vender para lograr una utilidad en operación de $1,200.

El precio de venta es de $200, el costo variable por paquete es de $120, los costos fijos son de $2,000 y la utilidad en operación deseada es de $1,200. Al sustituir estos valores en la ecuación 1, tenemos

$$(\$200 \times Q) - (\$120 \times Q) - \$2,000 = \$1,200$$
$$\$80 \times Q = \$2,000 + \$1,200 = \$3,200$$
$$Q = \$3,200 \div \$80 \text{ por unidad} = 40 \text{ unidades}$$

De manera alternativa, podríamos usar la ecuación 2,

$$\left(\begin{array}{c} \text{Margen} \\ \text{de contribución} \\ \text{por unidad} \end{array} \times \begin{array}{c} \text{Cantidad} \\ \text{de unidades} \\ \text{vendidas} \end{array} \right) - \begin{array}{c} \text{Costos} \\ \text{fijos} \end{array} = \begin{array}{c} \text{Utilidad} \\ \text{en operación} \end{array} \qquad \text{(Ecuación 2)}$$

Dada una utilidad en operación deseada ($1,200 en este caso), podemos volver a ordenar los términos para obtener la ecuación 4.

$$\begin{array}{c} \text{Cantidad de} \\ \text{unidades que se} \\ \text{deberán vender} \end{array} = \frac{\text{Costos fijos} + \text{Utilidad en operación deseada}}{\text{Margen de contribución por unidad}} \qquad \text{(Ecuación 4)}$$

$$\begin{array}{c} \text{Cantidad de} \\ \text{unidades que se} \\ \text{deberán vender} \end{array} = \frac{\$2,000 + \$1,200}{\$80 \text{ por unidad}} = 40 \text{ unidades}$$

Prueba:

Ingresos, $200 por unidad × 40 unidades		$8,000
Costos variables, $120 por unidad × 40 unidades		4,800
Margen de contribución, $80 por unidad × 40 unidades		3,200
Costos fijos		2,000
Utilidad en operación		$1,200

Los ingresos necesarios para obtener una utilidad en operación de $1,200 también se calculan directamente reconociendo: **1.** que se deben ganar $3,200 de margen de contribución (costos fijos de $2,000 más una utilidad en operación de $1,200) y **2.** que $1 de ingresos gana $0.40 (40 centavos) de margen de contribución. Para obtener $3,200 de margen de contribución, los ingresos deben ser iguales a $3,200 ÷ 0.40 = $8,000.

$$\begin{array}{c} \text{Ingresos necesarios para obtener una} \\ \text{utilidad en operación de \$1,200} \end{array} = \frac{\$2,000 + \$1,200}{0.40} = \frac{\$3,200}{0.40} = \$8,000$$

La gráfica que se presenta en la ilustración 3-2 es muy difícil de usar para responder la pregunta: ¿Cuántas unidades debe vender Emma para obtener una utilidad en operación de $1,200? ¿Por qué? Porque no es sencillo determinar, a partir de la gráfica, el punto preciso donde la diferencia entre la línea de ingresos totales y la línea de costos totales es igual a $1,200. Sin embargo, la reconsideración de la ilustración 3-2 en la forma de una gráfica de volumen-utilidad (VU) hace más fácil responder dicha pregunta.

Una **gráfica** VU muestra la manera en que las variaciones en la cantidad de unidades vendidas afectan la utilidad en operación. La ilustración 3-3 es la gráfica VU para GMAT Success (costos fijos, $2,000; precio de venta, $200; y costo variable por unidad, $120). La línea VU se traza usando dos puntos. Un punto conveniente (M) es la pérdida operativa a 0 unidades vendidas, la cual es igual a los costos fijos de $2,000, y se señalan al nivel de −$2,000 en el eje vertical. Un segundo punto conveniente (N) es el punto de equilibrio, que es de 25 unidades en nuestro ejemplo (véase la p. 69). La línea VU es la recta que va del punto M al punto N. Para encontrar el número de unidades que Emma tiene que vender para obtener una utilidad en operación de $1,200, se traza una línea horizontal paralela al eje de las *x* correspondiente a $1,200 en el eje vertical (es decir, el eje de las *y*). En el punto donde esta línea interseca la línea VU, se traza una línea vertical en forma descendente hasta el eje horizontal (es decir, el eje de las *x*). La línea vertical interseca el eje de las *x* al nivel de 40 unidades, lo cual indica que al vender 40 unidades, Emma ganará una utilidad en operación de $1,200.

Punto de decisión ▶

¿Cómo pueden los gerentes determinar el punto de equilibrio o la producción que se necesitará para lograr una utilidad en operación deseada?

Objetivo de aprendizaje 3

Entender la manera en que los impuestos sobre las utilidades afectan al análisis CVU

... concentrar la atención en la utilidad neta

Utilidad neta deseada e impuestos sobre las utilidades (la renta)

La **utilidad neta** es la utilidad en operación más los ingresos no operativos (como los ingresos por intereses) menos los costos no operativos (como el costo de los intereses) menos los impuestos sobre las utilidades. Con fines de simplificación, a lo largo de todo este capítulo suponemos que las utilidades y los costos no operativos son de cero. De este modo,

Utilidad neta = Utilidad en operación − Impuestos sobre las utilidades

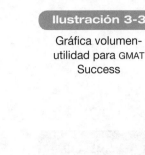

Gráfica volumen-utilidad para GMAT Success

Hasta el momento, hemos ignorado el efecto de los impuestos sobre las utilidades en nuestro análisis CVU. En muchas compañías, las metas de ingresos fijadas para los gerentes en sus planes estratégicos se expresan en términos de la utilidad neta.

Ello se debe a que la alta gerencia desea que los gerentes subalternos tomen en cuenta los efectos que tienen sus decisiones sobre la utilidad en operación después de impuestos. Algunas decisiones quizá no den como resultado una gran utilidad en operación; sin embargo, podrían tener consecuencias fiscales favorables, haciéndolas atractivas con base en la utilidad neta: la medida que da impulso a los dividendos y rendimientos de los accionistas.

Para hacer evaluaciones de la utilidad neta, los cálculos CVU para el ingreso meta se deben expresar en términos de la utilidad neta deseada, en vez de la utilidad en operación deseada. Por ejemplo, Emma podría estar interesada en conocer la cantidad de unidades que deberá vender para obtener una utilidad neta de $960, suponiendo una tasa de impuestos sobre las utilidades de 40%.

$$\text{Utilidad neta deseada} = \left(\begin{array}{c}\text{Utilidad en}\\\text{operación deseada}\end{array}\right) - \left(\begin{array}{c}\text{Utilidad en}\\\text{operación deseada}\end{array} \times \text{Tasa fiscal}\right)$$

$$\text{Utilidad neta deseada} = (\text{Utilidad en operación deseada}) \times (1 - \text{Tasa fiscal})$$

$$\text{Utilidad en operación deseada} = \frac{\text{Utilidad neta deseada}}{1 - \text{Tasa fiscal}} = \frac{\$960}{1 - 0.40} = \$1,600$$

En otras palabras, para obtener una utilidad neta deseada de $960, la utilidad en operación deseada de Emma es de $1,600.

Demostración:

Utilidad en operación deseada	$1,600
Impuestos al 40% (0.40 × $1,600)	640
Utilidad neta deseada	$960

El paso clave consiste en tomar la cifra de la utilidad neta deseada y convertirla en la cifra correspondiente de la utilidad en operación deseada. Podemos usar la ecuación 1 para la utilidad en operación deseada y sustituir las cifras de nuestro ejemplo del GMAT Success.

$$\left[\left(\begin{array}{c}\text{Precio}\\\text{de}\\\text{venta}\end{array} \times \begin{array}{c}\text{Cantidad de}\\\text{unidades}\\\text{vendidas}\end{array}\right) - \left(\begin{array}{c}\text{Costo variable}\\\text{por unidad}\end{array} \times \begin{array}{c}\text{Cantidad}\\\text{de unidades}\\\text{vendidas}\end{array}\right)\right] - \begin{array}{c}\text{Costos}\\\text{fijos}\end{array} = \begin{array}{c}\text{Utilidad}\\\text{en}\\\text{operación}\end{array} \quad \text{(Ecuación 1)}$$

$$(\$200 \times Q) - (\$120 \times Q) - \$2,000 = \$1,600$$

$$\$80 \times Q = \$3,600$$

$$Q = \$3,600 \div \$80 \text{ por unidad} = 45 \text{ unidades}$$

De manera alternativa, podemos calcular el número de unidades que debe vender Emma usando el método del margen de contribución y la ecuación 4:

$$\begin{array}{c}\text{Cantidad de unidades}\\\text{que necesitan}\\\text{venderse}\end{array} = \frac{\text{Costos fijos} + \text{Utilidad en operación deseada}}{\text{Margen de contribución por unidad}} \quad \text{(Ecuación 4)}$$

$$= \frac{\$2,000 + \$1,600}{\$80 \text{ por unidad}} = 45 \text{ unidades}$$

Demostración:	Ingresos, $200 por unidad × 45 unidades	$9,000
	Costos variables, $120 por unidad × 45 unidades	5,400
	Margen de contribución	3,600
	Costos fijos	2,000
	Utilidad en operación	1,600
	Impuestos sobre las utilidades, $1,600 × 0.40	640
	Utilidad neta	$ 960

Punto de decisión ▶

¿Cómo pueden los gerentes incorporar los impuestos sobre las utilidades en el análisis CVU?

Objetivo de aprendizaje 4

Explicar cómo usan los gerentes el análisis CVU en la toma de decisiones

. . . elegir la alternativa que maximice la utilidad en operación

Emma también puede usar la gráfica VU de la ilustración 3-3. Para obtener una utilidad en operación deseada de $1,600, Emma necesita vender 45 unidades.

Concentrar el análisis en la utilidad neta deseada en vez de en la utilidad en operación deseada no cambia el punto de equilibrio. Ello se debe al hecho de que, por definición, en el punto de equilibrio la utilidad en operación es de $0, y no se pagan impuestos sobre las utilidades cuando no hay una utilidad en operación.

Uso del análisis CVU para la toma de decisiones

Hemos visto la manera en que el análisis CVU es de utilidad para el cálculo de las unidades que necesitan venderse para alcanzar el punto de equilibrio, o bien, para lograr una utilidad en operación deseada o una utilidad neta deseada. Los gerentes también usan el análisis CVU para dar soporte a otras decisiones, muchas de las cuales son decisiones estratégicas. Considere una decisión acerca de la elección de ciertas características adicionales para un producto existente. Diferentes alternativas afectarían los precios de venta, el costo variable por unidad, los costos fijos, las unidades vendidas y la utilidad en operación. El análisis CVU ayuda a los gerentes a tomar decisiones sobre productos mediante la estimación de la rentabilidad esperada de dichas alternativas.

Las decisiones estratégicas invariablemente implican un riesgo. Se puede usar el análisis CVU para evaluar la manera en que la utilidad en operación se verá afectada, si no se alcanzan las metas establecidas. Evaluar el riesgo afecta otras decisiones estratégicas que la empresa podría tomar. Por ejemplo, si la probabilidad de una disminución en ventas parece alta, un gerente puede tomar acciones para modificar la estructura de los costos, con la finalidad de que haya más costos variables y menos costos fijos. Regresamos ahora a nuestro ejemplo del GMAT Success, para ilustrar cómo se utiliza el análisis CVU en las decisiones estratégicas relacionadas con la publicidad y el precio de venta.

La decisión de hacer publicidad

Suponga que Emma anticipa la venta de 40 unidades en la feria. La ilustración 3-3 indica que la utilidad en operación de Emma será de $1,200. Emma está considerando la colocación de un anuncio que describa el producto y sus características en el folleto de la feria. El anuncio representará un costo fijo de $500. Emma considera que la publicidad aumentará las ventas en 10%, lo cual equivale a 44 paquetes. ¿Debería Emma contratar esa publicidad? El siguiente cuadro presenta el análisis CVU.

	Venta de 40 paquetes sin publicidad (1)	Venta de 44 paquetes con publicidad (2)	Diferencia (3) = (2) − (1)
Ingresos, ($200 × 40; $ 200 × 44)	$8,000	$8,800	$ 800
Costos variables, ($120 × 40; $120 × 44)	4,800	5,280	480
Margen de contribución ($80 × 40; $80 × 44)	3,200	3,520	320
Costos fijos	2,000	2,500	500
Utilidad en operación	$1,200	$1,020	$(180)

La utilidad en operación disminuirá de $1,200 a $1,020 y, por lo tanto, Emma no debería contratar esa publicidad. Observe que Emma podría concentrar la atención únicamente en la columna de diferencia y llegar a la misma conclusión: Si Emma se anuncia, el margen de contribución aumentará en $320 (ingresos, $800 − costos variables, $480), y los costos fijos aumentarán en $500, dando como resultado una disminución de $180 en la utilidad en operación.

A medida que el lector se familiarice con el análisis CVU, deberá tratar de evaluar las decisiones con base en las diferencias, en vez de trabajar en forma mecánica a través del estado de resultados variable. El análisis de las diferencias llega a la parte medular del análisis CVU y agudiza más la intuición, al concentrar la atención únicamente en los ingresos y en los costos que cambiarán como resultado de una decisión.

La decisión de reducir el precio de venta

Habiendo tomado la decisión de no anunciarse, Emma está contemplando si debería reducir el precio de venta a $175. A este precio, ella considera que vendería 50 unidades. A esta cantidad, el mayorista del paquete de preparación para exámenes que suministra el GMAT Success venderá los paquetes a Emma a un precio de $115 por unidad, en vez de $120. ¿Tendría Emma que reducir el precio de venta?

Margen de contribución por la reducción del precio a $175: ($175 − $115) por unidad × 50 unidades	$3,000
Margen de contribución por mantener el precio a $200: ($200 − $120) por unidad × 40 unidades	3,200
Cambio en el margen de contribución por la reducción del precio	$ (200)

La disminución del precio reducirá el margen de contribución en $200 y, ya que no cambiarán los costos fijos de $2,000, también reducirá la utilidad en operación en $200. Emma no debería reducir el precio de venta.

Determinación de los precios meta

Emma también podría preguntar "¿A qué precio puedo vender 50 unidades (compradas a $115 por unidad) y continuar obteniendo una utilidad en operación de $1,200?" La respuesta es $179, como lo muestran los siguientes cálculos.

	Utilidad en operación meta	$1,200
	Utilidad en operación deseada más costos fijos	2,000
	Margen de contribución meta	$3,200
	Dividido entre el número de unidades vendidas	÷50 unidades
	Margen de contribución meta por unidad	$ 64
	Más costo variable por unidad	115
	Precio de venta meta	$ 179
Demostración:	Ingresos, $179 por unidad × 50 unidades	$8,950
	Costos variables, $115 por unidad × 50 unidades	5,750
	Margen de contribución	3,200
	Costos fijos	2,000
	Utilidad en operación	$1,200

Emma debería examinar también los efectos de otras decisiones, como la posibilidad de aumentar de manera simultánea los costos por publicidad y reducir los precios. En cada caso, Emma comparará los cambios en el margen de contribución (por los efectos sobre los precios de venta, los costos variables y las cantidades de unidades vendidas) con los cambios en los costos fijos, y ella elegirá la alternativa que ofrezca la mayor utilidad en operación.

Análisis de sensibilidad y margen de seguridad

Antes de elegir estrategias y planes acerca de cómo implementar las estrategias, por lo regular, los gerentes analizan la sensibilidad de sus decisiones frente a los cambios en los supuestos fundamentales. El **análisis de sensibilidad** es una técnica de tipo "¿qué sucedería si...?" que usan los gerentes para examinar cómo cambiaría un resultado si los datos originales predichos no se logran o si cambia un supuesto fundamental. En el contexto del análisis CVU, el análisis de sensibilidad responde a preguntas como "¿cuál será la utilidad en operación si la cantidad de unidades vendidas disminuye en 5% con respecto a la previsión original?" y "¿cuál será la utilidad en operación si el costo variable por unidad disminuye en 10%?" El análisis de sensibilidad amplía las perspectivas de los gerentes con respecto a los posibles resultados que podrían ocurrir *antes* de que se comprometan los costos.

Las hojas de cálculo electrónicas, como Excel, capacitan a los gerentes para realizar de una manera sistemática y eficiente un análisis de sensibilidad basado en el CVU. Al usar hojas electrónicas, los gerentes pueden llevar a cabo un análisis de sensibilidad para examinar el efecto y la interacción de los cambios en el precio de venta, en el costo variable por unidad, en los costos fijos y en la utilidad en operación deseada. La ilustración 3-4 muestra una hoja electrónica para el ejemplo del GMAT Success.

Al usar la hoja electrónica, Emma sabría de inmediato cuántas unidades necesita vender para lograr niveles específicos de utilidad en operación, dados los niveles alternativos de costos fijos y de costo variable por unidad que ella tuviera que enfrentar.

◄ Punto de decisión

¿Cómo usan los gerentes el análisis CVU para tomar decisiones?

Objetivo de aprendizaje 5

Explicar cómo el análisis de sensibilidad ayuda a los gerentes a enfrentar la incertidumbre

. . . determinar el efecto de diferentes supuestos sobre la utilidad en operación

Ilustración 3-4

Análisis de las
relaciones CVU para el
GMAT Success con una
hoja electrónica

	D5	▼	fx	=($A5+D$3)/(F1-$B5)		
	A	B	C	D	E	F
1			**Número de unidades que se necesitan vender a $200**			
2			**Precio de venta para obtener una utilidad en operación deseada de**			
3		**Costos variables**	**$0**	**$1,200**	**$1,600**	**$2,000**
4	**Costos fijos**	**por unidad**	**(Punto de equilibrio)**			
5	$2,000	$100	20	32[a]	36	40
6	$2,000	$120	25	40	45	50
7	$2,000	$150	40	64	72	80
8	$2,400	$100	24	36	40	44
9	$2,400	$120	30	45	50	55
10	$2,400	$150	48	72	80	88
11	$2,800	$100	28	40	44	48
12	$2,800	$120	35	50	55	60
13	$2,800	$150	56	80	88	96
14						
15	[a]Número de unidades					
16	que necesitan venderse					

$$\text{[a]Número de unidades que necesitan venderse} = \frac{\text{Costos fijos + Utilidad en operación deseada}}{\text{Margen de contribución por unidad}} = \frac{\$2,000 + \$1,200}{\$200 - \$100} = 32$$

Por ejemplo, se deben vender 32 unidades para obtener una utilidad en operación de $1,200, si los costos fijos son de $2,000 y el costo variable por unidad es de $100. Emma también puede usar la ilustración 3-4 para determinar que necesita vender 56 unidades para alcanzar el punto de equilibrio, si el costo fijo de la renta del espacio en la feria de Chicago aumenta a $2,800, y si el costo variable por unidad que cobra el proveedor del paquete de preparación para exámenes se incrementa a $150. Emma puede usar la información acerca de los costos y del análisis de sensibilidad, junto con predicciones realistas acerca de cuánto puede vender, para decidir si debería rentar un espacio en la feria.

Otro aspecto del análisis de sensibilidad es el **margen de seguridad:**

Margen de seguridad = Ingresos presupuestados (o reales) − Punto de equilibrio expresado en términos monetarios

Margen de seguridad (en unidades) = Cantidad de ventas presupuestadas (o reales) − Punto de equilibrio expresado en unidades

El margen de seguridad responde a preguntas del tipo "¿qué sucedería si...?": Cuando los ingresos presupuestados son mayores que el punto de equilibrio y disminuyen, ¿cuánto podrían disminuir por debajo del presupuesto, antes de que se alcance el punto de equilibrio? Las ventas podrían disminuir como resultado de que un competidor introdujera un mejor producto, o como consecuencia de programas de marketing deficientemente ejecutados, etcétera. Suponga que Emma tiene costos fijos de $2,000, un precio de venta de $200 y un costo variable por unidad de $120. A partir de la ilustración 3-1, si Emma vende 40 unidades, los ingresos presupuestados son de $8,000 y la utilidad en operación presupuestada es de $1,200. El punto de equilibrio es de 25 unidades, o bien, de $5,000 expresado en ingresos totales.

Margen de seguridad = Ingresos presupuestados − Punto de equilibrio = $8,000 − $5,000 = $3,000

Margen de seguridad (en unidades) = Ventas presupuestadas (unidades) − Punto de equilibrio (en unidades) = 40 − 25 = 15 unidades

Algunas veces, el margen de seguridad se expresa como un porcentaje:

$$\text{Porcentaje del margen de seguridad} = \frac{\text{Margen de seguridad en dólares}}{\text{Ingresos presupuestados (o reales)}}$$

En nuestro ejemplo, el porcentaje del margen de seguridad $= \dfrac{\$3,000}{\$8,000} = 37.5\%$

Este resultado significa que los ingresos tendrían que disminuir sustancialmente, en 37.5%, para alcanzar el punto de equilibrio expresado en términos monetarios. El alto margen de seguridad da a Emma confianza, en el sentido de que probablemente no sufrirá una pérdida.

No obstante, si Emma espera vender tan solo 30 unidades, los ingresos presupuestados serán de $6,000 ($200 por unidad × 30 unidades), y el margen de seguridad sería igual a:

Ingresos presupuestados − Punto de equilibrio expresado en términos monetarios = $6,000 − $5,000 = $1,000

$$\text{Porcentaje del margen de seguridad} = \frac{\text{Margen de seguridad en dólares}}{\text{Ingresos presupuestados (o reales)}} = \frac{\$1,000}{\$6,000} = 16.67\%$$

El análisis implica que si los ingresos disminuyen en más de 16.67%, Emma sufriría una pérdida. Un margen de seguridad bajo incrementa el riesgo de una pérdida. Si Emma no tiene una tolerancia para este nivel de riesgo, preferirá no rentar un espacio en la feria.

El análisis de sensibilidad es un enfoque sencillo para reconocer la **incertidumbre**, que es la posibilidad de que un monto real varíe con respecto a un monto esperado. El análisis de sensibilidad brinda a los gerentes un buen indicio para los riesgos involucrados. Un enfoque más amplio para el reconocimiento de la incertidumbre consiste en calcular los valores esperados usando distribuciones de probabilidad. Este enfoque se ilustra en el apéndice de este capítulo.

> **Punto de decisión**
>
> ¿Qué pueden hacer los gerentes para enfrentar la incertidumbre o los cambios en los supuestos fundamentales?

Planeación de los costos y cvu

Los gerentes tienen la capacidad de elegir los niveles de costos fijos y variables en sus estructuras de costos. Se trata de una decisión estratégica. En esta sección, describimos los diversos factores que consideran los gerentes y los contadores administrativos cuando toman esta decisión.

Estructuras alternativas de costos fijos/costos variables

El análisis de sensibilidad basado en el CVU destaca los riesgos y los rendimientos, a medida que los costos fijos se sustituyen por costos variables en la estructura de costos de una compañía. En la ilustración 3-4, comparamos la línea 6 con la línea 11.

> **Objetivo de aprendizaje 6**
>
> Usar el análisis CVU para planear los costos variables y los costos fijos
>
> . . . comparar el riesgo de pérdidas contra mayores rendimientos

	Costo fijo	Costo variable	Número de unidades que se necesitan vender a un precio de venta de $200, para obtener una utilidad en operación deseada de	
			$0 (punto de equilibrio)	$2,000
Línea 6	$2,000	$120	25	50 uni
Línea 11	$2,800	$100	28	48

Comparada con la línea 6, la línea 11, con mayores costos fijos, tiene más riesgo de pérdida (un punto de equilibrio más alto); sin embargo, requiere que se venda una menor cantidad de unidades (48 contra 50) para obtener una utilidad en operación de $2,000. El análisis CVU ayuda a los gerentes e evaluar diversas estructuras de costos fijos/costos variables. A continuación veremos con mayor detalle los efectos de tales decisiones. Suponga que los organizadores de la feria universitaria de Chicago ofrecen a Emma tres alternativas de renta:

Opción 1: Una cuota fija de $2,000 = 80

Opción 2: Una cuota fija de $800 más 15% sobre los ingresos obtenidos por el GMAT Success. = so contribución

Opción 3: 25% sobre los ingresos obtenidos por el GMAT Success, sin cuota fija alguna. = 30

El costo variable de Emma por unidad es de $120. Ella está interesada en conocer la forma en que su decisión de un contrato de renta afectará los ingresos que obtiene y los riesgos que enfrenta. La ilustración 3-5 muestra en forma gráfica la relación volumen-utilidad para cada opción. La línea que representa la relación entre las unidades vendidas y la utilidad en operación para la opción 1 es la misma que la línea en la gráfica VU que se muestra en la ilustración 3-3 (costos fijos de $2,000 y margen de contribución por unidad de $80). La línea que representa la opción 2 muestra costos fijos de $800 y un margen de contribución por unidad de $50 [precio de venta, $200, menos costo variable por unidad, $120, menos tarifa de renta variable por unidad, $30, (0.15 × $200)]. 50 La línea que representa la opción 3 tiene costos fijos de $0 y un margen de contribución por unidad de $30 [$200 − $120 − $50 (0.25 × $200)].

La opción 3 tiene el punto de equilibrio más bajo (0 unidades), y la opción 1 tiene el punto de equilibrio más alto (25 unidades). La opción 1 tiene el mayor riesgo de pérdida si las ventas son bajas, pero también tiene el mayor margen de contribución por unidad ($80) y, por consiguiente, la mayor utilidad en operación cuando las ventas son altas (mayores de 40 unidades).

La elección entre las opciones 1, 2 y 3 es una decisión estratégica a la cual se enfrenta Emma. Como en la mayoría de las decisiones estratégicas, lo que ella decida ahora afectará de manera significativa su utilidad (o pérdida) operativa, dependiendo de la demanda por el GMAT Success.

Gráfica volumen-
utilidad para opciones
alternativas de renta
para el GMAT Success

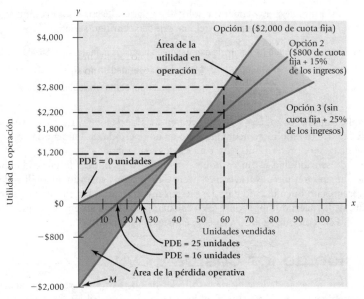

PDE = Punto de equilibrio

Enfrentándose a tal incertidumbre, la elección de Emma estará influida por su confianza en el nivel de demanda por el GMAT Success y en su disposición para correr el riesgo de pérdidas, si la demanda es baja. Por ejemplo, si la tolerancia de Emma hacia el riesgo es alta, elegirá la opción 1 con sus altas recompensas potenciales. Sin embargo, si Emma siente aversión hacia la toma de riesgos, preferirá la opción 3, donde las recompensas son menores y las ventas son altas, aunque nunca sufrirá una pérdida si las ventas son bajas.

Apalancamiento operativo

La tasa entre riesgo y rendimiento en estructuras de costos alternativas se mide como el **apalancamiento operativo**, el cual describe los efectos que tienen los costos fijos sobre los cambios en la utilidad en operación, a medida que ocurren variaciones en las unidades vendidas y en el margen de contribución. Las organizaciones que tienen una alta proporción de costos fijos en sus estructuras de costos, como en el caso de la opción 1, tienen un apalancamiento operativo elevado. La línea que representa la opción 1 en la ilustración 3-5 es la más levantada de las tres líneas. Los pequeños aumentos en las ventas generan incrementos significativos en la utilidad en operación. Los pequeños decrementos en las ventas dan como resultado decrementos relativamente grandes en la utilidad en operación, lo cual conduce a un mayor riesgo de pérdidas operativas. *A cualquier nivel de ventas dado,*

$$\text{Grado de apalancamiento operativo} = \frac{\text{Margen de contribución}}{\text{Utilidad en operación}}$$

El siguiente cuadro muestra el **grado de apalancamiento operativo** a un nivel de ventas de 40 unidades para las tres opciones de renta.

	Opción 1	Opción 2	Opción 3
1. Margen de contribución por unidad (p. 75)	$ 80	$ 50	$ 30
2. Margen de contribución (fila 1 × 40 unidades)	$3,200	$2,000	$1,200
3. Utilidad en operación (de la ilustración 3-5)	$1,200	$1,200	$1,200
4. Grado de apalancamiento operativo (fila 2 ÷ fila 3)	$\frac{\$3,200}{\$1,200} = 2.67$	$\frac{\$2,000}{\$1,200} = 1.67$	$\frac{\$1,200}{\$1,200} = 1.00$

Estos resultados indican que, cuando las ventas son de 40 unidades, un cambio porcentual en las ventas y en el margen de contribución darán como resultado 2.67 veces ese cambio porcentual en la utilidad en operación para la opción 1, pero el mismo cambio porcentual (1.00) en la utilidad en operación para la opción 3. Considere, por ejemplo, un aumento en las ventas de 50% de 40 a 60 unidades. El margen de contribución aumentará el 50% con cada opción. Sin embargo, la utilidad en operación aumentará 2.67 × 50% = 133% de $1,200 a $2,800 en la opción 1, pero aumentará únicamente 1.00 × 50% = 50% de $1,200 a $1,800 en la opción 3 (véase la ilustración 3-5).

El grado de apalancamiento operativo a un nivel de ventas dado ayuda a los gerentes a calcular el efecto de las fluctuaciones en las ventas sobre la utilidad en operación.

Es importante considerar que, en la presencia de costos fijos, el grado de apalancamiento operativo es diferente a niveles de ventas distintos. Por ejemplo, con ventas de 60 unidades, el grado de apalancamiento operativo con cada una de las tres opciones es como sigue:

	Opción 1	Opción 2	Opción 3
1. Margen de contribución por unidad (p. 75)	$ 80	$ 50	$ 30
2. Margen de contribución (fila 1 × 60 unidades)	$4,800	$3,000	$1,800
3. Utilidad en operación (de la ilustración 3-5)	$2,800	$2,200	$1,800
4. Grado de apalancamiento operativo (fila 2 ÷ fila 3)	$\frac{4,800}{2,800} = 1.71$	$\frac{3,000}{2,200} = 1.36$	$\frac{1,800}{1,800} = 1.00$

El grado de apalancamiento operativo se reduce de 2.67 (con ventas de 40 unidades) a 1.71 (con ventas de 60 unidades) en la opción 1; y de 1.67 a 1.36 en la opción 2. En general, siempre que haya costos fijos, el grado de apalancamiento operativo disminuye, a medida que el nivel de ventas aumenta más allá del punto de equilibrio. Si los costos fijos son de $0 como en la opción 3, el margen de contribución es igual a la utilidad en operación, y el grado de apalancamiento operativo es igual a 1.00 en todos los niveles de ventas.

No obstante, ¿por qué los gerentes deben vigilar con sumo cuidado el apalancamiento operativo? Considere de nuevo el caso de compañías como General Motors, Global Crossing, US Airways, United Airlines y WorldCom. Su alto nivel de apalancamiento operativo fue una razón fundamental para sus problemas financieros. Anticipando una alta demanda por sus servicios, estas compañías solicitaron en préstamo dinero para adquirir activos, lo cual dio como resultado altos costos fijos. Conforme las ventas disminuyeron, tales compañías sufrieron pérdidas y no pudieron generar un efectivo suficiente para pagar sus intereses y deudas, ocasionando así que buscaran una protección contra la quiebra. Los gerentes y los contadores administrativos deberían evaluar siempre la manera en que el nivel de costos fijos y costos variables que utilizan afectarán los valores de equilibrio entre riesgo y rendimiento. Véase el cuadro Conceptos en acción (p. 78), donde se presenta otro ejemplo de los riesgos por los altos costos fijos.

¿Qué acciones están tomando los gerentes para reducir sus costos fijos? Muchas compañías están desplazando sus instalaciones de manufactura de Estados Unidos a países cuyos costos son menores, como México y China. Para sustituir los altos costos fijos con costos variables más bajos, las empresas adquieren productos a proveedores de costos más bajos, en vez de fabricarlos por sí mismas. Dichas acciones reducen tanto los costos como el apalancamiento operativo. Hace poco tiempo, General Motors y Hewlett-Packard empezaron a subcontratar funciones de servicios, como el servicio al cliente posterior a la venta, cambiando los centros de atención de llamadas de los clientes (*call centers*) a países como India, donde los costos son menores. Decisiones de este tipo no están libres de controversias. Algunos economistas argumentan que la subcontratación ayuda a contener los costos y, por lo tanto, los precios, a un nivel bajo y permite que los negocios estadounidenses permanezcan competitivos a nivel global. Otros indican que la subcontratación reduce las oportunidades laborales en Estados Unidos y perjudica a las familias de la clase trabajadora.

◀ **Punto de decisión**

¿Cómo deberían elegir los gerentes entre diferentes estructuras de costos variables y costos fijos?

Efectos de la mezcla de ventas sobre el ingreso

La **mezcla de ventas** consiste en las cantidades (o la proporción) de varios productos (o servicios) que componen el total de ventas unitarias de una compañía. Suponga que ahora Emma elabora un presupuesto para una feria universitaria posterior en la ciudad de Nueva York. Planea vender dos paquetes diferentes de preparación para exámenes: GMAT Success y GRE Guarantee. Tiene el siguiente presupuesto:

Objetivo de aprendizaje 7

Aplicar el análisis CVU a una compañía que elabora diversos productos

. . . . suponga que la mezcla de ventas de los productos permanece constante, a medida que cambia el total de unidades vendidas

	GMAT **Success**	GRE **Guarantee**	Total
Ventas esperadas	60	40	100
Ingresos, $200 y $100 por unidad	$12,000	$4,000	$16,000
Costos variables, $120 y $70 por unidad	7,200	2,800	10,000
Margen de contribución, $80 y $30 por unidad	$4,800	$1,200	6,000
Costos fijos			4,500
Utilidad en operación			$ 1,500

Conceptos en acción

Costos fijos, costos variables y el futuro de la radio

La acumulación de una cantidad excesiva de costos fijos suele ser peligrosa para la salud financiera de una compañía. Como los costos fijos, a diferencia de los costos variables, no disminuyen de manera automática conforme se reduce el volumen, las compañías que tienen una cantidad excesiva de costos fijos podrían perder una suma considerable de dinero durante las épocas difíciles. Sirius XM, la radiodifusora por satélite, aprendió dolorosamente esta lección.

Al empezar sus actividades de radiodifusión en 2001, tanto Sirius Satellite Radio como XM Satellite Radio —las dos compañías que forman ahora Sirius XM— gastaron miles de millones de dólares en licencias de radiodifusión, satélites espaciales y otras infraestructuras de tecnología. Habiendo sido rentables, las empresas también gastaron miles de millones en otras partidas fijas como la programación y el contenido (incluyendo a Howard Stern y el Béisbol de Grandes Ligas), la transmisión por satélite, así como la investigación y el desarrollo. En contraste, los costos variables eran mínimos, y consistían principalmente en pagos por regalías a autores, así como servicios y facturaciones para los clientes. En efecto, esto creó un modelo de negocios con un alto apalancamiento operativo, es decir, la estructura de costos de la compañía tenía una proporción muy significativa de costos fijos. Como tal, la rentabilidad tan solo se podría alcanzar ganando a millones de suscriptores pagados y vendiendo mucha publicidad.

La desventaja competitiva de este modelo de negocios altamente apalancado era casi desastrosa. Aun a pesar de conquistar a más de 14 millones de suscriptores, con el paso de los años Sirius y XM acumularon hasta $3,000 millones de dólares en deudas, y sufrieron pérdidas operativas acumulativas de más $10,000 millones. El apalancamiento operativo y la amenaza de quiebra obligaron a la fusión de Sirius y XM en 2007 y, desde entonces, la entidad combinada ha luchado por reducir los costos, por refinanciar su cuantiosa deuda y por cosechar las ganancias de más de 18 millones de suscriptores mensuales.

Aunque el radio por satélite ha luchado bajo el peso de demasiados costos fijos, el radio por Internet tiene el problema opuesto: demasiados costos variables. Pero ¿cómo?, se preguntaría uno. ¿No aumentan los costos variables tan solo a medida que se incrementan los ingresos? Sí, pero cuando el ingreso ganado es inferior al costo variable, un incremento en los ingresos podría conducir a la quiebra. Esto es casi lo que le sucedió a Pandora, el servicio de radio por Internet.

Pandora inició sus actividades en 2005 con únicamente $9.3 millones de dólares en su capital de riesgo. Estando disponible en forma gratuita en Internet, Pandora obtenía sus ingresos en tres formas: la publicidad en su sitio Web, las tarifas de suscripción de los usuarios que deseaban evitar la publicidad y las cuotas de afiliados provenientes de iTunes y Amazon.com. Pandora tenía costos fijos bajos, pero altos costos variables en lo referente a las regalías de grabaciones y presentaciones artísticas. Con el paso del tiempo, a medida que el popular servicio de Pandora atrajo a millones de radioescuchas leales, los costos por las regalías de las presentaciones —establecidas por el Buró de Regalías por Derechos de Autor por cada canción— excedieron por mucho sus ingresos por la publicidad y las suscripciones. Como resultado, aun cuando las tarifas por regalías eran tan solo de una fracción de un centavo, ¡Pandora perdía un monto creciente de dinero cada vez que tocaba otra canción!

En 2009 Pandora evitó la quiebra a través de la renegociación de una menor tarifa por regalías por canción a cambio de, por lo menos, 25% de su ingreso anual en Estados Unidos. Además, Pandora empezó a cobrar a sus usuarios más frecuentes una pequeña cuota y también empezó a aumentar sus ingresos por anuncios publicitarios.

Fuente: Birger, Jon. 2009. Mel Karmazian fights to rescue Sirius. *Fortune*, 16 de marzo; Clifford, Stephanie. 2007. Pandora's long strange trip. *Inc.*, 1 de octubre; Pandora: Royalties kill the web radio star? (A). Harvard Business School, caso núm. 9-310-026; Satellite-Radio: An Industry Case study. Kellogg School of Management, Northwestern University. caso núm. 5-206-255; XM satellite radio (A). Harvard Business School, caso núm. 9-504-009.

¿Qué es el punto de equilibrio? En contraste con una situación de un solo producto (o servicio), en una compañía de productos múltiples, el número total de unidades que se deben vender para alcanzar el punto de equilibrio depende de la mezcla de ventas: la combinación del número de unidades de GMAT Success vendidos y del número de unidades de GRE Guarantee vendidos. Suponemos que la mezcla de ventas presupuestada (60 unidades del GMAT Success vendidos por cada 40 unidades del GRE Guarantee vendidos, es decir, una razón de 3:2) no cambiará a diferentes niveles de unidades totales de ventas. Es decir, pensamos que Emma venderá un paquete de tres unidades de GMAT Success y de dos unidades de GRE Guarantee. (Observe que esto no significa que Emma vaya a empaquetar físicamente los dos productos en un paquete grande.)

Cada uno de los paquetes da un margen de contribución de $300, el cual se calcula como sigue:

	Número de unidades de GMAT Success y de GRE Guarantee en cada paquete	Margen de contribución por unidad para el GMAT Success y para GRE Guarantee	Margen de contribución del paquete
GMAT Success	3	$80	$240
GRE Guarantee	2	30	60
Total			$300

Para calcular el punto de equilibrio, calculamos el número de paquetes que Emma necesita vender.

$$\text{Punto de equilibrio expresado en paquetes} = \frac{\text{Costos fijos}}{\text{Margen de contribución por paquete}} = \frac{\$4,500}{\$300 \text{ por paquete}} = 15 \text{ paquetes}$$

El punto de equilibrio expresado en unidades de GMAT Success y de GRE Guarantee se presenta a continuación:

GMAT Success: 15 paquetes × 3 unidades de GMAT Success por paquete	45 unidades
GRE Guarantee: 15 paquetes × 2 unidades de GRE Guarantee por paquete	30 unidades
Número total de unidades necesarias para alcanzar el punto de equilibrio	75 unidades

El punto de equilibrio en dólares para el GMAT Success y para el GRE Guarantee es como sigue:

GMAT Success: 45 unidades × $200 por unidad	$9,000
GRE Guarantee: 30 unidades × $100 por unidad	3,000
Punto de equilibrio expresado en dólares	$12,000

Cuando existen productos múltiples, con frecuencia es conveniente usar el margen de contribución en porcentaje. Desde este enfoque, Emma calcula primero los ingresos por la venta de un paquete de tres unidades de GMAT Success y de dos unidades de GRE Guarantee:

	Número de unidades de GMAT Success y de GRE Guarantee en cada paquete	Precio de venta para el GMAT Success y para el GRE Guarantee	Ingreso proveniente del paquete
GMAT Success	3	$200	$600
GRE Guarantee	2	100	200
Total			$800

$$\text{Margen de contribución en porcentaje para el paquete} = \frac{\text{Margen de contribución del paquete}}{\text{Ingreso proveniente del paquete}} = \frac{\$300}{\$800} = 0.375 \text{ o bien } 37.5\%$$

$$\text{Punto de equilibrio expresado en dólares} = \frac{\text{Costos fijos}}{\text{Porcentaje de margen de contribución por paquete}} = \frac{\$4,500}{0.375} = \$12,000$$

$$\text{Número de paquetes que se deberán vender para alcanzar el punto de equilibrio} = \frac{\text{Punto de equilibrio expresado en dólares}}{\text{Ingreso por paquete}} = \frac{\$12,000}{\$800 \text{ por paquete}} = 15 \text{ paquetes}$$

El punto de equilibrio en unidades y dólares para el GMAT Success y para el GRE Guarantee es el siguiente:

GMAT Success: 15 paquetes × 3 unidades de GMAT Success por paquete = 45 unidades × $200 por unidad = $9,000

GRE Guarantee: 15 paquetes × 2 unidades de GRE Guarantee por paquete = 30 unidades × $100 por unidad = $3,000

Recuerde que, en todos nuestros cálculos, hemos supuesto que la mezcla de ventas presupuestada (tres unidades de GMAT Success por cada dos unidades de GRE Guarantee) no cambiará a diferentes niveles del total de ventas unitarias.

Desde luego, hay muchas mezclas de ventas diferentes (en unidades) que dan como resultado un margen de contribución de $4,500 y ocasionan que Emma alcance su punto de equilibrio, como indica el siguiente cuadro:

Mezcla de ventas (Unidades)		Margen de contribución proveniente de		Margen de contribución total
GMAT **Success** (1)	GRE **Guarantee** (2)	GMAT **Success** (3) = $80 × (1)	GRE **Guarantee** (4) = $30 × (2)	(5) = (3) + (4)
48	22	$3,840	$ 660	$4,500
36	54	2,880	1,620	4,500
30	70	2,400	2,100	4,500

Por ejemplo, si la mezcla de ventas cambia a tres unidades de GMAT Success por cada siete unidades de GRE Guarantee, el punto de equilibrio aumenta de 75 unidades a 100 unidades, incluyendo 30 unidades de GMAT Success y 70 unidades de GRE Guarantee. La cantidad del punto de equilibrio aumenta, porque la mezcla de ventas ha cambiado hacia el producto con el menor margen de contribución, GRE Guarantee ($30 por unidad en comparación con $80 por unidad del GMAT Success). En general, para cualquier cantidad total dada de unidades que se vendan, a medida que la mezcla de ventas cambie hacia las unidades con menores márgenes de contribución (más unidades de GRE Guarantee en comparación con GMAT Success), será más baja la utilidad en operación.

¿Cómo eligen las compañías su mezcla de ventas? Ajustan su mezcla para responder a los cambios en la demanda. Por ejemplo, a medida que se incrementan los precios de la gasolina y los clientes desean automóviles más pequeños, las firmas automotrices cambian su mezcla de producción para fabricar automóviles más pequeños.

El caso de productos múltiples tiene dos generadores de costos, el GMAT Success y el GRE Guarantee. Esto indica cómo se adaptan el análisis CVU y el análisis del punto de equilibrio al caso de generadores de costos múltiples. El punto clave es que muchas combinaciones diferentes de generadores de costos darían como resultado un margen de contribución determinado.

Punto de decisión ▶

¿Cómo puede aplicarse el análisis CVU a una compañía que elabora diversos productos?

Análisis CVU en las organizaciones de servicios y en las organizaciones no lucrativas

Hasta este momento, nuestro análisis CVU se ha enfocado en una firma comercial. El CVU también se aplica a decisiones en el caso de empresas manufactureras como BMW, compañías de servicios como Bank of America y organizaciones no lucrativas como United Way. Para aplicar el análisis CVU a organizaciones de servicios y no lucrativas, necesitamos concentrar la atención en la medición de su producción, lo cual es diferente de las unidades tangibles que venden las compañías de manufactura y las firmas comerciales. En varias industrias de servicios y no lucrativas, algunos ejemplos de medidas de producción son como se describe a continuación:

Industria	Medida de producción
Aerolíneas	Millas por pasajero
Hoteles/moteles	Habitación-noches ocupadas
Hospitales	Días-paciente
Universidades	Horas–crédito por estudiante

Considere el caso de una agencia del Departamento de Bienestar Social de Massachusetts, con una asignación presupuestal de $900,000 (sus ingresos) para 2011. La finalidad de esta institución no lucrativa es ayudar a buscar empleo a personas discapacitadas. En promedio, la agencia complementa el ingreso de cada persona en $5,000 anuales. Los únicos otros costos de la agencia son los costos fijos de la renta y los salarios administrativos, que son de $270,000. El administrador de la agencia quiere saber cuántas personas recibirían asistencia en 2011. Usamos el análisis CVU aquí, estableciendo la utilidad en operación en $0. Sea Q el número de personas discapacitadas que habrán de recibir asistencia:

$$\text{Ingresos} - \text{Costos variables} - \text{Costos fijos} = 0$$
$$\$900,000 - \$5,000\, Q - \$270,000 = 0$$
$$\$5000\, Q = \$900,000 - \$270,000 = \$630,000$$
$$Q = \$630,000 \times \$5,000 \text{ por persona} = 126 \text{ personas}$$

Suponga que al administrador le preocupa que la asignación presupuestal total para 2012 se reduzca en 15% a $900,000 × (1 − 0.15) = $765,000, y que desea saber cuántas personas discapacitadas recibirían asistencia con tal presupuesto reducido. Suponga la misma cantidad de asistencia monetaria por persona:

$$\$765,000 - \$5,000 \; Q - \$270,000 = 0$$
$$\$5,000 \; Q = \$765,000 - \$270,000 = \$495,000$$
$$Q = \$495,000 \div \$5,000 \text{ por persona} = 99 \text{ personas}$$

Observe las dos siguientes características de las relaciones CVU en esta situación no lucrativa:

1. La reducción porcentual en el número de personas asistidas, $(126 - 99) \div 126$, o 21.4%, es mayor que la reducción de 15% en la asignación presupuestal. Es mayor porque los $270,000 de costos fijos todavía tienen que pagarse, dejando un presupuesto proporcionalmente menor para ayudar a la gente. La disminución porcentual en el servicio excede la disminución porcentual en la asignación presupuestal.

2. Dada la reducción en la asignación presupuestal (los ingresos) de $765,000, el administrador puede ajustar las operaciones para permanecer dentro de esta asignación, en una o más de tres formas básicas: *a*) disminuir el número de personas asistidas con respecto a las 126 actuales, *b*) reducir el costo variable (el monto de la asistencia por persona) con respecto a los $5,000 actuales por persona, o *c*) disminuir los costos fijos totales con respecto a los $270,000 actuales.

Margen de contribución *versus* utilidad bruta

En las siguientes ecuaciones, distinguimos con claridad el margen de contribución, que brinda información para el análisis CVU, de la utilidad bruta, una medida de competitividad, como se definió en el capítulo 2.

Utilidad bruta = Ingresos − Costo de los bienes vendidos

Margen de contribución = Ingresos − Todos los costos variables

La utilidad bruta mide la cantidad que puede cobrar una compañía por sus productos, más allá del costo por adquirirlos o producirlos. Las compañías, como las firmas farmacéuticas de patente, tienen alta utilidad bruta porque sus productos brindan beneficios únicos y distintivos para los consumidores. Los productos como los televisores, los cuales operan en mercados competitivos, tienen utilidad bruta reducida. El margen de contribución indica la cantidad de los ingresos de una compañía que está disponible para cubrir los costos fijos. Ayuda a evaluar el riesgo de pérdida. Este es bajo (alto) si, cuando las ventas son bajas, el margen de contribución excede (es inferior a) los costos fijos. La utilidad bruta y el margen de contribución están relacionados pero dan nociones diferentes. Por ejemplo, una compañía que opere en un mercado competitivo con una utilidad bruta baja tendrá un riesgo de pérdida bajo, si sus costos fijos son pequeños.

Considere la distinción entre la utilidad bruta y el margen de contribución en el contexto de las compañías manufactureras. En el sector industrial, el margen de contribución y la utilidad bruta difieren en dos aspectos: costos fijos de manufactura y costos variables que no son de manufactura. El siguiente ejemplo (con cifras supuestas) ilustra tal diferencia:

Estado de resultados variable con énfasis en el margen de contribución (en miles)			Estado de resultados de contabilidad financiera con énfasis en la utilidad bruta (en miles)	
Ingresos		$1,000	Ingresos	$1,000
Costos variables de manufactura	$250		Costo de los bienes vendidos (costos variables de manufactura, $250 + costos fijos de manufactura, $160)	410
Costos variables que no son de manufactura	270	520	Utilidad bruta	590
Margen de contribución		480	Costos que no son de manufactura (variables, $270 + fijos, $138)	408
Costos fijos de manufactura	160			
Costos fijos que no son de manufactura	138	298		
Utilidad en operación		$ 182	Utilidad en operación	$ 182

Los costos fijos de manufactura de $160,000 no se deducen de los ingresos cuando se calcula el margen de contribución, sino que se deducen cuando se calcula la utilidad bruta. El costo de los bienes vendidos en una compañía manufacturera incluye todos los costos variables de manufactura y todos los costos fijos de manufactura ($250,000 + $160,000). Los costos variables que no son de manufactura (como las comisiones que se pagan a los vendedores) de $270,000 se restan a los ingresos cuando se calcula el margen de contribución, pero no se restan cuando se calcula la utilidad bruta.

Al igual que el margen de contribución, la utilidad bruta se puede expresar como un total, como una cantidad por unidad o como un porcentaje. Por ejemplo, el **porcentaje de utilidad bruta** es la utilidad bruta dividido entre los ingresos: 59% ($590 ÷ $1,000) en nuestro ejemplo del sector manufacturero.

Un motivo por el cual la utilidad bruta y el margen de contribución se confunden entre sí es que ambos son idénticos, en el caso de las compañías comerciales. Ello se debe al hecho de que el costo de los bienes vendidos es igual al costo variable de los bienes comprados (y vendidos en forma subsiguiente).

Problema para autoestudio

Wembley Travel Agency se especializa en vuelos entre Los Ángeles y Londres. Realiza reservaciones para pasajeros en United Airlines a $900 por boleto de viaje redondo. Hasta el mes anterior, United pagaba a Wembley una comisión del 10% del precio del boleto pagado por cada usuario. Esta comisión era la única fuente de ingresos de Wembley. Los costos fijos de Wembley son de $14,000 por mes (por salarios, renta, etcétera), y sus costos variables son de $20 por cada boleto que compra un pasajero. Estos $20 incluyen una tarifa de $15 por entrega del boleto, la cual se paga a Federal Express. (Para mantener el análisis a un nivel sencillo, supondremos que cada boleto de viaje redondo que se compra se entrega en un paquete separado. Por consiguiente, la tarifa de entrega de $15 se aplica a cada boleto.)

United Airlines acaba de anunciar un programa de pagos revisado para todas las agencias de viajes. Ahora pagará a los agentes de viajes una comisión del 10% por boleto, hasta un máximo de $50. Cualquier costo de un boleto por más de $500 genera una comisión de $50, indistintamente del precio del boleto.

Se requiere

1. Con la antigua estructura de la comisión del 10%, ¿cuántos boletos de viaje redondo deberá vender Wembley cada mes para: *a*) alcanzar el punto de equilibrio y *b*) obtener una utilidad en operación de $7,000?

2. ¿Cómo afecta el programa de pagos revisado de United su respuesta a los incisos *a*) y *b*) del punto 1?

Solución

1. Wembley recibe una comisión del 10% sobre cada boleto: 10% × $900 = $90. Por lo tanto,

$$\text{Precio de venta} = \$90 \text{ por boleto}$$
$$\text{Costo variable por unidad} = \$20 \text{ por boleto}$$
$$\text{Margen de contribución por unidad} = \$90 - \$20 = \$70 \text{ por boleto}$$
$$\text{Costos fijos} = \$14,000 \text{ por mes}$$

a) $$\begin{array}{c}\text{Punto de equilibrio}\\ \text{expresado como}\\ \text{el número de boletos}\end{array} = \frac{\text{Costos fijos}}{\text{Margen de contribución por unidad}} = \frac{\$14,000}{\$70 \text{ por boleto}} = 200 \text{ boletos}$$

b) Cuando la utilidad en operación deseada = $7,000 por mes,

$$\begin{array}{c}\text{Cantidad de boletos}\\ \text{que se necesitan vender}\end{array} = \frac{\text{Costos fijos} + \text{Utilidad en operación deseada}}{\text{Margen de contribución por unidad}}$$

$$= \frac{\$14,000 + \$7,000}{\$70 \text{ por boleto}} = \frac{\$21,000}{\$70 \text{ por boleto}} = 300 \text{ boletos}$$

2. Con el nuevo sistema, Wembley recibiría tan sólo $50 sobre el boleto de $900. Por lo tanto,

$$\text{Precio de venta} = \$50 \text{ por boleto}$$
$$\text{Costo variable por unidad} = \$20 \text{ por boleto}$$
$$\text{Margen de contribución por unidad} = \$50 - \$20 = \$30 \text{ por boleto}$$
$$\text{Costos fijos} = \$14,000 \text{ por mes}$$

a) $$\begin{array}{c}\text{Punto de equilibrio}\\ \text{expresado como el}\\ \text{número de boletos}\end{array} = \frac{\$14,000}{\$30 \text{ por boleto}} = 467 \text{ boletos (redondeado)}$$

b) $$\text{Cantidad de boletos que se necesita vender} = \frac{\$21{,}000}{\$30 \text{ por boleto}} = 700 \text{ boletos}$$

El límite de $50 sobre la comisión que se paga por boleto ocasiona que el punto de equilibrio sea de más del doble (de 200 a 467 boletos), y que los boletos que se necesitan vender para ganar $7,000 por mes también sean de más del doble (de 300 a 700 boletos). Como se esperaría, los agentes de viajes reaccionaron de una forma muy negativa al anuncio de United Airlines para cambiar los pagos de la comisión. Por desgracia para los agentes de viajes, otras aerolíneas también cambiaron la estructura de sus comisiones en formas similares.

Puntos de decisión

El siguiente formato de pregunta y respuesta resume los objetivos de aprendizaje del capítulo. Cada decisión presenta una pregunta clave relacionada con un objetivo de aprendizaje. Los lineamientos son la respuesta a esa pregunta.

Decisión	Lineamientos
1. ¿Cómo ayuda a los gerentes el análisis CVU?	El análisis CVU ayuda a los gerentes a entender el comportamiento de los costos totales, de los ingresos totales y de la utilidad en operación de un producto o servicio, a medida que ocurren cambios en el nivel de producción, en el precio de venta, en los costos variables o en los costos fijos.
2. ¿Cómo pueden determinar los gerentes el punto de equilibrio o la producción que se necesita para lograr una utilidad en operación deseada?	El punto de equilibrio es la cantidad de producción a la cual los ingresos totales son iguales a los costos totales. Los tres métodos para el cálculo del punto de equilibrio y la cantidad de producción necesaria para lograr una utilidad en operación deseada son el método de la ecuación, el método del margen de contribución y el método gráfico. Cada uno es tan solo una reexpresión de los otros. Los gerentes seleccionan con frecuencia el método que encuentran más fácil de usar en una situación de decisión específica.
3. ¿Cómo incorporan los gerentes los impuestos sobre las utilidades en el análisis CVU?	Los impuestos sobre las utilidades se incorporan en el análisis CVU mediante el uso de una utilidad neta deseada, para el cálculo de la utilidad en operación deseada correspondiente. El punto de equilibrio no se vea afectado por los impuestos sobre las utilidades, ya que no se paga ningún impuesto cuando la utilidad en operación es igual a cero.
4. ¿Cómo usan los gerentes el análisis CVU para tomar decisiones?	Los gerentes comparan la manera en que los ingresos, los costos y los márgenes de contribución cambian con diversas alternativas. Posteriormente, eligen la alternativa que maximice la utilidad en operación.
5. ¿Qué pueden hacer los gerentes para enfrentar la incertidumbre o los cambios en los supuestos fundamentales?	El análisis de sensibilidad, una técnica del tipo "¿qué pasaría si?", examina la forma en que cambiará un resultado, si no se logran los datos originales predichos o si cambia un supuesto fundamental. Cuando se toman decisiones, los gerentes usan el análisis CVU para comparar los márgenes de contribución y los costos fijos con diferentes supuestos. Los gerentes también calculan el margen de seguridad como una cantidad igual a los ingresos presupuestados, menos el punto de equilibrio expresado en términos monetarios.
6. ¿Cómo deben elegir los gerentes entre diferentes estructuras de costos variables y de costos fijos?	La elección de una estructura de costos variables y de costos fijos es una decisión estratégica para las compañías. El análisis CVU pone de relieve el riesgo de pérdidas cuando los ingresos son bajos, y las ganancias potenciales cuando los ingresos son altos, en función de diferentes proporciones de costos variables y de costos fijos, dentro de la estructura de costos de una organización.
7. ¿Cómo puede aplicarse el análisis CVU a una compañía que elabora diversos productos?	El análisis CVU se aplica a una compañía que elabora productos múltiples, suponiendo que la mezcla de ventas de los productos vendidos permanece constante a medida que cambia la cantidad total de unidades vendidas.

Apéndice

Modelos de decisión e incertidumbre

Este apéndice explora las características de la incertidumbre, describe un enfoque que pueden usar los gerentes para tomar decisiones en un mundo de incertidumbre, e ilustra las nociones que se obtendrían cuando se reconoce la incertidumbre en el análisis CVU.

Enfrentar la incertidumbre[2]

En una situación de incertidumbre, los gerentes se basan en modelos de decisión como una ayuda para hacer las elecciones correctas.

Función de un modelo de decisión

La incertidumbre es la posibilidad de que una cantidad real se desvíe de una cantidad esperada. En el ejemplo del GMAT Success, Emma podría pronosticar ventas de 42 unidades, pero las ventas reales quizá sean de 30 unidades o 60 unidades. Un modelo de decisión ayuda a los gerentes a tratar con tal incertidumbre. Se trata de un método formal para hacer una elección y, con frecuencia, implica un análisis tanto cuantitativo como cualitativo. El análisis cuantitativo incluye por lo general los siguientes pasos:

Paso 1: Identificar un criterio de selección. Un **criterio de selección** es un objetivo susceptible de cuantificarse como la maximización de un ingreso o la minimización de los costos. Los gerentes usan el criterio de selección para elegir la mejor acción alternativa. El criterio de selección de Emma consiste en maximizar la utilidad en operación esperada en la feria universitaria de Chicago.

Paso 2: Identificar el conjunto de acciones alternativas que se pueden tomar. Utilizamos la letra a con los subíndices $_1$, $_2$, y $_3$ para distinguir cada una de las tres acciones posibles de Emma:

a_1 = Pagar una cuota fija de $2,000

a_2 = Pagar una cuota fija de $800 más el 15% sobre los ingresos del GMAT Success

a_3 = Pagar el 25% sobre los ingresos del GMAT Success sin cuota fija alguna

Paso 3: Identificar el conjunto de eventos que pueden ocurrir. Un **evento** es un acontecimiento relevante posible, como el número real de paquetes de GMAT Success que Emma podría vender en la feria. El conjunto de eventos debería ser mutuamente excluyente y colectivamente exhaustivo. Los eventos son mutuamente excluyentes cuando no pueden ocurrir al mismo tiempo. Los eventos son colectivamente exhaustivos si, tomados de manera conjunta, constituyen el conjunto total de acontecimientos relevantes posibles (no puede ocurrir ningún otro evento). Algunos ejemplos de eventos mutuamente excluyentes y colectivamente exhaustivos son el crecimiento, el declive o la ausencia de cambios en la demanda de la industria, así como el incremento, el decremento o la ausencia de cambios en las tasas de interés. Tan solo ocurrirá un evento a partir del conjunto total de eventos mutuamente excluyentes y colectivamente exhaustivos.

Suponga que la única incertidumbre de Emma es el número de unidades de GMAT Success que podrá vender. Con fines de simplificación, suponga que Emma estima que las ventas serán ya sea de 30 o de 60 unidades. Este conjunto de eventos es mutuamente excluyente ya que, como es claro, las ventas de 30 unidades y de 60 unidades no pueden ocurrir ambas al mismo tiempo. Es colectivamente exhaustivo porque con nuestros supuestos, las ventas no pueden ser algo diferente de 30 o 60 unidades. Utilizamos la letra x con los subíndices $_1$ y $_2$ para distinguir el conjunto de eventos mutuamente excluyentes y colectivamente exhaustivos:

x_1 = 30 unidades

x_2 = 60 unidades

Paso 4: Asignar una probabilidad a cada uno de los eventos que pueda ocurrir. Una **probabilidad** es la posibilidad de que ocurra un evento. El enfoque del modelo de decisión para enfrentar la incertidumbre asigna probabilidades a los eventos. Una **distribución de probabilidad** describe la posibilidad de que ocurra cada uno de los conjuntos de eventos mutuamente excluyentes y colectivamente exhaustivos. En algunos casos, habrá demasiada evidencia que pueda orientar la asignación de probabilidades. Por ejemplo, la probabilidad de obtener caras en el lanzamiento de una moneda es de 1/2, y la de extraer una carta específica de un mazo de cartas estándar y bien revuelto es de 1/52. En los negocios, la probabilidad de tener un porcentaje específico de unidades defectuosas se asigna con mucha confianza usando la experiencia de producción con miles de unidades. En otros casos, habrá poca evidencia que apoye las probabilidades estimadas; por ejemplo, las ventas esperadas de un nuevo medicamento en el año siguiente.

Suponga que, con base en su experiencia, Emma evalúa una posibilidad de 60%, o una probabilidad de 6/10, de que venderá 30 unidades; y una posibilidad de 40%, o una probabilidad de 4/10, de que venderá 60 unidades. Considerando $P(x)$ como la notación para la probabilidad de un evento, las probabilidades son las siguientes:

$P(x_1) = 6/10 = 0.60$

$P(x_2) = 4/10 = 0.40$

La suma de estas probabilidades debe ser igual a 1.00 porque dichos eventos son mutuamente excluyentes y colectivamente exhaustivos.

---

[2] La presentación que se ha realizado aquí se basa (en parte) en los documentos de enseñanza preparados por R. Williamson.

Ilustración 3-6 Cuadro de decisión para el GMAT Success

	A	B	C	D	E	F	G	H	I
1	Precio de venta = $200				Utilidad en operación				
2	Costo del paquete = $120				con cada evento posible				
3			Porcentaje de						
4		Cuota	los ingresos	Evento x_1: Unidades vendidas = 30			Evento x_2: Unidades vendidas = 60		
5	**Acciones**	fija	en la feria	Probabilidad(x_1) = 0.60			Probabilidad(x_2) = 04.0		
6	a_1: Pago de una cuota fija de $2000	$2,000	0%	$400[l]			$2,800[m]		
7	a_2:Pago de una cuota fija de $800 más 15% sobre los ingresos	$ 800	15%	$700[n]			$2,200[p]		
8	a_3:Pago del 25% sobre los ingresos sin cuota fija	$ 0	25%	$900[q]			$1,800[r]		
9									
10	[l]Utilidad en operación = ($200 – $120)(30) – $2,000	=	$ 400						
11	[m]Utilidad en operación = ($200 – $120)(60) – $2,000	=	$2,800						
12	[n]Utilidad en operación = ($200 – $120 – 15% × $200)(30) – $800	=	$ 700						
13	[p]Utilidad en operación = ($200 – $120 – 15% × $200)(60) – $800	=	$2,200						
14	[q]Utilidad en operación = ($200 – $120 – 25% × $200)(30)	=	$ 900						
15	[r]Utilidad en operación = ($200 – $120 – 25% × $200)(60)	=	$1,800						

Paso 5: Identificar el conjunto de resultados posibles. En términos del criterio de selección, los **resultados** especifican los efectos económicos predichos de las diversas combinaciones posibles de acciones y eventos. En el ejemplo del GMAT Success, los resultados son las seis posibles utilidades operativas que se muestran en el cuadro de decisión de la ilustración 3-6. Un **cuadro de decisión** es un resumen de las acciones, eventos, resultados y probabilidades de eventos alternativos.

Distinción entre acciones, eventos y resultados. Las acciones son las alternativas de decisión que están disponibles para los gerentes; por ejemplo, las alternativas específicas de renta que Emma puede elegir. Los eventos son el conjunto de todos los acontecimientos relevantes que podrían suceder; por ejemplo, las diferentes cantidades de paquetes de GMAT Success que se vendan en la feria. El resultado es la utilidad en operación, la cual depende tanto de la acción que seleccione el gerente (la alternativa de renta elegida), como del evento que ocurre (la cantidad de paquetes vendidos).

La ilustración 3-7 muestra un panorama general de las relaciones entre un modelo de decisión, la implementación de una acción elegida, su resultado y una evaluación del desempeño subsiguiente. Los gerentes juiciosos vuelven hacia atrás y evalúan lo que ha sucedido y, de este modo, aprenden de sus experiencias. Este aprendizaje sirve como retroalimentación para la adaptación del modelo de decisión en aras de las acciones futuras.

Valor esperado

Un **valor esperado** es un promedio ponderado de los resultados, donde la probabilidad de cada resultado sirve como variable. Cuando los resultados se miden en términos monetarios, el valor esperado se denomina con frecuencia **valor monetario esperado**. Usando la información de la ilustración 3-6, el valor monetario esperado de cada alternativa de renta de un espacio, denotada con $E(a_1)$,

Pago de una cuota fija de $2,000:	$E(a_1)$	(0.60	$400)	(0.40	$2,800) = $1,360
Pago de una cuota fija de $800 más 15% sobre los ingresos:	$E(a_2)$	(0.60	$700)	(0.40	$2,200) = $1,300
Pago de un 25% sobre los ingresos sin cuota fija:	$E(a_3)$	(0.60	$900)	(0.40	$1,800) = $1,260

Ilustración 3-7 Un modelo de decisión y su vínculo con la evaluación del desempeño

Modelo de decisión
1. Criterio de selección
2. Conjunto de acciones alternativas
3. Conjunto de eventos relevantes
4. Conjunto de probabilidades
5. Conjunto de resultados posibles

Implementación de la acción elegida → Resolución de la incertidumbre* → Resultado de la acción elegida → Evaluación del desempeño

Retroalimentación

*La resolución de la incertidumbre significa que se da a conocer el evento.

Para maximizar la utilidad en operación esperada, Emma debería elegir la acción a_1 —pagar a los organizadores de la feria una cuota fija de $2,000.

Para interpretar el valor esperado de la selección de la acción a_1, imagine que Emma asiste a muchas ferias, cada una de ellas con la distribución de probabilidad de las utilidades operativas que se muestran en la ilustración 3-6. En una feria específica, Emma obtendrá una utilidad en operación ya sea de $400, si vende 30 unidades, o bien, de $2,800, si vende 60 unidades. No obstante, si Emma asiste a 100 ferias, esperará obtener $400 de utilidad en operación el 60% de las veces (en 60 ferias), y $2,800 de utilidad en operación el 40% de las veces (en 40 ferias), para una utilidad en operación total de $136,000 ($400 × 60 + $2,800 × 40). El valor esperado de $1,360 es la utilidad en operación por feria que Emma ganará cuando se promedie en todas las ferias ($136,000 ÷ 100). Desde luego, en muchas situaciones del mundo real, los gerentes deben tomar decisiones por una única vez en la incertidumbre. Incluso en tales casos, el valor esperado es una herramienta útil para elegir entre alternativas.

Considere el efecto de la incertidumbre sobre la elección de la acción preferida. Si Emma tuviera la certeza de que vendería tan solo 30 unidades (es decir, $P(x_1) = 1$), preferiría la alternativa a_3: pagar el 25% sobre los ingresos sin cuota fija. Para seguir con este razonamiento, examine la ilustración 3-6. Cuando se venden 30 unidades, la alternativa a_3 da la máxima utilidad en operación de $900. Ya que los costos fijos son de $0, los costos de la renta del espacio son más bajos, iguales a $1,500 (25% de los ingresos = 0.25 × $200 por unidad × 30 unidades), cuando las ventas son bajas.

No obstante, si Emma tuviera la certeza de que venderá 60 paquetes (es decir, $P(x_2) = 1$), preferiría la alternativa a_1: pagar una cuota fija de $2,000. La ilustración 3-6 indica que cuando se venden 60 unidades, la alternativa a_1 da la máxima utilidad en operación de $2,800. Los pagos por renta en a_2 y a_3 aumentan con las unidades vendidas, aunque son fijos en a_1.

Aun a pesar de la alta probabilidad de vender tan solo 30 unidades, Emma todavía prefiere tomar la acción a_1, la cual consiste en pagar una cuota fija de $2,000. Ello se debe a que el alto riesgo de una utilidad en operación baja (el 60% de probabilidad por vender solamente 30 unidades) está más que compensado por el alto rendimiento con la venta de 60 unidades, lo cual tiene un 40% de probabilidades. Si Emma tuviera una mayor aversión hacia el riesgo (lo cual se mide en nuestro ejemplo por la diferencia entre las utilidades operativas, cuando se venden 30 o cuando se venden 60 unidades), ella podría haber preferido la acción a_2 o la a_3. Por ejemplo, la acción a_2 asegura una utilidad en operación de, por lo menos, $700, lo cual es mayor que la utilidad en operación de $400 que ella ganaría con la acción a_1 si tan solo se vendieran 30 unidades. Desde luego, la elección de a_2 limita el potencial positivo a $2,200 en relación con los $2,800 de a_1, si se venden 60 unidades. Sin embargo, si Emma está muy preocupada por el lado negativo del riesgo, quizás esté dispuesta a abandonar algunos beneficios positivos mediante la elección de a_2 para protegerse contra un resultado de $400.[3]

Buenas decisiones y resultados óptimos

Siempre hay que distinguir entre una buena decisión y un buen resultado. Uno(a) puede existir sin el(la) otro(a). Suponga que a usted se le ofrece una apuesta de una sola vez por el lanzamiento de una moneda. Usted ganaría $20 si el resultado es cara, pero perdería $1 si el resultado es cruz. Como tomador de decisiones, usted procede considerando las fases lógicas: recolección de información, evaluación de resultados y realización de una selección. Usted acepta la apuesta. ¿Por qué? Porque el valor esperado es de $9.50 [0.5($20) + 0.5(−$1)]. La moneda se lanza al aire y el evento da cruz. Usted pierde. Desde su punto de vista, fue una buena decisión pero tuvo un mal resultado.

Únicamente se puede tomar una decisión con base en la información que esté disponible en el momento de evaluar y de tomar tal decisión. Por definición, la incertidumbre excluye la posibilidad de garantizar que siempre se obtendrá el mejor resultado. Como en nuestro ejemplo, es posible que la mala suerte dé malos resultados cuando se hayan tomado buenas decisiones. Un mal resultado no significa que se tomara una mala decisión. La mejor protección contra un mal resultado es una buena decisión.

Términos contables

Este capítulo y el glosario que se presenta al final del libro contienen definiciones de los siguientes términos importantes:

análisis costo-volumen-utilidad (CVU) (**p. 63**)
análisis de sensibilidad (**p. 73**)
apalancamiento operativo (**p. 76**)
criterio de selección (**p. 84**)
cuadro de decisión (**p. 85**)
distribución de probabilidad (**p. 84**)
estado de resultados por costeo
　variable (**p. 65**)
evento (**p. 84**)

generador de ingresos (**p. 68**)
grado de apalancamiento operativo (**p. 76**)
gráfica VU (volumen-utilidad) (**p. 70**)
incertidumbre (**p. 75**)
margen de contribución (**p. 64**)
margen de contribución por unidad (**p. 65**)
margen de seguridad (**p. 74**)
mezcla de ventas (**p. 77**)
porcentaje de utilidad bruta (**p. 82**)

margen de contribución en
　porcentaje (**p. 65**)
probabilidad (**p. 84**)
punto de equilibrio (PDE) (**p. 68**)
razón del margen de contribución (**p. 65**)
resultados (**p. 85**)
utilidad neta (**p. 70**)
valor esperado (p. 85)
valor monetario esperado (**p. 85**)

---

[3] Si se desean enfoques más formales, consulte Moore, J y L. Weatherford, 2001. *Decision modeling with Microsoft Excel*, 6a.
　ed. Upper Saddle River, NJ: Prentice-Hall.

Material para tareas

Nota: para destacar la importancia de las relaciones básicas CVU, el material para tareas omite los impuestos sobre las utilidades, a menos de que se indique lo contrario.

Preguntas

3-1 Defina el análisis costo-volumen-utilidad.

3-2 Describa los supuestos en los cuales se basa el análisis CVU.

3-3 Distinga entre utilidad en operación y utilidad neta.

3-4 Defina margen de contribución, margen de contribución por unidad y margen de contribución en porcentaje.

3-5 Explique tres métodos que sirvan para expresar las relaciones CVU.

3-6 ¿Por qué es más exacto describir el tema central de este capítulo como análisis CVU, en vez de describirlo como análisis del punto de equilibrio?

3-7 "El análisis CVU es a la vez sencillo y simplificador. Si usted desea que un análisis realista apoye sus decisiones, vaya más allá del análisis CVU." ¿Está usted de acuerdo? Explique su respuesta.

3-8 ¿Cómo afectaría al punto de equilibrio un aumento en la tasa de impuestos sobre las utilidades?

3-9 Describa el análisis de sensibilidad. ¿Cómo se ha visto afectado por la utilización de hojas electrónicas de cálculo?

3-10 Mencione un ejemplo de la manera en que un gerente podría disminuir los costos variables y aumentar, a la vez, los costos fijos.

3-11 Mencione un ejemplo de la manera en que un gerente podría aumentar los costos variables y disminuir, a la vez, los costos fijos.

3-12 ¿Qué es el apalancamiento operativo? ¿En qué forma el conocimiento del grado de apalancamiento operativo es útil para los gerentes?

3-13 "No existe una cosa tal como un costo fijo. Todos los costos pueden ser 'no fijos' dada una cantidad suficiente de tiempo." ¿Está usted de acuerdo? ¿Cuál es la implicación de su respuesta para el análisis CVU?

3-14 ¿Cómo calcula el punto de equilibrio una compañía que elabora diversos productos?

3-15 "En el análisis CVU, la utilidad bruta es un concepto menos útil que el margen de contribución." ¿Está usted de acuerdo? Explique en forma breve.

Ejercicios

3-16 **Cálculos del CVU.** Llene los espacios de cada uno de los siguientes casos independientes.

Caso	Ingresos	Costos variables	Costos fijos	Costos totales	Utilidad en operación	Margen de contribución en porcentaje
a.		$500		$ 800	$1,200	
b.	$2,000		$300		$ 200	
c.	$1,000	$700		$1,000		
d.	$1,500		$300			40%

3-17 **Cálculos del CVU.** En 2011 Garrett Manufacturing vendió 410,000 unidades de su producto a $68 por unidad. El costo variable por unidad es de $60 y los costos fijos totales son de $1,640,000.

1. Calcule *a)* el margen de contribución y *b)* la utilidad en operación.
2. El proceso actual de manufactura de Garrett hace un uso intensivo de la mano de obra. Kate Schoenen, gerente de producción de Garrett, propuso la inversión en un equipo de manufactura de vanguardia, el cual aumentará los costos fijos anuales a $5,330,000. Se espera que los costos variables disminuyan a $54 por unidad. Garrett espera mantener el año siguiente el mismo nivel de ventas y precio de venta. ¿Cómo afectaría la aceptación de la propuesta de Schoenen sus respuestas a los incisos *a)* y *b)* en el punto 1?
3. ¿Debería Garrett aceptar la propuesta de Schoenen? Explique su respuesta.

3-18 **Análisis CVU, ingresos y costos en cambio constante.** Sunny Spot Travel Agency se especializa en vuelos entre Toronto y Jamaica. Hace reservaciones para pasajeros en Canadian Air. Los costos fijos de Sunny Spot son de $23,500 mensuales. Canadian Air cobra a los pasajeros $1,500 por boleto de viaje redondo.

Calcule el número de boletos que Sunny Spot debe vender mensualmente para *a)* alcanzar su punto de equilibrio, y *b)* obtener una utilidad en operación deseada de $17,000 mensuales, en cada uno de los siguientes casos independientes.

1. Los costos variables de Sunny Spot son de $43 por boleto. Canadian Air paga a Sunny Spot una comisión de 6% sobre el precio del boleto.
2. Los costos variables de Sunny Spot son de $40 por boleto. Canadian Air paga a Sunny Spot una comisión de 6% sobre el precio del boleto.
3. Los costos variables de Sunny Spot son de $40 por boleto. Canadian Air paga a Sunny Spot una comisión fija de $60 por boleto. Comente estos resultados.

4. Los costos variables de Sunny Spot son de $40 por boleto. Recibe de Canadian Air una comisión de $60 por boleto. Cobra a sus clientes una tarifa de entrega de $5 por boleto. Comente estos resultados.

3-19   Ejercicios de CVU. The Super Donut posee y opera seis tiendas de venta de rosquillas (donas) en Kansas City y en sus alrededores. Suponga que a usted le dan los siguientes datos corporativos presupuestales para el año siguiente:

Ingresos	$10,000,000
Costos fijos	$1,800,000
Costos variables	$8,000,000

Los costos variables cambian con respecto al número de unidades vendidas.

Se requiere

Calcule la utilidad en operación presupuestada, para cada una de las siguientes alternativas con respecto a los datos originales del presupuesto. (Considere cada caso en forma independiente.)

1. Un aumento de 10% en el margen de contribución, manteniendo constantes los ingresos.
2. Un decremento de 10% en el margen de contribución, manteniendo constantes los ingresos.
3. Un incremento de 5% en los costos fijos.
4. Un decremento de 5% en los costos fijos.
5. Un incremento de 8% en las unidades vendidas.
6. Un decremento de 8% en las unidades vendidas.
7. Un incremento de 10% en los costos fijos y un incremento de 10% en las unidades vendidas.
8. Un incremento de 5% en los costos fijos y un decremento de 5% en los costos variables.

3-20   Ejercicios de CVU. La compañía Doral fabrica y vende bolígrafos. Actualmente se venden 5,000,000 de unidades por año a un precio a $0.50 por unidad. Los costos fijos son de $900,000 anuales. Los costos variables son de $0.30 por unidad.

Se requiere

Considere cada caso de manera separada:
1*a*) ¿Cuál es la utilidad en operación anual actual?
  b) ¿Cuál es el punto de equilibrio actual expresado en términos monetarios?
Calcule la nueva utilidad en operación para cada una de las siguientes alternativas:
2. Un aumento de $0.04 por unidad en los costos variables.
3. Un aumento de 10% en los costos fijos y un aumento de 10% en las unidades vendidas.
4. Un decremento de 20% en los costos fijos, un decremento de 20% en el precio de venta, un decremento de 10% en el costo variable por unidad, y un aumento de 40% en las unidades vendidas.

Calcule el nuevo punto de equilibrio en unidades para cada uno de los siguientes cambios:
5. Un incremento de 10% en los costos fijos.
6. Un incremento de 10% en el precio de venta y un incremento de $20,000 en los costos fijos.

3-21   Análisis CVU, impuestos sobre las utilidades. Brooke Motors es una pequeña distribuidora de automóviles. En promedio, vende un auto en $27,000, el cual compra al fabricante en $23,000. Cada mes, Brooke Motors paga $48,200 en renta y en servicios generales, y $68,000 como salarios de los vendedores. Además de sus salarios, a los vendedores se les paga una comisión de $600 por cada automóvil que vendan. Brooke Motors también gasta $13,000 mensuales en anuncios publicitarios locales. La tasa de impuestos es de 40%.

Se requiere

1. ¿Cuántos automóviles deberá vender Brooke Motors cada mes para alcanzar el punto de equilibrio?
2. Brooke Motors tiene una utilidad neta mensual deseada de $51,000. ¿Cuál es la utilidad en operación deseada mensual? ¿Cuántos autos se deberán vender mensualmente para alcanzar la utilidad neta mensual deseada de $51,000?

3-22   Análisis CVU, impuestos sobre las utilidades. Express Banquet tiene dos restaurantes que abren 24 horas de día. Los costos fijos para los dos restaurantes totalizan en forma conjunta $459,000 por año. El servicio varía desde una taza de café hasta comidas completas. La cuenta promedio por cliente es de $8.50. El costo promedio de los alimentos y otros costos variables para cada cliente son de $3.40. La tasa de impuestos sobre las utilidades es de 30%. La utilidad neta deseada es de $107,100.

Se requiere

1. Calcule los ingresos que se necesitarán para obtener la utilidad neta deseada.
2. ¿Cuántos clientes se necesitan para alcanzar el punto de equilibrio? ¿Y para obtener una utilidad neta de $107,100?
3. Calcule la utilidad neta si el número de clientes es de 170,000.

3-23   Análisis CVU, análisis de sensibilidad. Hoot Washington es el nuevo dirigente electo del Partido Republicano. Media Publishers está negociando la publicación del Manifiesto de Hoot, un nuevo libro que promete ser un best-seller al instante. Los costos fijos de la producción y la comercialización del libro serán de $500,000. Los costos variables de la producción y la comercialización serán de $4.00 por cada copia vendida. Estos costos son antes de que se hagan cualesquiera pagos a Hoot. Hoot negoció un pago anticipado de $3 millones, más una tasa de regalías de 15% sobre el precio de venta neto de cada libro. El precio de venta neto es el precio de lista en las librerías de $30, menos el margen que se paga a la librería por la venta del ejemplar. Se espera que se aplique el margen normal de la librería de 30% sobre el precio de lista.

Se requiere

1. Elabore una gráfica VU para Media Publishers.
2. ¿Cuántas copias deberá vender Media Publishers para: *a*) alcanzar el punto de equilibrio y *b*) obtener una utilidad en operación deseada de $2 millones?

3. Examine la sensibilidad del punto de equilibrio en relación con los siguientes cambios:

   a) Disminuir el margen normal de la librería a 20% sobre el precio de lista de la librería de $30.
   b) Aumentar el precio de lista de la librería a $40, manteniendo a la vez el margen de la librería al 30%
   c) Comente los resultados.

3-24 Análisis cvu y margen de seguridad. Suponga que el punto de equilibrio de Doral Corp. consiste en ingresos de $1,100,000. Los costos fijos son de $660,000.

1. Calcule el margen de contribución en porcentaje. **Se requiere**
2. Calcule el precio de venta, si los costos variables son de $16 por unidad.
3. Suponga que se venden 95,000 unidades. Calcule el margen de seguridad en unidades y en dólares.

3-25 Apalancamiento operativo. Color Rugs está manteniendo una venta de alfombras de dos semanas en Jerry Club, una bodega local. Color Rugs planea vender alfombras a un precio de $500 cada una. La compañía comprará las alfombras a un distribuidor local en $350 cada una, con el privilegio de poder devolver cualesquiera unidades que no se vendan con un reembolso total. Jerry Club ofreció a Color Rugs dos alternativas de pago por el uso del espacio.

■ Opción 1: Un pago fijo de $5,000 por el periodo de la venta.
■ Opción 2: El 10% de los ingresos totales obtenidos durante el periodo de venta.

Suponga que Color Rugs no incurrirá en ningún otro costo.

1. Calcule el punto de equilibrio en unidades para *a)* la opción 1 y *b)* la opción 2. **Se requiere**
2. ¿A qué nivel de ingresos Color Rugs ganará la misma utilidad en operación con cada opción?
   a) ¿Para qué rango de ventas en unidades preferirá Color Rugs la opción 1?
   b) ¿Para qué rango de ventas en unidades preferirá Color Rugs la opción 2?
3. Calcule el grado de apalancamiento operativo con ventas de 100 unidades para las dos opciones de renta.
4. Explique e interprete brevemente su respuesta al punto 3.

3-26 Análisis cvu, diferencias internacionales en las estructuras de costos. Global Textiles, Inc., está considerando tres posibles países como sitio único para fabricar su más novedoso tapete regional: Singapur, Brasil y Estados Unidos. Todos los tapetes regionales se venderán a tiendas minoristas en Estados Unidos a un precio de $250 por unidad. Estos establecimientos al menudeo agregarán su propio margen de ganancia, cuando vendan a los clientes finales. Los costos fijos y los costos variables por unidad (tapete regional) difieren en los tres países.

País	Precio de venta para las tiendas minoristas	Costos fijos anuales	Costo variable de manufactura por tapete regional	Costos variables de comercialización y de distribución por tapete regional
Singapur	$250.00	$ 9,000,000	$75.00	$25.00
Brasil	250.00	8,400,000	60.00	15.00
Estados Unidos	250.00	12,400,000	82.50	12.50

1. Calcule el punto de equilibrio de Global Textiles, Inc., en cada país: *a)* en unidades vendidas y *b)* en términos monetarios. **Se requiere**
2. Si Global Textiles, Inc. planea fabricar y vender 65,000 tapetes en 2011, ¿cuál será la utilidad en operación presupuestada para cada una de las tres ubicaciones de manufactura? Comente sus resultados.

3-27 Mezcla de ventas, clientes nuevos y clientes actuales. Data 1-2-3 es un producto consistente en una hoja de cálculo electrónica, la cual disfruta de un nivel superior de ventas. Data está a punto de lanzar la versión 5.0. Divide a sus clientes en dos grupos: clientes nuevos y clientes actuales (quienes compraron anteriormente Data 1-2-3, versiones 4.0 o anteriores). Aunque se proporciona el mismo producto físico a cada grupo de clientes, hay diferencias considerables en los precios de venta y en los costos variables de comercialización:

	Clientes nuevos		Clientes actuales	
Precio de venta		$275		$100
Costos variables				
Manufactura	$35		$35	
Comercialización	65	100	15	50
Margen de contribución		$175		$ 50

Los costos fijos de Data 1-2-3, 5.0 son de $15,000,000. La mezcla de ventas planeada en unidades es de 60% clientes nuevos y 40% clientes actuales.

1. ¿Cuál es el punto de equilibrio de Data 1-2-3 en unidades, suponiendo que se logra la mezcla de ventas planeada de 60%:40%? **Se requiere**
2. Si se logra la mezcla de ventas, ¿cuál será la utilidad en operación cuando se hayan vendido un total de 220,000 unidades?
3. Muestre la manera en que cambiará el punto de equilibrio en unidades con las siguientes mezclas de clientes:

   a) 40% de clientes nuevos y 60% de clientes actuales.
   b) 80% de clientes nuevos y 20% de clientes actuales.
   c) Comente los resultados.

3-28 **Mezcla de ventas, tres productos.** La tienda Bagel de Bobbie vende únicamente café y bollos. Bobbie estima que cada vez que vende un bollo, vende cuatro tasas de café. La información de costos presupuestada para los productos de Bobbie en 2011 es como sigue:

	Café	Bollos
Precio de venta	$2.50	$3.75
Ingredientes de los productos	$0.25	$0.50
Personal de ventas por hora (costo por unidad)	$0.50	$1.00
Empacado	$0.50	$0.25
Costos fijos		
Renta sobre la tienda y el equipo	$5,000	
Costos de marketing y publicidad	$2,000	

Se requiere

1. ¿Cuántas tazas de café y cuántos bollos deberá vender Bobbie para alcanzar el punto de equilibrio, suponiendo la mezcla de ventas de cuatro tazas de café por un bollo que se dio anteriormente?
2. Si la mezcla de ventas es de cuatro tasas de café por un bollo, ¿cuántas unidades de cada producto necesita vender Bobbie para obtener una utilidad en operación, antes de impuestos, de $28,000?
3. Suponga que Bobbie decide agregar la venta de molletes a su mezcla de productos. El precio de venta de los molletes es de $3.00 y los costos variables relacionados son de $0.75. Suponiendo una mezcla de ventas de tres tazas de café por dos bollos y un mollete, ¿cuántas unidades de cada producto necesita vender Bobbie para alcanzar su punto de equilibrio? Comente los resultados.

3-29 **CVU, organizaciones no lucrativas.** Monroe Classical Music Society es una organización no lucrativa, la cual lleva artistas invitados a la principal área metropolitana de la comunidad. Music Society acaba de comprar una pequeña sala de conciertos en el centro de la ciudad para realizar sus actuaciones. Se espera que los pagos de la hipoteca de la sala de conciertos sean de $2,000 mensuales. La organización paga a los artistas invitados $1,000 por concierto y anticipa que las ventas de boletos correspondientes serán de $25,000 por evento. Music Society también incurre en costos de cerca de $500 por concierto por concepto de marketing y publicidad. La organización paga a su director artístico $50,000 anuales y espera recibir $40,000 en donativos, además de sus ventas de boletos.

Se requiere

1. Si Monroe Classical Music Society simplemente quiere alcanzar su punto de equilibrio, ¿cuántos conciertos necesita realizar?
2. Además del director artístico de la organización, a Music Society le gustaría contratar un director de marketing por $40,000 al año. ¿Cuál es el punto de equilibrio? Music Society anticipa que la adición de un director de marketing permitiría a la organización aumentar el número de conciertos a 60 por año. ¿Cuál será la utilidad (pérdida) operativa de Music Society, si contrata a un nuevo director de marketing?
3. Music Society espera recibir una donación que le daría a la organización una cantidad adicional de $20,000, para el pago del salario del director de marketing. ¿Cuál es el punto de equilibrio, si Music Society contrata al director de marketing y recibe tal donación?

3-30 **Margen de contribución, toma de decisiones.** Los ingresos y los datos de costos de Lurvey Men's Clothing para 2011 son como sigue:

Ingresos		$600,000
Costo de los bienes vendidos		300,000
Utilidad bruta		300,000
Costos operativos:		
Salarios fijos	$170,000	
Comisiones sobre ventas (10% de las ventas)	60,000	
Depreciación de equipo y mobiliario	20,000	
Renta de la tienda ($4,500 por mes)	54,000	
Otros costos operativos	45,000	349,000
Utilidad (pérdida) operativa		$(49,000)

El Sr. Lurvey, el propietario de la tienda, está insatisfecho con los resultados operativos. Un análisis de otros costos operativos revela que incluye $30,000 en costos variables, los cuales varían con el volumen de ventas, y costos (fijos) de $15,000.

Se requiere

1. Calcule el margen de contribución de Lurvey Men's Clothing.
2. Calcule el margen de contribución en porcentaje.
3. El Sr. Lurvey estima que puede aumentar los ingresos en 15% incurriendo en costos adicionales por publicidad de $13,000. Calcule el impacto de los costos adicionales por publicidad sobre la utilidad en operación.

3-31 **Margen de contribución, utilidad bruta y margen de seguridad.** Mirabella Cosmetics elabora y vende una crema facial a tiendas étnicas pequeñas en el área principal de Nueva York. Presenta a George López, un inversionista potencial del negocio, el estado mensual de utilidad en operación que se muestra a continuación. Usted debe ayudar al Sr. López a entender la estructura de costos de Mirabella.

	A	B	C	D
1		**Mirabella Cosmetics**		
2		**Estado de resultados, junio de 2011**		
3	Unidades vendidas			10,000
4	Ingresos			$100,000
5	Costos variables de manufactura			
6	Costo de los bienes vendido		$55,000	
7	Costos fijos de manufactura		20,000	
8	Total			75,000
9	Utilidad bruta			25,000
10	Costos operativos			
11	Costos variables de marketing		$ 5,000	
12	Costos fijos de marketing y administración		10,000	
13	Total de costos operativos			15,000
14	Utilidad en operación			$ 10,000

Se requiere

1. Modifique el estado de resultados para destacar el margen de contribución.
2. Calcule el margen de contribución en porcentaje y el punto de equilibrio, en unidades y en ingresos para junio de 2011.
3. ¿Cuál es el margen de seguridad (en unidades) para junio de 2011?
4. Si en junio las ventas fueran únicamente de 8,000 unidades y si la tasa fiscal de Mirabella fuera de 30%, ¿cuál sería su utilidad neta?

3-32 Incertidumbre y costos esperados. Foodmart Corp., un gigante internacional de ventas al menudeo, está considerando la implementación de un nuevo sistema de información de negocio a negocio (B2B), para el procesamiento de las órdenes de compra. El sistema actual cuesta a Foodmart $2,500,000 por mes y $50 por orden. Foodmart tiene dos opciones: un sistema B2B parcialmente automatizado y un sistema B2B totalmente automatizado. El primero tiene un costo fijo de $10,000,000 por mes y un costo variable de $40 por orden. El segundo tiene un costo fijo de $20,000,000 por mes y de $25 por orden.

Con base en los datos de los dos últimos años, Foodmart ha determinado la siguiente distribución sobre las órdenes mensuales:

Número mensual de órdenes	Probabilidad
350,000	0.15
450,000	0.20
550,000	0.35
650,000	0.20
750,000	0.10

Se requiere

1. Prepare un cuadro que muestre el costo de cada plan para cada cantidad de órdenes mensuales.
2. ¿Cuál es el costo esperado de cada plan?
3. Además de los costos del sistema de información, ¿qué otros factores debería considerar Foodmart, antes de tomar la decisión de implementar el nuevo sistema B2B?

Problemas

3-33 Análisis CVU, empresa de servicios. Lifetime Escapes genera un ingreso promedio de $5,000 por persona sobre sus paquetes de giras de cinco días a los parques salvajes de Kenya. Los costos variables por persona son como sigue:

Tarifa aéreas	$1,400
Alojamientos en hoteles	1,100
Alimentos	300
Transporte terrestre	100
Boletos de parques y otros costos	800
Total	$3,700

Los costos fijos anuales hacen un total de $520,000.

1. Calcule el número de paquetes de giras que deberán venderse para alcanzar el punto de equilibrio.
2. Calcule los ingresos necesarios para obtener una utilidad en operación deseada de $91,000.
3. Si los costos fijos aumentan en $32,000, ¿qué decremento en el costo variable por persona se deberá tener para mantener el punto de equilibrio que se calculó en el punto 1?

3-34 CVU, utilidad en operación deseada, empresa de servicios. Snow Leopard Daycare ofrece cuidado diario para niños de lunes a viernes. Sus costos variables mensuales por niño son los siguientes:

Almuerzo y bocadillos	$150
Suministros escolares	60
Otros suministros (productos de papel, artículos de tocador, etc.)	20
Total	$230

Los costos fijos mensuales consisten en lo siguiente:

Renta	$2,150
Servicios generales	200
Seguro	250
Salarios	2,350
Misceláneos	650
Total	$5,600

Snow Leopard cobra a cada padre $580 por niño.

1. Calcule el punto de equilibrio.
2. La utilidad en operación deseada de Snow Leopard es de $10,500 por mes. Calcule el número de niños que deberán inscribirse para alcanzar la utilidad en operación deseada.
3. Snow Leopard perdió su arrendamiento y tuvo que mudarse a otro edificio. La renta mensual del nuevo recinto es de $3,150. Por sugerencia de los padres, Snow Leopard planea llevar a los niños a viajes rurales. Los costos mensuales de los viajes rurales son de $1,300. ¿En qué cantidad debería aumentar Snow Leopard la tarifa por niño, para lograr la utilidad en operación deseada de $10,500 por mes, suponiendo la misma cantidad de niños que en el punto 2?

3-35 Análisis CVU, margen de seguridad. (Adaptado de CMA.) Technology Solutions vende un producto consistente en un software listo para usarse en empresas pequeñas. El precio de venta actual es de $300. La utilidad en operación proyectada para 2011 es de $490,000, con base en un volumen de ventas de 10,000 unidades. Los costos variables de producir el software son de $120 por unidad vendida, más un costo adicional de $5 por unidad por manejo y envío. Los costos fijos anuales de Technology Solutions son de $1,260,000.

1. Calcule el punto de equilibrio de Technology Solutions y el margen de seguridad en unidades.
2. Calcule la utilidad en operación de la compañía para 2011, si se tiene un aumento de 10% en ventas de unidades.
3. Para 2012 la administración espera que el costo de producción por unidad del software aumente en 30%, pero que los costos de manejo y envío por unidad disminuyan en 20%. Calcule el ingreso por ventas que Technology Solutions deberá generar para 2012, con la finalidad de mantener la utilidad en operación del año actual y si el precio de venta permanece constante, suponiendo que todos los demás datos son como en el problema original.

3-36 Análisis CVU, impuestos sobre las utilidades. (Adaptado de CMA.) R. A. Ro and Company, un fabricante de tazones de calidad hechos a mano y llenos con nueces de Castilla, ha tenido un crecimiento uniforme en ventas durante los últimos cinco años. Sin embargo, el aumento de la competencia ha conducido al Sr. Ro, el presidente, a considerar que el año siguiente se necesitará una campaña de publicidad dinámica para mantener el crecimiento actual de la compañía. Para preparar la campaña de publicidad del año siguiente, el contralor de la compañía preparó y presentó al Sr. Ro los siguientes datos para el año actual, 2011:

Costo variable (por tazón)	
Materiales directos	$ 3.25
Mano de obra directa de manufactura	8.00
Gastos indirectos variables (manufactura, mercadotecnia, distribución y servicio al cliente)	2.50
Total de costos variables por tazón	$13.75
Costos fijos	
Manufactura	$ 25,000
Marketing, distribución y servicio al cliente	110,000
Total de costos fijos	$135,000
Precio de venta	25.00
Ventas esperadas, 20,000 unidades	$500,000
Tasa de impuestos sobre las utilidades	40%

1. ¿Cuál es la utilidad neta proyectada para 2011?
2. ¿Cuál es el punto de equilibrio en unidades para 2011?
3. El Sr. Ro ha establecido la meta de ingresos para 2012 al nivel de $550,000 (o 22,000 tazones). Considera que, para lograr la meta de ingresos, se necesitará un costo adicional de marketing de $11,250 para la publicidad en 2012, manteniendo constantes todos los demás costos. ¿Cuál es la utilidad neta para 2012, si se gastan los $11,250 adicionales y se cumple con la meta de ingresos?
4. ¿Cuál será el punto de equilibrio en ingresos para 2012, si se gastan los $11,250 adicionales en publicidad?
5. Si se gastan los $11,250 adicionales, ¿cuáles serán los ingresos requeridos de 2012, para que la utilidad neta de 2012 sea igual a la utilidad neta de 2011?
6. A un nivel de ventas de 22,000 unidades, ¿qué monto máximo se podrá gastar en publicidad, si se desea una utilidad neta de $60,000 en 2012?

3-37 CVU, análisis de sensibilidad. La compañía Brown Shoe fabrica un zapato famoso, Divine Loafer, el cual se vende a $60 el par. La utilidad en operación de 2011 es como sigue:

Ingresos por ventas ($60 por par)	$300,000
Costos variable ($25 por par)	125,000
Margen de contribución	175,000
Costo fijo	100,000
Utilidad en operación	$ 75,000

A la compañía Brown Shoe le gustaría a aumentar su rentabilidad durante el siguiente año en, por lo menos, 25%. Para tal propósito, la empresa considera las siguientes opciones:
Se requiere:

1. Reemplace una porción de su mano de obra variable con un proceso automatizado de mecanización. Ello daría como resultado una disminución del 20% en los costos variables por unidad, pero un aumento de 15% en los costos fijos. Las ventas permanecerían al mismo nivel.
2. Invierta $30,000 en una nueva campaña de publicidad, lo cual aumentaría las ventas en 20%.
3. Aumente tanto el precio de venta en $10 por unidad, como los costos variables en $7 por unidad, usando un material de piel de mayor calidad para la fabricación de sus zapatos. Este precio más alto del zapato ocasionaría que la demanda disminuyera en aproximadamente 10%.
4. Agregue una segunda planta de manufactura, la cual duplicaría los costos fijos de Brown, pero aumentaría las ventas en 60%.

Evalúe cada una de las alternativas que considera Brown Shoe. ¿Alguna de las opciones satisface o excede el incremento meta de 25% establecido por Brown? ¿Qué debería hacer Brown?

3-38 Análisis CVU, zapaterías. La compañía WalkRite Shoe opera una cadena de zapaterías que vende 10 estilos distintos de zapatos baratos para caballero, con costos y precios de venta unitarios idénticos. Una unidad se define como un par de zapatos. Cada tienda tiene un gerente a quien se le paga un salario fijo. Los vendedores individuales reciben un salario fijo y una comisión sobre ventas. WalkRite evalúa la apertura de otra sucursal, la cual se espera que tenga las relaciones de ingresos y de costos que se muestran aquí:

	A	B	C	D	E
1	**Datos variables por unidad (por par de zapatos)**			**Costos fijos anuales**	
2	Precio de venta	$30.00		Renta	$ 60,000
3	Costo de los zapatos	$19.50		Salarios	200,000
4	Comisión sobre ventas	1.50		Publicidad	80,000
5	Costo variable por unidad	$21.00		Otros costos fijos	20,000
6				Costos fijos totales	$360,000

Considere cada pregunta de manera independiente:

1. ¿Cuál es el punto de equilibrio anual en: a) unidades vendidas y b) ingresos?
2. Si se venden 35,000 unidades, ¿cuál será la utilidad (pérdida) operativa de la tienda?
3. Si las comisiones sobre ventas son discontinuas y los salarios fijos aumentan en un total de $81,000, ¿cuál sería el punto de equilibrio anual en: a) unidades vendidas y b) en ingresos?
4. Con los datos originales si, además de su salario fijo, al gerente de la tienda se paga una comisión de $0.30 por unidad vendida, ¿cuál sería el punto de equilibrio anual: a) en unidades vendidas y b) en ingresos?
5. Con los datos originales si, además de su salario fijo, al gerente de la tienda se le paga una comisión de $0.30 *por cada unidad por arriba del punto de equilibrio*, ¿cuál sería la utilidad en operación de la tienda, si se vendieran 50,000 unidades?

3-39 Análisis CVU, zapaterías (continuación del 3.38). Remítase al punto 3 del problema 3.38. En este problema, tome el papel del propietario de WalkRite.

Se requiere
1. Calcule el número de unidades vendidas, a las cuales el propietario de WalkRite sería indiferente entre el plan original de salario más comisiones para los vendedores y el plan de únicamente mayores salarios fijos.
2. Como propietario, ¿qué plan de remuneración por ventas elegiría usted, si las ventas anuales pronosticadas de la nueva tienda fueran, por lo menos, de 55,000 unidades? ¿Qué piensa usted del aspecto motivacional de su plan de remuneración elegido?
3. Suponga que la utilidad en operación deseada es de $168,000. ¿Cuántas unidades se deben vender para alcanzar la utilidad en operación deseada con: a) el plan original de salario más comisiones y b) el plan de únicamente mayores salarios fijos?
4. Usted abre la nueva tienda el 1 de enero de 2011, con la implementación del plan original de remuneración de salarios más comisiones. Ya que usted espera que el costo de los zapatos aumente debido a la inflación, usted coloca en firme una orden considerable de 50,000 zapatos y fija el precio por unidad de $19.50. Sin embargo, hacia la parte final del año, tan solo se venden 48,000 zapatos, y usted autoriza una rebaja en el inventario restante a $18 por unidad. Finalmente, se venden todas las unidades. A los vendedores, como es costumbre, se les paga una comisión de 5% de los ingresos. ¿Cuál es la utilidad en operación anual para la tienda?

3-40 Estructuras de costos alternativas, incertidumbre y análisis de sensibilidad. La empresa Stylewise Printing renta actualmente su única máquina fotocopiadora en $1,000 mensuales. La compañía está considerando el reemplazo de este contrato de arrendamiento por un nuevo contrato que se base totalmente en comisiones. Con el nuevo contrato, Stylewise pagaría una comisión por sus impresiones a una tasa de $10 por cada 500 páginas impresas. Actualmente la compañía cobra $0.15 por página a sus clientes. El papel usado para la impresión cuesta a la compañía $.03 por página y otros costos variables, incluyendo un monto de mano de obra por hora de $.04 por página.

Se requiere
1. ¿Cuál es el punto de equilibrio de la compañía con el actual contrato de arrendamiento? ¿Cuál será el punto de equilibrio con el nuevo contrato basado en comisiones?
2. ¿En cuál nivel de ventas preferirá Stylewise a) el contrato de arrendamiento fijo, o b) el contrato basado en comisiones?
3. Responda esta pregunta tan solo si usted ha cubierto el apéndice del capítulo en clase. Stylewise estima que la compañía tiene las mismas probabilidades de vender 20,000; 40,000; 60,000; 80,000; o 100,000 páginas de impresiones. Usando la información proveniente del problema original, prepare un cuadro que muestre la utilidad esperada a cada nivel de ventas con el contrato de arrendamiento fijo y con el contrato basado en comisiones. ¿Cuál es el valor esperado de cada contrato? ¿Qué contrato debería elegir Stylewise?

3-41 CVU, estructuras de costos alternativas. PC Planet acaba de abrir sus puertas. La nueva tienda al menudeo vende computadoras restauradas con un descuento significativo con respecto a los precios del mercado. Las computadoras cuestan a PC Planet $100 cada una, y requieren de 10 horas de mano de obra a razón de $15 por hora. Los costos variables adicionales, incluyendo los sueldos del personal de ventas, son de $50 por computadora. Las computadoras recientemente restauradas se revenden a los clientes en $500. La renta de la tienda al menudeo cuesta a la compañía $4,000 por mes.

Se requiere
1. ¿Cuántas computadoras tiene que vender PC Planet cada mes para alcanzar el punto de equilibrio?
2. Si PC Planet desea ganar $5,000 por mes después de todos los gastos, ¿cuántas computadoras tiene que vender la compañía?
3. PC Planet puede comprar computadoras ya restauradas en $200. Esto significaría que toda la mano de obra necesaria para restaurar las computadoras se podría eliminar. ¿Cuál sería el nuevo punto de equilibrio de PC Planet, si tomara la decisión de comprar las computadoras ya restauradas?
4. En vez de pagar la tarifa mensual de renta por el espacio al menudeo, PC Planet tiene la opción de pagar a su arrendador una comisión de 20% sobre las ventas. Suponiendo los hechos originales del problema, ¿a qué nivel de ventas sería indiferente PC Planet entre pagar una cantidad fija de renta mensual y pagar una comisión de 20% sobre las ventas?

3-42 Análisis CVU, impuestos sobre las utilidades, sensibilidad. (Adaptado de CMA.) La empresa Agro Engine fabrica y vende motores diesel, los cuales se usan en equipos agrícolas pequeños. Para su presupuesto de 2012, Agro Engine estima lo siguiente:

Precio de venta	$ 3,000
Costo variable por motor	$ 500
Costos fijos anuales	$3,000,000
Utilidad neta	$1,500,000
Tasa de impuestos sobre las utilidades	25%

El estado de resultados del primer trimestre, al 31 de marzo, reportó que las ventas no estaban satisfaciendo las expectativas. Durante el primer trimestre, solo se habían vendido 300 unidades al precio actual de $3000. El estado de resultados mostró que los costos variables y los costos fijos eran como se había planeado, lo cual significaba que la proyección de una utilidad neta anual de 2012 no se cumpliría, a menos de que la gerencia tomara una acción. Se formó un comité administrativo, el cual presentó al presidente las siguientes alternativas mutuamente excluyentes:

a) Reducir el precio de venta en 20%. La organización comercial ha pronosticado que a ese precio significativamente reducido, se podrían vender 2,000 unidades durante la parte restante del año. Los costos fijos totales y los costos variables por unidad permanecerán como se calculó.

b) Reducir el costo variable por unidad en $50 usando materiales directos más baratos. El precio de venta también se reducirá en $250, y se esperan ventas de 1,800 unidades para la parte restante del año.

c) Reducir los costos fijos en 20% y disminuir el precio de venta en 10%. El costo variable permanecerá constante. Se esperan ventas de 1,700 unidades para la parte restante del año.

1. Si no se cambia el precio de venta o la estructura de costos, determine el número de unidades que deberá vender Agro Engine: a) para alcanzar el punto de equilibrio y b) para lograr el objetivo de la utilidad neta.

2. Determine qué alternativa debería seleccionar Agro Engine para alcanzar sus objetivos en cuanto a la utilidad neta. Muestre sus cálculos.

Se requiere

3-43 **Elección entre planes de remuneración, apalancamiento operativo** (Adaptado de CMA.) Marston Corporation elabora productos farmacéuticos que se venden a través de una red de agentes de ventas externos, a quienes se les paga una comisión del 18% de los ingresos. Marston está considerando el reemplazo de los agentes de ventas con sus propios vendedores, a quienes se les pagaría una comisión de 10% sobre ingresos y salarios totales de $2,080,000. El estado de resultados del año que terminó el 31 de diciembre de 2011, con ambos escenarios, se muestra a continuación.

	A	B	C	D	E
1	Marston Corporation				
2	Estado de resultados				
3	Para el año que terminó el 31 de diciembre de 2011				
4		Con agentes de venta		Con la fuerza de ventas propia	
5	Ingresos		$26,000,000		$26,000,000
6	Costo de los bienes vendidos				
7	Variable	$11,700,000		$11,700,000	
8	Fijo	2,870,000	14,570,000	2,870,000	14,570,000
9	Utilidad bruta		11,430,000		11,430,000
10	Costos de marketing				
11	Comisiones	$ 4,680,000		$ 2,600,000	
12	Costos fijos	3,420,000	8,100,000	5,500,000	8,100,000
13	Utilidad en operación		$ 3,330,000		$ 3,330,000

Se requiere

1. Calcule el margen de contribución en porcentaje de Marston para 2011, el punto de equilibrio expresado en términos monetarios y el grado de apalancamiento operativo con ambos escenarios.

2. Describa las ventajas y las desventajas de cada tipo de alternativa de ventas.

3. En 2012 Marston usa sus propios vendedores, quienes exigen una comisión de 15%. Si todos los demás patrones del comportamiento de los costos permanecen constantes, ¿qué cantidad de ingresos deberán generar los vendedores para obtener la misma utilidad en operación que en 2011?

3-44 **Mezcla de ventas, tres productos.** La compañía Ronowski tiene tres líneas de productos de cinturones —A, B y C— con márgenes de contribución de $3, $2 y $1, respectivamente. El presidente ha previsto ventas de 200,000 unidades en el siguiente periodo, las cuales consisten en 20,000 unidades de A, 100,000 unidades de B y 80,000 unidades de C. Los costos fijos de la compañía para el periodo son de $255,000.

Se requiere

1. ¿Cuál es el punto de equilibrio de la compañía en unidades, suponiendo que se mantiene la mezcla de ventas dada?

2. Si se mantiene la mezcla de ventas, ¿cuál es el margen de contribución total cuando se vendan 200,000 unidades? ¿Cuál será la utilidad en operación?

3. ¿Cuál es la utilidad en operación si se vendieran 20,000 unidades de A, 80,000 unidades de B y 100,000 unidades de C? ¿Cuál es el nuevo punto de equilibrio en unidades, si persisten estas relaciones en el siguiente periodo?

3-45 **CVU para diversos productos y toma de decisiones.** Pure Water Products fabrica dos tipos de filtros. Uno se fija al grifo y limpia toda el agua que pasa a través de él. El otro es un filtro de jarra que tan sólo purifica el agua para beber.

La unidad que se fija al grifo se vende en $80 y tiene costos variables de $20.

El filtro de jarra se vende en $90 y tiene costos variables de $25.

Pure Water vende dos modelos de grifo por cada tres de jarra. Los costos fijos son iguales a $945,000.
Se requiere:

Se requiere

1. ¿Cuál es el punto de equilibrio en unidades y en dólares, para cada tipo de filtro en términos de la mezcla de ventas actuales?
2. Pure Water está considerando la compra de un nuevo equipo de producción. El nuevo equipo aumentará los costos fijos en $181,400 por año y disminuirá el costo variable de las unidades del grifo y de jarra en $5 y $9, respectivamente. Suponiendo la misma mezcla de ventas, ¿qué cantidad de cada tipo de filtro necesita vender Pure Water para alcanzar el punto de equilibrio?
3. Suponiendo la misma mezcla de ventas, ¿a qué nivel de ventas totales sería indiferente Pure Water entre el uso del equipo antiguo y la compra del equipo de producción nuevo? Si se espera que las ventas totales sean de 30,000 unidades, ¿debería Pure Water comprar el nuevo equipo de producción?

3-46 Mezcla de ventas, dos productos. La empresa Stackpole vende dos productos al menudeo: una versión estándar y una versión de lujo de un carrito porta-equipaje. El estado de resultados presupuestado para el próximo periodo es como sigue:

	Carrito estándar	Carrito de lujo	Total
Unidades vendidas	187,500	62,500	250,000
Ingresos a $28 y a $50 por unidad	$5,250,000	$3,125,000	$8,375,000
Costos variables a $18 y a $30 por unidad	3,375,000	1,875,000	5,250,000
Márgenes de contribución a $10 y a $20 por unidad	$1,875,000	$1,250,000	3,125,000
Costos fijos			2,250,000
Utilidad en operación			$ 875,000

Se requiere

1. Calcule el punto de equilibrio en unidades, suponiendo que se logra la mezcla de ventas planeada.
2. Calcule el punto de equilibrio en unidades: *a)* si tan solo se venden carritos estándar y *b)* si tan solo se venden carritos de lujo.
3. Suponga que se venden 250,000 unidades, pero que únicamente 50,000 de ellas son de lujo. Calcule la utilidad en operación. Calcule el punto de equilibrio en unidades. Compare su respuesta con la respuesta al punto 1. ¿Cuál es la principal lección que puede aprenderse de este problema?

3-47 Utilidad bruta y margen de contribución. El Museo de América está preparando su cena anual de aprecio y gratitud para los miembros colaboradores. El año pasado, asistieron a la cena 525 miembros. Los boletos para la cena fueron de $24 por asistente. El reporte de utilidades para la cena del año pasado se presenta a continuación:

Ventas de boletos	$12,600
Costo de la cena	15,300
Utilidad bruta	(2,700)
Invitaciones y papeleo	2,500
Utilidad (pérdida)	$ (5,200)

Este año, el comité de la cena no quiere perder dinero en el evento. Para ayudar al logro de esta meta, el comité analizó los costos del año pasado. Del costo de la cena de $15,300, $9,000 fueron costos fijos y $6,300 fueron costos variables. De los $2,500 del costo de las invitaciones y del papeleo, $1,975 fueron costos fijos y $525 fueron costos variables.

Se requiere

1. Elabore el reporte de utilidades del año pasado, usando el formato del margen de contribución.
2. El comité planea extender la lista de invitados a la cena de este año, con la finalidad de incluir a los miembros voluntarios (además de los miembros colaboradores). Si el comité aumenta la lista de invitados a la cena, espera que la asistencia se duplique. Calcule el efecto que tendrá esto sobre la rentabilidad de la cena, suponiendo que los costos fijos serán los mismos que los del año pasado.

3-48 Ética, análisis CVU. La corporación Allen fabrica un portafolios de plástico moldeado, LX201, para computadoras portátiles. Los datos de resumen de su estado de resultados para 2011 son:

Ingresos	$5,000,000
Costos variables	3,000,000
Costos fijos	2,160,000
Utilidad en operación	$ (160,000)

Jane Woodall, el presidente de Allen, está muy preocupado por la baja rentabilidad de la corporación Allen. Ella solicita a Max Lemond, gerente de producción, y a Lester Bush, contralor, que investiguen si hay formas de reducir los costos.

Después de dos semanas, Max regresa con la propuesta de reducir los costos variables al 52% de los ingresos, mediante la disminución de los costos en que incurre actualmente Allen en relación con una eliminación segura de los plásticos de desperdicio. A Lester le preocupa que esto pudiera exponer a la compañía a responsabilidades ambientales potenciales. Él dice a Max: "Necesitaríamos estimar algunos de estos costos ambientales potenciales e incluirlos en nuestro análisis." "No es posible hacerlo", replica Max. "No estamos quebrantando ley alguna. Existe alguna posibilidad de que incurramos en costos ambientales en el futuro pero, si lo mencionamos ahora, esta propuesta no procederá porque nuestra alta gerencia siempre supone que tales costos serán mayores de lo que resultan ser en realidad. El mercado es muy rudo, y estamos en peligro de cerrar la compañía y de perder todos nuestros puestos de trabajo. La única razón por la que los competidores están ganando dinero es porque están haciendo exactamente lo que yo propongo."

Se requiere

1. Calcule el punto de equilibrio expresado en términos monetarios para la corporación Allen para 2011.
2. Calcule el punto de equilibrio expresado en términos monetarios para la corporación Allen, si los costos variables fueran de 52% de los ingresos.
3. Calcule la utilidad en operación de la corporación Allen para 2011, si los costos variables hubieran sido del 52% de los ingresos.
4. Dados los comentarios de Max Lemond, ¿qué debería hacer Lester Bush?

Problema de aprendizaje colaborativo

3-49 **Forma de tomar la decisión respecto de dónde producir.** (Adaptado de CMA.) Domestic Engines Co. fabrica los mismos generadores de energía en dos plantas de Illinois, una nueva planta en Peoria y una planta más antigua en Moline. Los siguientes datos están disponibles para las dos plantas.

	A	B	C	D	E
1			**Peoria**		**Moline**
2	Precio de venta		$150.00		$150.00
3	Costo variable de manufactura por unidad	$72.00		$88.00	
4	Costo fijo de manufactura por unidad	30.00		15.00	
5	Costo variable de marketing y distribución por unidad	14.00		14.00	
6	Costo fijo de marketing y distribución por unidad	19.00		14.50	
7	Costo total por unidad		135.00		131.50
8	Utilidad en operación por unidad		$ 15.00		$ 18.50
9	Tasa de producción por día	400	unidades	320	unidades
10	Consumo de capacidad normal anual	240	días	240	días
11	Capacidad anual máxima	300	días	300	días

Todos los costos fijos por unidad se calculan con base en un consumo de capacidad normal, el cual consiste en 240 días laborables. Cuando el número de días laborables excede los 240, los cargos por tiempo extra aumentan los costos variables de manufactura de las unidades adicionales en $3.00 por unidad en Peoria, y en $8.00 por unidad en Moline.

Se espera que Domestic Engines Co. fabrique y venda 192,000 generadores de energía durante el año siguiente. Queriendo sacar ventaja de la mayor utilidad en operación por unidad en Moline, el gerente de producción de la compañía tomó la decisión de manufacturar 96,000 unidades en cada planta, lo cual dio como resultado un plan donde Moline opera a su capacidad instalada (320 unidades por día × 300 días) y Peoria opera a su volumen normal (400 unidades por día × 240 días).

Se requiere

1. Calcule el punto de equilibrio en unidades para la planta de Peoria y para la planta de Moline.
2. Calcule la utilidad en operación que resultaría del plan del gerente de producción, consistente en producir 96,000 unidades en cada planta.
3. Determine la forma en que la producción de 192,000 unidades debería asignarse entre las plantas de Peoria y de Moline, para maximizar la utilidad en operación de Domestic Engines. Muestre sus cálculos.

4 Costeo por órdenes de trabajo

Es justo decir que a nadie le gusta perder dinero

Indistintamente de que una compañía sea un negocio de nueva creación que ofrezca servicios de consultoría en marketing, o un fabricante bien establecido de motocicletas construidas al gusto del cliente, saber cómo costear una orden de trabajo —cuánto cuesta elaborar un producto individualmente— es una cuestión de gran importancia, si se busca generar una utilidad. Como indica el siguiente artículo, Nexamp, una compañía de energía sustentable, lo sabe demasiado bien.

Costeo por órdenes de trabajo y la siguiente generación de soluciones de energía y carbono de Nexamp[1]

La obtención de una ganancia sobre un proyecto depende de la asignación correcta de precios. En Nexamp, un proveedor líder de sistemas de energía renovable en Massachusetts, un grupo de gerentes y empleados es responsable por el costeo y la fijación de precios de sus trabajos de instalaciones solares, geotérmicas, eólicas y de biomasa tanto para familias como para las empresas.

En cada proyecto, los contadores administrativos examinan y verifican con sumo cuidado los costos de las órdenes de trabajo, como parte de un proceso competitivo de presentación de ofertas. Gracias al uso de un modelo computarizado desarrollado a partir de proyectos anteriores, el ejecutivo de una compañía hace una doble verificación de todas las cifras, vigilando los costos que pudieran socavar la utilidad neta de la orden de trabajo. Los proyectos de una cierta magnitud, como un contrato reciente proveniente de una inversión gubernamental de $20 millones para la instalación de paneles solares, requieren la aprobación del vicepresidente de la compañía o de otro funcionario de alto rango. Esta clase de aprobación asegura que Nexamp no apruebe las órdenes de trabajo que pudieran hacerle perder dinero.

Nexamp realiza una junta mensual de administración de proyectos, donde los gerentes informan acerca del estatus de cada orden de trabajo autorizada y programada. Una vez que un proyecto está en marcha, los gerentes del mismo brindan reportes semanales sobre el progreso de cada fase de instalación. Los gerentes de proyecto de Nexamp también son responsables por la identificación de problemas potenciales en cada proyecto, así como de la determinación de modificaciones necesarias para asegurar una alta calidad y una entrega puntual, dentro del presupuesto original.

En Nexamp, el costeo de las órdenes de trabajo incluye tres elementos fundamentales: los costos directos de una orden de trabajo, los costos indirectos de una orden de trabajo y los costos administrativos generales. Los costos directos son aquellos que se atribuyen a una orden de trabajo específica, como los costos de los paneles

---

[1] *Fuentes*: Conversaciones con la gerencia de Nexamp. 4 de junio de 2010. Noblett, Jackie. 2010. Nexamp lands $20M stimulus contract. *Boston Business Journal*, 5 de febrero.

solares, de los convertidores de electricidad, de los sistemas de montaje y de los pagos a los subcontratistas.

Todos los materiales se compran usando un proceso formal de adquisición, el cual ayuda a Nexamp a administrar y a controlar cuidadosamente los costos de los materiales. Otro elemento clave de los costos directos es la mano de obra directa. Además de los sueldos reales que se pagan a los empleados, los costos de la mano directa incluyen los costos de los seguros en la remuneración de los trabajadores, los seguros de gastos médicos, las vacaciones y los días festivos, los días de ausencia por enfermedad y los días de descanso pagados.

Los costos indirectos de una orden de trabajo se asignan a cada proyecto e incluyen el costo de la mano de obra de los supervisores, el equipo que posee la compañía, los suministros de construcción y los equipos de seguridad. Finalmente, Nexamp asigna los costos generales y de administración, como la renta de la oficina, los servicios generales y los seguros generales a cada orden de trabajo.

Al igual que en Nexamp, los gerentes de Nissan necesitan saber cuánto cuesta fabricar su nuevo automóvil eléctrico Leaf; en tanto que los gerentes de Ernst & Young necesitan saber cuánto cuesta hacer la auditoría a Whole Foods, el abarrotero de productos orgánicos. El hecho de conocer los costos y la rentabilidad de las órdenes de trabajo ayuda a los gerentes a perseguir las estrategias de la empresa, a desarrollar planes de asignación de precios y a satisfacer las necesidades externas de información. Desde luego, cuando toman decisiones, los gerentes combinan la información de costos con la información que no es de costos, como las observaciones individuales de las operaciones; y las medidas no financieras del desempeño, como la calidad y la satisfacción del cliente.

Conceptos que forman los pilares de los sistemas de costeo

Antes de que empecemos nuestra exposición de los sistemas de costeo, repasaremos los términos del capítulo 2 que están relacionados con los costos, e introduciremos los conceptos nuevos que necesitaremos para nuestra exposición.

1. **Objeto de costeo.** Es cualquier bien para el cual se desea una medición de los costos; por ejemplo, un producto, como una computadora iMac o un servicio, como el costo por reparar una computadora iMac.

2. **Costos directos de un objeto de costo.** Son los costos relacionados con un objeto de costeo específico, que se pueden atribuir a ese objeto de una manera económicamente factible (efectiva en cuanto a costos); por ejemplo, el costo de comprar la tarjeta principal de la computadora o el costo de las piezas utilizadas para fabricar una computadora iMac.

3. **Costos indirectos de un objeto de costeo.** Son los costos relacionados con un objeto de costeo en particular, que no se pueden atribuir a ese objeto de costeo de una manera económicamente factible (efectiva en cuanto a costos); por ejemplo, los costos de los supervisores que vigilan productos múltiples, uno de los cuales es la iMac, o la renta que se paga por las instalaciones que se ocupan de reparar muchos y distintos productos Apple, además de la computadora iMac. Los costos indirectos se asignan al objeto de costeo usando un método de asignación de costos.

Recuerde que la expresión *asignación de costos* es un término general para dicha asignación, ya sea que se trate de costos directos o indirectos, a un objeto de costeo.

El *seguimiento de costos* es un término específico para la asignación de costos directos; la *asignación de costos* se refiere a la aplicación de costos indirectos. La relación entre los tres conceptos se representa gráficamente como

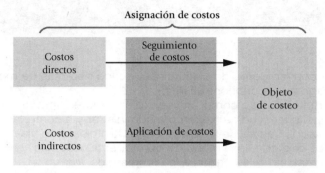

En este capítulo, los costos que se asignan a un objeto de costo, por ejemplo, un producto como un Mini Cooper y un servicio como una auditoría a MTV, incluyen tanto los costos variables como los costos que son fijos en el corto plazo. Los gerentes costean los bienes y los servicios para orientar las decisiones estratégicas a largo plazo (por ejemplo, qué mezcla de productos y servicios se debe elaborar y vender, así como qué precios cobrar por esta). En el largo plazo, los gerentes desean que los ingresos excedan los costos totales.

También necesitamos introducir y explicar dos términos más, antes de examinar los sistemas de costeo:

4. **Grupos de costos comunes.** Se trata de una asociación de partidas individuales de costos indirectos. Los grupos de costos comunes van desde conjuntos amplios, como todos los costos de una planta de manufactura, hasta conjuntos estrechos, como los costos operativos de las máquinas cortadoras de metal. Los grupos comunes de costos a menudo se organizan junto con las bases de aplicación de los costos.

5. **Bases para la asignación de los costos.** ¿Cómo debería una compañía asignar los costos para operar las máquinas cortadoras de metal, entre diferentes productos? Una forma de aplicar los costos se basa en el número de horas-máquina que se usan para elaborar diferentes productos. La **base de asignación de los costos** (número de horas-máquina) es una forma sistemática de vincular un costo indirecto o grupo de costos indirectos (costos operativos de todas las máquinas cortadoras de metal) con objetos de costos (diferentes productos). Por ejemplo, si los costos indirectos por operar una serie de máquinas cortadoras de metal son de $500,000 con base en la operación de tales máquinas durante 10,000 horas, la tasa de aplicación de los costos es de $500,000 ÷ 10,000 horas = $50 por hora-máquina, donde las horas-máquina son la base para la asignación del costo. Si un producto usa 800 horas-máquina, se le aplicarán $40,000, $50 por hora-máquina × 800 horas-máquina. La base ideal de asignación de los costos es el generador del costo de los costos indirectos, ya que hay una relación de causa y efecto entre la base de aplicación del costo y los costos indirectos. Una base de aplicación del costo puede ser financiera (como los costos directos de mano de obra) o no financiera (como el número de horas-máquina). Cuando el objeto de costo es una orden de trabajo, un producto o un cliente, la base de aplicación del costo también se denomina **base de asignación del costo.**

Los conceptos que representan estos cinco términos constituyen los conceptos básicos que usaremos para diseñar los sistemas de costeo que se describen en este capítulo.

Sistemas de costeo por órdenes de trabajo y sistemas de costeo por procesos

Los contadores administrativos utilizan dos tipos básicos de sistemas de costeo para asignar los costos a los productos o servicios:

1. **Sistema de costeo por órdenes de trabajo.** En este sistema, el objeto de costeo es una unidad o varias unidades de un producto o servicio diferenciado, el cual se denomina **orden de trabajo.** Cada orden de trabajo, por lo general, usa diferentes cantidades de recursos. El producto o el servicio es con frecuencia una sola unidad, como una máquina de especialidad elaborada en Hitachi, un proyecto de construcción administrado por la corporación Betchel, un trabajo de reparación efectuado en un Centro de Servicio Audi, o una campaña de publicidad lanzada por Saatchi & Saatchi. Cada máquina de especialidad que elabora Hitachi es única y distinta. Una campaña publicitaria para un cliente de Saatchi & Saatchi es única y distinta de las campañas

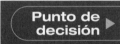

Punto de decisión ▶

¿Cuáles son los conceptos básicos de un sistema de costeo?

Objetivo de aprendizaje 2

Distinguir el costeo por órdenes de trabajo

... el costeo por órdenes de trabajo se usa para costear un producto determinado, a diferencia del costeo por procesos

... el costeo por procesos sirve para costear grandes cantidades de unidades idénticas o similares

para otros clientes. El costeo por órdenes de trabajo también es común en empresas como Ethan Allen, para costear unidades múltiples idénticas de distintos muebles. Como los productos y los servicios son distintos, los sistemas de costeo por órdenes de trabajo acumulan los costos de una manera separada para cada producto o servicio.

2. **Sistema de costeo por procesos.** En este sistema, el objeto de costeo consiste en grandes cantidades de unidades idénticas o similares de un bien o servicio. Citibank, por ejemplo, ofrece el mismo servicio a todos sus clientes cuando procesa sus depósitos. Intel brinda el mismo producto (por ejemplo, un procesador Pentium 4) a cada uno de sus clientes. Todos los consumidores de Minute Maid reciben el mismo jugo de naranja congelado. En cada periodo, los sistemas de costeo por procesos dividen los costos totales por elaborar un producto o servicio idéntico o similar, entre el número total de unidades producidas para obtener un costo por unidad. Este último es el costo unitario promedio que se aplica a cada una de las unidades idénticas o similares elaboradas en ese período.

La ilustración 4-1 muestra ejemplos de costeo por órdenes de trabajo y costeo por procesos en los sectores de servicios, comercial y de manufactura. Estos dos tipos de sistemas de costeo se entienden mejor como extremos opuestos de un continuo; en el espacio intermedio, un tipo de sistema podría confundirse con el otro hasta cierto punto.

Muchas compañías tienen sistemas de costeo que no son sistemas puros de costeo por órdenes de trabajo ni sistemas puros de costeo por procesos, sino que tienen elementos de ambos. Los sistemas de costeo se deben configurar de acuerdo con las operaciones realizadas. Por ejemplo, la corporación Kellogg usa el costeo por órdenes de trabajo para calcular el costo total al elaborar cada uno de sus distintos tipos de productos —como Corn Flakes, Crispix y Froot Loops—, y el costeo por procesos para calcular el costo por unidad por elaborar cada caja idéntica de Corn Flakes. En este capítulo, enfocamos la atención en los sistemas de costeo por órdenes de trabajo. Los capítulos 17 y 18 exponen los sistemas de costeo por procesos.

◄ Punto de decisión

¿Cómo se distingue el costeo por órdenes de trabajo del costeo por procesos?

Ilustración 4-1

Ejemplos de costeo por órdenes de trabajo y de costeo por procesos en los sectores de servicios, comercial y de manufactura

	Sector de servicios	Sector comercial	Sector de manufactura
Uso del sistema de costeo por órdenes de trabajo	• Actividades de auditoría efectuadas por Price Waterhouse Coopers • Labores de consultoría realizadas por McKinsey & Co. • Campañas de agencias de publicidad operadas por Ogilvy & Mather • Casos legales individuales representados por Hale & Dorr • Trabajos de reparación de computadoras hechos por CompUSA • Películas producidas por Universal Solutions	• Envío, por parte de L. L. Bean, de artículos individuales mediante órdenes postales • Promociones especiales de artículos nuevos por parte de Wal-Mart	• Ensamblado de aviones individuales en Boeing • Construcción de barcos en astilleros de Litton Industries
Uso del sistema de costeo por procesos	• Compensación de cheques bancarios en el Bank of America • Entregas por correo (artículos normales) que realiza servicio postal estadounidense	• Venta de granos por parte de Arthur Daniel Midlands • Venta de madera realizada por Weyerhauser	• Refinación de petróleo en Shell Oil • Elaboración de bebidas en PepsiCo

Costeo por órdenes de trabajo: Evaluación e implementación

Examinaremos el costeo de las órdenes de trabajo con el ejemplo de la compañía Robinson, una empresa que manufactura e instala maquinaria especializada para la industria de la fabricación de papel. A principios de 2011, Robinson recibió una invitación para la licitación de contratos para fabricar e instalar una nueva máquina de elaboración de papel en la empresa Western Pulp and Paper (WPP). Robinson nunca había hecho una máquina igual a esta, y sus gerentes se preguntan cuál deberá ser la propuesta para ganar el contrato. El equipo gerencial de Robinson trabaja usando el proceso de toma de decisiones de cinco pasos.

1. **Identificar el problema y las incertidumbres.** La decisión de si se debe entrar a la licitación, y de cuál deberá ser el monto de la propuesta en relación con el trabajo de WPP, depende de la forma en que la gerencia resuelva dos incertidumbres críticas: lo que costará completar la orden de trabajo y los precios que posiblemente ofrezcan sus competidores.

2. **Obtener información.** Los gerentes de Robinson evalúan primero si cumplir con la orden de trabajo de WPP es consistente con la estrategia de la compañía. ¿Quieren hacer un mayor número de esta clase de trabajos? ¿El segmento del mercado es atractivo? ¿Robinson será capaz de desarrollar una ventaja competitiva sobre sus rivales y satisfacer a los clientes? Los gerentes de Robinson concluyen que la orden de trabajo de WPP se ajusta bien a la estrategia de la compañía.

   Los gerentes de Robinson estudian los planos y las especificaciones de ingeniería que entregó WPP y deciden sobre los detalles técnicos de la máquina. Comparan las especificaciones de esta máquina con máquinas similares que hayan fabricado en el pasado, identifican a los competidores que quizá presenten ofertas sobre el trabajo y recaban información sobre cuáles podrían ser dichas ofertas.

3. **Hacer predicciones acerca del futuro.** Los gerentes de Robinson estiman el costo de los materiales directos, de la mano de obra directa y de los gastos indirectos para el trabajo de WPP. También consideran los factores cualitativos, así como los factores de riesgo y reflexionan acerca de cualesquiera prejuicios que pudieran enfrentar. Por ejemplo, ¿tienen los ingenieros y los empleados que trabajan en la orden de WPP las habilidades y la competencia técnica necesarias? ¿Encontrarían esta experiencia valiosa y desafiante? ¿Qué tan exactas son las estimaciones de costos y cuál es la probabilidad de incurrir en excesos de costos? ¿Con qué prejuicios tienen que ser cuidadosos los gerentes de Robinson? Recuerde, Robinson nunca ha fabricado una máquina igual a esa. Los gerentes de Robinson deberían tener cuidado de no basarse en analogías inadecuadas y de buscar la información más relevante cuando hacen sus juicios.

4. **Tomar decisiones mediante la elección entre alternativas.** Robinson presenta una oferta de $15,000 por la orden de trabajo de WPP, la cual se basa en una estimación del costo de manufactura de $10,000 y en un margen de utilidad del 50% sobre el costo de manufactura. El precio de $15,000 toma en consideración las ofertas probables que presentarían los rivales, los riesgos técnicos y de negocios, y los factores cualitativos. Los gerentes de Robinson tienen mucha confianza en que hayan obtenido la mejor información posible al tomar su decisión.

5. **Implementar la decisión, evaluar el desempeño y aprender.** Robinson gana la licitación para el trabajo de WPP. Conforme Robinson trabaja en la orden de WPP, realiza un seguimiento cuidadoso de todos los costos en los que ha incurrido (los cuales se describen con detalle más adelante en este capítulo). En última instancia, los gerentes de Robinson comparan los montos calculados contra los costos reales, para evaluar qué tan bien realizaron el trabajo solicitado por WPP.

En un sistema de costeo por órdenes de trabajo, Robinson acumula los costos en los que ha incurrido para una orden de trabajo en diferentes partes de la cadena de valor, como manufactura, marketing y servicio al cliente. Aquí nos concentramos en la función de manufactura de Robinson (que incluye también la instalación del producto). Para fabricar una máquina, Robinson compra algunos componentes a proveedores externos, en tanto que otros componentes los elabora internamente. Asimismo, cada una de las órdenes de trabajo de Robinson tiene un elemento de servicio: la instalación de una máquina en el espacio asignado, su integración con las demás máquinas y procesos del cliente, así como el aseguramiento de que la máquina satisfaga las expectativas de este.
   Una forma de un sistema de costeo por órdenes de trabajo que puede usar Robinson es el **costeo real**. Se trata de un sistema de costeo que atribuye los costos directos a un objeto de costeo, mediante el uso de las tasas reales de costos directos multiplicadas por las cantidades reales de los insumos de costos directos. Asigna los costos indirectos con base en las tasas reales de costos indirectos multiplicadas por las cantidades reales de las bases de asignación de costos. La *tasa real de costos indirectos* se calcula dividiendo el total de los costos indirectos reales entre el total de la cantidad real de la base de asignación del costo. Como su nombre indica, los sistemas de costeo reales calculan los costos reales de las órdenes de trabajo.

Sin embargo, en general los sistemas de costeo reales no se encuentran en la práctica, ya que los costos reales no pueden calcularse de una manera *oportuna*. El problema no está en el cálculo de las tasas de costos directos para los materiales directos y para la mano de obra directa. Por ejemplo, Robinson registra los precios reales que se pagan por los materiales. A medida que usa estos materiales, los precios pagados sirven como tasas reales de costos directos para cargar los costos de los materiales a las órdenes de trabajo. No obstante, como lo expondremos a continuación, resulta problemático el cálculo de las tasas reales de costos indirectos con una base oportuna cada semana o cada mes. Robinson puede calcular únicamente las tasas reales de costos indirectos al final del año fiscal, de modo que sus gerentes no están dispuestos a esperar tanto tiempo para conocer los costos de diversas órdenes de trabajo.

Periodo de tiempo utilizado para el cálculo de las tasas de costos indirectos

Hay dos razones para el uso de periodos más largos, como un año, para el cálculo de las tasas de costos indirectos.

1. **La razón del numerador (grupo de costos indirectos)**. Cuanto más corto sea el periodo, mayor será la influencia de los patrones estacionales sobre el monto de los costos. Por ejemplo, si las tasas de costos indirectos se calcularan mensualmente, los costos de la calefacción (incluidos en el numerador) se cargarían a producción tan solo durante los meses del invierno. Un periodo anual incorpora los efectos de las cuatro estaciones en una sola tasa anual de costos indirectos.

   Los niveles de costos indirectos totales también se ven afectados por los costos erráticos de tipo no estacional. Algunos ejemplos de costos erráticos no estacionales incluyen los costos en que se incurre en un mes específico y que benefician las operaciones durante meses futuros, como los costos por reparaciones y mantenimiento del equipo, y los costos por el pago de las vacaciones y los días festivos. Si se calcularan las tasas mensuales de costos indirectos, los trabajos hechos en un mes con altos costos erráticos y de tipo no estacional se cargarían a dichos costos. La agrupación de todos los costos indirectos durante todo un año y el cálculo de una sola tasa anual de costos indirectos, ayudan a suavizar algunos de los saltos erráticos en los costos asociados con periodos más cortos.

2. **La razón del denominador (cantidad de la base de asignación del costo)**. Otra razón para el uso de periodos más largos consiste en evitar la distribución de los costos fijos mensuales indirectos, sobre niveles fluctuantes de producción mensual y sobre cantidades fluctuantes de la base de asignación de los costos. Considere el siguiente ejemplo.

   Reardon y Pane son contadores fiscales cuyo trabajo sigue un patrón altamente estacional, con meses de mucha actividad durante la temporada fiscal y meses de menos actividad en otros momentos. Suponga la siguiente mezcla de costos indirectos variables (como suministros, alimentos, energía y mano de obra indirecta de apoyo), la cual varía con la cantidad de la base de asignación del costo (horas de mano de obra directa profesional) y los costos indirectos fijos (depreciación y apoyo administrativo general), los cuales no varían con las fluctuaciones a corto plazo en la cantidad de base de asignación del costo:

	Costos indirectos			Horas de mano de obra directa profesional (4)	Tasa de asignación por hora de mano de obra directa profesional (5) = (3) ÷ (4)
	Variables (1)	Fijos (2)	Totales (3)		
Mes de alta producción	$40,000	$60,000	$100,000	3,200	$31,25
Mes de baja producción	10,000	60,000	70,000	800	87.50

Se observa que los costos indirectos variables cambian en proporción a las variaciones en las horas de mano de obra directa profesional. Por consiguiente, la tasa de costos indirectos variables es la misma, tanto en los meses de alta producción como en los meses de baja producción ($40,000 ÷ 3,200 horas de mano de obra = $12.50 por hora de mano de obra; $10,000 ÷ 800 horas de mano de obra = $12.50 por hora de mano de obra). Algunas veces, los pagos de tiempo extra pueden ocasionar que la tasa del costo indirecto variable sea más alta en los meses de alta producción. En tales casos, los costos indirectos variables se asignarán a una tasa más alta a la producción, en los meses de producción alta, con respecto a la producción en los meses de poca actividad.

Considere ahora los costos fijos de $60,000. Los costos fijos ocasionan que las tasas mensuales del costo indirecto total varíen en forma considerable: desde $31.25 por hora hasta $87.50 por hora. Pocos gerentes creen que a los trabajos idénticos hechos en meses diferentes se les debería aplicar cargos de costos indirectos por hora, que difieren de una manera tan significativa ($87.50 ÷ $31.25 = 2.80, o bien, 280%) debido a los costos fijos. Asimismo, si las tarifas por la preparación de las declaraciones fiscales se basan en los costos, serían altas en los meses de baja actividad, lo cual conduciría a la pérdida de negocios cuando, de hecho, la gerencia quiere aceptar más trabajos para aprovechar la capacidad ociosa o inactiva.

Reardon y Pane eligen un nivel específico de capacidad con base en un horizonte de tiempo que va más allá de tan solo un mes. En promedio, la tasa anualizada que se basa en la relación entre el total de costos indirectos anuales y el total del nivel anual de producción suaviza el efecto de las variaciones mensuales en los niveles de producción, y es más representativa de los costos totales y de la producción total, que la gerencia consideró cuando eligió el nivel de capacidad y, por lo tanto, los costos fijos. Para el uso de las tasas anuales de gastos indirectos, otra razón es que el cálculo de las tasas mensuales de costos indirectos se ve afectado por el número de días laborales de lunes a viernes en un mes. El número de días laborales por mes varía de 20 a 23 durante un año. Si se calculan tasas separadas cada mes, los trabajos de febrero llevarían un porción más grande de costos indirectos (como la depreciación y los impuestos prediales), que los trabajos en otros meses, porque febrero tiene el menor número de días laborales (y, en consecuencia, de horas de mano de obra) en un mes. Muchos gerentes consideran que tales resultados son una forma poco representativa y poco razonable para asignar los costos indirectos a las órdenes de trabajo. Un periodo anual reduce el efecto que tiene el número de días de trabajo por mes sobre los costos unitarios.

Punto de decisión ▶

¿Cuál es el principal desafío en la implementación de los sistemas de costeo por órdenes de trabajo?

Costeo estimado (*normal costing*)

La dificultad al calcular las tasas reales de costos indirectos, con una base semanal o mensual, significa que los gerentes no pueden calcular los costos reales de las órdenes de trabajo a medida que se terminan. Sin embargo, los gerentes, incluyendo a los de Robinson, buscan una aproximación cercana de los costos de las diversas órdenes de trabajo en forma regular durante el año, y no solamente al final del año fiscal. Los gerentes quieren conocer los costos de manufactura (y otros costos, como los costos de marketing) para diversos usos continuos, incluyendo la fijación de precios de las órdenes de trabajo, la supervisión y la administración de los costos, la evaluación del éxito de la orden de trabajo, el aprendizaje de lo que funcionó y de lo que no funcionó, la presentación de ofertas sobre nuevos proyectos, y la elaboración de estados financieros provisionales. Debido a la necesidad de un acceso inmediato a los costos de las órdenes de trabajo, pocas compañías desean aplicar los costos indirectos hasta el término del año, cuando finalmente se conocen los costos indirectos reales de manufactura. En lugar de ello, se calcula una tasa de costos indirectos *predeterminada o presupuestada* para cada grupo de costos al principio del año fiscal, y los costos indirectos se asignan a la orden de trabajo a medida que esta progresa. Por las razones del numerador y del denominador que ya se han descrito, la **tasa presupuestada de costos indirectos** para cada grupo común de costos se calcula como sigue:

$$\text{Tasa presupuestada de costos indirectos} = \frac{\text{Costos anuales indirectos presupuestados}}{\text{Base presupuestada de la cantidad anual para la aplicación del costo}}$$

El uso de las tasas presupuestadas de costos indirectos da como resultado el costeo estimado.

El **costeo estimado** es un sistema de costeo que **1.** atribuye los costos directos a un objeto de costeo, usando las tasas reales de costos directos multiplicadas por las cantidades reales de los insumos de costos directos; y **2.** asigna los costos indirectos con base en las tasas *presupuestadas* de costos indirectos multiplicadas por las cantidades reales de la base de aplicación de los costos.

Ilustraremos el costeo estimado para el caso de la compañía Robinson con los siguientes siete pasos, para asignar los costos a una orden de trabajo individual. Este enfoque lo usan a menudo las compañías en los sectores de manufactura, comercial y de servicios.

Enfoque general para el costeo de las órdenes de trabajo

Objetivo de aprendizaje 4

Exponer el enfoque de siete pasos para el costeo estimado

... el enfoque de siete pasos sirve para calcular los costos directos e indirectos de una orden de trabajo

Paso 1: Identificar la orden de trabajo que sea el objeto de costeo elegido. En el ejemplo de la compañía Robinson, el objeto de costeo es la orden de trabajo WPP 298, la manufactura de una máquina para la fabricación de papel para Western Pulp and Paper (WPP) en 2011. Los gerentes y los contadores administrativos de Robinson recopilan información para costear los trabajos en sus documentos fuente. Un **documento fuente** es un registro original (como una tarjeta de tiempo de mano de obra donde se registran las horas laborales de un empleado), que apoya los asientos de diario en un sistema contable. El principal documento fuente para la orden de trabajo WPP 298 es un registro de los costos del trabajo. Un **registro del costo de un trabajo**, que también se denomina **hoja de costos de una orden de trabajo**, registra y acumula todos los costos asignados a un trabajo específico, y empieza cuando inicia el trabajo. La ilustración 4-2 muestra el registro de costos de la orden de trabajo consistente en la máquina para fabricación de papel ordenada por WPP. Es impor-

Ilustración 4-2 Documentos fuente en la compañía Robinson: Registro de costos de una orden de trabajo

	A	B	C	D	E	
1			**REGISTRO DE COSTOS DEL TRABAJO**			
2	Orden núm:	WPP 298		Cliente:	Western Pulp and Paper	
3	Fecha de inicio:	7 de feb. de 2011		Fecha de terminación	28 /feb. /2011	
4						
5						
6	**MATERIALES DIRECTOS**					
7	Fecha	Requisición		Cantidad	Costo	Costos
8	de recepción	de materiales núm.	Parte núm.	utilizada	unitario	totales
9	7 de feb. de 2011	2011: 198	MB 468-A	8	$14	$ 112
10	7 de feb. de 2011	2011: 199	TB 267-F	12	63	756
11						●
12						●
13	Total					$ 4,606
14						
15	**MANO DE OBRA DIRECTA**					
16	Periodo	Registro de tiempo	Empleado	Horas	Tasa	Costos
17	cubierto	de mano de obra núm.	núm.	trabajadas	por hora	totales
18	7-13/feb./2011	LT 232	551-87-3076	25	$18	$ 450
19	7-13/feb./2011	LT 247	287-31-4671	5	19	95
20						●
21						●
22	Total					$ 1,579
23						
24	**GASTOS INDIRECTOS DE MANUFACTURA***					
25		Categoría		Base de aplicación	Tasa de la base	Costos
26	Fecha	del grupo de costos	Base de aplicación	Cantidad usada	de aplicación	totales
27	31 de dic. de 2011	Manufactura	Horas de mano	88 horas	$40	$ 3,520
28			de obra directa			
29						
30	Total					$ 3,520
31	**COSTO TOTAL DE MANUFACTURA DE LA ORDEN DE TRABAJO**					$ 9,705
32						
33						
34	*La compañía Robinson usa un solo grupo común de costos indirectos de manufactura. El uso de varios grupos comunes					
35	de costos indirectos significaría asientos múltiples en la sección "Costos indirectos de manufactura" del registro de costos					
36	de la orden de trabajo.					

tante seguir los diversos pasos en el costeo de la orden de trabajo WPP 298, como se presenta en el registro de costeo por órdenes de trabajo de la ilustración 4-2.

Paso 2: Identificar los costos directos de la orden de trabajo. Robinson identifica dos categorías de costos directos de manufactura: materiales directos y mano de obra directa.

■ **Materiales directos:** De acuerdo con las especificaciones de ingeniería y los planos que proporcionó WWP, un ingeniero de manufactura solicitó materiales del almacén. La orden se coloca usando un documento fuente básico, el cual se denomina **registro de requisición de materiales**, y contiene información acerca del costo de los materiales directos que se utilizan en una orden de trabajo específica y en un departamento determinado. La ilustración 4-3, panel A, muestra un registro de una requisición de materiales para la compañía Robinson. Observe la manera en que el registro especifica la orden de trabajo para la cual se requiere el material (WPP 298), la descripción del material (parte número MB 468-A, abrazadera de metal), la cantidad real (8), el costo unitario real ($14) y el costo total real ($112). El costo total real de $112 también aparece en el registro del costo de la orden de trabajo de la ilustración 4-2. Si agregamos el costo de todas las requisiciones de material, el costo total real de los materiales directos es de $4,606, lo cual se muestra en el panel de materiales directos del registro del costo de la orden de trabajo de la ilustración 4-2.

■ **Mano de obra directa:** La contabilidad de la mano de obra directa es similar a la contabilidad que se describió para los materiales directos. El documento fuente de la mano de obra directa es una **hoja de tiempo de mano de obra**, la cual contiene información acerca del tiempo de mano de obra utilizada para un trabajo específico en un departamento determinado. La ilustración 4-3, panel B, muestra una hoja típica del tiempo de mano de obra semanal para cierto empleado (G. L. Cook). Todos los días, Cook registra el tiempo que ha utilizado en las órdenes de trabajo individuales (en este caso, WPP 298 y JL 256), así como el tiempo que ha utilizado en otras tareas, como en el mantenimiento de las máquinas o en su limpieza, las cuales no están relacionadas con una orden de trabajo específica.

Las 25 horas que Cook utilizó en la orden de trabajo WPP 298 aparecen en el registro de costos de la orden de trabajo de la ilustración 4-2 a un costo de $450 (25 horas × $18 por hora). Asimismo, el registro de costos de la orden de trabajo para la orden JL 256 llevará a un costo de $216 (12 horas × $18 por hora). Las tres horas de tiempo que se utilizaron en el mantenimiento y la limpieza a $18 por hora son iguales a $54. Este costo forma parte de los costos indirectos de manufactura, porque no son atribuibles a ningún trabajo en particular. Este costo indirecto se incluye como parte del grupo común de costos indirectos de manufactura aplicados a las órdenes de trabajo. Los costos totales de la mano de obra directa de $1,579 para la máquina de fabricación de papel, que aparece en el panel de *mano de obra directa* del registro de costos de las órdenes de trabajo en la ilustración 4-2, es la suma de todos los costos directos de mano de obra de manufactura que diferentes empleados cargan a esta orden de trabajo.

Todos los costos diferentes de los materiales directos y de la mano de obra directa se clasifican como costos indirectos.

Paso 3: Seleccionar las bases de aplicación de costos que habrán de usarse para asignar los costos indirectos a la orden del trabajo. Los costos indirectos de manufactura son aquellos que se necesitan para el cumplimiento de una orden de trabajo, pero que no pueden atribuirse a un trabajo específico. Sería imposible completar un trabajo sin incurrir en costos indirectos como supervisión, ingeniería de manufactura, servicios generales y reparaciones. Ya que tales costos no se pueden atribuir a un trabajo específico, deben aplicarse a todas las órdenes de trabajo de una manera sistemática. Diferentes órdenes de trabajo requieren distintas cantidades de recursos indirectos. El objetivo es asignar los costos de los recursos indirectos de una manera sistemática a las órdenes de trabajo relacionadas.

Las compañías usan con frecuencia bases múltiples de asignación de costos para aplicar los costos indirectos, porque diferentes costos indirectos tienen distintos generadores de costos. Por ejemplo, algunos costos indirectos como la depreciación y la reparación de las máquinas están más estrechamente relacionados con las horas-máquina. Otros costos indirectos como la supervisión y el apoyo a la producción están más íntimamente relacionados con las horas directas de mano de obra de manufactura. Sin embargo, Robinson elige las horas directas de mano de obra de manufactura como la única base de asignación, para vincular todos los costos indirectos de manufactura con las órdenes de trabajo. Ello es así porque, en un ambiente que utiliza de manera intensa la mano de obra, Robinson considera que el número de horas directas de mano de obra de manufactura impulsa aquellos recursos indirectos de manufactura (como los salarios que se pagan a supervisores, ingenieros, personal de apoyo a la producción y personal de administración de la calidad) que requieren los trabajos individuales. (En el capítulo 5 veremos que, en muchos ambientes de manufactura,

Ilustración 4-3 Documentos fuente en la compañía Robinson: registro de requisiciones de materiales y hoja de tiempo de la mano de obra

Panel A:

REGISTRO DE REQUISICIÓN DE MATERIALES				
Registro de requisición de materiales núm.			2011: 198	
Orden de trabajo núm.	WPP 298	Fecha:	7 de feb., 2011	
Pieza núm.	Descripción de la pieza	Cantidad	Costo unitario	Costo total
MB 468-A	Abrazaderas de metal	8	$14	$112
Emitido por B. Clyde		Fecha:	7 de feb., 2011	
Recibido por: L. Daley		Fecha:	7 de feb., 2011	

Panel B

HOJA DE TIEMPO DE MANO DE OBRA									
Registro del tiempo de mano de obra núm.				LT 232					
Nombre del empleado G. L. Cook Empleado núm. 551-87-3076									
Código de clasificación del empleado: Maquinista de grado 3									
Salario por hora: $18									
Inicio de semana: 7 de feb., 2011 Fin de semana: 13 de feb., 2011									
Trabajo núm.	Lu	Ma	Mi	Ju	Vi	Sa	Do	Total	
WPP 298	4	8	3	6	4	0	0	25	
JL 256	3	0	4	2	3	0	0	12	
Mantenimiento	1	0	1	0	1	0	0	3	
Total	8	8	8	8	8	0	0	40	
Supervisor: R. Stuart	Fecha: 13 de feb., 2011								

necesitamos ampliar el conjunto de generadores de costos. En 2011 Robinson presupuestó 28,000 horas directas de mano de obra de manufactura.

Paso 4: Identificar los costos indirectos asociados con cada base de aplicación de costos. Ya que Robinson considera que se puede usar una sola base de aplicación de costos —horas de mano de obra directa—, para asignar los costos indirectos de manufactura a los trabajos, Robinson crea un solo grupo de costos, al cual denomina costos indirectos de manufactura. Este grupo de costos representa todos los costos indirectos del departamento de manufactura que son difíciles de atribuir de una manera directa a las órdenes de trabajo individuales. En 2011 los costos indirectos presupuestados de manufactura alcanzaron un total de $1,120,000.

Como vimos en los pasos 3 y 4, los gerentes identifican primero la base de aplicación de los costos y, posteriormente, identifican los costos relacionados con cada base de aplicación del costo, pero no al revés. Eligen este orden porque los gerentes deben entender primeramente el generador del costo, las razones por las cuales se está incurriendo en los costos (por ejemplo, la configuración de las máquinas, el acarreo de materiales o el diseño de puestos), antes de que puedan determinar los costos asociados con cada generador de costos. De lo contrario, no hay nada que guíe la creación de los grupos comunes de costos. Desde luego, los pasos 3 y 4 a menudo se realizan casi de manera simultánea.

Paso 5: Calcular la tasa por unidad de cada base de aplicación del costo usada para asignar los costos indirectos a la orden de trabajo. Para cada grupo de costos, la tasa presupuestada del costo indirecto se calcula dividiendo el total presupuestado de los costos indirectos en el grupo común (que se determinó en el paso 4) entre la cantidad total presupuestada de la base de aplicación del costo (la cual se determinó en el paso 3). Robinson calcula la tasa de aplicación, para su único grupo de costos indirectos de manufactura, como sigue:

$$\text{Tasa presupuestada de costos indirectos de manufactura} = \frac{\text{Costos indirectos de manufactura presupuestados}}{\text{Base presupuestada de la cantidad total de aplicación de costos}}$$

$$= \frac{\$1,120,000}{28,000 \text{ horas de mano de obra directa}}$$

$$= \$40 \text{ por hora de mano de obra directa}$$

Paso 6: Calcular los costos indirectos asignados a la orden de trabajo. Los costos indirectos de una orden de trabajo se calculan multiplicando la cantidad *real* de cada base de aplicación distinta (una base de aplicación para cada grupo de costos) asociada con la orden de trabajo por la tasa *presupuestada* del costo indirecto de cada base de aplicación (la cual se calcula en el paso 5). Recuerde que los gerentes de Robinson seleccionan las horas directas de mano de obra de manufactura como la única base de aplicación de los costos. Robinson usa 88 horas directas de mano de obra de manufactura sobre la orden de trabajo WPP 298. Los costos indirectos de manufactura asignados a WPP 298 son iguales a $3,520 ($40 por hora de mano de obra directa × 88 horas), y aparecen en el panel de gastos indirectos de manufactura del registro de costos de la orden de trabajo WPP 298 que se presenta en la ilustración 4-2.

Paso 7: Calcular el costo total de la orden de trabajo, sumando todos los costos directos e indirectos asignados al trabajo. La ilustración 4-2 muestra que los costos totales de manufactura de la orden de trabajo WPP son de $9,705.

Costos directos de manufactura		
Materiales directos	$4,606	
Mano de obra directa	1,579	$6,185
Costos indirectos de manufactura		
($40 por hora de mano de obra directa × 88 horas)		3,520
Costos totales de manufactura de la orden de trabajo WPP 298		$9,705

Recuerde que Robinson ofreció un precio de $15,000 por la orden de trabajo. A ese nivel de ingresos, el sistema de costos estimados muestra una utilidad bruta de $5,295 ($15,000 − $9,705) y un porcentaje de utilidad bruta de 35.3% ($5,295 ÷ $15,000 = 0.353).

Los gerentes de manufactura y los gerentes de ventas de Robinson pueden usar los cálculos de la utilidad bruta y del porcentaje de la utilidad bruta, para comparar la rentabilidad de diferentes órdenes de trabajo, con la finalidad de tratar de entender los motivos por los cuales algunos trabajos muestran una baja rentabilidad. ¿Se han desperdiciado materiales directos? ¿Fue demasiado alta la mano de obra directa? ¿Había formas de mejorar la eficiencia de dichos trabajos? ¿Simplemente se asignó a estos trabajos un precio insuficiente? El análisis de los costos de la orden de trabajo brinda la información necesaria para juzgar el desempeño de los gerentes de manufactura y de ventas, así como para hacer futuros mejoramientos (véase el cuadro Conceptos en acción de la p. 108).

Conceptos en acción

El costeo por órdenes de trabajo y el estadio de los Cowboys

Durante años, los aficionados a la Liga Nacional de Fútbol Americano han identificado a los Dallas Cowboys como el "equipo más popular de Estados Unidos". Sin embargo, desde 2009, el equipo famoso por haber ganado cinco Super-Bowls se ha vuelto igualmente reconocido por su nuevo hogar futurista, el Estadio de los Cowboys en Arlington, Texas.

Cuando los Cowboys empiezan un partido, el entendimiento del plan de juego de cada semana resulta de importancia fundamental para el éxito. Pero para Manhattan Construction, la compañía que administró el desarrollo del proyecto del Estadio de los Cowboys de $1,200 millones de dólares, el entendimiento de los costos es de igual importancia para la toma de decisiones exitosas sobre fijación de precios, para la obtención de contratos y para asegurarse de que todos los proyectos sean rentables. Cada orden de trabajo se estima de manera individual porque los productos finales de carácter único, ya sea que se trate de un nuevo estadio o de un edificio de oficinas, requieren distintas cantidades de recursos de Manhattan Construction.

En 2006 los Dallas Cowboys seleccionaron a Manhattan Construction para dirigir la construcción de su estadio de 73,000 asientos con 3 millones de pies cuadrados. Con una fecha esperada de terminación de tres años, el diseño del estadio presentaba dos arcos monumentales que se extendían a lo largo de una longitud de cerca de un cuarto de milla sobre el domo, un techo plegadizo, las puertas de vidrio automáticas más grandes del mundo (en cada zona de anotación), paredes exteriores de vidrio inclinadas, 325 palcos privados y una pantalla Jumbo Tron de 60 toneladas suspendida 90 pies arriba del campo.

Con tan solo un 7% de aficionados al fútbol americano que alguna vez visitan físicamente un estadio profesional, "nuestra principal competencia es el centro de entretenimiento en casa", señaló Jerry Jones, el dueño de los Cowboys, al develar el diseño del estadio en 2006. "Queríamos ofrecer una experiencia real que uno no puede tener en casa, pero verla con la tecnología que se tiene en casa."

En términos generales, el proyecto del estadio de los Cowboys tenía cinco fases: 1. conceptualización, 2. diseño y planeación, 3. preconstrucción, 4. construcción y 5. terminación y entrega. Durante este proceso de 40 meses, Manhattan Construction contrató a arquitectos y subcontratistas, elaboró planos, compró terrenos y los limpió, y desarrolló el estadio —desde la excavación hasta las pruebas de materiales para la construcción—; además, construyó y terminó interiores y, a la vez, completó los cambios de último minuto antes de la gran inauguración del estadio a mediados de 2009.

Aunque la mayoría de los proyectos de construcción tienen distintas fases, la presencia de marcos de tiempo comprimidos y de cambios en la extensión del área requirió de una administración diligente por parte de Manhattan Construction. Antes de que se realizara el primer juego, Manhattan Construction manejó con éxito casi 3,000 peticiones de cambio y un presupuesto en constante evolución.

Para asegurar una aplicación y una contabilidad adecuadas de los recursos, los gerentes de proyectos de Manhattan Construction usaron un sistema de costeo por órdenes de trabajo. El sistema calculó primero el costo presupuestado de más de 500 partidas en línea de materiales directos y de costos de mano de obra. Posteriormente asignó los costos indirectos estimados (salarios de supervisores, renta, manejo de materiales y así sucesivamente) a la orden de trabajo, usando los costos de materiales directos y horas directas de mano de obra, como bases de aplicación. El sistema de costeo por órdenes de trabajo de Manhattan Construction permitía a los gerentes dar seguimiento a las variaciones en los proyectos en forma semanal. Manhattan Construction estimaba en forma continua la rentabilidad del proyecto del estadio de los Cowboys con base en el porcentaje de los trabajos terminados, las experiencias obtenidas a partir de los proyectos de estadios anteriores y los ingresos obtenidos. Los gerentes usaron el sistema de costeo por órdenes de trabajo para administrar de una manera activa los costos, mientras que los Dallas Cowboys tenían acceso a datos de costeo claros, concisos y transparentes.

Del mismo modo que sucede con el mariscal de campo Tony Romo cuando enfrenta a las defensivas contrarias, Manhattan Construction logró apalancar su sistema de costeo por órdenes de trabajo, para asegurarse de la construcción exitosa de un estadio tan icónico como la estrella azul en los cascos de los Cowboys.

Fuentes: Dillon David. 2009 New Cowboys Stadium has grand design, but discipline isn't compromised. *The Dallas Morning News*, 3 de junio. http://www.dallasnews.com/sharedcontent/dws/ent/stories/DN-stadiumarchitecture_03gd.ART.State.Edition2.5125e7c.html; Knudson, Brooke. 2008. Profile: Dallas Cowboys Stadium. *Construction Today*. 22 de diciembre. http://www.construction-today.com/cms1/content/view/1175/139/1/0; Lacayo, Richard, 2009. Inside the new Dallas Cowboys stadium. *Time*, 21 de septiembre. http://www.time.com/time/nation/article/0,8599,1924535,00.html; Penny, Mark, Project manager, Manhattan Construction Co. 2010. Interview. 12 de enero.

La ilustración 4-4 presenta un panorama general del sistema de costeo por órdenes de trabajo de la compañía Robinson. Este cuadro presenta los conceptos que forman los cinco pilares —objeto de costeo, costos directos de un objeto de costeo, costos indirectos de un objeto de costeo, grupo de costos indirectos y base de aplicación de los costos— de los sistemas de costeo que se introdujeron por primera vez al inicio del capítulo. Las exposiciones generales de los sistemas de costeo como las de la ilustración 4-4 son importantes herramientas de aprendizaje. Recomendamos delinear un panorama

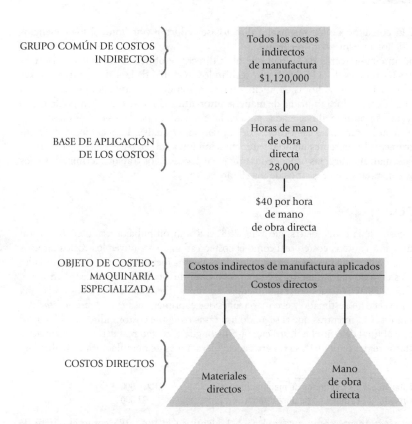

GRUPO COMÚN DE COSTOS INDIRECTOS

Todos los costos indirectos de manufactura $1,120,000

BASE DE APLICACIÓN DE LOS COSTOS

Horas de mano de obra directa 28,000

$40 por hora de mano de obra directa

OBJETO DE COSTEO: MAQUINARIA ESPECIALIZADA

Costos indirectos de manufactura aplicados

Costos directos

COSTOS DIRECTOS

Materiales directos

Mano de obra directa

Ilustración 4-4

Panorama general del costeo de las órdenes de trabajo para la determinación de los costos de manufactura de las órdenes de trabajo en la compañía Robinson

general de este tipo cuando necesite entender un sistema de costeo en compañías de manufactura, comerciales o de servicios. (En las exposiciones generales de los sistemas de costeo que se presentan en este libro, los símbolos que se presentan en la ilustración 4-4 se usan de una manera consistente. Un triángulo identifica siempre un costo directo, un rectángulo representa un grupo común de costos indirectos y un octágono describe la base de aplicación del costo). Observe el paralelo entre el diagrama general y el costo de la orden de trabajo WPP 298 que se describió en el paso 7. La ilustración 4-4 muestra dos categorías de costos directos (materiales directos y mano de obra directa) y una categoría de costos indirectos (costos indirectos de manufactura) utilizadas para aplicar los costos indirectos. Los costos que se describen en el paso 7 también tienen tres montos en dólares, y cada uno de ellos corresponde, respectivamente, a dos categorías de costos directos y a una categoría de costos indirectos.

Punto de decisión

¿Cómo se implementa un sistema de costos estimados?

La función de la tecnología

Para mejorar la eficiencia de sus operaciones, los gerentes usan la información de costos acerca de los productos y de las órdenes de trabajo para controlar materiales, mano de obra y costos indirectos. La tecnología de la información moderna brinda a los gerentes información rápida y exacta sobre el costo de los productos, lo cual hace más fácil administrar y controlar las órdenes de trabajo. Por ejemplo, en muchos sistemas de costeo, los documentos fuente existen únicamente con la forma de registros de computadora. Los códigos de barras y otras formas de registro de información en línea reducen la intervención humana, a la vez que mejoran la exactitud de los registros de materiales y de tiempo de mano de obra, para los trabajos individuales.

Considere, por ejemplo, los materiales directos que se cargan a las órdenes de trabajo para propósitos de costear el producto. Los gerentes controlan tales costos a medida que los materiales se compran y se usan. Con la tecnología de intercambio electrónico de datos (IED), las compañías como Robinson ordenan materiales a sus proveedores, tan solo presionando algunas teclas en una computadora. El IED, que es un vínculo electrónico computarizado entre una compañía y sus proveedores, asegura que la orden se transmita de una manera rápida y exacta, con un mínimo de papeleo y de costos. Un escáner de código de barras registra la recepción de los materiales que ingresan. La computadora coteja la recepción con la orden, imprime un cheque para el proveedor y registra los materiales recibidos. Cuando un operador del área de producción transmite una requisición de materiales a través de una terminal de computadora, la computadora prepara un registro de requisición de materiales, y registra de manera instantánea la salida de materiales en los registros de materiales y del costo de la orden de trabajo. Todos los días, la computadora agrega los registros de requisición de materiales que se cargan a una orden de trabajo o departamento de manufactura específicos. Después, se elabora un reporte del desempeño, donde se vigilan los costos reales de los materiales directos. El consumo de los materiales directos se reportan por hora, si los beneficios exceden el costo de dichos informes tan frecuentes.

Asimismo, la información acerca de la mano de obra directa se obtiene a medida que los empleados ingresan a las terminales de computadora y teclean los números de la orden de trabajo, sus números de empleados, así como las horas de inicio y terminación de sus actividades en diferentes órdenes de trabajo. La computadora imprime de manera automática el registro del tiempo de mano de obra y, usando las tasas por hora almacenadas para cada empleado, calcula los costos directos de la mano de obra de manufactura para las órdenes de trabajo individuales. La tecnología de la información también ofrece a los gerentes una retroalimentación instantánea para ayudar a controlar los costos indirectos de manufactura, las órdenes de trabajo en proceso, los trabajos terminados y los pedidos embarcados e instalados en los sitios de los clientes.

Costeo real

Objetivo de aprendizaje 5

Distinguir el costeo real

... el costeo real emplea las tasas reales de costos indirectos

del costeo estimado

... el costeo estimado utiliza las tasas presupuestadas de costos indirectos

¿Cómo cambiaría el costo de la orden de trabajo WPP 298, si Robinson hubiera usado el costeo real en vez del costeo estimado? Tanto el costeo real como el costeo estimado atribuyen los costos directos a las órdenes de trabajo de la misma manera, porque los documentos fuente identifican las cantidades reales y las tasas reales de materiales directos y de mano de obra directa para una orden de trabajo, a medida que se realizan las actividades correspondientes. La única diferencia entre el costeo de una orden de trabajo usando el costeo estimado y el costeo real es que el primero usa tasas *presupuestadas o calculadas* de costos indirectos, mientras que el segundo usa tasas *reales* de costos indirectos, las cuales se calculan anualmente al final del año. La ilustración 4-5 distingue el costeo real del costeo estimado.

Los siguientes datos reales para 2011 se refieren a las operaciones de manufactura de Robinson:

	Real
Total de costos indirectos de manufactura	$1,215,000
Total de horas de mano de obra directa	27,000

Los pasos 1 y 2 son exactamente como antes: el paso 1 identifica la WPP 298 como el objeto de costeo; el paso 2 calcula los costos reales de materiales directos de $4,606, y los costos reales de la mano de obra directa de $1,579. Recuerde del paso 3 que Robinson usa una sola base de aplicación de costos, las horas directas de mano de obra de manufactura, para asignar todos los costos indirectos de manufactura a las órdenes de trabajo. La cantidad real de horas de mano de obra directa para 2011 son 27,000 horas. En el paso 4, Robinson agrupa todos los costos reales indirectos de manufactura de $1,215,000 dentro de un solo grupo de costos indirectos de manufactura. En el paso 5, la **tasa real de costos indirectos** se calcula dividiendo los costos totales indirectos reales en el grupo (determinado en el paso 4), entre la cantidad total real de la base de aplicación del costo (determinada en el paso 3). Robinson calcula la tasa real de costos indirectos de manufactura en 2011, para su único grupo común de costos indirectos de manufactura como sigue:

$$\text{Tasa real de costos indirectos de manufactura} = \frac{\text{Costos reales y anuales indirectos de manufacturas}}{\text{Cantidad anual real de la base de aplicación de los costos}}$$

$$= \frac{\$1,215,000}{\$27,000 \text{ de horas de mano de obra directa}}$$

$$= \$45 \text{ por hora de mano de obra directa}$$

En el paso 6, con el sistema de costeo real,

$$\begin{array}{c}\text{Costos indirectos de manufactura} \\ \text{aplicados a WPP 298}\end{array} = \begin{array}{c}\text{Tasa real de costos indirectos} \\ \text{de manufactura}\end{array} \times \begin{array}{c}\text{Cantidad real de horas de} \\ \text{mano de obra directa}\end{array}$$

$$= \begin{array}{c}\$45 \text{ por hora de mano de obra} \\ \text{directa de manuf.}\end{array} \times \begin{array}{c}88 \text{ horas de mano de} \\ \text{obra directa de manuf.}\end{array}$$

$$= \$3,960$$

Ilustración 4-5

Métodos de costeo real y de costeo estimado

	Costeo real	Costeo estimado
Costos directos	*Tasas reales de costos directos* × cantidades reales de insumos de costos directos	*Tasas reales de costos directos* × cantidades reales de insumos de costos directos
Costos indirectos	*Tasas reales de costos indirectos* × cantidades reales de las bases de aplicación de los costos	*Tasas presupuestadas de costos indirectos* × cantidades reales de bases de aplicación de los costos

En el paso 7, el costo de la orden de trabajo con un costeo real es de $10,145, el cual se calcula como sigue:

Costos directos de manufactura		
Materiales directos	$4,606	
Mano de obra directa	1,579	$ 6,185
Costos indirectos de manufactura		
($45 por hora de mano de obra directa × 88 horas reales		
de mano de obra directa)		3,960
Total de los costos de manufactura de la orden de trabajo		$10,145

El costo de manufactura de la orden de trabajo WPP 298 es $440 mayor con el costeo real ($10,145), que con el costeo estimado ($9,705) porque la tasa real del costo indirecto es de $45 por hora, mientras que la tasa calculada del costo indirecto es de $40 por hora. Es decir, ($45 − $40) × 88 horas reales de mano de obra directa = $440.

    Como expusimos anteriormente, con un sistema de costeo estimado los costos de manufactura de una orden de trabajo están disponibles en una fecha mucho más temprana. En consecuencia, los gerentes de ventas y de manufactura de Robinson pueden evaluar la rentabilidad de diferentes órdenes de trabajo, la eficiencia con la cual se efectúan esos trabajos y la fijación de precio de distintos trabajos conforme estos se completan, mientras la experiencia aún está reciente en la mente de todos. Otra ventaja del costeo estimado es que las acciones correctivas se pueden implementar mucho más rápido. Sin embargo, al final del año, los costos asignados usando un costeo estimado, en general, no serán iguales a los costos incurridos. En caso de que sean de importancia, será necesario hacer ajustes de tal modo que los costos de las órdenes de trabajo y los costos de diversas cuentas de inventarios se basen en un costeo real, en vez de basarse en un costeo estimado. Posteriormente en este capítulo describiremos dichos ajustes.

Punto de decisión

¿Cómo se distingue el costeo real del costeo estimado?

Un sistema de costeo estimado por órdenes de trabajo en la manufactura

A continuación explicamos la manera en que un sistema de costeo estimado por órdenes de trabajo funciona en la manufactura. Continuando con el ejemplo de la compañía Robinson, la siguiente ilustración considera los eventos que ocurrieron en febrero de 2011. Antes de entrar en detalles, consulte la ilustración 4-6, donde se brinda un amplio marco de referencia para entender el flujo de costos en el costeo de las órdenes de trabajo.

    La parte superior de la ilustración 4-6 muestra el flujo de costos inventariables, desde la compra de materiales y otros insumos de manufactura hasta su conversión en productos en proceso, y desde productos terminados hasta la venta de estos últimos.

    Los materiales directos usados y la mano de obra directa se atribuyen fácilmente a los trabajos. Se vuelven parte del inventario de productos en proceso en el balance general, porque la mano de obra directa transforma los materiales directos en otro activo, el inventario de productos en proceso. Robinson también incurre en costos indirectos de manufactura (incluyendo materiales directos y mano de obra indirecta), para convertir los materiales directos en el inventario de productos en proceso. Sin embargo, los costos indirectos no se pueden atribuir con facilidad a las órdenes de trabajo individua-

Objetivo de aprendizaje 6

Dar seguimiento al flujo de costos en un sistema de costeo por órdenes de trabajo

... desde la compra de materiales hasta la venta de productos terminados

Ilustración 4-6 Flujo de costos en el costeo por órdenes de trabajo

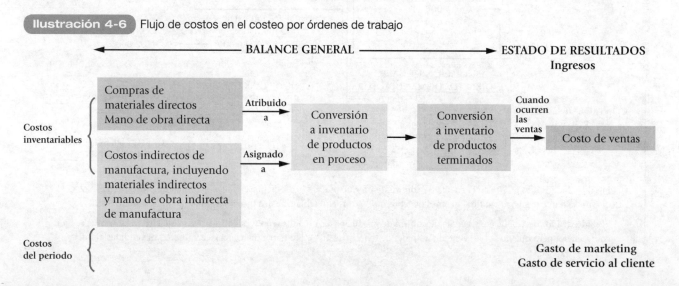

les. Por lo tanto, los costos indirectos de manufactura se acumulan primero en una cuenta de costos indirectos de manufactura y, después, se asignan a las órdenes de trabajo individuales. A medida que se
asignan los costos indirectos de manufactura, se vuelven parte del inventario de productos en proceso.

A medida que se completan los trabajos individuales, el inventario de productos en proceso
se convierte en otro activo del balance general, el inventario de productos terminados. Únicamente
cuando se venden los productos terminados se reconoce un gasto, el costo de ventas, en el estado de
resultados y se compara contra los ingresos obtenidos.

La parte inferior de la ilustración 4-6 muestra los costos del periodo —costos de marketing y de servicio al cliente. Tales costos no crean ningún activo en el balance general, porque no se incurre en ellos
para transformar los materiales en productos terminados. En cambio, se registran como gastos en el
estado de resultados a medida que se incurre en ellos, para confrontarlos mejor contra los ingresos.

A continuación describimos los asientos que se hacen en el mayor general.

Mayor general

En este momento, ya se sabe que un sistema de costeo por órdenes de trabajo tiene un registro
separado de costos de trabajos para cada orden de trabajo. Por lo general, el mayor auxiliar incluye
un resumen del registro de costos de las órdenes de trabajo. En el mayor general, la cuenta control
de productos en proceso presenta el total de estos registros separados de costos de las órdenes de
trabajo, en relación con todas las órdenes de trabajo no terminadas. Los registros de los costos
de las órdenes de trabajo y la cuenta control de productos en proceso dan seguimiento a los costos de
los trabajos desde el inicio de los mismos y hasta su terminación.

La ilustración 4-7 presenta relaciones de cuentas T (cuentas de mayor) para el mayor general
de la compañía Robinson. El mayor general brinda un "panorama general" del sistema de costeo.

Ilustración 4-7 Sistema de costeo por órdenes de trabajo de manufactura usando un costeo estimado: diagrama de las relaciones del mayor general para febrero de 2011

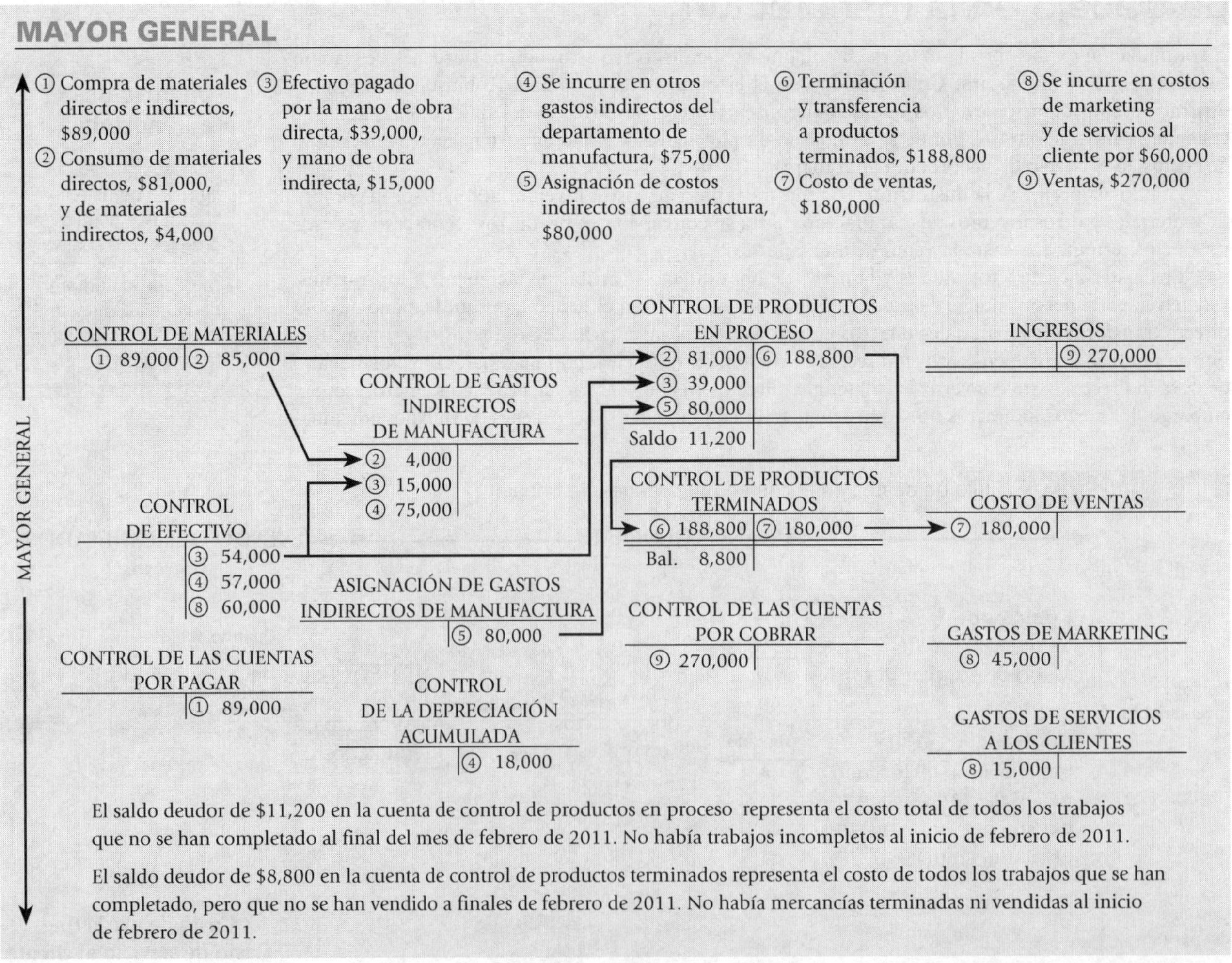

El saldo deudor de $11,200 en la cuenta de control de productos en proceso representa el costo total de todos los trabajos
que no se han completado al final del mes de febrero de 2011. No había trabajos incompletos al inicio de febrero de 2011.

El saldo deudor de $8,800 en la cuenta de control de productos terminados representa el costo de todos los trabajos que se han
completado, pero que no se han vendido a finales de febrero de 2011. No había mercancías terminadas ni vendidas al inicio
de febrero de 2011.

Las cantidades que se presentan en la ilustración 4-7 se basan en las transacciones y los asientos de diario siguientes. A medida que usted revise cada asiento de diario, use la ilustración 4-7 para saber la manera en que se conjuntan entre sí los diversos asientos que se estén realizando. Las cuentas del mayor general con el título de "control" (por ejemplo, control de materiales y control de cuentas por pagar) tienen registros auxiliares de apoyo que contienen detalles adicionales, como el tipo de material en el inventario y los proveedores individuales a quienes Robinson debe pagar.

Algunas compañías realizan en forma simultánea asientos en las cuentas del mayor general y del mayor auxiliar. Otras, como Robinson, hacen asientos en el mayor auxiliar cuando hay transacciones y asientos en el mayor general de una manera menos frecuente, con una base mensual.

Un mayor general debería visualizarse únicamente como una de muchas herramientas que ayudan a la gerencia en la planeación y en el control. Para controlar las operaciones, los gerentes se basan no solamente en los documentos fuente usados para registrar los montos en los mayores auxiliares, sino también en la información financiera como el porcentaje de trabajos que requieren un reprocesamiento.

Explicaciones de las transacciones

A continuación veremos un resumen de las transacciones de la compañía Robinson para el mes de febrero de 2011 y los asientos de diario correspondientes para esas transacciones.

1. Compras de materiales (directos e indirectos) a crédito, $89,000.

Control de materiales	89,000	
Control de cuentas por pagar		89,000

2. Consumo de materiales directos, $81,000 y de materiales indirectos, $4,000.

Control de productos en proceso	81,000	
Control de costos indirectos de manufactura	4,000	
Control de materiales		85,000

3. Nómina de manufactura para febrero: mano de obra directa, $39,000 y mano de obra indirecta, $15,000, pagados en efectivo.

Control de productos en proceso	39,000	
Control de costos indirectos de manufactura	15,000	
Control de efectivo		54,000

4. Otros costos indirectos de manufactura en que se incurrió durante febrero, $75,000, los cuales consisten en salarios de supervisión y de ingeniería, $44,0000 (pagados en efectivo); servicios generales de la planta, reparaciones y seguros, $13,000 (pagados en efectivo); y depreciación de la planta, $18,000.

Control de gastos indirectos de manufactura	75,000	
Control de efectivo		57,000
Control de la depreciación acumulada		18,000

5. Asignación de los costos indirectos de manufactura a las órdenes de trabajo, $80,000.

Control de productos en proceso	80,000	
Asignación de gastos indirectos de manufactura		80,000

Con un costeo estimado, la **asignación de costos indirectos de manufactura** —que también se conoce como **aplicación de costos indirectos de manufactura**— es el monto de los costos indirectos de manufactura asignados a órdenes de trabajo individuales, con base en la tasa presupuestada multiplicada por la cantidad real usada en la base de asignación. Es importante tener presente la gran diferencia entre las transacciones 4 y 5. En la transacción 4, todos los costos indirectos reales en que se incurrió en todo el mes se agregan (se cargan) a la cuenta control de gastos indirectos de manufactura. Estos costos *no* se cargan a la cuenta control de productos en proceso porque, a diferencia de los costos directos, no se pueden atribuir a órdenes de trabajo individuales. Los costos indirectos de manufactura se agregan (se cargan) a las órdenes de trabajo individuales y a control de productos en proceso *tan solo cuando* los costos indirectos de manufactura se asignan en la transacción 5. En el momento en que se asignan estos costos, la cuenta control de gastos indirectos de manufactura, *en efecto*, disminuye (se abona) por vía de su contracuenta, asignación de costos indirectos de manufactura. Recuerde que con un costeo estimado, la tasa presupuestada de costos indirectos de manufactura de $40 por hora directa de mano de obra de manufactura se calcula al inicio del año, con base en las predicciones de los costos anuales indirectos de manufactura y en la cantidad anual de la base de asignación del costo. Casi con toda certeza, los costos indirectos asignados diferirán de los costos indirectos reales en que se incurre. En una sesión posterior, expondremos qué hacer con tal diferencia.

6. Terminación y transferencia de las órdenes de trabajo individuales a productos terminados, $188,800.

Control de productos terminados	188,800	
Control de productos en proceso		188,800

7. Costo de ventas, $180,000.

Costo de ventas	180,000	
Control de productos terminados		180,000

8. Costos de marketing de febrero, $45,000, y costos de los servicios al cliente de febrero, $15,000, pagados en efectivo.

Gastos de marketing	45,000	
Gastos de servicio al cliente	15,000	
Control de efectivo		60,000

9. Ingresos por ventas, todos ellos a crédito, $270,000.

Control de cuentas por cobrar	270,000	
Ingresos		270,000

Mayores auxiliares

Las ilustraciones 4-8 y 4-9 presentan los mayores auxiliares que contienen los detalles fundamentales, es decir, "una perspectiva detallada" que ayuda a los gerentes de Robinson a dar seguimiento a la orden de trabajo WPP 298, en oposición a una "perspectiva general" del mayor general. La suma de todos los asientos que fundamentan los mayores auxiliares es igual al monto total en las cuentas de control correspondientes del mayor general.

Ilustración 4-8 Mayor auxiliar para materiales, mano de obra y gastos indirectos del departamento de manufactura[1]

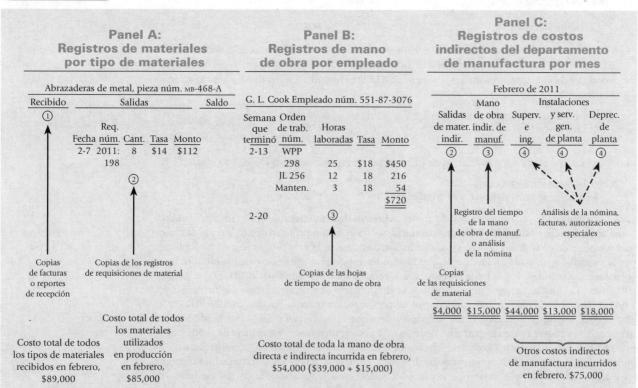

[1]Esta flecha indica la forma en que la documentación de apoyo (por ejemplo, las copias de los registros de las requisiciones de materiales) da como resultado el número de asiento de diario que se muestra en círculos (por ejemplo, número de asiento de diario 2) que corresponde a los asientos de la ilustración 4-7.

Ilustración 4-9 Mayor auxiliar para órdenes de trabajo individuales[1]

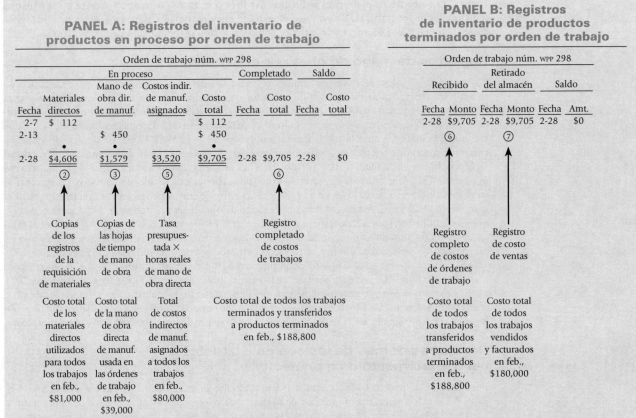

PANEL A: Registros del inventario de productos en proceso por orden de trabajo

PANEL B: Registros de inventario de productos terminados por orden de trabajo

[1] Las flechas muestran la manera en que la documentación de apoyo (por ejemplo, las copias de los registros de la requisición de materiales) dan como resultado el número de asiento de diario que se muestra en círculos (por ejemplo, asiento de diario número 2) y que corresponde a los asientos de la ilustración 4-7.

Registros de materiales por tipo de materiales

El mayor auxiliar de materiales en la compañía Robinson —que se llama *registro de materiales*— lleva un registro continuo de la cantidad recibida, la cantidad enviada a las órdenes de trabajo y los saldos en inventarios para cada tipo de material. El panel A de la ilustración 4-8 muestra el registro de materiales para las abrazaderas de metal (pieza núm. MB 468-A). En muchas compañías, los documentos fuente que dan apoyo a la recepción y al retiro de materiales (el registro de la requisición de materiales de la ilustración 4-3, panel A, p. 106) se escanean en una computadora. Después, el software actualiza en forma automática los *registros de materiales* y hace todos los asientos contables necesarios, en el mayor auxiliar y en el mayor general. El costo de los materiales recibidos en todos los tipos de registros de materiales directos e indirectos, para febrero de 2011, es de $89,000 (ilustración 4-8, panel A). El costo de los materiales retirados a través de todos los tipos de registros de materiales directos e indirectos para febrero de 2011 es de $85,000 (ilustración 4-8, panel A).

A medida que se usan materiales directos, se registran como materiales retirados del almacén en los registros de materiales (véase ilustración 4-8, panel A, donde se presenta un registro de las abrazaderas de metal retiradas para la orden de trabajo de la máquina WPP). Los materiales directos también se cargan a los registros del inventario de productos en proceso para las órdenes de trabajo, los cuales son las cuentas subsidiarias del mayor de la cuenta de control de productos en proceso en el mayor general. Por ejemplo, las abrazaderas de metal que se utilizan en la orden de trabajo de la máquina WPP aparecen como costos directos de materiales de $112 en el mayor auxiliar, debajo del registro del inventario de productos en proceso para la máquina WPP 298 (ilustración 4-9, panel A, con base en el documento fuente del registro de costos de la orden de trabajo de la ilustración 4-2, p. 105). El costo de los materiales directos que se han usado en todos los registros de costos de los trabajos en febrero de 2011 es de $81,000 (ilustración 4-9, panel A).

A medida que se usan los materiales indirectos (por ejemplo, los lubricantes), se cargan a los registros de costos indirectos del departamento de manufactura (ilustración 4-8, panel C), el cual abarca el mayor auxiliar para el *control de costos indirectos de manufactura*. Los registros de costos indirectos del departamento de manufactura acumulan los costos reales en categorías individuales de costos indirectos, por cada cuenta de grupos comunes de costos indirectos en el mayor general. Recuerde que Robinson tiene solo un grupo común de costos indirectos: costos indirectos de manufactura. El costo de los materiales indirectos usados no se agrega de manera directa a los registros individuales de los trabajos. En cambio, el costo de estos materiales indirectos se asigna a los registros individuales de las órdenes de trabajo, como parte del costo indirecto de manufactura.

Registros de mano de obra por empleado

Los registros de mano de obra por empleado (véase la ilustración 4-8, panel B, para G. L. Cook) sirven para atribuir la mano de obra directa a los trabajos individuales, así como para acumular la mano de obra indirecta en los registros de costos indirectos del departamento de manufactura (ilustración 4-8, panel C). Los registros de la mano de obra se basan en los documentos fuente de la hoja de tiempo de la mano de obra (véase la ilustración 4-3, panel B, p. 106). El mayor auxiliar de los registros de la mano de obra de los empleados muestra las diferentes órdenes de trabajo en que participó G. L. Cook, empleado núm. 551-87-3076 y los $720 de sueldo que se adeudan a Cook, por la semana que terminó el 13 de febrero. La suma de los sueldos totales que se adeudan a todos los empleados en el mes de febrero de 2011 es de $54,000. El registro de costos de las órdenes de trabajo para la máquina WPP 298 muestra costos directos de mano de obra de manufactura de $450, para el tiempo que Cook utilizó en la orden de trabajo de la máquina WPP (ilustración 4-9, panel A). Los costos totales de mano de obra directa, registrados en todos los registros de costos de las órdenes de trabajo (el mayor auxiliar de la cuenta control de productos en proceso) para febrero de 2011, son de $39,000.

El registro de empleado de G. L. Cook muestra $54 para mantenimiento, lo cual es un costo de mano de obra indirecta. Los costos totales de mano de obra indirecta de $15,000 para febrero de 2011 aparecen en los registros de costos indirectos del departamento de manufactura en el mayor auxiliar (ilustración 4-8, panel C). Estos costos, por definición, no se pueden atribuir a un trabajo individual. En lugar de ello, se asignan a los trabajos individuales como parte de los costos indirectos de manufactura.

Registros por mes de los costos indirectos del departamento de manufactura

Los registros de los costos indirectos del departamento de manufactura (véase la ilustración 4-8, panel C), que forman el mayor auxiliar de la cuenta de control de costos indirectos de manufactura, presentan los detalles de diferentes categorías de costos indirectos como materiales indirectos, mano de obra indirecta, supervisión e ingeniería, seguros y servicios generales de la planta, y depreciación de la planta. Los documentos fuente de dichos asientos incluyen las facturas (por ejemplo, una nota de servicios generales) y los reportes especiales (por ejemplo, un reporte de depreciación) provenientes del funcionario contable responsable. Para febrero de 2011, los costos indirectos del departamento de manufactura son materiales indirectos, $4,000; mano de obra indirecta, $15,000; y otros costos indirectos de manufactura, $75,000 (ilustración 4-8, panel C).

Registros del inventario de productos en proceso por orden de trabajo

Como ya hemos expuesto, el registro de costos del trabajo para cada orden de trabajo individual en el mayor auxiliar se carga con el costo real de los materiales directos y de la mano de obra directa, que utilizaron las órdenes de trabajo individuales. En el sistema normal de costeo de Robinson, el registro de costos del trabajo para cada orden individual en el mayor auxiliar también se carga con los costos indirectos de manufactura asignados, basándose en la tasa presupuestada de costos indirectos de manufactura, multiplicada por las horas reales de mano de obra directa que se usan en esa orden. Por ejemplo, el registro de costos de trabajo para la orden de trabajo WPP 298 (ilustración 4-9, panel A) muestra costos indirectos de manufactura asignados de $3,250 (tasa presupuestada de $40 por hora de mano de obra × 88 horas reales de mano de obra directa usadas). Para las 2000 horas reales de mano de obra directa usadas para todos los trabajos en febrero de 2011, el total de los costos indirectos de manufactura aplicados es igual a $40 por hora de mano de obra × 2,000 horas de mano de obra directa = $80,000.

Registros de inventario de productos terminados por orden de trabajo

La ilustración 4-9, panel A, muestra que la orden de trabajo WPP 298 se terminó con un costo de $9,705. Dicha orden también aparece simultáneamente en los registros de productos terminados del mayor auxiliar. En febrero de 2011, el costo total de todos los trabajos completados y transferidos a productos terminados es de $188,800 (ilustración 4-9, paneles A y B). La ilustración 4-9, panel B, indica que la orden de trabajo WPP 298 se vendió y se entregó al cliente el 28 de febrero de 2011, en cuyo momento se transfirieron $9,705 de productos terminados al costo de ventas. El costo total de todas las órdenes de trabajo vendidas y facturadas en febrero de 2011 es de $180,000 (ilustración 4-9, panel B).

Ingresos		$270,000
Costo de ventas ($180,000 + $14,000[1])		194,000
Utilidad bruta		76,000
Gastos de operación		
Costos de marketing	$45,000	
Costos de servicio al cliente	15,000	
Total de costos en operación		60,000
Utilidad operativa		$ 16,000

[1]El costo de ventas ha aumentado en $14,000, la diferencia entre la cuenta de control de los costos indirectos de manufactura ($94,000) y los costos indirectos de manufactura aplicados ($80,000). En la última sección de este capítulo expondremos tal ajuste, que representa la cantidad en la cual los costos reales indirectos de manufactura exceden los costos indirectos de manufactura asignados a las órdenes de trabajo durante febrero de 2011.

Ilustración 4-10

Estado de resultados de la compañía Robinson para el mes que terminó en febrero de 2011

Otros registros auxiliares

Del mismo modo que sucede con la nómina de manufactura, Robinson lleva registros de mano de obra de los empleados en mayores auxiliares para la nómina de marketing y de servicio al cliente, así como registros para diferentes clases de costos por publicidad (impresos, televisión y radio). También se emplea un mayor auxiliar de cuentas por cobrar, con la finalidad de registrar los montos de febrero de 2011 adeudados por cada cliente, incluyendo los $15,000 por la venta de la orden de trabajo WPP 298.

En este momento, se debe hacer una pausa y repasar los nueve asientos de esta ilustración. La ilustración 4-7 es un resumen práctico de los nueve asientos del mayor general presentados en forma de cuenta T. Asegúrese de rastrear cada asiento de diario, paso por paso, en las cuentas T del mayor general que se presenta en la ilustración 4-7.

La ilustración 4-10 muestra el estado de resultados de Robinson para febrero de 2011, usando información proveniente de los asientos 7, 8 y 9. Si se desea, los cálculos del costo de ventas se pueden subdividir aún más y presentarse en el formato de la ilustración 2-8, p. 40.

Costos que no son de manufactura y costo de las órdenes de trabajo

En el capítulo 2 (pp. 45 a 47) se señaló que las empresas usan los costos de los productos para diferentes propósitos. Los costos de los productos que se reportan a los accionistas como costos inventariables quizá difieran de los costos de los productos que se reportan para contrataciones del gobierno, y también pueden diferir de los costos de los productos que se reportan a los gerentes para guiar las decisiones de fijación de precio y de mezcla de productos. Hacemos énfasis en que, incluso cuando los costos de marketing y de servicio al cliente se registren cuando se incurre en ellos para propósitos de información financiera, las compañías a menudo atribuyen o asignan tales costos a órdenes de trabajo individuales para fijación de precio, mezcla de productos y decisiones de administración de costos.

Para identificar los costos de marketing y de servicio al cliente de las órdenes de trabajo individuales, Robinson puede usar el mismo enfoque para el costeo de los trabajos que se describió anteriormente en este capítulo en el contexto de la manufactura. Robinson puede atribuir los costos directos de marketing y los costos de los servicios al cliente a las órdenes de trabajo. Suponga que los costos de marketing y de servicio al cliente tienen la misma base de asignación de costos y los mismos ingresos, y que se incluyen en un solo grupo común de costos. Robinson puede entonces calcular una tasa de costos indirectos, dividiendo los costos indirectos de marketing presupuestados más los costos indirectos de servicio al cliente presupuestados, entre los ingresos presupuestados. Robinson utiliza dicha tasa para asignar estos costos indirectos a las órdenes de trabajo. Por ejemplo, si la tasa fuera de 15% de los ingresos, Robinson asignaría $2,250 a la orden de trabajo WPP 298 (0.15 × $15,000, el ingreso proveniente de esa orden de trabajo). Al asignar a los trabajos tanto los costos de manufactura como los costos que no son de manufactura, Robinson compara todos los costos contra los ingresos que generan diferentes órdenes de trabajo.

Punto de decisión

¿Cómo se registran las transacciones en sistema de costeo por órdenes de trabajo de manufactura?

Costos indirectos presupuestados y ajustes al final del año contable

El uso de las tasas presupuestadas de costos indirectos y del costeo estimado en vez del costeo real tiene la ventaja de que los costos indirectos se pueden asignar a las órdenes de trabajo individuales con una base continua y oportuna, en vez de únicamente al final del año contable, cuando se conocen los costos reales. Sin embargo, es improbable que las tasas presupuestadas sean iguales a las tasas reales, porque se basan en estimaciones que se realizan hasta 12 meses antes de que se incurra en los costos reales.

Ahora consideramos los ajustes que se necesitan cuando, al final del año contable, los costos indirectos asignados difieren de los costos indirectos reales en que se haya incurrido. Recuerde que por las razones del numerador y del denominador que se expusieron (pp. 103-104), *no* esperamos que los costos indirectos reales en que se incurre cada mes sean iguales a los costos indirectos que se asignan cada mes.

Costos directos subaplicados y sobreaplicados

Los **costos indirectos subaplicados** ocurren cuando la cantidad asignada de costos indirectos en un periodo contable es inferior a la cantidad real (en que se incurre). Los **costos indirectos sobreaplicados** ocurren cuando la cantidad asignada de los costos indirectos en un periodo contable es mayor que la cantidad real (en que se incurre).

Costos indirectos subaplicados (sobreaplicados) =
Costos reales indirectos en que se incurre − Costos indirectos aplicados

Los costos indirectos subaplicados (sobreaplicados) también se denominan **costos indirectos subabsorbidos (sobreabsorbidos)**.

Considere el grupo de costos indirectos de manufactura en la compañía Robinson. Hay dos cuentas de costos indirectos en el mayor general que tienen que ver con los costos indirectos de manufactura:

1. Control de costos indirectos de manufactura, el registro de los costos reales en todas las categorías individuales de costos indirectos (como materiales indirectos, mano de obra indirecta, supervisión, ingeniería, servicios generales y depreciación de la planta).

2. Gastos indirectos de manufactura aplicados, el registro de los costos indirectos de manufactura aplicados a órdenes de trabajo individuales, con base en la tasa presupuestada multiplicada por las horas reales de mano de obra directa.

Al final del año, las cuentas de costos indirectos muestran las siguientes cantidades.

Control de costos indirectos de manufactura		**Costos indirectos de manufactura aplicados**	
Sal. al 31 de dic. de 2011	1,215,000	Sal. al 31 de dic. de 2011	1,080,000

El saldo acreedor de $1,080,000 en la cuenta de costos indirectos de manufactura asignados resulta de multiplicar las 27,000 horas reales de mano de obra directa sobre todas las órdenes de trabajo en 2011, por la tasa presupuestada de $40 por hora de mano de obra directa.

La diferencia de $135,000 ($1,215,000 − $1,080,000) (un cargo neto) es una cantidad subaplicada, porque los costos reales de manufactura son mayores que la cantidad asignada. Esta diferencia surge de dos razones relacionadas con el cálculo de la tasa presupuestada de $40 por hora:

1. **Razón del numerador (grupo común de costos indirectos).** Los costos indirectos de manufactura reales de $1,125,000 son mayores que el monto presupuestado de $1,120,000.

2. **Razón del denominador (cantidad de la base de aplicación).** Las horas reales de mano de obra directa de 27,000 son menores que las 28,000 horas presupuestadas.

Existen tres enfoques principales para la contabilización de los costos indirectos de manufactura subaplicados de $135,000, que resulta de la subestimación de Robinson de los costos indirectos de manufactura y la sobrestimación de la cantidad de la base de asignación de los costos: **1.** el enfoque de la tasa de aplicación ajustada, **2.** el enfoque de prorrateo y **3.** el enfoque de la cancelación contra el costo de ventas.

Enfoque de la tasa de aplicación ajustada

El **enfoque de la tasa de aplicación ajustada** reformula todos los asientos de costos indirectos en el mayor general y en los mayores auxiliares, usando las tasas de costos reales en vez de las tasas de costos presupuestadas. Primero, la tasa real de costos indirectos de manufactura se calcula al final del año contable. Después, los costos indirectos de manufactura asignados a cada orden de trabajo durante el año se vuelven a calcular utilizando la tasa real de costos indirectos de manufactura (en vez de la tasa presupuestada de costos indirectos de manufactura). Finalmente, se hacen los asientos de cierre de fin de año. El resultado es que, al final del año, todos los registros de costos de las órdenes de trabajo y todos los registros de productos terminados —así como las cuentas finales de *control de productos en proceso*, *control de productos terminados* y *costo de ventas*— representan los costos indirectos reales de manufactura en los que se ha incurrido.

La amplia aceptación de los sistemas contables computarizados redujo en forma considerable el costo del uso del enfoque de la tasa de asignación ajustada. En el ejemplo de Robinson, los costos indirectos reales de manufactura ($1,215,000) exceden los costos indirectos de manufactura asignados ($1,080,000) en 12.5% [($1,215,000 − $1,080,000) ÷ $1,080,000)]. Al final del año, Robinson podría aumentar en 12.5% los costos indirectos de manufactura asignados a cada orden de trabajo en 2011, usando un solo comando de software, el cual ajustaría tanto los mayores auxiliares como el mayor general.

Considere la orden de trabajo de la máquina de Western Pulp and Paper, WPP 298. Con un costeo estimado, los costos indirectos de manufactura asignados a la orden de trabajo son de $3,520 (la tasa presupuestada de $40 por hora de mano de obra directa × 88 horas). Incrementar los costos indirectos de manufactura asignados en 12.5%, o bien, $440 ($3,520 × 0.125), significa que el monto ajustado de los costos indirectos de manufactura asignados a la orden de trabajo WPP 298 es igual a $3,960 ($3520 + $440). Observe en la página 110 que al usar un costeo real, los costos indirectos de manufactura asignados a esta orden de trabajo son de $3,960 (la tasa real de $45 por hora de mano de obra directa × 88 horas). Realizar este ajuste con un costeo estimado para cada orden de trabajo en los mayores auxiliares asegura que la totalidad de $1,215,000 de los costos indirectos de manufactura se aplique a las órdenes de trabajo.

El enfoque de la tasa de asignación ajustada brinda los beneficios *tanto de un costeo estimado puntual y conveniente durante el año, como de la aplicación de los costos indirectos de manufactura reales al final del año*. Cada registro individual de costos de la orden de trabajo y los saldos de las cuentas a fin de año, para inventarios y para costo de ventas, se ajustan a los costos reales. Un análisis posterior a los hechos en torno de la rentabilidad real de las órdenes de trabajo individuales ofrece a los gerentes nociones exactas y útiles, para las decisiones futuras acerca de la fijación de precios a las órdenes de trabajo, de cuáles trabajos deberán enfatizarse y de las formas de administrar los costos de las órdenes de trabajo.

Enfoque del prorrateo

El **prorrateo** distribuye los costos indirectos subaplicados o sobreaplicados entre el inventario final de productos en proceso, el inventario de productos terminados y el costo de ventas. El inventario de materiales no se incluye en este prorrateo, ya que no se le ha asignado ningún costo indirecto de manufactura. En nuestro ejemplo de Robinson, el prorrateo de fin de año se hace a los saldos finales en control de productos en proceso, control de productos terminados y costo de ventas. Suponga los siguientes resultados reales para Robinson en 2011.

	A	B	C
1	Cuenta	Saldo de la cuenta (Antes del prorrateo)	Costos indirectos de manufactura asignados incluidos en cada saldo de la cuenta (antes del prorrateo)
2	Control de productos en proceso	$ 50,000	$ 16,200
3	Control de productos terminados	75,000	31,320
4	Costo de ventas	2,375,000	1,032,480
5		$2,500,000	$1,080,000

¿Cómo debería Robinson prorratear los $135,000 subaplicados de costos indirectos de manufactura a finales de 2011?

Robinson prorratea los montos subaplicados o sobreaplicados con base en el monto total de los costos indirectos de manufactura aplicados en 2011 (antes del prorrateo) en los saldos finales de las cuentas control de producción en proceso, control de productos terminados y costo de ventas. Los costos indirectos subaplicados de $135,000 se prorratean entre las tres cuentas afectadas en proporción al monto total de los costos indirectos de manufactura asignados (antes del prorrateo) en la columna 2 del siguiente cuadro, lo cual da como resultado los saldos finales (después del prorrateo) en la columna 5 a los costos reales.

	A	B	C	D	E	F	G
10		Saldo de la cuenta (antes del prorrateo)	Costos indirectos de manufactura aplicados incluidos en el saldo de cada cuenta (antes del prorrateo)	Costos indirectos de manufactura aplicados incluidos en el saldo de cada cuenta como un porcentaje del total	Prorrateo de $135,000 de costos indirectos de manufactura subaplicados		Saldo de la cuenta (después del prorrateo)
11	Cuenta	(1)	(2)	(3) = (2) / $1,080,000	(4) = (3) x $135,000		(5) = (1) + (4)
12	Control de productos en proceso	$ 50,000	$ 16,200	1.5%	0.015 × $135,000 =	$ 2,025	$ 52,025
13	Control de productos terminados	75,000	31,320	2.9%	0.029 × 135,000 =	3,915	78,915
14	Costo de ventas	2,375,000	1,032,480	95.6%	0.956 × 135,000 =	129,060	2,504,060
15	Total	$2,500,000	$1,080,000	100.0%		$135,000	$2,635,000

El prorrateo con base en los costos indirectos de manufactura aplicados (antes del prorrateo) da como resultado la asignación de los costos indirectos de manufactura con base en los costos indirectos reales de manufactura. Recuerde que los costos indirectos reales de manufactura ($1,215,000) en 2011 exceden en 12.5% los costos indirectos de manufactura aplicados ($1,080,000) en 2011. Las cantidades prorrateadas de la columna 4 también se pueden obtener multiplicando por 0.125 los saldos de la columna 2. Por ejemplo, el prorrateo de $3,915 a la cuenta productos terminados es de 0.125 × $31,320. La adición de estas cantidades de una manera efectiva significa realmente la asignación de los costos indirectos de manufactura al 112.5% con respecto a lo que se había aplicado anteriormente. El asiento de diario para registrar este prorrateo es como sigue:

Control de productos en proceso	2,025	
Control de productos terminados	3,915	
Costo de ventas	129,060	
Costos indirectos de manufactura aplicados	1,080,000	
Control de costos indirectos de manufactura		1,215,000

Si los costos indirectos de manufactura se hubieran sobreaplicado, las cuentas de control de productos en proceso, control de productos terminados y costo de ventas habrían disminuido (se habrían abonado) en vez de aumentar (con un cargo).

Este asiento de diario cierra (iguala a cero) las cuentas relacionadas con los costos indirectos de manufactura y reformula los saldos finales de 2011 para control de productos en proceso, control de productos terminados y costo de ventas, a lo que hubieran sido dichos saldos si se usaran las tasas reales de costos indirectos de manufactura, en vez de las tasas presupuestadas de los costos indirectos de manufactura. Este método reporta los mismos saldos finales en 2011 en el mayor general, como el enfoque de la tasa de aplicación ajustada. Sin embargo, a diferencia del enfoque de la tasa de aplicación ajustada, la suma de todos los montos que se muestran en los mayores auxiliares no coincidirá con los montos presentados en el mayor general después del prorrateo. Ello se debe a que los montos de los mayores auxiliares todavía mostrarán los costos indirectos aplicados tomando como base las tasas presupuestadas de costos indirectos de manufactura. El enfoque del prorrateo tan solo ajusta el mayor general y no los mayores auxiliares a las tasas reales de los costos indirectos de manufactura.

Algunas compañías usan el enfoque del prorrateo pero lo basan en los saldos finales de control de productos en proceso, control de productos terminados y costo de ventas antes del prorrateo (columna 1 del cuadro anterior). El siguiente cuadro muestra que los prorrateos basados en los saldos finales de las cuentas no son los mismos que los prorrateos más exactos, que se calcularon anteriormente tomando como base el monto de los costos indirectos de manufactura asignados a las cuentas, ya que las proporciones entre los costos indirectos de manufactura y los costos totales en tales cuentas no son las mismas.

Sin embargo, el prorrateo basado en los saldos finales a menudo se justifica como una forma viable de aproximar los resultados más exactos resultantes del uso de los costos indirectos de manufactura aplicados.

	A	B	C	D		E	F
1		Saldo de la cuenta (antes del prorrateo)	Saldo de la cuenta como porcentaje del total	Prorrateo de $135,000 de costos indirectos de manufactura subaplicados			Saldo de la cuenta (después del prorrateo)
2	Cuenta	(1)	(2) = (1) / $2,500,000	(3) = (2) x $135,000			(4) = (1) + (3)
3	Control de productos en proceso	$ 50,000	2.0%	0.02 × $135,000 =		$ 2,700	$ 52,700
4	Control de productos terminados	75,000	3.0%	0.03 × 135,000 =		4,050	79,050
5	Costo de ventas	2,375,000	95.0%	0.95 × 135,000 =		128,250	2,503,250
6	Total	$2,500,000	100.0%			$135,000	$2,635,000

Enfoque de cancelación contra el costo de ventas

Con este enfoque, el total de los costos indirectos subaplicados o sobreaplicados se incluye en el costo de ventas de este año. Para Robinson, el asiento de diario sería como sigue:

Costo de ventas	135,000	
Costos indirectos de manufactura asignados	1,080,000	
Control de costos indirectos de manufactura		1,215,000

Las dos cuentas de costos indirectos de manufactura de Robinson se cierran y la diferencia entre ellas se incluye en el costo de ventas. La cuenta de costo de ventas después de la cancelación es igual a $2,510,000, el saldo antes de la cancelación de $2,375,000 *más el monto subaplicado* de los costos indirectos de manufactura de $135,000.

Elección entre enfoques

¿Cuál de estos tres enfoques es el mejor? Al tomar esta decisión, los gerentes deberían guiarse por las causas de la subaplicación o la sobreaplicación, así como por el propósito del ajuste. La finalidad más común es expresar los montos del balance general y del estado de resultados, tomando como base las tasas reales de los gastos indirectos de manufactura en vez de las tasas presupuestadas.

Muchos contadores administrativos, ingenieros industriales y gerentes argumentan que en la medida en que los costos indirectos subaplicados o sobreaplicados midan la eficiencia durante un periodo, se deberían cancelar contra el costo de ventas, en vez de prorratearse. Esta línea de razonamiento defiende la aplicación de una combinación del método de cancelación y del método de prorrateo. Por ejemplo, la porción del costo indirecto subaplicado que se debe a ineficiencias (como a un exceso de gastos) y que podría haberse evitado, debería cancelarse contra el costo de ventas; mientras que la porción que es inevitable tendría que prorratearse. A diferencia de un prorrateo total, este enfoque evita tener que llevar los costos de la ineficiencia como parte de los inventarios.

El prorrateo se debería basar en el componente de los costos indirectos de manufactura asignados de acuerdo con los saldos finales de control de productos en proceso, control de productos terminados y costo de ventas. El prorrateo para cada orden de trabajo individual (como en el enfoque de la tasa de aplicación ajustada) se hace únicamente cuando la meta es desarrollar el registro más exacto posible de los costos individuales de los trabajos para propósitos de análisis de la rentabilidad.

Para fines de información en el balance general y en el estado de resultados, la cancelación contra el costo de ventas es el enfoque más sencillo para tratar con los costos indirectos subaplicados o sobreaplicados. Si el monto de los costos indirectos subaplicados o sobreaplicados es pequeño —en comparación con la utilidad operativa total o alguna otra medida de importancia—, el enfoque de la cancelación contra el costo de ventas brinda una buena aproximación a enfoques más exactos, aunque también más complejos. Las empresas se están volviendo cada vez más conscientes del control del inventario, y las cantidades en el inventario son ahora menores de lo que fueron en años anteriores. En consecuencia, el costo de ventas tiende a ser más alto, en relación con el monto en dólares de los inventarios de productos en proceso y de productos terminados.

Además, los saldos de inventarios de compañías que usan el costeo por órdenes de trabajo, por lo general, son pequeños ya que con frecuencia los bienes se elaboran en respuesta a pedidos de los clientes. Por lo tanto, como sucede en nuestro ejemplo de Robinson, en vez del prorrateo, la cancelación de los costos indirectos subaplicados o sobreaplicados tiene pocas probabilidades de generar distorsiones significativas en los estados financieros.

Punto de decisión

¿Cómo deberían los gerentes disponer de los costos indirectos de manufactura subaplicados o sobreaplicados al final del año contable?

El caso de la compañía Robinson supuso que un solo grupo común de costos indirectos de manufactura, con las horas de mano de obra directa como base de asignación de los costos, era adecuado para la aplicación de todos los costos indirectos de manufactura a las órdenes de trabajo. Si Robinson hubiera utilizado bases múltiples de asignación de los costos, como las horas de mano de obra directa y las horas-máquina, habría creado dos grupos comunes de costos y calculado dos tasas presupuestadas de costos indirectos: una basada en las horas de mano de obra directa y la otra basada en las horas–máquina, para aplicar los costos indirectos a las órdenes de trabajo. El mayor general tendría cantidades de control de costos indirectos de manufactura y de costos indirectos de manufactura asignados a cada grupo de costos. Los ajustes de fin de año para los costos indirectos subaplicados y sobreaplicados se harían entonces de una manera separada para cada grupo común de costos.

Variaciones provenientes del costeo estimado: un ejemplo del sector de servicios

El costeo de las órdenes de trabajo también es muy útil en las industrias de servicios, como los despachos de contabilidad y consultoría, las agencias de publicidad, los talleres de reparación de automóviles y los hospitales. En una firma contable, cada auditoría es una orden de trabajo. Los costos de cada auditoría se acumulan en un registro de costos de órdenes de trabajo, muy similar al documento que utilizó la compañía Robinson, basado en el enfoque de siete pasos que se describió anteriormente. Como en las hojas del tiempo de mano de obra, los costos de mano de obra directa del personal profesional (socios de auditoría, gerente de auditoría y personal de auditoría) se atribuyen a las órdenes de trabajo individuales. Otros costos directos, como los viajes, las comidas y el alojamiento fuera de la ciudad, teléfono, fax y fotocopiado, también se atribuyen a las órdenes de trabajo. Los costos del apoyo secretarial, del personal de oficinas, la renta y la depreciación del mobiliario y equipo son costos indirectos, porque dichos costos no se pueden atribuir a las órdenes de trabajo de una manera económicamente factible. Los costos indirectos se aplican a las órdenes de trabajo, por ejemplo, usando una base de asignación de costos como el número de horas de mano de obra profesional.

En algunas organizaciones de servicios, una variación con respecto al costeo estimado es de utilidad porque los costos reales de la mano de obra directa —el componente más grande de los costos totales— suelen ser difíciles de atribuir a las órdenes de trabajo a medida que se completan. En nuestro ejemplo de auditoría, los costos reales de la mano de obra directa pueden incluir bonos que se conocen solamente al final del año (una razón relacionada con el numerador). Asimismo, las horas que se trabaja en cada periodo variarían de manera significativa dependiendo del número de días de trabajo de cada mes, así como de la demanda proveniente de los clientes (una razón relacionada con el denominador). En situaciones como estas, una compañía que necesite información oportuna durante el proceso de una auditoría (y que no quiera esperar hasta el final del año fiscal) utilizará tasas presupuestadas para algunos costos directos y tasas presupuestadas para los costos indirectos. Las tasas presupuestadas se calculan al inicio del año contable. En contraste, el costeo estimado usa las tasas reales de costos para todos los costos directos, y tasas presupuestadas de costos únicamente para los costos indirectos.

La mecánica del uso de las tasas presupuestadas para los costos directos es similar a los métodos que se emplean cuando se usan tasas presupuestadas para costos indirectos en el costeo estimado. Examinaremos tal situación para Donahue and Associates, una firma de contadores públicos. Para 2011 Donahue presupuesta costos totales de mano de obra directa de $14,400,000, costos indirectos totales de $12,960,000 y un total de horas de mano de obra directa (profesional) de 288,000. En este caso,

$$\text{Tasa presupuestada del costo de la mano de obra directa} = \frac{\text{Total de costos presupuestados para mano de obra directa}}{\text{Total de horas presupuestadas para mano de obra directa}}$$

$$= \frac{\$14,400,000}{288,000 \text{ horas de mano de obra directa}} = \$50 \text{ por hora de mano de obra directa}$$

Suponiendo un solo grupo común de costos indirectos y que se toma el total de los costos de la mano de obra directa como la base de asignación de los costos,

$$\text{Tasa presupuestada de costos indirectos} = \frac{\text{Total de costos presupuestados en el grupo común de costos indirectos}}{\text{Cantidad total presupuestada en la base de asignación (costos de mano de obra directa)}}$$

$$= \frac{\$12,960,000}{\$14,400,000} = 0.90 \text{ o } 90\% \text{ de costos de mano de obra directa}$$

Suponga que en marzo de 2011 una auditoría de Hanley Transport, un cliente de Donahue, utiliza 800 horas de mano de obra directa. Donahue calcula los costos de la mano de obra directa de la auditoría de Hanley Transport, multiplicando la tasa presupuestada del costo de la mano de obra directa, $50 por hora de mano de obra directa, por 800, la cantidad real de horas de mano de obra directa.

Los costos indirectos aplicados a la auditoría de Hanley Transport se determinan multiplicando la tasa presupuestada del costo indirecto (90%) por los costos de la mano de obra directa asignados a la orden de trabajo ($40,000). Suponiendo que no hay otros costos directos para viajes y similares, el costo de la auditoría de Hanley Transport es como sigue:

Costos de mano de obra directa, $50 × 800	$40,000
Costos indirectos aplicados, 90% × $40,000	36,000
Total	$76,000

Al final del año fiscal, los costos indirectos atribuidos a las órdenes de trabajo usando tasas presupuestadas, por lo general, no serán iguales a los costos directos reales porque la tasa real y la tasa presupuestada se desarrollan en diferentes momentos usando información distinta. Los ajustes de fin de año para los costos directos subaplicados y sobreaplicados necesitarían hacerse de la misma manera en que se hacen los ajustes para los costos indirectos subaplicados y sobreaplicados.

El ejemplo de Donahue and Associates ilustra que todos los sistemas de costeo no coinciden en forma exacta con el sistema de costeo real ni con el sistema de costos estimados que se describieron anteriormente en este capítulo. Como otro ejemplo, las firmas de consultoría en ingeniería con frecuencia tienen algunos costos directos reales (el costo de elaboración de planos o los honorarios que se pagan a expertos externos) y otros costos directos (costos de la mano de obra profesional), los cuales asignan a las órdenes de trabajo usando una tasa presupuestada; además de costos indirectos (costos de ingeniería y de apoyo de oficina), los cuales se aplican a las órdenes de trabajo usando una tasa presupuestada. Por consiguiente, los usuarios de los sistemas de costeo deberían estar conscientes de los distintos sistemas que pueden encontrar en la práctica.

Punto de decisión

¿Cuáles son algunas variaciones con respecto al costeo estimado?

Problema para autoestudio

Se le pide a usted que actualice las siguientes cuentas incompletas de Endeavor Printing, Inc., al 31 de enero de 2012. Considere los datos que se presentan en las cuentas T, así como la siguiente información en los incisos *a*) a *j*).

El sistema de costos estimados de Endeavor tiene dos categorías de costos directos (costos de materiales directos y costos de mano de obra directa), y un grupo común de costos indirectos (costos indirectos de manufactura, que se aplican usando los costos de la mano de obra directa).

Control de materiales	Control de sueldos por pagar
Sal. al 31-12-2011 15,000	Sal. al 31–1–2012 3,000

Control de productos en proceso	Control de gastos indirectos de manuf.
	Sal. al 31-1-2012 57,000

Control de productos terminados	Costo de ventas
Sal. al 31-12-2011 20,000	

Información adicional:

a) Los costos indirectos de manufactura se asignan usando una tasa presupuestada que se establece cada mes de diciembre. La gerencia pronostica los costos indirectos de manufactura del próximo año y los costos de mano de obra directa del próximo año. El presupuesto de 2012 es de $600,000 para los costos indirectos de manufactura y de $400,000 para los costos de la mano de obra directa.

b) La única orden de trabajo no terminada al 31 de enero de 2012 es la núm. 419, donde los costos de la mano de obra directa son de $2,000 (125 horas de mano de obra directa) y los costos de los materiales directos son de $8,000.

c) El total de materiales directos enviados a producción durante enero de 2012 es de $90,000.

d) El costo de los bienes terminados durante enero es de $180,000.

e) El inventario de materiales al 31 de enero de 2012 es de $20,000.

f) El inventario de productos terminados al 31 de enero de 2012 es de $15,000.

g) Todos los trabajadores de la planta ganan la misma tasa salarial. Las horas de mano de obra directa que se usaron para enero hacen un total de 2,500 horas. Otros costos de mano de obra totalizan $10,000.

h) La nómina bruta de la planta que se pagó en enero es igual a $52,000. Ignore las retenciones.

i) Todos los costos indirectos de manufactura "reales" en que se incurrió durante enero ya fueron registrados en el mayor.

j) Todos los materiales son materiales directos.

Se requiere Calcule lo siguiente:

1. Materiales comprados durante enero.
2. Costo de ventas durante enero.
3. Costos de la mano de obra directa incurridos durante enero.
4. Costos indirectos de manufactura aplicados durante enero.
5. Saldo, control de sueldos por pagar, 31 de diciembre de 2011.
6. Saldo, control de productos en proceso, 31 de enero de 2012.
7. Saldo, control de productos en proceso, 31 de diciembre de 2011.
8. Gastos indirectos de manufactura subaplicados o sobreaplicados en enero de 2012.

Solución

Los montos provenientes de las cuentas T se marcaron con una "(T)".

1. De la cuenta T de control de materiales, materiales comprados: $90,000 *(c)* + $20,000 *(e)* − $15,000 (T) = $95,000.
2. De la cuenta T de control de productos terminados, costo de ventas: $20,000 (T) + $180,000 *(d)* − $15,000 *(f)* = $185,000.
3. Tasa de sueldos directos de manufactura: $2,000 *(b)* ÷ 125 horas de mano de obra directa *(b)* = $16 por hora de mano de obra directa.

    Costos de mano de obra directa: 2,500 horas de mano de obra directa *(g)* × $16 por hora = $40,000.
4. Tasa de costos indirectos de manufactura: $600,000 *(a)* ÷ $400,000 *(a)* = 150 por ciento.

Costos indirectos de manufactura aplicados: 150% de $40,000 = 1.50 × $40,000 (véase 3) = $60,000.

5. De la cuenta T de control de sueldos por pagar, control de sueldos por pagar, 31 de diciembre de 2011: $52,000 *(h)* + $3,000 (T) − $40,000 (véase 3) − $10,000 *(g)* = $5,000
6. Control de productos en proceso, 31 de enero de 2012: $8,000 *(b)* + $2,000 *(b)* + 150% de $2,000 *(b)* = $13,000 (esta respuesta se usa en el punto 7).
7. De la cuenta T de control de productos en proceso, control de productos en proceso, 31 de diciembre de 2011: $180,000 *(d)* + $13,000 (véase 6) − $90,000 *(c)* − $40,000 (véase 3) − $60,000 (véase 4) = $3,000.
8. Costos indirectos de manufactura sobreaplicados: $60,000 (véase 4) − $57,000 (T) = $30,000.

Las letras que aparecen a los lados de los asientos en las cuentas T corresponden a las letras en la información adicional precedente. Los números que están a los lados de los asientos en las cuentas T corresponden a los números de los requisitos anteriores.

Control de materiales

Saldo al 31 de diciembre de 2011	(dado)	15,000			
	(1)	95,000*		*(c)*	90,000
Saldo al 31 de enero de 2012	(e)	20,000			

Control de productos en proceso

Saldo al 31 de diciembre de 2011	(7)	3,000		*(d)*	180,000
Materiales directos	(c)	90,000			
Mano de obra directa	(b) (g) (3)	40,000			
Costos indirectos de manufactura aplicados	(3) (a) (4)	60,000			
Saldo al 31 de enero de 2012	(b) (6)	13,000			

Control de productos terminados

Saldo al 31 de diciembre de 2011	(dado)	20,000			
	(d)	180,000*		(2)	185,000
Saldo al 31 de enero de 2012	(f)	15,000			

---

* Se calcula únicamente después de que se hayan realizado todos los demás traspasos en la cuenta.

Control de los sueldos por pagar

(h)	52,000	Saldo al 31 de diciembre de 2011	(5)	5,000
			(g) (3)	40,000
			(g)	10,000
		31 de enero de 2012	(dado)	3,000

Control de los costos indirectos de manufactura

Total de cargos de enero	(dado)	57,000	

Costos indirectos de manufactura aplicados

	(3) (a) (4)	60,000

Costo de ventas

(d) (f) (2)	185,000

Puntos de decisión

El siguiente formato de preguntas y respuestas resume los objetivos de aprendizaje del capítulo. Cada decisión presenta una pregunta clave relacionada con un objetivo de aprendizaje. Los lineamientos son la respuesta a esa pregunta.

Decisión | Lineamientos

1. ¿Cuáles son los conceptos que forman los pilares de un sistema de costeo?

Los conceptos fundamentales de un sistema de costeo son el objeto de costeo, los costos directos de un objeto de costeo, los costos indirectos de un objeto de costeo, los grupos comunes de costos y la base de aplicación de los costos. Los diagramas que muestran un panorama general de un sistema de costeo representan estos conceptos de una manera sistemática. Los sistemas de costeo tienen como finalidad reportar cifras de costos que reflejen la manera en que los objetos de costos elegidos (como los productos o servicios) usan los recursos de una organización.

2. ¿Cómo se distingue el costeo por órdenes de trabajo del costeo por procesos?

Los sistemas de costeo por órdenes de trabajo asignan los costos a distintas unidades de un producto o servicio. Los sistemas de costeo por procesos asignan los costos a muchas unidades idénticas o similares, y calculan los costos unitarios con base en un promedio. Los dos sistemas de costeo representan los extremos opuestos de un continuo. Los sistemas de costeo de muchas empresas combinan algunos elementos tanto del costeo por órdenes de trabajo como del costeo por procesos.

3. ¿Cuál es el principal desafío en la implementación de los sistemas de costeo por órdenes de trabajo?

El principal desafío en la implementación de los sistemas de costeo por órdenes de trabajo consiste en estimar los costos reales de los trabajos de una manera oportuna.

4. ¿Cómo se implementa un sistema de costos estimados?

Un enfoque general de siete pasos para un sistema de costos estimados requiere la identificación de: **1.** la orden de trabajo, **2.** de los costos directos reales, **3.** las bases presupuestadas de aplicación de los costos, **4.** los grupos presupuestados de costos indirectos, **5.** las tasas presupuestadas de aplicación de los costos, **6.** los costos indirectos aplicados (tasa presupuestada multiplicada por la cantidad real) y **7.** los costos totales directos e indirectos de una orden de trabajo.

5. ¿Cómo se distingue el costeo real del costeo estimado?

El costeo real y el costeo estimado difieren en el tipo de tasas de costos indirectos usadas:

	Costeo real	Costeo estimado
Tasas de costos directos	Tasas reales	Tasas reales
Tasas de costos indirectos	Tasas reales	Tasas presupuestadas

Ambos sistemas usan cantidades reales de insumos para atribuir los costos directos y usan las cantidades reales de las bases de aplicación para la asignación de los costos indirectos.

6. ¿Cómo se registran las transacciones en un sistema de costeo por órdenes de trabajo de manufactura?

En la manufactura, un sistema de costeo por órdenes de trabajo registra el flujo de los costos inventariables en el mayor general y en el mayor auxiliar para *a*) la adquisición de materiales y otros insumos de manufactura, *b*) su conversión a productos en proceso, *c*) su conversión en productos terminados y *d*) la venta de productos terminados. El sistema de costeo por órdenes de trabajo también registra como gastos los costos de periodo, como los costos de marketing, a medida en que se incurre en ellos.

7. ¿Cómo deberían disponer los gerentes de los costos indirectos de manufactura subaplicados o sobreaplicados al final del año fiscal?

Los dos enfoques teóricamente correctos para la disposición de los costos indirectos de manufactura subaplicados o sobreaplicados al final del año fiscal, para expresar correctamente los montos del balance y del estado de resultados, son: **1.** ajustar la tasa de aplicación y **2.** hacer un prorrateo con base en el monto total del costo indirecto de manufactura aplicado de acuerdo con los saldos finales en control de productos en proceso, control de productos terminados y costo de ventas. Sin embargo, muchas compañías simplemente cancelan los montos subaplicados o sobreaplicados del costo indirecto de manufactura, contra el costo de ventas cuando los montos en cuestión son pequeños.

8. ¿Cuáles son algunas variaciones con respecto al costeo estimado?

En algunas variaciones, con respecto al costeo estimado, las organizaciones usan tasas presupuestadas para asignar tanto los costos directos como los costos indirectos a las órdenes de trabajo.

Términos contables

Este capítulo y el glosario que se presenta al final del libro contienen las definiciones de los siguientes términos de importancia:

base de aplicación del costo (**p. 100**)
base de asignación del costo (**p. 100**)
costeo estimado (**p. 104**)
costeo real (**p. 102**)
costo indirecto de manufactura aplicado (**p. 113**)
costo indirecto de manufactura asignado (**p. 113**)
costos indirectos sobreabsorbidos (**p. 118**)
costos indirectos sobreaplicados (**p. 118**)
costos indirectos sobreasignados (**p. 118**)

costos indirectos subabsorbidos (**p. 118**)
costos indirectos subaplicados (**p. 118**)
costos indirectos subasignados (**p. 118**)
documento fuente (**p. 104**)
enfoque de la tasa de aplicación ajustada (**p. 118**)
grupo común de costos (**p. 100**)
hoja de costos de las órdenes de trabajo (**p. 104**)
hoja de tiempo de mano de obra (**p. 106**)
orden de trabajo (**p. 100**)

prorrateo (**p. 119**)
registro de costos de los trabajos (**p. 104**)
registro de requisición de materiales (**p. 105**)
sistema de costeo por órdenes de trabajo (**p. 100**)
sistema de costeo por procesos (**p. 101**)
tasa presupuestada del costo indirecto (**p. 104**)
tasa real del costo indirecto (**p. 110**)

Material para tareas

MyAccountingLab

Preguntas

4-1 Dé la definición de grupo común de costos, seguimiento de costos, aplicación de costos y base de aplicación de los costos.

4-2 ¿Cómo difiere un sistema de costeo por órdenes de trabajo de un sistema de costeo por procesos?

4-3 ¿Por qué una agencia de publicidad usaría un costeo por órdenes de trabajo para una campaña publicitaria realizada por Pepsi, mientras que un banco usaría un costeo por procesos, para determinar el costo de los depósitos en una cuenta de cheques?

4-4 Describa los siete pasos del costeo por órdenes de trabajo.

4-5 Mencione ejemplos de dos objetos de costos en compañías que utilizan el costeo por órdenes de trabajo.

4-6 Describa tres documentos fuente importantes que se usan en los sistemas de costeo por órdenes de trabajo.

4-7 ¿Cuál es la ventaja de emplear documentos fuente computarizados para elaborar los registros de los costos de los trabajos?

4-8 Señale dos razones por las cuales la mayoría de las organizaciones usan un periodo anual, en vez de un periodo semanal o mensual, para calcular las tasas presupuestadas de costos indirectos.

4-9 Distinga entre costeo real y costeo estimado.

4-10 Describa dos formas en las cuales una compañía de construcción de viviendas puede usar la información del costo de las órdenes de trabajo.

4-11 Comente la siguiente aseveración: "En un sistema de costeo estimado, los montos de la cuenta de control de costos indirectos de manufactura siempre serán iguales a los montos en la cuenta de costos indirectos de manufacturera aplicados."

4-12 Describa tres diferentes asientos de cargo a la cuenta T control de productos en proceso con un costeo estimado.

4-13 Describa tres formas alternativas para disponer de los costos indirectos subaplicados o sobreaplicados.

4-14 ¿Por qué una compañía podría usar costos presupuestados en vez de costos reales para calcular las tasas de mano de obra directa?

4-15 Describa brevemente la razón por la cual el intercambio electrónico de datos (IED) es de utilidad para los gerentes.

Ejercicios

4-16   Costeo por órdenes de trabajo, costeo por procesos. En cada una de las siguientes situaciones, determine si sería más adecuado usar un costeo por órdenes de trabajo o un costeo por procesos.

a) Una firma de contadores públicos
b) Una refinería de petróleo
c) Un fabricante de muebles a la medida
d) Un fabricante de neumáticos
e) Un editor de libros de texto
f) Una compañía farmacéutica
g) Una agencia de publicidad
h) Una planta de manufactura de ropa
i) Un molino de harina
j) Un fabricante de pintura
k) Un centro de cuidados médicos
l) Una compañía de decoración de exteriores y jardines
m) Un productor de concentrados de bebidas de cola
n) Un estudio cinematográfico
o) Un despacho de abogados
p) Un fabricante de aeronaves comerciales
q) Una firma de consultoría en administración
r) Una compañía de cereales para el desayuno
s) Un servicio de banquetes
t) Una fábrica de papel
u) Un taller de reparación de automóviles

4-17   Costeo real, costeo estimado, contabilización de costos indirectos de manufactura. Destin Products usa un sistema de costeo por órdenes de trabajo con dos categorías de costos directos (materiales directos y mano de obra directa), así como un grupo común de costos indirectos de manufactura. Destin aplica los costos indirectos de manufactura usando los costos de la mano de obra directa. Destin brinda la siguiente información:

	Presupuesto para 2011	Resultados reales para 2011
Costos de los materiales directos	$2,000,000	$1,900,000
Costos de la mano de obra directa	1,500,000	1,450,000
Costos indirectos de manufactura	2,700,000	2,755,000

1. Calcule la tasa real y la tasa presupuestada de los costos indirectos de manufactura para 2011.
2. Durante marzo, el registro de los costos de los trabajos para la orden de trabajo 626 contenía la siguiente información:

Materiales directos usados	$40,000
Costos de la mano de obra directa	$30,000

Se requiere

Calcule el costo de la orden de trabajo 626 usando: a) un costeo real y b) un costeo estimado
3. A finales de 2011, con un costeo estimado, calcule los costos indirectos de manufactura subaplicados o sobreaplicadops. ¿Por qué con un costeo real no hay costos indirectos subaplicados o sobreaplicados?

4-18   Costeo por órdenes de trabajo, costeo estimado y costeo real. Amesbury Construction se dedica a ensamblar viviendas. Usa un sistema de costeo por órdenes de trabajo con dos categorías de costos directos (materiales directos y mano de obra directa), así como un grupo común de costos indirectos (apoyo para el ensamblado). Las horas de mano de obra directa son la base de aplicación para los costos de apoyo al ensamblado. En diciembre de 2010, Amesbury calcula que los costos de apoyo al ensamblado serán de $8,300,000 y que las horas de mano de obra directa de 2011 serán de 166,000.

A finales de 2011, Amesbury compara los costos de varias órdenes de trabajo que se empezaron y se terminaron en 2011.

	Modelo Laguna	Modelo Misión
Periodo de construcción	febrero-junio, 2011	mayo-octubre, 2011
Costos de los materiales directos	$106,760	$127,550
Costos de la mano de obra directa	$ 36,950	$ 41,320
Horas de mano de obra directa	960	1,050

Los materiales directos y la mano de obra directa se pagan con base en contratos. Los costos de cada uno de ellos se conocen cuando se usan materiales directos o cuando se trabajan horas de mano de obra directa. Los costos reales de 2011 para el apoyo al ensamblado fueron de $6,520,000 y las horas reales de mano de obra directa fueron de 163,000.

1. Calcule: a) la tasa presupuestada del costo indirecto y b) la tasa real del costo indirecto. ¿Por qué difieren entre sí?
2. ¿Cuáles son los costos de las órdenes de trabajo del modelo Laguna y del modelo Misión, usando: a) costeo estimado y b) costeo real?
3. ¿Por qué Amesbury Construction preferiría el costeo estimado sobre el costeo real?

Se requiere

4-19   Tasa presupuestada de costos indirectos de manufactura, costos indirectos de manufactura aplicados. La compañía Gammaro usa un costeo estimado. Aplica los costos indirectos de manufactura usando una tasa presupuestada por hora-máquina. Se dispone de los siguientes datos para 2011:

Costos indirectos de manufactura presupuestados	$4,200,000
Horas-máquina presupuestadas	175,000
Costos indirectos de manufactura reales	$4,050,000
Horas-máquina reales	170,000

Se requiere

1. Calcule la tasa presupuestada de costos indirectos de manufactura.
2. Calcule los costos indirectos de manufactura aplicados durante 2011.
3. Calcule el monto de los costos indirectos de manufactura subaplicados o sobreaplicados.

4-20 Costeo por órdenes de trabajo, contabilización de los costos indirectos de manufactura, tasas presupuestadas. La compañía Lynn usa un sistema estimado de costeo por órdenes de trabajo en su planta de Minneapolis. La planta tiene un departamento de trabajos mecánicos y un departamento de ensamblado. Su sistema de costeo de trabajos tiene dos categorías de costos directos (materiales directos y mano de obra directa), así como dos grupos comunes de costos indirectos de manufactura (los costos indirectos del departamento de trabajos mecánicos, los cuales se aplican a las órdenes de trabajo con base en las horas-máquina reales, y los costos indirectos del departamento de ensamblado, los cuales se aplican a las órdenes de trabajo con base en los costos reales de la mano de obra directa). El presupuesto de 2011 para la planta es como sigue:

	Departamento de trabajos mecánicos	Departamento de ensamblado
Costos indirectos de manufactura	$1,800,000	$3,600,000
Costos de mano de obra directa	$1,400,000	$2,000,000
Horas de mano de obra directa	100,000	200,000
Horas-máquina	50,000	200,000

Se requiere

1. Presente un diagrama con un panorama general del sistema de costeo de Lynn. Calcule la tasa presupuestada de costos indirectos de manufactura para cada departamento.
2. Durante febrero, el registro de los costos de trabajos para la orden de trabajo 494 contenía lo siguiente:

	Departamento de trabajos mecánicos	Departamento de ensamblado
Materiales directos usados	$45,000	$70,000
Costos de la mano de obra directa	$14,000	$15,000
Horas de la mano de obra directa	1,000	1,500
Horas-máquina	2,000	1,000

Calcule los costos indirectos totales de manufactura aplicados a la orden de trabajo 494.

3. Al final de 2011, los costos indirectos reales de manufactura fueron de $2,100,000 para las operaciones mecánicas, y de $3,700,000 para las operaciones de ensamblado. Suponga que se usaron 55,000 horas-máquina reales en las operaciones mecánicas, y que los costos reales de la mano de obra directa para el ensamblado fueron de $2,200,000. Calcule los costos indirectos de manufactura subaplicados o sobreaplicados para cada departamento.

4-21 Costeo por órdenes de trabajo, firma de consultoría. Turner & Associates, una firma de consultoría, tiene el siguiente presupuesto condensado para 2011:

Ingresos		$21,250,000
Costos totales:		
Costos directos		
Mano de obra profesional	$ 5,312,500	
Costos indirectos		
Apoyo al cliente	13,600,000	18,912,500
Utilidad operativa		$ 2,337,500

Turner tiene una sola categoría de costos directos (mano de obra profesional) y un solo grupo común de costos indirectos (apoyo al cliente). Los costos indirectos se asignan a las órdenes de trabajo tomando como base los costos de la mano de obra profesional.

Se requiere

1. Prepare un diagrama con un panorama general del sistema de costeo de las órdenes de trabajo. Calcule la tasa presupuestada del costo indirecto de 2011 para Turner & Associates.
2. El margen de utilidad que se usa para la fijación de precio de las órdenes de trabajo tiene como propósito dar una utilidad operativa igual al 11% de los ingresos. Calcule el margen de utilidad como un porcentaje de los costos de la mano de obra profesional.
3. Turner participa en una licitación para un trabajo de consultoría para Tasty Chicken, una cadena de comida rápida especializada en carne de pollo. La clasificación presupuestada de la mano de obra profesional sobre la orden de trabajo es la siguiente:

Categoría de mano de obra profesional	Tasa presupuestada por hora	Horas presupuestadas
Director	$198	4
Socio	101	17
Gerente	49	42
Asistente	36	153

Calcule el costo presupuestado para la orden de trabajo de Tasty Chicken. ¿Cuánto pedirá Turner por este trabajo, si necesitara una utilidad operativa meta del 11% de los ingresos?

4-22 **Periodo de tiempo usado para calcular las tasas del costo indirecto.** Splash Manufacturing elabora piscinas y toboganes inflables para exteriores. La compañía usa un sistema de costeo estimado y aplica los costos indirectos de manufactura, tomando como base las horas de mano de obra directa. La mayoría de la producción y las ventas de la compañía ocurren en el primero y en el segundo trimestres del año. La compañía está en peligro de perder a uno de sus mejores clientes, Sotco Wholesale, debido a fluctuaciones considerables en los precios. El propietario de Splash ha requerido un análisis del costo de manufactura por unidad en el segundo y en el tercer trimestre. A usted se le brinda la siguiente información presupuestada para el año siguiente:

	Trimestre			
	1	**2**	**3**	**4**
Piscinas elaboradas y vendidas	700	500	150	150

Se necesitan 0.5 horas de mano de obra directa para elaborar una piscina. El costo real del material directo es de $7.50 por piscina. La tasa real de mano de obra directa es de $16 por hora. La tasa presupuestada de los costos indirectos variables de manufactura es de $12 por hora de mano de obra directa. Los costos presupuestados de los gastos indirectos fijos de manufactura son de $10,500 cada trimestre.

Se requiere

1. Calcule el costo total de manufactura por unidad para el segundo y el tercer trimestres, suponiendo que la compañía aplica los costos indirectos de manufactura tomando como base la tasa presupuestada de costos indirectos de manufactura determinada para cada trimestre.
2. Calcule el costo total de manufactura por unidad para el segundo y el tercer trimestres, suponiendo que la compañía aplica los costos indirectos de manufactura tomando como base la tasa anual presupuestada de costos indirectos de manufactura.
3. Splash Manufacturing fija el precio de sus piscinas al costo de manufactura más 30%. ¿Por qué Sotco Wholesale vería fluctuaciones considerables en los precios de las piscinas? ¿Cuál de los métodos que se han descrito en los puntos 1 y 2 recomendaría usted a Splash? Explique su respuesta.

4-23 **Contabilización de los costos indirectos de manufactura.** Considere los siguientes datos selectos de costos para la compañía Pittsburgh Forging para 2011.

Costos indirectos de manufactura presupuestados	$7,500,000
Horas-máquina presupuestadas	250,000
Costos indirectos reales de manufactura	$7,300,000
Horas-máquina reales	245,000

La empresa usa un costeo estimado. Su sistema de costeo de trabajos tiene un solo grupo común de costos indirectos de manufactura. Los costos se aplican a los trabajos usando una tasa presupuestada de hora-máquina. Cualquier cantidad subaplicada o sobreaplicada se cancela contra el costo de ventas.

Se requiere

1. Calcule la tasa presupuestada de costos indirectos de manufactura.
2. Preparare los asientos de diario necesarios para registrar la aplicación de los costos indirectos de manufactura.
3. Calcule la cantidad subaplicada o sobreaplicada de los costos indirectos de manufactura. ¿Es importante tal cantidad? Prepare un asiento de diario para cancelar este monto.

4-24 **Costeo de los trabajos, asientos de diario.** La imprenta de la Universidad de Chicago es propiedad de la universidad en su totalidad. La mayoría de su trabajo es para otros departamentos de la institución, los cuales pagan por este servicio como si la imprenta fuera un negocio externo. La imprenta también publica y mantiene un inventario de libros para venta general. La imprenta usa un sistema de costos estimados para costear cada trabajo. Su sistema de costeo por órdenes de trabajo tiene dos categorías de costos directos (materiales directos y mano de obra directa), así como un grupo de costos indirectos (costos indirectos de manufactura, los cuales se aplican tomando como base los costos directos de la mano de obra de manufactura).

Los siguientes datos (en miles) se refieren a 2011:

Materiales y suministros directos comprados a crédito	$ 800
Materiales directos utilizados	710
Materiales indirectos enviados a diversos departamentos de producción	100
Mano de obra directa	1,300
Mano de obra indirecta incurrida por los diferentes departamentos de producción	900
Depreciación del edificio y los equipos de manufactura	400
Costos indirectos* de manufactura misceláneos incurridos por diversos departamentos de producción (por lo general, se registrarían como reparaciones, fotocopias, servicios generales, etc.)	550
Costos indirectos de manufactura aplicados al 160% de los costos de la mano de obra directa	?
Costo de los bienes manufacturados	4,120
Ingresos	8,000
Costo de ventas (antes del ajuste para los costos indirectos de manufactura subaplicados o sobreaplicados)	4,020
Inventarios, 31 de diciembre de 2010 (no 2011):	

---

* El término costos indirectos de manufactura no se usa de manera uniforme. Otros términos que se encuentran con frecuencia en las imprentas incluyen costos indirectos de trabajos y costos indirectos del taller.

Control de materiales	100
Control de productos en proceso	60
Control de productos terminados	500

Se requiere

1. Elabore un diagrama que muestre un panorama general del sistema de costeo de los trabajos en la imprenta de la Universidad de Chicago.
2. Prepare los asientos de diario para resumir las transacciones de 2011. Como asiento final, cancele de los costos indirectos de manufactura subaplicados o sobreaplicados de final de año, por medio de un registro contra el costo de ventas. Numere sus asientos. Las explicaciones de cada asiento se pueden omitir.
3. Muestre las cuentas T registradas para todos los inventarios, para el costo de ventas, para el control de los costos indirectos de manufactura y para los costos indirectos de manufactura aplicados.

4-25   Asientos de diario, cuentas T y documentos fuente. Production Company fabrica dispositivos electrónicos diversos para el codiciado mercado de aparatos en miniatura. Los siguientes datos reflejan las actividades para el año 2011:

Costos incurridos:	
Compras de materiales directos (neto) a crédito	$124,000
Costos de la mano de obra directa	80,000
Mano de obra indirecta	54,500
Depreciación, equipo de la fábrica	30,000
Depreciación, equipo de oficina	7,000
Mantenimiento, equipo de la fábrica	20,000
Diversos costos indirectos de fábrica	9,500
Renta, edificio de la fábrica	70,000
Gastos por publicidad	90,000
Comisiones de ventas	30,000

Inventarios:

	1 de enero de 2011	31 de diciembre de 2011
Materiales directos	$ 9,000	$11,000
Productos en proceso	6,000	21,000
Productos terminados	69,000	24,000

Production Co. usa un sistema de costeo estimado y aplica los costos indirectos a productos en proceso a una tasa de $2.50 por cada dólar de mano de obra directa. Los materiales indirectos son insignificantes y, por lo tanto, no existe una cuenta de inventarios para materiales indirectos.

Se requiere

1. Prepare asientos de diario para registrar las transacciones de 2011, incluyendo un asiento para cerrar los costos indirectos subaplicados o sobreaplicados contra el costo de ventas. En cada asiento de diario, indique el documento fuente que se usaría para autorizar cada asiento. Anote también qué mayor auxiliar, si acaso, debería referenciarse como apoyo del asiento.
2. Registre los asientos de diario en cuentas T para todos los inventarios, para el costo de ventas, para la cuenta de control de costos indirectos de manufactura y para la cuenta de costos indirectos de manufactura aplicados.

4-26   Costeo por órdenes de trabajo, asientos de diario. Donnell Transport ensambla casas de lujo prefabricadas. Su sistema de costeo por órdenes de trabajo tiene dos categorías de costos directos (materiales directos y mano de obra directa), así como un grupo de costos indirectos (costos indirectos de manufactura aplicados a una cifra presupuestada de $30 por hora-máquina en 2011). Los siguientes datos (en millones) se refieren a las operaciones de 2011:

Control de materiales, saldo inicial, 1 de enero de 2011	$ 12
Control de productos en proceso, saldo inicial, 1 de enero de 2011	2
Control de productos terminados, saldo inicial, 1 de enero de 2011	6
Materiales y suministros comprados a crédito	150
Materiales directos usados	145
Materiales indirectos (suministros) enviados a diversos departamentos de producción	10
Mano de obra directa	90
Mano de obra indirecta incurrida por los diversos departamentos de producción	30
Depreciación de la planta y el equipo de manufactura	19
Costos indirectos de manufactura incurridos (por lo general, se registrarían como reparaciones, servicios generales, etc., con un abono correspondiente a diversas cuentas de pasivo)	9
Costos indirectos de manufactura aplicados, 2,100,000 horas-máquina reales	?
Costo de los bienes manufacturados	294
Ingresos	400
Costo de ventas	292

1. Elabore un diagrama con un panorama general del sistema de costeo por órdenes de trabajo de Donnell Transport. **Se requiere**
2. Prepare asientos de diario. Numere sus asientos. Las explicaciones de cada asiento se pueden omitir. Haga el registro en cuentas T. ¿Cuál es el saldo final de la cuenta de control de productos en proceso?
3. Muestre el asiento de diario que se necesitaría para cancelar de los costos indirectos de manufactura subaplicados o sobreaplicados, directamente como una cancelación de fin de año contra el costo de ventas. Registre el asiento en cuentas T.

4-27 **Costeo por órdenes de trabajo, costo unitario, productos en proceso finales**. La compañía Rafaello produce tubos para órganos de alta calidad para conciertos. Cada orden de trabajo es única. En abril de 2011, completó todas las órdenes que estaban pendientes y, luego, en mayo de 2011, trabajó únicamente en dos órdenes, M1 y M2.

	A	B	C
1	Compañía Rafaello, mayo de 2011	Orden de trabajo M1	Orden de trabajo M2
2	Materiales directos	$ 78,000	$ 51,000
3	Mano de obra directa	273,000	208,000

La mano de obra directa se paga a una tasa de $26 por hora. Los costos indirectos de manufactura se asignan a una tasa presupuestada de $20 por hora de mano de obra directa. En mayo tan solo se completó la orden de trabajo M1.

1. Calcule el costo total para la orden de trabajo M1. **Se requiere**
2. Se produjeron 1,100 tubos para la orden de trabajo M1. Calcule el costo por tubo.
3. Prepare el asiento de diario para transferir la orden de trabajo M1 a productos terminados.
4. ¿Cuál es el saldo final en la cuenta de control de productos en proceso?

4-28 **Costeo por órdenes de trabajo; costeo real, costeo estimado y variaciones con respecto al costeo estimado**. Chico & Partners, una asociación de contadores públicos con sede en Quebec, se ha especializado en servicios de auditoría. Su sistema de costeo por órdenes de trabajo tiene una sola categoría de costos directos (mano de obra profesional), así como un solo grupo de costos indirectos (apoyo de la auditoría, el cual contiene todos los costos del departamento de apoyo a la auditoría). Los costos de apoyo de la auditoría se aplican a las órdenes de trabajo individuales usando las horas reales de mano de obra profesional. Chico & Partners emplea 10 profesionales para realizar los servicios de una auditoría.

Los montos presupuestados y reales para 2011 son como sigue:

	A	B	C
1	Chico & Partners		
2	Presupuesto para 2011		
3	Remuneración de la mano de obra profesional	$990,000	
4	Costos del departamento de apoyo a la auditoría	$774,000	
5	Horas de mano de obra profesional facturadas a los clientes	18,000	horas
6			
7	Resultados reales para 2011		
8	Costos del departamento de apoyo a la auditoría	$735,000	
9	Horas de mano de obra profesional facturadas a los clientes	17,500	
10	Tasa de costos reales de mano de obra profesional	$ 59	por hora

1. Calcule la tasa del costo directo y la tasa del costo indirecto por hora de mano de obra profesional, para 2011 con: a) el costeo real, b) el costeo estimado y c) la variación con respecto al costeo estimado que usa las tasas presupuestadas para los costos directos. **Se requiere**
2. Se calculó que la auditoría de Pierre & Co. realizada por Chico requeriría 150 horas de tiempo de mano de obra profesional. El tiempo real de la mano de obra profesional que se utilizó en la auditoría fue de 160 horas. Calcule el costo de la auditoría de Pierre & Co. Usando: a) un costeo real, b) un costeo estimado y c) la variación con respecto al costeo estimado que usa las tasas presupuestadas para los costos directos. Explique cualesquiera diferencias en el costo de la orden de trabajo.

4-29 **Costeo por órdenes de trabajo; costeo real, costeo estimado y variaciones con respecto al costeo estimado**. Braden Brothers, Inc. es una firma de arquitectos especializada en edificios de gran altura. Su sistema de costeo por órdenes de trabajo tiene una sola categoría de costos directos (mano de obra de arquitectura), así como un solo grupo de costos indirectos, el cual contiene todos los costos de apoyo a la oficina. Los costos de apoyo se aplican a las órdenes de trabajo individuales usando las horas de mano de obra de los arquitectos. Braden Brothers emplea a 15 arquitectos.

Las cifras presupuestadas y reales para 2010 son:

Braden Brothers, Inc.

Presupuesto para 2010

Costo de la mano de obra de arquitectura	$2,880,000
Costos de apoyo a la oficina	$1,728,000
Horas de mano de obra de arquitectura facturadas a los clientes	32,000 horas

Resultados reales para 2010

Costos de apoyo a la oficina	$1,729,500
Horas de mano de obra de arquitectura facturadas a los clientes	34,590 horas
Tasa real del costo de la mano de obra de arquitectura$	92 por hora

Se requiere

1. Calcule la tasa del costo directo y la tasa del costo indirecto por hora de mano de obra de arquitectura para 2010, usando: *a*) un costeo real, *b*) un costeo estimado y *c*) la variación con respecto al costeo estimado que usa las tasas presupuestadas para los costos directos.
2. Se calculó que los planos arquitectónicos de Braden Brother para Champ Tower, en Houston, se llevarían 275 horas de tiempo de mano de obra de arquitectura. El tiempo real de mano de obra de arquitectura que se utilizó en la orden de trabajo fue de 250 horas. Calcule el costo de los planos de Champ Tower, usando: *a*) un costeo real, *b*) un costeo estimado y *c*) la variación con respecto al costeo estimado que usa las tasas presupuestadas de costos directos.

4-30 **Prorrateo de los costos indirectos**. La compañía Ride-On-Wave (ROW) produce una línea de botes sin motor. ROW usa un sistema de costeo estimado y aplica los costos indirectos de manufactura usando el costo de la mano de obra directa. Los siguientes datos son para 2011:

Costos presupuestados indirectos de manufactura	$125,000
Costo presupuestado de la mano de obra directa	$250,000
Costos indirectos de manufactura reales	$117,000
Costo real de la mano de obra directa	$228,000

Los saldos del inventario al 31 de diciembre de 2011 fueron como sigue:

Cuenta	Saldo final	Costo de la mano de obra directa en el saldo final de 2011
Productos en proceso	$ 50,000	$ 20,520
Productos terminados	245,000	59,280
Costo de ventas	249,250	148,200

Se requiere

1. Calcule la tasa de aplicación de los costos indirectos de manufactura.
2. Calcule el monto de costos indirectos de manufactura subaplicados o sobreaplicados.
3. Calcule los saldos finales de productos en proceso, productos terminados y costo de ventas, si los costos indirectos de manufactura subaplicados o sobreaplicados son como sigue:
   a) Cancelación contra el costo de ventas.
   b) Prorrateo basado en los saldos finales (antes del prorrateo) en cada una de las tres cuentas.
   c) Prorrateo basado en los costos indirectos aplicados en 2011 en los saldos finales (antes del prorrateo) en cada una de las tres cuentas.
4. ¿Qué método tiene más sentido? Justifique su respuesta.

MyAccountingLab

Problemas

4-31 **Costeo por órdenes de trabajo, contabilización de los costos indirectos de manufactura, tasas presupuestadas**. La compañía Fasano usa un sistema de costeo por órdenes de trabajo en su planta de Dover, Delaware. La planta tiene un departamento de operaciones mecánicas y un departamento de acabados. Fasano usa un costeo estimado con dos categorías de costos directos (materiales directos y mano de obra directa), así como dos grupos de costos indirectos de manufactura (el departamento de operaciones mecánicas con las horas-máquina como base de aplicación, y el departamento de acabados con los costos de la mano de obra directa como base de aplicación). El presupuesto de 2011 para la planta es el siguiente:

	Departamento de operaciones mecánicas	Departamento de acabados
Costos indirectos de manufactura	$10,660,000	$7,372,000
Costos de la mano de obra directa	$ 940,000	3,800,000
Horas de mano de obra directa	36,000	145,000
Horas-máquina	205,000	32,000

1. Prepare un diagrama que muestre un panorama general del sistema de costeo por órdenes de trabajo de Fasano. **Se requiere**

2. ¿Cuál es la tasa presupuestada de los costos indirectos de manufactura del departamento de operaciones mecánicas? ¿Y la del departamento de acabados?

3. Durante enero, el registro del costo de las órdenes de trabajo para la orden 431 muestra lo siguiente:

	Departamento de operaciones mecánicas	Departamento de acabado
Materiales directos usados	$15,500	$5,000
Costos de la mano de obra directa	$ 400	$1,100
Horas de la mano de obra directa	50	50
Horas-máquina	130	20

Calcule el total de los costos indirectos de manufactura aplicados a la orden de trabajo 431.

4. Suponiendo que la orden de trabajo 431 consistía en 400 unidades del producto, ¿cuál es el costo por unidad?

5. Los montos a finales de 2011 son como sigue:

	Departamento de operaciones mecánicas	Departamento de acabados
Costos indirectos de manufactura incurridos	$11,070,000	$8,236,000
Costos de mano de obra directa	$ 1,000,000	$4,400,000
Horas-máquina	210,000	31,000

Calcule los costos indirectos de manufactura subaplicados o sobreaplicados para cada departamento y para la planta de Dover en su conjunto.

6. ¿Por qué Fasano usaría dos grupos distintos de costos indirectos de manufactura en su sistema de costeo por órdenes de trabajo?

4-32 **Industria de servicios, costeo por órdenes de trabajo, despacho de abogados**. Keating & Associates es una firma de abogados especializada en relaciones laborales. Emplea a 25 profesionistas (5 socios y 20 ejecutivos), quienes trabajan directamente con sus clientes. El promedio de la remuneración total presupuestada por profesionista para 2011 es de $104,000. Se ha calculado que cada profesionista tendrá 1,600 horas facturables a los clientes en 2011. Todos los profesionistas trabajan para los clientes a su máximo de 1,600 horas facturables disponibles. Todos los costos de la mano de obra profesional se incluyen en una sola categoría de costos directos y se atribuyen a los trabajos tomando como base el número de horas. Todos los costos de Keating & Associates, diferentes de los costos de la mano de obra profesional, se incluyen en un solo grupo de costos indirectos (apoyo legal) y se aplican a los trabajos usando las horas de mano de obra profesional como base de aplicación. El nivel presupuestado de costos indirectos en 2011 es de $2,200,000.

1. Elabore un diagrama que muestre un panorama general del sistema de costeo por órdenes de trabajo de Keating. **Se requiere**

2. Calcule la tasa presupuestada de costos directos de 2011 por hora de mano de obra profesional.

3. Calcule la tasa presupuestada de costos indirectos por hora de mano de obra profesional.

4. Keating & Associates está considerando participar en la licitación de dos órdenes de trabajo:

   a) Trabajos de litigio para Richardson, Inc., lo cual requiere de 100 horas presupuestadas de mano de obra profesional.

   b) Un contrato laboral para Punch, Inc., el cual requiere de 150 horas presupuestadas de mano de obra profesional.

   Prepare una estimación de costos para cada orden de trabajo.

4-33 **Sector de servicios, costeo por órdenes de trabajo, dos categorías de costos directos y dos de costos indirectos, despacho de abogados (continuación de 4-32)**. Keating acaba de completar una revisión de su sistema de costeo por órdenes de trabajo. Esta revisión incluyó un análisis detallado sobre de la manera en que los trabajos anteriores usaron los recursos de la empresa y una serie de entrevistas con el personal acerca de qué factores impulsan el nivel de costos indirectos. La gerencia concluyó que un sistema con dos categorías de costos directos (mano de obra del socio profesional y mano de obra del ejecutivo profesional) y dos categorías de costos indirectos (apoyo general y apoyo secretarial) proporcionarían costos más exactos para las órdenes de trabajo. La información presupuestada para 2011, en relación con las dos categorías de costos directos, se presenta a continuación:

	Mano de obra del socio profesional	Mano de obra del ejecutivo profesional
Número de profesionistas	5	20
Horas de tiempo facturable por profesionista	1,600 por año	1,600 por año
Remuneración total (promedio por profesionista)	$200,000	$80,000

La información presupuestada para 2011 en relación con las dos categorías de costos indirectos es como sigue:

	Apoyo general	Apoyo secretarial
Costos totales	$1,800,000	$400,000
Base de aplicación de los costos	Horas de mano de obra profesional	Horas de mano de obra a nivel de socio

Se requiere
1. Calcule las tasas presupuestadas de costos directos de 2011 para: *a*) los socios profesionales y *b*) los ejecutivos profesionales.
2. Calcule las tasas presupuestadas de costos indirectos para: *a*) el apoyo general y *b*) el apoyo secretarial.
3. Calcule los costos presupuestados para los trabajos de Richardson y Punch, dada la siguiente información:

	Richardson, Inc.	Punch, Inc.
Socios profesionales	60 horas	30 horas
Ejecutivos de profesionales	40 horas	120 horas

4. Presente sus comentarios sobre los resultados del punto 3. ¿Por qué difieren los costos de los trabajos de los que se calcularon en el problema 4-32?

4-34 Prorrateo de los costos indirectos. (Adaptado de Z. Iqbal). La compañía Zaf Radiador utiliza un sistema de costos estimados con un solo grupo de costos indirectos de manufactura y las horas-máquina como base de aplicación del costo. Los siguientes datos se refieren a 2011:

Costos indirectos de manufactura presupuestados	$4,800,000
Base de aplicación de los costos indirectos	Horas-máquina
Horas máquina presupuestadas	80,000
Costos indirectos de manufactura incurridos	$4,900,000
Horas-máquina reales	75,000

Los datos de las horas máquina y los saldos finales (antes del prorrateo de los costos indirectos subaplicados y sobreaplicados) son como sigue:

	Horas-máquina reales	Saldo al final del año 2011
Costo de ventas	60,000	$8,000,000
Control de productos terminados	11,000	1,250,000
Control de productos en proceso	4,000	750,000

Se requiere
1. Calcule la tasa presupuestada de costos indirectos de manufactura para 2011.
2. Calcule los costos indirectos de manufactura subaplicados o sobreaplicados de Zaf Radiador en 2011. Registre esta cantidad usando lo siguiente:
   a) Cancelación contra el costo de ventas.
   b) Prorrateo basado en los saldos finales (antes del prorrateo) en control de productos en proceso, control de productos terminados y costo de ventas.
   c) Prorrateo basado en los costos indirectos aplicados en 2011 (antes del prorrateo) en los saldos finales de control de productos en proceso, control de productos terminados y costo de ventas.
3. ¿Qué método prefiere usted en el punto 2? Explique su respuesta.

4-35 Costeo estimado, aplicación de costos indirectos, trabajando al revés. Gibson Manufacturing usa un costeo estimado para su sistema de costeo de las órdenes de trabajo, el cual tiene dos categorías de costos directos (materiales directos y mano de obra directa), así como una categoría de costos indirectos (costos indirectos de manufactura). Se ha obtenido la siguiente información para 2011:

■ Costos totales de manufactura, $8,000,000.
■ Costos indirectos de manufactura aplicados, $3,600,000 (asignados a una tasa de 200% de los costos de la mano de obra directa).
■ Inventario de productos en proceso al 1 de enero de 2011, $320,000.
■ Costo de los productos terminados manufacturados, $7,920,000.

Se requiere
1. Use la información de las dos primeras viñetas para calcular: *a*) los costos de la mano de obra directa en 2011 y *b*) el costo de los materiales directos usados en 2011.
2. Calcule el inventario final de productos en proceso al 31 de diciembre de 2011.

4-36 Prorrateo de los costos indirectos con dos grupos de costos indirectos. New Rise, Inc., produce estatuillas de porcelana. La producción es semiautomatizada cuando la estatuilla se moldea casi totalmente a través de máquinas sin operadores y, posteriormente, se pinta a mano de manera individual. Los costos indirectos del departamento de moldeado se aplican con base en las horas-máquina, en tanto que los costos indirectos del departamento de pintura y se aplican con base en las horas de mano de obra directa. New Rise, Inc., usa un sistema de costos estimados y reportó costos indirectos reales para el mes de mayo de $17,248 y de $31,485 para los departamentos de moldeado y de pintura, respectivamente. La compañía reportó la siguiente información en relación con sus cuentas de inventario y costo de ventas para el mes de mayo:

	Productos en proceso	Productos terminados	Costo de ventas
Saldo antes del prorrateo	$27,720	$15,523.20	$115,156.80
Costos indirectos aplicados del departamento de moldeado	$ 4,602	$ 957.00	$ 12,489.00
Costos indirectos aplicados del departamento de pintura	$ 2,306	$ 1,897.00	$ 24,982.00

1. Calcule los costos indirectos sobreaplicados o subaplicados para cada uno de los departamentos de moldeado y de pintura para el mes de mayo.
2. Calcule los saldos finales de productos en proceso, productos terminados y costo de ventas, si los montos
de los costos indirectos sobreaplicados y subaplicados de *cada* departamento son como sigue:
   a) Se cancelan contra el costo de ventas.
   b) Se prorratean tomando como base el saldo final (antes del prorrateo) de cada una de las tres cuentas.
   c) Se prorratean tomando como base los costos indirectos aplicados en mayo (antes del prorrateo), en los
saldos finales de cada una de las tres cuentas.
3. ¿Qué método elegiría usted? Explique su respuesta.

4-37 **Relaciones del mayor general, subaplicación y sobreaplicación**. (Adaptado de S. Sridhar.) La compañía
Needham utiliza un costeo estimado dentro de su sistema de costos por órdenes de trabajo. A continuación se
presentan las cuentas T parcialmente completadas, así como otra información adicional de Needham:

Control de materiales directos			Control de productos en proceso			Control de productos terminados		
1-1-2011	30,000	380,000	1-1-2011	20,000		1-1-2011	10,000	900,000
	400,000		Mano de obra dir. de manuf.	360,000			490,000	

Control de costos indirectos de manufactura		Costos indirectos de manufactura aplicados		Costo de ventas
540,000				

A continuación se presenta otra información adicional:

a) La tasa salarial de la mano de obra directa fue de $15 por hora.
b) Los costos indirectos de manufactura se aplicaron a $20 por hora de mano de obra directa.
c) Durante el año, los ingresos por ventas fueron de $1,090,000, mientras que los costos de marketing y de dis-
tribución fueron de $140,000.

1. ¿Cuál fue la cantidad de materiales directos enviados a producción en 2011?
2. ¿Cuál fue la cantidad de costos indirectos de manufactura aplicados a las órdenes de trabajo durante 2011?
3. ¿Cuál fue el costo total de las órdenes de trabajo que se completaron durante 2011?
4. ¿Cuál fue el saldo del inventario de productos en proceso al 31 de diciembre de 2011?
5. ¿Cuál fue el costo de ventas antes del prorrateo de los costos indirectos subaplicados y sobreaplicados?
6. ¿Cuáles fueron los costos indirectos de manufactura subaplicados y sobreaplicados en 2011?
7. Cancele los costos indirectos de manufactura subaplicados y sobreaplicados usando lo siguiente:
   a) La cancelación contra el costo de ventas.
   b) El prorrateo tomando como base los saldos finales (antes del prorrateo) en control de productos en proceso, control de productos terminados y costo de ventas.
8. Usando cada uno de los enfoques del punto 7, calcule la utilidad operativa de Needham para 2011.
9. ¿Qué enfoque del punto 7 recomendaría usted que usara Needham? Explique su respuesta en forma breve.

4-38 **Panorama general de las relaciones del mayor general**. Brady Company usa un costeo estimado en su
sistema de costeo por órdenes de trabajo. La compañía fabrica bicicletas al gusto para niños que comienzan a
andar. Los saldos iniciales (1 de diciembre) y los saldos finales (30 de diciembre) de las cuentas de inventarios son
los siguientes:

	Saldo inicial 1/12	Saldo final 30/12
Control de materiales	$1,200	$ 7,600
Control de productos en proceso	5,800	8,100
Control de costos indirectos del departamento de manufactura	—	94,070
Control de productos terminados	3,500	18,500

A continuación se presenta otra información adicional:

a) Los materiales directos que se compraron durante diciembre fueron de $65,400.
b) El costo de los bienes manufacturados para diciembre fue de $225,000.
c) No se devolvieron materiales directos a los proveedores.
d) No se empezaron ni se terminaron unidades al 31 de diciembre.
e) Los costos de la mano de obra de manufactura para el día laborable del 31 de diciembre fueron los siguientes: mano de obra directa, $3,850 y mano de obra indirecta, $950.
f) Los costos indirectos de manufactura se aplicaron al 120% de los costos de mano de obra directa hasta el 30
de diciembre.

Se requiere

1. Prepare asientos de diario para la nómina del 31 de diciembre.
2. Use cuentas T para registrar lo siguiente:
    a) La cantidad total de materiales solicitados a productos en proceso durante diciembre.
    b) El monto total de mano de obra directa registrada en productos en proceso durante diciembre (Sugerencia: Se deben resolver de manera simultánea los requisitos 2b y 2c).
    c) El monto total de los costos indirectos de manufactura registrados en productos en proceso durante diciembre
    d) El saldo final de productos en proceso, 31 de diciembre.
    e) El costo de ventas en diciembre antes de los ajustes por los costos indirectos de manufactura subaplicados o sobreaplicados.
3. Prepare los asientos de diario del cierre relacionados con los costos indirectos de manufactura. Suponga que todos los costos indirectos de manufactura subaplicados o sobreaplicados están estrechamente relacionados con el costo de ventas.

4-39 **Aplicación y prorrateo de costos indirectos**. Tamden, Inc., imprime materiales de marketing al gusto de los clientes. El negocio se inició el 1 de enero de 2010. La compañía usa un sistema de costeo estimado. Tiene dos grupos de costos directos, materiales y mano de obra, así como un grupo de costos indirectos. Los costos indirectos se cargan a los trabajos de impresión tomando como base el costo de la mano de obra directa. Se dispone de la siguiente información para 2010.

Costos presupuestados de mano de obra directa	$150,000
Costos indirectos presupuestados	$180,000
Costos de los materiales reales utilizados	$126,500
Costos reales de la mano de obra directa	$148,750
Costos indirectos reales	$176,000

Había dos órdenes de trabajo en proceso al 31 de diciembre de 2010: la 11 y la 12. Los costos que se agregaron a cada orden de trabajo al 31 de diciembre son:

	Materiales directos	Mano de obra directa
Orden de trabajo 11	$3,620	$4,500
Orden de trabajo 12	$6,830	$7,250

Tamden, Inc., no tiene inventarios de productos terminados porque todos los trabajos de impresión se transfieren al costo de ventas cuando se terminan.

Se requiere

1. Calcule la tasa de aplicación de los costos indirectos.
2. Calcule el saldo final de los productos en proceso y del costo de ventas, antes de los ajustes para los costos indirectos subaplicados y sobreaplicados.
3. Calcule los costos indirectos subaplicados y sobreaplicados.
4. Calcule los saldos finales de productos en proceso y del costo de ventas, si el monto de los costos indirectos subaplicados o sobreaplicados de trata como sigue:
    a) Se cancela contra el costo de ventas.
    b) Se prorratea usando el saldo final (antes del prorrateo) de las cuentas de control del costo de ventas y de los productos en proceso.
5. ¿Cuál de los métodos del punto 4 elegiría usted? Explique su respuesta.

4-40 **Costeo por órdenes de trabajo, contrataciones, ética**. La compañía Kingston fabrica casas modulares y tiene dos productos principales que vende comercialmente: un modelo de 1,000 pies cuadrados, con una recámara, y un modelo de 1,500 pies cuadrados, con dos recámaras. En fechas recientes, la compañía empezó a proporcionar alojamiento de emergencia (cabañas) a la Agencia Federal para el Manejo de Emergencias (AFME), el cual es similar al modelo de 1,000 pies cuadrados.

La AFME solicitó a Kingston que participe en una licitación para 150 cabañas de emergencia, que deberán enviarse a las víctimas de una inundación en el sur. Su jefe le pide a usted que prepare la licitación. Al hacerlo, usted encuentra una factura reciente de AFME por 200 cabañas que se proporcionaron después del huracán Katrina. Usted también tiene una hoja de costos estándar para el modelo de 1,000 pies cuadrados que se ha vendido comercialmente. Estos documentos muestran lo siguiente:

Hoja de costos estándar: modelo de una recámara de 1,000 pies cuadrados

Materiales directos		$ 8,000
Mano de obra directa	30 horas	600
Costos indirectos de manufactura*	$3 por dólar de mano de obra directa	1,800
Costo total		$10,400
Margen de utilidad al menudeo sobre el costo total		20%
Precio al menudeo		$12,480

---

* El grupo de costos indirectos incluye la mano de obra de inspección ($15 por hora), la mano de obra de preparación de las máquinas ($12 por hora) y otros costos indirectos asociados con la producción.

FACTURA
FECHA: 15 de septiembre de 2005
FACTURADO A: AFME
PARA: 200 cabañas de emergencia
ENVIADO A: Nueva Orleáns, Louisiana

Materiales directos	$1,840,000
Mano de obra directa**	138,400
Costos indirectos de manufactura	415,200
Costo total	2,393,600
Margen de utilidad del contrato del gobierno sobre el costo total	15%
Total adeudado	$2,752,640

** La mano de obra directa incluye 28 horas de producción por unidad, cuatro horas de inspección por unidad y seis horas de preparación de las máquinas por unidad

1. Calcule la licitación total, si usted basa sus cálculos en la hoja de costos estándar, suponiendo un contrato del gobierno consistente en costo más margen de utilidad de 15 por ciento.
2. Calcule la licitación total, si usted basa sus cálculos en la factura del 15 de septiembre de 2005, suponiendo un contrato del gobierno consistente en costo más margen de utilidad de 15 por ciento.
3. ¿Cuáles son las principales discrepancias entre las licitaciones que usted calculó en los puntos 1 y 2?
4. ¿Qué licitaciones debería presentar ante su jefe? ¿Qué principios de las *normas de comportamiento ético para los profesionales de la contabilidad administrativa y de la administración financiera del* IMA deberían orientar su decisión?

Se requiere

Problema de aprendizaje colaborativo

4-41 **Costeo por órdenes de trabajo: sector de servicios**. Cam Cody programa firmas de libros para autores de ciencia ficción, y crea libros electrónicos y libros en CD para venderlos en cada firma. Cody usa un sistema de costos estimados con dos grupos de costos directos, mano de obra y materiales, así como un grupo de costos indirectos, los costos indirectos generales. Los costos indirectos generales se aplican a cada contratación con base en el 80% del costo de la mano de obra. En marzo de 2010, los costos indirectos reales fueron iguales a los costos indirectos aplicados. En abril, los costos indirectos reales fueron de $1,980. Todos los costos en que se incurre durante la fase de planeación de una firma y durante esta se recopilan en una cuenta de balance general denominada "Firmas en proceso (FEP)". Cuando se completa una contratación, los costos se transfieren a una cuenta del estado de resultados denominada "Costo de las firmas completadas (CFC)". A continuación se presenta la información de costos para abril de 2010:

Autor	Desde las FEP iniciales		Incurrido en abril	
	Materiales	Mano de obra	Materiales	Mano de obra
N. Asher	$425	$750	$ 90	$225
T. Bucknell	710	575	150	75
S. Brown	200	550	320	450
S. King	—	—	650	400
D. Sherman	—	—	150	200

Se tiene la siguiente información para el mes de abril de 2010:

Al 1 de abril, había tres firmas en proceso. *N. Asher, T. Bucknell y S. Brown.* Las firmas para *S. King y D. Sherman* se iniciaron durante abril. Las firmas de *T. Bucknell y de S. King* se completaron en abril.

1. Calcule la FEP al final del mes de abril.
2. Calcule el CFC para abril.
5. Calcule los costos indirectos subaplicados y sobreaplicados al final de abril.
4. Calcule los saldos finales de la FEP y del CFC, si la cantidad subaplicada/sobreaplicada es como sigue:
   a) Se cancela contra el CFC.
   b) Se prorratea tomando como base los saldos finales (antes del prorrateo) en la FEP y el CFC.
   c) Se prorratea tomando como base los costos indirectos aplicados en abril en los saldos finales de la FEP y del CFC (antes del prorrateo)
5. ¿Cuál de los métodos del punto 4 elegiría usted?

Se requiere

◄ Ejercicio integrador

Sistema de acumulación de costos en la producción por órdenes

Ejercicio integrador

Como material adicional para la edición en español, incluimos un ejercicio integrador, apéndice B, en la parte final de este libro, denominado "Sistema de acumulación de costos en la producción por órdenes". Se recomienda al lector su resolución al terminar de estudiar este capítulo.

5

Costeo basado en actividades y administración basada en actividades

Un buen misterio nunca deja de captar la imaginación.

El dinero puede robarse o perderse, la propiedad puede desaparecer o alguien puede enfrentar un juego sucio. De manera superficial, lo que parece poco notorio para el ojo no adiestrado resultaría toda una revelación una vez que llegan a descubrirse los hechos y los detalles. Llegar al fondo del caso, entender qué fue lo que sucedió y por qué, y tomar una acción correctiva marcaría la diferencia entre un caso resuelto y un caso no resuelto. Las empresas y las organizaciones son muy similares. Sus sistemas de costeo son, con frecuencia, misterios con incógnitas no resueltas: ¿Por qué estamos en números rojos? ¿Estamos fijando el precio de nuestros productos de una manera adecuada? El costeo basado en actividades ayuda a desentrañar el misterio y da como resultado un mejoramiento en las operaciones, como lo descubrió LG Electronics en el siguiente artículo.

LG Electronics reduce los costos y las ineficiencias mediante un sistema de costeo basado en actividades[1]

LG Electronics es uno de los principales fabricantes de televisores de pantalla plana y teléfonos móviles en todo el mundo. En 2009 esta compañía con sede en Seúl, Corea del Sur, vendió 16 millones de televisores con pantalla de cristal líquido y 117 millones de teléfonos móviles a nivel mundial.

Para la elaboración de tal cantidad de aparatos electrónicos, LG Electronics gasta casi $40,000 millones anualmente en la adquisición de semiconductores, metales, conectores y otros materiales. Los costos de muchos de estos componentes se han incrementado significativamente en años recientes. Sin embargo, hasta 2008, LG Electronics no tenía un sistema centralizado de adquisiciones para apalancar su escala y para controlar los costos del suministro. En cambio, la compañía tenía un sistema descentralizado lleno de gastos inútiles e ineficiencias.

Para responder ante tales desafíos, LG Electronics contrató a su primer jefe de adquisiciones, quien recurrió al costeo basado en actividades ("ABC", por las siglas de activity-based costing) en busca de respuestas. El análisis ABC del sistema de adquisiciones de la compañía reveló que la mayoría de los recursos de la empresa se aplicaban a tareas administrativas y no a tareas estratégicas. Además, las tareas administrativas se hacían de forma manual y a un costo muy elevado.

El análisis ABC llevó a LG Electronics a cambiar muchas de sus prácticas y procesos de adquisición, a mejorar la eficiencia y a concentrarse en las tareas que implicaban un mayor valor, como la administración

[1] *Fuentes*: Carbone, James. 2009. LG Electronics centralizes purchasing to save. *Purchasing*, abril. http://www.purchasing.com/article/217108-LG Electronics_centralizes_purchasing_to_save.php; Linton's goals. 2009. Supply Management, 12 de mayo. http://www.supplymanagement.com/analysis/features/2009/lintons-goals/; Yoou-chul, Kim. 2009. CPO expects to save $1 billion in procurement. *The Korea Times*, 1 de abril. http://www.koreatimes.co.kt/www/news/biz/2009/04/123_42360.html.

de los costos de los productos de consumo y las negociaciones con los proveedores.

Asimismo, la compañía desarrolló una estrategia global de adquisición para sus televisores, teléfonos móviles, computadoras y sistemas de teatro en casa, mediante la implementación de licitaciones competitivas entre proveedores, la estandarización de piezas en las líneas de productos y el desarrollo de una capacidad de compra adicional en China.

Hasta este momento, los resultados han sido asombrosos. Tan solo en 2008, LG Electronics redujo sus costos de materiales en 16% y espera reducir los costos aún más en $5,000 millones a finales de 2011.

La mayoría de las compañías —como Dell, Oracle, JP Morgan Chase y Honda— ofrecen más de un solo producto (o servicio). Dell Computer, por

ejemplo, fabrica computadoras de escritorio, computadoras portátiles y servidores. Las tres actividades básicas para la manufactura de computadoras son: *a*) el diseño de las mismas, *b*) el ordenamiento de los componentes y *c*) el ensamblado. Sin embargo, diferentes productos requieren distintas cantidades de las tres actividades. Por ejemplo, un servidor tiene un diseño más complejo, mucho más piezas y un ensamblado más complicado que una pc de escritorio.

Para medir el costo de la elaboración de cada producto, Dell rastrea de manera separada los costos de las actividades necesarias para cada producto. En este capítulo, describiremos los sistemas de costeo basados en actividades y cómo estos ayudan a las compañías a tomar mejores decisiones acerca de la fijación de precios y la mezcla de productos. Y, como en el caso de LG Electronics, señalamos la manera en que los sistemas ABC ayudan en las decisiones de administración de costos al mejorar los diseños de los productos, sus procesos y medir la eficiencia.

Los promedios amplios y sus consecuencias

Históricamente, las compañías (como los fabricantes de televisores y de automóviles) elaboraban una variedad limitada de productos. Los costos indirectos eran un porcentaje relativamente pequeño de los costos totales. El uso de sistemas de costeo sencillos para asignar los costos de una manera amplia era fácil, poco costoso y razonablemente exacto. Sin embargo, a medida que se han incrementado la diversidad de los productos y los costos indirectos, la aplicación de promedios amplios ha dado como resultado una mayor inexactitud en los costos de los productos. Por ejemplo, para asignar los costos a los productos, el uso de una tasa de aplicación de costos indirectos de manufactura extensiva a toda la planta con frecuencia da como resultado datos de costos poco confiables. El término *costeo de mantequilla de untar* (sí, así es como se le llama) describe un enfoque de costeo específico que utiliza promedios amplios para asignar (o para untar, como al usar la mantequilla) el costo de los recursos de una manera uniforme a los objetos de costos (como productos o servicios), cuando los productos o servicios individuales pueden, de hecho, usar tales recursos de una manera no uniforme.

Objetivo de aprendizaje 1

Explicar la manera en que un promedio amplio subestima o sobreestima los costos de los productos o los servicios

.... este problema surge cuando los costos reportados de los productos no son iguales a sus costos reales

Subestimación y sobreestimación de los costos

El siguiente ejemplo ilustra la manera en que la aplicación de promedios podría dar como resultado datos de costos inexactos y engañosos. Considere el costo de la nota de un restaurante para cuatro colegas que se reúnen en forma mensual para discutir los desarrollos de negocios. Cada persona ordena en forma separada platos principales, postres y bebidas. La nota del restaurante para la última reunión es la siguiente:

	Emma	James	Jessica	Matthew	Total	Promedio
Plato principal	$11	$20	$15	$14	$ 60	$15
Postre	0	8	4	4	16	4
Bebidas	4	14	8	6	32	8
Total	$15	$42	$27	$24	$108	$27

Si el total de la cuenta del restaurante es de $108 y se divide de manera uniforme, el costo promedio por persona es de $27. Este enfoque de promedios de costos trata a cada individuo de la misma forma. Es probable que Emma se resistiera a pagar los $27 porque su costo real era tan solo de $15; ella ordenó el plato fuerte más barato, no comió postre y pidió la bebida más económica. Cuando los costos se promedian entre las cuatro personas, tanto Emma como Matthew se someten a una sobreestimación de costos, James se somete a una subestimación de costos y Jessica recibe (por coincidencia) costos exactos.

La aplicación de promedios amplios puede conducir a una subestimación o a una sobreestimación de los costos en bienes o servicios:

■ **Subestimación del costo de un producto**: un producto consume un alto nivel de recursos, pero se reporta que tiene un costo bajo por unidad (la cena de James).

■ **Sobreestimación del costo de un producto**: un producto consume un bajo nivel de recursos, pero se reporta que tiene un costo alto por unidad (la cena de Emma).

¿Cuáles son las consecuencias estratégicas de la subestimación o la sobreestimación de los costos en los productos? Piense en una compañía que utiliza información de costos acerca de sus productos, con la finalidad de orientar sus decisiones sobre fijación de precios. Los productos subcosteados recibirán un precio insuficiente e incluso podrían conducir a ventas que realmente den pérdidas como resultado: las ventas aportan menos ingresos que el costo de los recursos que emplean. Los productos sobrecosteados conducen a un precio excesivo, ocasionando que dichos productos pierdan una participación de mercado a favor de los competidores que elaboran productos similares. Lo que es todavía peor, la subestimación o la sobreestimación de los costos de un producto ocasiona que los gerentes centren la atención en los productos equivocados, dirigiendo así la atención a los productos sobrecosteados, cuyos costos de hecho serían perfectamente razonables, e ignorando los productos subcosteados que, de hecho, consumen grandes cantidades de recursos.

Subsidio (cruzado) del costo de los productos

El **subsidio del costo de los productos** significa que si una organización subestima el costo de uno de sus productos, sobreestimará el costo de, por lo menos, uno de sus demás productos. Asimismo, si una compañía sobreestima el costo de uno de sus productos, subestimará el costo de, por lo menos, uno de sus demás productos. El subsidio del costo del producto es muy común en situaciones donde un costo se distribuye de manera uniforme —lo cual significa que se promedia en forma amplia— a través de productos múltiples, sin considerar la cantidad de recursos que consume cada producto.

En el ejemplo de la nota del restaurante, el monto del subsidio del costo de cada individuo se calcula con facilidad, *porque todas las partidas de costos se pueden atribuir como costos directos a cada individuo*. Si todas las personas pagan $27, Emma está pagando $12 más que su costo real de $15. Ella da un subsidio a James, quien paga $15 menos que su costo real de $42. El cálculo de la cantidad de subsidio de los costos requiere mayor trabajo cuando se deben considerar algunos costos indirectos. ¿Por qué? Porque cuando dos o más personas usan los recursos que representan costos indirectos, encontramos una forma de asignar o aplicar los costos a cada individuo. Considere, por ejemplo, una botella de vino de $40, cuyo costo se comparte por igual. Cada persona pagaría $10 ($40/4). Suponga que Matthew toma dos copas de vino, en tanto que Emma, James y Jessica beben una copa cada uno, lo cual hace un total de cinco copas. La aplicación del costo de la botella de vino, tomando como base las copas de vino que bebe cada individuo, daría como resultado que Matthew pagara $16 ($40 × 2/5) y que cada uno de los demás pagara $8 ($40 × 1/5).

En este caso, al compartir el costo por igual, Emma, James y Jessica pagan cada uno $2 ($10 − $8) más y están otorgando un subsidio a Matthew, quien paga $6 ($16 − $10) menos por el vino que ha consumido. Para conocer los efectos al promediar de manera amplia los costos indirectos y los costos directos, consideraremos el sistema de costeo de la corporación Plastim.

▶ Punto de decisión

¿Cuando ocurre la subestimación o la sobreestimación del costo?

Un sistema de costeo simple en la corporación Plastim

La corporación Plastim fabrica calaveras (cubiertas) para las luces traseras de los automóviles. Una calavera, hecha de un plástico negro, rojo, anaranjado o blanco, es parte de la lámpara visible en el exterior del automóvil. Las calaveras se elaboran mediante una inyección de plástico fundido dentro de un molde para dar a la calavera la forma deseada. El molde se enfría para permitir que el plástico fundido se solidifique y, después, se retira la cubierta.

De acuerdo con su contrato celebrado con Giovanni Motors, un importante fabricante de automóviles, Plastim elabora dos tipos de calavera: una compleja, CL5, y una sencilla, S3. La calavera compleja es de tamaño grande e incluye algunas características especiales, como un moldeo de colores múltiples (cuando se inyecta más de un color dentro del molde) y una forma compleja que se envuelve alrededor de la esquina del automóvil. La fabricación de la calavera CL5 es más compleja porque diversas piezas del molde deben estar alineadas y embonar con precisión. La calavera S3 es más fácil de elaborar porque tiene un solo color y un número reducido de características especiales.

Procesos de diseño, manufactura y distribución

La secuencia de pasos para diseñar, producir y distribuir las calaveras, indistintamente de que sean sencillas o complejas, es como sigue:

- **Diseño de productos y procesos.** Cada año, Giovanni Motors especifica algunas modificaciones para las calaveras sencillas y complejas. El departamento de diseño de Plastim diseña los moldes, a partir de los cuales se habrán de elaborar las calaveras y especifica los procesos que se necesitarán, es decir, los detalles de las operaciones de manufactura.

- **Manufactura de las calaveras.** Las calaveras se someten a las operaciones de moldeo, acabado, limpieza e inspección.

- **Distribución de las calaveras.** Las piezas terminadas se empacan y se envían a Giovanni Motors

Plastim está operando a toda su capacidad e incurre en costos de marketing muy bajos. Debido a la alta calidad de sus productos, Plastim tiene costos mínimos de servicios al cliente. El ambiente de negocios de Plastim es muy competitivo con respecto a las calaveras sencillas. En una junta reciente, el gerente de compras de Giovanni indicó que un nuevo proveedor, Bandix, que elabora tan solo calaveras sencillas, ofrece suministrar la calavera S3 a Giovanni a un precio de $53, muy por debajo del precio de $63 que Plastim proyecta y calcula actualmente para 2011. A menos de que Plastim logre reducir su precio de venta, perderá la operación de negocios de Giovanni, consistente en la calavera sencilla para el modelo del año próximo. Por fortuna, no hay las mismas presiones competitivas para la calavera compleja, la cual Plastim vende actualmente a Giovanni a $137 cada una.

La gerencia de Plastim tiene dos opciones fundamentales:

- Plastim puede abandonar la operación de negocios de Giovanni consistente en la producción de calaveras sencillas, si la venta de estas es poco redituable. Bandix elabora únicamente las calaveras sencillas y tal vez, por lo tanto, usa una tecnología y una serie de procesos más sencillos que los de Plastim. Las operaciones más sencillas pueden dar a Bandix una ventaja en costos que Plastim no sería capaz de igualar. En caso de ser así, es mejor que Plastim no suministre la calavera S3 a Giovanni.

- Plastim puede reducir el precio de la calavera sencilla y aceptar un margen más bajo, o bien, buscar rigurosamente la reducción de costos.

Para tomar decisiones estratégicas a largo plazo, la gerencia necesita entender primero los costos para diseñar, fabricar y distribuir las calaveras S3 y CL5.

Mientras que Bandix elabora únicamente calaveras sencillas y puede calcular con gran exactitud el costo de una calavera dividiendo los costos totales entre las unidades producidas, el ambiente de costeo de Plastim es más desafiante. Los procesos para la elaboración de calaveras, tanto sencillas como complejas, son más complicados que los procesos que se necesitan para hacer únicamente calaveras sencillas. Plastim necesita encontrar una forma de aplicar los costos a cada tipo de calavera.

Al calcular los costos, Plastim asigna costos variables y costos que son fijos en el corto plazo a las calaveras S3 y CL5. Los gerentes costean los productos y los servicios para guiar las decisiones estratégicas a largo plazo (por ejemplo, qué mezcla de productos y servicios se deben elaborar y vender, y qué precios cobrar por ellos). En el largo plazo, los gerentes desean que los ingresos excedan a los costos totales (variables y fijos) en que se incurren para diseñar, fabricar y distribuir las calaveras.

Para orientar sus decisiones de fijación de precios y de administración de los costos, los gerentes de Plastim asignan todos los costos, tanto de manufactura como los costos que no son de manufactura, a las calaveras S3 y CL5. Si los gerentes hubieran querido calcular el costo del inventario, los contadores administrativos de Plastim hubieran asignado únicamente los costos de manufactura a las calaveras, como lo exigen los principios de contabilidad generalmente aceptados o normas de información financiera. En todo el mundo, las encuestas acerca de las prácticas de las compañías indican de manera abrumadora que la gran mayoría de las compañías usan los sistemas de costeo no solamente para el costeo del inventario, sino también para propósitos estratégicos como las decisiones de fijación de precio y de la mezcla de productos, así como las decisiones acerca de las reducciones de costos, el mejoramiento de los procesos, el diseño y la planeación y los presupuestos. Como resultado de ello, incluso las firmas del sector comercial (para quienes el costeo del inventario es más sencillo) y las compañías del sector de servicios (quienes no tienen inventarios) destinan recursos considerables para el diseño y la operación de sus sistemas de costeo. En este capítulo, tomamos este enfoque más estratégico y asignamos los costos en todas las funciones de la cadena de valor a las calaveras S3 y CL5.

Sistema de costeo simple que usa un solo grupo común de costos indirectos

Históricamente Plastim ha tenido un sistema de costeo simple que aplica los costos indirectos usando una sola tasa de costos indirectos, el tipo de sistema que se describió en el capítulo 4. Calculamos los costos presupuestados para cada tipo de calavera en 2011 usando el sistema de costeo simple de Plastim y, posteriormente, lo contrastamos con el costeo basado en actividades. (Observe que en vez de los trabajos, como en el capítulo 4, ahora tenemos a los productos como los objetos de costos.) La ilustración 5-1 muestra un panorama general del sistema de costeo simple de Plastim. Use este cuadro como guía a medida que se estudien los siguientes pasos, cada uno de los cuales está marcado en la ilustración 5-1.

Ilustración 5-1

Panorama general del sistema de costeo simple de Plastim

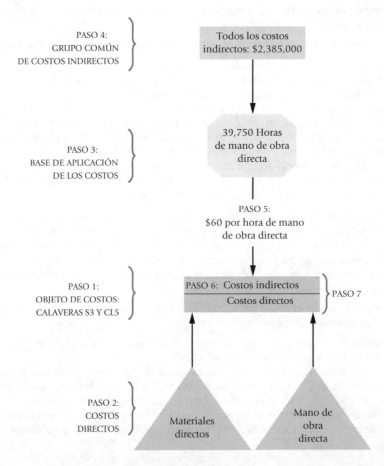

Paso 1: Identificar los productos que serán los objetos de costos elegidos. Los objetos de costos son las 60,000 calaveras sencillas S3 y las 15,000 calaveras complejas CL5 que Plastim fabricará en 2011. La meta de Plastim es calcular primero los costos totales y, luego, el costo unitario del diseño, la manufactura y la distribución de tales calaveras.

Paso 2: Identificar los costos directos de los productos. Plastim identifica los costos directos —los materiales directos y la mano de obra directa— de las calaveras. La ilustración 5-2 muestra los costos directos e indirectos para las calaveras S3 y CL5 usando el sistema de costeo simple. Los cálculos de los costos directos están en las líneas 5, 6 y 7 de la ilustración 5-2. Plastim clasifica todos los demás costos como costos indirectos.

Paso 3: Seleccionar las bases de aplicación de los costos que se utilizarán para la aplicación de los costos indirectos a los productos. La mayoría de los costos indirectos consisten en los salarios que se pagan a los supervisores, a los ingenieros, al personal de apoyo de manufactura y al personal de mantenimiento, pues todos ellos apoyan la mano de obra directa. Plastim usa las horas de mano de obra directa como la única base de aplicación para la asignación de todos los costos indirectos de manufactura y de otro tipo a las calaveras S3 y CL5. En 2011 Plastim planea usar 39,750 horas de mano de obra directa.

Paso 4: Identificar los costos indirectos asociados con cada base de aplicación de los costos. Ya que Plastim usa únicamente una sola base de aplicación de los costos, agrupa a todos los costos indirectos presupuestados de $2,385,000 para 2011 en un solo grupo común de costos indirectos.

Paso 5: Calcular la tasa por unidad de cada base de aplicación de costos.

$$\text{Tasa presupuestada del costo indirecto} = \frac{\text{Costos totales presupuestados en el grupo común de costos indirectos}}{\text{Cantidad total presupuestada de la base de aplicación de los costos}}$$

$$= \frac{\$2,385,000}{39,750 \text{ horas de mano de obra directa}}$$

$$= \$60 \text{ por hora de mano de obra directa}$$

Paso 6: Calcular los costos indirectos asignados a los productos. Plastim espera usar un total de 30,000 horas de mano de obra directa para elaborar las 60,000 calaveras S3, así como un total de 9,750 horas de mano de obra directa para fabricar las 15,000 calaveras CL5. La ilustración 5-2 muestra costos indirectos de $1,800,000 ($60 por hora de mano de obra directa × 30,000 horas de mano de obra directa) asignados a las calaveras sencillas y $585,000 ($60 por hora de mano de obra directa × 9,750 horas de mano de obra directa) asignados a las calaveras complejas.

Paso 7: Calcular el costo total de los productos sumando todos los costos directos e indirectos asignados a los productos. La ilustración 5-2 presenta los costos de los productos para las calaveras sencillas y complejas. Los costos directos se calculan en el paso 2, y los costos indirectos en el paso 6. Asegúrese de observar el paralelismo entre el diagrama que presenta el panorama general del sistema de costeo simple (ilustración 5-1) y los costos que se calcularon en el paso 7. La ilustración 5-1 muestra las dos categorías de costos directos y una categoría de costos indirectos. Por lo tanto, el costo presupuestado de cada tipo de calavera en el paso 7 (ilustración 5-2) tiene tres partidas: dos para los costos directos y una para los costos indirectos asignados. El costo presupuestado para la calavera S3 es de $58.75, muy por arriba del precio de venta de $53 cotizado por Bandix. El costo presupuestado para la calavera CL5 es de $97.

Ilustración 5-2 Costos de los productos de Plastim usando el sistema de costeo simple

	A	B	C	D	E	F	G
1		**60,000**			**15,000**		
2		**Calaveras sencillas (S3)**			**Calaveras complejas (CL5)**		
3		**Total**	**por unidad**		**Total**	**por unidad**	**Total**
4		**(1)**	**(2) = (1) ÷ 60,000**		**(3)**	**(4) = (3) ÷ 15,000**	**(5) = (1) + (3)**
5	Materiales directos	$1,125,000	$18.75		$ 675,000	$45.00	$1,800,000
6	Mano de obra directa	600,000	10.00		195,000	13.00	795,000
7	Total de costos directos (paso 2)	1,725,000	28.75		870,000	58.00	2,595,000
8	Costos indirectos aplicados (paso 6)	1,800,000	30.00		585,000	39.00	2,385,000
9	Total de costos (paso 7)	$3,525,000	$58.75		$ 1,455,000	97.00	$4,980,000
10							

Aplicación del proceso de la toma de decisiones de cinco pasos en Plastim

Para decidir cómo debería responder ante la amenaza que representa Bandix para su negocio de la calaveras S3, la gerencia de Plastim sigue el proceso de toma de decisiones de cinco pasos que se presentó en el capítulo 1.

Paso 1:   Identificar el problema y las incertidumbres. El problema es claro: Si Plastim quiere mantener el negocio con Giovanni en la fabricación de las calaveras S3 y obtener una utilidad, debe encontrar una forma de reducir el precio y los costos de dicho producto. Las dos principales incertidumbres que enfrenta Plastim son: **1.** si la tecnología y los procesos de Plastim para la calavera S3 son competitivos con los de Bandix, y **2.** si la calavera S3 se encuentra sobrecosteada por el sistema de costeo simple.

Paso 2:   Obtención de información. La gerencia pide a uno de sus equipos de ingenieros de diseño y de procesos que analice y evalúe el diseño, la manufactura y las operaciones de distribución para la calavera S3. El equipo tiene mucha confianza en que la tecnología y los procesos para la calavera S3 no sean inferiores a los de Bandix y otros competidores, ya que Plastim tiene muchos años de experiencia en la fabricación y la distribución de la S3, así como una historia y una cultura de mejora continua de los procesos. El equipo tiene menos certeza acerca de las capacidades de Plastim en la manufactura y la distribución de calaveras complejas, porque tan solo empezó en fechas recientes la fabricación de esta clase de calavera. Dadas esas dudas, la gerencia está complacida de que Giovanni Motors considere que el precio de la calavera CL5 será competitivo. Sin embargo, no deja de ser un enigma la manera en que, con base en los precios actualmente presupuestados, se espera que Plastim logre un porcentaje muy alto de margen de utilidad (utilidad operativa ÷ ingresos) sobre las calaveras CL5 y un pequeño margen de utilidad sobre las calaveras S3:

	60,000 calaveras sencillas (S3)		**15,000 calaveras complejas (CL5)**		
	Total (1)	**por unidad (2) = (1) ÷ 60,000**	**Total (3)**	**por unidad (4) = (3) ÷ 15,000**	**Total (5) = (1) + (3)**
Ingresos	$3,780,000	$63.00	$2,055,000	$137.00	$5,835,000
Costos totales	3,525,000	58.75	1,455,000	97.00	4,980,000
Utilidad operativa	$ 255,000	$ 4.25	$ 600,000	$ 40.00	$ 855,000
Porcentaje del margen de utilidad		6.75 %		29.20 %	

A medida que continua recopilando información, la gerencia de Plastim empieza a preguntarse la causa por la cual los márgenes (y los procesos) de utilidad están sometidos a tantas presiones para la calavera S3, donde la compañía tiene fuertes capacidades, y por qué dichos márgenes son altos en el caso de las CL5, más novedosas y menos establecidas. Plastim no está cargando de manera deliberada un precio bajo para la S3 y, por consiguiente, la gerencia empieza a considerar que quizás el problema se encuentre en su sistema de costeo. El sistema de costeo simple de Plastim tal vez esté sobreestimando el costo de la calavera sencilla S3 (asignándole demasiados costos) y esté subestimando la calavera CL5 compleja (asignándole una cantidad muy pequeña de costos).

Paso 3:   Realizar predicciones acerca del futuro. El principal desafío de Plastim consiste en obtener una mejor estimación de lo que costará diseñar, fabricar y distribuir las calaveras S3 y CL5. La gerencia tiene mucha confianza en los costos de los materiales directos y en los costos de la mano de obra directa para cada calavera, porque estos costos suelen ser fácilmente atribuidos a las calaveras. No obstante, la gerencia está muy preocupada acerca de la exactitud con la cual el sistema de costeo simple mide los recursos indirectos que usa en cada tipo de calavera. Considera que puede hacer mucho mejor las cosas.

Al mismo tiempo, la gerencia quiere asegurarse de que no haya prejuicios en su razonamiento. En particular, desea tener cuidado de que el deseo de ser competitivo sobre la calavera S3 no conduzca a prejuicios que influyan a favor de la reducción de los costos de dicho producto.

Paso 4:   Tomar decisiones mediante la elección entre alternativas: Con base en los costos predichos, y tomando en cuenta la manera en que Bandix podría responder, los gerentes de Plastim deben decidir si tienen que presentar una licitación para el negocio, consistente en la calavera S3 de Giovanni Motors y, en caso de ser así, qué precio deberían ofrecer.

Paso 5:   Implementar la decisión, evaluar el desempeño y aprender. Si Plastim participa en la licitación y gana el negocio de la calavera S3 de Giovanni, tiene que comparar los costos reales, a medida que fabrica y embarca las calaveras S3, con los costos predichos, y aprender el porqué los costos reales se desvían de los costos previstos. Tal evaluación y aprendizaje forman la base para las mejoras futuras.

Las siguientes secciones se concentran en los pasos 3, 4 y 5 —cómo mejora Plastim la asignación de los costos indirectos a las calaveras S3 y CL5, cómo usa tales predicciones para presentar una licitación para el negocio de la calavera S3 y cómo lleva a cabo los mejoramientos del diseño y del proceso.

Mejoramiento de un sistema de costeo

Un **sistema de costeo mejorado** reduce el uso de promedios amplios para la asignación del costo de los recursos a los objetos de costos (tales como órdenes de trabajo, productos y servicios), y ofrece una mejor medición de los costos de los recursos indirectos que usan diferentes objetos de costos —indistintamente de las formas variadas en que diversos objetos de costos usen los recursos indirectos.

Razones para mejorar un sistema de costeo

Existen tres razones principales que han acelerado la demanda de tales mejoras.

1. **Incremento en la diversidad de productos**. La creciente demanda por productos personalizados ha llevado a las compañías a incrementar la variedad de productos y servicios que ofrecen. Kanthal, el productor sueco de componentes para calefacción, por ejemplo, fabrica más de 10,000 tipos diferentes de alambres y termostatos de calefacción eléctrica. Los bancos, como el Cooperative Bank en el Reino Unido, ofrecen muchos tipos distintos de cuentas y servicios: cuentas especiales de ahorros, cajeros automáticos, tarjetas de crédito y servicios de banca electrónica. Estos productos difieren en cuanto a sus exigencias sobre los recursos necesarios para producirlos, debido a las diferencias en volumen, proceso y complejidad. Es probable que el uso de promedios amplios conduzca a una información de costos distorsionada e inexacta.

2. **Incremento en los costos indirectos**. El uso de una tecnología de productos y de procesos, como la manufactura integrada por computadora (MIC) y los sistemas flexibles de manufactura (SFM), generó un incremento en los costos indirectos y a una disminución en los costos directos, sobre todo en los costos de la mano de obra directa. En la manufactura integrada por computadora y en los sistemas flexibles de manufactura, las computadoras ubicadas en el área de manufactura brindan instrucciones para configurar y operar los equipos de una manera rápida y automática. Las computadoras miden con exactitud cientos de parámetros de producción y controlan de una forma directa los procesos de manufactura para lograr una producción de alta calidad. El manejo de una tecnología más compleja y la elaboración de productos muy diversos también requieren que se comprometa una cantidad creciente de recursos para varias funciones de apoyo, como la programación de la producción, el diseño de productos y de procesos, y la ingeniería. Como la mano de obra directa no es un generador de costos para estos costos, la asignación de costos indirectos tomando como base la mano de obra directa (lo cual era la práctica común) no mide de una manera exacta cómo los diferentes productos usan los recursos.

3. **Competencia en los mercados de productos**. Conforme los mercados se vuelven más competitivos, los gerentes han sentido la necesidad de obtener información sobre costos más exacta, que los ayude a tomar decisiones estratégicas importantes, como la forma de fijar el precio de los productos y la determinación de qué productos se deberán vender. La toma de decisiones correctas sobre fijación de precios y mezcla de productos es fundamental en los mercados competitivos, ya que los competidores capitalizan rápidamente los errores de una compañía.

   Mientras que los factores anteriores señalan las razones para el incremento en la *demanda* de sistemas de costos mejorados, los *avances en la tecnología de la información* permiten a las organizaciones la implementación de tales mejoras. Los mejoramientos de un sistema de costeo requieren de una mayor recolección de datos y una mayor cantidad de análisis, en tanto que los mejoramientos en la tecnología de la información han reducido de manera espectacular los costos por recopilar, validar, almacenar y analizar enormes cantidades de datos.

Lineamientos para el mejoramiento de un sistema de costeo

Existen tres lineamientos principales para el mejoramiento de un sistema de costeo. En las siguientes secciones, tratamos con mayor profundidad cada uno de ellos dentro del contexto del ejemplo de Plastim.

1. **Atribución del costo directo**. Identificar tantos costos directos como sea económicamente factible. Este lineamiento tiene como finalidad reducir la cantidad de costos clasificados como indirectos, minimizando así el grado en que se tienen que asignar los costos en vez de atribuirse.

2. **Grupos comunes de costos indirectos**. Ampliar el número de grupos comunes de costos indirectos hasta que cada grupo sea más homogéneo. Todos los costos de un *grupo común de costos*

Objetivo de aprendizaje 2

Presentar tres lineamientos para el mejoramiento de un sistema de costeo

. . . . clasificar más costos como costos directos, ampliar el número de grupos comunes de costos indirectos e identificar los generadores de costos

homogéneos tienen las mismas relaciones de causa y efecto, o bien, tienen relaciones similares (o beneficios recibidos) con respecto a un solo generador de costos que se usa como la base de aplicación del costo. Considere, por ejemplo, un solo grupo común de costos indirectos que contenga tanto costos indirectos de operaciones mecánicas, como costos indirectos de distribución que se aplican a los productos usando horas-máquina. Este grupo no es homogéneo porque las horas-máquina son un generador de costos de los costos de las operaciones mecánicas, pero no de los costos de distribución, los cuales tienen un generador de costos diferente, que es el número de embarques. Si en lugar de ello, los costos de las operaciones mecánicas y los costos por distribución se separan en dos grupos comunes de costos indirectos (con las horas-máquina como la base de aplicación del costo para el grupo común de costos de operaciones mecánicas, y el número de embarques como la base de aplicación de los costos para el grupo común de costos de distribución), cada grupo común de costos indirectos se volverá homogéneo.

3. **Bases de aplicación de los costos.** Como describiremos más adelante en este capítulo, siempre que sea posible se debe usar el generador del costo (la causa de los costos indirectos) como la base de asignación del costo para cada grupo común de costos indirectos homogéneos (el efecto).

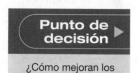

Sistemas de costeo basados en actividades

Una de las mejores herramientas para el mejoramiento de un sistema de costeo es el costeo basado en actividades. El **costeo basado en actividades** (ABC) mejorará un sistema de costeo al identificar las actividades individuales como los objetos de costos fundamentales. Una **actividad** es un evento, una tarea o una unidad de trabajo que tiene un propósito especificado —por ejemplo, el diseño de productos, la configuración de las máquinas, la operación de las máquinas y la distribución de productos. De una manera más informal, las actividades son verbos: algo que hace una empresa. Para ayudar en la toma de decisiones estratégicas, los sistemas ABC identifican las actividades de todas las funciones de la cadena de valor, calculan los costos de las actividades individuales y asignan los costos a los objetos de costos —como los productos y servicios— con base en la mezcla de actividades necesarias para producir cada producto o servicio.[2]

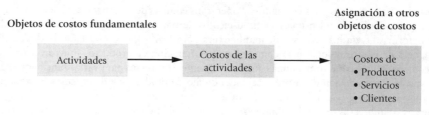

Sistema ABC de Plastim

Después de revisar su sistema de costeo simple y el potencial costeo incorrecto de los productos, Plastim decide implementar un sistema ABC. Los costos de los materiales directos y los costos de la mano de obra directa se pueden atribuir a los productos fácilmente y, por lo tanto, el sistema ABC se concentra en el mejoramiento de la asignación de los costos indirectos a los departamentos, procesos, productos, u otros objetos de costos. El sistema ABC de Plastim identifica varias actividades que ayudan a explicar la razón por la cual Plastim incurre en los costos que actualmente clasifica como indirectos en su sistema de costeo simple. En otras palabras, divide el grupo común actual de costos indirectos en grupos mejorados de costos relacionados con varias actividades. Para identificar dichas actividades, Plastim organiza un equipo que está formado por gerentes de las áreas de diseño, manufactura, distribución, contabilidad y administración.

La definición de las actividades no es una cuestión sencilla. El equipo evalúa cientos de tareas que se han realizado en Plastim, antes de elegir las actividades que forman las bases de su sistema ABC. Por ejemplo, decide si el mantenimiento de las máquinas de moldeo, las operaciones de las máquinas de moldeo y el control del proceso deberían considerarse cada una de ellas como una actividad separada, o bien, si deberían combinarse en una sola actividad. Un sistema de costeo basado en actividades que incluya muchas actividades, se vuelve excesivamente detallado y muy difícil de operar. Un sistema de costeo basado en actividades con un número muy reducido de actividades quizá no esté lo suficientemente mejorado para medir las relaciones de causa y efecto entre los generadores de costos y los diversos costos indirectos. El equipo de Plastim centra la atención en actividades que

---
[2] Si se desean más detalles sobre los sistemas ABC, véase R. Cooper y R. S. Kaplan, *The Design of Cost Management Systems* (Upper Saddle River, NJ: Prentice-Hall, 1999); G. Cokins, *Activity-Based Cost Management: An Executive's Guide* (Hoboken, NJ: John Wiley & Sons, 2001); y R. S. Kaplan y S. Anderson, *Time-Driven Activity-Based Costing: A Simpler and More Powerful Path to Higher Profits* (Boston: Harvard Business School Press, 2007).

dan cuenta de una fracción considerable de los costos indirectos y combina aquellas actividades que tienen el mismo generador de costos en una sola actividad. Por ejemplo, el equipo decide combinar el mantenimiento de las máquinas de moldeo, las operaciones de las máquinas de moldeo y el control del proceso en una sola actividad —operaciones de máquinas de moldeo—, porque todas esas actividades tienen el mismo generador de costos: horas-máquina para el moldeo.

El equipo identifica las siguientes siete actividades mediante el desarrollo de un diagrama de flujo de todos los pasos y procesos necesarios para diseñar, fabricar y distribuir las calaveras S3 y CL5.

a) Diseño de productos y procesos.

b) Configuración de las máquinas de moldeo para asegurarse de que los moldes se sostengan en el lugar correcto y que las piezas estén adecuadamente alineadas antes de que empiece la manufactura.

c) Operación de las máquinas de moldeo para la manufactura de las calaveras.

d) Limpieza y mantenimiento de los moldes después de que se manufacturan las calaveras.

e) Preparación de los lotes de calaveras terminadas para el embarque.

f) Distribución de las calaveras a los clientes.

g) Administración y manejo de todos los procesos de Plastim.

Estas descripciones de las actividades forman la base del sistema de costeo basado en actividades —que algunas veces se llama *lista de actividades* o *diccionario de actividades*. Sin embargo, la compilación de la lista de tareas es tan solo el primer paso en la implementación de los sistemas de costeo basados en actividades. Plastim también debe identificar el costo de cada actividad y el generador de costos relacionado. Para hacerlo, Plastim usa los tres lineamientos para el mejoramiento de un sistema de costeo que se describen en la página 146.

1. **Atribución de los costos directos.** El sistema ABC de Plastim subdivide el único grupo común de costos indirectos en siete grupos más pequeños de costos relacionados con las diferentes actividades. Los costos del grupo común de costos de las actividades de limpieza y mantenimiento (partida *d*) consisten en los sueldos y salarios que se pagan a los trabajadores que limpian los moldes. Estos costos son directos porque se pueden atribuir de una manera económica a un molde y a una calavera específicos.

2. **Grupos comunes de costos indirectos.** Los seis restantes grupos comunes de costos de las actividades son grupos de costos indirectos. A diferencia del único grupo común de costos indirectos del sistema de costeo simple de Plastim, cada uno de los grupos comunes de costos relacionados con las actividades es homogéneo. Es decir, cada grupo común de costos de las actividades incluye únicamente aquellos conjuntos de costos estrechos y concentrados que tienen el mismo generador de costos. Por ejemplo, el grupo común de costos de distribución incluye solamente aquellos costos (como los sueldos de los conductores de camiones) que, a lo largo del tiempo, se incrementan a medida que aumenta el generador de costos de los costos de distribución, es decir, los pies cúbicos de los paquetes entregados. En el sistema de costeo simple, todos los costos indirectos se agruparon y la base de aplicación del costo, las horas de mano de obra directa, no era un generador de costos para los costos indirectos.

   La determinación de los costos de los grupos comunes de actividades requiere de la asignación y la reasignación de los costos acumulados en los departamentos de apoyo, como los recursos humanos y los sistemas de información, a cada una de las actividades de los grupos comunes de costos, tomando como base la manera en que diversas actividades usan los recursos del departamento de apoyo. Esto se denomina comúnmente como *aplicación de primera etapa*, un tema que expondremos con detalle en los capítulos 14 y 15. Aquí, centramos la atención en la *aplicación de segunda etapa*, la asignación a los productos de los costos de los grupos comunes de costos de las actividades.

3. **Base de aplicación de los costos.** Para cada grupo común de costos de las actividades, se utiliza el generador del costo (siempre que ello sea posible) como la base de aplicación del costo. Para identificar los generadores de los costos, los gerentes de Plastim consideran varias alternativas y usan su conocimiento de las operaciones para elegir entre ellas. Por ejemplo, los gerentes de Plastim usan las horas de configuración de las máquinas, en vez del número de configuraciones, como el generador de costos de los costos de configuración de las máquinas, ya que ellos consideran que las configuraciones más complejas requieren más tiempo y son más costosas. A lo largo del tiempo, los gerentes de Plastim pueden usar los datos para examinar sus creencias. (El capítulo 10 expone varios métodos que pueden usarse para estimar la relación entre un generador de costos y los costos.)

   La lógica de los sistemas ABC tiene dos propósitos. Primero, estructurar los grupos comunes de costos de las actividades de una forma mejorada con los generadores de costos para cada grupo común de costos de las actividades, ya que la base de aplicación del costo lleva a un costeo más exacto de las actividades. Segundo, aplicar estos costos a los productos midiendo las bases de aplicación de los costos de las diferentes actividades usadas por distintos productos, ya que ello conduce a costos de productos más exactos. Ilustraremos esta lógica centrando la atención en actividades de configuración de las máquinas de Plastim.

La configuración de las máquinas de moldeo implica con frecuencia realizar corridas de ensayo, calibraciones y ajustes diversos. Las configuraciones inadecuadas de las máquinas ocasionan problemas de calidad como raspaduras en la superficie de las calaveras. Los recursos que se necesitan para cada configuración dependen de la complejidad de la operación de manufactura. Las calaveras complejas requieren de más recursos por configuración (horas de configuración) que las sencillas. Además, las calaveras complejas se pueden elaborar únicamente en pequeños lotes porque sus moldes necesitan limpiarse con más frecuencia que los moldes para las calaveras sencillas. De este modo, en relación con las calaveras sencillas, las complejas no solamente usan más horas por configuración, sino que también requieren de configuraciones más frecuentes.

Los datos acerca de las configuraciones para la calavera sencilla S3 y para la calavera compleja CL5 son como se describe a continuación:

		Calavera sencilla S3	Calavera compleja CL5	Total
1	Cantidad de calaveras producidas	60,000	15,000	
2	Número de calaveras producidas por lote	240	50	
3 = (1) ÷ (2)	Número de calaveras	250	300	
4	Tiempo de configuración por lote	2 horas	5 horas	
5 = (3) × (4)	Horas totales para la configuración	500 horas	1,500 horas	2,000 horas

De los $2,385,000 del total del grupo común de costos indirectos, Plastim identifica que los costos totales de las configuraciones de las máquinas (que consisten sobre todo en la depreciación de los equipos de configuración y la aplicación de los costos de los ingenieros del proceso, los ingenieros de la calidad y los supervisores) son de $300,000. Recuerde que en su sistema de cos````teo simple, Plastim usa las horas de mano de obra directa para asignar todos los costos indirectos a los productos. El siguiente cuadro compara la manera en que diferirán los costos de las configuraciones asignados a las calaveras sencillas y complejas, si Plastim aplica los costos de configuración a las calaveras con base en las horas de configuración, en vez de las horas de mano de obra directa. De la tasa total de $60 por hora de mano de obra directa (p. 143), el costo de configuración por hora de mano de obra directa asciende a $7.54717 ($300,000 × 39,750 horas totales de mano de obra directa). El costo de configuración por hora es igual a $150 ($300,000/2000 horas totales de configuración).

	Calavera sencilla S3	Calavera compleja CL5	Total
Costo de configuración asignado usando las horas de mano de obra directa:			
$7.54717 × 30,000; $7.54717 × 9,750	$226,415	$ 73,585	$300,000
Costo de configuración asignado usando las horas de configuración:			
$150 × 500; $150 × 1,500	$ 75,000	$225,000	$300,000

Como expusimos cuando presentamos los lineamientos 2 y 3, las horas de configuración de las máquinas, y no las horas de mano de obra directa, son el generador de costos para los costos de las configuraciones. La calavera CL5 usa en forma sustancial más horas de configuración que la calavera S3 (1,500 horas × 2,000 horas = 75% del total de las horas de configuración) porque la CL5 requiere de un mayor número de configuraciones (lotes) y cada configuración es más desafiante y requiere más horas.

Por consiguiente, el sistema ABC asigna significativamente más costos de configuración a la CL5 que a la S3. Cuando se usan las horas de mano de obra directa, en vez de las horas de configuración, para aplicar los costos de las configuraciones en el sistema de costeo simple, a la calavera S3 se le asigna una proporción muy grande de los costos de configuración, ya que la S3 usa una mayor proporción de horas de mano de obra directa (30,000 × 39,750 = 75.47%). Como resultado de ello, el sistema de costeo simple sobreestima los costos de la calavera S3 con respecto a los costos de configuración.

Observe que las horas de configuración de las máquinas están relacionadas con los lotes (o grupos) de calaveras que se fabrican, y no con el número de calaveras individuales. El costeo basado en actividades trata de identificar la relación más relevante de causa y efecto para cada grupo común de actividades, sin restringir el generador de costos únicamente a las unidades de producción o a las variables relacionadas con las unidades de producción (como las horas de mano de obra directa). Como indica nuestra exposición de las configuraciones de las máquinas, el hecho de limitar la base de aplicación de los costos de esta manera debilita la relación de causa y efecto, entre la base de aplicación del costo y los costos de un grupo común de costos.

Punto de decisión ▶

¿Cuál es la diferencia entre el diseño de un sistema de costeo simple y un sistema de costeo basado en actividades (ABC)?

Jerarquías de costos

Una **jerarquía de costos** clasifica los diversos grupos comunes de costos de las actividades tomando como base los diferentes tipos de generadores de costos o bases de asignación de los costos, o bien, los diferentes grados de dificultad para la determinación de las relaciones de causa y efecto (o beneficios recibidos). Los sistemas ABC usan, por lo general, una jerarquía de costos con cuatro niveles —costos a nivel de unidades de producción, costos a nivel de lote, costos de mantenimiento del producto y costos de mantenimiento de las instalaciones—, para identificar la base de aplicación de los costos que son generadores de costos de los grupos comunes de costos de las actividades.

Los **costos a nivel de unidades de producción** son los costos de las actividades que se ejecutan sobre cada unidad individual de un producto o servicio. Los costos de las operaciones mecánicas (como el costo de la energía, la depreciación y las reparaciones de las máquinas) relacionados con la actividad consistente en operar las máquinas automáticas de moldeo son costos al nivel de unidades de producción porque, a lo largo del tiempo, el costo de esta actividad aumenta con las unidades adicionales de productos elaborados (horas-máquina usadas). El sistema ABC de Plastim utiliza horas-máquina de moldeo —una base de aplicación de los costos a nivel de unidades de producción— para aplicar los costos de las operaciones mecánicas a los productos.

Los **costos a nivel de lote** se refieren a los costos de las actividades relacionadas con un grupo de unidades de un producto o servicio, en vez de referirse a cada unidad individual de un producto o un servicio. En el ejemplo de Plastim, los costos de configuración de las máquinas son costos a nivel de lote porque, a lo largo del tiempo, el costo de esta actividad de configuración aumenta con las horas de configuración necesarias para producir lotes (grupos) de calaveras. Como se describe en el cuadro de la página 148, la calavera S3 requiere 500 horas de configuración (dos horas de configuración por lote × 250 lotes). La calavera CL5 requiere 1,500 horas de configuración (cinco horas de configuración por lote × 300 lotes). Los costos totales de configuración aplicados a S3 y CL5 dependen del total de horas de configuración que requiere cada tipo de clavera, y no del número de unidades de S3 y de CL5 que se hayan producido. (Los costos de configuración, siendo un costo a nivel de lote, no se pueden evitar mediante la producción de una unidad menos de S3 o de CL5). El sistema ABC de Plastim usa las horas de configuración —una base de aplicación de los costos a nivel de lote— para asignar los costos de configuración a los productos. Otros ejemplos de costos a nivel de lote son los costos del manejo de materiales y de la inspección de la calidad asociados con los lotes (no con cantidades) de los productos elaborados, así como los costos de colocación de órdenes de compra, de recepción de materiales y de pago de facturas relacionadas con el número de órdenes de compra colocadas, en vez de la cantidad o el valor de los materiales comprados.

Los **costos de mantenimiento del producto** (**costos de mantenimiento del servicio**) se refieren a los costos de aquellas actividades que se realizan para dar apoyo a productos o servicios individuales, indistintamente del número de unidades o lotes en los cuales se producen dichas unidades. En el ejemplo de Plastim, los costos del diseño son costos de mantenimiento del producto. A lo largo del tiempo, los costos del diseño dependen en gran parte del tiempo que utilicen los diseñadores para el diseño y la modificación del producto, el molde y el proceso. Tales costos de diseño son una función de la complejidad del molde y se miden por el número de partes en el molde multiplicadas por el área (en pies cuadrados), a lo largo de la cual debe fluir el plástico fundido (12 partes 2.5 pies cuadrados, o bien, 30 partes-pies cuadrados para la calavera S3, y 14 partes × 5 pies cuadrados, o 70 partes-pies cuadrados para la calavera CL5). En consecuencia, los costos totales del diseño aplicados a S3 y CL5 dependen de la complejidad del molde, indistintamente del número de unidades o lotes de producción. Los costos del diseño no se pueden evitar como resultado de producir una menor cantidad de unidades o de operar un menor número de lotes. El sistema ABC de Plastim usa partes-pies cuadrados (una base de aplicación del costo de mantenimiento del producto) para aplicar los costos del diseño a los productos. Otros ejemplos de costos de mantenimiento del producto son los costos de investigación y desarrollo del producto, los costos por hacer cambios de ingeniería y los costos de marketing para el lanzamiento de nuevos productos.

Los **costos de mantenimiento de las instalaciones** son los costos de aquellas actividades que no se pueden atribuir a productos o servicios individuales, pero que apoyan a la organización en su conjunto. En el ejemplo de Plastim, los costos generales de administración (incluyendo la remuneración de la alta administración, la renta y la seguridad del edificio) son costos de mantenimiento de las instalaciones. Por lo general, es difícil encontrar una buena relación de causa y efecto entre estos costos y la base de aplicación del costo. Esta falta de una relación de causa y efecto ocasiona que algunas compañías no apliquen estos costos a los productos y que, en cambio, los deduzcan como una cantidad global separada de la utilidad operativa. Otras compañías, como Plastim, asignan los costos de mantenimiento de las instalaciones a los productos sobre alguna base —por ejemplo, las horas de mano de obra directa— porque la administración considera que todos los costos se deberían aplicar a los productos. La asignación de todos los costos a los productos o servicios se vuelve importante, cuando la administración quiere establecer precios de venta tomando como base una cantidad de costos que incluya todos los costos.

Objetivo de aprendizaje 4

Describir una jerarquía de costos de cuatro partes

. . . . se utiliza una jerarquía de costos de cuatro partes para clasificar los costos tomando como base los diferentes tipos de generadores de costos —por ejemplo, los costos que varían con cada unidad de un producto *versus* los costos que varían con cada lote de productos

◄ Punto de decisión

¿Qué es una jerarquía de costos?

Implementación del costeo basado en actividades

Ahora que hemos entendido los conceptos básicos del ABC, usémoslos para mejorar el sistema de costeo simple de Plastim y compararlo con sistemas de costeo alternativos, con la finalidad de examinar qué es lo que buscan los gerentes cuando deciden si deben desarrollar o no los sistemas ABC.

Implementación del ABC en Plastim

Para aplicar el ABC al sistema de costeo de Plastim, seguimos el enfoque de siete pasos para el costeo y los tres lineamientos para el mejoramiento de los sistemas de costeo (el incremento de la atribución de costos directos, la creación de grupos comunes de costos indirectos homogéneos, así como la identificación de las bases de aplicación de los costos que tengan relaciones de causa y efecto con los costos en el grupo común de costos). La ilustración 5-3 muestra un panorama general del sistema ABC de Plastim. Use este cuadro como guía a medida que se estudien los siguientes pasos, cada uno de los cuales se ha marcado en la ilustración 5-3.

Paso 1: Identificar los productos que sean los objetos de costos elegidos. Los objetos de costos son las 60,000 calaveras S3 y las 15,000 CL5 que Plastim fabricará en 2011. La meta de Plastim es calcular primero los costos totales y después el costo por unidad de diseño, manufactura y distribución de estos productos.

Paso 2: Identificar los costos directos de los productos. Plastim identifica como costos directos de las calaveras: los costos de los materiales directos, los costos de la mano de obra directa, así como los costos de limpieza y mantenimiento de los moldes, ya que tales costos se pueden atribuir de una manera económica a una calavera o un molde específicos.

La ilustración 5-5 muestra los costos directos e indirectos para las calaveras S3 y CL5 usando el sistema ABC. Los cálculos de los costos directos aparecen en las líneas 6, 7, 8 y 9 de la ilustración 5-5. Plastim clasifica todos los demás costos como costos indirectos, como veremos en la ilustración 5-4.

Paso 3: Seleccionar las actividades y las bases de aplicación de los costos que se deberán usar para asignar los costos indirectos a los productos. Siguiendo los lineamientos 2 y 3 para el mejoramiento de un sistema de costeo, Plastim identifica seis actividades para la aplicación de los costos indirectos a los productos: *a*) diseño, *b*) configuración de las máquinas de moldeo, *c*) operaciones mecánicas, *d*) preparación de los embarques, *e*) distribución y *f*) administración. La ilustración 5-4, columna 2,

Ilustración 5-3 Panorama general del sistema de costeo basado en actividades de Plastim

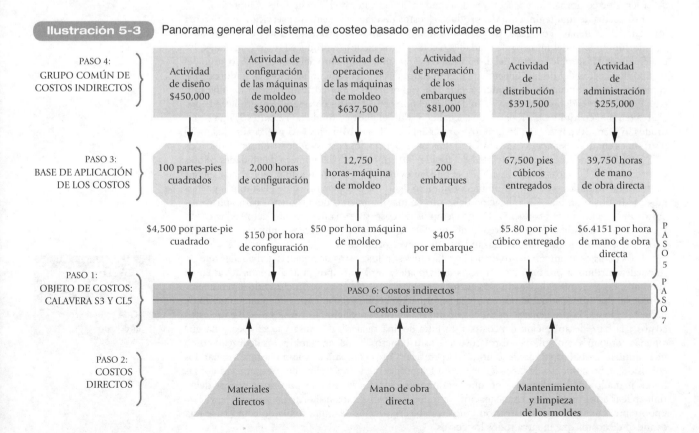

Ilustración 5-4	Tasas de costos de las actividades para los grupos comunes de costos indirectos

	A	B	C	D	E	F	G	H
1			(Paso 4)	(Paso 3)		(Paso 5)		
2	Actividad	Categoría de la jerarquía de costos	Costos indirectos totales presupuestados	Cantidad presupuestada de la base de aplicación del costo		Tasa presupuestada de costos indirectos		Relación de causa y efecto entre la base de aplicación y el costo de la actividad
3	(1)	(2)	(3)	(4)		(5) = (3) ÷ (4)		(6)
4	Diseño	Mantenimiento del producto	$450,000	100	Partes-pies cuadrados	$ 4,500	Por parte-pie cuadrado	Los costos indirectos del departamento de diseño aumentan con los moldes más complejos (más partes, una mayor área de superficie).
5	Configuración de máquinas de moldeo	Nivel de lote	$ 300,000	2,000	Horas de configuración	$ 150	Por hora de configuración	Los costos indirectos de la configuración aumentan con las horas de configuración.
6	Operaciones mecánicas	Nivel de unidad de producción	$637,500	12,750	Horas máquina de moldeo	$ 50	Por hora máquina de moldeo	Los costos indirectos de operación de las máquinas de moldeo aumentan con las horas máquinas para el moldeo.
7	Preparación de los embarques	Nivel de lote	$ 81,000	200	Embarques	$ 405	Por embarque	Los costos de los embarques incurridos para preparar los lotes para el embarque aumentan con el número de embarques.
8	Distribución	Nivel de unidad de producción	$391,500	67,500	Pies cúbicos entregados	$ 5.80	Por pie cúbico entregado	Los costos de distribución aumentan con los pies cúbicos de los paquetes entregados.
9	Administración	Mantenimiento de las instalaciones	$255,000	39,750	Horas de mano de obra dir. de manuf.	$6.4151	Por hora de mano dir. de manuf.	La demanda de recursos administrativos aumenta con las horas de mano de obra directa.

muestra la categoría de la jerarquía del costo, en tanto que la columna 4 indica la base de aplicación del costo y la cantidad presupuestada de la base de aplicación del costo, para cada una de las actividades que se describen en la columna 1.

En un sistema ABC, la identificación de las bases de aplicación de los costos define el número de grupos comunes de actividades dentro de los cuales se deben agrupar los costos. Por ejemplo, en vez de definir como actividades separadas las actividades de diseño propias del diseño del producto, del diseño del proceso y de la formación de prototipos, Plastim define las tres actividades en forma conjunta como una actividad combinada de "diseño", y forma un grupo común homogéneo de costos de diseño. ¿Por qué? Porque el mismo generador del costo, la complejidad del molde, impulsa los costos de cada actividad de diseño. Una segunda consideración para elegir una base de aplicación de los costos es la disponibilidad de datos y medidas confiables. Por ejemplo, en su sistema ABC, Plastim mide la complejidad del molde en términos del número de partes en dicho molde y del área de la superficie de ese mismo molde (partes-pies cuadrados). Cuando estos datos son difíciles de obtener o de medir, Plastim se vería obligada a usar alguna otra medida de la complejidad, como la cantidad de materiales que fluyen a través del molde y que tan solo estarían débilmente relacionados con el costo de la actividad de diseño.

Paso 4: Identificar los costos indirectos asociados con cada base de aplicación de los costos. En este paso, Plastim asigna los costos indirectos presupuestados para 2011 a las actividades (véase ilustración 5-4, columna 3), hasta donde es posible, tomando como base una relación de causa y efecto entre la base de aplicación de los costos para una actividad y el costo correspondiente. Es decir, todos los costos que tienen una relación de causa y efecto con los pies cúbicos de los paquetes movilizados se asignan al grupo común de costos de distribución. Desde luego, la fuerza de la relación de causa y efecto entre la base de aplicación de los costos y el costo de una actividad varía entre los grupos comunes de costos. Por ejemplo, la relación de causa y efecto entre las horas de mano de obra directa y los costos de las actividades de administración no son tan fuertes como la relación entre las horas de configuración y los costos de las actividades de configuración.

Algunos costos se identifican directamente con una actividad en particular. Por ejemplo, el costo de los materiales que se usan al diseñar los productos, los salarios que se pagan a los ingenieros de diseño y la depreciación del equipo que se usa en el departamento de diseño se identifican en forma directa con la actividad del diseño. Otros costos se tienen que aplicar a actividades cruzadas. Con base en las entrevistas o los registros de tiempo, por ejemplo, los ingenieros y los supervisores de manufactura estiman el tiempo que utilizarán en el diseño, la configuración de las máquinas de moldeo y las operaciones mecánicas. El tiempo que se usará en dichas actividades sirve como base para la aplicación de los costos del salario de cada ingeniero y supervisor de manufactura a diversas actividades.

Ilustración 5-5   Costos de los productos de Plastim usando un sistema de costeo basado en actividades

	A	B	C	D	E	F	G
1			60,000			15,000	
2		Calaveras sencillas (S3)			Calaveras complejas (CL5)		
3		Total	Por unidad		Total	Por unidad	Total
4	**Descripción de costos**	(1)	(2) = (1) ÷ 60,000		(3)	(4) = (3) ÷ 15,000	(5) = (1) + (3)
5	Costos directos						
6	Materiales directos	$1,125,000	$18.75		$ 675,000	$ 45.0	$1,800,000
7	Mano de obra directa	600,000	10.00		195,000	13.00	795,000
8	Costos directos de limpieza y de mantenimiento del molde	120,000	2.00		150,000	10.00	270,000
9	Total de costos directos (paso 2)	1,845,000	30.75		1,020,000	68.00	2,865,000
10	Costos indirectos de las actividades						
11	Diseño						
12	S3, 30 partes-pie cuadr. × $4,500	135,00	2.25				} 450,000
13	CL5, 70 partes-pie cuadr. × $4,500				315,000	21.00	
14	Configuración de las máquinas de moldeo						
15	S3, 500 horas de configuración × $150	75,00	1.25				} 300,000
16	CL5, 1,500 horas de configuración × $150				225,000	15.00	
17	Operaciones mecánicas						
18	S3, 9,000 horas-máquina de moldeo × $50	450,00	7.50				} 637,500
19	CL5, 3,750 horas-máquina de moldeo × $50				187,500	12.50	
20	Preparación de embarques						
21	S3, 100 embarques × $405	40,500	0.67				} 81,000
22	CL5, 100 embarques × $405				40,500	2.70	
23	Distribución						
24	S3, 45,000 pies cúbicos entregados × $5.80	261,000	4.35				} 391,500
25	CL5, 22,500 pies cúbicos entregados × $5.80				130,500	8.70	
26	Administración						
27	S3, 30,000 horas de mano de obra directa × $6.4151	192,453	3.21				} 255,000
28	CL5, 9,750 horas de mano de obra directa × $6.4151				62,547	4.17	
29	Total de costos indirectos aplicados (paso 6)	1,153,953	19.23		961,047	64.07	2,115,000
30	Total de costos (paso 7)	$2,998,953	$49.98		$ 1,981,047	$132.07	$4,980,000
31							

Sin embargo, otros costos se aplican a los grupos comunes de costos de las actividades, utilizando bases de asignación que miden la manera en que tales costos apoyan diferentes actividades. Por ejemplo, los costos de la renta se aplican a los grupos comunes de costos de actividades tomando como base el área de pies cuadrados que utilizan diferentes actividades.

Aquí el punto es que no todos los costos no se ajustan en forma precisa a las categorías de las actividades. Con frecuencia, se hace necesario, en primer lugar, asignar los costos a las actividades (etapa 1 del modelo de aplicación de costos de dos etapas), antes de que los costos de las actividades se asignen a los productos (etapa 2).

Paso 5: Calcular la tasa por unidad de cada base de aplicación de costos. La ilustración 5-4, columna 5, resume el cálculo de las tasas presupuestadas de costos indirectos, usando la cantidad presupuestada de la base de aplicación de los costos del paso 3, así como el total de los costos indirectos presupuestados de cada actividad del paso 4.

Paso 6: Calcular los costos indirectos asignados a los productos. La ilustración 5-5 muestra el total de los costos indirectos presupuestados de $1,153,953 asignados la calavera sencilla y de $961,047 asignados a la calavera compleja. Siga los cálculos del costo indirecto presupuestado para cada calavera en la ilustración 5-5. Para cada actividad, el personal de las operaciones de Plastim indica la cantidad total de la base de aplicación del costo que usará cada tipo de calavera (recuerde que Plastim opera a su máxima capacidad).

Por ejemplo, las líneas 15 y 16 de la ilustración 5-5 muestran que del total de 2,000 horas de configuración se calculó que la calavera S3 usará 500 horas y que la CL5 usará 1,500 horas. La tasa presupuestada del costo indirecto es de $150 por hora de configuración (ilustración 5-4, columna 5, línea 5). Por lo tanto, el costo total presupuestado de la actividad de configuración de las máquinas aplicado a la calavera S3 es de $75,000 (500 horas de configuración de las máquinas × $150 por hora de configuración) y a la calavera CL5 es de $225,000 (1,500 horas de configuración × $150 por hora de configuración). El costo configuración de las máquinas presupuestado por unidad es igual a $1.25 ($75,000 ÷ 60,000 unidades) para la calavera S3 y de $15 ($225,000 × 15 unidades) para la CL5.

Paso 7: Calcular el costo total de los productos mediante la adición de todos los costos directos e indirectos asignados a los productos. La ilustración 5-5 presenta los costos de los productos para la calavera sencilla y para la compleja. Los costos directos se calculan en el paso 2, y los costos indirectos se calculan en el paso 6. El panorama general del sistema ABC de la ilustración 5-3 muestra tres categorías de costos directos y seis categorías de costos indirectos. El costo presupuestado de cada tipo de calavera en la ilustración 5-5 tiene nueve partidas: tres para los costos directos y seis para los costos indirectos. Las diferencias entre los costos de productos por el sistema ABC para S3 y para CL5, que se calculan en la ilustración 5-5, ponen de relieve la manera en que cada uno de estos productos usa diferentes cantidades de costos directos e indirectos en cada área de actividad.

Enfatizamos dos características de los sistemas ABC. Primero, dichos sistemas identifican todos los costos que usan los productos, indistintamente de que los costos sean variables o fijos en el corto plazo. Cuando se toman decisiones estratégicas a largo plazo usando información del ABC, los gerentes quieren que los ingresos excedan los costos totales. Segundo, el reconocimiento de la jerarquía de los costos es fundamental cuando los costos se aplican a los productos. Es mucho más fácil emplear la jerarquía de costos para calcular primero los costos totales de cada producto. Los costos por unidad se pueden derivar entonces dividiendo los costos totales entre el número de unidades producidas.

> ◀ **Punto de decisión**
>
> ¿De qué manera los gerentes costean los productos o los servicios cuando usan sistemas ABC?

Comparación de sistemas de costeo alternativos

La ilustración 5-6 compara el sistema de costeo simple usando un solo grupo común de costos indirectos (ilustraciones 5-1 y 5-2). Plastim había utilizado el sistema ABC (ilustraciones 5-3 y 5-5). Observe tres aspectos en la ilustración 5-6, consistentes con los lineamientos para el mejoramiento de un sistema de costeo:

1. los sistemas ABC atribuyen más costos como costos directos; **2.** los sistemas ABC crean grupos de costos homogéneos vinculados con diferentes actividades; y **3.** para cada grupo común de costos de las actividades, los sistemas ABC buscan una base de aplicación de costos que tenga una relación de causa y efecto con los costos incluidos dentro del grupo común de costos.

Ilustración 5-6

Comparación de sistemas de costeo alternativos

	Sistema de costeo simple usando un solo grupo común de costos indirectos (1)	Sistema ABC (2)	Diferencia (3) = (2) − (1)
Categorías de costos directos	2	3	1
	Materiales directos Mano de obra directa	Materiales directos Mano de obra directa Mano de obra directa para la limpieza y el mantenimiento del moldeo	
Total de costos directos	$2,595,000	$2,865,000	$270,000
Grupos comunes de costos indirectos	1	6	5
	Grupo común individual de costos indirectos aplicado usando las horas de mano de obra directa	Diseño (partes-pies-cuadrados)[1] Configuración de la máquina de moldeo (horas de configuración) Operaciones mecánicas (horas-máquina de moldeo) Preparación de los embarques (número de embarques) Distribución (pies cúbicos entregados) Administración (horas de mano de obra directa)	
Total de costos indirectos	$2,385,000	$2,115,000	($270,000)
Costos totales asignados a la calavera sencilla (S3)	$3,525,000	$2,998,953	($526,047)
Costo por unidad de calavera sencilla (S3)	$58.75	$49.98	($8.77)
Costo totales asignados a la calavera compleja (CL5)	$1,455,000	$1,981,047	$526,047
Costo por unidad de calavera compleja (CL5)	$97.00	$132.07	$35.07

[1]Los generadores de costos para los diversos grupos comunes de costos indirectos se muestran entre paréntesis.

Los grupos comunes de costos homogéneos y la elección de las bases de aplicación de los costos, vinculados con la jerarquía de costos, dan a los gerentes de Plastim una mayor confianza en las cifras del costo de las actividades y del producto provenientes del sistema ABC. La parte inferior de la ilustración 5-6 muestra que la asignación de los costos a las calaveras usando únicamente una base de aplicación a nivel de unidad de producción —horas de mano de obra directa, como en el sistema individual de grupos comunes de costos indirectos que se usaba antes del ABC— sobreestima el costo de la calavera sencilla S3 en $8.77 por unidad y subestima el costo de la calavera compleja CL5 en $35.07 por unidad. La CL5 usa una cantidad desproporcionadamente más grande de costos a nivel de unidad de producción, de costos a nivel de lote y de costos de mantenimiento del producto, que la que representa la base de aplicación de los costos por hora de mano de obra directa. La S3 utiliza una cantidad desproporcionadamente menor de tales costos.

El beneficio de un sistema ABC es que brinda información para tomar mejores decisiones. No obstante, este beneficio se debe ponderar contra los costos de medición e implementación de un sistema ABC.

Consideraciones en la implementación de los sistemas de costeo basados en actividades

Objetivo de aprendizaje 6

Evaluar los costos y beneficios de la implementación de los sistemas de costeo basados en actividades

. . . . dificultades de medición *versus* costos más exactos que ayudan en la toma de decisiones

Los gerentes eligen el nivel de detalle que habrán de usar en un sistema de costeo mediante la evaluación de los costos esperados del sistema, contra los beneficios proyectados que resultarían por mejores decisiones. Hay signos reveladores acerca de cuándo es probable que un sistema ABC proporcione los mayores beneficios. A continuación se presentan algunos de tales signos:

■ Se aplican cantidades significativas de costos indirectos usando únicamente uno o dos grupos comunes de costos.

■ Todos los costos indirectos o la mayoría de ellos se identifican como costos a nivel de unidades de producción (un número pequeño de costos indirectos se describen como costos a nivel de lote, costos de mantenimiento del producto o costos de mantenimiento de las instalaciones).

■ Los productos ejercen exigencias diversas sobre los recursos debido a las diferencias en volumen, pasos del proceso, tamaño de los lotes o complejidad.

■ Los productos que una compañía está bien preparada para elaborar y vender muestran utilidades pequeñas; en tanto que los productos que una compañía está menos preparada para elaborar y vender muestran utilidades significativas.

■ El personal de operaciones tiene un desacuerdo sustancial con los costos reportados para la manufactura y la comercialización de los bienes y los servicios.

Cuando una compañía decide implementar un sistema ABC, tiene que hacer importantes elecciones en relación con el nivel de detalle que se usará. ¿Debería elegir muchos generadores de costos, actividades y grupos comunes de costos especificados de una manera detallada, o sería suficiente con unos cuantos? Por ejemplo, Plastim podía identificar una tasa diferente de horas máquina de moldeo para cada tipo distinto de máquina de moldeo. Al hacer tales elecciones, los gerentes ponderan los beneficios contra los costos y las limitaciones de implementar un sistema de costeo más detallado.

Los costos y las limitaciones principales de un sistema ABC son las mediciones que se necesitan para implementarlo. Los sistemas ABC requieren que la administración estime los costos de los grupos comunes de actividades, y que identifique y mida los generadores de costos para que estos grupos comunes sirvan como base de aplicación de los costos. Incluso los sistemas ABC básicos requieren de muchos cálculos para determinar los costos de los productos y los servicios. Estas mediciones son costosas. Las tasas de los costos de las actividades también necesitan actualizarse con regularidad.

A medida que los sistemas ABC se vuelven muy detallados y se crean más grupos comunes de costos, se requieren más aplicaciones para calcular los costos de las actividades en cada uno de los grupos. Ello aumenta las probabilidades de identificar incorrectamente los costos de diferentes grupos comunes de costos de las actividades. Por ejemplo, los supervisores son más proclives a identificar incorrectamente el tiempo que utilizan en diferentes actividades, cuando tienen que asignar su tiempo a cinco actividades en vez de únicamente a dos.

En ocasiones, las compañías también se ven obligadas a usar ciertas bases de aplicación para las cuales los datos son fáciles de obtener, en vez de utilizar las bases de aplicación que les hubiera gustado. Por ejemplo, una compañía podría verse obligada a usar el número de cargas desplazadas, en vez del grado de dificultad y la distancia de las diferentes cargas que se han movilizado, como la base de aplicación para los costos por el manejo de materiales, dado que los datos acerca del grado de dificultad y las distancias de las movilizaciones son difíciles de obtener.

Cuando se usan bases erróneas para la aplicación de los costos, la información de los costos de las actividades quizá resulte engañosa. Si el costo por carga movilizada disminuye, por ejemplo, una

Conceptos en acción · Defensa exitosa de un sistema ABC

La implementación exitosa de los sistemas ABC requiere más que tan solo comprender los detalles técnicos. La implementación de un sistema ABC representa a menudo un cambio significativo en un sistema de costeo y, como se indica en el capítulo, requiere que un gerente haga elecciones importantes en cuanto a la definición de las actividades y del nivel de detalle. ¿Cuáles son entonces algunas de las cuestiones del comportamiento ante las cuales el contador administrativo debería mostrarse sensible?

1. **Obtención del apoyo de la alta gerencia y creación de un sentido de urgencia para el esfuerzo del sistema ABC.** Esto requiere que los contadores administrativos desarrollen la visión para el proyecto ABC y que comuniquen con claridad sus beneficios estratégicos (por ejemplo, los mejoramientos resultantes en el diseño del producto y del proceso). También requiere que se venda la idea a los usuarios finales y que se trabaje con miembros de otros departamentos como asociados de negocios de los gerentes, en las diversas áreas afectadas por el proyecto ABC. En el USAA Federal Savings Bank, por ejemplo, los gerentes de proyectos demostraron la manera en que la información obtenida del sistema ABC daría luz acerca de la eficiencia de las operaciones bancarias, lo cual no estaba disponible anteriormente. Ahora, el área de finanzas se comunica en forma regular con la de operaciones acerca de los nuevos reportes y los cambios propuestos al paquete de información financiera que los gerentes reciben.

2. **Creación de una coalición de gerentes orientada a lo largo de toda la cadena de valor en favor del esfuerzo ABC.** Los sistemas ABC miden la manera en que se utilizan los recursos de una organización. Los gerentes que son responsables de estos recursos tienen el mejor conocimiento acerca de las actividades y de los generadores de costos. Lograr que los gerentes cooperen y que tomen la iniciativa para la implementación de un sistema ABC es esencial para obtener el talento requerido, la credibilidad adecuada y el liderazgo necesario.

   La obtención de una mayor participación entre los gerentes tiene otros beneficios. Es probable que los gerentes que se sienten más implicados en el proceso comprometan más tiempo al esfuerzo ABC y que sean menos escépticos ante el mismo. La intervención de los gerentes a lo largo de toda la cadena de valor también crea mayores oportunidades de coordinación y de cooperación en las diferentes funciones como, por ejemplo, diseño y manufactura.

3. **Educación y capacitación de los empleados en el sistema ABC como base para la delegación de autoridad (*empowerment*) entre los empleados.** La diseminación de la información acerca de un sistema ABC por toda la organización permite que los trabajadores de todas las áreas de una empresa usen sus conocimientos de los sistemas ABC para realizar mejoras. Por ejemplo, WS Industries, un fabricante de aislantes con sede en la India, no solamente compartió la información ABC con sus trabajadores, sino que también estableció un plan de incentivos que daba a los empleados un porcentaje de los ahorros en costos. Los resultados fueron espectaculares porque a los empleados se les delegó autoridad y se les motivó para implementar diversos proyectos para tener ahorros en costos.

4. **Búsqueda de pequeños éxitos a corto plazo, como prueba de que la implementación del sistema ABC está dando resultados.** Con demasiada frecuencia, los gerentes y los contadores administrativos buscan resultados notorios y cambios importantes con demasiada rapidez. En muchas situaciones, es difícil lograr un cambio significativo de la noche a la mañana. Sin embargo, el hecho de mostrar la manera en que la información ABC ha ayudado a mejorar un proceso y a ahorrar en costos, aunque sea tan solo de una forma modesta, alienta al equipo a permanecer en el rumbo correcto y ganar impulso. La credibilidad que se obtiene gracias a pequeñas victorias conduce a mejoramientos adicionales y más grandes, donde intervienen un mayor número de individuos y diferentes áreas de la organización. Finalmente, el ABC y el ABM (*activity based management*) quedan arraigados en la cultura de la organización. Compartir con los demás los éxitos a corto plazo también ayuda a motivar a los empleados para que sean innovadores. En el USAA Federal Savings Bank, los gerentes crearon un buzón de "mejoras del proceso" en Microsoft Outlook, para facilitar el uso compartido de las ideas para el mejoramiento de los procesos.

5. **Reconocimiento de que la información ABC no es perfecta, ya que dicha información equilibra la necesidad de una mejor información contra los costos por crear un sistema complejo que pocos gerentes y empleados logran entender.** El contador administrativo debe ayudar a los gerentes a reconocer tanto el valor como las limitaciones del sistema ABC y no debe intentar venderlo sobrevaluado. Una comunicación abierta y honesta acerca de un sistema ABC asegura que los gerentes lo usen de una manera juiciosa para tomar buenas decisiones. De este modo, se podrían hacer juicios trascendentales sin incurrir en controversias, así como formular preguntas desafiantes para ayudar a impulsar mejores decisiones sobre el sistema.

empresa concluiría que se ha vuelto más eficiente en sus operaciones de manejo de materiales. De hecho, el costo más bajo por carga movilizada podría haber sido resultado únicamente del hecho de desplazar cargas más ligeras a lo largo de distancias más cortas.

Muchas compañías, como Kanthal, el fabricante sueco de componentes de calefacción, han encontrado que los beneficios estratégicos y operacionales de un sistema ABC menos detallado son lo suficientemente buenos como para no justificar el hecho de tener que incurrir en los costos y desafíos al operar un sistema más detallado. Otras organizaciones, como Hewlett-Packard, implementan un sistema ABC en divisiones o funciones selectas.

Mientras continúen tanto los mejoramientos en la tecnología de la información como las disminuciones en los costos de las mediciones, los sistemas ABC más detallados se volverán una alternativa práctica en muchas organizaciones. En tanto que persistan tales tendencias, los sistemas ABC más detallados estarán en una mejor posición para aprobar la prueba de costo-beneficio.

Las encuestas globales acerca de las prácticas de las empresas indican que la implementación del sistema ABC varía entre ellas. Sin embargo, su marco de referencia y sus ideas brindan un estándar para juzgar si cualquier sistema de costeo simple es lo suficientemente bueno para algún propósito específico de la administración. Cualesquiera cambios que se contemplen en un sistema de costeo simple serán inevitablemente mejorados por una filosofía ABC. La sección Conceptos en acción de la página 155 describe algunas de las cuestiones de comportamiento, ante las cuales deben ser sensibles los contadores administrativos al intentar difundir la filosofía ABC en una organización.

Uso de los sistemas ABC para el mejoramiento de la administración de los costos y de la rentabilidad

Hasta el momento, el énfasis de este capítulo ha estado en el papel de los sistemas ABC en la obtención de mejores costos de los productos. Sin embargo, los gerentes de Plastim deben usar ahora esta información para tomar decisiones (paso 4 del proceso de toma de decisiones de 5 pasos, p. 144) y para implementar la decisión, evaluar el desempeño y aprender (paso 5, p. 144). La **administración basada en actividades** (ABM) es un método de toma de decisiones gerenciales que usa la información del costeo basado en actividades para mejorar tanto la satisfacción del cliente como la rentabilidad. Definimos ampliamente a la administración basada en actividades para incluir las decisiones sobre fijación del precio y mezcla de productos, reducción de costos, mejoramiento del proceso, así como diseño del producto y del proceso.

Decisiones de fijación de precio y de mezcla de productos

Un sistema ABC proporciona a los gerentes información acerca de los costos de fabricar y vender diversos productos. Con tal información, los gerentes pueden tomar decisiones de fijación de precios y de mezclas de productos. Por ejemplo, el sistema ABC indica que Plastim puede igualar el precio de su competidor de $53 para la calavera S3 y, aún así, obtener una utilidad porque el costo ABC de la S3 es de $49.98 (véase la ilustración 5-5).

Los gerentes de Plastim ofrecen a Giovanni Motors un precio de $52 por la calavera S3. Los gerentes de Plastim tienen confianza en que podrán usar el entendimiento más profundo de los costos que brinda el sistema ABC para mejorar la eficiencia y reducir todavía más el costo de la calavera S3. En ausencia de información proveniente del sistema ABC, los gerentes de Plastim podrían haber concluido erróneamente que incurrirían en una pérdida operativa sobre la S3 a un precio de $53. Esta conclusión incorrecta probablemente hubiera causado que Plastim redujera su negocio de las calaveras sencillas y que, en lugar de ello, se concentrara en las calaveras complejas, donde su sistema individual de grupos comunes de costos indirectos indicaba que es muy rentable.

Haberse concentrado en las calaveras complejas habría sido un error. El sistema ABC indica que el costo de elaborar las calaveras complejas es mucho más alto: $132.07 *versus* $97, como indica el sistema de costeo basado en las horas de mano de obra directa que Plastim estaba usando. Como consideró el personal de operaciones de Plastim, la empresa no tenía una ventaja competitiva en la fabricación de las calaveras CL5. A un precio de $137 por calavera para el modelo CL5, el margen de utilidad es muy pequeño ($137.00 − $132.07 = $4.93). A medida que Plastim reduzca sus precios sobre las calaveras sencillas, necesitará negociar con Giovanni Motors un precio más alto para las calaveras complejas.

Decisiones de reducción de costos y de mejoramiento del proceso

El personal de manufactura y de distribución utiliza los sistemas ABC para concentrar la atención en cómo y dónde se pueden reducir los costos. Los gerentes establecen metas de reducción de costos en términos de la reducción del costo por unidad de la base de aplicación de los costos correspondientes a diferentes áreas de actividad. Por ejemplo, en Plastim el supervisor del área de la actividad de distribución podría tener una meta de desempeño consistente en disminuir los costos de distribución por pie cúbico de productos entregados de $5.80 a $5.40, mediante la reducción de la mano de obra de distribución y de los costos de renta del almacén. La meta consiste en reducir estos costos mediante el mejoramiento de la forma en que se hace el trabajo, pero sin comprometer el servicio al cliente o el valor real o percibido (utilidad) que obtienen los clientes del producto o servicio.

Es decir, Plastim tratará de excluir únicamente aquellos costos que *no agreguen valor al producto*. El control de los generadores físicos del costo, como las horas de configuración de las máquinas o los pies cúbicos entregados, es otra manera fundamental en que el personal operativo administra los costos. Por ejemplo, Plastim puede disminuir los costos de distribución empacando las calaveras en una forma tal que reduzca el volumen de los paquetes entregados.

El cuadro que se presenta a continuación muestra la disminución en los costos de distribución de las calaveras S3 y CL5, como resultado de las acciones que reducen el costo por pie cúbico entregado (de $5.80 a $5.40) y el total de pies cúbicos de las entregas (de 45,000 a 40,000 para la S3 y de 22,500 a 20,000 para la CL5).

	60,000 calaveras (S3)		15,000 calaveras (CL5)	
	Total (1)	Por unidad (2) = (1) ÷ 60,000	Total (3)	Por unidad (4) = (3) ÷ 15,000
Costos de distribución (de la ilustración 5-5)				
S3, 45,000 pies cúbicos × $5.80/pie cúbico	$261,000	$4.35		
CL5, 22,500 pies cúbicos × $5.80/pie cúbico			$130,500	$8.70
Costos de distribución como resultado de mejoramientos del proceso				
S3, 40,000 pies cúbicos × $5.40/pie cúbico	216,000	3.60		
CL5, 20,000 pies cúbicos × $5.40/pie cúbico			108,000	7.20
Ahorros en los costos de distribución provenientes de los mejoramientos en el proceso	$ 45,000	$0.75	$ 22,500	$1.50

En el largo plazo, los costos totales de distribución disminuirán de $391,500 ($261,000 + $130,500) a $324,000 ($216,000 + $108,000). Sin embargo, en el corto plazo, quizá los costos de distribución sean fijos y no disminuyan. Suponga que la totalidad de los $391,500 de los costos de distribución son costos fijos en el corto plazo. Los mejoramientos en la eficiencia (usando una menor cantidad de mano de obra para la distribución y menos espacio) significan que los mismos $391,500 de costos de distribución se pueden usar ahora para distribuir

$72,500 \left(\dfrac{\$391,500}{\$5.40 \text{ por pie cúbico}} \right)$ pies cúbicos de calaveras. En este caso, ¿cómo deberían aplicarse

los costos a las calaveras S3 y CL5?

Los sistemas ABC distinguen los *costos en que se incurre* de los *recursos usados* para diseñar, manufacturar y entregar bienes y servicios. Para la actividad de distribución, después de los mejoramientos del proceso,

Costos incurridos = $391,500

Recursos usados = $216,000 (para la calavera S3) + $108,000 (para la calavera CL5) = $324,000

Con base en los recursos que usa cada producto, el sistema ABC de Plastim aplica $216,000 a la S3 y $108,000 a la CL5, lo cual da un total de $324,000. La diferencia de $67,500 ($391,500 − $324,000) se muestra como costos de una capacidad de distribución no usada pero disponible. El sistema de Plastim no asigna los costos de la capacidad no usada a los productos, para no saturar los costos de los productos de S3 y CL5 con el costo de recursos que estos productos no han usado. En cambio, el sistema pone de relieve la cantidad de capacidad no usada como una partida separada, para indicar a los gerentes la necesidad de reducir los costos, por ejemplo, redistribuyendo la mano de obra en otros usos o despidiendo a algunos trabajadores. El capítulo 9 expone con mayor detalle los asuntos relacionados con una capacidad no usada.

Decisiones de diseño

La gerencia puede evaluar la manera en que sus diseños actuales del producto y del proceso afectan las actividades y los costos, como una forma de identificar nuevos diseños para reducir los costos. Por ejemplo, las decisiones de diseño que disminuyen la complejidad del molde reducen los costos del diseño, los materiales, la mano de obra, las configuraciones de las máquinas, las operaciones mecánicas, así como la limpieza y el mantenimiento de los moldes. Los clientes de Plastim quizás estén dispuestos a renunciar a algunas características de las calaveras a cambio de un menor precio. Observe que el sistema de costeo anterior de Plastim, el cual usaba las horas de mano de obra directa como base de aplicación de los costos para todos los costos indirectos, habría señalado de manera errónea que Plastim elige aquellos diseños que reducen más las horas de mano de obra directa cuando, de hecho, hay una relación débil de causa y efecto entre las horas de mano de obra directa y los costos indirectos.

Planeación y administración de actividades

Muchas compañías que implementan por primera vez los sistemas ABC analizan los costos reales para identificar los grupos comunes de costos de las actividades y las tasas de costos de las actividades. Para que sean útiles en la planeación, la toma de decisiones y la administración de las actividades, las compañías calculan una tasa de costos presupuestada para cada actividad, y usan dichas tasas de costos presupuestadas para costear los productos, como vimos en el ejemplo de Plastim. Al final del año, los costos presupuestados y los costos reales se comparan para dar retroalimentación acerca de qué tan bien se administraron las actividades, así como para realizar ajustes por los costos indirectos subaplicados o sobreaplicados para cada actividad, usando los métodos que se describieron en el capítulo 4. Conforme se modifican las actividades y los procesos, se calculan nuevas tasas de costos de las actividades.

En capítulos posteriores regresaremos a la administración basada en actividades. Las decisiones gerenciales que usan la información del costeo basado en actividades se describen en el capítulo 6, donde estudiamos la elaboración de presupuestos con base en actividades; en el capítulo 11, donde examinamos las subcontrataciones, y la adición o eliminación de segmentos de la empresa; en el capítulo 12, donde evaluamos las opciones alternativas de diseño para mejorar la eficiencia y reducir los costos que no agregan valor; en el capítulo 13, donde cubrimos la reingeniería y los recortes de personal; en el capítulo 14, donde exploramos la administración de la rentabilidad de los clientes; en el capítulo 19 (disponible en el sitio Web del libro), donde explicamos los mejoramientos de la calidad; y en el capítulo 20 (disponible en el sitio Web del libro), donde describimos como evaluar a los proveedores.

Costeo basado en actividades y sistemas de costeo por departamentos

Las compañías usan con frecuencia sistemas de costeo que tienen características de los sistemas ABC —como los grupos comunes múltiples de costos y las bases múltiples de aplicación de costos— que, sin embargo, no enfatizan las actividades individuales. Muchas compañías han evolucionado sus sistemas de costeo desde el uso de un sistema con una sola tasa de costos indirectos, hasta el uso de tasas separadas de costos indirectos para cada departamento (como diseño, manufactura, distribución, etcétera), o bien, para cada subdepartamento (como los departamentos de operaciones mecánicas y de ensamblado dentro de la manufactura) que pueden concebirse como una representación de tareas amplias. Con su enfoque sobre actividades específicas, los sistemas ABC son un mejoramiento mayor de los sistemas de costeo por departamento. En esta sección, comparamos los sistemas ABC y los sistemas de costeo por departamentos.

Plastim usa la tasa de costos indirectos del departamento de diseño para costear sus actividades de diseño. Plastim calcula la tasa de actividad del diseño dividiendo los costos totales del departamento de diseño entre el total de partes-pie cuadrado, que es una medida de la complejidad del molde y del generador de los costos del departamento del diseño. Plastim sabe que no vale la pena calcular tasas separadas de actividades dentro del departamento de diseño para las distintas actividades de diseño, como el diseño de productos, la fabricación de moldes temporales y el diseño de procesos. ¿Por qué? Porque la complejidad de un molde es una base adecuada de aplicación de costos, en términos de los costos en los que incurre cada actividad de diseño. Los costos del departamento de diseño son homogéneos con respecto a esta base de aplicación de los costos.

En cambio, el departamento de manufactura identifica dos grupos comunes de costos de las actividades —un grupo de costos de configuración de las máquinas y un grupo de costos de operaciones mecánicas—, en vez de un solo grupo de costos indirectos del departamento de manufactura. Identifica esos grupos comunes de costos de las actividades por dos razones. Primero, cada una de dichas actividades dentro del área de manufactura incurre en costos significativos y tiene un generador de costos distinto, las horas de configuración de las máquinas para el grupo de costos de configuración y las horas máquina para el grupo de costos de operaciones mecánicas. Segundo, las calaveras S3 y CL5 no usan los recursos provenientes de estas dos áreas de actividades en la misma proporción. Por ejemplo, la CL5 usa el 75% (1,500 × 2,000) de las horas de configuración de las máquinas, pero tan solo el 29.4% (3,750 × 12,750) de las horas-máquina. Usar únicamente horas-máquina, por ejemplo, para aplicar todos los costos del departamento de manufactura en Plastim daría como resultado que la CL5 estuviera sujeta a una subestimación de costos, porque no se le cargarían las cantidades significativas de los recursos de configuración de las máquinas que en realidad usa.

Con base en lo que acabamos de explicar, el uso de tasas de costos indirectos por departamento para asignar los costos a los productos da como resultado información similar a aquella de las tasas de los costos de las actividades, si **1.** una sola actividad da cuenta de una proporción considerable de los costos del departamento, o bien, **2.** se incurre en costos significativos sobre diferentes actividades dentro de un departamento, pero cada actividad tiene el mismo generador de costos y, por lo tanto, la misma base de aplicación del costo (como era el caso en el departamento de diseño de Plastim).

Desde el punto de vista del costeo puro del producto, las tasas de costos indirectos de los departamentos y de las actividades también darán como resultado los mismos costos del producto, si **1.** se incurre en costos significativos para diferentes actividades, con bases distintas de aplicación de costos dentro de un departamento; pero **2.** diferentes productos usan recursos provenientes de las diferentes áreas de actividades en las mismas proporciones (por ejemplo, si la CL5 hubiera usado el 65%, digamos, de las horas de configuración de las máquinas y el 65% de las horas-máquina). Sin embargo, en este caso, el hecho de no identificar las actividades y los generadores de costos dentro de los departamentos oculta cierta información de costos de las actividades, la cual sería valiosa para la administración de los costos, así como para los mejoramientos del diseño y del proceso.

Concluiremos esta sección con una advertencia. No se debe suponer que debido al hecho de que los sistemas de costeo por departamento requieren la creación de grupos comunes múltiples de costos indirectos reconocen en forma adecuada los generadores de costos dentro de los departamentos, así como la forma en que los productos usan los recursos. Como hemos indicado, en muchas situaciones, los sistemas de costeo por departamento se mejoran utilizando un sistema ABC. El hecho de enfatizar las actividades conduce a grupos comunes de costos más concentrados y homogéneos, ayuda a identificar las bases de aplicación de los costos de aquellas actividades que tienen una mejor relación de causa y efecto con los costos incluidos (dentro de los grupos de costos de las actividades), y conduce a mejores decisiones de diseño y de procesos. No obstante, los beneficios de un sistema ABC necesitan equilibrarse contra sus costos y limitaciones.

> ◀ **Punto de decisión**
>
> ¿Cuándo se pueden usar. los sistemas de costeo por departamento en vez de los sistemas ABC?

El sistema ABC en las compañías de servicios y en las compañías comerciales

Aunque muchos de los primeros ejemplos de los sistemas ABC se originaron en la manufactura, estos sistemas tienen muchas aplicaciones en compañías tanto de servicios como comerciales. Además de las actividades de manufactura, el ejemplo de Plastim incluye la aplicación de un sistema ABC a una actividad de servicios —el diseño— y a una actividad comercial —la distribución. Las compañías como el Cooperative Bank, Braintree Hospital y BCTel en la industria de las telecomunicaciones y Union Pacific en la industria ferroviaria, han implementado alguna forma de sistema ABC para identificar mezclas de productos rentables, mejorar la eficiencia y satisfacer a sus clientes. Asimismo, muchas empresas minoristas y mayoristas —como Supervalu, una tienda minorista de abarrotes, y Owens and Minor, un distribuidor de suministros médicos— han utilizado los sistemas ABC. Finalmente, como describimos en el capítulo 14, un gran número de firmas de servicios financieros (así como otras compañías) emplean algunas variaciones de los sistemas ABC para analizar y mejorar la rentabilidad de sus interacciones con los clientes.

El ampliamente difundido uso de los sistemas ABC en las compañías de servicios y comerciales refuerza la idea de que los gerentes los utilizan para la toma de decisiones estratégicas, en vez de emplearlos para la valoración de los inventarios. (La valoración del inventario es bastante sencilla en las compañías comerciales y no es necesaria en las compañías de servicios.) Las empresas de servicios, en particular, encuentran mucho valor en un sistema ABC, ya que una vasta mayoría de su estructura de costos incluye los costos indirectos. Después de todo, hay pocos costos directos cuando un banco hace un préstamo o cuando un representante responde una llamada telefónica en un *call center*. Como hemos visto, un beneficio importante de los sistemas ABC es su capacidad para asignar los costos indirectos a los objetos de costos, mediante la identificación de las actividades y los generadores de costos. En consecuencia, los sistemas ABC brindan mejores nociones que los sistemas tradicionales para la administración de los costos indirectos. En las compañías de servicios y en las compañías comerciales, el enfoque general para los sistemas ABC es similar al enfoque del ABC de la manufactura.

El Cooperative Bank siguió el enfoque que se viene describiendo en este capítulo, cuando implementó el sistema ABC en sus operaciones de banca minoristas. Calculó los costos de varias actividades, como la realización de transacciones en cajeros automáticos, la apertura y cancelación de cuentas, la gestión de hipotecas y el procesamiento de transacciones con la tarjeta Visa. Empleó las tasas de costos de las actividades para calcular los costos de los diversos productos, como las cuentas de cheques, las hipotecas y las tarjetas Visa, así como los costos que resultaban del apoyo a diferentes clientes. La información ABC ayudó al Cooperative Bank a mejorar sus procesos y a identificar productos rentables y segmentos de clientes. La sección Conceptos en acción de la página 160 describe la manera en que Charles Schwab se ha beneficiado similarmente por el uso del análisis ABC.

El costeo basado en actividades origina algunas discusiones interesantes cuando se aplica a una institución de servicios públicos, como el Servicio Postal estadounidense. Los costos por entregar el correo en lugares remotos son mucho mayores que los costos por hacerlo dentro de áreas urbanas. Sin embargo, por razones de equidad y de integración de las comunidades, el Servicio Postal no cobra mayores precios a los clientes en áreas aisladas. En este caso, el costeo basado en actividades es valioso para entender, administrar y reducir los costos, aunque no lo es para las decisiones de fijación de precios.

Conceptos en acción

El sistema de costeo basado en actividades basado en el tiempo en Charles Schwab

El costeo basado en actividades por tiempo ("TDABC") ayuda a Charles Schwab, la correduría de valores líder, en el análisis estratégico, la medición y la administración de sus actividades de intercambio de acciones a través de diversos canales como sucursales, *call centers* e Internet. Ya que los costos de cada canal son diferentes, el TDABC ayuda a responder preguntas como las siguientes: ¿Cuáles con los costos totales de las transacciones en las sucursales *versus* las transacciones en línea? ¿Qué canales ayudan a reducir los costos generales? ¿Cómo podría Charles Schwab fijar el precio de sus servicios para fomentar cambios en el comportamiento de los clientes?

El sistema TDABC asigna todos los costos de los recursos de una compañía a los objetos de costos, usando un marco de referencia que requiere dos conjuntos de estimaciones. El TDABC calcula primero el costo de suministrar capacidad en cuanto a recursos, como el tiempo del corredor. El costo total de los recursos —incluyendo al personal, la gerencia, la renta de oficinas, la tecnología y los suministros— se divide entre la capacidad disponible (el tiempo disponible para que los corredores hagan el trabajo) y, de este modo, se obtiene la tasa del costo de la capacidad. A continuación, el TDABC usa la tasa del costo de la capacidad para impulsar los costos de los recursos hacia los objetos de costos, como las negociaciones de acciones que se realizan a través de los corredores en una sucursal, y para tal propósito estima la demanda de la capacidad de los recursos (tiempo) que requiere el objeto de costos.

Al entender que las negociaciones que se efectúan en línea cuestan mucho menos que las negociaciones que se realizan mediante corredores, Charles Schwab desarrolló una estructura de tarifas para negociaciones de fondos de inversión, con la finalidad de estimular el uso de canales más baratos. Charles Schwab también usó la información del TDABC para reducir los costos del proceso en varios cientos de millones de dólares en forma anual, y para alinear mejor la fijación de precio de los productos y la administración de cuentas, en los diversos segmentos de clientes de la compañía. La empresa está trabajando en otras oportunidades, incluyendo el enrutamiento de las llamadas prioritarias y el marketing a través de correo electrónico, buscando reducir aún más los costos al mantener y, a la vez, mejorar la ya alta calidad reconocida del servicio al cliente de Charles Schwab.

Fuente: Kaplan, R. S. y S. R. Anderson. 2007. The innovation of time-driven activity-based costing. *Cost Management*, marzo-abril: 5-15; Kaplan R. S. y S. R. Anderson. 2007. *Time-driven activity-based costing*. Boston, MA: Harvard Business School Press; Martinez-Jerez, F. Asis. 2007. Undestanding customer profitability at Charles Schwab. Harvard Business School, estudio de caso núm. 9-106-102, enero.

Problema para autoestudio

Family Supermarkets (FS) ha tomado la decisión de incrementar el tamaño de su tienda en Memphis. Quiere obtener información acerca de la rentabilidad de las líneas de productos individuales: bebidas gaseosas, vegetales frescos y alimentos empacados. En 2011 FS proporciona los siguientes datos para cada línea de productos:

	Bebidas gaseosas	Vegetales frescos	Alimentos empacados
Ingresos	$317,400	$840,240	$483,960
Costo de los bienes vendidos	$240,000	$600,000	$360,000
Costo de las botellas devueltas	$ 4,800	$0	$0
Número de órdenes de compra colocadas	144	336	144
Número de entregas recibidas	120	876	264
Horas de tiempo para abastecer estanterías	216	2,160	1,080
Artículos vendidos	50,400	441,600	122,400

FS también proporciona la siguiente información para 2011:

Actividad (1)	Descripción de la actividad (2)	Costos de apoyo totales (3)	Base de aplicación de los costos (4)
1. Devoluciones de botellas	Devolución de botellas vacías al almacén	$ 4,800	Seguimiento directo a la línea de bebidas gaseosas
2. Colocación	Colocación de órdenes de compras	$ 62,400	624 órdenes de compra
3. Entrega	Entrega y recepción física de la mercancía	$100,800	1,260 entregas
4. Abastecimiento de estanterías	Entrega de mercancías en los estantes de la tienda y reabastecimiento continuo	$ 69,120	3,456 horas de tiempo de abastecimiento de los estantes
5. Apoyo al cliente	Asistencia proporcionada a los clientes, incluyendo el pago en caja y el empacado	$122,880	614,400 artículos vendidos
Total		$360,000	

Se requiere

1. Family Supermarkets aplica actualmente los costos de apoyo de la tienda (todos los costos distintos del costo de los bienes vendidos) a las líneas de productos, tomando como base el costo de los bienes vendidos de cada línea de productos. Calcule la utilidad operativa como una cantidad y la utilidad operativa como porcentaje de los ingresos de cada línea de productos.

2. Si Family Supermarkets asigna los costos de apoyo de la tienda (todos los costos aparte del costo de los bienes vendidos) a las líneas de productos usando un sistema ABC, calcule la utilidad operativa como una cantidad y la utilidad operativa como un porcentaje de los ingresos de cada línea de productos.

3. Comente sus respuestas a los requerimientos 1 y 2.

Solución

1. El siguiente cuadro muestra la utilidad operativa como una cantidad y la utilidad operativa como un porcentaje de los ingresos de cada línea de productos. Todos los costos de apoyo de la tienda (todos los costos a excepción del costo de los bienes vendidos) se asignan a las líneas de productos, usando el costo de los bienes vendidos de cada línea de productos como la base de aplicación de los costos. Los costos totales de apoyo a la tienda son de $360,000 (costo de las botellas devueltas, $4,800 + costo de las órdenes de compra, $62,400 + costo de las entregas, $100,800 + costo del abastecimiento de las estanterías, $69,120 + costo del apoyo al cliente, $122,880). La tasa de aplicación de los costos de apoyo a la tienda = $360,000 × $1,200,000 (bebidas gaseosas $240,000 + vegetales frescos $600,000 + alimentos empacados, $360,000) = 30% del costo de los bienes vendidos. Para asignar los costos de apoyo a cada línea de productos, FS multiplica el costo de los bienes vendidos de cada línea de productos por 0.30.

	Bebidas gaseosas	Vegetales frescos	Alimentos empacados	Total
Ingresos	$317,400	$840,240	$483,960	$1,641,600
Costo de los bienes vendidos	240,000	600,000	360,000	1,200,000
Costo de apoyo a la tienda				
($240,000; $600,000; $360,000) × 0.30	72,000	180,000	108,000	360,000
Costos totales	312,000	780,000	468,000	1,560,000
Utilidad operativa	$ 5,400	$ 60,240	$ 15,960	$ 81,600
Utilidad operativa ÷ Ingresos	1.70%	7.17%	3.30%	4.97%

2. Con un sistema ABC, FS identifica los costos de las devoluciones de las botellas como un costo directo, porque estos costos se pueden atribuir a la línea de productos de gaseosas. FS calcula entonces las tasas de aplicación de los costos para cada área de actividad (como en el paso 5 del sistema de costeo de siete pasos, descrito en este capítulo, p. 152). Las tasas de actividad son como sigue:

Actividad (1)	Jerarquía de costos (2)	Costos totales (3)	Cantidad de la base de la aplicación del costo (4)	Tasa de aplicación de los costos indirectos (5) = (3) ÷ (4)
Colocación	Nivel de lote	$ 62,40	624 órdenes de compra	$100 por orden de compra
Entrega	Nivel de lote	$100,800	1,260 entregas	$80 por entrega
Abastecimiento de estanterías	Nivel de unidad de producción	$ 69,120	3,456 horas de abastecimiento de estantería	$20 por hora de abastecimiento
Apoyo al cliente	Nivel de unidad de producción	$122,880	614,400 artículos vendidos	$0.20 por artículo vendido

Los costos de apoyo a la tienda para cada línea de productos por actividad se obtienen al multiplicar la cantidad total de la base de aplicación del costo en cada línea de productos por la tasa del costo de esa actividad. La utilidad operativa como cantidad y como porcentaje de los ingresos para cada línea de productos es como sigue:

	Bebidas gaseosas	Vegetales frescos	Alimentos empacados	Total
Ingresos	$317,400	$840,240	$483,960	$1,641,600
Costo de los bienes vendidos	240,000	600,000	360,000	1,200,000
Costo de las devoluciones de botellas	4,800	0	0	4,800
Costos de colocación (144; 336; 144) órdenes de compra × $100	14,400	33,600	14,400	62,400
Costos de entregas (120; 876; 264) entregas × $80	9,600	70,080	21,120	100,800
Costos de abastecimiento de estantería (216; 2,160; 1,080) horas de abastecimiento × $20	4,320	43,200	21,600	69,120
Costos de apoyo al cliente (50,400; 441,600; 122,400) artículos vendidos × $0.20	10,080	88,320	24,480	122,880
Costos totales	283,200	835,200	441,600	1,560,000
Utilidad operativa	$ 34,200	$ 5,040	$ 42,360	$ 81,600
Utilidad operativa ÷ Ingresos	10.78%	0.60%	8.75%	4.97%

3. Los gerentes consideran que el sistema ABC es más creíble que el sistema de costeo simple. El sistema ABC distingue de una manera más precisa los diferentes tipos de actividades de FS. También da un seguimiento más exacto a la manera en que las líneas de los productos individuales usan los recursos. A continuación se presenta una jerarquización de la rentabilidad relativa —la utilidad operativa como un porcentaje de los ingresos— para las tres líneas de productos con un sistema de costeo simple y con un sistema ABC:

Sistema de costeo simple		Sistema ABC	
1. Vegetales frescos	7.17%	1. Bebidas gaseosas	10.78%
2. Alimentos empacados	3.30%	2. Alimentos empacados	8.75%
3. Bebidas gaseosas	1.70%	3. Vegetales frescos	0.60%

El porcentaje de ingresos, el costo de los bienes vendidos y los costos de las actividades para cada línea de productos son los siguientes:

	Bebidas gaseosas	Vegetales frescos	Alimentos empacados
Ingresos	19.34%	51.18%	29.48%
Costo de los bienes vendidos	20.00	50.00	30.00
Devoluciones de botellas	100.00	0	0
Áreas de actividad:			
Colocación	23.08	53.84	23.08
Entrega	9.53	69.52	20.95
Abastecimiento de estantería	6.25	62.50	31.25
Apoyo al cliente	8.20	71.88	19.92

Las bebidas gaseosas tienen un menor número de entregas y requieren de un tiempo de abastecimiento menor de los estantes y de apoyo al cliente, que los vegetales frescos o los alimentos empacados. La mayoría de los principales proveedores de gaseosas entregan la mercancía directamente en los estantes de la tienda y ellos mismos la colocan en los exhibidores. En contraste, el área de vegetales frescos tiene la mayor cantidad de entregas y consume un alto porcentaje de tiempo de abastecimiento en las estanterías. También tiene el número más alto de artículos individuales de ventas y, por lo tanto, requiere de mayor apoyo al cliente. El sistema de costeo simple suponía que cada línea de productos usaba los recursos de cada área de actividad en la misma proporción que entre su respectivo costo individual de los bienes vendidos y el costo total de los bienes vendidos. Como es evidente, este supuesto resulta incorrecto. En relación con el costo de los bienes vendidos, las bebidas gaseosas y los alimentos empacados usan menos recursos, en tanto que los vegetales frescos emplean más recursos. Como resultado de ello, el sistema ABC reduce los costos que se asignan a las gaseosas y a los alimentos empacados, e incrementa los costos que se asignan a los vegetales frescos. El sistema de costeo simple es un ejemplo de aplicación de promedios demasiado amplios.

Los gerentes de FS pueden usar la información ABC para orientar ciertas decisiones, como la manera en que se debería aplicar un incremento planeado en el área disponible. Está justificado un aumento en el porcentaje del espacio que se aplica a las bebidas gaseosas. Sin embargo, observe que la información ABC debería ser tan solo un insumo en las decisiones acerca de la aplicación del espacio de los estantes. FS puede tener límites mínimos sobre el espacio de los estantes que se aplicará a los vegetales frescos, debido a las expectativas de los consumidores de que los supermercados tengan disponibles los productos de esta línea de productos. En muchas situaciones, las compañías no pueden tomar decisiones de productos en forma aislada, sino que deben considerar el efecto que tendría descartar o reducir la importancia de un producto sobre la demanda de los clientes por otros artículos.

Las decisiones de fijación de precio también se toman de una manera más informada con la información ABC. Por ejemplo, suponga que un competidor anuncia una reducción de 5% en los precios de las gaseosas. Dado el margen de 10.78% que FS gana actualmente sobre su línea de productos de bebidas gaseosas, tiene la flexibilidad de reducir los precios y obtener todavía una utilidad sobre esta línea de productos. En contraste, el sistema de costeo simple indicaba erróneamente que las gaseosas tan solo tenían un margen de 1.70%, dejando poco espacio para contrarrestar las iniciativas de fijación de precios de un competidor.

Puntos de decisión

El siguiente formato de preguntas y respuestas resume los objetivos de aprendizaje del capítulo. Cada decisión presenta una pregunta clave relacionada con un objetivo de aprendizaje. Los lineamientos son la respuesta a esa pregunta.

Decisión	Lineamientos
1. ¿Cuándo ocurre la subestimación o la sobreestimación del costo de un producto?	La subestimación (sobreestimación) del costo de un producto ocurre cuando un bien o un servicio consumen un alto (bajo) nivel de recursos, pero se reporta que tiene un bajo (alto) costo. El uso de promedios amplios, o el costeo de mantequilla para untar, una causa común de la subestimación o la sobreestimación de los costos, es el resultado de usar promedios amplios que asignan o esparcen uniformemente el costo de los recursos a los productos, cuando los productos individuales utilizan estos recursos de una manera no uniforme. Existe un subsidio del costo de los productos cuando un producto subcosteado (sobrecosteado) hace que, por lo menos, el costo de algún otro producto se sobreestime (subestime).
2. ¿Cómo mejoran los gerentes un sistema de costeo?	El mejoramiento de un sistema de costeo se refiere a la realización de cambios que den como resultado cifras de costos que midan mejor la forma en que diferentes objetos de costos, como los productos, usan diferentes cantidades de recursos de la compañía. Estos cambios pueden requerir de una atribución de los costos directos, de la elección de grupos comunes de costos indirectos más homogéneos, o bien, del uso de generadores de costos como base de aplicación de los costos.
3. ¿Cuál es la diferencia entre el diseño de un sistema de costeo simple y un sistema de costeo basado en actividades (ABC)?	El sistema ABC difiere del sistema simple por su enfoque fundamental sobre las actividades. Por lo general, el sistema ABC tiene más grupos homogéneos de costos indirectos que el sistema simple, y se usan más generadores de costos como base de aplicación de los costos.

4. ¿Qué es una jerarquía de costos?

Una jerarquía de costos clasifica los costos en diferentes grupos comunes de costos, tomando como base distintos tipos de bases de aplicación de costos o diferentes grados de dificultad en la determinación de las relaciones de causa y efecto (o beneficios recibidos). Una jerarquía de cuatro partes para el costeo de los productos consiste en los costos a nivel de unidad de producto, en los costos a nivel de lote, en los costos de mantenimiento del producto o costos de mantenimiento del servicio, así como en los costos de mantenimiento de las instalaciones.

5. ¿De qué manera los gerentes costean los productos o los servicios cuando usan los sistemas ABC?

En los sistemas ABC, se usan los costos de las actividades para asignar los costos a otros objetos de costos, como los productos o servicios con base en actividades que estos consumen.

6. ¿Qué aspectos deberían considerar los gerentes cuando deciden implementar los sistemas ABC?

Es probable que los sistemas ABC den los mejores beneficios en cuanto a toma de decisiones, cuando los costos indirectos son un alto porcentaje de los costos totales, o cuando los productos o servicios ejercen diversas exigencias sobre los recursos indirectos. Los principales costos de los sistemas ABC son las dificultades en las mediciones necesarias para implementar y actualizar los sistemas.

7. ¿Cómo se usan los sistemas ABC para lograr una mejor administración?

La administración basada en actividades (ABM) es un método gerencial de toma de decisiones que usa la información ABC para satisfacer a los clientes y para mejorar la rentabilidad. Los sistemas ABC se usan para las decisiones administrativas tales como fijación de precios, mezclas de productos, reducción de costos, mejoramiento del proceso, rediseño del producto y proceso, y planeación y administración de las actividades.

8. ¿Cuándo se pueden usar los sistemas de costeo por departamento en vez de los sistemas ABC?

Los sistemas de costeo basados en actividades son un mejoramiento de los sistemas de costeo por departamento y buscan lograr grupos de costos más concentrados y más homogéneos. La información de costos de los sistemas de costeo por departamento aproxima la información de costos de los sistemas ABC tan solo cuando cada departamento tiene una sola actividad (o cuando una sola actividad da cuenta de una proporción significativa de los costos del departamento), un solo generador de costos para diferentes actividades, o bien, cuando diferentes productos usan distintas actividades de un departamento en las mismas proporciones.

Términos contables

Este capítulo y el glosario que se presenta al final del libro contienen definiciones de los siguientes términos importantes:

actividad (**p. 146**)

administración basada en actividades (ABM) (**p. 156**)

costeo basado en actividades (ABC) (**p. 146**)

costos a nivel de lote (**p. 149**)

costos a nivel de unidad de producto (**p. 149**)

costos de mantenimiento de las instalaciones (**p. 149**)

costos de mantenimiento del producto (**p. 149**)

costos de mantenimiento del servicio (**p. 149**)

jerarquía de costos (**p. 149**)

sistema de costeo mejorado (**p. 145**)

sobreestimación del costo de un producto (**p. 140**)

subestimación del costo del producto (**p. 140**)

subsidio de costos del producto (**p. 140**)

Material para tareas

MyAccountingLab

Preguntas

5-1 ¿Qué son los promedios amplios y qué consecuencias pueden tener sobre los costos?

5-2 ¿Por qué deberían los gerentes preocuparse acerca de la sobrestimación y la subestimación de los costos?

5-3 ¿Qué es un mejoramiento de un sistema de costeo? Describa tres lineamientos para el mejoramiento.

5-4 ¿Qué es un enfoque basado en actividades para el diseño de un sistema de costeo?

5-5 Describa cuatro niveles de una jerarquía de costos.

5-6 ¿Por qué es importante clasificar los costos con base en una jerarquía de costos?

5-7 ¿Cuáles son algunas razones clave para las diferencias en los costos de los productos entre los sistemas de costeo simples y los sistemas abc?

5-8 Describa cuatro decisiones en las cuales sea de utilidad la información ABC.

5-9 "Las tasas de los costos indirectos de los departamentos nunca son tasas de costos de las actividades". ¿Está usted de acuerdo con eso? Explique su respuesta.

5-10 Describa cuatro signos que ayudan a indicar cuándo es probable que los sistemas ABC den los mayores beneficios.

5-11 ¿Cuáles son los principales costos y las principales limitaciones en la implementación de los sistemas ABC?

5-12 "Los sistemas ABC se aplican únicamente a las compañías de manufactura." ¿Está usted de acuerdo? Explique su respuesta.

5-13 "El costeo basado en actividades es la moda del presente y del futuro. Todas las compañías deberían adoptarlo," ¿Está usted de acuerdo? Explique su respuesta.

5-14 "El aumento del número de grupos comunes de costos indirectos está garantizado en cuanto al logro de un incremento considerable en la exactitud de los costos de los productos o los servicios." ¿Está usted de acuerdo? ¿Por qué?

5-15 El contralor de una compañía minorista acaba de recibir un rápido rechazo de una petición de $50,000 para la implementación de un sistema ABC. Un vicepresidente, al rechazar la petición, señaló que: "Dada la posibilidad de elegir, siempre preferiré una inversión de $50,000 para mejorar las cosas que el cliente ve o experimenta, como nuestros estantes o la distribución física de la tienda. ¿Cómo se beneficia un cliente si nosotros gastamos $50,000 en un sistema contable supuestamente mejor?" ¿Cómo debería responder el contralor?

Ejercicios

5-16 **Jerarquía de costos.** Hamilton, Inc., fabrica cajas de música (sistemas con radio, casete y reproductor de discos compactos) para varias compañías reconocidas. Las cajas de música difieren significativamente en cuanto a su complejidad y en cuanto al tamaño de los lotes de manufactura. En 2011 se incurrió en los siguientes costos:

a) Costos de mano de obra indirecta de manufactura, como la supervisión que apoya la mano de obra directa, $1,450,000.

b) Costos de las adquisiciones, incluyendo la colocación de las órdenes de compra, la recepción de materiales y el pago a los proveedores, en relación con el número de órdenes de compra colocadas, $850,000.

c) Costo de los materiales indirectos, $275,000.

d) Costos en que se incurre para la configuración de las máquinas cada vez que tiene que fabricarse un producto diferente, $630,000.

e) Diseño de procesos, diseño de gráficas de procesos, realización de cambios en el proceso de ingeniería para los productos, $775,000.

f) Costos indirectos relacionados con las máquinas, como la depreciación, el mantenimiento, la ingeniería de la producción, $1,500,000 (Estos recursos se relacionan con la actividad de operar las máquinas.)

g) Administración de la planta, renta de la planta y seguro de la planta, $925,000.

Se requiere

1. Clasifique cada uno de los costos anteriores como costos a nivel de unidad de producción, costos a nivel de lote, costos de mantenimiento del producto o costos de mantenimiento de las instalaciones. Explique cada una de sus respuestas.

2. Considere dos tipos de cajas de música fabricadas por Hamilton. Una caja de estas es difícil de fabricar y se produce con base en muchos lotes. La fabricación de la otra caja es sencilla y se produce basándose en pocos lotes. Suponga que Hamilton necesita el mismo número de horas-máquina para fabricar cada tipo de caja musical y que Hamilton asigna todos los costos indirectos, usando las horas-máquina como la única base de aplicación. ¿En qué manera, si acaso, se costearían inadecuadamente las cajas musicales? Explique brevemente por qué.

3. ¿En qué manera es de utilidad la jerarquía de costos para Hamilton al administrar su empresa?

5-17 **ABC, jerarquía de costos, servicios.** (Adaptado de CMA.) Los laboratorios Vineyard Test realizan pruebas de calor (PC) y pruebas de tensión (PT) sobre materiales, y operan a su máxima capacidad. Con su actual sistema de costeo simple, Vineyard agrega todos los costos operativos de $1,190,000 dentro de un solo grupo común de costos indirectos. Vineyard calcula una tasa por hora de prueba de $17($1,190,000 ÷ 70,000 de horas de prueba totales). PC usa 40,000 horas de prueba, y PT usa 30,000 horas de prueba. Gary Celeste, el contralor de Vineyard, considera que hay suficiente variación en los procedimientos de prueba y en las estructuras de costos para establecer un costeo y tasas de facturación separadas para las pruebas PC y para PT. El mercado de los servicios de prueba se está volviendo competitivo. Sin esta información, cualquier costeo inadecuado o una fijación de precios incorrecta de sus servicios ocasionarían que Vineyard perdiera operaciones de negocios. Celeste divide los costos de Vineyard en cuatro categorías de costos de las actividades.

a) Costos de mano de obra directa, $146,000. Estos costos se pueden atribuir directamente a PC, $100,000, y a PT, $46,000.

b) Costos relacionados con el equipo (renta, mantenimiento, energía y similares), $350,000. Estos costos se aplican a PC y a PT, tomando como base las horas de prueba.

c) Costos de configuración de las máquinas, $430,000. Estos costos se aplican a PC y a PT, tomando como base el número de horas de configuración de las máquinas requeridas. PC requiere 13,600 horas de configuración de las máquinas y PT requiere 3,600 horas de configuración.

d) Costos del diseño de las pruebas, $264,000. Estos costos se aplican a PC y a PT, tomando como base el tiempo que se requiere para el diseño de las pruebas. PC requiere 3,000 horas y PT requiere 1,400 horas.

Se requiere

1. Clasifique cada actividad de costos como costos a nivel de unidad de producción, costos a nivel de lote, costos de mantenimiento del producto o servicio, o costos de mantenimiento de las instalaciones. Explique cada una de sus respuestas.

2. Calcule el costo por hora de prueba para PC y para PT. Explique brevemente las razones por las cuales estas cifras difieren de la hora de prueba de $17 que Vineyard calculó utilizando su sistema de costeo simple.

3. Explique la exactitud de los costos del producto que se calcularon con el sistema de costeo simple y con el sistema ABC. ¿Cómo podría la administración de Vineyard emplear la jerarquía del costo y la información ABC para administrar mejor su empresa?

5-18 Bases de aplicación alternativas en una empresa de servicios profesionales. El Grupo Walliston (WG) ofrece servicios de asesoría fiscal a empresas multinacionales. WG cobra a los clientes por a) el tiempo profesional directo (a una tasa por hora) y *b*) los servicios de apoyo (al 30% de los costos profesionales directos facturados). Los tres profesionistas de WG y sus tasas por hora profesional son como sigue:

Profesionista	Tasa de facturación por hora
Max Walliston	$640
Alexa Boutin	220
Jascob Abbington	100

WG acaba de preparar las facturas del mes de mayo para dos clientes. Las horas del tiempo profesional que se han utilizado para cada cliente son las siguientes:

	Horas por cliente	
Profesional	Dominio de San Antonio	Empresas de Ámsterdam
Walliston	26	4
Boutin	5	14
Abbington	39	52
Total	70	70

Se requiere

1. ¿Qué cantidades facturó WG al Dominio de San Antonio y a las Empresas de Ámsterdam en mayo de 2011?

2. Suponga que los servicios de apoyo se facturaran a $75 por hora de mano de obra profesional (en vez del 30% de costos de mano de obra profesional). ¿Cómo afectaría este cambio las cantidades que WG facturó a los dos clientes en mayo de 2011? Comente las diferencias entre los montos facturados en los puntos 1 y 2.

3. ¿Cómo determinaría usted, si los costos de la mano de obra profesional o las horas de la mano de obra profesional son la base de aplicación más adecuada para los servicios de apoyo de WG?

5-19 Tasas de costos indirectos extensivas a toda la planta, por departamento y ABC. Productos Automotrices (PA) diseña y fabrica piezas automotrices. En 2011 los costos indirectos reales variables de manufactura son de $308,600. El sistema de costeo simple de PA aplica los costos indirectos variables de manufactura a sus tres clientes, tomando como base las horas máquina y los precios que contrata con base en los costos totales. Uno de sus clientes se ha quejado en forma regular de que se le cargan precios no competitivos y, por ello, el contralor de PA, Devon Smith, ha comprendido que es momento de examinar más detalladamente el consumo de los recursos de los gastos indirectos. Él sabe que hay tres departamentos principales que consumen recursos de costos indirectos: diseño, producción e ingeniería. Las entrevistas con el personal del departamento y el examen de los registros de tiempo brinda la siguiente información detallada:

	A	B	C	D	E	F
1			Costos indirectos variables de manufactura en 2011	Uso de los generadores de costos por contrato de cliente		
2	Departamento	Generador del costo		United Motors	Holden Motors	Leland Vehicle
3	Diseño	Horas de diseño CAD	$ 39,000	110	200	80
4	Producción	Horas de ingeniería	29,600	70	60	240
5	Ingeniería	Horas-máquina	240,000	120	2,800	1,080
6	Total		$308,600			

Se requiere

1. Calcule los costos indirectos variables de manufactura que se aplicaron a cada cliente en 2011, con el sistema de costeo simple que usa a las horas-máquina como base de aplicación.

2. Calcule los costos indirectos variables de manufactura que se aplicaron a cada cliente en 2011, usando las tasas de los costos indirectos variables de manufactura basadas en los departamentos.

3. Comente sus respuestas a los puntos 1 y 2. ¿Qué cliente considera usted que se estuvo quejando por recibir un cargo excesivo con el sistema simple? Si se usan las nuevas tasas basadas en los departamentos para fijar el precio de los contratos, ¿cuál cliente (o clientes) quedará(n) insatisfecho(s)? ¿Cómo respondería usted a estas preocupaciones?

4. ¿De qué otra manera podría PA usar la información disponible de su análisis a nivel de departamento por departamento para los costos indirectos variables de manufactura?

5. Los gerentes de PA se preguntan si deberían mejorar aún más el sistema de costeo por departamento, para convertirlo en un sistema ABC, mediante la identificación de diferentes actividades dentro de cada departamento. ¿En qué condiciones no valdría la pena mejorar aún más el sistema de costeo por departamento para convertirlo en un sistema ABC?

5-20 **Tasas de costos extensivas a toda la planta, por departamento y de costos de actividades.** La empresa Tarquin fabrica trofeos y placas, y opera a toda su capacidad. Tarquin toma órdenes grandes de los clientes, como los trofeos participantes para la Liga Infantil de Mishawaka. El contralor le ha pedido a usted que compare la aplicación de los costos tomando como base toda la planta, los departamentos y las actividades.

Trofeos Tarquin
Información presupuestada
Para el año que terminó el 30 de noviembre de 2011

Departamento de Formado	Trofeos	Placas	Total
Materiales directos	$13,000	$11,250	$24,250
Mano de obra directa	15,600	9,000	24,600
Costos indirectos			
Configuración de las máquinas			12,000
Supervisión			10,386

Departamento de ensamblado	Trofeos	Placas	Total
Materiales directos	$ 2,600	$ 9,375	$11,975
Mano de obra directa	7,800	10,500	18,300
Costos indirectos			
Configuración de las máquinas			23,000
Supervisión			10,960

A continuación se presenta otra información:

Los costos de la configuración de las máquinas varían con el número de lotes que se procesan en cada departamento. El número presupuestado de lotes para cada línea de productos en cada departamento es el siguiente:

	Trofeos	Placas
Departamento de formado	40	116
Departamento de ensamblado	43	103

Los costos de supervisión varían con los costos de la mano de obra directa de cada departamento.

Se requiere

1. Calcule el costo presupuestado de los trofeos y las placas con base en una sola tasa de costos indirectos extensiva a toda la planta, si los costos indirectos totales se aplican tomando como base los costos directos totales.

2. Calcule el costo presupuestado de los trofeos y las placas, tomando como base las tasas de costos indirectos departamentales, donde los costos indirectos del departamento de formado se aplican con base en los costos de la mano de obra directa del departamento de formado, y los costos indirectos del departamento de ensamblado se aplican con base en los costos directos totales del departamento de ensamblado.

3. Calcule el costo presupuestado de los trofeos y las placas, si Tarquin aplica los costos indirectos en cada departamento usando un costeo basado en actividades.

4. Explique la manera en la cual el detalle de la información mejoraría o reduciría la calidad de la decisión.

5-21 **ABC, costeo de procesos.** La compañía Parker fabrica calculadoras matemáticas y financieras, y opera a su máxima capacidad. A continuación se presentan los datos relacionados con los dos productos:

	Matemática	Financiera
Producción anual en unidades	50,000	100,000
Costos de materiales directos	$150,000	$300,000
Costos de mano de obra directa	$ 50,000	$100,000
Horas de mano de obra directa	2,500	5,000
Horas-máquina	25,000	50,000
Número de corridas de producción	50	50
Horas de inspección	1,000	500

Los costos indirectos de manufactura son los siguientes:

	Total
Costos de operaciones mecánicas	$375,000
Costos de configuración de las máquinas	120,000
Costos de inspección	105,000

Se requiere

1. Elija un generador de costos para cada grupo común de costos indirectos y calcule el costo indirecto de manufactura por unidad de cada producto.
2. Calcule el costo de manufactura por unidad para cada producto.

5-22   Costeo basado en actividades, compañía de servicios. La corporación Quickprint tiene una imprenta modesta que imprime folletos, panfletos y material publicitario. Quickprint clasifica sus diversos trabajos de impresión como trabajos estándar o como trabajos especiales. El sistema de costeo de órdenes de trabajo simple de Quickprint tiene dos categorías de costos directos (materiales directos y mano de obra directa), y un solo grupo común de costos indirectos. Quickprint opera a su máxima capacidad y aplica todos los costos indirectos usando las horas-máquina de impresión como la base de asignación.

Hay preocupación en Quickprint por la exactitud de los costos que se asignan a los trabajos estándar y a los especiales, de manera que está planeando implementar un sistema de costeo basado en actividades. El sistema ABC de Quickprint tendría las mismas categorías de costos directos que su sistema de costeo simple. Sin embargo, en vez de un solo grupo común de costos indirectos habría ahora seis categorías para asignar los costos indirectos: diseño, compras, configuración de las máquinas, operaciones de la imprenta, marketing y administración. Para saber la manera en que el costeo basado en actividades afectaría los costos de los trabajos estándar y especiales, Quickprint recopila la siguiente información para el año fiscal 2011 que acaba de terminar.

	A	B	C	D	E F G H
1		Trabajo estándar	Trabajo especial	Total	Relación de causa y efecto entre la base de aplicación y el costo de la actividad
2	Número de trabajos de impresión	400	200		
3	Precio por trabajo	$ 1,200	$ 1,500		
4	Costo de los suministros por trabajo	$ 200	$ 250		
5	Costo de la mano de obra directa por trabajo	$ 180	$ 200		
6	Imprenta: horas por trabajo	10	10		
7	Costo de las operaciones de la imprenta			$150,000	Los costos indirectos de la operación de las imprentas
8					aumentan con las horas de impresión
9	Horas de configuración por trabajo	4	7		
10	Costos de la configuración de la máquina			$ 90,000	Los costos indirectos de la configuración de las máquinas aumentan con las horas de configuración
11	Número total de órdenes de compra	400	500		
12	Costos de las órdenes de compra			$ 36,000	Los costos indirectos de las órdenes de compra
13					con el número de órdenes de compra aumentan
14	Costos del diseño	$8,000	$32,000	$ 40,000	Los costos del diseño se aplican a los trabajos
15					estándares y especiales con base en un estudio especial del departamento de diseño
16	Costos de marketing como porcentaje de los ingresos	5%	5%	$ 39,000	
17	Costos administrativos			$ 48,000	La demanda de los recursos administrativos aumenta con los costos de la mano de obra directa

Se requiere

1. Calcule el costo de un trabajo estándar y de un trabajo especial con el sistema de costeo simple.
2. Calcule el costo de un trabajo estándar y de un trabajo especial con el sistema de costeo basado en actividades.
3. Compare los costos de un trabajo estándar y de un trabajo especial en los puntos 1 y 2. ¿Por qué difieren los sistemas de costeo simple y los que se basan en actividades, en cuanto al costo de un trabajo estándar y de un trabajo especial?
4. ¿Cómo podría Quickprint usar la nueva información de costos de su sistema de costeo basado en actividades para administrar mejor su negocio?

5-23   Costeo basado en actividades, manufactura. Open Doors, Inc., fabrica dos clases de puertas, interiores y exteriores. El sistema de costeo simple de la compañía tiene dos categorías de costos directos (materiales y mano de obra), así como un grupo común de costos indirectos. El sistema de costeo simple asigna los costos indirectos tomando como base las horas-máquina. Recientemente, los dueños de Open Doors se han preocupado acerca de una disminución en la participación de mercado de sus puertas interiores, las cuales por lo general representan sus mayores ventas.

La información relacionada con la producción de Open Doors para el año más reciente se presenta a continuación:

	Interior	Exterior
Unidades vendidas	3,200	1,800
Precio de venta	$ 125	$ 200
Costo de los materiales directos por unidad	$ 30	$ 45
Costo de la mano de obra directa por hora	$ 16	$ 16
Horas de mano de obra directa por unidad	1.50	2.25
Corridas de producción	40	85
Desplazamientos de materiales	72	168
configuración de las máquinas	45	155
Horas-máquina	5,500	4,500
Número de inspecciones	250	150

Los propietarios han oído hablar de otras compañías en la industria que están usando ahora un sistema de costeo basado en actividades, y sienten curiosidad por la forma en que el sistema ABC afectaría sus decisiones de costeo de productos. Después de analizar el grupo común de costos indirectos para Open Doors, se identificaron seis actividades como generadores de costos indirectos: programación de la producción, manejo de materiales, configuración de las máquinas, ensamblado, inspección y marketing. Open Doors recopiló los siguientes datos en relación con las actividades de costos indirectos:

Actividad	Costo de la actividad	Generador del costo de la actividad
Programación de la producción	$95,000	Corridas de producción
Manejo de materiales	$45,000	Desplazamientos de materiales
Configuración de las máquinas	$25,000	Configuraciones de las máquinas
Ensamblado	$60,000	Horas-máquina
Inspección	$ 8,000	Número de inspecciones

Se determinó que los costos de marketing eran de 3% del ingreso por ventas para cada tipo de puerta.

Se requiere

1. Calcule el costo de una puerta interior y de una puerta exterior con el actual sistema de costeo simple.
2. Calcule el costo de una puerta interior y de una puerta exterior con un sistema de costeo basado en actividades.
3. Compare los costos de las puertas en los puntos 1 y 2. ¿Por qué difieren el sistema de costeo simple y el sistema de costeo basado en actividades, en cuanto al costo de una puerta interior y de una puerta exterior?
4. ¿Cómo podría Open Door, Inc., usar la nueva información de costos proveniente de su sistema de costeo basado en actividades, para tratar la declinante participación de mercado de sus puertas interiores?

5-24 **ABC, rentabilidad de las líneas de productos al menudeo.** Family Supermarkets (FS) opera a toda su capacidad y ha decidido aplicar el análisis ABC a tres líneas de productos: productos horneados, leche y jugo de frutas, y alimentos congelados. Identifica cuatro actividades y sus tasas de costos de las actividades son como las siguientes:

Colocación	$100 por orden de compra
Entrega y recepción de mercancía	$80 por entrega
Abastecimiento en estantes	$20 por hora
Apoyo y asistencia al cliente	$0.20 por cada artículo vendido

Los ingresos, el costo de los bienes vendidos, los costos de apoyo a las tiendas, las actividades que dan cuenta de los costos por apoyo de la tienda y el uso del área de actividades de las líneas de tres productos son como sigue:

	Productos horneados	Leche y jugos de frutas	Productos congelados
Datos financieros			
Ingresos	$57,000	$63,000	$52,000
Costo de los bienes vendidos	$38,000	$47,000	$35,000
Apoyo de la tienda	$11,400	$14,100	$10,500
Uso del área de actividades (base de aplicación de los costos)			
Colocación (órdenes de compras)	30	25	13
Entregas (número de entregas)	98	36	28
Abastecimiento en estantes (horas)	183	166	24
Apoyo al cliente (artículos vendidos)	15,500	20,500	7,900

Con su sistema de costeo simple, FS aplicó los costos de apoyo a los productos a la tasa del 30% del costo de los bienes vendidos.

Se requiere

1. Use el sistema de costeo simple para elaborar un reporte de la rentabilidad de las líneas de productos para FS.
2. Use el sistema ABC para elaborar un reporte de la rentabilidad de las líneas de productos para FS.
3. ¿Qué nuevo conocimiento proporciona el sistema ABC a los gerentes de FS en cuanto al punto 2?

5-25   ABC, mayoreo, rentabilidad de los clientes. Mayoristas Ramírez opera a toda su capacidad y vende muebles a cuatro cadenas de tiendas departamentales (clientes). El Sr. Ramírez hizo el siguiente comentario: "Aplicamos el ABC para determinar la rentabilidad de las líneas de productos. Las mismas ideas se aplican a la rentabilidad de los clientes y deberíamos averiguar también la rentabilidad del cliente". Mayoristas Ramírez envía catálogos a los departamentos de compras corporativos en forma mensual. Los clientes tienen derecho a devolver la mercancía no vendida, dentro de un periodo de seis meses desde la fecha de compra, y a recibir un reembolso total del precio de compra. Se han recopilado los siguientes datos a partir del año de operaciones anterior:

	Cadena			
	1	**2**	**3**	**4**
Ventas brutas	$55,000	$25,000	$100,000	$75,000
Devoluciones sobre ventas:				
Número de muebles	101	25	65	35
Monto	$11,000	$ 3,500	$ 7,000	$ 6,500
Número de órdenes:				
Regulares	45	175	52	75
Urgentes	11	48	11	32

Ramírez ha calculado las siguientes tasas de actividades:

Actividad	Tasa del generador del costo
Procesamiento regular de la orden	$25 por orden regular
Procesamiento urgente de la orden	$125 por orden urgente
Procesamiento de muebles devueltos	$15 por mueble
Catálogos y apoyo al cliente	$1,100 por cliente

Los clientes pagan los costos del transporte. El costo de los bienes vendidos hace un promedio del 70% de las ventas.

Se requiere

Determine la contribución a las utilidades de cada cadena durante el año anterior. Haga comentarios sobre su solución.

5-26   ABC, tasas de los generadores de costos por área de actividad, subsidio de productos. Idaho Potatoes (IP) opera a toda su capacidad y procesa papas hasta convertirlas en papas cortadas en su altamente automatizada planta de Pocatello. Vende papas al mercado de consumidores al menudeo y al mercado institucional, el cual incluye hospitales, comedores y dormitorios en universidades.

El sistema de costeo simple de IP, el cual no distingue entre los cortes de papas procesados para los mercados institucionales y para los mercados al menudeo, tiene una sola categoría de costos directos (materiales directos, por ejemplo, papas crudas) y un solo grupo común de costos indirectos (apoyo a producción). Los costos de apoyo, que incluyen los materiales de empaque, se asignan tomando como base las libras de cortes de papas procesadas. La compañía utiliza 1,200,000 libras de papas crudas para procesar 1,000,000 libras de papas cortadas. A finales de 2011, IP presentó una licitación sin éxito para un contrato institucional de gran magnitud. Se reportó que su oferta había estado un 30% por arriba de la oferta ganadora. Esta retroalimentación se recibió con gran asombro porque IP había incluido tan solo un margen de utilidad mínimo en su oferta, en tanto que la planta de Pocatello estaba reconocida como la más eficiente en la industria.

Como resultado de su proceso de revisión debido a la licitación por el contrato que se perdió, IP decidió explorar formas de mejorar su sistema de costeo. La compañía determinó que el 90% de los materiales directos (papas crudas) se relacionaba con el mercado al menudeo y el 10% con el mercado institucional. Además, la compañía identificó que los materiales de empaque podían atribuirse directamente a los trabajos individuales ($180,000 al menudeo y $8,000 para los institucionales). Asimismo, la compañía usó el ABC para identificar las tres principales áreas de actividad, donde se generaban los costos de apoyo: limpieza, corte y empaque.

- **Área de actividad de limpieza:** la base de aplicación del costo son las libras de papas crudas limpiadas.
- **Área de actividad de corte:** la línea de producción elabora: *a*) 250 libras de cortes de papa al menudeo por hora de corte y *b*) 400 libras de cortes de papas para instituciones por hora de corte. La base de aplicación del costo son las horas de corte en la línea de producción.
- **Área de actividad de empaque:** la línea de empaques embolsa: *a*) 25 libras de cortes de papa al menudeo por hora de empaque y *b*) 100 libras de cortes de papa para instituciones por hora de empaque. La base de aplicación de los costos son las horas de empacado en la línea de producción.

El siguiente cuadro resume los costos reales para 2011, antes y después del análisis de costos anterior:

	Antes del análisis de costos	Apoyo a la producción	Menudeo	Institucional	Total
		Después del análisis de costos			
Materiales directos usados					
Papas	$ 150,000		$135,000	$15,000	$ 150,000
Empaques			180,000	8,000	188,000
Apoyo a la producción	983,000				
Limpieza		$120,000			120,000
Corte		231,000			231,000
Empaques		444,000			444,000
Total	$1,133,000	$795,000	$315,000	$23,000	$1,133,000

Se requiere

1. Usando el sistema de costeo simple, ¿cuál es el costo por libra de cortes de papas elaboradas por IP?
2. Calcule la tasa del costo por unidad del generador del costo en las áreas de actividades de a) limpieza, b) corte y c) empacado.
3. Suponga que IP usa la información proveniente de sus tasas de costos de las actividades, para calcular los costos incurridos en los cortes de papa al menudeo y en los cortes de papa para instituciones. Usando el sistema ABC, ¿cuál es el costo por libra de a) los cortes de papa al menudeo y b) los cortes de papa para instituciones?
4. Comente sobre las diferencias de costos entre los dos sistemas de costeo en los puntos 1 y 3. ¿Cómo podría IP usar la información del punto 3 para tomar mejores decisiones?

5-27 Costeo basado en actividades. El sistema de costeo de Smith's Custom Framing (SCF) tiene cinco grupos comunes de costos indirectos (compras, manejo de materiales, mantenimiento de las máquinas, inspección de productos y empaques). La compañía está en el proceso de presentar licitaciones para dos contratos: el 215, un pedido de 15 estructuras personalizadas muy complejas; y el 325, un pedido de seis estructuras personalizadas estándar. El contralor quiere que usted compare los costos indirectos aplicados con el sistema actual de costeo simple de las órdenes de trabajo, y un sistema de costeo de órdenes de trabajo basado en actividades recientemente diseñado. Los costos totales presupuestados en cada grupo común de costos indirectos y la cantidad presupuestada del generador de las actividades son como sigue:

	Costos indirectos presupuestados	Generador de actividades	Cantidad presupuestada para el generador de las actividades
Compras	$ 70,000	Órdenes de compra procesadas	2,000
Manejo de materiales	87,500	Desplazamiento de materiales	5,000
Mantenimiento de las máquinas	237,300	Horas-máquina	10,500
Inspección de productos	18,900	Inspecciones	1,200
Empacado	39,900	Unidades producidas	3,800
	$453,600		

La información relacionada con la orden de trabajo 215 y la orden de trabajo 325 se presenta a continuación. La orden de trabajo 215 incurre en más costos a nivel de lote, porque usa más tipos de materiales que los que se necesitan comprar, desplazar e inspeccionar en relación con la orden de trabajo 325.

	Orden de trabajo 215	Orden de trabajo 325
Número de órdenes de compra	25	8
Número de desplazamiento de materiales	10	4
Horas-máquina	40	60
Número de inspecciones	9	3
Unidades producidas	15	6

Se requiere

1. Calcule el total de los costos indirectos aplicados a cada orden de trabajo, usando un sistema de costeo simple, donde los costos indirectos se asignan con base en las horas-máquina.
2. Calcule el total de los costos indirectos aplicados a cada orden de trabajo con un sistema de costeo basado en actividades, usando los generadores de actividades adecuados.
3. Explique la razón por la cual Smith's Custom Framing podría favorecer el sistema de costeo ABC en vez del sistema de costeo simple, sobre todo en sus procesos de participación en licitaciones.

5-28 ABC, costeo de productos en los bancos, subsidios. Nacional Savings Bank (NSB) está examinando la rentabilidad de su cuenta Premier, una cuenta de ahorros y de cheques de tipo combinado. Los ahorradores reciben una tasa anual de interés de 7% sobre su saldo promedio. NSB gana una tasa de interés diferencial de 3%

(la diferencia entre la tasa a la cual presta dinero y la tasa que otorga a los ahorradores) al prestar dinero para el financiamiento de viviendas al 10%. De este modo, NSB ganaría $60 de interés diferencial, si un depositante tuviera un saldo promedio en una cuenta Premier de $2,000 en 2011 ($2,000 × 3% = $60).

La cuenta Premier brinda a los depositantes un uso ilimitado de diversos servicios como depósitos, retiros, cuentas de cheques y giros en moneda extranjera. Los depositantes con saldos mínimos de menos de $1,000 pagan una cuota de servicios de $22.00 por mes por su cuenta Premier.

NSB realizó en fechas recientes un estudio de un costeo basado en actividades acerca de sus servicios. Evaluó los siguientes costos para seis servicios individuales. El uso de estos servicios en 2011 por parte de tres clientes es como sigue:

	Costo basado en actividades por "transacción"	Uso de la cuenta		
		Holt	Turner	Graham
Depósitos/retiros en ventanilla	$ 2.30	42	48	5
Depósitos/retiros en cajero automático	0.70	7	19	17
Depósitos/retiros con una base mensual previamente convenida	0.40	0	13	62
Cheques bancarios girados	8.40	11	1	3
Giros en moneda extranjera	12.40	4	2	6
Consulta sobre saldos en cuentas	1.40	12	20	9
Saldo promedio en la cuenta premier para 2011		$1,100	$700	$24,600

Suponga que Holt y Graham siempre mantienen un saldo por arriba de $1,000, en tanto que Turner siempre tiene un saldo inferior a $1,000.

Se requiere

1. Calcule la rentabilidad de las cuentas premier en NSB de Holt, Turner y Graham en 2011.
2. ¿Por qué NSB se preocuparía acerca de la rentabilidad de los clientes individuales, si la oferta del producto de la cuenta premier es rentable en su conjunto?
3. ¿Qué cambios recomendaría usted para la cuenta premier de NSB?

MyAccountingLab

Problemas

5-29 Costeo de órdenes de trabajo con una sola categoría de costos directos, un solo grupo común de costos indirectos, despacho de abogados. Wigan Asociados es una firma de abogados que se formó en fechas recientes. Ellery Hanley, el socio administrador de Wigan Asociados, acaba de terminar una llamada telefónica muy tensa con Martin Offiah, presidente de Widnes Coal. Offiah se quejó intensamente acerca del precio que le cobró Wigan por algunos trabajos legales que se realizaron para Widnes Coal.

Hanley también recibió una llamada telefónica de su otro cliente (St. Helen's Glass), quien estaba muy complacido tanto con la calidad del trabajo como con el precio que se había cobrado por su trabajo más reciente.

Wigan Asociados opera a su máxima capacidad y usa un enfoque basado en el costeo para la fijación del precio (la facturación) de cada trabajo. Actualmente usa un sistema de costeo simple con una sola categoría de costos indirectos (horas de mano de obra profesional) y un solo grupo común de costos indirectos (apoyo general). Los costos indirectos se aplican a los casos tomando como base las horas de mano de obra profesional por caso. Los archivos de la orden de trabajo muestran lo siguiente:

	Widnes Coal	St. Helen's Glass
Mano de obra profesional	104 horas	96 horas

Los costos de mano de obra profesional de Wigan Asociados son de $70 por hora. Los costos indirectos se aplican a los casos a razón de $105 por hora. En el periodo más reciente, el total de costos indirectos fue de $21,000.

Se requiere

1. ¿Por qué es importante que Wigan Asociados entienda los costos asociados con los trabajos individuales?
2. Calcule los costos de los trabajos de Widnes Coal y de St. Helen's Glass con el sistema de costeo simple de Wigan.

5-30 Costeo de órdenes de trabajo con diversas categorías de costos directos, un solo grupo común de costos indirectos, despacho de abogados (continuación de 5-29). Hanley solicita a su asistente que recopile los detalles sobre aquellos costos incluidos en el grupo común de costos indirectos de $21,000 y que puedan atribuirse a cada orden de trabajo individual. Después del análisis, Wigan tienen la capacidad de reclasificar $14,000 de los $21,000 como costos directos:

Otros costos directos	Widnes Coal	St. Helen's Glass
Mano de obra de apoyo de la investigación	$1,600	$ 3,400
Tiempo de computadora	500	1,300
Viajes y viáticos autorizados	600	4,400
Teléfonos/faxes	200	1,000
Fotocopiado	250	750
Total	$3,150	$10,850

Hanley decide calcular los costos de cada trabajo como si Wigan hubiera usado seis grupos comunes de costos directos y un solo grupo común de costos indirectos. El único grupo común de costos indirectos tendría $7,000 de costos y se aplicaría a cada caso usando la base de horas de mano de obra profesional.

Se requiere

1. ¿Cuál es la tasa revisada de aplicación de los costos indirectos por hora de mano de obra profesional para Wigan Asociados, cuando los costos indirectos totales son de $7,000?
2. Calcule los costos de los trabajos de Widnes y de St. Helen, si Wigan Asociados hubiera usado su sistema de costeo mejorado con categorías múltiples de costos directos y un grupo común de costos indirectos.
3. Compare los costos de los trabajos de Widnes y de St. Helen en el punto 2 del problema 5.29. Comente los resultados.

5-31 Costeo de órdenes de trabajo con categorías múltiples de costos directos, grupos múltiples de costos indirectos, despacho de abogados (continuación de 5-29 y 5-30). Wigan tiene dos clasificaciones de personal profesional: asesores y asociados. Hanley solicita a su asistente que examine el uso relativo de asesores y asociados sobre las órdenes de trabajo recientes de Widnes Coal y de St. Helen's. El trabajo de Widnes usó 24 horas a nivel de asesor y 80 horas al nivel de asociado. El trabajo de St. Helen's usó 56 horas a nivel de asesor y 40 horas a nivel de asociado. Por consiguiente, los totales de los dos trabajos en forma conjunta fueron de 80 horas a nivel de asesor y de 120 horas al nivel de asociado. Hanley toma la decisión de examinar la manera en que el uso de tasas separadas de costos directos para los asesores y para los asociados, así como el uso de grupos separados de costos indirectos para los asesores y los asociados, hubiera afectado los costos de los trabajos de Widnes y St. Helen's. Los costos indirectos de cada grupo común de costos indirectos se asignarían tomando como base las horas totales de esa categoría de mano de obra profesional. Del total del grupo de costos indirectos de $7,000, $4,600 son atribuibles a las actividades de los asesores, y $2400 son atribuibles a las actividades de los asociados.

Las tasas por categoría de mano de obra profesional son las siguientes:

Categoría de mano de obra profesional	Costo directo por hora	Costo indirecto por hora
Asesor	$100.00	$4,600 ÷ 80 horas = $57.50
Asociado	50.00	$2,400 ÷ 120 horas = $20.00

Se requiere

1. Calcule los costos de los casos de Widnes y de St. Helen´s usando el sistema más mejorado de Wigan, con categorías múltiples de costos directos y grupos múltiples de costos indirectos.
2. ¿En qué decisiones podría Wigan Asociados encontrar más útil emplear este enfoque de costeo de las órdenes de trabajo, en vez de los enfoques del problema 5-29 o del 5-30?

5-32 Tasas extensivas a toda la planta, tasas por departamento y tasas por costos de las actividades. Juguetes Allen fabrica dos modelos de aviones: de combate y de carga. Los aviones de combate son más detallados y requieren de lotes con tamaños más pequeños. El contralor le ha pedido a usted que compare las aplicaciones de costos extensivas a toda la planta, por departamento y basadas en actividades.

Juguetes Allen
Información presupuestada por unidad
Para el año que terminó el 30 de noviembre de 2010

Departamento de ensamble	Aviones de combate	Aviones de carga	Total
Materiales directos	$2.50	$3.75	$ 6.25
Mano de obra directa	3.50	2.00	5.50
Total de costos directos por unidad	$6.00	$5.75	$11.75

Departamento de pintura	Aviones de combate	Aviones de carga	
Materiales directos	$0.50	$1.00	$ 1.50
Mano de obra directa	2.25	1.50	3.75
Total de costos directos por unidad	$2.75	$2.50	$ 5.25
Número de unidades producidas	800	740	

Los costos indirectos presupuestados para cada departamento son como sigue:

	Departamento de ensambles	Departamento de pintura	Total
Manejo de materiales	$1,700	$ 900	$ 2,600
Inspección de calidad	2,750	1,150	3,900
Servicios generales	2,580	2,100	4,680
	$7,030	$4,150	$11,180

A continuación se presenta información adicional:

Los costos del manejo de materiales y los costos de inspección de la calidad varían con el número de lotes procesados en cada departamento. La cantidad presupuestada de lotes para cada línea de productos en cada departamento se presenta a continuación:

	Aviones de combate	Aviones de carga	Total
Departamento de ensamble	150	48	198
Departamento de pintura	100	32	132
Total	250	80	330

Se requiere

Los costos de los servicios generales varían con el costo de la mano de obra directa en cada departamento.

1. Calcule el costo por unidad presupuestado para los aviones de combate y de carga, tomando como base una sola tasa de costos indirectos extensiva a toda la planta, si los costos indirectos se aplican considerando los costos directos totales.
2. Calcule el costo por unidad presupuestado para los aviones de combate y para los aviones de carga, con base en las tasas de costos indirectos por departamento, donde los costos indirectos del departamento de ensamble se aplican considerando los costos de la mano de obra directa del departamento de ensamble, en tanto que los costos indirectos del departamento de pintura se aplican considerando los costos directos totales del departamento de pintura.
3. Calcule el costo por unidad presupuestado para los aviones de combate y para los aviones de carga, si Juguetes Allen aplica los costos indirectos usando un costeo basado en actividades.
4. Explique la manera en que el costeo basado en actividades podría mejorar o reducir la calidad de la decisión.

5-33 **Tasas de costos por departamentos y tasas de costos por actividades, sector de servicios.** El Centro Radiológico Roxbury (RRC) ofrece servicios de rayos X, ultrasonido, tomografía computarizada y tomografía por resonancia magnética. RRC ha desarrollado una reputación como un excelente centro de radiología en el estado. Consiguió dicho estatus porque constantemente está examinando sus procesos y sus procedimientos. RRC ha estado usando una sola tasa de aplicación de los costos indirectos extensiva a toda la planta. El vicepresidente de finanzas considera que RRC puede hacer mejoramientos adicionales al proceso, si usa información de costos más analítica. Él afirma lo siguiente: "Tenemos una tecnología de vanguardia en la tomografía médica. ¿No podemos también tener una tecnología de vanguardia en la contabilidad?"

Centro Radiológico Roxbury
Información presupuestada
Para el año que terminó el 30 de mayo de 2011

	Rayos X	Ultrasonido	Tomografía computarizada	Tomografía por resonancia magnética	Total
Mano de obra técnica	$ 64,000	$104,000	$119,000	$106,000	$ 393,000
Depreciación	136,800	231,000	400,200	792,000	1560,000
Materiales	22,400	16,500	23,900	30,800	93,600
Administración					19,000
Mantenimiento					260,000
Higiene					267,900
Servicios generales					121,200
	$223,200	$351,500	$543,100	$928,800	$2,714,700
Número de procedimientos	2,555	4,760	3,290	2,695	
Minutos de limpieza después de cada procedimiento	10	10	20	40	
Minutos para cada procedimiento	5	20	15	40	

RRC opera a toda su capacidad. Las bases de asignación propuestas para los costos indirectos son las siguientes:

Administración	Número de procedimientos
Mantenimiento (incluyendo las partes)	Costo de capital del equipo (Se usa la depreciación)
Higiene	Minutos totales de limpieza
Servicios generales	Minutos totales del procedimiento

Se requiere

1. Calcule el costo presupuestado por servicio de rayos X, ultrasonido, tomografía computarizada y tomografía por resonancia magnética, usando los costos de la mano de obra directa del técnico como base de aplicación.
2. Calcule el costo presupuestado por servicio de rayos X, ultrasonido, tomografía computarizada y tomografía por resonancia, si RRC aplicara los costos indirectos usando un costeo basado en actividades.

3. Explique la forma en que la disgregación analítica de la información sería de utilidad para la intención de RRC de mejorar continuamente sus servicios.

5-34 Elección de generadores de costos, costeo basado en actividades, administración basada en actividades. Annie Warbucks opera un estudio de danza con servicio de cuidado para niños y clases de acondicionamiento físico para los adultos. El presupuesto de Annie para el próximo año es el siguiente:

Estudio de Danza Annie Warbuck

Costos y actividades presupuestados

Para el año que terminó el 30 de junio de 2010

Salarios de la profesora de danza	$62,100	
Salarios de la profesora de cuidado infantil	24,300	
Salarios del instructor de acondicionamiento físico	39,060	
Total de salarios		$125,460
Suministros (arte, accesorios de danza, acondicionamiento)		21,984
Renta, mantenimiento y servicios generales		97,511
Salarios administrativos		50,075
Gastos de marketing		21,000
Total		$316,030

A continuación, se presenta otra información presupuestal:

	Danza	Cuidado infantil	Acondicionamiento físico	Total
Pies cuadrados	6,000	3,150	2,500	11,650
Número de participantes	1,485	450	270	2,205
Profesores por hora	3	3	1	7
Número de anunciantes	26	24	20	70

Se requiere

1. Determine qué costos son directos y cuáles son indirectos en los diferentes programas.
2. Elija un generador de costos para los costos indirectos y calcule el costo presupuestado por unidad del generador de costos. Explique con brevedad su elección del generador de costos.
3. Calcule los costos presupuestados de cada programa.
4. ¿Cómo puede Annie usar esta información para la fijación de precios? ¿Qué otros factores debería considerar?

5-35 Costeo basado en actividades, empresas comerciales. Pharmacare, Inc., un distribuidor de productos farmacéuticos especiales, opera a su máxima capacidad y tiene tres segmentos de mercado principales:

a) Cadenas generales de supermercados.
b) Cadenas de farmacias.
c) Farmacias familiares de una sola tienda.

Rick Flair, el nuevo contralor de Pharmacare, reportó los siguientes datos para 2011:

	A	B	C	D	E
1					
2	Pharmacare, 2011	Cadenas			
3		generales	Cadenas	Farmacias	
4		de supermercados	de farmacias	familiares	Pharmacare
5	Ingresos	$3,708,000	$3,150,000	$1,980,000	$8,838,000
6	Costo de los bienes vendidos	3,600,000	3,000,000	1,800,000	8,400,000
7	Utilidad bruta	$ 108,000	$ 150,000	$ 180,000	438,000
8	Otros costos operativos				301,080
9	Utilidad operativa				$ 136,920

Durante muchos años, Pharmacare ha usado el porcentaje de la utilidad bruta [(Ingresos – Costo de los bienes vendidos) ₎ Ingresos] para evaluar la rentabilidad relativa de sus segmentos de mercado. Sin embargo, Flair asistió recientemente a un seminario acerca del costeo basado en actividades y considera la posibilidad de usarlo en Pharmacare, con la finalidad de analizar y aplicar "otros costos operativos". Él se ha reunido con todos los gerentes clave y con varias personas del área de operaciones y ventas, y llegaron a la conclusión de que hay cinco actividades clave que impulsan otros costos operativos en Pharmacare:

Área de actividades	Generador de costos
Procesamiento de órdenes	Número de órdenes de compra del cliente
Procesamiento de artículos	Número de artículos ordenados por los clientes
Entregas a los clientes	Número de entregas en las tiendas
Cajas embarcadas a la tienda	Número de cajas embarcadas
Abastecimiento de las tiendas de los clientes	Horas de abastecimiento de estantes

Cada orden de los clientes consiste en uno o más artículos. Un artículo representa un solo producto (como las tabletas de Tylenol extra fuertes). Cada producto se entrega en una o más cajas separadas. Cada entrega de la tienda implica la entrega de una o más cajas de productos a un cliente. El personal de Pharmacare acomoda las cajas directamente en los estantes de los exhibidores en las tiendas del cliente. Actualmente, no existe un cargo adicional para el cliente por el abastecimiento de estantes y no todos los clientes usan los servicios de Pharmacare para esta actividad. El nivel de actividad en los tres segmentos de mercado y el costo total en que se incurre para cada actividad en 2011 son los siguientes:

	A	B	C	D	E
13					
14	Datos de costos basados en actividades		Nivel de actividad		
15	Pharmacare 2011	Cadenas			Total de costos
16		generales de	Cadenas	Tiendas	de las actividades
17	Actividad	supermercados	de farmacias	familiares	en 2011
18	Órdenes procesadas (número)	140	360	1,500	$ 80,000
19	Artículos ordenados (número)	1,960	4,320	15,000	63,840
20	Entregas hechas a las tiendas (número)	120	360	1,000	71,000
21	Cartones embarcados a las tiendas (número)	36,000	24,000	16,000	76,000
22	Abastecimiento de estantes (horas)	360	180	100	10,240
23					$301,080

Se requiere

1. Calcule el porcentaje de la utilidad bruta de 2011 para cada uno de los tres segmentos de mercado de Pharmacare.
2. Determine las tasas de los generadores de costos para cada una de las cinco áreas de actividades.
3. Utilice la información del costeo basado en actividades para aplicar los $301,080 de "otros costos operativos" a cada uno de los segmentos del mercado. Calcule la utilidad operativa para cada uno de los segmentos de mercado.
4. Comente los resultados. ¿De qué nuevo conocimiento se dispone con la información del costeo basado en actividades?

5-36   Elección de generadores de costos, costeo basado en actividades, administración basada en actividades. Pumpkin Bags (PB) es un diseñador de mochilas y bolsos de alta calidad. Cada diseño se hace en lotes pequeños. Cada primavera, BP presenta nuevos diseños para las mochilas y para los bolsos. La compañía usa estos diseños durante un año y, después, se desplaza a la siguiente tendencia. Todos los bolsos se hacen con el mismo equipo de fabricación, que se espera que opere a toda su capacidad. Este equipo debe cambiarse en función de cada nuevo diseño y también tiene que configurarse para la producción de cada nuevo lote de productos.

Cuando se completa cada lote de productos, se embarca de inmediato a un mayorista. Los costos por embarque varían con el número de embarques. La información presupuestada para el año es la siguiente:

Pumpkin Bags

Presupuesto de costos y actividades

Para el año que terminó el 28 de febrero de 2011

Materiales directos: bolsos	$ 379,290
Materiales directos: mochilas	412,920
Mano de obra directa: bolsos	98,000
Mano de obra directa: mochilas	120,000
Configuración de las máquinas	65,930
Embarques	73,910
Diseño	166,000
Servicios generales y administración de la planta	243,000
Total	$1,559,050

A continuación se presenta otra información de presupuestos:

	Mochilas	Bolsos	Total
Número de bolsos	6,050	3,350	9,400
Horas de producción	1,450	2,600	4,050
Número de lotes	130	60	190
Número de diseños	2	2	4

1. Identifique el nivel de la jerarquía de costos para cada categoría.
2. Identifique el generador de costos más adecuado para cada categoría de costos. Explique brevemente su elección del generador de costos.
3. Calcule el costo por unidad presupuestado de cada generador de costos para cada categoría de costos.
4. Calcule el costo total presupuestado y el costo por unidad para cada línea de productos.
5. Explique cómo podría usar usted la información del inciso 4 para reducir los costos.

Se requiere

5-37 ABC, cuidados de la salud. El Centro de Salud Uppervale opera dos programas: rehabilitación de adictos a las drogas y cuidados posteriores (asesoría y apoyo de los pacientes después de salir de un hospital psiquiátrico). A continuación se presenta el presupuesto del Centro para 2010:

Salarios profesionales:		
4 doctores × $150,000	$600,000	
12 psicólogos × $75,000	900,000	
16 enfermeras × $30,000	480,000	$1,980,000
Suministros médicos		220,000
Renta y mantenimiento de la clínica		126,000
Costos administrativos del manejo de los expedientes de los pacientes, alimentos, lavandería		440,000
Servicios de laboratorio		84,000
Total		$2,850,000

Muriel Clayton, directora del centro, tiene mucho interés en determinar el costo de cada programa. Clayton compiló los siguientes datos, donde se describen las asignaciones de los empleados a los programas individuales:

	Adicción a las drogas	Cuidados posteriores	Total de empleados
Doctores	4		4
Psicólogos	4	8	12
Enfermeras	6	10	16

Clayton se enteró recientemente del costeo basado en actividades como método para mejorar los sistemas de costeo y preguntó a su contador, Huey Deluth, cómo podría aplicar esa técnica. Deluth obtiene la siguiente información presupuestada para 2010:

	Adicción a las drogas	Cuidados posteriores	Total de empleados
Pies cuadrados de espacio que ocupa cada programa	9,000	12,000	21,000
Años de servicio del paciente	50	60	110
Número de pruebas de laboratorio	1,400	700	2,100

Se requiere

1. *a)* Seleccionando las bases de aplicación de costos que usted considere las más adecuadas para la asignación de los costos indirectos a los programas, calcule las tasas presupuestadas de costos indirectos para suministros médicos; renta y mantenimiento de la clínica; costos administrativos para los expedientes de los pacientes, alimentos y lavandería; y servicios de laboratorio.
   b) Usando un enfoque de costeo basado en actividades para el análisis de costos, calcule el costo presupuestado de cada programa, así como el costo presupuestado por año-paciente del programa de adicción a las drogas.
   c) ¿Qué beneficios obtendría el Centro de Salud Uppervale con la implementación del sistema ABC?

2. Aparte del costo, ¿qué factores piensa usted que debería considerar el Centro de Salud Uppervale al asignar los recursos a sus programas?

5-38 Capacidad no usada, costeo basado en actividades, administración basada en actividades. Balones Deportivos Nivag es un fabricante de utilería de alta calidad para básquetbol y voleibol. Los costos de configuración de las máquinas son impulsados por el número de lotes. Los costos de los equipos y del mantenimiento aumentan con el número de horas-máquina, en tanto que la renta se paga por pie cuadrado. La capacidad de las instalaciones es de 12,000 pies cuadrados y Nivag está usando tan solo el 70% de esta capacidad. Nivag registra el costo de la capacidad no usada como una partida separada, y no como el costo de un producto. A continuación se presenta la información presupuestada para Nivag:

Balones Deportivos Nivag
Costos y actividades presupuestados
Para el año que terminó el 31 de agosto de 2012

Materiales directos: balones de básquetbol	$ 209,750
Materiales directos: balones de voleibol	358,290
Mano de obra directa: balones de básquetbol	107,333
Mano de obra directa: balones de voleibol	102,969
Configuración de las máquinas	143,500
Costos de los equipos y del mantenimiento	109,900
Renta	216,000
Total	$1,247,742

A continuación se presenta otra información:

	Balones de básquetbol	Balones de voleibol
Número de balones	66,000	100,000
Horas-máquina	11,000	12,500
Número de lotes	300	400
Pies cuadrados del espacio de producción utilizado	3,360	5,040

Se requiere

1. Calcule el costo presupuestado por unidad del generador de costos para cada grupo común de costos indirectos.
2. ¿Cuál es el costo presupuestado de la capacidad no usada?
3. ¿Cuál es el costo presupuestado total y el costo por unidad de recursos usados para producir: a) balones de básquetbol y b) balones de voleibol?
4. ¿Qué factores debería considerar Nivag si tiene la oportunidad de fabricar una nueva línea de balones de fútbol?

5-39 Costeo de órdenes de trabajo basado en actividades, comparaciones de costos unitarios. La corporación Tracy tiene una planta de operaciones mecánicas que se especializa en trabajos para el mercado de componentes para la aviación civil. El anterior sistema simple de costeo de órdenes de trabajo de Tracy tenía dos categorías de costos directos (materiales directos y mano de obra directa) y un solo grupo común de costos indirectos (gastos indirectos de manufactura que se aplicaban usando las horas de mano de obra directa). La tasa de aplicación de los costos indirectos del sistema simple para 2010 habría sido de $115 por hora de mano de obra directa.

Recientemente, un equipo formado por miembros de las áreas de diseño del producto, manufactura y contabilidad empleó un enfoque ABC para mejorar su sistema de costeo de órdenes de trabajo. Se retuvieron las dos categorías de costos directos. El equipo decidió reemplazar el grupo único de costos indirectos con cinco grupos de costos indirectos. Los grupos de costos representan cinco áreas de actividades en la planta, cada una de ellas con sus propios supervisor y responsabilidad de presupuesto. Los datos pertinentes son los siguientes:

Área de actividad	Base de aplicación del costo	Tasa de aplicación del costo
Manejo de materiales	Partes	$ 0.40
Trabajos de torno	Rotaciones del torno	0.20
Molido	Horas-máquina	20.00
Trituración	Partes	0.80
Prueba	Unidades probadas	15.00

La tecnología para reunir la información ha avanzado al punto de que los datos necesarios para presupuestar estas cinco áreas de actividad se recaban de manera automática.

Dos trabajos representativos que se han procesado con el sistema ABC en la planta en el periodo más reciente tenían las siguientes características:

	Orden de trabajo 410	Orden de trabajo 411
Costo de los materiales directos por orden de trabajo	$ 9,700	$59,900
Costo de la mano de obra directa por orden de trabajo	$750	$11,250
Número de horas de mano de obra directa por orden de trabajo	25	375
Partes por orden de trabajo	500	2,000
Rotaciones del torno por orden de trabajo	20,000	59,250
Horas-máquina por orden de trabajo	150	1,050
Unidades por orden de trabajo (todas las unidades se están probando)	10	200

1. Calcule el costo de manufactura por unidad para cada orden de trabajo con el sistema anterior de costeo simple de órdenes de trabajo. **Se requiere**
2. Calcule el costo de manufactura por unidad para cada orden de trabajo con el sistema de costeo basado en actividades.
3. Compare las cifras de costo por unidad para las órdenes de trabajo 410 y 411 como se calcularon en los puntos 1 y 2. ¿Por qué difieren el sistema de costeo simple y el sistema de costeo basados en actividades en cuanto al costo de manufactura por unidad para cada orden de trabajo? ¿Por qué podrían ser de importancia estas diferencias para la corporación Tracy?
4. ¿Por qué Tracy podría usar la información de su sistema ABC para administrar mejor su organización?

5-40 **ABC, implementación, ética. (Adaptado de CMA.).** Electrónicos Applewood, una división de la corporación Elgin, fabrica dos modelos de televisores con pantalla grande: el Monarca, el cual se ha producido desde 2006 y se vende en $900; y el Regio, un nuevo modelo lanzado a principios de 2009, que se vende en $1,140. Tomando como base el estado de resultados para el año que terminó el 30 de noviembre de 2010, la alta gerencia de Elgin tomó la decisión de concentrar los recursos de marketing de Applewood en el modelo Regio y empezar a descontinuar progresivamente el modelo Monarca, ya que el Regio genera una utilidad operativa mucho más alta por unidad.

Electrónicos Applewood
Estado de resultados
Para el año fiscal que terminó el 30 de noviembre de 2010

	Monarca	Regio	Total
Ingresos	$19,800,000	$4,560,000	$24,360,000
Costo de los bienes vendidos	12,540,000	3,192,000	15,732,000
Utilidad bruta	7,260,000	1,368,000	8,628,000
Gastos de ventas y administración	5,830,000	978,000	6,808,000
Utilidad operativa	$ 1,430,000	$ 390,000	$ 1,820,000
Unidades producidas y vendidas	22,000	4,000	
Utilidad operativa por unidad vendida	$65.00	$97.50	

Los detalles del costo de los bienes vendidos para el Monarca y el Regio son los siguientes:

	Monarca		Regio	
	Total	Por unidad	Total	Por unidad
Materiales directos	$ 4,576,000	$208	$2,336,000	$584
Mano de obra directa[a]	396,000	18	168,000	42
Costos de operaciones mecánicas[b]	3,168,000	144	288,000	72
Total de costos directos	$ 8,140,000	$370	$2,792,000	$698
Costos indirectos de manufactura[c]	$ 4,400,000	$200	$ 400,000	$100
Total de costo de los bienes vendidos	$12,540,000	$570	$3,192,000	$798

---

[a] El Monarca requiere de 1.5 horas por unidad; y el Regio, de 3.5 horas por unidad. Los costos de la mano de obra directa son de $12 por hora.

[b] Los costos de las operaciones mecánicas incluyen los costos del arrendamiento (renta), las reparaciones y el mantenimiento de la máquina. Monarca requiere de ocho horas-máquina por unidad; y Regio, de cuatro horas-máquina por unidad. La tasa de hora-máquina es de $18 por hora.

[c] Los costos indirectos de manufactura se aplican a los productos tomando como base las horas-máquina a una tasa de $25 por hora.

La contralora de Applewood, Susan Benzo, está abogando por el uso de un sistema de costeo basado en actividades y una administración basada en actividades; recopiló la siguiente información acerca de los costos indirectos de manufactura de la compañía, para el año que terminó el 30 de noviembre de 2010.

Centro de actividades (base de aplicación de los costos)	Total de costos de las actividades	Unidades de la base de aplicación del costo		
		Monarca	**Regio**	**Total**
Soldadura (número de puntos de soldadura)	$ 942,000	1,185,000	385,000	1,570,000
Embarques (número de envíos)	860,000	16,200	3,800	20,000
Control de calidad (número de inspecciones)	1,240,000	56,200	21,300	77,500
Órdenes de compra (número de órdenes)	950,400	80,100	109,980	190,080
Energía mecánica (horas-máquina)	57,600	176,000	16,000	192,000
Configuraciones de las máquinas (número de configuraciones)	750,000	16,000	14,000	30,000
Total de costos indirectos de manufactura	$4,800,000			

Después de terminar su análisis, Benzo muestra los resultados a Fred Duval, el presidente divisional de Applewood. A Duval no le gusta lo que observa. "Si se le muestra este análisis a la oficina matriz, nos van a pedir que descontinuemos progresivamente la línea Regio que acabamos de introducir. Todo este asunto del costeo ha sido un gran problema para nosotros. Primero, Monarca no era rentable y ahora se trata de Regio."

"Al examinar el análisis ABC, noto dos problemas. Primero, realizamos mucho más actividades que las que se han listado. Si se hubieran incluido todas las actividades, es posible que sus conclusiones fueran diferentes. Segundo, se usó un número de configuraciones de máquinas y un número de inspecciones como bases de aplicación. Los números serían diferentes si, en cambio, se hubieran usado las horas de configuración de las máquinas y las horas de inspección. Sé que los problemas de medición evitaron que se usaran estas y otras bases de aplicación de los costos; no obstante, considero que se deberían realizar algunos ajustes a nuestras cifras actuales para compensar dichos problemas. Creo que las cosas se pueden hacer mejor. No podemos darnos el gusto de eliminar progresivamente ningún producto."

Benzo sabe que sus cifras son muy exactas. Como una verificación rápida, calcula la rentabilidad de Regio y de Monarca, usando más bases de aplicación diferentes. El conjunto de actividades y de tasas de actividades que ella ha usado dieron como resultado cifras que se aproximan mucho a aquellas que se basan en análisis más detallados. Ella tiene confianza en que la oficina matriz, sabiendo que Regio apenas se introdujo, no le pedirán a Applewood que lo descarte en forma paulatina. Ella también está consciente de que una porción cuantiosa del bono de Duval se basa en los ingresos de la división. La eliminación paulatina de cualquier producto afectaría su bono de manera negativa. Sin embargo, ella siente presión por parte de Duval para que se haga algo.

 Se requiere

1. Usando un costeo basado en actividades, calcule la utilidad bruta por unidad de los modelos Regio y Monarca.
2. Explique brevemente la razón por la cual estas cifras difieren de la utilidad bruta por unidad de los modelos Regio y Monarca, que se calcularon usando el actual sistema de costeo simple de Applewood.
3. Comente las preocupaciones de Duval acerca de la exactitud y las limitaciones del ABC.
4. ¿Cómo le serviría a Applewood la información del sistema ABC para la administración de su negocio?
5. ¿Qué debería hacer Susan Benzo en respuesta a los comentarios de Duval?

Problema de aprendizaje colaborativo

5-41 Costeo basado en actividades, administración basada en actividades, compañías comerciales. Super Bookstore (SB) es una librería de una ciudad grande que vende libros y CD de música, y ofrece el servicio de cafetería. SB opera a toda su capacidad y aplica los costos de ventas, generales y de administración (S, G y A) a cada línea de productos, usando el costo de las mercancías de cada línea de productos. SB quiere optimizar la fijación de precios y la administración de costos de cada línea de productos, y se pregunta si su sistema contable le brinda la mejor información posible para la toma de tales decisiones.

Super Bookstore
Información de la línea de productos
Para el año que terminó el 31 de diciembre de 2010

	Libros	CDs	Cafetería
Ingresos	$3,720,480	$2,315,360	$736,216
Costo de la mercancía	$2,656,727	$1,722,311	$556,685
Costo de la limpieza del café	—	—	$ 18,250
Número de órdenes de compra colocadas	2,800	2,500	2,000
Número de entregas recibidas	1,400	1,700	1,600
Horas para abastecimiento en estantería	15,000	14,000	10,000
Artículos vendidos	124,016	115,768	368,108

Super Bookstore incurre en los siguientes costos de ventas generales y de administración:

Super Bookstore
Costos de ventas, generales y de administración (S, G y A)
Para el año que terminó el 31 de diciembre de 2010

Gastos del departamento de compras	$ 474,500
Gastos del departamento de recepción	432,400
Gastos de la mano de obra de abastecimiento de estantes	487,500
Gastos de apoyo al cliente (cajeros y empleados de planta)	91,184
	$1,485,584

Se requiere

1. Suponga que Super Bookstore usa el costo de la mercancía para aplicar todos los costos de ventas, generales y de administración. Prepare un estado de resultados por línea y total.
2. Identifique cualquier método mejorado para aplicar los costos a las tres líneas de productos. Explique su respuesta. Use el método para aplicar los costos de ventas, generales y de administración que usted proponga, con la finalidad de preparar una nueva línea de productos y los estados totales de resultados de la compañía. Compare sus resultados con los resultados del punto 1.
3. Escriba un memorándum a la alta gerencia de Super Bookstore describiendo la forma en que el sistema mejorado sería de utilidad para la administración de Super Bookstore.

Presupuesto maestro y contabilidad por áreas de responsabilidad

En medio de la reciente recesión, una de las innovaciones más importantes fue el crecimiento de los sitios Web que permiten a los usuarios obtener un panorama general de sus datos financieros, así como elaborar presupuestos para la administración de sus gastos y la toma de decisiones financieras en línea. (Mint.com, pionera en este mercado, fue adquirida por Intuit en $170 millones en septiembre de 2009.)

Los presupuestos juegan un rol fundamental similar en las empresas. En la ausencia de presupuestos, es difícil que los gerentes y sus subalternos sepan si están en la ruta correcta para alcanzar sus metas de crecimiento y de gastos. Se podría pensar que un presupuesto es únicamente para las compañías que enfrentan dificultades financieras (como Citigroup) o cuyos márgenes de utilidades son reducidos (Wal-Mart, por ejemplo). Como muestra el siguiente texto, incluso las compañías que venden bienes y servicios con precio elevado utilizan los presupuestos.

"Ahorros" en el Ritz: presupuestos maestros

"Damas y caballeros que atienden a damas y a caballeros" es el lema del Ritz-Carlton. Con instalaciones que van desde South Beach (Miami) hasta Corea del Sur, la gran cadena hotelera es conocida por sus lujos indulgentes y por sus ambientes suntuosos. No obstante, el aura de elegancia de la cadena del viejo mundo está en contraste con su más bien fuerte énfasis —tras bambalinas, desde luego— sobre el control de costos y los presupuestos. Sin embargo, es este mismo enfoque lo que hace posible que Ritz ofrezca la grandeza legendaria que esperan sus clientes durante su estancia.

El desempeño de un Hotel Ritz es la responsabilidad del gerente general y del contralor de cada establecimiento. Los pronósticos y los presupuestos locales se preparan en forma anual y son la base de evaluaciones subsiguientes del desempeño, tanto para el hotel como para la gente que labora ahí.

La preparación de un presupuesto del hotel empieza con el director de ventas, quien es responsable de todos los ingresos del hotel. Las fuentes de ingresos incluyen las habitaciones del hotel, las convenciones, las bodas, las salas de reuniones, la mercancía, y los alimentos y las bebidas. El contralor busca entonces insumos acerca de los costos. Los costos estándar, que se basan en el costo por habitación ocupada, se utilizan para formar el presupuesto de las estancias de los huéspedes en las habitaciones. Otros costos estándar se utilizan para calcular los costos de las salas de reuniones, así como de los alimentos y las bebidas. El presupuesto de ventas completo y el presupuesto operativo anual se envían luego a las oficinas matrices corporativas. Desde ahí, el desempeño mensual real del hotel se supervisa contra el presupuesto autorizado.

Los gerentes de cada hotel se reúnen diariamente para revisar el desempeño actual en relación con el plan. Tienen la capacidad de ajustar los precios del sistema de reservaciones si así lo deciden. El ajuste de los precios suele ser muy importante, cuando un hotel experimenta cambios imprevistos en las tasas de ocupación.

Cada mes, el desempeño real del hotel se monitorea contra el presupuesto autorizado. El contralor de cada hotel recibe un informe proveniente de la oficina matriz corporativa, que indica cuál ha sido el desempeño del hotel contra el presupuesto, así como contra el desempeño real de otros hoteles Ritz. Cualquier idea para el mejoramiento de los ingresos y la reducción de los costos se comparten por lo regular entre los contralores del hotel.

¿Por qué una compañía tan exitosa siente la necesidad de vigilar sus gastos de una manera tan rigurosa? En muchas compañías rentables, un presupuesto estricto es en realidad la clave para su éxito. Como lo ilustra el ejemplo del Ritz-Carlton, la elaboración de presupuestos es una función esencial en las organizaciones. Por ejemplo, Southwest Airlines usa los presupuestos para supervisar y para administrar los costos del combustible. Wal-Mart depende de su presupuesto para el mantenimiento de los márgenes bajos en las maquinillas de afeitar cuando compite contra Target. Gillette usa los presupuestos para la planeación de las campañas de marketing para sus maquinillas y hojas de afeitar.

Los presupuestos son una herramienta contable común que usan las compañías para la implementación de una estrategia. La gerencia usa los presupuestos para comunicar a toda la compañía los lineamientos y las metas. Los presupuestos impulsan las perspectivas de los gerentes, y ayudan en la planeación y el control de las acciones que los gerentes deben emprender para satisfacer a sus clientes y para tener éxito en el mercado. Los presupuestos brindan medidas de los resultados financieros que una compañía espera de sus actividades planeadas, y ayudan a definir los objetivos y las cronologías contra las cuales se mida el avance. Gracias a los presupuestos, los gerentes aprenden a anticipar y a evitar problemas potenciales. Resulta interesante que aun cuando se trate de actividades empresariales, se ha demostrado que la planeación de la empresa aumenta la probabilidad de sobrevivencia de un negocio nuevo, así como sus actividades de desarrollo de productos y de organización empresarial.[1] Como señala el antiguo adagio: "Cuando se deja de planear, de hecho, se está haciendo un plan para el fracaso."

---

[1] Si se desean más detalles, consulte F. Delmar y S. Shane. "Does Business Planning Facilitate the Development of New Ventures?" *Strategic Management Journal*, diciembre de 2003.

Presupuestos y ciclo presupuestal

Un *presupuesto* es *a*) la expresión cuantitativa de un plan de acción propuesto por la administración para un periodo determinado y *b*) una ayuda para coordinar aquello que deberá hacerse para implementar dicho plan. Un presupuesto incluye, por lo general, los aspectos tanto financieros como no financieros de un plan y sirve como un plano que la organización deberá seguir en un periodo próximo. Un presupuesto financiero cuantifica las expectativas de la administración en relación con los ingresos, los flujos de efectivo y la posición financiera. Del mismo modo que los estados financieros se preparan para periodos anteriores, los estados financieros también se pueden elaborar para periodos futuros —por ejemplo, un estado de resultados, un estado de flujos de efectivo y un balance general presupuestados. Un aspecto que fundamenta los presupuestos financieros son los presupuestos no financieros para, digamos, las unidades fabricadas o vendidas, el número de empleados y el número de nuevos productos que se introducen al mercado.

Planes estratégicos y planes operativos

La elaboración de presupuestos es de mayor utilidad cuando se integra con la estrategia de una compañía. La *estrategia* especifica la manera en que una organización combina sus propias capacidades con las oportunidades que hay en el mercado para alcanzar sus objetivos. Al desarrollar estrategias exitosas, los gerentes consideran preguntas como las siguientes:

- ¿Cuáles son nuestros objetivos?
- ¿Cómo creamos valor para nuestros clientes, en tanto que nos distinguimos de nuestros competidores?
- ¿Los mercados de nuestros productos son locales, regionales, nacionales o globales? ¿Qué tendencia influye en nuestros mercados? ¿Cómo nos vemos afectados por la economía, nuestra industria y nuestros competidores?
- ¿Qué estructuras organizacionales y financieras nos sirven mejor?
- ¿Cuáles son los riesgos y las oportunidades de las estrategias alternativas, y cuáles son nuestros planes de contingencia cuando fracasan nuestros planes preferidos?

Una compañía, como Home Depot, puede tener una estrategia para ofrecer productos o servicios de calidad a un bajo precio. Otras empresas, como Pfizer o Porsche, pueden tener una estrategia para ofrecer un producto o servicio único con un precio más elevado que el de los competidores. La ilustración 6-1 muestra que los planes estratégicos se expresan mediante presupuestos a largo plazo, y que los planes operativos se expresan mediante presupuestos a corto plazo. No obstante, hay más en este asunto. Incluye asimismo flechas que apuntan tanto hacia atrás como hacia adelante. Las flechas que apuntan hacia atrás son una forma de indicar gráficamente que los presupuestos pueden conducir a cambios en los planes y las estrategias. Los presupuestos ayudan a los gerentes a evaluar los riesgos y las oportunidades estratégicas, al brindarles una retroalimentación acerca de los efectos probables de sus estrategias y sus planes. Algunas veces, la retroalimentación indica a la gerencia que necesita revisar sus planes y quizá también sus estrategias.

La experiencia de Boeing con el programa 747-8 ilustra la manera en que los presupuestos ayudan a los gerentes a reprocesar sus planes operativos. Boeing concibió la actualización de su jumbo 747 compartiendo sinergias de diseño con el programa continuo del 787 Dreamliner, como una forma relativamente poco costosa de tomar las ventas del superjumbo A380 de Airbus. Sin embargo, los continuos excesos de costos y las demoras han socavado la estrategia. El programa del 747-8 ya se encuentra $2,000 millones por arriba del presupuesto y con un año de atraso con respecto al cronograma. La compañía reveló recientemente que no espera obtener ganancias sobre prácticamente ninguno de los 105 aviones 747-8 que constan en sus libros de pedidos. Con un presupuesto para 2010 que revela costos más altos a los esperados en el diseño, el reprocesamiento y la producción, Boeing pospuso hasta 2013 los planes para acelerar la producción de jumbo. Algunos expertos aeroespaciales están impulsando a Boeing para que considere medidas más drásticas, incluyendo descontinuar la versión del avión de pasajeros del programa 747-8.

Ilustración 6-1

Estrategia, planeación y presupuestos

El ciclo presupuestal y el presupuesto maestro

Las compañías bien administradas, por lo general, utilizan de manera continua los siguientes pasos presupuestales durante el curso del año fiscal:

1. Trabajando en forma conjunta, los gerentes y los contadores administrativos planean el desempeño de la compañía en su conjunto y la actuación de sus subunidades (como departamentos o divisiones). Tomando en cuenta el desempeño anterior y los cambios anticipados en el futuro, los gerentes de todos los niveles llegan a un entendimiento común acerca de lo que se espera.

2. La alta gerencia proporcionan a los gerentes subordinados un marco de referencia, es decir, un conjunto de expectativas financieras o no financieras específicas contra las cuales se habrán de comparar los resultados obtenidos.

3. Los contadores administrativos ayudan a los gerentes a investigar las variaciones con respecto a los planes, como una disminución inesperada en ventas. En caso de que sea necesario, se toma una acción correctiva, como una reducción en el precio para fomentar las ventas, o bien, la búsqueda de una reducción en los costos para mantener la rentabilidad.

4. Los gerentes y los contadores administrativos toman en cuenta la retroalimentación del mercado, los cambios en las condiciones generales y su propia experiencia, cuando empiezan a hacer planes para el siguiente periodo. Una disminución en ventas, por ejemplo, ocasionaría que los gerentes hicieran cambios en las características del producto para el siguiente periodo.

Los cuatro pasos anteriores describen el proceso continuo del presupuesto. El documento funcional que se encuentra en la parte medular de este proceso se denomina *presupuesto maestro*. El **presupuesto maestro** expresa los planes operativos y financieros de la administración para un periodo especificado (por lo general, un año fiscal), e incluye un conjunto de estados financieros presupuestados. El presupuesto maestro es el plan inicial de lo que pretende lograr la compañía en el periodo presupuestal. El presupuesto maestro evoluciona a partir de las decisiones tanto operativas como financieras que toman los gerentes.

- Las decisiones operativas tratan acerca de la mejor forma en que se utilizan los recursos limitados de una organización.
- Las decisiones de financiamiento tratan de cómo obtener los fondos para adquirir tales recursos.

La terminología que se usa para describir los presupuestos varía entre compañías. Por ejemplo, los estados financieros presupuestados se denominan algunas veces **estados financieros proforma**. Algunas compañías, como Hewlett-Packard, se refieren a la elaboración de presupuestos como *fijación de metas*. Y muchas organizaciones, como Nissan Motor Company y Owens Corning, consideran el presupuesto como un *plan de utilidades*. Microsoft se refiere a las metas como *compromisos* y distribuye las metas a nivel de empresa a toda la compañía, conectándolas con los compromisos organizacionales, de equipo y, en última instancia, individuales.

El enfoque de este libro está en la manera en que la contabilidad financiera ayuda a los gerentes a tomar decisiones operativas, que es el motivo por el cual este capítulo se centra en presupuestos operativos. Los gerentes dedican una porción considerable de su tiempo elaborando y analizando los presupuestos. Las diversas ventajas de la preparación de presupuestos hacen que pasar tiempo en dicho proceso sea una inversión valiosa de la energía de los gerentes.

Ventajas de los presupuestos

Los presupuestos forman una parte integral de los sistemas de control administrativo. Cuando los gerentes los aplican de una manera razonable, los presupuestos logran lo siguiente:

- Promueven la coordinación y la comunicación entre las subunidades dentro de la compañía.
- Brindan un marco de referencia para juzgar el desempeño y para facilitar el aprendizaje.
- Motivan a los gerentes y a otros empleados.

Coordinación y comunicación

Coordinación significa engranar y equilibrar todos los aspectos de la producción o el servicio, así como todos los departamentos de una compañía en la mejor forma posible, para que la empresa logre sus metas. La *comunicación* es el hecho de asegurarse de que todos los empleados entiendan los objetivos que se persiguen.

La coordinación obliga a los ejecutivos a pensar en las relaciones entre los departamentos individuales de la compañía, así como entre la compañía y los asociados de su cadena de suministro.

Punto de decisión

¿Qué es el presupuesto maestro y por qué es de utilidad?

Objetivo de aprendizaje 2

Conocer las ventajas de los presupuestos

. . . las ventajas incluyen la coordinación, la comunicación, la evaluación del desempeño y la motivación de la gerencia

Consideremos la elaboración de presupuestos en Pace, una compañía manufacturera de artículos electrónicos con sede en el Reino Unido. Un producto clave de Pace es un dispositivo digital para la decodificación de transmisiones vía satélite.

El gerente de producción logrará una producción más oportuna mediante la coordinación y la comunicación con el equipo de marketing de la compañía, con la finalidad de entender en qué momento se necesitarán los decodificadores. A la vez, el equipo de marketing realiza mejores predicciones de la demanda futura de decodificadores, gracias a la coordinación y la comunicación con los clientes de Pace.

Suponga que BSkyB, uno de los clientes más grandes de Pace, planea lanzar un nuevo servicio personal de grabación de video de alta definición. Si el equipo de marketing de Pace logra obtener información acerca de la fecha de lanzamiento del servicio, puede compartir esta información con el equipo de manufactura de Pace, el cual debería entonces coordinarse y comunicarse con el equipo de adquisición de materiales de Pace, y así sucesivamente. Lo que hay que entender aquí es que Pace tiene más probabilidades de satisfacer a los clientes (al tener grabadoras de video personales en los momentos y en las cantidades demandados) si es capaz de coordinarse y comunicarse tanto con sus funciones empresariales como con sus proveedores y clientes, durante los procesos de elaboración de presupuestos y de producción.

Marco de referencia para evaluar el desempeño y para facilitar el aprendizaje

Los presupuestos permiten que los gerentes de una compañía midan el desempeño real contra el desempeño que se predijo. Los presupuestos pueden superar dos limitaciones que resultan del hecho de usar el desempeño histórico como una base para evaluar los resultados reales. Una limitación es que los resultados históricos incorporan, con frecuencia, errores pasados y un desempeño inferior al estándar. Considere el caso de una compañía de teléfonos celulares (Mobile Communications), la cual está examinando el desempeño del año actual (2012) de su fuerza de ventas. Suponga que el desempeño de 2011 incorporó los esfuerzos de muchos vendedores quienes, desde esa fecha, salieron de Mobile porque no tenían una buena comprensión del mercado. (El presidente de Mobile señaló lo siguiente: "Ellos no podían vender helados en una temporada calurosa.") Usar el registro de ventas de aquellos empleados que abandonaron la empresa fijaría el nivel de desempeño para 2012 a un nivel demasiado bajo.

La otra limitación que resulta del uso del desempeño histórico es que se esperaría que las condiciones futuras difieran de las del pasado. Considere nuevamente el caso de Mobile Communications. Suponga que, en 2012, Mobile tuviera un aumento en ingresos de 20%, en comparación con un aumento de ingresos de 10% en 2011. ¿Este incremento indica un desempeño sobresaliente en ventas? Antes de responder afirmativamente, considere los siguientes hechos. En noviembre de 2011, una asociación de comercio industrial pronostica que la tasa de crecimiento de 2012 en los ingresos de la industria será de 40%, lo cual resultó ser también la tasa de crecimiento real. Como resultado, el incremento real de ingresos de 20% de Mobile en 2012 adquiere una connotación negativa, aun cuando haya excedido la tasa de crecimiento real de 2011 de 10%. El uso de una tasa presupuestada de crecimiento en ventas de 40% proporcionaría una mejor medida del desempeño en ventas de 2012, que el empleo de la tasa de crecimiento real de 2011 de 10 por ciento.

Es importante recordar que el presupuesto de una compañía no debería ser el único estándar de comparación que se utilice para evaluar el desempeño. Muchas organizaciones también consideran el desempeño en relación con empresas similares, así como el mejoramiento a lo largo de los años anteriores. El problema con el hecho de evaluar el desempeño únicamente en relación con un presupuesto es que crea un incentivo para que los subalternos establezcan una meta que es relativamente fácil de lograr.[2] Desde luego, los gerentes de todos los niveles reconocen tal incentivo y, por lo tanto, trabajan para hacer más desafiante el logro del presupuesto para los individuos que les reportan. En cada uno de estos niveles, ocurren negociaciones entre los gerentes para entender lo que es posible y lo que no lo es. El presupuesto es el producto final de esas negociaciones.

Uno de los beneficios más valiosos de los presupuestos es que ayudan a los gerentes a recabar información relevante para el mejoramiento del desempeño futuro. Cuando los resultados reales son inferiores a los resultados presupuestados o planeados, ello motiva a la alta gerencia reflexiva para que haga preguntas acerca de lo que sucedió y por qué, así como de la manera en que se puede usar este conocimiento para asegurarse de que tales deficiencias no ocurran de nuevo. Estas investigaciones y aprendizajes son una de las razones más importantes por las cuales los presupuestos ayudan a mejorar el desempeño.

---

[2] Se si desean más ejemplos, véase J. Hope y R. Fraser. *Beyond Budgeting* (Boston, MA: Harvard Business School Press, 2003). Los autores también han criticado la tendencia a que los gerentes administren los presupuestos de una manera rígida, aun cuando las condiciones de mercado cambiantes hayan vuelto obsoleto el presupuesto.

Motivación de los gerentes y de otros empleados

La investigación ha demostrado que los presupuestos desafiantes mejoran el desempeño de los empleados, porque los trabajadores conciben como un fracaso el hecho de alcanzar cifras inferiores a las presupuestadas. La mayoría de los empleados están motivados para trabajar de una forma más intensa con la intención de evitar el fracaso, que con el propósito de lograr el éxito.

A medida de que los empleados se acercan a una meta, trabajan con mayor intensidad para alcanzarla. Por consiguiente, a muchos ejecutivos les gusta establecer metas exigentes pero alcanzables para sus gerentes y subalternos.[3] La creación de un poco de ansiedad mejora el desempeño; no obstante, la existencia de presupuestos demasiado ambiciosos e inalcanzables aumenta la ansiedad sin que haya motivación, pues los empleados ven escasas probabilidades de evitar el fracaso. El ex director ejecutivo de General Electric, Jack Welsh, describe los presupuestos desafiantes pero alcanzables como un instrumento capaz de brindar energía, motivación y satisfacción a los gerentes y a otros empleados, así como algo capaz de liberar un pensamiento original y creativo.

Desafíos en la administración de presupuestos

El proceso de elaboración de presupuestos incluye todos los niveles administrativos. La alta gerencia desea que los gerentes de nivel inferior intervengan en el proceso presupuestal, ya que estos tienen una mayor cantidad de conocimiento especializado, así como experiencias de primera mano con los aspectos cotidianos de la operación de la empresa. La participación crea un mayor compromiso y una mayor responsabilidad hacia el presupuesto entre los gerentes de nivel más bajo. Se trata del aspecto ascendente del proceso presupuestal.

Sin embargo, el proceso de elaboración de presupuestos requiere de mucho tiempo. Se ha estimado que la alta gerencia pasa cerca del 10 al 20% de su tiempo en la preparación de presupuestos, y que los departamentos de planeación financiera pasan casi el 50% de su tiempo en esta misma actividad.[4] Para la mayoría de las organizaciones, el proceso presupuestal anual es un ejercicio de varios meses, que requiere una gran cantidad de recursos. A pesar de su admiración por la fijación de metas desafiantes, Jack Welsh también se ha referido a los presupuestos como "el proceso más ineficiente de la gerencia" y como "la causa de la desgracia en las corporaciones estadounidenses".

El ampliamente difundido predominio de los presupuestos en organizaciones que van desde corporaciones multinacionales enormes hasta empresas locales pequeñas indica que las ventajas de los sistemas de presupuestos superan sus costos. Para obtener los beneficios de los presupuestos a todos los niveles de una compañía, la gerencia debería entender y dar apoyo al presupuesto, así como a todos los aspectos del sistema de control administrativo. Esto es de importancia fundamental para obtener la participación de la gerencia de nivel inferior en la formulación de presupuestos y para la administración exitosa de los mismos. Los gerentes de los niveles más bajos que consideran que la alta gerencia no "cree" en un presupuesto tienen escasa probabilidades de ser participantes activos en el proceso de elaboración de presupuestos.

Los presupuestos no se tienen que administrar con rigidez. El logro de un presupuesto no es un fin en sí mismo, sobre todo cuando las condiciones cambian de manera espectacular. Un gerente se puede comprometer con un presupuesto; sin embargo, cuando se presenta una situación donde ciertas reparaciones no planeadas, o bien, un programa de publicidad no planeado fueran de utilidad para los intereses a largo plazo de la compañía, el gerente debería efectuar los gastos adicionales. Del lado negativo, la disminución espectacular en la demanda del consumidor durante la recesión reciente llevó a los diseñadores como Gucci a recortar sus presupuestos en publicidad y a posponer la inauguración de nuevas boutiques. Macy's y otros minoristas, saturados con estantes llenos de mercancía que se había ordenado antes de la crisis financiera, no tuvieron otra alternativa que reducir los precios y hacer un recorte de su fuerza laboral. JC Penney finalmente no pudo lograr sus proyecciones de ventas para 2008-2009 en $2,000 millones. Sin embargo, sus acciones dinámicas durante el año le permitieron sobrevivir a la recesión, y emerger con nuevos y sofisticados planes de administración de los inventarios con la finalidad de aprovechar la siguiente temporada de días festivos.

Desarrollo de un presupuesto operativo

En general, los presupuestos se desarrollan para un periodo establecido como un mes, un trimestre, un año, etcétera. El periodo establecido se suele dividir en subperiodos. Por ejemplo, un presupuesto en efectivo para 12 meses se divide en 12 periodos mensuales, de modo que los flujos de entrada y de salida de efectivo se logren coordinar mejor.

Punto de decisión

¿Cuándo debería una compañía preparar sus presupuestos? ¿Cuáles son las ventajas de la elaboración de presupuestos?

Objetivo de aprendizaje 3

Elaborar el presupuesto operativo

. . . el estado de resultados presupuestado

y sus reportes y programas de apoyo

. . . como el costo de los bienes vendidos y los distintos costos de manufactura

---

[3] Si se desea una exposición detallada y varios ejemplos de los méritos de la fijación de metas específicas muy desafiantes, véase G. Latham, "The Motivational Benefits of Goal-Setting", *Academy of Management Executive* 18, núm. 4 (2004).

[4] Véase P. Horvath y R. Sauter, "Why Budgeting Fails: One Management System is Not Enough", Balanced Scorecard Report (septiembre de 2004).

Cobertura de tiempo de los presupuestos

El motivo para la creación de un presupuesto debería orientar a un gerente en la elección del periodo para dicho presupuesto. Por ejemplo, considere el presupuesto para una nueva motocicleta Harley-Davidson de 500 cc. Si el objetivo es presupuestar la rentabilidad total de este nuevo modelo, un periodo de cinco años (o más) sería conveniente y lo suficientemente largo como para cubrir el producto: desde el diseño y la manufactura, hasta las ventas y el apoyo posterior a la venta. En contraste, considere la preparación de un presupuesto para una obra de teatro escolar.

Si el propósito es estimar todos los desembolsos de efectivo, quizá sea suficiente un periodo de seis meses, desde la fase de la planeación hasta la actuación final.

El periodo presupuestal que se usa con mayor frecuencia es un año, el cual se subdivide a menudo en meses y trimestres. Los datos presupuestados para un año se revisan frecuentemente conforme transcurre el año. Al final del segundo trimestre, la gerencia puede cambiar el presupuesto de los dos siguientes trimestres, a la luz de la nueva información obtenida durante los primeros seis meses. La firma de seguros médicos Amerigroup, por ejemplo, tiene que efectuar revisiones significativas a sus proyecciones de costos tanto anuales como del tercer trimestre para 2009, debido a la presencia de mayores costos que los esperados en relación con el virus del H1N1.

Las empresas utilizan cada vez con mayor frecuencia el **presupuesto móvil**, el cual se denomina también **presupuesto continuo**, que es aquel que siempre está disponible para un periodo futuro específico. Se crea mediante la adición continua de un mes, un trimestre o un año al periodo que acaba de terminar. Considere el caso de Electrolux, la compañía global de electrodomésticos, que tiene un plan estratégico de tres a cinco años, así como un presupuesto móvil en el cuarto trimestre. Un presupuesto móvil en el cuarto trimestre para el periodo de abril de 2011 a marzo de 2012 se sustituye en el siguiente trimestre —es decir, junio de 2011— con un presupuesto móvil del cuarto trimestre para el periodo de julio de 2011 a junio de 2012, y así sucesivamente. Siempre hay un presupuesto vigente de 12 meses (para el año siguiente). Los presupuestos móviles obligan constantemente a la gerencia de Electrolux a pensar en los 12 meses siguientes, indistintamente del trimestre en curso. Algunas organizaciones preparan presupuestos financieros móviles que consideran los cinco trimestres siguientes. Algunos ejemplos son Borealis, el fabricante líder de plásticos de poliolefina de Europa; Millipore, una firma de investigación y manufactura en las ciencias biológicas con sede en Massachusetts; y Nordea, el grupo de servicios financieros más grande en la región del Mar Nórdico y el Mar Báltico. Otros, como EMC Corporation, el gigante de la infraestructura de la información, utiliza un proceso de pronósticos móviles de seis trimestres, de modo que las aplicaciones presupuestales se logren ajustar constantemente para satisfacer las cambiantes condiciones del mercado.

Pasos en la elaboración de un presupuesto operativo

La mejor forma de explicar cómo elaborar un presupuesto operativo es revisando los pasos que tomaría una compañía para hacerlo. Considere el caso de la Mueblería Stylistic, una empresa que fabrica dos tipos de mesas de café con cubierta de granito: Casual y De lujo. Es ya la última parte de 2011 y el director general de Stylistic, Rex Jordan, está muy preocupado acerca de cómo va a responder a la orden del consejo de administración de aumentar las utilidades en 10% en el próximo año. Jordan utiliza así el proceso de toma de decisiones de cinco pasos que se introdujo en el capítulo 1.

1. **Identificar el problema y las incertidumbres**. El problema consiste en identificar una estrategia y en construir un presupuesto para lograr un crecimiento de 10% en las ganancias. Hay varias incertidumbres. ¿Puede Stylistic aumentar en forma espectacular las ventas de sus mesas más rentables De lujo? ¿Qué presiones de precio habrá de enfrentar probablemente Stylistic? ¿Aumentará el costo de los materiales? ¿Pueden reducirse los costos con mejoras en la eficiencia?

2. **Obtener información**. Los gerentes de Stylistic recopilan información acerca de las ventas de las mesas de De lujo en el año actual. Están encantados por saber que las ventas han sido mejores que lo esperado. Además, uno de los competidores clave de la línea de mesas Casual de Stylistic ha enfrentado problemas de calidad que quizá no se resolverán sino hasta inicios de 2012. Por desgracia, también descubren que los precios de los materiales directos han aumentado ligeramente durante 2011.

3. **Realizar predicciones acerca del futuro**. Los gerentes de Stylistic tienen confianza en que con un poco más de marketing, podrán hacer crecer el negocio de mesas De lujo e incluso aumentar los precios ligeramente en relación con 2011. Tampoco esperan presiones significativas de precios sobre las mesas Casual en la primera parte del año, debido a los problemas de calidad que enfrenta un competidor clave. Sin embargo, están preocupados de que cuando el competidor empiece a vender otra vez, aumenten las presiones sobre los precios.

El gerente de compras anticipa que los precios de los materiales directos serán, aproximadamente, los mismos que en 2011. El gerente de manufactura considera que las mejoras en la eficiencia permitirían que los costos de manufactura de las mesas se mantengan a los costos de 2011, aun a pesar de un aumento en los precios de otros insumos. El logro de tales mejoras en la eficiencia es de importancia, si Stylistic quiere conservar su margen operativo de 12% (es decir, utilidad operativa, ventas = 12%), y aumentar las ventas y la utilidad operativa.

4. **Tomar decisiones mediante la elección entre alternativas.** Jordan y sus gerentes tienen confianza en su estrategia de impulso a las ventas de las mesas De lujo. Esta decisión tiene algunos riesgos pero es ciertamente la mejor opción disponible para que Stylistic aumente las utilidades en 10%.

5. **Implementar la decisión, evaluar el desempeño y aprender.** Como lo veremos en los capítulos 7 y 8, los gerentes comparan el desempeño real con el previsto, con la finalidad de aprender acerca de por qué las cosas resultaron de esa manera y cómo se harían mejor. Los gerentes de Stylistic desearían saber si sus predicciones acerca de los precios de las mesas Casual y De lujo fueron correctas. ¿Aumentaron los precios de los materiales directos en una mayor o en una menor cantidad que lo anticipado? ¿Hubo mejoras en la eficiencia? Tal aprendizaje sería de gran utilidad, dado que Stylistic planea sus presupuestos en años subsiguientes.

Los gerentes de Stylistic empiezan su trabajo en relación con el presupuesto de 2011. La ilustración 6-2 muestra un diagrama de las diversas partes del *presupuesto maestro*, el cual incluye las proyecciones financieras de todos los presupuestos individuales para una compañía durante un periodo específico, por lo general, un año fiscal. Los cuadros de la parte superior de la ilustración 6-2 representan el estado de resultados presupuestado y sus reportes presupuestales de apoyo —junto con el **presupuesto operativo.**

Se muestra el presupuesto de ingresos de esa manera para indicar que con frecuencia es el punto de partida del presupuesto operativo. Los reportes de apoyo —en la parte superior central— cuantifican los presupuestos para varias funciones empresariales de la cadena de valor, desde los costos de investigación y desarrollo hasta los costos de distribución. Dichos reportes apuntalan el estado de resultados presupuestado —el estado de resumen clave en el presupuesto operativo.

Los cuadros de la base de la figura son el **presupuesto financiero,** que es aquella parte del presupuesto maestro formada del presupuesto de los gastos de capital, el presupuesto en efectivo, el balance general presupuestado y el estado de flujos de efectivo presupuestados. Un presupuesto financiero centra la atención en la manera en que las operaciones y los desembolsos de capital planeados afectan el efectivo.

El presupuesto en efectivo y el estado de resultados presupuestado se utilizan entonces para elaborar otros dos estados financieros de resumen —el balance general presupuestado y el estado de flujo de efectivo presupuestado. El presupuesto maestro finaliza tan sólo después de varias rondas de discusiones entre la alta gerencia y los gerentes responsables de varias funciones empresariales dentro de la cadena de valor.

A continuación presentamos los pasos que deben seguirse en la preparación de un presupuesto operativo para la Mueblería Stylistic en 2012. Use la ilustración 6-2 como una guía para los siguientes pasos. El apéndice de este capítulo presenta el presupuesto en efectivo de Stylistic, que es otro componente clave del presupuesto maestro. A continuación se indican los detalles necesarios para la elaboración del presupuesto:

- Stylistic vende dos modelos de mesas de café con cubierta de granito: Casual y De lujo. Los ingresos no relacionados con las ventas, como los ingresos por intereses, son de cero.
- El inventario de productos en proceso de elaboración es de escasa relevancia y, por lo tanto, se ignora.
- El inventario de materiales directos y el inventario de productos terminados se costean usando el método de primeras entradas, primeras salidas (PEPS). Los costos unitarios de los materiales directos comprados y los costos unitarios de los productos terminados vendidos permanecen sin cambio a lo largo de cada año presupuestal, aunque pueden cambiar de un año a otro.
- Hay dos tipos de materiales directos: encino rojo (ER), y lozas de granito (LG). Los costos de los materiales directos son variables con respecto a las unidades producidas: mesas de café.
- Los trabajadores de la mano de obra directa se contratan por hora; no se trabaja tiempo extra.
- Hay dos generadores de costos para los costos indirectos de manufactura: horas de mano de obra directa y horas de mano de obra para la configuración de las máquinas.
- Las horas de mano de obra directa son el generador del costo para la porción variable de los costos indirectos de las operaciones de manufactura. El componente fijo de los costos indirectos de las operaciones de manufactura está vinculado con la capacidad de manufactura de 300,000 horas de mano de obra directa, que Stylistic ha planeado para 2012.
- Las horas de mano de obra de configuración de las máquinas son el generador del costo para la porción variable de los costos indirectos en la configuración de las máquinas. El componente fijo de los costos indirectos de configuración de las máquinas está vinculado con la capacidad de configuración de máquinas de 15,000 horas de mano de obra, que Stylistic ha planeado para 2012.

Ilustración 6-2

Panorama general del
presupuesto maestro
de la Mueblería Stylistic

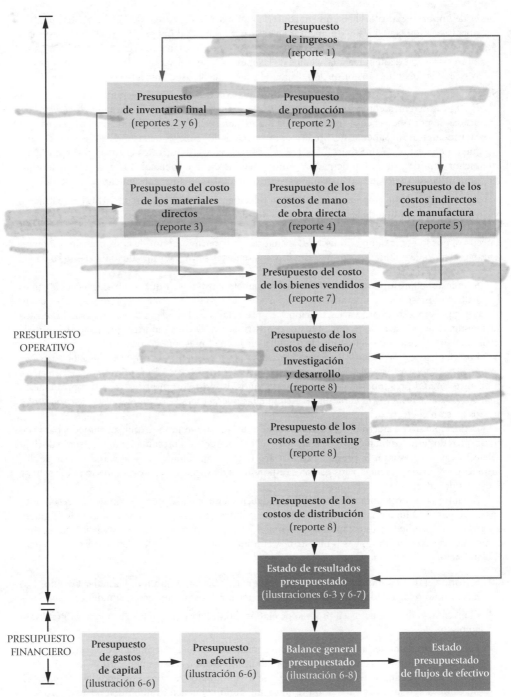

■ Para el cálculo de los costos inventariables, Stylistic aplica la totalidad de los costos indirectos de las operaciones de manufactura (variables y fijos), usando las horas de mano de obra directa y los costos indirectos de configuración de las máquinas utilizando las horas de mano de obra de configuración.

■ Los costos que no son de manufactura consisten en los costos del diseño del producto, marketing y distribución. Todos los costos de diseño del producto son fijos para 2012. El componente variable de los costos de marketing es igual a una comisión de 6.5% sobre las ventas, en relación con los ingresos pagados a los vendedores. La porción variable de los costos de distribución varía con los pies cúbicos de las mesas desplazadas.

Se dispone de los siguientes datos para el presupuesto de 2012:

Materiales directos	
Encino rojo	$7 por pie de madera (b.f.) (lo mismo que en 2011)
Granito	$10 por pie cuadrado (sq. ft.) (lo mismo que en 2011)
Mano de obra directa	$20 por hora

Contenido de cada unidad de producto

	Producto	
	Mesa de granito Casual	Mesa de granito De lujo
Encino rojo	12 pies de madera	12 pies de madera
Granito	6 pies cuadrados	8 pies cuadrados
Mano de obra directa	4 horas	6 horas

	Producto	
	Mesa de granito Casual	Mesa de granito De lujo
Ventas esperadas en unidades	50,000	10,000
Precio de venta	$ 600	$ 800
Inventario final meta en unidades	11,000	500
Inventario inicial en unidades	1,000	500
Inventario inicial en dólares	$384,000	$262,000

	Materiales directos	
	Encino rojo	Granito
Inventario inicial	70,000 pies de madera	60,000 pies cuadrados
Inventario final meta	80,000 pies de madera	20,000 pies cuadrados

Stylistic basa su información de costos presupuestada en aquellos costos en los que predice que tendrá que incurrir para apoyar su presupuesto de ingresos, tomando en cuenta las mejoras en eficiencia que espera conseguir en 2012. Recuerde del paso 3 en el proceso de toma de decisiones (p. 188), que las mejoras en la eficiencia son de importancia fundamental para compensar los aumentos anticipados en el costo de los insumos, así como para mantener el margen operativo de 12% de Stylistic. Algunas compañías se basan principalmente en los resultados del pasado cuando desarrollan los presupuestos; otras se basan en estudios de ingeniería detallados. Las compañías difieren en cuanto a la manera en que calculan sus montos presupuestados.

La mayoría de las organizaciones tienen un manual de presupuestos que contiene las instrucciones específicas de una compañía y la información relevante para la preparación de sus presupuestos. Aunque los detalles difieren entre las compañías, los siguientes pasos básicos son comunes para el desarrollo del presupuesto operativo de una compañía manufacturera. Empezando con el presupuesto de ingresos, cada uno de los demás presupuestos sigue paso a paso de una manera lógica.

Paso 1: Preparar el presupuesto de ingresos. El presupuesto de ingresos, el cual se calculó en el reporte 1, es el punto de inicio común para el presupuesto operativo. Ello se debe a que el nivel de producción y el nivel del inventario —y, por lo tanto, los costos de manufactura—, así como los costos que no son de manufactura, por lo general, dependen del nivel pronosticado de ventas en unidades o en ingresos. Muchos factores influyen en el pronóstico de ventas, incluyendo el volumen de ventas en periodos recientes, las condiciones económicas e industriales generales, los estudios de investigación de mercados, las políticas de fijación de precios, la publicidad y las promociones de ventas, la competencia y las políticas reguladoras. En el caso de Stylistic, el presupuesto de ingresos para 2012 refleja la estrategia de la empresa para hacer crecer los ingresos mediante el incremento de las ventas de las mesas De lujo de 8,000 mesas en 2011 a 10,000 mesas en 2012.

Reporte 1: Presupuesto de ingresos
Para el año que terminó el 31 de diciembre de 2012

	Unidades	Precio de venta	Ingresos totales
Casual	50,000	$600	$30,000,000
De lujo	10,000	800	8,000,000
Total			$38,000,000

Los $38,000,000 son el monto de los ingresos en el estado de resultados presupuestado. El presupuesto de ingresos es, con frecuencia, el resultado de una recolección de información detallada y de discusiones entre los gerentes de ventas y los representantes de ventas, quienes tienen una comprensión detallada de las necesidades del cliente, del potencial del mercado y de los productos de los competidores. Esta información se recopila, a menudo, a través de la administración de las respuestas de los clientes (ARC) o del sistema de administración de ventas. Los enfoques estadísticos como la regresión y el análisis de tendencias también ayudan en el pronóstico de ventas. Estas técnicas usan indicadores de la actividad económica y datos históricos de ventas para pronosticar las ventas futuras. Los gerentes deberían usar el análisis estadístico tan solo como un insumo para pronosticar las ventas. En el análisis final, el pronóstico de ventas tiene que representar la experiencia y el buen juicio de los gerentes.

El punto de inicio común para el paso 1 es basar los ingresos en la demanda esperada. De manera ocasional, un factor distinto de la demanda limita los ingresos presupuestados.

Por ejemplo, cuando la demanda es mayor que la capacidad de producción disponible o la manufactura de un insumo está sujeta a una oferta limitada, el presupuesto de ingresos se basaría en las unidades máximas que podrían producirse. ¿Por qué? Porque las ventas estarían limitadas al monto que pudiera producirse.

Paso 2: Preparar el presupuesto de producción (en unidades). Después de que se presupuestan los ingresos, el gerente de manufactura elabora el presupuesto de producción, que se calcula en el reporte 2. El total de unidades de productos terminados que deberá producirse depende de las ventas de unidades presupuestadas y de los cambios esperados en las unidades de los niveles de inventarios:

$$\begin{array}{c} \text{Presupuesto} \\ \text{de producción} \\ \text{(unidades)} \end{array} = \begin{array}{c} \text{Ventas del} \\ \text{presupuesto} \\ \text{(unidades)} \end{array} + \begin{array}{c} \text{Inventario final} \\ \text{de productos} \\ \text{terminados meta} \\ \text{(unidades)} \end{array} - \begin{array}{c} \text{Inventario inicial} \\ \text{de productos} \\ \text{terminados} \\ \text{(unidades)} \end{array}$$

Reporte 2: Presupuesto de producción (en unidades)
Para el año que terminó el 31 de diciembre de 2012

	Producto	
	Casual	**De lujo**
Ventas en unidades presupuestadas (reporte 1)	50,000	10,000
Más inventario final de productos terminados fijado como meta	11,000	500
Total de unidades requeridas	61,000	10,500
Menos inventario inicial de productos terminados	1,000	500
Unidades de productos terminados que deberán producirse	60,000	10,000

Paso 3: Preparar el presupuesto de consumo de materiales directos y el presupuesto de compras de materiales directos. El número de unidades que se van a producir, el cual se calculó en el reporte 2, es la clave para calcular el consumo de materiales directos en cantidades y en dólares. Las cantidades de materiales directos usadas dependen de la eficiencia con la cual se consuman los materiales para fabricar una mesa. Al determinar los presupuestos, los gerentes anticipan en forma constante las formas de realizar mejoras al proceso que aumenten la calidad y reduzcan los desperdicios, disminuyendo de esta manera el consumo y los costos de los materiales directos.

Al igual que muchas compañías, Stylistic tiene una *lista de materiales* que se almacena y se actualiza en sus sistemas de cómputo. Este documento identifica la manera en que se fabrica cada producto, especificando todos los materiales (y componentes), la secuencia con la cual se usan los materiales, la cantidad de materiales en cada unidad terminada y los centros de trabajo donde se ejecutan las operaciones. Por ejemplo, la lista de materiales indicaría que se necesitan 12 pies cuadrados de madera de encino rojo y seis pies cuadrados de granito, para fabricar cada mesa de café Casual, y que se requieren 12 pies cuadrados de encino rojo y 8 pies cuadrados de granito para fabricar cada mesa de café De lujo. Esta información se usa entonces para calcular los montos del reporte 3A.

Reporte 3A: Presupuesto de consumo de materiales directos en cantidad y en dólares
Para el año que terminó el 31 de diciembre de 2012

	Material		
	Encino rojo	**Granito**	**Total**
Presupuesto de unidades físicas			
Materiales directos que se requieren para las mesas Casual (60,000 unidades × 12 pies de madera y 6 pies cuadrados)	720,000 pies	360,000 pies cuadrados	
Materiales directos que se requieren para las mesas De lujo (10,000 unidades × 12 pies de madera × 8 pies cuadrados)	120,000 pies	80,000 pies cuadrados	
Cantidad total de materiales directos que se usarán	840,000 pies	440,000 pies cuadrados	
Presupuesto en efectivo			
Disponible a partir del inventario inicial de materiales directos (con un supuesto de flujo de efectivo de PEPS)			
Encino rojo: 70,000 pies de madera × $7 por pie de madera	$490,000		
Granito: 60,000 pies cuadrados × $10 por pie cuadrado		$ 600,000	
Para comprarse durante este periodo:			
Encino rojo: (840,000 – 70,000) pies de madera × $7 por pie de madera	5,390,000		
Granito: (440,000 – 60,000) pies cuadrados × $10 pies cuadrados		3,800,000	
Materiales directos que se habrán de usar en este periodo	$5,880,000	$4,400,000	$10,280,000

El gerente de compras prepara el presupuesto de adquisiciones de materiales directos, el cual se calculó en el reporte 3B, con base en los materiales directos presupuestados que habrán de usarse, en el inventario inicial de materiales directos y en el inventario final de materiales directos fijado como meta:

Compras de materiales directos	=	Materiales directos usados en producción	+	Inventario final de materiales directos meta	−	Inventario inicial de materiales directos

Reporte 3B: Presupuesto de compras de materiales directos
Para el año que terminó el 31 de diciembre de 2012

	Encino rojo	Granito	Total
	Material		
Presupuesto de unidades físicas			
A usarse en producción (del reporte 3A)	840,000 pies de madera	440,000 pies cuadrados	
Más inventario final fijado como meta	80,000 pies de madera	20,000 pies cuadrados	
Necesidades totales	920,000 pies de madera	460,000 pies cuadrados	
Menos inventario inicial	70,000 pies de madera	60,000 pies cuadrados	
Compras por realizarse	850,000 pies de madera	400,000 pies cuadrados	
Presupuesto en efectivo			
Encino rojo: 850,000 pies de madera × $7 por pie de madera	$5,950,000		
Granito: 400,000 pies cuadrados × $10 por pie cuadrado		$4,000,000	
Compras	$5,950,000	$4,000,000	$9,950,000

Paso 4: Preparación del presupuesto del costo de la mano de obra directa. En este paso, los gerentes de manufactura usan los *estándares de mano de obra*, el tiempo que se permite por unidad de producción, para calcular el presupuesto de los costos de la mano de obra directa en el reporte 4. Estos costos dependen de las tasas salariales, de los métodos de producción, de las mejoras en los procesos y en la eficiencia, así como de los planes de contratación.

Reporte 4: Presupuesto de costos de mano de obra directa
Para el año que terminó el 31 de diciembre de 2012

	Unidades producidas (reporte 2)	Horas de mano de obra directa por unidad	Horas totales	Tasa salarial por hora	Total
Casual	60,000	4	240,000	$20	$4,800,000
De lujo	10,000	6	60,000	20	1,200,000
Total			300,000		$6,000,000

Paso 5: Preparación del presupuesto de costos indirectos de manufactura. Como describimos anteriormente, las horas de mano de obra directa son el generador del costo para la porción variable de los costos indirectos de operaciones de manufactura y las horas de mano de obra de configuración son el generador del costo para la porción variable de los costos indirectos de la configuración de las máquinas. El uso de los generadores de costos basados en actividades como estos da lugar al *presupuesto basado en las actividades*. El **presupuesto basado en actividades** (PBA) se enfoca en el costo presupuestado de las actividades necesarias para fabricar y vender bienes y servicios.

Para las 300,000 horas de mano de obra directa, los gerentes de manufactura de Stylistic estiman varias partidas de costos indirectos, que constituyen los costos indirectos de las operaciones de manufactura (es decir, todos los costos para los cuales las horas de mano de obra directa son el generador del costo). Los gerentes identifican oportunidades para el mejoramiento del proceso y determinan los costos indirectos presupuestados de las operaciones de manufactura en el departamento operativo. También determinan los recursos que necesitarán de los dos departamentos de apoyo: horas-kilowatt de potencia del departamento de energía y horas del servicio de mantenimiento del departamento de mantenimiento. Los gerentes del departamento de apoyo, a la vez, planean los costos del personal y de los suministros que necesitarán para brindar al departamento operativo los servicios de apoyo que requiera. Los costos de los departamentos de apoyo se asignan (primera fase de la aplicación de costos) como parte de los costos indirectos de las operaciones de manufactura. El capítulo 15 describe la manera en que la aplicación de los costos del departamento de apoyo a los departamentos operativos se hace cuando los departamentos de apoyo se proporcionan servicios entre sí y a los departamentos operativos.

La mitad superior del reporte 5 muestra las diversas partidas de costos que constituyen los costos indirectos de las operaciones de manufactura —es decir, todos los costos indirectos que causan las 300,000 horas de mano de obra directa (el generador del costo).

Los gerentes de Stylistic determinan cómo se deberían hacer las configuraciones de las máquinas para las líneas de mesas Casual y De lujo, tomando en cuenta las experiencias anteriores y las mejoras potenciales en la eficiencia para la configuración de las máquinas.

Por ejemplo, los gerentes consideran lo siguiente:

- Aumentar la longitud de la corrida de producción por lote, de tal modo que se necesite un menor número de lotes (y por lo tanto menos configuraciones de máquinas) para la producción de mesas presupuestada.
- Disminuir el tiempo de configuración por lote.
- Reducir el tiempo de supervisión necesario, por ejemplo, aumentando las habilidades de los trabajadores.

Los gerentes de Stylistic brindan la siguiente información de configuración de máquinas para las mesas Casual y De lujo:

	Mesas Casual	Mesas De lujo	Total
1. Cantidad de mesas a producir	60,000 mesas	10,000 mesas	
2. Número de mesas a producir por lote	50 mesas/lote	40 mesas/lote	
3. Número de lotes (1) ÷ (2)	1,200 lotes	250 lotes	
4. Tiempo de configuración por lote	10 horas/lote	12 horas/lote	
5. Horas totales de configuración de las máquinas (3) × (4)	12,000 horas	3,000 horas	15,000 horas
6. Horas de configuración de las máquinas por mesa (5) ÷(1)	0.2 horas	0.3 horas	

Usando un enfoque similar al que se describió para los costos indirectos de las operaciones de manufactura, los gerentes de Stylistic estiman varias partidas de costos que forman los costos indirectos de la configuración de las máquinas —es decir, todos los costos que son ocasionados por las 15,000 horas de configuración de las máquinas (el generador del costo). Observe la manera en que el uso de los generadores del costo basados en las actividades brinda información adicional e información detallada que mejora la toma de decisiones, en comparación con el hecho de preparar el presupuesto tomando como base únicamente los generadores del costo basados en la producción. Desde luego, los gerentes siempre deben evaluar si el beneficio esperado por agregar más generadores de costos excede el costo esperado.[5] La parte inferior del reporte 5 resume tales costos.

Reporte 5: Presupuesto de costos indirectos de manufactura
Para el año que terminó el 31 de diciembre de 2012
Costos indirectos de las operaciones de manufactura

Costos variables		
Suministros	$1,500,000	
Mano de obra indirecta	1,680,000	
Energía (costos del departamento de apoyo)	2,100,000	
Mantenimiento (costos del departamento de apoyo)	1,200,000	$6,480,000
Costos fijos (para apoyar la capacidad de 300,000 horas de mano de obra directa)		
Depreciación	1,020,000	
Supervisión	390,000	
Energía (costos del departamento de apoyo)	630,000	
Mantenimiento (costos del departamento de apoyo)	480,000	2,520,000
Total de costos indirectos de las operaciones de manufactura		$9,000,000

Costos indirectos de configuración de las máquinas

Costos variables		
Suministros	$ 390,000	
Mano de obra indirecta	840,000	
Energía (costos del departamento de apoyo)	90,000	$ 1,320,000
Costos fijos (para apoyar la capacidad de 15,000 horas de mano de obra para la configuración de las máquinas)		
Depreciación	603,000	
Supervisión	1,050,000	
Energía (costos del departamento de apoyo)	27,000	1,680,000
Total de costos indirectos de configuración de las máquinas		$ 3,000,000
Total de costos indirectos de las operaciones de manufactura		$12,680,000

[5] El ejemplo de Stylistic ilustra los costos de las configuraciones de las máquinas, usando el PBA dentro del presupuesto de costos indirectos de manufactura de Stylistic. Las implementaciones del PBA en la práctica incluyen los costos de muchas partes de la cadena de valor. Por ejemplo, véase S. Borjesson, "A Case Study on Activity-Based Budgeting", *Journal of Cost Management* 10, núm. 4: 7-18.

Paso 6: Preparación del presupuesto de inventarios finales. El contador administrativo prepara el presupuesto de los inventarios finales, los cuales se calcularon en los reportes 6A y 6B. De acuerdo con las normas de información financiera, Stylistic trata los costos indirectos de manufactura tanto fijos como variables como costos inventariables (costos del producto). Se presupuesta que Stylistic opera a máxima capacidad. Los costos indirectos de las operaciones de manufactura se aplican al inventario de productos terminados a la tasa presupuestada de $30 por hora de mano de obra directa (total de costos indirectos presupuestados para las operaciones de manufactura, $9,000,000 × 300,000 horas de mano de obra directa presupuestadas). Los costos indirectos de configuración de las máquinas se aplican al inventario de productos terminados a la tasa presupuestada de $200 por hora de configuración (total de costos indirectos presupuestados para la configuración de las máquinas, $300,000 × 15,000 horas presupuestadas de mano de obra de preparación). El reporte 6A muestra los cálculos del costo unitario de las mesas de café que se empezaron y se terminaron en 2012.

Reporte 6A: Costos unitarios del inventario final de productos terminados
31 de diciembre de 2012

		Producto			
		Mesas Casual		**Mesas De lujo**	
	Costo por unidad de insumo	**Insumo por unidad de producción**	**Total**	**Insumo por unidad de producción**	**Total**
Encino rojo	$ 7	12 pies de madera	$ 84	12 pies de madera	$ 84
Granito	10	6 pies cuadrados	60	8 pies cuadrados	80
Mano de obra directa	20	4 horas	80	6 horas	120
Costos indirectos de manufactura	30	4 horas	120	6 horas	180
Costos indirectos de configuración de las máquinas	200	0.2 horas	40	0.3 horas	60
Total			$384		$524

Con el método de PEPS, este costo unitario se usa para calcular el costo de los inventarios finales de productos terminados fijados como meta en el reporte 6B.

Reporte 6B: Presupuesto de inventarios finales
31 de diciembre de 2012

	Cantidad	Costo por unidad		Total
Materiales directos				
Encino rojo	80,000*	$ 7	$ 560,000	
Granito	20,000*	10	200,000	$ 760,000
Productos terminados				
Casual	11,000**	$384***	$4,224,000	
De lujo	500**	524***	262,000	4,486,000
Total de inventario final				$5,246,000

*Los datos provienen de la página 191. **Los datos provienen de la página 191. ***Del Reporte 6A, esto se basa en los cosos de manufactura de productos terminados de 2012 con el método de costeo PEPS, las unidades en el inventario final de productos terminados consisten en las unidades que se han producido durante 2012.

Paso 7: Preparación del presupuesto del costo de los bienes vendidos. Los gerentes de manufactura y de compras, junto con el contador administrativo, usan la información proveniente de los reportes 3 a 6 para elaborar el reporte 7.

Reporte 7: Presupuesto del costo de los bienes vendidos
Para el año que terminó el 31 de diciembre de 2012

	De la partida		Total
Inventario inicial de productos terminados, 1 de enero de 2012	Dado*		$ 646,000
Materiales directos usados	3A	$10,280,000	
Mano de obra directa	4	6,000,000	
Costos indirectos de manufactura	5	12,000,000	
Costo de los bienes manufacturados			28,280,000
Costo de los bienes disponibles para la venta			28,926,000
Menos inventario final de productos terminados, 31 de diciembre de 2012	6B		4,486,000
Costo de los bienes vendidos			$24,440,000

*Se incluyen en la descripción de los datos y requisitos básicos (Casual, $384,000, De lujo $262,000).

Paso 8: Preparación del presupuesto de costos que no son de manufactura. Los reportes 2 a 7 abarcan el presupuesto para la función de producción de la cadena de valor de Stylistic. Por brevedad, otras partes de la cadena de valor —diseño del producto, marketing y distribución— se combinan en un solo reporte. Al igual que en el caso de los costos de manufactura, los gerentes en otras funciones de la cadena de valor incorporan mejoras en el proceso y en la eficiencia, y preparan presupuestos de costos que no son de manufactura tomando como base las cantidades de los generadores de costos planeados para 2012.

Los costos de diseño del producto son costos fijos y se determinan tomando como base el trabajo de diseño del producto anticipado para 2012. El componente variable de los costos de marketing presupuestados son las comisiones que se pagan a los vendedores, que son del 6.5% de los ingresos. El componente fijo de los costos de marketing presupuestados de $1,330,000 está vinculado con la capacidad de marketing para 2012. El generador del costo del componente variable de los costos de distribución presupuestados son los pies cúbicos de mesas desplazadas (Casual: 18 pies cúbicos ×50,000 mesas + De lujo: 24 pies cúbicos × 10,000 mesas = 1,140,000 pies cúbicos). Los costos de distribución variables son iguales a $2 por pie cúbico. El componente fijo de los costos de distribución presupuestados es igual a $1,560,000 y está vinculado con la capacidad de distribución para 2012. El reporte 8 muestra los costos de diseño, marketing y distribución del producto para 2012.

Reporte 8: Presupuesto de costos que no son de manufactura
Para el año que terminó el 31 de diciembre de 2012

Función empresarial	Costos variables	Costos fijos	Costos totales
Diseño del producto	—	$1,024,000	$1,024,000
Marketing (costo variable: $38,000,000 × 0.065)	$2,470,000	1,330,000	3,800,000
Distribución (costo variable: $2 × 1,140,000 pies cúbicos)	2,280,000	1,596,000	3,876,000
	$4,750,000	$3,950,000	$8,700,000

Paso 9: Preparación del estado de resultados presupuestado. El director general y los gerentes de diversas funciones de la empresa, con ayuda del contador administrativo, usan la información de los reportes 1, 7, y 8 para finalizar el estado de resultados presupuestado, el cual se muestra en la ilustración 6-3. El estilo que se usa en la ilustración 6-3 es típico, no obstante, se podrían incluir más detalles en el estado de resultados; cuanto más detalles se incluyan en dicho estado, menor será la cantidad de reportes que se necesiten para apoyarlo.

La preparación de presupuestos es una actividad interfuncional. Las estrategias de la alta gerencia para el logro de las metas de ingresos y de las metas de utilidades operativas influyen en los costos planeados para las diferentes funciones de la empresa dentro de la cadena de valor. Por ejemplo, un incremento presupuestado en ventas basado en el hecho de gastar una mayor cantidad en marketing debe vincularse con mayores costos de producción, para asegurarse de que haya un suministro adecuado de mesas, así como con costos de distribución más altos, capaces de garantizar una entrega oportuna de las mesas a los clientes.

Rex Jordan, el director general de Mueblería Stylistic, está muy complacido con el presupuesto de 2012, que indica un incremento de 10% en la utilidad operativa en comparación de 2011. Las claves para el logro de una mayor utilidad operativa son un incremento significativo en las ventas de la mesa de De lujo, y un mejoramiento del proceso, así como un aumento en la eficiencia a lo largo de toda la cadena de valor.

Ilustración 6-3

Estado de resultados presupuestado, para la Mueblería Stylistic

	A	B	C	D
1	Estado de resultados presupuestado, para la Mueblería Stylistic			
2	Para el año que terminó el 31 de diciembre de 2012			
3	Ingresos	Reporte 1		$38,000,000
4	Costo de los bienes vendidos	Reporte 7		24,440,000
5	Utilidad bruta			13,560,000
6	Costos operativos			
7	Costos de diseño del producto	Reporte 8	$1,024,000	
8	Costos de marketing	Reporte 8	3,800,000	
9	Costos de distribución	Reporte 8	3,876,000	8,700,000
10	Utilidad operativa			$ 4,860,000

Sin embargo, a medida que Rex estudia el presupuesto con más cuidado, dos comentarios plasmados en el apéndice del presupuesto lo sorprenden: primero, para lograr la cantidad presupuestada de mesas vendidas, quizá Stylistic necesite reducir sus precios de venta en 3%, a $582 para las mesas Casual y a $776 para las mesas De lujo. Segundo, una deficiencia en el suministro de los materiales directos daría como resultado un aumento de 5% en los precios de los materiales directos (encino rojo y granito), por arriba de los precios de materiales anticipados en el presupuesto de 2012. Sin embargo, si los precios de los materiales directos aumentan, no se anticipa ninguna reducción en los precios de venta. Él pidió a Tina Larsen, la contadora administrativa, que use el modelo de planeación financiera de Stylistic para evaluar la forma en que estos resultados afectarán la utilidad operativa presupuestada.

Punto de decisión

¿Qué es el presupuesto operativo y cuáles son sus componentes?

Modelos de planeación financiera y análisis de sensibilidad

Los **modelos de planeación financiera** son representaciones matemáticas de las relaciones que hay entre las actividades operativas, las actividades de financiamiento y otros factores que influyen en el presupuesto maestro. Las organizaciones utilizan sistemas basados en computadora, como los sistemas de planeación de los recursos empresariales (PRE), para hacer los cálculos propios de estos modelos de planeación. Las compañías que usan los sistemas de planeación de los recursos empresariales, así como otras herramientas similares de presupuestos, encuentran que tales sistemas simplifican la preparación de los presupuestos y reducen las complejidades de cálculo y el tiempo que se necesita para realizarlos. La sección Conceptos en acción de la página 198 brinda un ejemplo de una organización. Los sistemas PRE almacenan grandes cantidades de información acerca de los materiales, las máquinas y los equipos, la mano de obra, la energía, el mantenimiento y las configuraciones de máquinas necesarias para fabricar diferentes productos. Una vez que se hayan identificado las cantidades de ventas de diferentes productos, el software calcula rápidamente los costos presupuestados para la fabricación de dichos productos.

Los paquetes de software tienen por lo general un módulo de análisis de sensibilidad, el cual ayuda a los gerentes en las actividades de planeación y de elaboración de presupuestos. El *análisis de sensibilidad* es una técnica de tipo "¿qué sucedería si…"?, la cual examina la manera en que cambiaría un resultado si no se obtienen los datos originales predichos o si cambia un supuesto fundamental.

Para saber cómo funciona el análisis de sensibilidad, consideremos dos escenarios que se identificó que posiblemente afectarían el modelo de presupuestos de la Mueblería Stylistic de 2012.

> **Escenario 1:** Una disminución de 3% en el precio de venta de la mesa Casual y una disminución de 3% en el precio de venta de la mesa De lujo.

> **Escenario 2:** Un incremento de 5% en el precio por pie de madera de encino rojo y un incremento de 5% en el precio por pie cuadrado de granito.

La ilustración 6-4 presenta la utilidad operativa presupuestada para los dos escenarios.

Observe que en el escenario 1, un cambio en los precios de venta por mesa afecta los ingresos (reporte 1), así como los costos variables de marketing (comisiones de ventas, reporte 8). El problema de autoestudio que viene al final del capítulo muestra los reportes revisados para el escenario 1. De manera similar, un cambio en el precio de los materiales directos afecta el presupuesto de consumo de materiales directos (reporte 3A), el costo unitario de inventario final de productos terminados (reporte 6), el presupuesto de los inventarios finales de productos terminados (en el reporte 6B) y el presupuesto del costo de los bienes vendidos (reporte 7).

Objetivo de aprendizaje 4

Usar modelos de planeación financiera basados en computadora para el análisis de sensibilidad

.... por ejemplo, entender los efectos de los cambios en los precios de venta y en los precios de los materiales directos sobre el ingreso presupuestado

Ilustración 6-4 Efectos de los cambios en las suposiciones del presupuesto de la utilidad en operación para Stylistic Furniture

	A	B	C	D	E	F	G	H	I
1		Suposiciones fundamentales							
2		Unidades vendidas		Precio de venta		Costo de materiales directos		Utilidad operativa presupuestada	
3	Escenario ¿qué sucedería si…?	Casual	De lujo	Casual	De lujo	Encino rojo	Granito	Dólares	Cambio respecto del presupuesto maestro
4	Presupuesto maestro	50,000	10,000	$600	$800	$7.00	$10.00	$4,860,000	
5	Escenario 1	50,000	10,000	582	776	$7.00	$10.00	3,794,100	Disminución de 22%
6	Escenario 2	50,000	10,000	600	800	$7.35	$10.50	4,483,800	Disminución de 8%

Conceptos en acción

Preparación de presupuestos a través de la Web en Hendrick Motorsports

En años recientes, cada vez más organizaciones han implementado paquetes de software integrales que administran las funciones de presupuestos y de pronósticos en todos sus niveles. Una de tales opciones es el sistema Microsoft Forecaster, diseñado originalmente por FRx Software para empresas que buscaban mejorar el control sobre sus procesos de presupuestos y de pronósticos, dentro de un ambiente basado en la Web y totalmente integrado.

Entre las compañías más destacadas que han implementado los presupuestos basados en la Web se encuentra Hendrick Motorsports. Con la inclusión de los pilotos campeones Jeff Gordon y Jimmie Johnson, Hendrick es una organización de primer nivel en carreras de automóviles dentro del campeonato NASCAR Sprint Cup. De acuerdo con la revista Forbes, Hendrick es el equipo más valioso de NASCAR, con un valor estimado de $350 millones. Con oficinas matrices en un complejo de 12 edificios y de 600,000 pies cuadrados cerca de Charlotte, Carolina del Norte, Hendrick opera cuatro equipos de tiempo completo en la serie Sprint Cup, la cual cada año se desarrolla desde febrero hasta noviembre, y presenta 36 carreras en 22 autódromos en Estados Unidos. La organización Hendrick tiene ingresos anuales de cerca de $195 millones y más de 500 empleados, con tareas que van desde la contabilidad y el marketing, hasta la fabricación de motores y el manejo de autos de carreras. Tal ambiente incluye áreas y unidades funcionales múltiples, sitios de trabajo variados y circunstancias que cambian en forma constante. Patrick Perkins, director de marketing, destacó lo siguiente: "Las carreras son un negocio rápido. Es tan rápido en las pistas como fuera de ellas. Con el esfuerzo que ponemos en el desarrollo de nuestros equipos y nuestras tecnologías, y teniendo que responder al cambio, así como teniendo que anticiparse al mismo, me gusta pensar en nosotros como un negocio que incluye expertos en el cambio."

Microsoft Forecaster, un paquete de presupuestos a través de la Web, ha permitido a los gerentes financieros de Hendrick administrar con gran eficacia el proceso de la planeación y de los presupuestos. Los usuarios autorizados de cada área o equipo funcional ingresan a la aplicación a través de la Intranet corporativa. La seguridad del sistema es rigurosa: el acceso está limitado únicamente a las cuentas que un gerente está autorizado a presupuestar. (Por ejemplo, el jefe de la cuadrilla de Jeff Gordon no puede ver lo que están haciendo los miembros del equipo de Jimmie Johnson.) Forecaster también permite a los usuarios del autódromo tener acceso a la aplicación en forma remota, lo cual hace posible que los gerentes reciban o actualicen las "cifras reales" del sistema en tiempo real. De esta manera, los gerentes del equipo conocen sus gastos asignados en cada carrera. Forecaster también ofrece a los usuarios características adicionales, incluyendo vínculos exactos con las cuentas del mayor general y la opción de realizar un análisis (de sensibilidad) del tipo "¿qué sucedería si...?" Scott Lampe, director de finanzas, señaló lo siguiente: "Forecaster nos permite cambiar nuestros pronósticos durante toda la temporada de carreras, con la finalidad de responder ante los cambios, ya sea cambios en las reglas [como los cambios en el sistema de puntos de la serie] o cambios en la tecnología [como las pruebas piloto del nuevo y más seguro "Automóvil del Mañana"] de NASCAR."

El sistema de presupuestos de Hendrick basado en la Web libera al departamento de finanzas, de modo que pueda trabajar en la estrategia, el análisis y la toma de decisiones. También permite a Hendrick completar su proceso anual de presupuestos en tan sólo seis semanas, una reducción de 50% en el tiempo que se utiliza en los presupuestos y la planeación, lo cual es fundamental dada la extremadamente corta temporada de receso de NASCAR. Patrick Pearson de Hendrick Motorsports considera que el sistema proporciona a la organización una ventaja competitiva. "En las carreras, el equipo que gana no es únicamente el equipo que tiene el automóvil más veloz, sino el equipo que esté más disciplinado y mejor preparado cada semana. Forecaster nos permite responder frente a ese cambiante panorama."

Fuente: Gage, Jack. 2009. Nascar's most valuable teams. Forbes.com, 3 de junio. http://www.forbes.com/2009/06/03/nascar-most-valuable-teams-business-sports-nascar.html; Goff, John. 2004. In the fast lane. *CFO Magazine*, 1 de diciembre: Hendrick Motorsports. 2010. About Hendrick Motorsports. Sitio Web de Hendrick Motorsports, 28 de mayo. www.hendrickmotorsports.com; Lampe, Scott. 2003. NASCAR racing team stays on track with FRx Software's comprehensive budget planning solution. *DM Review*, 1 de julio; Microsoft Corporation. 2009 Microsoft Forecaster: Hendrick Motorsports custom video. 8 de octubre. http://www.microsoft.com/BusinessSolutions/frx_hendrick_video.mspx; Ryan, Nate. 2006. Hendrick empire strikes back with three contenders in chase for the Nextel Cup. *USA Today*, 17 de septiembre.

El análisis de sensibilidad es muy útil al incorporar tales interrelaciones dentro de las decisiones de presupuestos que toman los gerentes.

La Ilustración 6-4 muestra una disminución sustancial en la utilidad operativa como resultado de decrementos en los precios de venta, pero una disminución más pequeña en la utilidad operativa, si los precios de los materiales directos aumentan en 5%. El análisis de sensibilidad motiva a que los gerentes de Stylistics adopten planes de contingencia.

Por ejemplo, en caso de que los precios de venta disminuyan en 2012, Stylistic tiene la opción de posponer algunos programas de desarrollo de productos que había incluido en el presupuesto de 2012, y que podrían diferirse a un año posterior. De una manera más general, cuando el éxito o la viabilidad de un negocio dependen en gran parte del logro de una o más metas, los gerentes deberían actualizar con frecuencia sus presupuestos a medida que se vaya resolviendo la incertidumbre. Estos presupuestos actualizados ayudan a los gerentes a ajustar los niveles de gastos a medida que cambien las circunstancias.

Los profesores y los estudiantes que, en este momento, quieran explorar el presupuesto en efectivo y el balance general presupuestado para el ejemplo de la Mueblería Stylistic, pueden consultar directamente el apéndice de la página 206.

◀ Punto de decisión

¿Cómo pueden los gerentes prever los cambios en los supuestos en que se basa el presupuesto?

Presupuestos y contabilidad por áreas de responsabilidad

Para alcanzar las metas que se describieron en el presupuesto maestro, una compañía debe coordinar los esfuerzos de todos sus empleados —desde los altos ejecutivos a través de todos los niveles de la administración, hasta cada trabajador sujeto a un supervisor. La coordinación de los esfuerzos de la compañía significa la asignación de responsabilidades a aquellos gerentes que sean responsables de sus acciones en términos de la planeación y el control de los recursos humanos, así como de otro tipo de recursos. La forma en que cada compañía estructure su propia organización determinará en forma significativa la manera en que se coordinarán los esfuerzos de la compañía.

Estructura de la organización y responsabilidad

La **estructura de una organización** es un arreglo de las líneas de responsabilidad dentro de la empresa. Una compañía como Exxon-Mobil está organizada por funciones de la empresa —exploración, refinación, marketing, etcétera—, donde el presidente de cada compañía de la línea de negocios tiene autoridad para la toma de decisiones sobre su propia función. Otra compañía, como Procter & Gamble, el gigante de productos para el hogar, está organizada básicamente por líneas de productos o por marcas. Los gerentes de las divisiones individuales (dentífricos, jabones y así por el estilo) tendrían cada uno la autoridad para la toma de decisiones en relación con todas las funciones de la empresa (manufactura, marketing, etcétera) dentro de esa división.

Cualquier gerente, indistintamente de su nivel, está a cargo de un **centro de responsabilidad**, que es una parte, un segmento o una subunidad de una organización, cuyo líder es responsable por un conjunto específico de actividades. Cuanto más alto sea el nivel del gerente, más amplio será el centro de responsabilidad y mayor será el número de sus subalternos. La **contabilidad por áreas de responsabilidad** es un sistema que mide los planes, los presupuestos, las acciones y los resultados reales de cada centro de responsabilidad. A continuación se presentan cuatro tipos de centros de responsabilidad:

1. **Centro de costos:** el gerente es únicamente responsable de los costos.
2. **Centro de ingresos:** el gerente es únicamente responsable de los ingresos.
3. **Centro de utilidades:** el gerente es responsable de los ingresos y los costos.
4. **Centro de inversión:** el gerente es responsable de las inversiones, los ingresos y los costos.

El departamento de mantenimiento de un hotel Marriott es un centro de costos, porque el gerente de mantenimiento es responsable únicamente de los costos y, por lo tanto, este presupuesto se basa en los costos. El departamento de ventas es un centro de ingresos porque el gerente de ventas es responsable principalmente de los ingresos y, por consiguiente, este presupuesto se basa en ingresos. El gerente del hotel está a cargo de un centro de utilidades porque es responsable tanto de los ingresos como de los costos y, por lo tanto, este presupuesto se basa en ingresos y costos. El gerente regional responsable de la determinación del monto que se deberá invertir en nuevos proyectos del hotel, así como de los ingresos y los costos que se generen a partir de tales inversiones, está a cargo de un centro de inversión, de manera que este presupuesto se basa en ingresos, costos y la base de la inversión.

Un centro de responsabilidad se puede estructurar con la finalidad de promover una mejor alineación de las metas individuales y de las metas de toda la compañía. Por ejemplo, hasta fechas recientes Office Products Depot (OPD), un distribuidor de artículos de oficina, operaba su departamento de ventas como un centro de ingresos. Cada vendedor recibía una comisión de 3% de los ingresos por orden, indistintamente de su tamaño, el costo de procesarla o el costo de la entrega de los productos de oficina. Un análisis de la rentabilidad del cliente en OPD encontró que muchos clientes eran poco rentables. La principal razón era el alto costo de las órdenes y las entregas en las órdenes pequeñas. Los gerentes de OPD tomaron entonces la decisión de convertir el departamento

Objetivo de aprendizaje 5

Describir los centros de responsabilidad

. . . aquella parte de la organización por la cual un gerente es responsable y la contabilidad por áreas de responsabilidad

. . . la medición de los planes y los resultados reales por los cuales un gerente es responsable de ventas en un centro de utilidades, responsable de los ingresos y de los costos, así como de cambiar el sistema de incentivos de los vendedores a 15% de las utilidades mensuales por cliente.

Los costos por cada cliente incluían los costos de órdenes y entregas. El efecto de este cambio fue inmediato. El departamento de ventas empezó a aplicar cargos a los clientes por el ordenamiento y la entrega, y los vendedores de OPD motivaron activamente a los clientes para que consolidaran sus compras en menos órdenes. Como resultado de ello, cada orden empezó a generar mayores ingresos. En un año, la rentabilidad de los clientes aumentó debido a una reducción de 40% en los costos por ordenamiento y entrega.

Retroalimentación

Cuando los presupuestos se basan en una contabilidad por áreas de responsabilidad brindan una retroalimentación a la alta gerencia, acerca del desempeño en relación con el presupuesto de diferentes gerentes de centros de responsabilidad.

Cuando se usan de manera adecuada, las diferencias entre los resultados reales y las cantidades presupuestadas —las cuales se denominan *variaciones*— ayudan a los gerentes a implementar y evaluar las estrategias en tres formas:

1. *Advertencia oportuna.* Las variaciones alertan oportunamente a los gerentes sobre los eventos que no son evidentes de una manera fácil o inmediata. Los gerentes podrían entonces tomar acciones correctivas o beneficiarse de las oportunidades disponibles. Por ejemplo, después de observar una pequeña disminución en ventas durante este periodo, quizá los gerentes estén interesados en investigar si esto es un indicador de un declive incluso más pronunciado que se presentará más adelante durante el año.

2. *Evaluación del desempeño.* Las variaciones motivan a los gerentes para sondear qué tan bueno ha sido el desempeño de la compañía en la implementación de sus estrategias. ¿Se usaron con eficiencia los materiales y la mano de obra? ¿Aumentaron los gastos de investigación y desarrollo como se había planeado? ¿Disminuyeron los costos por garantía de los productos como se esperaba?

3. *Evaluación de la estrategia.* En ocasiones, las variaciones indican a los gerentes que sus estrategias son inefectivas. Por ejemplo, una compañía que esté interesada en competir mediante la reducción de los costos y el mejoramiento de la calidad podría encontrar que alcanza tales metas, pero que ello tiene un efecto escaso sobre las ventas y las utilidades. La alta gerencia podría interesarse entonces por revaluar la estrategia.

Responsabilidad y nivel de control

El **nivel de control** es el grado de influencia que un gerente específico tiene sobre los costos, los ingresos o los aspectos relacionados por los cuales es responsable. Un **costo controlable** es cualquier costo que esté básicamente sujeto a la influencia de un cierto *gerente de centro de responsabilidad* durante un periodo determinado. Un sistema de contabilidad por áreas de responsabilidad podría excluir todos los costos no controlables del reporte del desempeño de un gerente, o bien, segregar tales costos de los costos controlables. Por ejemplo, el reporte del desempeño de un supervisor de operaciones mecánicas estaría confinado a los materiales directos, a la mano de obra directa, a la energía y a los costos por mantenimiento de una máquina, y podría excluir costos tales como la renta y los impuestos que se pagan sobre la planta.

En la práctica, el nivel de control es difícil de precisar al menos por dos razones:

1. Pocos costos están claramente bajo la influencia exclusiva de un gerente. Por ejemplo, los precios de los materiales directos podrían estar influidos por un gerente de compras; no obstante, dichos precios también dependen de las condiciones del mercado, las cuales están más allá del control del gerente. Las cantidades que se utilicen suelen estar influidas por un gerente de producción; sin embargo, las cantidades usadas también dependen de la calidad de los materiales comprados. Asimismo, los gerentes frecuentemente trabajan en equipos. Piense qué difícil es evaluar la responsabilidad individual en una situación de equipo.

2. En un periodo de tiempo lo suficientemente largo, todos los costos quedarán bajo el control de alguien. La mayoría de los reportes de desempeño, no obstante, se concentran en periodos de un año o menos. Un gerente actual quizá se beneficie de los logros de un antecesor o tal vez herede los problemas e ineficiencias del predecesor. Por ejemplo, cuando los gerentes actuales deben trabajar con los proveedores o con los sindicatos laborales regulados por contratos indeseables que fueron negociados por sus antecesores. ¿Cómo podemos separar lo que realmente controla el gerente actual de los resultados de las decisiones que han tomado otras personas? ¿De qué es exactamente responsable el gerente actual? Las respuestas quizá no sean muy claras.

Los ejecutivos difieren en cuanto a la forma en que adoptan la noción del nivel de control, cuando evalúan a quienes les reportan. Algunos directores generales consideran el presupuesto como un compromiso firme que deben satisfacer los subalternos. El hecho de no cumplir con el presupuesto se concibe como algo desfavorable. Otros directores creen que es preferible un enfoque que implique más riesgos compartidos con los gerentes, en el cual los factores y el desempeño no controlables en relación con los competidores se toman en cuenta cuando se juzga el desempeño de los gerentes que no cumplen con sus presupuestos.

Los gerentes deberían evitar sobrevalorar el nivel de control. La contabilidad por áreas de responsabilidad incluye mucho más aspectos. Se centra en la obtención de *información y de conocimiento*, y no solamente en el control. *La contabilidad por áreas de responsabilidad ayuda a los gerentes a enfocarse sobre todo en aquellos individuos a quienes deben acudir para obtener información y no en aquellos individuos a quienes deberían culpar.* Por ejemplo, si los ingresos reales de un hotel Marriott son inferiores a los ingresos presupuestados, los gerentes del hotel podrían sentirse tentados a culpar al gerente de ventas por la deficiencia en el desempeño. No obstante, el objetivo fundamental de la contabilidad por áreas de responsabilidad no es señalar culpables, sino recabar información que permita un mejoramiento futuro.

Los gerentes quieren saber quién les brindará más detalles acerca del asunto específico en cuestión, indistintamente de la capacidad de esa persona para ejercer un control personal sobre tal asunto. Los gerentes de compras, por ejemplo, pueden mantenerse como responsables de los costos totales de las adquisiciones, pero no debido a su capacidad para controlar los precios de mercado, sino debido a su habilidad para predecir precios incontrolables y para explicar los cambios de precios incontrolables. De manera similar, los gerentes de una unidad de Pizza Hut serían responsables de la utilidad operativa de sus unidades, aun cuando: *a)* no controlen de una manera total los precios de venta o los costos de muchos alimentos y *b)* tengan una flexibilidad mínima en relación con qué productos venden o con los ingredientes de los productos que venden. Sin embargo, se encuentran en la mejor posición para explicar las diferencias entre sus utilidades operativas reales y sus utilidades operativas presupuestadas.

Los reportes de desempeño de los centros de responsabilidad algunas veces se diseñan con la finalidad de cambiar el comportamiento de los gerentes en la dirección que desea la alta gerencia. El gerente de un centro de costos puede hacer énfasis en la eficiencia, y subestimar la importancia de las peticiones de la fuerza de ventas, en cuanto a un servicio más rápido y órdenes urgentes. Cuando el gerente se evalúa como un centro de utilidades, es más probable que considere las formas de influir en las actividades que afectan las ventas, y que calcule el efecto de las decisiones sobre los costos y los ingresos, en vez de tan solo sobre los costos. Para inducir ese cambio, algunas compañías han modificado la responsabilidad de un centro de costos a un centro de utilidades. Los *call centers* (centros de atención telefónica) son un ejemplo interesante de esta tendencia. A medida que las empresas han continuado diferenciando el servicio de un cliente, y a la vez han tratado de controlar los gastos operativos, el impulso de la eficiencia, siempre que ello sea posible, se ha convertido en un aspecto trascendental en los *call centers*, como ha sucedido con el impulso de los ingresos a través de este canal único. Existe una presión creciente para que los representantes del servicio al cliente promuevan nuevas ofertas mediante tácticas de sobreventa y de ventas cruzadas. Microsoft, Oracle y otras empresas ofrecen plataformas de software, cuya finalidad es que el *call center* evolucione de un centro de costos a un centro de utilidades. El nuevo adagio es: "Cualquier llamada de servicio es una llamada de ventas."

Aspectos humanos del presupuesto

¿Por qué hemos expuesto los dos temas principales, el presupuesto maestro y la contabilidad por áreas de responsabilidad, dentro del mismo capítulo? Sobre todo para destacar que los factores humanos son de gran importancia en los presupuestos. Con mucha frecuencia, los presupuestos se consideran como una herramienta mecánica, ya que las técnicas presupuestales se encuentran muy lejos de las emociones. Sin embargo, la administración de los presupuestos requiere educación, persuasión e interpretaciones inteligentes.

Holgura presupuestal

Como vimos anteriormente en este capítulo, los presupuestos son más efectivos cuando los gerentes de nivel inferior participan de una manera activa y se comprometen de un modo significativo en el proceso presupuestal. La participación agrega credibilidad al proceso presupuestal, y crea mayores compromiso y responsabilidad hacia el presupuesto. No obstante, la participación requiere de una comunicación "honesta" acerca del negocio de los subalternos y de los gerentes de nivel bajo para con sus jefes.

En ocasiones, los subalternos pueden tratar de "jugar" y darse de este modo una *holgura presupuestal*. La **holgura presupuestal** describe la práctica de subestimar los ingresos presupuestados o sobreestimar los costos presupuestados, con la finalidad de que las metas presupuestadas se alcancen con mayor facilidad. Ocurre con frecuencia cuando las variaciones presupuestales (las diferencias entre los resultados reales y los montos presupuestados) se utilizan para evaluar el desempeño. También es poco probable que los gerentes de línea sean totalmente honestos en sus comunicaciones presupuestales si la alta gerencia instituye mecánicamente reducciones de costos que abarquen

Punto de decisión

¿Cómo pueden las compañías usar los centros de responsabilidad? ¿Deberían los reportes de desempeño de los gerentes de los centros de responsabilidad incluir únicamente aquellos costos que el gerente controla?

Objetivo de aprendizaje 6

Reconocer los aspectos humanos de los presupuestos

. . . hacer que los gerentes subordinados participen en el proceso de elaboración de presupuestos

todas las categorías (por ejemplo, una reducción de 10% en todas las áreas), a la luz de las reducciones de ingresos proyectadas.

La holgura presupuestal brinda a los gerentes una protección contra circunstancias adversas e inesperadas; sin embargo, también desorienta a la alta gerencia en términos del verdadero potencial de utilidades de la compañía, lo cual conduciría a una planeación y aplicación de recursos ineficiente, así como a una coordinación deficiente de las actividades en diferentes partes de la compañía.

Para evitar los problemas de la holgura presupuestal, algunas organizaciones usan los presupuestos sobre todo para fines de planeación. Evalúan el desempeño gerencial mediante el uso de indicadores múltiples que tomen en cuenta diversos factores, como el ambiente de negocios prevaleciente y el desempeño en relación con los competidores. Una evaluación del desempeño así toma tiempo y requiere de un cuidadoso ejercicio de buen juicio. Otras compañías usan los presupuestos, tanto para la planeación como para la evaluación del desempeño, y emplean enfoques distintos para obtener información exacta.

Para explicar un enfoque, consideremos al gerente de la planta de una embotelladora de bebidas, de quien la alta administración sospecha que no entiende el potencial de productividad de las líneas de embotellamiento en sus pronósticos para el siguiente año. Su motivación supuesta consiste en aumentar la probabilidad de lograr las metas para el bono de producción del siguiente año. Suponga que la alta gerencia pudiera comprar un estudio de una firma de consultoría que reportara los niveles de productividad (como el número de botellas llenadas por hora) en diversas plantas comparables que tienen otras compañías embotelladoras. Este reporte mostraría que los pronósticos de productividad del gerente de su propia planta son muy inferiores a los niveles reales de productividad que están logrando otras plantas similares.

La alta gerencia podría compartir esta fuente de información independiente con el gerente de la planta y pedirle que explicara la razón por la cual su productividad difiere de la de otras plantas similares. La gerencia podría también basar una parte de la remuneración del gerente de la planta en la productividad de la planta en comparación con otras plantas "de referencia", en vez de tomar como base los pronósticos que él mismo ha brindado. El uso de medidas de desempeño provenientes de estándares de comparación externos reduce la capacidad de un gerente para el establecimiento de niveles presupuestales que sean muy fáciles de alcanzar.[6]

Otro enfoque para la reducción de la holgura presupuestal es que los gerentes intervengan con regularidad en lo que están haciendo sus subalternos. Tal participación no debería dar como resultado que los gerentes dicten las decisiones y las acciones de los subalternos. En cambio, la participación de un gerente debería tomar la forma de un suministro de apoyo, un desafío motivador de los supuestos que hacen los subalternos y un mejoramiento del aprendizaje mutuo acerca de las operaciones. Las interacciones regulares con los subalternos permiten a los gerentes informarse acerca de las operaciones y disminuyen el margen de los subalternos para crear una holgura en sus presupuestos.

Una parte de la responsabilidad de la alta gerencia es promover el compromiso entre los empleados con miras al establecimiento de valores y normas fundamentales, los cuales describen lo que constituye un comportamiento aceptable y uno inaceptable. Por ejemplo, Johnson & Johnson (J&J) tiene un credo que describe sus responsabilidades ante doctores, pacientes, empleados, comunidades y accionistas. Los empleados reciben una capacitación en este credo y ello les ayuda a entender el comportamiento que se espera de ellos. Los gerentes se promueven con frecuencia desde el interior de la empresa y, por lo tanto, están muy familiarizados con el trabajo de los empleados que les reportan. Los gerentes también tienen la responsabilidad de interactuar con sus subordinados y brindarles orientación. En J&J tales valores y prácticas crean una cultura que desalienta la holgura presupuestal.

Algunas compañías, como IBM y Kodak, han diseñado medidas innovadoras para la evaluación del desempeño que recompensan a los gerentes, tomando como base la exactitud subsiguiente de los pronósticos utilizados para la elaboración de los presupuestos. Por ejemplo, *cuanto más alto y más exacto* sea el pronóstico de utilidades presupuestadas de los gerentes de división, mayores serán los bonos de incentivo.

Muchas de las compañías con los niveles de desempeño más altos, como General Electric, Microsoft y Novartis, establecen metas "exigentes", que son niveles de desempeño esperado desafiantes pero alcanzables, y su finalidad es crear un poco de incomodidad y motivar a los empleados para que hagan un esfuerzo extra y logren un mejor desempeño. Las organizaciones como Goldman Sachs también emplean iniciativas de metas exigentes "horizontales", cuyo objetivo es motivar el desarrollo profesional de los empleados pidiéndoles que asuman responsabilidades o funciones significativamente distintas lejos de su zona de comodidad.

Muchos gerentes ven los presupuestos de una manera negativa. Para ellos, la palabra *presupuesto* es casi tan agradable como, por ejemplo, *recortes laborales, despidos o huelgas*. La alta gerencia debe convencer a sus subalternos de que un presupuesto es una herramienta diseñada para

---

[6] Si se desea consultar una excelente exposición de estos temas, véase el capítulo 14 ("Formal Models in Budgeting and Incentive Contracts") de R. S. Kaplan y A. A. Atkinson, *Advanced Management Accounting*, 3a. ed. (Upper Saddle River, NJ: Prentice Hall, 1998).

ayudarles a fijar y alcanzar las metas. Cualquiera que sea la perspectiva del gerente sobre los presupuestos —a favor o en contra—, estos no son una forma de remediar el talento gerencial débil, una organización defectuosa o incluso un sistema contable deficiente.

En las organizaciones, el estilo gerencial de los ejecutivos es un factor importante en la manera en que se perciben los presupuestos. Algunos directores generales señalan que "los números siempre cuentan la historia". En una ocasión, un gerente de nivel alto aseveró lo siguiente: "Usted puede fracasar en su plan una vez, pero no querría fallar dos veces." Otros directores creen que "enfocarse demasiado en hacer los números en un presupuesto podría conducir a una toma de decisiones deficiente y a conductas poco éticas".

Presupuestos *Kaizen*

El capítulo 1 destacó la importancia de la mejora continua, o *kaizen*, en japonés. Los presupuestos *kaizen* incorporan explícitamente en las cifras del presupuesto un mejoramiento continuo anticipado durante el periodo presupuestal. Muchas compañías que han establecido la reducción de costos como un enfoque estratégico, como General Electric en Estados Unidos, y Citizens Watch y Toyota en Japón, usan el presupuesto *kaizen* para reducir los costos de forma continua. Una gran parte de la reducción de costos asociada con el presupuesto *kaizen* proviene de muchas mejoras pequeñas en vez de "saltos espectaculares".

Un aspecto significativo de los presupuestos *kaizen* son las sugerencias de la fuerza laboral. Las compañías que implementan un presupuesto *kaizen* consideran que los empleados que realmente hacen el trabajo, ya sea en las áreas de manufactura, ventas o distribución, tienen los mejores información y conocimiento en cuanto a cómo se hace mejor el trabajo. Estas organizaciones crean una cultura donde las sugerencias de los trabajadores se valoran, se reconocen y se recompensan.

Como un ejemplo, a lo largo de nuestros nueve pasos presupuestales para la Mueblería Stylistic, supusimos cuatro horas de tiempo de mano de obra directa para fabricar cada mesa de café Casual. Un enfoque *kaizen* de presupuestos incorporaría una mejora continua que provendría de, por ejemplo, las sugerencias de los empleados para hacer el trabajo más rápido o para reducir el tiempo ocioso. El presupuesto *kaizen* podría entonces prescribir 4.00 horas de mano de obra directa por mesa para el primer trimestre de 2012, 3.95 horas para el segundo trimestre, 3.90 horas para el tercer trimestre, y así sucesivamente. Las implicaciones de dichas reducciones resultarían en menores costos de mano de obra directa, así como costos indirectos variables de manufactura más bajos, dado que la mano de obra directa es el generador de tales costos. Si no se satisfacen esas metas de mejora continua, los gerentes de Stylistic explorarán las razones para ello y ajustarán las metas o implementarán cambios de procesos que acelerarán un mejoramiento continuo.

Los presupuestos *kaizen* también se aplican a actividades como las configuraciones de las máquinas con la meta de reducir el tiempo y los costos de configuración, o bien, a actividades de distribución con la meta de reducir el costo por mover cada pie cúbico de una mesa. Los presupuestos *kaizen* y los presupuestos de las actividades específicas son los pilares del presupuesto maestro. Resulta interesante que las compañías no son las únicas instituciones que se interesan en las técnicas *kaizen*. En Estados Unidos, un número creciente de entidades con limitaciones de efectivo están conjuntando a los trabajadores gubernamentales, a los reguladores y a los usuarios finales de los procesos del gobierno, con la finalidad de identificar formas de atacar las ineficiencias que resultan de los procedimientos burocráticos. Los reguladores ambientales, cuyos engorrosos procesos han sido durante mucho tiempo las metas de los desarrolladores de negocios, han tomado un interés particular en el *kaizen*. A finales de 2008, 29 agencias ambientales a nivel estatal habían conducido una sesión *kaizen* o estaban planeando una.[7] Qué tan exitosos serán dichos esfuerzos dependerá mucho de los factores humanos como el compromiso y la motivación de las personas implicadas.

Preparación de presupuestos en compañías multinacionales

Las compañías multinacionales, como Federal Express, Kraft y Pfizer, realizan operaciones en muchos países. Una presencia internacional lleva consigo aspectos tanto positivos —el acceso a nuevos mercados y recursos— como negativos —el hecho de operar en ambientes de negocios menos familiares y la exposición a fluctuaciones cambiarias. Por ejemplo, las empresas multinacionales obtienen ingresos e incurren en gastos de muchas maneras distintas, y deben convertir su desempeño operativo a una sola moneda (por ejemplo, dólares estadounidenses) para reportar cada trimestre los resultados a sus accionistas. Esta conversión se basa en los tipos de cambio promedio vigentes durante el trimestre. Es decir, además de preparar presupuestos en diferentes monedas, los contadores administrativos de las

Punto de decisión

¿Por qué los factores humanos son de importancia fundamental en la preparación de presupuestos?

Objetivo de aprendizaje 7

Entender los desafíos especiales de la preparación de presupuestos en las compañías multinacionales

. . . la exposición a fluctuaciones monetarias y a diferentes contextos legales, políticos y económicos

---

[7] Para más detalles, véase "State governments, including Ohio's, embrace kaizen to seek efficiency via Japanese methods". www.cleveland.com, (12 de diciembre de 2008).

compañías multinacionales también necesitan presupuestar los tipos cambiarios. Ello resulta difícil porque los contadores administrativos necesitan anticipar los cambios potenciales que pudieran ocurrir durante el año.

Los tipos de cambio fluctúan de manera constante, de manera que para reducir el posible efecto negativo sobre el desempeño ocasionado por movimientos desfavorables en el tipo de cambio, los gerentes de finanzas usan con frecuencia técnicas sofisticadas como los contratos a plazo, los contratos a futuro y los contratos de opciones para minimizar la exposición ante las fluctuaciones en moneda extranjera. Además de los aspectos relacionados con la moneda, las compañías multinacionales necesitan entender los contextos político, legal y, sobre todo, económico de los distintos países donde operan. Por ejemplo, en naciones como Zimbabwe, Irak y Guinea, las tasas anuales de inflación son muy altas, y dan como resultado disminuciones importantes en el valor de la moneda local. Los aspectos relacionados con las diferencias en los regímenes fiscales también son de importancia fundamental, sobre todo cuando una compañía transfiere bienes o servicios en los diversos países donde opera.

Las compañías multinacionales saben que la elaboración de presupuestos es una herramienta valiosa cuando operan en ambientes muy inestables. A medida que cambian las circunstancias y las condiciones, las compañías revisan sus presupuestos. En tales ambientes, el objetivo de la preparación de presupuestos no es evaluar el desempeño en relación con los presupuestos, lo cual es una comparación que no tiene sentido cuando las condiciones son tan volátiles, sino ayudar a los gerentes de toda la organización a conocer y a adaptar sus planes a las condiciones cambiantes, así como a comunicar y coordinar las acciones que necesitan tomarse a lo largo y ancho de la compañía. La alta gerencia evalúa el desempeño de una manera más subjetiva, basándose en qué tan buena ha sido la actuación de los gerentes subordinados en esos ambientes inciertos.

Punto de decisión

¿Cuáles son los desafíos especiales que intervienen al hacer presupuestos en las compañías multinacionales?

Problema para autoestudio

Considere el ejemplo de la Mueblería Stylistic que se presentó anteriormente. Suponga que para mantener sus cantidades de ventas, Stylistic necesita disminuir los precios de venta a $582 para la mesa Casual y a $776 para la mesa De lujo, una disminución de 3% en los precios de venta que se usaron en el capítulo. Todos los demás datos permanecen sin cambio.

Se requiere Prepare un estado de resultados presupuestado, que incluya todos los reportes detallados que sean necesarios para el apoyo del presupuesto, y que sean distintos de los reportes que se presentaron en el capítulo. Indique cuáles son los reportes que permanecerán sin cambios.

Solución

Los reportes 1 y 8 cambiarán. El reporte 1 cambia debido a que una variación en el precio de venta afecta los ingresos. El reporte 8 cambia porque los ingresos son un generador del costo de los costos de marketing (las comisiones sobre ventas). Los reportes restantes no cambiarán porque una variación en el precio de venta no tiene ningún efecto sobre los costos de manufactura. A continuación se presentan los reportes revisados y el nuevo estado de resultados presupuestado:

Reporte 1: Presupuesto de ingresos
Para el año que terminó el 31 de diciembre de 2012

	Precio de venta	Unidades	Ingresos totales
Mesas Casual	$582	50,000	$29,100,000
Mesas De lujo	776	10,000	7,760,000
Total			$36,860,000

Reporte 8: Presupuesto de costos que no son de manufactura
Para el año que terminó el 31 de diciembre de 2012

Función de negocios	Costos variables	Costos fijos (como en el reporte 8, p. 196)	Costos totales
Diseño del producto		$1,024,000	$1,024,000
Marketing (costo variable: $36,860,000 × 0.065)	$2,395,900	1,330,000	3,725,900
Distribución (costo variable: $2 × 1,140,000 pies cúbicos)	2,280,000	1,596,000	3,876,000
	$4,675,900	$ 3,950,000	$8,625,900

Mueblería Stylistic
Estado de resultados presupuestado
Para el año que terminó el 31 de diciembre de 2012

Ingresos	Reporte 1		$36,860,000
Costo de los bienes vendidos	Reporte 7		24,440,000
Utilidad bruta			12,420,000
Costos operativos			
Diseño del producto	Reporte 8	$1,024,000	
Costos de marketing	Reporte 8	3,725,900	
Costos de distribución	Reporte 8	3,876,000	8,625,900
Utilidad operativa			$ 3,794,100

Puntos de decisión

El siguiente formato de preguntas y respuestas resume los objetivos de aprendizaje del capítulo. Cada decisión presenta una pregunta clave relacionada con un objetivo de aprendizaje. Los lineamientos son la respuesta a esa pregunta.

Decisión	Lineamientos
1. ¿Qué es el presupuesto maestro y por qué es de utilidad?	El presupuesto maestro resume las proyecciones financieras de todos los presupuestos de la compañía. Expresa los planes financieros y operativos de la gerencia —es un esbozo formalizado de los objetivos financieros de la compañía y de la manera en que se lograrán dichas metas. Los presupuestos son herramientas que, por sí mismas, no son ni buenas ni malas. Los presupuestos son de utilidad cuando se administran de una forma talentosa.
2. ¿Cuándo debería una compañía preparar presupuestos? ¿Cuáles son las ventajas de la elaboración de los presupuestos?	Los presupuestos se deberían preparar cuando sus beneficios esperados excedan los costos esperados. Las ventajas de los presupuestos incluyen lo siguiente: *a*) obligan a la realización de una planeación y de un análisis estratégico, *b*) fomentan la coordinación y la comunicación entre las subunidades de una compañía, *c*) brindan un marco de referencia para evaluar el desempeño y para facilitar el aprendizaje, y *d*) motivan a los gerentes y a otros empleados.
3. ¿Qué es el presupuesto operativo y cuáles son sus componentes?	El presupuesto operativo es el estado de resultados presupuestado y sus reportes presupuestales de apoyo. El punto de partida del presupuesto operativo es, por lo general, el presupuesto de ingresos. Los siguientes reportes de apoyo se derivan del presupuesto de ingresos y de las actividades necesarias para darle apoyo: el presupuesto de producción, el presupuesto de consumo de materiales directos, el presupuesto de compras de materiales directos, el presupuesto del costo de la mano de obra directa, el presupuesto de los costos indirectos de manufactura, el presupuesto de inventarios finales, el presupuesto del costo de los bienes vendidos, el presupuesto de los costos del diseño del producto y de investigación y desarrollo, el presupuesto del costo de marketing, el presupuesto del costo de distribución y el presupuesto del costo de los servicios al cliente.
4. ¿Cómo pueden los gerentes prever los cambios en los supuestos en que se basa el presupuesto?	Los gerentes pueden usar los modelos de planeación financiera—expresiones matemáticas de las relaciones entre las actividades operativas, las actividades de financiamiento y otros factores que influyen en el presupuesto. Estos modelos hacen posible que la administración realice análisis de sensibilidad del tipo "¿qué sucedería si?", en relación con los efectos que tendrían los cambios en los datos originales previstos o los cambios en los supuestos de apoyo sobre el presupuesto maestro, y que desarrolle planes para responder ante las nuevas condiciones.

5. ¿Cómo usan las compañías los centros de responsabilidad? ¿Deberían los reportes de los gerentes de los centros de responsabilidad incluir únicamente los costos que logra controlar el gerente?

Un centro de responsabilidad es una parte, un segmento o una subunidad de una organización, cuyo gerente es responsable de un conjunto de actividades específico. Los cuatro tipos de centros de responsabilidad son: los centros de costos, los centros de ingresos, los centros de utilidades y los centros de inversión. Los sistemas de contabilidad por áreas de responsabilidad son de utilidad porque miden los planes, los presupuestos, las acciones y los resultados reales de cada centro de responsabilidad. Los costos controlables son aquellos que están fundamentalmente sujetos a la influencia de un gerente de un centro de responsabilidad dado durante un periodo de tiempo determinado. Los reportes de desempeño de los gerentes de un centro de responsabilidad incluyen con frecuencia los costos, los ingresos y las inversiones que los gerentes no pueden controlar. La contabilidad por áreas de responsabilidad asocia las partidas financieras con los gerentes basándose en cuál gerente tenga la mayor información y conocimientos acerca de las partidas específicas, indistintamente de la capacidad del gerente para ejercer un control total.

6. ¿Por qué los factores humanos son de gran importancia en la preparación de presupuestos?

La administración de los presupuestos requiere de educación, participación, persuasión e interpretación inteligente. Cuando se administran de una manera juiciosa, los presupuestos crean un compromiso, una responsabilidad y una comunicación honesta, y se pueden usar como una base para los esfuerzos continuos de mejoramiento. Cuando se administran de una manera incorrecta, los presupuestos suelen conducir a juegos y a una holgura presupuestal —la práctica de hacer más fáciles de lograr las metas del presupuesto.

7. ¿Cuáles son los desafíos especiales que intervienen al hacer presupuestos en las compañías multinacionales?

La preparación de presupuestos es una herramienta valiosa para las compañías multinacionales, aunque se vuelve difícil como resultado de las enormes incertidumbres que implica el hecho de tener operaciones en varios países. Además de la preparación de presupuestos en diferentes monedas, los contadores administrativos de las compañías multinacionales también necesitan prever los tipos cambiarios. Además de los problemas relacionados con las monedas, las compañías multinacionales necesitan entender los contextos político, legal y económico de los diferentes países donde operan.

Apéndice

El presupuesto en efectivo

Este capítulo ilustró el presupuesto operativo, el cual es una parte del presupuesto maestro. La otra parte es el presupuesto financiero, el cual abarca el presupuesto de gastos de capital, el presupuesto en efectivo, el balance general presupuestado y el estado de flujos de efectivo presupuestado. Este apéndice centra la atención en el presupuesto en efectivo y en el balance general presupuestado. El presupuesto de capital se estudia en el capítulo 21 (disponible en el sitio Web de este libro). El estado de flujos de efectivo presupuestados va más allá del alcance de este libro y, por lo general, se cubre en los cursos de contabilidad financiera y de finanzas corporativas.

Suponga que la Mueblería Stylistic tuviera el balance general que se muestra en la ilustración 6-5, para el año que terminó el 31 de diciembre de 2011. Los flujos de efectivo presupuestados para 2012 son los siguientes:

	Trimestres			
	1	**2**	**3**	**4**
Cobranzas provenientes de los clientes	$9,136,600	$10,122,000	$10,263,200	$8,561,200
Desembolsos				
Materiales directos	2,947,605	2,714,612	2,157,963	2,155,356
Nómina	3,604,512	2,671,742	2,320,946	2,562,800
Costos indirectos de manufactura	2,109,018	1,530,964	1,313,568	1,463,450
Costos que no son de manufactura	1,847,750	1,979,000	1,968,250	1,705,000
Compras de maquinaria	—	—	758,000	—
Impuestos sobre ingresos	725,000	400,000	400,000	400,000

Los datos trimestrales se basan en los efectos de efectivo presupuestados de las operaciones que se formularon en los reportes 1 a 8 en el capítulo, pero los detalles de esa formulación no se muestran aquí para que este ejemplo sea tan breve y concentrado como sea posible.

La compañía quiere mantener un saldo mínimo de efectivo de $350,000 al final de cada trimestre. La compañía puede solicitar fondos en préstamo y liquidarlo a una tasa de interés de 12% anual. La gerencia no quiere solicitar en préstamo más fondos a corto plazo que los que sean necesarios. En virtud de un acuerdo especial, el interés se calcula y se paga cuando se reembolsa el capital.

Ilustración 6-5

Balance general de la
Mueblería Stylistic, 31
de diciembre de 2011

	A	B	C	D
1	Mueblería Stylistic Balance general			
2	31 de diciembre de 2011			
3	Activos			
4	Activo circulante			
5	Efectivo		$ 300,000	
6	Cuentas por cobrar		1,711,000	
7	Inventario de materiales directos		1,090,000	
8	Inventario de productos terminados		646,000	$ 3,747,000
9	Propiedades, planta y equipo			
10	Terrenos		2,000,000	
11	Edificio y equipo	$22,000,000		
12	Depreciación acumulada	(6,900,000)	15,100,000	17,100,000
13	Total			$20,847,000
14	Pasivos y capital contable de los accionistas			
15	Pasivos de corto plazo			
16	Cuentas por pagar		$ 904,000	
17	Impuestos por pagar		325,000	$ 1,229,000
18	Capital contable de los accionistas			
19	Capital común, sin valor a la par			
20	25,000 acciones en circulación		3,500,000	
21	Utilidades retenidas		16,118,000	19,618,000
22	Total			$20,847,000

Suponga, por sencillez, que la solicitud de fondos en préstamo ocurre al principio y que el reembolso ocurre al final del trimestre en consideración (en múltiplos de $1,000). El interés se calcula al dólar más cercano.

Suponga que a la contadora administrativa de Stylistic se le dan los datos anteriores y los demás datos contenidos en los presupuestos del capítulo (pp. 189-197). Ella recibe las siguientes instrucciones.

1. Elabore un presupuesto en efectivo para 2012 por trimestre. Es decir, prepare un estado de entradas y salidas de efectivo por trimestre, incluyendo los detalles de la solicitud de préstamos, el reembolso y los intereses.

2. Prepare un estado de resultados presupuestado para el año que terminó el 31 de diciembre de 2012. Este estado debería incluir el gasto por intereses y los impuestos sobre ingresos (a una tasa de 40% sobre el ingreso operativo).

3. Prepare un balance general presupuestado al 31 de diciembre de 2012.

Preparación de los presupuestos

1. El **presupuesto en efectivo** (ilustración 6-6) es un esquema con las entradas y salidas de dinero esperadas. Predice los efectos sobre la posición de efectivo al nivel de operaciones dado. La ilustración 6-6 presenta el presupuesto en efectivo por trimestres para mostrar el efecto de la programación de los flujos de efectivo sobre los préstamos bancarios y su reembolso. En la práctica, los presupuestos de efectivo mensuales —y algunas veces semanales o incluso diarios— son de importancia trascendental para la planeación y el control del efectivo. Los presupuestos de efectivo ayudan a evitar el efectivo ocioso innecesario y los faltantes de efectivo inesperados. De este modo, ayudan a mantener los saldos de efectivo en línea con las necesidades. El presupuesto en efectivo suele tener las siguientes secciones principales:

   a) **Efectivo disponible para la cobertura de las necesidades (antes de cualquier financiamiento).** El saldo inicial de efectivo más las entradas de efectivo es igual al efectivo total disponible para la cobertura de las necesidades antes de cualquier financiamiento. Las entradas de efectivo dependen de las cobranzas en las cuentas por cobrar, de las ventas al contado y de los variados recursos recurrentes, como las rentas o los pagos de regalías. La información acerca de la cobrabilidad esperada de las cuentas por cobrar es necesaria para hacer predicciones exactas. Los factores clave incluyen las experiencias de cuentas malas o incobrables, lo cual no es un problema en el caso de Stylistic porque la empresa vende únicamente a algunos mayoristas grandes) y al tiempo de retraso promedio entre las ventas y la cobranza.

   b) **Desembolsos de efectivo.** Los desembolsos de efectivo de la Mueblería Stylistic incluyen lo siguiente:

   i. *Compras de materiales directos.* A los proveedores se les paga totalmente tres semanas después de que entregan los bienes.

   ii. *Mano de obra directa y otros desembolsos por concepto de sueldos y salarios.* Todos los costos relacionados con la nómina se pagan en el mes en el cual se presenta el efecto de la mano de obra.

Ilustración 6-6   Presupuesto en efectivo para la Mueblería Stylistic para el año que terminó el 31 de diciembre de 2012

	A	B	C	D	E	F
1		Mueblería Stylistic				
2		Presupuesto en efectivo				
3		Para el año que terminó el 31 de diciembre de 2012				
4		Trimestres				Año en
5		1	2	3	4	conjunto
6	Saldo de efectivo, inicial	$ 300,000	$ 350,715	$ 350,657	$ 350,070	$ 300,000
7	Más entradas de efectivo					
8	Cobranzas a los clientes	9,136,600	10,122,000	10,263,200	8,561,200	38,083,000
9	Total de efectivo disponible para las necesidades (x)	9,436,600	10,472,715	10,613,857	8,911,270	38,383,000
10	Menos salidas de efectivo					
11	Materiales directos	2,947,605	2,714,612	2,157,963	2,155,356	9,975,536
12	Nómina	3,604,512	2,671,742	2,320,946	2,562,800	11,160,000
13	Costos indirectos de manufactura	2,109,018	1,530,964	1,313,568	1,463,450	6,417,000
14	Costos que no son de manufactura	1,847,750	1,979,000	1,968,250	1,705,000	7,500,000
15	Compra de maquinaria			758,000		758,000
16	Impuestos sobre ingresos	725,000	400,000	400,000	400,000	1,925,000
17	Total salidas de efectivo (y)	11,233,885	9,296,318	8,918,727	8,286,606	37,735,536
18	Saldo mínimo de efectivo deseado	350,000	350,000	350,000	350,000	350,000
19	Total de efectivo necesario	11,583,885	9,646,318	9,268,727	8,636,606	38,085,536
20	Sobrante (faltante) de efectivo*	$(2,147,285)	$ 826,397	$ 1,345,130	$ 274,664	$ 297,464
21	Financiamiento					
22	Solicitud de préstamos (al principio)	$ 2,148,000	$ 0	$ 0	$ 0	$ 2,148,000
23	Rembolso (al final)	0	(779,000)	(1,234,000)	(135,000)	(2,148,000)
24	Intereses (al 12% anual)**	0	(46,740)	(111,060)	(16,200)	(174,000)
25	Total de efectos del financiamiento (z)	$ 2,148,000	$ (825,740)	$ (1,345,060)	$ (151,200)	$ (174,000)
26	Saldo de efectivo, final***	$ 350,715	$ 350,657	$ 350,070	$ 473,464	$ 473,464
27	*Sobrante de efectivo total disponible para las necesidades: total de efectivo necesario antes del financiamiento.					
28	**Observe que los pagos de intereses a corto plazo pertenecen únicamente al monto del principal que se está reembolsando al final de un trimestre. Los cálculos específicos relacionados con los intereses son $779,000 × 0.12 × 0.5 = $46,740; $1,234,000 × 0.12 × 0.75 = $111,060; $135,000 × 0.12 = $16,200. Observe también que *la depreciación no requiere de un desembolso de efectivo.*					
29	***Saldo final de efectivo = Total de efectivo disponible para las necesidades (x) – total de desembolsos (y) + total de efectos del financiamiento (z).					

iii. *Otros costos.* Estos dependen de lo oportuno y los términos del crédito. (En el caso de Stylistic, todos los demás costos se pagan en el mes en el cual se incurre en los costos.) *Nota: la depreciación no requiere de un desembolso de efectivo.*

iv. *Otros desembolsos.* Estos incluyen los desembolsos para la propiedad, la planta, el equipo y otras inversiones a largo plazo.

v. Pagos de impuestos sobre ingresos.

c) **Efectos del financiamiento.** Las necesidades de financiamiento a corto plazo dependen de la manera en que el efectivo total disponible para las necesidades [marcado como (x) en la ilustración 6-6] se compare con los desembolsos totales de efectivo [marcados como (y)], más el saldo final de efectivo deseado. Los planes de financiamiento dependerán de la relación entre el efectivo total disponible para las necesidades y el efectivo total necesario. Si se tiene un faltante de efectivo, se obtendrán préstamos. Si existe un sobrante de efectivo, se reembolsará cualquier préstamo pendiente.

d) **Saldo final de efectivo.** El presupuesto en efectivo de la ilustración 6-6 muestra el patrón de préstamos en efectivo a corto plazo "autoliquidables". En el trimestre 1, Stylistics presupuesta un faltante de efectivo de $2,147,285. Por lo tanto, contrata un préstamo a corto plazo de $2,148,000 que liquida a lo largo del curso del año. Los picos temporales de producción o de ventas con frecuencia dan como resultado fuertes desembolsos de efectivo para las compras, la nómina y otros desembolsos operativos, a medida que los productos se fabrican y se venden. Las entradas de efectivo provenientes de los clientes suelen ir detrás de las ventas.

El préstamo es *autoliquidable* en el sentido de que el dinero tomado en préstamo se utiliza para adquirir recursos que se emplean para fabricar y comercializar productos terminados, y los fondos procedentes de las ventas se usan para reembolsar el préstamo. El ciclo de autoliquidación es el movimiento que va desde el efectivo hasta los inventarios y a las cuentas por cobrar y nuevamente al efectivo.

2. El estado de resultados presupuestado se presenta en la ilustración 6-7. Es simplemente el estado de la utilidad operativa presupuestada de la ilustración 6-3 (p. 196) ampliado para incluir los gastos de intereses y los impuestos sobre ingresos.

3. El balance general presupuestado se muestra en la ilustración 6-8. Cada partida se proyecta a la luz de los detalles del plan de negocios, como se expresa en todos los reportes presupuestales anteriores. Por ejemplo, el saldo final de cuentas por cobrar de $1,628,000 se calcula sumando los ingresos presupuestados de $38,000,000 (del reporte 1 de la página 191) al saldo inicial de cuentas por cobrar de $1,7111,000 (de la ilustración 6-5) y restando las entradas de efectivo de $38,083,000 (de la ilustración 6-6).

Con fines de simplificación, se incluyeron explícitamente las entradas y las salidas de efectivo en esta ilustración. Por lo general, las entradas y las salidas se calculan tomando como base los retrasos de los flujos entre las partidas que se reportan con base en el principio contable de devengado en el estado de resultados y en el balance general, y sus entradas y salidas de efectivo relacionadas. Considere las cuentas por cobrar. En los tres primeros trimestres, Stylistic estima que el 80% de todas las ventas de un trimestre se cobran en el mismo trimestre y que el 20% se cobra en el siguiente trimestre. Las cobranzas estimadas de los clientes para cada trimestre se calculan en la siguiente ilustración (suponiendo ventas por trimestre de $9,282,000; $10,332,000; $10,246,000; y $8,140,000 que son iguales a las ventas presupuestadas de $38,000,000 para 2012).

Programa de cobranza del efectivo

	Trimestres			
	1	2	3	4
Saldo en cuentas por cobrar al 1-1-2012 (p. 207) (Ventas del cuarto trimestre provenientes del año pasado, pero cobradas en el primer trimestre de 2012)	$1,711,000			
De las ventas del primer trimestre de 2012 (9,282,000×0.80; 9,282,000×0.20)	7,425,600	$ 1,856,400		
De las ventas del segundo trimestre de 2012 (10,332,000×0.80; 10,332,000×0.20)		8,265,600	$ 2,066,400	
De las ventas del tercer trimestre de 2012 (10,246,000×0.80; 10,246,000×0.20)			8,196,800	$2,049,200
De las ventas del cuarto trimestre de 2012 (8,140,000×0.80)				6,512,000
Total de cobranzas	$9,136,600	$10,122,000	$10,263,200	$8,561,200

Observe que las cobranzas trimestrales de efectivo provenientes de los clientes y calculadas en este reporte son iguales a las cobranzas en efectivo por trimestre que se muestran en la página 206. Asimismo, la diferencia entre las ventas del cuarto trimestre y el efectivo cobrado a partir de las ventas de ese mismo cuarto trimestre, $8,140,000 − $6,512,000 = $1,628,000 aparece como cuentas por cobrar en el balance general presupuestado al 31 de diciembre de 2012 (véase la ilustración 6-8).

	A	B	C	D
1	Mueblería Stylistic			
2	Estado de resultados presupuestado			
3	Para el año que terminó el 31 de diciembre de 2012			
4	Ingresos	Reporte 1		$38,000,000
5	Costo de los bienes vendidos	Reporte 7		24,440,000
6	Utilidad bruta			13,560,000
7	Costos operativos			
8	Costos de diseño del producto	Reporte 8	$1,024,000	
9	Costos de marketing	Reporte 8	3,800,000	
10	Costos de distribución	Reporte 8	3,876,000	8,700,000
11	Utilidad operativa			4,860,000
12	Gastos por intereses	Ilustración 6-6		174,000
13	Utilidad antes de impuestos			4,686,000
14	Impuestos sobre ingresos (al 40%)			1,874,400
15	Utilidad neta			$ 2,811,600

Ilustración 6-7

Estado de resultados presupuestado de la Mueblería Stylistic para el año que terminó el 31 de diciembre de 2012

Ilustración 6-8 Balance general presupuestado de Mueblería Stylistic, 31 de diciembre de 2012

	A	B	C	D
1	Mueblería Stylistic			
2	Balance general presupuestado			
3	31 de diciembre de 2012			
4	Activos			
5	Activos circulantes			
6	Efectivo (de la ilustración 6-6)		$ 473,464	
7	Cuentas por cobrar (1)		1,628,000	
8	Inventario de materiales directos (2)		760,000	
9	Inventario de productos terminados (2)		4,486,000	$ 7,347,464
10	Propiedades, planta y equipo			
11	Terrenos (3)		2,000,000	
12	Edificio y equipo (4)	$22,758,000		
13	Depreciación acumulada (5)	(8,523,000)	14,235,000	16,235,000
14	Total			$23,582,464
15	Pasivos y capital contable de los accionistas			
16	Pasivo de corto plazo			
17	Cuentas por pagar (6)		$ 878,464	
18	Impuestos sobre ingresos por pagar (7)		274,400	$ 1,152,864
19	Capital contable de los accionistas			
20	Capital común, sin valor a la par, 25,000 acciones en circulación (8)		3,500,000	
21	Utilidades retenidas (9)		18,929,600	22,429,600
22	Total			$23,582,464
23				
24	Notas:			
25	Los saldos iniciales se usan como punto de partida para la mayoría de los siguientes cálculos:			
26	(1) $1,711,000 + $38,000,000 de ingresos − $38,083,000 de entradas de efectivo (ilustración 6-6) = $1,628,000			
27	(2) Del reporte 6B, p. 195			
28	(3) Del balance general inicial, p. 207			
29	(4) $22,000,000 + $758,000 de compras = $22,758,000			
30	(5) $6,900,000 + $1,020,000 + $603,000 de depreciación del reporte 5, p. 194			
31	(6) $904,000 + $9,950,000 (reporte 3B) − $9,975,536 (ilustración 6-6) = $878,464			
32	No hay otros pasivos de corto plazo. Los flujos de efectivo para la nómina, los gastos indirectos de manufactura y los costos que no son de manufactura dan un total de $25,077,000 en el presupuesto en efectivo (ilustración 6-6), y consisten en los costos de la mano de obra directa de $6,000,000 del reporte 4 + costos indirectos de manufactura en efectivo de $10,377,000 ($12,000,000 − depreciación de $1,623,000) del reporte 5 + costos que no son de manufactura en efectivo de $8,700,000 del reporte 8.			
33	(7) $325,000 + $1,874,400 del año actual − $1,925,000 de pago = $274,400			
34	(8) Del balance general inicial			
35	(9) $16,118,000 + $2,811,600 de utilidad neta de la ilustración 6-7 = $18,929,600			

Análisis de sensibilidad y flujos de efectivo

La ilustración 6-4 (p. 197) muestra la forma en que distintos supuestos acerca de los precios de venta de las mesas de café y los precios de los materiales directos condujeron a cantidades diferentes de utilidad operativa presupuestada para la Mueblería Stylistic. Un uso clave del análisis de sensibilidad es presupuestar el flujo de efectivo. La ilustración 6-9 esboza las implicaciones de los préstamos a corto plazo de las dos combinaciones que se examinaron en la ilustración 6-4. El escenario 1, con los precios de venta más bajos por mesa ($582 para la mesa Casual y $776 para la mesa De lujo), requiere de $2,352,000 de préstamos a corto plazo en el trimestre 1, que no pueden reembolsarse en forma total al 31 de diciembre de 2012. El escenario 2, con costos de materiales directos mayores un 5%, requiere de $2,250,000 de préstamos por parte de la Mueblería Stylistic que no pueden reembolsarse el 31 de diciembre de 2012. El análisis de sensibilidad ayuda a los gerentes a anticipar tales resultados, así como a tomar pasos para minimizar los efectos de las reducciones esperadas en los flujos de efectivo provenientes de las operaciones.

Ilustración 6-9 Análisis de sensibilidad: Efectos de los supuestos clave del presupuesto de la ilustración 6-4 sobre los préstamos a corto plazo de 2012 para la Mueblería Stylistic.

	A	B	C	D	E	F	G	H	I	J
1				Costo de adquisición de los materiales directos			Préstamos y reembolsos a corto plazo por trimestre			
2		Precio de venta				Utilidad operativa	Trimestres			
3	Escenario	Casual	De lujo	Encino rojo	Granito	presupuestada	1	2	3	4
4	1	$582	$776	$7.00	$10.00	$3,794,100	$2,352,000	($511,000)	($ 969,000)	($ 30,000)
5	2	$600	$800	7.35	10.50	4,483,800	2,250,000	(651,000)	(1,134,000)	(149,000)

Términos contables

Este capítulo y el glosario que se presenta al final del libro contienen definiciones de los siguientes términos de importancia:

centro de costos (**p. 199**)

centro de ingresos (**p. 199**)

centro de inversión (**p. 199**)

centro de responsabilidad (**p. 199**)

centro de utilidades (**p. 199**)

contabilidad por áreas responsabilidad (**p. 199**)

costo controlable (**p. 200**)

estados financieros proforma (**p. 185**)

estructura de la organización (**p. 199**)

holgura presupuestal (**p. 201**)

modelos de planeación financiera (**p. 197**)

nivel de control (**p. 200**)

presupuesto continuo (**p. 188**)

presupuesto en efectivo (**p. 207**)

presupuesto financiero (**p. 189**)

presupuesto maestro (**p. 185**)

presupuesto móvil (**p. 188**)

presupuesto operativo (**p. 189**)

presupuestos basados en las actividades (PBA) (**p. 193**)

presupuestos kaizen (**p. 203**)

Material para tareas

Preguntas

MyAccountingLab

6-1 ¿Cuáles son los cuatro elementos del ciclo presupuestal?

6-2 Defina el presupuesto maestro.

6-3 "La estrategia, los planes y los presupuestos no están relacionados entre sí." ¿Está usted de acuerdo? Explique su respuesta.

6-4 "El desempeño presupuestado es un mejor criterio que el desempeño histórico para evaluar a los gerentes." ¿Está usted de acuerdo? Explique su respuesta.

6-5 "Los gerentes de producción y los gerentes de marketing son como el agua y el aceite. Simplemente no se pueden mezclar." ¿Cómo ayuda un presupuesto a disminuir la rivalidad entre estas dos áreas?

6-6 "Los presupuestos satisfacen la prueba de costo-beneficio. Obligan a los gerentes a actuar de una manera distinta." ¿Está usted de acuerdo? Explique su respuesta.

6-7 Defina un presupuesto móvil. Mencione un ejemplo.

6-8 Esboce los pasos para la preparación de un presupuesto operativo.

6-9 "El pronóstico de ventas es la piedra angular para los presupuestos." ¿Por qué?

6-10 ¿Cómo se puede usar el análisis de sensibilidad para incrementar los beneficios de los presupuestos?

6-11 Defina el presupuesto kaizen.

6-12 Describa cómo se pueden incorporar en los presupuestos los generadores de costos que no están basados en la producción.

6-13 Explique la manera en que la elección del tipo de centro de responsabilidad (costos, ingresos, utilidades o inversión) afecta el comportamiento.

6-14 ¿Cuáles son algunas consideraciones adicionales que se presentan cuando se preparan presupuestos en las compañías multinacionales?

6-15 "Los presupuestos de efectivo se deben preparar antes del presupuesto de la utilidad operativa." ¿Está usted de acuerdo? Explique su respuesta.

Ejercicios

MyAccountingLab

6-16 Presupuesto de ventas, ambiente de servicios. En 2011 Rouse & Sons, una pequeña empresa dedicada a la exploración ambiental, realizó 12,200 pruebas de radón a un precio de $290 cada una; y 16,400 pruebas de plomo a un precio de $240 cada una. Puesto que las nuevas casas se están construyendo con tuberías sin plomo, se espera que el volumen de pruebas de plomo disminuya en 10% el próximo año. Sin embargo, se espera que el conocimiento popular acerca de los riesgos para la salud relacionados con el radón dé como resultado un aumento de 6% en el volumen de las pruebas de radón durante cada año en el futuro cercano. Jim Rouse considera que si disminuye el precio de las pruebas de plomo a $230 por unidad, tendrá que enfrentar tan solo una disminución de 7% en las ventas de pruebas de plomo en 2012.

1. Prepare un presupuesto de ventas de 2012 para Rouse & Sons, suponiendo que Rouse mantiene los precios a los niveles de 2011. **Se requiere**

2. Prepare un presupuesto de ventas de 2012 para Rouse & Sons, suponiendo que Rouse disminuye el precio de una prueba de plomo a $230. ¿Debería Rouse disminuir el precio de una prueba de plomo en 2012, si su meta es maximizar los ingresos por ventas?

6-17 Presupuesto de ventas y de producción. La compañía Méndez espera en 2012 ventas por 200,000 unidades de charolas de servicios. El inventario inicial de Méndez en 2012 es de 15,000 charolas y su inventario final fijado como meta es de 25,000 charolas. Calcule el número de charolas presupuestadas para producción en 2012.

6-18 Presupuesto de materiales directos. Inglenook Co. produce vino. La compañía espera producir 2,500,000 botellas de dos litros de Chablis en 2012. Inglenook compra botellas de vidrio vacías a un proveedor externo. Su inventario final meta para tales botellas es de 80,000; su inventario inicial es de 50,000. Como simplificación, ignore las piezas rotas. Calcule el número de botellas que deberán comprarse en 2012.

6-19 Compras de materiales directos. La compañía Mahoney ha preparado un presupuesto de ventas de 45,000 unidades terminadas para un periodo de tres meses. La compañía tiene un inventario de 16,000 unidades de productos terminados disponibles al 31 de diciembre, y tiene un inventario de productos terminados fijado como meta de 18,000 unidades al final del trimestre siguiente.

Se necesitan tres galones de materiales directos para elaborar una unidad de un producto terminado. La compañía tiene un inventario de 60,000 galones de materiales directos al 31 de diciembre y tiene un inventario final fijado como meta de 50,000 galones al final del siguiente trimestre. ¿Cuántos galones de materiales directos se deberían comprar durante los tres meses que terminaron el 31 de marzo?

6-20 Presupuesto de ingresos y de producción. Purity, Inc., embotella y distribuye agua mineral proveniente de los manantiales de aguas naturales de la compañía en el norte de Oregon. Purity elabora dos productos: botellas de plástico desechables de doce onzas y contenedores de plástico reutilizables de cuatro galones.

Se requiere

1. Para 2012 los gerentes de marketing de Purity han proyectado ventas mensuales de 400,000 botellas de doce onzas y 100,000 contenedores de cuatro galones. Los precios de venta promedio se han estimado en $0.25 por botella de doce onzas y en $1.50 por contenedor de cuatro galones. Prepare un presupuesto de ingresos para Purity, Inc., para el año que terminará el 31 de diciembre de 2012.

2. Purity empieza 2012 con 900,000 botellas de doce onzas en el inventario. El vicepresidente de operaciones requiere que, al 31 de diciembre de 2012, el inventario final de botellas de doce onzas no sea inferior a 600,000 botellas. Tomando como base las proyecciones de ventas como se presupuestaron anteriormente, ¿cuál es el número mínimo de botellas de doce onzas que Purity deberá producir durante 2012?

3. El vicepresidente de operaciones requiere que, al 31 de diciembre de 2012, el inventario final de contenedores de cuatro galones sea de 200,000 unidades. Si el presupuesto de producción requiere que Purity produzca 1,300,000 contenedores de cuatro galones durante 2012, ¿cuál es el inventario inicial de contenedores de cuatro galones al 1 de enero de 2012?

6-21 Presupuestos: Consumo de materiales directos, costos de manufactura y utilidad bruta. La compañía de manufactura Xerxes fabrica alfombras azules, usando lana y tinte como materiales directos. Se ha presupuestado que una alfombra usará 36 madejas de lana a un costo de $2 por madeja, así como 0.8 galones de tinte a un costo de $6 por galón. Todos los demás materiales son directos. Al inicio del año, Xerxes tiene un inventario de 458,000 madejas de lana con un costo de $961,800 y 4,000 galones de tinte con un costo de $23,680. El inventario final de lana y de tintes fijado como meta es de cero, Xerxes usa el método de PEPS para el flujo del costo del inventario.

Las alfombras azules de Xerxes son muy populares y la demanda es alta; no obstante, debido a ciertas restricciones de capacidad, la empresa producirá tan solo 200,000 alfombras azules por año. El precio de venta presupuestado es de $2,000 por unidad. No hay alfombras en el inventario inicial. El inventario final de alfombras fijado como meta también es de cero.

Xerxes fabrica alfombras en forma manual, pero usa una máquina para colorear la lana. De manera que los costos indirectos se acumulan en dos grupos mancomunados de costos: uno para el tejido y el otro para el entintado. Los costos indirectos del tejido se aplican a los productos, tomando como base las horas de mano de obra directa (HMOD). Los costos indirectos del entintado se aplican a los productos tomando como base las horas máquina (HM).

No hay costos de mano de obra directa para el entintado. Xerxes presupuesta 62 horas de mano de obra directa para tejer una alfombra y una tasa presupuestada de $13 por hora. Presupuesta 0.2 horas-máquina para entintar cada madeja en el proceso de entintado.

La siguiente ilustración presenta los costos indirectos presupuestados para los grupos de costos de entintado y tejido:

	Entintado (con base en 1,440,000 HM)	Tejido (con base en 12,400,000 HMOD)
Costos variables		
Materiales indirectos	$ 0	$15,400,000
Mantenimiento	6,560,000	5,540,000
Servicios generales	7,550,000	2,890,000
Costos fijos		
Mano de obra indirecta	347,000	1,700,000
Depreciación	2,100,000	274,000
Otros	723,000	5,816,000
Total de costos presupuestados	$17,280,000	$31,620,000

1. Elabore un presupuesto de consumo de materiales directos tanto en unidades como en dólares.
2. Calcule las tasas de aplicación de los costos indirectos presupuestados para las operaciones de tejido y de entintado.
3. Calcule el costo unitario presupuestado de una alfombra azul para el año.
4. Prepare un presupuesto de ingresos de las alfombras azules para el año, suponiendo que Xerxes vende a) 200,000 o b) 185,000 alfombras azules (es decir, a dos niveles de ventas diferentes).
5. Calcule el costo de los bienes vendidos presupuestado para las alfombras azules con cada supuesto de ventas.
6. Determine la utilidad bruta presupuestada para las alfombras azules con cada supuesto de ventas.

Se requiere

6-22 **Presupuestos de ingresos, de producción y de compras.** La compañía Suzuki de Japón tiene una división que manufactura motocicletas de dos ruedas. Sus ventas presupuestadas para el Modelo G en 2013 son de 900,000 unidades. El inventario final fijado como meta de Suzuki es de 80,000 unidades, y su inventario inicial es de 100,000 unidades. El precio de venta presupuestado de la compañía para sus distribuidores y sus concesionarios es de 400,000 yenes (¥) por motocicleta.

Suzuki compra todas sus ruedas a un proveedor externo. No se aceptan ruedas defectuosas. (Las necesidades de Suzuki en cuanto a ruedas adicionales para partes de reemplazo las ordena una división separada de la compañía.) El inventario final fijado como meta para la compañía es de 60,000 ruedas, y su inventario inicial es de 50,000 ruedas. El precio de compra presupuestado es de 16,000 yenes (¥) por rueda.

1. Calcule los ingresos presupuestados en yenes.
2. Determine el número de motocicletas que se habrán de producir.
3. Calcule las compras de ruedas presupuestadas en unidades y en yenes.

Se requiere

6-23 **Presupuestos de producción y mano de obra directa.** (Adaptado de CMA.) La compañía Roletter fabrica y vende marcos artísticos para fotografías de bodas, graduaciones y otros eventos especiales. Bob Anderson, el contralor, es responsable de la preparación del presupuesto maestro de Roletter y ha recabado la siguiente información para 2013:

	2013				
	Enero	Febrero	Marzo	Abril	Mayo
Ventas estimadas en unidades	10,000	12,000	8,000	9,000	9,000
Precio de venta	$54.00	$51.50	$51.50	$51.50	$51.50
Horas de mano de obra directa por unidad	2.0	2.0	1.5	1.5	1.5
Sueldo por hora de mano de obra directa	$10.00	$10.00	$10.00	$11.00	$11.00

Además de los sueldos, los costos directos de manufactura relacionados con la mano de obra incluyen las contribuciones a pensiones de $0.50 por hora, el seguro de compensación de los trabajadores de $0.15 por hora, el seguro médico de los empleados de $0.40 por hora y unos impuestos de la seguridad social. Suponga que al 1 de enero de 2013, las tasas de impuestos del la seguridad social son de 7.5% para los empleadores y de 7.5% para los empleados. El costo de los beneficios de los empleados que paga Roletter sobre sus empleados se trata como un costo de mano de obra directa.

Roletter tiene un contrato de mano de obra que requiere un aumento salarial de $11 por hora para el 1 de abril de 2013. Se ha instalado una nueva maquinaria para el ahorro de mano de obra y estará funcionando a su máxima capacidad el 1 de marzo de 2013. Roletter espera tener 16,000 marcos disponibles el 31 de diciembre de 2012, y tiene la política de llevar un inventario a fin de mes de 100% de las ventas del mes siguiente, más 50% de las ventas del segundo mes siguiente.

Elabore un presupuesto de producción y un presupuesto de mano de obra directa para la compañía Roletter por mes y para el primer trimestre de 2013. Ambos presupuestos se pueden combinar en un reporte. El presupuesto de la mano de obra directa debería incluir las horas de mano de obra y mostrar los detalles para cada categoría de mano de obra.

Se requiere

6-24 **Presupuestos basados en las actividades.** Las tiendas Chelsea de Family Supermarket (FS), una cadena de pequeñas tiendas de abarrotes, están preparando su presupuesto basado en las actividades para enero de 2011. FS tiene tres categorías de productos: bebidas gaseosas, vegetales frescos y alimentos empacados. La siguiente ilustración muestra las cuatro actividades que consumen recursos indirectos en las tiendas Chelsea, los generadores del costo y sus tasas, así como la cantidad del generador del costo que se presupuestó que consumirá cada actividad en enero de 2011.

	A	B	C	D	E	F
1			Tasa presupuestada	Monto presupuestado del generador		
2			del generador	del costo usado para enero de 2011		
3	**Actividad**	**Generador del costo**	del costo para enero de 2011	Bebidas gaseosas	Vegetales frescos	Alimentos empacados
4	Ordenamiento	Número de órdenes de compra	$90	14	24	14
5	Entrega	Número de entregas	$82	12	62	19
6	Abastecimiento de estantería	Horas de tiempo de abastecimiento	$21	16	172	94
7	Apoyo al cliente	Número de artículos vendidos	$ 0.18	4,600	34,200	10,750

Se requiere

1. ¿Cuál es el costo indirecto total presupuestado en la tienda Chelsea en enero de 2011? ¿Cuál es el costo total presupuestado de cada actividad en la tienda Chelsea en enero de 2011? ¿Cuál es el costo indirecto presupuestado de cada categoría de productos en enero de 2011?
2. ¿Qué categoría de productos tiene la fracción más grande de costos totales indirectos presupuestados?
3. Dada su respuesta en el inciso 2, ¿qué ventaja obtiene FS al usar un enfoque basado en las actividades para la preparación de presupuestos en vez de, por ejemplo, aplicar los costos indirectos a los productos tomando como base el costo de los bienes vendidos?

6-25 Enfoque kaizen para la elaboración de presupuestos basados en las actividades (continuación de 6-24). Family Supermarkets (FS) tiene un enfoque kaizen (de mejora continua) para los presupuestos mensuales de los costos de las actividades de cada mes de 2011. En cada mes sucesivo, la tasa presupuestada del generador del costo disminuye en 0.4% en relación con la del mes anterior. Así, por ejemplo, la tasa presupuestada del generador del costo para el mes de febrero es de 0.996 multiplicada por la tasa presupuestada del generador del costo de enero; en tanto que la tasa del generador del costo del mes de marzo es de 0.996 multiplicada por la tasa presupuestada para febrero de 2011. FS supone que el monto presupuestado del uso del generador del costo es el mismo cada mes.

Se requiere

1. ¿Cuál es el costo total presupuestado de cada actividad y el costo indirecto total presupuestado para marzo de 2011?
2. ¿Cuáles son los beneficios por usar el enfoque kaizen para la elaboración de presupuestos? ¿Cuáles son las limitaciones de este enfoque y cómo podría la administración de FS superarlas?

6-26 Responsabilidad y nivel de control. Considere cada una de las siguientes situaciones independientes para la compañía Anderson. Anderson fabrica y vende carretillas elevadoras. La empresa también se ocupa de dar servicio a sus propias carretillas y a las de otras marcas. Anderson tiene una planta de manufactura, un almacén de suministros que abastece tanto la planta de manufactura como a los técnicos de servicio (quienes con frecuencia necesitan refacciones para reparar las carretillas) y 10 camionetas de servicio. Los técnicos de servicio conducen hasta donde está el cliente para dar servicio a sus carretillas elevadoras. Anderson posee las camionetas, paga la gasolina y suministra las refacciones de las carretillas, pero los técnicos llevan sus propias herramientas.

1. En la planta de manufactura, el gerente de producción no está satisfecho con los motores que ha estado comprando el gerente de adquisiciones. En mayo el gerente de producción deja de requerir motores al almacén de suministro y empieza a comprarlos directamente a un productor de motores diferente. En mayo los costos reales de los materiales son mayores que lo presupuestado.
2. Los costos indirectos de la planta de manufactura de junio son mucho más altos que lo presupuestado. Una investigación revela un incremento en la tasa de servicios generales vigente que no se había considerado en el presupuesto.
3. Los costos de la gasolina de cada camioneta se presupuestan tomando como base el área de servicio del vehículo y las horas de manejo que se esperan en el mes. De manera rutinaria, el conductor de la camioneta tres tiene costos mensuales de gasolina que exceden el presupuesto para dicha camioneta. Después de investigarlo, el gerente de servicio encuentra que el conductor ha empleado la camioneta para su uso personal.
4. Bigstore Warehouse, uno de los clientes del servicio de carretillas de Anderson, tan solo llama al personal de servicio para situaciones de emergencia y no para el mantenimiento de rutina. De este modo, los costos de materiales y mano de obra para tales llamadas de servicio exceden los costos mensuales presupuestados para un cliente regulado por contrato.
5. A los técnicos de servicio de Anderson se les paga un salario por hora y tiempo extra, si superan las 40 horas semanales, sin incluir el tiempo de manejo. Fred Snert, uno de los técnicos, frecuentemente supera las 40 horas por semana. Los clientes de los servicios están complacidos con el trabajo de Fred; no obstante, el gerente de servicio le habla constantemente acerca del hecho de trabajar más rápido. El tiempo extra de Fred ocasiona que los costos reales del servicio excedan el presupuesto casi cada mes.
6. El costo de la gasolina ha aumentado 50% este año, lo cual ocasionó que los costos reales de la gasolina excedan por mucho los costos presupuestados para las camionetas de servicio.

Se requiere

Para cada una de la situaciones que se describen, determine dónde se encuentra (es decir, con quién) *a*) la responsabilidad y *b*) el nivel de control. Indique qué podría hacerse para resolver los problemas o para mejorar la situación.

6-27 Análisis del flujo de efectivo, análisis de sensibilidad. Game Guys es una tienda minorista que vende juegos de video. Las ventas son uniformes durante la mayor parte del año, aunque repuntan en junio y diciembre, tanto porque se lanzan nuevas versiones como porque los juegos se compran en forma anticipada a los días festivos del verano o el invierno. Game Guys también vende y repara consolas de juego. El pronóstico de ingresos por ventas y por servicios del segundo trimestre de 2012 es como sigue:

Presupuesto de ingresos por ventas y servicios
Segundo trimestre, 2012

Mes	Ingreso por ventas esperado	Ingreso por servicios esperado	Ingreso total
Abril	$ 5,500	$1,000	$ 6,500
Mayo	6,200	1,400	7,600
Junio	9,700	2,600	12,300
Total	$21,400	$5,000	$26,400

Casi todos los ingresos por servicios se pagan con tarjetas de crédito bancarias y, por consiguiente, Game Guys presupuesta esto como un 100% de ingresos por tarjetas bancarias, que cobran una comisión promedio de 3% del total. La mitad del ingreso por ventas también se paga con tarjetas de crédito bancarias, en las cuales la comisión es también de un promedio de 3%. Cerca de 10% de las ventas se pagan en efectivo y la parte restante (el 40% restante) se lleva en una cuenta de la tienda.

Aunque la tienda trata de dar crédito únicamente a los mejores clientes, todavía tiene un promedio de cerca de 2% en cuentas incobrables; el 90% de las cuentas de la tienda se pagan en el mes siguiente a la compra y el 8% se paga dos meses después de la compra.

1. Calcule el efectivo que Game Guys espera recibir en mayo y en junio de 2012. Muestre los cálculos de cada mes. **Se requiere**
2. Game Guys ha presupuestado gastos para el mes de mayo de $4,350 por la compra de juegos y de consolas de juegos, $1,400 por la renta y los servicios generales y por otros costos, y $1,000 de sueldos para los dos empleados a tiempo parcial.
   a) Dada su respuesta al punto 1, ¿Game Guys podrá cubrir sus pagos de mayo?
   b) Las proyecciones de mayo son un presupuesto. Suponga (de manera independiente para cada situación) que los ingresos de mayo también podrían ser de un 5% menos y de un 10% menos, y que los costos podrían ser 8% más altos. Con cada uno de estos tres escenarios muestre el efectivo neto total para mayo y la cantidad que Game Guys tendría que solicitar en préstamo, si las entradas de efectivo fueran inferiores a los pagos en efectivo. Suponga que el saldo de efectivo inicial para mayo es de $100.
3. Suponga que los costos de mayo son como se describe en el punto 2, pero que las entradas de efectivo esperadas de mayo son de $6,200 y que el saldo de efectivo inicial es de $100. Game Guys tiene la oportunidad de comprar los juegos y las consolas de juegos a crédito en mayo, pero el proveedor ofreció a la compañía términos de crédito de 2/10 neto 30, lo cual significa que si Game Guys paga dentro de 10 días (en mayo) obtendrá un descuento de 2% sobre el precio de la mercancía. Game Guys puede solicitar fondos en préstamo a una tasa de 24%. ¿Game Guys debería aceptar el descuento sobre la compra?

Problemas

6-28 **Programas de presupuesto para una compañía manufacturera.** Logos Especiales fabrica, entre otros productos, mantas de lana para los equipos atléticos de las dos secundarias locales. La compañía forma las mantas tomando como base la tela y cose un parche con el logotipo, el cual compra al sitio autorizado. Los equipos son los siguientes:

- Caballeros, con mantas rojas y el logo representativo.
- Corsarios, con mantas negras y el logo representativo.

Asimismo, las mantas negras son ligeramente más grandes que las mantas rojas.

Los insumos presupuestados de costos directos para cada producto en 2012 son como sigue:

	Manta de los Caballeros	Manta de los Corsarios
Tela de lana roja	3 yardas	0
Tela de lana negra	0	3.3 yardas
Parches con el logo de los Caballeros	1	0
Parches con el logo de los Corsarios	0	1
Mano de obra directa	1.5 horas	2 horas

Los datos unitarios relacionados con los materiales directos para el mes de marzo de 2012 son los siguientes:

Inventario inicial real de materiales directos (1/3/2012)

	Manta de los Caballeros	Manta de los Corsarios
Tela de lana roja	30 yardas	0
Tela de lana negra	0	10 yardas
Parches con el logo de los Caballeros	40	0
Parches con el logo de los Corsarios	0	55

Inventario final de materiales directos fijado como meta (31/3/2012)

	Manta de los Caballeros	Manta de los Corsarios
Tela de lana roja	20 yardas	0
Tela de lana negra	0	20 yardas
Parches con el logo de los Caballeros	20	0
Parches con el logo de los Corsarios	0	20

Los datos de costos unitarios de los insumos de costos directos para febrero de 2012 y para marzo de 2012 son los siguientes:

	Febrero de 2012 (real)	Marzo de 2012 (presupuestado)
Tela de lana roja (por yarda)	$8	$9
Tela de lana negra (por yarda)	10	9
Parches con el logo de los Caballeros (por parche)	6	6
Parches con el logo de los Corsarios (por parche)	5	7
Costo de mano de obra de manufactura por hora	25	26

Los costos indirectos de manufactura (tanto variables como fijos) se aplican a cada manta tomando como base las horas presupuestadas de mano de obra directa para cada manta. La tasa presupuestada de los costos indirectos variables de manufactura para marzo de 2012 es de $15 por hora de mano de obra directa. Los costos indirectos fijos presupuestados de manufactura para marzo de 2012 son de $9,200. Los costos indirectos de manufactura tanto variables como fijos se aplican a cada unidad de productos terminados.

Los datos relacionados con el inventario de productos terminados para marzo de 2012 son los siguientes:

	Mantas de los Caballeros	Mantas de los Corsarios
Inventario inicial en unidades	10	15
Inventario inicial en dólares (costo)	$1,210	$2,235
Inventario final meta en unidades	20	25

Las ventas presupuestadas para marzo de 2012 son de 120 unidades de las mantas de los Caballeros y de 180 unidades de las mantas de los Corsarios. Los precios de venta presupuestados por unidad en marzo de 2012 son de $150 para las mantas de los Caballeros y de $175 para las mantas de los Corsarios. Suponga lo siguiente en su respuesta:

- Los inventarios de productos en proceso de elaboración son insignificantes y por lo tanto se ignoran.
- El inventario de materiales directos y el inventario de productos terminados se costean usando el método de PEPS.
- Los costos unitarios de los materiales directos comprados y de los productos terminados son constantes en marzo de 2012.

Se requiere

1. Prepare los siguientes presupuestos para marzo de 2012:
   a) Presupuesto de ingresos.
   b) Presupuesto de producción en unidades.
   c) Presupuesto de consumo de materiales directos y presupuesto de compras de materiales directos.
   d) Presupuesto de mano de obra directa.
   e) Presupuesto de costos indirectos de manufactura.
   f) Presupuesto de inventarios finales (materiales directos y productos terminados).
   g) Presupuesto del costo de los bienes vendidos.

2. Suponga que Logos Especiales decide incorporar la mejora continua dentro de su proceso presupuestal. Describa dos áreas donde podría incorporar tal mejora continua dentro de los presupuestos del punto 1.

6-29   Costos presupuestados; mejoras kaizen. La fábrica de ropa DryPool elabora camisetas sin adornos tanto blancas como de otros colores. Los insumos incluyen lo siguiente:

	Precio	Cantidad	Costo por unidad de producción
Tela	$ 6 por yarda	1 yarda por unidad	$6 por unidad
Mano de obra	$12 por hmod	0.25 hmod por unidad	$3 por unidad

Adicionalmente, las camisetas de colores requieren de tres onzas de tintura por playera a un costo de $0.20 por onza. Las camisetas blancas se venden en $15 por unidad y las de otros colores se venden en $20 por unidad. La compañía espera vender 12,000 camisetas blancas y 60,000 de otros colores de manera uniforme a lo largo del año.

DryPool tiene la oportunidad de cambiar el empleo de la tintura que usa actualmente por una tintura amigable con el ambiente que tiene un costo de $1.00 por onza. La compañía todavía necesitaría tres onzas de tintura por playera. DryPool rechaza el cambio debido al aumento en los costos (y la disminución en las utilidades); sin embargo, la Agencia de Protección Ambiental la amenazó con una multa de $102,000 si continúan usando la tintura dañina pero menos costosa.

Se requiere

1. Dada la información anterior, ¿se encontraría DryPool en una mejor posición financiera al cambiar a la tintura ambientalmente amigable? (Suponga que todos los costos seguirían siendo los mismos.)
2. Suponga que DryPool elige ser ambientalmente responsable indistintamente del costo, y cambia a la nueva tintura. El gerente de producción sugiere intentar un costeo kaizen. Si DryPool puede reducir los costos tanto de la tela como de la mano de obra en 1% por mes, al final de 12 meses ¿qué tan cerca estará de la utilidad bruta que habría obtenido antes de cambiar a la tintura más costosa? (Redondee al dólar más cercano para el cálculo de las reducciones de costos.)
3. Remítase al punto 2. ¿Cómo podría lograrse la reducción en los costos de los materiales y de la mano de obra? ¿Hay algunos problemas con este plan?

6-30   Presupuestos de ingresos y de producción (Adaptado de CPA.) La corporación Scarborough fabrica y vende dos productos: Bólido Uno y Bólido Dos. En julio de 2011, el departamento de presupuestos de Scarborough recopiló los siguientes datos para realizar los presupuestos de 2012:

Ventas proyectadas para 2012

Producto	Unidades	Precio
Bólido Uno	60,000	$165
Bólido Dos	40,000	$250

Inventarios de 2012 en unidades

	Meta esperada	
Producto	1 de enero de 2012	31 de diciembre de 2012
Bólido Uno	20,000	25,000
Bólido Dos	8,000	9,000

En ambos productos se utilizan los siguientes materiales directos:

		Cantidad usada por unidad	
Materiales directos	Unidad	Bólido uno	Bólido dos
A	libra	4	5
B	libra	2	3
C	cada uno	0	1

Los datos proyectados para 2012 con respecto a los materiales directos son los siguientes:

Materiales directos	Precio de compra anticipado	Inventarios esperados al 1 de enero de 2012	Inventarios meta al 31 de diciembre de 2012
A	$12	32,000 libras	36,000 libras
B	5	29,000 libras	32,000 libras
C	3	6,000 unidades	7,000 unidades

Las necesidades y las tasas proyectadas de la mano de obra directa para 2012 son como sigue:

Producto	Horas por unidad	Tasa por hora
Bólido uno	2	$12
Bólido dos	3	16

Los costos indirectos de manufactura se aplican a la tasas de $20 por hora de mano de obra directa.

Tomando como base las proyecciones anteriores y las necesidades presupuestales para Bólido Uno y Bólido Dos, prepare los siguientes presupuestos para 2012:

1. Presupuesto de ingresos (en dólares).
2. Presupuesto de producción (en unidades).
3. Presupuesto de compras de materiales directos (en cantidades).
4. Presupuesto de compras de materiales directos (en dólares).
5. Presupuesto de mano de obra directa (en dólares).
6. Inventario presupuestado de productos terminados al 31 de diciembre de 2012 (en dólares).

Se requiere

6-31 **Estado de resultados presupuestado.** (Adaptado de CMA.) La compañía Easecom fabrica productos para videoconferencias. Las unidades regulares se manufacturan para satisfacer las proyecciones de marketing, y las unidades especializadas se manufacturan después de que se recibe una orden. El mantenimiento del equipo de videoconferencias es un área importante en la satisfacción del cliente. Con la última recesión en la industria de las computadoras, el segmento de equipos de videoconferencias se ha visto afectado, y ello ha conducido a un declive en el desempeño financiero de Easecom. El siguiente estado de resultados muestra los resultados para 2011:

Compañía Easecom
Estado de resultados
Para el año que terminó el 31 de diciembre de 2011 (en millares)

Ingresos:		
Equipo	$6,000	
Contratos de mantenimiento	1,800	
Total de ingresos		$7,800
Costo de los bienes vendidos		4,600
Utilidad bruta		3,200
Costos operativos		
Marketing	600	
Distribución	150	
Mantenimiento al cliente	1,000	
Administración	900	
Total de costos operativos		2,650
Utilidad operativa		$ 550

El equipo administrativo de Easecom se encuentra en el proceso de preparar el presupuesto de 2012 y está estudiando la siguiente información:

1. Se espera que los precios de venta del equipo aumenten 10% a medida que inicie la recuperación económica. Se espera que el precio de venta de cada contrato de mantenimiento permanezca constante con respecto a 2011.
2. Se espera que las ventas de equipos en unidades aumenten 6% con un crecimiento correspondiente de 6% en unidades de contratos de mantenimiento.
3. Se espera que el costo de cada unidad vendida aumente 3% para pagar las mejoras necesarias en tecnología y calidad.
4. Se espera que los costos de marketing aumenten $250,000, pero se espera que los costos administrativos permanezcan a los niveles de 2011.
5. Los costos de distribución varían en proporción con el número de unidades de equipo vendidas.
6. Se deberá contratar a dos técnicos de mantenimiento a un costo total de $130,000, lo cual cubre los sueldos y los gastos de viaje relacionados. El objetivo es mejorar el servicio al cliente y acortar el tiempo de respuesta.
7. No hay inventario de equipo inicial ni final.

Se requiere Prepare un estado de resultados presupuestado para el año que terminó el 31 de diciembre de 2012.

6-32 La responsabilidad en un restaurante. Barney Briggs es propietaria de una franquicia de restaurantes que forma parte de una cadena de establecimientos "al estilo hogareño del sur". Uno de los artículos favoritos para desayuno de la cadena son los panecillos con salsa blanca. La compañía Almacén Central elabora y congela la masa de los panecillos, la cual se vende después a los establecimientos de la franquicia; donde la masa se descongela y se hornea bajo la responsabilidad del cocinero. Asimismo, cada franquicia tiene un agente de compras que ordena los panecillos (y otros artículos) con base en la demanda esperada. En marzo de 2012, uno de los congeladores del Almacén Central se descompone y la producción de panecillos se reduce en 25% durante tres días. En este lapso, la franquicia de Barney se queda sin panecillos pero la demanda no disminuye. El cocinero de la franquicia de Barney, Janet Trible, envía a uno de los ayudantes de cocina a la tienda de abarrotes local para comprar panecillos refrigerados y listos para hornearse. Aunque los clientes quedan satisfechos, los panecillos refrigerados cuestan a Barney el triple del costo de los panecillos congelados del Almacén Central, y la franquicia pierde dinero sobre este producto durante esos tres días. Barney está enfadado con el agente de compras por no haber ordenado una cantidad suficiente de panecillos para evitar el desabasto, y también lo está con Janet por el mucho dinero que se gastó en los panecillos sustitutos.

Se requiere ¿Quién es responsable del costo de los panecillos? ¿A qué nivel es controlable el costo? ¿Está usted de acuerdo en que Barney debería estar enfadado con el agente de compras? ¿Y con Janet? ¿Por qué?

6-33 Problema amplio con costeo ABC. La compañía Luggage fabrica dos tipos de jaulas para transportar mascotas, la Gatuna y la Perruna. Ambas están hechas de plástico con puertas de metal, pero la Gatuna es más pequeña. En los siguientes cuadros se proporciona la información de los dos productos para el mes de abril:

Precios de los insumos

Materiales directos
Plástico	$ 4 por libra
Metal	$ 3 por libra
Mano de obra directa	$14 por hora de mano de obra directa

Cantidades de insumos por unidad de producción

	Gatuna	Perruna
Materiales directos		
Plástico	3 libras	5 libras
Metal	0.5 libras	1 libra
Horas de mano de obra directa (HMOD)	3 horas	5 horas
Horas máquina (HM)	13 HM	20 HM

Información del inventario, materiales directos

	Plástico	Metal
Inventario inicial	230 libras	70 libras
Inventario final meta	400 libras	65 libras
Costo del inventario inicial	$874	$224

Luggage registra los materiales directos usando el supuesto del flujo de costos de PEPS.

Información de ventas y de inventarios, productos terminados

	Gatuna	Perruna
Ventas esperadas en unidades	580	240
Precio de venta	$ 190	$ 275
Inventario final meta en unidades	45	25
Inventario inicial en unidades	25	40
Inventario inicial en dólares	$2,500	$7,440

Luggage utiliza los supuestos de un flujo de costos de PEPS para el inventario de productos terminados.

Luggage usa un sistema de costeo basado en las actividades y clasifica los costos indirectos en tres grupos mancomunados de actividades: configuración de las máquinas, procesamiento e inspección. Las tasas de actividad para estas labores son de $130 por hora de configuración, $5 por hora máquina y $20 por hora de inspección, respectivamente. A continuación se presenta información adicional:

Información del generador del costo

	Gatuna	Perruna
Número de unidades por lote	25	13
Tiempo de configuración por lote	1.25 horas	2.00 horas
Tiempo de inspección por lote	0.5 horas	0.6 horas

Los costos fijos que no son de manufactura para el mes de marzo son iguales a $32,000, de los cuales la mitad son salarios. Se espera que los salarios aumenten 5% en abril. Los únicos costos variables que no son de manufactura son las comisiones por venta, que son iguales al 1% del ingreso por ventas.

Para el mes de abril, prepare:

1. El presupuesto de ingresos.
2. El presupuesto de producción en unidades.
3. El presupuesto de consumo de materiales directos y el presupuesto de compras de materiales directos.
4. El presupuesto de los costos de la mano de obra directa.
5. Los presupuestos de los costos indirectos de manufactura para cada una de las tres actividades.
6. El costo unitario presupuestado del inventario final de productos terminados y el presupuesto de inventarios finales.
7. El presupuesto del costo de los bienes vendidos.
8. El presupuesto de los costos que no son de manufactura.
9. El estado de resultados presupuestado (ignore los impuestos sobre ingresos).

6-34 Presupuesto en efectivo (continuación del problema 6-33). Remítase a la información del problema 6-33.

Suponga lo siguiente: la compañía Luggage (CL) no hace ninguna venta a crédito. CL vende únicamente al público, y acepta efectivo y tarjetas de crédito; el 90% de sus ventas son a clientes que usan tarjetas de crédito, y en estas operaciones CL obtiene el efectivo de inmediato menos una comisión por transacciones de 2 por ciento.

Las compras de materiales son a crédito. CL paga la mitad de las compras en el periodo de la adquisición y la otra mitad en el siguiente periodo. A finales de marzo, CL debe a los proveedores $8,400.

CL planea reemplazar una máquina en abril con un costo neto en efectivo de $13,800.

La mano de obra, otros costos de manufactura y los costos que no son de manufactura se pagan en efectivo en el mes en que se incurre en ellos excepto, desde luego, la depreciación, la cual no es un flujo de efectivo. $22,500 de los costos de manufactura y $12,500 de los costos que no son de manufactura para abril son depreciación.

CL tiene actualmente un préstamo de $2,600 a una tasa de interés anual de 24%. El interés se paga al final de cada mes. Si CL tiene más de $10,000 en efectivo al final de abril, reembolsará el préstamo. CL adeuda $5,400 de impuestos sobre ingresos, los cuales necesita liquidar en abril. CL tiene un saldo de efectivo de $5,200 a finales de marzo.

Prepare un presupuesto en efectivo para el mes de abril para Luggage.

6-35 Presupuesto operativo de amplio alcance, balance general presupuestado. Slopes, Inc., fabrica y vende tablas para deslizarse en la nieve. Slopes elabora un solo modelo, el Pipex. En el verano de 2011, el contador administrativo de Slopes recopiló los siguientes datos para preparar los presupuestos de 2012:

Necesidades de materiales y mano de obra
Materiales directos
Madera	5 pies de madera (b.f.) por tabla de deslizamiento
Fibra de vidrio	6 yardas por tabla de deslizamiento
Mano de obra directa	5 horas por tabla de deslizamiento

El director general de Slopes espera vender 1,000 tablas de deslizamiento durante 2012 a un precio estimado al menudeo de $450 por tabla. Además, espera que el inventario inicial de 2012 sea de 100 tablas de deslizamiento y le gustaría terminar 2012 con 200 tablas de deslizamiento en el almacén.

Inventarios de materiales directos

	Inventario inicial al 1/1/2012	Inventario final al 31/12/2012
Madera	2,000 pies de madera	1,500 pies de madera
Fibra de vidrio	1,000 yardas	2,000 yardas

Los costos indirectos variables de manufactura son de $7 por hora de mano de obra directa. También existen $66,000 en costos indirectos fijos de manufactura presupuestados para 2012. Slopes combina los costos indirectos de manufactura, tanto fijos como variables, en una sola tasa que se basa en las horas de mano de obra directa.

Los costos variables de marketing se aplican a la tasa de $250 por visita de ventas. El plan de marketing requiere de 30 visitas durante 2012. Finalmente, hay $30,000 en costos fijos que no son de manufactura presupuestados para 2012.

Otros datos incluyen lo siguiente:

	Precio unitario de 2011	Precio unitario de 2012
Madera	$28.00 por pie de madera	$30.00 por pie de madera
Fibra de vidrio	$ 4.80 por yarda	$5.00 por yarda
Mano de obra directa	$24.00 por hora	$25.00 por hora

El costo unitario inventariable para el inventario final de productos terminados al 31 de diciembre de 2011 es de $374.80. Suponga que Slopes usa el método de PEPS de valuación de inventarios tanto para los materiales directos como para los productos terminados. En sus cálculos, ignore los productos en proceso de elaboración.

Los saldos presupuestados al 31 de diciembre de 2012, en las cuentas seleccionadas, son como sigue:

Efectivo	$ 10,000
Propiedades, planta y equipo (neto)	850,000
Pasivo a corto plazo	17,000
Pasivos a largo plazo	178,000
Capital contable de los accionistas	800,000

Se requiere

1. Prepare el presupuesto de ingresos de 2012 (en dólares).
2. Prepare el presupuesto de producción de 2012 (en unidades).
3. Prepare los presupuestos de compras y de consumo de materiales directos para 2012.
4. Prepare el presupuesto de mano de obra directa para 2012.
5. Prepare el presupuesto de los costos indirectos de manufactura para 2012.
6. ¿Cuál es la tasa presupuestada de costos indirectos de manufactura para 2012?
7. ¿Cuál es el costo indirecto de manufactura presupuestado por unidad de producción para 2012?
8. Calcule el costo de una tabla de deslizamiento fabricada en 2012.
9. Prepare un presupuesto de inventario final, tanto para los materiales directos como para los productos terminados, para 2012.
10. Prepare un presupuesto del costo de los bienes vendidos para 2012.
11. Prepare el estado de resultados presupuestado para Slopes, Inc., para el año que terminó el 31 de diciembre de 2012.
12. Prepare el balance general presupuestado de Slopes, Inc., al 31 de diciembre de 2012.

6-36 Presupuesto en efectivo. Los establecimientos comerciales al detalle compran tablas para deslizarse en la nieve a Slopes, Inc., durante todo el año. Sin embargo, en anticipación a las compras de fin de verano y de inicio del otoño, los establecimientos comerciales aumentan los inventarios desde mayo hasta agosto. Se factura a las tiendas cuando se ordenan las tablas de deslizamiento. Las facturas se deben pagar dentro de 60 días. A partir de las experiencias anteriores, el contador de Slopes ha proyectado que 20% de las facturas se pagará en el mes facturado, 50% se pagará en el mes siguiente y 30% de las facturas se pagará dos meses después del mes de facturación. El precio de venta promedio por tabla de deslizamiento es de $450.

Para satisfacer la demanda, Slopes aumenta la producción desde abril hasta julio, porque las tablas de deslizamiento se producen un mes antes de su venta proyectada. Los materiales directos se compran en el mes de la producción y se pagan durante el siguiente mes (los términos son un pago total dentro de 30 días de la fecha de factura). Durante este periodo no existe producción para el inventario ni se compra material alguno para el inventario.

La mano de obra directa y los costos indirectos de manufactura se pagan en forma mensual. Los costos indirectos variables de manufactura se incurren a la tasa de $7 por hora de mano de obra directa. Los costos variables de marketing son impulsados por el número de visitas de ventas. Sin embargo, no hay visitas de ventas durante los meses estudiados. Slopes, Inc., también incurre en costos indirectos fijos de manufactura de $5,500 por mes, y en costos indirectos fijos que no son de manufactura de $2,500 por mes.

Ventas proyectadas

Mayo 80 unidades	Agosto 100 unidades
Junio 120 unidades	Septiembre 60 unidades
Julio 120 unidades	Octubre 40 unidades

Utilización y costo de materiales directos y mano de obra directa

	Unidades por tabla	Precio por unidad	Unidad
Madera	5	$30	Pie de madera
Fibra de vidrio	6	5	Yarda
Mano de obra directa	5	25	Hora

El saldo inicial de efectivo al 1 de julio de 2012 es de $10,000. Slopes tuvo un faltante de efectivo y solicitó en préstamo $30,000 con base en un pagaré al 6% a un plazo de un año y con intereses mensualmente pagaderos. El pagaré vence el 1 de octubre de 2012. Usando la información que se ha proporcionado, se necesitará determinar si Slopes estará en una posición adecuada para liquidar esta deuda a corto plazo el 1 de octubre de 2012.

1. Prepare un presupuesto en efectivo para los meses de julio a septiembre de 2012. Muestre los reportes de apoyo para el cálculo de las cuentas por cobrar y de las cuentas por pagar. **Se requiere**
2. ¿Estará Slopes en una posición adecuada para liquidar el pagaré de $30,000 a un año que vence el 1 de octubre de 2012? En caso de no ser así, ¿qué acciones recomendaría usted a los gerentes de Slopes?
3. Suponga que Slopes está interesado en mantener un saldo mínimo de efectivo de $10,000. ¿Podrá la compañía mantener tal saldo durante todos los tres meses que se han analizado? En caso de no ser así, sugiera una estrategia conveniente de administración del efectivo.

6-37 **Presupuesto en efectivo.** Al 1 de diciembre de 2011, la tienda Itami intenta proyectar las entradas y salidas de efectivo hasta el 31 de enero de 2012. En esta última fecha, vencerá un pagaré cuyo monto es de $100,000. Esta cantidad se solicitó en préstamo en septiembre para apoyar a la compañía durante el punto alto de la temporada de noviembre y diciembre.

Algunos saldos selectos del mayor general al 1 de diciembre son los siguientes:

Efectivo	$88,000	
Inventario	65,200	
Cuentas por pagar		136,000

Las condiciones de venta implican un descuento de 3%, si el pago se realiza dentro de los 10 primeros días del mes después de la venta, y el saldo vencerá al final del mes después de la venta. La experiencia demuestra que el 50% de las facturas se cobran dentro del periodo de descuento, el 30% al final del mes después de la compra y el 14% al siguiente mes. El 6% restante sería incobrable. No hay ventas en efectivo.

El precio de venta promedio de los productos de la compañía es de $100 por unidad. Las ventas reales y proyectadas son como sigue:

Octubre real	$ 280,000
Noviembre real	320,000
Diciembre estimado	330,000
Enero estimado	250,000
Febrero estimado	240,000
Total estimado para el final del año al 30 de junio de 2012	$2,400,000

Todas las compras se tienen que pagar dentro de 15 días. Cerca del 60% de las compras de un mes se pagan ese mismo mes, y el resto se paga en el mes siguiente. El costo de compra unitario promedio es de $80. Los inventarios finales meta son de 500 unidades más 10% de las ventas unitarias del mes siguiente.

Los costos totales presupuestados de marketing, de distribución y de servicio al cliente para el año son de $600,000. De esta cantidad, $120,000 se consideran fijos (e incluyen una depreciación de $30,000). La parte restante varía con las ventas. Tanto los costos fijos como los costos variables de marketing, distribución y servicios al cliente se pagan cuando se incurre en ellos.

Prepare un presupuesto en efectivo para diciembre de 2011 y enero de 2012. Elabore reportes de apoyo para el pago de las cuentas por cobrar; para los pagos de las mercancías; y para los costos de marketing, de distribución y de servicio al cliente. **Se requiere**

6-38 **Problema de amplio alcance; manufactura ABC, dos productos.** Folette Inc. opera a toda su capacidad y fabrica peines y cepillos de plástico. Aunque los peines y los cepillos forman un paquete, se venden de manera individual y, por lo tanto, la mezcla de ventas no es de 1:1. Folette Inc. está planeando su presupuesto anual para el año fiscal de 2011. A continuación se presenta la información de 2011:

Precios de los insumos

Materiales directos

Plástico	$ 0.20 por onza
Cerdas	$ 0.50 por manojo
Mano de obra directa	$12 por hora de mano de obra directa

Cantidades de insumos por unidad de producción

	Peines	Cepillos
Materiales directos		
Plástico	5 onzas	8 onzas
Cerdas	—	16 manojos
Mano de obra directa	0.05 horas	0.2 horas
Horas máquina (HM)	0.025 HM	0.1 HM

Información del inventario, materiales directos

	Plástico	Cerdas
Inventario inicial	1,600 onzas	1,820 manojos
Inventario final meta	1,766 onzas	2,272 manojos
Costo del inventario inicial	$304	$946

Folette Inc. contabiliza los materiales directos usando un flujo de costos de PEPS.

Información de ventas y de inventarios, productos terminados

	Peines	Cepillos
Ventas esperadas en unidades	12,000	14,000
Precio de venta	$ 6	$ 20
Inventario final meta en unidades	1,200	1,400
Inventario inicial en unidades	600	1,200
Inventario inicial en dólares	$ 1,800	$18,120

Folette Inc. usa el supuesto del flujo de costos de PEPS para el inventario de productos terminados

Los peines se fabrican en lotes de 200; y los cepillos, en lotes de 100. Se necesitan 20 minutos para configurar la máquina para un lote de peines, y una hora para un lote de cepillos.

Folette Inc. usa un costeo basado en las actividades y clasificó todos los costos indirectos como se muestra en el siguiente cuadro:

Tipo de costo	Costos variables presupuestados	Costos fijos presupuestados	Generador del costo/base de aplicación
Costos de manufactura:			
Manejo de materiales	$11,490	$15,000	Número de onzas de plástico usadas
Configuración de máquinas	6,830	11,100	Horas de configuración de máquinas
Procesamiento	7,760	20,000	Horas-máquina
Inspección	7,000	1,040	Número de unidades producidas
Costos que no son de manufactura:			
Marketing	14,100	60,000	Ingreso por ventas
Distribución	0	780	Número de entregas

Los camiones repartidores transportan las unidades vendidas en entregas de 1,000 peines o de 1,000 cepillos.

Haga lo siguiente para el año 2011:

Se requiere

1. Prepare el presupuesto de ingresos.
2. Use el presupuesto de ingresos para:
   a) determinar la tasa de aplicación presupuestada para los costos de marketing.
   b) calcular el número presupuestado de entregas y la tasa de aplicación para los costos de distribución.
3. Elaborar el presupuesto de producción en unidades.
4. Usar el presupuesto de producción para:
   a) calcular el número presupuestado de configuraciones de máquinas, de horas de configuración y la tasa de aplicación de los costos de configuración.
   b) Determinar el total presupuestado de horas máquina y la tasa de aplicación de los costos de procesamiento.
   c) Calcular el total presupuestado de unidades producidas y la tasa de aplicación de los costos de inspección.
5. Preparar el presupuesto del consumo de materiales directos, así como los presupuestos de compras de materiales directos tanto en unidades como en dólares; redondee a dólares enteros.
6. Use el presupuesto de consumo de materiales directos para encontrar la tasa de aplicación presupuestada para los costos de manejo de los materiales.
7. Prepare el presupuesto de los costos de la mano de obra directa.
8. Prepare el presupuesto de los costos indirectos de manufactura para el manejo de materiales, para las configuraciones de las máquinas y para el procesamiento.
9. Prepare el costo unitario presupuestado del inventario de productos terminados y el presupuesto de inventarios finales.
10. Prepare el presupuesto del costo de los bienes vendidos.
11. Prepare el presupuesto de los costos indirectos que no son de manufactura para marketing y distribución.
12. Prepare un estado de resultados presupuestado (ignore los impuestos sobre ingresos).

6-39 **Presupuestos y ética.** La compañía Delma fabrica una variedad de productos en diferentes departamentos, y evalúa los departamentos y a los gerentes de estos comparando los costos reales con la producción relacionada con el presupuesto. Los gerentes departamentales ayudan a elaborar los presupuestos y, por lo general, brindan información sobre las cantidades de insumos para materiales, mano de obra y costos indirectos.

Wert Mimble es el gerente del departamento que fabrica el producto Z y estima estos insumos para el producto Z:

Insumo	Cantidad presupuestada por unidad de producción
Materiales directos	4 libras
Mano de obra directa	15 minutos
Tiempo de máquinas	12 minutos

El departamento fabrica diariamente cerca de 100 unidades del producto Z. El departamento de Wert siempre obtiene excelentes evaluaciones y, algunas veces, supera las cantidades presupuestadas de producción. Cada 100 unidades del producto Z usa, en promedio, aproximadamente 24 horas de mano de obra directa (hay cuatro personas que trabajan seis horas cada una), 395 libras de materiales y 19.75 horas-máquina.

La alta gerencia de la compañía Delma ha tomado la decisión de implementar estándares presupuestales que desafiarán a los trabajadores de cada departamento, y solicita a Wert que diseñe estándares de insumos más desafiantes para el producto Z. Al respecto, Wert indica las siguientes cantidades de insumos:

Insumo	Cantidad presupuestada por unidad de producción
Materiales directos	3.95 libras
Mano de obra directa	14.5 minutos
Tiempo de máquinas	11.8 minutos

Discuta lo siguiente:

1. ¿Dichos estándares son desafiantes para el departamento que elabora el producto Z?
2. ¿Por qué piensa usted que Wert eligió estos estándares en particular?
3. ¿Cuáles son los pasos que puede tomar la alta gerencia de la compañía Delma para asegurarse de que los estándares de Wert realmente satisfagan las metas de la empresa?

Se requiere

6-40 **Aspecto humano en la elaboración de presupuestos en una empresa de servicios**. Jag Meerkat posee tres salones de belleza de lujo: Hair Suite I, II y III. Cada uno de estos salones tiene un gerente y 10 estilistas que rentan espacio en los salones como contratistas independientes, quienes pagan como renta una cuota de 10% del ingreso de cada semana al salón. A cambio de ello, pueden usar las instalaciones y los servicios generales; no obstante, deben traer su propio equipo.

El gerente de cada salón programa la cita de cada cliente con una duración de una hora y, posteriormente, concede al estilista 10 minutos entre citas para hacer la limpieza, tomar un descanso y prepararse para la siguiente cita. Los salones están abiertos de 10 A.M. a 6 P.M., de modo que cada estilista pueda atender a siete clientes por día. Cada uno de los estilistas trabaja cinco días a la semana con base en un programa escalonado, de manera que el salón está abierto siete días a la semana. Todas las personas trabajan los sábados, pero algunos estilistas toman el domingo y el lunes como días de descanso; en tanto que otros toman los martes y los miércoles; y otros más toman los jueves y los viernes.

Jag Meerkat sabe que los costos de los servicios generales están aumentando. Jag quiere aumentar los ingresos para cubrir por lo menos alguna parte de los costos crecientes en los servicios generales; por consiguiente, Jag pide a cada uno de los gerentes que encuentren una forma de aumentar la productividad de los salones, de modo que los estilistas hagan un pago mayor. Jag no quiere aumentar la cuota de la renta por arriba de 10% de los ingresos por temor de que los estilistas se vayan, y cada salón tiene tan sólo 10 estaciones y, por lo tanto, considera que cada salón no puede contratar a más de 10 estilistas de tiempo completo.

El gerente de Hair Suite I ataca el problema diciéndole simplemente a los estilistas que, en lo sucesivo, los clientes se programarán para citas de 40 minutos y los descansos serán de cinco minutos. Esto le permitirá a cada estilista aumentar un cliente más por día.

El gerente de Hair Suite II solicita a los estilistas que trabajen una hora extra por día de manera voluntaria, de las 10 A.M. a las 7 P.M. para agregar un cliente adicional por estilista por día.

El gerente de Hair Suite III se reúne con los estilistas y discute el problema. Después de considerar el acortamiento de las citas y los tiempos de descanso, o el hecho de aumentar las horas de operación, uno de los estilistas indica lo siguiente: "Sé que rentamos estaciones en su establecimiento, pero estoy dispuesto a compartir mi estación. Usted podría contratar un undécimo estilista, quien simplemente trabajará en cualquier estación que esté vacante durante nuestros días de descanso. Ya que usamos nuestro propio equipo, esto no será un problema para mí, siempre que haya un lugar seguro donde pueda dejar mi equipo durante mis días de descanso." La mayoría de los demás estilistas están de acuerdo en que esta es una buena solución.

1. ¿Qué estilo de gerente considera usted que sea más efectivo? ¿Por qué?
2. ¿Cómo cree que reaccionarán los estilistas frente a los gerentes de los salones I y II? ¿Qué pueden hacer aquellos para indicar su descontento, suponiendo que estén inconformes?
3. En el salón III, si los estilistas no quisieran compartir sus estaciones, ¿de qué otra manera podrían ellos encontrar una forma de aumentar los ingresos?
4. Remítase de nuevo a la acción que ha elegido el gerente del salón I. ¿Cómo se relaciona esto con el concepto de las metas exigentes?

Se requiere

Problema de aprendizaje colaborativo

6-41   Problema de presupuestos de amplio alcance; costeo basado en las actividades, presupuestos operativos y financieros. Borkenstick elabora una sandalia de tela sin teñir muy popular y con un solo estilo, pero con dos variaciones: Regular y De lujo. La sandalia Regular tiene suelas de tela y la sandalia De lujo tiene suelas de madera cubiertas de tela. Borkenstick está preparando su presupuesto para junio de 2012, y ha estimado las ventas tomando como base la experiencia anterior.

A continuación se presenta información adicional para el mes de junio:

Precios de los insumos

Materiales directos

Tela	$3.50 por yarda
Madera	$5.00 por pie cuadrado
Mano de obra directa	$10 por hora de mano de obra directa

Cantidades de insumos por unidad de producción (por par de sandalias)

	Regular	De lujo
Materiales directos		
Tela	1.3 yardas	1.5 yardas
Madera	0	2 pies cuad.
Horas de mano de obra directa (HMOD)	5 horas	7 horas
Horas de configuración de las máquinas por lote	2 horas	3 horas

Información de inventarios, materiales directos

	Tela	Madera
Inventario inicial	610 yardas	800 pies cuad.
Inventario final meta	386 yardas	295 pies cuad.
Costo del inventario inicial	$2,146	$4,040

Borkenstick contabiliza los materiales directos usando el supuesto de PEPS de flujo de costos

Información de ventas y de inventarios, productos terminados

	Regular	De lujo
Ventas esperadas en unidades (pares de sandalias)	2,000	3,000
Precio de venta	$ 80	$ 130
Inventario final meta en unidades	400	600
Inventario inicial en unidades	250	650
Inventario inicial en dólares	$15,500	$61,750

Borkenstick usa un supuesto de flujo de costos de PEPS para el inventario de productos terminados.

Todas las sandalias se elaboran en lotes de 50 pares. Borkenstick incurre en costos indirectos de manufactura, en costos de marketing y de administración general, así como en costos de embarques. Además de los materiales y la mano de obra, los costos de manufactura incluyen las configuraciones de las máquinas, los costos de procesamiento y los costos de inspecciones. Borkenstick envía 40 pares de sandalias por embarque. Borkenstick usa un costeo basado en las actividades y clasifica todos los costos indirectos del mes de junio como se muestra en el siguiente cuadro:

Tipo de costo	Actividad del denominador	Tasa
Costos de manufactura:		
Configuraciones de máquinas	Horas de configuración	$12 por hora de configuración
Procesamiento	Horas de mano de obra directa	$1.20 por HMOD
Inspección	Número de pares de sandalias	$0.90 por par
Costos que no son de manufactura:		
Marketing y administración en general	Ingreso por ventas	8%
Embarques	Número de embarques	$10 por embarque

Se requiere

1. Prepare cada uno de los siguientes reportes para el mes de junio:
   a) Presupuesto de ingresos.
   b) Presupuesto de producción en unidades.
   c) Presupuesto de consumo de materiales directos y presupuesto de compras de materiales directos tanto en unidades como en dólares; redondee a dólares.
   d) Presupuesto del costo de la mano de obra directa.

e) Presupuestos de costos indirectos de manufactura para actividades de procesamiento y de configuración.

f) Costo unitario presupuestado del inventario final de productos terminados y presupuesto de inventarios finales.

g) Presupuesto del costo de los bienes vendidos.

h) Presupuesto de costos de marketing y de administración en general.

2. A continuación se presenta el balance general de Borkenstick al 31 de mayo. Úselo y emplee también la siguiente información para elaborar un presupuesto en efectivo para Borkenstick para el mes de junio. Redondee a enteros.

■ Todas las ventas son a crédito; el 60% se cobra en el mes de la venta, el 38% se cobra en el mes siguiente, y el 2% restante nunca se cobra y se cancela como cuentas malas.

■ Todas las compras de materiales son a crédito. Borkenstick paga el 80% de las compras en el mes de la adquisición y el 20% en el mes siguiente.

■ Todos los demás costos se pagan en el mes en que se incurre en ellos, incluyendo la declaración y el pago de un dividendo en efectivo de $10,000 en junio.

■ Borkenstick realiza pagos mensuales de intereses de 0.5% (6% por año) sobre un préstamo a largo plazo de $10,000.

■ Borkenstick planea pagar los $7,200 de impuestos adeudados al 31 de mayo en el mes de junio. Los gastos de impuestos sobre ingresos de junio son de cero.

■ Treinta por ciento de los costos de procesamiento y de configuración de las máquinas y 10% de los costos de marketing y de los costos generales de administración son depreciación.

Borkenstick
Balance general
Al 31 de mayo

Activos		
Efectivo		$ 6,290
Cuentas por cobrar	$216,000	
Menos: estimación para cuentas incobrables	10,800	205,200
Inventarios:		
Materiales directos		6,186
Productos terminados		77,250
Activos fijos	$580,000	
Menos: depreciación acumulada	90,890	489,110
Total de activos		$784,036

Pasivos y capital contable	
Cuentas por pagar	$ 10,400
Impuestos por pagar	7,200
Intereses por pagar	500
Deuda a largo plazo	100,000
Capital común	200,000
Utilidades retenidas	465,936
Total de pasivos y capital contable	$784,036

3. Prepare un estado de resultados presupuestado para el mes de junio y un balance general presupuestado para Borkenstick al 30 de junio.

Presupuestos flexibles, variaciones en costos directos y control administrativo

Las ligas de deportes profesionales progresan en brindar emociones a sus aficionados.

Parece ser que ningún gasto se desperdicia cuando se trata de divertir a los espectadores y mantenerlos ocupados antes, durante y después de los juegos deportivos. El baloncesto profesional se ha situado a la vanguardia de esta tendencia, popularizando distracciones que complacen a las multitudes como los espectáculos pirotécnicos anteriores al juego, el ruido ambiental, los tableros con fuego controlado y las porristas con playeras deportivas ajustadas que llevan rifles de aire comprimido. ¿Cuál es la meta de invertir millones en tales actividades de "presentación de los juegos"? Dichas actuaciones atraen y mantienen la lealtad de los aficionados más jóvenes. Pero finalmente, cualquier organización, indistintamente de su crecimiento, tiene que retroceder y revisar con detenimiento la conveniencia de sus elecciones en cuanto a gastos. Y cuando los clientes se ven afectados por una recesión, la necesidad de que una organización utilice presupuestos y herramientas de análisis de variaciones para el control de costos se vuelve muy importante, como lo muestra el siguiente artículo.

NBA: donde la austeridad es un hecho[1]

Durante más de 20 años, la National Basketball Association (NBA) voló casi tan alto como una de las imponentes clavadas en la canasta de LeBron James. La liga se expandió de 24 a 30 equipos, negoció algunos contratos de televisión lucrativos y formó a jugadores estrella, como los nombres célebres y multimillonarios Kobe Bryant y Dwayne Wade. La NBA se anunciaba incluso como la liga "donde sucede lo sorprendente". Aunque los costos de los estadios nuevos y los contratos de los jugadores aumentaron, los aficionados continuaron pagando los precios de boletos cada vez más elevados para ver a su equipo favorito. Pero cuando la economía se fue en picada en 2008, la situación cambió de manera drástica.

En la temporada siguiente (2008-2009), más de la mitad de las franquicias de la NBA perdieron dinero. Los aficionados dejaron de comprar boletos y muchas compañías ya no pudieron mantener sus elevados gastos. El comisionado de NBA David Stern anunció que se esperaba que el ingreso general de la liga para la temporada 2009-2010 se redujera en un 5% adicional, en relación con la decepcionante campaña anterior. En la presencia de ingresos magros y de utilidades operativas más difíciles de alcanzar, los equipos de la NBA empezaron a enfatizar con gran fuerza el control de costos y la reducción de las variaciones en la operación, por primera vez desde la década de 1980.

Algunos de los cambios fueron únicamente aparentes. Las animadoras de los Charlotte Bobcats dejaron de presentarse en los espectáculos de medio tiempo, lo cual tenía un costo de hasta $15,000 por

---

[1] *Fuentes:* Arnold, Gregory, 2009. NBA teams cut rosters, assistants, scouts to reduce costs. *The Oregonian*, 26 de octubre; Biderman, David, 2009. The NBA: Where Frugal Happens. *Wall Street Journal*, 27 de octubre.

juego; en tanto que los Cleveland Cavaliers ahorraron $40,000 al cambiar de tarjetas de días festivos de papel a tarjetas electrónicas. Muchos otros equipos —incluyendo los Dallas Mavericks, los Indiana Pacers y el Miami Heat— redujeron los costos de la mano de obra mediante el despido de personal de oficinas.

Sin embargo, otros cambios afectaron el juego en las canchas. Aunque a los equipos de la NBA se les permitía tener 15 jugadores en sus listas respectivas, 10 equipos optaron por ahorrar dinero utilizando un menor número de jugadores. Por ejemplo, los Memphis Grizzlies eliminaron la totalidad de su departamento de scouting, el cual brindaba información importante sobre las fortalezas y las debilidades de los próximos rivales, así como acerca de jugadores potenciales futuros; mientras que los New Jersey Nets intercambiaron a la mayoría de sus superestrellas de alto precio y decidieron trabajar con jugadores más jóvenes, cuyos salarios suelen ser menores. Cada uno de los equipos que reducía sus costos experimentaba resultados distintos. Los Grizzlies fueron un competidor decisivo en las finales, aunque los Nets estuvieron cerca de una de sus peores temporadas en la historia de la NBA.

Del mismo modo que las compañías como General Electric y Bank of America tienen que administrar sus costos y analizar las variaciones en aras de la sustentabilidad a largo plazo, también tienen que hacerlo los equipos deportivos. "La NBA es un negocio como cualquier otro", afirmó Joe Maloof, copropietario de los Sacramento Kings. "Tenemos que vigilar nuestros costos y nuestros gastos, sobre todo durante este periodo económico de prueba. Es mejor estar seguro, vigilar los gastos y asegurarse de que la franquicia se mantenga saludable financieramente."

En el capítulo 6 vimos la manera en que los presupuestos ayudan a los gerentes en su función de planeación. Ahora explicamos la manera en que los presupuestos, especialmente los presupuestos flexibles, se utilizan para calcular las variaciones, lo cual ayuda a los gerentes en su función de control. Los presupuestos flexibles y las variaciones permiten que los gerentes realicen comparaciones significativas de los resultados reales contra el desempeño planeado, así como para que obtengan conocimiento acerca del motivo por el cual los resultados reales difieren del desempeño planeado. Forman la función final crítica del proceso de toma de decisiones en cinco pasos, ya que hacen posible que los gerentes *evalúen el desempeño y aprendan* después de que se implementan las decisiones. En este capítulo y en el siguiente, explicaremos cómo sucede esto.

Presupuestos estáticos y variaciones

Una **variación** es la diferencia entre los resultados reales y el desempeño esperado. Este último también se denomina **desempeño presupuestado** y es un punto de referencia para efectuar comparaciones.

El uso de las variaciones

Las variaciones se sitúan en un punto donde las funciones de planeación y control de la administración se conjuntan entre sí. Ayudan a los gerentes en la implementación de sus estrategias haciendo posible la **administración por excepción**.

Objetivo de aprendizaje 1

Entender los presupuestos estáticos

. . . el presupuesto maestro se basa en resultados planeados al inicio del periodo

y las variaciones de los presupuestos estáticos

. . . la diferencia entre el resultado real y el monto presupuestado correspondiente en el presupuesto estático

Esta es la práctica de concentrar la atención de la gerencia en áreas que no están funcionando como se esperaba (una gran deficiencia en las ventas de un producto, por ejemplo) y la dedicación de menos tiempo a las áreas que realmente estén operando de acuerdo con las expectativas. Dicho de otro modo, al poner de relieve aquellas áreas que más se desviaron de las expectativas, las variaciones permiten que los gerentes centren sus esfuerzos en las áreas más cruciales. Considere los costos por los desperdicios y los reprocesamientos en una planta de electrodomésticos de Maytag. Si los costos reales son mucho mayores que lo presupuestado, las variaciones guiarán a los gerentes en la búsqueda de explicaciones y en la toma oportuna de acciones correctivas, asegurando con ello que las operaciones futuras darán como resultado menos desperdicios y reprocesamientos. Algunas veces ocurren fuertes variaciones positivas, como una disminución significativa en los costos de manufactura de un producto. Los gerentes intentarán comprender las razones de tal disminución (una mejor capacitación de los operadores o cambios en los métodos de manufactura, por ejemplo), de modo que dichas prácticas se puedan continuar y transferir de forma adecuada a otras divisiones dentro de la organización.

Las variaciones también se usan en las evaluaciones del desempeño y para motivar a la gerencia. Los gerentes de las líneas de producción de Maytag pueden tener incentivos trimestrales de eficiencia vinculados con el logro de una cantidad presupuestada de costos operativos.

Algunas veces, las variaciones indican que la compañía debería considerar un cambio en su estrategia. Por ejemplo, las variaciones negativas considerables ocasionadas por tasas de defectos excesivas en un nuevo producto quizás indiquen un diseño defectuoso del mismo. Los gerentes pueden entonces interesarse en investigar el diseño del producto y cambiar potencialmente la mezcla de productos que ofrecen.

El análisis de variaciones contribuye de muchas formas a hacer más efectivos los cinco pasos del proceso de toma de decisiones. Permite a los gerentes evaluar el desempeño y aprender mediante el suministro de un marco de referencia para evaluar de manera correcta el desempeño actual. A la vez, los gerentes toman acciones correctivas para asegurarse de que las decisiones se implementen correctamente y que se logren los resultados presupuestados. Las variaciones también hacen que los gerentes realicen predicciones más informadas acerca del futuro y, por consiguiente, mejoran la calidad del proceso de toma de decisiones en cinco pasos.

Los beneficios del análisis de variaciones no están restringidos a las compañías. En el difícil ambiente económico de la actualidad, los funcionarios públicos se han dado cuenta de que la capacidad para efectuar modificaciones tácticas oportunas con base en la información proveniente de las variaciones protege contra el hecho de tener que hacer ajustes posteriores más drásticos. Por ejemplo, la ciudad de Scottsdale, Arizona, examina mensualmente el desempeño en los impuestos y los cobros contra los gastos. ¿Por qué? Una de las metas de la ciudad es mantener estables sus tasas de consumo del agua. Al controlar la medida en que los ingresos por el agua están satisfaciendo los gastos y las obligaciones actuales, y al acumular simultáneamente fondos para futuros proyectos de infraestructura, la ciudad puede evitar aumentos abruptos en las tasas y lograr una estabilidad a largo plazo en la tasa.[2]

¿Qué tan importante es el análisis de variaciones? En el Reino Unido una encuesta realizada en julio de 2009 por el Instituto de Contadores Administrativo encontró que el análisis de variaciones era, por mucho, la herramienta de costeo más popular en la práctica y que conservaba esa distinción entre organizaciones de todos los tamaños.

Presupuestos estáticos y sus variaciones

Haremos una revisión más profunda de las variaciones examinando el sistema contable de una compañía. A medida que se estudien las ilustraciones de este capítulo, es importante observar que el "nivel" que va seguido de un número denota la cantidad de detalle que muestra el análisis de las variaciones. El nivel 1 indica el mínimo detalle, el nivel 2 ofrece más información y así sucesivamente.

Considere el caso de Webb, una empresa que fabrica y vende chamarras. Estas requieren de trabajos de sastrería y de muchas otras operaciones manuales. Webb vende exclusivamente a los distribuidores quienes, a la vez, venden a tiendas de ropa independientes y a cadenas minoristas. Por sencillez, supondremos que los únicos costos de Webb están en la función de la manufactura; Webb no incurre en costos en otras funciones de la cadena de valor, como marketing y distribución. También suponemos que todas las unidades que se manufacturaron en abril de 2011 se vendieron en ese mismo mes. Por lo tanto, todos los materiales directos se compran y se usan en el mismo periodo presupuestal, y no hay un inventario de materiales directos al inicio ni al final del periodo. No hay inventario de productos en proceso de elaboración ni de productos terminados al inicio ni al final del periodo.

---

[2] Para una excelente exposición y otros ejemplos similares del sector gubernamental, véase S. Kavanagh y C. Swanson, "Tactical Financial Management: Cash Flow and Budgetary Variante Análisis", *Government Finance Review* (1 de octubre de 2009).

Webb tiene tres categorías de costos variables. El costo variable presupuestado por chamarra para cada categoría es el siguiente:

Categoría del costo	Costo variable por chamarra
Costos de materiales directos	$60
Costos de mano de obra directa	16
Costos indirectos variables de manufactura	12
Total de costos variables	$88

El *número de unidades manufacturadas* es el generador del costo para los materiales directos, la mano de obra directa y los costos indirectos variables de manufactura. La escala relevante para el generador del costo es de 0 a 12,000 chamarras. Los datos presupuestados y los datos reales para abril de 2011 se presentan a continuación:

Costos fijos presupuestados para una producción entre 0 y 12,000 chamarras	$276,000
Precio de venta presupuestado	$ 120 por chamarra
Producción y ventas presupuestados	12,000 chamarras
Producción y ventas reales	10,000 chamarras

El **presupuesto estático**, o presupuesto maestro, se basa en el nivel de resultados planeado al inicio del periodo del presupuesto. El presupuesto maestro se denomina presupuesto estático porque el presupuesto del periodo se desarrolla en torno a un solo nivel de resultados planeado (estático). La ilustración 7-1, columna 3, presenta el presupuesto estático de la compañía Webb para abril del 2011 y el cual se preparó a finales de 2010. Para cada una de las partidas dentro del estado de resultados, la ilustración 7-1, columna 1, muestra los datos para los resultados reales de abril. Por ejemplo, los ingresos reales son de $1,250,000, y el precio de venta real es de $1,250,000 ÷ 10,000 chamarras = $125 por chamarra —en comparación con el precio de venta presupuestado de $120 por chamarra. De manera similar, los costos reales de los materiales directos son de $621,600, y el costo de los materiales directos por chamarra es de $621,600 ÷ 10,000 = $62.16 por chamarra— en comparación con el costo presupuestado de los materiales directos por chamarra de $60. Describiremos las razones y las explicaciones potenciales para tales diferencias, a medida que expongamos distintas variaciones en todo el capítulo.

La **variación del presupuesto estático** (véase la ilustración 7-1, columna 2) es la diferencia entre el resultado real y la cantidad presupuestada correspondiente en el presupuesto estático.

Una **variación favorable** —la cual se denota con F en este libro— cuando se considera en forma aislada, tiene el efecto de aumentar la utilidad en operación u operativa en relación con el monto presupuestado.

Análisis del nivel 1

	Resultados reales (1)	Variaciones del presupuesto estático (2) = (1) – (3)	Presupuesto estático (3)
Unidades vendidas	10,000	2,000 D	12,000
Ingresos	$ 1,250,000	$190,000 D	$1,440,000
Costos variables			
Materiales directos	621,600	98,400 F	720,000
Mano de obra directa	198,000	6,000 D	192,000
Costos indirectos variables de manufactura	130,500	13,500 F	144,000
Costos variables totales	950,100	105,900 F	1,056,000
Margen de contribución	299,900	84,100 D	384,000
Costos fijos	285,000	9,000 D	276,000
Utilidad en operación	$ 14,900	$ 93,100 D	$ 108,000

$ 93,100 D

Variación del presupuesto estático

Ilustración 7-1

Presupuesto estático basado en el análisis de variaciones de la compañía Webb para el mes de abril de 2011

Para las partidas de ingresos, F significa que los ingresos reales exceden a los ingresos presupuestados. Para las partidas de costos, F significa que los costos reales son inferiores a los costos presupuestados. Una **variación desfavorable** —la cual se denota con D en este libro— cuando se considera en forma aislada, tiene el efecto de disminuir la utilidad en operación en relación con el monto presupuestado. Las variaciones desfavorables también se denominan *variaciones adversas* en algunos países, como en el Reino Unido.

La variación desfavorable del presupuesto estático, para la utilidad en operación de $93,100 de la ilustración 7-1, se calcula restando la utilidad en operación del presupuesto estático de $108,000 de la utilidad en operación real de $14,900:

$$\begin{array}{c} \text{Variación del presupuesto} \\ \text{estático para la utilidad} \\ \text{en operación} \end{array} = \begin{array}{c} \text{Resultado} \\ \text{real} \end{array} - \begin{array}{c} \text{Monto del presupuesto} \\ \text{estático} \end{array}$$

$$= \$14,900 - \$108,000$$

$$= \$93,100 \text{ D.}$$

El análisis de la ilustración 7-1 brinda a los gerentes información adicional sobre la variación del presupuesto estático para la utilidad en operación de $93,100 D. La clasificación más detallada indica la manera en que las partidas que forman la utilidad en operación —ingresos, costos variables individuales y costos fijos— forman la variación del presupuesto estático por $93,100.

Recuerde que Webb fabricó y vendió tan solo 10,000 chamarras, aunque los gerentes anticiparon una producción de 12,000 chamarras en el presupuesto estático. *Los gerentes están interesados en saber qué cantidad de la variación del presupuesto estático se debe a un pronóstico inexacto de las unidades de producción vendidas, y qué cantidad se debe al desempeño de Webb en la manufactura y la venta de 10,000 chamarras.* Por lo tanto, los gerentes crean un presupuesto flexible, el cual hace posible un entendimiento más profundo de las desviaciones con respecto al presupuesto estático.

Punto de decisión ▶

¿Qué son los presupuestos estáticos y qué son las variaciones de los presupuestos estáticos?

Presupuestos flexibles

Un **presupuesto flexible** calcula los ingresos presupuestados y los costos presupuestados tomando como base la *producción real en el periodo del presupuesto*. El presupuesto flexible se prepara al final del periodo (abril de 2011), después de que se conoce la producción real de 10,000 chamarras. El presupuesto flexible es el presupuesto *hipotético* que Webb habría preparado al inicio del periodo del presupuesto, si hubiera pronosticado correctamente la producción real de 10,000 chamarras. En otras palabras, el presupuesto flexible no es el plan que Webb consideraba inicialmente para el mes de abril de 2011 (recuerde que Webb había planeado una producción de 12,000 chamarras). Más bien, es el presupuesto que Webb Company *habría* integrado para abril si hubiera sabido en forma anticipada que la producción para el mes sería de 10,000 chamarras. Al elaborar un presupuesto flexible, observe que:

Objetivo de aprendizaje 2

Examinar el concepto de presupuesto flexible

. . . el presupuesto que se ajusta (se adapta) para reconocer el nivel de producción real

y cómo desarrollarlo

. . . aumentar en forma proporcional los costos variables; mantener los costos fijos en el mismo nivel

■ El precio de venta presupuestado es el mismo de $120 por chamarra que se utilizó en la preparación del presupuesto estático.

■ El costo variable presupuestado por unidad son los mismos $88 por chamarra que se usaron con el presupuesto estático.

■ Los costos fijos *totales* presupuestados son el mismo monto del presupuesto estático de $276,000. ¿Por qué? Porque las 10,000 chamarras fabricadas caen dentro de la escala relevante de 0 a 12,000 chamarras. Por consiguiente, Webb habría presupuestado la misma cantidad de costos fijos de $276,000, indistintamente de que hubiera anticipado elaborar 10,000 o 12,000 chamarras.

La *única* diferencia entre el presupuesto estático y el presupuesto flexible es que el primero se elabora para resultados planeados de 12,000 chamarras, en tanto que el segundo se basa en la producción real de 10,000 chamarras. El presupuesto estático se está "ajustando" de 12,000 a 10,000 chamarras.[3] El presupuesto flexible de 10,000 chamarras supone que todos los costos son ya sea completamente variables o completamente fijos con respecto al número de chamarras fabricadas.

Webb desarrolla su presupuesto flexible siguiendo tres pasos.

Paso 1: Identificar la cantidad real de producción. En abril de 2011, Webb produjo y vendió 10,000 chamarras.

---

[3] Suponga, al preparar el presupuesto del año siguiente a finales de 2010, que Webb hubiera anticipado correctamente que su producción de abril de 2011 sería igual a 10,000 chamarras. Entonces, el presupuesto flexible para abril de 2011 sería idéntico al presupuesto estático.

Paso 2: Calcular el presupuesto flexible para los ingresos tomando como base el precio de venta presupuestado y la cantidad real de producción.

$$\text{Ingresos del presupuesto flexible} = \$120 \text{ por chamarra} \times 10,000 \text{ chamarras}$$

$$= \$1,200,000$$

Paso 3: Calcular el presupuesto flexible para los costos tomando como base el costo variable presupuestado por unidad producida, la cantidad real de producción y los costos fijos presupuestados.

Costos variables del presupuesto flexible	
Materiales directos, $60 por chamarra × 10,000 chamarras	$ 600,000
Mano de obra directa, $16 por chamarra × 10,000 chamarras	160,000
Costos indirectos variables de manufactura, $12 por chamarra10,000 × chamarras	120,000
Total de costos variables del presupuesto flexible	880,000
Costos fijos del presupuesto flexible	276,000
Costos totales del presupuesto flexible	$1,156,000

Estos tres pasos permiten que Webb elabore un presupuesto flexible, como se muestra en la ilustración 7-2, columna 3. El presupuesto flexible permite un análisis más detallado de la variación desfavorable del presupuesto estático de $93,100 para la utilidad en operación.

Variaciones del presupuesto flexible y variaciones del volumen de ventas

La ilustración 7-2 presenta el análisis de variaciones basado en el presupuesto flexible para Webb, que subdivide en dos partes la variación desfavorable del presupuesto estático de $93,100 para la utilidad en operación: una variación del presupuesto flexible de $29,100 D y una variación del volumen de ventas de $64,000 D. La **variación del volumen de ventas** es la diferencia entre una cantidad del presupuesto flexible y la cantidad correspondiente del presupuesto estático. La **variación del presupuesto flexible** es la diferencia entre un resultado real y la cantidad correspondiente del presupuesto flexible.

Punto de decisión

¿Cómo pueden los gerentes desarrollar un presupuesto flexible y cuál es la utilidad de dicho presupuesto?

Ilustración 7-2 Análisis de variaciones del nivel 2 con base en el presupuesto flexible de la compañía Webb para abril de 2011[a]

Análisis del nivel 2

	Resultados reales (1)	Variaciones del presupuesto flexible (2) = (1) − (3)	Presupuesto flexible (3)	Variaciones del volumen de ventas (4) = (3) − (5)	Presupuesto estático (5)
Unidades vendidas	10,000	0	10,000	2,000 D	12,000
Ingresos	$1,250,000	$50,000 F	$1,200,000	$240,000 D	$1,440,000
Costos variables					
Materiales directos	621,600	21,600 D	600,000	120,000 F	720,000
Mano de obra directa	198,000	38,000 D	160,000	32,000 F	192,000
Costos indirectos variables de manufactura	130,500	10,500 D	120,000	24,000 F	144,000
Total de costos variables	950,100	70,100 D	880,000	176,000 F	1,056,000
Margen de contribución	299,900	20,100 D	320,000	64,000 D	384,000
Costos fijos de manufactura	285,000	9,000 D	276,000	0	276,000
Utilidad en operación	$ 14,900	$29,100 D	$ 44,000	$ 64,000 D	$ 108,000

Nivel 2

$29,100 D $ 64,000 D

Variación del presupuesto flexible   Variación del volumen de ventas

Nivel 1

$93,100 D

Variación del presupuesto estático

[a]F = efecto favorable sobre la utilidad en operación; D = efecto desfavorable sobre la utilidad en operación.

Objetivo de aprendizaje 3

Calcular las variaciones del presupuesto flexible

. . . cada variación del presupuesto flexible es la diferencia entre un resultado real y una cantidad del presupuesto flexible

y las variaciones del volumen de ventas

. . . cada variación del volumen de ventas es la diferencia entre una cantidad del presupuesto flexible y una cantidad del presupuesto estático

Variaciones del volumen de ventas

Es importante tener presente que en la ilustración 7-2, las cantidades del presupuesto flexible de la columna 3 y las cantidades del presupuesto estático de la columna 5 se calculan ambas usando precios de venta presupuestados, el costo variable presupuestado por chamarra y los costos fijos presupuestados. La diferencia entre las cantidades del presupuesto estático y las cantidades del presupuesto flexible se denomina variación del volumen de ventas, porque surge *únicamente* de la diferencia entre la cantidad (o el volumen) real de 10,000 chamarras vendidas y la cantidad de 12,000 chamarras que se espera que se vendan en el presupuesto estático.

$$\begin{array}{c}\text{Variación del volumen} \\ \text{de ventas para la} \\ \text{utilidad en operación}\end{array} = \begin{array}{c}\text{Cantidad del} \\ \text{presupuesto flexible}\end{array} - \begin{array}{c}\text{Cantidad del} \\ \text{presupuesto estático}\end{array}$$

$$= \$44,000 - \$108,000$$

$$= \$64,000 \text{ D}$$

La variación del volumen de ventas en la utilidad en operación de Webb mide el cambio en el margen de contribución presupuestado porque Webb vendió únicamente 10,000 chamarras en vez de las 12,000 presupuestadas.

$$\begin{array}{c}\text{Variación en el} \\ \text{volumen de ventas} \\ \text{para la utilidad} \\ \text{en operación}\end{array} = \left(\begin{array}{c}\text{Margen de contribución} \\ \text{presupuestado por unidad}\end{array}\right) \times \left(\begin{array}{c}\text{Unidades reales} \\ \text{vendidas}\end{array} - \begin{array}{c}\text{Unidades del presupuesto} \\ \text{estático vendidas}\end{array}\right)$$

$$= \left(\begin{array}{c}\text{Precio} \\ \text{de venta} \\ \text{presupuestado}\end{array} - \begin{array}{c}\text{Costo variable} \\ \text{por unidad} \\ \text{presupuestado}\end{array}\right) \times \left(\begin{array}{c}\text{Unidades} \\ \text{reales} \\ \text{vendidas}\end{array} - \begin{array}{c}\text{Unidades} \\ \text{del presupuesto} \\ \text{estático vendidas}\end{array}\right)$$

$$= (\$120 \text{ por chamarra} - \$88 \text{ por chamarra}) \times (10,000 \text{ chamarras} - 12,000 \text{ chamarras})$$

$$= \$32 \text{ por chamarra} \times (-2,000 \text{ chamarras})$$

$$= \$64,000 \text{ D}$$

La ilustración 7-2, columna 4, muestra los componentes de esta variación general identificando la variación del volumen de ventas, para cada una de las partidas en el estado de resultados. Los gerentes de Webb determinan que la variación desfavorable del volumen de ventas en la utilidad en operación podría deberse a una o más de las siguientes razones:

1. La demanda general por las chamarras no está creciendo a la tasa que se había anticipado.

2. Los competidores se están llevando una participación del mercado de Webb.

3. Webb no se adaptó con rapidez a los cambios en las preferencias y los gustos de los consumidores.

4. Las metas de las ventas presupuestadas se establecieron sin realizar un análisis cuidadoso de las condiciones del mercado.

5. Se desarrollaron problemas de calidad que condujeron a la insatisfacción del cliente con las chamarras de Webb.

La manera en que Webb responda a la variación desfavorable en el volumen de ventas estará influida por aquello que la gerencia considere la causa de la variación. Por ejemplo, si la gerencia de Webb cree que la variación desfavorable en el volumen de ventas fue ocasionada por razones relacionadas con el mercado (razones 1, 2, 3 o 4), el gerente de ventas estaría en la mejor posición para explicar lo que sucedió y para indicar las acciones correctivas que serían necesarias, como las promociones de ventas o los estudios de mercado. Sin embargo, si los gerentes consideran que la variación desfavorable en el volumen de ventas fue ocasionada por problemas de calidad (razón 5), el gerente de producción estaría en la mejor posición para analizar las causas y para indicar estrategias para el mejoramiento, como los cambios en el proceso de manufactura o las inversiones en nuevas máquinas. El apéndice muestra cómo analizar con mayor profundidad la variación del volumen de ventas, para identificar las razones en un resultado desfavorable.

Las variaciones del presupuesto estático compararon los ingresos con los costos reales para 10,000 chamarras, contra los ingresos y los costos presupuestados para 12,000 chamarras. Una porción de esta diferencia, la variación del volumen de ventas, refleja los efectos de un pronóstico inexacto para las unidades producidas vendidas.

Al eliminar este componente de la variación del presupuesto estático, los gerentes pueden comparar los ingresos reales obtenidos y los costos en que se incurrió en abril de 2011 contra el presupuesto flexible —los ingresos y los costos que Webb habría presupuestado para las 10,000 chamarras realmente producidas y vendidas. *Estas variaciones del presupuesto flexible son una medida del desempeño operativo mejor que las variaciones del presupuesto estático, porque comparan los ingresos reales con los ingresos presupuestados, y los costos reales con los costos presupuestados para la misma producción de 10,000 chamarras.*

Variaciones de los presupuestos flexibles

Las tres primeras columnas de la ilustración 7-2 comparan los resultados reales con las cantidades del presupuesto flexible. Las variaciones del presupuesto flexible están en la columna 2 para cada partida del estado de resultados.

$$\text{Variación del presupuesto flexible} = \text{Resultado real} - \text{Cantidad del presupuesto flexible}$$

La fila de la utilidad en operación de la ilustración 7-2 muestra que la variación del presupuesto flexible es de $29,100 D ($14,900 − $44,000). La cantidad de $29,100 D surge porque el precio de venta real, el costo variable real por unidad y los costos fijos reales difieren de sus cantidades presupuestadas. Los resultados reales y las cantidades presupuestadas para el precio de venta y para el costo variable por unidad son como sigue:

	Resultado real	Monto presupuestado
Precio de venta	$125.00 ($1,250,000 ÷ 10,000 chamarras)	$120.00 ($1,200,000 ÷ 10,000 chamarras)
Costo variable por chamarra	$ 95.01 ($ 950,100 ÷ 10,000 chamarras)	$ 88.00 ($ 880,000 ÷ 10,000 chamarras)

La variación del presupuesto flexible para los ingresos se denomina **variación del precio de venta** porque surge únicamente de la diferencia entre el precio de venta real y el precio de venta presupuestado:

$$\text{Variación del precio de venta} = \left(\text{Precio de venta real} - \text{Precio de venta presupuestado}\right) \times \text{Unidades reales vendidas}$$

$$= (\$125 \text{ por chamarra} - \$120 \text{ por chamarra}) \times 10,000 \text{ chamarras}$$

$$= \$50,000 \text{ F}$$

Webb tiene una variación favorable en el precio de venta porque el precio de venta real de $125 excede el monto presupuestado de $120, lo cual aumenta la utilidad en operación. Los gerentes de marketing están, por lo general, en la mejor posición para entender y explicar la razón para tal diferencia en el precio de venta. Por ejemplo, ¿dicha diferencia se debió a una mejor calidad? ¿O se debió a un aumento general en los precios de mercado? Los gerentes de Webb concluyeron que se debió a un aumento general en los precios.

La variación del presupuesto flexible para los costos variables totales es desfavorable ($70,100 U) para la producción real de 10,000 chamarras. Es desfavorable por una o las dos razones siguientes:

■ Webb usó cantidades más grandes de insumos (como horas de mano de obra directa) en comparación con las cantidades de insumos presupuestadas.

■ Webb incurrió en precios más altos por unidad para los insumos (como la tasa salarial por hora de mano de obra directa) en comparación con los precios presupuestados por unidad de los insumos.

La existencia de cantidades de insumos más altas y/o de mayores precios de insumos en relación con los montos presupuestados podría ser el resultado de que Webb decidiera elaborar un mejor producto que lo que se había planeado, o bien, de ineficiencias en la manufactura y en las compras de Webb, o de ambas cuestiones. *Siempre se debería pensar en el análisis de variaciones como aquel que brinda sugerencias para una investigación más profunda, en vez de concebirlo como una evidencia concluyente de un desempeño óptimo o deficiente.*

Los costos fijos reales de $285,000 son $9,000 más altos que el monto presupuestado de $276,000. Esta variación desfavorable en el presupuesto flexible refleja aumentos inesperados en el costo de los recursos indirectos fijos, como la renta de la fábrica o los salarios de los supervisores.

En la parte restante de este capítulo, nos centraremos en las variaciones de los costos directos variables. El capítulo 8 examina la importancia de las variaciones en los costos indirectos.

Punto de decisión

¿Cómo se calculan las variaciones del presupuesto flexible y las variaciones del volumen de ventas?

Variaciones en precio y variaciones en eficiencia para los insumos de los costos directos

Para obtener un entendimiento más profundo, casi todas las compañías subdividen la variación del presupuesto flexible para los insumos de los costos directos en dos variaciones más detalladas:

1. Una variación en precio que refleja la diferencia entre el precio real y el precio presupuestado de los insumos.

2. Una variación en eficiencia que refleja la diferencia entre la cantidad real y la cantidad presupuestada de los insumos.

La información que está disponible a partir de estas variaciones (a las cuales llamamos variaciones del nivel 3) ayuda a los gerentes a entender mejor el desempeño pasado y a tomar acciones correctivas para implementar estrategias superiores en el futuro. Los gerentes tienen, por lo general, más control sobre las variaciones en eficiencia que sobre las variaciones en precio, porque la cantidad de insumos usada se ve afectada básicamente por factores internos a la compañía (como la eficiencia con la que se ejecutan las operaciones); mientras que los cambios en los precios de los materiales o en las tasas salariales podrían quedar, en su mayoría, determinados por fuerzas de mercado externas a la compañía (véase la sección Conceptos en acción de la página 237).

Obtención de los precios y las cantidades presupuestados para los insumos

Para calcular las variaciones en precio y en eficiencia, Webb necesita obtener los precios y las cantidades presupuestadas de los insumos. Sus tres principales fuentes de esta información son los datos históricos, los datos de compañías similares y los estándares.

1. **Datos reales de los insumos provenientes de periodos anteriores.** La mayoría de las empresas tienen datos históricos sobre los precios y las cantidades reales de los insumos. Dichos datos históricos podrían analizarse en la búsqueda de tendencias o patrones (usando algunas de las técnicas que expondremos en el capítulo 10), para obtener estimaciones de los precios y las cantidades presupuestadas. La ventaja de los datos históricos es que representan cantidades y precios que son reales en vez de hipotéticos y que pueden servir como estándares de comparación para una mejora continua. Otra ventaja es que los datos históricos están, por lo general, disponibles a un costo bajo. Sin embargo, existen algunas limitaciones en el uso de los datos históricos. Los datos del pasado suelen incluir ineficiencias como desperdicios de los materiales directos. Además, no incorporan ningún cambio esperado para el periodo del presupuesto.

2. **Datos provenientes de otras compañías que tienen procesos similares.** El beneficio de usar datos provenientes de empresas similares es que las cifras del presupuesto representan estándares de comparación competitivos de otras compañías. Por ejemplo, el hospital Baptist en Louisville, Kentucky, mantiene presupuestos flexibles detallados y compara el desempeño de su mano de obra contra los nosocomios que ofrecen tipos similares de servicios y volúmenes, y que se encuentran en el cuartil superior de un estándar de comparación nacional. La principal dificultad de usar tal fuente de información es que los datos de los precios de los insumos y de las cantidades de los insumos de otras compañías con frecuencia no están disponibles, o quizá no sean comparables con la situación específica de una organización. Considere el caso de American Apparel, la cual elabora más de un millón de prendas de vestir por semana. En su única fábrica, en Los Ángeles, los trabajadores reciben salarios por hora, tasas a destajo y prestaciones médicas muy superiores a los que pagan sus competidores, todos los cuales están básicamente en el extranjero. Además, puesto que el abastecimiento del algodón orgánico del extranjero da como resultado una cantidad excesiva de emisiones de carbono, American Apparel compra algodón doméstico, cuyo precio es más alto, pero de tal modo se mantiene a la altura de los programas de sustentabilidad.

3. **Estándares desarrollados por Webb.** Un **estándar** es un precio, un costo o una cantidad cuidadosamente determinado y que se usa como un punto de referencia para juzgar el desempeño. Los estándares se expresan por lo general en unidades. Considere la manera en que Webb determina sus estándares de mano de obra directa. Webb realiza estudios de ingeniería para obtener un análisis detallado de los pasos que se requieren para elaborar una chamarra. A cada paso se le asigna un tiempo estándar tomando como base el trabajo desarrollado por un operador *calificado* y usando un equipo que opera *con eficiencia*. Hay dos ventajas en el uso de los tiempos estándar: **i.** Tienen como propósito excluir las ineficiencias pasadas y **ii.** tienen la finalidad de tomar en cuenta los cambios que se espera que sucedan en el periodo del presupuesto. Un ejemplo del segundo punto es la decisión de Webb, por razones estratégicas, de arrendar

nuevas máquinas de coser que operan a una mayor velocidad y que hacen posible una producción con menores tasas de defectos. De manera similar, Webb determina la cantidad estándar de yardas cuadradas de tela que requiere un operador calificado para elaborar cada chamarra.

El término "estándar" se refiere a muchas cosas diferentes. Siempre se debe aclarar su significado y la manera en que se utiliza. Un **insumo estándar** es una cantidad de insumo determinada con todo cuidado —como las yardas cuadradas de tela o las horas de mano de obra directa—, que se requieren para obtener una unidad de producción, como una chamarra. Un **precio estándar** es un precio cuidadosamente determinado que una compañía espera pagar por una unidad de un insumo. En el ejemplo de Webb, la tasa del salario estándar que Webb espera pagar a sus operadores es un ejemplo de un precio estándar de una hora de mano de obra directa. Un **costo estándar** es un costo cuidadosamente determinado de una unidad de producción —por ejemplo, el costo de la mano de obra directa de una chamarra en Webb.

$$\frac{\text{Costo estándar por unidad de producción}}{\text{para cada insumo de costo directo variable}} = \frac{\text{Insumo estándar permitido}}{\text{para una unidad producida}} \times \frac{\text{Precio estándar}}{\text{por unidad producida}}$$

Costo estándar de materiales directos por chamarra: 2 yardas cuadradas de insumo de tela permitidas por unidad producida (chamarra) manufacturada, a un precio estándar de $30 por yarda cuadrada

Costo estándar de materiales directos por chamarra = 2 yardas cuadradas × $30 por yarda cuadrada = $60

Costo estándar de la mano de obra directa por chamarra: 0.8 horas de mano de obra de manufactura de insumo permitido por unidad de producción manufacturada, a $20 de precio estándar por hora.

Costo estándar de mano de obra directa por chamarra = 0.8 horas en mano de obra × $20 por hora de mano de obra = $16

¿Cómo se relacionan las palabras "presupuesto" y "estándar"? La palabra presupuesto es un término más amplio. Como aclaración, los presupuestos de los precios de los insumos, las cantidades de los insumos y los costos de los insumos *no* necesitan basarse en estándares. Como vimos anteriormente, podrían basarse, por ejemplo, en datos históricos o en estándares de comparación competitivos. Sin embargo, cuando se *utilizan* estándares para obtener cantidades presupuestadas de precios y de precios, los términos "estándar" y "presupuesto" se usan de manera indistinta. El costo estándar de cada insumo que se requiere para una unidad de producción está determinado por la cantidad estándar del insumo que se requiere para una unidad de producción y el precio estándar por unidad de insumo. Observe la manera en que los cálculos del costo estándar que se mostraron anteriormente para los materiales directos y para la mano de obra directa dan como resultado el costo presupuestado de materiales directos por chamarra de $60 y el costo presupuestado de mano de obra directa de $16, al cual nos referimos anteriormente (página 229).

En su sistema de costo estándar, Webb usa estándares que son alcanzables a través de operaciones eficientes, pero que permiten las interrupciones normales. Una alternativa es establecer estándares más desafiantes que sean más difíciles de alcanzar. Como vimos en el capítulo 6, el establecimiento de estándares desafiantes suele aumentar la motivación y el desempeño. Sin embargo, cuando los trabajadores consideran que los estándares son esencialmente inalcanzables, podrían incrementar la frustración y socavar el desempeño.

Datos para el cálculo de las variaciones en precio y de las variaciones en eficiencia de Webb

Considere las dos categorías de costos directos de Webb. El costo real de cada una de estas categorías para las 10,000 chamarras manufacturadas y vendidas en abril de 2011 es como sigue:

Materiales directos comprados y usados[4]
1. Yardas cuadradas de insumo de tela compradas y usadas — 22,200
2. Precio real incurrido por yarda cuadrada — $ 28
3. Costos de los materiales directos (22,200 × $28) [que se muestran en la ilustración 7-2, columna 11] — $621,600

Mano de obra directa
1. Horas de mano de obra directa — 9,000
2. Precio real incurrido por hora de mano de obra directa — $ 22
3. Costos de los materiales directos (9,000 × $22) [que se muestran en la ilustración 7-2, columna 1] — $198,000

[4] El problema para autoestudio (pp. 246-247) relaja el supuesto de que la cantidad de materiales directos usados es igual a la cantidad de materiales directos comprados.

◀ **Punto de decisión**

¿Qué es un costo estándar y cuáles son sus propósitos?

Objetivo de aprendizaje 5

Calcular las variaciones en precio

. . . cada variación en precio es la diferencia entre el precio real de un insumo y el precio presupuestado de ese insumo

y las variaciones en eficiencia

. . . cada variación en eficiencia es la diferencia entre la cantidad real de un insumo y la cantidad presupuestadas de ese insumo para la producción real

en las categorías de costos directos

Utilicemos los datos de la compañía Webb para ilustrar la variación en precio y la variación en eficiencia para los insumos de costos directos.

Una **variación en precio** es la diferencia entre el precio real y el precio presupuestado, multiplicada por la cantidad real del insumo, como los materiales directos comprados o utilizados. Una variación en precio se denomina algunas veces **variación en el precio del insumo** o **variación en la tasa**, sobre todo cuando se refiere a una variación en precio para la mano de obra directa. Una **variación en eficiencia** es la diferencia entre la cantidad real de insumos usados —como las yardas cuadradas de tela de materiales directos— y la cantidad presupuestada de insumos permitidos para la producción real, multiplicada por el precio presupuestado. Una variación en eficiencia se denomina algunas veces **variación en consumo**. Exploremos las variaciones en precio y en eficiencia con mayor detalle, de modo que observemos la forma en que los gerentes emplean tales variaciones para mejorar su desempeño futuro.

Variaciones en precio

La fórmula para el cálculo de las variaciones en precio es como sigue:

$$\text{Variación en precio} = \left(\begin{array}{c} \text{Precio real} \\ \text{del insumo} \end{array} - \begin{array}{c} \text{Precio presupuestado} \\ \text{del insumo} \end{array} \right) \times \begin{array}{c} \text{Cantidad real} \\ \text{del insumo} \end{array}$$

Las variaciones en precio para las dos categorías de costos directos de Webb son las siguientes:

Categoría de costo directo	(Precio real del insumo − Precio presupuestado del insumo) ×	Cantidad real del insumo	Variación = en precio
Materiales directos	($28 por yar. cuad. − $30 por yar. cuad.) ×	22,200 yar. cuad.	= $44,400 F
Mano de obra directa	($22 por hora − $20 por hora) ×	9,000 horas	= $18,000 D

La variación en el precio de los materiales directos es favorable porque el precio real de la tela es inferior al precio presupuestado, lo cual da como resultado un incremento en la utilidad en operación. La variación en el precio de la mano de obra directa es desfavorable porque la tasa salarial real que se pagó a la mano de obra es superior a la tasa presupuestada, lo cual da como resultado una disminución en la utilidad en operación.

Siempre hay que considerar una amplia gama de causas posibles para una variación en precio. Por ejemplo, la variación favorable en el precio de los materiales directos de Webb podría deberse a una o más de las siguientes situaciones:

■ El gerente de compras de Webb negoció los precios de los materiales directos con una mayor habilidad que la que se había planeado en el presupuesto.

■ El gerente de compras cambió a un proveedor con un precio más bajo.

■ El gerente de compras de Webb ordenó mayores cantidades que las cantidades presupuestadas y, de tal modo, obtuvo un descuento por volumen.

■ Los precios de los materiales directos disminuyeron inesperadamente debido a una sobreoferta en la industria, por ejemplo.

■ Los precios de compra presupuestados de los materiales directos se fijaron a un nivel demasiado alto, sin un análisis cuidadoso de las condiciones del mercado.

■ El gerente de compras recibió precios favorables porque estaba dispuesto a aceptar términos desfavorables sobre ciertos factores distintos del precio (como materiales con menor calidad).

La respuesta de Webb ante una variación en el precio de los materiales directos depende de lo que se considere la causa de la variación. Suponga que los gerentes de Webb atribuyen la variación favorable en precio al hecho de que el gerente de compras ordenó mayores cantidades que las presupuestadas y, en consecuencia, recibió descuentos por volumen. Webb podría examinar si la compra de estas cantidades más grandes dio como resultado mayores costos por almacenamiento. Si el incremento en los costos por almacenamiento y mantenimiento del inventario excede los descuentos por volumen, el hecho de comprar cantidades más grandes no resulta benéfico. Algunas compañías han reducido sus áreas de almacenamiento de materiales para evitar que sus gerentes de compras ordenen mayores cantidades.

Variación en eficiencia

Para cualquier nivel real de producción, la variación en eficiencia es la diferencia entre la cantidad real de insumos usados y la cantidad presupuestada de insumos permitidos para ese nivel de producción, multiplicada por el precio presupuestado del insumo:

$$\text{Variación en eficiencia} = \left(\begin{array}{c} \text{Cantidad} \\ \text{real de insumos} \\ \text{usados} \end{array} - \begin{array}{c} \text{Cantidad presupuestada} \\ \text{de insumos permitidos} \\ \text{para la producción real} \end{array} \right) \times \begin{array}{c} \text{Precio presupuestado} \\ \text{del insumo} \end{array}$$

Conceptos en acción

Starbucks reduce las variaciones en costos directos para preparar un cambio de rumbo

Junto con el café, Starbucks preparó un crecimiento rentable durante muchos años. Desde Seattle hasta Singapur, los clientes formaban largas filas para comprar cafés *lattes* y *frapuccinos* de $4. El hecho de caminar por la calle bebiendo un café de Starbucks se convirtió en un símbolo de estatus bastante accesible. Pero cuando los clientes tuvieron que apretarse el cinturón en medio de la recesión económica, la compañía enfrentó un problema serio. Con clientes que recortaban sus gastos y una competencia que ofrecía un precio menor —como Dunkin' Donuts y McDonald's entre otros—, los márgenes de utilidad de Starbucks estaban bajo fuego.

Para Starbucks, la rentabilidad depende de su capacidad para elaborar cada bebida de alta calidad al menor costo posible. En consecuencia, la profunda comprensión de los costos directos es fundamental. El análisis de las variaciones ayuda a los gerentes a evaluar y a mantener la rentabilidad a los niveles deseados. En cada tienda Starbucks, los dos principales costos directos son los materiales y la mano de obra.

En Starbucks, los costos de los materiales incluyen los granos de café, la leche, los jarabes saborizantes, la repostería, los vasos desechables y las tapaderas. Para reducir los costos presupuestados de los materiales, Starbucks se centró en dos insumos clave: el café y la leche. Para el café, Starbucks trató de evitar el desperdicio y las mermas dejando de preparar mezclas de café descafeinado y más oscuro en la tarde y en la noche, cuando disminuye la afluencia en la tienda. En cambio, los encargados de la barra recibieron la indicación de preparar una jarra tan solo cuando un cliente lo ordenara. Con precios crecientes en los lácteos (los cuales representan cerca del 10% del costo de ventas de Starbucks), la compañía cambió a una mezcla con 2% de leche, la cual es más saludable y cuesta menos, y redobló los esfuerzos para reducir los desperdicios relacionados con este insumo.

Los costos de la mano de obra en Starbucks, que representan el 24% del ingreso anual de la compañía, eran otra área adecuada para el análisis de las variaciones. Muchas tiendas utilizaron un menor número de encargados de la barra. Y en otras, Starbucks adoptó muchas técnicas de producción "eficiente". Dado que el 30% de tiempo de los encargados de la barra se utilizaba en caminar continuamente detrás del mostrador, en alcanzar los productos y en mezclar bebidas, Starbucks se enfocó en hacer más eficiente su proceso de elaboración de bebidas. Aunque los cambios parecían modestos —como mantener los recipientes con los granos de café en la parte superior del mostrador, de tal modo que los encargados de la barra no tuvieran que agacharse, colocar las botellas de jarabes saborizantes más cerca del punto donde se preparaban las bebidas y utilizar una cinta de colores para diferenciar rápidamente entre las jarras de leche de soya, sin grasa y baja en grasas—, algunas tiendas experimentaron un aumento de 10% en las transacciones usando el mismo número de trabajadores o incluso un menor número de ellos.

La compañía tomó otras medidas adicionales para alinear los costos de la mano de obra con su sistema de precios. Starbucks redujo los precios de las bebidas más fáciles de preparar como el café americano de grano, y aumentó los precios hasta en 30 centavos para las bebidas más grandes y más complejas, como el *venti caramel macchiato*.

La preocupación de Starbucks por la reducción de las variaciones de un año tras otro, ciertamente le rindió beneficios. En el año fiscal 2009, la compañía redujo los gastos operativos en las tiendas por $320 millones, o bien, 8.5%. La concentración continua en las variaciones de los costos directos será fundamental para el éxito futuro de la compañía en cualquier ambiente económico.

Fuentes: Adamy, Janet. 2009. Starbucks brews up new cost cuts by putting lid on afternoon decaf. *Wall Street Journal*, 28 de febrero; Adamy, Janet. 2008. New Starbucks brew attracts customer, flak. *Wall Street Journal*, 1 de julio; Harris Craig. 2007. Starbucks slips: lattes rise. *Seattle Post Intelligencer*, 23 de julio; Jargon Julie, 2010. Starbucks growth revives, perked by Via. *Wall Street Journal*, 21 de enero; Jargon, Julie, 2009. Latest Starbucks bussword: 'Lean' Japanese Techniques. *Wall Street Journal*, 4 de agosto; Kesmodel, David, 2009. Starbucks sees demand stirring again. *Wall Street Journal*, 6 de noviembre.

Aquí la idea es que una compañía es ineficiente si emplea una mayor cantidad de insumos que la cantidad presupuestada para su nivel real de producción; la compañía será eficiente si utiliza una menor cantidad de insumos que la presupuestada para ese nivel de producción.

Las variaciones en eficiencia para cada una de las categorías de costos directos de Webb son las siguientes:

Categoría de costos directos	⎛Cantidad real de insumos usados − Cantidad presupuestada de insumos permitidos para la producción real⎞	× Precio presupuestado del insumo	= Variación en eficiencia
Materiales directos	[22,200 yar. cuad. − (10,000 unidades × 2 yar. cuad./unidad)]	× $30 por yar. cuad.	
	= (22,200 yar. cuad. − 20,000 yar. cuad.)	× $30 por yar. cuad.	= $66,000 D
Mano de obra directa	[9,000 horas − (10,000 unidades × 0.8 horas/unidad)]	× $20 por hora	
	= (9,000 horas − 8,000 horas)	× $20 por hora	= 20,000 D

Las dos variaciones en la eficiencia de manufactura —la variación en eficiencia de los materiales directos y la variación en eficiencia de la mano de obra directa— son desfavorables porque se utilizó una mayor cantidad de insumos que la que se presupuestó para la producción real, dando como resultado una disminución de la utilidad en operación.

Como sucede con las variaciones en precio, hay una amplia gama de posibles causas para dichas variaciones en la eficiencia. Por ejemplo, la variación en eficiencia desfavorable de Webb para la mano de obra directa podría deberse a una o más de las siguientes situaciones:

- El gerente de personal de Webb contrató a trabajadores no calificados.

- El programador de la producción de Webb planeó deficientemente el trabajo, lo cual dio como resultado que en cada chamarra se usara una mayor cantidad de tiempo de mano de obra de manufactura que lo presupuestado.

- El departamento de mantenimiento de Webb no dio un mantenimiento adecuado a las máquinas, provocando así que se usara más tiempo de mano de obra de manufactura que lo presupuestado por chamarra.

- Los estándares del tiempo presupuestado se establecieron con demasiada rigidez, sin efectuar un análisis cuidadoso de las condiciones operativas y las habilidades de los empleados.

> **Punto de decisión** ▶
>
> ¿Por qué una compañía debería calcular las variaciones en precio y en eficiencia?

Suponga que los gerentes de Webb determinaran que la variación desfavorable se debe a un mantenimiento deficiente de las máquinas. Webb podría entonces establecer un equipo que consistiera en ingenieros de la planta y operadores de máquinas, con la finalidad de desarrollar un programa de mantenimiento capaz de reducir las descomposturas futuras y, de esta manera, prevenir los efectos adversos sobre el tiempo de la mano de obra y la calidad del producto.

La ilustración 7-3 ofrece una forma alternativa de calcular las variaciones en precios y en eficiencia. También presenta la manera en que la variación en precio y la variación en eficiencia subdividen la variación del presupuesto flexible. Considere los materiales directos. La variación del presupuesto flexible de los materiales directos de $21,600 D es la diferencia entre los costos reales en que incurre (la cantidad real de insumos el precio real) de $621,600 que se muestra en la columna 1 y el presupuesto flexible (cantidad de insumos presupuestada permitida para la producción real × precio presupuestado) de $600,000 que se muestra en la columna 3. La columna 2 (cantidad real de insumos × precio presupuestado) se inserta entre la columna 1 y la columna 3. La diferencia entre las columnas 1 y 2 es la variación en precio de $44,400 F. Esta variación en precio ocurre porque la misma cantidad de insumos reales (22,200 yar. cuad.) se multiplica por el *precio real* ($28) en la columna 1 y el

Ilustración 7-3 Presentación por columnas del análisis de variaciones: Costos directos de la compañía Webb para abril de 2011ª

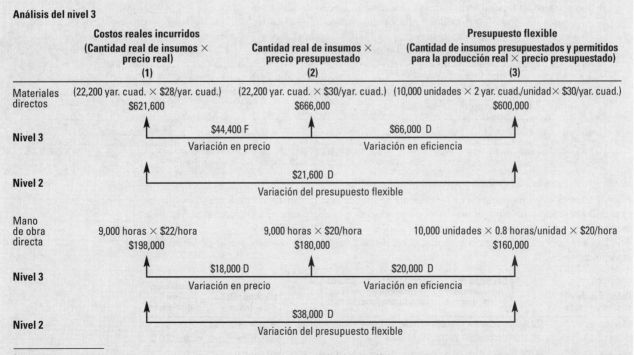

Análisis del nivel 3

	Costos reales incurridos (Cantidad real de insumos × precio real) (1)	Cantidad real de insumos × precio presupuestado (2)	Presupuesto flexible (Cantidad de insumos presupuestados y permitidos para la producción real × precio presupuestado) (3)
Materiales directos	(22,200 yar. cuad. × $28/yar. cuad.) $621,600	(22,200 yar. cuad. × $30/yar. cuad.) $666,000	(10,000 unidades × 2 yar. cuad./unidad × $30/yar. cuad.) $600,000
Nivel 3		$44,400 F Variación en precio	$66,000 D Variación en eficiencia
Nivel 2		$21,600 D Variación del presupuesto flexible	
Mano de obra directa	9,000 horas × $22/hora $198,000	9,000 horas × $20/hora $180,000	10,000 unidades × 0.8 horas/unidad × $20/hora $160,000
Nivel 3		$18,000 D Variación en precio	$20,000 D Variación en eficiencia
Nivel 2		$38,000 D Variación del presupuesto flexible	

ªF = efecto favorable sobre la utilidad en operación; D = efecto desfavorable sobre la utilidad en operación.

precio presupuestado ($30) de la columna 2. La diferencia entre las columnas 2 y 3 es la variación en eficiencia de $66,000 D porque el mismo precio presupuestado ($30) se multiplica por la *cantidad real de insumos* (22,200 yar. cuad.) en la columna 2 y la *cantidad presupuestada de insumos permitidos para la producción real* (20,000 yar. cuad.) en la columna 3. La suma de la variación en el precio de los materiales directos, $44,400 F, y la variación en la eficiencia de los materiales directos, $66,000 U, es igual a la variación en el presupuesto flexible de los materiales directos, $21,600 D.

Resumen de las variaciones

La ilustración 7-4 es un resumen de las diferentes variaciones. Observe la manera en que las variaciones a cada nivel más alto proporcionan información desglosada y más detallada para evaluar el desempeño.

Los siguientes cálculos muestran la razón por la cual la utilidad en operación es de $14,900, cuando la utilidad en operación del presupuesto estático es de $108,000. Los números de los cálculos se encuentran en las ilustraciones 7-2 y 7-3.

Utilidad en operación del presupuesto estático			$108,000
Variación desfavorable en el volumen en ventas para la utilidad en operación			(64,000)
Utilidad en operación del presupuesto flexible			44,000
Variaciones del presupuesto flexible para la utilidad en operación:			
Variación favorable en el precio de venta		$50,000	
Variaciones en los materiales directos:			
Variación favorable en el precio de los materiales directos	$ 44,400		
Variación desfavorable en la eficiencia de los materiales directos	(66,000)		
Variación desfavorable en los materiales directos		(21,600)	
Variaciones en la mano de obra directa:			
Variación desfavorable en el precio de la mano de obra directa	(18,000)		
Variación desfavorable en la eficiencia de la mano de obra directa	(20,000)		
Variación desfavorable en la mano de obra directa		(38,000)	
Variación desfavorable en los costos indirectos variables de manufactura		(10,500)	
Variación desfavorable en los costos indirectos fijos de manufactura		(9,000)	
Variación desfavorable en el presupuesto flexible para la utilidad en operación			(29,100)
Utilidad en operación real			$ 14,900

El resumen de las variaciones destaca tres efectos principales:

1. Webb vendió 2,000 unidades menos que lo presupuestado, y ello originó una variación desfavorable en el volumen de ventas por $64,000. Las ventas disminuyeron debido a problemas en la calidad y a los nuevos estilos de chamarras que introdujeron los competidores de Webb.

2. Webb vendió unidades a un precio más alto que lo presupuestado, y ello generó una variación favorable en el precio de venta por $50,000. Sin embargo, los precios de Webb fueron menores que los precios que cobraron sus competidores.

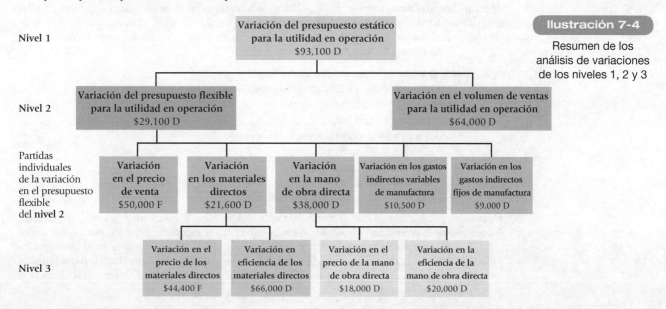

Ilustración 7-4

Resumen de los análisis de variaciones de los niveles 1, 2 y 3

3. Los costos de manufactura para la producción real fueron más altos que lo presupuestado: los materiales directos en $21,600, la mano de obra directa en $38,000, los costos indirectos variables de manufactura en $10,500 y los costos indirectos fijos en $9,000 debido a una calidad deficiente de la tela, un mantenimiento inadecuado de las máquinas y trabajadores capacitados inadecuadamente.

A continuación presentamos los asientos de diario de Webb con su sistema de costeo estándar.

Asientos de diario usando costos estándar

El capítulo 4 ilustró los asientos de diario cuando se usa un sistema de costeo normal. A continuación ilustraremos los asientos de diario de la compañía Webb utilizando costos estándar. Nuestro foco de atención es sobre los materiales directos y sobre la mano de obra directa. Todas las cifras que se incluyen en los siguientes asientos de diario se encuentran en la ilustración 7-3.

Nota: en cada uno de los siguientes asientos, las variaciones desfavorables siempre son cargos (disminuyen la utilidad en operación), y las variaciones favorables siempre son abonos (aumentan la utilidad en operación).

ASIENTO DE DIARIO 1A: aísle la variación en el precio de los materiales directos en el momento de la compra incrementando (cargando a) la cuenta de control de materiales directos a los precios estándar. Este es el momento más oportuno posible para aislar dicha variación.

1a. Control de materiales directos

(22,200 yardas cuadradas × $30 por yarda cuadrada)	666,000
Variación en el precio de los materiales directos	
(22,200 yardas cuadradas × $2 por yarda cuadrada)	44,400
Control de cuentas por pagar	
(22,200 yardas cuadradas × $28 por yarda cuadrada)	621,600
Para registrar los materiales directos que se compraron.	

ASIENTO DE DIARIO 1B: aísle la variación en la eficiencia de los materiales directos en el momento en que dichos materiales se usan incrementando (cargando a) la cuenta de control de productos en proceso de elaboración, con las cantidades estándar permitidas para las unidades reales de producción manufacturadas y multiplicadas por los precios estándar.

1b. Control de productos en proceso de elaboración

(10,000 chamarras × 2 yardas por chamarra × $30 por yarda cuadrada)	600,000
Variación en eficiencia de los materiales directos	
(2,200 yardas cuadradas × $30 por yarda cuadrada)	66,000
Control de materiales directos	
(22,200 yardas cuadradas × $30 por yarda cuadrada)	666,000
Para registrar los materiales directos utilizados.	

ASIENTO DE DIARIO 2. aísle la variación en el precio de la mano de obra directa y la variación en eficiencia en el momento en que esta mano de obra se usa incrementando (cargando a) la cuenta de control de productos en proceso de elaboración, con las cantidades estándar permitidas para las unidades reales de producción manufacturadas a los precios estándar. Observe que la cuenta de control de sueldos por pagar mide el monto real por pagar a los trabajadores, tomando como base las horas reales trabajadas y las tasas salariales reales.

2. Control de productos en proceso de elaboración

(10,000 chamarras × 0.80 horas por chamarra × $20 por hora)	160,000
Variación en el precio de la mano de obra directa	
(9,000 horas × $2 por hora)	18,000
Variación en la eficiencia de la mano de obra directa	
(1,000 horas × $20 por hora)	20,000
Control de sueldos por pagar	
(9,000 horas × $22 por hora)	198,000
Para registrar el pasivo de los costos de la mano de obra directa.	

Hemos visto la manera en que el costeo estándar y el análisis de variaciones ayudan a concentrar la atención de la gerencia en áreas que no funcionan como se esperaba. Aquí, los asientos de diario señalan otra ventaja del sistema de costeo estándar: los costos estándar simplifican el costeo de un producto. A medida que se fabrica cada unidad, los costos se le asignan usando los costos estándar de los materiales directos, el costo estándar de la mano de obra directa y, como se verá en el capítulo 8, el costo indirecto estándar de manufactura.

Desde la perspectiva del control, todas las variaciones se aíslan en el momento más anticipado posible. Al aislar la variación en el precio de los materiales directos al momento de la compra, por ejemplo, las acciones correctivas —como buscar reducciones de costos del proveedor actual u obtener cotizaciones de precios de otros proveedores factibles— se podrían tomar de inmediato, dado que se conoce de antemano una variación desfavorable significativa, en vez de esperar hasta que los materiales se usen en producción.

Al final del año fiscal, las cuentas de variaciones se cancelan contra el costo de los bienes vendidos, si su monto es irrelevante. Por sencillez, suponemos que los saldos de las diferentes cuentas de variaciones en costos directos en abril de 2011 son también los saldos al final de 2011 y, por lo tanto, que su total no es de importancia. Webb registraría el siguiente asiento de diario para cancelar las cuentas de variaciones en el costo directo contra el costo de los bienes vendidos.

Costo de los bienes vendidos	59,600	
Variación en el precio de los materiales directos	44,400	
Variación en la eficiencia de los materiales directos		66,000
Variación en el precio de la mano de obra directa		18,000
Variación en la eficiencia de la mano de obra directa		20,000

De manera alternativa, suponiendo que Webb tiene inventarios al final del año fiscal, y que las variaciones tienen montos significativos, las cuentas de variaciones se prorratean entre el costo de los bienes vendidos y diversas cuentas de inventarios, usando los métodos que se describieron en el capítulo 4 (pp. 117-122). Por ejemplo, la variación en el precio de los materiales directos se prorratea entre las cuentas de control de materiales, control de productos en proceso de elaboración, control de productos terminados y costo de los bienes vendidos, tomando como base los costos estándar de los materiales directos en el saldo final de cada cuenta. La variación en la eficiencia de los materiales directos se prorratea entre las cuentas de control de productos en proceso de elaboración, control de productos terminados y costo de los bienes vendidos, tomando como base los costos de los materiales directos en el saldo final de cada cuenta (después del prorrateo de la variación en el precio de los materiales directos).

Muchos contadores, ingenieros industriales y gerentes sostienen que en la medida en que las variaciones midan la ineficiencia o una eficiencia anormal durante el año, deberían eliminarse en vez de prorratearse entre los inventarios y el costo de los bienes vendidos. Este razonamiento apoya la aplicación de una combinación de los métodos de cancelación y de prorrateo para cada variación individual. Considere la variación en eficiencia. Aquella porción de la variación en eficiencia que se debe a ineficiencias y que podría haberse evitado, debería cancelarse contra el costo de los bienes vendidos, mientras que la porción que es inevitable tendría que prorratearse. Si otra variación, como la variación en el precio de los materiales directos, se considera inevitable porque es totalmente ocasionada por las condiciones generales del mercado, debería prorratearse. A diferencia de un prorrateo total, este enfoque evita tener que aplicar los costos de la ineficiencia como parte de los costos inventariables.

Implementación del costeo estándar

El costeo estándar brinda información valiosa para la administración y el control de los materiales, la mano de obra y otras actividades relacionadas con la producción.

El costeo estándar y la tecnología de la información

La tecnología de la información moderna fomenta el uso creciente de los sistemas de costeo estándar para el costeo y el control de los productos. Las compañías como Dell y Sandoz utilizan precios estándar y cantidades estándar en sus sistemas de cómputo. Un lector de códigos de barras registra la recepción de los materiales, costeando de inmediato cada material usando su precio estándar almacenado. La recepción de los materiales se coteja luego con la orden de compra para registrar las cuentas por pagar y para aislar la variación en el precio de los materiales directos.

La variación en la eficiencia de los materiales directos se calcula a medida que se termina la producción y, para ello, se compara la cantidad estándar de los materiales directos que debería haberse usado con la requisición computarizada de materiales directos remitida por un operador del área de producción. Las variaciones en la mano de obra se calculan a medida que los trabajadores ingresan a las terminales del departamento de producción y teclean sus números de empleado, los tiempos de inicio y terminación, y la cantidad de productos que ayudaron a elaborar. Los gerentes usan esta retroalimentación instantánea que proviene de las variaciones para iniciar acciones correctivas inmediatas, según sea necesario.

Aplicabilidad del costeo estándar

Las compañías que han implementado la administración de la calidad total y los sistemas de manufactura integrada por computadora (MIC), así como las firmas del sector servicios, han encontrado que el costeo estándar es una herramienta de utilidad. Las organizaciones que implementan los programas de la administración de la calidad total usan el costeo estándar para controlar los costos de los materiales. Las empresas del sector servicios como McDonald's reutilizan de manera intensiva la mano de obra y usan costos estándar para controlar los costos de la mano de obra. Las compañías que han implementado el MIC, como Toyota, usan los presupuestos flexibles y el costeo estándar para administrar ciertas actividades como el manejo de materiales y la configuración de las máquinas. El uso creciente de los sistemas de planeación de los recursos empresariales (PRE), como se describió en el capítulo 6, ha facilitado que las empresas realicen un seguimiento de los costos estándar, los costos promedio y los costos reales para los artículos del inventario, y que hagan evaluaciones en tiempo real de las variaciones. Los gerentes usan la información de las variaciones para identificar las áreas del proceso de manufactura o de compras de la empresa que necesitan una mayor atención.

Aplicaciones administrativas de las variaciones

Los gerentes y los contadores administrativos utilizan las variaciones para evaluar el desempeño después de que se implementan las decisiones, con la finalidad de activar el aprendizaje de la organización y realizar mejoramientos continuos. Las variaciones sirven como un sistema oportuno de advertencia para alertar a los gerentes ante problemas existentes o ante oportunidades potenciales. El análisis de variaciones permite que los gerentes evalúen la efectividad de las acciones y el desempeño del personal en el periodo actual, y afinen las estrategias para el logro de un mejor desempeño futuro. Para asegurarse de que los gerentes interpreten correctamente las variaciones y que tomen decisiones adecuadas con base en ellas, necesitan reconocer que las variaciones pueden tener causas múltiples.

Causas múltiples de las variaciones

Los gerentes no deben interpretar las variaciones en forma aislada entre sí. Las causas de las variaciones existentes en una parte de la cadena de valor pueden ser el resultado de decisiones que se hayan tomado en otra parte de la cadena de valor. Considere una variación desfavorable en la eficiencia de los materiales directos en la línea de producción de Webb. Las posibles causas operativas de dichas variaciones a lo largo de la cadena de valor de la compañía son las siguientes:

1. Un diseño deficiente para los productos o los procesos.
2. Una ejecución deficiente sobre la línea de producción debido a trabajadores con una capacitación insuficiente o a la presencia de máquinas defectuosas.
3. Una asignación inadecuada de la mano de obra o de las máquinas a trabajos específicos.
4. Una congestión ocasionada por la programación de un alto número de órdenes urgentes de los representantes de ventas.
5. Los proveedores de Webb no fabrican los materiales de la tela con una alta calidad uniforme.

El punto 5 ofrece una razón, incluso más amplia, como la causa de la variación desfavorable en la eficiencia de los materiales directos, al considerar las ineficiencias en la cadena de suministro de las compañías —en este caso, de los proveedores de tela para las chamarras. Siempre que sea posible, los gerentes deben tratar de entender las causas fundamentales de tales variaciones.

Cuándo hay que investigar las variaciones

Los gerentes deben entender que un estándar no es una sola medida, sino más bien una gama de cantidades posibles de insumos aceptables, de costos, de cifras de producción o de precios. En consecuencia, esperan que no surjan variaciones pequeñas. Una variación dentro de un rango aceptable se considera un "acontecimiento bajo control" y no requiere una investigación o una acción por parte de los gerentes. Por lo tanto, ¿cuándo necesitarían los gerentes investigar las variaciones?

Con frecuencia, los gerentes investigan las variaciones con base en juicios subjetivos o en reglas empíricas. En el caso de aspectos fundamentales, como los defectos de los productos, incluso una pequeña variación podría originar investigaciones y acciones. En el caso de otros aspectos, como los costos de los materiales directos, los costos de la mano de obra y los costos de las reparaciones, las organizaciones tienen por lo general reglas como: "investigar todas las variaciones superiores a $5,000 o al 25% del costo presupuestado, lo que sea más bajo". La idea es que una variación de 4% en los costos de los materiales directos de $1 millón —una variación de $40,000— merece más atención que una variación de 20% en costos por reparaciones de $10,000 —una variación de $2,000. El análisis de variaciones está sujeto a la misma prueba de costo-beneficio que todas las demás fases del sistema de control administrativo.

Medición del desempeño usando las variaciones

Los gerentes por lo regular emplean el análisis de variaciones cuando evalúan el desempeño de sus subalternos. Con frecuencia se evalúan dos atributos del desempeño:

1. **Efectividad:** el grado en que se cumple un objetivo o una meta predeterminados —por ejemplo, ventas, participación de mercado y evaluaciones de satisfacción del cliente de la nueva línea de cafés instantáneos VIA® Ready Brew de Starbucks.

2. **Eficiencia:** la cantidad relativa de insumos que se usan para lograr cierto nivel de producción —cuanto más pequeña sea la cantidad de la mezcla arábica que se use para elaborar un número determinado de paquetes VIA, o cuanto más grande sea el número de paquetes VIA elaborados a partir de una cantidad determinada de mezcla, mayor será la eficiencia.

Como expusimos anteriormente, los gerentes deben estar seguros de que entienden las causas de una variación antes de usarla para una evaluación del desempeño. Suponga que un gerente de compras de Webb acaba de negociar un acuerdo que da como resultado una variación favorable en el precio para los materiales directos. La negociación podría haber generado una variación favorable por cualquiera de los siguientes motivos:

1. El gerente de compras realizó una negociación efectiva con los proveedores.

2. El gerente de compras consiguió un descuento por compras a granel con un menor número de órdenes de compra. Sin embargo, el hecho de comprar mayores cantidades que lo necesario en el corto plazo dio como resultado un inventario excesivo.

3. El gerente de compras aceptó una oferta del proveedor con el precio más bajo, después de tan solo un esfuerzo mínimo para verificar la calidad en medio de muchas preocupaciones acerca de los materiales del proveedor.

Si el desempeño del gerente de compras se evalúa tomando como base únicamente las variaciones en precio, entonces la evaluación será positiva. La razón 1 daría apoyo a esta conclusión favorable: El gerente de compras realizó negociaciones efectivas. Las razones 2 y 3 tienen ganancias a corto plazo, por comprar a granel o hacer tan solo un esfuerzo mínimo para verificar los procedimientos de supervisión de la calidad del proveedor. Sin embargo, las ganancias a corto plazo podrían compensarse con mayores costos ocasionados por almacenamiento de inventarios o por costos de inspección más altos o mayores tasas de unidades defectuosas sobre la línea de producción de Webb, lo cual llevaría a variaciones desfavorables en la eficiencia de la mano de obra directa y de los materiales directos. En última instancia, quizá Webb pierda más dinero debido a las razones 2 y 3, en comparación con lo que gana por la variación favorable en el precio.

Resultado final: Los gerentes no deberían interpretar automáticamente una variación favorable como "buenas noticias".

Los gerentes se benefician a partir del análisis de variaciones porque pone de relieve los aspectos individuales del desempeño. Sin embargo, si cualquier medida individual del desempeño (por ejemplo, una variación en la eficiencia de la mano de obra o un reporte de evaluación del consumidor) recibe un énfasis excesivo, los gerentes tenderán a tomar decisiones que ocasionarán que la medida particular del desempeño se vea bien. Tales acciones podrían entrar en conflicto con las metas generales de la compañía, inhibiendo así el logro de las metas. Esta perspectiva defectuosa sobre el desempeño generalmente surge cuando la alta administración diseña un sistema de evaluación del desempeño y un sistema de recompensas que no enfatizan los objetivos generales de la compañía.

Aprendizaje de la organización

La meta del análisis de variaciones es que los gerentes entiendan el motivo por el cual surgen las variaciones, que aprendan y que mejoren el desempeño futuro. Para reducir la variación desfavorable en la eficiencia de los materiales directos, por ejemplo, los gerentes de Webb pueden buscar mejoramientos en el diseño del producto, en el compromiso de los trabajadores para realizar su labor bien desde la primera vez y en la calidad de los materiales suministrados, entre otros. Algunas veces, una variación desfavorable en la eficiencia de los materiales directos señala la necesidad de cambiar la estrategia de un producto, tal vez porque dicho producto no logre fabricarse a un costo lo suficientemente bajo. El análisis de variaciones no debe ser una herramienta para "jugar a la búsqueda de culpables" (es decir, buscar a un individuo a quien culpar por cada variación desfavorable). En cambio, debería ayudar a la compañía a aprender a partir de lo que sucedió y cómo lograr un desempeño mejor en el futuro.

Los gerentes tienen que encontrar un equilibrio sutil entre ambos usos de las variaciones que hemos expuesto: la evaluación del desempeño y el aprendizaje de la organización. El análisis de variaciones es de utilidad para las evaluaciones del desempeño; no obstante, un énfasis exagerado sobre la evaluación del desempeño y la satisfacción de las metas individuales de las variaciones socavaría el aprendizaje y la mejora continua. ¿Por qué? Porque el logro de un estándar se convierte en un fin en sí mismo. En consecuencia, los gerentes buscarán metas que sean fáciles de alcanzar, en vez de buscar metas que sean desafiantes y que requieran creatividad e inventiva.

Por ejemplo, si la evaluación del desempeño recibe un énfasis excesivo, el gerente de manufactura de Webb preferirá un estándar sencillo que le permita a los trabajadores mucho tiempo para fabricar una chamarra; tendrá pocos incentivos para mejorar los procesos y métodos para reducir el tiempo, así como el costo de manufactura.

Un énfasis excesivo en la evaluación del desempeño también ocasionaría que los gerentes tomen acciones para lograr el presupuesto y evitar así una variación desfavorable, incluso si tales acciones perjudicaran a la compañía en el largo plazo. Por ejemplo, el gerente de manufactura podría motivar a los trabajadores para que produzcan chamarras dentro del tiempo permitido, aun si esta acción ocasionara que se produjeran chamarras con una calidad deficiente, lo cual dañaría posteriormente a los ingresos. Tales efectos negativos tienen menos probabilidades de ocurrir si el análisis de variaciones se concibe como una forma de promover el aprendizaje dentro de de la organización.

Mejora continua

Los gerentes también utilizan el análisis de variaciones para crear un ciclo virtuoso de mejoramiento continuo. ¿Cómo? Identificando en forma repetida las causas de las variaciones, iniciando las acciones correctivas y evaluando los resultados de las acciones. Las oportunidades para la mejora son, con frecuencia, más fáciles de identificar cuando los productos se elaboran por primera vez. Luego de que se identifican las oportunidades fáciles ("una vez que se corta la fruta más fácil de alcanzar"), se puede requerir mucho más inventiva para identificar las oportunidades de mejoramiento sucesivas. Algunas organizaciones usan los presupuestos *kaizen* (capítulo 6, página 203) para establecer metas específicas en las reducciones de los costos presupuestados sobre periodos sucesivos. La ventaja de los presupuestos *kaizen* es que hacen explícitas las metas para una mejora continua.

Medidas financieras y no financieras del desempeño

Casi todas las compañías usan una combinación de medidas financieras y no financieras del desempeño para la planeación y el control, en lugar de basarse en forma exclusiva en algún tipo de medida. Para controlar un proceso de producción, los supervisores no pueden esperar hasta que se les entregue un informe contable con las variaciones reportadas en dólares. En cambio, en tales situaciones con frecuencia se usan medidas oportunas de desempeño no financiero para fines de control. Por ejemplo, una planta de Nissan compila datos como las tasas de defectos y el cumplimiento de los programas de producción, y los transmite a la manera de una cinta de teletipo en pantallas ubicadas a lo largo de la planta.

En el cuarto de cortes de Webb, la tela se extiende y se corta en piezas, las cuales, posteriormente, se acoplan y se ensamblan. Los gerentes ejercen el control en el cuarto de cortes observando a los trabajadores y centrando la atención en *medidas no financieras*, como el número de yardas cuadradas que se usaron para producir 1,000 chamarras, o bien, el porcentaje de chamarras iniciadas y terminadas sin necesidad de revisión alguna. En Webb los trabajadores de producción encuentran que estas medidas no financieras son fáciles de entender. Al mismo tiempo, los gerentes de producción de Webb también usarán *medidas financieras* para evaluar la eficiencia general en costos —con la cual se están desarrollando las operaciones— y ayudarán a orientar las decisiones acerca de, por ejemplo, cambiar la mezcla de insumos que se usa en la manufactura de chamarras. Las medidas financieras a menudo resultan fundamentales en una compañía porque indican el efecto económico de diversas actividades físicas. Este conocimiento permite a los gerentes buscar decisiones de equilibrio —aumentar los costos de una actividad física (por ejemplo, cortes) para reducir los costos de otra medida física (por ejemplo, defectuosos).

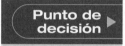

Punto de decisión ▶

¿Cómo usan los gerentes las variaciones?

Objetivo de aprendizaje 7

Describir los estándares de comparación y explicar su función en la administración de costos

. . . la fijación de estándares de comparación confronta el desempeño real contra los mejores niveles de desempeño

Fijación de estándares de comparación y análisis de variaciones

Los montos presupuestados en el caso de la compañía Webb se basan en un análisis de las operaciones dentro de las propias compañías. Nos referimos ahora a la situación en la cual las empresas desarrollan estándares tomando como base un análisis de las operaciones en otras compañías. La **fijación de estándares de comparación** (*benchmarking*) es el proceso continuo de comparar los niveles de desempeño en la elaboración de productos y servicios, así como de ejecutar actividades contra los mejores niveles de desempeño en las compañías rivales o en las organizaciones que tienen procesos similares. Cuando los estándares de comparación se usan como normas o estándares, los gerentes y los contadores administrativos saben que la empresa será competitiva en el mercado, si es capaz de lograr los estándares.

Las compañías desarrollan estándares de comparación y calculan las variaciones sobre las partidas que sean más importantes para su negocio. Considere el costo por asiento-milla disponible

(AMD) de United Airlines; los AMD son iguales a los asientos totales en un avión multiplicados por la distancia viajada, y son una medida del tamaño de la aerolínea. Suponga que United usa datos provenientes de cada una de siete aerolíneas competidoras en Estados Unidos para sus estándares de comparaciones de costos. Los datos resumidos se presentan en la ilustración 7-5.

Las compañías establecidas como estándares de comparación se ordenan en la columna 1 desde aquella con el menor costo operativo por AMD, hasta aquella con el mayor costo operativo por AMD. En la ilustración 7-5 también se incluyen los ingresos operativos por AMD, la utilidad en operación por AMD, el costo de mano de obra por AMD, el costo del combustible por AMD y el total de asientos-millas disponibles. El efecto de la recesión sobre la industria de la aviación comercial es evidente en el hecho de que tan solo dos aerolíneas —JetBlue y Southwest— tienen niveles positivos de utilidad en operación.

Ilustración 7-5 Estándares de comparación de asientos-millas disponibles (AMD) entre United Airlines y otras siete compañías.

	A	B	C	D	E	F	G
1,2,3	Aerolínea	Costo operativo por AMD (1)	Ingresos operativo por AMD (2)	Utilidad en operación por AMD (3) = (2) − (1)	Costo de combustible por AMD (4)	Costo de la mano de obra por AMD (5)	Total de AMD (millones) (6)
4							
5	United Airlines	$0.1574	$0.1258	−$0.0315	$0.0568	$0.0317	135,861
6	Aerolíneas usadas como estándares de comparación:						
7	JetBlue Airways	$0.1011	$0.1045	$0.0034	$0.0417	$0.0214	32,422
8	Southwest Airlines	$0.1024	$0.1067	$0.0043	$0.0360	$0.0323	103,271
9	Continental Airlines	$0.1347	$0.1319	−$0.0027	$0.0425	$0.0258	115,511
10	Alaska Airlines	$0.1383	$0.1330	−$0.0053	$0.0480	$0.0319	24,218
11	American Airlines	$0.1387	$0.1301	−$0.0086	$0.0551	$0.0407	163,532
12	U.S. Airways	$0.1466	$0.1263	−$0.0203	$0.0488	$0.0301	74,151
13	Delta/Northwest Airlines	$0.1872	$0.1370	−$0.0502	$0.0443	$0.0290	165,639
14	Promedio de aerolíneas						
15	usadas como estándares de comparación	$0.1356	$0.1242	−$0.0113	$0.0452	$0.0302	96,963
16							
17							
18	*Fuente:* Reportes 10-K de compañías individuales para el año que terminó el 31 de diciembre de 2008.						

¿Qué tan bien administró United sus costos? La respuesta depende de qué estándar de comparación específico se esté usando para la comparación. El costo operativo real de United de $0.1574 por AMD está por arriba del costo operativo promedio de $0.1356 por AMD para las otras siete aerolíneas. Además, el costo operativo de United por AMD es 55.7% más alto que el de JetBlue Airways, el competidor con el menor costo a razón de $0.1011 por AMD [($0.1574 − $0.1011) ÷ $0.1011 = 55.7%]. Por lo tanto, ¿por qué es tan alto el costo operativo por AMD de United? Las columnas E y F indican que tanto el costo del combustible como el costo de la mano de obra son las posibles razones. Los datos de los estándares de comparación alertan a la gerencia de United en el sentido de que necesita volverse más eficiente en el uso de los insumos, tanto de materiales como de mano de obra, para volverse más competitiva en cuanto a costos.

El uso de estándares de comparación como los que se presentan en la ilustración 7-5 no está exento de problemas. El hecho de encontrar los estándares de comparación adecuados es una cuestión relevante para la implementación de los puntos de referencia. Muchas compañías compran datos de estándares de comparación a despachos de consultoría. Otro problema consiste en asegurarse de que las cifras de los estándares de comparación sean comparables. En otras palabras, debe hacerse una comparación de "manzanas con manzanas". Quizás haya diferencias entre las compañías en sus estrategias, en los métodos de costeo del inventario, en los métodos de depreciación, etcétera. Por ejemplo, JetBlue atiende a un menor número de ciudades y tiene básicamente vuelos de recorrido largo en comparación con United, la cual atiende casi a todas las principales ciudades de Estados Unidos y a varias ciudades internacionales, y tiene vuelos tanto de recorrido largo como de recorrido corto. Southwest Airlines difiere de United porque se especializa en vuelos directos de recorrido corto y ofrece un menor número de servicios a bordo de sus aviones. Ya que la estrategia de United es diferente de las estrategias de JetBlue y de Southwest, se esperaría que su costo por AMD también fuera diferente.

La estrategia de United es más comparable con las estrategias de American, Continental, Delta y U.S. Airways. Observe que sus costos por AMD son relativamente más competitivos con dichas aerolíneas. No obstante, United compite de frente con JetBlue y con Southwest en varias ciudades y mercados, de manera que necesita estándares de comparación también contra esos transportistas.

Los contadores administrativos de United pueden usar la fijación de estándares de comparación para formular varias preguntas. ¿Cómo afecta el costo por AMD factores como el tamaño y el tipo del avión, o la duración de los vuelos? ¿Difieren las aerolíneas en sus estructuras de costos fijos/costos variables? ¿Podría mejorarse el desempeño mediante cambios de itinerarios de los vuelos usando diferentes tipos de aviones en distintas rutas, o bien, cambiando la frecuencia o la planeación de vuelos específicos? ¿Qué explica las diferencias en ingresos por AMD entre las diferentes aerolíneas? ¿La diferencia en la calidad se percibe de los servicios o de la diferencia en el poder competitivo en aeropuertos específicos? Los contadores administrativos son más valiosos para los gerentes cuando usan datos de estándares de comparación con la finalidad de ofrecer certezas en relación con la *razón* por la cual los costos o los ingresos difieren entre compañías, o dentro de las plantas en una misma organización, a diferencia del hecho de reportar simplemente la magnitud de tales diferencias.

Problema para autoestudio

La compañía O'Shea fabrica jarrones de cerámica. Usa su sistema de costeo estándar cuando desarrolla las cantidades de su presupuesto flexible. En abril de 2012, se produjeron 2,000 unidades terminadas. La siguiente información se relaciona con sus dos categorías de costos directos de manufactura: materiales directos y mano de obra directa.

Los materiales directos que se usaron fueron de 4,400 kilogramos (kg). El insumo de materiales directos estándar permitido para una unidad producida es de 2 kilogramos a $15 por kilogramo. O'Shea compró 5,000 kilogramos de materiales a $16.50 por kilogramo, para un total de $82,500. (Este problema para autoestudio ilustra cómo calcular las variaciones de materiales directos, cuando la cantidad de materiales *comprados* en un periodo difiere de la cantidad de materiales *utilizados* en ese periodo.)

Las horas reales de mano de obra directa fueron de 3,250, a un costo total de $66,300. El tiempo estándar de mano de obra permitido es de 1.5 horas por unidad producida, y el costo estándar de la mano de obra directa es de $20 por hora.

Se requiere
1. Calcule la variación en el precio de los materiales directos y la variación en eficiencia, así como la variación en el precio de la mano de obra directa y la variación en eficiencia. Base la variación en el precio de los materiales directos en un presupuesto flexible para la *cantidad real comprada*; y base la variación en la eficiencia de los materiales directos en un presupuesto flexible para la *cantidad real utilizada*.
2. Prepare asientos de diario para un sistema de costeo estándar que aísle las variaciones en el momento más temprano posible.

Solución

1. La ilustración 7-6 muestra la forma en que la presentación en columnas de las variaciones que se introdujeron en la ilustración 7-3 se ajustan por la diferencia en la periodicidad entre la compra y el uso de los materiales. Note, en particular, los dos conjuntos de cálculos de la columna 2 para los materiales directos: los $75,000 para los materiales directos comprados y los $66,000 para los materiales directos usados. La variación en el precio de los materiales directos se calcula sobre las compras, de modo que los gerentes que sean responsables de la compra puedan identificar y aislar de inmediato las razones para la variación, e iniciar cualquier acción correctiva que se desee. La variación en eficiencia es la responsabilidad del gerente de producción y, por consiguiente, tal variación se identifica únicamente en el momento en que se usan los materiales.

2.

Control de materiales (5,000 kg × $15 por kg)	75,000	
Variación en el precio de los materiales directos (5,000 kg × $1.50 por kg)	7,500	
Control de cuentas por pagar (5,000 kg × $16.50 por kg)		82,500
Control de productos en proceso de elaboración (2,000 unidades × 2 kg por unidad × $15 por kg)	60,000	
Variación en la eficiencia de los materiales directos (400 kg × $15 por kg)	6,000	
Control de materiales (4,400 kg × $15 por kg)		66,000
Control de productos en proceso de elaboración (2,000 unidades × 1.5 horas por unidad × $20 por hora)	60,000	
Variación en el precio de la mano de obra directa (3,250 horas × $0.40 por hora)	1,300	
Variación en la eficiencia de la mano de obra directa (250 horas × $20 por hora)	5,000	
Control de sueldos por pagar (3,250 horas × $20.40 por hora)		66,300

Nota: Todas las variaciones son cargos porque son desfavorables y, por consiguiente, reducen la utilidad en operación.

Ilustración 7-6 Presentación por columnas del análisis de variaciones para la compañía O'Shea: Materiales directos y mano de obra directa para abril de 2012[a]

Análisis del nivel 3

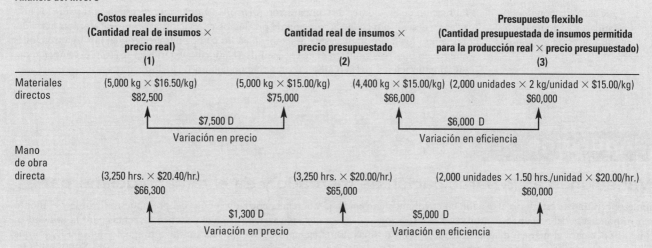

	Costos reales incurridos (Cantidad real de insumos × precio real) (1)	Cantidad real de insumos × precio presupuestado (2)	Presupuesto flexible (Cantidad presupuestada de insumos permitida para la producción real × precio presupuestado) (3)
Materiales directos	(5,000 kg × $16.50/kg) $82,500	(5,000 kg × $15.00/kg) $75,000	(4,400 kg × $15.00/kg) $66,000 · (2,000 unidades × 2 kg/unidad × $15.00/kg) $60,000
	$7,500 D Variación en precio		$6,000 D Variación en eficiencia
Mano de obra directa	(3,250 hrs. × $20.40/hr.) $66,300	(3,250 hrs. × $20.00/hr.) $65,000	(2,000 unidades × 1.50 hrs./unidad × $20.00/hr.) $60,000
	$1,300 D Variación en precio	$5,000 D Variación en eficiencia	

[a]F = efecto favorable sobre la utilidad en operación; D = efecto desfavorable sobre la utilidad en operación.

Puntos de decisión

El siguiente formato de preguntas y respuestas resume los objetivos de aprendizaje del capítulo. Cada decisión presenta una pregunta clave relacionada con un objetivo de aprendizaje. Los lineamientos son la respuesta a esa pregunta.

Decisión	Lineamientos
1. ¿Qué son los presupuestos estáticos y qué son las variaciones de dichos presupuestos?	Un presupuesto estático se basa en el nivel de resultados planeado al inicio del periodo del presupuesto. La variación del presupuesto estático es la diferencia entre el resultado real y el monto presupuestado correspondiente en el presupuesto estático.
2. ¿Cómo pueden los gerentes desarrollar un presupuesto flexible y cuál es la utilidad de dicho presupuesto?	Un presupuesto flexible se ajusta (se adapta) para reconocer el nivel de producción real del periodo presupuestado. Los gerentes usan un procedimiento de tres pasos para desarrollar un presupuesto flexible. Cuando todos los costos son ya sea variables con respecto a las unidades producidas o fijos, estos tres pasos requieren únicamente de información acerca del precio de venta presupuestado, del costo variable presupuestado por unidad producida de los costos fijos presupuestados y de la cantidad real de unidades producidas. Los presupuestos flexibles ayudan a los gerentes a obtener mayores conocimientos acerca de las causas de las variaciones, que las que están disponibles a partir de los presupuestos estáticos.
3. ¿Cómo se calculan las variaciones del presupuesto flexible y las variaciones en el volumen de ventas?	La variación en el presupuesto estático se subdivide en una variación del presupuesto flexible (la diferencia entre el resultado real y el monto correspondiente del presupuesto flexible) y la variación en el volumen de ventas (la diferencia entre el monto del presupuesto flexible y el monto correspondiente del presupuesto estático).
4. ¿Qué es un costo estándar y cuáles son sus propósitos?	Un costo estándar es aquel que se determina cuidadosamente y se usa como un estándar de comparación para evaluar el desempeño. Los propósitos de un costo estándar son excluir las ineficiencias del pasado y tomar en cuenta los cambios que se espera que ocurran en el periodo del presupuesto.
5. ¿Qué pueden hacer los gerentes para enfrentar la incertidumbre o los cambios en los supuestos fundamentales?	El cálculo de las variaciones en precio y en eficiencia ayuda a los gerentes a obtener una mejor comprensión de dos aspectos diferentes —aunque no independientes— del desempeño. La variación en precio se enfoca en la diferencia entre el precio real de un insumo y el precio presupuestado para el mismo. La variación en eficiencia se centra en la diferencia entre la cantidad real de un insumo y la cantidad presupuestada para el mismo que se permite para la producción real.

6. ¿Cómo usan los gerentes las variaciones?

Los gerentes utilizan las variaciones para el control, la implementación de las decisiones, la evaluación del desempeño, el aprendizaje de la organización y la mejora continua. Cuando las variaciones se usan para tales propósitos, los gerentes consideran distintas variaciones en forma conjunta, en vez de concentrarse únicamente en una variación individual.

7. ¿Qué es la fijación de estándares de comparación y por qué es de utilidad?

La fijación de estándares de comparación *(benchmarking)* es el proceso de comparar los niveles de desempeño en la elaboración de productos y servicios, así como de ejecutar actividades contra los mejores niveles de desempeño en las compañías rivales o en las organizaciones que tienen procesos similares. Dichos estándares miden qué tan bien se están desempeñando una organización y sus gerentes en comparación con otras organizaciones.

Apéndice

Variaciones en la participación de mercado y en el tamaño del mercado

En este capítulo se estudia la variación en el volumen en ventas, la diferencia entre un monto del presupuesto flexible y el monto correspondiente del presupuesto estático. La ilustración 7-2 indica que las variaciones en el volumen de ventas para la utilidad en operación y para el margen de contribución son las mismas. En el ejemplo de Webb, esta cantidad es igual a 64,000 U, porque Webb tenía una deficiencia en ventas de 2,000 unidades (10,000 unidades vendidas en comparación con las 12,000 unidades presupuestadas), a un margen de contribución presupuestado de $32 por chamarra. Los gerentes de Webb obtendrían una mejor comprensión de la variación en el volumen en ventas cuando se subdivide. A continuación exploraremos tal análisis.

Recuerde que Webb vende un solo producto, chamarras, y usa un solo canal de distribución. En este caso, la variación en el volumen en ventas también se denomina *variación en la cantidad de ventas.*[5] Las ventas dependen de la demanda general por las chamarras, así como de la participación de mercado de Webb. Suponga que Webb hubiera derivado su presupuesto total de ventas unitarias para abril de 2011, a partir de una estimación de la gerencia consistente en una participación de mercado de 20% y un tamaño presupuestado para el mercado de la industria de 60,000 unidades (0.20 × 60,000 unidades = 12,000 unidades). En abril de 2011, el tamaño real del mercado era 62,500 unidades y la participación real de mercado era de 16% (10,000 unidades ÷ 62,500 unidades = 0.16 o 16%). La ilustración 7-7 muestra la presentación por columnas en relación con la manera en que la variación en la cantidad de ventas de Webb se desglosa en variaciones en la participación de mercado y variaciones en el tamaño del mercado.

Ilustración 7-7 Análisis de variaciones en la participación de mercado y en el tamaño del mercado para la compañía Webb en abril de 2011[a]

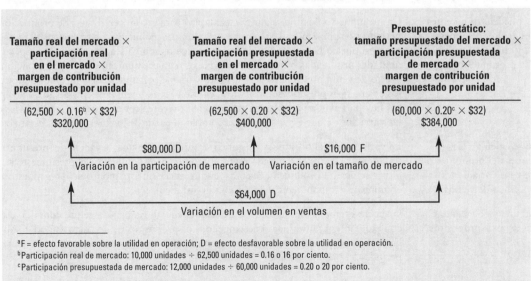

[a]F = efecto favorable sobre la utilidad en operación; D = efecto desfavorable sobre la utilidad en operación.
[b]Participación real de mercado: 10,000 unidades ÷ 62,500 unidades = 0.16 o 16 por ciento.
[c]Participación presupuestada de mercado: 12,000 unidades ÷ 60,000 unidades = 0.20 o 20 por ciento.

---

[5] El capítulo 14 examina escenarios más complejos con diversos productos y con múltiples canales de distribución. En tales casos, la variación en la cantidad de ventas es uno de los componentes en la variación del volumen de ventas; la otra parte tiene que ver con la mezcla de productos/canales que usa la empresa para generar ingresos por ventas.

Variación en la participación de mercado

La **variación en la participación de mercado** es la diferencia en el margen de contribución presupuestado para el tamaño real del mercado en unidades, causada únicamente porque la *participación real de mercado* sea diferente de la *participación presupuestada de mercado*. La fórmula para el cálculo de la variación en la participación de mercado es la siguiente:

$$\text{Variación en la participación de mercado} = \text{Tamaño real del mercado en unidades} \times \left(\text{Participación real de mercado} - \text{Participación presupuestada de mercado} \right) \times \text{Margen de contribución presupuestado por unidad}$$

$$= 62{,}500 \text{ unidades} \times (0.16 - 0.20) \times \$32 \text{ por unidad}$$

$$= \$80{,}000 \text{ D}$$

Webb perdió 4.0 puntos porcentuales en la participación de mercado: del 20% de la participación presupuestada a la participación real de 16%. La variación en la participación de mercado de $80,000 D es la disminución en el margen de contribución que resulta de dichas ventas perdidas.

Variación en el tamaño de mercado

La **variación en el tamaño de mercado** es la diferencia en el margen de contribución presupuestado y la participación de mercado presupuestada causada únicamente porque el *tamaño real del mercado en unidades* sea diferente del *tamaño presupuestado del mercado en unidades*. La fórmula para el cálculo de la variación en el tamaño del mercado es como sigue:

$$\text{Variación en el tamaño del mercado} = \left(\text{Tamaño real del mercado} - \text{Tamaño presupuestado del mercado} \right) \times \text{Participación presupuestada de mercado} \times \text{Margen de contribución presupuestado por unidad}$$

$$= (62{,}500 \text{ unidades} - 60{,}000 \text{ unidades}) \times 0.20 \times \$32 \text{ por unidad}$$

$$= \$16{,}000 \text{ F}$$

La variación en el tamaño del mercado es favorable porque el tamaño real del mercado aumentó 4.17% [$(62{,}500 - 60{,}000) \div 60{,}000 = 0.417$ o 4.17%] en comparación con el tamaño presupuestado para el mercado.

Los gerentes deberían indagar las razones de las variaciones en el tamaño del mercado y en la participación del mercado para abril de 2011. ¿La variación en el tamaño de mercado por $16,000 F se debe a un incremento en el tamaño del mercado que se esperaría que continúe en el futuro? En caso de ser así, Webb tiene mucho que ganar al lograr o al superar su participación de mercado presupuestada de 20%. ¿Se debió la variación desfavorable por $80,000 en la participación de mercado al hecho de que los competidores hicieran mejores ofertas o brindaran un mayor valor para los clientes? Anteriormente vimos que Webb tenía la capacidad de cobrar un precio de venta más alto que lo esperado, dando como resultado una variación favorable en el precio de venta. Sin embargo, los competidores lanzaron nuevos estilos de chamarras que estimularon la demanda del mercado y les permitieron cobrar precios más altos que los de Webb. Los productos de Webb también experimentaron problemas de control de calidad, los cuales fueron el tema de una cobertura negativa en los medios de comunicación, y ello condujo a una disminución significativa en la participación de mercado, aun cuando las ventas generales de la industria estaban creciendo.

Algunas compañías ponen más énfasis en la variación de la participación de mercado que en la variación del tamaño de mercado cuando evalúan a sus gerentes. Ello es así porque consideran que la variación en el tamaño del mercado está influida por factores extensivos a toda la economía y por cambios en las preferencias de los consumidores que están fuera del control de los gerentes, en tanto que la variación en la participación del mercado mide qué tan bien se han desempeñado los gerentes en relación con sus similares de otras empresas.

Es importante tener cuidado cuando se calcula la variación en el tamaño del mercado y la variación en la participación del mercado. En algunas industrias, aunque no en todas, se dispone de información confiable acerca del tamaño del mercado y de la participación del mercado. La industria automotriz, la industria de computadoras y la industria de televisores son casos donde las estadísticas acerca del tamaño del mercado y de la participación del mercado están ampliamente disponibles. En otras industrias, como en la consultoría administrativa y en la planeación financiera personal, la información acerca del tamaño del mercado y de la participación del mercado es mucho menos confiable.

Términos contables

Este capítulo y el glosario que se presenta al final del libro contienen definiciones de los siguientes términos de importancia:

administración por excepción (**p. 227**)

costo estándar (**p. 235**)

desempeño presupuestado (**p. 227**)

efectividad (**p. 243**)

eficiencia (**p. 243**)

estándar (**p. 234**)

fijación de estándares de comparación (**p. 244**)

insumo estándar (**p. 235**)

precio estándar (**p. 235**)

presupuesto estático (**p. 229**)

presupuesto flexible (**p. 230**)

variación (**p. 227**)

variación desfavorable (**p. 230**)

variación en consumo (**p. 236**)

variación en eficiencia (**p. 236**)

variación en el precio (**p. 236**)

Material para tareas

Preguntas

7-1 ¿Cuál es la relación entre la administración por excepción y el análisis de variaciones?

7-2 ¿Cuáles son dos posibles fuentes de información que una compañía podría usar para calcular el monto presupuestado para el análisis de variaciones?

7-3 Distinga entre una variación favorable y una variación desfavorable.

7-4 ¿Cuál es la diferencia clave entre un presupuesto estático y un presupuesto flexible?

7-5 ¿Por qué podrían encontrar los gerentes que un análisis de un presupuesto flexible es más informativo que un análisis de un presupuesto estático?

7-6 Describa los pasos para el desarrollo de un presupuesto flexible.

7-7 Mencione cuatro razones para el uso de los costos estándar.

7-8 ¿Cómo podría un gerente obtener conocimientos acerca de las causas de una variación de un presupuesto flexible para los materiales directos?

7-9 Indique tres causas de una variación favorable en el precio de los materiales directos.

7-10 Describa tres razones para una variación desfavorable en la eficiencia de la mano de obra directa.

7-11 ¿Cómo ayuda el análisis de variaciones al mejoramiento continuo?

7-12 ¿Por qué un analista que estuviera examinando las variaciones en el área de producción podría mirar más allá de la función de la empresa, en la búsqueda de las explicaciones para esas variaciones?

7-13 Comente la siguiente afirmación del gerente de una planta: "Las reuniones con el contador de mi planta son frustrantes. Todo lo que él quiere hacer es echarle la culpa a alguien por las diversas variaciones que reporta."

7-14 ¿Cómo puede desglosarse aún más la variación del volumen en ventas para obtener información de utilidad?

7-15 "La fijación de estándares de comparación contra otras compañías permite que una organización identifique al productor con el menor costo. Esta cantidad debería volverse la medida de desempeño para el año siguiente." ¿Está usted de acuerdo?

Ejercicios

7-16 Presupuesto flexible. Brabham Enterprises fabrica neumáticos para el circuito de carreras de automóviles Fórmula I. Para agosto de 2012, presupuestó que habría que manufacturar y vender 3,000 neumáticos a un costo variable de $74 por neumático y con costos fijos totales de $54,000. El precio de venta presupuestado fue de $110 por neumático. Los resultados reales de agosto de 2012 fueron de 2,800 neumáticos fabricados y vendidos a un precio de venta de $112 por neumático. El total del costo variable real fue de $229,600 y el total de los costos fijos reales fue de $50,000.

Se requiere
1. Elabore un reporte de desempeño (similar al de la ilustración 7-2, p. 231) que use un presupuesto flexible y un presupuesto estático.
2. Comente los resultados del punto 1.

7-17 Presupuesto flexible. Los precios presupuestados de la compañía Connor para los materiales directos, la mano de obra directa y la mano de obra directa de marketing (distribución) por portafolios son de $40, $8 y $12, respectivamente. El presidente está complacido con el siguiente reporte de desempeño:

	Costos reales	Presupuesto estático	Variación
Materiales directos	$364,000	$400,000	$36,000 F
Mano de obra directa	78,000	80,000	2,000 F
Mano de obra directa de marketing (distribución)	110,000	120,000	10,000 F

La producción real fue de 8,800 portafolios. Suponga que las tres partidas de costos directos que se muestran aquí son costos variables.

Se requiere ¿Está justificada la complacencia del presidente? Elabore un reporte de desempeño revisado que use un presupuesto flexible y un presupuesto estático.

7-18 Preparación y análisis del presupuesto flexible. Bank Management Printers, Inc., produce libretas de cheques de lujo con tres cheques y talonarios por página. Cada libreta se diseña para un cliente individual y se ordena a través del banco del cliente. El presupuesto operativo de la compañía para septiembre de 2012 incluyó estos datos:

Número de libretas de cheques	15,000
Precio de venta por libreta	$ 20
Costo variable por libreta	$ 8
Costos fijos para el mes	$145,000

Los resultados reales para el mes de septiembre de 2012 fueron:

Número de libretas de cheques elaboradas y vendidas	12,000
Precio de venta promedio por libreta	$ 21
Costo variable por libreta	$ 7
Costos fijos para el mes	$150,000

El vicepresidente ejecutivo de la compañía observó que la utilidad en operación de septiembre era mucho más baja que lo que se había anticipado, aun a pesar de un precio de venta mayor que lo presupuestado y un costo por unidad variable inferior a lo presupuestado. Como contador administrativo de la compañía, se le solicita a usted que dé explicaciones para los decepcionantes resultados de septiembre.

Bank Management desarrolla su presupuesto flexible tomando como base los ingresos presupuestados por unidad producida y los costos variables por unidad producida, sin un análisis detallado de los insumos presupuestados.

Se requiere

1. Prepare un análisis de variaciones basado en un presupuesto estático para el desempeño de septiembre.
2. Prepare un análisis de variaciones basado en un presupuesto flexible para el desempeño de septiembre.
3. ¿Por qué Bank Management podría encontrar que el análisis de variaciones basado en el presupuesto flexible es más informativo que el análisis de variaciones basado en el presupuesto estático? Explique su respuesta.

7-19 Presupuesto flexible, trabajando hacia atrás. La compañía Clarkson fabrica piezas de motor para las armadoras de automóviles. Un nuevo contador pasante en Clarkson borró de manera accidental los cálculos del análisis de variaciones de la compañía, para el año que terminó el 31 de diciembre de 2012. La siguiente ilustración es lo que queda de los datos.

	A	B	C	D	E	F
1		Reporte de desempeño, año que terminó el 31 de diciembre de 2012				
2						
3		Resultados reales	Variaciones del presupuesto flexible	Presupuesto flexible	Variaciones en el volumen de ventas	Presupuesto estático
4	Unidades vendidas	130,000				120,000
5	Ingresos (ventas)	$715,000				$420,000
6	Costos variables	515,000				240,000
7	Margen de contribución	200,000				180,000
8	Costos fijos	140,000				120,000
9	Utilidad en operación	$60,000				$60,000

Se requiere

1. Calcule las variaciones requeridas. (Si el trabajo es exacto, se encontrará que la variación total del presupuesto estático es de $0.)
2. ¿Cuáles son los precios de venta presupuestados y reales? ¿Cuáles son los costos variables reales y presupuestados por unidad?
3. Revise las variaciones que se han calculado y exponga las posibles causas y los problemas potenciales. ¿Cuál es la lección de importancia que se ha aprendido aquí?

7-20 Presupuesto flexible y variaciones en el volumen de ventas, variaciones en la participación de mercado y en el tamaño del mercado. Marron, Inc., produce los rellenos básicos que se usan en muchos postres y manjares congelados de tipo popular: helados de vainilla y de chocolate, pudines, merengues y dulces. Marron usa un costeo estándar y no traspasa inventarios de un mes al siguiente. Los resultados del grupo de helados para junio de 2012 son los siguientes:

	A	B	C
1	Reporte de desempeño, junio de 2012		
2		Resultados reales	Presupuesto estático
3	Unidades (libras)	355,000	345,000
4	Ingresos	$1,917,000	$1,880,250
5	Costos variables de manufactura	1,260,250	1,207,500
6	Margen de contribución	$ 656,750	$ 672,750

Ted Levine, el gerente de negocios de helados, está complacido de saber que se vendieron más libras de helado que lo que se había presupuestado y que los ingresos aumentaron. Por desgracia, los costos variables de manufactura también aumentaron. El resultado final es que el margen de contribución disminuyó en $16,000, lo cual es inferior al 1% de los ingresos presupuestados de $1,880,250. En general, Levine considera que la empresa está teniendo un buen desempeño.

A Levine también le gustaría analizar la manera en que la organización se desempeña en relación con el mercado general para los helados. Sabe que el mercado total esperado para los helados fue de 1,150,000 libras y que el mercado total real fue de 1,109,375 libras.

Se requiere

1. Calcule la variación del presupuesto estático en unidades, ingresos, costos variables de manufactura y margen de contribución. ¿Qué porcentaje representa cada variación del presupuesto estático en relación con el monto de dicho presupuesto estático?
2. Desglose cada variación del presupuesto estático en una variación del presupuesto flexible y en una variación en el volumen de ventas.
3. Calcule la variación en el precio de venta.
4. Calcule las variaciones en la participación de mercado y en el tamaño del mercado.
5. Asuma el rol del contador administrativo de Marron. ¿Cómo le presentaría usted los resultados a Ted Levine? ¿Debería Levine estar más preocupado? En caso de ser así, ¿por qué?

7-21   Variaciones en precio y en eficiencia. Peterson Foods elabora bollos de calabaza. En enero de 2012, presupuestó que compraría y usaría 15,000 libras de calabazas a razón de $0.89 por libra. Las compras y el consumo reales para enero de 2012 fueron de 16,000 libras a $0.82 por libra. Peterson presupuestó 60,000 bollos de calabaza. La producción real fue de 60,800 bollos de calabaza.

Se requiere

1. Calcule la variación en el presupuesto flexible.
2. Calcule las variaciones en precios y en eficiencia.
3. Comete los resultados de los puntos 1 y 2 y dé una explicación posible para cada uno.

7-22   Variaciones en materiales y en mano de obra de manufactura. Considere los siguientes datos que se recopilaron para Great Homes, Inc.:

	Materiales directos	Mano de obra directa
Costo incurrido: Insumos reales × precios reales	$200,000	$90,000
Insumos reales × precios estándar	214,000	86,000
Insumos estándar para la producción real × precios estándar	225,000	80,000

Se requiere

Calcule las variaciones en precio, en eficiencia y en el presupuesto flexible, para los materiales directos y para la mano de obra directa.

7-23   Variaciones en materiales directos y en la mano de obra directa. Gloria Dee, Inc., diseña y fabrica camisetas, que vende a minoristas de ropa con nombres de marca en lotes de una docena. En el mes de mayo, los resultados presupuestados y reales a nivel estático para los insumos directos de Gloria Dee de 2011 son los siguientes:

Presupuesto estático	
Número de lotes de camisetas (1 lote = 1 docena)	500
Por lote de camisetas:	
Materiales directos	12 metros a $1.50 por metro = $18.00
Mano de obra directa	2 horas a $8.00 por hora = $16.00
Resultados reales	
Número de lotes de camisetas vendidas	550
Total de insumos directos:	
Materiales directos	7,260 metros a $1.75 por metro = $12,705.00
Mano de obra directa	1,045 horas a $8.10 por hora = $8,464.50

Gloria Dee tiene la política de analizar todas las variaciones de los insumos cuando ascienden a más del 10% del costo total de los materiales y de la mano de obra del presupuesto flexible, y esto es lo que ha sucedido en mayo de 2011. El gerente de producción examina las fuentes de las variaciones: "En mayo se compró un nuevo tipo de material. Esto condujo a operaciones de corte y de cosido más rápidas, pero los trabajadores usaron más materiales de lo normal, hasta que aprendieron a trabajar. Por ahora, los estándares están bien."

Se requiere

1. Calcule las variaciones en precio y en eficiencia para materiales directos y mano de obra directa en mayo de 2011. ¿Cuál es el total de la variación en el presupuesto flexible para ambos insumos (materiales directos y mano de obra directa) en forma combinada? ¿Qué porcentaje representa esta variación del costo total de los materiales directos y la mano de obra directa en el presupuesto flexible?

2. Gloria Denham, directora general, está preocupada acerca de las variaciones en los insumos. Sin embargo, a ella le gusta la calidad y el tacto del nuevo material y está de acuerdo en usarlo durante un año más. En mayo de 2012, Gloria Dee produce nuevamente 550 lotes de camisetas. En relación con mayo de 2011, se usa un 2% menos de materiales directos, el precio de los materiales directos se reduce en 5% y se usa un 2% menos de mano de obra directa. El precio de la mano de obra ha seguido siendo el mismo que el de mayo de 2011. Calcule las variaciones en precio y en eficiencia, para materiales directos y mano de obra directa en mayo de 2012. ¿Cuál es la variación total del presupuesto flexible para ambos insumos (materiales directos y mano de obra directa) en forma combinada? ¿Qué porcentaje representa esta variación del costo total de los materiales directos y la mano de obra directa en el presupuesto flexible?

3. Comente los resultados del mes de mayo de 2012. ¿Continuaría usted el "experimento" de usar el nuevo material?

7-24 Variaciones en precio y en eficiencia, asientos de diario. La corporación Monroe fabrica lámparas y ha establecido los siguientes estándares por unidad terminada en cuanto a materiales directos y a mano de obra directa:

Materiales directos: 10 libras a $4.50 por libra	$45.00
Mano de obra directa: 0.5 horas a $30 por hora	15.00

El número de unidades terminadas que se presupuestó para enero de 2012 fue de 10,000; en realidad se produjeron 9,850 unidades.

Los resultados reales en enero de 2012 fueron como sigue:

Materiales directos: 98,055 libras usadas	
Mano de obra directa de: 4,900 horas	$154,350

Suponga que no había inventario inicial ni de materiales directos ni de unidades terminadas.

Durante el mes, los materiales que se compraron fueron de 100,000 libras con un costo total de $465,000. Las variaciones de los precios de los insumos se aíslan en el momento de la compra. Las variaciones en la eficiencia de los insumos se aíslan en el momento del consumo.

Se requiere

1. Calcule las variaciones en precio y eficiencia para materiales directos y mano de obra directa en enero de 2012.

2. Prepare asientos de diario para registrar las variaciones en el punto 1.

3. Comente las variaciones en precio y en eficiencia de Monroe en enero de 2012.

3. ¿Por qué Monroe podría calcular las variaciones en el precio de los materiales directos y las variaciones en la eficiencia de los materiales directos con referencia a distintos momentos?

7-25 Mejoramiento continuo (continuación del 7-24). La corporación Monroe establece costos estándar mensuales usando un enfoque de mejoramiento continuo. En enero de 2012, el costo estándar del material directo es de $45 por unidad, y el costo estándar de la mano de obra directa es de $15 por unidad. Debido a la obtención de operaciones más eficientes, las cantidades estándar para febrero de 2012 se establecen al 0.980 de las cantidades estándar para enero. En marzo de 2012, las cantidades estándar se establecen al 0.990 de las cantidades estándar para febrero de 2012. Suponga la misma información para marzo del 2012 que en el ejercicio 7-24, excepto en lo referente a estas cantidades estándar revisadas.

Se requiere

1. Calcule las cantidades estándar en marzo de 2012 para los materiales directos y para la mano de obra directa (con tres lugares decimales).

2. Calcule las variaciones en precio y eficiencia en marzo de 2012 para los materiales directos y la mano de obra directa (redondeado al dólar más cercano).

7-26 Variaciones en materiales y en mano de obra de manufactura. Costos estándar. Dunn, Inc., es una compañía privada que se dedica a la fabricación de muebles. En agosto de 2012, Dunn tenía los siguientes estándares para uno de sus productos, una silla de mimbre.

Estándares por silla	
Materiales directos	2 yardas cuadradas de insumos a $5 por yarda cuadrada
Mano de obra directa	0.5 horas de insumos a $10 por hora

Se recopilaron los siguientes datos en relación con el desempeño real: unidades reales producidas (sillas), 2,000; yardas cuadradas de insumos compradas y usadas, 3,700; precio por yarda cuadrada, $5.10; costos de la mano de obra directa, $8,820; horas reales de insumos, 900; precio de la mano de obra por hora, $9.80.

1. Muestre los cálculos de las variaciones en precio y en eficiencia para los materiales directos y la mano de obra directa. Dé una explicación posible acerca de por qué ocurrió cada variación.

2. Suponga que se compraron 6,000 yardas cuadradas de materiales (a $5.10 por yarda cuadrada), aun cuando tan solo se usaron 3,700 yardas cuadradas. Suponga además que las variaciones se identifican en su punto de control más oportuno; por consiguiente, las variaciones en el precio de los materiales directos se aíslan y se atribuyen en el momento de la compra al departamento de compras, en vez de atribuirse al departamento de producción. Calcule las variaciones en precio y en eficiencia con este enfoque.

7-27 Asientos de diario y cuentas T (continuación del 7-26). Prepare asientos de diario y traspáselos a cuentas T para todas las transacciones del ejercicio 7-26, incluyendo el punto 2. Resuma la manera en la cual difieren estos asientos de diario de los asientos de costeo normal que se describieron en el capítulo 4, pp. 112-114.

7-28 Presupuesto flexible (remítase a los datos del ejercicio 7-26). Suponga que el presupuesto estático fuera de 2,500 unidades producidas. La producción real fue de 2,000 unidades. Las variaciones se muestran en el siguiente reporte:

	Resultados reales	Presupuesto estático	Variación
Materiales directos	$18,870	$25,000	$6,130F
Mano de obra directa	$ 8,820	$12,500	$3,680F

Se requiere

¿Cuáles son las variaciones en precio, eficiencia y volumen de ventas para los materiales directos y la mano de obra directa? Con base en los resultados obtenidos, explique por qué no se alcanzó el presupuesto estático.

7-29 Variaciones en la participación de mercado y el tamaño de mercado. La compañía Rhaden produce cintas deportivas para la cabeza resistentes al sudor. La información relacionada con las operaciones de Rhaden en el mes de mayo son las siguientes:

	Real	Presupuestado
Unidades vendidas	230,550	220,000
Ingresos por ventas	$3,412,140	$3,300,000
Razón de costo variable	68%	64%
Tamaño del mercado en unidades	4,350,000	4,400,000

Se requiere

1. Calcule la variación en el volumen en ventas para mayo de 2011.
2. Calcule las variaciones en la participación de mercado y en el tamaño del mercado para mayo de 2011.
3. Comente las posibles razones para las variaciones que se calcularon en el punto 2.

MyAccountingLab

Problemas

7-30 Variaciones en el presupuesto flexible, en los materiales directos y en la mano de obra directa. Tuscany Statuary fabrica estatuas de bustos de figuras históricas famosas. Todas las estatuas son del mismo tamaño. Cada unidad requiere la misma cantidad de recursos. La siguiente información se refiere al presupuesto estático para 2011:

Producción y ventas esperadas	6,000 unidades
Materiales directos	72,000 libras
Mano de obra directa	21,000 horas
Total de costos fijos	$1,200,000

A continuación se presentan las cantidades estándar, los precios estándar y los costos unitarios estándar, para materiales directos y mano de obra directa.

	Cantidad estándar	Precio estándar	Costo unitario estándar
Materiales directos	12 libras	$10 por libra	$120
Mano de obra directa	3.5 horas	$50 por hora	$175

Durante 2011, el número real de unidades producidas y vendidas fue de 5,500. El costo real de los materiales utilizados fue de $668,800, tomando como base 70,400 libras compradas a $9.50 por libra. Las horas de mano de obra directa que realmente se usaron fueron 18,500, a la tasa de $51.50 por hora. En consecuencia, los costos reales de la mano de obra directa fueron de $952,750. Los costos fijos reales fueron de $1,180,000. No se tenían inventarios iniciales ni finales.

Se requiere

1. Calcule la variación en el volumen en ventas y la variación del presupuesto flexible para la utilidad en operación.
2. Calcule las variaciones en precio y en eficiencia para los materiales directos y para la mano de obra directa.

7-31 Análisis de variaciones, escenario que no es de manufactura. Stevie McQueen ha administrado la empresa Lightning Car Detailing durante los 10 últimos años. Su presupuesto estático y los resultados reales para junio de 2011 se proporcionan a continuación. Stevie tiene un empleado quien ha estado con él durante todos los 10 años que lleva en el negocio. Además, en cualquier momento dado, él también emplea a otros dos trabajadores menos experimentados. Cada empleado requiere por lo general 2 horas para detallar un vehículo, indistintamente de su experiencia. Stevie paga al empleado con experiencia $40 por vehículo, y a los otros dos empleados $20 por vehículo. No hubo aumentos de sueldo en junio.

Lightning Car Detailing
Estados de resultados reales y presupuestados
Para el mes que terminó el 30 de junio de 2011

	Presupuesto	Real
Número de autos detallados	200	225
Ingresos	$30,000	$39,375
Costos variables		
Costos de suministros	1,500	2,250
Mano de obra	5,600	6,000
Total de costos variables	7,100	8,250
Margen de contribución	22,900	31,125
Costos fijos	9,500	9,500
Utilidad en operación	$13,400	$21,625

1. ¿Cuántos automóviles, en promedio, presupuestó Stevie para cada empleado? ¿Cuántos automóviles detalló realmente cada empleado?
2. Prepare un presupuesto flexible para junio de 2011.
3. Calcule la variación en el precio de venta y la variación en la eficiencia de la mano de obra para cada tipo de actividad.
4. ¿Qué información, además de la que se brinda en el estado de resultados, quisiera que recopilara Stevie si usted estuviera interesado en mejorar la eficiencia operacional?

7-32 Análisis de variaciones de alcance amplio, aspectos de responsabilidad. (Adaptado de CMA.) Styles, Inc., fabrica una línea completa de marcos y gafas para sol bien conocidos. Styles usa un sistema de costeo estándar para establecer estándares alcanzables para materiales directos, mano de obra y costos indirectos. Styles evalúa y revisa los estándares en forma anual, según sea necesario. Los gerentes departamentales, cuyas evaluaciones y bonos se ven afectados por el desempeño de su departamento, tienen la responsabilidad de explicar las variaciones en los informes de desempeño de su departamento.

Recientemente, las variaciones en la manufactura de la prestigiada línea de gafas para sol Image han generado algunas preocupaciones. Por ninguna razón aparente, han ocurrido variaciones desfavorables en los materiales y la mano de obra. En la junta mensual de ejecutivos, se espera que Jack Barton, gerente de la línea Image, explique sus variaciones y sugiera algunas formas de mejorar el desempeño. Se pedirá a Barton que explique el siguiente informe de desempeño para 2011:

	Resultados reales	Montos del presupuesto estático
Unidades vendidas	7,275	7,500
Ingresos	$596,550	$600,000
Costos variables de manufactura	351,965	324,000
Costos fijos de manufactura	108,398	112,500
Utilidad bruta	136,187	163,500

Barton recopiló la siguiente información:

Tres partidas formaron a los costos estándar variables de manufactura en 2011:

■ Materiales directos: marcos. Costo presupuestado estático, $49,500. El insumo estándar para 2008 es de 3.00 onzas por unidad.

■ Materiales directos: gafas. Costo presupuestado estático, $139,500. El insumo estándar para 2008 es de 6.00 onzas por unidad.

■ Mano de obra directa: costos estáticos presupuestados, $135,000. El insumo estándar para 2008 es de 1.20 horas por unidad.

Suponga que no hay costos indirectos de manufactura variables.

Los costos variables reales de manufactura para 2011 fueron:

■ Materiales directos: marcos. Costos reales de $55,872. Las onzas reales que se usaron fueron 3.20 onzas por unidad.

■ Materiales directos: gafas. Costos reales de $150,738. Las onzas reales que se usaron fueron 7.00 onzas por unidad.

■ Mano de obra directa: costos reales de $145,355. La tasa de mano de obra real fue de $14.80 por hora.
Se requiere:

1. Prepare un reporte que incluya lo siguiente:
   a) La variación en el precio de venta.
   b) La variación en el volumen de ventas y la variación en el presupuesto flexible, para la utilidad en operación en el formato de análisis de la ilustración 7-2

c) Las variaciones en precio y en eficiencia para lo siguiente:

- Materiales directos: marcos.
- Materiales directos: gafas.
- Mano de obra directa.

2. Dé tres explicaciones posibles para cada una de las tres variaciones en precio y eficiencia en Styles en el inciso 1c.

7-33 Causas posibles de las variaciones en precio y eficiencia. Usted es un estudiante que se prepara para una entrevista de trabajo con una compañía manufacturera de productos de consumo de *Fortune* 100. Usted presenta una solicitud de empleo en el departamento de finanzas. Esta compañía es conocida por su riguroso proceso de entrevistas basadas en casos prácticos. Una de las estudiantes que obtuvo con éxito un empleo con ellos, luego de su graduación el año pasado, le aconsejó "estudiar muy bien todo lo de las variaciones". Cuando usted investiga más, ella le dice que le indicaron que supusiera que estaba investigando las variaciones en sueldos y en materiales. Gracias a su consejo, usted estudia las causas y las consecuencias de las variaciones, y se siente emocionado cuando se presenta y descubre que el primer caso trata de un análisis de variaciones. A usted se le proporcionan los siguientes datos para mayo en relación con una planta embotelladora de detergentes que se localiza en México.

Real

Botellas llenadas	340,000	
Materiales directos usados en producción	6,150,000	onzas
Costo real de los materiales directos	2,275,500	pesos
Horas reales de la mano de obra directa	26,000	horas
Costo real de la mano de obra directa	784,420	pesos

Estándares

Precio de compra de los materiales directos	0.36	pesos/onza
Tamaño de la botella	15	onzas
Tasa salarial	29.25	pesos/hora
Botellas por minuto	0.50	

Se requiere

Responda, por favor, las siguientes preguntas como si usted se encontrara en una situación de entrevista:

1. Calcule la variación en la eficiencia y el precio de los materiales, así como las variaciones en la eficiencia de los sueldos y la mano de obra para el mes de mayo.

2. A usted se le proporciona el siguiente contexto: "Los organizadores del sindicato están considerando nuestra planta embotelladora de detergentes en Puebla, México, para organizar un sindicato." ¿Puede dar una mejor explicación para las variaciones que usted acaba de calcular con base en esta información?

7-34 Variaciones en el costo de los materiales, uso de las variaciones para la evaluación del desempeño. Katharine Stanley es el propietario de Better Bikes, una compañía que fabrica bicicletas de alta calidad para campo traviesa. Better Bikes participa en una cadena de suministro que consiste en proveedores, fabricantes, distribuidores y tiendas especializadas de bicicletas. Durante varios, años Better Bikes ha comprado titanio a los proveedores de la cadena de suministro, y usa el titanio para los bastidores de las bicicletas porque es más fuerte y más ligero que otros metales y, por lo tanto, aumenta la calidad del producto. Anteriormente en este año, Better Bikes contrató a Michael Scott, un recién graduado de la Universidad Estatal, como gerente de compras. Michael consideraba que podía reducir los costos si compraba el titanio en mercado en línea a un menor precio.

Better Bikes estableció los siguientes estándares con base en la experiencia de la compañía con proveedores anteriores. Los estándares son como sigue:

Costo del titanio	$22 por libra
Titanio usado por bicicleta	8 libras

Los resultados reales para el primer mes usando al proveedor de titanio en línea son los siguientes:

Bicicletas fabricadas	800	
Titanio comprado	8,400	libras en $159,600
Titanio usado en producción	7,900	libras

Se requiere

1. Calcule las variaciones en el precio y la eficiencia para los materiales directos.

2. ¿Qué factores explican las variaciones que se identificaron en el punto 1? ¿Podrían verse afectadas algunas otras variaciones?

3. ¿El hecho de cambiar de proveedores fue una buena idea para Better Bikes? Explique por qué.

4. ¿la evaluación del desempeño de Michael Scott debería basarse únicamente en las variaciones en precio? ¿Tendría que basarse la evaluación del gerente de producción tan solo en las variaciones en eficiencia? ¿Por qué es importante que Katharine Stanley entienda las causas de una variación antes de evaluar el desempeño?

5. Aparte de la evaluación del desempeño, ¿qué razones existen para el cálculo de las variaciones?

6. ¿Qué problemas futuros podrían resultar de la decisión de Better Bikes de comprar un titanio de menor calidad en el mercado en línea?

7-35 Variaciones en la mano de obra directa y los materiales directos, carencia de datos. (Adaptado de CMA.) Morro Bay Surfboards fabrica tablas deslizadoras acuáticas hechas de fibra de vidrio. El costo estándar de los materiales directos y la mano de obra directa es de $225 por tabla. Esto incluye 30 libras de materiales directos, al precio presupuestado de $3 por libra; y 9 horas de mano de obra directa, a la tasa presupuestada de $15 por hora. A continuación se presentan datos adicionales para el mes de julio:

Unidades completadas	5,500	unidades
Compras de materiales directos	190,000	libras
Costo de las compras de materiales directos	$579,500	
Horas reales de mano de obra directa	49,000	horas
Costo de la mano de obra directa real	$739,900	
Variación en la eficiencia de los materiales directos	$ 1,500	F

No había inventarios iniciales.

Se requiere

1. Calcule las variaciones en la mano de obra directa para julio.
2. Calcule las libras reales de los materiales directos usados en producción en julio.
3. Calcule el precio real por libra de los materiales directos comprados.
4. Calcule la variación en precio de los materiales directos.

7-36 Variaciones en materiales directos y en la mano de obra, resolución de incógnitas. (Adaptado de CPA) El 1 de mayo de 2012, la compañía Bovar empezó a fabricar una nueva máquina para la localización de personas conocida como Dandy. La compañía instaló un sistema de costeo estándar para contabilizar los costos de manufactura. Los costos estándar de una unidad de Dandy son los siguientes:

Materiales directos (3 libras a $5 por libra)	$15.00
Mano de obra directa (1/2 hora a $20 por hora)	10.00
Costos indirectos de manufactura (75% de los costos de la mano de obra directa)	7.50
	$32.50

Los siguientes datos se tomaron de los registros de Bovar para el mes de mayo:

	Cargo	Abono
Ingresos		$125,000
Control de cuentas por pagar (para las compras de materiales directos de mayo)		68,250
Variación en el precio de los materiales directos	$3,250	
Variación en la eficiencia de los materiales directos	2,500	
Variación en el precio de la mano de obra directa	1,900	
Variación en la eficiencia de la mano de obra directa		2,000

La producción real de mayo fue de 4,000 unidades de Dandy y las ventas reales de mayo fueron de 2,500 unidades.

Las cantidades que se muestran para la variación en el precio de los materiales directos se aplican a los materiales comprados durante mayo. No había inventarios iniciales de materiales al 1 de mayo de 2012.

Calcule cada una de las siguientes partidas para Bovar en el mes de mayo. Muestre sus cálculos.

Se requiere

1. Horas estándar de mano de obra directa consumidas para la producción real.
2. Horas reales de mano de obra directa trabajadas.
3. Tasa salarial real de la mano de obra directa.
4. Cantidad estándar de materiales directos permitidos (en libras).
5. Cantidad real de materiales directos usados (en libras).
6. Cantidad real de materiales directos comprados (en libras).
7. Precio real de materiales directos por libra.

7-37 Variaciones en materiales directos y en mano de obra, asientos de diario. Mantillas Shayna's Smart es un negocio pequeño que Shayna desarrolló cuando asistía a la universidad. Ella empezó tejiendo a mano mantillas para sus amigos de los dormitorios mientras cursaba sus estudios. A medida que aumentó la demanda, ella contrató a algunos trabajadores y empezó a administrar las operaciones. Las mantillas de Shayna requieren lana y mano de obra. Ella experimenta con el tipo de lana que usa, y tiene una gran variedad en las mantillas que produce. Tiene una rotación bimodal en su mano de obra. Algunos de sus empleados han estado con ella durante mucho tiempo, en tanto que otros son nuevos y carecen de experiencia.

Shayna usa un sistema de costeo estándar para sus mantillas y espera que una mantilla típica tome cuatro horas para producirse; la tasa salarial estándar es de $10.00 por hora. Una mantilla promedio consume 12 madejas de lana. Shayna hace compras en muchas partes para obtener buenas negociaciones, y espera pagar $3.50 por madeja.

Shayna usa un sistema de inventarios justo a tiempo, y tiene clientes que le indican el tipo y el color de lana que les gustaría que ella usara.

En el mes de abril, los trabajadores de Shayna elaboraron 235 mantillas usando 925 horas y 3,040 madejas de lana. Shayna compró lana en $10,336 (y usó la totalidad de la cantidad) e incurrió en costos de mano de obra por $9,620.

Se requiere

1. Calcule las variaciones en precios y eficiencia para la lana, así como las variaciones en precio y eficiencia para la mano de obra directa.
2. Registre los asientos de diario para las variaciones en que se haya incurrido.
3. Exponga las explicaciones lógicas para la combinación de variaciones que experimentó Shayna.

7-38 Uso de las variaciones en materiales y en mano de obra de manufactura para la fijación de estándares de comparación. Suponga que usted es un nuevo contador en la corporación Clearview, un fabricante de lentes para anteojos. Su compañía vende lentes de calidad genérica a un precio moderado. El jefe de usted, el contralor, le entregó el reporte del mes más reciente para la asociación comercial de lentes. Tal informe incluye información relacionada con las operaciones de su empresa y con tres de sus competidores dentro de la asociación comercial. El reporte también incluye información relacionada con los estándares de comparación en la industria, para cada una de las partidas del informe. Usted no sabe cuál empresa es cuál. Únicamente sabe que usted es la empresa A.

Costos unitarios variables
Empresas afiliadas
Para el mes que terminó el 30 de septiembre de 2012

	Empresa A	Empresa B	Empresa C	Empresa D	Estándar de comparación de la industria
Insumos de materiales	2.00	1.95	2.15	2.50	2.0 onzas de vidrio
Precio de los materiales	$ 4.90	$ 5.60	$ 5.00	$ 4.50	$ 5.00 por onza
Horas de mano de obra usadas	1.10	1.15	0.95	1.00	1.00 horas
Tasa salarial	$15.00	$15.50	$16.50	$15.90	$13.00 por HMOD
Tasa de costos indirectos variables	$ 9.00	$13.50	$ 7.50	$11.25	$12.00 por HMOD

Se requiere

1. Calcule el costo total variable por unidad para cada empresa de la asociación comercial. Determine el porcentaje del total para los componentes de materiales, mano de obra y costos indirectos variables.
2. Usando el estándar de comparación industrial de la asociación comercial, calcule las variaciones en precio y eficiencia de los materiales directos y la mano de obra directa, para las cuatro empresas. Calcule el porcentaje sobre el estándar para cada empresa y para cada variación.
3. Escriba un breve memorando para su jefe, donde describa las ventajas y las desventajas de pertenecer a esta asociación comercial, para propósitos de la fijación de estándares de comparación. Incluya algunas ideas para mejorar la productividad que usted quiera que su jefe presente en la reunión de gerentes de departamentos.

7-38 Revisión de alcance amplio del análisis de variaciones. Sonnet, Inc. tiene los siguientes presupuestos estándar para el mes de marzo de 2011:

Precio de venta promedio por CD	$	6.00
Costo total de los materiales directos por CD	$	1.50
Mano de obra directa		
Costo de mano de obra directa por hora	$	12.00
Tasa promedio de la productividad de la mano de obra (CD por hora)		300
Costo directo de marketing por unidad	$	0.30
Costos indirectos fijos		$800,000

Se han presupuestado ventas de 1,500,000 unidades para marzo. El mercado total que se esperaba para este producto era de 7,500,000 CD. Los resultados reales para marzo son:

- Las ventas y la producción de unidades alcanzaron un total de 95% del plan.
- El precio promedio de venta real aumentó a $6.10.
- La productividad disminuyó a 250 CD por hora.
- Los costos reales de la mano de obra directa son de $12.20 por hora.
- El costo total real de los materiales directos por unidad aumentó a $1.60.
- Los costos directos reales de marketing fueron de $0.25 por unidad.
- Los costos fijos indirectos llegaron a $10,000 por arriba del plan.
- El tamaño real del mercado fue de 8,906,250 CD.

Se requiere

Calcule lo siguiente:

1. La utilidad en operación real y la del presupuesto estático.
2. La variación del presupuesto estático para la utilidad en operación.
3. La utilidad en operación del presupuesto flexible.
4. La variación del presupuesto flexible para la utilidad en operación.
5. La variación en el volumen de ventas para la utilidad en operación.
6. La variación en la participación del mercado y en el tamaño del mercado.
7. Las variaciones en precio y en eficiencia para la mano de obra directa
8. La variación del presupuesto flexible para la mano de obra directa.

7-40 Análisis de variaciones de alcance amplio. (Adaptado de CMA.) Iceland, Inc., es un productor de helados con un rápido crecimiento. El nuevo sabor de helado de la compañía, el Cherry Star, se vende a un precio de $9 por libra. El nivel mensual estándar de producción es de 300,000 libras; los insumos y los costos estándar son los siguientes:

	A	B	C	D	E
1		Cantidad por		Costos	
2	Partida de costos	libra de helado		unitarios estándar	
3	Materiales directos				
4	Crema	12	oz.	$ 0.03	/oz.
5	Extracto de vainilla	4	oz.	0.12	/oz.
6	Cereza	1	o	0.45	/oz.
7					
8	Mano de obra directa[a]				
9	Preparación	1.2	min.	14.40	/hr.
10	Mezclado	1.8	min.	18.00	/hr.
11					
12	Costos indirectos variables[b]	3	min.	32.40	/hr.
13					
14	[a]Las tasas de mano de obra directa incluyen las prestaciones de los trabajadores.				
15	[b]Aplicado con base en las horas de mano de obra directa.				

Molly Cates, el director de finanzas, está decepcionado con los resultados para mayo de 2011, los cuales se prepararon tomando como base estos costos estándar.

	A	B	C	D	E	F	G
17	Reporte de desempeño, mayo de 2011						
18		Real		Presupuestado		Variación	
19	Unidades (libras)	275,000		300,000		25,000	D
20	Ingresos	$2,502,500		$2,700,000		$197,500	D
21	Materiales directos	432,500		387,000		45,500	D
22	Mano de obra directa	174,000		248,400		74,400	F

Cates destaca que, aun a pesar de un incremento considerable en las libras de helado que se vendieron en mayo, la contribución de Cherry Star a la rentabilidad general de la compañía ha sido más baja de lo que se esperaba. Cates recopila la siguiente información para ayudar al análisis de la situación:

	A	B	C	D
25	Reporte de consumo, mayo de 2011			
26	Partida de costos	Cantidad		Costo real
27	Materiales directos			
28	Crema	3,120,000	onzas	$124,800
29	Extracto de vainilla	1,230,000	onzas	184,500
30	Cerezas	325,000	onzas	133,250
31				
32	Mano de obra directa			
33	Preparación	310,000	min.	77,500
34	Mezclado	515,000	min.	154,500

Se requiere

Calcule las siguientes variaciones. Comente las variaciones, con una atención especial a las variaciones que pueden estar relacionadas entre sí y al nivel de control de cada variación:

1. La variación en el precio de venta.
2. La variación en el precio de los materiales directos.
3. La variación en la eficiencia de los materiales directos.
4. La variación en la eficiencia de la mano de obra directa.

7-41 **Variaciones en precio y en eficiencia, problemas en la fijación de estándares y establecimiento de estándares de comparación.** Stuckey, Inc., fabrica tambores industriales de 55 galones para el almacenaje de químicos que se usan en la industria de la minería. El cuerpo de los tambores se elabora con aluminio y la tapadera se hace de un plástico resistente a los químicos. Andy Jorgenson, el contralor, está cada vez más insatisfecho con el sistema de costeo estándar de Stuckey. La información presupuestada para los materiales directos y para la mano de obra directa para junio de 2011 fue la siguiente:

	Presupuesto
Tambores y tapaderas producidos	5,200
Precio de los materiales directos por pie cuad.	
Aluminio	$ 3.00
Plástico	$ 1.50
Materiales directos por unidad	
Aluminio (pie cuad.)	20
Plástico (pie cuad.)	7
Horas de mano de obra directa por unidad	2.3
Costo de la mano de obra directa por unidad	$12.00

La cantidad real de tambores y tapaderas que se produjeron fue de 4,920. El costo real del aluminio y del plástico fue de $283,023 (95,940 pies cuadrados) y de $50,184 (33,456 pies cuad.), respectivamente. El costo real de la mano de obra directa que se incurrió fue de $118,572 (9,840 horas). No hubo inventarios iniciales ni finales de materiales.

Los costos estándar se basan en un estudio de las operaciones que realizó un consultor independiente hace seis meses. Jorgenson observa que, desde que se realizó el estudio, rara vez ha visto una variación desfavorable de cualquier magnitud. Incluso nota que a los niveles actuales de producción, los trabajadores parecen tener mucho tiempo para sentarse a charlar. Jorgenson está preocupado de que el gerente de producción, Charlie Fenton, esté enterado de esto, pero no quiere hacer más rigurosos los estándares porque los estándares laxos hacen que su desempeño se vea bien.

Se requiere

1. Calcule las variaciones en precio y en eficiencia de Stuckey, Inc., para los materiales directos y para la mano de obra en junio de 2011.
2. Describa los tipos de acciones que los empleados de Stuckey, Inc., pueden haber tomado para reducir la exactitud de los estándares establecidos por el consultor independiente. ¿Por qué los empleados podrían tomar dichas acciones? ¿Es ético ese comportamiento?
3. Si Jorgenson no hace nada acerca de los costos estándar, ¿tal comportamiento transgrediría alguna de las normas de comportamiento ético para los contadores administrativos que se describieron en la ilustración 1-7 de la p. 16?
4. ¿Qué acciones debería tomar Jorgenson?
5. Jorgenson puede obtener información de estándares de comparación acerca de los costos estimados de los principales competidores de Stuckey, proveniente de la Benchmarking Clearing House (BCH). Discuta las ventajas y las desventajas de usar la formación de BCH para calcular las variaciones en el punto 1.

Problema de aprendizaje participativo

7-42 **Análisis de variaciones de alcance amplio.** La compañía Sol, fabricante de aparatos electrónicos que está experimentando un rápido crecimiento, usa un sistema de costeo estándar, y los estándares se establecen al principio de cada año.

En el segundo trimestre de 2011, Sol se enfrentó a dos desafíos: tuvo que negociar y firmar un nuevo contrato laboral a corto plazo con el sindicato de sus trabajadores y, también, tuvo que pagar un precio más alto a sus proveedores por los materiales directos. El nuevo contrato laboral aumentó el costo de la mano de obra directa en relación con los estándares de la compañía en 2011. Asimismo, el nuevo precio de los materiales directos excedió los estándares de la compañía de 2011. Sin embargo, los materiales eran de una mejor calidad que lo que se esperaba y, por lo tanto, la administración de Sol tenía confianza en que habría menos desperdicios y menos reproceso en el proceso de manufactura. La administración también ha especulado que el costo de la mano de obra directa por unidad quizá disminuiría como resultado del mejoramiento en la calidad de los materiales.

Al final del segundo trimestre, el director de finanzas de Sol, Terence Shaw, revisó los siguientes resultados:

	A	B	C	D	E	F	G	H	I	J	K	L	M	N	O	P	Q	R	S
1		Costos variables por unidad																	
2	Costos variables por unidad	Estándar						Primer trimestre de 2011 Resultados reales						Segundo trimestre de 2011 Resultados reales					
3	Materiales directos	2.2	libras	a	$5.70	por libra	$12.54	2.3	libras	a	$5.80	por libra	$13.34	2.0	libras	a	$6.00	por libra	$12.00
4	Mano de obra directa	0.5	horas	a	$12	por hora	$6.00	0.52	horas	a	$12	por hora	$6.24	0.45	horas	a	$14	por hora	$6.30
5	Otros costos variables						$10.00						$10.00						$9.85
6							$28.54						$29.58						$28.15

	U	V	W	X
1				
2		Presupuesto estático para cada trimestre con base en 2011	Resultados del primer trimestre de 2011	Resultados del segundo trimestre de 2011
3	Unidades	4,000	4,400	4,800
4	Precio de venta	$ 70	$ 72	$ 71.50
5	Ventas	$280,000	$316,800	$343,200
6	Costos variables			
7	Materiales directos	50,160	58,696	57,600
8	Mano de obra directa	24,000	27,456	30,240
9	Otros costos variables	44,000	44,000	47,280
10	Total de costos variables	114,160	130,152	135,120
11	Margen de contribución	165,840	186,648	208,080
12	Costos fijos	68,000	66,000	68,400
13	Utilidad en operación	$ 97,840	$ 120,648	$ 139,680

Shaw se tranquilizó al observar que los ahorros anticipados en el desperdicio de materiales y en los reprocesos parecían haberse materializado. No obstante, le preocupaba que el sindicato lo presionara con mayores sueldos, dado que los costos unitarios reales llegaron a situarse por debajo de los costos unitarios estándar y la utilidad en operación continuó disminuyendo.

Se requiere

1. Prepare un análisis de variaciones detallado sobre los resultados del segundo trimestre en relación con el presupuesto estático. Muestre qué cantidad del mejoramiento en la utilidad en operación surgió debido a cambios en el volumen de ventas, y qué cantidad surgió por otras causas. Determine las variaciones que aíslan los efectos del precio y los cambios en el consumo de los materiales directos y de la mano de obra directa.
2. Use los resultados del inciso 1 para refutar las demandas anticipadas del sindicato, a la luz de los resultados del segundo trimestre.
3. Terrence Shaw considera que la compañía puede hacer mejores negociaciones si cambia los estándares. Sin realizar cálculo alguno, exponga las ventajas y las desventajas de cambiar inmediatamente los estándares.

Presupuestos flexibles, variaciones en costos indirectos y control administrativo

1. Explicar las similitudes y las diferencias entre la planeación de los costos indirectos variables y los costos indirectos fijos.

2. Desarrollar tasas presupuestadas de costos indirectos variables y tasas presupuestadas de costos indirectos fijos.

3. Calcular la variación en los costos indirectos variables del presupuesto flexible, la variación en la eficiencia de costos indirectos variables y la variación en el nivel de costos indirectos variables.

4. Calcular la variación en los costos indirectos fijos del presupuesto flexible, la variación en el nivel de costos indirectos fijos y la variación en los costos indirectos fijos del volumen de producción.

5. Mostrar la manera en que el análisis de cuatro variaciones reconcilia los costos indirectos reales incurridos, con los montos de los costos indirectos aplicados durante el periodo.

6. Explicar la relación entre la variación en el volumen en ventas y la variación en el volumen de producción.

7. Calcular las variaciones en los costos indirectos en el contexto del costeo basado en las actividades.

8. Examinar el uso de las variaciones en costos indirectos en ambientes que no son de manufactura.

¿Qué tienen en común el pronóstico del tiempo semanal y el desempeño de una organización?

La mayoría de las veces, la realidad no parece coincidir con las expectativas. Un cielo nublado capaz de cancelar un juego de liga infantil quizá permita de manera repentina que brille el sol justo cuando las camionetas se preparan para marcharse. Los jubilosos propietarios de una empresa podrían cambiar de parecer cuando examinan sus facturas mensuales y descubren que sus costos operativos exorbitantes han reducido de manera importante las utilidades. Las diferencias, o variaciones, siempre están alrededor de nosotros.

Para las organizaciones, las variaciones son de gran valor porque ponen de relieve las áreas donde el desempeño se aleja más de las expectativas. Al usar esta información para realizar ajustes correctivos, las compañías pueden lograr ahorros significativos, como muestra el siguiente artículo.

Las variaciones en los costos indirectos obligan a Macy's a buscar cambios en la estrategia[1]

Los gerentes revisan con frecuencia las diferencias, o variaciones, en los costos indirectos y hacen cambios en las operaciones de una empresa. Algunas veces aumentan o disminuyen los niveles de la dotación de personal, mientras que otras los gerentes identifican formas de usar un menor número de recursos, por decir, suministros de oficinas y viajes para reuniones de negocios que no agregan valor a los productos y servicios que compran los clientes.

Sin embargo, en la cadena de tiendas por departamentos Macy's, los gerentes analizaron las variaciones en los costos indirectos y cambiaron la forma en que la compañía compraba los productos que comercializaba. En 2005, cuando se fusionaron Federated Department Stores y May Department Store Company, Macy's operaba siete oficinas de compras en Estados Unidos. Cada una de estas oficinas era responsable por la compra de una parte de las prendas de vestir, los cosméticos, la joyería y muchos otros artículos que Macy's vende. Pero una serie de responsabilidades traslapadas, los patrones de compra por temporada (la ropa generalmente se compra en primavera o en otoño) y las diferencias regionales en costos y salarios (por ejemplo, los empleados y la renta cuestan más en San Francisco que en Cincinnati) condujeron a variaciones frecuentes y significativas en los costos indirectos.

Estos costos indirectos recaían sobre los hombros de la compañía, cuando enfrentaba las ventas decepcionantes después de la fusión. Como resultado de ello, los líderes de Macy's se sintieron presionados a reducir aquellos costos que no estuvieran directamente relacionados con la venta de mercancía en las tiendas y en línea.

---

[1] *Fuentes:* Boyle, Matthew: 2009. A leaner Macy's tries to cater to local tastes. *BusinessWeek.com*, 3 de septiembre; Kapner, Suzanne, 2009. Macy's looking to cut costs. *Fortune*, 14 de enero. http://money.cnn.com/2009/01/14/news/companies/macys_consolidation.fortune/;Macy's *2009 Corporate Fact Book*, 2009. Cincinnati: Macy's, Inc., 7.

A principios de 2009, la compañía anunció planes para consolidar su red de siete oficinas de compras en una sola ubicación en Nueva York. Al centralizar toda la planeación de las compras y mercancías en un lugar, la estructura de compras de Macy's y sus costos indirectos se igualaron con las muchas otras cadenas grandes, incluyendo a JCPenney y Kohl's. En conjunto, la decisión de adoptar un sistema de compras centralizado daría como resultado un ahorro de $100 millones anuales en costos para la compañía.

Aunque el sistema de compras centralizado fue aclamado por los expertos de la industria y por los accionistas, el director general de Macy's, Terry Lundgren estaba interesado en mantener un "sabor regional" dentro de sus tiendas. Para asegurarse de que las compras nacionales se ajustaran a los gustos locales, se formó un nuevo equipo de compradores en cada mercado de Macy's, el cual estaba a cargo de indagar los hábitos de compra locales. De esa manera, la compañía pudo reducir sus costos indirectos y asegurar, al mismo tiempo, que las tiendas de Macy's cerca de los parques de diversiones acuáticos tuvieran buen surtido de trajes de baño.

Las compañías como DuPont, Internacional Paper y U.S. Steel, que invierten intensamente en equipos de capital, o Amazon.com y Yahoo!, las cuales invierten fuertes cantidades en software, tienen altos costos indirectos. Como indica el ejemplo de Macy's, la comprensión del comportamiento de los costos indirectos, la planeación de dichos costos, la realización de análisis de variaciones y la actuación adecuada en función de los resultados son de gran importancia para una compañía.

En este capítulo examinaremos la manera en que los presupuestos flexibles y los análisis de variaciones ayudan a los gerentes a planear y a controlar los costos indirectos. El capítulo 7 destacó las categorías de costos directos de los materiales directos y la mano de obra directa. En este capítulo, centraremos la atención en las categorías de costos indirectos para los costos indirectos variables de manufactura y para los costos indirectos fijos de manufactura. Finalmente, explicaremos la razón por la cual los gerentes deberían tener cuidado al interpretar las variaciones basándose en conceptos de costos indirectos, que se desarrollaron básicamente para fines de información financiera.

Planeación de los costos indirectos variables y fijos

Nuevamente usaremos el ejemplo de la compañía Webb para ilustrar la planeación y el control de los costos indirectos fijos y variables. Recuerde que Webb fabrica chamarras que se venden a distribuidores quienes, a la vez, venden a tiendas de ropa independientes y a cadenas minoristas. Por simplicidad, supondremos que los únicos costos de Webb son los costos de *manufactura*. Para facilitar la exposición, usaremos el término costos indirectos en vez de costos indirectos de manufactura. Los costos indirectos (de manufactura) variables de Webb incluyen la energía, el mantenimiento de las máquinas, el apoyo de ingeniería y los materiales indirectos. Los costos indirectos (de manufactura) fijos incluyen los costos del arrendamiento de la planta, la depreciación del equipo de la planta y los salarios de los gerentes de la planta.

Planeación de los costos indirectos variables

Para planear con efectividad los costos indirectos variables de un producto o de un servicio, los gerentes deben centrar la atención en las actividades que crean un producto o servicio de mayor calidad para sus clientes, y eliminar aquellas actividades que no agregan valor. Los gerentes de Webb examinan la manera en que cada uno de sus costos indirectos variables se relaciona con el suministro de un producto o servicio superior para los clientes. Por ejemplo, los clientes esperan que las chamarras de Webb sean durables y, por lo tanto, los gerentes de Webb consideran que la costura es una actividad esencial. Por consiguiente, las actividades de mantenimiento para las máquinas de coser —incluidas en los cosos indirectos variables de Webb— también son actividades esenciales que la gerencia tiene que planear. Asimismo, tal mantenimiento debería hacerse de una manera efectiva en cuanto a costos, por ejemplo, programando el mantenimiento periódico del equipo en vez de esperar hasta que fallen las máquinas de coser. En la actualidad, para muchas compañías es de gran importancia planear formas de volverse más eficiente en el uso de la energía, un componente de rápido crecimiento en los costos indirectos variables. Webb instala medidores inteligentes con la finalidad de controlar el uso de la energía en tiempo real y evitar que las operaciones de producción alcancen periodos de consumo muy elevados (picos).

Planeación de los costos indirectos fijos

Una planeación efectiva de los costos indirectos fijos es similar a una planeación efectiva de los costos indirectos variables —planear para llevar a cabo tan solo las actividades esenciales y luego planear para ser eficiente en esa actividad. No obstante, en la planeación de los costos indirectos fijos, existe un aspecto más estratégico que los gerentes deben tomar en cuenta: la elección del nivel adecuado de capacidad o inversión que beneficiará a la compañía en el largo plazo. Considere el arrendamiento de máquinas de coser por parte de Webb, cada una de las cuales tiene un costo fijo anual. Rentar más máquinas que las que se necesitan —si Webb sobreestima la demanda— daría como resultado costos fijos por renta adicionales sobre máquinas que no se utilizan por completo durante el año. Arrendar una capacidad de máquinas insuficiente —por ejemplo, porque Webb subestime la demanda o debido a un espacio limitado en la planta— daría como resultado la incapacidad para satisfacer la demanda, ventas de chamarras perdidas y clientes insatisfechos. Considere el ejemplo de AT&T, quien no previó el atractivo del iPhone ni la proliferación de las "apps" y no actualizó suficientemente su red para manejar el tráfico de datos resultante. Desde entonces, AT&T ha tenido que imponer límites sobre la forma en que los clientes usan el iPhone (como la disminución del "tethering" [cadenas de comunicación] y el acceso a archivos de audio y de video sin descarga en los Webcasts). En diciembre de 2009, AT&T tuvo las evaluaciones más bajas de satisfacción de los clientes entre todos los evaluados en el ramo de las telecomunicaciones.

La planeación de los costos indirectos fijos difiere de la planeación de los costos indirectos variables en un aspecto de gran importancia: lograr ser oportunos. Al inicio de un periodo presupuestal, la gerencia ya habrá tomado la mayoría de las decisiones que determinan el nivel de costos indirectos fijos en los que se incurrirá en ese periodo. Sin embargo, son las decisiones operativas continuas y cotidianas las que determinan principalmente el nivel de costos indirectos variables incurridos en el periodo. En los negocios del cuidado para la salud, por ejemplo, los costos indirectos variables, que incluyen los suministros desechables, las dosis unitarias de medicación, los paquetes de sutura y los costos por manejo de los desperdicios médicos, son una función del número y la naturaleza de los procedimientos que se han llevado a cabo, así como de los patrones de prácticas de los doctores. No obstante, la mayoría del costo por brindar un servicio de hospital, está relacionado con los edificios, el equipo y la mano de obra asalariada, que son partidas de costos indirectos fijos, y no está relacionado con el volumen de una actividad.[2]

Punto de decisión ▶

¿Cómo planean los gerentes los costos indirectos variables y los costos indirectos fijos?

Objetivo de aprendizaje 2

Determinar tasas presupuestadas de costos indirectos variables

. . . los costos variables presupuestados divididos entre la cantidad de la base de aplicación del costo y tasas presupuestadas de costos indirectos fijos

. . . los costos presupuestados fijos divididos entre la cantidad de la base de aplicación del costo

Costos estándar en la compañía Webb

Webb emplea un sistema de costeo estándar. El desarrollo de estándares para los costos directos de manufactura de Webb se describió en el capítulo 7. Este capítulo expone el desarrollo de estándares para los costos indirectos de manufactura de Webb. El **costeo estándar** es un sistema de costos que *a*) atribuye los costos directos a la producción obtenida mediante la multiplicación de los precios o tasas estándar por las cantidades estándar de los insumos permitidos para los productos reales elaborados; y *b*) aplica los costos indirectos basándose en las tasas de costos indirectos estándar multiplicadas por las cantidades estándar de las bases de aplicación permitidas para los productos reales elaborados.

---

[2] En relación con esto, los centros de cirugía independientes han progresado porque tienen la ventaja económica de menores costos indirectos fijos cuando se comparan con un hospital tradicional. Si se desea un resumen informativo sobre los aspectos del costeo en los centros para el cuidado de la salud, véase A. Macario, "What Does One Minute of Operating Room Time Cost?", Standford University School of Medicine (2009).

El costo estándar de las chamarras de Webb se calcula al inicio del periodo del presupuesto. Esta característica del costeo estándar simplifica el mantenimiento de los registros, porque no se necesita ningún registro de los costos indirectos reales o de las cantidades reales de las bases de aplicación de los costos usadas para la fabricación de las chamarras. Lo que se necesita son las tasas de costos indirectos estándar para los costos indirectos fijos y variables. Los contadores administrativos de Webb calculan estas tasas de costos basándose en los montos planeados de costos indirectos variables y fijos, así como en las cantidades estándar de las bases de aplicación. A continuación describiremos dichos cálculos. Observe que una vez que se han establecido los estándares, los costos por usar el costeo estándar son bajos en relación con los costos por usar el costeo real o el costeo normal.

Desarrollo de tasas presupuestadas de costos indirectos variables

Las tasas presupuestadas de aplicación de costos para los costos indirectos variables se desarrollan en cuatro pasos. Usaremos el ejemplo de Webb para ilustrar estos pasos. En todo este capítulo, utilizamos el término más amplio "tasa presupuestada" en vez de "tasa estándar", para ser consistentes con los términos que se usaron al describir el costeo normal en capítulos anteriores. En el costeo estándar, las tasas presupuestadas son las tasas estándar.

Paso 1: Elegir el periodo que se usará para el presupuesto. Webb utiliza un periodo presupuestal de 12 meses. El capítulo 4 (p. 103) indica dos razones para el uso de tasas anuales de costos indirectos en vez de, por ejemplo, tasas mensuales. La primera se relaciona con el numerador (como la reducción de la influencia por la estacionalidad en la estructura de costos) y la segunda con el denominador (como la reducción del efecto de una producción variable y del número de días en un mes). Además, la fijación de tasas de costos indirectos una vez al año ahorra a la gerencia el tiempo que necesitaría 12 veces durante el año, si las tasas presupuestadas tuvieran que establecerse mensualmente.

Paso 2: Seleccionar de las bases de aplicación de costos que se usarán para la asignación de los costos indirectos variables a la producción obtenida. Los gerentes operativos de Webb seleccionan las horas-máquina como la base de aplicación del costo porque consideran que las horas-máquina son el único generador del costo de los costos indirectos variables. Con base en un estudio de ingeniería, Webb estima que se necesitarán 0.40 horas-máquina por unidad real producida. Para su producción presupuestada de 144,000 chamarras en 2011, Webb presupuesta 57,600 (0.40 × 144,000) horas-máquina.

Paso 3: Identificar los costos indirectos variables asociados con cada base de aplicación de los costos. Webb agrupa la totalidad de sus costos indirectos variables, incluyendo los costos de la energía, el mantenimiento de las máquinas, el apoyo de ingeniería, los materiales indirectos y la mano de obra indirecta en un solo grupo común de costos. El total de costos indirectos variables presupuestados de Webb para 2011 es de $1,728,000.

Paso 4: Calcular la tasa por unidad de cada base de aplicación de costos usada para aplicar los costos indirectos variables a la producción obtenida. Al dividir la cantidad del paso 3 ($1,728,000) entre la cantidad del paso 2 (57,600 horas-máquina), Webb estima una tasa de $30 por hora-máquina estándar para la aplicación de sus costos indirectos variables.

En el costeo estándar, la tasa de costos indirectos variables por unidad de la base de aplicación de los costos ($30 por hora-máquina para Webb) se expresa por lo general como una tasa estándar por unidad producida. Webb calcula la tasa presupuestada del costo indirecto variable por unidad producida de la siguiente manera:

$$\begin{array}{l} \text{Tasa presupuestada del costo} \\ \text{indirecto variable por unidad} \\ \text{producida} \end{array} = \begin{array}{l} \text{Insumo presupuestado} \\ \text{deseado por unidad} \\ \text{producida} \end{array} \times \begin{array}{l} \text{Tasa presupuestada del costo} \\ \text{indirecto variable por unidad} \\ \text{producida} \end{array}$$

$$= \text{0.40 horas por chamarra} \times \$30 \text{ por hora}$$

$$= \$12 \text{ por chamarra}$$

Webb utiliza $12 por chamarra como la tasa presupuestada del costo indirecto variable, tanto en su presupuesto estático para 2011 como en los reportes mensuales de desempeño que prepara durante 2011.

Los $12 por chamarra representan el monto en el cual se espera que cambien los costos indirectos variables de Webb, con respecto a las unidades producidas para fines de planeación y de control. De manera acorde, a medida que aumenta el número de chamarras manufacturadas, los costos indirectos variables se aplican a las unidades producidas (para propósitos de costeo del inventario) a la misma tasa de $12 por chamarra. Desde luego, esto presenta un panorama general del total de costos indirectos variables, lo cual en realidad consiste en muchas partidas, incluyendo la energía, las reparaciones, la mano de obra indirecta, etcétera. Los gerentes ayudan a controlar los costos indirectos variables al presupuestar cada partida y, posteriormente, investigan las causas posibles de cualesquiera variaciones significativas.

Desarrollo de tasas presupuestadas de costos indirectos fijos

Los costos indirectos fijos son, por definición, una suma acumulada de costos que permanece constante en total durante un periodo determinado, aun a pesar de la existencia de amplios cambios en el nivel de actividad o volumen total relacionado con esos costos indirectos. Los costos fijos se incluyen en los presupuestos flexibles, no obstante, siguen siendo el mismo monto total dentro del rango relevante de actividad, indistintamente del nivel de producción que se haya elegido para "hacer flexibles" los costos variables y los ingresos. Recuerde de la ilustración 7-2, página 231, y de los pasos en el desarrollo de un presupuesto flexible, que el monto de los costos fijos son los mismos $276,000 en el presupuesto estático y en el presupuesto flexible. Sin embargo, no se debe suponer que los costos indirectos fijos no cambian nunca. Los gerentes pueden reducir los costos indirectos fijos mediante la venta de equipos o el despido de trabajadores. Sin embargo, son fijos en el sentido de que, a diferencia de los costos variables como los costos de los materiales directos, los costos fijos no aumentan ni disminuyen *automáticamente* con el nivel de actividad dentro del rango relevante.

El proceso para el desarrollo de la tasa presupuestada de costos indirectos fijos es el mismo que el que se detalló anteriormente para el cálculo de la tasa presupuestada de costos indirectos variables. Los cuatro pasos son los siguientes:

Paso 1:   Elegir el periodo que se usará para el presupuesto. Como sucede con los costos indirectos variables, el periodo del presupuesto para los costos indirectos fijos suele ser de 12 meses, para ayudar a uniformar los efectos estacionales.

Paso 2:   Seleccionar las bases de aplicación de costos que se usarán en la aplicación de los costos indirectos fijos a la producción obtenida. Webb emplea las horas-máquina como la única base de aplicación de costos para los costos indirectos fijos. ¿Por qué? Porque los gerentes de Webb consideran que, en el largo plazo, los costos indirectos fijos aumentarán o disminuirán hasta los niveles necesarios para apoyar el monto de las horas-máquina. Por consiguiente, en el largo plazo, el monto de las horas-máquina usadas es el único generador de costos de los costos indirectos fijos. El número de horas-máquina es el denominador en el cálculo de la tasa presupuestada de costos indirectos fijos y se denomina **nivel del denominador** o, en los ambientes de manufactura, **nivel del denominador de producción**. Con fines de simplificación, suponemos que Webb espera operar a toda su capacidad en el año fiscal 2011 —con un consumo presupuestado de 57,600 horas-máquina para una producción presupuestada de 144,000 chamarras.[3]

Paso 3:   Identificar los costos indirectos fijos asociados con cada base de aplicación de costos. Webb identifica únicamente una sola base de aplicación de costos —las horas-máquina— para aplicar los costos indirectos fijos, y agrupa todos esos costos en un solo grupo común de costos. Los costos incluidos en este grupo incluyen la depreciación sobre la planta y el equipo, los costos por arrendamiento de la planta y del equipo, y el sueldo del gerente de la planta. El presupuesto de los costos indirectos fijos de Webb para 2011 es de $3,312,000.

Paso 4:   Calcular la tasa por unidad de cada base de aplicación de costos usada para asignar los costos indirectos fijos a la producción obtenida. Al dividir los $3,312,000 del paso 3 entre las 57,600 horas-máquina del paso 2, Webb estima una tasa de costos indirectos fijos de $57.50 por hora-máquina:

$$\text{Costos indirectos fijos presupuestados por unidad de base de aplicación del costo} = \frac{\text{Costos totales presupuestados del grupo de costos indirectos fijos}}{\text{Cantidad total presupuestada de la base de aplicación de los costos}} = \frac{\$3,312,000}{57,600} = \$57.50 \text{ por hora-máquina}$$

En el costeo estándar, los $57.50 de costos indirectos fijos por hora-máquina, por lo general, se expresan como un costo estándar por unidad producida. Recuerde que el estudio de ingeniería de Webb estima que se necesitarán 0.40 horas-máquina por unidad producida. Webb calcula ahora el costo indirecto fijo presupuestado por unidad producida como sigue:

$$\text{Costo indirecto fijo presupuestado por unidad producida} = \text{Cantidad presupuestada de la base de aplicación de costos permitida por unidad producida} \times \text{Costo indirecto fijo presupuestado por unidad de base de aplicación del costo}$$

$$= 0.40 \text{ de una hora máquina por chamarra} \times \$57.50 \text{ por hora-máquina}$$

$$= \$23.00 \text{ por chamarra}$$

---

[3] Ya que Webb planea su capacidad a lo largo de periodos múltiples, la demanda anticipada en 2011 podría ser tal que la producción presupuestada para 2011 fuera inferior a la capacidad. Las compañías varían en cuanto al nivel del denominador que utilizan; algunas suelen elegir una producción presupuestada y otras quizá elijan la capacidad. En cualquier caso, no cambian el enfoque básico ni el análisis que se presentan en este capítulo. El capítulo 9 expone la elección de un nivel de denominador y sus implicaciones con más detalle.

Al preparar los presupuestos mensuales para 2011, Webb divide los costos fijos totales anuales de $3,312,000 en 12 montos mensuales iguales de $276,000.

Variaciones en los costos indirectos variables

A continuación mostramos la manera en la cual se utiliza la tasa presupuestada del costo indirecto variable, para el cálculo de las variaciones en los costos indirectos variables de Webb. Los siguientes datos se refieren a abril de 2011, cuando Webb fabricó y vendió 10,000 chamarras:

	Resultado real	Monto del presupuesto flexible
1. Unidades producidas (chamarras)	10,000	10,000
2. Horas-máquina por unidad producida	0.45	0.40
3. Horas-máquina (1 × 2)	4,500	4,000
4. Costos indirectos variables	$130,500	$120,000
5. Costos indirectos variables por hora-máquina (4 ÷ 3)	$ 29.00	$ 30.00
6. Costos indirectos variables por unidad producida (4 ÷ 1)	$ 13.05	$ 12.00

Como vimos en el capítulo 7, el presupuesto flexible permite que Webb destaque las diferencias entre los costos reales y las cantidades reales *versus* los costos presupuestados y las cantidades presupuestadas para el nivel real de producción de 10,000 chamarras.

Análisis según el presupuesto flexible

La **variación en los costos indirectos variables del presupuesto flexible** mide la diferencia entre los costos indirectos variables reales en que se incurre y las cantidades de los costos indirectos variables del presupuesto flexible.

$$\text{Variación en los costos indirectos variables del presupuesto flexible} = \text{Costos reales incurridos} - \text{Monto del presupuesto flexible}$$

$$= \$130,500 - \$120,000$$

$$= \$10,500 \text{ D}$$

Esta variación desfavorable de $10,500 proveniente del presupuesto flexible significa que los costos indirectos variables reales de Webb excedieron el monto del presupuesto flexible en $10,500, para las 10,000 chamarras que realmente se fabricaron y se vendieron. Los gerentes de Webb estarían interesados en saber el motivo por el cual los costos reales excedieron el monto del presupuesto flexible. ¿Usó Webb más horas-máquina que las que se habían planeado para fabricar las 10,000 chamarras? En caso de ser así, ¿ello se debió a que los trabajadores fueron menos habilidosos de lo que se esperaba al usar las máquinas? O bien, ¿Webb gastó más dinero en los costos indirectos variables, como el mantenimiento?

Como vimos en el capítulo 7 con la variación del presupuesto flexible para las partidas de los costos directos, los gerentes de Webb pueden obtener una mejor comprensión de las razones para la variación desfavorable de $10,500, subdividiéndola en la variación en eficiencia y la variación en gastos.

Variación en la eficiencia de los costos indirectos variables

La **variación en la eficiencia de los costos indirectos variables** es la diferencia entre la cantidad real de la base de aplicación del costo usada y la cantidad presupuestada de la base de aplicación del costo que debería haberse usado para obtener la producción real, multiplicada por el costo indirecto variable presupuestado por unidad de la base de aplicación del costo.

$$\text{Variación en la eficiencia de los costos indirectos variables} = \left(\begin{array}{c} \text{Cantidad real de costos indirectos variables de la base de aplicación del costo usada para la producción real} \end{array} - \begin{array}{c} \text{Cantidad presupuestada de costos indirectos variables de la base de aplicación del costo asignado para la producción real} \end{array} \right) \times \begin{array}{c} \text{Costo indirecto variable presupuestado por unidad de la base de aplicación del costo} \end{array}$$

$$= (4,500 \text{ horas} - 0.40 \text{ hr./unidad} \times 10,000 \text{ unidades}) \times \$30 \text{ por hora}$$

$$= (4,500 \text{ horas} - 4,000 \text{ horas}) \times \$30 \text{ por hora}$$

$$= \$15,000 \text{ D}$$

◄ Punto de decisión

¿Cómo se calculan las tasas presupuestadas de costos indirectos variables y de costos indirectos fijos?

Objetivo de aprendizaje 3

Calcular la variación en los costos indirectos variables del presupuesto flexible

. . . la diferencia entre los costos indirectos variables reales y las cantidades de los costos indirectos variables del presupuesto flexible

la variación en la eficiencia de los costos indirectos variables

. . . la diferencia entre la cantidad real de la base de aplicación del costo y la cantidad presupuestada de la base de aplicación del costo

y la variación en el nivel de los costos indirectos variables

. . . la diferencia entre la tasa real del costo indirecto variable y la tasa presupuestada del costo indirecto variable

Las columnas 2 y 3 de la ilustración 8-1 muestran la variación en la eficiencia de los costos indirectos variables. Observe que la variación surge únicamente debido a la diferencia entre la cantidad real (4,500 horas) y la cantidad presupuestada (4,000 horas) de la base de aplicación del costo. La variación en la eficiencia de los costos indirectos variables se calcula de la misma forma que la variación en la eficiencia de las partidas de costos directos (capítulo 7, pp. 236-239). Sin embargo, la interpretación de la variación es muy distinta. Las variaciones en eficiencia para las partidas de costos directos se basan en las diferencias entre los insumos reales usados y los insumos presupuestados permitidos para la producción realmente obtenida. Por ejemplo, un laboratorio forense (el tipo popularizado por las series televisivas como *CSI* y *Dexter*) calcularían una variación en la eficiencia de la mano de obra directa basándose en el hecho de si el laboratorio usara una mayor cantidad o una menor cantidad de horas, que las horas estándar permitidas para el número real de pruebas de ADN. En contraste, la variación en la eficiencia para el costo indirecto variables se basa en la eficiencia con la cual se use *la base de aplicación del costo*. La variación desfavorable en la eficiencia de los costos indirectos variables de Webb de $15,000 significa que las horas-máquina reales (la base de aplicación del costo) de 4,500 horas resultaron mayores que las horas-máquina presupuestadas de 4,000 horas permitidas para fabricar 10,000 chamarras.

El siguiente cuadro presenta las causas posibles para el hecho de que las horas-máquina reales de Webb hayan excedido las horas-máquina presupuestadas y las respuestas potenciales de la gerencia ante cada una de tales causas.

Causas posibles para el exceso sobre el presupuesto	Respuestas potenciales de la administración
1. Los trabajadores resultaron tener menos habilidad de lo que se esperaba en el uso de las máquinas.	1. Motivar al departamento de recursos humanos para que implemente mejores prácticas de contratación de trabajadores y mejores procedimientos de capacitación.
2. La persona a cargo de la programación de la producción planeó de manera deficiente las actividades, lo cual dio como resultado que se usaran más horas-máquina que las presupuestadas.	2. Mejorar las operaciones de la planta mediante la instalación de un software para la programación de la producción.
3. Las máquinas no se mantuvieron en buenas condiciones operativas.	3. Asegurarse de que el mantenimiento preventivo se haga sobre todas las máquinas.
4. El personal de ventas de Webb prometió a un distribuidor una entrega urgente, lo cual dio como resultado que se utilizaran más horas-máquina que las que se habían presupuestado.	4. Coordinar los programas de producción con el personal de ventas y con los distribuidores, así como compartir información con ellos.
5. Los estándares presupuestados para el tiempo de las máquinas se establecieron de manera muy estricta.	5. Comprometer una mayor cantidad de recursos para desarrollar estándares adecuados.

La administración evaluaría la(s) causa(s) de la variación de los $15,000 D en abril de 2011 y respondería de manera acorde. Observe la manera en que, dependiendo de la causa o las causas de la variación, podría ser necesario tomar acciones correctivas no solamente en la manufactura sino también en otras funciones de la empresa dentro de la cadena de valor, como las ventas y la distribución.

Ilustración 8-1 Presentación por columnas del análisis de variaciones en los costos indirectos variables: compañía Webb para abril de 2011[a]

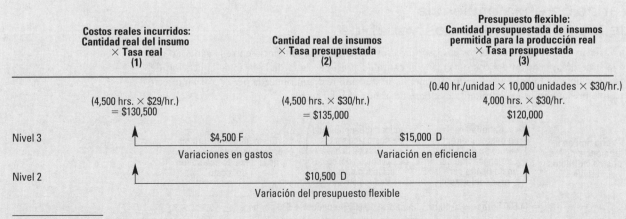

ªF = Efecto favorable sobre la utilidad en operación. D = Efecto desfavorable sobre la utilidad en operación.

Los gerentes de Webb descubrieron que una de las razones por las que las máquinas operaron por debajo de los niveles de eficiencia presupuestados en abril de 2011 fue un mantenimiento insuficiente en los dos meses anteriores. Un ex gerente de la planta retrasó el mantenimiento presumiblemente como un intento por satisfacer las metas mensuales de costos del presupuesto. Como vimos en el capítulo 6, los gerentes no deberían concentrarse en alcanzar las metas del presupuesto a corto plazo, si es probable que ello dé como resultado consecuencias negativas a largo plazo. Webb está reforzando ahora sus procedimientos de mantenimiento interno, de tal modo que dejar de hacer el mantenimiento mensual cuando sea necesario eleve una "bandera roja", que deba explicarse de inmediato a la gerencia. Otra razón para que las horas-máquina reales excedan las horas-máquina presupuestadas fue el uso de trabajadores con habilidades limitadas. Como resultado, Webb está iniciando ciertos pasos para mejorar las prácticas de contratación y capacitación.

Variación en los gastos indirectos variables

La **variación en los gastos indirectos variables** es la diferencia entre el costo indirecto real variable por unidad de la base de aplicación del costo y el costo indirecto presupuestado variable por unidad de la base de aplicación del costo, multiplicada por la cantidad real de los costos indirectos variables de la base de aplicación del costo usada para la producción real.

$$\begin{pmatrix} \text{Variación en el} \\ \text{nivel de costos} \\ \text{indirectos} \\ \text{variables} \end{pmatrix} = \begin{pmatrix} \text{Costo indirecto variable} \\ \text{real por unidad de la} \\ \text{base de aplicación} \\ \text{del costo} \end{pmatrix} - \begin{pmatrix} \text{Costo indirecto} \\ \text{presupuestado variable} \\ \text{por unidad de la base} \\ \text{de aplicación del costo} \end{pmatrix} \times \begin{pmatrix} \text{Cantidad real de costos} \\ \text{indirectos variables de la} \\ \text{base de aplicación del costo} \\ \text{usada para la producción real} \end{pmatrix}$$

$$= (\$29 \text{ por hora-máquina} - \$30 \text{ por hora-máquina}) \times 4{,}500 \text{ horas-máquina}$$

$$= (-\$1 \text{ por hora-máquina}) \times 4{,}500 \text{ horas-máquina}$$

$$= \$4{,}500 \text{ F}$$

Ya que Webb operó en abril de 2011 con un costo indirecto variable por hora-máquina inferior a lo presupuestado, hay una variación favorable en el nivel de los costos indirectos variables. Las columnas 1 y 2 de la ilustración 8-1 muestran tal variación.

Para entender la variación favorable en el nivel de los costos indirectos variables y sus implicaciones, los gerentes de Webb necesitan reconocer la razón por la cual el costo indirecto variable *real* por unidad de la base de aplicación del costo ($29 por hora-máquina) es *inferior* al costo indirecto variable *presupuestado* por unidad de la base de aplicación ($30 por hora-máquina). En términos generales, Webb usó 4,500 horas-máquina, lo cual es 12.5% mayor que el monto del presupuesto flexible de 4,000 horas-máquina. Sin embargo, los costos indirectos variables reales de $130,500 son únicamente 8.75% mayores que el monto del presupuesto flexible de $120,000. De este modo, en relación con el presupuesto flexible, el incremento porcentual en los costos indirectos variables reales es *inferior* al incremento porcentual en las horas-máquina. En consecuencia, el costo indirecto variable real por hora-máquina es menor que el monto presupuestado, dando como resultado una variación favorable en el nivel de los costos indirectos variables.

Recuerde que los costos indirectos variables incluyen los costos de la energía, el mantenimiento de las máquinas, los materiales indirectos y la mano de obra indirecta. Dos razones posibles por las que el incremento porcentual en los costos indirectos variables reales es inferior al incremento porcentual en las horas-máquina son las siguientes:

1. Los precios reales de los insumos individuales incluidos en los costos indirectos variables, como el precio de la energía, los materiales indirectos o la mano de obra indirecta, son inferiores a los precios presupuestados para dichos insumos. Por ejemplo, el precio real de la electricidad puede ser tan solo de $0.09 por kilowatt-hora, en comparación con un precio de $0.10 por kilowatt-hora en el presupuesto flexible.

2. En relación con el presupuesto flexible, el incremento porcentual en el consumo real de las partidas individuales del grupo común de costos indirectos variables es inferior al incremento porcentual en las horas-máquina. En comparación con el monto del presupuesto flexible de 30,000 kilowatt-horas, suponga que la energía realmente consumida es de 32,400 kilowatt-horas, es decir, 8% más alta. El hecho de que este sea un incremento porcentual menor que el incremento de 12.5% en las horas-máquina (4,500 horas-máquina reales *versus* un presupuesto flexible de 4,000 horas-máquina) conducirá a una variación favorable en el nivel de los costos indirectos variables. La variación favorable en los gastos se puede atribuir parcial o totalmente al uso eficiente de la energía y de otras partidas de costos indirectos variables.

Como parte de la última etapa del proceso de toma de decisiones de cinco pasos, los gerentes de Webb tendrán que examinar las señales dadas por las variaciones en los costos indirectos variables *para evaluar el desempeño y aprender*. Al entender las razones para dichas variaciones, Webb puede tomar las acciones adecuadas y efectuar predicciones más precisas, con la finalidad de lograr mejores resultados en periodos futuros.

Por ejemplo, los gerentes de Webb deben examinar por qué los precios reales de las partidas de costos indirectos variables son diferentes de los precios presupuestados. Los efectos del precio podrían ser el resultado de una negociación hábil por parte del gerente de compras, un exceso de oferta en el mercado o una menor calidad de los insumos como los materiales indirectos. La respuesta de Webb depende de lo que se crea que sea la causa de la variación. Si las preocupaciones son acerca de la calidad, por ejemplo, Webb estaría interesada en adoptar nuevos sistemas de administración de la calidad.

De manera similar, los gerentes de Webb deberían entender las causas posibles de la eficiencia con la cual se utilizan los recursos de los costos indirectos variables. Estas causas incluyen los niveles de habilidad de los trabajadores, el mantenimiento de las máquinas y la eficiencia del proceso de manufactura. Los gerentes de Webb descubrieron que la empresa usaba una menor cantidad de recursos de supervisión por hora-máquina debido a las mejoras en el proceso de manufactura. En consecuencia, empezaron a organizar equipos interfuncionales para indagar si se podrían lograr más mejoras al proceso.

Hacemos énfasis en que una variación favorable en el nivel de los costos indirectos variables no siempre es deseable. Por ejemplo, la variación en el nivel de los costos indirectos variables sería favorable si los gerentes de Webb compraran materiales indirectos de precio inferior y calidad deficiente, si contrataran a supervisores menos calificados o si ejecutaran un mantenimiento insuficiente de las máquinas. Sin embargo, es probable que tales decisiones dañen la calidad del producto y los planes a largo plazo de la empresa.

Para aclarar los conceptos de la variación en la eficiencia de los costos indirectos variables y de la variación en el nivel de los costos indirectos variables, considere el siguiente ejemplo. Suponga que *a*) la energía es la única partida de costos indirectos variables y que las horas-máquina son la base de aplicación del costo; *b*) que las horas-máquina reales usadas son iguales al número de horas-máquina con el presupuesto flexible; y *c*) que el precio real de la energía es igual al precio presupuestado. Partiendo de *a*) y *b*), se deduce que no hay variación en eficiencia —la compañía ha sido eficiente con respecto al número de horas-máquina (la base de aplicación del costo) usadas para alcanzar la producción real. Sin embargo, y a pesar de *c*), todavía podría haber una variación en gastos. ¿Por qué? Porque aun cuando la compañía usara el número correcto de horas-máquina, la energía consumida *por hora-máquina* sería más alta que lo presupuestado (por ejemplo, porque a las máquinas no se les haya dado un mantenimiento adecuado). El costo de este mayor consumo de la energía se reflejaría en una variación desfavorable en gastos.

Asientos de diario para el registro de los costos y las variaciones en los gastos indirectos variables

A continuación preparamos los asientos de diario para la cuenta de control de gastos indirectos variables y la contracuenta de costos indirectos variables aplicados.

Los asientos para los costos indirectos variables de abril de 2011 (datos de la ilustración 8-1) son como sigue:

1. Control de costos indirectos variables ... 130,500
    Cuentas por pagar y otras cuentas diversas ... 130,500
  Para registrar los costos indirectos variables reales incurridos.

2. Control de productos en proceso ... 120,000
    Costos indirectos variables aplicados ... 120,000
  Para registrar los costos indirectos variables aplicados
    (0.40 horas-máquina/unidad × 10,000 unidades × $30/horas-máquina)
    (Los costos acumulados en la cuenta de control de productos en proceso se transfieren a la cuenta de control de productos terminados, cuando se completa la producción, y al costo de los bienes vendidos cuando se venden los productos.)

3. Costos indirectos variables aplicados ... 120,000
   Variación en la eficiencia de los costos indirectos variables ... 15,000
    Control de costos indirectos variables ... 130,500
    Variación en el nivel de los costos indirectos variables ... 4,500
  Para registrar las variaciones del periodo contable.

Estas variaciones son los costos indirectos variables subaplicados o sobreaplicados. Al final del año fiscal, las cuentas de variaciones se cancelan contra el costo de los bienes vendidos, si el monto es poco significativo. Cuando las variaciones implican cantidades importantes, se prorratean entre las cuentas de control de productos en proceso, control de productos terminados y costo de los bienes vendidos tomando como base los costos indirectos variables aplicados a estas cuentas, como se describió en el capítulo 4, pp. 117-122. Como vimos en el capítulo 7, tan solo se prorratean los costos inevitables. Cualquier parte de las variaciones atribuible a una ineficiencia evitable se elimina en el periodo. Suponga que los saldos de las cuentas de variaciones en los costos indirectos variables en abril de 2011 son también los saldos al final del año fiscal 2011 y que su monto es de escasa importancia. El siguiente asiento de diario registra la cancelación de las cuentas de variaciones contra el costo de los bienes vendidos:

Costo de los bienes vendidos	10,500	
Variación en el nivel de los costos indirectos variables	4,500	
Variación en la eficiencia de los costos indirectos variables		15,000

A continuación consideramos las variaciones en los costos indirectos fijos.

Variaciones en los costos indirectos fijos

El monto del presupuesto flexible para una partida de un costo fijo también es el monto que se incluye en el presupuesto estático que se prepara al inicio del periodo. No se requiere de ningún ajuste por las diferencias entre la producción real y la producción presupuestada para los costos fijos, ya que los costos fijos no se ven afectados por los cambios en el nivel de producción dentro del rango relevante. Al inicio de 2011, Webb presupuestó que los costos indirectos fijos serían de $276,000 por mes. La cantidad real para el mes de abril de 2011 resultó ser de $285,000. La **variación de los costos indirectos fijos según el presupuesto flexible** es la diferencia entre los costos indirectos fijos reales y los costos indirectos fijos del presupuesto flexible:

$$\begin{array}{c} \text{Variación en los costos} \\ \text{indirectos fijos según el} \\ \text{presupuesto flexible} \end{array} = \begin{array}{c} \text{Costos reales} \\ \text{incurridos} \end{array} - \begin{array}{c} \text{Monto del presupuesto} \\ \text{flexible} \end{array}$$

$$= \$285,000 - \$276,000$$

$$= \$9,000 \text{ D}$$

La variación es desfavorable porque los $285,000 de costos indirectos fijos reales exceden los $276,000 presupuestados para abril de 2011, lo cual disminuye la utilidad en operación de ese mes en $9,000.

La variación en los costos indirectos variables del presupuesto flexible que se describió anteriormente en este capítulo se subdividió en una variación en gastos y en una variación en eficiencia. No hay una variación en eficiencia para los costos indirectos fijos. Ello se debe a que cierta suma acumulada de los costos indirectos fijos no se verá afectada por la eficiencia con la cual se usen las horas-máquina para alcanzar la producción en un periodo presupuestal determinado. Como veremos más adelante, ello no significa que una compañía no pueda ser eficiente o ineficiente en su uso de los recursos provenientes de los costos indirectos fijos. Como lo muestra la ilustración 8-2, ya que no existe una variación en eficiencia, la **variación en el nivel de los costos indirectos fijos** es la misma cantidad que la variación de los costos indirectos fijos del presupuesto flexible:

$$\begin{array}{c} \text{Variación en el nivel} \\ \text{de los costos indirectos} \\ \text{fijos} \end{array} = \begin{array}{c} \text{Costos reales} \\ \text{incurridos} \end{array} - \begin{array}{c} \text{Monto del presupuesto} \\ \text{flexible} \end{array}$$

$$= \$285,000 - \$276,000$$

$$= \$9,000 \text{ D}$$

Las razones para una variación desfavorable en gastos podría ser la existencia de mayores costos por el arrendamiento de la planta, una depreciación más alta sobre la planta y el equipo, o mayores costos administrativos, como un salario más alto que lo presupuestado pagado al gerente de la planta. Webb investigó esta variación y descubrió que había un aumento inesperado por mes de $9,000 en los costos de arrendamiento de su equipo. Sin embargo, la gerencia concluyó que las nuevas tasas de arrendamiento eran competitivas con las tasas de arrendamiento disponibles en cualquier otra parte. Si este no fuera el caso, la gerencia recurriría a rentar equipos a otros proveedores.

Punto de decisión

¿Qué variaciones se pueden calcular para los costos indirectos variables?

Objetivo de aprendizaje 4

Calcular la variación en los costos indirectos fijos en el presupuesto flexible

. . . la diferencia entre los costos indirectos fijos reales y los montos de los costos indirectos fijos del presupuesto flexible

la variación en el nivel de los costos indirectos fijos

. . . lo mismo que la explicación anterior

y la variación en los costos indirectos fijos del volumen de producción

. . . la diferencia entre los costos indirectos fijos presupuestados y los costos indirectos fijos aplicados, tomando como base las unidades reales producidas

Ilustración 8-2 Presentación por columnas del análisis de variaciones de los costos indirectos fijos: compañía Webb, abril de 2011[a]

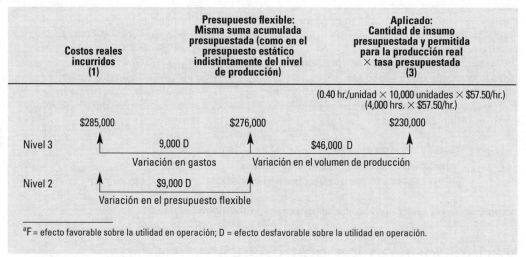

[a]F = efecto favorable sobre la utilidad en operación; D = efecto desfavorable sobre la utilidad en operación.

Variación en el volumen de producción

Ahora examinamos una variación —la variación en el volumen de producción— que surge tan solo para los costos fijos. Recuerde que al inicio del año, Webb calculó una tasa presupuestada de costos indirectos fijos de $57.50 por hora-máquina. Con un costeo estándar, los costos indirectos fijos presupuestados de Webb se aplican a la producción real elaborada durante el periodo a la tasa de $57.50 por hora-máquina estándar, equivalente a una tasa de $23 por chamarra (0.40 horas-máquina por chamarra × $57.50 por hora-máquina). Si Webb fabrica 1,000 chamarras, $23,000 ($23 por chamarra 1,000 chamarras) de los $276,000 de los costos indirectos fijos presupuestados de abril se aplicarán a las chamarras. Si Webb fabrica 10,000 chamarras, se aplicarán $230,000 ($23 por chamarra × 10,000 chamarras). Tan solo si Webb fabrica 12,000 chamarras (es decir, si opera a toda su capacidad), se aplicará a la producción de chamarras la totalidad de los $276,000 ($23 por chamarra × 12,000 chamarras) de los costos indirectos fijos presupuestados. La cuestión de importancia aquí es que aun cuando Webb haya presupuestado que los costos indirectos fijos serán de $276,000, no necesariamente aplicará todos esos costos a la producción. La razón es que Webb presupuesta $276,000 de los costos fijos para apoyar sus resultados planeados de 12,000 chamarras. Si Webb fabrica menos de 12,000 chamarras, tan solo aplica los costos presupuestados de la capacidad que realmente se necesite y se utilice para producir las chamarras.

La **variación en el volumen de producción**, también denominada como **variación en el nivel del denominador**, es la diferencia entre los costos indirectos fijos presupuestados y los costos indirectos fijos aplicados tomando como base la producción realmente obtenida. Los costos indirectos fijos aplicados se expresan en términos de las unidades de la base de aplicación (horas-máquina para Webb) o en términos del costo fijo presupuestado por unidad.

$$\begin{aligned}\text{Variación en el volumen} \atop \text{de producción} &= {\text{Costos indirectos} \atop \text{fijos presupuestados}} - {\text{Costos indirectos fijos aplicados} \atop \text{para las unidades reales producidas}} \\ &= \$276,000 - (0.40 \text{ horas por chamarra} \times \$57.50 \text{ por hora} \times 10,000 \text{ chamarras}) \\ &= \$276,000 - (\$23 \text{ por chamarra} \times 10,000 \text{ chamarras}) \\ &= \$276,000 - \$230,000 \\ &= \$46,000 \text{ D}\end{aligned}$$

Como se indica en la ilustración 8-2, los costos indirectos fijos presupuestados ($276,000) serán la suma acumulada que se muestra en el presupuesto estático y, también, en cualquier presupuesto flexible dentro del rango relevante. Los costos indirectos fijos aplicados ($230,000) son el monto de los costos indirectos fijos aplicados; se calculan multiplicando el número de unidades producidas durante el periodo del presupuesto (10,000 unidades) por el costo presupuestado por unidad producida ($23). La variación del volumen de producción de $46,000 D también puede concebirse como $23 por chamarra × 2,000 chamarras que *no* se fabricaron (12,000 chamarras planeadas – 10,000 chamarras fabricadas). En la siguiente sección exploraremos las causas posibles para la variación desfavorable en el volumen de producción y sus implicaciones administrativas.

La ilustración 8-3 es una representación gráfica de la variación en el volumen de producción. La ilustración 8-3 muestra que para fines de planeación y de control, los costos indirectos fijos (de manufactura) no cambian dentro del rango relevante de 0 a 12,000 unidades. Contraste este comportamiento de los costos fijos con la manera en que estos costos se describen en la ilustración 8-3 para fines de costeo del inventario. De acuerdo con las normas de información financiera, los costos indirectos fijos (de manufactura) se aplican como un costo inventariable a las unidades producidas. Cada unidad producida que fabrica Webb aumentará los costos indirectos fijos aplicados a los productos en $23. Es decir, para fines de aplicación de los costos indirectos fijos a las chamarras, esos costos se visualizan *como si* tuvieran un patrón de comportamiento de un costo variable. Como indica la gráfica de la ilustración 8-3, la diferencia entre los costos indirectos fijos presupuestados de $276,000 y los $230,000 de costos aplicados es la variación desfavorable de $46,000 en el volumen de producción.

Los gerentes siempre deberían tener cuidado en distinguir el verdadero comportamiento de los costos fijos de la manera en que los costos fijos se asignan a los productos. En particular, mientras que los costos fijos se unifican y se aplican en cierta forma para fines de costeo del inventario, como se describió anteriormente, los gerentes tienen que ser cuidadosos al usar los mismos costos indirectos fijos unificados para fines de planeación y control. Cuando se realizan pronósticos de costos fijos, los gerentes deben concentrarse en los costos totales como una suma acumulada. Asimismo, cuando los gerentes buscan asignar los costos para fines de control o cuando pretenden identificar la mejor manera de usar los recursos de capacidad que son fijos en el corto plazo, veremos (en los capítulos 9 y 11) que el uso de los costos fijos unificados a menudo conduce a decisiones incorrectas.

Interpretación de la variación en el volumen de producción

Los costos fijos que se expresan como una suma acumulada representan aquellos costos que resultan de adquirir capacidad, pero que no disminuyen automáticamente si los recursos necesarios resultan ser inferiores a los recursos adquiridos. Algunas veces los costos son fijos durante un periodo de tiempo específico por razones contractuales, como un contrato anual de arrendamiento para una planta. En otras ocasiones, los costos son fijos porque se tiene que adquirir capacidad o porque se tiene que utilizar en incrementos, o cantidades fijas. Por ejemplo, suponga que la adquisición de una máquina de coser da a Webb la capacidad de fabricar 1,000 chamarras. Entonces, si no es posible comprar o arrendar una fracción de una máquina, Webb puede agregar capacidad únicamente en incrementos de 1,000 chamarras. Es decir, Webb puede elegir niveles de capacidad de 10,000, 11,000 o 12,000 chamarras, pero no puede hacer elecciones intermedias.

La gerencia de Webb estaría interesada en analizar por qué ocurrió tal exceso de capacidad. ¿La demanda es débil? ¿Webb debería reevaluar sus estrategias de producto y de marketing? ¿Hay un problema de calidad? ¿O Webb cometió un error estratégico al adquirir demasiada capacidad? Las causas de la variación desfavorable por $46,000 en el volumen de producción impulsarán las acciones que los gerentes de Webb tomarán en respuesta a dicha variación.

En contraste, una variación favorable en el volumen de producción indica una aplicación excesiva de los costos indirectos fijos. Es decir, los costos indirectos aplicados a la producción real obtenida excedieron los costos indirectos fijos presupuestados de $276,000. La variación favorable en el volumen de producción incluye los costos fijos registrados por arriba de $276,000.

Se debe tener cuidado al formular conclusiones relacionadas con las decisiones de una compañía acerca de la planeación y el uso de la capacidad en lo referente al tipo (es decir, favorable, F, o

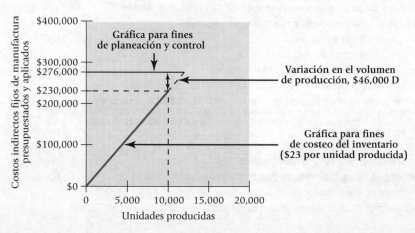

Comportamiento de los costos indirectos fijos de manufactura: Presupuestados para fines de planeación y control, y aplicados para fines de costeo del inventario en la compañía Webb en el mes de abril de 2011

desfavorable, D) o la magnitud asociada con una variación en el volumen de producción. Para interpretar la variación desfavorable de $46,000, Webb debería considerar por qué vendió únicamente 10,000 chamarras en abril. Suponga que un nuevo competidor hubiera obtenido una participación en el mercado al ofrecer un precio inferior al precio de venta de Webb. Para vender las 12,000 chamarras presupuestadas, quizá Webb habría tenido que reducir su propio precio de venta sobre todas las 12,000 chamarras. Suponga que decidiera que la venta de 10,000 chamarras a un mayor precio generaría una utilidad en operación más alta que la venta de 12,000 chamarras a un precio inferior. La variación en el volumen de producción no toma en cuenta tal información. La incapacidad de la variación en el volumen de producción para considerar esa información es la causa por la cual Webb no debería interpretar el monto de $46,000 D como el costo económico total de la venta de 2,000 chamarras menos que las 12,000 chamarras presupuestadas. Sin embargo, si los gerentes de Webb anticipan que no necesitarán una capacidad más allá de 10,000 chamarras, podrían reducir el exceso de capacidad, por ejemplo, cancelando el arrendamiento de algunas de las máquinas.

Las compañías planean estratégicamente la capacidad de su planta tomando como base la información de mercado acerca de la magnitud de capacidad que se necesitará en un periodo futuro. Para 2011, la cantidad de producción presupuestada de Webb es igual a la capacidad máxima de la planta para ese periodo presupuestal. La demanda real (y la cantidad producida) resultaron ser inferiores a la cantidad de producción presupuestada y, por lo tanto, Webb reporta una variación desfavorable en el volumen de producción en abril de 2011. No obstante, sería incorrecto concluir que la gerencia de Webb tomó una mala decisión de planeación en lo referente a la capacidad de la planta. La demanda de las chamarras de Webb podría ser altamente incierta. Dada esa incertidumbre y el costo por no tener una capacidad suficiente para satisfacer los incrementos repentinos en la demanda (incluyendo los márgenes de contribución perdidos, así como la reducción en las operaciones de negocios repetitivas), la gerencia de Webb quizá haya tomado una decisión adecuada al planear la capacidad de la planta de 2011. Desde luego, si es poco probable que la demanda repunte otra vez, los gerentes de Webb pueden interesarse en cancelar el arrendamiento de algunas de las máquinas, o bien, en subarrendar las máquinas a otras partes con la finalidad de reducir la variación desfavorable en el volumen de producción.

Los gerentes deben explorar siempre el porqué de una variación antes de concluir que la etiqueta de favorable o desfavorable necesariamente indica un desempeño administrativo óptimo o deficiente. La comprensión de las razones para una variación también ayuda a los gerentes a decidir sobre los cursos de acción futuros. ¿Deberían los gerentes de Webb tratar de reducir la capacidad, aumentar las ventas o no hacer nada? Con base en su análisis de la situación, los gerentes de Webb decidieron reducir una parte de la capacidad, pero continuaron manteniendo algún exceso de capacidad para considerar los incrementos inesperados en la demanda. Los capítulos 9 y 13 examinan estos problemas con mayor detalle. La sección Conceptos en acción de la p. 280 destaca otro ejemplo de gerentes que usan variaciones, y las razones que les dan fundamento, para ayudar a orientar sus decisiones.

A continuación describimos los asientos de diario que Webb realizaría para registrar los costos indirectos fijos usando un costeo estándar.

Asientos de diario para los costos y las variaciones en los costos indirectos fijos

Ilustramos los asientos de diario para los costos indirectos fijos de abril de 2011 usando la cuenta de control de costos indirectos fijos y la contracuenta de costos indirectos variables aplicados (con datos de la ilustración 8-2).

1. Control de costos indirectos fijos	285,000	
Salarios por pagar, depreciación acumulada y otras cuentas diversas		285,000
Para registrar los costos indirectos fijos reales incurridos.		
2. Control de productos en proceso	230,000	
Costos indirectos fijos aplicados		230,000
Para registrar los costos indirectos fijos aplicados		
(0.40 horas-máquina/unidad × 10,000 unidades × $57.50/horas-máquina.)		
(Los costos acumulados en la cuenta de control de productos en proceso se transfieren a la cuenta de control de productos terminados cuando se termina la producción, y al costo de los bienes vendidos cuando se venden los productos.)		
3. Costos indirectos fijos aplicados	230,000	
Variación en el nivel de los costos indirectos fijos	9,000	
Variación en los costos indirectos fijos del volumen de producción	46,000	
Control de costos indirectos fijos		285,000
Para registrar las variaciones del periodo contable.		

En términos generales, durante abril se incurrió en $285,000 por costos indirectos fijos, pero tan solo se aplicaron $230,000 a las chamarras. La diferencia de $55,000 son precisamente los costos indirectos fijos subaplicados que introdujimos cuando estudiamos el costeo normal en el capítulo 4. El tercer asiento ilustra la manera en que la variación en el nivel de los costos indirectos fijos de $9,000 y la variación de los costos indirectos fijos del volumen de producción de $46,000 registran, de manera conjunta, esta cantidad en un sistema de costeo estándar.

Al final del año fiscal, la variación en el nivel de los costos indirectos fijos se cancela contra el costo de los bienes vendidos si su monto es insignificante, o bien, se prorratea entre las cuentas de control de productos en proceso, control de productos terminados y costo de los bienes vendidos, tomando como base los costos indirectos fijos aplicados a estas cuentas, como se describió en el capítulo 4, pp. 117-122. Algunas compañías combinan el método de eliminación y el método de prorrateo; es decir, cancelan la porción de la variación que se debe a la ineficiencia y que podría haberse evitado, y prorratean la porción de la variación que es inevitable. Suponga que el saldo de la cuenta de variación en el nivel de los costos indirectos fijos en el mes de abril de 2011 también es el saldo al final de 2011, y que su monto es insignificante. El siguiente asiento registra la eliminación contra el costo de los bienes vendidos.

Costo de los bienes vendidos	9,000	
Variación en el nivel de los costos indirectos fijos		9,000

A continuación consideramos la variación en el volumen de producción. Suponga que el saldo en la cuenta de la variación de los costos indirectos fijos en el volumen de producción para el mes de abril de 2011 es también el saldo a finales de 2011. Suponga también que algunas de las chamarras fabricadas durante 2011 están en los inventarios de productos en proceso y de productos terminados al final de ese año. Muchos contadores administrativos presentan un fuerte argumento para hacer la cancelación correspondiente contra el costo de los bienes vendidos y para no prorratear la variación desfavorable en el volumen de producción. Los proponentes de este argumento alegan que la variación desfavorable en el volumen de producción de $46,000 mide el costo de los recursos utilizados para 2,000 chamarras que no se fabricaron ($23 por chamarras × 2,000 chamarras = $46,000). El prorrateo de estos costos aplicaría de manera inadecuada los costos indirectos fijos, en que se incurrió para las 2,000 chamarras que no se fabricaron, a las chamarras que sí se fabricaron. Las chamarras producidas ya incluyen su porción representativa de los costos indirectos fijos de $23 por chamarra. Por consiguiente, este argumento favorece el hecho de cargar la variación desfavorable en el volumen de producción contra los ingresos anuales, de modo que los costos fijos de la capacidad no usada no se lleven en el inventario de productos en proceso y en el inventario de productos terminados.

Sin embargo, existe una perspectiva alternativa que considera el nivel del denominador elegido como una medida "suave" en vez de "dura", en relación con los recursos fijos requeridos y necesarios para fabricar cada chamarra. Suponga que debido ya sea al diseño de la chamarra o al funcionamiento de las máquinas, se necesitarán más horas-máquina que las que se planearon anteriormente para fabricar cada chamarra. En consecuencia, Webb pudo elaborar únicamente 10,000 chamarras en vez de las 12,000 planeadas en abril. En este caso, los $276,000 de los costos indirectos fijos presupuestados dan apoyo a la producción de las 10,000 chamarras manufacturadas. Con este razonamiento, el prorrateo de la variación de los costos indirectos fijos en el volumen de producción repartiría adecuadamente los costos indirectos fijos entre las cuentas de control de productos en proceso, control de productos terminados y costo de los bienes vendidos.

¿Qué podría decirse acerca de una variación favorable en el volumen de producción? Suponga que Webb fabricó 13,800 chamarras en abril de 2011.

$$\begin{array}{c}\text{Variación en el volumen} \\ \text{de producción}\end{array} = \begin{array}{c}\text{Costos} \\ \text{indirectos fijos} \\ \text{presupuestados}\end{array} - \begin{array}{c}\text{Costos indirectos fijos aplicados usando} \\ \text{el costo presupuestado de costos} \\ \text{indirectos por unidad producida permitido} \\ \text{para la producción realmente obtenida}\end{array}$$

$$= \$276{,}000 - (\$23 \text{ por chamarra} \times 13{,}800 \text{ chamarras})$$

$$= \$276{,}000 - \$317{,}400 = \$41{,}400 \text{ F}$$

Debido a que la producción real superó el nivel de capacidad planeada, es evidente que los costos indirectos fijos de $276,000 apoyaron la fabricación de la totalidad de las 13,800 chamarras y, por lo tanto, deberían aplicarse a estas. El prorrateo de la variación favorable en el volumen de producción logra este resultado y reduce los montos en las cuentas de control de productos en proceso, control de productos terminados y costo de los bienes vendidos. El prorrateo es también el enfoque más conservador, en el sentido de que da como resultado una menor utilidad en operación, que si la totalidad de la variación favorable en el volumen de producción se abonara a la cuenta de costo de los bienes vendidos.

Hay una cuestión más que es relevante para el análisis de si se debe prorratear la variación en el volumen de producción o si se tiene que eliminar contra el costo de los bienes vendidos. Si las variaciones se cancelaran siempre contra el costo de los bienes vendidos, una compañía podría establecer sus estándares ya sea para aumentar (para fines de información financiera) o para disminuir (para propósitos fiscales) la utilidad en operación. En otras palabras, el hecho de eliminar siempre las variaciones invita a un comportamiento errático. Por ejemplo, Webb podría generar una variación favorable (desfavorable) en el volumen de producción estableciendo el nivel del denominador usado para aplicar los costos indirectos fijos a un nivel bajo (alto), e incrementar (disminuir) así la utilidad en operación. El método de prorrateo tiene el efecto de aproximar la aplicación de los costos fijos con base en los costos reales y en la producción real, de modo que no sea posible la manipulación de la utilidad en operación mediante la elección del nivel del denominador.

No existe un enfoque bien definido o preferido para el cierre de la variación en el volumen de producción. El procedimiento contable adecuado es una cuestión de juicio y depende de las circunstancias de cada caso. Quizá sean deseables las variaciones en el método de prorrateo. Por ejemplo, una compañía podría optar por eliminar una porción de la variación en el volumen de producción y prorratear la parte restante. La meta es eliminar aquella parte de la variación en el volumen de producción, que representa el costo de la capacidad no usada para apoyar la elaboración de la producción durante el periodo. La parte restante de la variación en el volumen de producción se prorratea entre las cuentas de control de productos en proceso, control de productos terminados y costo de los bienes vendidos.

Si Webb fuera a eliminar la variación en el volumen de producción contra el costo de los bienes vendidos, haría el siguiente asiento de diario.

Costo de los bienes vendidos	46,000	
Variación en los costos indirectos fijos del volumen de producción		46,000

Análisis integrado de las variaciones en los costos indirectos

Como indica nuestra exposición, los cálculos de las variaciones para los costos indirectos variables y para los costos indirectos fijos difieren:

- Los costos indirectos variables no tienen variación en el volumen de producción.

- Los costos indirectos fijos no tienen variación en eficiencia.

La ilustración 8-4 presenta un resumen integrado de las variaciones en los costos indirectos variables y de las variaciones en los costos indirectos fijos, calculados usando los costos estándar para abril de 2011. El panel A muestra las variaciones para los costos indirectos variables, en tanto que el panel B contiene las variaciones para los costos indirectos fijos. A medida que se estudie la ilustración 8-4, observe la manera en que las columnas de los paneles A y B se alinean para medir las diferentes variaciones. Tanto en el panel A como en el B.

- La diferencia entre las columnas 1 y 2 mide las variaciones en gastos.

- La diferencia entre las columnas 2 y 3 mide la variación en eficiencia (en caso de que sea aplicable).

- La diferencia entre las columnas 3 y 4 mide la variación en el volumen de producción (en caso de que sea aplicable).

El panel A contiene una variación en eficiencia; el panel B no tiene variación en eficiencia para los costos indirectos fijos. Como expusimos anteriormente, un monto que implique una suma acumulada de los costos fijos no se verá afectado por el grado de eficiencia operativa en un periodo presupuestal dado.

El panel A no tiene una variación en el volumen de producción, porque la cantidad de los costos indirectos variables aplicada es siempre la misma que la del monto proveniente del presupuesto flexible. Los costos variables no tienen nunca una capacidad no usada. Cuando la producción y las ventas disminuyen de 12,000 chamarras a 10,000 chamarras, los costos indirectos variables presupuestados disminuyen de forma proporcional. Los costos fijos son diferentes. El panel B tiene una variación en el volumen de producción (véase la ilustración 8-3) porque Webb tuvo que adquirir los recursos de los costos indirectos fijos de manufactura que había comprometido cuando planeó la producción de 12,000 chamarras, aun cuando tan solo fabricó 10,000 chamarras y no usó una parte de su capacidad.

Ilustración 8-4 Presentación por columnas del análisis de variaciones integrado: compañía Webb, abril de 2011ª

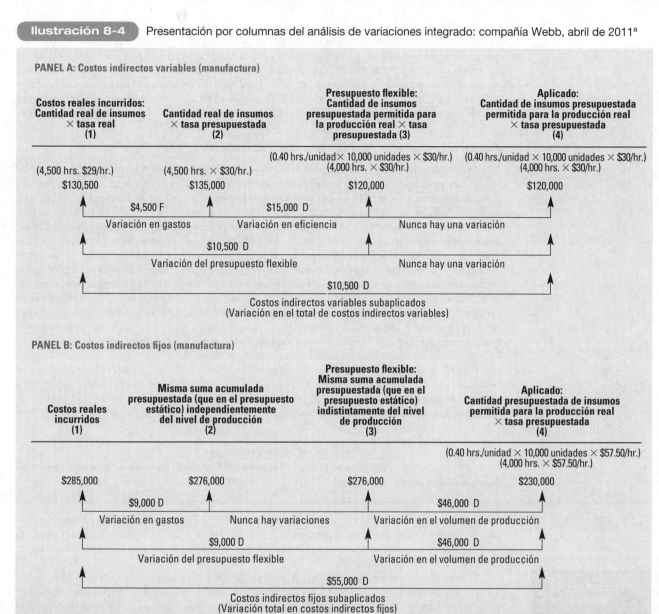

PANEL A: Costos indirectos variables (manufactura)

PANEL B: Costos indirectos fijos (manufactura)

ªF= efecto favorable sobre la utilidad en operación; D = efecto desfavorable sobre la utilidad en operación.

Análisis de cuatro variaciones

Cuando todas las variaciones de los gastos indirectos se presentan en forma conjunta como en la ilustración 8-4, nos referimos a ellas como análisis de cuatro variaciones:

Análisis de cuatro variaciones		
Variación en gastos	Variación en eficiencia	Variación en el volumen de producción
Gastos indirectos variables $4,500 F	$15,000 D	Nunca hay una variación
Gastos indirectos fijos $9,000 D	Nunca hay una variación	$46,000 D

Observe que el análisis de cuatro variaciones brinda el mismo nivel de información que el análisis de variaciones que se llevó a cabo anteriormente para los costos indirectos variables y para los costos indirectos fijos en forma separada (en las ilustraciones 8-1 y 8-2, respectivamente), pero lo hace en una presentación unificada que también indica aquellas variaciones que nunca están presentes.

Como sucede con otras variaciones, las variaciones en el análisis de cuatro variaciones de Webb no son necesariamente independientes entre sí. Por ejemplo, Webb puede comprar insumos para las máquinas de menor calidad (lo cual conducirá a una variación favorable en el nivel de los costos indirectos variables), y ello daría como resultado que las máquinas necesiten más tiempo para operar que lo presupuestado (ocasionando así una variación desfavorable en la eficiencia de los costos indirectos variables), y que se obtenga una producción inferior a la presupuestada (ocasionando una variación desfavorable en el volumen de producción).

Análisis de variaciones combinado

Los análisis detallados de cuatro variaciones son más comunes en las empresas grandes y complejas, ya que es imposible que los gerentes de compañías grandes, como General Electric y Disney, hagan un seguimiento de todo lo que está sucediendo dentro de sus áreas de responsabilidad. Los análisis detallados ayudan a los gerentes a identificar y a concentrar la atención en las áreas que no están operando como se esperaba. Los gerentes de los negocios pequeños entienden sus operaciones mejor al basarse en las observaciones personales y en las medidas no financieras. Encuentran menos valor al realizar las mediciones adicionales que se requieren para el análisis de cuatro variaciones. Por ejemplo, para simplificar sus sistemas de costeo, las compañías pequeñas quizá no distingan los costos indirectos variables incurridos de los costos indirectos fijos incurridos, porque la realización de esta distinción con frecuencia no es muy clara. Como vimos en el capítulo 2 y como veremos en el capítulo 10, muchos costos como la supervisión, el control de calidad y el manejo de materiales tienen componentes de costos tanto variables como fijos que tal vez no sean fáciles de separar. Los gerentes, por lo tanto, pueden usar un análisis menos detallado que *combine* los costos indirectos variables y los costos indirectos fijos en un solo total de costos indirectos.

Cuando se usa una sola categoría de costos indirectos totales, todavía pueden analizarse a profundidad. Las variaciones son ahora las sumas de las variaciones de los costos indirectos variables y de los costos indirectos fijos para ese nivel, como se calcula en la ilustración 8-4. El análisis de variaciones combinado es como se describe a continuación:

Análisis combinado de tres variaciones

	Variación en gastos	Variación en eficiencia	Variación en volumen de producción
Costos indirectos totales	$4,500 D	$15,000 D	$46,000 D

La contabilización del análisis de tres variaciones es más sencilla que la del análisis de cuatro variaciones, aunque se pierde alguna información. En particular, el análisis de tres variaciones combina las variaciones del nivel de los costos indirectos variables y fijos en un solo total para la variación en el nivel de los costos indirectos.

Finalmente, la **variación general en el total de gastos indirectos** está dada por la suma de las variaciones anteriores. En el ejemplo de Webb, esto es igual a $65,500 D. Observe que esta cantidad, la cual agrega las variaciones del presupuesto flexible y del volumen de producción, es igual al monto total de los costos indirectos subaplicados. (Recuerde nuestra exposición acerca de los costos indirectos subaplicados en el costeo normal, que se presentó en el capítulo 4, p. 118). Al usar las cifras provenientes de la ilustración 8-4, los $65,500 D de la variación total en los costos indirectos es la diferencia entre *a*) el total de costos indirectos reales incurridos ($130,500 + $285,000 = $415,500) y *b*) los costos indirectos aplicados ($120,000 + $230,000 = $350,000) a la producción realmente obtenida. Si la variación total de los costos indirectos resultara favorable, entonces habría correspondido al monto de los costos indirectos sobreaplicados.

Punto de decisión ▶

¿Cuál es la forma más detallada en que una compañía puede reconciliar los costos indirectos reales incurridos con el monto aplicado durante un periodo?

Variación en el volumen de producción y variación en el volumen de ventas

A medida que completemos nuestro estudio acerca del análisis de variaciones para la compañía Webb, será de utilidad retroceder para observar el "gran panorama", y vincular las funciones de contabilidad y de evaluación del desempeño del costeo estándar. La ilustración 7-2, p. 231, subdividió la variación del presupuesto estático de $93,100 D en una variación del presupuesto flexible de $29,100 D y en una variación en el volumen de ventas de $64,000 D. Tanto en el capítulo 7 como en este capítulo, presentamos variaciones más detalladas que subdividían, siempre que ello fuera posible, las variaciones individuales del presupuesto flexible para el precio de venta, los materiales directos, la mano de obra directa, los gastos indirectos variables y los gastos indirectos fijos. A continuación presentamos un resumen:

Precio de venta	$50,000 F
Materiales directos (precio, $44,400 F + eficiencia, $66,000 D)	21,600 D
Mano de obra directa (precio, $18,000 D + eficiencia, $20,000 D)	38,000 D
Costos indirectos variables (gastos, $4500 F + eficiencia, $15,000 D)	10,500 D
Costos indirectos fijos (gastos, $9,000 D)	9,000 D
Variación total en el presupuesto flexible	$29,100 D

En este capítulo también calculamos otra variación, la variación en el volumen de producción, que no forma parte de la variación del presupuesto flexible. ¿Dónde embona la variación en el volumen de producción dentro de ese "gran panorama"? Como veremos, la variación en el volumen de producción es un componente de la variación en el volumen de ventas.

Con nuestro supuesto de una producción y ventas reales de 10,000 chamarras, el sistema de costeo de Webb carga a la cuenta de control de productos en proceso los costos estándar de las 10,000 chamarras fabricadas. Estos montos se transfieren luego a la cuenta de productos terminados y, finalmente, al costo de los bienes vendidos:

Materiales directos (capítulo 7, p. 240, asiento 1b)	
($60 por chamarra × 10,000 chamarras)	$ 600,000
Mano de obra directa (capítulo 7, p. 240, asiento 2)	
($16 por chamarra × 10,000 chamarras)	160,000
Costos indirectos variables (capítulo 8, p. 270, asiento 2)	
($12 por chamarra × 10,000 chamarras)	120,000
Costos indirectos fijos (capítulo 8, p. 274, asiento 2)	
($23 por chamarra × 10,000 chamarras)	230,000
Costo de los bienes vendidos al costo estándar	
($111 por chamarra × 10,000 chamarras)	$1,110,000

El sistema de costeo de Webb también registra los ingresos provenientes de las 10,000 chamarras vendidas al precio de venta presupuestado de $120 por chamarra. El efecto neto de estos asientos sobre la utilidad en operación presupuestada de Webb es el siguiente:

Ingresos al precio de venta presupuestado	
($120 por chamarra × 10,000 chamarras)	$1,200,000
Costo de los bienes vendidos al costo estándar	
($111 por chamarra × 10,000 chamarras)	1,110,000
Utilidad en operación basada en la utilidad presupuestada por chamarra	
($9 por chamarra × 10,000 chamarras)	$ 90,000

Un aspecto fundamental que se debe tener presente es que en el costeo estándar, los costos indirectos fijos se tratan como si fueran un costo variable. Es decir, al determinar la utilidad en operación presupuestada de $90,000, tan solo se consideran $230,000 ($23 por chamarra × 10,000 chamarras) de costos indirectos fijos, mientras que los costos indirectos fijos presupuestados son de $276,000. Los contadores de Webb registran entonces la variación desfavorable en el volumen de aproducción por $46,000 (la diferencia entre los costos indirectos fijos presupuestados, $276,000, y los costos indirectos fijos aplicados, $230,000, p. 274, asiento 2), así como las diversas variaciones en el presupuesto flexible (incluyendo la variación en el nivel de los costos indirectos fijos) que totalizan $29,100 desfavorables (véase la ilustración 7-2, p. 231). Esto da como resultado una utilidad en operación real de $14,900 como sigue:

Utilidad en operación tomando como base la utilidad presupuestada por chamarra	
($9 por chamarra × 10,000 chamarras)	$ 90,000
Variación desfavorable en el volumen de producción	(46,000)
Utilidad en operación del presupuesto flexible (ilustración 7-2)	44,000
Variación desfavorable en el presupuesto flexible para la utilidad en operación (ilustración 7-2)	(29,100)
Utilidad en operación real (ilustración 7-2)	$ 14,900

Conceptos en acción

El análisis de variaciones y el costeo estándar ayudan a Sandoz a administrar sus costos indirectos

En Estados Unidos, la importancia de los medicamentos genéricos se ha incrementado de manera espectacular. En años recientes, Wal-Mart ha estado vendiendo cientos de fármacos genéricos en $4 por receta, un precio que desde entonces han igualado muchos competidores. Además, dado que la legislación reciente extiende la cobertura del seguro médico a 32 millones de estadounidenses que anteriormente no estaban asegurados, ciertamente habrá que acelerar el uso de los medicamentos genéricos, una tendencia enraizada tanto en la demografía —la población estadounidense en proceso de envejecimiento toma más medicamentos cada año—, como en el impulso para reducir los costos por los cuidados de la salud.

Sandoz US, una subsidiaria de $7,500 millones perteneciente a Novaris AG con sede en Suiza, es uno de los desarrolladores más grandes de los substitutos de los fármacos genéricos para los medicamentos terapéuticos líderes en el mercado. Las presiones sobre fijación de los precios de mercado significan que Sandoz, Teva Pharmaceutical y otros productores de genéricos operan con márgenes muy reducidos. En consecuencia, junto con un intrincado análisis de las variaciones en los costos directos, las empresas como Sandoz también deben hacer frente al desafío de la contabilización de los costos indirectos. Sandoz usa el costeo estándar y el análisis de variaciones para administrar los costos indirectos.

Cada año, Sandoz prepara un presupuesto de costos indirectos que se basa en un plan de producción detallado, en la planeación de el nivel de los costos indirectos y en otros factores, incluyendo la inflación, las iniciativas en favor de la eficiencia, los gastos de capital anticipados y la depreciación. Posteriormente, Sandoz usa las técnicas del costeo basado en las actividades para asignar los costos indirectos presupuestados a diferentes centros de trabajo (por ejemplo, mezclado, amalgamado, formación de tabletas, experimentación y empacado). Finalmente, los costos indirectos se asignan a los productos con base en los niveles de actividad que requiere cada producto en cada centro de trabajo. El costo estándar del producto resultante se utiliza en el análisis de la rentabilidad de los productos, y como una base para tomar decisiones sobre fijación de precio. Los dos principales puntos focales en el análisis del desempeño de Sandoz son el análisis de la absorción de los costos indirectos y el análisis de las variaciones en los costos indirectos de manufactura.

Cada mes, Sandoz usa el análisis de absorción para comparar la producción real y los costos reales con los costos estándar del inventario procesado. El análisis mensual evalúa dos tendencias fundamentales:

1. ¿Los costos son acordes al presupuesto? De no ser así, las razones se examinan y se notifica a los gerentes responsables.
2. ¿Se están ajustando al plan el volumen de producción y la mezcla de productos? En caso de no ser así, Sandoz revisa y ajusta las capacidades de las máquinas y la tendencia en la absorción se considera permanente. La gerencia de la planta usa el análisis de absorción como una brújula para determinar si está dentro del presupuesto, y si tiene el nivel adecuado de capacidad para satisfacer con eficiencia las necesidades de sus clientes.

Las variaciones en los costos indirectos de manufactura se examinan al nivel del centro de trabajo. Dichas variaciones ayudan a determinar en qué momento los equipos no funcionan como se esperaba, lo cual conduce a reparaciones o a reemplazos. Las variaciones también ayudan a identificar las ineficiencias en el procesamiento y la configuración de las máquinas, así como en los tiempos de limpieza, lo cual conduce a una forma más eficiente de utilizar los equipos. Algunas veces, el análisis de las variaciones en los costos indirectos de manufactura conduce a la revisión y al mejoramiento de los estándares mismos: un elemento fundamental en la planeación del nivel de la capacidad de la planta. La gerencia revisa el uso actual y futuro de la capacidad en forma mensual, usando las horas estándar ingresadas en el sistema de planeación de los recursos de la empresa. Los estándares son una herramienta útil para identificar las restricciones de capacidad y las necesidades futuras de capital.

Como señaló el contralor de la planta: "En Sandoz el costeo estándar genera costos que no solamente son entendidos por los contadores administrativos y los ingenieros industriales, sino también por quienes toman decisiones en marketing y en el área de producción. Los contadores de Sandoz logran esto al tener un alto grado de comprensión del proceso e intervención en el mismo. El resultado son mejores decisiones de fijación de precio y de mezcla de productos, un menor desperdicio, mejoras en el proceso y elecciones eficientes de capacidad —todo lo cual contribuye a la rentabilidad general."

Fuente: Booming US Generic Drug Market, Delhi, India: RNCOS Ltd, 2010; Conversations with, and documents prepared by, Eric Evans y Erich Erchr (de Sandoz US), 2004; Day, Kathleen, 2006. Wal-Mart sets $4 price for many generic drugs. *Washington Post*, 22 de septiembre; Halpern, Steven. 2010 Teva: Generic gains from health care reform. *AOL Inc.* "Blogging Stoks" blog, 13 de mayo. http://www.bloggingstocks.com/2010/05/13/teva-teva-generic-gains-from-healthcare-reform/

En contraste, la utilidad en operación del presupuesto estático de $108,000 (p. 229) no se registra en el sistema de costeo de Webb, porque el costeo estándar registra los ingresos presupuestados, los costos estándar y las variaciones únicamente para las 10,000 chamarras que realmente se fabricaron y se vendieron, y no para las 12,000 chamarras que *se planeó* que se fabricarían y se venderían. En consecuencia, la variación en el volumen de ventas de $64,000 D, que es la diferencia entre la utilidad en operación del presupuesto estático, $108,000, y la utilidad en operación del presupuesto flexible, $44,000 (ilustración 7-2, p. 231), no se registra realmente nunca en el costeo estándar. Sin embargo, la variación en el volumen de ventas es de utilidad porque ayuda a los gerentes a entender el margen de contribución perdido, como resultado de vender 2,000 chamarras menos (la variación en el volumen de ventas supone que los costos fijos permanecen al nivel presupuestado de $276,000).

La variación en el volumen en ventas tiene dos componentes:

1. Una diferencia entre la utilidad en operación del presupuesto estático de $108,000 para 12,000 chamarras y una utilidad en operación presupuestada de $90,000 para 10,000 chamarras. Se trata de la **variación en volumen de la utilidad en operación** de $18,000 D ($108,000 − $90,000), y refleja el hecho de que Webb fabricó y vendió 2,000 unidades menos que lo presupuestado.

2. Una diferencia entre la utilidad en operación presupuestada de $90,000 y una utilidad en operación del presupuesto flexible de $44,000 (ilustración 7-2, p. 231) para las 10,000 unidades reales. Esta diferencia surge porque el sistema de costeo de Webb trata los costos fijos como si se comportaran de una forma variable y, por lo tanto, supone que los costos fijos son iguales al monto asignado de $230,000, en vez de los costos fijos presupuestados de $276,000. Desde luego, la diferencia entre los costos fijos aplicados y presupuestados es precisamente la variación en el volumen de producción de $46,000 D. En resumen,

	Variación en volumen de la utilidad en operación	$18,000 D
(+)	Variación en el volumen de producción	46,000 D
Es igual a	Variación en el volumen en ventas	$64,000 D

Es decir, la variación en el volumen de ventas está formada por la variación en volumen de la utilidad en operación y la variación en el volumen de producción.

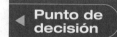

Punto de decisión

¿Cuál es la relación entre la variación en el volumen de ventas y la variación en el volumen de producción?

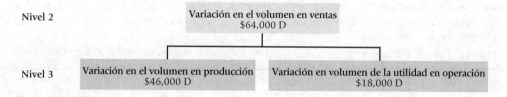

Nivel 2 — **Variación en el volumen en ventas** $64,000 D

Nivel 3 — **Variación en el volumen en producción** $46,000 D — **Variación en volumen de la utilidad en operación** $18,000 D

Análisis de variaciones y costeo basado en las actividades

Los sistemas de costeo basado en las actividades (ABC) se concentran en las actividades individuales como los objetos de costos fundamentales. Los sistemas ABC clasifican los costos de las diversas actividades en una jerarquía de costos —costos a nivel de unidad producida, costos a nivel de lote, costos de mantenimiento del producto y costos de mantenimiento de las instalaciones (véase p. 149). En esta sección, indicamos la manera en que una compañía que tiene un sistema ABC y costos a nivel de lote se puede beneficiar del análisis de variaciones. Los costos a nivel de lote son aquellos costos de las actividades relacionadas con un grupo de unidades de productos o servicios, en vez de relacionarse con cada unidad individual de producto o servicio. Ilustramos el análisis de variaciones para los costos directos variables a nivel de lote, así como para los costos indirectos fijos de la configuración de las máquinas a nivel de lote.[4]

Consideremos el caso de Lyco Brass Works, quien manufactura una gran cantidad de tipos de grifos y aditamentos de metal. Debido a la amplia gama de productos que elabora, Lyco emplea un sistema de costeo basado en las actividades. En cambio, Webb usa un sistema de costeo simple porque fabrica solamente un tipo de chamarra. Uno de los productos de Lyco es Elegance, un grifo de metal decorativo para las bañeras de relajación domésticas. Lyco produce el Elegance en lotes.

En cada producto que fabrica Lyco, utiliza una mano de obra especializada para el manejo de materiales. Ello le permite transportar los materiales al área de producción, transportar los productos en proceso de un centro de trabajo al siguiente y llevar los productos terminados al área de embarques. Por consiguiente, los costos de la mano de obra para el manejo de materiales de Elegance son los costos directos del producto. Ya que los materiales de cada lote se trasladan en forma

Objetivo de aprendizaje 7

Calcular las variaciones en el costeo basado en las actividades

... comparar los costos indirectos presupuestados y reales de las actividades

---

[4] Las técnicas que explicamos se aplican para analizar también los costos indirectos variables a nivel de lote.

conjunta, los costos de la mano de obra para el manejo de materiales varían con el número de lotes, en vez de variar con el número de unidades en el lote. Los costos de la mano de obra para el manejo de materiales son costos directos variables a nivel del lote.

Para fabricar un lote de Elegance, Lyco debe preparar las máquinas y los moldes, lo cual requiere de altas habilidades. Por lo tanto, un departamento separado de preparación de las máquinas es responsable por la configuración de las mismas y de los moldes para diferentes lotes de productos. Los costos de la configuración son costos indirectos de los productos. Por sencillez, suponga que los costos de la preparación son fijos con respecto al número de horas para la configuración. Consisten en los salarios que se pagan a los ingenieros y a los supervisores, así como en los costos del arrendamiento de los equipos para la configuración.

La información relacionada con Elegance para 2012 se presenta a continuación:

	Resultado real	Cantidad del presupuesto estático
1. Unidades de Elegance fabricadas y vendidas	151,200	180,000
2. Tamaño del lote (unidades por lote)	140	150
3. Número de lotes (línea 1 ÷ línea 2)	1,080	1,200
4. Horas de mano de obra para el manejo de materiales por lote	5.25	5
5. Total de horas de mano de obra para el manejo de materiales (línea 3 × línea 4)	5,670	6,000
6. Costo por hora de mano de obra para el manejo de materiales	$ 14.50	$ 14
7. Costos totales de la mano de obra para el manejo de materiales (línea 5 × línea 6)	$ 82,215	$ 84,000
8. Horas de configuración de las máquinas por lote	6.25	6
9. Total de horas de configuración (línea 3 × línea 8)	6,750	7,200
10. Total de costos indirectos fijos para la configuración	$220,000	$216,000

Presupuesto flexible y análisis de variaciones para los costos de la mano de obra directa

Para preparar el presupuesto flexible para los costos de la mano de obra del manejo de materiales, Lyco empieza con las unidades producidas reales de la producción elaborada, 151,200 unidades, y procede con los siguientes pasos.

Paso 1: Usando el tamaño presupuestado del lote, calcule el número de lotes que deberían haberse usado para obtener la producción real. Al tamaño presupuestado del lote de 150 unidades por lote, Lyco debería haber producido 151,200 unidades en 1,008 lotes (151,200 unidades ÷ 150 unidades por lote).

Paso 2: Usando las horas de mano de obra presupuestadas para el manejo de materiales por lote, calcule el número de horas de mano de obra para el manejo de materiales que deberían haberse utilizado. A la cantidad presupuestada de 5 horas por lote, 1,008 lotes deberían haber requerido 5,040 horas de mano de obra para el manejo de materiales (1,008 lotes × 5 horas por lote).

Paso 3: Usando el costo presupuestado por hora de mano de obra para el manejo de materiales, calcule el monto del presupuesto flexible para las horas de mano de obra del manejo de materiales. El monto del presupuesto flexible es de 5,040 horas de mano de obra para el manejo de materiales × $14 de costo presupuestado por hora de mano de obra para el manejo de materiales = $70,560.

Observe la manera en que los cálculos del presupuesto flexible para los costos de mano de obra del manejo de materiales se concentran en las cantidades a nivel de lote (horas de mano de obra de manejo de materiales por lote, en vez de una métrica por unidad). Los cálculos de la cantidad del presupuesto flexible se concentran en el nivel adecuado de la jerarquía de costos. Por ejemplo, ya que el manejo de materiales es un costo a nivel de lote, los cálculos de la cantidad del presupuesto flexible se hacen al nivel de lote —la cantidad de horas de mano de obra de manejo de materiales que Lyco debería haber usado con base en el número de lotes que debería haber usado para elaborar la cantidad real de 151,200 unidades. Si un costo hubiera sido del tipo de costos para el mantenimiento del producto —como un costo del diseño del producto— los cálculos de la cantidad del presupuesto flexible se habrían concentrado al nivel de mantenimiento del producto, por ejemplo, evaluando la complejidad real del diseño del producto en relación con el presupuesto.

La variación del presupuesto flexible para los costos de la mano de obra del manejo de materiales se calcula ahora como sigue:

Variación del presupuesto flexible = Costos reales − Costos del presupuesto flexible

= (5,670 horas × $14.50 por hora) − (5,040 horas × $14 por hora)

= $82,215 − $70,560

= $11,655 D

La variación desfavorable indica que los costos de la mano de obra por el manejo de materiales fueron $11,655 mayores que la meta del presupuesto flexible. Podemos obtener algún conocimiento en cuanto a las posibles razones para este resultado desfavorable, examinando los componentes de precio y eficiencia de la variación del presupuesto flexible. La ilustración 8-5 presenta las variaciones por columnas.

La variación desfavorable de la mano de obra para el manejo de materiales indica que el costo real de $14.50 por hora de mano de obra para el manejo de materiales excede los $14.00 del costo

$$\text{Variación en el precio} = \left(\begin{array}{c}\text{Precio real} \\ \text{del insumo}\end{array} - \begin{array}{c}\text{Precio} \\ \text{presupuestado} \\ \text{del insumo}\end{array} \right) \times \begin{array}{c}\text{Cantidad real} \\ \text{de insumos}\end{array}$$

$$= (\$14.50 \text{ por hora} - \$14 \text{ por hora}) \times 5{,}670 \text{ horas}$$

$$= \$0.50 \text{ por hora} \times 5{,}670 \text{ horas}$$

$$= \$2{,}835 \text{ D}$$

presupuestado por hora de mano de obra para el manejo de materiales. La variación podría ser el resultado de que el gerente de recursos humanos de Lyco negociara tasas salariales con individuos menos calificados, o bien, que las tasas salariales aumentaran de manera inesperada debido a una escasez de mano de obra.

$$\text{Variación en eficiencia} = \left(\begin{array}{c}\text{Cantidad real} \\ \text{de los insumos} \\ \text{usados}\end{array} - \begin{array}{c}\text{Cantidad presupuestada} \\ \text{de los insumos permitidos} \\ \text{para la producción real}\end{array} \right) \times \begin{array}{c}\text{Precio presupuestado} \\ \text{para el insumo}\end{array}$$

$$= (\$5{,}670 \text{ horas} - 5{,}040 \text{ horas}) \times \$14 \text{ por hora}$$

$$= 630 \text{ horas} \times \$14 \text{ por hora}$$

$$= \$8{,}820 \text{ D}$$

La variación desfavorable en eficiencia indica que las 5,670 horas reales de mano de obra para el manejo de materiales excedieron las 5,040 horas presupuestadas de mano de obra para el manejo de materiales, en términos de la producción real. Las posibles razones para la variación desfavorable en la eficiencia son las siguientes:

- Tamaños reales de lotes más pequeños de 140 unidades, en vez de los tamaños presupuestados para los lotes de 150 unidades, lo cual daría como resultado que Lyco produjera las 151,200 unidades en 1,080 lotes en vez de 1,008 (151,200 ÷ 150) lotes.

- Un mayor número de horas reales de mano de obra para el manejo de materiales por lote de 5.25 horas, en vez de las 5 horas presupuestadas para la mano de obra del manejo de materiales.

Las razones para la existencia de tamaños de lotes más pequeños que lo presupuestado incluyen problemas de calidad, cuando los tamaños de los lotes exceden 140 grifos y altos costos por el manejo del inventario.

Ilustración 8-5 Presentación por columnas del análisis de variaciones para los costos de la mano de obra directa de manejo de materiales: Lyco Brass Works, 2012[a]

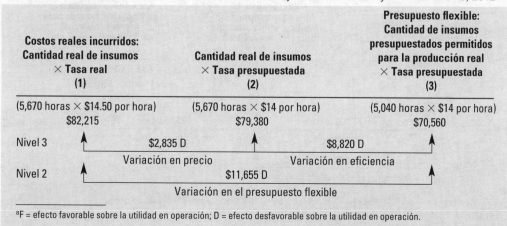

[a]F = efecto favorable sobre la utilidad en operación; D = efecto desfavorable sobre la utilidad en operación.

Las razones posibles para una mayor cantidad de horas reales de mano de obra en el manejo de materiales por lote son:

■ Una distribución ineficiente de la línea de producción de Elegance.

■ Una mano de obra para el manejo de materiales que tiene que esperar en los centros de trabajo antes de recoger o entregar materiales.

■ Empleados sin motivación, con escasa experiencia y deficientemente capacitados.

■ Estándares muy rigurosos para el tiempo del manejo de materiales.

La identificación de las razones para la variación en eficiencia ayuda a los gerentes de Lyco a desarrollar un plan para el mejoramiento de la eficiencia en la mano de obra para el manejo de materiales, así como a tomar acciones correctivas que se incorporarán en los presupuestos futuros.

Veamos ahora los costos indirectos fijos de la configuración de las máquinas.

Presupuesto flexible y análisis de variaciones para los costos indirectos fijos de la configuración de las máquinas

La ilustración 8-6 presenta las variaciones para los costos indirectos fijos de la configuración de las máquinas en forma de columnas.

La variación en el presupuesto flexible de los costos indirectos fijos de la configuración de las máquinas de Lyco se calcula como sigue:

$$\text{Variación en los costos indirectos fijos de la configuración de las máquinas según el presupuesto flexible} = \text{Costos reales incurridos} - \text{Costos del presupuesto flexible}$$

$$= \$220{,}000 - \$216{,}000$$

$$= \$4{,}000\ D$$

Observe que el monto del presupuesto flexible para los costos indirectos fijos destinados a la configuración de las máquinas es igual al monto del presupuesto estático de $216,000. Ello se debe a que no hay "flexibilidad" en los costos fijos. Asimismo, ya que los costos indirectos fijos no tienen una variación en eficiencia, la variación en el nivel de los costos indirectos fijos para la configuración es la misma que la variación en los costos indirectos fijos del presupuesto flexible. La variación en gastos podría ser desfavorable debido a costos por arrendamiento más altos en los nuevos equipos para la configuración, o debido a que se pagaran salarios más altos a los ingenieros y a los supervisores. Quizá Lyco incurrió en dichos costos para aliviar algunas de las dificultades que estaba teniendo en la configuración de las máquinas.

Ilustración 8-6 Presentación por columnas del análisis de variaciones de los costos indirectos fijos para la configuración de las máquinas: Lyco Brass Works, 2012[a]

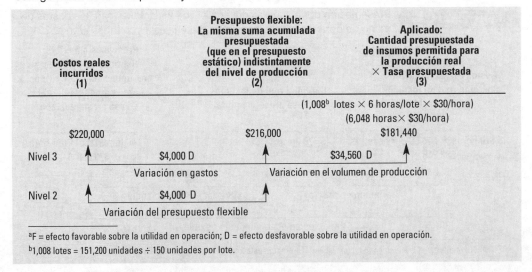

[a] F = efecto favorable sobre la utilidad en operación; D = efecto desfavorable sobre la utilidad en operación.
[b] 1,008 lotes = 151,200 unidades ÷ 150 unidades por lote.

Para calcular la variación en el volumen de producción, Lyco calcula primero la tasa de aplicación de los costos presupuestados para los costos indirectos fijos de la configuración de las máquinas, usando el mismo enfoque de cuatro pasos que se describió en la p. 266.

Paso 1: Elegir el periodo que se usará para el presupuesto. Lyco utiliza un periodo de 12 meses (el año 2012).

Paso 2: Seleccionar la base de aplicación de costos que se usará en la aplicación de los costos indirectos fijos a la producción. Lyco usa las horas presupuestadas para la configuración de las máquinas como la base de aplicación del costo para los costos indirectos fijos de la configuración de las máquinas. Las horas presupuestadas para la configuración de las máquinas del presupuesto estático para 2012 son 7,200 horas.

Paso 3: Identificar los costos indirectos fijos asociados con la base de aplicación del costo. El costo presupuestado de los costos indirectos fijos para la configuración de las máquinas en 2012 es de $216,000.

Paso 4: Calcular la tasa por unidad de la base de aplicación del costo usada para asignar los costos indirectos fijos a la producción obtenida. Al dividir los $216,000 del paso 3 entre las 7,200 horas de configuración de las máquinas del paso 2, Lyco estima una tasa para el costo indirecto fijo de la configuración de las máquinas de $30 por hora.

$$\begin{array}{l}\text{Costo indirecto fijo} \\ \text{presupuestado para} \\ \text{la configuración de las} \\ \text{máquinas por unidad} \\ \text{de base de aplicación} \\ \text{del costo}\end{array} = \frac{\begin{array}{c}\text{Costos totales presupuestados} \\ \text{dentro del grupo de costos} \\ \text{indirectos fijos}\end{array}}{\begin{array}{c}\text{Cantidad total presupuestada} \\ \text{de la base de aplicación del} \\ \text{costo}\end{array}} = \frac{\$216,000}{\begin{array}{c}\text{7,200 horas de configuración} \\ \text{de máquina}\end{array}}$$

$$= \$30 \text{ por hora de configuración de máquina}$$

$$\begin{array}{l}\text{Variación en el volumen} \\ \text{de producción para los} \\ \text{costos indirectos fijos} \\ \text{para la configuración} \\ \text{de las máquinas}\end{array} = \begin{array}{l}\text{Costos indirectos fijos} \\ \text{presupuestados para la} \\ \text{configuración de las} \\ \text{máquinas}\end{array} - \begin{array}{l}\text{Aplicación de los costos indirectos} \\ \text{fijos para la configuración de las máquinas} \\ \text{usando los insumos presupuestados} \\ \text{permitidos para las unidades realmente} \\ \text{producidas}\end{array}$$

$$= \$216,000 - (1,008 \text{ lotes} \times 6 \text{ horas/lote}) \times \$30/\text{hora}$$

$$= \$216,000 - (6,048 \text{ horas} \times \$30/\text{hora})$$

$$= \$216,000 - \$181,440$$

$$= \$34,560 \text{ D}$$

Durante 2012, Lyco había planeado fabricar 180,000 unidades de Elegance, pero en realidad fabricó 151,200 unidades. La variación desfavorable en el volumen de producción mide la cantidad de costos fijos adicionales para la configuración de las máquinas, en los que incurrió Lyco en términos de la capacidad de configuración de máquinas de la que disponía, pero que no usó. Una interpretación es que la variación desfavorable de $34,560 en el volumen de producción representa un uso ineficiente de la capacidad de configuración. Sin embargo, Lyco pudo haber obtenido una utilidad en operación mayor mediante la venta de 151,200 unidades a un precio más alto, en comparación con las 180,000 unidades a un menor precio. En consecuencia, los gerentes de Lyco deberían interpretar cuidadosamente la variación en el volumen de producción, porque no considera los efectos sobre los precios de venta y la utilidad en operación.

Variaciones en los costos indirectos en los ambientes que no son de manufactura

El ejemplo de la compañía Webb examina los costos indirectos variables de manufactura y los costos indirectos fijos de manufactura. ¿Deberían los costos indirectos de las áreas de la compañía que no son de manufactura, examinarse usando el marco de referencia de las variaciones que se expuso en este capítulo? En las decisiones de fijación de precio y de mezcla de productos, las compañías usan con frecuencia información de costos variables relacionados, tanto con costos de manufactura como con costos que no lo son. Los gerentes consideran el análisis de variaciones de todos los costos indirectos variables cuando toman tales decisiones y cuando administran los costos. Por ejemplo, los gerentes de las industrias donde los costos de distribución son altos, como la automotriz, los bienes de consumo duradero, y el cemento y el acero, pueden usar el costeo estándar para brindar información confiable y oportuna sobre las variaciones en el nivel de los costos indirectos variables de distribución y sobre las variaciones en eficiencia.

Punto de decisión

¿Cómo puede usarse el análisis de variaciones en un sistema de costeo basado en las actividades?

Objetivo de aprendizaje 8

Examinar el uso de las variaciones en los costos indirectos en ambientes que no son de manufactura

. . . analizar los costos indirectos variables que no son de manufactura para la toma de decisiones y para la administración de costos; las variaciones en los costos indirectos fijos son muy importantes en los ambientes de servicios

Considere las firmas del sector de servicios como las aerolíneas, los hospitales, los hoteles y los ferrocarriles. Las medidas de producción que se usan comúnmente en estas compañías son las millas-pasajero voladas, los días-paciente suministrados, los días-habitación ocupados y las millas-tonelada por fletes acarreados, respectivamente. Pocos costos pueden atribuirse a tales rubros en una manera eficiente en cuanto a costos. La mayoría de los costos son costos indirectos fijos, como los costos de equipo, edificios y personal. El uso efectivo de la capacidad es la clave para la rentabilidad, y las variaciones en los costos indirectos fijos suelen ayudar a los gerentes en esta labor. Los negocios minoristas o al detalle, como Kmart, también tienen altos costos fijos relacionados con la capacidad (costos por arrendamiento y ocupación). En el caso de Kmart, las disminuciones en ventas dieron como resultado una capacidad ociosa y variaciones desfavorables en los costos fijos. Kmart redujo los costos fijos cerrando algunas de sus tiendas, pero también tuvo que declarar una quiebra por el capítulo 11 en enero de 2002.

Considere los siguientes datos para las operaciones principales de United Airlines para algunos años selectos de la década anterior. Las millas-asiento disponibles (MAD) son los asientos reales en un avión multiplicados por la distancia viajada.

Año	Total de MAD (millones) (1)	Utilidad en operación por MAD (2)	Costos operativos por MAD (3)	Utilidad en operación por MAD (4) = (2) − (3)
2000	175,485	11.0 centavos	10.6 centavos	0.4 centavos
2003	136,630	9.6 centavos	10.5 centavos	−0.9 centavos
2006	143,095	11.5 centavos	11.2 centavos	0.3 centavos
2008	135,861	12.6 centavos	15.7 centavos	−3.1 centavos

Después del 11 de septiembre de 2001, a medida que disminuyeron los viajes aéreos, los ingresos de United cayeron, pero no sucedió lo mismo con la mayoría de sus costos, incluyendo los costos fijos por las instalaciones de aeropuertos, los equipos y el personal. United tenía una considerable variación desfavorable en el volumen de producción, dado que su capacidad había estado insuficientemente utilizada. Como indica la columna 1 del cuadro, United respondió reduciendo su capacidad sustancialmente durante los siguientes años. Las millas-asiento disponibles disminuyeron de 175,485 millones en 2000 a 136,630 millones en 2003. Sin embargo, United no fue capaz de llenar incluso las aeronaves que había conservado y, por lo tanto, el ingreso por MAD disminuyó (columna 2), en tanto que el costo por MAD siguió siendo casi el mismo (columna 3). En diciembre de 2002, United presentó su declaración de quiebra con el capítulo 11 y empezó a buscar garantías del gobierno para obtener los préstamos que necesitaba. Posteriormente, una fuerte demanda por los viajes de las aerolíneas, así como los mejoramientos en los rendimientos obtenidos por un uso más eficiente de los recursos y las redes, condujo a un incremento en el tráfico y a precios promedio más altos por boleto. Al mantener un enfoque disciplinado para la capacidad y un riguroso control sobre el crecimiento, United logró un incremento cercano al 20% en sus ingresos por MAD entre 2003 y 2006. El mejoramiento en el desempeño permitió a United salir de la quiebra el 1 de febrero de 2006. Sin embargo, en el año pasado, la severa recesión global y los crecientes precios en el combustible de los aviones tuvieron un impacto negativo significativo sobre el desempeño de United (y sobre el de las aerolíneas competidoras), como se 99refleja en la utilidad en operación negativa de 2008.

Medidas del desempeño financiero y no financiero

Las variaciones en los costos indirectos que se expusieron en este capítulo son ejemplos de las medidas del desempeño financiero. Como indican los ejemplos anteriores, las medidas no financieras, como aquellas que se relacionan con la utilización de la capacidad y las medidas físicas del consumo de insumos, también proporcionan información de utilidad. Regresando una vez más al ejemplo de Webb, observamos que las medidas no financieras que los gerentes de Webb probablemente encontrarían de utilidad en la planeación y el control de sus costos indirectos incluyen lo siguiente:

1. La cantidad de materiales indirectos realmente usados por hora-máquina, en relación con la cantidad de materiales indirectos presupuestados utilizados por hora-máquina.

2. La energía realmente usada por hora-máquina, en relación con la energía presupuestada usada por hora-máquina.

3. Las horas-máquina reales por chamarra, en relación con las horas-máquina presupuestadas por chamarra.

Estas medidas del desempeño, al igual que las variaciones financieras que se expusieron en este capítulo y en el capítulo 7, se podrían describir como señales encaminadas a dirigir la atención de los gerentes hacia los problemas.

Estas medidas no financieras del desempeño quizá se reportarían en forma diaria o por hora en el área de producción. Las variaciones en los costos indirectos que expusimos en este capítulo captan los efectos financieros de aspectos similares a los tres factores que hemos señalado, los cuales, en muchos, casos aparecen primero como medidas no financieras del desempeño. Un ejemplo especialmente interesante en el contexto de estas líneas proviene de Japón, donde algunas compañías han introducido el análisis de variaciones del presupuesto-contra-reales, y los sistemas comerciales internos entre las unidades del grupo como una forma de disminuir sus emisiones de dióxido de carbono. La meta consiste en aumentar la conciencia de los empleados en cuanto a la reducción de emisiones, con miras a los costos futuros anticipados de los planes de reducción de los gases de efecto invernadero que está proyectando el nuevo gobierno japonés.

Finalmente, las medidas del desempeño, tanto financieras como no financieras, sirven para evaluar el desempeño de los gerentes. Una dependencia excesiva en cualquiera de ellas siempre es demasiado simplista porque cada una ofrece una perspectiva diferente sobre el desempeño. Las medidas no financieras (como las que se describieron anteriormente) proporcionan una retroalimentación sobre los aspectos individuales del desempeño de un gerente; mientras que las medidas financieras evalúan el efecto general de diferentes medidas del desempeño no financiero y los valores de equilibrio entre ellas. En los capítulos 13, 19 y 23 (los dos últimos disponibles en el sitio Web de este libro) brindamos una exposición más profunda de estos temas.

Punto de decisión

¿De qué manera son de utilidad las variaciones en los gastos indirectos en los ambientes que no son de manufactura?

Problema para autoestudio

Nina García es la nueva presidenta de Laser Products y está examinando los resultados de mayo de 2012 para la división de productos aeroespaciales. Esta división fabrica partes del ala para satélites. La preocupación actual de García es con los costos indirectos de manufactura en la división de productos aeroespaciales. Tanto los costos indirectos variables como los fijos se aplican a las partes del ala tomando como base las horas de corte con láser. Se dispone de la siguiente información presupuestada.

Tasa presupuestada de costos indirectos variables	$200 por hora
Tasa presupuestada de costos indirectos fijos	$240 por hora
Tiempo presupuestado de corte con láser por parte del ala	1.5 horas
Ventas y producción presupuestadas para mayo de 2012	5,000 partes del ala
Costos indirectos fijos presupuestados para mayo de 2012	$1,800,000

Los resultados reales para el mes de mayo de 2012 son como sigue:

Partes del ala producidas y vendidas	4,800 unidades
Horas de corte con láser usadas	8,400 horas
Costos indirectos variables	$1,478,400
Costos indirectos fijos	$1,832,200

Se requiere

1. Calcule la variación en gastos y la variación en eficiencia de los costos indirectos variables.
2. Calcule la variación en gastos y la variación en el volumen de producción para los costos indirectos fijos.
3. Dé dos explicaciones para cada una de las variaciones que se calcularon en los puntos 1 y 2.

Solución

1. y 2. Véase la ilustración 8-7.

3. *a*) Variación en los gastos indirectos variables, $201,600 F. Una posible razón para esta variación es que los precios reales de las partidas individuales incluidas en los costos indirectos variables (como los fluidos para los cortes) son menores que los precios presupuestados. Una segunda posible razón es que el aumento porcentual en el consumo real de las cantidades de las partidas individuales, en el grupo común de costos indirectos variables, es inferior al incremento porcentual en las horas de corte con láser, en comparación con el presupuesto flexible.

　b) La variación en la eficiencia de los costos indirectos variables, $240,000 D. Una posible razón para esta variación es un mantenimiento inadecuado de las máquinas láser, ocasionando con ello que requieran una mayor cantidad de tiempo de corte con láser por parte del ala. Una segunda razón posible es el uso de trabajadores sin motivación, sin experiencia o con

Ilustración 8-7 Presentación por columnas del análisis de variaciones integrado: Laser Products, mayo de 2012ª

PANEL A: Costos indirectos variables (manufactura)

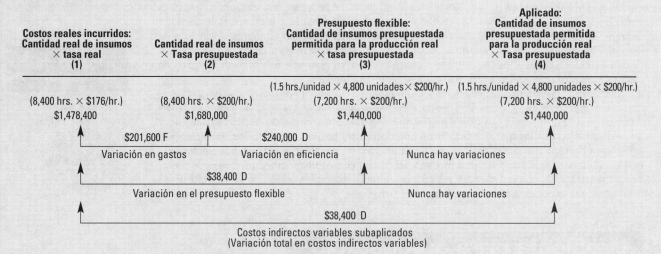

PANEL B: Costos indirectos fijos (manufactura)

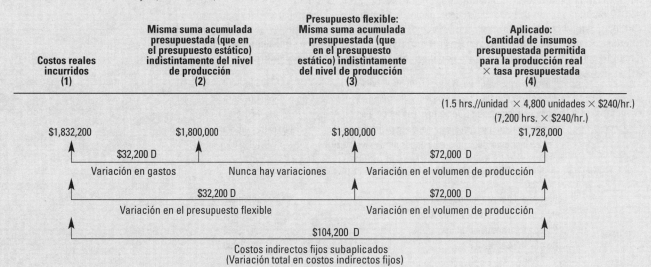

ªF = efecto favorable sobre la utilidad en operación; D = efecto desfavorable sobre la utilidad en operación.

Fuente: Strategic finance by Paul Sherman. Copyright 2003 by INSTITUTE OF MANAGEMENT ACCOUNTANTS. Reproducido con autorización del INSTITUTE OF MANAGEMENT ACCOUNTANTS en otro formato vía Copyright Clearance Center.

una capacitación insuficiente en las máquinas de corte con láser, lo cual da como resultado más tiempo de corte con láser en el ala.

c) Variación en el nivel de los costos indirectos fijos, $32,200 D. Una posible razón para esta variación es que los precios reales de las partidas individuales en el grupo de costos fijos aumentaron inesperadamente con respecto a los precios presupuestados (como un incremento inesperado en los costos por arrendamiento de las máquinas). Una segunda razón posible es una clasificación incorrecta de las partidas como fijas cuando de hecho son variables.

d) Variación en el volumen de producción, $72,000 D. La producción real de partes del ala es de 4,800 unidades, en comparación con las 5,000 unidades presupuestadas. Una razón posible para esta variación son los factores de la demanda, como una disminución en el programa aeroespacial que condujo a un declive en la demanda de partes para aviones. Una segunda posible razón son los factores de la oferta, como un paro en la producción debido a problemas laborales o a descomposturas de las máquinas.

Puntos de decisión

El siguiente formato de preguntas y respuestas resume los objetivos de aprendizaje del capítulo. Cada decisión presenta una pregunta clave relacionada con un objetivo de aprendizaje. Los lineamientos son la respuesta a esa pregunta.

Decisión	Lineamientos
1. ¿Cómo planean los gerentes los costos indirectos variables y los costos indirectos fijos?	La planeación de los costos indirectos, tanto fijos como variables, implica llevar a cabo únicamente aquellas actividades que agregan valor y posteriormente ser eficiente en esa tarea. La diferencia clave es que para la planeación de los costos variables, las decisiones continuas durante el periodo del presupuesto juegan un rol mucho más amplio; mientras que para la planeación de los costos fijos, la mayoría de las decisiones clave se toman antes del inicio del periodo.
2. ¿Cómo se calculan las tasas presupuestadas de costos indirectos variables y de costos indirectos fijos?	La tasa presupuestada de los costos indirectos variables (fijos) se calcula dividiendo los costos indirectos variables (fijos) presupuestados entre el nivel del denominador de la base de aplicación de los costos.
3. ¿Qué variaciones se pueden calcular para los costos indirectos variables?	Cuando se desarrolla el presupuesto flexible para los costos indirectos variables, se calcula una variación en la eficiencia de los costos indirectos y una variación en el nivel de los costos indirectos. La variación en la eficiencia de los costos indirectos variables se concentra en la diferencia entre la cantidad real de la base de aplicación de los costos, usada en relación con la cantidad presupuestada de esta misma base. La variación en el nivel de los costos indirectos variables se concentra en la diferencia entre el costo real indirecto variable por unidad de la base de aplicación del costo, en relación con el costo indirecto variable presupuestado por unidad de esta misma base.
4. ¿Qué variaciones se calculan para los costos indirectos fijos?	En los costos indirectos fijos, coinciden el presupuesto estático y el presupuesto flexible. La diferencia entre la cantidad presupuestada y la cantidad real de los costos indirectos fijos es la variación en el presupuesto flexible, también denominada como variación en gastos. La variación en el volumen de producción mide la diferencia entre los costos indirectos fijos presupuestados y los costos indirectos fijos aplicados, tomando como base la producción realmente obtenida.
5. ¿Cuál es la forma más detallada en que una compañía puede reconciliar los costos indirectos reales en que se incurre con el monto aplicado durante un periodo?	Un análisis de cuatro variaciones presenta las variaciones en gastos y en eficiencia para los costos indirectos variables, así como las variaciones en gastos y en el volumen de producción para los costos indirectos fijos. Al analizar estas cuatro variaciones en forma conjunta, los gerentes pueden reconciliar los costos indirectos reales con el monto de costos indirectos aplicados a la producción obtenida durante un periodo.
6. ¿Cuál es la relación entre la variación en el volumen en ventas y la variación en el volumen de producción?	La variación en el volumen de producción es un componente de la variación en ventas. Las variaciones en el volumen de producción y en el volumen de la utilidad en operación comprenden en forma conjunta la variación en el volumen de ventas.
7. ¿Cómo se utiliza el análisis de variaciones en un sistema de costeo basado en las actividades?	Los presupuestos flexibles en los sistemas ABC brindan un mejor entendimiento del porqué los costos reales de las actividades difieren de los costos presupuestados para esas mismas actividades. Al usar medidas de producción y de insumos para una actividad, se puede llevar a cabo un análisis de cuatro variaciones.
8. ¿De qué manera son de utilidad las variaciones en los costos indirectos en los ambientes que no son de manufactura?	Los gerentes consideran los análisis de variaciones de todos los costos indirectos variables, incluyendo aquellos que están fuera de la función de manufactura, al tomar decisiones de fijación de precios y de mezcla de productos, y cuando administran los costos. Las variaciones en los costos indirectos fijos son muy importantes en los ambientes de servicios, donde el uso efectivo de la capacidad es la clave de la rentabilidad. En todos los casos, la información que dan las variaciones puede complementarse utilizando métricas no financieras convenientes.

Términos contables

Este capítulo y el glosario que se presenta al final del libro contienen definiciones de los siguientes términos de importancia:

costeo estándar (**p. 264**)

nivel del denominador (**p. 266**)

nivel del denominador de producción (**p. 266**)

variación de los costos indirectos fijos del presupuesto flexible (**p. 271**)

variación del nivel del denominador (**p. 272**)

variación en eficiencia de los costos indirectos variables (**p. 267**)

variación en el nivel de los costos indirectos fijos (**p. 271**)

variación en el nivel de los costos indirectos variables (**p. 269**)

variación en el total de costos indirectos (**p. 278**)

variación en el volumen de la utilidad en operación (**p. 281**)

variación en el volumen de producción (**p. 272**)

variación en los costos indirectos variables del presupuesto flexible (**p. 267**)

Material para tareas

MyAccountingLab

Preguntas

8-1 ¿Cómo planean los gerentes los costos indirectos variables?

8-2 ¿Cómo difiere la planeación de los costos indirectos fijos de la planeación de los costos indirectos variables?

8-3 ¿Cómo difiere el costeo estándar del costeo real?

8-4 ¿Cuáles son los pasos que deben seguirse en el desarrollo de una tasa presupuestada de costos indirectos variables para la aplicación de los costos?

8-5 ¿Cuáles son los factores que afectan a la variación en el nivel de los costos indirectos variables de manufactura?

8-6 Suponga que los costos indirectos variables de manufactura se aplican usando horas-máquina. Mencione tres razones posibles para una variación favorable en la eficiencia de los costos indirectos variables.

8-7 Describa la diferencia entre una variación en la eficiencia de los materiales directos y una variación en la eficiencia de los costos indirectos variables de manufactura.

8-8 ¿Cuáles son los pasos que deben seguirse en el desarrollo de una tasa presupuestada de costos indirectos fijos?

8-9 ¿Por qué la variación en el presupuesto flexible es la misma cantidad que la variación en el nivel de los costos indirectos fijos de manufactura?

8-10 Explique la forma en que el análisis de los costos indirectos fijos de manufactura difiere para: *a*) la planeación y el control, y *b*) el costeo del inventario para la información financiera.

8-11 Mencione una salvedad que afectará el hecho de que una variación en el volumen de producción sea una buena medida del costo económico de la capacidad no usada.

8-12 "La variación en el volumen de producción siempre debería eliminarse contra el costo de los bienes vendidos." ¿Está usted de acuerdo? Explique su respuesta.

8-13 ¿Cuáles son las variaciones en un análisis de cuatro variaciones?

8-14 "Las variaciones en los costos indirectos deberían visualizarse como interdependientes, en vez de visualizarse como independientes." Señale un ejemplo.

8-15 Describa la manera en que el análisis de variaciones del presupuesto flexible se utiliza en el control de los costos de las áreas de actividad.

MyAccountingLab

Ejercicios

8-16 **Costos indirectos variables de manufactura, análisis de variaciones**. Esquire es un productor de trajes de diseñador. El costo de cada traje es la suma de tres costos variables (costos de materiales directos, costos de la mano de obra directa y costos indirectos de manufactura) y una categoría de costos fijos (costos indirectos de manufactura). Los costos indirectos variables de manufactura se aplican a cada traje tomando como base las horas de mano de obra directa presupuestadas por traje. Se ha presupuestado que para junio de 2012 cada traje requerirá cuatro horas de mano de obra. Los costos indirectos variables de manufactura presupuestados por hora de mano de obra son de $12. El número presupuestado de trajes que se deberán fabricar en junio de 2012 es de 1,040.

Los costos variables reales de manufactura en junio de 2012 fueron de $52,164 para 1,080 trajes que se empezaron y se terminaron. No había inventarios iniciales ni finales de trajes. Las horas reales de la mano de obra directa para junio fueron de 4,536.

Se requiere
1. Calcule la variación en el presupuesto flexible, la variación en gastos y la variación en eficiencia, para los costos indirectos variables de manufactura.
2. Comente los resultados.

8-17 **Costos indirectos fijos de manufactura, análisis de variaciones (continuación del 8-16)**. Esquire aplica los costos indirectos fijos de manufactura a cada traje usando las horas de mano de obra directa presupuestadas por traje. Los datos pertenecientes a los costos indirectos fijos de manufactura para junio de 2012 son: cifras presupuestadas, $62,400, y cifras reales, $63,916.

Se requiere
1. Calcule la variación en el nivel de los costos indirectos fijos de manufactura. Comente los resultados.
2. Calcule la variación en el nivel de producción para junio de 2012. ¿Qué inferencias puede extraer Esquire de esta variación?

8-18 Análisis de la variación en los costos indirectos de manufactura variables. La compañía French Bread elabora baguettes para distribuirlos entre tiendas de abarrotes de prestigio. La compañía tiene dos categorías de costos directos: materiales directos y mano de obra directa. Los costos indirectos variables de manufactura se aplican a los productos tomando como base las horas estándar de mano de obra directa. A continuación se presentan algunos datos presupuestados para French Bread:

Uso de la mano de obra directa	0.02 horas por baguette
Costos indirectos variables de manufactura	$10.00 por hora de mano de obra directa

French Bread proporciona los siguientes datos adicionales para el año que terminó el 31 de diciembre de 2012:

Resultados planeados (presupuestados)	3,200,000 baguettes
Producción real	2,800,000 baguettes
Mano de obra directa	50,400 horas
Costos indirectos variables de manufactura reales	$680,400

Se requiere

1. ¿Cuál es el nivel del denominador usado para la aplicación de los costos indirectos variables de manufactura? Es decir, ¿cuántas horas de mano de obra directa presupuesta French Bread?
2. Prepare un análisis de variaciones para los costos indirectos variables de manufactura. Use la ilustración 8-4 (p. 277) como referencia.
3. Exponga las variaciones que haya calculado y dé las explicaciones posibles para ellas.

8-19 Análisis de variaciones de los costos indirectos fijos de manufactura (continuación del 8-18). La compañía French Bread también aplica los costos indirectos fijos de manufactura a los productos, tomando como base las horas estándar de la mano de obra directa. Para 2012, los costos indirectos fijos de manufactura se presupuestaron a razón de $4.00 por hora de mano de obra directa. Los costos indirectos fijos de manufactura reales en que se incurrió durante el año fueron de $272,000.

Se requiere

1. Prepare un análisis de variaciones de los costos indirectos fijos de manufactura. Use la ilustración 8-4 (p. 277) como guía.
2. ¿Los costos indirectos fijos están subaplicados o sobreaplicados? ¿En qué cantidad?
3. Comente sus resultados. Exponga las variaciones y explique qué podría estar impulsándolas.

8-20 Costos indirectos de manufactura, análisis de variaciones. La corporación Solutions es un fabricante de centrifugadores. Los costos indirectos fijos y variables de manufactura se aplican a cada centrifugador usando las horas presupuestadas para el ensamblado. El tiempo presupuestado para el ensamblado es de dos horas por unidad. El siguiente cuadro muestra las cantidades presupuestadas y los resultados reales relacionados con los costos indirectos para junio de 2012.

	A B C D E	Resultados reales	Presupuesto estático
1	Corporación Solutions (junio de 2012)	Resultados reales	Presupuesto estático
2	Número de centrifugadores ensamblados y vendidos	216	200
3	Horas de tiempo de ensamblado	411	
4	Costo indirecto variable de manufactura por hora de tiempo de ensamblado		$30.00
5	Costos indirectos variables de manufactura	$12,741	
6	Costos indirectos fijos de manufactura	$20,550	$19,200

1. Prepare un análisis de todas las variaciones de los costos indirectos variables de manufactura y de los costos indirectos fijos de manufactura, usando el enfoque por columnas de la ilustración 8-4 (p. 277).
2. Prepare asientos de diario para los costos indirectos fijos y variables de manufactura y las variaciones; elimine estas variaciones contra el costo de los bienes vendidos para el trimestre que terminó el 30 de junio de 2012.
3. ¿Cómo difieren la planeación y el control de los costos indirectos variables de manufactura de la planeación y el control de los costos indirectos fijos de manufactura?

8-21 Análisis de cuatro variaciones, llene los espacios en blanco. Rozema, Inc., elabora sustancias químicas para compañías grandes de biotecnología. Tiene los siguientes datos para los costos indirectos de manufactura durante el mes de agosto de 2013:

	Variables	Fijos
Costos reales incurridos	$31,000	$18,000
Costos aplicados a los productos	33,000	14,600
Presupuesto flexible	——	13,400
Insumos reales × tasa presupuestada	30,800	——

Use F para favorable y D para desfavorable.

	Variable	Fijo
(1) Variación en gastos	$_____	$_____
(2) Variación en eficiencia	_____	_____
(3) Variación en el volumen de producción	_____	_____
(4) Variación en el presupuesto flexible	_____	_____
(5) Gastos indirectos de manufactura subaplicados (sobreaplicados)	_____	_____

8-22   Análisis sencillo de cuatro variaciones para los costos indirectos. La compañía López usa un costeo estándar en su planta de manufactura para partes de automóviles. El costo estándar de una parte particular de un automóvil, con base en un nivel del denominador de 4,000 unidades de producción anuales, incluyó 6 horas-máquina de costos indirectos variables de manufactura a $8 por hora, así como 6 horas-máquina de costos indirectos fijos de manufactura a $15 por hora. La producción real fue de 4,400 unidades. Los costos indirectos variables de manufactura en que se incurrió fueron de $245,000. Los costos indirectos fijos de manufactura en que se incurrió fueron de $373,000. Las horas-máquinas reales fueron 28,400.

Se requiere

1. Prepare un análisis de todas las variaciones de los costos indirectos variables de manufactura y de los costos indirectos fijos de manufactura, usando el análisis de cuatro variaciones de la ilustración 8-4 (p. 277).
2. Prepare asientos de diario usando el análisis de cuatro variaciones.
3. Describa la manera en que las partidas individuales de los costos indirectos fijos de manufactura se controlan día con día.
4. Explique las causas posibles de las variaciones en los costos indirectos fijos de manufactura.

8-23   Cobertura sencilla de los costos indirectos de manufactura, sistema de costeo estándar. La división de Singapur de una compañía canadiense de telecomunicaciones usa un costeo estándar para la producción de equipos telefónicos con base en máquinas. Los datos relacionados con la producción durante junio son como sigue:

Costos indirectos variables de manufactura incurridos	$618,840
Tasa de costos indirectos variables de manufactura	$8 por hora-máquina estándar
Costos indirectos fijos de manufactura incurridos	$145,790
Costos indirectos fijos de manufactura presupuestados	$144,000
Nivel del denominador en horas-máquina	72,000
Horas-máquina estándar permitidas por unidad producida	1.2
Unidades producidas	65,500
Horas-máquina reales usadas	76,400
Inventario final de productos en proceso	0

Se requiere

1. Prepare un análisis de todas las variaciones de los costos indirectos de manufactura. Use el marco de referencia del análisis de cuatro variaciones de la ilustración 8-4 (p. 277).
2. Prepare asientos de diario para los costos indirectos de manufactura y sus variaciones.
3. Describa la manera en que las partidas individuales de los costos indirectos variables de manufactura se controlan día con día.
4. Exponga las causas posibles de las variaciones en los costos indirectos variables de manufactura.

8-24   Variaciones en gastos indirectos, sector de servicios. Meals on Wheels (MOW) opera un servicio de entrega de alimentos a domicilio. Tiene contratos con 20 restaurantes para recoger y entregar alimentos a los clientes que hacen sus pedidos a MOW por fax o por teléfono. MOW aplica los costos indirectos variables y fijos tomando como base el tiempo de la entrega. El propietario de MOW, Josh Carter, obtiene la siguiente información para los costos indirectos de mayo de 2012:

	A	B Resultados reales	C Presupuesto estático
1	**Meals on Wheels (mayo de 2012)**		
2	Unidades producidas (número de entregas)	8,800	10,000
3	Horas por entrega		0.70
4	Horas del tiempo de entrega	5,720	
5	Costo indirecto variable por hora de tiempo de entrega		$1.50
6	Costos indirectos variables	$10,296	
7	Costos indirectos fijos	$38,600	$35,000

1. Calcule las variaciones en gastos y en la eficiencia para los costos indirectos variables de MOW en mayo de 2012. **Se requiere**
2. Calcule la variación en eficiencia y la variación en el volumen de producción, para los costos indirectos fijos de MOW en mayo de 2012.
3. Comente las variaciones en los costos indirectos de MOW e indique la manera en que Josh Carter podría administrar los costos indirectos variables de una manera distinta a sus costos indirectos fijos.

8-25 Costos indirectos totales, análisis de tres variaciones. Furniture, Inc., se especializa en la producción de futones (camas plegadizas). Usa un sistema de costeo estándar y de presupuestos flexibles para contabilizar la producción de una nueva línea de futones. Para 2011, los costos indirectos variables presupuestados a un nivel de 3,600 horas estándar de mano de obra directa mensuales fueron de $43,200; los costos indirectos presupuestados totales a 4,000 horas estándar de mano de obra directa mensual fueron de $103,400. El costo estándar aplicado a cada unidad producida incluía una tasa total de costos indirectos de 120% de los costos de la mano de obra directa estándar. Para octubre, Furniture, Inc., incurrió en costos indirectos totales de $120,700 y en costos de mano de obra directa de $128,512. La variación en el precio de la mano de obra directa fue desfavorable en $512. La variación del presupuesto flexible de la mano de obra directa fue desfavorable en $3,512. El precio estándar de la mano de obra fue de $25 por hora. La variación en el volumen de producción fue favorable en $34,600.

1. Calcule la variación en la eficiencia de la mano de obra directa, así como las variaciones en gastos y eficiencia para los costos indirectos. **Se requiere**
2. Describa la manera en que las partidas individuales de los costos indirectos variables se controlan día con día. Asimismo, describa la manera en que se controlan los costos indirectos fijos individuales.

8-26 Variaciones en costos indirectos, falta de información. Dvent ha presupuestado 18,000 horas-máquina para la producción de circuitos de computadora en agosto de 2011. La tasa presupuestada de costos indirectos variables es de $6 por hora-máquina. A finales de agosto, existe una variación favorable en gastos de $375 para los costos indirectos variables, y una variación desfavorable en gastos de $1,575 para los costos indirectos fijos. Para los circuitos de computadora fabricados, se han presupuestado 14,850 horas-máquina y en realidad se utilizaron 15,000 horas-máquina. El total de costos indirectos reales es de $120,000.

1. Calcule las variaciones en eficiencia y en el presupuesto flexible para los costos indirectos variables de Dvent en agosto de 2011. ¿Estarán los costos indirectos variables sobreaplicados o subaplicados? ¿En qué cantidad? **Se requiere**
2. Calcule las variaciones en el volumen de producción y en el presupuesto flexible para los costos indirectos fijos de Dvent en agosto de 2011. ¿Estarán los costos indirectos fijos sobreaplicados o subaplicados? ¿En qué cantidad?

8-27 Identificación de variaciones favorables y desfavorables. Purdue, Inc., fabrica neumáticos para compañías de automóviles grandes. Usa un sistema de costeo estándar y aplica los costos indirectos de manufactura fijos y variables tomando como base las horas-máquina. Para cada escenario independiente señalado, indique si cada una de las variaciones en manufactura será favorable o desfavorable o, en caso de tener información insuficiente, indique "NPD" (no se puede determinar).

Escenario	Variación en el nivel de los costos indirectos variables	Variación en la eficiencia de los costos indirectos variables	Variación en el nivel de los costos indirectos fijos	Variación en los costos indirectos fijos del volumen de producción
La producción final es 4% menor que lo presupuestado, y los costos indirectos fijos de manufactura reales son 5% más altos que lo presupuestado.				
La producción final es 12% inferior a lo presupuestado; las horas-máquina reales son 7% más altas que lo presupuestado.				
La producción final es 9% mayor que lo presupuestado.				
Las horas-máquina reales son 20% menores que las horas-máquina del presupuesto flexible.				
En relación con el presupuesto flexible, las horas-máquina reales son 12% menores, y los costos indirectos variables reales de manufactura son 20% más grandes.				

8-28   Variaciones en el presupuesto flexible, repaso de los capítulos 7 y 8. David James es un contador de costos y un analista de negocios de la compañía Doorknob Design (DD), la cual fabrica lujosas perillas de metal para puertas. DD usa dos categorías de costos directos: materiales directos y mano de obra directa. James considera que los costos indirectos de manufactura están más estrechamente relacionados con el consumo de los materiales. Por consiguiente, DD aplica los costos indirectos de manufactura a producción tomando como base las libras de materiales utilizados.

Al inicio de 2012, DD presupuestó una producción anual de 400,000 perillas y adoptó los siguientes estándares para cada una:

	Insumo	Costo/perilla
Materiales directos (metal)	0.3 lb. @ $10/lb.	$ 3.00
Mano de obra directa	1.2 horas @ $20/hora	24.00
Costos indirectos de manufactura:		
Variables	$6/lb. × 0.3 lb.	1.80
Fijos	$15/lb. × 0.3 lb.	4.50
Costo estándar por perilla		$33.30

Los resultados reales para abril de 2012 fueron como sigue:

Producción	35,000 perillas
Materiales directos comprados	12,000 lb. a $11/lb.
Materiales directos usados	10,450 lb.
Mano de obra directa	38,500 horas para $808,500
Costos indirectos variables de manufactura	$64,150
Costos indirectos fijos de manufactura	$152,000

 Se requiere

1. Para el mes de abril, calcule las siguientes variaciones, indicando si cada una de ellas es favorable (F) o desfavorable (D):
   a) Variación en el precio de los materiales directos (con base en las compras).
   b) Variación en la eficiencia de los materiales directos.
   c) Variación en el precio de la mano de obra directa.
   d) Variación en la eficiencia de la mano de obra directa.
   e) Variación en el nivel de los costos indirectos variables de manufactura.
   f) Variación en la eficiencia de los costos indirectos variables de manufactura.
   g) Variación en el volumen de producción.
   h) Variación en el nivel de los costos indirectos fijos de manufactura.
2. ¿Puede James usar alguna de las variaciones para ayudar a explicar cualesquiera otras variaciones? Mencione ejemplos.

MyAccountingLab ▐

Problemas

8-29   Análisis de variaciones de amplio alcance. Cocinas Whiz fabrica procesadores de alimentos de alta calidad. A continuación se presentan algunos datos de costos indirectos de manufactura en Cocinas Whiz, para el año que terminó el 31 de diciembre de 2012:

Costos indirectos de manufactura	Resultados reales	Presupuesto flexible	Monto aplicado
Variables	$ 76,608	$ 76,800	$ 76,800
Fijos	350,208	348,096	376,320

Número presupuestado de unidades producidas: 888.

Tasa de aplicación planeada: 2 horas-máquina por unidad.

Número real de horas-máquina usadas: 1,824.

Costos indirectos variables de manufactura del presupuesto estático: $71,040.

Se requiere Calcule las siguientes cantidades (usted debería hacerlo en el orden prescrito):

1. Numero presupuestado de horas-máquina planeadas.
2. Costos indirectos fijos de manufactura presupuestados por hora-máquina.
3. Costos indirectos variables de manufactura presupuestados por hora-máquina.
4. Número de horas-máquina presupuestadas permitidas para la producción realmente obtenida.
5. Número real de unidades producidas.
6. Número real de horas-máquina usadas por unidad producida.

8-30 **Asientos de diario (continuación del 8-29).**

1. Prepare asientos de diario para los costos indirectos variables y fijos de manufactura (usted necesitará calcular diversas variaciones para realizar esto). `Se requiere`

2. Las variaciones de los gastos indirectos se eliminan contra la cuenta del costo de los bienes vendidos (CBV) al final del año fiscal. Muestre la forma en que el CBV se ajusta a través de asientos de diario.

8-31 **Gráficas y variaciones en costos indirectos.** Best Around, Inc., es un fabricante de aspiradoras y usa un sistema de costeo estándar. Los costos indirectos de manufactura (tanto variables como fijos) se aplican a los productos tomando como base las horas-máquina presupuestadas. En 2012 los costos indirectos fijos de manufactura presupuestados fueron de $17,000,000. Los costos indirectos variables de manufactura presupuestados fueron de $10 por hora-máquina. El nivel del denominador fue de 1,000,000 de horas-máquina.

1. Prepare una gráfica para los costos indirectos fijos de manufactura. La gráfica debería mostrar la manera en que los costos indirectos fijos de manufactura de Best Around, Inc., se representarán para fines de *a*) la planeación y el control, y *b*) el costeo del inventario. `Se requiere`

2. Suponga que se permitieran 1,125,000 horas-máquina para la producción real obtenida en 2012, pero que se usaran 1,150,000 horas-máquina reales. Los costos indirectos reales de manufactura fueron de $12,075,000, variables, y de $17,100,000, fijos. Calcule: *a*) las variaciones en el nivel de los costos indirectos variables de manufactura y las variaciones en eficiencia, así como *b*) las variaciones en el nivel de los costos indirectos fijos de manufactura y las variaciones en el volumen de producción. Use la presentación por columnas que se usó en la ilustración 8-4 (p. 277).

3. ¿Cuál es el monto de los costos indirectos variables de manufactura subaplicados o sobreaplicados, y cuál es la cantidad subaplicada o sobreaplicada de los costos indirectos fijos de manufactura? ¿Por qué la variación en el presupuesto flexible y el monto de los costos indirectos subaplicados o sobreaplicados es siempre la misma para los costos indirectos variables de manufactura, pero rara vez es la misma para los costos indirectos fijos de manufactura?

4. Suponga que el nivel del denominador fuera de 1,360,000 en vez de 1,000,000 horas-máquina. ¿Qué variaciones del punto 2 se verían afectadas? Vuelva a calcularlas.

8-32 **Análisis de cuatro variaciones, encuentre las incógnitas.** Considere las siguientes dos situaciones —casos A y B— de manera independiente. Los datos se refieren a las operaciones de abril de 2012. En cada situación, suponga un costeo estándar. Suponga también que el uso de un presupuesto flexible para el control de los costos indirectos variables y fijos de manufactura, tomando como base las horas-máquina.

		Casos	
		A	**B**
(1)	Costos indirectos fijos de manufactura incurridos	$ 84,920	$23,180
(2)	Costos indirectos variables de manufactura incurridos	$120,000	—
(3)	Nivel del denominador en las horas-máquina	—	1,000
(4)	Horas-máquina estándar permitidas para la producción real	6,200	—
(5)	Costos indirectos fijos de manufactura (por hora-máquina estándar)	—	—
Datos del presupuesto flexible:			
(6)	Costos indirectos variables de manufactura (por hora-máquina estándar)	—	$ 42.00
(7)	Costos indirectos fijos de manufactura presupuestados	$ 88,200	$20,000
(8)	Costos indirectos variables de manufactura presupuestados [a]	—	—
(9)	Total costos indirectos de manufactura presupuestados [a]	—	—
Datos adicionales:			
(10)	Costos estándar indirectos variables de manufactura aplicados	$124,000	—
(11)	Costos estándar indirectos fijos de manufactura aplicados	$ 86,800	—
(12)	Variación en el volumen de producción	—	$ 4,000 F
(13)	Variación en el nivel de los costos indirectos variables de manufactura	$ 4,600 F	$ 2,282 F
(14)	Variación en la eficiencia de los costos indirectos variables de manufactura	—	$ 2,478 F
(15)	Variación en el nivel de los costos indirectos fijos de manufactura	—	—
(16)	Horas-máquina realmente usadas	—	—

[a] Para las horas-máquina estándar permitidas para la producción realmente obtenida.

Llene los espacios en blanco en cada caso. (Sugerencia: Prepare una hoja de trabajo similar a la ilustración 8-4 [página 277]. Llene los espacios conocidos y encuentre las incógnitas.) `Se requiere`

8-33 **Presupuestos flexibles, análisis de cuatro variaciones.** (Adaptado de CMA.) Productos Norton usa un sistema de costeo estándar. Aplica los costos indirectos de manufactura (tanto variables como fijos) a los productos, tomando como base las horas estándar de mano de obra directa (HMOD). Norton desarrolla su tasa de costos indirectos de manufactura a partir del presupuesto anual vigente. El presupuesto de los costos indirectos de manufactura para 2012 se basa en una producción presupuestada de 720,000 unidades, las cuales requieren 3,600,000 HMOD. La compañía tiene la capacidad de programar la producción de manera uniforme a lo largo de todo el año.

En mayo de 2012 se produjeron un total de 66,000 unidades, las cuales requirieron de 315,000 HMOD. Los costos indirectos de manufactura (CIM) en los que se incurrió en mayo fueron de $375,000. Los costos reales, comparados con el presupuesto anual y con la doceava parte del presupuesto anual, son:

Presupuesto anual de costos indirectos de manufactura, 2012

	Monto total	Por unidad producida	Por unidad de insumos de HMOD	Presupuesto mensual de CIM, mayo de 2012	Costos reales de CIM para mayo de 2012
CIM variables					
Mano de obra indirecta	$ 900,000	$1.25	$0.25	$ 75,000	$ 75,000
Suministros	1,224,000	1.70	0.34	102,000	111,000
CIM fijos					
Supervisión	648,000	0.90	0.18	54,000	51,000
Servicios generales	540,000	0.75	0.15	45,000	54,000
Depreciación	1,008,000	1.40	0.28	84,000	84,000
Total	$4,320,000	$6.00	$1.20	$360,000	$375,000

Se requiere Calcule las siguientes cantidades de Productos Norton para mayo de 2012:

1. Costos indirectos totales de manufactura aplicados.
2. Variación en el nivel de los costos indirectos variables de manufactura.
3. Variación en el nivel de los costos indirectos fijos de manufactura.
4. Variación en la eficiencia de los costos indirectos variables de manufactura.
5. Variación en el volumen de producción.

Asegúrese de identificar cada variación como favorable (F) o desfavorable (D).

8-34   Variaciones en la mano de obra directa y en los costos indirectos variables de manufactura. La empresa Art Supply de Sarah Beth elabora varios tipos de pinturas. Las horas de la mano de obra directa reales en la fábrica que produce la pintura han sido mayores que las horas presupuestadas durante los últimos meses, y la propietaria, Sarah B. Jones, está preocupada por el efecto que esto ha tenido sobre los costos excesivos de la compañía. Ya que los costos indirectos variables de manufactura se aplican a las unidades producidas usando las horas de la mano de obra directa, Sarah considera que la mala administración de la mano de obra tendrá un doble efecto sobre la rentabilidad de la compañía. A continuación se presentan los resultados presupuestados y reales relevantes para el segundo trimestre de 2011.

	Información del presupuesto	Resultados reales
Producción de conjuntos de pintura	25,000	29,000
Hora de mano de obra directa por conjunto de pintura	2 horas	2.3 horas
Tasa de mano de obra directa	$10/hora	$10.40/hora
Tasa de los costos indirectos variables de manufactura	$20/hora	$18.95/hora

Se requiere
1. Calcule las variaciones en el precio de la mano de obra directa y en la eficiencia, e indique si cada una de ellas es favorable (F) o desfavorable (D).
2. Calcule las variaciones en la eficiencia y en el nivel de los costos indirectos variables de manufactura, e indique si cada una de ellas es favorable (F) o desfavorable (D).
3. Tanto para los costos de la mano de obra directa como para los costos indirectos variables de manufactura, ¿ayudan las variaciones en precio/gasto a Sarah a explicar las variaciones en eficiencia?
4. ¿Tendrá Sarah la razón en su afirmación de que la mala administración de la mano de obra tiene un doble efecto sobre el exceso en los costos? ¿Por qué la variación en la eficiencia de los costos indirectos variables de manufactura quizá no sea una representación exacta del efecto de los excesos en la mano de obra sobre los costos indirectos variables de manufactura?

8-35   Costeo basado en las actividades, análisis de variaciones a nivel de lote. Pointe's Fleeet Feet, Inc., fabrica zapatos de baile para tiendas de todo el mundo. Aunque los pares de zapatos se colocan en cajas individuales, también se colocan en cajones de embalaje y se embarcan en lotes. El departamento de embarque registra tanto los costos directos variables a nivel de lote, como los costos indirectos fijos a nivel de lote. La siguiente información se relaciona con los costos del departamento de embarques para 2011.

	Montos del presupuesto estático	Resultados reales
Pares de zapatos embarcados	250,000	175,000
Número promedio de pares de zapatos por cajón de embalaje	10	8
Horas de empaque por cajón de embalaje	1.1 horas	0.9 horas
Costo directo variable por hora	$22	$24
Costos indirectos fijos	$55,000	$52,500

1. ¿Cuál es el número de cajones de embalaje del presupuesto estático para 2011?
2. ¿Cuál es el número de cajones de embalaje del presupuesto flexible para 2011?
3. ¿Cuál es el número real de cajones de embalaje embarcados en 2011?
4. Suponiendo que los costos indirectos fijos se aplican usando las horas para el empaque de los cajones de embalaje, ¿cuál es la tasa predeterminada de aplicación de los costos indirectos fijos?
5. Para los costos variables directos a nivel de lote, calcule las variaciones en precio y en eficiencia.
6. Para los costos indirectos fijos, calcule las variaciones en el nivel de gastos y en el nivel de volumen de producción.

8-36 **Costeo basado en las actividades, análisis de variaciones a nivel de lote.** La compañía Jo Nathan Publishing se especializa en la fijación de precios para libros de texto especializados en un mercado universitario pequeño pero rentable. Debido a los altos costos por las configuraciones de las máquinas para cada lote de impresión, Jo Nathan mantiene las requisiciones de libros hasta que la demanda de un libro es aproximadamente de 500. En ese punto, Jo Nathan programará las configuraciones de las máquinas y la producción del libro. Para las órdenes urgentes, Jo Nathan producirá lotes más pequeños por un cargo adicional de $400 por cada configuración de las máquinas.

Los costos presupuestados y reales para el proceso de impresión de 2012 fueron:

	Montos del presupuesto estático	Resultados reales
Número de libros producidos	300,000	324,000
Número promedio de libros por configuración de máquina	500	480
Horas necesarias para la configuración de las impresoras	8 horas	8.2 horas
Costo directo variable por hora de configuración de máquinas	$40	$39
Total de costos indirectos fijos para la configuración de las máquinas	$105,600	$119,000

1. ¿Cuál es el número de configuraciones de máquinas del presupuesto estático para 2012?
2. ¿Cuál es el número de configuraciones de máquinas del presupuesto flexible para 2012?
3. ¿Cuál es el número real de configuraciones de máquinas en 2012?
4. Suponiendo que los costos indirectos fijos de las configuraciones de las máquinas se aplican usando las horas de configuración, ¿cuál es la tasa predeterminada de aplicación de los costos indirectos fijos de las configuraciones de las máquinas?
5. ¿El cobro de Jo Nathan por $400 cubre el costo variable directo presupuestado de una orden? ¿Y el costo total presupuestado?
6. Para los costos variables directos de configuración de las máquinas, calcule las variaciones en precio y en eficiencia.
7. Para los costos indirectos fijos de la configuración de las máquinas, calcule las variaciones en gastos y en el volumen de producción.
8. ¿Qué factores cualitativos debería considerar Jo Nathan antes de aceptar o rechazar una orden especial?

8-37 **Análisis de la variación en el volumen de producción y variación en el volumen de ventas.** Dawn Floral Creations, Inc., fabrica joyería con forma de flores. Cada pieza se elabora a mano y requiere un promedio de 1.5 horas para producirse debido al diseño y a las volutas intrincadas. Dawn usa las horas de mano de obra directa para aplicar los costos indirectos a la producción. Los costos indirectos fijos, incluyendo la renta, la depreciación, los salarios de los supervisores y otros gastos de producción, se han presupuestado a $9,000 por mes. Se incurre en estos costos en una planta lo suficientemente grande como para producir 1,000 piezas de joyería mensuales.

Durante el mes de febrero, Dawn fabricó 600 piezas de joyería y los costos fijos reales fueron de $9,200.

1. Calcule la variación en el nivel de los costos indirectos fijos, e indique si es favorable (F) o desfavorable (D).
2. Si Dawn usa las horas de mano de obra directa disponibles a la máxima capacidad para calcular la tasa presupuestada de costos indirectos fijos, ¿cuál es la variación en el volumen de producción? Indique si es favorable (F) o desfavorable (D).
3. Una variación desfavorable en el volumen de producción es una medida de la subaplicación de los costos indirectos fijos ocasionados por los niveles de producción inferiores a la capacidad máxima. Por lo tanto, se podría interpretar como el costo económico de la capacidad no usada. ¿Por qué podría estar dispuesta Dawn a incurrir en dichos costos? Su respuesta debería considerar en forma separada los dos siguientes factores no relacionados:
   a) La demanda podría variar de un mes a otro, mientras que la capacidad disponible permanece constante.
   b) Dawn no estaría interesada en producir a toda la capacidad, a menos de que pudiera vender todas las unidades producidas. ¿Qué necesita hacer Dawn para aumentar la demanda y qué efecto tendría esto sobre las utilidades?
4. El costo presupuestado variable de Dawn por unidad es de $25 y espera vender su joyería a $55 por pieza. Calcule la variación en el volumen de ventas, y reconcíliela con la variación en el volumen de producción que se calculó en el punto 2. ¿Qué mide cada concepto?

8-38 **Repaso amplio de los capítulos 7 y 8, forma de trabajar hacia atrás a partir de variaciones dadas.** La compañía Mancusco usa un presupuesto flexible y un sistema de costos estándar para facilitar la planeación y el control de sus operaciones mecánicas de manufactura. Su sistema de costeo para la manufactura tiene dos categorías de costos directos (materiales directos y mano de obra directa —ambas variables), así como dos categorías de costos indirectos (costos indirectos variables de manufactura y costos indirectos fijos de manufactura, y ambos se aplican usando las horas de la mano de obra directa).

Al nivel presupuestado de 40,000 horas de mano de obra directa para agosto, la mano de obra directa presupuestada es de $800,000, los costos indirectos de manufactura variables presupuestados son de $480,000 y los costos indirectos fijos de manufactura presupuestados son de $640,000.

Los siguientes resultados reales son para agosto:

Variación en el precio de los materiales directos (con base en las compras)	$176,000 F
Variación en la eficiencia de los materiales directos	69,000 D
Costos de la mano de obra directa incurridos	522,750
Variación en los costos indirectos de manufactura variables del presupuesto flexible	10,350 D
Variación en la eficiencia de los costos indirectos de manufactura variables	18,000 D
Costos fijos de manufactura incurridos	597,460
Variación en el nivel de los costos indirectos fijos de manufactura	42,540 F

El costo estándar por libra de materiales directos es de $11.50. La provisión estándar es de tres libras de materiales directos por cada unidad de producto. Durante agosto, se elaboraron 30,000 unidades de productos. No había inventario inicial de materiales directos. No había inventario inicial ni final de productos en proceso. En agosto, la variación en el precio de los materiales directos fue de $1.10 por libra.

En julio, un conflicto laboral ocasionó una disminución importante en el ritmo de la producción, dando como resultado una variación desfavorable en la eficiencia de la mano de obra directa por $45,000. No hubo variación en el precio de la mano de obra directa. El conflicto laboral persistió hasta agosto. Algunos trabajadores renunciaron. Los trabajadores de reemplazo tuvieron que ser contratados con tasas salariales más altas, y ello tuvo que ampliarse a todos los trabajadores. La tasa salarial promedio real en agosto excedió la tasa salarial promedio estándar en $0.50 por hora.

Se requiere

1. Calcule lo siguiente para el mes de agosto:
   a) Libras totales de materiales directos comprados.
   b) Número total de libras en exceso de los materiales directos usados.
   c) Variación en el nivel de los costos indirectos variables de manufactura.
   d) Número total de horas reales de mano de obra directa usadas.
   e) Número total de horas estándar de mano de obra directa permitidas para las unidades producidas.
   f) Variación en el volumen de producción.
2. Describa la manera en que las partidas del control de los costos indirectos variables de manufactura de Mancusco difieren de su control de las partidas de los costos indirectos fijos de manufactura.

8-39 Repaso de los capítulo 7 y 8, análisis de tres variaciones. (Adaptado de CPA.) El sistema de costeo de la compañía Beal Manufacturing tiene dos categorías de costos directos: materiales directos y mano de obra directa. Los costos indirectos de manufactura (tanto variables como fijos) se aplican a los productos tomando como base las horas estándar de la mano de obra directa (HMOD). A principios de 2012, Beal adoptó los siguientes estándares para sus costos de manufactura:

	Insumo	Costo por unidad producida
Materiales directos	3 lb. a $5 por lb.	$ 15.00
Mano de obra directa	5 hrs. a $15 por hr.	75.00
Costos indirectos de manufactura:		
Variables	$6 por HMD	30.00
Fijos	$8 por HMD	40.00
Costo estándar de manufactura por unidad producida		$160.00

El nivel del denominador para el total de los costos indirectos de manufactura por mes en 2012 es de 40,000 horas de mano de obra directa. El presupuesto flexible de Beal para enero de 2012 se basó en este nivel del denominador. Los registros de enero indicaron lo siguiente:

Materiales directos comprados	25,000 lb. a $5.20 por lb.
Materiales directos usados	23,100 lb.
Mano de obra directa	40,100 hrs. a $14.60 por hr.
Total de costos indirectos reales de manufactura (variables y fijos)	$600,000
Producción real	7800 unidades producidas

Se requiere

1. Prepare un reporte de los costos estándar totales de manufactura para las 7,800 unidades producidas en enero de 2012.
2. Para el mes de enero de 2012, calcule las siguientes variaciones, e indique si cada una de ellas es favorable (F) o desfavorable (D):
   a) Variación en el precio de los materiales directos, con base en las compras.
   b) Variación en la eficiencia de los materiales directos.
   c) Variación en el precio de la mano de obra directa.
   d) Variación en la eficiencia de la mano de obra directa.
   e) Variación en el nivel total de los costos indirectos de manufactura.
   f) Variación en la eficiencia de los costos indirectos variables de manufactura.
   g) Variación en el volumen de producción.

8-40 Variaciones no financieras. Supreme Canine Products elabora alimentos de alta calidad para mascotas caninas, los cuales se distribuyen únicamente a través de los consultorios veterinarios. Para asegurarse de que los alimentos sean de la calidad más alta y de que tengan un sabor atractivo, Supreme tiene un proceso de inspección muy riguroso. Para fines de control de calidad, Supreme tiene un estándar que se basa en las libras de alimento inspeccionadas por hora, así como en el número de libras que aprueban o reprueban la inspección.

Supreme espera que por cada 15,000 libras de alimentos producidos, se inspeccionen 1,500 libras. La inspección de 1,500 libras de alimento canino debería tomar una hora. Supreme también espera que el 6% de los alimentos inspeccionados reprueben la inspección. Durante el mes de mayo, Supreme elaboró 3,000,000 de libras de alimentos e inspeccionó 277,500 libras de alimentos en 215 horas. De las 277,500 libras de alimentos inspeccionadas, 15,650 libras no pasaron la inspección.

Se requiere

1. Calcule dos variaciones que ayuden a determinar si el tiempo utilizado en las inspecciones fue mayor o menor que lo esperado. (Siga un formato similar al que se utilizó para las variaciones en la eficiencia y en el nivel de los costos indirectos variables, pero sin precios.)
2. Calcule dos variaciones que sirvan para evaluar el porcentaje de alimentos que reprobarán la inspección.

8-41 Variaciones en gastos indirectos y variaciones en el volumen de ventas. La compañía Eco-Green fabrica bolsas de tela para compras y planea venderlas a un precio de $5 cada una. La producción y las ventas presupuestadas para tales bolsas en 2011 son de 800,000 bolsas, con un estándar de 400,000 horas-máquina para todo el año. Los costos indirectos fijos presupuestados son de $470,000, y los costos indirectos variables son de $1.60 por hora-máquina.

Debido al aumento en la demanda, la producción y las ventas reales de las bolsas para 2010 son de 900,000 bolsas usando 440,000 horas-máquina reales. Los costos indirectos variables reales son de 699,600 y los costos indirectos fijos reales son de $501,900. El precio de venta real es de $6 por bolsa.

Los costos reales de los materiales directos y de la mano de obra directa fueron los mismos que los costos estándar, que fueron de $1.20 por unidad y de $1.80 por unidad, respectivamente.

Se requiere

1. Calcule las variaciones en los costos indirectos variables y en los costos indirectos fijos (gastos, eficiencia, gastos y volumen).
2. Cree una gráfica como la ilustración 7-2 que muestre las variaciones del presupuesto flexible y las variaciones en el volumen de ventas para ingresos, costos, margen de contribución y utilidad en operación.
3. Calcule la utilidad en operación tomando como base la utilidad presupuestada por cada bolsa para compras.
4. Reconcilie la utilidad en operación presupuestada en el requerimiento 3 con la utilidad en operación real de su gráfica en el requerimiento 2.
5. Calcule la variación en el volumen de la utilidad en operación, y muestre la manera en que la variación en el volumen de ventas está formada de la variación en el volumen de producción y de la variación en el volumen de la utilidad en operación.

Problema de aprendizaje colaborativo

8-42 Variaciones en gastos indirectos, ética. La compañía Zeller usa un sistema de costeo estándar y tiene dos plantas manufactureras, una en Nevada y la otra en Ohio. Para la planta de Nevada, Zeller presupuestó una producción anual de 4,000,000 de unidades. Las horas de mano de obra estándar son de 0.25 por unidad, y la tasa de costos indirectos variables para la planta de Nevada es de $3.25 por hora de mano de obra directa. Los costos indirectos fijos de la planta de Nevada se han presupuestado en $2,500,000 para el año.

Para la planta de Ohio, Zeller presupuestó una producción anual de 4,200,000 unidades con horas estándar de mano de obra también de 0.25 por unidad. Sin embargo, la tasa de los costos indirectos variables para la planta de Ohio es de $3 por hora, y los costos indirectos fijos presupuestados para el año son únicamente de $2,310,000.

La gerencia de la empresa siempre ha usado el análisis de variaciones como una medida del desempeño para las dos plantas, y ha comparado los resultados de ambas plantas.

Jack Jones acaba de ser contratado como el nuevo contralor de Zeller. Jack es un buen amigo del gerente de la planta de Ohio y quiere que obtenga una revisión favorable. Jack sugiere aplicar los costos fijos comunes presupuestados de la empresa de $3,150,000 a las dos plantas, pero con base en un tercio para la planta de Ohio y los dos tercios restantes para la planta de Nevada. Su explicación para esta base de aplicación es que Nevada es un estado más costoso que Ohio.

Al final del año, la planta de Nevada reportó los siguientes resultados reales: producción de 3,900,000 usando 1,014,000 horas de mano de obra en total, a un costo de $3,244,800 en costos indirectos variables y $2,520,000 en costos indirectos fijos. Los resultados reales para la planta de Ohio son una producción de 4,350,000 unidades usando 1,218,000 horas de mano de obra con un costo variable de $3,755,800 y con un costo indirecto fijo de $2,400,000. Los costos fijos comunes reales para el año fueron de $3,126,000.

Se requiere

1. Calcule el costo fijo presupuestado por hora de mano de obra para los costos indirectos fijos, en forma separada para cada planta:
   a) Excluyendo los costos fijos comunes aplicados.
   b) Incluyendo los costos fijos comunes aplicados.
2. Calcule la variación en el nivel de los costos indirectos variables y la variación en la eficiencia de los costos indirectos variables, en forma separada para cada planta.
3. Calcule las variaciones en el volumen y en el nivel de los costos indirectos fijos para cada planta:
   a) Excluyendo los costos fijos comunes aplicados.
   b) Incluyendo los costos fijos comunes aplicados.
4. ¿Funcionó el intento de Jack Jones para hacer que la planta de Ohio se viera mejor que la planta de Nevada, mediante la aplicación de los costos fijos comunes? ¿Por qué?
5. ¿Deberían aplicarse los costos fijos comunes en general cuando se usan las variaciones como medidas del desempeño? ¿Por qué?
6. ¿Qué opina usted del comportamiento de Jack Jones en términos generales?

Costeo del inventario y análisis de la capacidad

▶ **Objetivos de aprendizaje**

1. Identificar qué es lo que distingue el costeo variable del costeo absorbente.

2. Calcular los ingresos con el costeo absorbente y el costeo variable, así como explicar la diferencia en los ingresos.

3. Entender la manera en que el costeo absorbente ofrece incentivos indeseables para que los gerentes acumulen inventarios.

4. Diferenciar el costeo específico del costeo variable y del costeo absorbente.

5. Describir los diversos conceptos de capacidad que se utilizan en el costeo absorbente.

6. Examinar los factores clave en la elección de un nivel de capacidad para calcular la tasa presupuestada de costos fijos de manufactura.

7. Entender otros aspectos que juegan un rol de importancia en la planeación y el control de la capacidad.

Pocas cifras llaman más la atención de los gerentes y de los accionistas que la utilidad en operación.

En las industrias que requieren inversiones iniciales significativas en capacidad, las decisiones que se toman en relación con el nivel de tales inversiones fijas, y la medida en la cual se utiliza finalmente la capacidad para satisfacer la demanda de los clientes, tienen un efecto significativo sobre las utilidades corporativas. Por desgracia, la elección de los sistemas de remuneración y de recompensas, así como la selección de los métodos de costeo del inventario, pueden inducir a decisiones administrativas que beneficien las utilidades a corto plazo a expensas de la salud financiera de la empresa a largo plazo. Quizá se requiera un *shock* externo sustancial, como una recesión económica aguda, para motivar a las organizaciones hacia la realización de elecciones correctas de capacidad y de inventarios, como muestra el siguiente artículo.

La manufactura eficiente ayuda a las compañías a reducir el inventario y a sobrevivir frente a la recesión[1]

¿La forma en que se ensambla un colchón podría salvar a una compañía durante una recesión económica? Para Sealy, el fabricante de colchones más grande del mundo, la respuesta es un rotundo "sí".

Sealy se encuentra entre varios millares de productores que han seguido siendo rentables durante la recesión, gracias al uso de una manufactura eficiente capaz de volver a la compañía más eficaz en cuanto a costos. Una manufactura eficiente implica tener una producción con base en un flujo ininterrumpido, en vez de como parte de lotes no terminados, y fabricar únicamente lo que ordenan los clientes. El impulso de esta transición hacia la eficiencia es una necesidad urgente para la reducción del inventario, lo cual reduce a la vez los costos del inventario.

Antes de la adopción de las prácticas eficientes, la compañía solía manufacturar las unidades operando a máxima capacidad. Es decir, fabricaba tantos colchones como se lo permitieran sus recursos. A los trabajadores de Sealy también se les pagaba con base en el número de colchones que fabricaran cada día. Mientras que las fábricas operaban a la máxima capacidad, los inventarios con frecuencia se acumulaban, y ello costaba a la compañía millones de dólares anuales.

Aunque Sealy lanzó su estrategia de eficiencia en 2004, sus esfuerzos se intensificaron durante la recesión. Los procesos antiguos se reconfiguraron para que se volvieran más eficientes. Como resultado, cada cama se termina ahora en 4 horas, una cifra inferior a las 21 horas anteriores. La mediana del tiempo para la entrega se redujo de 72 a 60 horas, en tanto que las plantas disminuyeron sus inventarios de materias primas en 50 por ciento.

De manera adicional, la compañía sigue ahora un cronograma preciso de producción que refleja las órdenes provenientes de minoristas como Mattress Discounters y Macy's. Aunque las fábricas ya

---

[1] *Fuente:* Paul Davidson. 2009. Lean manufacturing helps companies survive recession. *USA Today*, 2 de noviembre; Sealy Corporation. 2009. Annual Report. Trinity, NC: Sealy Corporation, 2010. http://ccbn.10kwizard.com/xml/download.php?repo=tenk&ipage=6709696&format=PDF

no operan a la máxima capacidad, ahora no se elabora ningún colchón sino hasta que el cliente lo solicita.

La estrategia de manufactura y de inventarios de Sealy fue la clave para su supervivencia durante la recesión. Mientras que en 2009 las ventas fueron 14% menores que las ventas de 2008, las utilidades aumentaron más de $16 millones. Además, gran parte del incremento en las utilidades se debió a las reducciones en los costos del inventario, los cuales disminuyeron en 12%, o casi $8 millones, en 2009.

Los gerentes de las industrias con altos costos fijos, como la manufactura, deben administrar los niveles de capacidad y tomar decisiones acerca del uso de la capacidad disponible. Los gerentes también deben decidir sobre una política de

producción y de inventarios (como hizo Sealy). Tales decisiones y las elecciones contables que hacen los gerentes afectan la utilidad en operación de las compañías manufactureras. Este capítulo se concentra en dos tipos de elecciones en cuanto a contabilidad de costos:

1. La *elección del sistema de costeo del inventario* determina cuáles de los costos de manufactura se tratarán como costos inventariables. Recuerde del capítulo 2 (p. 37) que los *costos inventariables* son todos aquellos costos de un producto que se consideran activos cuando se incurre en ellos, y que se registran como el costo de los bienes vendidos cuando se vende el producto. Hay tres tipos de métodos en el costeo del inventario: costeo absorbente, costeo variable y costeo específico.

2. *La elección de la capacidad del nivel del denominador* se centra en la base de aplicación de los costos usada para establecer tasas presupuestadas de costos fijos de manufactura. Existen cuatro elecciones posibles de niveles de capacidad: capacidad teórica, capacidad práctica, utilización normal de la capacidad y utilización de la capacidad del presupuesto maestro.

Costeo variable y costeo absorbente

Los dos métodos más comunes para el costeo del inventario en las compañías de manufactura son el *costeo absorbente* y el *costeo variable*. Describiremos cada uno de ellos a continuación y los expondremos con detalle más adelante, usando como ejemplo una compañía hipotética que fabrica lentes.

Costeo variable

El **costeo variable** es un método de costeo del inventario donde todos los costos variables de manufactura (directos e indirectos) se incluyen como costos inventariables. Todos los costos fijos de manufactura se excluyen de los costos inventariables y, en lugar de ello, se tratan como costos del periodo en el cual se incurre en ellos.

Observe que la expresión *costeo variable* es un término menos que perfecto que se usa para describir este método de costeo del inventario, ya que tan solo se inventarían los costos variables de manufactura; los costos variables que no son de manufactura todavía se tratan como costos del periodo y se registran como gastos. Otro término común que se usa para describir este método es el **costeo directo**. También se trata de un nombre inadecuado porque el costeo variable considera los costos indirectos variables de manufactura (un costo indirecto) como un costo inventariable, excluyendo a la vez los costos directos de marketing, por ejemplo.

Costeo absorbente

El **costeo absorbente** es un método de costeo de inventarios donde todos los costos variables de manufactura y todos los costos fijos de manufactura se incluyen como costos inventariables. Es decir, el inventario "absorbe" todos los costos de manufactura. El sistema de costeo de órdenes de trabajo que se estudió en el capítulo 4 es un ejemplo de costeo absorbente.

Tanto con un costeo variable como con un costeo absorbente, todos los costos variables de manufactura son costos inventariables, y todos los costos que no son de manufactura dentro de la cadena de valor (investigación y desarrollo, y marketing), sean variable o fijos, son costos del periodo y se registran como gastos cuando se incurre en ellos.

Comparación del costeo variable y del costeo absorbente

La forma más sencilla de entender la diferencia entre el costeo variable y el costeo absorbente es con un ejemplo. En este capítulo estudiaremos el caso de la compañía Stassen, un fabricante de productos ópticos para el consumo. Nos centraremos en particular en su línea de productos de telescopios de alta calidad para aficionados a la astronomía.

Stassen usa un sistema de costeo estándar:

■ Los costos directos se atribuyen a los productos usando precios estándar y los insumos estándares permitidos para la producción realmente obtenida.

■ Los costos indirectos de manufactura se aplican usando tasas indirectas estándar, las cuales se multiplican por los insumos estándares permitidos para la producción realmente obtenida.

La gerencia de Stassen desea preparar un estado de resultados para 2012 (el año fiscal que acaba de terminar) para evaluar el desempeño de esta línea de productos (telescopios). La información operativa para ese año es como sigue:

	A	B
1		**Unidades**
2	Inventario inicial	0
3	Producción	8,000
4	Ventas	6,000
5	Inventario final	2,000

Los datos reales de precios y costos para 2012 son como se describe a continuación:

	A	B
10	Precio de venta	$ 1,000
11	Costo variable de manufactura por unidad	
12	Costo de los materiales directos por unidad	$ 110
13	Costo de la mano de obra directa por unidad	40
14	Costo de los gastos indirectos de manufactura por unidad	50
15	Costo variable total de manufactura por unidad	$ 200
16	Costo variable de marketing por unidad vendida	$ 185
17	Costos fijos de manufactura (todos ellos indirectos)	$1,080,000
18	Costos fijos de marketing (todos ellos indirectos)	$1,380,000

Por sencillez y para centrar la atención en las ideas principales, hacemos los siguientes supuestos acerca de Stassen:

■ Stassen incurre únicamente en costos de manufactura y marketing. El generador del costo para todos los costos variables de manufactura son las unidades producidas; el generador del costo para todos los costos variables de marketing son las unidades vendidas. No hay costos a nivel del lote ni tampoco costos de mantenimiento del producto.

■ No hay variaciones en precio, en eficiencia ni en gastos. Por consiguiente, el precio y los datos de costos *presupuestados* (estándares) para 2012 son los mismos que los precios y los datos de costos *reales*.

■ El inventario de productos en proceso es de cero.

■ Stassen presupuestó una producción de 8,000 unidades para 2012. Este se usó para calcular el costo fijo de manufactura presupuestado por unidad de $135 ($1,080,000/8,000 unidades).

■ Stassen presupuestó ventas de 6,000 unidades para 2012, lo cual es lo mismo que las ventas reales para 2012.

■ La producción real para 2012 es de 8,000 unidades. En consecuencia, no hay una variación en el volumen de producción para los costos de manufactura en 2012. Los ejemplos posteriores, basados en los datos de 2013 y de 2014, no incluyen las variaciones en el volumen de producción. Sin embargo, incluso en tales casos, los estados de resultados no contienen variaciones distintas de la variación en el volumen de producción.

■ Todas las variaciones se eliminan contra el costo de ventas en el periodo (año) en que ocurren.

Con base en la información anterior, los costos inventariables de Stassen por unidad producida en 2012, con los dos métodos de costeo del inventario, son como sigue:

	Costeo variable		Costeo absorbente	
Costo variable de manufactura por unidad producida:				
Materiales directos	$110		$110	
Mano de obra directa	40		40	
Costos indirectos de manufactura	50	$200	50	$200
Costos fijos de manufactura por unidad producida		—		135
Costo total inventariable por unidad producida		$200		$335

Para resumir, la principal diferencia entre el costeo variable y el costeo absorbente es la contabilización de los costos fijos de manufactura:

■ Con el costeo variable, los costos fijos de manufactura no se inventarían; se tratan como un gasto del periodo.

■ Con el costeo absorbente, los costos fijos de manufactura son costos inventariables. En nuestro ejemplo, el costo fijo estándar de manufactura es de $135 por unidad producida ($1,080,000 ÷ 8,000 unidades).

Costeo variable *versus* costeo absorbente: Utilidad en operación y estados de resultados

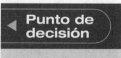

Punto de decisión

¿Cómo difiere el costeo variable del costeo absorbente?

Cuando comparamos el costeo variable y el costeo absorbente, también debemos tener en cuenta si observamos cifras a corto plazo o a largo plazo. ¿Cómo difieren los datos de un periodo de un año de los datos de un periodo de tres años, con un costeo variable y un costeo absorbente?

Comparación de un estado de resultados para un año

¿Cuál será la utilidad en operación de Stassen, si usa un costeo variable o un costeo absorbente? Las diferencias entre ambos métodos son evidentes en la ilustración 9-1. El panel A muestra el estado de resultados basado en el costeo variable, en tanto que el panel B muestra el estado de resultados basado en el costeo absorbente, para la línea de productos de telescopios de Stassen en 2012. El estado de resultados basado en el costeo variable emplea el formato del margen de contribución que se introdujo en el capítulo 3. El estado de resultados basado en el costeo absorbente usa el formato de la utilidad bruta que se introdujo en el capítulo 2. ¿Cuál es la razón para estas diferencias de formato?

Ilustración 9-1   Comparación del costeo variable y del costeo absorbente para la compañía Stassen: Estado de resultados de la línea de telescopios para 2012

	A	B	C	D	E	F	G
1	**Panel A: COSTEO VARIABLE**				**Panel B: COSTEO ABSORBENTE**		
2	Ingresos: $1,000 × 6,000 unidades		$6,000,000		Ingresos: $1,000 × 6,000 unidades		$6,000,000
3	Costo variable de los bienes vendidos:				Costo de los bienes vendidos:		
4	Inventario inicial	$ 0			Inventario inicial	$ 0	
5	Costos variables de manufactura: $200 × 8,000 unidades	1,600,000			Costos variables de manufactura: $200 × 8,000 unidades	1,600,000	
6					Costos fijos de manufactura aplicados: $135 × 8,000 unidades	1,080,000	
7	Costo de los bienes disponibles para venta	1,600,000			Costo de los bienes disponibles para venta	2,680,000	
8	Menos inventario final: $200 × 2,000 unidades	(400,000)			Menos inventario final: $335 × 2,000 unidades	(670,000)	
9	Costo variable de los bienes vendidos		1,200,000		Costo de los bienes vendidos		2,010,000
10	Costos variables de marketing: $185 × 6,000 unidades vendidas		1,110,000				
11	Margen de contribución		3,690,000		Utilidad bruta		3,990,000
12	Costos fijos de manufactura		1,080,000		Costos variables de marketing: $185 × 6,000 unidades vendidas		1,110,000
13	Costos fijos de marketing		1,380,000		Costos fijos de marketing		1,380,000
14	Utilidad en operación		$1,230,000		Utilidad en operación		$1,500,000
15							
16	Costos de manufactura registrados como gastos en el panel A:				Costos de manufactura registrados como gastos en el panel B:		
17	Costo variable de los bienes vendidos		$1,200,000				
18	Costos fijos de manufactura		1,080,000				
19	Total		$2,280,000		Costo de los bienes vendidos		$2,010,000

La distinción entre los costos variables y los costos fijos es fundamental para el costeo variable, y se pone de relieve a través del formato del margen de contribución. Asimismo, la distinción entre los costos de manufactura y los costos que no son de manufactura es primordial para el costeo absorbente, y se destaca mediante el formato de la utilidad bruta.

Los estados de resultados basados en el costeo absorbente no necesitan diferenciar entre los costos fijos y los variables. Sin embargo, haremos esta distinción entre costos variables y fijos en el ejemplo de Stassen, para demostrar la forma en que las partidas individuales se clasifican de distinto modo con el costeo variable y con el costeo absorbente. En la ilustración 9-1, panel B, observe que el costo inventariable es de $335 por unidad con el costeo absorbente: costos fijos de manufactura aplicados de $135 por unidad más costos variables de manufactura de $200 por unidad.

Observe cómo se contabilizan los costos fijos de manufactura de $1,080,000 con el costeo variable y el costeo absorbente en la ilustración 9-1. El estado de resultados con el costeo variable considera la suma acumulada de $1,080,000 como un gasto para 2012. En contraste, con el costeo absorbente, los $1,080,000 ($135 por unidad × 8,000 unidades) se tratan inicialmente como un costo inventariable en 2012. De estos $1,080,000, $810,000 ($135 por unidad 6,000 unidades vendidas) se vuelven subsiguientemente una parte del costo de los bienes vendidos en 2012, y $270,000 ($135 por unidad × 2,000 unidades) siguen siendo un activo —una parte del inventario final de productos terminados al 31 de diciembre de 2012.

La utilidad en operación es $270,000 mayor con el costeo absorbente en comparación con el costeo variable, ya que con el costeo absorbente tan solo se registran como gastos $810,000 de los costos fijos de manufactura, en tanto que la totalidad de los $1,080,000 de los costos fijos de manufactura se registran como gastos con el costeo variable. Observe que el costo variable de manufactura de $200 por unidad se contabiliza de la misma forma en ambos estados de resultados en la ilustración 9-1.

Estos aspectos se resumen como sigue:

	Costeo variable	Costeo absorbente
Costos variables de manufactura: $200 por telescopio fabricado	Inventariable	Inventariable
Costos fijos de manufactura: $1,080,000 anuales	Se considera como un gasto del periodo	Inventariable a $135 por telescopio fabricado usando el nivel presupuestado del denominador de 8,000 unidades producidas al año (1,080,000 ÷ 8,000 unidades = $135 por unidad)

La base de esta diferencia entre el costeo variable y el costeo absorbente es cómo se contabilizan los costos fijos de manufactura. Si los niveles del inventario cambian, la utilidad en operación diferirá entre los dos métodos debido a la diferencia en la contabilización de los costos fijos de manufactura.

Para observar tal diferencia, comparemos las ventas de telescopios de 6,000, 7,000 y 8,000 unidades en Stassen durante 2012, cuando se fabricaron 8,000 unidades. Del total de costos fijos de manufactura por $1,080,000, el monto registrado como gasto en el estado de resultados de 2012 con cada uno de estos escenarios sería como sigue:

	A	B	C	D	E	G	H
1			Costeo variable			Costeo absorbente	
2						Costos fijos de manufactura	
3	Unidades	Inventario	Costos fijos de manufactura			Incluido en el inventario	Cantidad registrada como gasto
4	vendidas	final	Incluido en el inventario	Total gastado		= $135 × inv. final	$135 × unidades vendidas
5	6,000	2,000	$0	$1,080,000		$270,000	$ 810,000
6	7,000	1,000	$0	$1,080,000		$135,000	$ 945,000
7	8,000	0	$0	$1,080,000		$ 0	$1,080,000

En el último escenario, donde se producen y se venden 8,000 unidades, los reportes tanto de costeo variable como de costeo absorbente informan la misma utilidad neta porque los niveles de inventario permanecen sin cambio. El apéndice de este capítulo describe la manera en que la elección entre un costeo variable o un costeo absorbente afecta la cantidad del punto de equilibrio de las ventas, cuando se permite que varíen los inventarios.

Comparación de estados de resultados para tres años

Para obtener un panorama más amplio del costeo variable y del costeo absorbente, los contadores administrativos de Stassen preparan estados de resultados para tres años de operaciones, empezando en 2012. Tanto en 2013 como en 2014, Stassen tiene una variación en el volumen de producción, porque la fabricación real de telescopios difiere del nivel presupuestado de producción de 8,000 unidades anuales que se usó para calcular el costo fijo de manufactura presupuestado por unidad. Las cantidades reales vendidas para 2013 y 2014 son las mismas que las cantidades de ventas presupuestadas para tales años respectivos, las cuales se proporcionan en unidades en el siguiente cuadro:

	E	F	G	H
1		2012	2013	2014
2	Producción presupuestada	8,000	8,000	8,000
3	Inventario inicial	0	2,000	500
4	Producción real	8,000	5,000	10,000
5	Ventas	6,000	6,500	7,500
6	Inventario final	2,000	500	3,000

Todos los demás datos de 2012 que se proporcionaron anteriormente para Stassen también se aplican en 2013 y en 2014.

La ilustración 9-2 presenta el estado de resultados con un costeo variable en el panel A, así como el estado de resultados con un costeo absorbente en el panel B para 2012, 2013 y 2014. A medida que estudie la ilustración 9-2, observará que las columnas de 2012, tanto en el panel A como en el B, muestran las mismas cifras que las de la ilustración 9-1. Las columnas de 2013 y 2014 son similares a 2012 *excepto para la partida de la variación en el volumen de producción con un costeo absorbente en el panel B*. Tenga presentes los siguientes puntos acerca del costeo absorbente a medida que estudie el panel B de la ilustración 9-2:

1. La tasa del costo fijo de manufactura de $135 se basa en el nivel presupuestado de capacidad del denominador de 8,000 unidades en 2012, 2013 y 2014 ($1,080,000 ÷ 8,000 unidades = $135 por unidad). Siempre que la producción (la cantidad fabricada, no la cantidad vendida) se desvíe del nivel del denominador, habrá una variación en el volumen de producción. El monto de la variación en el volumen de producción de Stassen se determina multiplicando la cantidad de $135 por unidad por la diferencia entre el nivel real de producción y el nivel del denominador.

Ilustración 9-2 Comparación del costeo variable y del costeo absorbente para la compañía Stassen: Estado de resultados de la línea de telescopios para 2012, 2013 y 2014

	A	B	C	D	E	F	G
1	**Panel A: COSTEO VARIABLE**						
2			**2012**		**2013**		**2014**
3	Ingresos: $1,000 × 6,000; 6,500; 7,500 unidades		$6,000,000		$6,500,000		$7,500,000
4	Costo variable de los bienes vendidos:						
5	Inventario inicial: $200 × 0; 2,000; 500 unidades	$ 0		$ 400,000		$ 100,000	
6	Costos variables de manufactura: $200 × 8,000; 5,000; 10,000 unidades	1,600,000		1,000,000		2,000,000	
7	Costo de los bienes disponibles para la venta	1,600,000		1,400,000		2,100,000	
8	Menos inventario final: $200 × 2,000; 500; 3,000 unidades	(400,000)		(100,000)		(600,000)	
9	Costo variable de los bienes vendidos		1,200,000		1,300,000		1,500,000
10	Costos variables de marketing: $185 × 6,000; 6,500; 7,500 unidades		1,110,000		1,202,500		1,387,500
11	Margen de contribución		3,690,000		3,997,500		4,612,500
12	Costos fijos de manufactura		1,080,000		1,080,000		1,080,000
13	Costos fijos de marketing		1,380,000		1,380,000		1,380,000
14	Utilidad en operación		$1,230,000		$1,537,500		$2,152,500
15							
16	**Panel B: COSTEO ABSORBENTE**						
17			**2012**		**2013**		**2014**
18	Ingresos $1,000 × 6,000; 6,500; 7,500 unidades		$6,000,000		$6,500,000		$7,500,000
19	Costo de los bienes vendidos:						
20	Inventario inicial $335 × 0; 2,000; 500 unidades	$ 0		$ 670,000		$ 167,500	
21	Costos variables de manufactura $200 × 8,000; 5,000; 10,000 unidades	1,600,000		1,000,000		2,000,000	
22	Costos fijos de manufactura aplicados $135 × 8,000; 5,000; 10,000 unidades	1,080,000		675,000		1,350,000	
23	Costo de los bienes disponibles para la venta	2,680,000		2,345,000		3,517,500	
24	Menos inventario final $335 × 2,000; 500; 3,000 unidades	(670,000)		(167,500)		(1,005,000)	
25	Ajuste por la variación en el volumen de producción[a]	0		405,000 D		(270,000) F	
26	Costo de los bienes vendidos		2,010,000		2,582,500		2,242,500
27	Utilidad bruta		3,990,000		3,917,500		5,257,500
28	Costos variables de marketing: $185 × 6,000; 6,500; 7,500 unidades		1,110,000		1,202,500		1,387,500
29	Costos fijos de marketing		1,380,000		1,380,000		1,380,000
30	Utilidad en operación		$1,500,000		$1,335,000		$2,490,000
31							
32	[a] Variación en el volumen de producción = Costos indirectos fijos de manufactura aplicados usando el costo – presupuestado por unidad producida requerida para la producción realmente obtenida (panel B, línea 22)v						
33	2012: $1,080,000 – ($135 × 8,000) = $1,080,000 – $1,080,000 = $0						
34	2013: $1,080,000 – ($135 × 5,000) = $1,080,000 – $675,000 = $405,000 D						
35	2014: $1,080,000 – ($135 × 10,000) = $1,080,000 – $1,350,000 = ($270,000) F						
36							
37	La variación en el volumen de producción también se calcula como sigue:						
38	Costo fijo de manufactura por unidad × (Nivel del denominador - Unidades de producción realmente obtenidas)						
39	2012: $135 × (8,000 – 8,000) unidades = $135 × 0 = $0						
40	2013: $135 × (8,000 – 5,000) unidades = $135 × 3,000 = $405,000 D						
41	2014: $135 × (8,000 – 10,000) unidades = $135 × (2,000) = ($270,000) F						

En 2013 la producción fue de 5,000 unidades, 3,000 unidades menos que el nivel del denominador de 8,000 unidades. El resultado es una variación desfavorable en el volumen de producción de $405,000 ($135 por unidad × 3,000 unidades). El año 2014 tiene una variación desfavorable en el volumen de producción de $270,000 ($135 por unidad × 2,000 unidades), debido a la producción de 10,000 unidades, lo cual excede el nivel del denominador de 8,000 unidades.

Recuerde la manera en que funciona el costeo estándar con el costeo absorbente. Cada vez que se fabrica una unidad, se incluyen $135 de costos fijos de manufactura en el costo de los bienes manufacturados y disponibles para la venta. En 2013 cuando se fabricaron 5,000 unidades, se incluyeron $675,000 ($135 por unidad × 5000 unidades) de costos fijos de manufactura en el costo de los bienes disponibles para la venta (véase la ilustración 9-2, panel B, línea 22). Los costos fijos totales de manufactura para 2013 son $1,080,000. La variación en el volumen de producción de $405,000 D es igual a la diferencia entre $1,080,000 y $675,000. En el panel B, observe cómo, para cada año, los costos fijos de manufactura incluidos en el costo de los bienes disponibles para la venta más la variación en el volumen de producción siempre son iguales a $1,080,000.

2. La variación en el volumen de producción, la cual se relaciona únicamente con los costos indirectos fijos de manufactura, existe en el costeo absorbente pero no en el costeo variable. Con este último, los costos fijos de manufactura de $1,080,000 siempre se tratan como un gasto del periodo, indistintamente del nivel de producción (y de ventas).

A continuación se presenta un resumen (usando la información de la ilustración 9-2) de las diferencias en la utilidad en operación para la compañía Stassen, durante el periodo de 2012 a 2014:

		2012	2013	2014
1.	Utilidad en operación con un costeo absorbente	$1,500,000	$1,335,000	$2,490,000
2.	Utilidad en operación con un costeo variable	$1,230,000	$1,537,500	$2,152,500
3.	Diferencia: (1) – (2)	$ 270,000	$ (202,500)	$ 337,500

Las cuantiosas diferencias que se presentan en el cuadro anterior ilustran la razón por la cual los gerentes, cuyo desempeño se mide a través de ingreso reportado, se interesan mucho en la elección entre un costeo variable y un costeo absorbente.

¿Por qué reportan generalmente el costeo variable y el costeo absorbente diferentes cantidades en la utilidad en operación? Por lo común, si el inventario aumenta durante un periodo contable, se reportará una menor cantidad de ingreso en operación con un costeo variable que con un costeo absorbente. De manera opuesta, si el inventario disminuye, se reportará una mayor cantidad de ingreso en operación con un costeo variable que con un costeo absorbente. La diferencia en el ingreso en operación reportado se debe únicamente a *a*) el desplazamiento de los costos fijos de manufactura hacia los inventarios a medida que estos aumentan, y *b*) el desplazamiento de los costos fijos de manufactura hacia afuera de los inventarios conforme disminuyen los inventarios.

La diferencia entre las utilidades en operación con un costeo absorbente y con un costeo variable se calcula mediante la fórmula 1, la cual se centra en los costos fijos de manufactura en el inventario inicial y en el inventario final:

	A	B	C	D	E	F	G	H
1	Fórmula 1							
2						Costos fijos de manufactura		Costos fijos de manufactura
3		Utilidad en operación	–	Utilidad en operación	=	en el inventario final con el	–	en el inventario inicial con
4		con el costeo absorbente		con el costeo variable		costeo absorbente		el costeo absorbente
5	2012	$1,500,000	–	$1,230,000	=	($135 × 2,000 unidades)	–	($135 × 0 unidades)
6				$ 270,000	=	$270,000		
7								
8	2013	$1,335,000	–	$1,537,500	=	($135 × 500 unidades)	–	($135 × 2,000 unidades)
9				($ 202,500)		($202,500)		
10								
11	2014	$2,490,000	–	$2,152,500	=	($135 × 3,000 unidades)	–	($135 × 500 unidades)
12				$ 337,500	=	$337,500		

Con el costeo absorbente, los costos fijos de manufactura del inventario final se difieren a un periodo futuro. Por ejemplo, el 31 de diciembre de 2012, $270,000 de costos indirectos fijos de manufactura se difieren a 2013. Con el costeo variable, la totalidad de los $1,080,000 de costos fijos de manufactura se trata como un gasto de 2012.

Recuerde que,

$$\text{Inventario inicial} + \text{Costo de los bienes manufacturados} = \text{Costo de los bienes vendidos} + \text{Inventario final}$$

Por consiguiente, en vez de concentrar la atención sobre los costos fijos de manufactura en los inventarios final e inicial (como en la fórmula 1), podríamos alternativamente considerar los costos fijos de manufactura en las unidades producidas y en las unidades vendidas. Este último enfoque (véase la fórmula 2) destaca la manera en que los costos fijos de manufactura se desplazan entre las unidades producidas y las unidades vendidas durante el año fiscal.

	A	B	C	D	E	F	G	H
16	Fórmula 2							
17						Costos fijos de manufactura		Costos fijos de manufactura
18		Utilidad en operación	–	Utilidad en operación	=	inventariados en unidades	–	en el costo de los bienes vendidos
19		con el costeo absorbente		con el costeo variable		producidas con el costeo absorbente		con el costeo absorbente
20	2012	$1,500,000	–	$1,230,000	=	($135 × 8,000 unidades)	–	($135 × 6,000 unidades)
21				$ 270,000	=	$270,000		
22								
23	2013	$1,335,000	–	$1,537,500	=	($135 × 5,000 unidades)	–	($135 × 6,500 unidades)
24				($ 202,500)	=	($202,500)		
25								
26	2014	$2,490,000	–	$2,152,500	=	($135 × 10,000 unidades)	–	($135 × 7,500 unidades)
27				$ 337,500	=	$337,500		

Punto de decisión ▶

¿Cómo difieren los ingresos con el costeo variable y con el costeo absorbente?

Los gerentes enfrentan cada vez mayores presiones para reducir los niveles de inventarios. Algunas compañías están logrando profundas reducciones en los niveles de inventario con políticas como una producción justo a tiempo —un sistema de producción con el cual se fabrican los productos únicamente cuando se necesiten. La fórmula 1 ilustra que, a medida que Stassen reduce los niveles de inventarios, las diferencias en la utilidad en operación entre el costeo absorbente y el costeo variable se vuelven insignificantes. Considere, por ejemplo, la fórmula para 2012. Si en vez de 2,000 unidades en el inventario final, Stassen tuviera únicamente dos unidades, la diferencia entre la utilidad en operación con el costeo absorbente y la utilidad en operación con el costeo variable disminuiría de $270,000 a tan solo $270.

El costeo variable y el efecto de las ventas y de la producción sobre la utilidad en operación

Dado un margen de contribución constante por unidad y la presencia de costos fijos constantes, el cambio de un periodo a otro en la utilidad en operación con un costeo variable *es impulsado únicamente por los cambios en la cantidad de unidades realmente vendidas*. Considere la utilidad en operación con un costeo variable de Stassen en *a*) 2013 *versus* 2012, y *b*) 2014 *versus* 2013. Recuerde lo siguiente:

Margen de contribución por unidad = Precio de venta – Costo variable de manufactura por unidad – Costo variable de marketing por unidad

= $1,000 por unidad – $200 por unidad – $185 por unidad

= $615 por unidad

Cambio en la utilidad en operación con el costeo variable = Margen de contribución por unidad × Cambio en la cantidad de unidades vendidas

(a) 2013 *versus* 2012: $1,537,500 – $1,230,000 = $615 por unidad × (6,500 unidades – 6,000 unidades)

$307,500 = $307,500

(b) 2014 *versus* 2013: $2,152,500 – $1,537,500 = $615 por unidad × (7,500 unidades – 6,500 unidades)

$615,000 = $615,000

Con un costeo variable, los gerentes de Stassen no pueden aumentar la utilidad en operación al "producir para el inventario". ¿Por qué no? Porque, como se observa a partir de los cálculos anteriores, cuando se usa un costeo variable, únicamente la cantidad de unidades vendidas impulsa la utilidad en operación. Más adelante en este capítulo explicaremos cómo el costeo absorbente permite que los gerentes aumenten la utilidad en operación elevando el nivel unitario de ventas, así como produciendo más unidades. Antes de continuar con la siguiente sección, asegúrese de que haya revisado la ilustración 9-3, donde se presenta una comparación detallada de las diferencias entre el costeo variable y el costeo absorbente.

Ilustración 9-3 Efectos comparativos en los ingresos con el costeo variable y con el costeo absorbente

Pregunta	Costeo variable	Costeo absorbente	Comentario
¿Se inventarían los costos fijos de manufactura?	No	Sí	La pregunta teórica básica de cuándo se deberían registrar como gastos estos costos
¿Existe una variación en el volumen de producción?	No	Sí	La elección del nivel del denominador afecta la medición de la utilidad en operación únicamente con el costeo absorbente
¿Se hacen en forma rutinaria las clasificaciones entre costos variables y costos fijos?	Sí	Poco frecuente	El costeo absorbente se puede modificar fácilmente para obtener subclasificaciones para los costos variables y los costos fijos, si se desea (por ejemplo, véase la ilustración 9-1, panel B)
¿Cómo afectan los cambios en los niveles unitarios del inventario la utilidad en operación? [a]			Las diferencias son atribuibles a la época en que los costos fijos de manufactura se registran como gastos
Producción = ventas	Igual	Igual	
Producción > ventas	Menor[b]	Mayor[c]	
Producción < ventas	Mayor	Menor	
¿Cuáles son los efectos sobre la relación costo-volumen-utilidad (para un nivel dado de costos fijos y para un margen de contribución por unidad dado)?	Impulsado por el nivel de ventas unitario	Impulsado por (a) el nivel unitario de las ventas, (b) el nivel unitario de producción y (c) el nivel del denominador elegido	Beneficio para el control administrativo: Los efectos de los cambios en el nivel de producción sobre la utilidad en operación son más fáciles de entender con el costeo variable

[a] Suponiendo que todas las variaciones de manufactura se eliminan como costos del periodo, que no ocurre ningún cambio en el inventario de productos en proceso y que no ocurre ningún cambio en la tasa presupuestada de los costos fijos de manufactura entre los periodos contables.

[b] Es decir, una menor utilidad en operación que con un costeo absorbente.

[c] Es decir, una mayor utilidad en operación que con un costeo variable.

Costeo absorbente y medición del desempeño

En la mayoría de los países, el costeo absorbente es el método de inventarios que se requiere para fines de información externa. Las compañías también usan el costeo absorbente para la contabilidad interna. ¿Por qué? Porque es efectivo en cuanto a costos y porque para los gerentes es menos confuso usar un método común de costeo de inventarios, tanto para la información externa e interna, como para la evaluación del desempeño. Un método común de costeo del inventario también puede ayudar a evitar que los gerentes tomen acciones que hagan que sus medidas del desempeño se vean bien, pero que perjudiquen el ingreso que reportan a los accionistas. Otra ventaja del costeo absorbente es que mide el costo de todos los recursos de manufactura, indistintamente de que sean variables o fijos, que se necesitan para producir un inventario. Muchas organizaciones utilizan la información de costeo del inventario para las decisiones a largo plazo, como la fijación de precios y la elección de una mezcla de productos. Para tales decisiones a largo plazo, los costos del inventario incluyen *tanto* los costos variables *como* los costos fijos.

Un problema con el costeo absorbente es que permite que los gerentes incrementen la utilidad en operación de un periodo específico mediante el aumento de la producción, ¡incluso cuando no hay una demanda de los clientes para la producción adicional! Al producir una mayor cantidad de inventario final, los márgenes y los ingresos de la empresa quizá se vuelvan más altos. Los gerentes de Stassen podrían verse tentados a hacer esto para obtener bonos más altos, con base en la presentación la utilidad en operación con el costeo absorbente. En términos generales, una mayor utilidad en operación también tiene un efecto positivo sobre el precio de las acciones, lo cual aumenta la remuneración de los gerentes que está basada en acciones.

Para reducir los incentivos indeseables de la acumulación de inventarios que puede crear el costeo absorbente, diversas compañías usan el costeo variable para propósitos de información interna. El costeo variable centra la atención en la distinción entre los costos variables de manufactura y los costos fijos de manufactura. Dicha distinción es importante para la toma de decisiones a corto plazo (como en el análisis costo-volumen-utilidad del capítulo 3, y en la planeación y el control de los capítulos 6, 7 y 8).

Objetivo de aprendizaje 3

Entender la manera en que el costeo absorbente ofrece incentivos para que los gerentes acumulen inventarios

. . . el hecho de producir más unidades para el inventario absorbe los costos fijos de manufactura y aumenta la utilidad en operación

Las compañías que usan ambos métodos para fines de información interna —costeo variable para las decisiones a corto plazo y para la evaluación del desempeño, y costeo absorbente para las decisiones a largo plazo— se benefician de las diferentes ventajas de ambos. En la siguiente sección, exploraremos con mayor detalle los desafíos que surgen del costeo absorbente.

Acumulación indeseable de los inventarios

Recuerde que una motivación para una acumulación indeseable de los inventarios quizá sea que el bono de un gerente estuviera basado en la utilidad en operación reportada con un costeo absorbente. Suponga que los gerentes de Stassen tuvieran tal plan de bonos. La ilustración 9-4 muestra la forma en que la utilidad en operación de Stassen con un costeo absorbente para 2013 cambia conforme se modifica el nivel de producción. Esta ilustración supone que la variación en el volumen de producción se elimina contra el costo de los bienes vendidos al final de cada año. El inventario inicial de 2,000 unidades y las ventas de 6,500 unidades para 2013 permanecen sin cambio alguno, con respecto al caso que se muestra en la ilustración 9-2. *A medida que se revise la ilustración 9-4, tenga presente que los cálculos son básicamente los mismos que los de la ilustración 9-2.*

La ilustración 9-4 muestra que la producción de 4,500 unidades satisface el presupuesto de ventas de 2013 de 6,500 unidades (2,000 unidades del inventario inicial + 4,500 unidades producidas). La utilidad en operación a este nivel de producción es de $1,267,500. Al producir más de 4,500 unidades, lo cual se denomina comúnmente como *producir para el inventario*, Stassen aumenta la utilidad en operación con el costeo absorbente. Cada unidad adicional en el inventario final de 2013 aumentará $135 la utilidad en operación. Por ejemplo, si se producen 9,000 unidades (la última columna de la ilustración 9-4), el inventario final será de 4,500 unidades y la utilidad en operación aumenta a $1,875,000. Esta cantidad es $607,500 mayor que la utilidad en operación con un inventario final de cero ($1,875,000 − $1,267,500, o 4,500 unidades × $135 por unidad = $607,500). Con el costeo absorbente, la compañía, al producir 4,500 unidades para el inventario, incluye $607,500 de costos fijos de manufactura en el inventario de productos terminados y, por lo tanto, estos costos no se registran como gastos en 2013.

¿Puede la alta administración implementar mecanismos de control que limiten a los gerentes a producir para el inventario con un costeo absorbente? Aunque la respuesta es sí, como veremos en la siguiente sección, el hecho de producir para el inventario no es algo que se logre evitar por completo. Existen muchas formas sutiles en las cuales un gerente puede producir para el inventario que,

Ilustración 9-4   Efecto de diferentes niveles de producción sobre la utilidad en operación con el costeo absorbente para la compañía Stassen: Estado de resultados de la línea de telescopios para 2013 con ventas de 6,500 unidades

	A	B	C	D	E	F	G	H	I	J	K
1	**Datos unitarios**										
2	Inventario inicial	2,000		2,000		2,000		2,000		2,000	
3	Producción	4,500		5,000		6,500		8,000		9,000	
4	Bienes disponibles para venta	6,500		7,000		8,500		10,000		11,000	
5	Ventas	6,500		6,500		6,500		6,500		6,500	
6	Inventario final	0		500		2,000		3,500		4,500	
7											
8	**Estado de resultados**										
9	Ingresos	$6,500,000		$6,500,000		$6,500,000		$6,500,000		$6,500,000	
10	Costo de los bienes vendidos:										
11	Inventario inicial ($335 × 2,000)	670,000		670,000		670,000		670,000		670,000	
12	Costos variables de manufactura: $200 × producción	900,000		1,000,000		1,300,000		1,600,000		1,800,000	
13	Costos fijos de manufactura aplicados: $135 × producción	607,500		675,000		877,500		1,080,000		1,215,000	
14	Costo de los bienes disponibles para venta	2,177,500		2,345,000		2,847,500		3,350,000		3,685,000	
15	Menos inventario final: $335 × inventario final	0		(167,500)		(670,000)		(1,172,500)		(1,507,500)	
16	Ajuste para la variación en el volumen de producción[a]	472,500	D	405,000	D	202,500	D	0		(135,000)	F
17	Costo de los bienes vendidos	2,650,000		2,582,500		2,380,000		2,177,500		2,042,500	
18	Utilidad bruta	3,850,000		3,917,500		4,120,000		4,322,500		4,457,500	
19	Costos de marketing: ($1,380,000 + $185 por unidad × 6,500 unidades vendidas)	2,582,500		2,582,500		2,582,500		2,582,500		2,582,500	
20	Utilidad en operación	$1,267,500		$1,335,000		$1,537,500		$1,740,000		$1,875,000	
21											
22	[a]Variación en el volumen de producción = Costos fijos de manufactura presupuestados − Costos fijos de manufactura aplicados (estado de resultados, línea 13)										
23	A una producción de 4,500 unidades: $1,080,000 − $607,500 = $472,500 D										
24	A una producción de 5,000 unidades: $1,080,000 − $675,000 = $405,000 D										
25	A una producción de 6,500 unidades: $1,080,000 − $877,500 = $202,500 D										
26	A una producción de 8,000 unidades: $1,080,000 − $1,080,000 = $0										
27	A una producción de 9,000 unidades: $1,080,000 − $1,215,000 = ($135,000) F										

si se practican de una manera limitada, tal vez no sean fáciles de detectar. Por ejemplo, considere lo siguiente:

■ El gerente de una planta puede cambiar a una manufactura de productos que absorba el máximo de los costos fijos de manufactura, indistintamente de la demanda de los clientes por tales productos (lo cual se denomina "selección ventajosa" en la línea de producción). La producción de artículos que absorba un mínimo o una cantidad menor de costos fijos de manufactura se puede demorar, dando como resultado la incapacidad para satisfacer las fechas de entrega prometidas a los clientes (lo cual, a lo largo del tiempo, daría como resultado clientes insatisfechos).

■ El gerente de una planta puede aceptar una orden específica para aumentar la producción, aun cuando otra planta dentro de la misma compañía esté mejor capacitada para manejar esa orden.

■ Para incrementar la producción, quizás un gerente difiera el mantenimiento más allá del periodo actual. Aunque la utilidad en operación de este periodo podría aumentar como resultado de ello, la utilidad en operación futura podría disminuir en una mayor cantidad, si los costos por las reparaciones aumentan y el equipo se vuelve menos eficiente.

El ejemplo de la ilustración 9-4 se centra tan solo en un año (2013). Un gerente de Stassen que acumule inventarios finales de telescopios hasta 4,500 unidades en 2013 tendría que aumentar más los inventarios finales en 2014, para incrementar la utilidad en operación de ese año produciendo para el inventario. Hay ciertos límites para el monto en el cual se pueden aumentar los niveles del inventario a lo largo del tiempo (debido a las restricciones físicas sobre el espacio de almacenamiento, así como a la supervisión y al control de la gerencia). Tales límites reducen la probabilidad de incurrir en algunos de los efectos indeseables del costeo absorbente.

Propuestas para la revisión de la evaluación del desempeño

La alta gerencia, con la ayuda del contralor y de los contadores administrativos, puede tomar varios pasos para reducir los efectos indeseables del costeo absorbente.

■ Centrarse en una cuidadosa elaboración de presupuestos y planeación del inventario, con la finalidad de reducir la libertad de la gerencia en cuanto a la acumulación de inventarios excesivos. Por ejemplo, los balances generales mensuales presupuestados tienen estimaciones del monto en dólares de los inventarios. Si los inventarios reales son superiores a estos montos en dólares, la alta gerencia puede investigar las acumulaciones en el inventario.

■ Incorporar un cobro por mantenimiento para el inventario en el sistema de contabilidad interna. Por ejemplo, la compañía podría establecer un cobro por mantenimiento del inventario de 1% mensual sobre la inversión en inventarios, para prevenir posibles deterioros y obsolescencias cuando evalúa el desempeño de un gerente. Un número creciente de compañías están empezando a adoptar este cobro por mantenimiento del inventario.

■ Cambiar el periodo que se usa para evaluar el desempeño. Los críticos del costeo absorbente brindan ejemplos donde los gerentes toman acciones que maximizan los ingresos trimestrales o anuales a expensas potenciales de los ingresos a largo plazo. Cuando su desempeño se evalúa a lo largo de un periodo de tres a cinco años, los gerentes se ven menos tentados a producir para el inventario.

■ Incluir variables no financieras así como variables financieras en las medidas que se usan para evaluar el desempeño. Algunos ejemplos de medidas no financieras que se utilizan para controlar el desempeño de los gerentes de Stassen en 2014 (véase datos en la p. 305) son como sigue:

(a) $\dfrac{\text{Inventario final en unidades en 2014}}{\text{Inventario inicial en unidades en 2014}} = \dfrac{3,000}{500} = 6$

(b) $\dfrac{\text{Unidades producidas en 2014}}{\text{Unidades vendidas en 2014}} = \dfrac{10,000}{7,500} = 1.33$

Punto de decisión

¿Por qué los gerentes acumularían un inventario de productos terminados, si usan un costeo absorbente?

La gerencia estaría interesada en ver que la producción es igual a las ventas y que los niveles del inventario son relativamente estables. Las compañías que fabrican o venden varios productos podrían reportar estas dos medidas para cada uno de los productos que fabrican y venden.

Comparación de los métodos de costeo del inventario

Antes de que empecemos nuestra exposición de la capacidad, veremos el *costeo específico*, una modificación del costeo variable, y compararemos los diversos métodos de costeo.

Costeo específico

Algunos gerentes señalan que incluso el costeo variable promueve una cantidad excesiva de costos que se incluyen en el inventario. Argumentan que solamente los materiales directos son "realmente variables" en la producción. El **costeo específico**, el cual se denomina también **costeo supervariable**, es una forma extrema de costeo variable donde únicamente se incluyen los costos de los materiales directos como costos inventariables. Todos los demás costos son costos del periodo en el cual se incurre en ellos. En particular, los costos variables de la mano de obra directa y los costos indirectos variables de manufactura se consideran costos del periodo y se deducen como gastos de ese mismo periodo.

La ilustración 9-5 es el estado de resultados de la compañía Stassen basado en un costeo específico para 2012, 2013 y 2014. Los *márgenes* son iguales a los ingresos, menos todos los costos de los materiales directos de los bienes vendidos. Compare los montos de la utilidad en operación que se reportan en la ilustración 9-5 con los del costeo absorbente y los del costeo variable:

	2012	2013	2014
Utilidad en operación con un costeo absorbente	$1,500,000	$1,335,000	$2,490,000
Utilidad en operación con un costeo variable	$1,230,000	$1,537,500	$2,152,500
Utilidad en operación con un costeo específico	$1,050,000	$1,672,500	$1,927,500

Tan solo los $110 del costo de los materiales directos por unidad son inventariables con un costeo específico, en comparación con los $335 por unidad para un costeo absorbente y $200 por unidad para un costeo variable. Cuando la cantidad de la producción excede las ventas como en 2012 y en 2014, el costeo específico da como resultado una mayor cantidad de gastos en el estado de resultados del periodo actual. Los defensores del costeo específico afirman que proporciona menos incentivos para producir el inventario que el costeo variable o, sobre todo, el costeo absorbente. El costeo específico es un fenómeno más reciente en comparación con el costeo variable y el costeo absorbente, y tiene defensores entusiastas, pero hasta este momento todavía no se ha adoptado en forma amplia.[2]

Ilustración 9-5

Costeo específico para la compañía Stassen: Estados de resultados de la línea de telescopios para 2012, 2013 y 2014

	A	B	C	D
1		2012	2013	2014
2	Ingresos: $1,000 × 6,000; 6,500; 7,500 unidades	$6,000,000	$6,500,000	$7,500,000
3	Costo de los materiales directos de los bienes vendidos			
4	Inventario inicial: $110 × 0; 2,000; 500 unidades	0	220,000	55,000
5	Materiales directos $110 × ;8,000; 5,000; 10,000 unidades	880,000	550,000	1,100,000
6	Costo de los bienes disponibles para la venta	880,000	770,000	1,155,000
7	Menos el inventario final $110 × 2,000; 500; 3,000 unidades	(220,000)	(55,000)	(330,000)
8	Costo de los materiales directos de los bienes vendidos	660,000	715,000	825,000
9	Margen específico[a]	5,340,000	5,785,000	6,675,000
10	Costos de manufactura (distintos de los materiales directos)[b]	1,800,000	1,530,000	1,980,000
11	Costos de marketing[c]	2,490,000	2,582,500	2,767,500
12	Utilidad en operación	$1,050,000	$1,672,500	$ 1,927,500
13				
14	[a]El margen específico es igual a los ingresos menos todos los costos de los materiales directos de los bienes vendidos.			
15	[b]Costos fijos de manufactura + [(costo de la mano de obra var. por unidad + costo indirecto var. de manuf. por unidad)			
16	× unidades producidas]; $1,080,000 + [($40 + $50) × 8,000; 5,000; 10,000 unidades]			
17	[c]Costos fijos de marketing + (costo variable de marketing por unidad × unidades vendidas);			
18	$1,380,000 + ($185 × 6,000; 6,500; 7,500 unidades)			

[2] Véase E. Goldratt, *The Theory of Constraints* (Nueva York: North River Press, 1990); E. Noreen, D. Smith y J. Mackey, *The Theory of Constraints and Its Implications for Management Accounting* (Nueva York: North River Press, 1995).

Una comparación de los métodos de costeo alternativos

El costeo variable y el costeo absorbente (así como el costeo específico) se pueden combinar con el costeo real, estimado o estándar. La ilustración 9-6 compara el costeo de los productos con seis sistemas alternativos de costeo del inventario.

Costeo variable	Costeo absorbente
Costeo real	Costeo real
Costeo estándar	Costeo estándar
Costeo estimado	Costeo estimado

El costeo variable ha sido un tema muy controvertido entre los contadores, y no debido a un desacuerdo acerca de la necesidad de distinguir entre los costos variables y los costos fijos para la planeación y el control internos, sino porque se relaciona con la *información externa*. Los contadores que favorecen el costeo variable para fines de información externa sostienen que la porción fija de los costos de manufactura está más estrechamente vinculada con la capacidad para producir que con la producción real de unidades específicas. Por lo tanto, los costos fijos se deberían registrar como gastos, en vez de inventariarse.

Los contadores que apoyan el costeo absorbente para propósitos de *información externa* señalan que los inventarios deben llevar un componente del costo fijo de manufactura. ¿Por qué? Porque tanto los costos variables de manufactura como los costos fijos de manufactura son necesarios para producir bienes. Por ello, ambos tipos de costos se tienen que inventariar para confrontar todos los costos de manufactura contra los ingresos, indistintamente de sus diferentes patrones de comportamiento. Para fines de información externa a los accionistas, las compañías alrededor del mundo tienden a seguir la norma de información financiera de que todos los costos de manufactura son inventariables.

De manera similar, en Estados Unidos, para elaborar informes de impuestos, los costos directos de producción, así como los costos indirectos fijos y variables de producción, se deberían tomar en cuenta en el cálculo de los costos inventariables de acuerdo con el método de "absorción total" de costeo del inventario. Los costos indirectos de producción incluyen partidas como renta, servicios generales, mantenimiento, gastos por reparaciones, materiales indirectos y mano de obra indirecta. Para otras categorías de costos indirectos (incluyendo depreciación, seguros, impuestos, salarios de los funcionarios, gastos administrativos de fábrica y costos relacionados con huelgas), aquella porción del costo que es "tanto incidente como necesaria para las operaciones o procesos de manufactura o de producción" es inventariable para cuestiones fiscales, si (y solo si) se trata como inventariable para los fines de información financiera. Por consiguiente, los costos se deben aplicar

Ilustración 9-6 Comparación de sistemas alternativos de costeo del inventario

			Costeo real	Costeo estimado	Costeo estándar
Costeo absorbente	Costeo variable	Costo directo variable de manufactura	Precio real × Cantidad real de insumos usados	Precio reales × Cantidad real de insumos usados	Precios estándar × Cantidad estándar de insumos permitidos para la producción realmente obtenida
		Costos indirectos variables de manufactura	Tasas reales de costos indirectos variables × Cantidad real de las bases de aplicación del costo usadas	Tasas presupuestadas de costos indirectos variables × Cantidad real de las bases de aplicación del costo usadas	Tasas estándar de costos indirectos variables × Cantidad estándar de las bases de aplicación del costo requeridas para la producción realmente obtenida
		Costos directos fijos de manufactura	Precios reales × Cantidad real de insumos usados	Precio reales × Cantidad real de insumos usados	Precios estándar × Cantidad estándar de insumos permitidos para la producción realmente obtenida
		Costos indirectos fijos de manufactura	Tasas reales de costos indirectos fijos × Cantidad real de las bases de aplicación del costo usadas	Tasas presupuestadas de costos indirectos fijos × Cantidad real de las bases de aplicación del costo usadas	Tasas estándar de los costos indirectos fijos × Cantidad estándar de las bases de aplicación del costo requeridas para la producción realmente obtenida

con frecuencia entre aquellas porciones que están relacionadas con las actividades de manufactura y aquellas que no lo están.[3]

Conceptos de la capacidad del nivel del denominador y análisis del costo fijo de la capacidad

Hemos visto que la diferencia entre los métodos de costeo variable y absorbente surge únicamente del tratamiento de los costos fijos de manufactura. El nivel de los costos fijos de manufactura permite que las empresas obtengan la escala o capacidad necesaria para satisfacer la demanda esperada de los clientes. La determinación de la cantidad "correcta" de gastos, o del nivel de capacidad adecuado, es una de las decisiones más estratégicas y más difíciles a las que se enfrentan los gerentes. Tener demasiada capacidad de producción en relación con la capacidad que se necesita para satisfacer las demandas del mercado significa incurrir en algunos costos por la capacidad ociosa. Contar con una capacidad demasiado pequeña para producir significa que la demanda de algunos clientes quizá quede insatisfecha. Estos clientes pueden acudir a otras fuentes de suministro y no regresar nunca. Por consiguiente, tanto los gerentes como los contadores deberían tener una clara comprensión sobre los problemas que se presentan a raíz de los costos de la capacidad.

Empezaremos nuestra exposición analizando algunas cuestiones fundamentales del costeo absorbente: dado un nivel de gastos sobre los costos fijos de manufactura, ¿qué nivel de capacidad se debería usar para calcular los costos fijos de manufactura por unidad producida? Más adelante estudiaremos en forma más amplia cómo una empresa debería decidir sobre su nivel de inversión en capacidad.

Costeo absorbente y conceptos alternativos de la capacidad del nivel del denominador

En los capítulos anteriores, sobre todo en los capítulos 4, 5 y 8, hemos puesto de relieve la forma en que el costeo estimado y el costeo estándar reportan los costos de una manera oportuna y continua, a lo largo de todo un año fiscal. La elección del nivel de capacidad usado para aplicar los costos fijos de manufactura presupuestados a los productos puede afectar mucho la utilidad en operación reportada con un costeo estimado o un costeo estándar, así como la información del costo del producto disponible para los gerentes.

Considere el ejemplo de la compañía Stassen una vez más. Recuerde que los costos fijos anuales de manufactura de la planta de producción son de $1,080,000. Stassen usa actualmente un costeo absorbente con costos estándar para propósitos de informes externos, y calcula su tasa presupuestada de costos fijos de manufactura con una métrica por unidad. A continuación examinaremos cuatro niveles distintos de capacidad que se usan como el denominador para calcular la tasa presupuestada del costo fijo de manufactura: capacidad teórica, capacidad práctica, utilización de la capacidad normal y utilización de la capacidad a nivel del presupuesto maestro.

Capacidad teórica y capacidad práctica

En las empresas y en la contabilidad, capacidad suele significar una "restricción" o un "límite superior". La **capacidad teórica** es un nivel de capacidad que se basa en el hecho de producir siempre con toda la eficiencia posible en todo momento. Stassen puede fabricar 25 unidades por turno cuando las líneas de producción están operando a su máxima velocidad. Si suponemos 360 días por año, la capacidad anual teórica para dos turnos por día es la siguiente:

25 unidades por turno × 2 turnos por día × 360 días = 18,000 unidades

La capacidad teórica es teórica en el sentido de que no prevé ningún mantenimiento de la planta, periodos de cierre de operaciones, interrupciones ocasionadas debido a un tiempo inactivo en las líneas de ensamblado o cualesquiera otros factores. La capacidad teórica representa una meta ideal de la utilización de la capacidad. Los niveles de la capacidad teórica son inalcanzables en el mundo real, aunque ciertamente brindan un objetivo al cual pueda aspirar una organización.

La **capacidad práctica** es el nivel de capacidad que reduce la capacidad teórica considerando las interrupciones operativas inevitables, como el tiempo de mantenimiento programado, los cierres durante los días festivos, etcétera. Suponga que la capacidad práctica es la tasa práctica de producción

---

[3] Los detalles relacionados con las reglas fiscales se encuentran en la sección 1.471-11 del U.S. Internal Revenue Code: Inventories of Manufacturers (véase http://ecfr.gpoaccess.gov). Recuerde del capítulo 2 que los costos que no están relacionados con la producción, como marketing, distribución o gastos de investigación, se tratan como gastos de periodo para fines de información financiera. Con las leyes fiscales estadounidenses, una empresa puede todavía considerar estos costos como inventariables para propósitos fiscales, siempre y cuando lo haga de una manera consistente.

de 20 unidades por turno (en oposición a 25 unidades por turno con una capacidad teórica) para dos turnos por día durante 300 días al año (a diferencia de 360 días al año con la capacidad teórica). La capacidad práctica anual es como sigue:

$$20 \text{ unidades por turno} \times 2 \text{ turnos por día} \times 360 \text{ días} = 12{,}000 \text{ unidades}$$

Los factores de ingeniería y de recursos humanos son ambos importantes cuando se estiman la capacidad teórica o la capacidad práctica. Los ingenieros de la planta de Stassen proporcionan los insumos sobre las capacidades técnicas de las máquinas para el corte y para el pulido de los lentes. Los factores relacionados con la seguridad humana, como el incremento en el riesgo de accidentes cuando la línea opera a velocidades más rápidas, también son consideraciones necesarias al estimar la capacidad práctica. Con dificultades, se puede alcanzar la capacidad práctica.

Utilización de la capacidad normal y utilización de la capacidad del presupuesto maestro

Tanto la capacidad teórica como la capacidad práctica miden los niveles de capacidad en términos de aquello que puede *suministrar* una planta: su capacidad disponible. En cambio, la utilización de la capacidad normal y la utilización de la capacidad del presupuesto maestro miden los niveles de capacidad en términos de la *demanda* para la producción de la planta, es decir, la cantidad de capacidad disponible que la planta espera usar con base en la demanda de sus productos. En muchos casos, la demanda presupuestada es muy inferior a la capacidad de producción disponible.

La **utilización de la capacidad normal** es el nivel de utilización de la capacidad que satisface la demanda promedio del cliente durante un periodo (digamos, de dos a tres años) e incluye factores estacionales, cíclicos y de tendencia. La **utilización de la capacidad del presupuesto maestro** es el uso del nivel de capacidad que esperan los gerentes para el periodo presupuestal en curso, el cual es típicamente de un año. Estos dos niveles de capacidad pueden diferir: por ejemplo, cuando una industria, como la automotriz o la de semiconductores, tiene periodos cíclicos de una demanda alta y baja, o bien, cuando la administración considera que la producción presupuestada para el siguiente periodo no es representativa de la demanda a largo plazo.

Considere el presupuesto maestro de Stassen para 2012, con base en la producción de 8,000 telescopios por año. A pesar de usar este nivel de utilización de la capacidad del presupuesto maestro de 8,000 telescopios para 2012, la alta gerencia considera que durante los tres años siguientes el nivel normal (promedio) de producción anual será de 10,000 telescopios. Visualiza el nivel de producción presupuestado para 2012 de 8,000 telescopios como "anormalmente" bajo, porque un competidor importante ha estado reduciendo considerablemente su precio de venta y ha estado gastando fuertes cantidades en publicidad. Stassen espera que el menor precio del competidor y que el ataque publicitario no sean un fenómeno a largo plazo y que, en 2014 y más allá de esa fecha, la producción y las ventas de Stassen sean más altas.

Efecto sobre la tasa presupuestada del costo fijo de manufactura

A continuación ilustramos la forma en que cada uno de estos cuatro niveles del denominador afecta la tasa presupuestada del costo fijo de manufactura. Stassen ha presupuestado costos fijos indirectos de manufactura (estándar) de $1,080,000 para 2012. Se incurre en esta suma acumulada para brindar la capacidad necesaria para la producción de telescopios. Esta cantidad incluye, entre otros costos, los costos del arrendamiento para las instalaciones y la remuneración de los gerentes de la planta. Las tasas presupuestadas del costo fijo de manufactura para 2012 con cada uno de los cuatro conceptos del nivel de capacidad son:

	A	B	C	D
1		Costos fijos	Nivel	Costo fijo
2	Concepto de la capacidad	de manufactura	presupuestado	de manufactura
3	al nivel del denominador	presupuestados por año	de capacidad (en unidades)	presupuestado por unidad
4	(1)	(2)	(3)	(4) = (2)/(3)
5	Capacidad teórica	$1,080,000	18,000	$ 60
6	Capacidad práctica	$1,080,000	12,000	$ 90
7	Utilización normal de la capacidad	$1,080,000	10,000	$108
8	Utilización de la capacidad a nivel del presupuesto maestro	$1,080,000	8,000	$135

La diferencia significativa en las tasas de costos (de $60 a $135) surge debido a la existencia de grandes diferencias en los niveles de capacidad presupuestados con los distintos conceptos de capacidad.

Los costos variables de manufactura presupuestados (estándar) son de $200 por unidad. El costo total presupuestado de manufactura (estándar) por unidad para los conceptos alternativos del nivel de capacidad es:

	A	B	C	D
1		Costo variable	Costo fijo	Costo total
2	**Concepto de la capacidad**	de manufactura	de manufactura	de manufactura
3	**al nivel del denominador**	presupuestados por unidad	presupuestado por unidad	presupuestado por unidad
4	(1)	(2)	(3)	(4) = (2)+(3)
5	Capacidad teórica	$200	$ 60	$260
6	Capacidad práctica	$200	$ 90	$290
7	Utilización normal de la capacidad	$200	$108	$308
8	Utilización de la capacidad a nivel del presupuesto maestro	$200	$135	$335

Ya que diferentes conceptos de capacidad a nivel del denominador producen diferentes costos fijos de manufactura presupuestados por unidad, Stassen debe decidir qué nivel de capacidad habrá de usar. No se le ha pedido a Stassen que use el mismo concepto del nivel de capacidad, digamos, para la planeación y el control administrativo, para la información externa a los accionistas y para fines de impuestos sobre ingresos (sobre la renta).

Elección de un nivel de capacidad

Como justo acabamos de ver, al inicio de cada año fiscal, los gerentes determinan diferentes niveles del denominador para los distintos conceptos de capacidad y calculan diferentes costos fijos de manufactura presupuestados por unidad. A continuación exponemos los problemas y los efectos que surgen con distintas elecciones del nivel del denominador para fines diferentes, incluyendo: *a)* el costeo del producto y la administración de la capacidad, *b)* la fijación de precios, *c)* la evaluación del desempeño, *d)* la información externa y *e)* los requisitos fiscales.

Costeo del producto y administración de la capacidad

Los datos provenientes del costeo estimado o del costeo estándar se usan a menudo en las decisiones de fijación de precios o de mezcla de productos. Como ilustra el ejemplo de Stassen, el uso de la capacidad teórica da como resultado un costo fijo de manufactura por unidad que es poco realista, ya que se basa en un nivel de capacidad ideal e inalcanzable. La capacidad teórica se usa rara vez para calcular el costo fijo de manufactura presupuestado por unidad, porque se aparta de manera significativa de la capacidad real disponible para una organización.

Muchas compañías favorecen la capacidad práctica como el denominador para calcular el costo fijo de manufactura presupuestado por unidad. La capacidad práctica en el ejemplo de Stassen representa el número máximo de unidades (12,000) que Stassen esperaría producir de una manera razonable cada año para los $1,080,000 que gastará anualmente en la capacidad. Si Stassen hubiera planeado de una manera consistente fabricar un menor número de unidades, digamos 6,000 telescopios por año, habría construido una planta más pequeña e incurrido en menores costos.

Stassen presupuesta $90 como el costo fijo de manufactura por unidad, tomando como base los $1,080,000 que cuesta adquirir la capacidad para producir 12,000 unidades. Este nivel de la capacidad de la planta es una decisión estratégica importante que los gerentes toman mucho antes de que Stassen use la capacidad, e incluso antes de que Stassen sepa qué magnitud de la capacidad realmente usará. Es decir, el costo fijo de manufactura presupuestado de $90 por unidad mide el *costo por unidad para el suministro de la capacidad.*

En 2012 se espera que la demanda de los telescopios de Stassen sea de 8,000 unidades, lo cual significa 4,000 unidades menos que la capacidad práctica de 12,000 unidades. Sin embargo, a Stassen le cuesta $1,080,000 por año adquirir la capacidad para elaborar las 12,000 unidades y, por lo tanto, el costo de *suministrar* la capacidad necesaria para elaborar 12,000 unidades todavía es de $90 por unidad.

La capacidad y su costo son fijos *en el corto plazo*; a diferencia de los costos variables, la capacidad suministrada no se reduce en forma automática para ajustarse a la capacidad necesaria

Punto de decisión ▶

¿Cuáles son los diversos niveles de capacidad que puede usar una compañía para calcular la tasa presupuestada del costo fijo de manufactura?

Objetivo de aprendizaje **6**

Examinar los factores clave en la elección de un nivel de capacidad para calcular la tasa presupuestada de costos fijos de manufactura

. . . los gerentes deben considerar el efecto que tiene un nivel de capacidad sobre el costeo de los productos, sobre la administración de la capacidad, sobre las decisiones de fijación de precios y sobre los estados financieros.

en 2012. En consecuencia, no toda la capacidad suministrada a $90 por unidad será necesaria o utilizada en 2012. Al usar la capacidad práctica como el nivel del denominador, los gerentes pueden subdividir el costo de los recursos suministrados en componentes usados y no usados. A un costo de suministro de $90 por unidad, los recursos de manufactura que Stassen usará son iguales a $720,000 ($90 por unidad × 8,000 unidades). Los recursos de manufactura que Stassen no usará son de $360,000 [$90 por unidad × (12,000 − 8000) unidades].

El uso de la capacidad práctica como el nivel del denominador establece el costo de la capacidad al costo del suministro de dicha capacidad, indistintamente de la demanda por la capacidad. El hecho de poner de relieve el costo de la capacidad adquirida pero no usada dirige la atención de los gerentes hacia la administración de la capacidad no usada, tal vez mediante el diseño de nuevos productos para llenar la capacidad ociosa, arrendando la capacidad no usada a terceros, o bien, eliminando la capacidad no usada. En cambio, el uso de los niveles de la capacidad tomando como base la demanda de los telescopios de Stassen —utilización de la capacidad del presupuesto maestro o utilización de la capacidad normal— oculta el monto de la capacidad ociosa. Si Stassen hubiera recurrido a la utilización de la capacidad del presupuesto maestro como el nivel de capacidad, habría calculado un costo fijo de manufactura presupuestado por unidad como $135 ($1,080,000 ÷ 8,000 unidades). Este cálculo no usa los datos acerca de la capacidad práctica y, por lo tanto, no identifica de manera separada el costo de la capacidad no usada. Sin embargo, observe que el costo de $135 por unidad incluye un cargo por la capacidad no usada: comprende el recurso fijo de manufactura de $90 que se usaría para fabricar cada unidad a la capacidad práctica más el costo de la capacidad no usada aplicada a cada unidad, $45 por unidad ($360,000 ÷ 8000 unidades).

Desde la perspectiva del costeo de los productos a largo plazo, ¿qué costo de capacidad debería usar Stassen para fines de fijación de precios o para comparar la estructura de costos de su producto contra la competencia: $90 por unidad con base en la capacidad práctica o $135 por unidad con base en la utilización de la capacidad del presupuesto maestro? Quizá los $90 por unidad tomando como base la capacidad práctica. ¿Por qué? Porque los $90 por unidad representan el costo presupuestado por unidad únicamente de la capacidad usada para elaborar el producto, y excluyen explícitamente el costo de cualquier capacidad no usada. Los clientes de Stassen estarán dispuestos a pagar un precio que cubra el costo de la capacidad realmente usada, pero no querrán pagar por una capacidad no usada que no traiga otros beneficios para ellos. Los consumidores esperan que Stassen administre su capacidad no usada o que absorban el costo de esta, y no que la transfieran al cliente. Además, si los competidores de Stassen administran la capacidad no usada de una manera más efectiva, el costo de la capacidad en las estructuras de costos de los competidores (lo cual guía sus decisiones de fijación de precios) probablemente se aproximará a $90. En la siguiente sección mostramos la manera en que el empleo de la utilización de la capacidad normal o de la utilización de la capacidad del presupuesto maestro daría como resultado el establecimiento de precios de venta que no sean competitivos.

Decisiones de fijación de precio y espiral descendente de la demanda

La **espiral descendente de la demanda** de una compañía es la reducción continua en la demanda por sus productos, la cual ocurre cuando no se igualan los precios de los competidores; a medida que la demanda disminuye cada vez más, la existencia de costos unitarios progresivamente más altos traería consigo una mayor renuencia para igualar los precios de los competidores.

La forma más sencilla de entender la espiral descendente en la demanda es con un ejemplo. Suponga que Stassen emplea la capacidad del presupuesto maestro de 8,000 unidades para el costeo de los productos en 2012. El costo de manufactura resultante es de $335 por unidad ($200 de costo variable de manufactura por unidad + $135 de costo fijo de manufactura por unidad). Suponga que, en diciembre de 2011, un competidor ofrece suministrar a un cliente importante de Stassen (un cliente que se esperaba que comprara 2,000 unidades en 2012) telescopios a $300 por unidad. Como no quiere mostrar una pérdida en la cuenta y desea recuperar todos los costos en el largo plazo, el gerente de Stassen se niega a igualar el precio del competidor. La cuenta se pierde. Dicha pérdida significa que los costos fijos de manufactura presupuestados de $1,080,000 se distribuirán sobre el volumen restante del presupuesto maestro de 6,000 unidades a una tasa de $180 por unidad ($1,080,000 ÷ 6,000 unidades).

Suponga ahora que otro cliente de Stassen, quien también da cuenta de 2,000 unidades de volumen presupuestado, recibe una oferta de un competidor a un precio de $350 por unidad. El gerente de Stassen compara esta oferta con su costo unitario revisado de $380 ($200 ÷ $180), se niega a igualar a la competencia y la cuenta se pierde. La producción planeada se reduciría aún más: hasta 4,000 unidades. El costo fijo de manufactura presupuestado por unidad para los 4,000 telescopios restantes sería ahora de $270 ($1,080,000 ÷ 4,000 unidades).

La siguiente ilustración muestra el efecto por distribuir los costos fijos de manufactura sobre una cantidad reducida de utilización de la capacidad del presupuesto maestro:

	A	B	C	D
1	**Utilización de la capacidad**		**Costo fijo**	
2	**del presupuesto maestro**	**Costo variable de manufactura**	**de manufactura presupuestado**	**Costo total de manufactura**
3	**al nivel del denominador**	**presupuestado**	**por unidad**	**presupuestado**
4	**(unidades)**	**por unidad**	**[$1,080,000 ÷ (1)]**	**por unidad**
5	**(1)**	**(2)**	**(3)**	**(4)=(2)+(3)**
6	8,000	$200	$135	$335
7	6,000	$200	$180	$380
8	4,000	$200	$270	$470
9	3,000	$200	$360	$560

La capacidad práctica, en contraste, es una medida estable. El uso práctico de la capacidad, como el denominador para calcular el costo fijo de manufactura presupuestado por unidad, evita que se vuelvan a calcular los costos de las unidades cuando los niveles esperados de demanda cambian, porque la tasa del costo fijo se calcula tomando como base la *capacidad disponible* en vez de la *capacidad usada para satisfacer la demanda*. Los gerentes que usan los costos unitarios reportados de una manera mecánica para establecer los precios tienen menos probabilidades de promover una espiral descendente en la demanda, cuando usan la capacidad práctica que cuando emplean la capacidad normal o la capacidad del presupuesto maestro.

El uso de la capacidad práctica como el nivel del denominador también da al gerente una idea más exacta de los recursos necesarios y que habrá de utilizarse para producir una unidad mediante la exclusión del costo de la capacidad no usada. Como se expuso anteriormente, el costo de los recursos de manufactura suministrados para producir un telescopio es de $290 ($200 de costo variable de manufactura por unidad más $90 de costo fijo de manufactura por unidad). Este costo es menor que los precios ofrecidos por los competidores de Stassen y hubiera conducido correctamente al gerente a igualar los precios y a retener las cuentas (suponiendo, para fines de esta exposición, que Stassen no tiene otros costos). Sin embargo, si los precios ofrecidos por los competidores fueran inferiores a $290 por unidad, el gerente de Stassen no recuperaría el costo de los recursos usados para suministrar los telescopios. Esto indicaría al gerente que Stassen no es una empresa competitiva, incluso en la ausencia de una capacidad ociosa. La única forma en que Stassen sería rentable y retendría a los clientes en el largo plazo sería reduciendo su costo de manufactura por unidad. La sección Conceptos en acción de la p. 319 destaca la espiral descendente que actualmente enfrenta la industria telefónica tradicional de línea fija.

Evaluación del desempeño

Considere la manera en que la elección entre la utilización de la capacidad normal, la utilización de la capacidad del presupuesto maestro y la capacidad práctica afecta la evaluación de un gerente de marketing. La capacidad normal se usa con frecuencia como una base para los planes a largo plazo. La utilización de la capacidad normal depende del periodo de tiempo seleccionado y de los pronósticos que se hayan realizado para cada año. *Sin embargo, el uso de la capacidad normal es un promedio que no brinda una retroalimentación significativa al gerente de marketing durante un año en particular.* El uso de la capacidad normal como una referencia para juzgar el desempeño actual de un gerente de marketing es un ejemplo de un mal uso de una medida a largo plazo para un propósito a corto plazo. Se debe seleccionar la capacidad del presupuesto maestro, en vez de la utilización de la capacidad normal o de la capacidad práctica, para evaluar el desempeño de un gerente de marketing en el año actual, ya que el presupuesto maestro es la principal herramienta de planeación y control a corto plazo. Los gerentes se sienten más obligados a alcanzar los niveles que se especifican en el presupuesto maestro, el cual debería haberse establecido cuidadosamente en relación con las oportunidades máximas de ventas en el año actual.

Cuando existen fuertes diferencias entre la utilización de la capacidad práctica y la utilización de la capacidad del presupuesto maestro, varias compañías (como Texas Instruments, Polysar y Sandoz) clasifican la diferencia como una *capacidad planeada sin utilizar*. Una razón para este enfoque es la evaluación del desempeño. Considere nuestro ejemplo del telescopio de Stassen. Los gerentes que están a cargo de la planeación de la capacidad, por lo general, no toman decisiones sobre fijación de precios. La alta gerencia decidió construir una planta de manufactura con 12,000 unidades de capacidad práctica, concentrándose en la demanda para los siguientes cinco años. Sin embargo, los gerentes de marketing de Stassen, quienes son gerentes de nivel medio, toman las decisiones de fija-

Conceptos en acción

La "espiral de la muerte" y el final del servicio telefónico a base de líneas terrestres

¿Puede usted imaginarse un futuro sin un servicio telefónico de línea terrestre? Verizon y AT&T, los dos proveedores más grandes de servicios telefónicos en Estados Unidos, ya están trabajando para hacer realidad ese futuro. En fechas recientes, ambas compañías anunciaron planes para reducir su concentración en el suministro de un servicio telefónico basado en alambre de cobre a hogares y empresas. De acuerdo con AT&T, con el surgimiento de los teléfonos móviles y de las comunicaciones por Internet como la voz sobre protocolo de Internet (VoIP), menos del 20% de los estadounidenses se basan ahora exclusivamente en las líneas terrestres para el servicio de voz, y el 25% ya las han abandonado totalmente.

Pero, ¿por qué abandonarían las compañías telefónicas las líneas telefónicas terrestres si el 75% de los estadounidenses todavía las usan? Una demanda de un servicio que se reduce continuamente está conduciendo a mayores costos unitarios, o a una espiral de demanda descendente. Como en fechas recientes AT&T dijo a la Comisión Federal de Comunicaciones de Estados Unidos: "El modelo de negocios para servicios heredados de telefonía está en la espiral de la muerte. Con un producto fuera de moda, con ingresos en decadencia y con costos crecientes, el negocio de servicios telefónicos antiguos será insostenible en el largo plazo."

Las estadísticas del mercado apoyan la aseveración de AT&T. De 2000 a 2008, los minutos totales del acceso a larga distancia disminuyeron en 42%. Como consecuencia de ello, los ingresos provenientes del servicio telefónico tradicional de las líneas terrestres disminuyó en 27% entre 2000 y 2007. Tan solo en 2008, AT&T perdió 12% de sus clientes de líneas terrestres, mientras que Verizon perdió el 10%. Los observadores de la industria estiman que los clientes están cancelando en forma permanente 700,000 teléfonos de líneas terrestres cada mes.

Conforme todas estas compañías pierden clientes e ingresos provenientes de líneas terrestres, los costos del mantenimiento de los alambres telefónicos que cuelgan de los postes y que se entierran no están disminuyendo con la misma rapidez. Actualmente a las compañías telefónicas cuesta un promedio de $52 por año mantener una línea de teléfonos de cobre, en comparación con $43 en 2003, sobre todo debido al número decreciente de líneas terrestres. Estos costos no incluyen los demás gastos que se requieren para mantener el servicio de la línea telefónica terrestre incluyendo las oficinas locales de apoyo, los *call centers* ni los estacionamientos.

Los nuevos competidores están aprovechando esta situación. Vonage, la compañía telefónica líder de Internet, ofrece sus servicios por una cantidad tan baja como $18 por mes. Sin depender de alambres para transmitir las llamadas, sus costos directos del suministro del servicio telefónico ascienden a $6.67 mensuales para cada suscriptor. Y la parte más cuantiosa de esto no es el costo verdadero, sino los subsidios para los servidores rurales de teléfonos por conectar llamadas de larga distancia. A medida que Vonage atraiga a más clientes, sus economías de escala aumentarán mientras que sus costos del suministro del servicio disminuirán para cada suscriptor adicional.

Incapacitados por los costos unitarios crecientes, las organizaciones como Verizon y AT&T son incapaces de competir con Vonage en cuanto a precio. Como tal, su negocio tradicional de líneas terrestres se encuentra en un declive permanente. Por consiguiente, ¿qué están haciendo las compañías acerca de ello? Verizon está reduciendo sus operaciones de líneas terrestres mediante la venta de grandes partes de su negocio de alambre de cobre a compañías más pequeñas con un descuento significativo. AT&T recientemente solicitó al gobierno de Estados Unidos que renunciara a un requerimiento de que ella y otras compañías mantuvieran sus costosas redes de líneas terrestres. A medida que continúe la "espiral de la muerte" del servicio telefónico terrestre, el futuro de las telecomunicaciones incluirá más servicios telefónicos inalámbricos y de fibra óptica, así como una voz sobre protocolo de Internet, con una menor porción de la visión original de Alexander Graham Bell de teléfonos conectados por alambres de cobre.

Fuente: Comments of AT&T Inc. on the Transition from the Legacy Circuit-switched Network to Broadband. Washington, DC: AT&T Inc., 21 de diciembre de 2009, http:/fjallfoss.fcc.goc/ecfs/document/view?id=7020354032; Hansell, Saul. 2009. Verizon boss hangs up on landline phone business. *New York Times*, 17 de septiembre; Hansell, Saul. 2009. Will the phone industry need a bailout, too? *New York Times*, 8 de mayo.

ción de precios, y consideran que deberían mantenerse como responsables solamente por los costos indirectos de manufactura relacionados con su base de clientes potencial en 2012. La utilización de la capacidad del presupuesto maestro indica una base de clientes en 2012 de 8,000 unidades (2/3 de la capacidad práctica de 12,000). Usando los principios de la contabilidad por áreas de responsabilidad (véase el capítulo 6, pp. 199-201), únicamente 2/3 de los costos fijos totales de manufactura presupuestados ($1,080,000 × 2/3 = $720,000) se atribuirían a los costos fijos de la capacidad para satisfacer la demanda de 2012. El 1/3 restante del numerador ($1,080,000 × 1/3 = $360,000) se mostraría en forma separada como el costo de la capacidad para satisfacer los incrementos en la demanda a largo plazo, que se espera que ocurran más allá de 2012.[4]

Información externa

La magnitud de las variaciones favorables/desfavorables en el volumen de producción con el costeo absorbente se ve afectada por la elección del nivel del denominador usado para calcular el costo fijo de manufactura presupuestado por unidad. Suponga la siguiente información operativa real para Stassen en 2012:

	A	B	C
1	Inventario inicial	0	
2	Producción	8,000	unidades
3	Ventas	6,000	unidades
4	Inventario final	2,000	unidades
5	Precio de venta	$ 1,000	por unidad
6	Costo variable de manufactura	$ 200	por unidad
7	Costos fijos de manufactura	$ 1,080,000	
8	Costo variable de marketing	$ 185	por unidad vendida
9	Costos fijos de marketing	$ 1,380,000	

Observe que estos son los mismos datos que se usaron para calcular el ingreso con un costeo variable y con un costeo absorbente para Stassen en la ilustración 9-1. Como antes, suponemos que no hay variaciones en precio, en gastos o en eficiencia para los costos de manufactura. Recuerde que en el capítulo 8 vimos la ecuación para calcular la variación en el volumen de producción:

$$\text{Variación en el volumen de producción} = \left(\begin{array}{c}\text{Costos}\\\text{indirectos fijos}\\\text{de manufactura}\\\text{presupuestados}\end{array}\right) - \left(\begin{array}{c}\text{Costos indirectos fijos de manufactura}\\\text{aplicados, usando el costo presupuestado}\\\text{por unidad producida requerida para la}\\\text{producción real}\end{array}\right)$$

Los cuatro distintos conceptos del nivel de capacidad dan como resultado cuatro diferentes tasas presupuestadas de costos indirectos fijos de manufactura por unidad. Las distintas tasas darán como resultado diferentes montos de costos indirectos fijos de manufactura aplicados a las 8,000 unidades realmente producidas y diferentes cantidades de variación en el volumen de producción. Usando los costos fijos de manufactura presupuestados de $1,080,000 (iguales a los costos fijos de manufactura reales) y las tasas que se calcularon en la p. 315 para diferentes niveles del denominador, los cálculos de la variación en el volumen de producción son:

Variación en el volumen de producción (capacidad teórica) = $1,080,000   − (8,000 unidades × $60 por unidad)

= $1,080,000   − 480,000

= 600,000 D

Variación en el volumen de producción (capacidad práctica) = $1,080,000   − (8,000 unidades × $90 por unidad)

= $1,080,000   − 720,000

= 360,000 D

Variación en el volumen de producción (utilización de la capacidad normal)   = $1,080,000   − (8,000 unidades × $108 por unidad)

= $1,080,000   − 864,000

= 216,000 D

---

[4] Si se desea una exposición adicional, véase T. Klammer, *Capacity Measurement and Improvement* (Chicago: Irwin, 1996) Esta investigación fue facilitada por CAM-I, una organización que promueve las prácticas innovadoras en la administración de costos. La investigación de CAM-I sobre los costos de la capacidad explora las formas en las cuales las compañías identifican los tipos de costos de capacidad que se pueden reducir (o eliminar) sin afectar la producción que se requiere para satisfacer la demanda de los clientes. Un ejemplo es el mejoramiento de los procesos para eliminar con éxito los costos de la capacidad que se mantiene, en anticipación del manejo de las dificultades ocasionadas por una coordinación imperfecta con los proveedores y los clientes.

Variación en el volumen de producción (utilización
de la capacidad con el presupuesto maestro)
$= \$1,080,000 - (8,000 \text{ unidades} \times \$135 \text{ por unidad})$
$= \$1,080,000 - 1,080,000$
$= 0$

La manera en que Stassen disponga de su variación en el volumen de producción al final del año fiscal determinará el efecto que tiene esta variación sobre la utilidad en operación de la compañía. A continuación expondremos los enfoques alternativos que puede usar Stassen para disponer de la variación en el volumen de producción. Estos enfoques se expusieron por primera vez en el capítulo 4 (pp. 117-122).

1. **Enfoque de la tasa de aplicación ajustada.** Este enfoque reexpresa todas las cantidades del mayor y del mayor auxiliar, usando las tasas de costos reales en vez de presupuestadas. Dado que los costos fijos reales de manufactura son de $1,080,000 y que la producción real es de 8,000 unidades, el costo fijo de manufactura recalculado es de $135 por unidad ($1,080,000 ÷ 8,000 unidades reales). Con el enfoque de la tasa de aplicación ajustada, la elección del nivel de capacidad usado para calcular el costo fijo de manufactura presupuestado por unidad no tiene efecto sobre los estados financieros de fin de año. En efecto, el costeo real se adopta al final del año fiscal.

2. **Enfoque de prorrateo.** Los costos indirectos subaplicados o sobreaplicados se distribuyen entre los saldos finales de las cuentas de productos en proceso, control de productos terminados y costo de los bienes vendidos. El prorrateo reexpresa los saldos finales de estas cuentas a lo que hubieran sido, si se hubieran usado las tasas de los costos reales en vez de las tasas de los costos presupuestados. El enfoque del prorrateo también da como resultado que la elección del nivel de capacidad usado para calcular el costo fijo de manufactura presupuestado por unidad no tenga efecto sobre los estados financieros de fin de año.

3. **Enfoque de la eliminación de las variaciones contra el costo de los bienes vendidos.** La ilustración 9-7 presenta la manera en que el uso de este enfoque afecta la utilidad en operación de Stassen en 2012. Recuerde que Stassen no tenía inventarios iniciales, y que tuvo una producción de 8,000 unidades y ventas de 6,000 unidades. Por lo tanto, el inventario final al 31 de diciembre de 2012 es de 2,000 unidades. El empleo de la capacidad del presupuesto como el nivel del denominador da como resultado la asignación del monto más alto del costo fijo de manufactura por unidad a las 2,000 unidades del inventario final (véase la partida "menos inventario final" en la ilustración 9-7). Entonces, la utilidad en operación es más alta cuando se recurre a la capacidad del presupuesto maestro. Las diferencias en la utilidad en operación para los cuatro conceptos a nivel del denominador de la ilustración 9-7 se deben al hecho de que se inventarían diferentes cantidades de costos indirectos fijos de manufactura a finales de 2012:

**Costos indirectos fijos de manufactura
en el inventario al 31 de diciembre de 2012**

Capacidad teórica	2,000 unidades	$60 por unidad	= $120,000
Capacidad práctica	2,000 unidades	$90 por unidad	= $180,000
Utilización de la capacidad normal	2,000 unidades	$108 por unidad	= $216,000
Utilización de la capacidad del presupuesto maestro	2,000 unidades	$135 por unidad	= $270,000

En la ilustración 9-7, por ejemplo, la diferencia de $54,000 ($1,500,000 − $1,446,000) en la utilidad en operación entre la utilización de la capacidad a nivel del presupuesto maestro y la utilización de la capacidad a nivel normal se debe a la diferencia en los costos indirectos fijos de manufactura inventariados ($270,000 − $216,000).

¿Cuál es una razón y una explicación común para las cifras crecientes de la utilidad en operación en la ilustración 9-4 (p. 310) y en la ilustración 9-7? Es la cantidad de los costos fijos de manufactura en que se ha incurrido que se incluyó en el inventario final al final del año. A medida que esta cantidad aumenta, también lo hace la utilidad en operación. El monto de los costos fijos de manufacturera inventariados depende de dos factores: el número de unidades en el inventario final y la tasa a la cual los costos fijos de manufactura se aplican a cada unidad. La ilustración 9-4 muestra el efecto sobre la utilidad en operación que resulta del hecho de aumentar el número de unidades en el inventario final (incrementando la producción). La ilustración 9-7 presenta el efecto sobre la utilidad en operación que resulta de aumentar los costos fijos de manufactura aplicados por unidad (disminuyendo el nivel del denominador usado para calcular la tasa).

El capítulo 8 (pp. 275-276) expone los diversos aspectos que los gerentes y los contadores administrativos deben considerar, al decidir si deben prorratear la variación del volumen de produc-

Ilustración 9-7   Efectos sobre el estado de resultados provenientes del uso de los conceptos alternativos del nivel de capacidad: compañía Stassen para 2012

	A	B	C	D	E	F	G	H	I
1		Capacidad teórica		Capacidad práctica		Utilización de la capacidad normal		Utilización de la capacidad del presupuesto maestro	
2	Nivel del denominador en cajas	18,000		12,000		10,000		8,000	
3	Ingresos[a]	$6,000,000		$6,000,000		$6,000,000		$6,000,000	
4	Costo de los bienes vendidos								
5	Inventario inicial	0		0		0		0	
6	Costos variables de manufactura[b]	1,600,000		1,600,000		1,600,000		1,600,000	
7	Costos fijos de manufactura[c]	480,000		720,000		864,000		1,080,000	
8	Costo de los bienes disponibles para venta	2,080,000		2,320,000		2,464,000		2,680,000	
9	Menos inventario final[d]	(520,000)		(580,000)		(616,000)		(670,000)	
10	Costo de los bienes vendidos (al costo estándar)	1,560,000		1,740,000		1,848,000		2,010,000	
11	Ajuste por la variación en el volumen de producción	600,000	D	360,000	D	216,000	D	0	
12	Costo de los bienes vendidos	2,160,000		2,100,000		2,064,000		2,010,000	
13	Utilidad bruta	3,840,000		3,900,000		3,936,000		3,990,000	
14	Costos de marketing[e]	2,490,000		2,490,000		2,490,000		2,490,000	
15	Utilidad en operación	$1,350,000		$1,410,000		$1,446,000		$1,500,000	
16									
17	[a]$1,000 × 6,000 unidades = $6,000,000			[d]Costos del inventario final:					
18	[b]$200 × 8,000 unidades = $1,600,000			($200 + $60) × 2,000 unidades = $520,000					
19	[c]Costos fijos de manufactura indirectos:			($200 + $90) × 2,000 unidades = $580,000					
20	$60 × 8,000 unidades = $ 480,000			($200 + $108) × 2,000 unidades = $616,000					
21	$90 × 8,000 unidades = $ 720,000			($200 + $135) × 2,000 unidades = $670,000					
22	$108 × 8,000 unidades = $ 864,000			[e]Costos de marketing:					
23	$135 × 8,000 unidades = $1,080,000			$1,380,000 + $185 × 6,000 unidades					

ción entre los inventarios y el costo de los bienes vendidos, o bien, simplemente eliminar la variación contra el costo de los bienes vendidos. El objetivo es eliminar aquella porción de la variación en el volumen de producción que representa el costo de la capacidad no usada para apoyar la producción durante el periodo. La determinación de esta cantidad es casi siempre una cuestión de (buen) juicio.

Requisitos fiscales

Punto de decisión ▶

¿Cuáles son los principales factores que deben considerar los gerentes al elegir el nivel de capacidad para calcular la tasa presupuestada del costo fijo de manufactura?

Para fines de información fiscal en Estados Unidos, la oficina recaudadora (Internal Reveneu Service, IRS) requiere que las compañías asignen los costos indirectos de producción inventariables mediante un "método de aplicación que asigne equitativamente tales costos entre los diversos artículos producidos". Los enfoques que implican el uso, ya sea de las tasas de costos indirectos (a las cuales el IRS denomina como "método de la tasa de la carga de manufactura") o de los costos estándar, se consideran aceptables. Con cualquier enfoque, las prácticas de información fiscal en Estados Unidos requieren una reconciliación de fin de periodo entre los costos indirectos reales y aplicados, usando el método de la tasa de aplicación ajustada o el método del prorrateo.[5] Resulta más interesante que, con cualquier enfoque, el IRS permite el uso de la capacidad práctica para calcular el costo fijo de manufactura presupuestado por unidad. Además, la variación en el volumen de producción así generada se puede deducir para propósitos fiscales en el año en que se incurre en el costo. Los beneficios fiscales provenientes de esta política son evidentes en la ilustración 9-7. Observe que la utilidad en operación cuando el denominador se establece a la capacidad práctica (columna D, donde la variación en el volumen de producción de $360,000 se elimina contra el costo

---

[5] Por ejemplo, la sección 1.471-11 del U.S. Internal Revenue Code establece lo siguiente: "El uso adecuado del método de costeo estándar [...] requiere que el contribuyente tenga que volver a asignar a los bienes en el inventario final una proporción prorrateada de cualquier variación en costos indirectos negativa o positiva." Desde luego, si las variaciones no son importantes en cantidad, pueden registrarse como gastos (es decir, se cancelan contra los costos de los bienes vendidos), ya que se realiza el mismo tratamiento en los informes financieros de la empresa.

de los bienes vendidos) es menor que las cifras que resultan con la utilización de la capacidad normal (columna F) o la utilización de la capacidad del presupuesto maestro (columna H).

Planeación y control de los costos de la capacidad

Además de los temas que se expusieron anteriormente, los gerentes deben tomar en cuenta una variedad de otros factores cuando planean los niveles de la capacidad y al decidir cómo pueden controlar y asignar mejor los costos de la capacidad. Dichos costos incluyen el nivel de incertidumbre relacionado tanto con los costos esperados como con la demanda esperada para la capacidad instalada, la presencia de cuestiones relacionadas con la capacidad en ambientes que no son de manufactura y el uso potencial de técnicas de costeo basado en actividades al aplicar los costos de la capacidad.

Dificultades al pronosticar el concepto elegido para el nivel del denominador

La capacidad práctica mide la oferta disponible de capacidad. Por lo general, los gerentes emplean estudios de ingeniería y consideraciones de recursos humanos (como la seguridad de los trabajadores) y así obtener una estimación confiable de este nivel del denominador para el periodo del presupuesto. Es más difícil obtener estimaciones confiables de los conceptos del lado de la demanda del nivel del denominador, en especial las cifras de utilización de la capacidad normal a un plazo mayor. Por ejemplo, en la década de 1980, muchas compañías estadounidenses productoras de acero consideraban que se encontraban en la recesión de un ciclo de la demanda que tendría una recuperación dentro de los siguientes dos o tres años. Después de todo, el acero había sido una industria cíclica en la cual las recuperaciones seguían a las recesiones, haciendo que la noción de la utilización de la capacidad normal pareciera razonable. Por desgracia, en la década de 1980 el ciclo del acero no se presentó; algunas compañías y muchas plantas cerraron. En una fecha más reciente, la recesión económica global ha convertido en una mofa las proyecciones de la demanda. Considere que en 2006, el pronóstico para el mercado automotriz de la India afirmaba que la demanda anual de automóviles y de vehículos de pasajeros llegaría a 1.92 millones en el año 2009-2010. A principios de 2009, el pronóstico para el mismo periodo se revisó y se disminuyó a 1.37 millones de vehículos. Incluso ignorando los caprichos de los ciclos económicos, otro problema es que los gerentes de marketing de las empresas con frecuencia tienden a sobreestimar su capacidad para volver a obtener las ventas perdidas y la participación de mercado. Su estimación de la demanda "normal" para su producto puede reflejar, en consecuencia, una perspectiva excesivamente optimista. La utilización de la capacidad del presupuesto maestro se concentra únicamente en la demanda esperada para el siguiente año. Por lo tanto, la utilización de la capacidad del presupuesto maestro se estima de una manera más confiable que con la utilización de la capacidad normal. Sin embargo, todavía es solamente un pronóstico, y la realización de la verdadera demanda puede ser ya sea mayor o menor que dicha estimación.

Es importante entender que los sistemas de costeo, como el costeo estimado el costeo estándar, no reconocen la incertidumbre en la forma en que la reconocen los gerentes. En el costeo absorbente se usa una sola cantidad, en vez de una variedad de cantidades posibles, como el nivel del denominador, cuando se calcula el costo fijo de manufactura presupuestado por unidad. Considere la planta de Stassen, que tiene una capacidad práctica estimada de 12,000 unidades. La utilización estimada de la capacidad del presupuesto maestro para 2012 es de 8,000 unidades. Sin embargo, todavía hay dudas sustanciales relacionadas con el número real de unidades que Stassen tendrá que fabricar en 2012 y en años futuros. Los gerentes reconocen la incertidumbre en sus decisiones de planeación de la capacidad. Stassen construyó su planta actual con una capacidad práctica de 12,000 unidades, en parte, para proporcionar la capacidad necesaria para satisfacer los incrementos posibles en la demanda. Aun si tales aumentos repentinos no ocurren en un periodo determinado, no se debe concluir que la capacidad no usada en cierto periodo es un recurso desperdiciado. Las ganancias provenientes del hecho de satisfacer aumentos repentinos en la demanda bien pueden requerir que se tenga una capacidad no usada en algunos periodos.

Dificultades al pronosticar costos fijos de manufactura

La tasa de costos fijos de manufactura se basa en un numerador (costos fijos de manufactura presupuestados) y en un denominador (alguna medida de la capacidad o de la utilización de la capacidad). Nuestra exposición hasta este momento ha destacado las cuestiones relacionadas con la elección del denominador. También surgen problemas desafiantes al medir el numerador. Por ejemplo, la liberación de la industria de servicios eléctricos en Estados Unidos dio como resultado que muchas compañías de servicios eléctricos se vuelvan incosteables. Esta situación ha conducido a amortizaciones en los valores de las plantas y los equipos de las compañías de servicios públicos. Algunas amortizaciones de valor reducen el numerador porque existe un menor gasto por depreciación incluido en el cálculo del costo de la capacidad fija por kilowatt-hora de electricidad producida. La dificultad a la cual se enfrentan los gerentes en esta situación es que el monto de las amortizaciones no es muy claro, sino más bien, una cuestión de juicio.

Costos que no son de manufactura

Los costos de la capacidad también se incrementan en ciertas partes de la cadena de valor que no son de manufactura. Stassen puede adquirir una flota de vehículos con la finalidad de distribuir la capacidad práctica de su planta de producción. Cuando la producción real se encuentra por debajo de la capacidad práctica, habrá problemas de capacidad de costos no usada con la función de distribución, así como con la función de manufactura.

Como vimos en el capítulo 8, los problemas de costos de la capacidad son relevantes en muchas compañías del sector de servicios, como las aerolíneas, los hospitales y los ferrocarriles —aun cuando estas compañías no llevan inventarios y, por lo tanto, no tienen problemas de costeo del inventario. Por ejemplo, al calcular el costo indirecto fijo por día-paciente en el departamento de ginecología y obstetricia, un hospital debe decidir qué nivel del denominador usará: la capacidad práctica, la utilización de la capacidad normal o la utilización de la capacidad del presupuesto maestro. Su decisión quizá tenga implicaciones para la administración de la capacidad, así como para la fijación de precios y la evaluación del desempeño.

Costeo basado en actividades

Punto de decisión ▶

¿Qué aspectos deben tener en cuenta los gerentes cuando planean los niveles de la capacidad y cuando asignar los costos de la capacidad?

Para mantener un nivel de sencillez y centrar la atención en la selección de un denominador para calcular una tasa presupuestada para el costo fijo de manufactura, nuestro ejemplo de Stassen supuso que todos los costos fijos de manufactura tenían un solo generador del costo: las unidades de telescopios producidas. Como vimos en el capítulo 5, los sistemas de costeo basados en actividades tienen múltiples grupos comunes de costos indirectos al nivel de unidad producida, al nivel de lote, al nivel de mantenimiento del producto y al nivel de mantenimiento de las instalaciones —cada uno de ellos con su propio generador del costo. Al calcular las tasas de los costos de las actividades (para los costos fijos de la configuración de las máquinas y del manejo de los materiales, por ejemplo), la gerencia debe elegir un nivel de capacidad para la cantidad del generador del costo (horas de la configuración de las máquinas o cargas desplazadas). ¿Debería la gerencia usar la capacidad práctica, la capacidad normal o la capacidad del presupuesto maestro? Por todas las razones que se han descrito en este capítulo (como la fijación de precios y la administración de la capacidad), la mayoría de los defensores del costeo basado en actividades argumentan que la capacidad práctica se debería usar como el nivel del denominador para calcular las tasas del costo de las actividades.

Problema para autoestudio

Suponga que el 1 de enero de 2012 la compañía Stassen toma la decisión de contratar a otra empresa para realizar un ensamblado previo de un alto porcentaje de los componentes de sus telescopios. La estructura revisada de costos de manufactura durante el periodo 2012-2014 es como sigue:

Costo variable de manufactura por unidad producida	
Materiales directos	$ 250
Mano de obra directa	20
Gastos indirectos de manufactura	5
Total del costo variable de manufactura por unidad producida	$ 275
Costos fijos de manufactura	$480,000

Con la estructura de costos revisada, un porcentaje mayor de los costos de manufactura de Stassen son variables con respecto a las unidades producidas. El nivel del denominador de la producción que se utilizó para calcular el costo fijo de manufactura presupuestado por unidad en 2012, 2013 y 2014 es de 8,000 unidades. Suponga que no hay ningún otro cambio a partir de los datos de las ilustraciones 9-1 y 9-2. La información resumida relacionada con la utilidad en operación basada en el costeo absorbente y la utilidad en operación basada en el costeo variable, de conformidad con esta estructura de costos revisada, es:

	2012	2013	2014
Utilidad en operación basada en el costeo absorbente	$1,500,000	$1,560,000	$2,340,000
Utilidad en operación basada en el costeo variable	$1,380,000	1,650,000	2,190,000
Diferencia	$ 120,000	$ (90,000)	$ 150,000

Se requiere

1. Calcule el costo fijo de manufactura presupuestado por unidad en 2012, 2013 y 2014.

2. Explique la diferencia entre la utilidad en operación con el costeo absorbente y la utilidad en operación con el costeo variable en 2012, 2013 y 2014, centrando la atención en los costos fijos de manufactura en el inventario inicial y en el inventario final.

3. ¿Por qué estas diferencias son menores que las diferencias de la ilustración 9-2?

4. Suponga la misma información anterior, excepto que en 2012 la utilización de la capacidad del presupuesto maestro es de 10,000 unidades en vez de 8,000. ¿Cómo diferiría en 2012 el ingreso de Stassen con el costeo absorbente respecto de la cantidad de $1,500,000 que se mostró anteriormente? Muestre sus cálculos.

Solución

1.
$$\text{Costos fijos de manufactura presupuestados por unidad} = \frac{\text{Costos fijos de manufactura presupuestados}}{\text{Unidades producidas presupuestadas}}$$

$$= \frac{\$480,000}{8,000 \text{ unidades}}$$

$$= \$60 \text{ por unidad}$$

2.
$$\begin{array}{c}\text{Utilidad en operación con el costeo absorbente}\end{array} - \begin{array}{c}\text{Utilidad en operación con el costeo variable}\end{array} = \begin{array}{c}\text{Costos fijos de manufactura en el inventario final con el costeo absorbente}\end{array} - \begin{array}{c}\text{Costos fijos de manufactura en el inventario inicial con el costeo absorbente}\end{array}$$

2012: $1,500,000 − $1,380,000 = ($60 por unidad × 2,000 unidades) − ($600 por unidad × 0 unidades)

$120,000 = $120,000

2013: $1,560,000 − $1,650,000 = ($60 por unidad × 500 unidades) − ($60 por unidad × 2,000 unidades)

−$90,000 = −$90,000

2014: $2,340,000 − $2,190,000 = ($60 por unidad × 3000 unidades) − ($60 por unidad × 500 unidades)

$150,000 = $150,000

3. La subcontratación de gran parte de la manufactura ha reducido considerablemente la magnitud de los costos fijos de manufactura. Esta reducción, a la vez, significa que las diferencias entre el costeo absorbente y el costeo variable son mucho menores que las de la ilustración 9-2.

4. Dado el nivel más alto de utilización de la capacidad del presupuesto maestro de 10,000 unidades, la tasa presupuestada del costo fijo de manufactura para 2012 es ahora:

$$\frac{\$480,000}{10,000 \text{ unidades}} = \$48 \text{ por unidad}$$

El costo de manufactura por unidad es de $323 ($275 + $48). Por lo tanto, la variación en el volumen de producción para 2012 es

(10,000 unidades − 8,000 unidades) × $48 por unidad = $96,000 D

El estado de resultados basado en el costeo absorbente para 2012 es como sigue:

Ingresos: $10,000 por unidad × 6,000 unidades	$6,000,000
Costo de los bienes vendidos:	
Inventario inicial	0
Costos variables de manufactura: $275 por unidad × 8,000 unidades	2,200,000
Costos fijos de manufactura: $48 por unidad × 8,000 unidades	384,000
Costo de los bienes disponibles para la venta	2,584,000
Menos inventario final: $323 por unidad × 2,000 unidades	(646,000)
Costo de los bienes vendidos (al costo estándar)	1,938,000
Ajuste por la variación en el volumen de producción	96,000 D
Costo de los bienes vendidos	2,034,000
Utilidad bruta	3,966,000
Costos de marketing: $1,380,000 fijos + ($185 por unidad) × (6,000 unidades vendidas)	2,490,000
Utilidad en operación	$1,476,000

El mayor nivel del denominador utilizado para calcular el costo fijo de manufactura presupuestado por unidad significa que se inventariaría un número menor de costos fijos de manufactura ($48 por unidad × 2,000 unidades = $96,000), que cuando la utilización de la capacidad del presupuesto maestro era de 8,000 unidades ($60 por unidad × 2,000 unidades = $120,000). Esta diferencia de $24,000 ($120,000 − $96,000) da como resultado una utilidad en operación que es más baja en $24,000, comparada con el nivel anterior calculado para el nivel de ingreso de $1,500,000.

Puntos de decisión

El siguiente formato de preguntas y respuestas resume los objetivos de aprendizaje del capítulo. Cada decisión presenta una pregunta clave relacionada con un objetivo de aprendizaje. Los lineamientos son la respuesta a esa pregunta.

Decisión	Lineamientos
1. ¿Cómo difiere el costeo variable del costeo absorbente?	El costeo variable y el costeo absorbente difieren únicamente en un aspecto: la forma en que se contabilizan los costos fijos de manufactura. Con el costeo variable, los costos fijos de manufactura se excluyen de los costos inventariables y son un costo del periodo en el cual se incurre en ellos. Con el costeo absorbente, los costos fijos de manufactura son inventariables y se vuelven parte del costo de los bienes vendidos en el periodo en el que ocurren las ventas.
2. ¿Cómo difieren los ingresos con el costeo variable y con el costeo absorbente?	El estado de resultados según el costeo variable se basa en el formato del margen de contribución. Con este, la utilidad en operación es impulsada por el nivel unitario de las ventas. Con el costeo absorbente, el estado de resultados sigue el formato del Utilidad bruta. La utilidad en operación es impulsada por el nivel unitario de producción, por el nivel unitario de ventas y por el nivel del denominador usado para asignar los costos fijos.
3. ¿Por qué los gerentes acumularían un inventario de productos terminados, si usan un costeo absorbente?	Cuando se emplea el costeo absorbente, los gerentes pueden aumentar la utilidad en operación actual produciendo más unidades para el inventario. El hecho de producir para el inventario absorbe más costos fijos de manufactura en el inventario y reduce los costos registrados como gastos en el periodo. Los críticos del costeo absorbente consideran esta manipulación del ingreso como la principal consecuencia negativa de tratar los costos fijos de manufactura como costos inventariables.
4. ¿En qué difiere el costeo específico del costeo variable y del costeo absorbente?	El costeo específico trata todos los costos, excepto los materiales directos, como costos del periodo en el cual se incurre en ellos. El costeo específico da como resultado que se inventaríe una menor cantidad de costos de manufactura, en comparación con el costeo variable o el costeo absorbente.
5. ¿Cuáles son los diversos niveles de capacidad que utiliza una compañía para calcular la tasa presupuestada del costo fijo de manufactura?	Los niveles de capacidad se miden en términos de la capacidad suministrada: capacidad teórica o capacidad práctica. La capacidad también se mide en términos de la producción demandada: utilización de la capacidad normal o utilización de la capacidad del presupuesto maestro.
6. ¿Cuáles son los principales factores que deben considerar los gerentes al elegir el nivel de capacidad para calcular la tasa presupuestada del costo fijo de manufactura?	Los principales factores que deben considerar los gerentes al elegir el nivel de capacidad para calcular la tasa presupuestada del costo fijo de manufactura son: *a*) el efecto sobre el costeo del producto y sobre la administración de la capacidad, *b*) el efecto sobre las decisiones de fijación de precios, *c*) el efecto sobre la evaluación del desempeño, *d*) el efecto sobre los estados financieros, y *e*) los requisitos reguladores.
7. ¿Qué aspectos deben tener presentes los gerentes cuando planean los niveles de capacidad y cuando asignan los costos de la capacidad?	Los factores fundamentales al respecto incluyen la incertidumbre acerca de los gastos esperados sobre los costos de la capacidad y la demanda de la capacidad instalada, la función de las cuestiones relacionadas con la capacidad en áreas que no son de manufactura, y el uso posible de las técnicas de costeo basado en actividades al aplicar los costos de la capacidad.

Apéndice

Puntos de equilibrio en el costeo variable y en el costeo absorbente

El capítulo 3 introdujo el análisis costo-volumen-utilidad. Si se usa un costeo variable, el punto de equilibrio (es decir, el punto donde la utilidad en operación es de $0) se calcula de la forma acostumbrada. Únicamente existe un punto de equilibrio en este caso, y depende de: **1.** los costos fijos (de manufactura y de operación) y **2.** el margen de contribución por unidad.

La fórmula para el cálculo del punto de equilibrio con un costeo variable es un caso especial de la fórmula más general para la utilidad en operación fijada como meta del capítulo 3 (p. 70):

Sea Q = Número de unidades vendidas para obtener la utilidad en operación meta

$$\text{Entonces } Q = \frac{\text{Costos fijos totales} + \text{Utilidad en operación meta}}{\text{Margen de contribución por unidad}}$$

El punto de equilibrio ocurre cuando la utilidad en operación meta es de $0. En nuestro caso de Stassen para 2012 (véase la ilustración 9-1, p. 304):

$$Q = \frac{(\$1,080,000 + \$1,380,000) + \$0}{(\$1,000 - (\$200 + \$185))} = \frac{\$2,460,000}{\$615}$$

$$= 4,000 \text{ unidades}$$

Ahora verificamos que Stassen alcance el punto de equilibrio con un costeo variable mediante la venta de 4,000 unidades:

Ingresos, $1,000 × 4,000 unidades	$4,000,000
Costos variables, $385 × 4,000 unidades	1,540,000
Margen de contribución, $615 × 4,000 unidades	2,460,000
Costos fijos	2,460,000
Utilidad en operación	$ 0

Si se emplea el costeo absorbente, el número requerido de unidades que deberán venderse para obtener una utilidad en operación específica meta no es único debido al número de variables implicadas. La siguiente fórmula muestra los factores que afectarán la utilidad en operación meta con un costeo absorbente:

$$Q = \frac{\begin{array}{c}\text{Costos} \\ \text{fijos} \\ \text{totales}\end{array} + \begin{array}{c}\text{Utilidad en} \\ \text{operación} \\ \text{meta}\end{array} + \left[\begin{array}{c}\text{Tasa} \\ \text{del costo fijo} \\ \text{de manufactura}\end{array} \times \left(\begin{array}{c}\text{Ventas en unidades} \\ \text{para el punto} \\ \text{de equilibrio}\end{array} - \begin{array}{c}\text{Unidades} \\ \text{producidas}\end{array}\right)\right]}{\text{Margen de contribución por unidad}}$$

En esta fórmula, el numerador es la suma de los tres términos (desde la perspectiva de los dos signos de "+"), en comparación con los dos términos del numerador de la fórmula del costeo variable que se expuso anteriormente. El término adicional del numerador con un costeo absorbente es como sigue:

$$\left[\begin{array}{c}\text{Tasa del costo fijo} \\ \text{de manufactura}\end{array} \times \left(\begin{array}{c}\text{Ventas en unidades} \\ \text{para el punto} \\ \text{de equilibrio}\end{array} - \begin{array}{c}\text{Unidades} \\ \text{producidas}\end{array}\right)\right]$$

Este término reduce los costos fijos que necesitan recuperarse cuando las unidades producidas son superiores a la cantidad de ventas para el punto de equilibrio. Cuando la producción excede la cantidad de ventas para el punto de equilibrio, algunos de los costos fijos de manufactura que se registran como gastos con el costeo variable no se registran como gastos con el costeo absorbente; en cambio, se incluye en el inventario de productos terminados.[6]

En el caso de la compañía Stassen para 2012, suponga que la producción real es de 5,280 unidades. Entonces, un punto de equilibrio, Q, con el costeo absorbente sería como sigue:

$$Q = \frac{(\$1,080,000 + \$1,380,000) + \$0 + [\$135 \times (Q - 5,280)]}{(\$1,000 - (\$200 + \$185))}$$

$$= \frac{(\$2,460,000 + \$135\,Q - \$712,800)}{\$615}$$

$$\$615\,Q = \$1,747,200 + \$135\,Q$$

$$\$480\,Q = \$1,747,200$$

$$Q = 3,640$$

---

[6] No es posible la situación inversa, donde la producción es inferior a la cantidad de ventas necesarias para el punto de equilibrio, a menos de que la empresa tenga un inventario de apertura. En ese caso, siempre y cuando el costo variable de manufactura por unidad y la tasa del costo fijo de manufactura sean constantes a lo largo del tiempo, la fórmula del punto de equilibrio que se ha proporcionado todavía es válida.

A continuación verificamos que la producción de 5,280 unidades y las ventas de 3,640 unidades realmente conduzcan a Stassen al punto de equilibrio con un costeo absorbente:

Ingresos, $1,000 × 3,640 unidades		$3,640,000
Costo de los bienes vendidos:		
Costo de los bienes vendidos al costo estándar, $335 × 3,640 unidades	$1,219,400	
Variación en el volumen de producción, $135 × (8,000 – 5280) unidades	367,200 D	1,586,600
Utilidad bruta		2,053,400
Costos de marketing:		
Costos variables de marketing, $185 × 3,640 unidades	673,400	
Costos fijos de marketing	1,380,000	2,053,000
Utilidad en operación		$ 0

Con un costeo absorbente, el punto de equilibrio depende de: **1.** los costos fijos de manufactura, **2.** los costos fijos operativos (de marketing), **3.** el margen de contribución por unidad, **4.** el nivel de unidades producidas y **5.** el nivel de capacidad elegido como el denominador para establecer la tasa del costo fijo de manufactura. Para Stassen en 2012, una combinación de 3,640 unidades vendidas, costos fijos de manufactura de $1,080,000, costos fijos de marketing de $1,380,000, un margen de contribución por unidad de $615, un nivel del denominador de 8,000 unidades y una producción de 5,280 unidades daría como resultado una utilidad en operación de $0. *Sin embargo, observe que hay muchas combinaciones de estos cinco factores que proporcionarían una utilidad en operación de $0.* Por ejemplo, manteniendo constantes todos lo demás factores, una combinación de 6,240 unidades producidas y 3,370 unidades vendidas también da como resultado una utilidad en operación de $0 con un costeo absorbente. A continuación mostramos la verificación de este punto de equilibrio alternativo:

Ingresos, $1,000 × 3,370 unidades		$3,370,000
Costo de los bienes vendidos:		
Costo de los bienes vendidos al costo estándar, $335 × 3,370 unidades	$1,128,950	
Variación en el volumen de producción, $135 × (8,000 – 6,240) unidades	237,600 D	1,366,550
Utilidad bruta		2,003,450
Costos de marketing:		
Costos variables de marketing, $185 × 3,370 unidades	623,450	
Costos fijos de marketing	1,380,000	2,003,450
Utilidad en operación		$ 0

Suponga que la producción real de 2012 fuera igual al nivel del denominador, 8,000 unidades, y que no hubiera unidades vendidas ni costos fijos de marketing. Las unidades producidas se colocarían en el inventario y, por consiguiente, todos los costos fijos de manufactura se incluirían en el inventario. No habría una variación en el volumen de producción. En tales condiciones, la compañía podría alcanzar el punto de equilibrio con el costeo absorbente indistintamente de las ventas. En contraste, con el costeo variable, la pérdida en operación sería igual a los costos fijos de manufactura de $1,080,000.

Términos contables

Este capítulo y el glosario que se presenta al final del libro contienen definiciones de los siguientes términos importantes:

capacidad práctica (**p. 315**)
capacidad teórica (**p. 314**)
costeo absorbente (**p. 302**)
costeo directo (**p. 302**)

costeo específico (**p. 312**)
costeo supervariable (**p. 312**)
costeo variable (**p. 301**)
espiral de demanda descendente (**p. 317**)

utilización de la capacidad del presupuesto maestro (**p. 315**)
utilización de la capacidad normal (**p. 315**)

Material para tareas

Preguntas

9-1 Las diferencias en la utilidad en operación entre el costeo variable y el costeo absorbente se deben únicamente a la contabilización de los costos fijos. ¿Está usted de acuerdo? Explique su respuesta.

9-2 ¿Por qué es inadecuado el término *costeo directo*?

9-3 ¿Las compañías en el sector de servicios o en el sector comercial hacen elecciones entre el costeo absorbente y el costeo variable?

9-4 Explique el principal problema conceptual con el costeo variable y el costeo absorbente, en relación con la oportunidad para el reconocimiento de los costos indirectos fijos de manufactura como un gasto.

9-5 "Las compañías que no hacen distinciones entre los costos variables y los costos fijos deben usar el costeo absorbente, y aquellas que sí las hacen tienen que emplear el costeo variable." ¿Está usted de acuerdo? Explique su respuesta.

9-6 El principal problema con el costeo variable es que ignora la creciente importancia de los costos en las compañías de manufactura. ¿Está usted de acuerdo? ¿Por qué?

9-7 Mencione un ejemplo de la manera en que usando el costeo absorbente, la utilidad en operación podría disminuir aun cuando aumentara el nivel de ventas unitarias.

9-8 ¿Cuáles son los factores que afectan el punto de equilibrio con: a) un costeo variable y b) un costeo absorbente?

9-9 Los detractores del costeo absorbente han enfatizado progresivamente su potencial para conducir a incentivos indeseables para los gerentes. Dé un ejemplo.

9-10 ¿Cuáles son dos formas de reducir los aspectos negativos asociados con el uso del costeo absorbente, al evaluar el desempeño del gerente de una planta?

9-11 ¿Qué conceptos de capacidad a nivel del denominador enfatizan la producción que suministra una planta? ¿Qué conceptos de capacidad a nivel del denominador enfatizan la producción que requieren los clientes para los productos elaborados por una planta?

9-12 Describa la espiral descendente en la demanda y sus implicaciones en las decisiones de fijación de precios.

9-13 ¿Diferirán siempre los estados financieros de una compañía cuando se hagan diferentes elecciones al inicio del periodo contable, en relación con el concepto de capacidad a nivel del denominador?

9-14 ¿Cuáles son los requisitos del IRS para la información fiscal en relación con la elección de un concepto de capacidad a nivel del denominador?

9-15 "La diferencia entre la utilización de la capacidad práctica y la utilización de la capacidad del presupuesto maestro es la mejor medida de la capacidad de la gerencia para equilibrar los costos por tener demasiada capacidad y tener muy poca capacidad." ¿Está usted de acuerdo? Explique su respuesta.

Ejercicios

9-16 Costeo variable y costeo absorbente, explicación de las diferencias en la utilidad en operación. Nascar Motors fabrica y vende vehículos de motor y usa un costeo estándar. Los datos reales relacionados con abril y mayo de 2011 son como sigue:

A	B	C	D
1	**Abril**		**Mayo**
2 Datos unitarios			
3 Inventario inicial	0		150
4 Producción	500		400
5 Ventas	350		520
6 Costos variables			
7 Costo de manufactura por unidad producida	$ 10,000		$ 10,000
8 Costo operativo (marketing) por unidad vendida	3,000		3,000
9 Costos fijos			
10 Costos de manufactura	$2,000,000		$2,000,000
11 Costos operativos (marketing)	600,000		600,000

El precio de venta por vehículo es de $24,000. El nivel presupuestado de producción utilizado para calcular el costo fijo de manufactura presupuestado por unidad es de 500 unidades. No hay variaciones en precio, en eficiencia o en gastos. Cualquier variación en el volumen de producción se elimina contra el costo de los bienes vendidos en el mes en que ocurre.

1. Prepare los estados de resultados de abril y mayo de 2011 para Nascar Motors, con: a) un costeo variable y b) un costeo absorbente.
2. Prepare una reconciliación numérica y una explicación de la diferencia entre la utilidad en operación para cada mes con un costeo variable y un costeo absorbente.

9-17 Costeo específico (continuación del 9-16). Los costos variables de manufactura por unidad de Nascar Motors son como sigue:

A	B	C
1	**Abril**	**Mayo**
7 Costo de los materiales directos por unidad	$6,700	$6,700
8 Costo de la mano de obra directa por unidad	1,500	1,500
9 Costo indirecto de manufactura por unidad	1,800	1,800

Se requiere

1. Prepare estados de resultados para Nascar Motors en abril y mayo de 2011 con un costeo específico.
2. Compare los resultados del punto 1 con los del punto 1 del ejercicio 9-16.
3. Señale una motivación que Nascar Motors podría considerar para adoptar el costeo específico.

9-18 Costeo variable y costeo absorbente, explicación de las diferencias en la utilidad en operación. La corporación BigScreen fabrica y vende 50 aparatos de televisión de 50 pulgadas y usa un sistema de costeo estándar. Los datos reales relacionados con enero, febrero y marzo de 2012 son los siguientes:

	Enero	Febrero	Marzo
Datos unitarios			
Inventario inicial	0	300	300
Producción	1,000	800	1,250
Ventas	700	800	1,500
Costos variables			
Costo de manufactura por unidad producida	$ 900	$ 900	$ 900
Costo operativo (marketing) por unidad vendida	$ 600	$ 600	$ 600
Costos fijos			
Costos de manufactura	$400,000	$400,000	$400,000
Costos operativos (marketing)	$140,000	$140,000	$140,000

El precio de venta por unidad es de $2,500. El nivel presupuestado de producción usado para calcular los costos fijos de manufactura presupuestados por unidad es de 1,000 unidades. No hay variaciones en precio, en eficiencia o en gastos. Cualquier variación en el volumen de producción se elimina contra el costo de los bienes vendidos en el mes en que ocurre.

Se requiere

1. Prepare estados de resultados para BigScreen en los meses de enero, febrero y marzo de 2012, con a) un costeo variable y b) un costeo absorbente.
2. Explique la diferencia en la utilidad en operación para enero, febrero y marzo con un costeo variable y con un costeo absorbente.

9-19 Costeo específico (continuación del 9-18). Los costos variables de manufactura por unidad de la corporación BigScreen son:

	Enero	Febrero	Marzo
Costo de los materiales directos por unidad	$500	$500	$500
Costo de la mano de obra directa por unidad	100	100	100
Costo indirecto de manufactura por unidad	300	300	300
	$900	$900	$900

Se requiere

1. Prepare estados de resultados para BigScreen en enero, febrero y marzo de 2012 con un costeo específico.
2. Contraste los resultados del punto 1 con los del punto 1 del ejercicio 9-18.
3. Señale una motivación para que BigScreen adopte un costeo específico.

9-20 Costeo variable *versus* costeo absorbente. La compañía Zwatch fabrica relojes de pulsera modernos, de alta calidad y de precio moderado. Como analista financiero de Zwatch, a usted se le pide que recomiende un método de costeo de inventarios. El director de finanzas usará su recomendación para preparar el estado de resultados de Zwatch en 2012. Los siguientes datos son para el año que terminó el 31 de diciembre de 2012:

Inventario inicial, 1 de enero de 2012	85,000 unidades
Inventario final, 31 de diciembre de 2012	34,500 unidades
Ventas de 2012	345,400 unidades
Precio de venta (al distribuidor)	$22.00 por unidad
Costo variable de manufactura por unidad, incluyendo materiales directos	$5.10 por unidad
Costos variables operativos (marketing) por unidad vendida	$1.10 por unidad vendida
Costos fijos de manufactura	$1,440,000
Horas-máquina a nivel del denominador	6,000
Tasa estándar de producción	50 unidades por hora-máquina
Costos fijos operativos (marketing)	$1,080,000

Suponga que los costos estándar por unidad son las mismas unidades en el inventario inicial y las unidades producidas durante el año. También suponga que no hay variaciones en precio, en gastos o en eficiencia. Cualquier variación en el volumen de producción se elimina contra el costo de los bienes vendidos en el mes en el que ocurre.

1. Prepare estados de resultados con un costeo variable y con un costeo absorbente, para el año que terminó el 31 de diciembre de 2012. **Se requiere**
2. ¿Cuál es la utilidad en operación de Zwatch como porcentaje de los ingresos con cada método de costeo?
3. Explique la diferencia en la utilidad en operación entre los dos métodos.
4. ¿Qué método de costeo recomendaría usted al director de finanzas? ¿Por qué?

9-21 Costeo absorbente y costeo variable. (Adaptado de CMA.) Osawa, Inc., planeó y realmente fabricó 200,000 unidades de su único producto en 2012, su primer año de operaciones. El costo variable de manufactura fue de $20 por unidad producida. El costo operativo variable (que no es de manufactura) fue de $10 por unidad vendida. Los costos fijos de manufactura planeados y reales fueron de $600,000. Los costos fijos operativos planeados y reales (que no son de manufactura) alcanzaron un total de $400,000. Osawa vendió 120,000 unidades de su producto a $40 cada una.

1. La utilidad en operación de Osawa en 2012 usando el costeo absorbente es de: a) $440,000, b) $200,000, c) **Se requiere** $600,000, d) $840,000 o e) ninguna de estas. Muestre sus cálculos de apoyo.
2. La utilidad en operación de Osawa usando el costeo variable es de: a) $800,000, b) $440,000, c) $200,000, d) $600,000 o e) ninguna de estas. Muestre sus cálculos de apoyo.

9-22 Costeo absorbente *versus* costeo variable. La compañía Grunewald fabrica una aspiradora de calidad profesional y empezó sus operaciones en 2011. Para 2011, Grunewald presupuestó que produciría y vendería 20,000 unidades. La compañía no tenía variaciones en precio, en gastos o en eficiencia, y elimina la variación en el volumen de producción contra el costo de los bienes vendidos. Los datos reales para 2011 son como sigue:

	A	B
1	Unidades producidas	18,000
2	Unidades vendidas	17,500
3	Precio de venta	$ 425
4	Costos variables:	
5	Costo de manufactura por unidad producida	
6	Materiales directos	$ 30
7	Mano de obra directa	25
8	Costos indirectos de manufactura	60
9	Costos de marketing por unidad vendida	45
10	Costos fijos:	
11	Costos de manufactura	$1,100,000
12	Costos administrativos	965,450
13	Marketing	1,366,400

1. Prepare un estado de resultados para 2011 para la compañía Grunewald usando el costeo variable. **Se requiere**
2. Prepare un estado de resultados para 2011 para la compañía Grunewald usando el costeo absorbente.
3. Explique las diferencias en las utilidades en operación obtenidas en el punto 1 y en el punto 2.
4. La gerencia de Grunewald está considerando la implementación de un bono para los supervisores, con base en la utilidad bruta con un costeo absorbente. ¿Qué incentivos creará esto para los supervisores? ¿Qué modificaciones podría hacer la gerencia de Grunewald para mejorar tal plan? Explique brevemente.

9-23 Comparación de los métodos de costeo real. La compañía Rehe vende sus maquinillas para afeitar a $3 por unidad. La compañía usa el sistema de costeo real de primeras entradas primeras salidas. Se calcula una tasa de costo fijo de manufactura al final de cada año, dividiendo los costos fijos de manufactura reales entre las unidades producidas reales. Los siguientes datos están relacionados con los dos primeros años de operaciones:

	2011	2012
Ventas	1,000 unidades	1,200 unidades
Producción	1,400 unidades	1,000 unidades
Costos:		
Variables de manufactura	$ 700	$ 500
Fijos de manufactura	700	700
Variables operativos (marketing)	1,000	1,200
Fijos operativos (marketing)	400	400

Se requiere

1. Prepare estados de resultados tomando como base el costeo variable para cada uno de los dos años.
2. Prepare estados de resultados tomando como base el costeo absorbente para cada uno de los dos años.
3. Prepare una reconciliación numérica y una explicación de la diferencia entre la utilidad en operación para cada año, con el costeo absorbente y con el costeo variable.
4. Los críticos han alegado que un sistema contable ampliamente usado ha conducido a acumulaciones indeseables de los niveles de inventarios. a) ¿El costeo variable o el costeo absorbente tiene más probabilidades de conducir a tales acumulaciones? ¿Por qué? b) ¿Qué se puede hacer para contrarrestar la acumulación indeseable de inventarios?

9-24 **Costeo variable y costeo absorbente, ventas y cambios en la utilidad en operación.** Helmetsmart, una compañía de tres años de antigüedad, ha estado produciendo y vendiendo un solo tipo de casco para andar en bicicleta. Helmetsmart usa un sistema de costeo estándar. Después de revisar los estados de resultados de los tres primeros años, Stuart Weil, presidente de Helmetsmart hizo el siguiente comentario: "Los contadores me dijeron —y de hecho, lo he aprendido de memoria— que nuestro volumen para el punto de equilibrio es de 49,000 unidades. Me dio mucho gusto que alcanzáramos esa meta de ventas en cada uno de nuestros dos primeros años. Pero, aquí está lo raro: en nuestro primer año, vendimos 49,000 unidades y realmente llegamos al punto de equilibrio. Posteriormente, en nuestro segundo año vendimos el mismo volumen y tuvimos una utilidad en operación positiva. No me quejé, desde luego… pero aquí está la parte mala. En nuestro tercer año, *vendimos 20% más* cascos, pero nuestra *utilidad en operación disminuyó en más del 80%* en relación con la del segundo año. No cambiamos nuestro precio de venta ni nuestra estructura de costos a lo largo de últimos los tres años ni tuvimos variaciones en precio, en eficiencia o en gastos… Por lo tanto, ¿qué es lo que está sucediendo?

	A	B	C	D
1	**Costeo absorbente**			
2		**2011**	**2012**	**2013**
3	Ventas (unidades)	49,000	49,000	58,800
4	Ingresos	$1,960,000	$1,960,000	$2,352,000
5	Costo de los bienes vendidos			
6	Inventario inicial	0	0	352,800
7	Producción	1,764,000	2,116,800	1,764,000
8	Disponible para la venta	1,764,000	2,116,800	2,116,800
9	Menos inventario final	0	(352,800)	0
10	Ajuste para la variación en el volumen de producción	0	(215,600)	0
11	Costo de los bienes vendidos	1,764,000	1,548,400	2,116,800
12	Utilidad bruta	196,000	411,600	235,200
13	Gastos por ventas y administración (todos fijos)	196,000	196,000	196,000
14	Utilidad en operación	$ 0	$ 215,600	$ 39,200
15				
16	Inventario inicial	0	0	9,800
17	Producción (unidades)	49,000	58,800	49,000
18	Ventas (unidades)	49,000	49,000	58,800
19	Inventario final	0	9,800	0
20	Costo variable de manufactura por unidad	$ 14	$ 14	$ 14
21	Costos indirectos fijos de manufactura	$1,078,000	$1,078,000	$1,078,000
22	Costos fijos de manuf. aplic. por unidad produc.	$ 22	$ 22	$ 22

Se requiere

1. ¿Qué nivel del denominador está usando Helmetsmart para aplicar los costos fijos de manufactura a los cascos para bicicleta? ¿Cómo está disponiendo Helmetsmart de cualquier variación favorable o desfavorable en el volumen de producción al final del año? Explique brevemente su respuesta.
2. ¿Cómo llegaron los contadores de Helmetsmart al punto de equilibrio de 49,000 unidades?
3. Prepare un estado de resultados basado en el costeo variable para cada año. Explique la variación en la utilidad en operación con un costeo variable para cada año, tomando como base el margen de contribución por unidad y el volumen de ventas.
4. Reconcilie la utilidad en operación con el costeo variable y el costeo absorbente para cada año, y use esta información para explicar a Stuart Weil la utilidad en operación positiva en 2012 y la disminución en la utilidad en operación en 2013.

9-25 **Administración de la capacidad, conceptos de capacidad al nivel del denominador**. Haga coincidir cada uno de los siguientes renglones con uno más conceptos de capacidad a nivel del denominador, colocando la(s) letra(s) adecuada(s) para cada línea:

    a) Capacidad teórica.

    b) Capacidad práctica.

    c) Utilización de la capacidad normal.

    d) Utilización de la capacidad del presupuesto maestro.

1. Mide el nivel del denominador en términos de lo que puede proporcionar una planta.
2. Se basa en el hecho de producir con toda eficiencia y en todo momento.
3. Representa el nivel esperado de utilización de la capacidad para el siguiente periodo presupuestal.
4. Mide el nivel del denominador en términos de la demanda para la producción de la planta.
5. Toma en cuenta los factores estacionales, cíclicos y de tendencia.
6. Debería usarse para la evaluación del desempeño en el año actual.
7. Representa un estándar de comparación ideal.
8. Pone de relieve el costo de la capacidad adquirida pero no usada.
9. Se debería usar para fines de fijación de precio a largo plazo.
10. Oculta el costo de la capacidad adquirida pero no usada.
11. Si se usa como el concepto al nivel del denominador, evitaría la reexpresión de los costos unitarios cuando cambien los niveles de demanda esperados.

9-26 **Problema a nivel del denominador**. Thunder Bolt, Inc., es un fabricante de las muy populares motocicletas G36. La gerencia de Thunder Bolt ha adoptado en fechas recientes el costeo absorbente y está discutiendo cuál deberá ser el concepto del nivel del denominador que usará. Las motocicletas G36 se venden a un precio promedio de $8,200. Los costos indirectos fijos de manufactura presupuestados para 2012 se estimaron en $6,480,000. Thunder Bolt, Inc., usa operadores de subensambles quienes proporcionan las partes componentes. A continuación se presentan las opciones a nivel del denominador que la administración ha estado considerando.

    a) Capacidad teórica: basada en tres turnos, terminación de cinco motocicletas por turno y un año de 360 días: $3 \times 5 \times 360 = 5,400$.

    b) Capacidad práctica: capacidad teórica ajustada por interrupciones inevitables, descomposturas, etcétera: $3 \times 4 \times 320 = 3,840$.

    c) Utilización de la capacidad normal: estimada a 3,240 unidades.

    d) Utilización de la capacidad a nivel del presupuesto maestro: el reforzamiento del mercado de acciones y la creciente popularidad de las motocicletas han impulsado al departamento de marketing para que dé una estimación de 3,600 unidades para 2012.

1. Calcule las tasas presupuestadas de costos indirectos fijos de manufactura con los cuatro conceptos del nivel del denominador.   **Se requiere**
2. ¿Cuáles son los beneficios para Thunder Bolt, Inc., de usar ya sea la capacidad teórica, o bien, la capacidad práctica?
3. Con un sistema de fijación de precios basado en los costos, ¿cuáles son los aspectos negativos de un nivel del denominador basado en el presupuesto maestro? ¿Y cuáles son los aspectos positivos?

9-27 **Costeo variable y absorbente, y puntos de equilibrio**. Mega-Air, Inc., fabrica una tabla para deslizarse en la nieve especializada para deportistas avanzados. Mega-Air empezó sus operaciones en 2011 con un inventario de 240 tablas. Durante el año, fabricó 900 tablas y vendió 995 en $750 cada una. Los costos fijos de producción fueron de $280,000 y los variables fueron de $335 por unidad. Los gastos fijos por publicidad, de marketing y otros gastos generales y de administración fueron de $112,000, y los costos variables de los embarques fueron de $15 por tabla. Suponga que el costo de cada unidad del inventario inicial es igual al costo del inventario en 2011.

1. Prepare un estado de resultados suponiendo que Mega-Air usa un costeo variable.   **Se requiere**
2. Prepare un estado de resultados suponiendo que Mega-Air usa un costeo absorbente. Mega-Air usa un nivel del denominador de 1,000 unidades. Las variaciones en el volumen de producción se eliminan contra el costo de los bienes vendidos.
3. Calcule el punto de equilibrio en unidades vendidas suponiendo que Mega-Air usa:
    a) Costeo variable.
    b) Costeo absorbente (producción = 900 tablas).
4. Dé una prueba de sus cálculos anteriores del punto de equilibrio.
5. Suponga que $20,000 de los costos fijos de administración se reclasificaron como costos fijos de producción. ¿Afectaría este cambio el punto de equilibrio usando un costeo variable? ¿Qué sucedería si se usara un costeo absorbente? Explique su respuesta.
6. La compañía que suministra a Mega-Air cierto material especializado resistente a los golpes ha anunciado un aumento en el precio de $25 para cada tabla. ¿Qué efecto tendría esto sobre los puntos de equilibrio que se calcularon anteriormente?

MyAccountingLab

Problemas

9-28 **Costeo variable *versus* costeo absorbente**. La compañía Mavis usa un sistema de costeo absorbente basado en costos estándar. El costo total variable de manufactura, incluyendo el costo de los materiales directos, es de $3 por unidad; la tasa estándar de producción es de 10 unidades por hora-máquina. Los costos indirectos fijos de manufactura presupuestados y reales son de $420,000. Los costos indirectos fijos de manufactura se aplican a $7 por hora-máquina ($420,000 ÷ 60,000 horas-máquina del nivel del denominador). El precio de venta es de $5 por unidad. El costo operativo variable (que no es de manufactura), y el cual es impulsado por las unidades vendidas, es de $1 por unidad. Los costos fijos operativos (que no son de manufactura) son de $120,000. El inventario inicial en 2012 es de 30,000 unidades; el inventario final es de 40,000 unidades. Las ventas de 2012 son de 540,000 unidades. Los mismos costos estándar persistieron durante 2011 y 2012. Por sencillez, suponga que no hay variaciones en precio, en gastos y en eficiencia.

Se requiere

1. Prepare un estado de resultados para 2012, suponiendo que la variación en el volumen de producción se elimina al final del año como un ajuste al costo de los bienes vendidos.
2. El presidente de la compañía ha oído hablar del costeo variable. Le pide a usted que reelabore el estado de 2012 como aparecería con el costeo variable.
3. Explique la diferencia en la utilidad en operación como se calculó en los puntos 1 y 2.
4. Grafique la manera en la cual se contabilizan los costos indirectos fijos de manufactura con el costeo absorbente. Es decir, habrá dos líneas: una para los costos indirectos fijos de manufactura presupuestados (que es igual a los costos indirectos fijos de manufactura reales en este caso) y otra para los costos indirectos fijos de manufactura aplicados. Muestre cómo se podría indicar la variación en el volumen de producción en la gráfica.
5. Los críticos han alegado que un sistema contable ampliamente usado ha conducido a acumulaciones indeseables de niveles de inventario: *a*) ¿Tiene más probabilidades el costeo variable o el costeo absorbente de conducir a tales acumulaciones? ¿Por qué? *b*) ¿Qué se puede hacer para contrarrestar las acumulaciones indeseables de inventarios?

9-29 **Costeo variable y costeo absorbente, la compañía All-Fixed**. (Adaptado de R. Maple.) Es el final del año 2011. La compañía All-Fixed empezó sus operaciones en enero de 2011. La empresa se llama así porque no tiene costos variables. Todos los costos son fijos; no varían con la producción.

La compañía All-Fixed se localiza en el banco de un río y tiene su propia planta hidroeléctrica para el suministro de energía, luz y calefacción. La compañía elabora un fertilizador sintético a partir del aire y del agua del río, y vende su producto a un precio que no se espera que cambie. Tiene una pequeña cuadrilla de trabajadores, a todos los cuales se les pagan salarios anuales fijos. La producción de la planta se puede aumentar o disminuir ajustando algunos discos en el panel de control.

Los siguientes datos reales y presupuestados se refieren a las operaciones de la compañía All-Fixed, que usa la producción presupuestada como el nivel del denominador y elimina cualquier variación en el volumen de producción contra el costo de los bienes vendidos.

	2010	2011[a]
Ventas	20,000 tons	20,000 tons
Producción	40,000 tons	0 tons
Precio de venta	$ 20 por ton	$ 20 por ton
Costos (todos fijos)		
Manufactura	$320,000	$320,000
Operativos (costos que no son de manufactura)	$ 60,000	$ 60,000

[a]La gerencia adoptó la política, en vigor desde el 1 de enero de 2011, de producir únicamente tantos productos como fuera necesario para cumplir con los pedidos de ventas. Durante 2011, las ventas fueron las mismas que para 2010 y se satisficieron totalmente a partir del inventario al principio de 2011.

Se requiere

1. Prepare estados de resultados con una columna para 2010, una columna para 2011 y una columna para los dos años juntos, usando: *a*) un costeo variable y *b*) un costeo absorbente.
2. ¿Cuál es el punto de equilibrio con: *a*) un costeo variable y *b*) un costeo absorbente?
3. ¿Qué costos del inventario se llevarían en el balance general al 31 de diciembre de 2010 y de 2011 con cada método?
4. Suponga que el desempeño de la alta gerencia de la compañía se evalúa y se recompensa tomando como base la utilidad en operación reportada. ¿Qué método de costeo preferiría la gerencia? ¿Por qué?

9-30 **Comparación del costeo variable y del costeo absorbente**. La compañía Hinkle usa un costeo estándar. A Tim Bartina, el nuevo presidente de Hinkle, se le han presentado los siguientes datos para 2012:

	A	B	C
1	Compañía Hinkle		
2	Estados de resultados para el año que terminó el 31 de diciembre de 2012		
3		Costeo	Costeo
4		variable	absorbente
5	Ingresos	$9,000,000	$9,000,000
6	Costo de los bienes vendidos (al costo estándar)	4,680,000	5,860,000
7	Costos indirectos fijos de manufactura (presupuestados)	1,200,000	-
8	Variaciones en los costos indirectos fijos de manufactura (todas desfavorables)		
9	Gastos	100,000	100,000
10	Volumen de producción	-	400,000
11	Total de costos de marketing y de administración (todos fijos)	1,500,000	1,500,000
12	Costos totales	7,480,000	7,860,000
13	Utilidad en operación	$1,520,000	$1,140,000
14			
15	Inventarios (al costo estándar)		
16	31 de diciembre de 2011	$1,200,000	$1,720,000
17	31 de diciembre de 2012	66,000	206,000

1. ¿A qué porcentaje del nivel del denominador estuvo operando la planta durante 2012?
2. ¿Qué cantidad de costos indirectos fijos de manufactura se incluyeron en el inventario final de 2011 y de 2012 con el costeo absorbente?
3. Reconcilie y explique la diferencia en las utilidades en operación en 2012 con un costeo variable y un costeo absorbente.
4. Tim Bartina está preocupado: Nota que a pesar del incremento en ventas durante 2011, la utilidad en operación de 2012 en realidad ha disminuido con el costeo absorbente. Explique la manera en la cual ocurrió esto.

9-31 **Efectos de distintos niveles de producción sobre los ingresos con un costeo absorbente: métrica para minimizar la acumulación de inventarios**. University Press produce libros de texto para cursos universitarios. La compañía acaba de contratar a una nueva editora, Leslie White, para que maneje la producción y las ventas de libros de introducción a un curso de contabilidad. La remuneración de Leslie depende de la utilidad bruta asociada con las ventas de dicho libro. Leslie necesita decidir cuántas copias de este libro deberá publicar. Se dispone de la siguiente información para el semestre de otoño de 2011:

Ventas estimadas	20,000 libros
Inventario inicial	0 libros
Precio de venta promedio	$80 por libro
Costos variables de producción	$50 por libro
Costos fijos de producción	$400,000 por semestre

La tasa de aplicación de los costos fijos se basa en las ventas esperadas y, por lo tanto, es igual a $400,000/20,000 libros = $20 por libro

Leslie decidió publicar 20,000, 24,000 o 30,000 libros.

1. Calcule la utilidad bruta esperada si Leslie produce 20,000, 24,000 o 30,000 libros. (Asegúrese de incluir la variación en el volumen de producción como parte del costo de los bienes vendidos.)
2. Calcule el inventario final en unidades y en dólares para cada nivel de producción.

3. Aquellos gerentes a quienes se les paga un bono que está en función de la utilidad bruta quizá se sientan inspirados a elaborar productos más allá de la demanda, con la finalidad de maximizar sus propios bonos. El capítulo indicó algunas métricas para desalentar a los gerentes a elaborar productos más allá de la demanda. ¿Considera usted que la siguientes métricas conseguirán este objetivo? Muestre su trabajo.
  a) Incorporar un cargo del 10% del costo del inventario final como un gasto para evaluar al gerente.
  b) Incluir medidas no financieras (como las que se recomendaron en la p. 311) al evaluar a la gerencia y al recompensar el desempeño.

9-32 Conceptos alternativos de capacidad del nivel del denominador, efecto sobre la utilidad en operación. Lucky Lager acaba de comprar Austin Brewery. La cervecería tiene dos años de antigüedad y usa un sistema de costeo absorbente. "Venderá" sus productos a Lucky Lager a un costo de $45 por barril. Paul Brandon, el contralor de Lucky Lager, obtiene la siguiente información acerca de la capacidad de Austin Brewery y de los costos fijos de manufactura presupuestados para 2012:

	A	B	C	D	E
1		Costos indirectos fijos	Días	Horas	
2	Concepto de la capacidad	de manufactura	de producción	de producción	Barriles
3	del nivel del denominador	presupuestados por periodo	por periodo	por día	por hora
4	Capacidad teórica	$28,000,000	360	24	540
5	Capacidad práctica	$28,000,000	350	20	500
6	Utilización de la capacidad normal	$28,000,000	350	20	400
7	Capacidad del presupuesto maestro para cada mitad de año				
8	a) Enero-junio de 2012	$14,000,000	175	20	320
9	b) Julio-diciembre de 2012	$14,000,000	175	20	480

Se requiere
1. Calcule la tasa presupuestada de los costos indirectos fijos de manufactura por barril para cada uno de los conceptos de capacidad al nivel del denominador. Explique por qué son diferentes.
2. En 2012, Austin Brewery reportó los siguientes resultados de producción:

	A	B
12	Inventario inicial en barriles 1-1-2012	0
13	Producción en barriles	2,600,000
14	Inventario final en barriles 31-12-2012	2200,000
15	Costos variables de manufactura reales	$78,520,000
16	Costos indirectos fijos de manufactura reales	$27,088,000

No hay variaciones en los costos variables. Las variaciones en los costos indirectos fijos de manufactura se eliminan contra el costo de los bienes vendidos en el periodo en que ocurren. Calcule la utilidad en operación de Austin Brewery cuando la capacidad del nivel del denominador es: a) la capacidad teórica, b) la capacidad práctica y c) la utilización de la capacidad normal.

9-33 Consideraciones de motivación en la selección de la capacidad del nivel del denominador (continuación del 9-32).

Se requiere
1. Si el gerente de la planta de Austin Brewery obtiene un bono basado en la utilidad en operación, ¿qué concepto de la capacidad del nivel del denominador preferiría el usar? Explique su respuesta.
2. ¿Qué concepto de la capacidad del nivel del denominador preferiría usar Lucky Lager para elaborar informes de impuestos sobre ingresos en Estados Unidos? Explique su respuesta.
3. ¿Cómo podría el ISR limitar la flexibilidad de una compañía que usa el costeo absorbente, como Lucky Lager, para tratar de minimizar sus ingresos gravables?

9-34 Elecciones del nivel del denominador, cambios en los niveles de inventarios, efecto sobre la utilidad en operación. La corporación Koshu es un fabricante de accesorios para computadora y utiliza un costeo absorbente basado en los costos estándar. Reporta los siguientes datos para 2011:

	A	B	C
1	Capacidad teórica	280,000	unidades
2	Capacidad práctica	224,000	unidades
3	Utilización de la capacidad normal	200,000	unidades
4	Precio de venta	$ 40	por unidad
5	Inventario inicial	20,000	unidades
6	Producción	220,000	unidades
7	Volumen de ventas	230,000	unidades
8	Costo variable de manufactura presupuestado	$ 5	por unidad
9	Costos fijos totales de manufactura presupuestados	$2,800,000	
10	Costos totales operativos presupuestados (que no son de manufactura) (todos fijos)	$ 900,000	

No hay variaciones en precio, en gastos o en eficiencia. Los costos operativos reales son iguales a los costos operativos presupuestados. La variación en el volumen de producción se elimina contra el costo de los bienes vendidos. Para cada elección del nivel del denominador, el costo de producción presupuestado por unidad también es el costo por unidad del inventario inicial.

Se requiere

1. ¿Cuál es la variación en el volumen de producción en 2011 cuando el nivel del denominador es: *a*) la capacidad teórica, *b*) la capacidad práctica y *c*) la utilización de la capacidad normal?
2. Prepare estados de resultados basados en un costeo absorbente para la corporación Koshu usando la capacidad teórica, la capacidad práctica y la utilización de la capacidad normal como los niveles del denominador.
3. ¿Por qué la utilidad en operación con la capacidad normal es menor que en los otros dos escenarios?
4. Reconcilie la diferencia en la utilidad en operación tomando como base la capacidad teórica y la capacidad práctica con la diferencia en los costos indirectos fijos de manufactura incluida en el inventario.

9-35 Efectos de la elección del nivel del denominador. La compañía Carlisle es un productor de herramientas de precisión quirúrgica. Inició el costeo estándar y un presupuesto flexible el 1 de enero de 2011. La presidenta de la Compañía, Mónica Carlisle, ha estado pensando cómo deberían aplicarse a los productos los costos indirectos fijos de manufactura. Se han elegido las horas-máquina como la base de asignación. Su incertidumbre restante es el nivel del denominador para las horas-máquina. Ella decide esperar los resultados del primer mes antes de hacer una elección final en cuanto a qué nivel del denominador se debería usar a partir de ese día.

Durante enero de 2011, las unidades reales de producción tuvieron un estándar de 37,680 horas-máquina requeridas. La variación en el nivel de los costos indirectos fijos de manufactura fue de $6,000 favorable. Si la compañía usara la capacidad práctica como el nivel del denominador, la variación en el volumen de producción sería de $12,200 desfavorable. Si la compañía seleccionara la utilización de la capacidad normal como el nivel del denominador, la variación en el volumen de producción sería de $2,400 desfavorable. Los costos indirectos de manufactura fijos presupuestados fueron de $96,600 para el mes.

Se requiere

1. Calcule el nivel del denominador, suponiendo que se elige el concepto de la utilización de la capacidad normal.
2. Calcule el nivel del denominador, suponiendo que se elije el concepto de la capacidad práctica.
3. Suponga que usted es el vicepresidente ejecutivo. Usted quiere maximizar su bono de 2011, el cual depende de la utilidad en operación de 2011. Suponga, asimismo, que la variación en el volumen de producción se elimina contra el costo de los bienes vendidos al final del año, y que la compañía espera que los inventarios aumenten durante el año. ¿Qué nivel del denominador favorecería usted? ¿Por qué?

9-36 Espiral descendente de la demanda. La compañía Spirelli está a punto de ingresar al altamente competitivo mercado de aparatos electrónicos personales con un nuevo lector óptico. En anticipación al crecimiento futuro, la compañía arrendó una planta de manufactura de gran tamaño y compró varios equipos de alto costo. En 2011, el primer año de la compañía, Spirelli presupuestó producción y ventas de 25,000 unidades, en comparación con su capacidad práctica de 50,000. Los datos de costos de la compañía son los siguientes:

	A	B
1	Costos variables de manufactura por unidad:	
2	Materiales directos	$ 24
3	Mano de obra directa	36
4	Costos indirectos de manufactura	12
5	Costos indirectos fijos de manufactura	$700,000

Se requiere

1. Suponga que Spirelli usa un costeo absorbente, y que utiliza las unidades presupuestadas producidas como el denominador para el cálculo de su tasa de costos indirectos fijos de manufactura. El precio de venta se fija a 120% del costo de manufactura. Calcule el precio de venta de Spirelli.

2. Spirelli ingresa al mercado con el precio de venta que se calculó anteriormente. Sin embargo, aun a pesar del crecimiento en el mercado general, las ventas no son tan buenas como se esperaba, y un competidor fijó un precio a su producto $15 menor que el de Spirelli. Enrico Spirelli, el presidente de la compañía, insiste en que el competidor debe estar fijando el precio su producto con una pérdida, y que será incapaz de sostener esto. En respuesta, Spirelli no hace ajustes de precio, sino que presupuesta una producción y ventas para 2012 a 22,000 unidades. No se espera que cambien los costos fijos ni los costos variables. Calcule el nuevo precio de venta de Spirelli. Comente sobre la manera en que la elección de Spirelli en relación con la producción presupuestada afectó su precio de venta y su posición competitiva.

3. Vuelva a calcular el precio de venta usando la capacidad práctica como el nivel del denominador de actividades. ¿Cómo hubiera afectado esta elección la posición de Spirelli en el mercado? En general, ¿cómo afectaría esta elección la variación en el volumen de producción?

9-37 Costeo absorbente y variación en el volumen de producción: Bases alternativas de capacidad. Earth's Best Light (EBL), un productor de bombillas eléctricas eficientes en cuanto a consumo de energía, espera que la demanda aumente en forma importante a lo largo de la siguiente década. Debido a los altos costos fijos que implica el negocio, EBL ha tomado la decisión de evaluar su desempeño financiero usando el ingreso mediante el costeo absorbente. La variación en el volumen de producción se elimina contra el costo de los bienes vendidos. El costo variable de producción es de $2.70 por bombilla. Los costos fijos de manufactura son de $1,015,000 anuales. Los gastos por ventas y administración variables y fijos son de $0.40 por cada bombilla vendida y de $200,000, respectivamente. Ya que sus bombillas son actualmente populares entre los clientes conscientes del medio ambiente, EBL puede vender las bombillas a $9.60 cada una.

EBL está decidiendo entre diversos conceptos de capacidad para el cálculo del costo de cada unidad producida. Sus alternativas son las siguientes:

Capacidad teórica	725,000 bombillas
Capacidad práctica	406,000 bombillas
Capacidad normal	290,000 bombillas (producción promedio esperada para cada uno de los tres años siguientes)
Capacidad del presupuesto maestro	75,000 bombillas como producción esperada para este año

Se requiere

1. Calcule el costo inventariable por unidad usando cada nivel de capacidad para calcular el costo fijo de manufactura por unidad.

2. Suponga que EBL realmente fabrica 250,000 bombillas. Calcule la variación en el volumen de producción, usando cada nivel de capacidad para calcular la tasa de aplicación de los costos indirectos fijos de manufactura.

3. Suponga que EBL no tiene inventarios iniciales. Si las ventas reales de este año son de 175,000 bombillas, calcule la utilidad en operación para EBL usando cada tipo de capacidad para calcular el costo fijo de manufactura por unidad.

9-38 Efectos en la utilidad en operación provenientes de la elección del nivel del denominador y disposición de la variación en el volumen de producción (continuación del 9-37).

Se requiere

1. Si EBL vendiera las 250,000 bombillas producidas, ¿cuál sería el efecto sobre la utilidad en operación resultante de usar cada tipo de capacidad, como una base para el cálculo del costo de manufactura por unidad?

2. Compare los resultados de la utilidad en operación a diferentes niveles de capacidad cuando se venden 175,000 bombillas y cuando se venden 250,000 bombillas. ¿Qué conclusión puede usted extraer de esta comparación?

3. Usando los datos originales (es decir, 250,000 unidades producidas y 175,000 unidades vendidas), si EBL hubiera usado el enfoque de prorrateo para aplicar la variación en el volumen de producción, ¿cuál hubiera sido la utilidad en operación con cada nivel de capacidad? (Suponga que no existe inventario final de productos en proceso.)

9-39 Aplicación de costos, espiral descendente en la demanda. Cayzer Associates opera una cadena de 10 hospitales en el área metropolitana de Los Ángeles. Su planta central de suministro de alimentos, Mealman, prepara y entrega comidas a los hospitales. Tiene la capacidad de proporcionar hasta 1,300,000 comidas anuales. En 2012, con base en las estimaciones de cada contralor de hospital, Mealman presupuestó 975,000 comidas al año. Los costos fijos presupuestados en 2012 fueron de $1,521,000. A cada hospital se le cargaron $6.46 por comida: $4.90 de costos variables más $1.56 de costos fijos presupuestados aplicados.

Recientemente, los hospitales se han estado quejando por la calidad de los alimentos de Mealman y por sus costos crecientes. A mediados de 2012, el presidente de Cayzer anuncia que todos los hospitales de Cayzer y las instalaciones de apoyo se operarán como centros de ingresos. Los hospitales tendrán la libertad para comprar servicios de calidad certificada desde afuera del sistema. Ron Smith, el contralor de Mealman, está elaborando el presupuesto de 2013. Él escucha que los tres hospitales han tomado la decisión de usar proveedores externos para sus comidas; esto reducirá la demanda estimada de 2013 a 780,000 comidas. No se espera ningún cambio en los costos variables por comida o en los costos fijos totales en 2013.

Se requiere

1. ¿Cómo calculó Smith el costo fijo presupuestado por comida de $1.56 en 2012?

2. Usando el mismo enfoque para calcular el costo fijo presupuestado por comida y una fijación de precio como en 2012, ¿cuánto se le cargaría a los hospitales por cada comida de Mealman en 2013? ¿Cuál sería su reacción?

3. Sugiera un precio alternativo basado en el costo por comida que Smith pudiera proponer y que resultara más aceptable para los hospitales. ¿Qué pueden hacer Mealman y Smith para volver rentable este precio en el largo plazo?

9-40   Aplicación de costos, contabilidad por áreas de responsabilidad, ética (continuación del 9-39). En 2013, tan solo se produjeron y se vendieron a los hospitales 760,500 comidas de Mealman. Smith sospecha que los contralores de los hospitales inflaron de manera sistemática sus estimaciones de comidas para 2013.

Se requiere

1. Recuerde que Mealman selecciona la utilización de la capacidad del presupuesto maestro para aplicar los costos fijos y para asignar el precio a los alimentos. ¿Cuál fue el efecto de la variación en el volumen de producción sobre la utilidad en operación de Mealman en 2013?
2. ¿Por qué podrían los contralores del hospital sobreestimar de manera deliberada sus conteos futuros de comidas?
3. ¿Qué otra evidencia debería buscar el presidente de Cayzer para investigar las preocupaciones de Smith?
4. Indique dos pasos específicos que Smith pudiera tomar para reducir los incentivos de los contralores del hospital para inflar sus conteos estimados de comidas.

Problema de aprendizaje colaborativo

9-41   Costeo absorbente, variable y específico; evaluación del desempeño. Mile-High Foods, Inc., se formó en marzo de 2011 con la finalidad de ofrecer cajas preempacadas con tentempiés (botanas) para una nueva aerolínea regional de bajo costo y empezó el 1 de abril. La compañía acaba de rentar un espacio de almacenamiento en un punto central para los dos aeropuertos, con la finalidad de facilitar el almacenaje de los materiales.

Para transportar los materiales empacados desde los almacenes hasta los aeropuertos, donde se llevará a cabo el ensamblado final, Mile-High debe elegir entre rentar un camión de entrega y pagar a un chofer a tiempo completo a un costo fijo de $5,000 por mes, o pagar a un servicio de entregas una tasa equivalente a $0.40 por caja. Este costo se incluirá en los costos indirectos fijos de manufactura o en los costos indirectos variables de manufactura, dependiendo de la opción que se elija. La compañía espera un crecimiento rápido, dado que los pronósticos de ventas para la nueva aerolínea son prometedores. Sin embargo, es esencial que los gerentes de Mile-High controlen los costos con todo cuidado para cumplir con sus contratos de ventas y seguir siendo rentables.

Ron Spencer, el presidente de la compañía, intenta determinar si deberá usar el costeo absorbente, el costeo variable o el costeo específico, para evaluar el desempeño de los gerentes de la empresa. Para el costeo absorbente, él pretende usar el nivel de la capacidad práctica de la planta, el cual es de 20,000 cajas por mes. Las variaciones en el volumen de producción se eliminarán contra el costo de los bienes vendidos.

En los tres meses, se espera que los costos permanezcan sin cambio alguno. Se espera asimismo que los costos y los ingresos de abril, mayo y junio sean los siguientes:

Ingresos por ventas	$6.00 por caja
Costo de los materiales directos	$1.20 por caja
Costo de la mano de obra directa	$0.35 por caja
Costo indirecto variable de manufactura	$0.15 por caja
Costo variable de las entregas (si se elige esta opción)	$0.40 por caja
Costo fijo de las entregas (si se elije esta opción)	$5,000 por mes
Costos indirectos fijos de manufactura	$15,000 por mes
Costos fijos de administración	$28,000 por mes

A continuación se presenta la producción y las ventas presupuestadas para cada mes. La alta producción del mes de mayo es el resultado de un incremento anticipado en las vacaciones de junio de los empleados.

	Ventas (en unidades)	Producción
Abril	12,000	12,200
Mayo	12,500	18,000
Junio	13,000	9,000
Total	37,500	39,200

Se requiere

1. Calcule la utilidad en operación de abril, mayo y junio con el costeo absorbente, suponiendo que Mile-High opta por usar:
   a) El camión arrendado y el chofer asalariado.
   b) El servicio de entrega variable.
2. Calcule la utilidad en operación para abril, mayo y junio con el costeo variable, suponiendo que Mile-High opta por usar:
   a) El camión arrendado y el chofer asalariado.
   b) El servicio de entrega variable.
3. Calcule la utilidad en operación de abril, mayo y junio con el costeo específico, suponiendo que Mile-High opta por usar:
   a) El camión arrendado y el chofer asalariado.
   b) El servicio de entrega variable.
4. ¿Debería Mile-High elegir el costeo absorbente, el costeo variable o el costeo específico para evaluar el desempeño de los gerentes? ¿Por qué? ¿Qué ventajas y desventajas habría al adoptar un costeo específico?
5. ¿Debería Mile-High optar por el camión arrendado y por el chofer asalariado, o bien, por el servicio de entrega variable? Explique brevemente.

Determinación de la manera en que se comportan los costos

1. Describir las funciones lineales de costos y tres formas comunes en las cuales se comportan dichas funciones.

2. Explicar la importancia de la causalidad en la estimación de las funciones de costos.

3. Entender diversos métodos de estimación de costos.

4. Describir seis pasos para la estimación de una función de costos mediante el análisis cuantitativo.

5. Comprender tres criterios que se utilizan para evaluar y para elegir los generadores del costo.

6. Explicar las funciones de costos no lineales, sobre todo aquellas que surgen de los efectos de la curva de aprendizaje.

7. Tomar conciencia de los problemas de datos que se presentan al estimar las funciones de costos.

¿Cuál es el valor de mirar hacia el pasado?

Tal vez sea evocar recuerdos afectivos que usted tenga, o bien, ayudarlo a entender ciertos acontecimientos históricos. Es posible que el regreso hacia el pasado contribuya a entender mejor el futuro y a predecirlo. Cuando una organización mira hacia el pasado, generalmente lo hace para analizar sus resultados, de tal modo que se tomen mejores decisiones en el futuro de la compañía. Esta actividad requiere de la recolección de información acerca de los costos y de cómo se comportan, de modo que los gerentes logren predecir lo que llegará más adelante. La obtención de un conocimiento más profundo acerca del comportamiento de los costos también podría impulsar a una empresa al reconocimiento de sus operaciones de una manera innovadora y a hacer frente a desafíos importantes, como muestra el siguiente artículo.

Los contadores administrativos de Cisco aceptan oportunidades y el mejoramiento de la sustentabilidad[1]

La comprensión de la forma en que se comportan los costos es una valiosa herramienta técnica. Los gerentes recurren a los contadores administrativos para que los ayuden a identificar los generadores del costo, a estimar las relaciones de costos, así como a determinar los componentes fijos y variables de los costos. Para ser eficaces, los contadores administrativos deben tener un entendimiento claro de la estrategia y de las operaciones de la empresa para identificar las nuevas oportunidades en la búsqueda de la reducción de los costos y el aumento de la rentabilidad. En Cisco Systems, el amplio conocimiento de los contadores administrativos en relación con los costos y las operaciones de la compañía dio como resultado una reducción de costos y, asimismo, ayudó al medio ambiente.

Como productor de equipos para redes de cómputo, incluyendo sistemas de enrutamiento e interruptores inalámbricos, tradicionalmente había considerado como chatarra los equipos usados que volvía a recibir de sus clientes de negocios, y los reciclaba a un costo aproximado de $8 millones anuales. Cuando los gerentes observaron los costos acumulados y entendieron que literalmente quizás estaban "tirando dinero a la basura", tomaron la decisión de revalorar el tratamiento de los materiales de desperdicio. En 2005 los gerentes de Cisco empezaron a buscar aplicaciones para estos equipos, sobre todo porque el 80% de los equipos devueltos estaban en condiciones de buen funcionamiento. Un equipo de individuos, cuya misión era la recuperación de valor de Cisco, identificó varios grupos dentro de la compañía que podrían utilizar los equipos devueltos. Estos

[1] *Fuente:* Nidumolu, R., C. Prahalad y M. Rangaswami. 2009. Why sustainability is now the key driver of innovation. *Harvard Business Review*, septiembre de 2009. Cisco Systems, Inc. 2009. 2009 *corporate social responsibility report*, San José, CA: Cisco Systems, Inc.

incluyeron su grupo de servicio de clientes, quienes atienden las reclamaciones por garantía y los contratos de servicio, así como los laboratorios que brindan apoyo técnico, capacitación y demostraciones de los productos.

Basándose en el éxito inicial del equipo de recuperación de valor, en 2005 Cisco designó a su grupo de reciclado como una unidad de negocios de la empresa, estableció objetivos claros para dicho grupo y le asignó su propio estado de resultados. Por consiguiente, la reutilización del equipo aumentó de 5% en 2004 a 45% en 2008, y los costos por reciclado de Cisco disminuyeron en 40%. La unidad se ha convertido en un centro de utilidades que aportó $153,000 millones al rubro de la utilidad de Cisco en 2008.

Cuando las devoluciones de productos reducen la rentabilidad corporativa en un promedio de cerca de 4% anual, las compañías como Cisco apalancan el entendimiento de los contadores administrativos para reducir el costo de tales devoluciones disminuyendo, a la vez, su huella ambiental. Ello no solamente convierte a un centro de costos en un negocio rentable, sino que los esfuerzos de sustentabilidad como estos son señales de que la compañía está interesada en prevenir el deterioro ambiental mediante la reducción de los desperdicios.

Como ilustra el caso de Cisco, los gerentes deben entender la manera en que se comportan los costos, para tomar decisiones estratégicas y operativas que tengan un efecto ambiental positivo. Considere otros ejemplos. Lo gerentes de FedEx tomaron la decisión de reemplazar los aviones antiguos con el nuevo Boeing 757, lo cual redujo el consumo de combustible en 36% y, a la vez, aumentó la capacidad en 20%. En Clorox, los gerentes tomaron la decisión de crear una línea de productos de limpieza no sintéticos que eran mejores para el ambiente, y ayudaron a crear una nueva categoría de productos de limpieza "ecológicos" con un valor cercano a los $200 millones anuales.

En tal situación, se necesitó el conocimiento del comportamiento de los costos para responder las preguntas clave. Este capítulo se enfocará en la manera en que los gerentes determinan los patrones de comportamiento de los costos —es decir, cómo cambian los costos en relación con las variaciones en los niveles de actividad, en la cantidad de productos elaborados, etcétera.

Supuestos básicos y ejemplos de las funciones de costos

Los gerentes pueden entender el comportamiento de los costos a través de las funciones de costos. **Una función de costos** es una descripción matemática acerca de la manera en que un costo cambia con las variaciones en el nivel de una actividad relacionada con ese costo. Las funciones de costos se representan con una gráfica que mide el nivel de una actividad, como el número de lotes producidos o el número de horas-máquina utilizadas, en el eje horizontal (denominado eje de las x); y el monto de los costos totales correspondientes a —o, preferiblemente, que dependen de— los niveles de esa actividad en el eje vertical (denominado eje de las y).

Objetivo de aprendizaje 1

Describir las funciones lineales de costos

. . . la gráfica de la función del costo es una recta

y las tres formas comunes en las cuales se comportan

. . . variables, fijos y mixtos

Supuestos básicos

Los gerentes estiman con frecuencia las funciones de costos con base en dos supuestos:

1. Las variaciones en el nivel de una sola actividad (el generador del costo) explican las variaciones en los costos totales relacionados.

2. El comportamiento del costo se puede aproximar a través de una función lineal de costos dentro del rango de variación relevante. Recuerde que el rango de variación relevante es el ámbito de una actividad donde existe una relación entre el costo total y el nivel de la actividad. En el caso de una **función lineal de costos** representada en forma gráfica, el costo total versus el nivel de una sola actividad relacionada con ese costo es una línea recta dentro de la escala de costos relevante.

En la mayoría de este capítulo —aunque no en todo— usaremos estos dos supuestos. No todas las funciones de costos son lineales ni susceptibles de explicarse mediante una sola actividad. En secciones posteriores, examinaremos funciones de costos que no se basan en dichos supuestos.

Funciones lineales de costos

Para entender tres tipos básicos de funciones lineales de costos y para ver el papel que desempeñan tales funciones de costos en las decisiones de negocios, considere las negociaciones entre Cannon Services y World Wide Communications (WWC) en relación con el uso exclusivo de una línea de videoconferencias entre Nueva York y París.

■ **Alternativa 1:** $5 por minuto usado. El costo total para Cannon cambia en proporción con el número de minutos utilizados. El número de minutos usados es el único factor cuyo cambio genera una variación del costo total.

El panel A de la ilustración 10-1 presenta este *costo variable para* Cannon Services. con la alternativa 1, no hay ningún costo fijo. Escribimos la función del costo en el panel A de la ilustración 10-1 como

$$y = \$5X$$

donde X mide el número de minutos utilizados (en el eje de las *x*), en tanto que *y* mide el costo total de los minutos usados (en el eje de las *y*) calculados usando la función de costos. El panel A ilustra un **coeficiente de pendiente de $5,** el monto donde cambia el costo total cuando hay un cambio de una unidad en el nivel de actividad (un minuto de uso en el ejemplo de Cannon). *En todo este capítulo, las letras mayúsculas, como X, se refieren a las observaciones reales, y las letras minúsculas, como y, representan estimaciones o cálculos hechos usando una función de costos.*

■ **Alternativa 2:** El costo total será fijo a razón de $10,000 por mes, indistintamente del número de minutos utilizados. (Empleamos la misma medida de actividad, el número de minutos usados, para comparar los patrones de comportamiento de los costos con las tres alternativas.)

El panel B de la ilustración 10-1 muestra este *costo fijo* para Cannon Services. Escribimos la función del costo en el panel B como:

$$y = \$10,000$$

Ilustración 10-1 Ejemplos de funciones lineales de costos

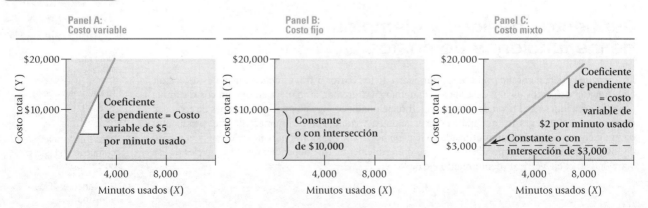

El costo fijo de $10,000 se denomina constante y es el componente del costo total que no varía con los cambios en el nivel de la actividad. Con la alternativa 2, la constante da cuenta de todos los costos porque no hay costo variable. Gráficamente, el coeficiente de la pendiente de la función de costos es cero; esta función de costos interseca el eje de las y en el valor constante y, por lo tanto, la *constante* también se denomina **intersección**.

- **Alternativa 3:** $3,000 mensuales más $2 por minuto utilizado. Este es un ejemplo de un costo mixto. Un **costo mixto** —también denominado **costo semivariable**— es aquel que tiene elementos tanto fijos como variables.

El panel C de la ilustración 10-1 presenta este *costo mixto* para Cannon Services. Escribimos la función del costo en el panel C de la ilustración 10-1 como:

$$y = \$3,000 + \$2X$$

A diferencia de las gráficas para las alternativas 1 y 2, el panel C tiene tanto un valor constante, o intersección, de $3,000, como un coeficiente de la pendiente de $2. En el caso de un costo mixto, el costo total dentro de la escala relevante aumenta conforme se incrementa el número de minutos usados. Observe que el costo total no varía estrictamente en proporción con el número de minutos usados dentro del rango de variación relevante. Por ejemplo, con 4,000 minutos de uso, el costo total es igual a $11,000 [$3,000 + ($2 por minuto × 4,000 minutos))], pero cuando se usan 8,000 minutos, el costo total es igual a $19,000 [$3,000 + ($2 por minuto × 8,000 minutos)]. Aunque el uso en términos de minutos se ha duplicado, el costo total aumentó aproximadamente en tan solo 73% [($19,000 − $11,000) ; $11,000].

Los gerentes de Cannon deben entender los patrones de comportamiento de los costos en las tres alternativas, para elegir la mejor negociación con wwc. Suponga que Cannon espera realizar por lo menos 4,000 minutos de videoconferencias mensuales. Su costo por 4,000 minutos con las tres alternativas sería como sigue:

- **Alternativa 1:** $20,000 ($5 por minuto × 4,000 minutos)
- **Alternativa 2:** $10,000.
- **Alternativa 3:** $11,000 [$3,000 + ($2 por minuto × 4,000 minutos)].

La alternativa 2 es la menos costosa. Además, si Cannon fuera a usar más de 4,000 minutos, como probablemente será el caso, las alternativas 1 y 3 serían incluso más costosas. Por lo tanto, los gerentes de Cannon deberían elegir la alternativa dos.

Observe que las gráficas de la ilustración 10-1 son lineales; es decir, aparecen como rectas. Únicamente necesitamos conocer la cantidad constante, o la intersección (que se designa por lo general como a) y el coeficiente de la pendiente (que se designa por lo general como b). Para cualquier función de costos lineal basada en una sola actividad (recuerde nuestros dos supuestos que se expusieron al inicio del capítulo), el conocimiento de a y de b es suficiente para describir y representar gráficamente todos los valores dentro del rango de variación relevante; en este caso, el número de minutos usados. Escribimos una forma general de esta función lineal de costos como

$$y = a + bX$$

Con la alternativa 1, $a = \$0$ y $b = \$5$ por minuto usado; con la alternativa 2, $a = \$10,000$ y $b = \$0$ por minuto usado; y con la alternativa 3, $a = \$3,000$ y $b = \$2$ por minuto usado. Para representar gráficamente la función del costo mixto en el panel C, dibujamos una línea que empiece desde el punto marcado con $3,000 en el eje de las y y que aumente a una tasa de $2 por minuto usado, de tal modo que a 1,000 minutos, los costos totales aumenten en $2,000 ($2 por minuto × 1,000 minutos) llegando a $5,000 ($3,000 + $2,000); y a 2,000 minutos, los costos totales aumenten en $4,000 ($2 por minuto × 2,000 minutos) llegando a $7,000 ($3,000 + $4,000); y así sucesivamente.

Repaso de la clasificación de los costos

Antes de que expongamos los aspectos relacionados con la estimación de las funciones de los costos, repasaremos brevemente los tres criterios que se expusieron en el capítulo 2 para clasificar un costo en sus componentes variables y fijos.

Elección de un objeto de costos

Una partida particular de costos podría ser variable con respecto a un objeto de costos y fija con respecto a otro. Considere el caso de Super Shuttle, una compañía de transporte aeroportuario. Si la flota de camionetas que posee es el objeto de costos, entonces los costos anuales del registro y de la matrícula de la camioneta serían los costos variables con respecto al número de camionetas poseídas. No obstante, si una camioneta en particular es el objeto de costos, entonces los costos del registro y de la matrícula de esa camioneta son los costos fijos con respecto a las millas recorridas durante un año.

Horizonte de tiempo

El hecho de que un costo sea variable o fijo con respecto a una actividad específica depende del horizonte de tiempo que se considere en una situación de decisión. Cuanto más largo sea el horizonte de tiempo, manteniéndose igual todo lo demás, más probable será que el costo sea variable. Por ejemplo, los costos de las inspecciones en la compañía Boeing son, por lo regular, fijos en el corto plazo con respecto a las horas de inspección utilizadas, porque los inspectores ganan un salario fijo en un año determinado, indistintamente del número de horas de inspección por los trabajos realizados. Pero, en el largo plazo, los costos totales por inspección de Boeing variarán con las horas de inspección requeridas: se contratará a más inspectores si se necesitan más horas de inspección, y algunos de ellos serán reasignados a otras tareas o incluso despedidos cuando se necesite un menor número de horas de inspección.

Escala de costos relevante

Punto de decisión ▶

¿Qué es una función lineal de costos y qué tipos de comportamientos de costos representa?

Los gerentes no deberían olvidar nunca que los patrones del comportamiento de los costos fijos y variables son válidos para las funciones lineales de costos tan solo dentro de cierto rango de variación relevante. Fuera de ese rango, los patrones del comportamiento de los costos fijos y variables cambian, ocasionando que los costos se vuelvan no lineales (no lineal significa que la representación gráfica de la relación sobre una gráfica no es una recta). Por ejemplo, la ilustración 10-2 representa la relación (durante varios años) entre los costos totales de la mano de obra directa y el número de tablas para deslizarse en la nieve que cada año produce Ski Authority en su planta de Vermont. En este caso, las "no linealidades" fuera de la escala relevante ocurren debido a la mano de obra y a otras ineficiencias (primero porque los trabajadores están aprendiendo a elaborar tablas para deslizamiento y segundo porque los límites de la capacidad se están estrechando). El conocimiento del rango de variación relevante es esencial para clasificar adecuadamente los costos.

Identificación de los generadores del costo

Objetivo de aprendizaje **2**

Explicar la importancia de la causalidad en la estimación de las funciones de costos

. . . tan solo una relación de causa y efecto establece una relación económicamente viable entre una actividad y sus costos

El ejemplo de Cannon Services/wwc ilustra las funciones de costos variables, fijos y mixtos usando información acerca de las estructuras de costos futuras que wwc propuso a Cannon. Sin embargo, con frecuencia las funciones de **costos se estiman** a partir de datos de costos históricos. Los gerentes emplean una estimación de costos para medir una relación tomando como base los datos provenientes de los costos históricos y el nivel relacionado de una actividad. los gerentes de marketing de Volkswagen, por ejemplo, podrían usar las estimaciones de costos para entender qué es lo que ocasiona que sus costos de marketing cambien de un año a otro (por ejemplo, el número de nuevos modelos de automóviles lanzados o el retiro repentino de un competidor), así como los componentes fijos y variables de tales costos. Los gerentes están interesados en estimar las funciones históricas del comportamiento de los costos, sobre todo porque dichas estimaciones les ayudan a realizar **predicciones de costos** o pronósticos de costos futuros más exactos. Las predicciones de costos de mejor calidad ayudan a los gerentes a tomar decisiones de planeación y de control más informadas, como la preparación del presupuesto de marketing del año siguiente. Pero únicamente se pueden lograr mejores decisiones administrativas, en las predicciones de costos y en la estimación de las funciones de costos, si los gerentes identifican de manera correcta los factores que afectan los costos.

Ilustración 10-2

Linealidad dentro de la escala de costos relevante para Ski Authority, Inc.

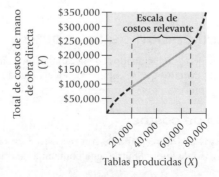

El criterio de causa y efecto

La cuestión más importante al estimar una función de costos es la determinación de si hay una relación de causa y efecto entre el nivel de una actividad y los costos relacionados con ese nivel de actividad. En la ausencia de una relación de causa y efecto, los gerentes tendrán menos confianza en su habilidad para estimar o predecir los costos. Recuerde del capítulo 2 que cuando existe una relación de causa y efecto entre un cambio en el nivel de una actividad y un cambio en el nivel de los costos totales, nos referimos a la medida de la actividad como *generador del costo*. Empleamos los términos *nivel de actividad* y *nivel del generador del costo* de manera indistinta cuando estimamos funciones de costos. La comprensión de los generadores del costo es de importancia fundamental para la administración de costos. La relación de causa y efecto podría surgir como resultado de lo siguiente:

- **Una relación física entre el nivel de actividad y los costos.** Un ejemplo es cuando se usan las unidades de producción como la actividad que afecta los costos de los materiales directos. La producción de más unidades requiere más materiales directos, lo cual da como resultado mayores costos totales de los materiales directos.

- **Una administración contractual.** En la alternativa 1 del ejemplo de Cannon Service que se describió con anterioridad, el número de minutos usados se especifica en el contrato como el nivel de actividad que afecta los costos de las líneas telefónicas.

- **Conocimiento de las operaciones.** Un ejemplo es cuando se usa el número de partes como la medida de actividad de los costos de ordenamiento. Un producto con muchas partes incurrirá en mayores costos por ordenamiento que un producto con pocas partes.

Los gerentes deben tener cuidado de no interpretar una alta correlación, o conexión, en la relación entre dos variables como el significado de que cualquier variable es causa de la otra. Considere los costos directos de los materiales y los costos de la mano de obra. Para una mezcla de productos dada, la producción de una mayor cantidad de unidades generalmente da como resultado tanto mayores costos de materiales como mayores costos de mano de obra. Los costos de los materiales y los de la mano de obra están altamente correlacionados, pero ninguno de ellos es causa del otro. El uso de los costos de la mano de obra para predecir los costos de los materiales es algo problemático. Algunos productos requieren más costos de mano de obra en relación con los costos de los materiales, en tanto que otros productos requieren más costos de materiales en relación con la mano de obra. Si la mezcla de productos cambia hacia productos que hacen un uso más intenso de la mano de obra, entonces los costos de la mano de obra aumentarán, mientras que los costos de los materiales disminuirán. Los costos de la mano de obra son un pronosticador deficiente de los costos de los materiales. En contraste, los factores que impulsan los costos de los materiales como la mezcla de productos, el diseño del producto y los procesos de manufactura, habrían predicho de manera más exacta los cambios en los costos de los materiales.

Tan solo una relación de causa y efecto —y no únicamente una correlación— establece una relación económicamente viable entre el nivel de una actividad y sus costos. La viabilidad económica es fundamental porque brinda a los analistas y a los gerentes confianza en que la relación estimada aparecerá una y otra vez en otros conjuntos de datos provenientes de la misma situación. La identificación de los generadores del costo también proporciona a los gerentes nociones acerca de las formas de reducir los costos, así como la confianza en que la reducción de la cantidad de los generadores del costo llevará a una disminución en los costos.

Para identificar los generadores del costo con base en los datos recopilados a lo largo del tiempo, siempre se debe usar un horizonte de tiempo largo. ¿Por qué? Porque los costos pueden ser fijos en el corto plazo (durante cuyo plazo no tienen un generador del costo), pero en el largo plazo suelen ser variables y tener un generador del costo.

Generadores del costo y el proceso de la toma de decisiones

Considere el caso de Elegant Rugs, que utiliza máquinas de coser de vanguardia para fabricar alfombras para casas y oficinas. La gerencia ha efectuado muchos cambios en los procesos de manufactura y quiere introducir nuevos estilos de alfombras. Le gustaría evaluar la manera en que tales cambios han afectado los costos y qué estilos de alfombras debería introducir. Sigue el proceso de toma de decisiones de cinco pasos que se describió en el capítulo 5.

Paso 1: Identificar el problema y las incertidumbres. Los cambios en el proceso de manufactura se fijaron específicamente como meta para la reducción de los costos de la mano de obra indirecta, y la gerencia quiere saber si los costos como la supervisión, el mantenimiento y el control de la calidad realmente disminuyeron. Una opción es comparar simplemente los costos de la mano de obra indirecta antes y después del cambio de proceso. El problema con este enfoque es que el volumen de actividad antes y después del cambio de proceso era muy diferente y, por lo tanto, los costos necesitan compararse después de tomar en cuenta el cambio en el volumen de la actividad.

Los gerentes tenían mucha confianza en los costos de los materiales directos y de la mano de obra directa de los nuevos estilos de alfombras. Tenían menos certeza en relación con el efecto que tendría la elección de diferentes estilos sobre los costos indirectos de manufactura.

Paso 2: Obtener información. Los gerentes recopilaron información acerca de los generadores del costo potenciales: factores como las horas-máquina o las horas de mano de obra directa, que ocasionan que se incurra en los costos de la mano de obra indirecta. Ellos empezaron asimismo a considerar diferentes técnicas (que se exponen en la siguiente sección) como el método de ingeniería industrial, el método de conferencias, el método del análisis de cuentas, el método punto alto-punto bajo y el método de regresión, para estimar la magnitud del efecto del generador del costo sobre los costos de la mano de obra indirecta. Su finalidad era identificar el mejor generador del costo individual posible.

Paso 3: Realizar predicciones acerca del futuro. Los gerentes usaron los datos históricos para estimar la relación entre los generadores del costo y los costos, y usaron tal relación para predecir los costos futuros.

Paso 4: Tomar decisiones mediante la elección entre alternativas. Como describiremos más adelante en este capítulo (pp. 353-355), Elegant Rugs eligió las horas-máquina como el generador del costo para los costos de la mano de obra indirecta. Con la estimación del costo de la mano de obra indirecta por hora-máquina obtenida a través del análisis de regresión, los gerentes estimaron los costos de los estilos alternativos de alfombras y optaron por introducir los estilos más rentables.

Paso 5: Implementar la decisión, evaluar el desempeño y aprender. Después de que los gerentes de Elegant Rugs lanzaron al mercado los nuevos estilos de alfombras, se concentraron en evaluar los resultados de su decisión. La comparación de los costos predichos con los costos reales ayudó a los gerentes a aprender qué tan exactas fueron las estimaciones, a establecer metas para una mejora continua y a buscar constantemente formas de mejorar la eficiencia y la efectividad.

Punto de decisión ▶

¿Cuál es el aspecto más importante en la estimación de una función de costos?

Métodos de estimación de costos

Como vimos en el paso 2, los cuatro métodos para la estimación de los costos son el método de ingeniería industrial, el método de conferencias, el método de análisis de cuentas y el método de análisis cuantitativo (el cual adquiere diferentes formas). Los métodos difieren con respecto a su costo de implementación, a los supuestos que hacen y a la información que dan acerca de la exactitud de la función de costos estimada. No son mutuamente excluyentes, y muchas organizaciones emplean una combinación de tales métodos.

Objetivo de aprendizaje 3

Entender diversos métodos de estimación de costos

. . . por ejemplo, el método del análisis de regresión determina la línea que se ajusta mejor a los datos históricos

Método de ingeniería industrial

El **método de ingeniería industrial**, también denominado **método de medición del trabajo**, estima las funciones de costos mediante el análisis de la relación entre los insumos y los productos en términos físicos. Considere el caso de Elegant Rugs. Esta empresa utiliza insumos de algodón, lana, tintes, mano de obra directa, tiempo de máquinas y energía. La producción está dada por las yardas cuadradas de alfombra. Los estudios de tiempo y movimiento analizan el tiempo que se requiere para ejecutar las diversas operaciones necesarias para fabricar una alfombra. Por ejemplo, un estudio de tiempo y movimiento podría concluir que para fabricar diez yardas cuadradas de alfombra se requiere de una hora de mano de obra directa. Los estándares y los presupuestos transforman estas medidas de insumos físicos en costos, cuyo resultado es una función de costos estimada que relaciona los costos de la mano de obra directa con el generador del costo, las yardas cuadradas de alfombra producidas.

El método de ingeniería industrial es una forma muy completa y detallada de estimar una función de costos cuando hay una relación física entre los insumos y los productos, aunque puede consumir mucho tiempo. Algunos contratos del gobierno exigen su uso. Muchas organizaciones, como Bose y Nokia, lo usan para estimar los costos directos de manufactura, pero lo encuentran demasiado costoso o impráctico para analizar la totalidad de su estructura de costos. Por ejemplo, las relaciones físicas entre los insumos y los productos son difíciles de especificar para algunas partidas, como los costos indirectos de manufactura, los costos de investigación y desarrollo, y los costos por la publicidad.

Método de conferencias

El **método de conferencias** estima las funciones de costos tomando como base el análisis y las opiniones acerca de los costos y de sus generadores, después de recabarlos a partir de varios departamentos de una compañía (compras, ingeniería del proceso, manufactura, relaciones con los empleados, etcétera).

El Cooperative Bank del Reino Unido tiene un departamento de estimación de costos que desarrolla funciones de costos para sus productos bancarios al menudeo (cuentas de cheques, tarjetas VISA e hipotecas, entre otros) tomando como base el consenso de las estimaciones provenientes del personal de ciertos departamentos. Elegant Rugs recopila opiniones de los supervisores y de los ingenieros de producción acerca de la manera en que los costos de la mano de obra indirecta varían con las horas-máquina y con las horas de mano de obra directa.

El método de conferencias fomenta el desarrollo de la cooperación interdepartamental. El agrupamiento del conocimiento de expertos provenientes de diferentes funciones de la empresa dentro de la cadena de valor da credibilidad al método de conferencias. Puesto que el método de conferencias no requiere de un análisis detallado de los datos, se pueden desarrollar rápidamente funciones de costos y estimaciones de costos. Sin embargo, el énfasis sobre las opiniones, en vez de la estimación sistemática, significa que la exactitud de las estimaciones de costos depende principalmente del cuidado y de la habilidad de los individuos que proporcionan los insumos.

Método de análisis de cuentas

El **método de análisis de cuentas** estima las funciones de costos mediante la clasificación de las diversas cuentas de costos como variables, fijas o mixtas con respecto al nivel identificado de la actividad. Los gerentes suelen utilizar un análisis cualitativo en vez de cuantitativo cuando toman estas decisiones de clasificación de los costos. Éste enfoque del análisis de cuentas se usa con gran amplitud porque es razonablemente exacto, eficaz en cuanto a costos y fácil de aplicar.

Considere los costos de la mano de obra indirecta en una pequeña área (o celda) de producción de Elegant Rugs. Los costos de la mano de obra indirecta incluyen los sueldos que se pagan por la supervisión, el mantenimiento, el control de calidad y la configuración de las máquinas. Durante el periodo más reciente de 12 semanas, Elegant Rugs operó las máquinas dentro de la celda con un total de 862 horas e incurrió en costos totales de la mano de obra indirecta de $12,501. Con el uso del análisis cualitativo, el gerente y el analista de costos determinan que durante este periodo de 12 semanas, los costos de la mano de obra indirecta son costos mixtos con tan solo un generador del costo: las horas-máquina. A medida que varían las horas máquina, un componente del costo (como el costo de la supervisión) es fijo, mientras que otro componente (como el costo de mantenimiento) es variable. El objetivo es usar el análisis de cuentas para estimar una función lineal del costo para los costos de la mano de obra indirecta, utilizando el número de horas-máquina como el generador del costo. El analista de costos usa la experiencia y el buen juicio para separar los costos totales de la mano de obra indirecta ($12,501) en costos que son fijos ($2,157, con base en 950 horas de capacidad de máquinas para la celda durante un periodo de 12 semanas) y costos que son variables ($10,344) con respecto al número de horas-máquina utilizadas. El costo variable por hora-máquina es de $10,344 ÷ 862 horas-máquina = $12 por hora-máquina. La ecuación lineal del costo, $y = a + bX$, en este ejemplo es como sigue:

Costos de la mano de obra indirecta = $2,157 +
($12 por hora-máquina × número de horas-máquina)

La gerencia de Elegant Rugs puede usar la función de costos para estimar los costos de la mano de obra indirecta resultantes de usar, digamos, 950 horas-máquina para producir alfombras en el siguiente periodo de 12 semanas. Los costos estimados son iguales a $2,157 + (950 horas-máquina × $12 por hora-máquina) = $13,557.

Para obtener estimaciones confiables de los componentes fijos y variables del costo, las organizaciones deben tener cuidado en asegurarse de que los individuos que toman las decisiones de clasificación de los costos tengan un conocimiento cabal de las operaciones. Al complementar el método del análisis de las cuentas con el método de conferencias se mejora la credibilidad.

Método de análisis cuantitativo

El análisis cuantitativo usa un método matemático formal para ajustar funciones de costos a observaciones de datos históricos. Excel es una herramienta útil para la ejecución de análisis cuantitativos. Las columnas B y C de la ilustración 10-3 muestran el desglose del total de horas-máquina de Elegant Rugs (862) y el total de los costos de la mano de obra indirecta ($12,501) en datos semanales para el periodo más reciente de 12 semanas. Observe que los datos constituyen pares; para cada semana, existen datos para el número de horas-máquina y para los costos correspondientes de la mano de obra indirecta. Por ejemplo, la semana 12 muestra 48 horas-máquina y costos de mano de obra indirecta de $963. La siguiente sección usa los datos de la ilustración 10-3 para indicar cómo estimar una función de costos usando un análisis cuantitativo.

Punto de decisión

¿Cuáles son los diferentes métodos que se utilizan para estimar una función de costos?

Ilustración 10-3

Costos semanales de la
mano de obra indirecta
y horas-máquina para
Elegant Rugs

	A	B	C
1	Semana	Generador del costo: Horas-máquina	Costos de la mano de obra indirecta
2		(X)	(Y)
3	1	68	$ 1,190
4	2	88	1,211
5	3	62	1,004
6	4	72	917
7	5	60	770
8	6	96	1,456
9	7	78	1,180
10	8	46	710
11	9	82	1,316
12	10	94	1,032
13	11	68	752
14	12	48	963
15	Total	862	$12,501
16			

Examinamos dos técnicas —el relativamente sencillo método punto alto–punto bajo, así como la herramienta cuantitativa más común que se emplea para examinar y entender los datos: el análisis de regresión.

Pasos en la estimación de una función de costos usando el análisis cuantitativo

Hay seis pasos que deben seguirse para estimar una función de costos usando el análisis cuantitativo de una relación de costos histórica. Ilustraremos estos pasos a continuación con el ejemplo de Elegant Rugs.

Paso 1:   Elegir la variable dependiente. La elección de la **variable dependiente** (el costo por pronosticarse y administrarse) dependerá de la función de costos que se esté estimando. En el ejemplo de Elegant Rugs, la variable dependiente son los costos de la mano de obra indirecta.

Paso 2:   Identificar la variable independiente, o el generador del costo. La **variable independiente** (el nivel de actividad o el generador del costo) es el factor que se usa para predecir la variable independiente (los costos). Cuando el costo es indirecto, como sucede con Elegant Rugs, la variable independiente también se denomina base de aplicación del costo. Aunque estos términos se usan algunas veces de manera indistinta, utilizamos el término *generador del costo* para describir la variable independiente. Con frecuencia, el analista de costos, trabajando con un equipo administrativo, recorrerá estos seis pasos varias veces, intentando generadores del costo económicamente viables, con la finalidad de identificar un generador del costo que se ajuste mejor a los datos.

   Un generador del costo debe ser mensurable y tener una relación *económicamente viable* con la variable dependiente. La viabilidad económica significa que la relación (la descripción de la manera en que los cambios en el generador del costo conducen a variaciones en los costos que se están considerando) se basa en una relación física, un contrato, o un conocimiento de las operaciones, y que tiene un sentido económico para el gerente operativo y el contador administrativo. Como vimos en el capítulo 5, todas las partidas individuales de costos que se incluyen en la variable dependiente deberían tener el mismo generador del costo, es decir, el grupo de costos tiene que ser homogéneo. Cuando todas las partidas de costos de la variable dependiente no tienen el mismo generador del costo, se requiere que el analista de costos investigue la posibilidad de crear grupos de costos homogéneos y estime más de una función de costos, una para cada par "partida del costo/generador del costo".

Como ejemplo, considere varios tipos de prestaciones que se pagan a los trabajadores y sus generadores del costo:

Prestación	Generadores del costo
Atención para la salud	Número de empleados
Comidas en la cafetería	Número de empleados
Pensiones	Salarios de los empleados
Seguros de vida	Salarios de los empleados

Los costos de atención para la salud y de las comidas en la cafetería se pueden combinar en un grupo de costos homogéneo porque tienen el mismo generador del costo: el número de empleados. Los costos de las pensiones y los seguros de vida tienen un generador del costo diferente —los salarios de los empleados— y por consiguiente no deberían combinarse con la atención para la salud ni las comidas en la cafetería. En lugar de ello, los costos de las pensiones y los seguros de vida tienen que combinarse en un grupo separado de costos homogéneos. El grupo común de costos que abarca los costos de las pensiones y los seguros de vida se estima utilizando los salarios de los empleados que reciben estas prestaciones como el generador del costo.

Paso 3: Recabar datos sobre la variable dependiente y sobre el generador del costo. Este es por lo general el paso más difícil en el análisis de costos. Los analistas de costos obtienen datos a partir de los documentos de la compañía, de las entrevistas con los gerentes y de estudios especiales. Tales datos pueden ser datos de series de tiempo o datos transversales.

Los datos de series de tiempo se refieren a la misma entidad (organización, planta, actividad, etcétera) durante periodos sucesivos. Las observaciones semanales de los costos de la mano de obra indirecta y el número de horas-máquina de Elegant Rugs son ejemplos de datos de series de tiempo. La base de datos ideal de series de tiempo contendría numerosas observaciones para una compañía, cuyas operaciones no se hayan visto afectadas por el cambio económico o tecnológico. Una economía y una tecnología estables aseguran que los datos recopilados durante el periodo de estimación representan la misma relación fundamental entre el generador del costo y la variable dependiente. Asimismo, los periodos utilizados para medir la variable dependiente y el generador del costo deberían ser consistentes en todas las observaciones.

Los datos transversales se relacionan con diferentes entidades durante un mismo periodo. Por ejemplo, los estudios de los préstamos procesados y los costos del personal relacionado en 50 sucursales individuales, aunque similares, de un banco durante marzo de 2012 producirían datos transversales para ese mes. Los datos transversales deberían extraerse a partir de entidades que, dentro de cada entidad, tengan una relación similar entre el generador del costo y los costos. Posteriormente en este capítulo, describiremos los problemas que se presentan en la recolección de los datos.

Paso 4: Graficación de los datos. La relación general entre el generador del costo y los costos se puede observar rápidamente en una representación gráfica de los datos, la cual se denomina por lo general gráfica de datos. Esta gráfica brinda un mejor entendimiento de la escala relevante de la función de costos, y revela si la relación entre el generador del costo y los costos es aproximadamente lineal. Además, la gráfica destaca observaciones extremas (que se sitúan fuera de patrón general) y que los analistas deberían verificar. Cuando existe un error en el registro de los datos o un evento inusual, como un paro laboral, ¿ello causaría que estas observaciones no sean representativas de la relación normal entre el generador del costo y los costos?

La ilustración 10-4 es una gráfica de los datos semanales provenientes de las columnas B y C de la hoja electrónica de Excel que se presenta en la ilustración 10-3. Esta gráfica proporciona una fuerte evidencia visual de una relación lineal positiva entre el número de horas-máquina y los costos de la mano de obra indirecta (es decir, cuando las horas-máquina aumentan, también lo hacen los costos de la mano de obra indirecta). No parece haber ninguna observación extrema en la ilustración 10-4. El rango de variación relevante es de 46 a 96 horas-máquina semanales (semanas 8 y 6, respectivamente).

Paso 5: Estimar la función de costos. Mostraremos dos formas de estimar la función de costos para los datos de Elegant Rugs. Una usa el método punto alto-punto bajo, y la otra usa el análisis de regresión, las dos formas de análisis cuantitativo que se describen con mayor frecuencia. La amplia disponibilidad de paquetes de software como Excel hace que el análisis de regresión sea mucho más fácil de emplear. Sin embargo, describiremos el método punto alto-punto bajo para ofrecer algunas intuiciones básicas en relación con la idea de dibujar una línea para "ajustar" diversos puntos de datos. Presentaremos estos métodos después del paso 6.

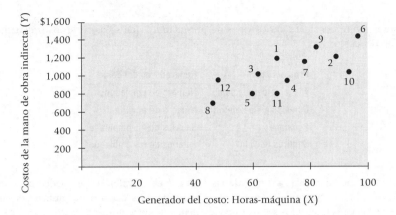

Gráfica de los costos
semanales de la mano
de obra indirecta y
de las horas-máquina
de Elegant Rugs

Paso 6: Evaluar el generador del costo de la función de costos estimada. En este paso, describimos los criterios para evaluar el generador del costo de la función de costos estimada. Hacemos esto después de ilustrar el método punto alto–punto bajo y el análisis de regresión.

Método punto alto–punto bajo

La forma más sencilla de análisis cuantitativo para "ajustar" una línea a los puntos de datos es el **método punto alto-punto bajo**, el cual utiliza únicamente los valores observados más altos y más bajos del generador del costo dentro de la escala relevante y sus costos respectivos, con la finalidad de estimar el coeficiente de la pendiente y la constante de la función de costos. Brinda una primera aproximación para entender la relación entre un generador del costo y los costos. El método punto alto-punto bajo se presenta con los datos de la ilustración 10-3.

	Generador del costo: Horas-máquina (X)	Costos de la mano de obra indirectos (Y)
Observación más alta del generador del costo (semana 6)	96	$1,456
Observación más baja del generador del costo (semana 8)	46	710
Diferencia	50	$ 746

El coeficiente de la pendiente, b, se calcula como:

$$\text{Coeficiente de la pendiente} = \frac{\text{Diferencia entre los costos asociados con la observación más alta y la más baja del generador del costo}}{\text{Diferencia entre la observación más alta y la más baja del generador del costo}}$$

$$= \$746 \div 50 \text{ horas} - \text{máquina} = \$14.92 \text{ por hora} - \text{máquina}$$

Para calcular la constante, usamos ya sea la observación más alta o la más baja del generador del costo. Ambos cálculos dan la misma respuesta porque la técnica de solución resuelve dos ecuaciones lineales con dos incógnitas: el coeficiente de la pendiente y la constante. Debido a que

$$y = a + bX$$
$$a = y - bX$$

Al nivel de la observación más alta del generador del costo, la constante, a, se calcula como:

$$\text{Constante} = \$1,456 - (\$14.92 \text{ por hora-máquina} \times 96 \text{ horas-máquina}) = \$23.68$$

Y al nivel de la observación más baja del generador del costo,

$$\text{Constante} = \$710 - (\$14.92 \text{ por hora-máquina} \times 46 \text{ horas-máquina}) = \$23.68$$

De este modo, la estimación de punto alto–punto bajo de la función de costos es:

$$y = a + bX$$
$$y = \$23.68 + (\$14.92 \text{ por hora-máquina} \times \text{número de horas} - \text{máquina})$$

La línea transversal inferior de la ilustración 10-5 muestra la función de costos estimada usando el punto alto-punto bajo (tomando como base los datos de la ilustración 10-3). La función de costos estimada es una línea recta que une las observaciones con los valores más alto y más bajo del generador del costo (el número de horas-máquina). Observe la manera en que esta línea simple punto alto–punto bajo cae "entre" los puntos de datos con tres observaciones sobre la línea, cuatro por arriba de ella y cinco por debajo. La intersección (a = $23.68), el punto donde la extensión punteada de la línea transversal inferior se encuentra con el eje de las y, es el componente constante de la ecuación que brinda la mejor aproximación lineal en relación con la forma en que se comporta un costo *dentro del rango de variación relevante* de 46 a 96 horas-máquina. La intersección no debería interpretarse como una estimación de los costos fijos de Elegant Rugs, si no se opera ninguna máquina. Ello se debe a que el hecho de no operar ninguna máquina y de cerrar la planta —es decir, usar cero horas-máquina— se encuentra *fuera del rango de variación relevante*.

Suponga que los costos de la mano de obra indirecta en la semana 6 fueran de $1,280, en vez de $1,456, mientras que se usaran 96 horas-máquina. En este caso, la observación más alta del generador del costo (96 horas-máquina en la semana 6) no coincidiría con la nueva observación más alta de los costos ($1,316 en la semana 9). ¿Cómo afectaría dicho cambio nuestro cálculo punto alto–punto bajo? Dado que en una función de costos la relación de causa y efecto va *desde* el generador del costo *hasta* los costos, elegimos las observaciones más alta y más baja del generador del costo (el factor que ocasiona que los costos cambien). El método punto alto-punto bajo todavía estimaría la nueva función de costos usando datos provenientes de las semanas 6 (alto) y 8 (bajo).

Hay cierto riesgo al basarse únicamente en dos observaciones para estimar una función de costos. Suponga que, debido a que un contrato laboral garantiza ciertos pagos mínimos en la semana 8, los costos de la mano de obra indirecta de la semana 8 fueran de $1,000, en vez de $710, cuando tan solo se usaran 46 horas-máquina. La línea transversal superior de la ilustración 10-5 muestra la función de costos que se estimaría con el método de punto alto-punto bajo usando este costo revisado. Aparte de los dos puntos usados para trazar la línea, ¡todos los demás datos se encuentran sobre esa línea o por debajo de ella! En tal caso, la elección de las observaciones más alta y más baja para las horas-máquina daría como resultado una función de costos estimada que describe en forma deficiente la relación fundamental de costos lineales entre el número de horas-máquina y los costos de la mano de obra indirecta. En estas situaciones, el método punto alto-punto bajo se puede modificar de tal modo que las dos observaciones elegidas para estimar la función de costos sean un punto *alto representativo* y un punto *bajo representativo*. Al usar este ajuste, los gerentes pueden evitar que la presencia de observaciones extremas, que surgen de eventos atípicos, influya en la estimación de la función del costo. La modificación permite a los gerentes estimar una función de costos que sea representativa de la relación entre el generador del costo y los costos y, por consiguiente, que sea de mayor utilidad para tomar decisiones (como la fijación de precios y la evaluación del desempeño).

La ventaja del método punto alto–punto bajo es que su cálculo es sencillo y fácil de entender; ofrece una rápida comprensión inicial en relación con la forma en que el generador del costo —el número de horas máquina— influye en los costos de la mano de obra indirecta. La desventaja es que ignora la información de todas las observaciones, excepto dos de ellas, cuando estima la función de costos. A continuación describiremos el método de análisis de regresión de datos cuantitativos, el cual usa todos los datos disponibles para estimar la función de costos.

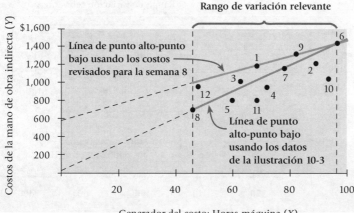

Ilustración 10-5

Método punto alto–punto bajo para los costos semanales de la mano de obra indirecta y para las horas-máquina de Elegant Rugs

Método del análisis de regresión

El análisis de regresión es un método estadístico que mide la cantidad promedio de cambio en una variable dependiente, asociado con un cambio unitario en una o más variables independientes. En el ejemplo de Elegant Rugs, la variable dependiente es el total de los costos de la mano de obra indirecta. La variable independiente, o el generador del costo, es el número de horas máquina. El análisis de **regresión simple** estima la relación entre la variable dependiente y una variable independiente. El análisis de regresión múltiple estima la relación que hay entre una variable dependiente y *dos o más* variables independientes. El análisis de **regresión múltiple** para Elegant Rugs podría usar como variables independientes, o generadores del costo, el número de horas-máquina y el número de lotes. El apéndice de este capítulo explorará la regresión simple y la regresión múltiple con mayor detalle.

En secciones posteriores, ilustraremos la manera en que se ejecutan los cálculos asociados con el análisis de regresión. La siguiente discusión destaca cómo los gerentes interpretan y usan el resultado de Excel para tomar decisiones estratégicas de gran importancia. La ilustración 10-6 muestra la línea que se ha desarrollado usando el análisis de regresión que ajusta mejor los datos de las columnas B y C de la ilustración 10-3. Excel estima que la función de costos es

$$y = \$300.98 + \$10.31X$$

La línea de regresión de la ilustración 10-6 se deriva empleando la técnica de mínimos cuadrados, que determina la línea de regresión al minimizar la suma de las diferencias verticales al cuadrado desde los puntos de datos (los diversos puntos de la gráfica) hasta la línea de regresión. La diferencia vertical, la cual se llama **término residual**, mide la distancia entre el costo real y el costo estimado para cada observación del generador del costo. La ilustración 10-6 muestra el término residual para los datos de la semana 1. La línea de la observación a la línea de regresión se traza en forma perpendicular al eje horizontal, o eje de las *x*. Cuanto más pequeños sean los términos residuales, mejor será el ajuste entre las observaciones reales de costos y los costos estimados. *La bondad del ajuste* indica la fortaleza de la relación entre el generador del costo y los costos. La línea de regresión de la ilustración 10-6 asciende de izquierda a derecha. La pendiente positiva de esta línea y los términos residuales pequeños indican que, en promedio, los costos de la mano de obra indirecta aumentan conforme se incrementa el número de horas-máquina. Las líneas punteadas verticales de la ilustración 10-6 indican el rango de variación relevante, que es el rango dentro del cual se aplica la función de costos.

Aquellos profesores y estudiantes que deseen explorar los detalles técnicos de la estimación de la línea de regresión por mínimos cuadrados pueden consultar el apéndice (pp. 367-371) y regresar a este punto sin que haya pérdida de continuidad.

La estimación del coeficiente de la pendiente, *b*, indica que los costos de la mano de obra indirecta varían en una cantidad promedio de \$10.31 por cada hora-máquina usada dentro del rango de variación relevante. La gerencia puede usar la ecuación de regresión al presupuestar los costos futuros de la mano de obra indirecta. Por ejemplo, si se presupuestan 90 horas-máquina para la próxima semana, los costos predichos de la mano de obra indirecta serán de

$$y = \$300.98 + (\$10.31 \text{ por hora-máquina} \times 90 \text{ horas-máquina}) = \$1,228.88$$

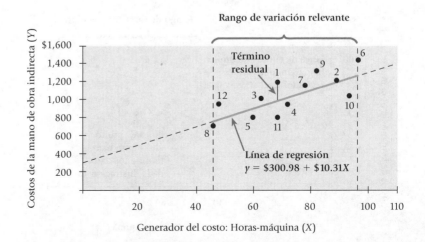

Como hemos mencionado, el método de regresión es más exacto que el método del punto alto-punto bajo porque la ecuación de regresión estima los costos usando información proveniente de todas las observaciones, en tanto que la ecuación del punto alto-punto bajo utiliza información proveniente de solamente dos observaciones. Las inexactitudes del método del punto alto-punto bajo podrían hacer que se confundan los gerentes. Considere la ecuación del método del punto alto-punto bajo en la sección anterior, y = $23.68 + $14.92 por hora-máquina × número de horas-máquina. Para 90 horas-máquina, el costo semanal predicho tomando como base la ecuación del método del punto alto-punto bajo es de $23.68 + ($14.92 por hora-máquina × 90 horas-máquina) = $1,336.48. Suponga que durante siete semanas a lo largo del siguiente periodo de 12 semanas, Elegant Rugs opera sus máquinas durante 90 horas cada semana, y que el costo promedio de la mano de obra indirecta para esas siete semanas es de $1,300. Con base en la predicción del método del punto alto-punto bajo de $1,366.48, Elegant Rugs concluiría que ha tenido un buen desempeño porque los costos reales son inferiores a los costos predichos. No obstante, al comparar el desempeño de $1,300 con la predicción más exacta de $1,228.88 del modelo de regresión, se descubre una historia muy diferente y quizás ocasionaría que Elegant Rugs buscara formas de mejorar el desempeño en cuanto a sus costos.

La estimación exacta de los costos ayuda a los gerentes a predecir los costos futuros y a evaluar el éxito de las iniciativas de reducción de costos. Suponga que el gerente de Elegant Rugs está interesado en evaluar si las decisiones estratégicas recientes que condujeron a cambios en el proceso de producción y que dieron como resultado los datos de la ilustración 10-3 han reducido los costos de la mano de obra indirecta, como la supervisión, el mantenimiento y el control de calidad. Al usar datos acerca del número de horas-máquina utilizadas y de los costos de la mano de obra indirecta del proceso anterior (que no se muestra aquí), el gerente estima la ecuación de regresión,

$$y = \$546.26 + (\$15.86 \text{ por hora-máquina} \times \text{número de horas-máquina})$$

La constante ($300.98 *versus* $545.26) y el coeficiente de la pendiente ($10.31 *versus* $15.86) son ambos más pequeños para el nuevo proceso en relación con el proceso antiguo. Parece que el nuevo proceso ha disminuido los costos de la mano de obra indirecta.

◄ Punto de decisión

¿Cuáles son los pasos que deben seguirse para estimar una función de costos usando un análisis cuantitativo?

Evaluación de los generadores del costo en la función de costos estimados

¿Cómo determina una compañía el mejor generador del costo cuando estima una función de costos? En muchos casos, la elección de un generador del costo mejora considerablemente si se entienden tanto las operaciones como la contabilidad de costos.

Para saber por qué se necesita comprender las operaciones, considere los costos para el mantenimiento y la reparación de máquinas de corte de metal en la corporación Helix, una compañía que fabrica máquinas caminadoras. Helix programa las reparaciones y el mantenimiento en un momento en que la producción se encuentra a un nivel bajo para evitar tener que sacar máquinas del servicio cuando más se les necesita. Un análisis de los datos mensuales mostrará entonces altos costos por reparaciones en los meses de baja producción y bajos costos por reparaciones en los meses de una alta producción. Alguien que no esté familiarizado con las operaciones, tal vez concluiría que hay una relación inversa entre la producción y los costos por las reparaciones. Sin embargo, el vínculo de la ingeniería entre las unidades producidas y los costos por las reparaciones suele ser bastante claro. Con el paso del tiempo, existe una relación de causa y efecto: cuanto más alto sea el nivel de la producción, más altos serán los costos por las reparaciones. Para estimar la relación en forma correcta, los gerentes y los analistas operativos reconocerán que los costos por las reparaciones tenderán a ir por detrás de los periodos de una alta producción y, por lo tanto, usarán la producción de los periodos anteriores como el generador del costo.

En otros casos, la elección de un generador del costo es más sutil y difícil. Considere una vez más los costos de la mano de obra indirecta de Elegant Rugs. La gerencia considera que tanto el número de horas-máquina como el número de horas-mano de obra directa son generadores del costo viables, para los costos de la mano de obra indirecta. Sin embargo, la gerencia no está segura de cuál sea el mejor generador del costo. La ilustración 10-7 presenta datos semanales (en Excel) acerca de los costos de la mano de obra indirecta y el número de horas-máquina para el periodo más reciente de 12 semanas según la ilustración 10-3, junto con los datos sobre el número de horas de mano de obra directa para el mismo periodo.

Objetivo de aprendizaje 5

Describir tres criterios que se utilizan para evaluar y para elegir los generadores del costo

. . . relaciones económicamente viables, bondad del ajuste y efecto significativo del generador del costo sobre los costos

Ilustración 10-7

Datos semanales para los costos de la mano de obra indirecta, las horas-máquina y las horas-mano de obra directa de Elegant Rugs

	A	B	C	D
1	Semana	Generador del costo original: Horas-máquina	Generador del costo alternativo: Horas-mano de obra directa (X)	Costos de la mano de obra indirecta (Y)
2	1	68	30	$ 1,190
3	2	88	35	1,211
4	3	62	36	1,004
5	4	72	20	917
6	5	60	47	770
7	6	96	45	1,456
8	7	78	44	1,180
9	8	46	38	710
10	9	82	70	1,316
11	10	94	30	1,032
12	11	68	29	752
13	12	48	38	963
14	Total	862	462	$12,501
15				

Forma de elegir entre generadores del costo

¿Qué orientación ofrecen los diferentes métodos de estimación de costos para elegir entre generadores del costo? El método de ingeniería industrial se basa en el análisis de las relaciones físicas entre los generadores del costo y los costos, que son relaciones difíciles de especificar en este caso. El método de conferencias y el método de análisis de cuentas usan evaluaciones subjetivas para elegir un generador del costo, así como para estimar los componentes fijos y variables de la función de costos. En dichos casos, los gerentes se deben basar en su mejor juicio, y no pueden usar estos métodos para probar e intentar generadores del costo alternativos. Las principales ventajas de los métodos cuantitativos son que son objetivos —un conjunto de datos dado y un método de estimación específico dan como resultado una función única de estimación de costos— y los gerentes los pueden usar para evaluar diferentes generadores del costo. Usamos el enfoque del análisis de regresión para ilustrar cómo evaluar diferentes generadores del costo.

Primero, el analista de costos de Elegant Rugs ingresa los datos en las columnas C y D de la ilustración 10-7 en Excel, y estima la siguiente ecuación de regresión de los costos de la mano de obra indirecta, tomando como base el número de horas de mano de obra directa:

$$y = \$744.67 + \$7.72X$$

La ilustración 10-8 muestra la gráfica de los puntos de datos para el número de las horas de mano de obra directa y para los costos de la mano de obra indirecta, y la línea de regresión que se ajusta mejor a los datos. Recuerde que la ilustración 10-6 es la gráfica correspondiente cuando el número de horas-máquina es el generador del costo. Para decidir cuál de los dos generadores del costo debería elegir Elegant Rugs, el analista compara la ecuación de regresión de las horas-máquina y la ecuación de regresión de las horas-mano de obra directa. Hay cuatro criterios para hacer esta evaluación.

1. **Viabilidad económica.** Ambos generadores del costo son económicamente viables; sin embargo, en el ambiente de producción altamente automatizado y de alta tecnología de Elegant Rugs, los gerentes que estén familiarizados con las operaciones consideran que los costos como el mantenimiento de las máquinas quizás estarán más estrechamente relacionados con el número de horas-máquina utilizadas, que con el número de horas de mano de obra directa usadas.

2. **Bondad del ajuste.** Compare las ilustraciones 10-6 y 10-8. Las diferencias verticales entre los costos reales y los costos predichos son mucho menores para la regresión de las horas-máquina que para la regresión de las horas-mano de obra directa. Por consiguiente, el número de horas-máquina usadas tiene una relación —o bondad del ajuste— más fuerte con los costos de la mano de obra indirecta.

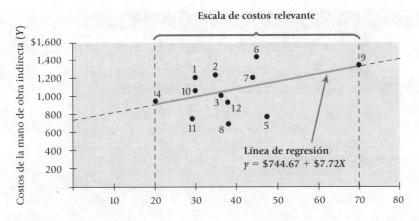

Ilustración 10-8

Modelo de regresión para los datos semanales de costos de la mano de obra indirecta y para las horas de la mano de obra directa en Elegant Rugs

3. **Significado de la variable independiente.** Comparemos nuevamente las ilustraciones 10-6 y 10-8 (las cuales se trazaron aproximadamente a la misma escala). La línea de regresión de las horas-máquina tiene una pendiente inclinada en relación con la pendiente de la línea de regresión de las horas-mano de obra directa. *Para la misma dispersión (o para una dispersión mayor) de observaciones alrededor de la línea (bondad del ajuste),* una línea de regresión plana, o con una ligera pendiente, indica una relación débil entre el generador del costo y los costos. En nuestro ejemplo, los cambios en las horas de mano de obra directa parecen tener una influencia pequeña o un efecto irrelevante sobre los costos de la mano de obra indirecta.

Con base en esta evaluación, los gerentes de Elegant Rugs seleccionan un número de horas-máquina como el generador del costo y usan la función del costo $y = \$300.98 + (\$10.31$ por hora-máquina $\times$ número de horas-máquina) para predecir los costos futuros de la mano de obra indirecta.

Se sugiere a los estudiantes y los instructores que quieran explorar la forma en que se utilizan las técnicas del análisis de regresión para elegir entre diferentes generadores del costo que consulten el apéndice (pp. 371-374) y regresen a este punto sin que haya pérdida de continuidad.

¿Por qué es importante la elección del generador del costo correcto para estimar los costos de la mano de obra indirecta? Porque la identificación de generadores del costo incorrectos o la mala estimación de funciones de costos podría conducir a la gerencia a decisiones incorrectas (y costosas) a lo largo de una variedad de dimensiones. Considere la siguiente decisión estratégica que debe tomar la gerencia de Elegant Rugs. La compañía está pensando en introducir un nuevo estilo de alfombra que, desde el punto de vista de manufactura, es similar a las alfombras que fabricó en el pasado. Los precios los establece el mercado, y se esperan ventas semanales de 650 yardas cuadradas de esta alfombra. La gerencia estima que se requerirían 72 horas-máquina y 21 horas-mano de obra directa cada semana para producir las 650 yardas cuadradas de alfombra que se necesitan. Usando la ecuación de regresión de las horas-máquina, Elegant Rugs predeciría costos de mano de obra indirecta de $y = \$300.98 + (\$10.31$ por hora-máquina $\times$ 72 horas-máquina$) = \$1,043.30$. Si empleara las horas-mano de obra directa como el generador del costo, predeciría incorrectamente costos de $\$744.67 + (\$7.72$ por hora-mano de obra $\times$ 21 horas-mano de obra$) = \$906.79$. Si Elegant Rugs eligiera, asimismo, generadores del costo incorrectos para otros costos indirectos y si subestima de manera sistemática los costos, concluiría que los costos de manufactura del nuevo estilo de alfombra serían bajos y básicamente fijos (fijos porque la línea de regresión es casi plana). No obstante, los costos reales generados por el número de horas-máquina usadas y otros generadores del costo correctos serían más altos. Al dejar de identificar los generadores del costo adecuados, la gerencia sería erróneamente conducida a creer que el nuevo estilo de alfombra sería más rentable de lo que en realidad es. Así, podría decidir introducir un nuevo estilo de alfombra, mientras que si Elegant Rugs identifica el generador del costo correcto quizá decida no introducir la nueva alfombra.

La estimación incorrecta de la función del costo también tendría repercusiones en la administración de los costos y en su control. Suponga que el número de horas-mano de obra directa se usara como el generador del costo, y que los costos reales de la mano de obra indirecta para la nueva alfombra fueran de $\$970$. Los costos reales serían entonces mayores que los costos predichos de $\$906.79$. La gerencia se sentiría obligada a encontrar formas de reducir los costos. De hecho, con base en el generador del costo preferido de las horas-máquina, la planta tendría menores costos reales que los costos predichos de $\$1,043.30$ —¡un desempeño que la gerencia debería intentar continuar, y no cambiar!

Conceptos en acción

Costeo basado en actividades: identificación de los generadores del costo y de ingresos

Muchos de los métodos de estimación de costos que se han presentado en este capítulo son esenciales para la implementación de los sistemas de costeo basados en actividades en los sectores de servicios, manufactura y comercial minorista en todo el mundo. Para determinar el costo de una actividad en el sector bancario, los sistemas ABC se basan con frecuencia en el análisis y las opiniones de expertos recopiladas del personal operativo (el método de conferencias). Por ejemplo, el personal del departamento de préstamos del Co-operative Bank en el Reino Unido estima de manera subjetiva los costos de la actividad de procesamiento de préstamos, así como la cantidad del generador del costo relacionado —el número de préstamos procesados, un generador del costo a nivel de lote, a diferencia del monto de los préstamos, que es un generador del costo a nivel de unidades producidas— para derivar el costo de procesamiento de un préstamo.

En otra parte dentro del Reino Unido, la policía de la ciudad de Londres usa relaciones de insumo-producto (el método de ingeniería industrial) para identificar los generadores del costo y el costo de una actividad. Empleando una metodología de investigación por encuestas, los oficiales logran determinar los costos totales asociados con las respuestas a robos domiciliarios, tratos con objetos robados y la elaboración de los informes policiales. En Estados Unidos, la División Wichita de Boeing Commercial Airplane Group usa análisis detallados de sus métodos de manufactura de aviones comerciales para apoyar las decisiones de fabricar o comprar, en relación con partes complejas requeridas para el ensamblado de los aviones. Agencias del gobierno estadounidense, como el Servicio Postal, también utilizan el método de ingeniería industrial para determinar el costo de cada transacción de la oficina postal; la Oficina de Patentes y Marcas Registradas lo usa para identificar los costos de cada examen de patente.

El análisis de regresión es otra herramienta de utilidad para determinar los generadores del costo de las actividades. Considere la manera en que los comerciantes minoristas de combustibles (es decir, las estaciones de gasolina con tiendas de bienes de consumo básico) identifican el principal generador del costo para la mano de obra dentro de sus operaciones. Dos posibles generadores del costo son las ventas de gasolina y las ventas de las tiendas de consumo básico. Las ventas de gasolina son actividades a nivel de lote porque las transacciones de pago ocurren tan solo una vez en cada compra de gasolina, indistintamente del volumen de gasolina comprada; mientras que las ventas de las tiendas de consumo básico son actividades a nivel de unidad producida que varían con base en la cantidad de alimentos, bebidas y otros artículos vendidos. Los comerciantes minoristas de combustible generalmente usan las ventas de sus tiendas anexas como una base para asignar los costos de la mano de obra porque el análisis de regresión múltiple confirma que las ventas de las tiendas de consumo básico, y no las ventas de gasolina, son el principal generador del costo de la mano de obra dentro de sus operaciones.

Aunque son populares, estos no son los únicos métodos que se utilizan para evaluar los generadores del costo. Si usted recuerda el capítulo 5, Charles Schwab es solo una de las empresas del número creciente de organizaciones que usan un costeo basado en actividades impulsado por el tiempo, el cual utiliza al tiempo como generador del costo. En Citigroup, el equipo interno de infraestructura de tecnología usa el tiempo para administrar mejor la capacidad de la mano de obra requerida para ofrecer servicios de tecnología confiables, seguros y eficaces en cuanto a costos, a sus cerca de 60 unidades de negocios alrededor de todo el mundo.

La tendencia hacia el uso de un costeo basado en actividades para identificar los generadores del costo y de ingresos también se extiende hacia áreas emergentes. Por ejemplo, el gobierno de Estados Unidos aplicó $19,000 millones en 2009 para apoyar la adopción de registros de salud electrónicos. Con el método de insumo-producto, muchas clínicas de salud y consultorios médicos están apalancando el costeo basado en actividades para identificar el costo de la adopción de esta nueva herramienta de tecnología de la información sobre la salud.

Fuentes: Barton, T. y J. MacArthur. 2003. Activity-based costing and predatory pricing: The case of the retail industry. Management Accounting Quarlerly (primavera); Carter, T., Sedaghat y T. Williams. 1998. How ABC changed the post office. Management Accounting (febrero); The Cooperative Bank. Harvard Business School. Caso núm. N9-195-196. Federowicz, M., M. Grossman, B. Hayes y J. Riggs. 2010. A tutorial on activity-based costing of electronic health records. Quality Management in Health Care (enero-marzo); Kaplan, Robert y Steven Anderson. 2008. Time-driven activity-based costing: A simpler and more powerful path to higher profits. Boston: Harvard Business School Publishing; Leapman, B. 2006. Police spend £500m filling in forms. The Daily Telegraph, 22 de enero; Paduano, Rocco y Joel Cutcher-Gerhenfeld. 2001. Boeign Commercial Airplane Group Wichita Division (Boeign Co.). MIT Labor Aerospace Research Agenda Case Study. Cambridge, MA: MIT; Peckenpaugh, J. 2002. Teaching the ABCs. Government Executive, 1 de abril; The United Kingdom Home office. 2007. The police service national ABC model: Manual of guidance. Londres: Her Majesty's Stationary Office.

Generadores del costo y costeo basado en actividades

Los sistemas de costeo basados en actividades (ABC) se enfocan en las actividades individuales —como el diseño del producto, la configuración de las máquinas, el manejo de materiales, la distribución y el servicio al cliente— como los objetos del costo fundamentales. Para implementar los sistemas ABC, los gerentes deben identificar un generador del costo para cada actividad. Por ejemplo, con los métodos que se describen en este capítulo, el gerente debe decidir si el número de cargas desplazadas o el peso de las cargas desplazadas es el generador del costo de los costos por el manejo de materiales.

Para elegir el generador del costo y usarlo al estimar la función de costos en nuestro ejemplo del manejo de materiales, el gerente recopila datos sobre los costos del manejo de materiales y sobre las cantidades de los dos generadores del costo en competencia, durante un periodo razonablemente largo. ¿Por qué se habla de un periodo largo? Porque en el corto plazo, los costos del manejo de materiales pueden ser fijos y, por lo tanto, no variarán con los cambios en el nivel del generador del costo. Sin embargo, en el largo plazo, hay una clara relación de causa y efecto entre los costos del manejo de materiales y el generador del costo. Suponga que el número de cargas desplazadas es el generador del costo de los costos por el manejo de materiales. Los incrementos en el número de cargas desplazadas requerirán de una mayor cantidad de mano de obra y equipo para el manejo de materiales; los decrementos ocasionarán que los equipos se vendan y que la mano de obra sea reasignada a otras tareas.

Los sistemas ABC tienen bastantes generadores del costo y de grupos comunes de costos. Ello significa que los sistemas ABC requieren que se estimen muchas relaciones de costos. Al estimar la función de costos para cada grupo de costos, el gerente tiene que poner atención en la jerarquía de costos. Por ejemplo, si un costo es un costo a nivel de lote como el costo por la configuración de las máquinas, el gerente debe considerar únicamente los generadores del costo a nivel de lote, como el número de horas para la configuración de las máquinas. En algunos casos, los costos de un grupo común quizá tengan más de un solo generador del costo a partir de diferentes niveles de la jerarquía de costos. En el ejemplo de Elegant Rugs, los generadores del costo para los costos de la mano de obra indirecta podrían ser las horas-máquina y el número de lotes de producción de las alfombras fabricadas. Además, sería difícil subdividir los costos de la mano de obra indirecta en dos grupos de costos y medir los costos asociados con cada generador del costo. En tales casos, las compañías usan la regresión múltiple para estimar los costos basándose en más de una sola variable independiente. El apéndice de este capítulo expone con más detalle la regresión múltiple.

Como indica la presentación de Conceptos en acción (p. 356), los gerentes que implementan los sistemas ABC usan una variedad de métodos —ingeniería industrial, de conferencias y análisis de regresión— para estimar los coeficientes de la pendiente. Al realizar tales elecciones, los gerentes buscan un equilibrio entre el nivel de detalle, la exactitud, la factibilidad y los costos de estimación de las funciones de costos.

Funciones de costos no lineales

En la práctica, las funciones de costos no siempre son lineales. Una **función de costos no lineal** es aquella donde la gráfica de los costos totales (con base en el nivel de una sola actividad) no es una línea recta dentro del rango de variación relevante. Para entender cómo se ve una función de costos no lineal, regrese a la ilustración 10-2 (p. 344). El rango de variación relevante se establece actualmente de 20,000 a 65,000 tablas de deslizamiento. Pero si ampliamos el rango de variación relevante para incluir la región entre 0 y 80,000 tablas producidas, es evidente que la función de costos a lo largo de este rango expandido está gráficamente representada por una línea que no es recta.

Considere otro ejemplo. Las economías de escala en el sector de la publicidad quizá permitan que una agencia publicitaria realice el doble de anuncios por una cantidad inferior al doble de los costos. Incluso los costos de los materiales directos no siempre son costos variables lineales debido a los descuentos por cantidad sobre las compras de materiales directos. Como muestra la ilustración 10-9 (p. 358), panel A, los costos totales de los materiales directos aumentan conforme se incrementan las unidades de los materiales directos comprados. Sin embargo, debido a los descuentos por cantidad, dichos costos aumentan de una forma más lenta (como indica el coeficiente de la pendiente) a medida que aumentan las unidades de los materiales directos comprados. Esta función de costos tiene $b = \$25$ por unidad para 1 a 1,000 unidades compradas, $b = \$15$ para 1,001 a 2,000 unidades compradas y $b = \$10$ por unidad para 2,001 a 3,000 unidades compradas. El costo de los materiales directos por unidad disminuye en cada intervalo de precio: es decir, el costo por unidad disminuye con las órdenes de compra más grandes. Si los gerentes están interesados en entender el comportamiento del costo a lo largo del rango de variación relevante de 1 a 3,000 unidades, la función de costos es de tipo no lineal y no una recta. Sin embargo, si los gerentes están únicamente interesados en entender el comportamiento de los costos a lo largo de un rango de variación relevante más estrecho (por ejemplo, de 1 a 1,000 unidades), la función de costos es lineal.

Las *funciones de costos escalonadas* también son ejemplos de funciones de costos no lineales. Una **función de costos escalonada** es aquélla en la cual el costo sigue siendo el mismo a lo largo de varios rangos de variación del nivel de actividad, pero el costo aumenta con base a cantidades discretas —es decir, aumenta de manera escalonada— a medida que el nivel de actividad se incrementa de un rango de variación al siguiente. El panel B de la ilustración 10-9 muestra una *función*

Punto de decisión

¿Cómo debería una compañía evaluar y elegir los generadores del costo?

Objetivo de aprendizaje 6

Explicar las funciones de costos no lineales

. . . la gráfica de una función de costos no es una línea recta, por ejemplo, debido a los descuentos por cantidad o a los costos que cambian en forma escalonada

En particular aquellos que surgen por los efectos de la curva de aprendizaje

. . . como el tiempo promedio acumulativo para el aprendizaje, donde el tiempo promedio acumulativo por unidad disminuye en un porcentaje constante, en tanto que se duplican las unidades producidas

. . . o el aprendizaje basado en unidades de tiempo creciente, donde el tiempo creciente para producir la última unidad disminuye en un porcentaje constante, mientras que se duplican las unidades producidas

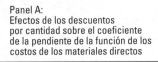 Ilustración 10-9   Ejemplos de funciones de costos no lineales

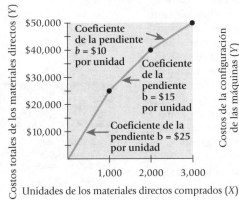

Panel A:
Efectos de los descuentos
por cantidad sobre el coeficiente
de la pendiente de la función de los
costos de los materiales directos

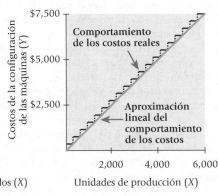

Panel B:
Función de costos
variables escalonados

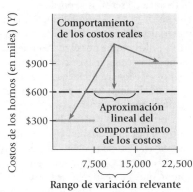

Panel C:
Función de los costos
fijos escalonados

escalonada de costos variables, que es una función de costos donde el costo sigue siendo el mismo a lo largo de rangos de variación *estrechos* en el nivel de actividad dentro de cada rango de variación. El panel B presenta la relación entre las unidades de producción y los costos de la configuración de las máquinas. El patrón es una función de costos escalonados porque, como se describió en el capítulo 5 acerca del costeo basado en actividades, los costos de la configuración de las máquinas están relacionados con cada lote de producción iniciado.

Si el rango de variación relevante se considera de 0 a 6,000 unidades producidas, la función de costos es de tipo no lineal. Sin embargo, como indica la línea del panel B, los gerentes aproximan con frecuencia los costos variables escalonados con una función de costos continuamente variables. Este tipo de patrón de costos escalonados también ocurre cuando los insumos de producción, como la mano de obra para manejo de los materiales, la supervisión y la mano de obra para ingeniería del proceso, se adquieren en cantidades discretas, pero se usan en cantidades fraccionales.

El panel C de la ilustración 10-9 muestra una *función escalonada de costos fijos* para Crofton Steel, una compañía que opera hornos grandes para tratamiento térmico con la finalidad de endurecer piezas de acero. Observando el panel C y el panel B, se nota que la principal diferencia entre una función escalonada de costos variables y una función escalonada de costos fijos es que en la segunda el costo sigue siendo el mismo a lo largo de *amplios* rangos de actividad dentro de cada rango relevante. Los rangos de variación indican el número de hornos que se utilizan (cada horno tiene un costo de $300,000). El costo aumenta de un rango al siguiente rango más alto, cuando las horas de tiempo de horno necesarias requieren del uso de otro horno. El rango relevante de 7,500 a 15,000 horas de tiempo de horno indica que la compañía espera operar con dos hornos a un costo de $600,000. La gerencia considera el costo de los hornos operativos como un costo fijo dentro de este rango relevante de operaciones. No obstante, si se considera que el rango relevante va de 0 a 22,500 horas, la función de costos es de tipo no lineal: La gráfica del panel C no es una sola recta; consiste en tres líneas quebradas.

Curvas de aprendizaje

Las funciones de costos no lineales también resultan de las curvas de aprendizaje. Una **curva de aprendizaje** es una función que mide la forma en que las horas de mano de obra por unidad disminuyen a medida que aumentan las unidades producidas, dado que los trabajadores están aprendiendo y se están volviendo mejores en sus labores. Los gerentes usan las curvas de aprendizaje para predecir cómo las horas de mano de obra, o los costos de la mano de obra, aumentarán conforme se produzcan más unidades.

La industria del ensamblado de aviones documentó por primera vez el efecto que el aprendizaje tiene sobre la eficiencia. En general, a medida que los trabajadores se familiarizan más con sus labores, su eficiencia mejora. Los gerentes aprenden cómo mejorar la programación de los turnos de trabajo y cómo operar la planta de una manera más eficiente. Como resultado de un mejoramiento en la eficiencia, los costos unitarios disminuyen a medida que aumenta la productividad, y la función de costos unitarios se comporta de una manera no lineal. Estas no linealidades se deben considerar cuando se estiman y se predicen los costos unitarios.

Los gerentes han ampliado la noción de la curva de aprendizaje a otras funciones empresariales dentro de la cadena de valor, como el marketing, la distribución y el servicio al cliente, así como a costos distintos de los costos de la mano de obra. El término *curva de experiencia* describe esta aplicación más amplia de la curva de aprendizaje.

Una curva de experiencia es una función que mide la disminución en el costo por unidad en varias funciones empresariales dentro de la cadena de valor —marketing, distribución, etcétera— a medida que aumenta la cantidad de estas actividades. Para compañías como Dell Computer, Wal-Mart y McDonald's, las curvas de aprendizaje y las curvas de experiencia son elementos fundamentales de sus estrategias. Estas compañías utilizan las curvas de aprendizaje y las curvas de experiencia para reducir los costos y aumentar la satisfacción del cliente, la participación de mercado y la rentabilidad.

A continuación describiremos dos modelos de la curva de aprendizaje: el modelo de aprendizaje del tiempo promedio acumulativo y el modelo de aprendizaje de unidad de tiempo creciente.

Modelo de aprendizaje del tiempo promedio acumulativo

En el **modelo de aprendizaje del tiempo promedio acumulativo**, el tiempo promedio acumulativo por unidad disminuye en un porcentaje constante cada vez que se duplica la cantidad acumulativa de unidades producidas. Considere el caso de la corporación Rayburn, un fabricante de sistemas de radar que tiene una curva de aprendizaje del 80%, lo cual significa que cuando la cantidad de unidades producidas se duplica de X a $2X$, el tiempo promedio acumulativo *por unidad* para $2X$ unidades es el 80% del tiempo promedio acumulativo *por unidad* para X unidades. El tiempo promedio por unidad ha disminuido en 20% (100% − 80%). La ilustración 10-10 es una hoja de Excel que muestra los cálculos para el modelo de aprendizaje del tiempo promedio acumulativo de la corporación Rayburn. Observe que, a medida que el número de unidades producidas se duplica de 1 a 2 en la columna A, el tiempo promedio acumulativo por unidad disminuye de 100 horas al 80% de 100 horas (0.80 × 100 horas = 80 horas) en la columna B. Conforme el número de unidades se duplica de 2 a 4, el tiempo promedio acumulativo por unidad disminuye al 80% de 80 horas = 64 horas, y así sucesivamente. Para obtener el tiempo total acumulativo en la columna D, multiplique el tiempo promedio acumulativo por unidad por el número acumulativo de unidades producidas. La producción de 4 unidades acumulativas, por ejemplo, requeriría de 256 horas de mano de obra (4 unidades × 64 horas promedio de mano de obra acumulativa por unidad).

Ilustración 10-10 Modelo de aprendizaje del tiempo promedio acumulativo para la corporación Rayburn

	A	B	C	D	E	F	G	H	I
1	**Modelo de aprendizaje del tiempo promedio acumulativo para la corporación Rayburn**								
2									
3		**Curva de aprendizaje al 80%**							
4									
5	**Número**	**Tiempo promedio**		**Tiempo total**	**Tiempo unitario individual**				
6	**acumulativo de**	**acumulativo por unidad**		**acumulativo:**	**para la X-ésima unidad:**				
7	**unidades (X)**	**(y)*: Horas-mano de obra**		**Horas-mano de obra**	**Horas-mano de obra**				
8									
9				**D = Col A × Col B**					
10							E13 = D13 – D12		
11	1	100.00		100.00	100.00		= 210.63 – 160.00		
12	2	80.00	= (100 × 0.8)	160.00	60.00				
13	3	70.21		210.63	50.63				
14	4	64.00	= (80 × 0.8)	256.00	45.37				
15	5	59.56		297.82	41.82				
16	6	56.17		337.01	39.19				
17	7	53.45		374.14	37.13				
18	8	51.20	= (64 × 0.8)	409.60	35.46				
19	9	49.29		443.65	34.05				
20	10	47.65		476.51	32.86				
21	11	46.21		508.32	31.81				
22	12	44.93		539.22	30.89				
23	13	43.79		569.29	30.07				
24	14	42.76		598.63	29.34				
25	15	41.82		627.30	28.67				
26	16	40.96	= (51.2 × 0.8)	655.36	28.06				
27									

*La relación matemática en la que se apoya el modelo de aprendizaje del tiempo promedio acumulativo es la siguiente:

$$y = aX^b$$

donde y = Tiempo promedio acumulativo (horas-mano de obra) por unidad
X = Número acumulativo de unidades producidas
a = Tiempo requerido (horas-mano de obra) para producir la primera unidad
b = Factor usado para calcular el tiempo promedio acumulativo para producir unidades

El valor de b se calcula como

$$\frac{\ln (\% \text{ de curva de aprendizaje en forma decimal})}{\ln 2}$$

Para una curva de aprendizaje al 80%, $b = \ln 0.8/\ln 2 = -0.2231/0.6931 = -0.3219$.

Por ejemplo, cuando $X = 3$, $a = 100$, $b = -0.3219$,

$$y = 100 \times 3^{-0.3219} = 70.21 \text{ horas-mano de obra}$$

El tiempo total acumulativo cuando $X = 3$ es de $70.21 \times 3 = 210.63$ horas-mano de obra.

Los números que se presentan en la ilustración podrían no ser exactos debido al redondeo.

Modelo de aprendizaje de unidad de tiempo creciente

En el **modelo de aprendizaje de unidad de tiempo creciente**, el tiempo adicional que se necesita para producir la última unidad disminuye en un porcentaje constante cada vez que se duplica la cantidad acumulativa de unidades producidas. Una vez más, considere el caso de la corporación Rayburn y una curva de aprendizaje al 80%. Aquí, 80% significa que cuando la cantidad de unidades producidas se duplica de X a $2X$, el tiempo necesario para producir la última unidad, cuando se producen $2X$ unidades totales, es del 80% del tiempo que se necesita para producir la última unidad cuando se producen X unidades totales. La ilustración 10-11 es una hoja de cálculo de Excel que muestra los cálculos del modelo de aprendizaje de unidad de tiempo creciente para la corporación Rayburn con base en una curva de aprendizaje al 80%. Observe la manera en que cuando las unidades producidas se duplican de 2 a 4 en la columna A, el tiempo para fabricar la unidad 4 (la última unidad cuando se producen 4 unidades) es de 64 horas en la columna B, lo cual es el 80% de las 80 obras necesarias para producir la unidad 2 (la última unidad cuando se producen dos unidades). Obtenemos el tiempo total acumulativo en la columna D sumando los tiempos unitarios individuales de la columna B. Por ejemplo, la producción de 4 unidades acumulativas requeriría de 314.21 horas-mano de obra (100.00 + 80,00 + 70.21 + 64.00).

La ilustración 10-12 presenta gráficas usando Excel para el modelo de aprendizaje del tiempo promedio acumulativo (con los datos de la ilustración 10-10) y para el modelo de aprendizaje de unidad de tiempo creciente (con los datos de la ilustración 10-11). El panel A ilustra gráficamente el tiempo promedio acumulativo por unidad, como una función de las unidades acumulativas producidas para cada modelo (columna A en la ilustración 10-10 o la 10-11). La curva para el modelo de aprendizaje del tiempo promedio acumulativo se grafica con los datos de la ilustración 10-10, columna B; en tanto que la curva para el modelo de aprendizaje de unidad de tiempo creciente se grafica con los datos de la ilustración 10-11, columna E. El panel B ilustra gráficamente las horas totales acumulativas de mano de obra, nuevamente como una función de las unidades acumulativas producidas para cada modelo. La curva para el modelo de aprendizaje del tiempo promedio acumulativo se grafica usando los datos de la ilustración 10-10, columna D; mientras que la del modelo de aprendizaje de unidad de tiempo creciente se gratifica usando los datos de la ilustración 10-11, columna D.

Ilustración 10-11 Modelo de aprendizaje de unidad de tiempo creciente para la corporación Rayburn

	A	B	C	D	E
1	Modelo de aprendizaje de unidad de tiempo creciente para la corporación Rayburn				
3		Curva de aprendizaje al 80%			
5	Número	Tiempo unitario individual		Tiempo total	Tiempo acumulativo
6	acumulativo de	para la X-ésima unidad (y)*:		acumulativo:	promedio
7	unidades (X)	horas-mano de obra		Horas-mano de obra	por unidad:
8					Horas-mano de obra
10					E = Col D ÷ Col A
12	1	100.00		100.00	100.00
13	2	80.00	= (100 × 0.8)	180.00	90.00
14	3	70.21		250.21	83.40
15	4	64.00	= (80 × 0.8)	314.21	78.55
16	5	59.56		373.77	74.75
17	6	56.17		429.94	71.66
18	7	53.45		483.39	69.06
19	8	51.20	= (64 × 0.8)	534.59	66.82
20	9	49.29		583.89	64.88
21	10	47.65		631.54	63.15
22	11	46.21		677.75	61.61
23	12	44.93		722.68	60.22
24	13	43.79		766.47	58.96
25	14	42.76		809.23	57.80
26	15	41.82		851.05	56.74
27	16	40.96	= (51.2 × 0.8)	892.01	55.75

D14 = D13 + B14 = 180.00 + 70.21

*La relación matemática en la que se basa el modelo de aprendizaje de unidad de tiempo creciente es la siguiente:

$$y = aX^b$$

donde y = Tiempo (horas-mano de obra) que se necesita para producir la última unidad individual
X = Número acumulativo de unidades producidas
a = Tiempo (horas-mano de obra) que se requiere para producir la primera unidad
b = Factor usado para calcular el tiempo unitario creciente para producir unidades
$$= \frac{\ln(\% \text{ de curva de aprendizaje en forma decimal})}{\ln 2}$$

Para una curva de aprendizaje al 80%, $b = \ln 0.8 \div \ln 2 = -0.2231 \div 0.6931 = -0.3219$

Por ejemplo, cuando $X = 3$, $a = 100$, $b = -0.3219$,
$y = 100 \times 3^{-0.3219} = 70.21$ horas-mano de obra

El tiempo total acumulativo cuando $X = 3$ es de $100 + 80 + 70.21 = 250.21$ horas-mano de obra.

Los números que se presentan en la ilustración tal vez no sean exactos debido al redondeo.

Ilustración 10-12 Gráficas para el modelo de aprendizaje del tiempo promedio acumulativo
y para el modelo de aprendizaje de unidad de tiempo creciente para la corporación Rayburn

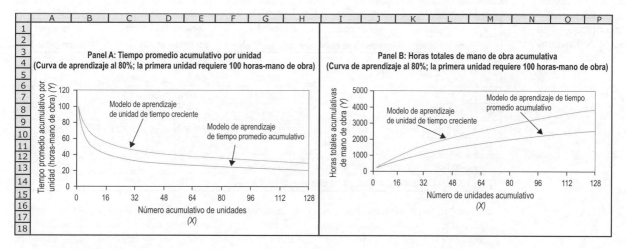

El modelo de aprendizaje de unidad de tiempo creciente predice un tiempo total acumulativo mayor para producir dos o más unidades que el modelo de aprendizaje del tiempo promedio acumulativo, suponiendo la misma tasa de aprendizaje para ambos modelos. Es decir, en la ilustración 10-12, panel B, la gráfica para el modelo de aprendizaje de unidad de tiempo creciente al 80% se encuentra por arriba de la gráfica para el modelo de aprendizaje del tiempo promedio acumulativo al 80%. Si comparamos los resultados de la ilustración 10-10 (columna D) con los resultados de la ilustración 10-11 (columna D), para producir 4 unidades acumulativas, el modelo de aprendizaje de unidad de tiempo creciente al 80% predice 314.21 horas-mano de obra *versus* 256.00 horas-mano de obra predichas por el modelo de aprendizaje del tiempo promedio acumulativo al 80%. Ello se debe a que con el modelo de aprendizaje del tiempo promedio acumulativo, *el promedio de horas de mano de obra que se necesita para producir la totalidad de las 4 unidades* es de 64 horas; la cantidad de horas-mano de obra que se necesita para producir la unidad 4 es muy inferior a 64 horas: es de 45.37 horas (véase la ilustración 10-10). Con el modelo de aprendizaje de unidad de tiempo creciente, la cantidad de horas-mano de obra que se necesita para producir la unidad 4 es de 64 horas, y las horas-mano de obra que se necesitan para producir las tres primeras unidades son de más de 64 horas y, por lo tanto, el tiempo promedio que se necesita para producir la totalidad de las cuatro unidades es de más de 64 horas.

    ¿Cómo eligen los gerentes qué modelo y qué porcentaje de curva de aprendizaje se deberá usar? Es importante reconocer que los gerentes hacen estas elecciones basándose en cada caso. Por ejemplo, si el comportamiento del consumo de las horas-mano de obra, a medida que aumentan los niveles de producción, sigue un patrón como el que predijo el modelo de aprendizaje del tiempo promedio acumulativo al 80%, entonces se debería utilizar el modelo de aprendizaje del tiempo promedio acumulativo al 80%. Los ingenieros, los gerentes de la planta y los trabajadores son buenas fuentes de información en relación con la cantidad y el tipo de aprendizaje que realmente ocurre a medida que aumenta la producción. La representación gráfica de esta información y la estimación del modelo que se ajuste mejor a los datos es de utilidad para la selección del modelo adecuado.[2]

Incorporación de los efectos de la curva de aprendizaje en los precios y en los estándares

¿Cómo usan las empresas las curvas de aprendizaje? Considere los datos de la ilustración 10-10 para el modelo de aprendizaje del tiempo promedio acumulativo de la corporación Rayburn. Suponga que los costos variables sujetos a los efectos del aprendizaje consisten en mano de obra directa, a $20 por hora, y en los costos indirectos relacionados, a $30 por hora-mano de obra directa. Los gerentes tienen que predecir los costos que se muestran en la ilustración 10-13.

    Tales datos muestran que los efectos de la curva de aprendizaje podrían tener una influencia importante en las decisiones. Por ejemplo, los gerentes de la corporación Rayburn podrían establecer un precio de venta extremadamente bajo para sus sistemas de radar con la finalidad de generar una demanda alta. A medida que su producción aumenta para satisfacer esta demanda creciente, disminuye el costo por unidad.

---

2 Si se desean más detalles, véase C. Bailey, "Learning Curve Estimation of Production Costs and Labor-Hours Using a Free Excel Add-In", Management Accounting Quarterly, (verano de 2000: 25-31). Es posible encontrar programas de software gratuitos en el sitio Web del Dr. Bailey, www.profbailey.com.

Ilustración 10-3

Predicción de costos usando las curvas de aprendizaje en la corporación Rayburn

	A	B	C	D	E	F
1		Tiempo acumulativo				
2	Número	promedio	Tiempo total		Costos	Adiciones
3	acumulativo	por unidad:	acumulativo:		acumulativos a $50	a los costos
4	de unidades	horas-mano de obra[a]	horas-mano de obra[a]		por hora-mano de obra	acumulativos
5	1	100.00	100.00	$ 5.000	(100.00 × $50)	$ 5.000
6	2	80.00	160.00	8.000	(160.00 × $50)	3.000
7	4	64.00	256.00	12.800	(256.00 × $50)	4.800
8	8	51.20	409.60	20.480	(409.60 × $50)	7.680
9	16	40.96	655.36	32.768	(655.36 × $50)	12.288
10						
11	[a] Con base en el modelo de aprendizaje del tiempo promedio acumulativo.					
12	Véase la ilustración 10-10 para los cálculos de estas cantidades.					

Rayburn "lleva su producto hacia abajo de la curva de aprendizaje" pues establece una mayor participación de mercado. Aunque quizás haya obtenido una pequeña utilidad en operación sobre su primera unidad vendida —y tal vez en realidad haya perdido dinero sobre esa unidad— Rayburn gana una mayor utilidad en operación por unidad conforme aumenta la producción.

De manera alternativa, acatando consideraciones legales y de otro tipo, los gerentes de Rayburn podrían establecer un precio bajo únicamente sobre las 8 unidades finales. Después de todo, se ha previsto que los costos totales de mano de obra y los costos indirectos relacionados por unidad para las 8 unidades finales serán tan solo de $12,288 ($32,768 − $20,480). En estas 8 unidades finales, el costo de $1,536 por unidad ($12,288 × 8 unidades) es mucho menor que el costo de $5,000 por unidad de la primera unidad producida.

Muchas compañías, como Pizza Hut y Home Depot, incorporan los efectos de la curva de aprendizaje cuando evalúan el desempeño. La compañía Nissan espera que sus trabajadores aprendan y mejoren en su puesto de trabajo, y evalúa el desempeño de manera acorde. Establece normas de eficiencia para la mano de obra del ensamblado para los nuevos modelos de automóviles, después de tomar en cuenta el aprendizaje que ocurrirá a medida que se produzcan más unidades.

Los modelos de la curva de aprendizaje que se examinaron en las ilustraciones 10-10 a 10-13 suponen que el aprendizaje es impulsado por una sola variable (la producción final). Se han desarrollado otros modelos de aprendizaje (en compañías como Analog Devices y Hewlett Packard) que se enfocan en la manera en que la calidad —en vez de las horas-mano de obra— cambiará a lo largo del tiempo, indistintamente de si se producen más unidades o no. Los estudios indican que aparte de la producción final, ciertos factores, como la rotación de puestos y la organización de los trabajadores en equipos, contribuyen a un aprendizaje que mejora la calidad.

Punto de decisión

¿Qué es una función de costos no lineal y en qué forma las curvas de aprendizaje originan las "no linealidades"?

Recolección de datos y problemas de ajuste

La base de datos ideal para la estimación de las funciones de costos en forma cuantitativa tiene dos características:

Objetivo de aprendizaje 7

Tomar conciencia de los problemas de datos que se presentan al estimar las funciones de costos

. . . por ejemplo, datos poco confiables y un registro deficiente, observaciones extremas, tratamiento de los costos fijos como si fueran variables, y una relación cambiante entre un generador del costo y un costo

1. **La base de datos debería contener numerosas observaciones, confiablemente medidas, del generador del costo (la variable independiente) y de los costos relacionados (la variable dependiente).** Los errores en la medición de los costos y en los generadores del costo son serios. Dan como resultado estimaciones inexactas del efecto del generador del costo sobre los costos.

2. **La base de datos tiene que considerar muchos valores que abarquen un rango de variación amplio del generador del costo.** Usar tan solo algunos valores del generador del costo que estén agrupados de una manera muy estrecha considera un segmento demasiado pequeño del rango de variación relevante y reduce la confianza en las estimaciones obtenidas.

Por desgracia, los analistas de costos por lo general no tienen la ventaja de trabajar con una base de datos que tenga ambas características. Esta sección esboza algunos problemas de datos que se encuentran con frecuencia, así como los pasos que debe dar el analista de costos para superar esos problemas.

1. El periodo de tiempo para la medición de la variable dependiente (por ejemplo, los costos de los lubricantes de las máquinas) no se acopla de manera adecuada con el periodo para la medición del generador del costo. Este problema surge a menudo cuando los registros contables no se llevan sobre la base de devengado. Considere una función de costos con los costos de los lubricantes de las máquinas como la variable dependiente y el número de horas-máquina como el generador del costo.

Suponga que el lubricante se compra de manera esporádica y se almacena para su uso posterior. Los registros que se mantengan tomando como base los lubricantes comprados indicarán costos reducidos de lubricantes en muchos meses y costos altos de lubricantes en otros meses. Estos registros presentan un panorama evidentemente inexacto de lo que realmente está ocurriendo. El analista debería usar la contabilidad devengada para medir el costo de los lubricantes consumidos, en aras de un mejor acoplamiento de los costos con las horas-máquina del generador del costo para este ejemplo.

2. Los costos fijos se aplican como si fueran variables. Por ejemplo, los costos como la depreciación, los seguros o la renta se aplican a productos para calcular el costo por unidad producida. *El riesgo está en considerar estos costos como variables en vez de fijos. Parecen ser variables debido a los métodos de aplicación que se usan.* Para evitar este problema, el analista tiene que distinguir con todo cuidado los costos fijos de los variables y no tratar los costos fijos aplicados por unidad como un costo variable.

3. Los datos no están disponibles para todas las observaciones o no son uniformemente confiables. Las observaciones de costos que faltan, con frecuencia, surgen de la incapacidad para registrar un costo o del hecho de clasificar un costo de manera incorrecta. Por ejemplo, los costos de marketing quedarían subestimados porque los costos de las visitas de ventas a los clientes están incorrectamente registrados como costos del servicio al cliente. Registrar los datos en forma manual en vez de electrónica tiende a dar como resultado un porcentaje más alto de observaciones faltantes, y a registrar erróneamente las observaciones. Los errores también surgen cuando los datos sobre los generadores del costo se originan fuera del sistema contable interno. Por ejemplo, el departamento de contabilidad obtiene datos sobre las horas de prueba para instrumentos médicos a partir del departamento de manufactura de la compañía y también obtiene datos sobre el número de artículos embarcados a los clientes desde el departamento de distribución. Uno o ambos de estos departamentos podrían no llevar registros exactos. Para minimizar estos problemas, el analista de costos debería diseñar reportes de recopilación de datos que obtengan de manera regular y rutinaria los datos requeridos, así como dar un seguimiento inmediato siempre que falten datos.

4. Los valores extremos de las observaciones ocurren a partir de los errores en el registro de los costos (por ejemplo, un punto decimal mal colocado), a partir de periodos no representativos (por ejemplo, un periodo donde ocurrió una descompostura mayor de una máquina, o bien, un periodo cuando una demora en la entrega de materiales provenientes de un proveedor internacional redujo la producción), o a partir de observaciones que se sitúen fuera de la escala relevante. Los analistas tienen que ajustar o eliminar las observaciones inusuales antes de estimar una relación de costos.

5. No hay una relación homogénea entre el generador del costo y las partidas individuales de costos en el grupo de costos de la variable dependiente. Existe una relación homogénea cuando cada actividad, cuyos costos se incluyen en la variable dependiente, tiene el mismo generador del costo. En este caso, se puede estimar una sola función de costos. Como se expuso en el paso 2 para estimar una función de costos usando el análisis cuantitativo (p. 348), cuando el generador del costo para cada actividad es diferente, se deben estimar funciones de costos separadas (cada una con su propio generador del costo) para cada actividad. De manera alternativa, como se expuso en las pp. 372-374, la función de costos se debería estimar incluyendo más de una variable independiente en la regresión múltiple.

6. La relación entre el generador del costo y el costo no es estacionaria. Es decir, el proceso fundamental que generó las observaciones no ha permanecido estable a lo largo del tiempo. La relación entre el número de horas-máquina y los costos indirectos de manufactura, por ejemplo, tiene escasas probabilidades de ser estacionaria cuando los datos cubren un periodo en el cual se haya introducido una nueva tecnología. Una forma de investigar si la relación es estacionaria consiste en dividir la muestra en dos partes y estimar relaciones de costos separadas: una para el periodo antes de que se introduzca la tecnología y otra para el periodo después de que se haya introducido la tecnología. Entonces, si los coeficientes estimados para ambos periodos son similares, el analista puede agrupar los datos para estimar una sola relación de costos. Cuando es factible, la interrelación de los datos proporciona un conjunto de datos más grande para la estimación, lo cual aumenta la confianza en las predicciones de costos.

7. La inflación afecta los costos, el generador del costo o ambos. Por ejemplo, la inflación suele ocasionar que los costos cambien incluso cuando no hay un cambio en el nivel del generador del costo. Para estudiar la relación fundamental de causa y efecto entre el nivel del generador del costo y los costos, el analista debería eliminar de los datos los efectos de precio puramente inflacionarios, dividiendo cada costo entre el índice de precios en la fecha en que se incurrió el costo.

En muchos casos, un analista de costos debe realizar un esfuerzo considerable para reducir el efecto de estos problemas antes de estimar una función de costos basada en datos históricos.

Punto de decisión

¿Cuáles son los problemas de datos comunes que una compañía debe vigilar cuando realiza estimaciones de costos?

Problema para autoestudio

La división de helicópteros de GLD, Inc., está examinando los costos de ensamblado de los helicópteros en su planta de Indiana. Ha recibido un pedido inicial para ocho de sus nuevos helicópteros de exploración de terrenos. GLD puede adoptar uno de dos métodos para el ensamblado de los helicópteros:

	A	B	C	D	E
1		Método de ensamblado con uso intenso de mano de obra		Método de ensamblado con un uso intenso de la maquinara		
2	Costo de los materiales directos por helicóptero	$ 40,000		$36,000	
3	Tiempo de mano de obra directa de ensamblado para el primer helicóptero	2,000	horas-mano de obra	800	horas-mano de obra
4	Curva de aprendizaje para el tiempo de la mano de obra del ensamblado por helicóptero	85%	de tiempo promedio acumulativo*	90%	de tiempo incremental por unidad**
5	Costo de la mano de obra directa para el ensamblado	$ 30	por hora	$ 30	por hora
6	Costo indirecto de manufactura relacionado con el equipo	$ 12	por hora-mano de obra directa de ensamblado	$ 45	por hora-mano de obra directa de ensamblado
7	Costo indirecto de manufactura relacionado con el manejo de los materiales	50%	del costo de los materiales directos	50%	de costo de materiales directos
8					
9					
10	*Usando la fórmula (p. 359), para una curva de aprendizaje al 85%, $b = \dfrac{\ln 0.85}{\ln 2} = \dfrac{-0.162519}{0.693147} = -0.234465$				
11					
12					
13					
14					
15	**Usando la fórmula (p. 360), para una curva de aprendizaje al 90%, $b = \dfrac{\ln 0.90}{\ln 2} = \dfrac{-0.105361}{0.693147} = -0.152004$				
16					
17					

Se requiere

1. ¿Cuántas horas-mano de obra directa de ensamblado se necesitan para fabricar los ocho primeros helicópteros, con *a*) el método que usa de manera intensa la mano de obra y *b*) el método que usa de manera intensa la maquinaria?

2. ¿Cuál es el costo total del ensamblado de los ocho primeros helicópteros con *a*) el método que usa de manera intensa la mano de obra y *b*) el método que usa de manera intensa la maquinaria?

Solución

1. *a*) Los siguientes cálculos muestran el método de ensamblado con uso intenso de la mano de obra, tomando como base un modelo de aprendizaje del tiempo promedio acumulativo al 85% (usando Excel):

	G	H	I	J	K
1	Número	Tiempo promedio		Tiempo total	Tiempo individual
2	acumulativo	acumulativo por unidad		acumulativo:	para la X-ésima
3	de unidades	(*y*): Horas-mano de obra		Horas-mano de obra	unidad:Horas-mano
4					de obra
5				Col J = Col G × Col H	
6	1	2,000		2,000	2,000
7	2	1,700	(2,000 × 0.85)	3,400	1,400
8	3	1,546		4,637	1,237
9	4	1,445	(1,700 × 0.85)	5,780	1,143
10	5	1,371		6,857	1,077
11	6	1,314		7,884	1,027
12	7	1,267		8,871	987
13	8	1,228.25	(1,445 × 0.85)	9,826	955
14					

El tiempo promedio acumulativo por unidad para la X-ésima unidad en la columna H se calcula como $y = aX^b$; véase la ilustración 10-10 (p. 359). Por ejemplo, cuando $X = 3$, $y = 2,000 \times 3^{-0.234465}$ = 1,546 horas de mano de obra.

    b) Los siguientes cálculos muestran el método de ensamblado con uso intenso de la maquinaria, con base en un modelo de aprendizaje de unidad de tiempo creciente al 90 por ciento:

	G	H	I	J	K
1	**Número**	**Tiempo unitario**		**Tiempo total**	**Tiempo promedio**
2	acumulativo	individual		acumulativo:	acumulativo
3	de unidades	para la X-ésima unidad		Horas-mano de obra	por unidad:
4		(*y*): Horas-mano de obra			Horas-mano de obra
5					Col K = Col J ÷ Col G
6	1	800		800	800
7	2	720	(800 × 0.9)	1,520	760
8	3	677		2,197	732
9	4	648	(720 × 0.9)	2,845	711
10	5	626		3,471	694
11	6	609		4,081	680
12	7	595		4,676	668
13	8	583	(648 × 0.9)	5,258	657

El tiempo unitario individual para la X-ésima unidad en la columna H se calcula como $y = aX^b$; véase la ilustración 10-11 (p. 360). Por ejemplo, cuando $X = 3$, $y = 800 \times 3^{-0.152004} = 677$ horas-mano de obra.

    2. Los costos totales del ensamblado de los ocho primeros helicópteros son:

	O	P	Q
1		**Método de ensamblado**	**Método de ensamblado**
2		con uso intenso de la mano	con uso intenso de la maquinaria
3		de obra (con los datos de la parte 1a)	(con los datos de la parte 1b)
4	Materiales directos:		
5	helicópteros × $40,000; $36,000 por helicóptero	$320,000	$288,000
6	Mano de obra directa del ensamblado:		
7	9,826 hrs.; 5,258 hrs. × $30/hr.	294,780	157,740
8	Costos indirectos de manufactura		
9	Relacionados con el equipo		
10	9,826 hrs. × $12/hr.; 5,258 hrs. × $45/hr.	117,912	236,610
11	Relacionados con el manejo de los materiales		
12	0.50 × $320,000; $288,000	160,000	144,000
13	Total de costos de ensamblado	$892,692	$826,350

Los costos del ensamblado del método con uso intenso de la maquinaria son $66,342 menores que los del método con uso intenso de la mano de obra ($892,692 − $826,350).

Puntos de decisión

El siguiente formato de pregunta y respuesta resume los objetivos de aprendizaje del capítulo. Cada decisión presenta una pregunta clave relacionada con un objetivo de aprendizaje. Los lineamientos son la respuesta a esa pregunta.

Decisión	Lineamientos
1. ¿Qué es una función lineal de costos y qué tipos de comportamiento de costos representa?	Una función lineal de costos es aquélla en la cual, dentro de la escala relevante, la gráfica de los costos totales basada en el nivel de una sola actividad es una línea recta. Las funciones lineales de costos se describen mediante una constante, *a*, la cual representa la estimación del componente del costo total que, dentro del rango de variación relevante, no varía con los cambios en el nivel de la actividad; y un coeficiente de la pendiente, *b*, que representa la estimación de la cantidad en la cual los costos totales cambian por cada cambio unitario en el nivel de la actividad en cuestión, dentro del rango de variación relevante. Los tres tipos de funciones lineales de costos son variables, fijas y mixtas (o semivariables).
2. ¿Cuál es el aspecto más importante en la estimación de una función de costos?	Los presupuestos se deberían preparar cuando sus beneficios esperados excedan los costos esperados. Las ventajas de los presupuestos incluyen lo siguiente: *a*) obligan a la realización de una planeación y de un análisis estratégico, *b*) fomentan la coordinación y la comunicación entre las subunidades de una compañía, *c*) brindan un marco de referencia para evaluar el desempeño y para facilitar el aprendizaje, y *d*) motivan a los gerentes y a otros empleados.
3. ¿Cuáles son los diferentes métodos que se utilizan para estimar una función de costos?	Cuatro métodos para la estimación de las funciones de costos son el método de ingeniería industrial, el método de conferencias, el método del análisis de cuentas y el método de análisis cuantitativo (que incluye el método punto alto-punto bajo y el método del análisis de regresión). En caso de ser posible, el analista de costos debería aplicar más de un método. Cada método es una verificación de los otros.
4. ¿Cuáles son los pasos que deben seguirse para estimar una función de costos usando el análisis cuantitativo?	Hay seis pasos para estimar una función de costos usando el análisis cuantitativo: *a*) la elección de la variable dependiente; *b*) la identificación del generador del costo; *c*) la recolección de datos sobre la variable dependiente y sobre el generador del costo; *d*) la graficación de los datos; *e*) la estimación de la función de costos; y *f*) la evaluación del generador del costo para la función de costos estimados. En la mayoría de las situaciones, al trabajar estrechamente con los gerentes de operaciones, el analista de costos recorrerá estos pasos varias veces antes de identificar una función de costos aceptable.
5. ¿Cómo debería una compañía evaluar y elegir los generadores del costo?	Tres criterios para evaluar y elegir los generadores del costo son *a*) la viabilidad económica, *b*) la bondad del ajuste y *c*) el significado de la variable independiente.
6. ¿Qué es una función no lineal de costos y en qué forma las curvas de aprendizaje originan las "no linealidades"?	Una función de costos no lineal es aquella donde la gráfica de los costos totales basada en el nivel de una sola actividad no es una línea recta dentro del rango relevante. Los costos no lineales pueden surgir debido a descuentos por cantidad, funciones escalonadas de costos y efectos de la curva de aprendizaje. Con las curvas de aprendizaje, las horas de mano de obra por unidad disminuyen conforme aumentan las unidades producidas. En el modelo de aprendizaje del tiempo promedio acumulativo, el tiempo promedio acumulativo por unidad disminuye en un porcentaje constante, cada vez que se duplica la cantidad acumulativa de unidades producidas. En el modelo de aprendizaje de unidad de tiempo creciente, el tiempo necesario para producir la última unidad disminuye en un porcentaje constante cada vez que se duplica la cantidad acumulativa de unidades producidas.
7. ¿Cuáles son los problemas de datos comunes que una compañía debe vigilar cuando realiza estimaciones de costos?	La tarea más difícil en la estimación de los costos es la recolección de datos de alta calidad y confiablemente medidos sobre los costos y sobre el generador del costo. Los problemas comunes incluyen la falta de datos, los valores extremos de las observaciones, los cambios en la tecnología y las distorsiones que resultan por la inflación.

Apéndice

Análisis de regresión

Este apéndice describe la estimación de la ecuación de regresión, varios estadísticos de regresión que se usan comúnmente y cómo elegir entre las funciones de costos que se estimaron mediante el análisis de regresión. Usamos los datos de Elegant Rugs que se presentaron en la ilustración 10-3 (p. 348) y que se muestran de nuevo aquí para facilitar la referencia.

Semana	Generador del costo: horas-máquina (X)	Costos de la mano de obra indirecta (Y)
1	68	$ 1,190
2	88	1,211
3	62	1,004
4	72	917
5	60	770
6	96	1,456
7	78	1,180
8	46	710
9	82	1,316
10	94	1,032
11	68	752
12	48	963
Total	862	$12,501

Estimación de la línea de regresión

La técnica de mínimos cuadrados para estimar la línea de regresión minimiza la suma de los cuadrados de las desviaciones verticales de los datos de puntos con respecto a la línea de regresión estimada (también se le conoce como *término residual* en la ilustración 10-6, p. 352). El objetivo es encontrar aquellos valores de a y de b en la función lineal de costos $y = a + bX$, donde y es el valor *predicho* del costo a diferencia del valor *observado* del costo, el cual denotamos con Y. Deseamos encontrar los valores numéricos de a y de b que minimicen $\Sigma(Y - y)^2$, la suma de los cuadrados de las desviaciones verticales entre Y y y. Por lo general, estos cálculos se efectúan con paquetes de software como Excel. Para los datos de nuestro ejemplo,[3] $a = \$300.98$ y $b = \$10.31$, de modo que la ecuación de la línea de regresión es $y = \$300.98 + \$10.31X$.

Bondad del ajuste

La bondad del ajuste mide qué tan bien los valores predichos, y, basados en el generador del costo, X, coinciden con las observaciones reales de costos, Y. El método del análisis de regresión calcula una medida de la bondad del ajuste, denominada **coeficiente de determinación**. El coeficiente de determinación (r^2) mide el porcentaje de variación en Y explicado por X (la variable independiente).

---

[3] Las fórmulas para a y para b son las siguientes:

$$a = \frac{(\Sigma Y)(\Sigma X^2) - (\Sigma X)(\Sigma XY)}{n(\Sigma X^2) - (\Sigma X)(\Sigma X)} \text{ y } b = \frac{n(\Sigma XY) - (\Sigma X)(\Sigma Y)}{n(\Sigma X^2) - (\Sigma X)(\Sigma X)}$$

donde, para los datos de Elegant Rugs de la ilustración 10.3,
n = número de puntos de datos = 12
ΣX = suma de los valores de X dados = 68 + 88 + ... + 48 = 862
ΣX^2 = suma de los cuadrados de los valores de X = $(68)^2 + (88)^2 + ... + (48)^2 + 4,624 + 7,744 + ... + 2,304 = 64,900$
ΣY = suma de los valores de Y = 1,190 + 1,211 + ... + 963 = 12,501
ΣXY = suma de las cantidades obtenidas mediante la multiplicación de cada uno de los valores dados de X por el valor
observado de Y asociado = (68)(1,190) + (88)(1,211) + ... + (48)(963)
= 80,920 + 106,568 + ... + 46,224 = 928,716

$$a = \frac{(12,501)(64,900) - (862)(928,716)}{12(64,900) - (862)(862)} = \$300.98$$

$$b = \frac{12(928,716) - (862)(12,501)}{12(64,900) - (862)(862)} = \$10.31$$

Es más conveniente expresar el coeficiente de determinación como 1 menos la proporción de la variación total que *no* está explicada por la variable independiente: es decir, 1 menos la razón de la variación no explicada a la variación total. La variación no explicada surge debido a las diferencias entre los valores reales, Y, y los valores predichos, y, los cuales, en el caso de Elegant Rugs están dados por[4]

$$r^2 = 1 - \frac{\text{Variación no explicada}}{\text{Variación total}} = 1 - \frac{\Sigma(Y - y)^2}{\Sigma(Y - \bar{Y})^2} = 1 - \frac{290{,}824}{607{,}699} = 0.52$$

Los cálculos indican que r^2 aumenta a medida que los valores predichos, y, se aproximan de una manera más estrecha a las observaciones reales, Y. El rango de variación de r^2 va de 0 (la ausencia de poder explicativo) a 1 (un poder explicativo perfecto). Generalmente, una r^2 de 0.30 o de un valor más alto pasa la prueba de la bondad del ajuste. Sin embargo, uno no debe basarse exclusivamente en la bondad del ajuste. Ello puede conducir a la inclusión indiscriminada de variables independientes que aumentan el valor de r^2, pero que no tienen viabilidad económica como generadores del costo. *La bondad del ajuste tiene significado tan solo si la relación entre los generadores del costo y los costos es económicamente viable.*

Una forma alternativa y relacionada para evaluar la bondad del ajuste consiste en calcular el *error estándar de la regresión*. El **error estándar de la regresión** es la variación de los residuos. Es igual a

$$S = \sqrt{\frac{\Sigma(Y - y)^2}{\text{Grados de libertad}}} = \sqrt{\frac{\Sigma(Y - y)^2}{n - 2}} = \sqrt{\frac{290{,}824}{12 - 2}} = \$170.54$$

Los grados de libertad son iguales al número de observaciones, 12, *menos* el número de coeficientes estimados en la regresión (en este caso dos, a y b). En promedio, el valor real de Y y el valor predicho, y, difieren en $170.54. Con propósitos de comparaciones, $\bar{Y}$, el valor promedio de Y, es de $1,041.75. Cuanto más pequeño sea el error estándar de la regresión, mejor será el ajuste y mejores serán las predicciones para diferentes valores de X.

Significado de las variables independientes

¿Los cambios en la variable independiente económicamente viable producen variaciones significativas en la variable dependiente? O, dicho de otro modo, ¿el coeficiente de la pendiente, $b = \$10.31$, de la línea de regresión, es estadísticamente significativo (es decir, diferente de 0)? Recuerde, por ejemplo, que en la regresión del número de horas-máquina y de los costos de la mano de obra indirecta del ejemplo de Elegant Rugs, b se estima a partir de una muestra de 12 observaciones semanales. La estimación, b, está sometida a factores aleatorios, lo mismo que todos los estadísticos muestrales. Es decir, una muestra diferente de 12 puntos de datos indudablemente proporcionaría una estimación diferente para b. El **error estándar del coeficiente estimado** indica en qué cantidad el valor estimado, b, probablemente se verá afectado por factores aleatorios. El valor t del coeficiente de b mide qué tan grande es el valor del coeficiente estimado en relación con el error estándar.

El valor de corte de t para hacer inferencias acerca del coeficiente de b es una función del número de grados de libertad, del nivel de significancia, y de si se trata de una prueba unilateral o bilateral. Un nivel de significancia de 5% indica que hay una probabilidad de menos de 5% de que los factores aleatorios pudieran haber afectado el coeficiente de b. Una prueba bilateral supone que los factores aleatorios podrían haber ocasionado que el coeficiente fuera ya sea mayor de $10.31 o menor de $10.31 con una probabilidad igual. A un nivel de significancia de 5%, esto significa que existe una probabilidad de menos de 2.5% (5% ÷ 2) de que los factores aleatorios pudieran haber ocasionado que el coeficiente fuera mayor de $10.31 y que hay una probabilidad de menos de 2.5% de que los factores aleatorios pudieran haber ocasionado que el coeficiente fuera de menos de $10.31. Con la expectativa de que el coeficiente de b sea positivo, una prueba unilateral a un nivel de significancia de 5% supone que hay una probabilidad de menos de 5% de que los factores aleatorios hubieran ocasionado que el coeficiente fuera de menos de $10.31. El valor de corte de t a un nivel de significancia de 5% y a 10 grados de libertad para una prueba bilateral es de 2.228. Si hubiera más observaciones y 60 grados de libertad, el valor de corte de t sería de 2.00 a un nivel de significancia de 5% para una prueba bilateral.

El valor de t (denominado t Stat en Excel) para el coeficiente de la pendiente b es el valor del coeficiente estimado, $10.31 ÷ el error estándar del coeficiente estimado $3.12 = 3.30, el cual es superior al valor de corte de t de 2.228. En otras palabras, hay una relación entre la variable independiente, las horas-máquina y la variable dependiente que no puede atribuirse tan solo a eventos aleatorios. La ilustración 10-14 muestra un formato conveniente (en Excel) para resumir los resultados de la regresión para un número de horas-máquina y para los costos de la mano de obra indirecta.

---

[4] De la nota al pie 3, $\Sigma Y = 12{,}501$ $\bar{Y} = 12{,}501 \div 12 = 1{,}041.75$

$$\Sigma(Y - \bar{Y})^2 = (1{,}190 - 1{,}041.75)^2 + (1{,}211 - 1{,}041.75)^2 + \ldots + (963 - 1{,}041.75)^2 = 607{,}699$$

Cada valor de X genera un valor predicho de y. Por ejemplo, en la semana 1, $y = \$300.98 + (\$10.31 \times 68) = \$1002.06$; en la semana 2, $y = \$300.98 + (\$10.31 \times 88) = \$1{,}208.26$; y en la semana 12, $y = \$300.98 + (\$10.31 \times 48) = \$795.86$. Comparando los valores predichos y los valores reales,

$$\Sigma(Y - y)^2 = (1{,}190 - 1{,}002.06)^2 + (1{,}211 - 1208.26)^2 + \ldots + (963 - 795.86)^2 = 290{,}824.$$

| Ilustración 10-14 | Resultados de una regresión simple con los costos de la mano de obra indirecta como la variable dependiente, y las horas-máquina como la variable dependiente (generador del costo) para Elegant Rugs |

	A	B	C	D	E	F
1		**Coeficientes**	**Error estándar**	***t* Stat**		= Coeficiente/Error estándar
2		**(1)**	**(2)**	**(3) = (1) ÷ (2)**		= B3/C3
3	Intersección	$300.98	$229.75	1.31 ————▶		= 300.98/229.75
4	Variable independiente: Horas-máquina (X)	$ 10.31	$3.12	3.30		
5						
6	**Estadísticos de regresión**					
7	R Cuadrada (R Square)	0.52				
8	Estadístico de Durbin-Watson	2.05				

Una forma alternativa de probar que el coeficiente *b* es significativamente distinto de cero es en términos de un *intervalo de confianza*: Existe menos de 5% de probabilidades de que el valor verdadero del coeficiente de las horas-máquina se encuentre fuera del rango de $10.31 ± (2.228 × $3.12), o $10.31 ± $6.95, o de $3.36 a $17.26. Ya que el 0 no aparece en el intervalo de confianza, podemos concluir que los cambios en el número de horas-máquina ciertamente afectan los costos de la mano de obra indirecta. Asimismo, usando los datos de la ilustración 10-14, el valor *t* para el término constante *a* es de $300.98 ₎ $229.75 = 1.31, el cual es inferior a 2.228. Este valor *t* indica que, dentro del rango relevante, el término constante *no* es significativamente distinto de cero. El estadístico de Durbin-Watson de la ilustración 10-14 se expondrá en la siguiente sección.

Análisis de especificación de los supuestos para la estimación

El **análisis de especificación** consiste en el examen de los supuestos del análisis de regresión. Si los supuestos de **1.** linealidad dentro del rango relevante, **2.** variación constante de los residuos, **3.** independencia de los residuos y **4.** normalidad de los residuos en su totalidad, entonces los procedimientos de regresión simple dan estimaciones confiables de los valores del coeficiente. Esta sección ofrece un breve panorama del análisis de especificación. Cuando estos supuestos no se satisfacen, se requiere de procedimientos de regresión más complejos para obtener las mejores estimaciones.[5]

1. **Linealidad dentro del rango relevante.** Un supuesto común —y que parece ser razonable en muchas aplicaciones de negocios— es que hay una relación lineal entre la variable independiente X y la variable dependiente Y dentro del rango relevante. Sin embargo, si se usa un modelo de regresión lineal para estimar una relación de tipo no lineal, las estimaciones de los coeficientes que se obtengan serán inexactas.

   Cuando hay tan solo una variable independiente, la forma más sencilla de verificar la linealidad consiste en estudiar los datos graficados en un diagrama de dispersión, un paso que con frecuencia es imprudentemente ignorado. La ilustración 10-6 (p. 352) presenta un diagrama de dispersión para los costos de la mano de obra indirecta y para las variables de las horas-máquina de Elegant Rugs que se muestran en la ilustración 10-3 (p. 348). El diagrama de dispersión revela que la linealidad parece ser un supuesto razonable para tales datos.

   Los modelos de la curva de aprendizaje que se expusieron en este capítulo (pp. 358-361) son ejemplos de funciones de costos no lineales. Los costos aumentan cuando se incrementa el nivel de producción, pero en menores cantidades que las que ocurrirían con una función lineal de costos. En este caso, el analista debería estimar una función no lineal de costos que incorpore los efectos del aprendizaje.

2. **Variación constante de los residuos.** La desviación vertical del valor observado Y respecto de la estimación de la línea de regresión *y* se denomina *término residual, término de alteración o término del error*, $u = Y - y$. El supuesto de una variación constante implica que los términos residuales no se ven afectados por el nivel de generador del costo. Este supuesto también implica que hay una dispersión uniforme de los puntos de los datos alrededor de la línea de regresión como en la ilustración 10-15, panel A. Es probable que se transgreda este supuesto, por ejemplo, en una estimación interseccional de los costos de operaciones de diferentes tamaños. Por ejemplo, suponga que Elegant Rugs tiene áreas de producción de diferentes tamaños. La compañía recopila los datos de las distintas áreas de producción para estimar la relación entre las horas-máquina y los costos de la mano de obra indirecta.

---

[5] Para mayores detalles, véase por ejemplo. W.H. Greene. Economy Analysis, 6a. ed. (Upper Saddle River, NJ: Prentice Hall, 2007).

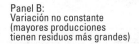

Ilustración 10-15 Variación constante del supuesto de los residuos

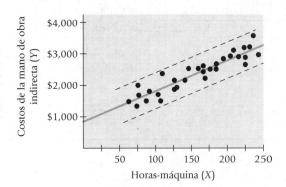
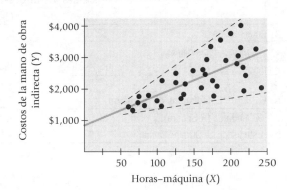

Panel A:
Variación constante
(dispersión uniforme de los puntos
de los datos alrededor de la línea de regresión)

Panel B:
Variación no constante
(mayores producciones
tienen residuos más grandes)

Es muy posible que los términos residuales de esta regresión sean más grandes en las áreas de mayor producción, que tienen un número más alto de horas-máquina y una mayor cantidad de costos de mano de obra indirecta. No habría una dispersión uniforme de los puntos de datos alrededor de la línea de regresión (véase la ilustración 10-15, panel B). La variación constante también se conoce como *homocedasticidad*. La transgresión de este supuesto se denomina *heterocedasticidad*.

La *heterocedasticidad* no afecta a la exactitud de las estimaciones de la regresión *a* y *b*. Sin embargo, reduce la confiabilidad de las estimaciones de los errores estándar y, de este modo, afecta la precisión con la cual se pueden hacer inferencias acerca de los parámetros de la población a partir de las estimaciones de la regresión.

3. **Independencia de los residuos**. El supuesto de la independencia de los residuos es que el término residual de cualquier observación no esté relacionado con el término residual de cualquier otra observación. El problema de una *correlación serial* (también denominada *autocorrelación*) en los residuos se presenta cuando hay un patrón sistemático en la secuencia de los residuos, de modo que el residuo de la observación *n* contenga información acerca de los residuos en las observaciones *n* + 1, *n* + 2, y así sucesivamente. Considere el caso de otra celda de producción de Elegant Rugs, la cual ha visto, a lo largo de un periodo de 20 semanas, un incremento en la producción y, por consiguiente, en las horas-máquina. La ilustración 10-16, panel B, es un diagrama de dispersión de las horas-máquina y de los costos de la mano de obra indirecta. Observe el patrón sistemático de los residuos en el panel B: los residuos positivos para las cantidades extremas (altas y bajas) de las horas-máquina y los residuos negativos para las cantidades moderadas de las horas-máquina. Una razón para este patrón que se observa a valores bajos del generador del costo es la "adhesividad" de los costos. Cuando las horas-máquina son inferiores a 50 horas, los costos de la mano de obra indirecta no disminuyen. Cuando las horas-máquina aumentan a lo largo del tiempo a medida que se incrementa la producción, aumentan los costos de la mano de obra indirecta conforme más gerentes de Elegant Rugs intentan administrar el volumen más alto. ¿Cómo se vería la gráfica de los residuos si no hubiera una autocorrelación? Se vería como la gráfica de la ilustración 10-16, panel A, que no muestra ningún patrón en los residuos.

Ilustración 10-16 Independencia de la suposición de los residuos

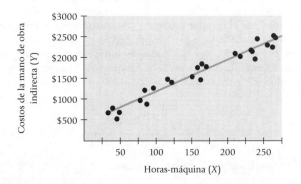
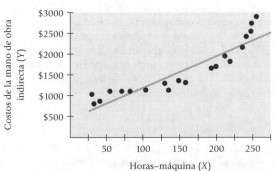

Panel A:
Independencia de los residuos
(sin patrón en los residuos)

Panel B:
Correlación serial en los residuos
(un patrón de residuos positivos
para las horas-máquina extremas
usadas; residuos negativos para
las horas-máquina moderadas usadas)

Al igual que la variación no constante de los residuos, una correlación serial no afecta la exactitud de las estimaciones de regresión *a* y *b*. Sin embargo, afecta los errores estándar de los coeficientes, lo cual afecta, a la vez, la precisión con la que se extraen inferencias acerca de los parámetros de la población a partir de las estimaciones de la regresión.

El estadístico de Durbin-Watson es una medida de una correlación serial en los residuos estimados. Para muestras de 10 a 20 observaciones, el estadístico de Durbin-Watson dentro del rango de 1.10 a 2.90 indica que los residuos son independientes. El estadístico de Durbin-Watson para los resultados de la regresión de Elegant Rugs de la ilustración 10-14 es de 2.05. Por lo tanto, un supuesto de independencia en los residuos estimados es razonable para este modelo de regresión.

4. **Normalidad de los residuos.** El supuesto de normalidad en los residuos significa que los residuos se distribuyen normalmente alrededor de la línea de regresión. El supuesto de normalidad en los residuos se satisface con frecuencia cuando se usan análisis de regresión sobre datos de costos reales. Incluso cuando el supuesto no se mantiene, los contadores pueden todavía generar estimaciones exactas con base en la ecuación de regresión, pero es probable que el intervalo de confianza resultante alrededor de tales estimaciones sea inexacto.

Uso del producto de la regresión para elegir generadores del costo de las funciones de costos

Considere las dos elecciones de generadores del costo, que describimos anteriormente en este capítulo, para los costos de la mano de obra indirecta (*y*):

$$y = a + (b \times \text{número de horas-máquina})$$
$$y = a + (b \times \text{número de horas-mano de obra directa})$$

Las ilustraciones 10-6 y 10-8 muestran las gráficas de datos para dos regresiones. La ilustración 10-14 reporta los resultados de la regresión para la función de costos con el número de horas-máquina como la variable independiente. La ilustración 10-17 presenta resultados de regresión comparables (en Excel) para la función de costos usando el número de horas-mano de obra directa como la variable independiente.

Con base en el material que se presenta en este apéndice, ¿qué regresión es mejor? La ilustración 10-18 compara estas dos funciones de costos de una manera sistemática. Para varios criterios, la función de costos basada en las horas máquina es preferible a la función de costos basada en las horas-mano de obra directa. El criterio de viabilidad económica es muy importante.

No se debe suponer nunca que una sola función de costos habrá de satisfacer de una manera perfecta todos los criterios de la ilustración 10-18. Un analista de costos debe hacer con frecuencia una elección entre funciones de costos "imperfectas", en el sentido de que los datos de cualquier función particular de costos no podrán satisfacer de una manera perfecta uno o más de los supuestos en que se basa el análisis de regresión. Por ejemplo, las dos funciones de costos de la ilustración 10-18 son imperfectas porque, como se expuso en la sección sobre el análisis de especificación de los supuestos de la estimación, no son confiables las inferencias obtenidas a partir de tan solo 12 observaciones.

Ilustración 10-17 Resultados de la regresión simple con los costos de la mano de obra indirecta como variable dependiente y con las horas de la mano de obra directa como variable independiente (generador del costo) para Elegant Rugs

	A	B	C	D	E	F	G	H
1		**Coeficientes**	**Error estándar**	***t* Stat**				
2		(1)	(2)	(3) = (1) ÷ (2)				
3	Intersección	$744.67	$217.61	3.42				
4	Variable independiente: Horas-mano de obra directa (*X*)	$ 7.72	$ 5.40	1.43 ──────▶		= Coeficiente/Error estándar = B4/C4 = 7.72/5.40		
5								
6	**Estadísticos de regresión**							
7	R Cuadrada	0.17						
8	Estadístico de Durbin-Watson	2.26						

Ilustración 10-18 Comparación de funciones de costos alternativas para los costos de la mano de obra indirecta estimados con una regresión simple para Elegant Rugs

Criterio	Función de costos 1: Horas-máquina como variable independiente	Función de costos 2: Horas-mano de obra directa como variable independiente
Viabilidad económica	Una relación positiva entre los costos de la mano de obra indirecta (mano de obra para apoyo técnico) y las horas-máquina es económicamente viable en la planta altamente automatizada de Elegant Rugs	Una relación positiva entre los costos de la mano de obra indirecta y las horas-mano de obra directa es económicamente viable, pero menos que las horas-máquina en la planta de Elegant Rugs altamente automatizada con base en semana por semana
Bondad del ajuste[a]	$r^2 = 0.52$; error estándar de la regresión = \$170.50. Excelente bondad del ajuste	$r^2 = 0.17$; error estándar de la regresión = \$224.60. Deficiente bondad del ajuste
Significancia de la(s) variable(s) independiente(s)	El valor t de 3.30 es significativo al nivel de 0.05	El valor t de 1.43 no es estadísticamente significativo al nivel de 0.05.
Análisis de especificación de los supuestos de la estimación	La gráfica de datos indica que se cumplen los supuestos de linealidad, de variación constante, de independencia de los residuos (estadístico de Durbin-Watson = 2.05) y de normalidad de los residuos, pero no son confiables las inferencias que se han extraído de solo 12 observaciones.	La gráfica de los datos indica que se cumplen los supuestos de linealidad, de variación constante, de independencia de los residuos (estadístico de Durbin-Watson = 2.26) y de normalidad de los residuos, pero no son confiables las inferencias extraídas a partir de únicamente 12 observaciones.

[a]Si el número de observaciones disponibles para estimar la regresión de las horas-máquina difiere del número de observaciones disponibles para estimar la regresión de las horas-mano de obra directa, se puede calcular una r^2 ajustada para tomar en cuenta esa diferencia (en grados de libertad). Los programas como Excel calculan y presentan los valores ajustados de r^2.

Regresión múltiple y jerarquías de costos

En algunos casos, una estimación satisfactoria de una función de costos se podría basar únicamente en una variable independiente, como el número de horas-máquina. Sin embargo, en muchos casos, el hecho de basar la estimación en más de una variable independiente (es decir, la *regresión múltiple*) es económicamente más viable y mejora la exactitud. Las ecuaciones que se usan más ampliamente para expresar las relaciones entre dos o más variables independientes y una variable dependiente son de forma lineal

$$y = a + b_1 X_1 + b_2 X_2 + \ldots + u$$

donde,

y = Costo que se desea pronosticar

$X_1, X_2, \ldots$ = Variables independientes sobre las cuales se basará la predicción

$a, b_1, b_2, \ldots$ = Coeficientes estimados del modelo de regresión

u = Término residual que incluye el efecto neto de otros factores que no se incluyen en el modelo, así como los errores de medición en las variables dependientes e independientes

Ejemplo: Considere los datos de Elegant Rugs en la ilustración 10-19. El análisis ABC de la compañía indica que los costos de la mano de obra indirecta incluyen grandes cantidades en las cuales se ha incurrido para los costos de configuración de las máquinas y las conversiones cuando se inicia un nuevo lote de alfombras. La gerencia considera que además del número de horas-máquina (un generador del costo a nivel de unidades producidas), los costos de la mano de obra indirecta también se ven afectados por el número de lotes de alfombras producidas durante cada semana (un generador a nivel de lote). Elegant Rugs estima la relación entre dos variables independientes, el número de horas-máquina y el número de lotes producidos de alfombras fabricadas durante la semana, y los costos de la mano de obra indirecta.

	A	B	C	D	E
1	Semana	Horas-máquina (X_1)	Número de lotes de producción (X_2)	Horas-mano de obra directa	Costos de la mano de obra indirecta (Y)
2	1	68	12	30	$ 1,190
3	2	88	15	35	1,211
4	3	62	13	36	1,004
5	4	72	11	20	917
6	5	60	10	47	770
7	6	96	12	45	1,456
8	7	78	17	44	1,180
9	8	46	7	38	710
10	9	82	14	70	1,316
11	10	94	12	30	1,032
12	11	68	7	29	752
13	12	48	14	38	963
14	Total	862	144	462	$12,501
15					

Costos semanales de la mano de obra indirecta, las horas-máquina, las horas de la mano de obra directa y el número de lotes producidos para Elegant Rugs

La ilustración 10-20 presenta los resultados (en Excel) para el siguiente modelo de regresión múltiple, usando los datos de las columnas B, C y E de la ilustración 10-19:

$$y = \$42.58 + \$7.60\,X_1 + \$37.77\,X_2$$

donde X_1 es el número de horas-máquina y X_2 es el número de lotes producidos. Es económicamente viable que tanto el número de horas-máquina como el número de lotes producidos pudieran ayudar a explicar las variaciones en los costos de la mano de obra indirecta en Elegant Rugs. La r^2 de 0.52 para la regresión simple usando el número de horas-máquina (ilustración 10-14) aumenta a 0.72 con la regresión múltiple de la ilustración 10-20. Los valores de t indican que los coeficientes de la variable independiente tanto del número de horas-máquina ($\$7.60$) como del número de lotes producidos ($\$37.77$) son significativamente distintos de cero ($t = 2.74$ es el valor de t para el número de horas-máquina, y $t = 2.48$ es el valor de t para el número de lotes producidos comparado con el valor de corte de t de 2.26). El modelo de regresión múltiple de la ilustración 10-20 satisface tanto la viabilidad

Resultados de la regresión múltiple con los costos de la mano de obra indirecta y dos variables dependientes del generador del costo (horas-máquina y lotes de producción) para Elegant Rugs

	A	B	C	D	E	F
1		Coeficientes	Error estándar	t Stat		
2		(1)	(2)	(3) = (1) ÷ (2)		
3	Intersección	$42.58	$213.91	0.20		
4	Variable independiente 1: horas-máquina (X1)	$ 7.60	$ 2.74	2.74 →		= Coeficiente/Error estándar = B4/C4 = 7.60/2.77
5	Variable independiente 2: número de lotes de producción (X2)	$37.77	$ 2.48	2.48		
6						
7	**Estadísticos de regresión**					
8	R Cuadrada	0.72				
9	Estadístico de Durbin-Watson	2.49				

económica como los criterios estadísticos, y explica una variación mucho mayor (es decir, r^2 de 0.72 *versus* r^2 de 0.52) en los costos de la mano de obra indirecta, que el modelo de regresión simple usando únicamente el número de horas-máquina como variable independiente.[6] El error estándar de la ecuación de regresión que incluye el número de lotes como una variable independiente es

$$\sqrt{\frac{\Sigma(Y - y)^2}{n - 3}} = \sqrt{\frac{170,156}{9}} = \$137.50$$

que es menor que el error estándar de la regresión con tan solo las horas-máquina como la variable independiente, $170.50. Es decir, aun cuando agregar una variable reduzca los grados de libertad en el denominador, mejora sustancialmente el ajuste de modo que el numerador, $\Sigma(Y - y)^2$, disminuye todavía más. El número de horas-máquina y el número de lotes producidos son ambos importantes generadores del costo para los costos de la mano de obra indirecta en Elegant Rugs.

En la ilustración 10-20, los coeficientes de la pendiente ($7.60 para el número de horas-máquina y $37.77 para el número de lotes producidos) miden el cambio en los costos de la mano de obra indirecta asociados con un cambio unitario en una variable independiente (suponiendo que la otra variable independiente se mantiene constante). Por ejemplo, los costos de la mano de obra indirecta aumentan en $37.77 cuando se agrega un lote producido más, suponiendo que el número de horas-máquina se mantiene constante.

Un enfoque alternativo crearía dos grupos de costos separados para los costos de la mano de obra indirecta: uno para los costos relacionados con el número de horas-máquina y otro para los costos relacionados con el número de lotes producidos. Elegant Rugs estimaría entonces la relación entre el generador del costo y los costos de cada grupo común de costos. Con este enfoque, la tarea difícil es subdividir de manera adecuada los costos de la mano de obra indirecta en los dos grupos de costos.

Multicolinealidad

Una de las principales preocupaciones que surgen con la regresión múltiple es la **multicolinealidad,** la cual se presenta cuando dos o más variables independientes están altamente correlacionadas entre sí. En general, los usuarios del análisis de regresión consideran que un *coeficiente de correlación* entre variables independientes mayores de 0.70 indica la presencia de multicolinealidad. Esta aumenta los errores estándar de los coeficientes de las variables individuales. Es decir, las variables que son económica y estadísticamente significativas no parecerán ser muy distintas de cero.

La matriz de coeficientes de correlación de las diferentes variables que se describieron en la ilustración 10-19 son las siguientes:

	Costos de la mano de obra indirecta	Horas-máquina	Número de lotes producidos	Horas-mano de obra directa
Costos de la mano de obra indirecta	1			
Horas-máquina	0.72	1		
Número de lotes producidos	0.69	0.4	1	
Horas-mano de obra directa	0.41	0.12	0.31	1

Estos resultados indican que las regresiones múltiples que usan cualquier par de las variables independientes en la ilustración 10-19 probablemente no encontrarán problemas de multicolinealidad.

Cuando exista una multicolinealidad, trate de obtener nuevos datos que no adolezcan de problemas de multicolinealidad. No elimine una variable independiente (generador del costo) que debiera incluirse en el modelo, tan solo porque esté correlacionada con otra variables independiente. La omisión de tal variable ocasionará que el coeficiente estimado de la variable independiente incluida en el modelo se aleje de su verdadero valor.

---

[6] Agregar otra variable siempre aumenta el valor de r^2. La pregunta es si la adición de otra variable aumentará el valor de r^2 de una manera suficiente. Una forma de obtener información al respecto consiste en calcular una r^2 ajustada como sigue:

r^2 ajustada $= 1 - (1 - r^2)\dfrac{n - 1}{n - p - 1}$, donde n es el número de observaciones y p es el número de coeficientes estimados.
En el modelo que solamente incluye las horas-máquina como la variable independiente, la r^2 ajustada $= 1 - 0.52)\dfrac{12 - 1}{12 - 2 - 1} = 0.41$.
En el modelo que incluye tanto las horas-máquina como el número de lotes como variables independientes, la
r^2 ajustada $= r^2 = 1 - (1 - 0.72)\dfrac{12 - 1}{12 - 3 - 1} = 0.62$. La r^2 ajustada no tiene la misma interpretación que r^2, pero el incremento en la
r^2 ajustada, cuando se agrega el número de lotes como una variable independiente, indica que la adición de esta variable mejora significativamente el ajuste del modelo de una forma que compensa mucho el grado de libertad perdido por la estimación de otro coeficiente.

Términos contables

Este capítulo y el glosario que se presenta al final del libro contienen definiciones de los siguientes términos de importancia:

análisis de especificación (**p. 369**)

análisis de regresión (**p. 352**)

coeficiente de determinación (r²) (**p. 367**)

coeficiente de la pendiente (**p. 342**)

constante (**p. 343**)

costo mixto (**p. 343**)

costo semivariable (**p. 343**)

curva de aprendizaje (**p. 358**)

curva de la experiencia (**p. 358**)

error estándar de la regresión (**p. 368**)

error estándar del coeficiente
  estimado (**p. 368**)

estimación del costo (**p. 344**)

función de costos (**p. 341**)

función de costos escalonados (**p. 357**)

función lineal de costos (**p. 342**)

función no lineal de costos (**p. 357**)

intersección (**p. 343**)

método de análisis de cuentas (**p. 347**)

método de conferencias (**p. 346**)

método de ingeniería industrial (**p. 346**)

método de medición del trabajo (**p. 346**)

método de punto
  alto–punto bajo (**p. 350**)

modelo de aprendizaje de unidad
  de tiempo creciente (**p. 360**)

modelo de aprendizaje del tiempo
  promedio acumulativo (**p. 359**)

multicolinealidad (**p. 374**)

predicciones de costos (**p. 344**)

regresión múltiple (**p. 352**)

regresión simple (**p. 352**)

término residual (**p. 352**)

variable dependiente (**p. 348**)

variable independiente (**p. 348**)

Material para tareas

Preguntas

MyAccountingLab

10-1 ¿Cuáles son los dos supuestos que se hacen con frecuencia al estimar una función de costos?

10-2 Describa tres funciones lineales de costos alternativas.

10-3 ¿Cuál es la diferencia entre una función lineal de costos y una función no lineal de costos? Mencione un ejemplo de cada tipo de función de costos.

10-4 "Una alta correlación entre dos variables significa que una es la causa y la otra es el efecto." ¿Está usted de acuerdo? Explique su respuesta.

10-5 Mencione cuatro enfoques para la estimación de una función de costos.

10-6 Describa el método de conferencias para la estimación de una función de costos. ¿Cuáles son dos ventajas de este método?

10-7 Describa el método de análisis de cuentas para la estimación de una función de costos.

10-8 Liste los seis pasos para la estimación de una función de costos tomando como base un análisis de las relaciones de costos históricas. ¿Qué paso suele ser el más difícil para el analista de costos?

10-9 Cuando se usa el método de punto alto-punto bajo, ¿se deberían basar las observaciones de alto y bajo en la variable dependiente o en el generador del costo?

10-10 Describa tres criterios para evaluar las funciones de costos y para elegir los generadores del costo.

10-11 Defina la curva de aprendizaje. Describa dos métodos que se puedan usar al incorporar el aprendizaje en la estimación de las funciones de costos.

10-12 Discuta cuatro problemas que se encuentran con frecuencia al recopilar datos de costos, acerca de las variables incluidas en una función de costos.

10-13 ¿Cuáles son los cuatro supuestos básicos que se examinaron en el análisis de especificación para el caso de una regresión simple?

10-14 "Todas las variables independientes de una función de costos estimada con el análisis de regresión son generadores del costo." ¿Está usted de acuerdo? Explique su respuesta.

10-15 "La multicolinealidad existe cuando la variable dependiente y la variable independiente están altamente correlacionadas." ¿Está usted de acuerdo? Explique su respuesta.

Ejercicios

MyAccountingLab

10-16 Estimación de una función de costos. El contralor de la compañía Ijiri desea que usted estime una función de costos a partir de las dos siguientes observaciones en una cuenta del mayor general denominada mantenimiento:

Mes	Horas-máquina	Costos de mantenimiento incurridos
Enero	6,000	$4,000
Febrero	10,000	5,400

Se requiere

1. Estime la función de costos para el mantenimiento.
2. ¿Se puede usar la constante en la función de costos como una estimación de los costos fijos de mantenimiento por mes? Explique su respuesta.

10-17 Identificación de funciones de costos variables, fijos y mixtos. La corporación Pacific opera agencias de renta de automóviles en más de 20 aeropuertos. Los clientes pueden elegir entre tres contratos para la renta de automóviles por un día o menos:

- Contrato 1: $50 por día.
- Contrato 2: $30 por día, más $0.20 por milla recorrida.
- Contrato 3: $1 por milla recorrida.

Se requiere

1. Construya gráficas separadas para cada uno de los tres contratos, con los costos en el eje vertical y las millas recorridas en el eje horizontal.
2. Exprese cada contrato como una función de costos lineal de la forma $y = a + bX$.
3. Identifique cada contrato como una función de costos variables, fijos o mixtos.

10-18 Patrones de comportamiento de costos. (Adaptado de CPA.) Seleccione la gráfica que corresponda a los datos de costos de manufactura numerados (requisitos 1 a 9). Indique con una letra qué gráfica se ajusta mejor a la situación o al concepto descrito.

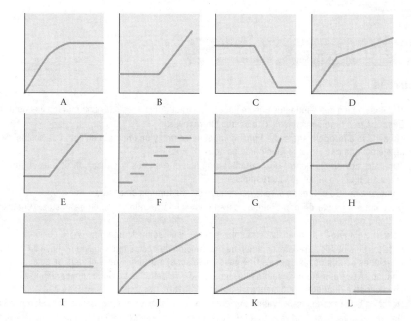

Los ejes verticales de las gráficas representan el costo total; y los ejes horizontales, las unidades producidas durante un año calendario. En cada caso, el punto cero de dólares y la producción se encuentran en la intersección de los dos ejes. Las gráficas se pueden usar más de una vez.

Se requiere

1. La depreciación anual del equipo, donde el monto de la depreciación cargada se calcula con el método de horas-máquina.
2. La factura del consumo de electricidad —un cargo fijo constante, más un costo variable después de que se ha utilizado cierto número de kilowatts—horas, donde la cantidad de kilowatt-horas usada varía de manera proporcional con la cantidad de unidades producidas.
3. La factura de agua de la ciudad, la cual se calcula como sigue:

Primer 1,000,000 de galones o menos	cuota fija de $1,000
10,000 galones siguientes	$0.003 por galón usado
10,000 galones siguientes	$0.006 por galón usado
10,000 galones siguientes	$0.009 por galón usado
y así sucesivamente	y así sucesivamente

Los galones de agua usados varían de manera proporcional con la cantidad de la producción obtenida.

4. El costo de los materiales directos, donde el costo de los materiales directos por unidad producida disminuye con cada libra de materiales usados (por ejemplo, si se usa 1 libra, el costo es de $10; si se usan 2 libras, el costo es de $19.98; si se usan 3 libras, el costo es de $29.94), con un costo mínimo por unidad de $9.20.

5. La depreciación anual del equipo, donde el monto se calcula mediante el método de línea recta. Cuando se preparó el cronograma de depreciación, se anticipó que el factor de obsolescencia sería mayor que el factor de deterioro por uso.
6. La renta sobre una planta de manufactura donada por la ciudad, donde el contrato requiere de un pago de una cuota fija, excepto cuando se trabajen 200,000 horas de mano de obra, en cuyo caso no se paga ninguna renta.
7. Los salarios del personal de reparaciones, donde se necesita una persona por cada 1,000 horas-máquina o menos (es decir, de 0 a 1,000 horas requieren de una persona, de 1,001 a 2,000 requieren de dos personas, y así sucesivamente).
8. El costo de los materiales directos usados (suponga que no hay descuentos por cantidad).
9. La renta sobre una planta de manufactura donada por el condado, donde el contrato requiere que una renta de $100,000 se reduzca en $1 por cada hora de mano de obra directa trabajada por arriba de 200,000 horas, pero se debe pagar una cuota mínima de renta de $20,000.

10-19 Acoplamiento de gráficas con las descripciones del comportamiento de los costos y de los ingresos. (Adaptado de D. Green.) A continuación se presenta cierto número de gráficas:

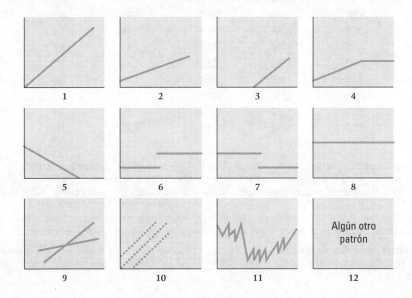

El eje horizontal representa las unidades que se han producido a lo largo del año; y el eje vertical, el costo total o los ingresos. Indique con un número qué gráfica se ajusta mejor a la situación o concepto descrito (*a* a *h*). Algunas gráficas se pueden usar más de una vez; algunas de ellas quizá no se apliquen a ninguna de las situaciones.

a) Costos de los materiales directos.
b) Salarios de los supervisores para un turno y dos turnos.
c) Una gráfica de costo-volumen-utilidad.
d) Costos mixtos, por ejemplo, la tarifa fija de la renta de un automóvil más una cuota por milla recorrida.
e) La depreciación de la planta, calculada con base en el método de línea recta.
f) Datos que dan apoyo al uso de una tasa de costos variables, como el costo de la mano de obra de manufactura de $14 por unidad producida.
g) El plan de bonos como incentivos que le paga a los gerentes $0.10 por cada unidad producida por arriba de algún nivel de producción.
h) Gastos por intereses sobre $2 millones solicitados en préstamo a una tasa de interés fija.

10-20 Método de análisis de cuentas. Lorenzo opera una empresa de lavado de automóviles. Los vehículos que ingresan se colocan en una banda transportadora automática. Los autos se lavan mientras la banda transportadora los lleva desde la estación de inicio hasta la estación de terminación. Después de que un automóvil sale de la banda, se seca en forma manual. Los trabajadores pueden limpiar y aspirar la parte interior del auto. Lorenzo dio servicio a 80,000 vehículos en 2012 y reportó los siguientes costos para 2012:

Descripción de la cuenta	Costos
Mano de obra para el lavado del automóvil	$260,000
Jabón, trapos y suministros	42,000
Agua	38,000
Energía eléctrica para desplazar la banda transportadora	72,000
Depreciación	64,000
Salarios	46,000

Se requiere
1. Clasifique cada cuenta como variable o fija con respecto al número de automóviles lavados. Explique su respuesta.
2. Suponga que Lorenzo lavó 90,000 automóviles en 2012. Use la clasificación de costos que usted desarrolló en el punto 1 para estimar los costos totales de Lorenzo en 2012. La depreciación se calcula basándose en el método de línea recta.

10-21 Análisis de cuentas, punto alto–punto bajo. Java Joe Coffees quiere encontrar una ecuación para estimar los costos mensuales por los servicios generales. Java Joe's ha estado en el negocio durante un año y ha recopilado los siguientes datos de costos para los servicios generales:

Mes	Factura de electricidad	Kilowatt-horas usados	Factura del teléfono	Minutos de teléfono usados	Factura del agua	Galones de agua usados
Enero	$360	1,200	$92.00	1,100	$60	30,560
Febrero	$420	1,400	$91.20	1,060	$60	26,800
Marzo	$549	1,830	$94.80	1,240	$60	31,450
Abril	$405	1,350	$89.60	980	$60	29,965
Mayo	$588	1,960	$98.00	1,400	$60	30,568
Junio	$624	2,080	$98.80	1,440	$60	25,540
Julio	$522	1,740	$93.40	1,170	$60	32,690
Agosto	$597	1,990	$96.20	1,310	$60	31,222
Septiembre	$630	2,100	$95.60	1,280	$60	33,540
Octubre	$615	2,050	$93.80	1,190	$60	31,970
Noviembre	$594	1,980	$91.00	1,050	$60	28,600
Diciembre	$633	2,110	$97.00	1,350	$60	34,100

Se requiere
1. ¿Cuál de los costos anteriores es variable? ¿Cuál es fijo? ¿Cuál es mixto? Explique su respuesta.
2. Con el método punto alto–punto bajo, determine la función de costos para cada costo.
3. Combine la información anterior para obtener una función de costos de los servicios generales mensuales para Java Joe's.
4. El mes siguiente, Java Joe's espera usar 2,200 kilowatt–horas de electricidad, hacer 1,500 llamadas telefónicas y usar 32,000 galones de agua. Estime el costo total de los servicios generales para el mes.

10-22 Método de análisis de cuentas. Gower, Inc., una compañía que fabrica artículos de plástico, reporta los siguientes costos de manufactura y la siguiente clasificación del análisis de cuentas para el año que terminó el 31 de diciembre de 2012.

Cuenta	Clasificación	Cantidad
Materiales directos	Todos variables	$300,000
Mano de obra directa	Todos variables	225,000
Energía	Todos variables	37,500
Mano de obra de supervisión	20% variable	56,250
Mano de obra para el manejo de materiales	50% variable	60,000
Mano de obra para mantenimiento	40% variable	75,000
Depreciación	0% variable	95,000
Renta, impuestos prediales y admón.	0% variable	100,000

Gower, Inc., fabricó 75,000 unidades de productos en 2012. La gerencia de Gower está estimando los costos de 2013 con base en las cifras de 2012. Se dispone de la siguiente información adicional para 2013.
a) Se espera que los precios de los materiales directos en 2013 aumenten en 5% en comparación con 2012.
b) Con los términos del contrato laboral, se espera que las tasas salariales de la mano de obra directa aumenten 10% en 2013 en comparación con 2012.
c) No se espera que las tarifas de energía y las tarifas salariales por supervisión, manejo de materiales y mantenimiento cambien de 2012 a 2013.
d) Se espera que los costos por depreciación aumenten 5% y se espera que los costos por renta, impuestos prediales y administración aumenten 7 por ciento.
e) Gower espera fabricar y vender 80,000 unidades en 2013.

Se requiere
1. prepare un reporte de costos variables, fijos y costos totales de manufactura para cada categoría de cuenta en 2013. Estime los costos totales de manufactura para 2013.
2. Calcule el costo total de manufactura por unidad para Gower en 2012, y estime el costo total de manufactura por unidad en 2013.
3. ¿Cómo podría usted obtener mejores estimaciones de los costos fijos y variables? ¿Por qué serían útiles para Gower estas mejores estimaciones?

10-23 Estimación de una función de costos, método de punto alto-punto bajo. Reisen Travel ofrece servicios de helicópteros desde zonas suburbanas hasta el Aeropuerto Internacional de John F. Kennedy en la ciudad de Nueva York. Cada uno de sus 10 helicópteros realiza entre 1,000 y 2,000 viajes redondos anuales. Los registros indican que un helicóptero que haya realizado 1,000 viajes redondos en el año incurre en un costo operativo promedio de $350 por viaje redondo, y que uno que haya realizado 2,000 viajes redondos en el año incurre en un costo operativo promedio de $300 por viaje redondo.

Se requiere

1. Con el método de punto alto-punto bajo, estime la relación lineal $y + a + bX$, donde y es el costo operativo anual total de un helicóptero y X es el número de viajes redondos que hace al aeropuerto John F. Kennedy durante el año.
2. Dé ejemplos de costos que se incluirían en a y en b.
3. Si Reisen Travel espera que cada helicóptero realice, en promedio, 1,200 viajes redondos en el año siguiente, ¿cuál debería ser su presupuesto en operación estimado para la flota de helicópteros?

10-24 Estimación de una función de costos, método de punto alto-punto bajo. Laurie Daley está examinando los costos de los servicios a los clientes en la región del sur de Capitol Products. Capitol Products tiene más de 200 productos eléctricos separados, los cuales se venden con una garantía de seis meses, ofreciendo la reparación total o el reemplazo con un nuevo producto. Cuando un cliente devuelve un producto, se elabora un reporte de servicios, el cual incluye los detalles del problema y el tiempo y los costos para la resolución del mismo. Los datos semanales para el periodo más reciente de ocho semanas son los siguientes:

Semana	Costos del departamento del servicio al cliente	Número de reportes de servicio
1	$13,700	190
2	20,900	275
3	13,000	115
4	18,800	395
5	14,000	265
6	21,500	455
7	16,900	340
8	21,000	305

Se requiere

1. Grafique la relación entre los costos del servicio al cliente y el número de reportes de servicio. ¿Esta relación es económicamente viable?
2. Use el método de punto alto-punto bajo para calcular la función de costos, relacionando los costos del servicio al cliente con el número de reportes de servicio.
3. ¿Qué variables, además del número de reportes de servicio, podrían ser generadores del costo para los costos semanales del servicio al cliente de Capitol Products?

10-25 Aproximación lineal de costos. Terry Lawler, director administrativo del Chicago Reviewers Group, está examinando la manera en que se comportan los costos indirectos con los cambios en las horas mensuales de mano de obra profesional facturadas a los clientes. Suponga los siguientes datos históricos:

Total de costos indirectos	Horas de mano de obra profesional facturadas a los clientes
$335,000	2,000
400,000	3,000
430,000	4,000
472,000	5,000
533,000	6,500
582,000	7,500

Se requiere

1. Calcule la función lineal de costos, relacionando el total de los costos indirectos con las horas de mano de obra profesional, usando las observaciones representativas de 3,000 a 6,500 horas. Grafique la función lineal de costos. ¿Representa el componente constante de la función de costos los costos indirectos fijos del Chicago Reviewers Group? ¿Por qué?
2. ¿Cuáles serían los costos indirectos totales predichos para *a*) 4,000 horas y *b*) 7,500 horas usando la función de costos estimados en el punto 1? Grafique los costos predichos y los costos reales para 4,000 y 7,500 horas.
3. Lawler tuvo la oportunidad de aceptar un trabajo especial que hubiera aumentado las horas de la mano de obra profesional de 3,000 a 4,000 horas. Suponga que Lawler, guiada por la función lineal de costos, rechazó este trabajo porque habría dado lugar a un incremento total en el margen de contribución de $35,000, antes de deducir el incremento predicho en los costos indirectos totales, $38,000. ¿Cuál es el margen de contribución total que realmente se descartó?

10-26 Costo-volumen-utilidad y análisis de regresión. La corporación Goldstein fabrica una bicicleta para niños, el modelo CT8. Actualmente Goldstein manufactura el bastidor de la bicicleta. Durante 2012, Goldstein elaboró 32,000 bastidores a un costo total de $1,056,000. La corporación Ryan ha ofrecido a Goldstein suministrarle tantos bastidores como lo desee a un costo de $32.50 por unidad. Goldstein anticipa que necesitará 35,000 bastidores anuales durante los siguientes años.

Se requiere

1. *a)* ¿Cuál es el costo promedio de manufactura de un bastidor de bicicleta en 2012? ¿Cómo se compara con la oferta de Ryan?
    b) ¿Puede Goldstein usar la respuesta en el inciso 1a para determinar el costo de fabricar 35,000 bastidores de bicicletas? Explique su respuesta.
2. El analista de costos de Goldstein usa los datos anuales provenientes de los años anteriores para estimar la siguiente ecuación de regresión utilizando los costos totales de manufactura del bastidor de la bicicleta como la variable dependiente, y los bastidores de la bicicleta producidos como la variable independiente:

$$y = \$435,000 + \$19X$$

Durante los años que se usaron para estimar la ecuación de regresión, la producción de los bastidores de las bicicletas varió de 31,000 a 35,000. Usando esta ecuación, estime cuánto costaría a Goldstein fabricar 35,000 marcos de bicicletas. ¿Qué tanto más costoso o menos costoso sería manufacturar los bastidores en vez de adquirirlos con Ryan?
3. ¿Qué otra información necesitaría usted para tener confianza en que la ecuación del punto 2 realmente prediga el costo de manufactura de los bastidores de las bicicletas?

10-27 Análisis de regresión, compañía de servicios (Adaptado de CMA.) Bob James posee una compañía de proveeduría que prepara alimentos y bebidas para banquetes y fiestas. Para una fiesta normal, el costo por persona es como sigue:

Alimentos y bebidas	$15
Mano de obra (0.5 horas × $10 por hora)	5
Costos indirectos (0.5 horas × $14 por hora)	7
Costo total por persona	$27

Jones está muy seguro en sus estimaciones para alimentos, bebidas y costos de mano de obra, pero no se siete tan seguro con la estimación de los costos indirectos. La estimación de los costos indirectos se basó en los datos reales para los 12 meses anteriores, los cuales se presentan aquí. Estos datos indican que los costos indirectos varían con las horas de mano de obra directa usadas. La estimación de $14 se determinó dividiendo los costos indirectos totales de los 12 meses entre el total de las horas de mano de obra.

Mes	Horas-mano de obra	Costos indirectos
Enero	2,500	$ 55,000
Febrero	2,700	59,000
Marzo	3,000	60,000
Abril	4,200	64,000
Mayo	7,500	77,000
Junio	5,500	71,000
Julio	6,500	74,000
Agosto	4,500	67,000
Septiembre	7,000	75,000
Octubre	4,500	68,000
Noviembre	3,100	62,000
Diciembre	6,500	73,000
Total	57,500	$805,000

Jones se ha enterado en fechas recientes del análisis de regresión y estimó la siguiente ecuación de regresión tomando los costos indirectos como la variable dependiente, y las horas-mano de obra como la variable independiente.

$$y = \$48,271 + \$3.93X$$

Se requiere

1. Grafique la relación entre los costos indirectos y las horas de mano de obra. Trace la línea de regresión y evalúela usando los criterios de viabilidad económica, bondad del ajuste y pendiente de la línea de regresión.
2. Usando los datos del análisis de regresión, ¿cuál es el costo variable por persona para una fiesta estándar?
3. Se le ha pedido a Bob Jones que prepare una cotización para una fiesta estándar de 200 personas, la cual se celebrará el mes siguiente. Determine el precio mínimo de la oferta que Jones estaría dispuesto a presentar para recuperar los costos variables.

10-28 Regresión, punto alto–punto bajo. Melissa Crupp es el nuevo gerente del almacén de materiales de Canton Manufacturing. Se le ha pedido a Melissa que estime los costos futuros mensuales de compra para la pieza #4599, la cual se usa en dos de los productos de Canton. Melissa obtuvo los siguientes datos de costos y cantidades de compras para los nueve meses anteriores:

Mes	Costo de la compra	Cantidad comprada
Enero	$10,390	2,250 partes
Febrero	10,550	2,350
Marzo	14,400	3,390
Abril	13,180	3,120
Mayo	10,970	2,490
Junio	11,580	2,680
Julio	12,690	3,030
Agosto	8,560	1,930
Septiembre	12,450	2,960

Las compras mensuales estimadas para esta parte con base en la demanda esperada para los dos productos durante el resto del año son:

Mes	Cantidad de compras esperadas
Octubre	2,800 partes
Noviembre	3,100
Diciembre	2,500

Se requiere

1. La computadora de la oficina de Melissa está descompuesta y se ha pedido a Melissa que proporcione de inmediato una ecuación para estimar el costo futuro de compra de la pieza #4599. Melissa toma una calculadora y usa el método de punto alto–punto bajo para estimar una ecuación de costos. ¿Qué ecuación obtiene?
2. Usando la ecuación del punto 1, calcule los costos de compra esperados a futuro para cada uno de los últimos tres meses del año.
3. Después de algunas horas se arregla la computadora de Melissa, quien usa los primeros nueve meses de datos y el análisis de regresión para estimar la relación entre la cantidad comprada y los costos de compra de la pieza #4599. La línea de regresión que obtiene Melissa es:

$$y = \$1,779.6 + 3.67X$$

Evalúe la línea de regresión usando los criterios de viabilidad económica, bondad del ajuste y significado de la variable independiente. Compare la ecuación de regresión con la ecuación basada en el método de punto alto–punto bajo. ¿Cuál representa un mejor ajuste? ¿Por qué?
4. Use los resultados de la regresión para calcular los costos de compra esperados para octubre, noviembre y diciembre. Compare los costos de compra esperados con los costos de compra esperados que se calcularon usando el método de punto alto–punto bajo en el punto 2. Comente sus resultados.

10-29 Curva de aprendizaje, modelo de aprendizaje del tiempo promedio acumulativo. Global Defense fabrica sistemas de radar. Acaba de completar la manufactura de su primer sistema, el cual fue recientemente diseñado, RS-32. Los datos de manufactura para el RS-32 se presentan a continuación:

	A	B	C
1	Costo del material directo	$160,000	por unidad de RS-32
2	Tiempo de la mano de obra directa para la primera unidad	6,000	horas de mano de obra directa
3	Curva de aprendizaje para el tiempo de la mano de obra de manufactura por sistema de radar	85%	del tiempo promedio acumulativo[a]
4	Costo de la mano de obra directa	$ 30	por hora de mano de obra directa
5	Costo indirecto variable de manufactura	$ 20	por hora de mano de obra directa
6			
7	[a]Usando la fórmula (p. 359) para una curva de aprendizaje al 85%, $b = \dfrac{\ln 0.85}{\ln 2} = \dfrac{-0.162519}{0.693147} = -0.234465$		
8			

Se requiere Calcule los costos totales variables de producir 2, 4 y 8 unidades.

10-30 Curva de aprendizaje, modelo de aprendizaje de unidad de tiempo creciente. Suponga la misma información para Global Defense que la del ejercicio 10-29, excepto que Global Defense usa un modelo de aprendizaje de unidad de tiempo creciente al 85%, como base para predecir las horas de la mano de obra directa. (Una curva de aprendizaje al 85% significa que $b = -0.234465$).

Se requiere
1. Calcule los costos variables totales al producir 2, 3 y 4 unidades.
2. Si resolvió el ejercicio 10-29, compare las predicciones de costos en los dos ejercicios para 2 y 4 unidades. ¿Por qué son diferentes las predicciones? ¿Cómo debería decidir Global Defense que modelo utilizar?

MyAccountingLab

Problemas

10-31 Método de punto alto-punto bajo. Ken Howard, analista financiero de la corporación KMW, está examinando el comportamiento de los costos trimestrales de mantenimiento para fines de preparación de presupuestos. Howard recabó los siguientes datos sobre las horas-máquina trabajadas y sobre los costos de mantenimiento durante los 12 trimestres anteriores:

Trimestre	Horas máquina	Costos de mantenimiento
1	100,000	$205,000
2	120,000	240,000
3	110,000	220,000
4	130,000	260,000
5	95,000	190,000
6	115,000	235,000
7	105,000	215,000
8	125,000	255,000
9	105,000	210,000
10	125,000	245,000
11	115,000	200,000
12	140,000	280,000

Se requiere
1. Estime la función de costos para los datos trimestrales usando el método de punto alto–punto bajo.
2. Grafique y comente la función de costos estimada.
3. Howard anticipa que KMW operará las máquinas durante 100,000 horas en el trimestre 13. Calcule los costos predichos de mantenimiento en el trimestre 13 usando la función de costos que se estimó en el punto 1.

10-32 Método de punto alto-punto bajo y análisis de regresión. Local Harvest, una cooperativa de granjas orgánicas poseídas por familias y ubicadas en las afueras de Columbus, Ohio, ha empezado recientemente un club de vegetales frescos para apoyar a las granjas que son miembros del grupo, así como para promover, entre la comunidad suburbana colindante, los beneficios que se obtienen al comer alimentos orgánicos cosechados localmente. Las familias pagan una cuota de membresía de temporada de $50, y colocan sus pedidos con una semana de anticipación a un precio de $40 por semana. A la vez, Local Harvest entrega vegetales frescos locales de temporada a varios puntos de distribución en el área colindante. 800 familias se unieron al club durante la primera temporada, pero el número de órdenes varía de una semana a otra.

Harvey Hendricks ha estado administrando el club de vegetales durante la primera estación de 10 semanas. Antes de convertirse en un granjero, Harvey había realizado una especialidad de negocios en la universidad, y recuerda algunas cuestiones acerca del análisis de costos. Al hacer la planeación del año siguiente, él quiere saber cuántas órdenes se necesitarán cada semana para que el club alcance su punto de equilibrio, pero deberá estimar primero los costos fijos y variables del club. Recopiló los siguientes datos a lo largo de las 10 primeras semanas de operación del club:

Semana	Número de órdenes por semana	Costos semanales totales
1	351	$18,795
2	385	21,597
3	410	22,800
4	453	22,600
5	425	21,900
6	486	24,600
7	455	23,900
8	467	22,900
9	525	25,305
10	510	24,500

Se requiere

1. Grafique la relación entre el número de órdenes por semana y los costos semanales totales.
2. Estime la ecuación de costos usando el método de punto alto-punto bajo, y trace esta línea en su gráfica.
3. Harvey usa su computadora para calcular la siguiente fórmula de regresión:

$$\text{Costos semanales totales} = \$8,631 + (\$31.92 \times \text{número de órdenes semanales})$$

Trace la línea de regresión en su gráfica y use esta última para evaluar la línea de regresión con los criterios de viabilidad económica, bondad del ajuste y significancia de la variable independiente. ¿La función de costos estimada usando el método de punto alto-punto bajo es una aproximación cercana de la función de los costos estimada con el método de regresión? Explique brevemente.

4. ¿Fresh Harvest alcanzó el punto de equilibrio esta temporada? Recuerde que cada una de las familias pagó una cuota de membresía por temporada de $50.
5. Suponga que 900 familias se unen al club el siguiente año, y que no cambian los precios ni los costos. ¿Cuántas órdenes, en promedio, debería recibir Fresh Harvest cada semana para alcanzar el punto de equilibrio?

10-33 Método de punto alto-punto bajo; análisis de regresión. (Adaptado de CIMA.) Anna Martínez, la gerente de finanzas del restaurante Casa Real, está averiguando si hay alguna relación entre anunciarse en un periódico y los ingresos por venta de su negocio. Obtiene los siguientes datos para los últimos 10 meses:

Mes	Ingresos	Costos por publicidad
Marzo	$50,000	$2,000
Abril	70,000	3,000
Mayo	55,000	1,500
Junio	65,000	3,500
Julio	55,000	1,000
Agosto	65,000	2,000
Septiembre	45,000	1,500
Octubre	80,000	4,000
Noviembre	55,000	2,500
Diciembre	60,000	2,500

Ella estima la siguiente ecuación de regresión:

$$\text{Ingresos mensuales} = \$39,502 + (\$8.723 \times \text{costos por publicidad})$$

Se requiere

1. Grafique la relación entre los costos por publicidad y los ingresos.
2. Dibuje la línea de regresión y evalúela usando los criterios de viabilidad económica, bondad del ajuste y pendiente de la línea de regresión.
3. Use el método de punto alto-punto bajo para calcular la función, relacionando los costos por publicidad y los ingresos.
4. Usando: a) la ecuación de regresión y b) la ecuación de punto alto-punto bajo, ¿cuál es el incremento en los ingresos por cada $1,000 gastados en publicidad dentro del rango relevante? ¿Qué método debería usar Martínez para predecir el efecto de los costos por publicidad sobre los ingresos? Explique brevemente.

10-34 Regresión, costeo basado en las actividades, elección entre generadores del costo. Fitzgerald Manufacturing ha estado usando un costeo basado en actividades para determinar el costo del producto X-678. Una de las actividades, "inspección", ocurre justamente antes de que se termine el producto. Fitzgerald hace una inspección cada 10 unidades, y ha estado usando el "número de unidades inspeccionadas" como el generador del costo para los costos de la inspección. Un componente significativo de los costos de inspección es el costo del equipo de pruebas que se usa en cada inspección.

Neela McFeen, la gerente de línea, se está preguntando si las horas de la mano de obra de inspección serían un mejor generador del costo para los costos de las inspecciones. Neela recopila información para los costos semanales de las inspecciones, para las unidades inspeccionadas y para las horas de mano de obra de inspección como sigue:

Semana	Unidades inspeccionadas	Horas de mano de obra de inspección	Costos de la inspección
1	1,400	190	$3,700
2	400	70	1,800
3	1,700	230	4,500
4	2,400	240	5,900
5	2,100	210	5,300
6	700	90	2,400
7	900	110	2,900

Neela efectúa regresiones sobre cada uno de los posibles generadores del costo y estima estas funciones de costos.

Costos de inspección = $977 + ($2.05 × número de unidades inspeccionadas)

Costos de inspección = $478 + ($20.31 × horas de mano de obra de inspección)

Se requiere

1. Explique la razón por la cual el número de unidades inspeccionadas y las horas de la mano de obra de inspección son generadores del costo viables de los costos de inspección.
2. Grafique los datos y la línea de regresión para las unidades inspeccionadas y para los costos de inspección. Grafique los datos y la línea de regresión para las horas de mano de obra de inspección y para los costos de inspección. ¿Qué generador del costo de los costos de inspección usaría usted? Explique su respuesta.
3. Neela espera que los inspectores trabajen 140 horas el siguiente periodo y que inspeccionen 1,100 unidades. Usando el generador del costo que usted eligió en el punto 2, ¿qué cantidad de los costos de inspección debería presupuestar Neela? Explique cualesquiera implicaciones de que Neela elija el generador del costo que usted optó por no elegir en el punto 2 para presupuestar los costos de inspección.

10-35 Interpretación de los resultados de la regresión, acoplamiento de periodos de tiempo. Brickman Apparel fabrica equipos para el mercado de deportes extremos. Tiene cuatro periodos pico, cada uno de los cuales dura dos meses, para fabricar las mercancías adecuadas para la primavera, el verano, el otoño y el invierno. En los periodos de baja actividad, Brickman programa el mantenimiento del equipo. La contralora de Brickman, Sascha Green, quiere entender los generadores del costo del mantenimiento del equipo.

Los datos recopilados que se muestran en el cuadro son como sigue:

Mes	Horas-máquina	Costos de mantenimiento
Enero	5,000	$ 1,300
Febrero	5,600	2,200
Marzo	1,500	12,850
Abril	6,500	1,665
Mayo	5,820	2,770
Junio	1,730	15,250
Julio	7,230	1,880
Agosto	5,990	2,740
Septiembre	2,040	15,350
Octubre	6,170	1,620
Noviembre	5,900	2,770
Diciembre	1,500	14,700

Un análisis de regresión de un año de los datos mensuales proporciona las siguientes relaciones:

Costos de mantenimiento = $18,552 − ($2.638 × número de horas-máquina)

Después del examen de resultados, Green hace el siguiente comentario: "De modo que todo lo que tengo que hacer para reducir los costos de mantenimiento es operar mis máquinas durante más tiempo? Esto es difícil de creer, pero los números no mienten. Yo hubiera pensado justamente lo opuesto."

Se requiere

1. Explique la razón por la cual Green hizo este comentario. ¿Por qué está equivocado su análisis?
2. Después de una reflexión más profunda, Sascha Green vuelve a analizar los datos, esta vez comparando las horas-máquina trimestrales con los gastos trimestrales de mantenimiento. Ahora los resultados son muy diferentes. La regresión proporciona la siguiente fórmula:

Costos de mantenimiento = $2,622.80 + ($1.175 × número de horas-máquina)

¿Qué fue lo que ocasionó que la fórmula cambiara, aun a pesar de que los datos fueran los mismos?

10-36 Estimación de costos, curva de aprendizaje del tiempo promedio acumulativo. La compañía Nautilus se encuentra contratada por la Marina de Estados Unidos para ensamblar botes para el despliegue de tropas. Como parte del programa de investigación, completa el ensamblado del primero de un nuevo modelo (PT109) de botes de despliegue. La Marina está impresionada con el PT109. Solicita que Nautilius presente una propuesta sobre el costo de producir otros seis PT109.

Nautilius ha reportado la siguiente información de costos para los primeros PT109 ensamblados y usa el modelo de aprendizaje del tiempo promedio acumulativo al 90% como base para pronosticar las horas de la mano de obra directa para los seis siguientes PT109. (Una curva de aprendizaje al 90% significa que $b = −0.152004$.)

	A	B	C
1	Materiales directos	$ 200,000	
2	Tiempo de mano de obra directa para el primer bote	15,000	horas-mano de obra
3	Tasa de mano de obra directa	$ 40	por hora-mano de obra directa
4	Costo indirecto variable de manufactura	$ 25	por hora-mano de obra directa
5	Otros costos indirectos de manufactura	20%	de los costos de la mano de obra directa
6	Costos de herramientas[a]	$280,000	
7	Curva de aprendizaje para el tiempo de mano de obra por bote	90%	de tiempo promedio acumulativo[b]
8			
9	[a]Los equipos de herramientas se pueden volver a utilizar sin ningún costo adicional, porque la totalidad de su costo ha sido asignada al primer bote de despliegue.		
10			
11	[b]Usando la fórmula (p. 359), para una curva de aprendizaje al 90%, $b = \dfrac{\ln 0.9}{\ln 2} = \dfrac{-0.105361}{0.693147} = -0.152004$		
12			

1. Calcule los costos totales predichos al producir los seis PT109 para la Marina. (Nautilius mantendrá el primer bote de despliegue ensamblado, costeado en $1,575,000, como un modelo de demostración para los clientes potenciales.) **Se requiere**

2. ¿Cuál es el monto en dólares de la diferencia entre: *a*) los costos totales predichos para producir los seis PT109 en el punto 1, y *b*) los costos totales predichos para producir los seis PT109, suponiendo que no hay ninguna curva de aprendizaje para la mano de obra directa? Es decir, para *b*) suponga una función lineal para las unidades producidas y para las horas-mano de obra directa.

10-37 Estimación de costos, modelo de aprendizaje de unidad de tiempo creciente. Suponga la misma información para la compañía Nautilius que la del problema 10-36 con una excepción. Esta excepción es que Nautilius utiliza un modelo de aprendizaje de unidad de tiempo creciente al 90%, como base para predecir las horas de la mano de obra directa en sus operaciones de ensamble. (Una curva de aprendizaje al 90% significa que $b = -0.152004$.)

1. Prepare una predicción de los costos totales para la producción de los seis PT109 para la Marina. **Se requiere**

2. Si resolvió el punto 1 del problema 10-36, compare su predicción de costos con la que usted hizo aquí. ¿Por qué son diferentes? ¿Cómo debería decidir Nautilius qué modelo debería usar?

10-38 Regresión, elecciones entre modelos. Tilbert Toys (TT) elabora en lotes las populares muñecas Floppin' Freddy Frog y Jumpin' Jill Junebug. TT adoptó en fechas recientes un costeo basado en las actividades. TT incurre en costos de configuración para cada lote de muñecas que produce. TT usa el "número de configuración de máquinas" como el generador del costo para los costos correspondientes.

TT acaba de contratar a Bob Williams, un contador. Bob considera que el "número de horas para la configuración de las máquinas" podría ser un mejor generador del costo porque el tiempo de configuración para cada producto es diferente. Bob recopiló los siguientes datos:

	A	B	C	D
1	Mes	Número de configuraciones	Número de horas para las configuraciones	Costos de las configuraciones
2	1	300	1,840	$104,600
3	2	410	2,680	126,700
4	3	150	1,160	57,480
5	4	480	3,800	236,840
6	5	310	3,680	178,880
7	6	460	3,900	213,760
8	7	420	2,980	209,620
9	8	300	1,200	90,080
10	9	270	3,280	221,040

Se requiere

1. Estime la ecuación de regresión para *a*) los costos de configuración de las máquinas y el número de configuraciones, y *b*) los costos de las configuraciones y el número de horas para la configuración. Se deberían obtener los siguientes resultados:

Regresión 1: Costos de la configuración de las máquinas $= a + (b \times$ número de configuraciones)

Variable	Coeficiente	Error estándar	Valor *t*
Constante	$12,890	$61,365	0.21
Variable independiente 1: Núm. de configuraciones	$ 426.77	$ 171	2.49

$r^2 = 0.47$; estadístico de Durbin-Watson = 1.65

Regresión 2: Costos de la configuración de las máquinas $= a + (b \times$ número de horas de configuración)

Variable	Coeficiente	Error estándar	Valor *t*
Constante	$6,573	$ 25,908	0.25
Variable independiente 1: Núm. de horas de configuración	$ 56.27	$ 8.90	6.32

$r^2 = 0.85$; estadístico de Durbin-Watson = 1.50

2. En dos gráficas diferentes, presente los datos y las líneas de regresión para cada una de las siguientes funciones de costos:
   a) Costos de las configuraciones $= a + (b \times$ número de configuraciones)
   b) Costos de las configuraciones $= a + (b \times$ número de horas para las configuraciones)
3. Evalúe los modelos de regresión para el "Número de configuraciones" y el "Número de horas para las configuraciones" como el generador del costo, de acuerdo con el formato de la ilustración 10-18 (p. 372).
4. Con base en su análisis, ¿qué generador del costo debería usar Tilbert Toys para los costos de la configuración de las máquinas y por qué?

10-39 Regresión múltiple (continuación de 10-38). Bob Williams se pregunta si debería efectuar una regresión múltiple tanto con el número de configuraciones de las máquinas, como con el número de horas de dichas configuraciones, como generadores del costo.

Se requiere

1. Efectúe una regresión múltiple para estimar la ecuación de regresión para los costos de la configuración de las máquinas, usando tanto el número de configuraciones como el número de horas de las configuraciones como variables independientes. Usted debería obtener el siguiente resultado:

Regresión 3: Costos de las preparaciones $= a (b_1 \times$ núm. de configuraciones) $+ (b_2 \times$ núm. de horas de las configuraciones)

Variable	Coeficiente	Error estándar	Valor *t*
Constante	−$2,807	$34,850	−0.08
Variable independiente 1: Núm. de configuraciones	$ 58.62	$ 133.42	0.44
Variable independiente 2: Núm. de horas de configuración	$ 52.31	$ 13.08	4.00

$r^2 = 0.86$; estadístico de Durbin-Watson = 1.38

2. Evalúe el producto de la regresión múltiple usando los criterios de viabilidad económica, bondad del ajuste, significancia de las variables independientes y especificación de los supuestos de la estimación (Suponga linealidad, variación constante y normalidad de los residuos.)
3. ¿Cuáles son las dificultades que no se presentan en un análisis de regresión simple, pero que sí se pueden presentar en un análisis de regresión múltiple? ¿Existe alguna evidencia de tales dificultades en la regresión múltiple que se mostró en este problema? Explique su respuesta.
4. ¿Cuál de los modelos de regresión de los problemas 10-38 y 10-39 recomendaría usted que usara Bob Williams? Explique su respuesta.

10-40 Generadores del costo del departamento de compras, costeo basado en actividades, análisis de regresión simple. Fashion Bling opera una cadena de 10 tiendas departamentales al menudeo. Cada tienda departamental toma sus propias decisiones de compras. Barry Lee, asistente del presidente de Fashion Bling, está interesado en obtener un mejor entendimiento de los generadores del costo del departamento de compras. Durante muchos años, Fashion Bling ha aplicado los costos del departamento de compras a los productos tomando como base el valor en dólares de la mercancía comprada. Una partida de $100 dólares se aplica 10 veces a la cantidad de los costos indirectos asociados con el departamento de compras como una partida de $10.

Lee asistió recientemente a un seminario titulado "Generadores del costo en las ventas al menudeo". En una presentación durante el seminario, Couture Fabrics, un competidor líder que ha implementado un costeo basado en actividades, reportó que el número de órdenes de compra y el número de proveedores eran los dos generadores del costo más importantes de los costos del departamento de compras. El valor en dólares de la mercancía adquirida en cada orden de compra no se consideró como un generador del costo importante. Lee entrevistó a varios miembros del departamento de compras en la tienda de Fashion Bling en Miami. Ellos consideraron que las conclusiones de Couture Fabrics también se aplicaban a su departamento de compras.

Lee recaba los siguientes datos para el año más reciente de 10 tiendas departamentales al detalle de Fahion Bling.

	A	B	C	D	E
1	Tienda departamental	Costos del departamento de compras (CDC)	Valor en dólares de la mercancía comprada (MC$)	Número de órdenes de compra (Núm. de OC)	Número de proveedores (NP)
2	Baltimore	$1,522,000	$ 68,307,000	4,345	125
3	Chicago	1,095,000	33,463,000	2,548	230
4	Los Ángeles	542,000	121,800,000	1,420	8
5	Miami	2,053,000	119,450,000	5,935	188
6	Nueva York	1,068,000	33,575,000	2,786	21
7	Phoenix	517,000	29,836,000	1,334	29
8	Seattle	1,544,000	102,840,000	7,581	101
9	St. Louis	1,761,000	38,725,000	3,623	127
10	Toronto	1,605,000	139,300,000	1,712	202
11	Vancouver	1,263,000	130,110,000	4,736	196

Lee toma la decisión de usar un análisis de regresión simple para examinar si una o más de tres variables (las tres últimas columnas del cuadro) son generadores del costo de los costos del departamento de compras. El resumen de los resultados de estas regresiones son los siguientes:

Regresión 1: CDC $= a + (b \times$ MC$)$

Variable	Coeficiente	Error estándar	Valor *t*
Constante	$1,041,421	$346,709	3.00
Variable independiente 1: MC$	0.0031	0.0038	0.83

$r^2 = 0.08$; estadístico de Durbin-Watson = 2.41

Regresión 2: CDC $= a (b \times$ núm. de OC$)$

Variable	Coeficiente	Error estándar	Valor *t*
Constante	$722,538	$265,835	2.72
Variable independiente 1: núm. de OC	$ 159.48	$ 64.84	2.46

$r^2 = 0.43$; estadístico de Durbin-Watson = 1.97

Regresión 3: CDC $= a + (b \times$ NP$)$

Variable	Coeficiente	Error estándar	Valor *t*
Constante	$828,814	$246,570	3.36
Variable independiente 1: NP	$ 3,816	$ 1,698	2.25

$r^2 = 0.39$; estadístico de Durbin-Watson = 2.01

1. Compare y evalúe los tres modelos de regresión simple estimados por Lee. Grafique cada uno de ellos. Asimismo, use el formato que se utilizó en la ilustración 10-18 (p. 372) para evaluar la información.
2. ¿Los resultados de la regresión apoyan la presentación de Couture Fabrics acerca de los generadores del costo del departamento de compras? ¿Cuál de estos generadores del costo recomendaría usted al diseñar un sistema ABC?
3. ¿Cómo podría Lee obtener evidencia adicional sobre los generadores del costo para el departamento de compras en cada una de las tiendas de Fashion Bling?

Se requiere

10-41 Generadores del costo del departamento de compras, análisis de regresión múltiple (continuación del 10-40): Barry Lee ha decidido que el uso del análisis de regresión simple en el problema 10-40 podría ampliarse a un análisis de regresión múltiple. Encontró los siguientes resultados para dos análisis de regresión múltiple:

Regresión 4: CDC = $a + (b_1 \times$ núm. de OC$) + (b_2 \times$ (NP)

Variable	Coeficiente	Error estándar	Valor t
Constante	$484,522	$256,684	1.89
Variable independiente 1: núm. de OC	$ 126.66	$ 57.80	2.19
Variable independiente 2: NP	$ 2,903	$ 1,459	1.99

$r^2 = 0.64$; estadístico de Durbin-Watson = 1.19

Regresión 5: CDC = $a + (b_1 \times$ OC$) + (b_2 \times$ NP$) + (b_3 \times$ MC$)

Variable	Coeficiente	Error estándar	Valor t
Constante	$483,560	$312,554	1.55
Variable independiente 1: núm. de OC.	$ 126.58	$ 63.75	1.99
Variable independiente 2: NP	$ 2,901	$ 1,622	1.79
Variable independiente 3: MC$	0.00002	0.0029	0.01

$r^2 = 0.64$; estadístico de Durbin-Watson = 1.91

Los coeficientes de correlación entre las combinaciones de pares de las variables son:

	CDC	MC$	núm. de OC
MC$	0.28		
Núm. de OC	0.66	0.27	
NP	0.62	0.30	0.29

Se requiere

1. Evalúe la regresión 4 usando los criterios de viabilidad económica, bondad del ajuste, significancia de las variables independientes y análisis de especificación. Compare la regresión 4 con las regresiones 2 y 3 en el problema 10-40. ¿Cuál de estos modelos recomendaría usted que usara Lee? ¿Por qué?
2. Compare la regresión 5 con la regresión 4. ¿Cuál de estos modelos recomendaría usted que usara Lee? ¿Por qué?
3. Lee estima los siguientes datos en la tienda de Baltimore para el año siguiente: valor monetario de la mercancía comprada, $78,000,000; número de órdenes de compra, 4,000; número de proveedores, 95. ¿Cuánto debería presupuestar Lee para los costos del departamento de compras para la tienda de Baltimore el año siguiente?
4. ¿Qué dificultares no se presentan en un análisis de regresión simple que tal vez sí habría en un análisis de regresión múltiple? ¿Existe alguna evidencia de tales dificultades en cualquiera de las regresiones múltiples que se presentaron en este problema? Explique.
5. Mencione dos ejemplos de decisiones en las cuales los resultados de la regresión que se han reportado aquí (y en el problema 10-40) podrían ser informativos.

Problema de aprendizaje colaborativo

10-42 Interpretación de los resultados de la regresión, correspondencia de periodos de tiempo, ética. Jayne Barbour trabaja como pasante de verano en Mode, una tienda de última moda especializada en prendas de vestir para clientes de veintitantos años. Jayne ha estado trabajando estrechamente con su prima, Gail Hubbard, quien planea las promociones para Mode. La tienda ha estado funcionando durante 10 meses, y Valerie Parker, la dueña de la tienda, no se ha sentido segura acerca de la efectividad de su publicidad. Queriendo impresionar a Valerie con sus habilidades en el análisis de regresión que adquirió en un curso de contabilidad de costos durante el semestre anterior, Jayne decide preparar un análisis del efecto de la publicidad sobre los ingresos y recaba los siguientes datos:

	A	B	C
1	**Mes**	**Gasto en publicidad**	**Ingresos**
2	Octubre	4,560	$35,400
3	Noviembre	3,285	44,255
4	Diciembre	1,200	56,300
5	Enero	4,099	28,764
6	Febrero	3,452	49,532
7	Marzo	1,075	43,200
8	Abril	4,768	30,600
9	Mayo	4,775	52,137
10	Junio	1,845	49,640
11	Julio	1,430	29,542

Jayne efectúa un análisis de regresión, comparando los gastos de publicidad de cada mes con los ingresos de ese mes, y obtiene la siguiente fórmula:

$$\text{Ingresos} = \$47{,}801 - (1.92 \times \text{gasto en publicidad})$$

Variable	Coeficiente	Error estándar	Valor t
Constante	$47,801.72	7,628.39	6.27
Variable independiente: Gasto en publicidad	−1.92	2.26	−0.85

$r^2 = 0.43$; error estándar = 10,340.18

1. Presente los datos anteriores en una gráfica y trace la línea de regresión. ¿Qué indica la fórmula del costo acerca de la relación entre los gastos mensuales por publicidad y los ingresos mensuales? ¿La relación es económicamente viable?

2. Jayne está preocupada acerca de que si hace su presentación al propietario como se planeó, ello reflejará una deficiencia en el desempeño de su prima Gail. ¿Está ella éticamente obligada a realizar la presentación?

3. Jayne reflexiona aún más en su análisis, y descubre una falla grave en su enfoque. Comprende que se debe esperar a que la publicidad hecha en un mes determinado influya en las ventas del mes siguiente, y no necesariamente en las ventas del mes en curso. Entonces modifica su análisis comparando, por ejemplo, los gastos en publicidad de octubre con los ingresos por ventas de noviembre. La regresión modificada proporciona lo siguiente:

$$\text{Ingresos} = \$23{,}538 + (5.92 \times \text{gastos en publicidad})$$

Variable	Coeficiente	Error estándar	Valor t
Constante	$23,538.45	4,996.60	4.71
Variable independiente: Gastos en publicidad del mes anterior	5.92	1.42	4.18

$r^2 = 0.71$; error estándar = 6,015.67

¿Qué indica la fórmula de costos revisada? Presente los datos revisados en la gráfica. ¿Es necesario descartar los ingresos de octubre y los gastos en publicidad de julio del conjunto de datos? ¿Esta relación es económicamente viable?

4. ¿Podría Jayne concluir que existe una relación de causa y efecto entre los gastos en publicidad y los ingresos por ventas? ¿Por qué?

Se requiere

Toma de decisiones
e información relevante

Objetivos de aprendizaje

1. Utilizar el proceso de cinco pasos para tomar decisiones.

2. Distinguir entre información relevante e información irrelevante en situaciones de toma de decisiones.

3. Explicar el concepto del costo de oportunidad y por qué se usa en la toma de decisiones.

4. Saber cómo elegir qué productos elaborar y cuándo hay restricciones en la capacidad.

5. Analizar los factores que deben considerar los gerentes al agregar o al eliminar tanto clientes como segmentos.

6. Explicar el motivo por el cual el valor en libros de los equipos es irrelevante en las decisiones de reemplazo de estos.

7. Explicar la manera en que surgen los conflictos entre el modelo de decisiones que usa un gerente y el modelo de evaluación del desempeño que se utiliza para evaluar al gerente.

¿Cuántas decisiones ha tomado usted el día de hoy?

Es posible que usted haya tomado una decisión de importancia, como la aceptación de una oferta de trabajo. O tal vez su decisión haya sido tan sencilla como hacer sus planes para el fin de semana o elegir un restaurante para salir a cenar. Indistintamente de si las decisiones sean significativas o de rutina, las personas deben seguir un proceso lógico y sencillo cuando las toman. Este proceso implica la recolección de información, la realización de predicciones, la selección de una alternativa, la actuación respecto de dicha alternativa y la evaluación de los resultados. Asimismo, incluye el hecho de decidir qué costos y beneficios brinda cada alternativa. Algunos costos son irrelevantes. una vez que se compra una máquina de café, por ejemplo, su costo es irrelevante cuando se toma la decisión de cuánto dinero ahorra un individuo cada vez que prepara café en su casa *versus* el hecho de adquirirlo en Starbucks. El costo de la máquina de café se incurrió en el pasado, y el dinero ya se gastó y no puede recuperarse. Este capítulo explicará qué costos y beneficios son relevantes y cuáles no lo son —y cómo debería pensar usted en ellos cuando elija entre alternativas.

Costos relevantes, JetBlue y Twitter[1]

¿Cuánto cuesta a JetBlue transportar a un cliente en un viaje redondo desde la ciudad de Nueva York hasta Nantucket? El costo incremental es muy pequeño, cerca de $5 por bebida, ya que los otros costos (el avión, los pilotos, los vendedores de los boletos, el combustible, las tarifas por aterrizaje en el aeropuerto y los cargadores de equipaje) son fijos. Como la mayoría de los costos son fijos, ¿valdría la pena que JetBlue llenara un asiento siempre y cuando ganara por lo menos $5 por ese asiento? La respuesta depende de si el vuelo está lleno.

Suponga que JetBlue cobrara normalmente $330 por este boleto de viaje redondo. Si el vuelo está lleno, JetBlue no vendería el boleto por una cantidad inferior a $330, porque todavía habría clientes dispuestos a pagar esa tarifa por el vuelo. ¿Pero qué sucede si hay asientos vacíos? La venta de un boleto en algo más que $5 es mejor que dejar el asiento vacío y no ganar nada.

Si un cliente usa Internet para comprar el boleto con un mes de anticipación, JetBlue probablemente cotizaría $330 porque espera que el vuelo esté lleno. Si el lunes previo a la salida programada del viernes, JetBlue encuentra que el avión no está lleno, la aerolínea quizás esté dispuesta a disminuir sus precios de manera espectacular con la esperanza de atraer a más clientes y obtener así una utilidad sobre los asientos vacíos.

---

[1] *Fuente*: Jones, Charisse. 2009. JetBlue and United give twitter a try to sell airline seats fast. *USA Today*, 2 de agosto. www.usatoday.com/travellint/flights/2009-08-02-jetblue-united-twitter-airfares_N.htm.

Ingrese a Twitter. Del mismo modo que los correos electrónicos que JetBlue ha enviado a los clientes durante años, este servicio de mensajería ampliamente difundido permite a JetBlue conectarse rápidamente con los clientes y llenar los asientos en los vuelos que, de otra manera, podrían despegar mucho menos que llenos. Cuando en 2009 JetBlue empezó a promover las ventas de boletos de último minuto en Twitter, y los usuarios de Twitter se enteraron de que los boletos de viaje redondo de $330 desde Nueva York hasta Nantucket estaban disponibles por tan solo $18, los vuelos se llenaron con gran rapidez. Las ventas de boletos de JetBlue a través de Twitter por lo general únicamente duran ocho

horas, o hasta que se hayan vendido todos los asientos disponibles. Para usar tal estrategia de fijación de precios se requiere de una profunda comprensión de los costos en diferentes situaciones de decisión.

Del mismo modo que sucede en JetBlue, los gerentes de las corporaciones en todo el mundo usan un proceso de toma de decisiones que los ayuda a tomar decisiones. Los gerentes de JPMorgan Chase recaban información acerca de los mercados financieros, de las preferencias de los consumidores y de las tendencias económicas, antes de determinar si se deben ofrecer nuevos servicios a los clientes. Los gerentes de Macy's examinan toda la información relevante relacionada con la manufactura de ropa nacional e internacional, antes de seleccionar a los proveedores. Los gerentes de Porsche recopilan información de costos para decidir si se debe fabricar una pieza o si se debe comprar a un proveedor. El proceso de la decisión quizá no siempre sea sencillo, pero como lo dijo Napoleón Bonaparte: "Nada es más difícil y, por lo tanto, más valioso, que tener la capacidad de tomar decisiones."

Objetivo de aprendizaje 1

Utilizar el proceso de cinco pasos para tomar decisiones

. . . los cinco pasos son la identificación del problema y las incertidumbres; la obtención de información; la realización de predicciones acerca del futuro; la toma de decisiones mediante la elección entre alternativas; y la implementación de la decisión, la evaluación del desempeño y el aprendizaje.

La información y el proceso de la toma de decisiones

Los gerentes siguen por lo general un *modelo de decisiones* para elegir entre diferentes cursos de acción. Un **modelo de decisión** es un método formal para hacer una elección que implica a menudo un análisis tanto cuantitativo como cualitativo. Los contadores administrativos analizan y presentan los datos relevantes para guiar las decisiones de los gerentes.

Considere una decisión estratégica a la cual se enfrenta la gerencia de Precision Sporting Goods, un fabricante de palos de golf: ¿Debería reorganizar sus operaciones de manufactura con la finalidad de reducir los costos de la mano de obra de manufactura? Precision Sporting Goods solamente tiene dos alternativas: no reorganizarse o reorganizarse.

La reorganización eliminará todo el acarreo manual de los materiales. La mano de obra consiste en 20 trabajadores: 15 que operan máquinas y 5 que manejan los materiales.

Ilustración 11-1

Proceso de toma de decisiones de cinco pasos para Precision Sporting Goods

Paso 1: Identificar el problema y las incertidumbres

¿Debería Precision Sporting Goods reorganizar sus operaciones de manufactura con la finalidad de reducir los costos de la mano de obra de manufactura? Una incertidumbre de importancia es la manera en que la reorganización afectará el estado de ánimo de los empleados.

Paso 2: Obtención de información

Las tasas salariales históricas son de $14 por hora. Sin embargo, un aumento recientemente negociado en las prestaciones de los empleados de $2 por hora aumentará los sueldos a $16 por hora. Se espera que la reorganización de las operaciones de manufactura reduzca el número de trabajadores de 20 a 15 mediante la eliminación de los cinco trabajadores que acarrean los materiales. Es probable que la reorganización tenga efectos negativos sobre el estado de ánimo de los empleados.

Costos históricos

Otra información

Paso 3: Realización de predicciones acerca del futuro

Los gerentes usan la información del paso 2 como base para predecir los costos futuros de la mano de obra de manufactura. Con la actual alternativa de no reorganizarse, se predijo que los costos serán de $640,000 (20 trabajadores × 2,000 horas por trabajador por año × $16 por hora); y con la alternativa de reorganización, se predijo que los costos serán de $480,000 (15 trabajadores × 2,000 horas por trabajador por año × $16 por hora). Recuerde que se predijo que la reorganización costará $90,000 cada año.

Paso 4: Toma de decisiones mediante la elección entre alternativas

Los gerentes comparan los beneficios predichos que se calcularon en el paso 3 ($640,000 − $480,000 = $160,000: es decir, los ahorros por la eliminación de los costos de la mano de obra para el manejo de materiales, 5 trabajadores × 2,000 horas por trabajador por año × $16 por hora = $160,000) contra el costo por la reorganización ($90,000) junto con otras consideraciones (como los probables efectos negativos sobre el estado de ánimo de los empleados). La gerencia elige la alternativa de reorganización porque los beneficios financieros son significativos y se espera que los efectos sobre el estado de ánimo de los empleados sean temporales y relativamente pequeños.

Paso 5: Implementación de la decisión, evaluación del desempeño y aprendizaje

La evaluación del desempeño después de que se implementa la decisión ofrece una retroalimentación fundamental para los gerentes, y la secuencia de cinco pasos se repite entonces en forma total o parcial. Los gerentes aprenden a partir de los resultados reales que los nuevos costos por la mano de obra son de $540,000 en vez de los $480,000 que se predijeron, debido a una productividad de la mano de obra inferior a lo esperado. Esta información (ahora) histórica ayudaría a los gerentes a realizar mejores predicciones subsiguientes que permitan más tiempo de aprendizaje. Alternativamente, los gerentes pueden mejorar la implementación a través de la capacitación de los empleados y de una mejor supervisión.

Los trabajadores del manejo de materiales se contrataron con acuerdos que permiten despidos sin pagos adicionales. Cada trabajador labora 2,000 horas anualmente. Se ha predicho que la reorganización costará $90,000 cada año (sobre todo por los arrendamientos de equipo nuevo). La producción de 25,000 unidades, así como el precio de venta de $250, el costo de los materiales directos por unidad de $50, los costos indirectos de manufactura de $750,000 y los costos de marketing de $2,000,000 no se verán afectados por la reorganización.

Para tomar esta decisión, los gerentes usan el proceso de toma de decisiones de cinco pasos que se presentó en la ilustración 11-1, y que se introdujo por primera vez en el capítulo 1. Estudie la secuencia de los pasos en la ilustración y observe la forma en que el paso 5 evalúa el desempeño, para brindar retroalimentación acerca de las acciones que se tomaron en los pasos anteriores. Esta retroalimentación podría afectar las previsiones futuras, los métodos de predicción usados, la forma en que se hacen las elecciones, o la implementación de la decisión.

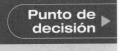

Punto de decisión ▶

¿Cuál es el proceso de cinco pasos que utilizan los gerentes para tomar decisiones?

El concepto de relevancia

Una gran parte de este capítulo se concentra en el paso 4 de la ilustración 11-1, así como en los conceptos de costos e ingresos relevantes cuando se elige entre alternativas.

Costos relevantes e ingresos relevantes

Los **costos relevantes** son los *costos futuros esperados*, y los **ingresos relevantes** son los *ingresos futuros esperados* que difieren entre los cursos alternativos de acción que se consideran. Se dice que los ingresos y los costos que *no son relevantes* son *irrelevantes*. Es importante considerar que para que haya costos relevantes e ingresos relevantes, estos *deben*:

- **Ocurrir en el futuro:** Cualquier decisión trata con la selección de un curso de acción basado en sus resultados futuros esperados.

- **Diferir entre cursos de acción alternativos:** Los costos y los ingresos que no difieren no serán de importancia, por consiguiente, no tendrán efecto sobre la decisión que se esté tomando.

La pregunta es siempre la siguiente: "¿qué diferencia implicaría una acción?"

La ilustración 11-2 presenta los datos financieros que dan fundamento a la elección entre las alternativas de no reorganizarse y sí reorganizarse para Precision Sporting Goods. Hay dos formas de analizar los datos. La primera considera "todos los ingresos y los costos", en tanto que la segunda considera únicamente "los ingresos y los costos relevantes".

Las dos primeras columnas describen la primera forma y presentan *todos los datos*. Las dos últimas columnas describen la segunda forma y presentan *tan solo los costos relevantes*: los $640,000 y $480,000 de costos futuros esperados de mano de obra de manufactura, y los $90,000 de costos futuros esperados de reorganización que difieren entre las dos alternativas. Las partidas de ingresos, materiales directos, costos indirectos de manufactura y marketing se pueden ignorar porque seguirán siendo las mismas indistintamente de si Precision Sporting Goods se reorganiza o no. No difieren entre las alternativas y, por lo tanto, son irrelevantes.

Advierta que la tasa salarial por hora de manufactura del pasado (histórica) de $14 y los costos totales de mano de obra del pasado (históricos) de $560,000 (20 trabajadores × 2,000 horas por trabajador por año × $14 por hora) no aparecen en la ilustración 11-2. *Aunque podrían ser una base útil para realizar predicciones informadas acerca de los costos de la mano de obra esperados a futuro de $640,000 y $480,000, los costos históricos en sí mismos son costos del pasado que, por consiguiente, son irrelevantes para la toma de decisiones.* Los costos del pasado también se denominan **costos hundidos** porque son inevitables y no se pueden cambiar indistintamente de la acción que se tome.

El análisis de la ilustración 11-2 indica que la reorganización de las operaciones de manufactura aumentará la utilidad en operación predicha en $70,000 cada año. Observe que los gerentes de Precision Sporting Goods llegan a la misma conclusión indistintamente de que usen todos los datos o incluyan solamente los datos relevantes en el análisis.

Al confinar el análisis tan solo a los datos relevantes, los gerentes pueden eliminar el grueso de datos irrelevantes potencialmente confusos. Centrar la atención en los datos relevantes es especialmente útil cuando no está disponible toda la información que se necesita para preparar un estado de resultados detallado. La comprensión de cuáles costos son relevantes y cuáles son irrelevantes ayuda al tomador de decisiones a concentrarse en la obtención únicamente de los datos pertinentes y a volverse más eficiente.

Objetivo de aprendizaje 2

Distinguir entre información relevante e información irrelevante en situaciones de toma de decisiones

. . . tan solo son relevantes los costos y los ingresos que se espera que ocurran en el futuro y que difieran entre cursos alternativos de acción

---

Ilustración 11-2 Determinación de los ingresos relevantes y de los costos relevantes de Precision Sporting Goods

	Todos los ingresos y los costos		Ingresos y costos relevantes	
	Alternativa 1: No reorganizarse	**Alternativa 2: Reorganizarse**	**Alternativa 1: No reorganizarse**	**Alternativa 2: Reorganizarse**
Ingresos[a]	$6,250,000	$6,250,000	—	—
Costos:				
Materiales directos[b]	1,250,000	1,250,000	—	—
Mano de obra	640,000[c]	480,000[d]	$ 640,000[c]	$ 480,000[d]
Gastos indirectos de manufactura	750,000	750,000	—	—
Marketing	2,000,000	2,000,000	—	—
Costos de reorganización	—	90,000	—	90,000
Costos totales	4,640,000	4,570,000	640,000	570,000
Utilidad en operación	$1,610,000	$1,680,000	$(640,000)	$(570,000)
	Diferencia de $70,000		Diferencia de $70,000	

[a]25,000 unidades × $250 por unidad = $6,250,000. [c]20 trabajadores × 2,000 horas por trabajador × $16 por hora = $640,000.
[b]25,000 unidades × $50 por unidad = $1,250,000. [d]15 trabajadores × 2,000 horas por trabajador × $16 por hora = $480,000.

| Ilustración 11-3 | Características clave de la información relevante |

■ Los costos pasados (históricos) pueden ser de utilidad como una base para hacer *predicciones*. Sin embargo, los costos históricos en sí mismos siempre son irrelevantes cuando se toman *decisiones*.

■ Se pueden comparar diferentes alternativas examinando las diferencias en los ingresos totales esperados a futuro y los costos totales esperados a futuro.

■ No todos los ingresos futuros esperados ni los costos futuros esperados son relevantes. Los ingresos futuros esperados y los costos futuros esperados que no difieren entre las alternativas son irrelevantes, por lo tanto, se pueden descartar del análisis. La pregunta clave es siempre "¿qué diferencia implicará una acción?"

■ Se debe dar un peso adecuado a los factores cualitativos y a los factores cuantitativos de tipo no financiero.

Información cualitativa y cuantitativa relevante

Los gerentes dividen los resultados de las decisiones en dos amplias categorías: *cuantitativos* y *cualitativos*. Los **factores cuantitativos** son resultados que se miden en términos numéricos. Algunos factores cuantitativos son financieros; se expresan en términos monetarios. Algunos ejemplos incluyen el costo de los materiales directos, la mano de obra directa y el marketing. Otros factores cuantitativos son de tipo no financiero; se pueden medir numéricamente, pero no se expresan en términos monetarios. La reducción en el tiempo de desarrollo de nuevos productos y el porcentaje de llegadas de vuelos a tiempo son ejemplos de factores cuantitativos de tipo no financiero. Los **factores cualitativos** son resultados que son difíciles de medir en forma exacta en términos numéricos. El estado de ánimo de los trabajadores es un ejemplo.

El análisis de los costos relevantes generalmente destaca los factores cuantitativos que se expresan en términos financieros. *Sin embargo, el hecho de que los factores cualitativos y los factores cuantitativos no financieros no se logren medir con facilidad en términos financieros no los hace menos importantes.* De hecho, los gerentes deben ponderar estos factores de una manera juiciosa. En el ejemplo de Precision Sporting Goods, los gerentes consideraron de una manera cuidadosa el efecto negativo sobre el estado de ánimo de los empleados, resultante del despido de los trabajadores a cargo del acarreo de los materiales —un factor cualitativo— antes de seleccionar la alternativa de reorganización. La comparación y la obtención de valores de equilibrio entre las consideraciones financieras y las no financieras rara vez es una tarea sencilla.

La ilustración 11-3 resume las principales características de la información relevante.

Una ilustración de la relevancia: elección de los niveles de producción

El concepto de la relevancia se aplica a todas las situaciones de decisión. En esta sección y en las diversas secciones siguientes de este capítulo, presentaremos algunas de tales situaciones de decisión. Los capítulos posteriores describirán otra situaciones de decisión que requieren de la aplicación del concepto de relevancia, como el capítulo 12 acerca de la fijación de precios, el capítulo 16 acerca de los costos conjuntos, el capítulo 19 (este capítulo y los siguientes están disponible en el sitio Web de este libro) acerca de la calidad y la entrega oportuna, el capítulo 20 sobre la gerencia de inventarios y la evaluación de los proveedores, el capítulo 21 acerca de las inversiones de capital y el capítulo 22 sobre la fijación de precios de transferencia. Empezaremos considerando las decisiones que afectan los niveles de producción, como el hecho de si debería lanzarse al mercado un nuevo producto o si se debe intentar vender más unidades de un producto ya existente.

Órdenes especiales

Un tipo de decisión que afecta los niveles de producción es la aceptación o el rechazo de órdenes especiales, cuando existe una capacidad de producción ociosa y las órdenes especiales no tienen implicaciones a largo plazo. Utilizamos el término **órdenes especiales** para describir tales condiciones.

Ejemplo 1: Surf Gear fabrica toallas de calidad para la playa en su altamente automatizada planta de Burlington, Carolina del Norte. La planta tiene la capacidad de producir 48,000 toallas por mes.

La producción mensual actual es de 30,000 toallas. Las tiendas departamentales al menudeo dan cuenta de todas las ventas existentes. Los resultados que se esperan para el siguiente mes (agosto) se presentan en la ilustración 11-4 (estas cantidades son predicciones basadas en costos históricos). Suponemos que todos los costos se pueden clasificar ya sea como fijos o variables, con respecto a un solo generador del costo (las unidades producidas).

Como resultado de una huelga en la empresa de su proveedor actual de toallas, Azelia, una cadena de hoteles de lujo, ha ofrecido comprar 5,000 toallas a Surf Gear en agosto a $11 por toalla. No se ha anticipado ninguna venta posterior a Azelia. Los costos fijos de manufactura se basan en la capacidad de producción de 48,000 toallas. Es decir, los costos fijos de manufactura se relacionan con la capacidad de producción disponible y no con la capacidad real utilizada. Si Surf Gear acepta la orden especial, utilizará la capacidad ociosa actual para fabricar las 5,000 toallas, y no cambiarán los costos fijos de manufactura. No se necesitarán costos de marketing para la orden especial de 5,000 unidades que se surtirá una sola vez. No se espera que la aceptación de esta orden afecte el precio de venta o la cantidad de toallas vendidas a los clientes ordinarios. ¿Debería Surf Gear aceptar la oferta de Azelia?

La ilustración 11-4 presenta los datos de este ejemplo con base en un sistema de costeo absorbente (es decir, tanto los costos variables como los costos fijos de manufactura se incluyen en los costos inventariables y en el costo de ventas). En esta ilustración, el costo de manufactura de $12 por unidad y el costo de marketing de $7 por unidad incluyen costos tanto fijos como variables. La suma de todos los costos (variables y fijos) de una función empresarial en particular dentro de la cadena de valor, como los costos de manufactura o los costos de marketing, se denomina **costos de la función empresarial. Los costos totales del producto,** en este caso de $19 por unidad, son la suma de todos los costos variables y fijos de todas las funciones empresariales de la cadena de valor (investigación y desarrollo, diseño, producción, marketing, distribución y servicio al cliente). Para Surf Gear, los costos totales del producto consisten en los costos de manufactura y de marketing porque son las únicas funciones de la empresa. No se necesitan costos de marketing para la orden especial y, por consiguiente, el gerente de Surf Gear se concentrará únicamente en los costos de manufactura.

Con base en los costos de manufactura de $12 por unidad —lo cual es mayor que el precio de $11 por unidad que ofreció Azelia—, el gerente podría decidir rechazar la oferta.

	A	B	C	D
1		**Total**	**Por unidad**	
2	Unidades vendidas	30,000		
3				
4	Ingresos	$600,000	$20.00	
5	Costo de ventas (costos de manufactura)			
6	Costos variables de manufactura	225,000	7.50[b]	
7	Costos fijos de manufactura	135,000	4.50[c]	
8	Total del costo de ventas	360,000	12.00	
9	Costos de marketing			
10	Costos variables de marketing	150,000	5.00	
11	Costos fijos de marketing	60,000	2.00	
12	Total de costos de marketing	210,000	7.00	
13	Costos totales del producto	570,000	19.00	
14	Utilidad en operación	$ 30,000	$ 1.00	
15				
16	[a]Surf Gear no incurre en costos por investigación y desarrollo, diseño del producto, distribución o servicio al cliente.			
17	[b]Costo variable	Costo de los materiales	Costo variable de la mano	Costo indirecto variable
18	de manufactura por unidad =	directos por unidad +	de obra directa por unidad	de manufactura por unidad
19	= $6.00 + $0.50 + $1.00 = $7.50			
20	[c]Costo fijo de manufactura	costo directo fijo de la mano de obra		costo indirecto fijo
21	por unidad =	de manufactura por unidad	+	de manufactura por unidad
22	= $1.50 + $3.00 = $4.50			

Ilustración 11-4

Estado de resultados presupuestado para agosto, formato de costeo absorbente para Surf Gear[a]

La ilustración 11-5 separa los costos de manufactura y de marketing en sus componentes de costos fijos y variables, en tanto que presenta los datos en el formato de un estado de resultados basado en el margen de contribución. Los ingresos y los costos relevantes son los ingresos y costos esperados a futuro, que difieren como resultado de aceptar la oferta especial: ingresos de $55,000 ($11 por unidad × 5,000 unidades) y costos variables de manufactura de $37,500 ($7.50 por unidad × 5,000 unidades). Los costos fijos de manufactura y todos los costos de marketing (*incluyendo los costos variables*) son irrelevantes en este caso porque dichos costos no cambiarán en total indistintamente de que la orden especial se acepte o se rechace. Surf Gear ganaría $17,500 adicionales (ingresos relevantes, $55,000 – costos relevantes, $37,500) de utilidad en operación al aceptar la orden especial. En este ejemplo, la comparación de los montos totales de 30,000 unidades *versus* 35,000 unidades o el hecho de concentrarse únicamente en los montos relevantes en la columna de diferencias en la ilustración 11-5 evita una implicación engañosa: la que resultaría del hecho de comparar el precio de venta de $11 por unidad contra el costo de manufactura por unidad de $12 (ilustración 11-4), lo cual incluye los costos de manufactura tanto fijos como variables.

El supuesto de la ausencia de implicaciones a largo plazo o de implicaciones estratégicas es fundamental para el análisis de la gerencia sobre la decisión de la orden especial. Suponga que Surf Gear concluye que las tiendas departamentales al menudeo (sus clientes regulares) exigirán un menor precio si vende las toallas a $11 por pieza a Azelia. En este caso, los ingresos provenientes de los clientes regulares serán relevantes. ¿Por qué? Porque los ingresos futuros provenientes de los clientes regulares diferirán dependiendo de si se acepta o se rechaza la orden especial. El análisis de los ingresos relevantes y de los costos relevantes de la orden de Azelia tendría que modificarse para considerar tanto los beneficios a corto plazo provenientes de la aceptación de la orden, como las consecuencias a largo plazo sobre la rentabilidad si los precios se redujeran para todos los clientes regulares.

Ilustración 11-5

Decisión de la orden especial para Surf Gear: Estados de resultados comparativos basados en el margen de contribución

	A	B	C	D	E	F	G	H
1		**Sin la orden especial se venderían**				**Con la orden especial se venderían**		**Diferencia: Montos relevantes para la orden**
2		**30,000**				**35,000**		**especial de**
3		unidades				unidades		**5,000**
4		Por unidad		Total		Total		unidades
5		(1)		(2) = (1) × 30,000		(3)		(4) = (3) – (2)
6	Ingresos	$20.00		$600,000		$655,000		$55,000[a]
7	Costos variables:							
8	Manufactura	7.50		225,000		262,500		37,500[b]
9	Marketing	5.00		150,000		150,000		0[c]
10	Costos variables totales	12.50		375,000		412,500		37,500
11	Margen de contribución	7.50		225,000		242,500		17,500
12	Costos fijos:							
13	Manufactura	4.50		135,000		135,000		0[d]
14	Marketing	2.00		60,000		60,000		0[d]
15	Total de costos fijos	6.50		195,000		195,000		0
16	Utilidad en operación	$ 1.00		$ 30,000		$ 47,500		$17,500
17								
18	[a]5,000 unidades × $11.00 por unidad = $55,000.							
19	[b]5,000 unidades × $7.50 por unidad = $37,500.							
20	[c]No se incurriría en costos variables de marketing para la orden especial de 5,000 unidades que se surtiría una sola vez.							
21	[d]Los costos fijos de manufactura y los costos fijos de marketing no se verían afectados por la orden especial.							

Problemas relevantes en el análisis de costos relevantes

En el análisis de costos relevantes, los gerentes deberían evitar dos problemas potenciales. Primero, tienen que vigilar los supuestos generales incorrectos, como que todos los costos variables son relevantes y que todos los costos fijos son irrelevantes. En el ejemplo de Surf Gear, los costos variables de marketing de $5 por unidad son irrelevantes porque Surf Gear no incurrirá en costos incrementales de marketing por aceptar la orden especial. No obstante, los costos fijos de manufactura podrían ser relevantes. La producción extra de 5,000 toallas por mes no afecta los costos fijos de manufactura porque hemos supuesto que la escala de costos relevante va de 30,000 a 48,000 toallas mensuales. Sin embargo, en algunos casos, la producción de las 5,000 toallas adicionales aumentaría los costos fijos de manufactura. Suponga que Surf Gear necesitara operar tres turnos de 16,000 toallas cada uno para lograr la capacidad total de 48,000 toallas mensuales. Incrementar la producción mensual de 30,000 a 35,000 requeriría un tercer turno parcial porque dos turnos producirían tan solo 32,000 toallas. El turno extra aumentaría los costos fijos de manufactura, haciendo con ello que estos costos fijos de manufactura adicionales fueran relevantes para esta decisión.

Segundo, los datos de costos unitarios pueden confundir a quienes toman decisiones en dos maneras:

1. **Cuando se incluyen costos irrelevantes.** Considere los $4.50 de costos fijos de manufactura por unidad (mano de obra directa, $1.50 por unidad, más costos indirectos de manufactura, $3.00 por unidad) incluidos en el costo de manufactura de $12 por unidad en la decisión de la orden especial (véase las ilustraciones 11-4 y 11-5). Este costo de $4.50 por unidad es irrelevante, dados los supuestos de nuestro ejemplo y, por lo tanto, debería excluirse.

2. **Cuando se usan los mismos costos unitarios a diferentes niveles de producción.** Por lo común, los gerentes usan los costos totales en vez de los costos unitarios porque es más fácil trabajar con los costos totales y reducir la probabilidad de llegar a conclusiones erróneas. Entonces, si se desea, los costos totales se pueden unificar. En el ejemplo de Surf Gear, los costos totales fijos de manufactura permanecen a $135,000, aun cuando Surf Gear acepte la orden especial y produzca 35,000 toallas. La inclusión del costo fijo de manufactura por unidad de $4.50 como un costo de la orden especial conduciría a la conclusión errónea de que los costos totales fijos de manufactura aumentarían a $157,500 ($4.50 por toalla × 35,000 toallas).

La mejor forma para que los gerentes eviten ambos problemas es centrando la atención en **1.** los ingresos totales y los costos totales (en vez de los ingresos unitarios y costos unitarios) y **2.** el concepto de relevancia. Los gerentes siempre deberían requerir que todas las partidas que se incluyan en un análisis sean ingresos futuros totales esperados y costos totales futuros esperados que difieran entre las alternativas.

Decisiones de abastecimiento interno *versus* abastecimiento externo (subcontratación) y decisiones de fabricar *versus* comprar

Ahora aplicamos el concepto de relevancia a otra decisión estratégica: si una compañía tiene que elaborar una parte componente o si tiene que comprarla a un proveedor. Nuevamente suponemos una capacidad inactiva.

Subcontrataciones e instalaciones inactivas

La **subcontratación** (*outsourcing*) es la compra de bienes y servicios a proveedores externos, en vez de producir los mismos bienes o suministrar los mismos servicios dentro de la organización, lo cual se denomina **abastecimiento interno**. Por ejemplo, Kodak prefiere fabricar sus propias películas (abastecimiento interno), pero hace que IBM realice su procesamiento de datos (subcontratación). Honda recurre a proveedores externos para suministrar algunas partes componentes, pero opta por elaborar otras piezas en forma interna.

Las decisiones acerca de si un productor de bienes y servicios procederá a las subcontrataciones o al abastecimiento interno también se denominan decisiones de **fabricar** o **comprar**. Las encuestas de las compañías indican que los gerentes consideran la calidad, la confianza en los proveedores y los costos, como los factores más importantes en las decisiones de fabricar o comprar. Sin embargo, algunas veces los factores cualitativos dominan las decisiones de fabricar o comprar de la gerencia. Por ejemplo, Dell Computer compra a Intel el procesador Pentium para sus computadoras personales porque Dell no tiene ni el conocimiento ni la tecnología para fabricar el chip por sí misma. En contraste, para mantener el secreto de su fórmula, Coca-Cola no subcontrata la elaboración de su famoso concentrado.

◄ Punto de decisión

¿Cuándo una partida de ingresos o de costos es relevante para una decisión específica, y qué problemas potenciales se deberían evitar en el análisis de costos relevantes?

Objetivo de aprendizaje 3

Explicar las características del análisis costo-volumen-utilidad

. . . en todas las decisiones, es importante considerar la contribución al ingreso que se abandona por la elección de una alternativa en particular y el rechazo de otras.

Ejemplo 2: La compañía Soho fabrica un sistema de video dos en uno que consiste en un reproductor de DVD y en un receptor de medios digitales (que descarga películas y videos de sitios de Internet como NetFlix). Las columnas 1 y 2 del siguiente cuadro muestran los costos esperados totales y los costos esperados por unidad, para la manufactura del reproductor de DVD del sistema de video. Soho planea fabricar las 250,000 unidades en 2,000 lotes de 125 unidades cada uno. Los costos variables a nivel de lote de $625 por lote varían con el número de lotes, y no con el número total de unidades producidas.

	Costos totales esperados de producir 250,000 unidades en 2,000 lotes el año siguiente (1)	Costo esperado por unidad (2) = (1) ÷ 250,000
Materiales directos ($36 por unidad × 250,000 unidades)	$ 9,000,000	$36.00
Mano de obra directa ($10 por unidad × 250,000 unidades)	2,500,000	10.00
Costos indirectos variables de manufactura de energía y servicios generales ($6 por unidad × 250,000 unidades)	1,500,000	6.00
Costos indirectos mixtos (variables y fijos) de manufactura a nivel de lote para manejo de materiales y configuración de las máquinas [$750,000 + ($625 por lote × 2,000 lotes)]	2,000,000	8.00
Costos indirectos fijos de manufactura para arrendamiento de la planta, seguros y administración	3,000,000	12.00
Costo total de manufactura	$18,000,000	$72.00

Broadfield, Inc., un fabricante de reproductores de DVD, ofrece vender a Soho 250,000 reproductores de DVD el año siguiente a $64 por unidad de acuerdo con el calendario de entregas preferido de Soho. Suponga que los factores financieros serán la base de esta decisión de fabricar o comprar. ¿Debería Soho fabricar o comprar el reproductor de DVD?

Las columnas 1 y 2 del cuadro anterior indican los costos totales esperados y los costos esperados por unidad de producir 250,000 reproductores de DVD el año siguiente. El costo esperado de manufactura por unidad para el año siguiente es de $72. A primera vista, parece que la compañía debería comprar los reproductores de DVD porque el costo esperado por unidad de $72 resultante por la fabricación del reproductor es superior a los $64 por unidad que implica su compra. No obstante, una decisión de fabricar o comprar rara vez es obvia. Para tomar una decisión, la gerencia necesita responder a la pregunta "¿cuál es la diferencia en los costos relevantes entre las alternativas?"

Por el momento, suponga *a*) que la capacidad que se usa ahora para elaborar los reproductores de DVD estará inactiva el año siguiente, si se compran los reproductores de DVD, y *b*) los $3,000,000 de costos indirectos fijos de manufactura se seguirán causando el año siguiente indistintamente de la decisión que se tome. Suponga que los $750,000 de salarios fijos para dar apoyo al manejo de los materiales y la configuración de las máquinas no se causarán, si la manufactura de los reproductores de DVD se cierra por completo.

La ilustración 11-6 presenta los cálculos de los costos relevantes. Observe que Soho *ahorrará* $1,000,000 al fabricar los reproductores de DVD, en vez de comprarlos a Broadfield. La fabricación de los reproductores de DVD es la alternativa preferida.

Advierta la manera en que se aplican aquí los conceptos clave de la relevancia que se presentaron la ilustración 11-3:

■ La ilustración 11-6 compara las diferencias en los ingresos totales esperados a futuro y en los costos totales esperados a futuro. Los costos históricos siempre son irrelevantes cuando se toman decisiones.

■ La ilustración 11-6 muestra $2,000,000 de costos futuros por manejo de materiales y configuración de máquinas con la alternativa de fabricación, pero no con la alternativa de compra. ¿Por qué? Porque la compra de reproductores de DVD y el no fabricarlos ahorrará $2,000,000 en costos variables futuros por lote y en costos fijos evitables. Los $2,000,000 representan costos futuros que difieren entre las alternativas y, por consiguiente, son relevantes para la decisión de fabricar o de comprar.

■ La ilustración 11-6 excluye los $3,000,000 de arrendamiento de la planta, los costos de los seguros y los costos de administración con ambas alternativas. ¿Por qué? Porque estos costos futuros no diferirán entre las alternativas y, por lo tanto, son irrelevantes.

Partidas relevantes (incrementales) para la decisión de fabricar o comprar reproductores de DVD en Soho Company.

Partidas relevantes	Costos relevantes totales		Costo relevante por unidad	
	Fabricar	Comprar	Fabricar	Comprar
Compra externa de las piezas ($64 × 250,000 unidades)		$16,000,000		$64
Materiales directos	$ 9,000,000		$36	
Mano de obra directa	2,500,000		10	
Costos indirectos variables de manufactura	1,500,000		6	
Costos indirectos mixtos (variables y fijos) por el manejo de materiales y la configuración de las máquinas	2,000,000		8	
Total de costos relevantes[a]	$15,000,000	$16,000,000	$58	$64
Diferencia a favor resultante de fabricar los reproductores de DVD	$1,000,000		$4	

[a] Los $3,000,000 de arrendamiento de la planta, seguros de la planta y costos de administración de la planta se podrían incluir con ambas alternativas. Conceptualmente, no pertenecen a un listado de costos relevantes, ya que estos costos son irrelevantes para la decisión. Prácticamente, algunos gerentes pueden estar interesados en incluirlos con la finalidad de listar todos los costos en que se incurrirá con cada alternativa.

Un término común en la toma de decisiones es el de *costo incremental o adicional*. Un **costo incremental** es el costo total adicional en que se incurre en una actividad. En la ilustración 11-6, el costo incremental por la fabricación de reproductores de DVD es el costo total incremental de $15,000,000 en el que incurrirá Soho, si decide fabricar los reproductores de DVD. Los $3,000,000 de costos indirectos fijos de manufactura no son un costo incremental porque Soho incurrirá en dichos costos indistintamente de que fabriquen o no los reproductores de DVD. De manera similar, el costo incremental por comprar reproductores de DVD a Broadfield es el costo total incremental de $16,000,000 en que incurrirá Soho si toma la decisión de comprar reproductores de DVD. Un **costo diferencial** es la diferencia en el costo total entre las dos alternativas. En la ilustración 11-6, el costo diferencial entre las alternativas de fabricar los reproductores de DVD y comprarlos es de $1,000,000 ($16,000,000 −$15,000,000). Observe que en la práctica el *costo incremental* y el *costo diferencial* se usan algunas veces de manera indistinta. Cuando se enfrente a estos términos, asegúrese siempre de tener en claro lo que significan.

Definimos las expresiones *ingreso incremental* e *ingreso diferencial* de manera similar al costo incremental y al costo diferencial. El **ingreso incremental** es el ingreso total adicional proveniente de una actividad. El **ingreso diferencial** es la diferencia en el ingreso total entre dos alternativas.

Factores estratégicos y cualitativos

Los factores estratégicos y cualitativos afectan las decisiones de subcontratación. Por ejemplo, quizá Soho prefiera fabricar los reproductores de DVD internamente para mantener el control sobre el diseño, la calidad, la confiabilidad y los programas de entrega de los reproductores de DVD que usa en sus sistemas de video. De manera opuesta, a pesar de las ventajas de costos que se han documentado en la ilustración 11-6, tal vez Soho prefiera subcontratar, y convertirse en una organización más delgada y enfocarse en las áreas de sus competencias fundamentales: la manufactura y la venta de sistemas de video. Como un ejemplo de competencias, las compañías de publicidad, como J. Walter Thompson, tan solo realizan internamente los aspectos creativos y de planeación de la publicidad (sus habilidades fundamentales), y subcontratan las actividades de producción, como filmación, fotografía e ilustración.

Las subcontrataciones no están exentas de riesgo. A medida que aumenta la dependencia de una organización de sus proveedores, dichos proveedores podrían aumentar los precios y hacer que se esfume el buen desempeño en la calidad y las entregas. Para minimizar tales riesgos, las compañías realizan por lo general contratos a largo plazo que especifican los costos, la calidad y los programas de entrega con sus proveedores. Los gerentes inteligentes forman asociaciones o alianzas estrechas con algunos proveedores estratégicos. Toyota ha ido tan lejos que ahora envía a sus propios ingenieros para que mejoren los procesos de los proveedores. Los proveedores de compañías como Ford, Hyundai, Panasonic y Sony han investigado y desarrollado productos innovadores, han dejado satisfechas las demandas de cantidades adicionales, han mantenido la calidad y las entregas puntuales, y han reducido los costos —acciones que las compañías por sí mismas no habrían tenido la habilidad de lograr.

Conceptos en acción | Pringles Prints y la subcontratación de la innovación

De acuerdo con una encuesta reciente, el 67% de las compañías estadounidenses están participando en el rápidamente evolutivo proceso de "la subcontratación en el extranjero", que es el suministro externo de los procesos y las actividades de la empresa desde otros países. La subcontratación en el extranjero fue inicialmente popular entre las compañías porque ofrecía ahorros inmediatos en los costos de la mano de obra en actividades tales como desarrollo de software, centros de atención (*call centers*) y apoyo técnico.

Aunque la práctica sigue siendo popular en la actualidad, la subcontratación en el extranjero ha evolucionado desde la reducción de costos en los procesos de apoyo en las oficinas, hasta el acceso al talento global para la innovación. Con mercados globales en expansión y con la escasez de talentos locales, las organizaciones ahora contratan a ingenieros, científicos, inventores y analistas calificados de todo el mundo para el suministro de servicios de investigación y desarrollo (ID), desarrollo de nuevos productos (DNP), ingeniería y servicios del conocimiento.

Servicios de innovación en ultramar

Investigación y desarrollo	Desarrollo de nuevos productos	Ingeniería	Servicios del conocimiento
■ Programación	■ Diseño de prototipos	■ Experimentación	■ Análisis de mercado
■ Desarrollo de códigos	■ Desarrollo de productos	■ Reingeniería	■ Análisis de crédito
■ Nuevas tecnologías		■ Proyectos/modelado	■ Explotación de datos
■ Investigación de materiales y procesos nuevos	■ Diseño de sistemas	■ Desarrollo de sistemas incorporados	■ Elaboración de pronósticos
	■ Servicios de apoyo		■ Administración del riesgo

Al utilizar la subcontratación de la innovación en el extranjero, las compañías no solamente continúan reduciendo los costos de la mano de obra, sino que también reducen los costos de las oficinas de apoyo. Las empresas, asimismo, obtienen un conocimiento de los mercados globales y un acceso a las mejores prácticas globales en muchas áreas de importancia.

Algunas organizaciones están apalancando los recursos de la subcontratación en el extranjero, mediante la creación de redes globales para la innovación. Procter & Gamble, por ejemplo, estableció la división de "Conexión y Desarrollo", la cual consiste en un esfuerzo multinacional para crear y apalancar ideas innovadoras en el desarrollo de productos. Cuando la compañía estuvo interesada en crear una nueva línea de hojuelas de papas fritas de la marca Pringles con imágenes y palabras —preguntas de trivia, hechos de animales y bromas— impresas en cada hojuela, la compañía recurrió a la innovación en ultramar.

En vez de tratar de inventar en forma interna la tecnología necesaria para imprimir imágenes en las hojuelas de las patatas, Procter & Gamble creó un reporte de tecnología que definía los problemas que necesitaba resolver, y lo hizo circular a través de toda la red de innovación global de la compañía para encontrar posibles soluciones. Como resultado, P&G descubrió una pequeña panadería en Bolonia, Italia, operada por un profesor universitario que también fabricaba equipos para hornear. Él había inventado un método de inyección de tinta para imprimir imágenes comestibles en pastelillos y galletas, el cual la compañía adaptó rápidamente a las hojuelas de patatas.

Como resultado, Pringles Prints se desarrolló en menos de un año —en comparación con un proceso más tradicional de dos años— y condujo de inmediato a un crecimiento de dos dígitos del producto.

Fuentes: Cuoto, Vinay, Mahadeva Mani, Vikas Sehgal, Arie Lewin, Stephan Manning y Jeff Russell, 2007. *Offshoring 2.0: Contracting Knowledge and Innovation to expand global capabilities.* Duke University Offshoring Research Network: Durham, NC. Heijmen, Tom, Arie Lewin, Stephan Manning, Nidthida Prem-Ajchariyawong y Jeff Russell. 2008. *Offshoring reaches the c-suite.* Duke University Offshoring Research Newtwork: Durham, NC, Huston, Larry y Nabil Sakkab. 2006. Connect and develop: Indside Procter & Gamble's new model for innovation. *Harvard Business Review,* marzo.

Las decisiones de subcontratación tienen invariablemente un horizonte a largo plazo, donde los costos y los beneficios financieros de la subcontratación se vuelven más inciertos. Casi siempre, los factores estratégicos y cualitativos como aquellos que se han descrito aquí se vuelven los determinantes de importancia en las decisiones de subcontratación. La ponderación de todos estos factores requiere de la aplicación de un nivel considerable de buen juicio y mesura por parte de la gerencia.

Subcontratación a nivel internacional

¿Qué factores adicionales tendría que considerar Soho si el proveedor de los reproductores de DVD estuviera basado en México? El factor más importante sería el riesgo del tipo de cambio. Suponga que el proveedor mexicano ofrece vender a Soho 250,000 reproductores de DVD en 192,000,000 de pesos. ¿Debería Soho optar por la fabricación o por la compra?

La respuesta depende del tipo de cambio que Soho espere para el año siguiente.

Si Soho pronostica un tipo de cambio de 12 pesos por $1 dólar, el costo esperado de compra de Soho sería igual a $16,000,000 (192,000,000 pesos/12 pesos por $1 dólar) que es mayor que los $15,000,000 de costos relevantes por fabricar los reproductores de DVD en la ilustración 11-6 y, por lo tanto, Soho preferiría fabricar los reproductores de DVD en vez de comprarlos. Sin embargo, si Soho anticipa un tipo de cambio de 13.50 pesos por $1 dólar, el costo de compra esperado de Soho sería igual a $14,222,222 (192,000,000 de pesos/13.50 pesos por $1 dólar), lo cual es inferior a los costos relevantes de $15,000,000 por la fabricación de los reproductores de DVD, de manera que Soho preferirían comprar los reproductores en vez de fabricarlos.

Otra opción es que Soho celebre un contrato a plazo por una compra de 192,000,000 de pesos, el cual permitiría a Soho celebrar un acuerdo el día de hoy para comprar en pesos al año siguiente a un costo fijo y predeterminado, protegiéndose así contra el riesgo cambiario. Si Soho decide seguir este camino, optaría por fabricar (comprar) los reproductores de DVD cuando el costo del contrato sea mayor (inferior) de $15,000,000. La subcontratación a nivel internacional requiere que las compañías evalúen los riesgos cambiarios y que implementen estrategias y costos para su administración. La sección Conceptos en acción (p. 400) describe la *subcontratación en el extranjero*, es decir, la práctica de subcontratar los servicios en países que ofrezcan menores costos.

Costos de oportunidad y subcontratación

En la decisión simple de fabricar o comprar de la ilustración 11-6, supusimos que la capacidad que se usa actualmente para fabricar los reproductores de DVD permanecerá inactiva si Soho compra las partes a Broadfield. Sin embargo, con frecuencia, la capacidad liberada se suele emplear para otros fines rentables. En este caso, la elección a la que se enfrentan los gerentes de Soho no es si se debe fabricar o comprar; la elección se centra ahora en cómo usar mejor la capacidad de producción disponible.

Ejemplo 3: Suponga que si Soho decide comprar los reproductores de DVD para sus sistemas de video a Broadfield, entonces el mejor uso de la capacidad de Soho que se vuelve disponible consiste en producir 100,000 Digitek, un reproductor de DVD portátil e individual. Desde el punto de vista de la manufactura, los Digitek son similares a los reproductores de DVD fabricados para el sistema de video. Con la ayuda de los gerentes operativos, el contador administrativo de Soho estima los siguientes ingresos y costos futuros, si Soho toma la decisión de fabricar y vender los Digitek:

Ingresos incrementales futuros		$8,000,000
Costos incrementales futuros		
Materiales directos	$3,400,000	
Mano de obra directa	1,000,000	
Costos indirectos variables (como energía, servicios generales)	600,000	
Costos indirectos del manejo de materiales y configuración de las máquinas	500,000	
Total de costos incrementales futuros		5,500,000
Utilidad en operación incremental futura		$2,500,000

Debido a las restricciones en capacidad, Soho puede fabricar reproductores de DVD para su unidad de sistema de video o Digitek, pero no puede hacer ambos. ¿Cuál de las dos siguientes alternativas debería elegir Soho?

1. Fabricar reproductores de DVD para el sistema de video y no fabricar los Digitek.
2. Comprar reproductores de DVD para el sistema de video y fabricar los Digitek.

La ilustración 11-7, panel A, resume el enfoque de "alternativas totales" —los costos y los ingresos futuros para *todos* los productos. La alternativa 2, la compra de los reproductores de DVD para el sistema de video y el uso de la capacidad disponible para fabricar y vender los Digitek, es la alternativa preferida. Los costos incrementales futuros de la compra de los reproductores de DVD para el sistema de video a un proveedor externo ($16,000,000) exceden los costos incrementales futuros por fabricar internamente dichos reproductores ($15,000,000). Soho puede usar la capacidad liberada gracias a la compra de los reproductores de DVD para el sistema de video, con la finalidad de obtener $2,500,000 en utilidad en operación (ingresos incrementales futuros de $8,000,000 menos costos incrementales futuros de $5,500,000) mediante la fabricación y la venta de los Digitek. Los costos *relevantes netos* de la compra de los reproductores de DVD de sistemas de video y de la fabricación y venta de los Digitek son de $16,000,000 − $2,500,000 = $13,500,000.

Ilustración 11-7 Enfoque de alternativas totales y enfoque de costos de oportunidad para las
decisiones de fabricar o comprar en la compañía Soho

	Alternativas para Soho	
Partidas relevantes	**1. Fabricar los reproductores de DVD para los sistemas de video y no fabricar los Digitek**	**2. Comprar los reproductores de DVD para los sistemas de video y fabricar los Digitek**
PANEL A: Enfoque de alternativas totales para las decisiones de fabricar o comprar		
Costos incrementales futuros totales de la fabricación/compra de los reproductores de DVD para sistemas de video (ilustración 11-6)	$15,000,000	$16,000,000
Menos el exceso de ingresos futuros sobre los costos futuros provenientes de Digitek	0	(2,500,000)
Costos relevantes totales con el enfoque de alternativas totales	$15,000,000	$13,500,000

	1. Fabricar los reproductores de DVD para los sistemas de video	**Comprar los reproductores de DVD para los sistemas de video**
PANEL A: Enfoque de costos de oportunidad para las decisiones de fabricar o comprar		
Costos incrementales futuros totales de fabricar/comprar los reproductores de DVD para los sistemas de video (de la ilustración 11-6)	$15,000,000	$16,000,000
Costo de oportunidad: margen de contribución no realizado debido al hecho de que la capacidad no se usará para fabricar los Digitek, la siguiente mejor alternativa	2,500,000	0
Costos relevantes totales con el enfoque de costos de oportunidad	$17,500,000	$16,000,000

Nota: Observe que las diferencias en los costos a través de las columnas de los paneles A y B son las mismas. El costo de la alternativa 3 es $1,500,000 inferior al costo de la alternativa 1, y $2,500,000 inferior al costo de la alternativa 2.

El enfoque del costo de oportunidad

La decisión de utilizar un recurso de una forma en particular ocasiona que un gerente abandone la oportunidad de usar el recurso en otras maneras alternativas. La oportunidad perdida es un costo que el gerente tiene que considerar cuando toma una decisión. El **costo de oportunidad** es la contribución a la utilidad en operación que se abandona al no usar un recurso limitado para su siguiente mejor uso alternativo. El costo (relevante) de asistir a la universidad para obtener el grado de MBA, por ejemplo, no es únicamente el de la colegiatura, los libros, el alojamiento y los alimentos, sino también el ingreso que se sacrifica (costo de oportunidad) por el hecho de no trabajar. Se supone que los beneficios futuros estimados por obtener un MBA (como una carrera con una mejor remuneración) excederán tales costos.

La ilustración 11-7, panel B, muestra el enfoque del costo de oportunidad para analizar las alternativas a las que Soho se enfrenta. *Observe que las alternativas se definen de una manera distinta en el enfoque de las alternativas totales (1. fabricar los reproductores de DVD para los sistemas de video y no fabricar los Digitek y 2. comprar los reproductores de DVD para los sistemas de video y fabricar los Digitek) y en el enfoque del costo de oportunidad (1. fabricar los reproductores de DVD para los sistemas de video 2. comprar los reproductores de DVD para los sistemas de video), el cual no hace referencia a los Digitek. Con el enfoque del costo de oportunidad, el costo de cada alternativa incluye: 1. los costos incrementales y 2. el costo de oportunidad, la utilidad que se pierde al no fabricar los Digitek. Este costo de oportunidad surge porque Digitek se excluye de una consideración formal en las alternativas.*

Considere la alternativa 1, fabricar los reproductores de DVD para los sistemas de video, ¿cuáles son todos los costos de fabricar los reproductores de DVD para los sistemas de video? Ciertamente, Soho incurrirá en $15,000,000 de costos *incrementales* al fabricar los reproductores de DVD para el sistema de video, pero ¿este es el costo total? No, porque al decidir usar los recursos limitados de manufactura para fabricar los reproductores de DVD para los sistemas de video, Soho descartará la oportunidad de ganar $2,500,000 por no usar esos recursos para fabricar los Digitek. Por lo tanto, los costos relevantes por fabricar los reproductores de DVD para los sistemas de video son los costos incrementales de los $15,000,000 más el costo de oportunidad de $2,500,000.

A continuación, considere la alternativa 2, comprar los reproductores de DVD para los sistemas de video. El costo incremental por comprar los reproductores de DVD para los sistemas de video será de $16,000,000. El costo de oportunidad es de cero. ¿Por qué? Porque al elegir esta alternativa, Soho no perderá la utilidad que obtendría al fabricar y vender los Digitek.

El panel B conduce a la gerencia a la misma conclusión que el panel A: la compra de los reproductores de DVD para los sistemas de video y la fabricación de los Digitek es la alternativa preferida.

Los paneles A y B de la ilustración 11-7 describen dos enfoques consistentes para la toma de decisiones con restricciones de capacidad. El enfoque de alternativas totales del panel A incluye todos los costos e ingresos incrementales futuros. Por ejemplo, con la alternativa 2, la utilidad en operación incremental futura por *utilizar la capacidad para fabricar y vender los Digitek* ($2,500,000) se resta del costo incremental futuro de comprar los reproductores de DVD para los sistemas de video ($16,000,000). El análisis del costo de oportunidad del panel B considera el enfoque opuesto. Se centra únicamente en los reproductores de DVD para los sistemas de video. *Siempre que la capacidad no vaya a emplearse para fabricar y vender los Digitek,* la utilidad en operación futura no realizada se agrega como un costo de oportunidad por fabricar los reproductores de DVD para los sistemas de video, como en la alternativa 1. (Observe que cuando se fabrican los Digitek, como en la alternativa 2, no hay un "costo de oportunidad por no fabricar los Digitek.") Por lo tanto, mientras que el panel A *resta* los $2,500,000 con la alternativa 2, el panel B *suma* $2,500,000 con la alternativa 1. *El panel B destaca la idea de que cuando la capacidad está restringida, los ingresos y los costos re-levantes de cualquier alternativa son iguales a 1. los ingresos y los costos incrementales futuros más 2. el costo de oportunidad.* Sin embargo, cuando se están considerando más de dos alternativas en forma simultánea, por lo general es más fácil usar el enfoque de alternativas totales.

Los costos de oportunidad no se registran en los sistemas contables financieros. ¿Por qué? Porque el mantenimiento de registros históricos está limitado a las transacciones que implican alternativas que *realmente se seleccionaron*, en vez de las alternativas que se rechazaron. Las alternativas que se rechazaron no producen transacciones y por ello no se registran. Si Soho fábrica los reproductores de DVD para los sistemas de video, no fabricará los Digitek ni registrará ningún asiento contable para dichos Digitek. Sin embargo, el costo de oportunidad de fabricar los reproductores de DVD para los sistemas de video, que es igual a la utilidad en operación que pierde Soho al no fabricar los Digitek, es un insumo fundamental para la decisión de fabricar o comprar. Considere de nuevo la ilustración 11-7, panel B. Tomando como base únicamente los costos incrementales que se registran de manera sistemática en los sistemas contables, es menos costoso que Soho fabrique los reproductores de DVD para los sistemas de video en lugar de que los compre. El reconocimiento del costo de oportunidad de $2,500,000 conduce a una conclusión diferente: Es preferible la compra de los reproductores de DVD de los sistemas de video.

Suponga que Soho tiene suficiente capacidad para fabricar los Digitek, aun si fabrica los reproductores de DVD para los sistemas de video. En este caso, el costo de oportunidad por fabricar los reproductores de DVD para los sistemas de video es de $0 porque Soho no abandona la utilidad en operación de $2,500,000 proveniente de la fabricación de los Digitek, aun si opta por fabricar los reproductores de DVD para los sistemas de video. Los costos relevantes son de $15,000,000 (costos incrementales de $15,000,000 más costo de oportunidad de $0). Con estas condiciones, Soho preferiría fabricar los reproductores de DVD para los sistemas de video, en vez de comprarlos, y también fabricaría Digitek.

Además de las consideraciones cuantitativas, la decisión de fabricar o comprar también debería considerar diversos factores estratégicos y cualitativos. Si Soho decide comprar los reproductores de DVD para los sistemas de video a un proveedor externo, tendría que considerar factores como la reputación del proveedor en cuanto a calidad y entregas oportunas. Soho estaría también interesada en las consecuencias estratégicas por la venta de los Digitek. Por ejemplo, ¿ocasionara la venta de los Digitek que Soho descuidara la atención a su negocio de sistemas de video?

Costos de mantenimiento del inventario

Para tener otro ejemplo de un costo de oportunidad, considere los siguientes datos para Soho:

Necesidades anuales estimadas de reproductores de DVD para los sistemas de video durante el año siguiente	250,000 unidades
Costo por unidad cuando cada compra es igual a 2,500 unidades	$64.00
Costo por unidad cuando cada compra es igual o mayor a 125,000 unidades; $64 menos descuento del 1%	$63.36
Costo de una orden de compra	$500

Alternativas en consideración:

A. Realizar 100 compras de 2,500 unidades cada una durante el año siguiente.
B. Hacer dos compras de 125,000 unidades durante el año.

Inversión promedio en inventarios:

A. (2,500 unidades × $64.00 por unidad) ÷ 2ª $80,000
B. (125,000 unidades × $63.36 por unidad) ÷ 2ª $3,960,000

La tasa anual de rendimiento si se invierte efectivo en cualquier otra parte
(por ejemplo, bonos o acciones) al mismo nivel de riesgo que la inversión en inventarios 9%

ª Este ejemplo supone que las compras de los reproductores de DVD para los sistemas de video se usarán uniformemente en todo el año. La inversión promedio en inventarios durante el año es el costo del inventario cuando se recibe una compra, más el costo del inventario justo antes de que se entregue la siguiente compra (en nuestro ejemplo, cero) dividido entre 2.

Soho pagará en efectivo los reproductores de DVD que compre. ¿Qué alternativa de compra es más económica para Soho?

El siguiente cuadro presenta el análisis usando el enfoque de alternativas totales que reconoce que Soho tiene, en promedio, $3,960,000 de efectivo disponible para inversiones. Si Soho invierte únicamente $80,000 en el inventario como en la alternativa A, tendrá $3,880,000 ($3,960,000 − $80,000) de efectivo disponible para invertir en cualquier otra parte, lo cual, a una tasa de rendimiento de 9% producirá un rendimiento total de $349,200. Este ingreso se resta de los costos por ordenamiento y compras en que se haya incurrido con la alternativa A. Si Soho invierte la totalidad de los $3,960,000 en inventarios como en la alternativa B, tendrá $0 ($3,960,000 − $3,960,000) disponibles para invertir en cualquier otra parte y no obtendrá ningún rendimiento sobre el efectivo.

	Alternativa A: Realizar 100 compras de 2,500 unidades cada una durante el año e invertir cualquier exceso de efectivo (1)	Alternativa B: Realizar dos compras de 125,000 unidades cada una durante el año e invertir cualquier exceso de efectivo (2)	Diferencia (3) = (1) − (2)
Costos anuales de las órdenes de compra (100 órd. de compra × $500/ord. de compra; 2 órd. de compra × $500/ord. de compra)	$ 50,000	$ 1,000	$ 49,000
Costos anuales de compra (250,000 unidades × $64.00/unidad; 250,000 unidades × $63.36/unidad)	16,000,000	15,840,000	160,000
Menos la tasa anual de rendimiento que se gana al invertir efectivo utilizado en el inventario en cualquier otra actividad al mismo nivel de riesgo [0.09 × ($3,960,000 − $80,000); 0.09 × ($3,960,000 − $3,960,000)	(349,200)	0	(349,200)
Costos relevantes	$15,700,800	$15,841,000	$(140,200)

De una manera consistente con las tendencias hacia el mantenimiento de inventarios más pequeños, el hecho de comprar menores cantidades de 2,500 unidades 100 veces al año es preferible a comprar 125,000 unidades dos veces al año en $140,200.

El siguiente cuadro presenta las dos alternativas usando el enfoque de costo de oportunidad. Cada alternativa se define únicamente en términos de las dos elecciones de compra sin una referencia explícita al hecho de invertir el exceso de efectivo.

	Alternativa A: Realizar 100 compras de 2,500 unidades cada una durante el año (1)	Alternativa B: Realizar dos compras de 125,000 unidades cada una durante el año (2)	Diferencia (3) = (1) − (2)
Costos anuales de las órdenes de compra (100 órd. de compra × $500/ord. de compra; 2 órd. de compra × $500/ord. de compra)	$ 50,000	$ 1,000	$ 49,000
Costos anuales de compra (250,000 unidades × $64.00/unidad; 250,000 unidades × $63.36/unidad)	16,000,000	15,840,000	160,000
Costos de oportunidad: Tasa anual de rendimiento que podría ganarse si la inversión en inventarios se invirtiera en cualquier otra actividad al mismo nivel de riesgo (0.09 × $80,000; 0.09 × $3,960,000)	7,200	356,400	(349,200)
Costos relevantes	$16,057,200	$16,197,400	$(140,200)

Recuerde que con el enfoque del costo de oportunidad, el costo relevante de cualquier alternativa es: **1.** el costo incremental de la alternativa más **2.** el costo de oportunidad de la utilidad no realizada como resultado de la elección de tal alternativa. El costo de oportunidad que resulta del hecho de mantener un inventario es el ingreso que se pierde al invertir dinero en los inventarios y al no invertirlo en ninguna otra parte de la empresa. El costo de oportunidad no se registraría en el sistema contable porque, una vez que el dinero se invierte en el inventario, no queda dinero disponible para invertirlo en alguna otra parte y, por lo tanto, tampoco hay ningún rendimiento relacionado con esta inversión que deba registrarse. Con base en los costos registrados en el sistema contable (costos de la orden de compra y costos de las compras), Soho concluiría de manera errónea que la realización de dos compras de 125,000 unidades cada una es una alternativa menos costosa. Sin embargo, la columna 3 indica que, como en el enfoque de alternativas totales, la compra de cantidades más pequeñas de 2,500 unidades 100 veces al año es preferible a comprar 125,000 unidades dos veces durante el año en $140,200. ¿Por qué? Porque el menor costo de oportunidad por mantener un inventario más pequeño excede los costos más altos de compras y ordenamiento. Si el costo de oportunidad del dinero invertido en el inventario fuera mayor de 9% anual, o si se consideraran los beneficios incrementales por mantener un menor inventario—como menores costos por seguros, manejo de materiales, almacenamiento, obsolescencia y roturas— el hecho de hacer 100 compras sería incluso más económico.

Punto de decisión

¿Qué es un costo de oportunidad y por qué debería incluirse cuando se toman decisiones?

Decisiones de mezcla de productos con restricciones de capacidad

A continuación examinaremos la forma en que el concepto de relevancia se aplica a las **decisiones de mezcla de productos,** es decir, las decisiones que toma una compañía en relación con los productos que habrá de vender y en qué cantidades. Por lo general, dichas decisiones tan solo tienen un enfoque a corto plazo, porque generalmente surgen en el contexto de las restricciones de capacidad que se pueden relajar en el largo plazo. En el corto plazo, por ejemplo, BMW, la compañía alemana fabricante de automóviles, adapta de manera continua la mezcla de sus diferentes modelos de vehículos (por ejemplo, 325i, 525i y 740i) a las fluctuaciones en los precios de venta y a la demanda.

Para determinar la mezcla de productos, una compañía maximiza la utilidad en operación, acatando ciertas restricciones como la capacidad y la demanda. A través de toda esta sección, supondremos que a medida que ocurren cambios a corto plazo en la mezcla de productos, los únicos costos que cambian son aquellos que son variables con respecto al número de unidades producidas (y vendidas). Con este supuesto, el análisis de los márgenes de contribución individuales de los productos brinda información acerca de la mezcla de productos que maximiza a la utilidad en operación.

Objetivo de aprendizaje 4

Saber cómo elegir qué productos elaborar cuando hay restricciones en la capacidad

. . . seleccionar el producto con el mayor margen de contribución por unidad de recursos limitados

Ejemplo 4: Power Recreation ensambla dos motores, un motor para motonieve y un motor para yate, en su planta de Lexington, Kentucky.

	Motor para motonieve	Motor para yate
Precio de venta	$800	$1,000
Costo variable por unidad	560	625
Margen de contribución por unidad	$240	$ 375
Porcentaje del margen de contribución	30%	37.5%

Suponga que tan solo se dispone de 600 horas máquina diariamente para el ensamblado de los motores. En el corto plazo, no es posible obtener capacidad adicional. Power Recreation puede vender tantos motores como fabrique. El recurso restrictivo, entonces, son las horas-máquina. Se necesitan dos horas-máquina para fabricar un motor de motonieve y cinco horas máquina para fabricar un motor para yate. ¿Qué mezcla de productos deberían elegir los gerentes de Power Recreation para maximizar su utilidad en operación?

En términos del margen de contribución por unidad y del porcentaje del margen de contribución, los motores para yate son más rentables que los motores para motonieve. Sin embargo, el producto que Power Recreation debería producir y vender no es necesariamente el producto con el mayor margen de contribución individual por unidad, o con el mayor porcentaje del margen de contribución. Los gerentes tienen que *elegir el producto con el mayor margen de contribución por unidad del recurso restrictivo (factor).* Ese es el recurso que restringe o limita la producción o la venta de los productos.

	Motor para motonieve	Motor para yate
Margen de contribución por unidad	$240	$375
Horas-máquina requeridas para producir una unidad	2 horas-máquina	5 horas-máquina
Margen de contribución por hora-máquina		
$240 por unidad ÷ 2 horas-máquina/unidad	$120/hora-máquina	
$375 por unidad ÷ 5 horas-máquina/unidad		$75/hora-máquina
Margen total de contribución para 600 horas-máquina		
$120/hora-máquina × 600 horas-máquina	$72,000	
$75/hora-máquina × 600 horas-máquina		$45,000

El número de horas-máquina es el recurso restrictivo en este ejemplo y los motores para motonieve ganan un margen de contribución mayor por hora-máquina ($120/hora-máquina) en comparación con los motores para yate ($75/hora-máquina). Por lo tanto, la elección de producir y vender motores para motonieve maximiza el margen de contribución *total* ($72,000 *versus* $45,000 por la producción y venta de motores para yate) y la utilidad en operación. Otras restricciones propias de los ambientes de manufactura suelen ser la disponibilidad de los materiales directos, de los componentes o de la mano de obra calificada, así como de los factores financieros y de ventas. En una tienda departamental al menudeo, el recurso restrictivo podrían ser los metros lineales del espacio para exhibidores. Indistintamente del recurso restrictivo específico, los gerentes se deberían concentrar siempre en la maximización del margen de contribución *total*, eligiendo aquellos productos que den el mayor margen de contribución por unidad del recurso restrictivo.

En muchos casos, un productor o un minorista debe enfrentar el desafío de intentar maximizar la utilidad en operación total para una variedad de productos, cada uno de ellos con más de un recurso restrictivo. Quizás algunas restricciones requieran que un productor o un minorista almacenen cantidades mínimas de productos aun si tales productos no son muy rentables. Por ejemplo, los supermercados deben almacenar productos menos rentables porque los clientes estarán dispuestos a comprar en un supermercado tan solo si ofrece una amplia variedad de productos que los clientes buscan. Para determinar el cronograma de producción más rentable y la mezcla de productos más rentable, el productor o el minorista necesitan determinar el margen de contribución total máximo a la luz de muchas restricciones. Las técnicas de optimización, como la programación lineal que se expone en el apéndice de este capítulo, ayudan a resolver estos problemas más complejos.

Finalmente, está la cuestión de administrar la restricción del cuello de botella para incrementar la producción y, por consiguiente, el margen de contribución. ¿Es posible aumentar las horas-máquina disponibles para el ensamblado de los motores más allá de 600, por ejemplo, reduciendo el tiempo ocioso? ¿Puede reducirse el tiempo necesario para ensamblar cada motor para motonieve (dos horas-máquina) y cada motor para yate (cinco horas-máquina), por ejemplo, mediante la disminución del tiempo de configuración de las máquinas y el tiempo de procesamiento del ensamblado? ¿Es posible mejorar la calidad de modo que se use la capacidad restringida para producir tan solo buenas unidades en vez de algunas unidades buenas y algunas defectuosas? ¿Es posible que se subcontraten algunas de las operaciones de ensamblado para permitir que se construyan más motores?

La implementación de cualquiera de estas opciones requerirá probablemente que Power Recreation incurra en costos incrementales. Power Recreation implementará tan solo aquellas opciones donde el incremento en los márgenes de contribución exceda el incremento en los costos. *Los profesores y los estudiantes que, en este momento, quieran explorar estos aspectos con mayor detalle pueden ir a la sección del capítulo 19 (disponible en el sitio Web de este libro), titulada "Teoría de las restricciones y del análisis de la contribución específica", y regresar después a este capítulo sin que haya pérdida de la continuidad.*

Punto de decisión ▶

Cuando los recursos están restringidos, ¿cómo deben elegir los gerentes cuál de múltiples productos deberán fabricar y vender?

Objetivo de aprendizaje 5

Analizar los factores que deben considerar los gerentes al agregar o al eliminar tanto clientes como segmentos

. . . los gerentes se deberían concentrar en la forma en que los costos totales difieren entre alternativas e ignorar los costos indirectos aplicados

Rentabilidad de los clientes, costeo basado en actividades y costos relevantes

Las compañías no únicamente tienen que hacer elecciones en relación con los productos que deben producir y con la cantidad de cada uno que se deberá producir, con frecuencia también toman decisiones acerca de la adición o la eliminación de una línea de productos o de un segmento en un negocio. De manera similar, si el objeto de costos es un cliente, se requiere que las compañías tomen decisiones acerca de la adición o la eliminación de clientes (de manera análoga a una línea de productos) o de una oficina regional (de manera análoga a un segmento del negocio). Ilustraremos el análisis de ingresos relevantes y de costos relevantes para estos tipos de decisiones, usando a los clientes en vez de los productos como el objeto de costos.

Ejemplo 5: Allied West, la oficina de ventas de la Costa Oeste de Allied Furniture, un mayorista de muebles especializados, suministra muebles a tres minoristas locales: Vogel, Brenner y Wisk. La ilustración 11-8 presenta los ingresos y los costos esperados de Allied West por cliente para el siguiente año, usando su sistema de costeo basado en actividades. Allied West asigna los costos a los clientes con base en las actividades necesarias para apoyar a cada cliente. La información sobre los costos de Allied West para las diferentes actividades, a varios niveles de la jerarquía de costos, se presenta a continuación:

■ Los costos de la mano de obra para el manejo de los muebles varían con el número de las unidades embarcadas a los clientes.

■ Allied West reserva diferentes áreas de acopio para almacenar los muebles para diferentes clientes. Por sencillez, suponga que el equipo para el manejo de materiales de una área y los costos por depreciación sobre el equipo que Allied West ya ha adquirido, se identifican con los clientes individuales (costos a nivel del cliente). Cualquier equipo sin uso permanece inactivo. El equipo tiene una vida útil de un año y un valor de desecho de cero.

■ Allied West asigna la renta a cada cliente tomando como base la cantidad de espacio de almacenaje reservado para ese cliente.

■ Los costos de marketing varían con el número de visitas de ventas hechas a los clientes.

■ Los costos de las órdenes de ventas son costos a nivel de lote que varían con el número de órdenes de ventas recibidas de los clientes; los costos del procesamiento de las entregas son costos a nivel de lote que varían con el número de embarques realizados.

■ Allied West asigna los costos fijos generales y de administración (costos a nivel de las instalaciones) a los clientes tomando como base los ingresos de los clientes.

■ Allied Furniture aplica los costos fijos de las oficinas corporativas a las oficinas de ventas tomando como base el área de cada oficina de ventas en pies cuadrados. Allied West asigna entonces estos costos a los clientes tomando como base los ingresos de los clientes.

En las siguientes secciones, consideramos varias decisiones a las que se enfrentan los gerentes de Allied West: ¿Debería Allied West eliminar la cuenta de Wisk? ¿Tendría que agregar un cuarto cliente, Loral? ¿Debería Allied Furniture cerrar la planta de Allied West? ¿Tendría que abrir otra oficina, Allied South, cuyos ingresos y costos sean idénticos a los de Allied West?

	Cliente			
	Vogel	Brenner	Wisk	Total
Ingresos	$500,000	$300,000	$400,000	$1,200,000
Costo de ventas	370,000	220,000	330,000	920,000
Mano de obra para el manejo de los muebles	41,000	18,000	33,000	92,000
Equipo para el manejo de los muebles				
El costo se elimina como depreciación	12,000	4,000	9,000	25,000
Renta	14,000	8,000	14,000	36,000
Apoyo de marketing	11,000	9,000	10,000	30,000
Órdenes de ventas y procesamiento de entregas	13,000	7,000	12,000	32,000
Administración general	20,000	12,000	16,000	48,000
Costos aplicados de las oficinas corporativas	10,000	6,000	8,000	24,000
Costos totales	491,000	284,000	432,000	1,207,000
Utilidad en operación	$ 9,000	$ 16,000	$(32,000)	$ (7,000)

perdida.

Ilustración 11-8

Análisis de la rentabilidad de los clientes para Allied West

Análisis de ingresos relevantes y de costos relevantes resultante por la eliminación de un cliente

La ilustración 11-8 indica una pérdida de $32,000 en la cuenta de Wisk. Los gerentes de Allied West consideran que la razón de la pérdida es que Wisk coloca órdenes de márgenes bajos con Allied, y tiene costos relativamente altos para las órdenes de ventas, los procesamientos de las entregas, el manejo de los muebles y el marketing. Allied West está considerando varias acciones posibles con respecto a la cuenta de Wisk: reducir sus propios costos de apoyo a Wisk volviéndose más eficiente, reducir algunos de los servicios que ofrece a Wisk; solicitar a Wisk que coloque órdenes más grandes y menos frecuentes; cobrar a Wisk precios más altos; o eliminar la cuenta de Wisk. El siguiente análisis se concentra en el efecto sobre la utilidad en operación resultante de la eliminación de la cuenta de Wisk para el año.

Para determinar qué hacer, los gerentes de Allied West tienen que responder la pregunta ¿cuáles son los ingresos relevantes y los costos relevantes? A continuación se presenta la información acerca del efecto resultante de la eliminación de la cuenta de Wisk:

- Producirá un ahorro en el costo de ventas, en la mano de obra para el manejo de los muebles, en los costos de apoyo de marketing, en los costos de las órdenes de ventas y en los costos del procesamiento de las entregas en que se haya incurrido sobre la cuenta.

- Dejará inactivo el espacio del almacenamiento y los equipos para el manejo de muebles que actualmente se utilizan para abastecer productos a Wisk.

- No tendrá efecto alguno sobre los costos fijos generales de administración ni sobre los costos de las oficinas corporativas.

La ilustración 11-9, columna 1, presenta el análisis de los ingresos relevantes y de los costos relevantes usando los datos provenientes de la columna de Wisk en la ilustración 11-8. La utilidad en operación de Allied West será de $15,000 menos si elimina la cuenta de Wisk —los ahorros en costos provenientes de la eliminación de la cuenta de Wisk, $385,000, no serán suficientes para compensar la pérdida de $400,000 en ingresos— y, por lo tanto, los gerentes de Allied West deciden mantener la cuenta. Observe que no hay un costo de oportunidad por el hecho de usar el espacio de almacenamiento para Wisk, porque sin Wisk el espacio y el equipo permanecerán inactivos.

La depreciación sobre el equipo que Allied West ya ha adquirido es un costo histórico y, por consiguiente, es irrelevante; los costos por renta, los generales de administración y los de las oficinas corporativas son costos futuros que no cambiarán si Allied West descarta la cuenta de Wisk y, por lo tanto, son irrelevantes. Los costos indirectos que se aplican a la oficina de ventas y a los clientes individuales siempre son irrelevantes. La única pregunta es: ¿Disminuirán los costos totales esperados de las oficinas corporativas como resultado de la eliminación de la cuenta de Wisk? En nuestro ejemplo, esto no sucederá, de manera que estos costos son irrelevantes. *Si los costos totales esperados de las oficinas corporativas* fueran a disminuir por la eliminación de la cuenta de Wisk, esos ahorros serían relevantes aun *si no cambiara la cantidad aplicada a Allied West.*

Ilustración 11-9

Análisis de ingresos relevantes y de costos relevantes por la eliminación de la cuenta de Wisk y por la incorporación de la cuenta de Loral

	(Pérdida adicional en ingresos) y ahorros incrementales en costos provenientes de la eliminación de la cuenta de Wisk (1)	Ingresos incrementales y (costos incrementales) por la incorporación de la cuenta de Loral (2)
Ingresos	$(400,000)	$400,000
Costo de ventas	330,000	(330,000)
Mano de obra para el manejo de los muebles	33,000	(33,000)
Costos del equipo para el manejo del mobiliario	0	(9,000)
eliminados como depreciación	0	0
Renta		
Apoyo de marketing	10,000	(10,000)
Procesamiento de las órdenes de ventas y las entregas	12,000	(12,000)
Administración general	0	0
Costos de las oficinas corporativas	0	0
Costos totales	385,000	(394,000)
Efecto sobre la utilidad (pérdida) en operación	$ (15,000)	$ 6,000

Ahora suponga que si Allied West elimina la cuenta de Wisk, podría rentar el espacio adicional de almacenamiento a la corporación Sánchez en $20,000 anuales. Entonces, esos $20,000 serían el costo de oportunidad de Allied West resultante de seguir usando el almacén para dar servicio a Wisk. Allied West obtendría $5,000 por la eliminación de la cuenta de Wisk ($20,000 provenientes del ingreso del arrendamiento menos la utilidad en operación perdida de $15,000). Antes de llegar a una decisión, los gerentes de Allied West tienen que examinar si Wisk podría volverse más rentable, de modo que el suministro de productos a Wisk produjera más de los $20,000 por el arrendamiento a Sánchez. Los gerentes también deben considerar los factores estratégicos como el efecto de la decisión sobre la reputación de Allied West en cuanto al desarrollo de relaciones de negocios estables y a largo plazo con sus clientes.

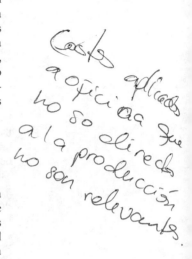

Análisis de los ingresos relevantes y de los costos relevantes por la incorporación de un cliente

Suponga que además de Vogel, Brenner y Wisk, los gerentes de Allied West están evaluando la rentabilidad de agregar un cliente, Loral. No existe ningún otro uso alternativo para la planta de Allied West. Loral tiene un perfil de cliente muy parecido al de Wisk. Suponga que los gerentes de Allied West predicen que los ingresos y los costos por realizar operaciones de negocios con Loral serán los mismos que los ingresos y los costos que se describieron en la columna de Wisk de la ilustración 11-8. En particular, Allied West tendría que adquirir un equipo para el manejo de muebles para la cuenta de Loral con un costo de $9,000, con una vida útil de un año y con un valor de desecho de cero. Si Loral se agrega como cliente, los costos por la renta del almacén ($36,000), los costos generales de administración ($48,000) y los costos *totales reales* de las oficinas corporativas no cambiarán. ¿Debería Allied West agregar a Loral como un cliente?

La ilustración 11-9, columna 2, muestra que los ingresos incrementales exceden los costos incrementales en $6,000. El costo de oportunidad por agregar a Loral es de $0 porque no hay un uso alternativo para la planta de Allied West. Con base en este análisis, los gerentes de Allied West recomendarían la adición de Loral como cliente. La renta, los gastos generales de administración y los costos de las oficinas corporativas son irrelevantes, porque estos costos no cambiarán si Loral se agrega como cliente. Sin embargo, el costo del nuevo equipo para apoyar la orden de Loral (eliminado como una depreciación de $9,000 en la ilustración 11-9, columna 2), es relevante. Ello se debe a que este costo se puede evitar si Allied West decide no agregar a Loral como cliente. Observe aquí la distinción fundamental: *El costo de la depreciación es irrelevante al decidir si se tiene que eliminar a Wisk como un cliente, porque la depreciación sobre un equipo que ya se ha comprado es un costo histórico, pero el costo de comprar un equipo nuevo en el futuro, que posteriormente se eliminará como depreciación, es relevante al decidir si se debe agregar a Loral como cliente.*

Análisis de ingresos relevantes y costos relevantes por el cierre o la apertura de oficinas regionales o segmentos

Las compañías tienen que enfrentarse en forma periódica a decisiones acerca del cierre o la apertura de oficinas regionales o segmentos de negocios. Dada la pérdida esperada de Allied West por $7,000 (véase la ilustración 11-8), por ejemplo, ¿debería cerrarse durante el año? Suponga que el cierre de Allied West no tendrá efecto alguno sobre los costos totales de las oficinas corporativas y que no existe un uso alternativo para el espacio de Allied West.

La ilustración 11-10, columna 1, presenta el análisis de ingresos relevantes y costos relevantes usando datos provenientes de la columna de "Total" en la ilustración 11-8. Las pérdidas de ingresos de $1,200,000 superarán los ahorros en costos de $1,158,000, lo cual conducirá a una disminución en la utilidad en operación de $42,000. Allied West no debería cerrarse. Las razones fundamentales son que el cierre de Allied West no generará ahorros en el costo de la depreciación o en los costos reales totales de las oficinas corporativas. El costo por la depreciación es un costo pasado o hundido porque representa el costo de un equipo que Allied West ya compró. Los costos de las oficinas corporativas que se apliquen a varias oficinas de ventas cambiarán, *aunque el monto total de dichos costos no disminuirá.* Los $24,000 que ya no se aplicarán a Allied West se asignarán ahora a otras oficinas de ventas. Por lo tanto, los $24,000 de costos aplicados en las oficinas corporativas son irrelevantes, porque no representan ahorros en costos esperados provenientes del cierre de Allied West.

Suponga ahora que Allied Furniture tuviera la oportunidad de abrir otra oficina de ventas, Allied South, cuyos ingresos y costos serían idénticos a los costos de Allied West, incluyendo un costo de $25,000 para adquirir equipos para el manejo de muebles con una vida útil de un año y un valor de desecho de cero. La apertura de esta oficina no tendrá ningún efecto sobre los costos totales de las oficinas corporativas.

Punto de decisión

Al tomar la decisión de agregar o eliminar clientes, o bien, de incorporar o descontinuar oficinas regionales o segmentos, ¿en qué deberían enfocarse los gerentes y cómo deberían tomar en cuenta los costos indirectos aplicados?

Ilustración 11-10 Análisis de ingresos relevantes y de costos relevantes para el cierre de Allied West y para la apertura de Allied South

	(Pérdida incremental en ingresos) y ahorros incrementales en costos por el cierre de Allied West (1)	Ingresos incrementales y (costos incrementales) provenientes de la apertura de Allied South (3)
Ingresos	$(1,200,000)	$1,200,000
Costo de ventas	920,000	(920,000)
Mano de obra para manejo de los muebles	92,000	(92,000)
Costo del equipo para manejo de los muebles eliminado como depreciación	0	(25,000)
Renta	36,000	(36,000)
Apoyo de marketing	30,000	(30,000)
Procesamiento de las órdenes de venta y las entregas	32,000	(32,000)
Gastos generales de administración		
Costos de las oficinas corporativas	0	0
Costos totales	1,158,000	(1,183,000)
Efectos sobre la utilidad (pérdida) en operación	$ (42,000)	$ 17,000

¿Debería Allied Furniture abrir la empresa Allied South? La ilustración 11-10, columna 2, indica que debería hacerlo porque la apertura de Allied South aumentará la utilidad en operación en $17,000. Como antes, el costo del nuevo equipo que se comprará en el futuro (y que se eliminará como depreciación) es relevante y los costos *aplicados* de las oficinas corporativas deberían ignorarse. Los costos totales de las oficinas corporativas no cambiarán si se abre Allied South y, por lo tanto, dichos costos son irrelevantes.

Irrelevancia de los costos pasados y de las decisiones del reemplazo de equipos

En varios puntos dentro de este capítulo, al exponer el concepto de la relevancia, razonamos que los costos pasados (históricos o hundidos) son irrelevantes en la toma de decisiones. Ello se debe a que una decisión no puede cambiar algo que ya sucedió. Aplicamos ahora este concepto a las decisiones acerca del reemplazo de equipos. Hacemos hincapié en la idea de que el **valor en libros** —el costo original menos la depreciación acumulada— de los equipos existentes son un costo pasado que es irrelevante.

Objetivo de aprendizaje 6

Explicar el motivo por el cual el valor en libros de los equipos es irrelevante en las decisiones de reemplazo de estos

. . . es un costo pasado

Ejemplo 6: la compañía Toledo, fabricante de componentes para aviones, está considerando el reemplazo de una máquina de corte de metales con un modelo más novedoso. La nueva máquina es más eficiente que la máquina antigua, pero tiene una vida más corta. Los ingresos provenientes de las piezas para aviones ($1.1 millones por año) no se verán afectados por la decisión de reemplazo. A continuación se presentan los datos que preparó el contador administrativo para la máquina actual (antigua) y para la máquina de reemplazo (nueva):

	Máquina antigua	Máquina nueva
Costo original	$1,000,000	$600,000
Vida útil	5 años	2 años
Edad actual	3 años	0 años
Vida útil restante	2 años	2 años
Depreciación acumulada	$600,000	No adquirida aún
Valor en libros	$400,000	No adquirida aún
Valor de desecho actual (en efectivo)	$40,000	No adquirida aún
Valor de desecho terminal (en efectivo, dos años a partir de hoy)	$0	$0
Costos anuales en operación (mantenimiento, energía, reparaciones, refrigerantes y similares)	$800,000	$460,000

La compañía Toledo usa el método de depreciación en línea recta. Para concentrarnos en la relevancia, ignoramos el valor del dinero a través del tiempo y los impuestos sobre utilidades.[2] ¿Debería Toledo reemplazar su máquina antigua?

La ilustración 11-11 presenta una comparación de costos de las dos máquinas. Considere la razón por la cual cada una de las cuatro partidas en la decisión del reemplazo del equipo de Toledo es relevante o irrelevante:

1. **Valor en libros de la máquina antigua, $400,000.** Irrelevante, porque es un costo pasado o hundido. Todos los costos se consideran como algo pasado. Nada puede cambiar lo que ya se ha gastado o lo que ya ha sucedido.

2. **Valor actual de desecho de la máquina antigua, $40,000.** Relevante, porque es un beneficio futuro esperado que tan solo ocurrirá si se reemplaza la máquina.

3. **Pérdida sobre el desecho, $360,000.** Esta es la diferencia entre las cantidades de las partidas 1 y 2. Es una combinación sin significado que nubla la distinción entre el valor en libros irrelevante y el valor de desecho relevante. Cada uno de ellas se debería considerar por separado, como se hizo en las partidas 1 y 2.

4. **Costo de la máquina nueva, $600,000.** Relevante, porque es un costo futuro esperado que ocurrirá únicamente si la máquina se compra.

La ilustración 11-11 debería poner en claro estas cuatro afirmaciones. La columna 3 de la ilustración 11-11 muestra que el valor en libros de la máquina antigua no difiere entre las alternativas y podría ignorarse para fines de la toma de decisiones. Indistintamente de qué tan oportuna sea la eliminación —ya sea que se trate de un cargo por una suma acumulada en el año actual o de cargos por depreciación durante los dos años siguientes—, el monto total es todavía de $400,000 porque es un costo pasado (histórico). En contraste, el costo de $600,000 de la nueva máquina y el valor actual de desecho de $40,000 para la máquina antigua son relevantes porque no se presentarían si los gerentes de Toledo tomaran la decisión de no reemplazar la máquina. Observe que la utilidad en operación por el reemplazo es $120,000 mayor para los dos años juntos.

Para facilitar la comprensión, la ilustración 11-12 se enfoca solamente en las partidas relevantes. Observe que se obtiene la misma respuesta —una mayor utilidad en operación como resultado de menores costos de $120,000 por el reemplazo de la máquina—, aun cuando el valor en libros se omita de los cálculos. Las únicas partidas relevantes son los costos de operación en efectivo, el valor de desecho de la máquina antigua y el costo de la nueva máquina que se representa como la depreciación de la ilustración 11-12.

◄ Punto de decisión

¿El valor en libros del equipo actual es relevante en las decisiones de reemplazo del equipo?

Ilustración 11-11

Comparación de la utilidad en operación: Reemplazo de la máquina, partidas relevantes e irrelevantes, en la compañía Toledo

	Dos años juntos		
	Mantener (1)	Reemplazar (2)	Diferencia (3) = (1) − (2)
Ingresos	$2,200,000	$2,200,000	—
Costos en operación			
Costos en operación en efectivo			
($800,000/año × 2 años;			
$460,000/año × 2 años)	1,600,000	920,000	$ 680,000
Valor en libros de la máquina antigua			
Eliminación periódica como depreciación o	400,000	—	
Eliminación basada en una suma acumulada	—	400,000 [a]	
Valor de desecho actual de la máquina antigua	—	(40,000) [a]	40,000
Costo de la nueva máquina, eliminado en forma periódica como depreciación		600,000	(600,000)
Total de costos en operación	2,000,000	1,880,000	120,000
Utilidad en operación	$ 200,000	$ 320,000	$(120,000)

[a]En un estado de resultados formal, estas dos partidas se combinarían como una "pérdida sobre el desecho de la máquina" de $360,000.

Ilustración 11-12

Comparación de costos: Reemplazo de la máquina, sólo partidas relevantes, compañía Toledo

	Dos años juntos		
	Mantener (2)	**Reemplazar (2)**	**Diferencia (3) = (1) − (2)**
Costos en operación en efectivo	$1,600,000	$ 920,000	$680,000
Valor de desecho actual de la máquina antigua	—	(40,000)	40,000
Nueva máquina, eliminada periódicamente como depreciación		600,000	(600,000)
Total de costos relevantes	$1,600,000	$1,480,000	$120,000

Decisiones y evaluación del desempeño

Considere nuestro ejemplo de reemplazo de equipos a la luz de la secuencia de cinco pasos que se presenta en la ilustración 11-1 (p. 392):

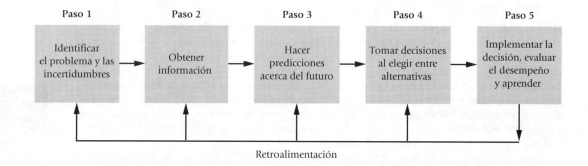

Paso 1	Paso 2	Paso 3	Paso 4	Paso 5
Identificar el problema y las incertidumbres	Obtener información	Hacer predicciones acerca del futuro	Tomar decisiones al elegir entre alternativas	Implementar la decisión, evaluar el desempeño y aprender

Retroalimentación

Objetivo de aprendizaje 7

Explicar la manera en que surgen los conflictos entre el modelo de decisiones que usa un gerente y el modelo de evaluación del desempeño que se utiliza para evaluar al gerente

. . . indicar a los gerentes que tomen una perspectiva de varios años en la toma de decisiones, pero juzgar su desempeño tan solo tomando como base la utilidad en operación del año en curso

El análisis del modelo de decisión (paso 4), que se presenta en las ilustraciones 11-11 y 11-12, dicta el reemplazo de la máquina en vez de su conservación. Sin embargo, ¿en el mundo real en verdad la reemplazaría el gerente? Un factor de importancia en las decisiones de reemplazo es la percepción del gerente acerca de si el modelo de decisión es consistente con la manera en que se juzgará el desempeño del administrador después de que se implemente la decisión (el modelo de evaluación del desempeño del paso 5).

Desde la perspectiva de sus propias carreras, no debe sorprender que los gerentes tiendan a favorecer la alternativa que hace que su desempeño se vea mejor. Si el modelo de evaluación del desempeño entra en conflicto con el modelo de decisión, el modelo de evaluación del desempeño con frecuencia prevalece como una influencia en las decisiones de los gerentes. Por ejemplo, si la promoción o el bono del gerente de Toledo dependen del desempeño de la utilidad en operación de su primer año con una contabilidad devengada, la tentación del gerente por *no* efectuar el reemplazo será abrumadora. ¿Por qué? Porque el modelo de contabilidad devengada para la medición del desempeño mostrará una mayor utilidad en operación en el primer año, si se mantiene la máquina antigua en vez de reemplazarla (como indica el siguiente cuadro):

Resultados del primer año: Contabilidad devengada		Mantener		Reemplazar
Ingresos		$1,100,000		$1,100,000
Costos en operación				
Costos en operación en efectivo	$800,000		$460,000	
Depreciación	200,000		300,000	
Pérdida por el desecho	—		360,000	
Total de costos en operación		1,000,000		1,120,000
Utilidad (pérdida) en operación		$ 100,000		$ (20,000)

Aun cuando las metas de la alta gerencia abarquen el periodo de dos años (de manera consistente con el modelo de decisión), el gerente se concentrará en los resultados del primer año, si su evaluación se basa en medidas a corto plazo como la utilidad en operación del primer año.

En la práctica, la resolución del conflicto entre el modelo de decisión y el modelo de evaluación del desempeño es con frecuencia un problema desconcertante. En teoría, la resolución de la dificultad parece obvia: diseñar modelos que sean consistentes. Considere nuestro ejemplo de reemplazo. En ocasiones los efectos de año a otro sobre la utilidad en operación proveniente del reemplazo se presupuestan para un horizonte de planeación de dos años. De este modo, se evaluaría al gerente con la expectativa de que el primer año sería deficiente y el siguiente año sería mucho mejor. No obstante, hacerlo así para todas las decisiones, haría muy engorroso el modelo de evaluación del desempeño. Como resultado de tales dificultades prácticas, los sistemas contables rara vez dan seguimiento a cada decisión en forma separada. La evaluación del desempeño se concentra en los centros de responsabilidad para un periodo específico, y no sobre proyectos o partidas individuales de equipos durante sus vidas útiles. Por lo tanto, los impactos de muchas decisiones distintas se combinan en un solo reporte del desempeño y en una sola medida de evaluación, por ejemplo, la utilidad en operación. Los gerentes de los niveles inferiores toman decisiones para maximizar la utilidad en operación, y la alta gerencia, a través del sistema de información, rara vez está enterada de las alternativas particulares deseables que *no* fueron elegidas por los gerentes de los niveles inferiores debido a conflictos entre los modelos de decisión y los modelos de evaluación del desempeño.

Considere otro conflicto entre el modelo de decisión y el modelo de evaluación del desempeño. Suponga que un gerente compra una máquina en particular tan solo para descubrir, poco tiempo después, que podría haber comprado una máquina mejor. El modelo de decisión quizá sugiera reemplazar la máquina que se acaba de comprar con la máquina mejor, pero ¿realmente lo hará el gerente? Probablemente no ¿Por qué? Porque el hecho de reemplazar la máquina en una forma tan apresurada después de su compra reflejará un nivel deficiente en las capacidades y el desempeño del gerente. Si los jefes de este no tienen conocimiento de que hay una máquina mejor, el gerente preferiría conservar la máquina recientemente comprada en vez de alertarlos acerca de una máquina mejor.

El capítulo 23 (disponible en el sitio Web de este libro) expone los modelos de evaluación del desempeño con mayor detalle y las formas de reducir el conflicto entre el modelo de decisión y el modelo de evaluación del desempeño.

Punto de decisión

¿Cómo pueden surgir conflictos entre el modelo de decisión que usa un gerente y el modelo de evaluación del desempeño que se utilice para evaluar a ese gerente?

Problema para autoestudio

Wally Lewis es el gerente de la división de desarrollo de ingeniería de Goldcoast Products. Lewis acaba de recibir una propuesta firmada por todos sus 15 ingenieros para reemplazar las estaciones de trabajo con computadoras personales en red (PC en red). Lewis no está muy entusiasmado con la propuesta.

Los datos sobre las estaciones de trabajo y de las PC en red son como sigue:

	Estaciones de trabajo	PC en red
Costo original	$300,000	$135,000
Vida útil	5 años	3 años
Edad actual	2 años	0 años
Vida útil restante	3 años	3 años
Depreciación acumulada	$120,000	Todavía no se adquiere
Valor en libros actual	$180,000	Todavía no se adquiere
Valor de desecho actual (en efectivo)	$95,000	Todavía no se adquiere
Valor de desecho terminal (en efectivo, tres años a partir de hoy)	$0	$0
Costos anuales de operación en efectivo relacionados con las computadoras	$40,000	$10,000
Ingresos anuales	$1,000,000	$1,000,000
Costos anuales en operación no relacionados con las computadoras	$880,000	$880,000

El bono anual de Lewis incluye un componente basado en la utilidad en operación de la división. Él tiene una posibilidad de promoción el año siguiente, que lo convertiría en un vicepresidente de grupo Goldcoast Products.

1. Compare los costos de las estaciones de trabajo y de las PC en red. Considere los resultados acumulativos para los tres años juntos, ignorando el valor del dinero a través del tiempo y los impuestos sobre utilidades.

Se requiere

2. ¿Por qué Lewis podría mostrarse renuente a la compra de las PC en red?

Solución

1. El siguiente cuadro considera todas las partidas de costos cuando se comparan los costos futuros de las estaciones de trabajo y las PC en red:

Todas las partidas	Tres años juntos		
	Estaciones de trabajo (1)	PC en red (2)	Diferencia (3) = (1) − (2)
Ingresos	$3,000,000	$3,000,000	—
Costos en operación			
Costos en operación no relacionados con computadoras	2,640,000	2,640,000	—
Costos en operación en efectivo relacionados con computadoras	120,000	30,000	$ 90,000
Valor en libros de las estaciones de trabajo			
Eliminación periódica como depreciación o	180,000	—	—
Eliminación como suma acumulada	—	180,000 }	
Valor actual de desecho de las estaciones de trabajo	—	(95,000)	95,000
PC en red, eliminadas periódicamente como depreciación	—	135,000	(135,000)
Total de costos en operación	2,940,000	2,890,000	50,000
Utilidad en operación	$ 60,000	$ 110,000	$ (50,000)

O bien, el análisis se podría concentrar únicamente en aquellas partidas del cuadro anterior que
difieren entre las alternativas.

Partidas relevantes	Tres años juntos		
	Estaciones de trabajo	PC en red	Diferencia
Costos en operación en efectivo relacionados con computadoras	$120,000	$ 30,000	$90,000
Valor de desecho actual de las estaciones de trabajo	—	(95,000)	95,000
PC en red, eliminadas periódicamente como depreciación	—	135,000	(135,000)
Total de costos relevantes	$120,000	$ 70,000	$ 50,000

El análisis indica que el reemplazo de las estaciones de trabajo con las PC en red es eficaz en cuanto
a costos.

2. Las utilidades en operación basadas en una contabilidad devengada *para el primer año* con la
   alternativa de conservar las estaciones de trabajo *versus* la compra de PC en red son como sigue:

	Conservar las estaciones de trabajo	Comprar PC en red
Ingresos	$1,000,000	$1,000,000
Costos en operación		
Costos en operación no relacionados con computadoras	$880,000	$880,000
Costos en operación en efectivo relacionados con computadoras	40,000	10,000
Depreciación	60,000	45,000
Pérdida sobre el desecho de las estaciones de trabajo	—	85,000[a]
Costos totales en operación	980,000	1,020,000
Utilidad (pérdida) en operación	$ 20,000	$ (20,000)

[a]$85,000 = Valor en libros de las estaciones de trabajo, $180,000 − Valor de desecho actual, $95,000.

Lewis estaría menos complacido con la pérdida en operación esperada de $20,000, si se compran
las PC en red que con la utilidad en operación esperada de $20,000 si se conservan las estaciones de
trabajo. La compra de las PC en red eliminaría el componente de su bono basado en la utilidad en
operación. Él también podría percibir la pérdida en operación de $20,000 como una reducción de
sus probabilidades de ser promovido al cargo de vicepresidente del grupo.

Puntos de decisión

El siguiente formato de preguntas y respuestas resume los objetivos de aprendizaje del capítulo. Cada decisión presenta una pregunta clave relacionada con un objetivo de aprendizaje. Los lineamientos son la respuesta a esa pregunta.

Decisión	Lineamientos
1. ¿Cuál es el proceso de cinco pasos que utilizan los gerentes para tomar decisiones?	El proceso de toma de decisiones en cinco pasos consiste en: *a*) identificar el problema y las incertidumbres, *b*) obtener información, *c*) realizar predicciones acerca del futuro, *d*) tomar decisiones mediante la elección entre alternativas, y *e*) implementar la decisión, evaluar el desempeño y aprender.
2. ¿Cuándo una partida de ingresos o de costos relevante es para una decisión específica y qué problemas potenciales se deberían evitar en el análisis de los costos relevantes?	Para que sea relevante para una decisión en particular, una partida de ingresos o de costos tiene que satisfacer dos criterios: *a*) debe ser un ingreso futuro esperado o un costo futuro esperado, y *b*) debe diferir entre cursos de acción alternativos. Los resultados de las acciones alternativas pueden ser cuantitativos y cualitativos. Los resultados cuantitativos se miden en términos numéricos. Algunos resultados cuantitativos se expresan en términos financieros, aunque otros no. Los factores cualitativos, como el estado de ánimo de los empleados, son difíciles de medir con precisión en términos numéricos. Hay que tener en cuenta los factores cuantitativos y cualitativos relevantes al tomar una decisión. Dos problemas potenciales que se deben evitar en el análisis de costos relevantes son: *a*) hacer supuestos generales incorrectos —como suponer que todos los costos variables son relevantes y que todos los costos fijos son irrelevantes—, y *b*) perder de vista los montos totales, concentrándose más bien en los montos unitarios.
3. ¿Qué es un costo de oportunidad y por qué debería incluirse al tomar decisiones?	Un costo de oportunidad es la contribución al ingreso que se abandona al no usar un recurso limitado en su siguiente mejor uso alternativo. El costo de oportunidad se incluye en la toma de decisiones porque el costo relevante de cualquier decisión es: **1.** el costo incremental de la decisión más **2.** el costo de oportunidad de la utilidad no realizada como resultado de tomar esa decisión.
4. Cuando los recursos están restringidos, ¿cómo tienen que elegir los gerentes cuál de los diversos productos se deberá producir y vender?	Cuando los recursos están limitados, los gerentes seleccionan aquel producto que ofrezca el mayor margen de contribución por unidad del recurso (factor) restringido o ilimitado. De esta manera, el margen total de contribución se maximizará.
5. Al tomar la decisión de agregar o eliminar clientes o de abrir o cerrar oficinas regionales o segmentos, ¿en qué se deberían enfocar los gerentes y cómo deberían tomar en cuenta los costos indirectos aplicados?	Al tomar decisiones de agregar o eliminar clientes o de abrir o cerrar oficinas regionales y segmentos, los gerentes se tienen que concentrar únicamente en aquellos costos que cambiarán, así como en los costos de oportunidad. Los gerentes deberían ignorar todos los costos indirectos aplicados.
6. ¿El valor en libros del equipo actual es relevante en las decisiones de reemplazo del equipo?	El valor en libros de los equipos existentes es un costo pasado (histórico o hundido) y, por lo tanto, es irrelevante en las decisiones de reemplazo de equipos.
7. ¿Cómo pueden surgir conflictos entre el modelo de decisión que emplea un gerente y el modelo de evaluación del desempeño que se utilice para evaluar a ese gerente?	La alta gerencia se enfrenta a un desafío persistente: asegurarse de que el modelo de evaluación del desempeño de los gerentes de menor nivel sea consistente con el modelo de decisión. Una inconsistencia común es indicar a tales gerentes que tomen una perspectiva de varios años en su toma de decisiones y que, posteriormente, juzguen su desempeño tan solo con base en la utilidad en operación del año actual.

Apéndice

Programación lineal

En el ejemplo de Power Recreation de este capítulo (pp. 405-406), suponga que los motores tanto para las motonieves como para los yates se deben probar en una máquina muy costosa, antes de que se embarquen a los clientes. Las horas-maquina disponibles para estas pruebas son limitadas. Los datos de producción son los siguientes:

Departamento	Capacidad diaria disponible en horas	Uso de la capacidad en horas por unidad producida		Producción máxima diaria en unidades	
		Motor para motonieve	Motor para yate	Motor para motonieve	Motor para yate
Ensamblado	600 horas-máquina	2.0 horas-máquina	5.0 horas-máquina	300[a] motores para motonieve	120 Motores para yate
Pruebas	120 horas de prueba	1.0 horas-máquina	0.5 horas-máquina	120 motores para motonieve	240 Motores para yate

[a] Por ejemplo, 600 horas-máquina ÷ 2.0 horas-máquina por motor para motonieve = 300, el número máximo de motores para motonieve que el departamento de ensamblado puede elaborar si trabaja exclusivamente en los motores para motonieve.

La ilustración 11-13 resume estos y otros datos relevantes. Asimismo, como resultado de los faltantes de materiales para los motores de yate, Power Recreation no puede fabricar más de 110 motores para yate por día. ¿Cuántos motores de cada tipo debería producir y vender diariamente Power Recreation para maximizar la utilidad en operación?

Ya que existen restricciones múltiples, se puede usar una técnica denominada *programación lineal* o PL para determinar el número de cada tipo de motor que Power Recreation debería fabricar. Los modelos de programación lineal generalmente suponen que todos los costos son ya sea variables o fijos con respecto a un solo generador del costo (las unidades producidas). Como veremos, los modelos de programación lineal también requieren que se cumplan ciertos supuestos lineales. Cuando tales supuestos fallan, hay que considerar otros modelos de decisión.[3]

Pasos en la solución de un problema de programación lineal

Con los datos de la ilustración 11-13 veremos los tres pasos en la resolución de un problema de programación lineal. En toda esta exposición, M es igual al número de unidades de motores para motonieve fabricados y vendidos, en tanto que Y es igual al número de unidades de motores para yates producidos y vendidos.

Paso 1: Determinar la función objetivo. La **función objetivo** de un programa lineal expresa el objetivo o la meta que se busca maximizar (por ejemplo, la utilidad en operación) o minimizar (por ejemplo, los costos en operación). En este ejemplo, el objetivo consiste en encontrar la combinación de motores para motonieve y motores para yate que maximice el margen de contribución total. Los costos fijos siguen siendo los mismos —indistintamente de la decisión de mezcla de productos— y son irrelevantes. La función lineal que expresa el objetivo para el margen de contribución total (MCT) es la siguiente:

$$\text{MCT} = \$240M + \$375Y$$

Paso 2: Especificar las restricciones. Una **restricción** es una desigualdad o una igualdad matemática que debe satisfacer las variables del modelo matemático. Las siguientes desigualdades lineales expresan las relaciones de nuestro ejemplo:

Restricción del departamento de ensamblado	$2M + 5Y \le 600$
Restricción del departamento de pruebas	$1M + 0.5Y \le 120$
Restricción por escasez de materiales para los motores de los yates	$B \le 110$
La producción negativa es imposible	$M \ge 0$ y $Y \ge 0$

Ilustración 11-13 Datos en operación para Power Recreation

	Capacidad del departamento (por día) en unidades producidas		Precio de venta	Costo variable por unidad	Margen de contribución por unidad
	Ensamblado	Pruebas			
Únicamente motores para motonieve	300	120	$ 800	$560	$240
Únicamente motores para yate	120	240	$1,000	$625	$375

---

[3] Otros modelos de decisión se describen en J. Moore y L. Weatherford, *Decisión Modeling with Microsoft Excel*, 6a. ed. (Upper Saddle River, NJ: Prentice-Hall, 2001); y S. Nahamias, *Production and Operations Analysis*, 6a. ed. (Nueva York: McGraw-Hill/Irwin, 2008).

Las tres líneas sólidas de la gráfica que se presentan en la ilustración 11-14 muestran las restricciones existentes para el ensamblado y la prueba, y la restricción de escasez de materiales.[4] Las alternativas factibles o técnicamente posibles son aquellas combinaciones de cantidades de motores para motonieve y de motores para yate que satisfacen todos los recursos o factores restringidos. El "área sombreada de soluciones factibles" que se presenta en la ilustración 11-14 muestra las fronteras de aquellas combinaciones de productos que son factibles.

Paso 3:   Calcular la solución óptima. La **programación lineal** (PL) es una técnica de optimización que sirve para maximizar la *función objetivo* cuando existen *restricciones* múltiples. Presentamos dos enfoques para encontrar la solución óptima con la programación lineal: el enfoque de ensayo y error y el enfoque gráfico. Estos enfoques son fáciles de usar en nuestro ejemplo porque existen tan solo dos variables en la función objetivo y un pequeño número de restricciones. La comprensión de tales enfoques brinda una mejor comprensión de la programación lineal. En la mayoría de aplicaciones de programación lineal del mundo real, los gerentes usan paquetes de software para calcular la solución óptima.[5]

Enfoque de ensayo y error

La solución óptima se puede encontrar mediante un procedimiento de ensayo y error, trabajando con las coordenadas de las esquinas del área de las soluciones factibles.

Primero, seleccione cualquier conjunto de puntos de esquina y calcule el margen de contribución total. En la ilustración 11-14 aparecen cinco puntos de esquina. El uso de ecuaciones simultáneas es útil para obtener las coordenadas exactas de la gráfica. El punto de esquina ($M = 75$, $Y = 90$) se deriva resolviendo dos desigualdades de restricciones pertinentes como ecuaciones simultáneas:

$$2M + 5Y = 600 \quad (1)$$
$$1M + 0.5Y = 120 \quad (2)$$

Multiplicando (2) *por* 2: $2M + Y = 240 \quad (3)$

Restando (3) de (1): $4Y = 360$

Por consiguiente, $Y = 360 \div 4 = 90$

Sustituyendo Y en (2): $1M + 0.5(90) = 120$

$$M = 120 - 45 = 75$$

Cuando $M = 75$ motores para motonieve y $Y = 90$ motores para yate, MCT = ($240 por motor para motonieve × 75 motores para motonieve) + ($375 por motor para yate × 90 motores para yate) = $51,750.

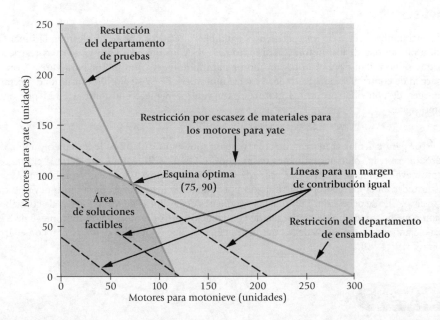

Ilustración 11-14

Programación lineal: solución gráfica para Power Recreation

[4] Como un ejemplo de la manera en que las líneas se grafican en la ilustración 11-14, use los signos de igualdad en vez de los signos de desigualdad y suponga para el departamento de ensamblado que $Y = 0$; entonces, $M = 300$ (600 horas-máquina × 2 horas-máquina por motor para motonieve). Suponga que $M = 0$; entonces $Y = 120$ (600 horas-máquina × 5 horas-máquina por motor para yate). Conecte estos dos puntos con una recta.

[5] Los paquetes estándares de software se basan en el *método simplex*, que es un procedimiento iterativo paso por paso para determinar la solución óptima a un problema de programación lineal. Empieza con una solución factible específica y posteriormente la prueba por sustitución para saber si se logra mejorar el resultado. Estas sustituciones continúan hasta que ya no es posible mejoramiento alguno y se obtiene la solución óptima.

Segundo, desplácese de un punto de esquina a otro y calcule el margen de contribución total en cada punto de esquina.

Ensayo	Punto de esquina (M, Y)	Motores para motonieve (M)	Motores para yate (Y)	Margen de contribución total		
1	(0, 0)	0	0	$240(0)	+ $375(0)	= $0
2	(0, 110)	0	110	$240(0)	+ $375(110)	= $41,250
3	(25,110)	25	110	$240(25)	+ $375(110)	= $47,250
4	(75, 90)	75	90	$240(75)	+ $375(90)	= $51,750 [a]
5	(120, 0)	120	0	$240(120)	+ $375(0)	= $28,800

[a]La solución óptima.

La mezcla de productos óptima es aquella que da la mayor contribución total: 75 motores para motonieve y 90 motores para yate. Para entender la solución, considere lo que sucede cuando nos desplazamos del punto (25,110) al punto (75,90). Power Recreation renuncia a $7,500 [$375× (100 − 90)] del margen de contribución proveniente de los motores para yate, mientras que gana $12,000 [$240 × (75 − 25)] por el margen de contribución de los motores para motonieve. Esto da como resultado un incremento neto en el margen de contribución de $4,500 ($12,000 − $7,500), de $47,250 a $51,750.

Enfoque gráfico

Considere todas las combinaciones posibles que producirán el mismo margen de contribución total de, digamos, $12,000. Es decir,

$$\$240M + \$375Y = \$12,000$$

Este conjunto de $12,000 de márgenes de contribución es una recta quebrada que pasa por [$M = 50$ ($12,000 + $240); $Y = 0$)] y ($M = 0$, $Y = 32$ ($12,000 × $375)] en la ilustración 11-14. Se pueden representar otros márgenes de contribución totales iguales con líneas paralelas a esta. En la ilustración 11-14 mostramos tres líneas punteadas. Las líneas más alejadas del origen representan más ventas de ambos productos y mayores cantidades de márgenes de contribución iguales.

La línea óptima es aquella que está más alejada del origen pero que todavía para por un punto de las soluciones factibles y representa el margen de contribución total más alto. La solución óptima —el número de motores para motonieve y de motores para yate que maximizará la función objetivo, el margen de contribución total— es el punto de esquina ($M = 75$, $Y = 90$). Esta solución será evidente si se coloca una regla con un borde recto sobre la gráfica, y se desplaza hacia afuera desde el origen y en paralelo con la línea del margen de contribución de $12,000. Desplace la regla tan lejos del origen como sea posible —es decir, incremente el margen de contribución total— sin abandonar el área de soluciones factibles. En general, la solución óptima de un problema de maximización se encuentra en la esquina donde la línea punteada interseca un punto extremo del área de soluciones factibles. Desplazar la regla todavía más lejos, la coloca fuera del área de soluciones factibles.

Análisis de sensibilidad

¿Cuáles son las implicaciones de la incertidumbre acerca de los coeficientes contables o técnicos que se emplean en la función objetivo (como el margen de contribución por unidad de los motores para motonieve o de los motores para yate) o las restricciones (como el número de horas-máquina que se necesitan para elaborar un motor para motonieve o un motor para yate)? Considere la manera en que un cambio en el margen de contribución de los motores para motonieve de $240 a $300 por unidad afectaría la solución óptima. Suponga que el margen de contribución de los motores para yate permanece constante a $375 por unidad. La función objetivo revisada será como sigue:

$$\text{MCT} = \$300M + \$375Y$$

Usando el enfoque de ensayo y error para calcular el margen de contribución total para cada uno de los cinco puntos de esquina que se describieron en el cuadro anterior, la solución óptima es todavía ($M = 75$, $Y = 90$). ¿Qué sucedería si el margen de contribución de los motores para motonieve disminuye a $160 por unidad? La solución óptima sigue siendo la misma ($M = 75$, $Y = 90$). De este modo, los cambios grandes en el margen de contribución por unidad de los motores para motonieve no tienen efecto sobre la solución óptima en este caso. Ello se debe a que, aunque las pendientes de las líneas de los márgenes de contribución iguales de la ilustración 11-14 cambian a medida que cambia el margen de contribución de los motores para motonieve de $240 a $300 a $160 por unidad, el punto más lejano donde las líneas de los márgenes de contribución iguales se intersecan con el área de las soluciones factibles es todavía ($M = 75$, $Y = 90$).

Términos contables

Este capítulo y el glosario que se presenta al final del libro contienen definiciones de los siguientes términos de importancia:

abastecimiento interno (**p. 397**)

costo de oportunidad (**p. 402**)

costo diferencial (**p. 399**)

costos de la función empresarial (**p. 395**)

costos hundidos (**p. 393**)

costos incrementales o adicionales (**p. 399**)

costos relevantes (**p. 393**)

costos totales del producto (**p. 395**)

decisiones de fabricar o comprar (**p. 397**)

decisiones de mezcla de productos (**p. 405**)

factores cualitativos (**p. 394**)

factores cuantitativos (**p. 394**)

función objetivo (**p. 416**)

ingreso diferencial (**p. 399**)

ingresos incrementales o adicionales

  (**p. 399**)

ingresos relevantes (**p. 393**)

modelo de decisión (**p. 391**)

órdenes especiales (**p. 394**)

programación lineal (PL) (**p. 417**)

restricción (**p. 416**)

subcontratación o abastecimiento

  externo (**p. 397**)

valor en libros (**p. 410**)

Material para tareas

Preguntas

11-1 Describa la secuencia de cinco pasos en un proceso de toma de decisiones.

11-2 Defina los costos relevantes. ¿Por qué los costos históricos son irrelevantes?

11-3 "Todos los costos futuros son relevantes." ¿Está usted de acuerdo? ¿Por qué?

11-4 Distinga entre factores cuantitativos y factores cualitativos en la toma de decisiones.

11-5 Describa dos problemas potenciales que deberían evitarse en el análisis de costos relevantes.

11-6 "Los costos variables siempre son relevantes, y los costos fijos siempre son irrelevantes.". ¿Está usted de acuerdo? ¿Por qué?

11-7 "Una parte componente se debería comprar siempre que el precio de compra sea inferior a su costo de manufactura total por unidad." ¿Está usted de acuerdo? ¿Por qué?

11-8 Defina el costo de oportunidad.

11-9 "Los gerentes siempre deberían comprar inventarios en cantidades que den como resultado el menor costo de adquisición por unidad." ¿Está usted de acuerdo? ¿Por qué?

11-10 "La gerencia siempre debería maximizar las ventas del producto que tenga el mayor margen de contribución por unidad." ¿Está usted de acuerdo? ¿Por qué?

11-11 "Una oficina regional o un segmento de un negocio que muestre una utilidad en operación negativa debería cerrarse." ¿Está usted de acuerdo? Explique brevemente.

11-12 "Los costos eliminados como depreciación sobre un equipo ya comprado siempre son irrelevantes." ¿Está usted de acuerdo? ¿Por qué?

11-13 "Los gerentes elegirán siempre aquella alternativa que maximice la utilidad en operación o que minimice los costos del modelo de decisión." ¿Está usted de acuerdo? ¿Por qué?

11-14 Describa tres pasos que deban seguirse en la solución de un problema de programación lineal.

11-15 ¿Cómo se determina la solución óptima de un problema de programación lineal?

Ejercicios

11-16   **Desecho de activos.** Responda las siguientes preguntas.

1. Una compañía tiene un inventario de 1,100 partes diversas para una línea de misiles que se ha descontinuado. El costo del inventario es de $78,000. Las partes pueden: *a*) volverse a tornear con un costo total incremental de $24,500 y posteriormente venderse en $33,000; o *b*) venderse como chatarra en $6,500. ¿Qué acción es más rentable? Muestre sus cálculos.

2. Un camión, con un costo de $101,000 sin asegurar, queda destruido el primer día de su uso. Se puede: *a*) desechar del camión en $17,500 en efectivo y reemplazarse con un camión similar con un costo de $103,500, o bien, *b*) reconstruirse en $89,500 y convertirse en un camión nuevo desde el punto de vista de las características operativas y de la apariencia. ¿Qué acción es menos costosa? Muestre sus cálculos.

11-17   **Costos relevantes e irrelevantes.** Responda las siguientes preguntas.

1. DeCesare Computers fabrica 5,200 unidades de un panel de circuitos, CB76 a un costo de $280 cada uno. El costo variable por unidad es de $190 y el costo fijo por unidad es de $90. Peach Electronics ofrece abastecer 5,200 unidades de CB76 en $260. Si DeCesare compra a Peach ahorrará $10 por unidad en costos fijos, pero seguirá incurriendo en los $80 restantes por unidad. ¿Debería DeCesare aceptar la oferta de Peach? Explique su respuesta.

2. LN Manufacturing está tomando la decisión de si debe mantener o reemplazar una máquina antigua. Recabó la siguiente información:

	Máquina antigua	Máquina nueva
Costo original	$10,700	$9,000
Vida útil	10 años	3 años
Edad actual	7 años	0 años
Vida útil restante	3 años	3 años
Depreciación acumulada	$7,490	Todavía no se adquiere
Valor en libros	$3,210	Todavía no se adquiere
Valor de desecho actual (en efectivo)	$2,200	Todavía no se adquiere
Valor de desecho terminal (tres años a partir de ahora)	$0	$0
Costos en operación en efectivo anuales	$17,500	$15,500

LN Manufacturing usa una depreciación en línea recta. Ignore el valor del dinero a través del tiempo y los impuestos sobre las utilidades. ¿Debería LN Manufacturing reemplazar la máquina antigua? Explique su respuesta.

11-18   **Elecciones múltiples** (CPA) Elija la mejor respuesta.

1. La compañía Woody fabrica pantuflas y las vende a $10 el par. Los costos variables de manufactura son de $4.50 por par, y los costos fijos de manufactura aplicados son de $1.50 por par. Tiene una capacidad inactiva suficiente disponible para aceptar una orden especial por 20,000 pares de pantuflas a $6 por par. Woody no incurrirá en ningún costo de marketing como resultado de la orden especial. ¿Cuál sería el efecto sobre la utilidad en operación, si la orden especial se pudiera aceptar sin afectar las ventas normales: a) $0 b) un incremento de $30,000, c) un incremento de $90,000 o d) un incremento de $120,000? Muestre sus cálculos.

2. La compañía Reno fabrica la pieza número 498 para usarse en su línea de producción. El costo de manufactura por unidad para 20,000 unidades de la pieza número 498 es:

Materiales directos	$ 6
Mano de obra directa	30
Costos indirectos variables de manufactura	12
Costos indirectos de manufactura fijos aplicados	16
Total del costo de manufactura por unidad	$64

La compañía Tray ofreció vender 20,000 unidades de la pieza número 498 a Reno a un precio de $60 por unidad. Reno tomará la decisión de comprar la pieza a Tray, si hay un ahorro general de por lo menos $25,000 para Reno. Si Reno acepta la oferta de Tray, se eliminarían $9 por unidad de los costos indirectos fijos aplicados. Además, Reno ha determinado que las instalaciones liberadas se podrían usar para ahorrar ciertos costos relevantes en la fabricación de la pieza número 575. Para que Reno logre ahorros generales de $25,000, ¿cuál de los siguientes sería el monto de los costos relevantes que tendría que ahorrarse usando las instalaciones liberadas en la fabricación de la pieza número 575: a) $80,000, b) $85,000, c) $125,000, o bien, d) $140,000? Muestre sus cálculos.

11-19   **Orden especial, costeo basado en las actividades.** (Adaptado de CMA). La compañía Award Plus fabrica medallas para los ganadores de eventos atléticos y de otros concursos. Su planta de manufactura tiene la capacidad de producir 10,000 medallas cada mes. La producción y las ventas actuales son de 7,500 medallas mensuales. La compañía cobra generalmente $150 por medalla. La información de costos para el nivel actual de actividades es como sigue:

Costos variables que cambian con el número de unidades producidas	
Materiales directos	$ 262,500
Mano de obra directa	300,000
Costos variables (para configuración de las máquinas, manejo de materiales, control de calidad, etc.) que varían con el número de lotes, 150 lotes × $500 por lote	75,000
Costos fijos de manufactura	275,000
Costos fijos de marketing	175,000
Costos totales	$1,087,500

Award Plus acaba de recibir una orden especial por 2,500 medallas a $100 por medalla. La aceptación de la orden especial no afectaría las actividades normales del negocio. Award Plus elabora medallas para sus clientes actuales en tamaños de lotes de 50 medallas (150 lotes × 50 medallas por lote = 7,500 medallas). La orden especial requiere que Award Plus elabore las medallas en 25 lotes de 100 cada uno.

Se requiere

1. ¿Debería Award Plus aceptar esta orden especial? Muestre sus cálculos.
2. Suponga que la capacidad de la planta fuera únicamente de 9,000 medallas en vez de 10,000 medallas cada mes. La orden especial se debe tomar en su totalidad o se debe rechazar por completo. ¿Debería Award Plus aceptar la orden especial? Muestre sus cálculos.
3. Como en el punto 1, suponga que la capacidad mensual es de 10,000 medallas. Award Plus está preocupada de que si acepta la orden especial, los clientes existentes pedirán de inmediato un descuento sobre precio de $10 en el mes en que se surta la orden especial. Ellos argumentarían que los costos de la capacidad de Award Plus están ahora siendo distribuidos sobre más unidades y que los clientes actuales deberían obtener el beneficio de dichos costos más bajos. ¿Debería Award Plus aceptar la orden especial con estas condiciones? Muestre sus cálculos.

11-20   **Fabricar _versus_ comprar, costeo basado en actividades.** La corporación Svenson fabrica módem celulares. Manufactura sus propios tableros de circuitos para los módem celulares (TCMC), una pieza importante del módem celular. Reportó la siguiente información de costos en relación con los costos de fabricar los TCMC en 2011 y los costos esperados en 2012:

	Costos actuales en 2011	Costos esperados en 2012
Costos variables de manufactura		
Costo de los materiales directos por TCMC	$ 180	$ 170
Costo de la mano de obra directa por TCMC	50	45
Costo variable de manufactura por lote para configuración de las máquinas, manejo de los materiales y control de la calidad	1,600	1,500
Costo fijo de manufactura		
Costos indirectos fijos de manufactura que se evitarían si no se fabrican los TCMC	320,000	320,000
Costos indirectos fijos de manufactura de la depreciación de la planta, de los seguros y de la administración que no se pueden evitar aun si no se fabrican los TCMC	800,000	800,000

Svenson fabricó 8,000 TCMC en 2011 en 40 lotes de 200 cada uno. En 2012 Svenson anticipa que necesitará 10,000 TCMC. Estos se producirían en 80 lotes de 125 cada uno.

La corporación Minton recurrió a Svenson para analizar la posibilidad de suministrar los TCMC a Svenson en 2012 a $300 por TCMC con base en cualquier calendario de entregas que desee Svenson.

Se requiere

1. Calcule el costo total esperado de manufactura por unidad que resultaría de la fabricación de los TCMC en 2012.
2. Suponga que la capacidad que se usa actualmente para elaborar los TCMC se volverá inactiva si Svenson compra los TCMC a Minton. Con base en consideraciones exclusivamente financieras, ¿debería Svenson elaborar los TCMC o comprarlos a Minton? Muestre sus cálculos.
3. Ahora suponga que si Svenson compra los TCMC a Minton, el mejor uso alternativo de la capacidad que se utiliza actualmente para los TCMC es fabricar y vender tableros de circuitos especiales (TC3) a la corporación Essex. Svenson estima los siguientes ingresos y costos incrementales de los TC3:

Total de ingresos incrementales esperados a futuro	$2,000,000
Total de costos incrementales esperados a futuro	$2,150,000

Con base en consideraciones financieras únicamente, ¿debería Svenson fabricar los TCMC o comprarlos a Minton? Muestre sus cálculos.

11-21 Decisión de inventarios, costos de oportunidad. Lawn World, un fabricante de podadoras para césped, predice que comprará 264,000 bujías el año siguiente. Lawn World estima que cada mes se requerirán 22,000 bujías. Un proveedor cotizó a un precio de $7 por bujía. El proveedor también ofrece una opción con descuento especial: si la totalidad de las 264,000 bujías se compran al inicio de cada año, se dará un descuento de 2% sobre el precio de $7. Lawn World puede invertir su efectivo al 10% anual. A Lawn World cuesta $260 colocar cada orden de compra.

Se requiere

1. ¿Cuál es el costo de oportunidad del interés no realizado con la compra de 264,000 unidades al inicio del año, en vez de 12 compras mensuales de 22,000 unidades por orden?
2. ¿Se registraría este costo de oportunidad en el sistema contable? ¿Por qué?
3. ¿Debería Lawn World comprar 264,000 unidades al inicio del año o 22,000 unidades cada mes? Muestre sus cálculos.

11-22 Costos relevantes, margen de contribución, énfasis en el producto. Seashore Stand es una tienda de alimentos para llevar ubicada en un popular centro de veraneo en la playa. Susan Sexton, propietaria de Seashore Stand, está decidiendo la cantidad de espacio en el refrigerador que deberá dedicar a cuatro diferentes bebidas. Los datos pertinentes sobre estas cuatro bebidas son los siguientes:

	Cola	Limonada	Ponche	Jugo de naranja natural
Precio de venta por caja	$18.75	$20.50	$27.75	$39.30
Costo variable por caja	$13.75	$15.60	$20.70	$30.40
Cajas vendidas por pie de espacio de estantería por día	22	12	6	13

Sexton tiene un espacio frontal máximo en los estantes de 12 pies que deberá dedicar a las cuatro bebidas. Ella desea un mínimo de un pie y un máximo de seis pies de espacio frontal en los estantes para cada bebida.

Se requiere

1. Calcule el margen de contribución por caja para cada tipo de bebida.
2. Un compañero de trabajo de Sexton recomienda que ella maximice el espacio en los estantes dedicados a esas bebidas con el mayor margen de contribución por caja. Evalúe esta recomendación.
3. ¿Qué aplicación del espacio en los estantes para las cuatro bebidas recomendaría usted a Seashore Stand? Muestre sus cálculos.

11-23 **Selección del producto más rentable.** Body-Builders, Inc., fabrica dos tipos básicos de equipos para levantamiento de pesas: el modelo 9 y el modelo 14. Los datos pertinentes son los siguientes:

	A	B	C
1		Por unidad	
2		Modelo 9	Modelo 14
3	Precio de venta	$100.00	$70.00
4	Costos		
5	Materiales directos	28.00	13.00
6	Mano de obra directa	15.00	25.00
7	Costos indirectos variables de manufactura*	25.00	12.50
8	Costos indirectos fijos de manufactura*	10.00	5.00
9	Marketing (todos ellos variables)	14.00	10.00
10	Costo total	92.00	65.50
11	Utilidad en operación	$ 8.00	$ 4.50
12			
13	*Aplicado tomando como base las horas-máquina.		

El frenesí por el acondicionamiento físico es tal que se puede vender una cantidad suficiente ya sea del modelo 9 o del modelo 14, para mantener la planta operando a su máxima capacidad. Ambos productos se procesan a través de los mismos departamentos de producción.

Se requiere

¿Qué productos deberían elaborarse? Explique brevemente su respuesta.

11-24 **Qué centro cerrar, análisis de costos relevantes, costos de oportunidad.** El hospital Fair Lakes ha estado operando centros de cirugía ambulatorios en Groveton y en Stockdale, dos comunidades pequeñas, cada una de ellas alejada de aproximadamente una hora su hospital principal. Como una medida de control de costos, el hospital ha decidido que necesita únicamente uno de estos dos centros en forma permanente y, por lo tanto, uno de ellos debe cerrarse. La decisión relacionada con qué centro cerrar se tomará únicamente con base en consideraciones financieras. Se dispone de la siguiente información:

a) El centro de Groveton se construyó hace 15 años a un costo de $5 millones en un terreno arrendado a la ciudad de Groveton con un costo de $40,000 por año. El terreno y los edificios se devolverán de inmediato a la ciudad si se cierra el centro. Este tiene costos en operación anuales de $2.5 millones, y todos ellos se ahorrarán si se cierra el centro. Además, Fair Lakes aplica $800,000 de costos administrativos comunes al centro de Groveton. Si el centro se cierra, tales costos se aplicarían a otros centros ambulatorios. Si el centro se mantiene abierto, Fair Lakes planea invertir $1 millón en un documento de ingresos fijos, el cual ganará los $40,000 que Fair Lakes necesita para los pagos del arrendamiento.

b) El centro de Stockdale se construyó hace 20 años a un costo de $4.8 millones, de los cuales Fair Lakes y la ciudad de Stockdale pagaron cada uno la mitad, sobre un terreno donado por un benefactor del hospital. Hace dos años, Fair Lakes gastó $2 millones para renovar las instalaciones. Si el centro se cierra, la propiedad se venderá a los desarrolladores en $7 millones. Los costos en operación del centro son de $3 millones por año, y todos ellos se ahorrarán si el centro se cierra. Fair Lakes aplica $1 millón de costos administrativos comunes al centro de Stockdale. Si el centro se cierra, dichos costos se aplicarían a otros centros ambulatorios.

c) Fair Lakes estima que los costos en operación de cualquier centro que permanezca abierto serán de $3.5 anuales.

Se requiere

El ayuntamiento de Stockdale solicitó a Fair Lakes que cierre las instalaciones de Groveton, conservando de este modo el centro de Stockdale. El ayuntamiento argumenta que de otra manera se desperdiciarían los $2 millones gastados en las renovaciones recientes. ¿Está usted de acuerdo con los argumentos y las conclusiones del ayuntamiento de Stockdale? En su respuesta, identifique y explique todos los costos que usted considere relevantes y todos los que usted considere irrelevantes para la decisión de cierre del centro.

11-25 **Cierre y apertura de tiendas.** La corporación Sánchez opera dos tiendas de abarrotes (productos de consumo básico): una en Connecticut y otra en Rhode Island. La utilidad en operación para cada tienda en 2012 es como sigue:

	Tienda de Connecticut	Tienda de Rhode Island
Ingresos	$\underline{\$1,070,000}$	$\underline{\$860,000}$
Costos en operación		
Costo de ventas	750,000	660,000
Renta del arrendamiento (renovable cada año)	90,000	75,000
Costos de la mano de obra (pagados por hora)	42,000	42,000
Depreciación del equipo	25,000	22,000
Servicios generales (electricidad, calefacción)	43,000	46,000
Costos indirectos corporativos aplicados	$\underline{50,000}$	$\underline{40,000}$
Total de costos en operación	1,000,000	885,000
Utilidad (pérdida) en operación	$\underline{\$\ \ 70,000}$	$\underline{\$(25,000)}$

El equipo tiene un valor de desecho de cero. En una reunión de la alta gerencia, María López, la contadora administrativa de la corporación Sánchez, hace el siguiente comentario: "Sánchez podría aumentar su rentabilidad cerrando la tienda de Rhode Island o abriendo otra tienda similar."

1. Cerrando la tienda de Rhode Island, Sánchez puede reducir los costos indirectos corporativos generales en $44,000. Calcule la utilidad en operación de Sánchez si cierra la tienda de Rhode Island. ¿Es correcta la afirmación de María López acerca del efecto del cierre de la tienda de Rhode Island?
2. Calcule la utilidad en operación de Sánchez, si mantiene abierta la tienda de Rhode Island y abre otra tienda con ingresos y costos idénticos a los de la tienda de Rhode Island (incluyendo un costo de $22,000 para la adquisición de equipos con una vida útil de un año y un valor de desecho de cero). La apertura de esta tienda aumentará los costos indirectos corporativos en $4,000. ¿Es correcta la afirmación de María López acerca del efecto de abrir otra tienda igual a la tienda de Rhode Island? Explique su respuesta.

11-26 Elección de clientes. Impresiones Broadway opera una prensa con una capacidad mensual de 2,000 horas-máquina. Broadway tiene dos clientes principales: la corporación Taylor y la corporación Kelly. A continuación se presentan los datos de cada cliente para el mes de enero:

	Corporación Taylor	Corporación Kelly	Total
Ingresos	$120,000	$80,000	$200,000
Costos variables	$\underline{42,000}$	$\underline{48,000}$	$\underline{90,000}$
Margen de contribución	78,000	32,000	110,000
Costos fijos (aplicados)	$\underline{60,000}$	$\underline{40,000}$	$\underline{100,000}$
Utilidad en operación	$\underline{\$\ 18,000}$	$\underline{\$(8,000)}$	$\underline{\$\ 10,000}$
Horas-máquina requeridas	1,500 horas	500 horas	2,000 horas

La corporación Kelly manifiesta que desea que Broadway haga trabajos adicionales de impresión por $80,000 durante febrero. Dichos trabajos son idénticos a la actividad que Broadway hizo para Kelly en enero, en términos de los costos variables y las horas-máquina requeridas. Broadway anticipa que la actividad proveniente de la corporación Taylor en febrero será la misma que en enero. Broadway puede optar por aceptar tanto de la actividad de Taylor como de la de Kelly para febrero, según lo permita su capacidad. Suponga que las horas-máquina totales y los costos fijos del mes de febrero serán los mismos que los de enero.

¿Qué acción debería tomar Broadway para maximizar su utilidad en operación? Muestre sus cálculos.

11-27 Relevancia de los costos de los equipos. Justo el día de hoy la compañía Auto Wash pagó e instaló una máquina especial para pulir automóviles en uno de sus diversos establecimientos de servicio. Es el primer día del año fiscal de la compañía. La máquina tiene un costo de $20,000. Sus costos anuales operativos en efectivo hacen un total de $15,000. La máquina tendrá una vida útil de cuatro años y un valor de desecho terminal de cero.

Después de que la máquina se ha usado solamente un día, un vendedor ofrece una máquina diferente que promete hacer el mismo trabajo con costos en operación anuales en efectivo de $9,000. La nueva máquina costará $24,000 en efectivo, instalada. La máquina "antigua" es única y se puede vender directamente en tan solo $10,000, menos un costo por eliminación de $2,000. La nueva máquina, al igual que la antigua, tendrá una vida útil de cuatro años y un valor de desecho terminal de cero.

Los ingresos, todos en efectivo, serán de $150,000 anuales, y los otros costos en efectivo serán de $110,000 anuales, indistintamente de esta decisión.

Con fines de sencillez, ignore los impuestos sobre las utilidades y el valor del dinero a través del tiempo.

1. *a)* Prepare un estado de entradas y salidas de efectivo para cada uno de los cuatro años con cada alternativa. ¿Cuál es la diferencia acumulativa en el flujo de efectivo para los cuatro años tomados en forma conjunta?

Se requiere

b) Prepare estados de resultados para cada uno de los cuatro años con cada alternativa. Suponga una depreciación en línea recta. ¿Cuál es la diferencia acumulativa en la utilidad en operación para los cuatro años tomados en forma conjunta?

c) ¿Cuáles son las partidas irrelevantes en sus presentaciones para los puntos 1. y 2.? ¿Por qué son irrelevantes?

2. Suponga que el costo de la máquina "antigua" fuera de $1 millón en vez de $20,000. Sin embargo, la máquina antigua se puede vender directamente tan solo en $10,000, menos un costo por eliminación de $2,000. ¿Cambiarían las diferencias netas en los incisos 1a y 1b? Explique su respuesta.

3. ¿Existe algún conflicto entre el modelo de decisión y los incentivos del gerente que acaba de comprar la máquina "antigua" y que está considerando reemplazarla un día después?

11-28 **Actualización de equipos *versus* reemplazo de equipos** (Adaptado de A. Spero.) La compañía TechGuide fabrica y vende 7,500 escritorios modulares para computadora por año, a un precio de venta de $750 cada uno. Su equipo actual de producción, comprado en $1,800,000 y con una vida útil de cinco años, tan solo tiene dos años de antigüedad. Tiene un valor de desecho terminal de $0 y se deprecia con base en el método de línea recta. El equipo tiene un precio de desecho actual de $450,000. Sin embargo, el surgimiento de una nueva tecnología para moldeados hizo que TechGuide considerara ya sea la actualización o el reemplazo del equipo de producción. El siguiente cuadro presenta datos para ambas alternativas:

	A	B	C
1		**Actualización**	**Reemplazo**
2	Costo del equipo	$3,000,000	$4,800,000
3	Costos variables de manufactura por escritorio	$ 150	$ 75
4	Vida útil restante del equipo (años)	3	3
5	Valor de desecho terminal del equipo	$ 0	$ 0

Se requiere

Todos los costos del equipo continuarán depreciándose en línea recta. Con fines de sencillez, ignore los impuestos sobre las utilidades, y el valor del dinero a través del tiempo.

1. ¿Debería TechGuide actualizar su línea de producción o reemplazarla? Muestre sus cálculos.
2. Suponga ahora que el costo del equipo para reemplazar el equipo de producción es un tanto negociable. Todos los demás datos son como se indicó anteriormente. ¿Cuál es el costo único máximo del equipo que TechGuide estaría dispuesta a pagar para reemplazar el equipo antiguo en vez de actualizarlo?
3. Suponga que los gastos de capital para reemplazar y para actualizar el equipo de producción son como se explica en el ejercicio original, pero que no se conocen las cantidades de producción y de ventas. ¿Para qué cantidad de producción y de ventas TechGuide: i. actualizaría el equipo o ii. lo reemplazaría?
4. Suponga que todos los datos son como se proporcionan en el ejercicio original. Dan Doria es el gerente de TechGuide y su bono se basa en la utilidad en operación. Ya que es probable que se vuelva a ubicar después de aproximadamente un año, su bono actual es su principal preocupación. ¿Qué alternativa elegiría Doria? Explique su respuesta.

MyAccountingLab

Problemas

11-29 **Orden especial.** La corporación Louisville fabrica bates de béisbol para niños que vende en $32 cada uno. Operando a su máxima capacidad, la compañía logra fabricar 50,000 bates al año. Los costos por producir y vender 50,000 bates son los siguientes:

	Costo por bate	Costos totales
Materiales directos	$12	$ 600,000
Mano de obra directa	3	150,000
Costos indirectos variables de manufactura	1	50,000
Costos indirectos fijos de manufactura	5	250,000
Gastos variables de ventas	2	100,000
Gastos fijos de ventas	4	200,000
Costos totales	$27	$1,350,000

Se requiere

1. Suponga que actualmente Louisville produce y vende 40,000 bates. A este nivel de producción y de ventas, sus costos fijos son los mismos que los que se proporcionan en el cuadro anterior. La corporación Ripkin desea colocar una orden especial por 10,000 bates a $25 cada uno. Louisville no incurrirá en costos variables de venta para esta orden especial. ¿Debería Louisville aceptar esta orden especial? Muestre sus cálculos.

2. Suponga ahora que Louisville produce y vende actualmente 50,000 bates. Si Louisville acepta la oferta de Ripkin tendrá que vender 10,000 bates menos a sus clientes regulares. *a)* Tomando como base únicamente las consideraciones financieras, ¿debería Louisville aceptar esta orden especial? Muestre sus cálculos. *b)* Tomando como base tan solo las consideraciones financieras, ¿a qué precio sería Louisville indiferente entre aceptar la orden especial y continuar vendiendo a sus clientes regulares a $32 por bate? *c)* ¿Que otros factores debería considerar Louisville al decidir si acepta la orden especial?

11-30 Subcontrataciones a nivel internacional. Bernie's Bears, Inc., fabrica juguetes de felpa en una planta ubicada en Cleveland, Ohio. Recientemente, la compañía diseñó un grupo de figurillas de resina coleccionables para la línea de juguetes de felpa. La gerencia intenta decidir si debe manufacturar las figurillas por sí misma en el espacio existente de la planta de Cleveland, o bien, si tiene que aceptar una oferta de una compañía de manufactura en Indonesia. A continuación se presentan los datos relacionados con la decisión:

Ventas anuales esperadas de figurillas (en unidades)	400,000
Precios de venta promedio de una figurilla	$5
Precio cotizado por una compañía en Indonesia, en rupias indonesas (RI), por cada figurilla	27,300 IDR
Tipo de cambio actual	9,100 RI = $1
Costos variables de manufactura	$2.85 por unidad
Costos fijos anuales de manufactura incrementales asociados con la nueva línea de productos	$200,000
Costos variables de ventas y distribución[a]	$0.50 por unidad
Costos fijos anuales de ventas y de distribución[a]	$285,000

[a]Los costos de venta y de distribución son los mismos indistintamente de si las figurillas se manufacturen en Cleveland o se importen.

Se requiere

1. ¿Debería Bernie's Bears manufacturar las 400,000 figurillas en la planta de Cleveland o comprarlas al proveedor de Indonesia? Explique su respuesta.
2. Bernie's Bears considera que el dólar estadounidense se podría debilitar en los meses siguientes contra la rupia indonesia y no quiere enfrentar ningún riesgo cambiario. Suponga que Bernie's Bears puede celebrar un contrato a plazo el día de hoy para comprar 27,300 RI a $3.40. ¿Debería Bernie's Bears manufacturar las 400,000 figurillas en la planta de Cleveland o comprarlas al proveedor de Indonesia? Explique su respuesta.
3. ¿Cuáles son algunos de los factores cualitativos que debería considerar Bernie's Bears al decidir si tiene que subcontratar la manufactura de la figurilla en Indonesia?

11-31 Costos relevantes, costos de oportunidad. Larry Miller, gerente general de Basil Software, debe decidir la fecha en que lanzará la nueva versión del paquete de hojas electrónicas de Basil, Easyspread 2.0. El desarrollo de Easyspread 2.0 está completo; sin embargo, los disquetes, los discos compactos y los manuales para el usuario todavía no se han producido. El producto se puede embarcar iniciando el 1 de julio de 2011.

El principal problema es que Basil sobresaturó la versión anterior de su paquete de hojas electrónicas, Easyspread 1.0. Miller sabe que una vez que se haya introducido Easyspread 2.0, Basil no podrá vender más unidades de Easyspread 1.0. En vez de solamente deshacerse del inventario de Easyspread 1.0, Miller se pregunta si sería mejor continuar vendiendo Easyspread 1.0 durante los siguientes tres meses, y lanzar Easyspread 2.0 el 1 de octubre de 2011, cuando el inventario de Easyspread 1.0 esté vendido en su totalidad.

Se dispone de la siguiente información:

	Easyspread 1.0	Easyspread 2.0
Precio de venta	$160	$195
Costo variable por unidad de disquetes, discos compactos, manuales para el usuario	25	30
Costo de desarrollo por unidad	70	100
Costo de marketing y administración por unidad	35	40
Costo total por unidad	130	170
Utilidad en operación por unidad	$ 30	$ 25

El costo de desarrollo por unidad para cada producto es igual a los costos totales de desarrollo del producto de software dividido entre las ventas anticipadas en unidades durante la vida del producto. Los costos de marketing y administración son costos fijos en 2011, y se incurre en ellos para dar apoyo a todas las actividades de marketing y administración de Basil Software. Los costos de marketing y administración se aplican a los productos tomando como base los ingresos presupuestados de cada producto. Los costos unitarios anteriores suponen que Easyspread 2.0 se introducirá el 1 de octubre de 2011.

Se requiere

1. Tomando como base únicamente las consideraciones financieras, ¿debería Miller lanzar Easyspread 2.0 el 1 de julio de 2011, o esperar hasta el 1 de octubre de 2011? Muestre sus cálculos, identificando claramente los ingresos y los costos relevantes e irrelevantes.
2. ¿Qué otros factores podría considerar Larry Miller al tomar una decisión?

11-32 **Costos de oportunidad.** (H. Schaefer) La corporación Wild Boar está trabajando a su máxima capacidad de producción y está fabricando 13,000 unidades de un producto único, Rosebo. El costo de manufactura por unidad para Rosebo es como sigue:

Materiales directos	$ 5
Mano de obra directa	1
Costos indirectos de manufactura	7
Costo total de manufactura	$13

El costo indirecto de manufactura por unidad se basa en el costo variable por unidad de $4 y en costos fijos de $39,000 (a la capacidad total de 13,000 unidades). Los costos de marketing por unidad, todos ellos variables, son de $2, y el precio de venta es de $26.

Un cliente, la compañía Miami, solicitó a Wild Boar que elabore 3,500 unidades de Orangebo, una modificación de Rosebo. Orangebo requeriría los mismos procesos de manufactura que Rosebo. Miami ofreció pagar a Wild Boar $20 por unidad de Orangebo y compartir la mitad del costo de manufactura por unidad.

Se requiere

1. ¿Cuál es el costo de oportunidad para Wild Boar que resultaría de producir las 3,500 unidades de Orangebo? (Suponga que no se trabaja tiempo extra.)
2. La corporación Buckeye ofreció producir 3,500 unidades de Rosebo para Wolverine, de modo que Wild Boar podría aceptar la oferta de Miami. Es decir, si Wild Boar acepta la oferta de Buckeye, Wild Boar manufacturaría 9,500 unidades de Rosebo y 3,500 unidades de Orangebo, y compararía 3,500 unidades de Rosebo a Buckeye. Buckeye cobraría a Wild Board $18 por unidad por la manufactura de Rosebo. Basándose únicamente en consideraciones financieras, ¿Wild Boar debería aceptar la oferta de Buckeye? Muestre sus cálculos.
3. Suponga que Wild Boar hubiera estado trabajando a un nivel inferior al de la capacidad total, produciendo 9,500 unidades de Rosebo en el momento en que realizara la oferta de Miami. Calcule el precio mínimo que Wild Boar debería aceptar por Orangebo con tales condiciones. (Ignore el precio de venta anterior de $20.)

11-33 **Mezcla de productos, pedido especial.** (Adaptado de N. Melumad.) Pendelton Engineering fabrica herramientas de corte para operaciones de trabajos con metales. Elabora dos tipos de herramientas: R3, una herramienta de corte normal, y HP6, una herramienta de corte de alta precisión. R3 se fabrica en una máquina regular, pero HP6 se debe manufacturar tanto en la máquina regular como en la máquina de alta precisión. Se dispone de la siguiente información:

	R3	HP6
Precio de venta	$ 100	$ 150
Costo variable de manufactura por unidad	$ 60	$ 100
Costo variable de marketing por unidad	$ 15	$ 35
Costos indirectos fijos totales presupuestados	$350,000	$550,000
Horas requeridas para producir una unidad en la máquina regular	1.0	0.5

La información adicional incluye lo siguiente:

a) Pendleton se enfrenta a una restricción de capacidad sobre la máquina regular de 50,000 horas por año.
b) La capacidad de la máquina de alta precisión no es una restricción.
c) De los $550,000 de costos indirectos fijos presupuestados de HP6, $300,000 son pagos de arrendamiento para la máquina de alta precisión. El costo se carga totalmente a HP6 porque Pendleton utiliza la máquina en forma exclusiva para producir el HP6. El contrato de arrendamiento para la máquina de alta precisión se puede cancelar en cualquier momento sin mayores sanciones.
d) Todos los demás costos indirectos son fijos y no se pueden cambiar.

Se requiere

1. ¿Qué mezcla de productos, es decir, cuántas unidades de R3 y de HP6, maximizará la utilidad en operación de Pendleton? Muestre sus cálculos.
2. Suponga que Pendleton puede incrementar la capacidad anual de sus máquinas regulares en 15,000 horas-máquina a un costo de $150,000. ¿Pendleton debería aumentar la capacidad de las máquinas regulares en 15,000 horas-máquina? ¿En qué cantidad aumentará la utilidad en operación de Pendleton? Muestre sus cálculos.
3. Suponga que la capacidad de las máquinas regulares ha aumentado a 65,000 horas. La corporación Cater se ha puesto en contacto con Pendleton para que este le suministre 20,000 unidades de otra herramienta de corte, S3, a $120 por unidad. Pendleton debe optar ya sea por aceptar la orden por la totalidad de las 20,000 unidades, o bien, rechazarla por completo. S3 es exactamente como R3 salvo que su costo variable de manufactura es de $70 por unidad. (Se necesita una hora para producir una unidad de S3 sobre la máquina regular, y los costos variables de manufactura son iguales a $15 por unidad.) ¿Qué mezcla de productos debería elegir Pendleton para maximizar la utilidad en operación? Muestre sus cálculos.

11-34 **Eliminación de una línea de productos, venta de más unidades.** La corporación Northern Division de Grossman fabrica y vende mesas y camas. Se dispone de la siguiente información de ingresos y de costos estimados a partir del sistema de costeo basado en actividades de la división para 2011.

	4,000 Mesas	5,000 Camas	Total
Ingresos ($125 × 4,000; $200 × 5,000)	$500,000	$1,000,000	$1,500,000
Costos variables de los materiales directos y de la mano de obra directa ($75 × 4,000; $105 × 5,000)	300,000	525,000	825,000
Depreciación sobre el equipo usado exclusivamente por cada línea de productos	42,000	58,000	100,000
Costos de marketing y de distribución			
$40,000 (fijos) + ($750 por embarque × 40 embarques)	70,000		
$60,000 (fijos) + ($750 por embarque × 100 embarques)		135,000 }	205,000
Costos generales y de administración fijos de la división aplicados a las líneas de productos con base en los ingresos	110,000	220,000	330,000
Costos de las oficinas corporativas aplicados a las líneas de productos con base en los ingresos	50,000	100,000	150,000
Costos totales	572,000	1,038,000	1,610,000
Utilidad (pérdida) en operación	$(72,000)	$ (38,000)	$ (110,000)

La información adicional incluye lo siguiente:

a) Al 1 de enero de 2011, el equipo tiene un valor en libros de $100,000, una vida útil de un año y un valor de desecho de cero. Cualquier equipo que no se utilice permanecerá inactivo.

b) Los costos fijos de marketing y de distribución de una línea de productos se evitarían si la línea se descontinúa.

c) Los costos fijos generales y de administración de la división y de las oficinas corporativas no cambiarán, si las ventas de las líneas de productos individuales aumentan o disminuyen, o si se agregan o se eliminan líneas de productos.

Se requiere

1. Con base únicamente en consideraciones financieras, ¿debería Northern Division descontinuar la línea de productos de mesas durante el año, suponiendo que las instalaciones liberadas permanecen inactivas? Muestre sus cálculos.

2. ¿Cuál sería el efecto sobre la utilidad en operación de Northern Division si vendiera 4,000 mesas más? Suponga que para ello la división tendría que adquirir un equipo adicional a un costo de $42,000 con una vida útil de un año y con un valor de desecho terminal de cero. Suponga asimismo que los costos fijos de marketing y de distribución no cambiaran, pero que el número de embarques se duplicaría. Muestre sus cálculos.

3. Dada la pérdida en operación esperada de Northern Division por $110,000, ¿debería la corporación Grossman cerrar durante el año? Suponga que el cierre de Northern Division no tendrá efecto sobre los costos de las oficinas corporativas, pero conducirá a ahorros en todos los costos generales de administración de la división. Muestre sus cálculos.

4. Suponga que Grossman Corporation tiene la oportunidad de abrir otra división, la Southern Division, y que se espera que los ingresos y costos de esta última sean idénticos a los costos y a los ingresos de la Northern Division (incluyendo un costo de $100,000 para adquirir equipos con una vida útil de un año y un valor de desecho terminal de cero). La apertura de la nueva división no tendrá efecto sobre los costos de las oficinas corporativas. ¿Grossman debería abrir la Southern Division? Muestre sus cálculos.

11-35 Fabricar o comprar, nivel de volumen desconocido. (A. Atkinson.) Oxford Engineering fabrica motores de tamaño pequeño. Los motores se venden a compañías manufactureras que los instalan en productos tales como podadoras de césped. Actualmente la compañía fabrica todas las piezas que se utilizan en estos motores, pero está considerando una propuesta de un proveedor externo que desea suministrar los ensambles del arrancador que se usan en los motores.

Los ensambles del arrancador se manufacturan actualmente en la División 3 de Oxford Engineering. Los costos relacionados con los ensambles del arrancador durante los 12 meses anteriores fueron los siguientes:

Materiales directos	$200,000
Mano de obra directa	150,000
Costos indirectos de manufactura	400,000
Total	$750,000

Durante el año pasado, la División 3 fabricó 150,000 ensambles de arrancadores. El costo promedio para cada ensamble del arrancador es de $5 ($750,000 × 150,000).

Un análisis más profundo de los costos indirectos de manufactura reveló la siguiente información. Del total de los costos indirectos de manufactura, tan solo 25% se considera variable. De la porción fija, $150,000 son una aplicación de los costos indirectos generales que permanecerá constante para la compañía como un todo, si se descontinúa la producción de los ensambles del arrancador. Una cantidad adicional de $100,000 de los costos indirectos fijos es evitable, si se descontinúa la producción de los ensambles del arrancador. El saldo de los costos indirectos fijos actuales, $50,000, es el salario del gerente de la división. Si se descontinúa la producción de los ensambles del arrancador, el gerente de la División 3 se transferirá a la División 2 con el mismo salario. Esta maniobra permitiría a la compañía ahorrar el salario de $40,000 que de otra manera se pagaría para atraer a una persona externa a este puesto de trabajo.

Se requiere

1. Tidnish Electronics, un proveedor confiable, ofrece suministrar las unidades de ensamble del arrancador a $4 por unidad. Ya que este precio es inferior al costo promedio actual de $5 por unidad, el vicepresidente de manufactura está dispuesto a aceptar la oferta. Con base en consideraciones únicamente financieras, ¿debería aceptarse la oferta externa? Muestre sus cálculos. (*Sugerencia*: La producción del año siguiente puede ser distinta de la producción del año pasado.)

2. ¿Cómo, si acaso, cambiaría su respuesta al punto 1 si la compañía pudiera usar el espacio vacante de la planta para el almacenamiento y, al hacerlo así, evitara $50,000 de los cargos externos por almacenaje en los que actualmente incurre? ¿Por qué esta información es relevante o irrelevante?

11-36 **Fabricar *versus* comprar, costeo basado en actividades, costos de oportunidad.** La compañía Weaver fabrica parrillas de gas. La producción esperada para este año es de 20,000 unidades. Actualmente, Weaver fabrica los quemadores laterales para sus parrillas. Cada parrilla incluye dos quemadores laterales. El contador administrativo de Weaver reportó los siguientes costos para la elaboración de los 40,000 quemadores:

	Costo por unidad	Costos por 40,000 unidades
Materiales directos	$5.00	$200,000
Mano de obra directa	2.50	100,000
Costos indirectos de manufactura variables	1.25	50,000
Inspección, configuración de máquina, manejo de materiales		4,000
Renta de la máquina		8,000
Costos fijos aplicados para administración de la planta, impuestos y seguros		50,000
Costos totales		$412,000

Weaver ha recibido una oferta de un proveedor externo para suministrar cualquier número de quemadores que requiera la compañía Weaver a $9.25 por quemador. Se dispone de la siguiente información adicional:

a) Los costos por inspección, configuración de máquinas y manejo de materiales varían con el número de lotes en que se fabrican los quemadores. Weaver produce los quemadores en lotes con tamaños de 1,000 unidades. Weaver fabricará las 40,000 unidades en 40 lotes.

b) Weaver renta la máquina que se usa para fabricar los quemadores. Si Weaver compra todos sus quemadores a un proveedor externo, no necesita pagar la renta sobre esta máquina.

Se requiere

1. Suponga que si Weaver compra los quemadores al proveedor externo, la planta donde actualmente se elaboran los quemadores quedará inactiva. Con base en consideraciones únicamente financieras, ¿Weaver debería aceptar la oferta del proveedor externo al volumen anticipado de 40,000 quemadores? Muestre sus cálculos.

2. Para esta pregunta, suponga que si los quemadores se compran en forma externa, las instalaciones donde se elaboran los quemadores actualmente se utilizarán para modernizar las parrillas mediante la adición de un accesorio para asar. (Nota: Cada parrilla contiene dos quemadores y un accesorio para asar.) En consecuencia, el precio de venta de las parrillas aumentará en $30. El costo variable por unidad modernizada sería de $24, y se incurriría en costos incrementales de operaciones mecánicas de $100,000 anuales. Tomando como base únicamente las consideraciones financieras, ¿Weaver debería fabricar o comprar los quemadores, suponiendo que se producen (y se venden) 20,000 parrillas? Muestre sus cálculos.

3. El gerente de ventas de Weaver está preocupado de que la estimación de 20,000 parrillas pueda ser alta y considera que tan solo se venderán 16,000 parrillas. La producción se reducirá, liberando de esta manera espacio para el trabajo. Este espacio se usaría para agregar los accesorios para asar, indistintamente de que Weaver compre los quemadores o los fabrique internamente. A este menor nivel de producción, Weaver fabricará los quemadores en 32 lotes de 1,000 unidades cada uno. Con base en consideraciones únicamente financieras, ¿Weaver debería comprar los quemadores al proveedor externo? Muestre sus cálculos.

11-37 **Elecciones múltiples, problema de alcance amplio sobre costos relevantes.** A continuación se presentan los costos unitarios de la compañía Class para la fabricación y comercialización de una pluma fina a un nivel de producción de 20,000 unidades mensuales:

Costo de manufactura	
Materiales directos	$1.00
Mano de obra directa	1.20
Costos indirectos variables de manufactura	0.80
Costos indirectos fijos de manufactura	0.50
Costo de marketing	
Variable	1.50
Fijo	0.90

Se requiere

Las siguientes situaciones se refieren únicamente a los datos anteriores; *no hay conexión* entre las situaciones. A menos de que se indique lo contrario, suponga un precio de venta regular de $6 por unidad. Elija la mejor respuesta para cada pregunta. Muestre sus cálculos.

1. Para un inventario de 10,000 unidades de la pluma fina que se presentó en el balance general, el costo unitario adecuado que se deberá usar es de: *a)* $3.00 *b)* $3.50 *c)* $5.00 *d)* $2.20 o *e)* $5.90.

2. Por lo general, la pluma se fabrica y se vende a la tasa de 240,000 unidades anuales (un promedio de 20,000 por mes). El precio de venta es de $6 por unidad, y ello genera ingresos anuales totales de $1,440,000. Los costos totales son de $1,416,000, y la utilidad en operación es de $24,000, o $0.10 por unidad. La investigación de mercados estima que las ventas unitarias se podrían aumentar en 10% si los precios se redujeran a $5.80. Suponiendo que continúan los patrones de comportamiento de costos implicados, si se toma esta acción:

   a) Disminuiría la utilidad en operación en $7,200.
   b) Disminuiría la utilidad en operación en $0.20 por unidad ($48,000), pero aumentaría la utilidad en operación en 10% de los ingresos ($144,000), dando lugar a un incremento neto de $96,000.
   c) Disminuiría el costo fijo por unidad en 10%, o $0.14, por unidad y, de este modo, disminuiría la utilidad en operación en $0.06 ($0.20 − $0.14) por unidad.
   d) Aumentaría las ventas unitarias a 264,000 unidades, lo cual, al precio de $5.80 daría ingresos totales de $1,531,200 y llevaría a costos de $5.90 por unidad para 264,000 unidades, lo cual sería igual a $1,557,600, y daría como resultado una pérdida en operación de $26,400.
   e) Ninguno de los anteriores.

3. Un contrato con el gobierno por 5,000 unidades de las plumas requiere el reembolso de todos los costos de manufactura más una tarifa fija de $1,000. No se incurre en costos variables de marketing sobre el contrato de gobierno. A usted se le pide que compare las dos alternativas siguientes:

Ventas mensuales realizadas a	Alternativa A	Alternativa B
Clientes regulares	15,000 unidades	15,000 unidades
Gobierno	0 unidades	5,000 unidades

   El ingreso en operación con la alternativa B es mayor que con la alternativa A en: a) $1,000, b) $2,500, c) $3,500, d) $300 o e) ninguno de estos.

4. Suponga los mismos datos con respecto al contrato del gobierno que en el punto 3, excepto que las dos alternativas que se van a comparar son las siguientes:

Ventas mensuales realizadas a	Alternativa A	Alternativa B
Clientes regulares	20,000 unidades	15,000 unidades
Gobierno	0 unidades	5,000 unidades

   La utilidad en operación con la alternativa B en relación con la utilidad en operación con la alternativa A es: a) menor en $4,000; b) mayor en $3,000; c) menor en $6,500; d) mayor en $500; o e) ninguna de estas.

5. La compañía desea ingresar a un mercado extranjero donde la competencia en precio es muy aguda y busca una orden especial por 10,000 unidades con base en un precio unitario mínimo. Espera que los costos de los embarques de esta orden asciendan únicamente a $0.75 por unidad, pero los costos fijos de la obtención del contrato serán de $4,000. La compañía no incurre en costos variables de marketing distintos de los costos de embarque. Las operaciones nacionales de negocios no se verán afectadas. El precio de venta para el punto de equilibrio es de: a) $3.50, b) $4.15, c) $4.25, d) $3.00 o e) $5.00.

6. La compañía tiene un inventario de 1,000 unidades de plumas que debe vender de inmediato a precios reducidos. De lo contrario, el inventario no tendrá valor. El costo unitario que es relevante para el establecimiento del precio mínimo de venta es de: a) $4.50, b) $4.00, c) $3.00, d) $5.90 o e) $1.50.

7. Se recibe una propuesta de un proveedor externo quien fabricará y embarcará las plumas finas directamente a los clientes de la compañía Class, a medida que las órdenes de ventas sean enviadas por el personal de ventas de Class. Los costos fijos de marketing de Class no se verán afectados, pero sus costos variables de marketing disminuirán en 20%. La planta de Class estará inactiva, pero sus costos fijos indirectos de manufactura continuarán al 50% de los niveles actuales. ¿Qué cantidad por unidad podría pagar la compañía al proveedor, sin disminuir la utilidad en operación? a) $4.75, b) $3.95, c) $2.95, d) $5.35, o e) ninguna de estas.

11-38 Cierre de divisiones. La corporación Belmont tiene cuatro divisiones operativas. Los ingresos y los gastos presupuestados para cada división durante 2011 se presentan a continuación:

	División			
	A	**B**	**C**	**D**
Ventas	$630,000	$ 632,000	$960,000	$1,240,000
Costo de ventas	550,000	620,000	765,000	925,000
Gastos de ventas, generales y de administración	120,000	135,000	144,000	210,000
Utilidad/pérdida en operación	(40,000)	$(123,000)	$ 51,000	105,000

Un análisis más profundo de los costos revela los siguientes porcentajes de costos variables en cada división:

Costo de ventas	90%	80%	90%	85%
Gastos de ventas, generales y de administración	50%	50%	60%	60%

El cierre de cualquier división daría como resultado ahorros de 40% en los costos fijos de esa división.

La alta gerencia está muy preocupada acerca de las divisiones que no son rentables (A y B) y está considerando cerrarlas durante el año.

Se requiere

1. Calcule el aumento o la disminución en la utilidad en operación, si Belmont cierra la división A.
2. Calcule el aumento o la disminución en la utilidad en operación, si Belmont cierra la división B.
3. ¿Qué otros factores debería considerar la alta gerencia de Belmont antes de tomar una decisión?

11-39 Mezcla de productos, recursos restringidos. La compañía Westford fabrica tres productos, A110, B382 y C657. Los datos unitarios para los tres productos se presentan a continuación:

	Producto		
	A110	**B382**	**C657**
Precio de venta	$84	$56	70
Costos variables			
Materiales directos	24	15	9
Mano de obra y otros costos	28	27	40
Cantidad de bistidio por unidad	8 lb.	5 lb.	3 lb.

Los tres productos usan el mismo material directo, denominado bistidio. La demanda de los productos excede por mucho los materiales directos disponibles para elaborarlos. El bistidio tiene un costo de $3 por libra y se dispone de un máximo de 5,000 libras mensuales. Westford debe producir un mínimo de 200 unidades de cada producto.

Se requiere

1. ¿Cuántas unidades del producto A110, B382 y C657 debería elaborar Westford?
2. ¿Cuál es la cantidad máxima que Westford estaría dispuesta a pagar por otras 1000 libras de bistidio?

11-40 Mezcla de productos óptima (Adaptado de cma.) Della Simpson, Inc., vende dos marcas populares de galletas: Della's Delight y Bonny's Bourbon. Della's Delight pasa por los departamentos de mezclado y horneado, y Bonny's Bourbon, una galleta rellena, pasa por los departamentos de mezclado, relleno y horneado.

Michael Shirra, vicepresidente de ventas, considera que al precio actual, Della Simpson puede vender la totalidad de su producción diaria de Della's Delight y de Bonny's Bourbon. Ambas galletas se fabrican en lotes de 3,000. En cada departamento, el tiempo que se requiere por lote y el tiempo total disponible cada día son:

	A	B	C	D
1		Minutos en el departamento de		
2		Mezclado	Relleno	Horneado
3	Della's Delight	30	0	10
4	Bonny's Bourbon	15	15	15
5	Total disponible por día	660	270	300

Los datos de ingresos y costos para cada tipo de galleta son:

	A	B	C
7		Della's	Bonny's
8		Delight	Bourbon
9	Ingreso por lote	$ 475	$ 375
10	Costo variable por lote	175	125
11	Margen de contribución por lote	$ 300	$ 250
12	Costos fijos mensuales		
13	(aplicados a cada producto)	$18,650	$22,350

Se requiere

1. Usando la letra D para representar los lotes de Della's Delight, y B para los lotes de Bonny's Bourbon, que se fabrican y se venden diariamente, formule la decisión de Shirra como un modelo de PL.
2. Calcule el número óptimo de lotes de cada tipo de galleta que Della Simpson, Inc., debería fabricar y vender cada día para maximizar la utilidad en operación.

11-41   Eliminación de un cliente, costeo basado en las actividades, ética. Jack Arnoldson es el contador administrativo de Valley Restaurant Supply (VRS). Bob Gardener, el gerente de ventas de VRS, y Jack están en una reunión para examinar la rentabilidad de uno de sus clientes, Franco Pizza's. Jack entrega a Bob el siguiente análisis de las actividades de Franco durante el último trimestre, tomado directamente del sistema de costeo basado en actividades de Valley.

Ventas	$15,600
Costo de ventas (variable)	9,350
Procesamiento de la orden (25 órdenes procesadas a $200 cada una)	5,000
Entrega (2,500 millas manejadas a $0.50 por milla)	1,250
Órdenes de emergencia (tres órdenes de emergencia a $110 cada una)	330
Llamadas de ventas (tres llamadas de ventas a $100 cada una)	300
Utilidades	($ 630)

Bob observa el reporte y manifiesta lo siguiente: "Me da gusto ver que todo mi trabajo y esfuerzo están dando resultados con Franco. Las ventas han aumentado 10% durante el trimestre anterior."

Jack replica: "Los aumentos en ventas son estupendos, pero estoy preocupado por el margen de Franco, Bob. Estábamos mostrando una utilidad aun cuando Franco se encontrara al nivel más bajo de ventas, sin embargo, ahora tenemos una pérdida. Este trimestre el porcentaje de la utilidad bruta fue de 40%, lo cual representa cinco puntos porcentuales menos con respecto al trimestre anterior. Temo que el corporativo insistirá en eliminarlos como un cliente si las cosas no cambian."

"Eso es descabellado", responde Bob. "Una gran cantidad de costos indirectos por aspectos como el procesamiento de órdenes, las entregas y las llamadas de ventas tendrían que aplicarse a otros clientes si eliminamos a Franco. Este reporte hace que parezca como si estuviéramos perdiendo dinero con Franco, cuando en realidad no es así. En cualquier caso, estoy seguro de que usted puede hacer algo para conseguir que su rentabilidad se vea más cercana a lo que pensamos que es. Nadie duda de que Franco sea un cliente muy bueno."

1. Suponga que Bob tiene parcialmente razón en su evaluación del reporte. Después de una investigación más profunda, se determina que el 10% de los costos de procesamiento de la orden y el 20% de los costos de entrega no serían evitables si VRS descartara a Franco ¿Se beneficiaría VRS con motivo de descartar a Franco? Muestre sus cálculos.   **Se requiere**
2. El bono de Bob se basa en el cumplimiento de los objetivos de ventas. Con base en la información anterior acerca del porcentaje de la utilidad bruta, ¿qué podría haber hecho Bob el trimestre anterior para satisfacer su meta y para recibir su bono? ¿Cómo podría VRS revisar su sistema de bonos para tratar esto?
3. ¿Debería Jack volver a calcular los números? ¿Cómo debería responder a los comentarios de Bob sobre hacer que Franco se vea más rentable?

Problema para aprendizaje colaborativo

11-42   Decisiones de reemplazo de equipo y evaluación del desempeño. Bob Moody administra la planta Knoxville de George Manufacturing. Fue contactado por un representante de Darda Engineering en relación con la posibilidad de reemplazar —con un modelo más eficiente— cierta pieza grande del equipo de manufactura que George usa en su proceso. Aunque el representante dio algunos argumentos convincentes a favor del hecho de reemplazar el equipo con tres años de antigüedad, Moody tiene algunas dudas. Moody espera ser promovido el año siguiente al puesto de gerente de la planta más grande de Chicago, y sabe que —como parte de la decisión de promoción— la utilidad en operación neta sobre bases devengadas para la planta de Knoxville se evaluará rigurosamente. Se dispone de la siguiente información acerca de la decisión de reemplazo del equipo:

- El costo histórico de la máquina antigua es de $300,000. Tiene un valor actual en libros de $120,000, dos años restantes de vida útil, y un valor de mercado de $72,000. El gasto por depreciación anual es de $60,000. Se espera que tenga un valor de salvamento de $0 al final de su vida útil.
- El nuevo equipo tendrá un costo de $180,000, una vida útil de dos años y un valor de salvamento de $0. George usa el método de depreciación en línea recta en todo el equipo.
- El nuevo equipo reducirá los costos por electricidad en $35,000 por año, y reducirá los costos de la mano de obra directa en $30,000 por año.

Con fines de sencillez, ignore los impuestos sobre las utilidades, y el valor del dinero a través del tiempo.

1. Suponga que la prioridad de Moody es recibir la promoción, y que toma la decisión de reemplazo del equipo con base en la utilidad en operación neta del año siguiente sobre bases devengadas. ¿Qué alternativa elegiría él? Muestre sus cálculos.   **Se requiere**
2. ¿Cuáles son los factores relevantes en la decisión? ¿Qué alternativa representa el mejor interés de la compañía durante los dos años siguientes? Muestre sus cálculos.
3. ¿A qué costo del nuevo equipo Moody estaría dispuesto a comprarlo? Explique su respuesta.

12 Decisiones de fijación de precios y administración de costos

La mayoría de las compañías hacen un enorme esfuerzo al analizar sus costos y sus precios

Se sabe que si el precio es demasiado alto, los clientes buscarán en otra parte; y que si es demasiado bajo, quizá la empresa ni siquiera cubriría el costo por elaborar el producto. Sin embargo, algunas compañías entienden que es posible cargar un precio bajo para estimular la demanda y satisfacer las necesidades de los consumidores, y administrar inexorablemente a la vez los costos para obtener una utilidad. Tata Motors es una de tales organizaciones.

La fijación de precio fijada como meta y el automóvil de $2,500 de Tata Motors[1]

A pesar del auge económico de India y del mercado creciente de bienes de consumo, las opciones de transporte en el segundo país más poblado del mundo siguen estando limitadas. Históricamente, los indios se habían movido en transporte público, bicicleta y motocicleta. Menos del 1% poseían automóviles, en tanto que la mayoría de los modelos extranjeros eran inadecuados para las condiciones únicas del tránsito en India.

La mayoría de los vehículos tenían características de producto innecesarias y su precio era demasiado alto para el grueso de los indios.

Pero Ratan Tata, presidente de Tata Motors de India, vio la escasez de automóviles del país como un área de oportunidad. En 2003, después de ver a una familia que viajaba de una manera muy peligrosa sobre una motoneta, el Sr. Tata estableció un desafío para que su compañía fabricara un "automóvil para la gente" destinado al mercado de indio con tres requisitos. Debería: **1.** cumplir los requisitos reguladores actuales, **2.** lograr ciertas metas de desempeño en cuanto a la eficiencia de combustible y aceleración y **3.** costar únicamente $2,500, es decir, aproximadamente el precio de reproductor del DVD opcional en un nuevo vehículo utilitario deportivo Lexus que se comercializa en Estados Unidos.

La tarea era intimidante: $2,500 era aproximadamente la mitad del precio del automóvil indio más barato. Uno de los proveedores de Tata señaló: "Es básicamente deshacerse de todas las nociones sobre la estructura de costos que la industria automotriz ha ido forjando, y tomar una hoja de papel en blanco y preguntar: '¿Qué es posible hacer?'". El Sr. Tata y sus gerentes respondieron con lo que algunos analistas han descrito como los principios de la "ingeniería gandhiana": una profunda austeridad con la disposición para desafiar la sabiduría convencional.

---

[1] *Fuentes:* Giridharadas, Anand. 2008. Four wheels for the masses. The $2,500 car. *New York Times*, 8 de enero. http://www.nytimes.com/2008/01/08/business/worldbusiness/08indicacar.html Kripalani, Manjeet. 2008. Inaside the Tata Nano Factory. *Business Week*, 9 de mayo. http://www.businessweek.com/print/innovate/content/may2008/id2008059_312111.htm

A un nivel fundamental, los ingenieros de Tata Motors crearon una nueva categoría de vehículo "haciendo más con menos". Al extraer los costos del desarrollo de automóviles convencionales, Tata evitó las relaciones tradicionales con proveedores a largo plazo y, en lugar de ello, obligó a los proveedores a competir por su negocio interviniendo en subastas con base en Internet. Las innovaciones de la ingeniería condujeron a un eje ahuecado para el volante, a palieres (ejes de transmisión) con un diámetro más pequeño, a un portaequipaje con espacio solo para el portafolio, a un limpiador individual del parabrisas en vez de dos, así como a un motor colocado en la parte trasera y no más poderoso que una podadora de césped de alta calidad. Además, el automóvil de Tata no tiene radio, dirección hidráulica ni aire acondicionado, que son las características estándar en la mayoría de los vehículos.

Pero cuando Tata Motors lanzó el "Nano" en 2008, la compañía logró fabricar exitosamente un automóvil básico de $2,500, el cual era eficiente en cuanto a uso de combustible: 50 millas por galón (21 km/litro); alcanzaba 65 millas (105 km) por hora; y cumplía con todas las normas actuales de emisiones contaminantes y seguridad en India. Además de haber revolucionado el mercado automotriz indio, el "Nano" también está cambiando a los fabricantes de automóviles importantes a nivel global. Actualmente, la alianza franco-japonesa Renault-Nissan y el negocio conjunto indio-japonés Maruti Suzuki buscan producir vehículos ultraeconómicos para India, mientras que Ford recientemente hizo que India se convirtiera en el centro de manufactura para todos sus automóviles de costo bajo.

Del mismo modo que sucedió con Ratan Tata, los gerentes de muchas compañías innovadoras están realizando una nueva revisión de sus decisiones estratégicas de fijación de precios. Este capítulo describe la forma en que los gerentes evalúan la demanda a diferentes precios y cómo administran los costos a través de la cadena de valor y durante el ciclo de vida de un producto, con la finalidad de lograr la rentabilidad.

Principales influencias en las decisiones de fijación de precios

Considere por un momento la forma en que los gerentes de Adidas podrían fijar el precio de una nueva línea de calzado deportivo, o bien, la manera en que quienes toman decisiones en Microsoft determinarían la cantidad que deberían cobrar por una suscripción mensual del servicio de Internet de MSN. La forma en la cual las organizaciones fijan el precio de un producto o servicio depende, en última instancia, de la demanda y la oferta por el mismo. Tres influencias sobre la demanda y la oferta son los clientes, los competidores y los costos.

Clientes, competidores y costos

Clientes

Los clientes afectan los precios gracias a su influencia sobre la demanda por un bien o servicio, con base en factores como las características y la calidad de un producto. Como ilustra el ejemplo de Tata Motors, las compañías siempre deben examinar las decisiones de fijación de precios a la luz de los ojos de sus clientes y, posteriormente, administrar los costos para obtener una utilidad.

Objetivo de aprendizaje 1

Exponer las tres principales influencias sobre las decisiones de fijación de precios

. . . clientes, competidores y costos

Competidores

Ninguna empresa funciona en el vacío. Las compañías siempre tienen que enterarse acerca de las acciones de sus competidores. En un extremo, los productos alternativos o sustitutos de los competidores perjudican la demanda y obligan a una empresa a disminuir sus precios. En el otro extremo, una compañía sin un competidor tiene libertad para fijar precios más altos. Cuando hay competidores, las compañías tratan de aprender sobre las tecnologías, las capacidades de la planta y las estrategias operativas de dichos competidores, para estimar los costos de estos —una información valiosa cuando se fijan los precios.

Ya que la competencia se extiende a lo largo de las fronteras internacionales, las fluctuaciones en los tipos de cambio entre las divisas de diferentes países afectan los costos y las decisiones de fijación de precios. Por ejemplo, si el yen se debilita frente al dólar estadounidense, los productos japoneses se vuelven más económicos para los consumidores norteamericanos y, en consecuencia, se vuelven más competitivos en el mercado estadounidense.

Costos

Los costos afectan los precios porque influyen en la oferta. Cuanto más bajo sea el costo por elaborar un producto, mayor será la cantidad de ese producto que la compañía esté dispuesta a suministrar. Por lo general, a medida que las compañías aumentan la oferta, el costo de producir una unidad adicional inicialmente disminuye aunque, en última instancia, aumente. Las empresas suministran productos en tanto que el ingreso proveniente por la venta de unidades adicionales exceda el costo por producirlas. Los gerentes que entienden el costo de la elaboración de los productos establecen precios que vuelven atractivos los productos frente a los clientes, a la vez que maximizan la utilidad en operación.

Ponderación de clientes, competidores y costos

Las encuestas indican que las compañías evalúan a los clientes, los competidores y los costos de una manera distinta cuando toman decisiones de fijación de precios. En un extremo, las firmas que operan en un mercado perfectamente competitivo venden mercancías muy similares, como trigo, arroz, acero y aluminio. Estas empresas no tienen control sobre la fijación de precios y deben aceptar el precio que determina un mercado que se encuentra formado por muchos participantes. La información de costos es únicamente útil al decidir la cantidad de producción que deberá elaborarse para maximizar la utilidad en operación.

En los mercados menos competitivos, como los de cámaras digitales, televisores y teléfonos celulares, los productos están diferenciados y los precios se ven afectados por tres factores, de tal forma que el valor que asignan los clientes a un artículo y los precios que cuestan los productos de la competencia influyen en la demanda; mientras los costos por elaborar y entregar un producto influyen en la oferta.

A medida que la competencia disminuye aún más, el factor fundamental que afecta las decisiones de fijación de precios es la disposición del cliente para pagar, tomando como base el valor que este confiere al producto o servicio, y no los costos ni los componentes. En el extremo, existen monopolios. Un monopolista no enfrenta competidores y tiene mucho más libertad para establecer precios altos. Sin embargo, hay ciertos límites. Cuanto mayor sea el precio que establece un monopolista, menor será la demanda del producto de ese monopolista a medida que los clientes busquen productos sustitutos.

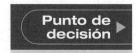

Punto de decisión ▶

¿Cuáles son las tres principales influencias sobre las decisiones de fijación de precios?

El costeo y la fijación de precios en el corto plazo

Las decisiones de fijación de precios a corto plazo típicamente tienen un horizonte de tiempo de menos de un año e incluyen decisiones como: *a*) la fijación del precio de una *orden especial que se surte una sola vez* sin implicaciones a largo plazo, y *b*) el ajuste de la mezcla de productos y del volumen de producción en un mercado competitivo.

Las decisiones de fijación de precio a largo plazo tienen un horizonte de tiempo de un año o más, e incluyen la fijación del precio de un producto en un mercado donde hay alguna libertad en cuanto a la fijación de precios.

Considere una decisión de fijación de precios a corto plazo, a la cual se enfrenta el equipo administrativo de Astel Computers. Astel fabrica dos marcas de computadoras personales (PC): Deskpoint, que es el mejor producto de Astel, y Provalue, una máquina con un Pentium menos poderoso y basada en circuitos. La corporación Datatech solicitó a Astel que hiciera una oferta sobre la posibilidad de suministrar 5,000 computadoras Provalue durante los últimos tres meses de 2010.

Después de este periodo de tres meses, es improbable que Datatech coloque cualesquiera órdenes de ventas futuras con Astel. Datatech venderá las computadoras Provalue con su propio nombre de marca en regiones y mercados donde Astel no comercializa Provalue. El hecho de que Astel acepte o rechace esta orden no afectará sus ingresos —ni tampoco las unidades vendidas ni el precio de venta— provenientes de los canales de venta existentes.

Costos relevantes para las decisiones de fijación de precios a corto plazo

Objetivo de aprendizaje 2

Entender la manera en que las compañías toman decisiones de fijación de precios a corto plazo

. . . considerando únicamente los costos crecientes como relevantes y fijando los precios de una manera oportuna para responder a la demanda y a la competencia

Antes de que Astel haga una licitación sobre la oferta de Datatech, los gerentes de Astel deben estimar cuánto costará suministrar las 5,000 computadoras. De manera similar al ejemplo de Surf Gear en el capítulo 11, los costos relevantes en que se tienen que concentrar los gerentes de Astel incluyen todos los costos directos e indirectos, a lo largo de la cadena de valor que cambiarán en forma total mediante la aceptación de una orden especial que se surtirá una sola vez de Datatech. Los gerentes de Astel describen los costos relevantes como sigue:

Materiales directos ($460 por computadora × 5,000 computadoras)	$2,300,000
Mano de obra directa ($64 por computadora × 5,000 computadoras)	320,000
Costos fijos de la capacidad adicional necesaria para fabricar las Provalue	250,000
Costos totales	$2,870,000*

*No se requerirán costos adicionales por investigación y desarrollo, diseño, marketing, distribución o servicio al cliente.

El costo relevante por computadora es de $574 ($2,870,000 ÷ 5,000). Por lo tanto, cualquier precio de venta superior a $574 mejorará la rentabilidad de Astel en el corto plazo. ¿Qué precio deberían ofrecer los gerentes de Astel para la orden de 5,000 computadoras?

Factores estratégicos y de otro tipo en la fijación de precios a corto plazo

Con base en su inteligencia de mercado, Astel considera que las ofertas de la competencia estarán entre $596 y $610 por computadora, de manera que Astel hace una oferta de $595 por computadora. Si gana con esta oferta, la utilidad en operación aumentará en $105,000 (ingresos relevantes, $595 × 5,000 = $2,975,000 menos costos relevantes, $2,870,000). A la luz de la capacidad adicional y de una fuerte competencia, la estrategia de la gerencia es hacer una oferta lo más alta posible por arriba de $574, permaneciendo al mismo tiempo a un nivel más bajo que el de las ofertas de los competidores.

¿Qué sucedería si Astel fuera el único proveedor y si Datatech pudiera menoscabar el precio de venta de Astel en los mercados actuales? El costo relevante de la decisión de licitación incluiría entonces el margen de contribución perdido sobre las ventas realizadas a los clientes existentes. ¿Qué sucedería si hubiera muchas partes dispuestas a licitar y a ganar el contrato de Datatech? En tal caso, el margen de contribución perdido sobre las ventas realizadas a los clientes existentes sería irrelevante para la decisión, ya que el negocio actual sería menoscabado por Datatech, indistintamente de si Astel ganara el contrato o no.

En contraste con el caso de Astel, en algunas situaciones a corto plazo, una compañía puede tener una fuerte demanda por sus productos o contar con una capacidad limitada. En dichas circunstancias, una compañía aumentará estratégicamente los precios en el corto plazo hasta donde el mercado lo soporte. Observamos altos precios a corto plazo en el caso de los nuevos productos o de los nuevos modelos de productos más antiguos, como microprocesadores, circuitos para computadora, teléfonos celulares y programas de software.

Efecto del horizonte de tiempo sobre las decisiones de fijación de precios a corto plazo

Hay dos factores clave que afectan la fijación de precios a corto plazo.

1. Muchos costos son irrelevantes en las decisiones de fijación de precios a corto plazo. En el caso de Astel, la mayoría de sus costos en investigación y desarrollo, diseño, manufactura, marketing, distribución y servicio al cliente son irrelevantes para las decisiones de fijación de precios a corto plazo, porque tales costos no cambiarán, indistintamente de que Astel gane o no el negocio con Datatech. Estos costos cambiarán en el largo plazo y por lo tanto serán relevantes.

Punto de decisión

¿Qué consideran las organizaciones cuando toman decisiones de fijación de precios a corto plazo?

2. La fijación de precios a corto plazo es oportunista. Los precios disminuyen cuando la demanda es débil y la competencia es fuerte, y aumentan cuando la demanda es fuerte y la competencia es débil. Como veremos, los precios a largo plazo necesitan establecerse de modo que se obtenga un rendimiento razonable sobre la inversión.

Costeo y fijación de precios a largo plazo

Objetivo de aprendizaje 3

Entender la manera en que las compañías toman decisiones de fijación de precios a largo plazo

Considerar todos los costos variables y fijos futuros como relevantes, y obtener un rendimiento sobre la inversión fijado como meta

La fijación de precios a largo plazo es una decisión estratégica diseñada para forjar relaciones a largo plazo con los clientes, tomando como base precios estables y predecibles. Un precio estable reduce la necesidad de una supervisión continua de los precios, mejora la planeación y forja relaciones a largo plazo entre compradores y vendedores. No obstante, para cobrar un precio estable y ganar el rendimiento a largo plazo fijado como meta, una compañía debe, en el largo plazo, conocer y administrar los costos de suministrar sus productos a los clientes. Como veremos, los costos relevantes para las decisiones de fijación de precio a largo plazo incluyen *todos* los costos futuros fijos y variables.

Cálculo de los costos de los productos para las decisiones de fijación de precios a largo plazo

Regresemos al ejemplo de Astel. Sin embargo, esta vez considere la decisión de fijación de precios a largo plazo para Provalue.

Empezamos con una revisión de datos para el año que acaba de terminar, 2011. Astel no tiene inventarios inicial ni final de Provalue, y fabrica y vende 150,000 unidades durante el año. Astel usa un costeo basado en las actividades (ABC) para calcular el costo de manufactura de Provalue. Astel tiene tres costos directos de manufactura: materiales directos, mano de obra directa y costos directos de operaciones mecánicas; así como tres grupos de costos indirectos comunes de manufactura: órdenes de compra y recepción de componentes, prueba e inspección de productos finales, y reprocesamiento (corrección y reparación de errores y defectos), en su sistema contable. Astel trata los costos de las operaciones mecánicas como un costo directo de Provalue, ya que en Provalue se fabrica en máquinas que tan solo manufacturan este producto.[2]

Astel usa un horizonte de tiempo a largo plazo para fijar el precio de Provalue. A lo largo de este horizonte, los gerentes de Astel observan lo siguiente:

■ Los costos de los materiales directos varían con el número de unidades de Provalue fabricadas.

■ Los costos de la mano de obra directa varían con el número de las horas de mano de obra directa usadas.

■ Los costos directos de las operaciones mecánicas son costos fijos que resultan del arrendamiento de 300,000 horas-máquina de capacidad durante varios años. Estos costos no varían con el número de horas-máquina que se usan cada año. Cada unidad de Provalue requiere 2 horas-máquina. En 2011, Astel usa la totalidad de la capacidad de operaciones mecánicas para la manufactura de Provalue (2 horas-máquina por unidad × 150,000 unidades = 300,000 horas-máquina).

■ Los costos de órdenes de compra y recepción, de prueba e inspección, y de reprocesamiento varían con los montos de sus respectivos generadores del costo. Por ejemplo, los costos de órdenes de compra y recepción varían con el número de órdenes. En el largo plazo, los miembros del personal responsable por la colocación de las órdenes pueden ser reasignados o despedidos si se necesita colocar un menor número de órdenes, o bien, se puede aumentar el personal si es necesario procesar más órdenes.

La siguiente hoja de cálculo de Excel resume la información de los costos de manufactura para elaborar 150,000 unidades de Provalue en 2011.

---

[2] Recuerde que Astel elabora dos tipos de PC: Deskpoint y Provalue. Si Deskpoint y Provalue hubieran compartido las mismas máquinas, Astel habría aplicado los costos de las operaciones mecánicas con base en las horas-máquina presupuestadas y usadas para fabricar los dos productos, y habría tratado dichos costos como costos indirectos fijos.

	A	B	C	D	E	F	G	H
1		Información de costos de manufactura						
2		para producir 150,000 unidades de Provalue						
3	Categoría de costos	Generador del costo	Detalles de las cantidades del generador del costo				Cantidad total del generador del costo	Costo por unidad del generador del costo
4	(1)	(2)	(3)		(4)		(5) = (3) × (4)	(6)
5	Costos directos de manufactura							
6	Materiales directos	Núm. de juegos	1	juego por unidad	150,000	unidades	150,000	$460
7	Mano de obra directa (MOD)	Horas de MOD	3.2	horas de MOD por unidad	150,000	unidades	480,000	$20
8	Operaciones mecánicas directas (fijo)	Horas de operaciones mecánicas					300,000	$38
9	Costos indirectos de manufactura							
10	Órdenes de compra y recepción	Núm. de órdenes	50	órdenes por componente	450	componentes	480,000	$ 80
11	Prueba e inspección	Horas de prueba	30	horas de pruebas por unidad	150,000	unidades	4,500,000	$ 2
12	Reprocesamiento			8% de tasa de defectos				
13		Horas de reprocesamiento	2.5	horas de reprocesamiento por unidad defectuosa	12,000[a]	unidades defectuosas	30,000	$ 40
14								
15	[a]8% de tasa de defectos × 150,000 unidades = 12,000 unidades defectuosas.							

La ilustración 12-2 indica que el costo total de manufactura de Provalue en 2011 es de $102 millones, y que el costo de manufactura por unidad es de $680. Sin embargo, la manufactura es tan solo una función empresarial dentro de la cadena de valor. Para establecer precios a largo plazo, los gerentes de Astel deben calcular el *costo total* de producir y vender Provalue.

Para cada función empresarial que no sea de manufactura, los gerentes de Astel atribuyen los costos directos a los productos, y aplican los costos indirectos usando grupos de costos comunes y generadores del costo, que midan las relaciones de causa y efecto (los cálculos de apoyo no se muestran aquí). La ilustración 12-2 resume la utilidad en operación de Provalue en 2011 y muestra que Astel ganó $15 millones a partir de Provalue, o bien, $100 por unidad vendida en 2011.

Enfoques alternativos para la fijación de precios a largo plazo

¿Cómo deberían los gerentes de Astel usar la información de costos del producto para fijar el precio de Provalue en 2012? Dos enfoques diferentes para las decisiones de fijación de precio son los siguientes:

1. Basado en el mercado.
2. Basado en los costos, que también se llama costo más margen de utilidad.

El enfoque basado en el mercado para la fijación de precios inicia con la pregunta: "Dado lo que quieren nuestros clientes y la manera en que reaccionarán nuestros competidores frente a lo que hacemos, ¿qué precio deberíamos cobrar?" Con base en este precio, los gerentes controlan los costos para obtener un rendimiento meta sobre la inversión. El enfoque basado en los costos para la fijación de precios empieza afirmando lo siguiente: "Dado lo que nos cuesta fabricar este producto, ¿qué precio deberíamos cargar para recuperar nuestros costos y lograr el rendimiento meta sobre la inversión?"

Ilustración 12-1 Costos de manufactura de Provalue para 2011 usando un costeo basado en actividades

	A	B	C
1		**Costos totales**	**Costo de**
2		**de manufactura para**	**manufactura**
3		**150,000 unidades**	**por unidad**
4		**(1)**	**(2) = (1) ÷ 150,000**
5	Costos directos de manufactura		
6	Costos de los materiales directos		
7	(150,000 juegos × $460 por juego)	$ 69,000,000	$460
8	Costos de la mano de obra directa		
9	(480,000 horas de MOD × $20 por hora)	9,600,000	64
10	Costos directos de las operaciones mecánicas		
11	(300,000 horas-máquina × $38 por hora-máquina)	11,400,000	76
12	Costos directos de manufactura	90,000,000	600
13			
14	Costos indirectos de manufactura		
15	Costos de órdenes de compra y recepción		
16	(22,500 órdenes × $80 por orden)	1,800,000	12
17	Costos de prueba e inspección		
18	(4,500 horas de prueba × $2 por hora)	9,000,000	60
19	Costos de reprocesamiento		
20	(30,000 horas de reprocesamiento × $40 por hora)	1,200,000	8
21	Costos indirectos de manufactura	12,000,000	80
22	Total de costos de manufactura	$102,000,000	$680

Ilustración 12-2 Rentabilidad de productos para Provalue en 2011 mediante un costeo basado en actividades de la cadena de valor

	A	B	C
1		**Montos totales**	
2		**para 150,000 unidades**	**Por unidad**
3		**(1)**	**(2) = (1) ÷ 150,000**
4	Ingresos	$150,000,000	$1,000
5	Costo de los bienes vendidos[a] (de la ilustración 12-1)	102,000,000	680
6	Costos de operación[b]		
7	Costos de investigación y desarrollo	5,400,000	36
8	Costo del diseño de productos y procesos	6,000,000	40
9	Costos de marketing	15,000,000	100
10	Costos de distribución	3,600,000	24
11	Costos de servicio al cliente	3,000,000	20
12	Costos en operación	33,000,000	220
13	Costo total del producto	135,000,000	900
14	Utilidad en operación	15,000,000	$ 100
15			
16	[a]Costo de los bienes vendidos = Costo total de manufactura porque no existe		
17	inventario inicial ni final de Provalue en 2011.		
18	[b]Las cifras de las partidas de los costos en operación se suponen sin cálculos de apoyo.		

Las compañías que operan en mercados *competitivos* (por ejemplo, mercancía como acero, petróleo y gas natural) usan un enfoque basado en el mercado. Los artículos que fabrica una compañía o los servicios que brinda son muy similares a los artículos o a los servicios que producen otras empresas. Las compañías que están en esos mercados deben aceptar los precios que establece el mismo mercado.

Las compañías que operan en mercados *menos competitivos* ofrecen productos o servicios que difieren entre sí (por ejemplo, automóviles, computadoras, consultoría en gerencia y servicios legales), y pueden usar ya sea en enfoque basado en el mercado o un enfoque basado en los costos como un punto de partida para las decisiones de fijación de precios. Algunas organizaciones consideran primero los costos porque la información de costos es más fácil de obtener y, después, consideran a los clientes y a los competidores: se trata del enfoque basado en los costos. Otras empiezan considerando a los clientes y a los competidores y, posteriormente, los costos: es el enfoque basado en el mercado. Ambos enfoques consideran a los clientes, a los competidores y los costos. Tan solo difieren sus puntos de partida. La gerencia siempre debe tener en mente las fuerzas de mercado, indistintamente del enfoque de fijación de precios que se utilice. Por ejemplo, los contratistas de edificios con frecuencia hacen ofertas tomando como base el costo más un margen de utilidad, aunque más tarde reducen sus precios durante las negociaciones para responder a otras ofertas con menores costos.

Las empresas que operan en mercados que *no son competitivos* favorecen los enfoques que se basan en los costos. Ello se debe a que tales compañías no necesitan responder ni reaccionar ante los precios de los competidores. El margen que agregan a los costos para determinar el precio depende del valor que le confieran los clientes al producto o servicio.

A continuación consideraremos primero del enfoque basado en el mercado.

Costo meta o fijación de precios meta

La fijación de precios basada en el mercado inicia con un precio fijado como meta. Un **precio meta** es el precio estimado para un producto o servicio que los clientes potenciales están dispuestos a pagar. Esta estimación se basa en una comprensión del valor que perciben los clientes para un bien o servicio, así como en la manera en la cual los competidores fijarán el precio de sus productos o servicios. Esta comprensión de los clientes y los competidores se está volviendo cada vez más importante por tres razones:

1. La competencia proveniente de los productores con costos más bajos está restringiendo continuamente los precios.

2. Los productos están en el mercado durante periodos de tiempo más cortos, y dejan menos tiempo y oportunidades para recuperarse de los errores de fijación de precios, de la pérdida de una participación de mercado y de la pérdida de rentabilidad.

3. Los clientes se están volviendo más conocedores, y de manera incesante exigen productos de una calidad cada vez más alta a precios cada vez más bajos.

Comprensión del valor que perciben los clientes

La organización de ventas y de marketing de una compañía, a través de un estrecho contacto e interacción con los clientes, identifica las necesidades y las percepciones de los clientes con respecto al valor del producto. Las compañías como Apple también realizan investigaciones de mercado sobre las características que desean los clientes, y sobre los precios que están dispuestos a pagar por esas características para artículos como los iPhone y las computadoras Macintosh.

Realización de un análisis de los competidores

Para apreciar la manera en que los competidores podrían reaccionar ante un precio posible, una compañía debe entender las tecnologías, los productos o servicios, los costos y las condiciones financieras de los competidores. En general, cuanto más distintivo sea su producto o servicio, más alto será el precio que cobrará una compañía. ¿Dónde obtienen compañías como Ford Motors o PPG Industries información acerca de sus competidores? Por lo general, de sus clientes anteriores, de sus proveedores y de los empleados de los competidores. Otra fuente de información es la *ingeniería inversa* —es decir, el desmontaje y el análisis de los productos de los competidores para determinar los diseños y los materiales de los productos, así como para familiarizarse con las tecnologías que utilizan los competidores. En ningún momento una compañía debería recurrir a medios ilegales o inmorales para obtener información acerca de los competidores. Por ejemplo, una compañía nunca tiene que sobornar a los empleados actuales ni fingir una postura como proveedor o como cliente, para obtener información de los competidores.

Implementación de la fijación de precios meta o del costo meta

Hay cinco pasos que deben seguirse en el desarrollo de los precios y los costos fijados como meta. Ilustraremos estos pasos usando nuestro ejemplo de Provalue.

Paso 1: Desarrollo de un producto que satisfaga las necesidades de los clientes potenciales. Las necesidades de los clientes y los productos de los competidores imponen las características del producto y las modificaciones de diseño para Provalue en 2012. La investigación de mercados de Astel indica que los clientes no valoran las características adicionales de Provalue, como las particularidades especiales de audio y los diseños que permiten las actualizaciones para que la PC funcione con mayor rapidez. Quieren que Astel vuelva a diseñar Provalue para conseguir una PC sin adornos pero confiable, y venderla a un precio mucho más bajo.

Paso 2: Elección de un precio meta. Astel espera que sus competidores disminuyan los precios de las PC que compiten con Provalue a $850. La gerencia de Astel quiere responder de una manera dinámica, reduciendo el precio de Provalue en 20% desde $1,000 hasta $800 por unidad. A este menor precio, el gerente de marketing de Astel pronostica un incremento en las ventas anuales de 150,000 a 200,000 unidades.

Paso 3: Derivación de un costo meta por unidad mediante la resta de la utilidad en operación meta por unidad del precio meta. La **utilidad en operación meta por unidad** es la utilidad en operación que una compañía pretende ganar por unidad del producto o servicio que vende. El **costo meta por unidad** es el costo estimado a largo plazo por unidad de un producto o servicio, que permite que una compañía alcance su utilidad en operación meta por unidad cuando se vende al precio meta.[3] El *costo meta por unidad* es el precio meta menos la *utilidad en operación meta por unidad* y con frecuencia es más bajo que el *costo total actual del producto*. El costo meta por unidad es en realidad eso —un objetivo—, algo que la compañía debe comprometerse a lograr.

Para obtener el rendimiento meta sobre el capital invertido en la empresa, la gerencia de Astel necesita alcanzar una utilidad en operación fijada como meta de 10% sobre los ingresos meta.

Total de ingresos meta	= $800 por unidad × 200,000 unidades = 160,000,000
Total de utilidad en operación meta	= 10% × $160,000,000 = $16,000,000
Utilidad en operación meta por unidad	= $16,000,000 ÷ 200,000 unidades = $80 por unidad
Costo meta por unidad	= $800 por unidad − $80 por unidad = $720 por unidad
	= $800 por unidad − $80 por unidad = $720 por unidad
Total de costos actuales de Provalue	= $135,000,000 (véase la ilustración 12-2)
Costo total actual por unidad de Provalue	= $135,000,000 ÷ 150,000 unidades = $900 por unidad

El costo meta por unidad de Provalue de $720 se encuentra $180 por debajo de su costo unitario actual de $900. Astel debe reducir los costos en todas las partes de la cadena de valor —desde investigación y desarrollo hasta el servicio a los clientes— incluyendo el logro de precios más bajos sobre los materiales y los componentes, y manteniendo a la vez la calidad.

Los costos fijados como meta incluyen *todos* los costos futuros, costos variables y costos que son fijos en el corto plazo, porque en el largo plazo, los precios y los ingresos de una compañía deben recuperar todos los costos si la empresa quiere permanecer en el negocio. Compare los costos relevantes para las decisiones de fijación de precio a largo plazo (todos los costos variables y fijos) con los costos relevantes para las decisiones de fijación de precios a corto plazo (costos que cambian en el corto plazo, principalmente, pero no en forma exclusiva, los costos variables).

Paso 4: Realización de un análisis de costos. Este paso analiza los aspectos específicos de un producto o servicio que deben fijarse como meta en aras de una reducción en costos. Los gerentes de Astel se concentran en los siguientes elementos de Provalue:

■ Las funciones que ejecutan los distintos componentes y sus costos actuales, como la tarjeta madre, la unidad de disco compacto y las tarjetas de gráficos y video.

■ La importancia que los clientes asignan a distintas características del producto. Por ejemplo, los clientes de Provalue valoran la confiabilidad más que la calidad del video.

■ La relación y los valores de equilibrio entre las características del producto y los componentes. Por ejemplo, la elección de una tarjeta madre más sencilla mejora la rentabilidad, pero no tiene la capacidad de apoyar una tarjeta de video de calidad superior.

[3] Si se desea una exposición más detallada del costo meta, véase S. Ansari, J. Bell, y CAM-1 Target Cost Core Group. *Target Costing: The Next Frontier in Strategic Cost Management* (Martinsville, IN: Mountain Valley Publishing, 2009). Para la implementación de la información, véase S. Ansari, L. D. Swenson y J. Bell, "A Template for Implementing Target Costing", *Cost Management* (septiembre-octubre de 2006): 20-27.

Conceptos en acción

Condición extrema en la fijación de precios meta y en la administración de costos de IKEA

En todo el mundo, IKEA se ha convertido en todo un fenómeno en la industria de muebles al menudeo. Conocida por los productos llamados con los nombres de pequeños pueblos suecos, sus modernos diseños, sus empaques sencillos y planos, así como sus instrucciones del tipo hágalo usted mismo, IKEA ha crecido desde sus inicios humildes hasta convertirse en el minorista de muebles más grande del mundo con 301 tiendas en 38 países. ¿Cómo sucedió esto? A través de una fijación de precios meta dinámica, junto con una implacable administración de costos. Los precios de IKEA se sitúan por lo general de un 30 a un 50% por debajo de los precios de sus competidores. Asimismo, aunque los precio de los productos de otras compañías aumentan a lo largo del tiempo, IKEA afirma que ha reducido sus precios al menudeo en cerca de 20% durante los últimos cuatro años.

Durante la fase de conceptualización, los desarrolladores de los productos identifican *huecos* en la cartera actual de productos de IKEA. Por ejemplo, podrían identificar la necesidad de crear un nuevo televisor de pantalla plana. "Cuando decidimos acerca de un producto, siempre empezamos con la necesidad del consumidor", señaló June Deboehmler, desarrollador de productos de IKEA. Segundo, los desarrolladores de productos y sus equipos entrevistan a los competidores para determinar cuánto cobran por artículos similares, si es que se ofrecen, y posteriormente seleccionan un precio meta que sea de 30 a 50% menor que el precio de un competidor. Cuando se establecen un producto y su precio, los desarrolladores de los productos determinan entonces qué materiales se usarán y qué productor hará el trabajo de ensamblado —todo ello antes de que el nuevo artículo se diseñe por completo. Por ejemplo, una breve descripción del costo meta de un nuevo sofá y las especificaciones básicas como el color y el estilo se someten a una licitación entre los más de 1,800 proveedores de IKEA en más de 50 países. Los proveedores luchan por presentar la oferta más atractiva con base en el precio, la función y los materiales que habrán de usarse. Este proceso de ingeniería del valor promueve las eficiencias de costos basadas en el volumen, a lo largo de todo el proceso de diseño y de producción.

Una administración de costos dinámica no se detiene aquí. Todos los productos de IKEA se diseñan para que sean embarcados sin ensamblar en paquetes sencillos y planos. La compañía estima que los costos de embarque serían por lo menos seis veces mayores si todos los productos se ensamblaran antes del envío. Para asegurarse de que los costos por embarque permanezcan a un nivel bajo, los técnicos de empacado y de embarque trabajan con los desarrolladores de los productos a través de todo el proceso de desarrollo del producto. Cuando IKEA desarrolló recientemente su silla de Lillberg, un técnico de empaques hizo una pequeña modificación en el ángulo del brazo de la silla. Este cambio permitía que cupieran más sillas en un solo contenedor para embarques, lo cual implicaba un menor costo para el cliente.

¿Qué se puede decir acerca de los productos que ya se han desarrollado? IKEA aplica también las mismas técnicas de administración de costos a esos productos. Por ejemplo, uno de los productos con mejores ventas de IKEA es la mesilla de noche Lack, la cual se ha vendido al menudeo al mismo precio bajo desde 1981. ¿Cómo es posible esto, se preguntaría usted? Desde que lograron el éxito en los estantes para tiendas, se han realizado más de 100 proyectos de desarrollo técnico sobre la mesilla Lack. A pesar del incremento uniforme en el costo de las materias primas y de los sueldos, IKEA ha buscado reducir dinámicamente los costos del producto y la distribución para mantener el precio al menudeo inicial de la mesilla Lack, sin poner en riesgo la utilidad de la compañía sobre el producto.

Como resumió una vez Ingvar Kamprad, su fundador, "el desperdicio de los recursos es un pecado mortal en IKEA. Las soluciones costosas son un signo de mediocridad, y una idea sin una etiqueta de precio nunca será aceptable."

Fuentes: Baraldi, Enrico y Torkei Strömsten. 2009. Managing product development the IKEA way. Using target costing in inter-organizational networks. Manuscrito, diciembre, Margonelli, Lisa. 2002. How IKEA designs its sexy price tags. *Business 2.0*, octubre. Terdiman, Daniel. 2008. Anatomy of an IKEA product. CNET News.com, 19 de abril.

Paso 5: Realización de una ingeniería del valor para el logro de un costo meta. La **ingeniería del valor** es una evaluación sistemática de todos los aspectos de la cadena de valor, y su objetivo es reducir los costos y lograr un nivel de calidad que satisfaga a los clientes. Como describimos a continuación, la ingeniería del valor abarca los mejoramientos en el diseño del producto, los cambios en las especificaciones de los materiales y las modificaciones en los métodos del proceso. (Véase la sección Conceptos en acción para aprender acerca del enfoque de IKEA para la fijación de metas en cuanto a precios y en cuanto a costos.)

Punto de decisión

¿Cómo determinan las compañías los costos fijados como meta?

Ingeniería del valor, incurrimiento en los costos y costos comprometidos

Para implementar la ingeniería del valor, los gerentes distinguen entre las actividades y los costos con valor agregado, y los costos y las actividades sin un valor agregado. Un **costo con un valor agregado** es aquél que, si se elimina, reduciría el valor o el servicio (la utilidad) real o percibido que los clientes experimentan por el uso de un producto o servicio. Algunos ejemplos son los costos de las características y los atributos específicos de un producto que desean los clientes, como la confiabilidad, una memoria adecuada, programas de software precargados, imágenes claras y, en el caso de Provalue, un servicio rápido para el cliente.

Un **costo sin un valor agregado** es aquel que, si se elimina, no reduciría el valor o la utilidad real o percibida que los clientes obtienen por el uso del bien o servicio. Es un costo que un cliente no está dispuesto a pagar. Algunos ejemplos de costos sin un valor agregado son los costos por producir artículos defectuosos y los costos por la descompostura de la maquinaria. Las compañías exitosas mantienen a un nivel mínimo los costos sin valor agregado.

Las actividades y sus costos no siempre caen justo en categorías con valor agregado o sin él. Algunos costos, como la supervisión y el control de la producción, caen en un área gris porque incluyen básicamente componentes con valor agregado, pero también algunos componentes sin valor agregado. Aun a pesar de estas problemáticas áreas grises, los intentos por distinguir los costos con valor agregado de los costos sin valor agregado dan un marco de referencia general de utilidad para la ingeniería del valor.

En el ejemplo de Provalue, los materiales directos, la mano de obra directa y los costos directos de las operaciones mecánicas son costos con valor agregado. Los costos de órdenes de compra, recepción, prueba e inspección caen en el área gris. Los costos de los reprocesamiento son costos sin valor agregado.

A través de la ingeniería del valor, los gerentes de Astel planean reducir, y posiblemente eliminar, los costos sin un valor agregado, así como aumentar la eficiencia de las actividades con un valor agregado. Ellos empiezan distinguiendo el incurrimiento en los costos de los costos comprometidos. El **incurrimiento en los costos** describe el momento en que se consume un recurso (o se renuncia a un beneficio) para satisfacer un objetivo específico. Los sistemas de costeo miden el incurrimiento en los costos. Astel, por ejemplo, reconoce los costos de los materiales directos de Provalue conforme se ensambla y se vende cada unidad de Provalue. Pero el costo de los materiales directos de Provalue por unidad ya ha sido *acordado*, o *comprometido*, mucho tiempo antes, cuando los diseñadores del producto eligieron los componentes de Provalue. Los **costos comprometidos**, o **costos acordados**, son aquellos en los cuales todavía no se ha incurrido pero, con base en las decisiones que ya se tomaron, se incurrirán en el futuro.

Para administrar adecuadamente los costos, una compañía tiene que identificar la forma en que las alternativas de diseño conducen a costos comprometidos *antes* de que se incurra en ellos. Por ejemplo, los costos de desperdicios y reprocesamiento en que se incurre durante la manufactura con frecuencia se acuerdan mucho tiempo antes debido a un diseño defectuoso. De manera similar, en la industria del software, los errores costosos y difíciles de reparar que aparecen durante la codificación y la prueba a menudo quedan comprometidos por los malos diseños y el análisis de programas de software.

La ilustración 12-3 presenta la curva de costos comprometidos y la curva de incurrimiento en costos para Provalue. La curva del fondo usa la información de la ilustración 12-2 para graficar el costo acumulativo por unidad en que se incurre a lo largo de diferentes funciones empresariales de la cadena de valor. La curva de la parte superior grafica la manera en que se acuerdan los costos. (Los números específicos que dan fundamento a esta curva no se presentan aquí.) El total del costo acumulativo por unidad para ambas curvas es de $900. *Sin embargo, observe la amplia divergencia cuando los costos se acuerdan y cuando se incurre en ellos.* Por ejemplo, las decisiones de diseño del producto originan el acuerdo de más del 86% ($780 ÷ $900) del costo unitario de Provalue (por ejemplo, materiales directos, órdenes de compra, prueba, reprocesamientos, distribución y servicio al cliente) cuando ¡tan solo llega a incurrirse realmente en aproximadamente el 8% ($76 ÷ $900) del costo unitario!

Análisis de la cadena de valor y equipos interdisciplinarios

Un equipo interdisciplinario de ingeniería del valor consistente en gerentes de marketing, diseñadores de productos, ingenieros de manufactura, gerentes de compras, proveedores, distribuidores y contadores administrativos rediseñan Provalue, con la finalidad de reducir los costos reteniendo a la vez las características que valoran los clientes. Algunas de las ideas del equipo son las siguientes:

■ Usar una tarjeta madre más sencilla y más confiable, sin características complejas, para reducir los costos de manufactura y reparación.

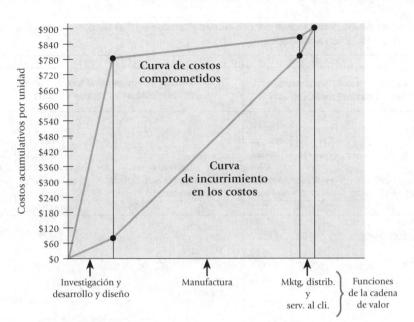

Patrón de incurrimiento en los costos y de costos comprometidos para Provalue

- Armar las piezas a presión en vez de soldarlas para disminuir las horas de la mano de obra directa y los costos relacionados.

- Usar un menor número de componentes para disminuir los costos de órdenes de compra, recepción, prueba e inspección.

- Hacer a Provalue más ligera y más pequeña para reducir los costos de distribución y de empaque.

Los contadores administrativos usan su comprensión de la cadena de valor para estimar los ahorros en costos.

No todos los costos se comprometen en la etapa de diseño. Los gerentes siempre tienen oportunidades para reducir los costos gracias al mejoramiento en la eficiencia en operación y la productividad. El *mejoramiento Kaizen* o *continuo* busca reducir el tiempo que se necesita para realizar una tarea y eliminar el desperdicio durante la producción y la entrega de los productos.

En resumen, los pasos fundamentales en la ingeniería del valor son los siguientes:

1. Entender las necesidades de los clientes, los costos con valor agregado y los costos sin valor agregado.

2. Anticipar la forma en que los costos se acuerdan antes de que se incurra en ellos.

3. Utilizar equipos interdisciplinarios para rediseñar tanto los productos como los procesos, con la finalidad de reducir los costos mientras que se satisfacen las necesidades del cliente.

Forma de lograr el costo meta por unidad para Provalue

La ilustración 12-4 usa un enfoque basado en actividades que permite comparar las cantidades y las tasas de los generadores del costo para las 15,000 unidades de Provalue manufacturadas y vendidas en 2011, así como las 200,000 unidades de Provalue II presupuestadas para 2012. La ingeniería del valor disminuye tanto los costos con valor agregado (mediante un diseño de Provalue II buscando reducir los costos de los materiales directos y los componentes, las horas de la mano de obra directa y las horas de prueba), como los costos sin un valor agregado (simplificando el diseño de Provalue II con la finalidad de reducir los reprocesamientos). La ingeniería del valor también reduce las horas-máquina que se necesitan para fabricar Provalue II a razón de 1.5 horas por unidad. Astel puede usar ahora las 300,000 horas-máquina de capacidad para fabricar 200,000 unidades de Provalue II (*versus* 150,000 unidades para Provalue), reduciendo así los costos de operaciones mecánicas por unidad. Con fines de sencillez, suponemos que la ingeniería del valor no reducirá el costo de $20 por hora-mano de obra directa, el costo por orden de $80, el costo de $2 por hora de prueba, o el costo de $40 por hora de reprocesamiento. (El problema para autoestudio, p. 452, explora la manera como la ingeniería del valor también puede reducir estas tasas del generador del costo.)

La ilustración 12-5 presenta los costos de manufactura meta para Provalue II, usando los datos del generador del costo y los datos de la tasa de dicho generador de acuerdo con el ilustración 12-4. Con fines de comparación, la ilustración 12-5 también muestra el costo real de manufactura de 2011 por unidad de Provalue de la ilustración 12-1. Los gerentes de Astel esperan que el nuevo diseño reduzca el costo total de manufactura por unidad en $140 (de $680 a $540) y el costo por unidad

Ilustración 12-4 Cantidades y tasas de los generadores del costo para Provalue en 2011 y para Provalue II en 2012, usando un costeo basado en actividades

	Categoría de costos	Generador del costo	Detalles de cantidades reales del generador del costo			Cantidad total real del generador del costo	Costo real por unidad del generador del costo	Detalles de las cantidades presupuestadas del generador del costo			Cantidad total presupuestada del generador del costo	Costo presupuestado por unidad del generador del costo (dado)
	(1)	(2)	(3)			(5)=(3)×(4)	(6)	(7)			(9)=(7)×(8)	(10)
Costos directos de manufactura												
	Materiales directo	Núm. de juegos	1	juego por unidad	150,000 unidades	150,000	$460	1	juego por unidad	200,000 unidades	200,000	$385
	Mano de obra directa (MOD)	Horas de MOD	3.2	horas de MOD por unidad	150,000 unidades	480,000	$ 20	2.65	horas de MOD por unidad	200,000 unidades	530,000	$ 20
	Operaciones mecánicas directas (fijo)	Horas-operaciones mecánicas				300,000	$ 38				300,000	$ 38
Costos indirectos de manufactura												
	Órdenes de compra y recepción	Núm. de órdenes	50	órdenes por componente	450 componentes	22,500	$ 80	50	órdenes por componente	425 componentes	21,250	$ 80
	Prueba e inspección	Horas de prueba	30	horas de prueba por unidad	150,000 unidades	4,500,000	$ 2	15	horas de prueba por unidad	200,000 unidades	3,000,000	$ 2
	Reproce-samiento				8% de tasa de defectuosos					6.5% de tasa de defectuosos		
		Horas de reproce-samiento	2.5	choras de reproce-samiento por unidad defectuos	12,000[a] unidades defectuosas	30,000	$ 40	2.5	horas de reproce-samiento por unidad defectuosa	13,000[b] unidades defectuosas	32,500	$ 40

[a]8% de tasa de defectuosos × 150,000 unidades = 12,000 unidades defectuosas.

[b]6.5% de tasa de defectuosos × 200,000 unidades = 13,000 unidades

en otras funciones empresariales de $220 (ilustración 12-2) a $180 (los cálculos no se muestran aquí) para la cantidad presupuestada de ventas de 200,000 unidades. El costo total unitario presupuestado de Provalue II es de $720 ($540 + $180), esto es, el costo por unidad fijado como meta.

A finales de 2012, los gerentes de Astel compararán los costos reales y los costos meta para obtener una mejor comprensión sobre las mejoras que pueden lograrse mediante esfuerzos subsiguientes de un costo meta.

A menos de que se administren de una manera adecuada, la ingeniería del valor y el costo meta podrían tener efectos indeseables:

■ Los empleados quizá se sientan frustrados si dejan de lograr las metas.

■ El equipo interdisciplinario puede agregar demasiadas características simplemente para satisfacer los diferentes deseos de los miembros del equipo.

■ Un producto estaría en desarrollo durante mucho tiempo cuando los diseños alternativos se evalúan en forma repetida.

■ Habría conflictos organizacionales cuando la carga de la reducción de costos se distribuya en forma desigual sobre diferentes funciones de negocios en la cadena de valor de la compañía, por ejemplo, más en manufactura que en marketing.

Ilustración 12-5 Costos de manufactura meta para Provalue II en 2012

	A	B	C	D	E	F
1		PROVALUE II				PROVALUE
2		Costos de manufactura		Costos de manufactura		Costo real de
3		presupuestados		presupuestados		manufactura por unidad
4		para 200,000 unidades		por unidad		(ilustración 12-1)
5		(1)		(2) = (1) ÷ 200,000		(3)
6	Costos directos de manufactura					
7	Costos del material directo					
8	(200,000 juegos × $385 por juego)	$ 77,000,000		$385.00		$460.00
9	Costos de la mano de obra directa					
10	(530,000 horas-MOD × $20 por hora)	10,600,000		53.00		64.00
11	Costos directos de manufactura					
12	(300,000 horas-máquina × $38 por hora-máquina)	11,400,000		57.00		76.00
13	Costos directos de manufactura	99,000,000		495.00		600.00
14	Costos indirectos de manufactura					
15	Costos de órdenes de compra y recepción					
16	(21,250 órdenes × $80 por orden)	1,700,000		8.50		12.00
17	Costos de prueba e inspección					
18	(3,000,000 de horas de prueba × $2 por hora)	6,000,000		30.00		60.00
19	Costos de reprocesamiento					
20	(32,500 horas de reprocesamiento × $40 por hora)	1,300,000		6.50		8.00
21	Costos indirectos de manufactura	9,000,000		45.00		80.00
22	Total de costos de manufactura	$108,000,000		$540.00		$680.00

Para evitar tales problemas, los esfuerzos del costo meta siempre deberían: *a)* motivar la participación de los empleados y celebrar los pequeños mejoramientos hacia el logro de la meta, *b)* concentrar la atención en el cliente, *c)* prestar atención a los cronogramas, y *d)* establecer metas de reducción de costos para todas las funciones de la cadena de valor, con la finalidad de motivar una cultura de trabajo en equipo y de cooperación.

Fijación de precios al costo más un margen de utilidad

En vez de usar el enfoque basado en el mercado para las decisiones de fijación de precio a largo plazo, los gerentes algunas veces emplean un enfoque basado en los costos. La fórmula general para fijar un precio basado en los costos añade un componente de margen de utilidad a la base del costo, para determinar un precio de venta prospectivo. Ya que se agrega un margen de utilidad la fijación de precios basada en los costos se denomina a menudo fijación de precios de costo más margen de utilidad, donde el más se refiere al componente del margen de ganancia. Los gerentes usan la fórmula de fijación de precios de costos más margen de ganancia como punto de partida. El componente del margen de ganancia rara vez es una cifra rígida. En lugar de ello, es flexible dependiendo del comportamiento de los clientes y los competidores. El componente del margen de ganancia lo determina en última instancia el mercado.[4]

Enfoque de costo más margen de utilidad y tasa de rendimiento sobre la inversión fijada como meta

Ilustraremos una fórmula de fijación de precios basada en el costo más el margen de utilidad para Provalue II, suponiendo que Astel usa un margen de ganancia de 12% sobre el costo unitario total del producto cuando se calcula el precio de venta.

Base de costos (costo unitario total de Provalue II)	$720.00
Componente del margen de ganancia de 12% (0.12 × $720)	86.40
Precio de venta prospectivo	$806.40

Punto de decisión

¿Por qué es importante distinguir entre el incurrimiento en los costos y los costos comprometidos?

Objetivo de aprendizaje 6

Fijar el precio de los productos usando el enfoque de costo más margen

. . . el costo más el margen se basa en alguna medida del costo más un margen de utilidad

---

[4] Las excepciones son la fijación de precios de la electricidad y del gas natural en muchos países, donde los precios los establece el gobierno tomando como base los costos más un rendimiento sobre el capital invertido. El capítulo 15 expone el uso de los costos para la fijación de los precios en el sector de los contratos de la defensa. En estas situaciones, los productos no están sometidos a fuerzas competitivas y las técnicas de contabilidad de costos sustituyen los mercados como la base para la fijación de precios.

¿Cómo se determina el porcentaje del margen de ganancia del 12%? Una forma consiste en elegir un margen de ganancia para obtener una *tasa de rendimiento meta sobre la inversión*. La **tasa de rendimiento meta sobre la inversión** es la utilidad en operación anual meta dividida entre el capital invertido. El capital invertido se puede definir de muchas maneras. En este capítulo, lo definimos como los activos totales —es decir, los activos a largo plazo más los activos circulantes. Suponga que la tasa de rendimiento meta sobre la inversión (antes de impuestos) de Astel es de 18% y que la inversión de capital de Provalue II es de $96,000,000. La utilidad en operación anual meta para Provalue II es como sigue:

Capital invertido	$96,000,000
Tasa de rendimiento meta sobre la inversión	18%
Utilidad en operación anual meta (0.18 × $96,000,000)	$17,280,000
Utilidad en operación fijada como meta por unidad de Provalue II ($17,280,000 ÷ 200,000 unidades)	$ 86.40

Este cálculo indica que Astel necesita obtener una utilidad en operación meta de $86.40 sobre cada unidad de Provalue II. El margen de ganancia ($86.40) expresado como un porcentaje del costo unitario total del producto ($720) es igual a 12% ($86.40 ÷ $720).

No se debe confundir la tasa de rendimiento meta sobre la inversión del 18% con el porcentaje de margen de ganancia del 12 por ciento.

- El 18% de la tasa de rendimiento meta sobre la inversión expresa la utilidad en operación anual esperada de Astel como un porcentaje de la inversión.

- El 12% del margen de ganancia expresa la utilidad en operación por unidad como un porcentaje del costo total del producto por unidad.

Astel usa la tasa de rendimiento meta sobre la inversión para calcular el porcentaje del margen de ganancia.

Métodos alternativos al costo más margen de utilidad

El cálculo del monto específico del capital invertido en un producto rara vez es fácil porque requiere de asignaciones difíciles y arbitrarias de inversiones en equipo y edificios para los productos individuales. El siguiente cuadro usa las bases alternativas de costos (sin los cálculos de apoyo) y los porcentajes supuestos de margen de ganancia, para establecer los precios de venta para Provalue II sin calcular en forma explícita el capital invertido para fijar los precios.

Base de costos	Costo estimado por unidad (1)	Porcentaje del margen de ganancia (2)	Componente del margen de ganancia (3) = (1) × (2)	Precios de venta prospectivos (4) = (1) + (3)
Costo variable de manufactura	$475.00	65%	$308.75	$783.75
Costo variable del producto	547.00	45	246.15	793.15
Costo de manufactura	540.00	50	270.00	810.00
Costo total del producto	720.00	12	86.40	806.40

Las diferentes bases de costos y porcentajes de margen de ganancia dan cuatro precios de venta prospectivo que están cercanos entre sí. En la práctica, una compañía elige una base de costos confiable y un porcentaje de margen de ganancia para recuperar sus costos y obtener así un rendimiento meta sobre la inversión. Por ejemplo, las firmas de consultoría con frecuencia eligen el costo total del compromiso de un cliente como su base de costos, porque es difícil distinguir entre los costos variables y los costos fijos.

Los porcentajes del margen de ganancia que se presentan en el cuadro anterior varían significativamente: desde un nivel alto de 65% sobre el costo variable de manufactura hasta un nivel bajo de 12% sobre el costo total del producto. ¿Por qué existe esta amplia variación? Cuando se determina un precio de venta prospectivo, una base de costos como el costo variable de manufactura (que incluye un menor número de costos) requiere de un porcentaje de mayor margen de ganancia porque el precio necesita fijarse para obtener un margen de utilidad *y* para recuperar los costos que se hayan excluido de la base.

Las encuestas indican que la mayoría de los gerentes usan el costo total del producto para las decisiones de fijación de precios basadas en los costos; es decir, incluyen tanto los costos fijos como los costos variables cuando calculan el costo por unidad. Los gerentes incluyen el costo fijo por unidad en la base de costos por varias razones:

1. **La recuperación total de todos los costos del producto.** En el largo plazo, el precio de un producto debe ser superior al costo total del mismo, si una compañía quiere mantenerse en el negocio. La posibilidad de usar únicamente el costo variable como una base quizá tiente a los

gerentes a reducir los precios, hasta donde los precios se encuentren por arriba del costo variable, y generen un margen de contribución positivo.

Como lo demuestra la experiencia en la industria de las aerolíneas, la fijación de precios basada en el costo variable puede ocasionar que las compañías pierdan dinero, como consecuencia de que los ingresos sean demasiado bajos para recuperar el costo total del producto.

2. **Estabilidad de precios.** Los gerentes consideran que el uso del costo total del producto como la base para las decisiones de fijación de precios fomenta la estabilidad en los precios, dado que limita la capacidad y las tentaciones de los vendedores para reducir los precios. Los precios estables facilitan efectuar pronósticos y planes más exactos.

3. **Sencillez.** Una fórmula de costos totales para la fijación de precios no requiere de un análisis detallado de los patrones del comportamiento del costo, para separar los costos del producto en componentes fijos y variables. Los componentes variables y fijos son difíciles de identificar en muchos costos, como es el caso de la prueba, la inspección y la configuración de las máquinas.

La inclusión del costo fijo por unidad en la base de costos para la fijación de precios no está exenta de ciertos problemas. La aplicación de los costos fijos a los productos puede ser arbitraria. Asimismo, el cálculo del costo fijo por unidad requiere un nivel del denominador que se base en una estimación de la capacidad o de las unidades esperadas de ventas futuras. Los errores en tales estimaciones ocasionarán que el costo total real por unidad del producto difiera del monto estimado.

Fijación de precios basada en el costo más margen de utilidad y fijación de precios meta

Los precios de venta que se calcularon con el enfoque de fijación del precio más margen de ganancia son precios *prospectivos*. Suponga que el diseño inicial del producto de Astel da como resultado $750 del costo total para Provalue II. Suponiendo un margen de ganancia de 12%, Astel establece un precio prospectivo de $840 [$750 + (0.12 × $750)]. En el mercado competitivo de las PC, las reacciones de los clientes y los competidores a este precio obligarían a Astel a reducir el porcentaje del margen de ganancia y a disminuir el precio hasta, digamos, $800. Astel puede entonces interesarse en volver a diseñar Provalue II, con la finalidad de reducir el costo total a $720 por unidad, como en nuestro ejemplo, y lograr un margen de ganancia cercano al 12% manteniendo a la vez el precio a $800. El diseño final y el enfoque del precio basado en el costo más margen de ganancia deben encontrar un valor de equilibrio entre costo, margen de ganancia y reacciones de los clientes.

El enfoque de la fijación de precios meta reduce la necesidad de oscilaciones en los precios prospectivos de costo más margen de ganancia, y de volver a revisar las reacciones de los clientes y las modificaciones al diseño. En contraste con una fijación de precios basada en el costo más margen de utilidad, la fijación de precios meta determina primero las características del producto y el precio meta, tomando como base las preferencias de los clientes y las respuestas esperadas de los competidores y, posteriormente, calcula un costo fijado como meta.

◀ **Punto de decisión**

¿Cómo fijan las compañías el precio de los productos usando el enfoque de costo más margen de utilidad?

Los proveedores que suministran productos y servicios únicos, como los contadores y los consultores en gerencia, suelen utilizar una fijación de precios basada en el costo más un margen de utilidad. Las firmas de servicios profesionales establecen los precios con base en tasas de facturación por hora basadas en el costo más un margen de utilidad para los socios y los gerentes. Sin embargo, en las situaciones competitivas estos precios suelen disminuirse. Las firmas de servicios profesionales también toman una perspectiva de clientes de varios años cuando toman decisiones de precios. Los contadores públicos titulados, por ejemplo, algunas veces cobran a un cliente un precio inicialmente bajo y posteriormente un precio más alto.

Las compañías de servicios como los servicios de reparación de casas, los servicios de reparación de automóviles y los despachos de arquitectura usan un método de fijación de precios basado en el costo más un margen de utilidad, el cual se denomina *método de tiempo y de materiales*. El precio de los trabajos individuales se fija con base en los materiales y en el tiempo de mano de obra. El precio que se cobra por los materiales es igual al costo de los materiales más un margen de ganancia. El precio que se carga por la mano de obra representa el costo de la mano de obra más un margen de ganancia. Es decir, el precio que se cobra por cada partida de costos directos incluye su propio margen de ganancia. Los márgenes de ganancia se eligen para recuperar los costos indirectos y para obtener una utilidad.

Objetivo de aprendizaje 7

Usar los presupuestos y el costeo del ciclo de vida cuando se toman decisiones de fijación de precios

. . . acumular todos los costos de un producto, desde la investigación y desarrollo iniciales, hasta el servicio final al cliente para cada año de la vida del producto

Preparación de presupuestos y costeo del ciclo de vida del producto

Las compañías necesitan considerar algunas veces los precios meta y los costos meta durante el ciclo de vida de varios años de un producto. El **ciclo de vida del producto** abarca el tiempo que va desde la investigación y el desarrollo iniciales sobre un producto, hasta el momento en que el servicio y el apoyo al cliente ya no se ofrecen para ese producto. Para las compañías automotrices como DaimlerChrysler, Ford y Nissan, el ciclo de vida del producto requiere de 12 a 15 años para diseñar, lanzar y comercializar diferentes modelos de vehículos. En el caso de los productos farmacéuticos, el ciclo de vida en compañías como Pfizer, Merck y Glaxo Smith Kline puede ser de 15 a 20 años. En el caso de bancos como Wachovia y Chase Manhattan Bank, un producto como una cuenta de ahorros recientemente diseñada con privilegios específicos puede tener un ciclo de vida de 10 a 20 años. Las computadoras personales tienen un ciclo de vida más corto —que va de 3 a 5 años— porque las rápidas innovaciones en la potencia y la velocidad de los microprocesadores que operan la máquina hacen que los modelos más antiguos se vuelvan obsoletos.

En la **elaboración del presupuesto del ciclo de vida**, los gerentes estiman los ingresos y los costos de la función empresarial a lo largo de toda la cadena de valor: desde la investigación y el desarrollo iniciales de un producto, hasta el servicio y el apoyo final al cliente. El **costeo del ciclo de vida** da un seguimiento a los costos de la función empresarial, y los acumula a lo largo de toda la cadena de valor, desde la investigación y el desarrollo iniciales de un producto hasta el servicio y el apoyo final al cliente. El presupuesto del ciclo de vida y su costeo abarcan varios años.

Elaboración del presupuesto del ciclo de vida y decisiones de fijación de precios

Los costos presupuestados del ciclo de vida brindan información de utilidad para evaluar estratégicamente las decisiones de fijación de precios. Considere el caso de Insight, Inc., una compañía de programas de software, que está desarrollando un nuevo software de contabilidad, "General Ledger". Suponga los siguientes montos presupuestados para General Ledger durante un ciclo de vida del producto de seis años.

Años 1 y 2

	Total costos fijos
Costos de investigación y desarrollo	$240,000
Costos de diseño	160,000

Años 3 a 6

	Total de costos fijos	Costo variable por paquete
Costos de producción	$100,000	$25
Costos de marketing	70,000	24
Costos de distribución	50,000	16
Costos de servicio al cliente	80,000	30

La ilustración 12-6 presenta el presupuesto del ciclo de vida de seis años de General Ledger para tres combinaciones alternativas de precio de venta/cantidad de ventas.

Varias características hacen que la elaboración del presupuesto del ciclo de vida sea de importancia particular:

1. **El periodo de desarrollo para la investigación y desarrollo, así como para el diseño, es largo y costoso.** Cuando se incurre en un alto porcentaje de los costos totales del ciclo de vida antes de que empiece cualquier producción y antes de que se reciban cualesquiera ingresos, como en el ejemplo de General Ledger, la compañía necesita evaluar los ingresos y los costos a lo largo del ciclo de vida del producto, con la finalidad de decidir si debe empezar las costosas actividades de investigación y desarrollo y diseño.

2. **Muchos costos se comprometen en las etapas de investigación y desarrollo y de diseño, incluso si los costos de investigación y desarrollo y de diseño son pequeños.** En nuestro ejemplo de General Ledger, un software de contabilidad deficientemente diseñado, el cual sea difícil de instalar y de usar, daría como resultado mayores costos de marketing, distribución y servicio al cliente en varios años subsiguientes. Dichos costos serían incluso más altos si el producto no satisficiera los niveles prometidos de desempeño en la calidad. Un presupuesto de ingresos y de costos del ciclo de vida evita que los gerentes de Insight pasen por alto estas relaciones de varios años entre los costos de las funciones de la empresa. La elaboración del presupuesto del ciclo de vida destaca los costos durante todo el ciclo de vida del producto y, al hacerlo así, facilita la fijación de precios meta, el costo meta y la ingeniería del valor en la etapa de diseño, antes de que se acuerden los costos. Los montos que se presentan en la ilustración 12-6 son el resultado de la ingeniería del valor.

| Ilustración 12-6 | Elaboración del presupuesto de los ingresos y los costos del ciclo de vida para el software "General Ledger" de Insight, Inc.[a] |

	Combinaciones alternativas de precio de venta/cantidad de ventas		
	A	**B**	**C**
Precio de venta por paquete	$400	$480	$600
Cantidad de ventas en unidades	5,000	4,000	2,500
Ingresos del ciclo de vida			
($400 × 5,000; $480 × 4,000; $600 × 2,500)	$2,000,000	$1,920,000	$1,500,000
Costos del ciclo de vida			
Costos de investigación y desarrollo	240,000	240,000	240,000
Costos del diseño del producto/proceso	160,000	160,000	160,000
Costos de producción			
$100,000 + ($25 × 5,000); $100,000 +			
($25 × 4,000); $100,000 + ($25 × 2,500)	225,000	200,000	162,500
Costos de marketing			
$70,000 + ($24 × 5,000); $70,000 +			
($24 × 4,000); $70,000 + ($24 × 2,500)	190,000	166,000	130,000
Costos de distribución			
$50,000 + ($16 × 5,000); $50,000 +			
($16 × 4,000); $50,000 + ($16 × 2,500)	130,000	114,000	90,000
Costos de servicio al cliente			
$80,000 + ($30 × 5,000); $80,000 +			
($30 × 4,000); $80,000 + ($30 × 2,500)	230,000	200,000	155,000
Total de costos del ciclo de vida	1,175,000	1,080,000	937,500
Utilidad en operación del ciclo de vida	$ 825,000	$ 840,000	$ 562,500

[a] Esta ilustración no toma en consideración el valor del dinero a través del tiempo cuando calcula los ingresos del ciclo de vida o los costos del ciclo de vida. El capítulo 21 (disponible en el sitio Web de este libro) describe la manera en que este factor importante se incorpora en tales cálculos

Insight decide vender el paquete de General Ledger en $480 por unidad porque este precio maximiza la utilidad en operación del ciclo de vida. Los gerentes de Insight comparan los costos reales con los presupuestos del ciclo de vida para obtener retroalimentación y aprender cómo estimar mejor los costos para los productos subsecuentes. La ilustración 12-6 supone que el precio de venta por paquete es el mismo a lo largo de la totalidad del ciclo de vida. Sin embargo, por razones estratégicas, Insight podría decidir examinar rápidamente el mercado cargando precios más altos a los clientes animosos, cuando General Ledger se introduzca por primera vez y disminuyendo posteriormente los precios a medida que el producto madure. En estas últimas etapas, Insight podría incluso agregar nuevas características para diferenciar el producto y mantener así los precios y las ventas. El presupuesto del ciclo de vida debe entonces incorporar los ingresos y los costos de tales estrategias.

La gerencia de los costos ambientales brinda otro ejemplo del costeo del ciclo de vida y de la ingeniería del valor. En Estados Unidos, las leyes ambientales como la Ley de Aire Limpio y la Ley de las Enmiendas y Reautorización del Superfondo han introducido normas ambientales más rigurosas, impuesto requisitos más exigentes de limpieza e introducido severas sanciones por la polución del aire y la contaminación del subsuelo y del agua subterránea. Los costos ambientales en que se incurre durante varios años del ciclo de vida del producto con frecuencia se acuerdan en la etapa de diseño del producto y del proceso. Para evitar responsabilidades ambientales, las compañías en industrias tales como la refinación del petróleo, el procesamiento químico y la fabricación de automóviles practican la ingeniería del valor; diseñan productos y procesos para evitar y reducir la contaminación durante el ciclo de vida del producto. Por ejemplo, los fabricantes de computadoras portátiles como Hewlett-Packard y Apple implementaron costosos programas de reciclaje para asegurarse de que los químicos provenientes de las baterías de níquel-cadmio no arrojen químicos peligrosos hacia el suelo.

Costeo del ciclo de vida del cliente

Una noción diferente de los costos del ciclo de vida son los *costos del ciclo de vida del cliente*. Los **costos del ciclo de vida del cliente** se enfocan en los costos totales en los que incurre un cliente para adquirir, usar, mantener y desechar un producto o servicio. Los costos del ciclo de vida del cliente influyen en los precios que una compañía cobra por sus productos. Por ejemplo, Ford cargaría un precio más alto y/o obtendría una mayor participación de mercado, si sus automóviles requirieran

▸ **Punto de decisión**

Describa la elaboración del presupuesto del ciclo de vida y el costeo del ciclo de vida, y el momento en el cual las empresas deberían usar dichas técnicas.

de un mantenimiento mínimo para las primeras 100,000 millas. De manera similar, MayTag cobra precios más altos por los utensilios que ahorran electricidad y que tienen bajos costos de mantenimiento. La corporación Boeing justifica un precio más alto por el Boeing 777, ya que el diseño del avión permite a los mecánicos un acceso más fácil a diferentes áreas de la aeronave para efectuar un mantenimiento de rutina, reduce el tiempo y el costo de mantenimiento, y disminuye de manera significativa el costo del ciclo de vida que resulta de la posesión del avión.

Consideraciones adicionales para las decisiones de fijación de precios

En algunos casos, el costo *no* es un factor importante en la fijación de precios. Exploramos algunas de las formas en que las estructuras y las leyes y regulaciones del mercado influyen en la fijación del precio más allá del costo.

Discriminación del precio

Considere los precios que cobran las aerolíneas por un vuelo de viaje redondo desde Boston hasta San Francisco. Un boleto clase turista para un vuelo comprado con siete días de anticipación es de $450 si el pasajero se queda en San Francisco durante la noche del sábado. Es de $1,000 si el pasajero regresa sin quedarse durante un sábado en la noche. ¿Puede esta diferencia en precios explicarse mediante la diferencia en el costo para la aerolínea de estos vuelos de viajes redondos? No; cuesta la misma cantidad transportar al pasajero desde Boston hasta San Francisco con el regreso incluido, indistintamente de si el pasajero se queda en San Francisco la noche del sábado. Esta diferencia en precio se debe a una *discriminación de precios*.

La **discriminación de precios** es la práctica de cobrar a diferentes clientes distintos precios por el mismo producto o servicio. ¿Cómo funciona la discriminación de precios en el ejemplo de la aerolínea? La demanda de los boletos de la aerolínea proviene de dos fuentes principales: viajeros de negocios y viajeros por recreación. Los viajeros de negocios deben viajar para realizar actividades empresariales para sus organizaciones y, por lo tanto, su demanda de viajes aéreos es relativamente insensible al precio. Las aerolíneas obtendrían mayores utilidades en operación cobrando precios más altos a los viajeros de negocios. La insensibilidad de la demanda a los cambios en los precios se denomina *inelasticidad de la demanda*. Además, los viajeros de negocios generalmente llegan a sus destinos, completan su trabajo y regresan a casa sin quedarse durante el sábado en la noche. Los viajeros por recreación, en cambio, por lo general no necesitan regresar a casa durante la semana, y prefieren pasar los fines de semana en sus destinos. Ya que ellos mismos pagan sus boletos, la demanda de los viajeros por recreación es elástica en cuanto a precio, es decir, la disminución de los precios estimula la demanda. Las aerolíneas obtendrían mayores utilidades en operación cargando precios más bajos a los viajeros por recreación.

¿Cómo pueden las aerolíneas mantener las tarifas a un nivel alto para los viajeros de negocios y, al mismo tiempo, mantener las tarifas a un nivel bajo para los viajeros por recreación? El hecho de requerir una estancia durante el sábado en la noche constituye una discriminación entre los dos segmentos de clientes. Las aerolíneas hacen una discriminación de precios para tomar ventaja de las diferentes sensibilidades a los precios que muestran los viajeros de negocios y los viajeros por recreación. Los precios difieren aun cuando no haya diferencia en cuanto a costos por atender a los dos segmentos de clientes.

¿Qué sucede si las condiciones económicas se debilitan de tal modo que los viajeros de negocios se vuelvan más sensibles al precio? Las aerolíneas podrían entonces necesitar disminuir los precios que cobran a los viajeros de negocios. Después de los eventos del 11 de septiembre de 2011, las aerolíneas empezaron a ofrecer tarifas con descuento en ciertas rutas sin requerir la estancia de un sábado en la noche, para estimular a los viajeros de negocios. Los viajes de negocios se recuperaron y las aerolíneas empezaron a llenar más asientos de los que habrían ocupado de otra manera. Por desgracia, los boletos de viaje no se recuperaron lo suficiente, y la industria de las aerolíneas en su conjunto sufrió severas pérdidas a lo largo de los siguientes años.

Fijación de precios a nivel máximo

Además de la discriminación de precios, otros factores distintos del costo como las restricciones en capacidad afectan las decisiones de fijación de precios. La **fijación de precios a nivel máximo** es la práctica de cobrar un precio más alto por el mismo producto o servicio, cuando la demanda por ese producto o servicio se acerca al límite físico de la capacidad para producirlo. Cuando la demanda es alta y la capacidad de producción es limitada, los clientes estarán dispuestos a pagar más para obtener un producto o servicio. En cambio, una subutilización de la capacidad o un exceso de ella hacen que las compañías disminuyan sus precios, con la finalidad de estimular la demanda y utilizar su capacidad disponible. La fijación de precios a nivel máximo ocurre en las industrias de telefonía, de telecomunicaciones, hotelera, de renta de automóviles y de servicios eléctricos. Durante los Juegos Olímpicos de Verano de 2008 en Beijing, por ejemplo, los hoteles cargaron tasas muy altas y requerían estancias de varias noches. Las aerolíneas cobraron tarifas elevadas por los vuelos hacia y desde muchas ciudades en la región, durante aproximadamente un mes en torno a la época de los juegos. La demanda excedió por mucho la capacidad y las industrias de la hospitalidad y las aerolíneas utilizaron una fijación de precios a nivel máximo para aumentar sus utilidades.

Consideraciones internacionales

Otro ejemplo de factores distintos de los costos que afectan los precios ocurre cuando se vende el mismo producto en diferentes países. Considere los programas de software, los libros y las medicinas que se producen en un país y que se venden de manera global. Los precios que se cobran en cada nación varían mucho más que los costos por la entrega del producto en cada país. Esas diferencias en precios surgen por las diferencias en el poder adquisitivo de los consumidores en diferentes países (una forma de discriminación de precios) y diversas restricciones gubernamentales que podrían limitar los precios que se cargan.

Leyes antimonopolio

Las consideraciones legales también influyen en las decisiones de fijación de precios. Las compañías no siempre tienen la libertad de cobrar cualquier precio que les convenga. Por ejemplo, según la Ley Robinson-Patman de Estados Unidos, un fabricante no puede discriminar los precios entre dos clientes cuando la intención sea reducir o evitar la competencia para ganar clientes. Dos características clave de las leyes de discriminación de precios son las siguientes:

1. La discriminación de precios es permisible, si las diferencias en estos se justifica por las diferencias de costos.

2. La discriminación de precios es ilegal tan solo cuando la intención es reducir o evitar la competencia.

La discriminación de precios proveniente de las compañías de aviación comercial que se describió anteriormente es legal porque sus prácticas no dificultan la competencia.

Fijación de precios a nivel predatorio

Para cumplir con las leyes antimonopolio de Estados Unidos, como la Ley Sherman, la Ley Clayton, la Ley Federal de Acuerdos Comerciales y la Ley Robinson-Patman, la fijación de precios no debe ser predatoria.[5] Una compañía realiza una **fijación de precios predatoria** cuando fija de manera deliberada los precios por debajo de sus costos, en un esfuerzo por sacar a los competidores del mercado y restringir la oferta y, posteriormente, aumenta los precios en vez de incrementar la demanda.[6]

La Suprema Corte de Estados Unidos ha establecido las siguientes condiciones para demostrar que hubo una fijación de precios predatoria:

■ La compañía depredadora carga un precio inferior a una medida adecuada de sus costos.

■ La compañía depredadora tiene un prospecto razonable de recuperación en el futuro, mediante una mayor participación de mercado o precios más elevados, del dinero que perdió al fijar un precio inferior al costo.

La Suprema Corte no ha especificado la "medida adecuada de los costos".[7]

La mayoría de los tribunales en Estados Unidos han definido la "medida adecuada de los costos" como los costos variables marginales o promedio a corto plazo.[8] En el litigio de *Adjustor's Replace-a-Car* versus *Agency Rent-a-Car*, Adjustor's (el quejoso) alegó que había sido obligado a retirarse de los mercados de Austin y San Antonio, Texas, porque Agency había incurrido en una fijación de precios predatoria.[9] Para demostrar una fijación de precios predatoria, Adjustor señaló la

Objetivo de aprendizaje 9

Explicar los efectos de las leyes antimonopolio sobre la fijación de precios

. . . las leyes antimonopolio tratan de contrarrestar una fijación de precios por debajo de los costos orientada a eliminar competidores, o bien, una fijación de precios artificialmente altos que perjudique a los consumidores

---

[5] La exposición de la Ley Sherman y la Ley Clayton se encuentra en A. Barkman y J. Jolley, "Cost Defenses for Antitrust Cases", *Management Accounting* 67 (núm. 10); 37-40.

[6] Si se desean más detalles, véase W. Viscusi, J. Harrington y J. Vernon, *Economics of Regulation and Antitrust*, 4a. ed. (Cambridge MA: MIT Press, 2006); y J. L. Goldstein, "Single Firm Predatory Pricing in Antitrust Law: The Rose Acre Recoupment Test and the Search for an Appropriate Judicial Standard", *Columbia Law Review* 91 (1991): 1557-1592.

[7] *Brooke Group v. Brown & Williamson Tobacco*, 113 S. Ct. (1993); T. J. Trujillo, "Predatory Pricing Standards Under Recent Supreme Court Decisions and Their Failure to Recognize Strategic Behavior as a Barrier to Entry", *Iowa Journal of Corporation Law* (verano de 1994); 809-831.

[8] Una excepción es *McGahee v. Northern Propane Gas Co.* [858 F, 2d 1487 (1988)], en la cual la Corte del Undécimo Circuito mantuvo que los precios por debajo del costo total promedio constituyen una evidencia de un intento predatorio. Si se desean más exposiciones, véase P. Areeda y D. Turner. "Predatory Pricing and Related Practices Under Section 2 of Shearman Act", *Harvard Law Review* 88 (1975); 697-733. Si se desea un panorama general de un caso legal, véase W. Viscusi, J. Harrington y J. Vernon, *Economics of Regulation and Antitrust*, 4a. ed. (Cambridge, MA: MIT Press, 2006). Véase también la sección de "Legal Developments" del *Journal of Marketing* donde se presentan varios resúmenes de casos judiciales.

[9] *Adjustor's Replace-a-Car, Inc. v. Agency Rent-a-Car*, 735 2d 884 (1984).

"pérdida neta proveniente de las operaciones" en el estado de resultados de Agency, la cual se calculó después de aplicar los costos indirectos de las oficinas matrices de Agency. Sin embargo, el juez dispuso que Agency no había realizado una fijación de precios predatoria porque el precio que cobraba por la renta de un automóvil nunca disminuyó por debajo de sus costos variables promedio.

La decisión de la Suprema Corte en el caso de *Brooke Group* versus *Brown & Williamson Tobacco* (BWT) aumentó la dificultad de probar una fijación de precios predatoria. La corte dispuso que una fijación de precios por debajo de los costos variables promedio no es predatoria, si la compañía no tiene una oportunidad razonable de incrementar posteriormente los precios o su participación de mercado para recuperar sus pérdidas. [10] El demandado, BWT, una compañía tabacalera, vendía cigarrillos con nombre de marca y tenía el 12% del mercado tabacalero. La introducción de los cigarrillos genéricos amenazó la participación de mercado de BWT, quien respondió mediante el lanzamiento de su propia versión de cigarrillos genéricos con un precio inferior al costo variable promedio, haciendo de esta manera difícil que los productores de cigarrillos genéricos continuaran en el negocio. La Suprema Corte dispuso que la acción de BWT era una respuesta competitiva y no una fijación de precios predatoria. Ello porque, dada la pequeña participación de mercado de 12% de BWT y la competencia actual dentro de la industria, la empresa sería incapaz de cargar en forma posterior un precio monopolista para recuperar sus pérdidas.

Dumping

Un aspecto que se encuentra estrechamente relacionado con la fijación de precios predatoria es el *dumping*. Según las leyes estadounidenses, el ***dumping*** ocurre cuando una compañía no estadounidense vende un producto en Estados Unidos a un precio inferior al valor de mercado en el país donde se produce, y este precio más bajo socava de una manera importante o amenaza con dañar considerablemente a una industria estadounidense. Si se demuestra el *dumping*, se puede imponer un arancel *antidumping*, de acuerdo con las leyes arancelarias estadounidenses, igual al monto en el cual el precio extranjero exceda el precio en Estados Unidos. Los casos relacionados con el *dumping* han ocurrido en las industrias del cemento, las computadoras, la madera, el papel, los semiconductores, el acero, los suéteres y los neumáticos. En septiembre de 2009, el Departamento de Comercio afirmó que establecería tarifas de importación de 25% a 30% sobre las importaciones de automóviles y sobre los neumáticos para camiones ligeros provenientes de China.[11] Sin embargo, China refutó la decisión ante el panel de resolución de disputas de la Organización Mundial de Comercio (OMC), una institución internacional creada con la finalidad de promover y regular las prácticas comerciales entre países.

Punto de decisión ▶

¿Cómo afectan las leyes antimonopolio la fijación de precios?

Fijación de precios colusoria

Otra transgresión de las leyes antimonopolios es **la fijación de precios colusoria**, la cual ocurre cuando las compañías de una industria conspiran en sus decisiones de fijación de precios y producción para lograr un precio superior al precio competitivo y restringir de este modo el comercio. Por ejemplo, en 2008, LG estuvo de acuerdo en pagar $400,000,000 y Sharp estuvo de acuerdo en pagar $120,000,000 debido a una colusión para fijar los precios de los cinescopios de LCD en Estados

---

[10] *Brooke Group v. Brown & Williamson Tobacco*, 113 S. Ct. (1993).
[11] Edmund Andrews, "U.S. Adds Tariffs on Chinese Tires", *New York Times* (11 de septiembre de 2009).

Problema para autoestudio

Unidos.

Reconsidere el ejemplo de Astel Computer (pp. 436-437). El gerente de marketing de Astel comprende que se necesita una reducción adicional en el precio para vender 200,000 unidades de Provalue II. Para mantener una rentabilidad meta de $16 millones, o de $80 por unidad, Astel tendrá que reducir los costos de Provalue II en $6 millones, o $30 por unidad. Astel fija como meta una reducción de $4 millones, o de $20 por unidad, en los costos de manufactura; y de $2 millones, o de $10 por unidad, en los costos de marketing, distribución y servicio al cliente. El equipo interdisciplinario asignado a esta tarea propone los siguientes cambios para fabricar una versión diferente de Provalue, denominada Provalue III.

1. Reducir los costos de los materiales directos, y los costos de órdenes de compra mediante la compra de componentes subensamblados en vez de componentes individuales.

2. Rehacer la ingeniería de las órdenes de compra y la recepción para disminuir los costos de las órdenes de compra y recepción por orden.

3. Reducir el tiempo de prueba, así como de la mano de obra y la energía que se requieren por hora de prueba.

4. Desarrollar nuevos procedimientos de reprocesamiento para disminuir los costos del reprocesamiento por hora.

No se ha propuesto cambio alguno en el costo de la mano de obra directa por unidad ni en los costos totales de las operaciones mecánicas.

El siguiente cuadro resume las cantidades del generador del costo y el costo por unidad de cada generador del costo para Provalue III, en comparación con Provalue II.

	A	B	C	D	E	F	G	H	I	J	K	L	M	N
1					Información del costo de manufactura					Información del costo de manufactura				
2					para 200,000 unidades de Provalue II en 2012					para 200,000 unidades de Provalue III en 2012				
3	Categoría de costos	Generador del costo	Detalles de las cantidades presupuestadas para el generador del costo				Cantidad total presupuestada del generador del costo	Costo presupuestado por unidad del generador del costo	Detalles de las cantidades presupuestadas para el generador del costo				Cantidad total presupuestada para el generador del costo	Costo presupuestado por unidad del generador del costo
4	(1)	(2)	(3)		(4)		(5)=(3)×(4)	(6)	(7)		(8)		(9)=(7)×(8)	(10)
5	Materiales directos	Núm. de juegos	1	juego por unidad	200,000	unidades	200,000	$385	1	juego por unidad	200,000	unidades	200,000	$375
6	Mano obra directa (MOD)	Horas de MOD	2.65	Horas de MOD por unidad	200,000	unidades	530,000	$ 20	2.65	horas de MOD por unidad	200,000	unidades	530,000	$ 20
7	Operaciones mecánicas directas (fijo)	Horas-máquina					300,000	$ 38					300,000	$ 38
8	Órdenes de compra y recepción	Núm. de órdenes	50	órdenes por componente	425	componentes	21,250	$ 80	50	órdenes por componente	400	componentes	20,000	$ 60
9	Pruebas e inspección	Horas de prueba	15	horas de prueba por unidad	200,000	unidades	3,000,000	$ 2	14	horas de prueba por unidad	200,000	unidades	2,800,000	$ 1.70
10	Reprocesamiento				6.5%	de tasa de defectuosos					6.5%	de tasa de defectuosos		
11		Horas de reprocesamiento	2.5	horas de reprocesamiento por unidad defectuosa	13,000ª	unidades defectuosas	32,500	$ 40	2.5	horas de reprocesamiento por unidad defectuosa	13,000ª	unidades defectuosas	32,500	$ 32
12														
13	ª6.5% de tasa de defectuosos × 200,000 unidades = 13,000 unidades defectuosas.													

¿Lograrán los cambios propuestos la reducción de Astel fijada como meta de $4,000,000, o $20 por unidad, en los costos de manufactura para Provalue III? Muestre sus cálculos.   **Se requiere**

Solución

La ilustración 12-7 presenta los costos de manufactura de Provalue III con base en los cambios propuestos. Los costos de manufactura disminuirán de $108 millones, o $540 por unidad (ilustración 12-5), a $104 millones, o $520 por unidad (ilustración 12-7), y lograrán la reducción meta de $4 millones, o $20 por unidad.

Ilustración 12-7   Costos de manufactura fijados como meta de Provalue III para 2012 tomando como base los cambios propuestos

	A	B	C	D
1		**Costos de manufactura**		**Costos de manufactura**
2		**presupuestados para**		**presupuestados por**
3		**200,000 unidades**		**unidad**
4		(1)		(2) = (1) ÷ 200,000
5	Costos directos de manufactura			
6	Costos de los materiales directos			
7	(200,000 juegos × $375 por juego)	$ 75,000,000		$375.00
8	Costos de la mano de obra directa			
9	(530,000 horas-MOD × $20 por hora)	10,600,000		53.00
10	Costos directos de las operaciones mecánicas			
11	(300,000 horas-máquina × $38 por horas-máquina)	11,400,000		57.00
12	Costos directos de manufactura	97,000,000		485.00
13				
14	Costos indirectos de manufactura			
15	Costos de órdenes de compra y recepción			
16	(20,000 órdenes × $60 por orden)	1,200,000		6.00
17	Costos de prueba e inspección			
18	(2,800,000 horas de prueba × $1.70 por hora)	4,760,000		23.80
19	Costos de reprocesamiento			
20	(32,500 horas de reprocesamiento × $32 por hora)	1,040,000		5.20
21	Costos indirectos de manufactura	7,000,000		35.00
22	Total de costos de manufactura	$104,000,000		$520.00

Puntos de decisión

El siguiente formato de preguntas y respuestas resume los objetivos de aprendizaje del capítulo. Cada decisión presenta una pregunta clave relacionada con un objetivo de aprendizaje. Los lineamientos son la respuesta a esa pregunta.

Decisión	Lineamientos
1. ¿Cuáles son las tres principales influencias sobre las decisiones de fijación de precios?	Los clientes, los competidores y los costos influyen en los precios mediante sus efectos sobre la demanda y sobre la oferta; los clientes y los competidores afectan la demanda, en tanto que los costos influyen en la oferta.
2. ¿Qué consideran las organizaciones cuando toman decisiones de fijación de precios a corto plazo?	Cuando las compañías toman decisiones de fijación de precios a corto plazo tan solo consideran aquellos costos (relevantes) que cambiarán en total como resultado de la decisión. La fijación de precios se realiza de manera oportuna con base en la demanda y la competencia.
3. ¿Cómo toman las compañías las decisiones de fijación de precios a largo plazo?	Las compañías consideran todos los costos futuros variables y fijos como relevantes y usan un enfoque basado en el mercado o un enfoque de fijación de precios basado en los costos, con la finalidad de obtener un rendimiento meta sobre la inversión.
4. ¿Cómo determinan las compañías los costos meta?	Un enfoque para la fijación de precios a largo plazo consiste en usar un precio meta, que es el precio estimado que los clientes potenciales están dispuestos a pagar por un bien o servicio. La utilidad en operación meta por unidad se resta del precio meta para determinar el costo meta por unidad. El costo meta por unidad es el costo estimado a largo plazo de un producto o servicio que, cuando se vende, permite que la empresa logre una utilidad en operación meta por unidad. El desafío para la empresa es efectuar los mejoramientos de costos necesarios, empleando los métodos de ingeniería del valor para lograr el costo fijado como meta.

5. ¿Por qué es importante distinguir entre el incurrimiento en los costos y los costos comprometidos?

El incurrimiento en los costos describe el momento en que se sacrifica un recurso. Los costos comprometidos son aquellos en los cuales no se ha incurrido pero, con base en las decisiones que ya se tomaron, se incurrirán en el futuro. Para reducir los costos, las técnicas como la ingeniería del valor son más efectivas *antes* de que se comprometan los costos.

6. ¿Cómo fijan las compañías el precio de los productos usando el enfoque de costo más margen de utilidad?

El enfoque de costo más margen de utilidad para la fijación de precios agrega un componente de margen de ganancia a la base de costos, como punto de inicio para las decisiones de fijación de precios. Muchos costos diferentes, como el costo total del producto o el costo de manufactura, pueden servir como la base del costo en la aplicación de la fórmula de costos más margen de utilidad. Los precios se modifican luego con base en las reacciones del cliente y las respuestas de los competidores. Por lo tanto, el tamaño del "margen de utilidad" lo determina su lugar en el mercado.

7. Describa la elaboración del presupuesto del ciclo de vida y el costeo del ciclo de vida, así como el momento en que las compañías deberían usar estas técnicas.

Las estimaciones de la elaboración del presupuesto del ciclo de vida y el costeo del ciclo de vida acumulan y dan seguimiento a los costos (y a los ingresos), atribuibles a un producto desde su etapa inicial de investigación y desarrollo, hasta la etapa final de servicio y apoyo al cliente. Estas técnicas del ciclo de vida son muy importantes cuando: *a)* se incurre en un alto porcentaje de los costos del ciclo de vida antes de que inicie la producción, y los ingresos se obtienen a lo largo de varios años, y *b)* una alta fracción de los costos del ciclo de vida se acuerdan en las fases de investigación y desarrollo y de diseño.

8. Describa la discriminación de precios y la fijación de precios a nivel máximo.

La discriminación de precios consiste en cobrar a algunos clientes un mayor precio por cierto producto o servicio en comparación con otros clientes. La fijación de precios a nivel máximo consiste en cargar un precio más alto para el mismo producto o servicio, cuando la demanda se aproxima a los límites de la capacidad física. Con una discriminación de precios y una fijación de precios a nivel máximo, los precios difieren entre los segmentos del mercado y los periodos, aun cuando el costo del suministro del producto o servicio sea aproximadamente el mismo.

9. ¿Cómo afectan las leyes antimonopolio la fijación de precios?

Para cumplir con las leyes antimonopolio, una compañía no debe realizar una fijación de precios predatoria, en *dumping* ni en fijación de precios colusoria, lo cual reduce la competencia; ello pone a otra compañía en una desventaja competitiva injusta; o bien, perjudica a los consumidores.

Términos contables

Este capítulo y el glosario que se presenta al final del libro contienen definiciones de los siguientes términos de importancia:

ciclo de vida del producto (**p. 447**)
costeo del ciclo de vida (**p. 448**)
costo con valor agregado (**p. 442**)
costo meta por unidad (**p. 440**)
costos comprometidos (**p. 442**)
costos del ciclo de vida del cliente (**p. 449**)
costos diseñados internamente (**p. 442**)

costos sin valor agregado (**p. 442**)
discriminación de precios (**p. 450**)
dumping (**p. 452**)
elaboración del presupuesto del ciclo de vida (**p. 448**)
fijación de precios a nivel máximo (**p. 450**)
fijación de precios colusoria (**p. 452**)

fijación de precios predatoria (**p. 451**)
incurrimiento en costos (**p. 442**)
ingeniería del valor (**p. 441**)
precio fijado como meta (**p. 439**)
tasa de rendimiento meta sobre la inversión (**p. 446**)
utilidad en operación meta por unidad (**p. 440**)

Material para tareas

Preguntas

12-1 ¿Cuáles son las tres principales influencias sobre las decisiones de fijación de precios?
12-2 "Los costos relevantes para las decisiones de fijación de precios son los costos totales del producto." ¿Está usted de acuerdo? Explique su respuesta.
12-3 Mencione dos ejemplos de decisiones de fijación de precios con una perspectiva a corto plazo.
12-4 ¿De qué manera es útil el costeo basado en actividades para las decisiones de fijación de precios?
12-5 Describa dos enfoques alternativos para las decisiones de fijación de precios a largo plazo.
12-6 ¿Qué es un costo meta por unidad?
12-7 Describa la ingeniería del valor y su papel en el costo meta.
12-8 Mencione dos ejemplos de un costo con valor agregado y dos ejemplos de un costo sin un valor agregado.

12-9   "No es importante que una compañía distinga entre el incurrimiento en los costos y los costos comprometidos." ¿Está usted de acuerdo? Explique su respuesta.

12-10   ¿Que es la fijación de precios basada en el costeo más un margen de utilidad?

12-11   Describa tres métodos alternativos para la fijación del precio basada en el costo más un margen de
utilidad.

12-12   Señale dos ejemplos en los cuales la diferencia en los costos de dos productos o servicios sea mucho
menor que la diferencia en sus precios.

12-13   ¿Qué es la elaboración del presupuesto del ciclo de vida?

12-14   ¿Cuáles son tres beneficios provenientes del uso de un formato de información del ciclo de vida del
producto?

12-15   Defina la fijación de precios predatoria, el dumping y la fijación de precios colusoria.

Ejercicios

12-16   **Enfoque de costos relevantes para las decisiones de fijación de precios, orden especial.** Los siguientes
datos financieros se aplican a la planta de fabricación de DVD de la compañía Dill para el mes de octubre de 2011:

	Costo de manufactura presupuestado por paquete de DVD
Materiales directos	$1.60
Mano de obra directa	0.90
Costos indirectos variables de manufactura	0.70
Costos indirectos fijos de manufactura	1.00
Total del costo de manufactura	$4.20

Los costos indirectos variables de manufactura varían con el número de paquetes de DVD producidos. Los costos
indirectos fijos de manufactura de $1 por paquete se basan en un presupuesto de costos indirectos fijos de manu-
factura de $150,000 por mes, y en una producción presupuestada de 150,000 paquetes por mes. La compañía Dill
vende cada paquete en $5.

Los costos de marketing tienen dos componentes:

■   Costos variables de marketing (comisiones de ventas) de 5% de los ingresos.

■   Costos fijos mensuales de $65,000.

Durante octubre de 2011, Lyn Randell, un vendedor de la compañía Dill, solicitó autorización al presidente para
vender 1,000 paquetes a $4.00 cada uno, a un cliente que no se encontraba en los canales de marketing normales
de Dill. El presidente rechazó esta orden especial porque el precio de venta era inferior al costo total de manufactura presupuestado.

1.   ¿Cuál hubiera sido el efecto de aceptar esta orden especial sobre la utilidad en operación mensual?
2.   Presente sus comentarios sobre el razonamiento del presidente de "por debajo de los costos de manufactura" para rechazar la orden especial.
3.   ¿Qué otros factores debería considerar el presidente antes de aceptar o rechazar la orden especial?

12-17   **Enfoque de costos relevantes para las decisiones de fijación de precios a corto plazo.** La compañía
San Carlos es un negocio de aparatos electrónicos con ocho líneas de productos. En el mes de junio de 2011, los
datos de ingresos para uno de los productos (XT-107) son los siguientes:

Ingresos, 200,000 unidades a un precio promedio de $100 cada una		$20,000,000
Costos variables		
Materiales directos a $35 por unidad	$7,000,000	
Mano de obra directa a $10 por unidad	2,000,000	
Costos indirectos variables de manufactura a $6 por unidad	1,200,000	
Comisiones de venta al 15% de los ingresos	3,000,000	
Otros costos variables a $5 por unidad	1,000,000	
Total de costos variables		14,200,000
Margen de contribución		5,800,000
Costos fijos		5,000,000
Utilidad en operación		$ 800,000

Abrams, Inc., una compañía de instrumentos, tiene un problema con su proveedor favorito de XT-107. Este proveedor ha tenido una huelga laboral de tres semanas. Abrams se acerca al representante de ventas de San Carlos,
Sarah Holtz, para hablarle acerca de la posibilidad de proporcionar 3,000 unidades de XT-107 a un precio de $75
por unidad. Holtz informa al gerente de producto del XT-107, Jim McMahon, que ella aceptaría una comisión fija
de $8,000, en vez del 15% usual de ingresos si se aceptara esta orden especial. San Carlos tiene la capacidad de

producir 300,000 unidades de XT-107 cada mes, pero la demanda no ha excedido las 200,000 unidades en cualquier mes del año pasado.

1. Si se acepta la orden de 3,000 unidades de Abrams, ¿cuánto aumentará o disminuirá la utilidad en operación? (Suponga la misma estructura de costos que la de junio de 2011.) **Se requiere**

2. McMahon evalúa si deberá aceptar la orden especial de 3,000 unidades. El siente temor del precedente que pudiera establecerse al reducir el precio. Afirma lo siguiente: "El precio está por debajo de nuestro costo total de $96 por unidad. Considero que deberíamos cotizar un precio total, o Abrams esperará el tratamiento favorecido una y otra vez si continuamos haciendo negocios con él." ¿Está usted de acuerdo con McMahon? Explique su respuesta.

12-18 Fijación de precios a corto plazo, restricciones de capacidad. Colorado Mountains Dairy, un productor de quesos de especialidad, elabora un queso suave con leche de vacas Holstein, que se crían con una dieta basada en maíz. Un kilogramo de queso suave, el cual tiene un margen de contribución de $10, requiere 4 litros de leche. Un restaurante gourmet muy popular pidió a Colorado Mountains que produjera 2,600 kilogramos de queso duro a partir de la misma leche de las vacas Holstein. Sabiendo que la cremería tiene una capacidad inactiva suficiente, Elise Princiotti, propietario de Colorado Mountains, calcula los costos por la elaboración de 1 kilogramo del queso duro deseado:

Leche (8 litros × $2.00 por litro)	$16
Mano de obra directa variable	5
Costos indirectos variables de manufactura	4
Costos fijos de manufactura aplicados	6
Total de costos de manufactura	$31

1. Suponga que Colorado Mountains puede adquirir toda la leche Holstein que necesita. ¿Cuál es el precio mínimo por kilogramo que debería cobrar por el queso duro? **Se requiere**

2. Ahora suponga que la leche Holstein tiene una oferta escasa. Cualquier kilogramo de queso duro producido por Colorado Mountains reducirá la cantidad de queso suave que puede producir y vender. ¿Cuál es el precio mínimo por kilogramo que debería cargar para producir el queso duro?

12-19 Costos con valor agregado y costos sin valor agregado. El taller Marino Repair repara y da servicio a diversos tipos de maquinaria. Un resumen de sus costos (por actividad) para 2011 es el siguiente:

a)	Materiales y mano de obra para el servicio de la maquinaria	$800,000
b)	Costos de reprocesamiento	75,000
c)	Costos ocasionados por demoras en el trabajo	60,000
d)	Costos del manejo de materiales	50,000
e)	Costos de las adquisiciones e inspecciones de materiales	35,000
f)	Mantenimiento preventivo a los equipos	15,000
g)	Mantenimiento por descomposturas de los equipos	55,000

1. Clasifique cada costo como uno con valor agregado, uno sin valor agregado o uno del área gris intermedia. **Se requiere**

2. Para cualquier costo clasificado en el área gris, suponga que el 65% es valor agregado y el 35% es valor no agregado. ¿Qué cantidad del total de los siete costos es valor agregado y qué cantidad no es valor agregado?

3. Marino está considerando los siguientes cambios: *a)* introducir programas de mejoramiento de la calidad, cuyo efecto neto será reducir los costos de reprocesamientos y por demora en 75%, y los costos de los materiales y mano de obra para dar servicio a la maquinaria en 5%; *b)* trabajar con los proveedores para reducir los costos de la adquisición de materiales y los costos de inspección en 20%, y los costos del manejo de materiales en 25%; y *c)* aumentar los costos del mantenimiento preventivo en 50% para reducir los costos de mantenimiento por descomposturas en 40%. Calcule el efecto de los programas *a), b)* y *c)* sobre los costos con valor agregado, los costos sin valor agregado y los costos totales. Presente sus comentarios con brevedad.

12-20 Utilidad en operación fijada como meta, costos con valor agregado, compañía de servicios. Calvert Asociados prepara planos arquitectónicos que se ajustan a los códigos locales de seguridad estructural. Su estado de resultados para 2012 es el siguiente:

Ingresos	$701,250
Salarios del personal profesional (7,500 horas × $52 por hora)	390,000
Viajes	15,000
Costos de administración y apoyo	171,600
Costos totales	576,600
Utilidad en operación	$124,650

A continuación se presenta el porcentaje del tiempo que utiliza el personal profesional en varias actividades:

Efectuar cálculos y preparar planos para los clientes	77%
Verificar cálculos y planos	3
Corregir los errores encontrados en los planos (no facturados a los clientes)	8
Realizar cambios en respuesta a las peticiones de los clientes (facturado a clientes)	5
Corrección de los propios errores relacionados con los códigos de construcción (no facturado a los clientes)	7
Total	100%

Suponga que los costos de administración y apoyo varían con los costos de la mano de obra profesional. Considere cada requisito de manera independiente.

Se requiere

1. ¿Qué cantidad de los costos totales de 2012 son costos con valor agregado, costos sin valor agregado, o costos en el área gris intermedia? Explique sus respuestas brevemente. ¿Qué acciones puede tomar Calvert para reducir sus costos?
2. Suponga que Calvert pudiera eliminar todos los errores de modo que no necesitara pasar ningún tiempo haciendo correcciones y, en consecuencia, reducir de manera proporcional los costos de la mano de obra profesional. Calcule la utilidad en operación de Calvert para 2012.
3. Ahora suponga que Calvert tomara tantas operaciones de negocios como las que fuera capaz de completar, pero que no pudiera añadir más personal profesional. Suponga que Calvert eliminara todos los errores de modo que no necesitara pasar más tiempo corrigiendo errores. Suponga que Calvert pudiera usar el tiempo ahorrado para aumentar los ingresos de manera proporcional. Suponga que los costos de viajes permanecerán en $15,000. Calcule la utilidad en operación de Calvert para 2012.

12-21 **Precios meta, costos meta, costeo basado en actividades.** Snappy Tiles es un pequeño distribuidor de mosaicos de mármol. Snappy identifica sus tres principales grupos de actividades y de costos comunes como de órdenes de compra, recepción y almacenaje y embarque, reportó los siguientes detalles para 2011:

Actividad	Generador de costos	Cantidad del generador del costo	Costo por unidad de generador del costo
1. Colocación y pago de las órdenes de mosaicos de mármol	Número de órdenes	500	$50 por orden
2. Recepción y almacenaje	Cargas desplazadas	4,000	$30 por carga
3. Embarque de los mosaicos de mármol a los minoristas	Número de embarques	1,500	$40 por embarque

En 2011, Snappy compra 250,000 mosaicos de mármol a un costo promedio de $3 por mosaico y los vende a los minoristas a un precio promedio de $4 por mosaico. Suponga que Snappy no tiene costos fijos ni tampoco inventarios.

Se requiere

1. Calcule la utilidad en operación de Snappy para 2011.
2. Para 2012, los detallistas solicitan un descuento de 5% del precio de 2011. Los proveedores de Snappy tan solo están dispuestos a dar un descuento de 4%. En 2012 Snappy espera vender la misma cantidad de mosaicos de mármol que en 2011. Si todos los demás costos y la demás información del generador del costo se mantienen igual, determine la utilidad en operación de Snappy para 2012.
3. Suponga además que Snappy decide hacer cambios en sus prácticas de órdenes de compra y recepción y almacenamiento. Al colocar órdenes a largo plazo con sus proveedores clave, Snappy espera reducir el número de órdenes a 200 y el costo por orden a $25 por orden. Al volver a diseñar la distribución física del almacén y al reconfigurar las cajas donde se desplazan los mosaicos de mármol, Snappy espera reducir el número de cargas desplazadas a 3,125 y el costo por carga desplazada a $28. ¿Logrará Snappy su utilidad en operación meta de $0.30 por mosaico para 2012? Muestre sus cálculos.

12-22 **Costos meta, efecto de los cambios en el diseño del producto sobre los costos de producción.** Medical Instruments usa un sistema de costeo de manufactura con una categoría de costos directos (materiales directos) y tres categorías de costos indirectos:

a) Costos de configuración de máquinas, órdenes de producción y manejo de materiales que varían con el número de lotes.
b) Costos de las operaciones de manufactura que varían con las horas-máquina.
c) Costos de los cambios de ingeniería que varían con el número de los cambios de ingeniería hechos.

En respuesta a las presiones competitivas a finales de 2010, Medical Instruments usó técnicas de ingeniería del valor para reducir los costos de manufactura. La información real para 2010 y 2011 es como sigue:

	2010	2011
Costos de configuración de máquinas, órdenes de producción y manejo de materiales por lote	$ 8,000	$ 7,500
Costo total de las operaciones de manufactura por hora-máquina	$ 55	$ 50
Costo por cambio de ingeniería	$12,000	$10,000

La gerencia de Medical Instruments quiere evaluar si la ingeniería del valor ha tenido éxito en la reducción del costo de manufactura por unidad meta para uno de sus productos, HJ6, en 10 por ciento.

Los resultados reales para 2000 y 2011 para el HJ6 se presentan a continuación:

	Resultados reales para 2010	Resultados reales para 2011
Unidades de HJ6 producidas	3,500	4,000
Costo del material directo por unidad de HJ6	$ 1,200	$ 1,100
Número total de lotes requeridos para producir HJ6	70	80
Total de horas-máquina requeridas para producir HJ6	21,000	22,000
Número de cambios de ingeniería hechos	14	10

1. Calcule el costo de manufactura por unidad de HJ6 en 2010.
2. Calcule el costo de manufactura por unidad de HJ6 para 2011.
3. ¿Obtuvo Medical Instruments el costo de manufactura meta por unidad para el HJ6 en 2011? Explique su respuesta.
4. Exponga la manera en que Medical Instruments redujo el costo de manufactura por unidad de HJ6 en 2011.

12-23 **Rendimiento del costo más margen de utilidad meta sobre la fijación de precios de la inversión.** John Blodgett es el socio administrador de una empresa que acaba de terminar la construcción de un motel de 60 habitaciones. Blodgett anticipa que rentará estas habitaciones durante 15,000 noches el año siguiente (o 15,000 noches-habitación). Todas las habitaciones son similares y se rentarán en el mismo precio. Blodgett ha estimado los siguientes costos en operación para el año siguiente:

Costos en operación variables	$5 por noche-habitación
Costos fijos	
Salarios y sueldos	$173,000
Mantenimiento del edificio y de la alberca	52,000
Otros costos operativos y de administración	150,000
Total de costos fijos	$375,000

El capital invertido en el motel es de $900,000. El rendimiento meta sobre la inversión de la asociación es de 25%. Blodgett espera que la demanda de las habitaciones sea uniforme durante todo el año. El planea fijar el precio de las habitaciones al costo total más un margen de ganancia sobre el costo total, para obtener el rendimiento sobre la inversión fijado como meta.

1. ¿Qué precio debería cobrar Blodgett por una noche-habitación? ¿Cuál es el margen de ganancia como porcentaje del costo total de una noche-habitación?
2. La investigación de mercados de Blodgett indica que si el precio de una noche-habitación determinada en el punto 1 se reduce en 10%, el número esperado de noches-habitación que Blodgett podría rentar aumentaría en 10%. ¿Debería Blodgett reducir los precios en 10%? Muestre sus cálculos.

12-24 **Costo más margen de ganancia, fijación de precios meta, trabajo a la inversa.** Road Warrior fabrica y vende un modelo de motocicleta, XR500. En 2011 reportó lo siguiente:

Unidades producidas y vendidas	1,500
Inversión	$8,400,000
Porcentaje de margen de ganancia sobre el costo total	9%
Tasa de rendimiento sobre la inversión	18%
Costo variable por unidad	$8,450

1. ¿Cuál es la utilidad en operación de Road Warrior sobre el XR500 en 2011? ¿Cuál fue el costo total por unidad? ¿Cuál fue el precio de venta? ¿Cuál fue el porcentaje del margen de ganancia sobre el costo variable?
2. Road Warrior considera aumentar los gastos anuales sobre la publicidad para el XR500 en $500,000. La compañía considera que la inversión se traducirá en un incremento de 10% en las ventas unitarias. ¿Debería realizarse la inversión? Muestre sus cálculos.
3. Vuélvase a referir a los datos originales. En 2012 Road Warrior considera que tan solo vendería 1,400 unidades al precio que se calculó en el punto 1. La gerencia ha identificado $125,000 en costos fijos que se pueden eliminar. Si Road Warrior desea mantener un margen de ganancia del 9% sobre el costo total, ¿cuál es el costo variable meta por unidad?

12-25 **Costeo del ciclo de vida del producto.** Gadzooks, Inc., desarrolla y fabrica juguetes que posteriormente vende a través de infomerciales. En el momento actual, la compañía está diseñando un robot de juguete que pretende empezar a manufacturar y a comercializar el año siguiente. Debido a la rápidamente cambiante naturaleza de la industria de los juguetes, la gerencia de Gadzooks proyecta que el robot se producirá y se venderá solamente durante tres años. Al final del ciclo de vida del producto, Gadzooks planea vender los derechos para el robot a una compañía extranjera en $250,000. La información de costos acerca del robot se presenta a continuación:

Se requiere

		Total de costos fijos durante cuatro años	Costo variable por unidad
Año 1	Costos de diseño	$ 650,000	—
Años 2 a 4	Costos de producción	$3,560,000	$20 por unidad
	Costos de marketing y distribución	$2,225,000	$5 por unidad

Por sencillez, ignore el valor del dinero a través del tiempo.

Se requiere

1. Suponga que los gerentes de Gadzooks fijan el precio del robot a $50 por unidad. ¿Cuántas unidades necesitan vender para alcanzar el punto de equilibrio?
2. Los gerentes de Gadzooks están pensando en dos estrategias alternativas de fijación de precios.
   a) Vender el robot a $50 por unidad desde el principio. A este precio esperan vender 500,000 unidades durante su ciclo de vida.
   b) Aumentar el precio de venta del robot desde el principio del año 2 a $70 por unidad. A este precio esperan vender 100,000 unidades en el año 2. En los años 3 y 4, disminuir el precio a $40 por unidad. Los gerentes esperan vender 300,000 unidades cada año durante los años 3 y 4. ¿Qué estrategia de fijación de precios recomendaría usted? Explique su respuesta.

Problemas

12-26 Enfoque de costos relevantes para las decisiones de fijación de precios. Burst, Inc., enlata duraznos para venderlos a distribuidores de alimentos. Todos los costos se clasifican ya sea como costos de manufactura o de marketing. Burst elabora presupuestos mensuales. El estado de resultados presupuestado basado en un costeo absorbente, para marzo de 2012, es el siguiente:

Ingresos (1,000 cajas × $117 por caja)	$117,000
Costo de los bienes vendidos	65,000
Utilidad bruta	52,000
Costos de marketing	30,000
Utilidad en operación	$ 22,000

Porcentaje del margen de ganancia bruto: $52,000 ÷ $65,000
= 80% del costo de los bienes vendidos (costo total de manufactura)

Los costos mensuales se clasifican ya sea como fijos o variables (con respecto al número de cajas producidas para los costos de manufactura y con respecto al número de cajas vendidas para los costos de marketing):

	Fijo	Variable
Manufactura	$30,000	$35,000
Marketing	13,000	17,000

Burst tiene la capacidad de enlatar 2,000 cajas por mes. El rango relevante en el cual los costos fijos mensuales de manufactura serán "fijos" va de 500 a 2,000 cajas por mes.

Se requiere

1. Calcule el porcentaje del margen de ganancia con base en los costos variables totales.
2. Suponga que un nuevo cliente se acerca a Burst para comprar 200 cajas a $55 por caja en efectivo. El cliente no requiere ningún esfuerzo de marketing. Se requerirán costos adicionales de manufactura de $3,000 (para empaques especiales). Burst considera que esta es una orden especial que se surtirá una sola vez, porque el cliente estará descontinuando sus operaciones de negocios en un tiempo de seis semanas. Pero se rehúsa a aceptar esta orden especial de 200 cajas, ya que el precio de $55 por caja es inferior al costo total de manufactura de $65 por caja. ¿Está usted de acuerdo con este razonamiento? Explique su respuesta.
3. Suponga que el nuevo cliente decide permanecer en el negocio. ¿Cómo afectaría tal permanencia su disposición para aceptar la oferta de $55 por caja. Explique su respuesta.

12-27 Consideraciones distintas del costo en las decisiones de fijación de precio. Executive Suites opera un hotel de 100 suites en un parque industrial muy activo. Durante abril, un mes de 30 días, Executive Suites tuvo una tasa de ocupación de 90% desde la noche del lunes hasta la noche del jueves (noches entre semana), y los viajeros de negocios eran casi todos sus clientes. Sin embargo, en las noches del viernes al domingo (noches de fin de semana), el nivel de ocupación se redujo al 20%. Los huéspedes de estas noches eran todos ellos viajeros por recreación. (Había 18 noches de entre semana y 12 noches de fin de semana en abril.) Executive Suites cobra $68 por noche por una suite. Fran Jackson ha sido recientemente contratado para administrar el hotel, e intenta idear una forma de aumentar la rentabilidad de la empresa. La siguiente información se relaciona con los costos de Executive Suites:

	Costo fijo	Costo variable
Depreciación	$20,000 por mes	
Costos administrativos	$35,000 por mes	
Limpieza y suministros	$12,000 por mes	$25 por noche-habitación
Desayunos	$ 5,000 por mes	$5 por desayuno servido

Executive Suites ofrece a los huéspedes desayunos gratuitos. En abril, había un promedio de 1.0 desayunos que se servían por noche-habitación en las noches de entre semana y 2.5 desayunos que se servían por noche-habitación en las noches de fin de semana.

1. Calcule el costo promedio por noche-huésped para abril. ¿Cuál fue la utilidad o la pérdida en operación de Executive Suites para el mes? **Se requiere**
2. Fran Jackson estima que si Executive Suites aumenta las tasas por noche a $80, la ocupación de las noches de entre semana tan solo disminuirá a 85%. Ella también estima que si el hotel reduce la tasa por noche en las noches de fin de semana a $50, la ocupación durante esas noches aumentará a 50%. ¿Sería esta una buena maniobra para Executive Suites? Muestre sus cálculos.
3. ¿Por qué los huéspedes de fin de semana tolerarían la diferencia de precio de $30 por noche?
4. Una cámara de compensación de descuentos para viajes se puso en contacto con Executive Suites con la propuesta de ofrecer negociaciones de última hora sobre las habitaciones vacías, tanto en las noches de entre semana como en las noches de fin de semana. Suponiendo que habrá un promedio de dos desayunos que se servirán por noche por habitación, ¿cuál es el precio mínimo que Executive Suites podría aceptar sobre las habitaciones de última hora?

12-28   Costo más margen de utilidad, fijación de precios meta, trabajo a la inversa. El nuevo director ejecutivo de Radco Manufacturing ha solicitado una variedad de información acerca de las operaciones de la empresa a partir del año pasado. Al director ejecutivo se le proporcionó la siguiente información, pero con algunos datos faltantes:

Ingreso total por ventas	?
Número total de unidades producidas y vendidas	500,000 unidades
Precio de venta	?
Utilidad en operación	$195,000
Inversión total en los activos	$2,000,000
Costo variable por unidad	$3.75
Costos fijos para el año	$3,000,000

1. Encuentre: a) el ingreso total por ventas, b) el precio de venta, c) la tasa de rendimiento sobre la inversión, y d) el porcentaje del margen de ganancia sobre el costo total para este producto. **Se requiere**
2. El nuevo director ejecutivo tiene un plan para reducir los costos fijos en $200,000 y los costos variables en $0.60 por unidad mientras se continúan produciendo y vendiendo 500,000 unidades. Usando el mismo porcentaje del margen de ganancia que en el punto 1, calcule el nuevo precio de venta.
3. Suponga que el director ejecutivo instituye los cambios en el punto 2 incluyendo el nuevo precio de venta. Sin embargo, la reducción en los costos variables dio como resultado una calidad más baja de los productos, y ello ocasionó que se vendiera un 10% menos de unidades en comparación con lo que se vendía antes del cambio. Calcule la utilidad (pérdida) en operación.

12-29   Precios meta, costos meta, ingeniería del valor, incurrimiento en los costos, costos comprometidos, costeo basado en actividades. Cutler Electronics fabrica un reproductor de MP3, el CE100, el cual tiene 80 componentes. Cutler vende 7,000 unidades cada mes en $70 por unidad. Los costos de producir el CE100 son de $45 por unidad, o de $315,000 por mes. Los costos mensuales de manufactura son los siguientes:

Costos de los materiales directos	$182,000
Costos de la mano de obra directa	28,000
Costos de operaciones mecánicas (fijos)	31,500
Costos de prueba	35,000
Costos de reprocesamiento	14,000
Costos de órdenes de compra	3,360
Costos de ingeniería (fijos)	21,140
Total de costos de manufactura	$315,000

La gerencia de Cutler identifica los grupos comunes de costos de las actividades, el generador del costo para cada actividad, y el costo por unidad del generador de costos para cada grupo común de costos indirectos como sigue:

Actividad de manufactura	Descripción de la actividad	Generador del costo	Costo por unidad del generador del costo
1. Costos de operaciones mecánicas	Componentes de operaciones mecánicas	Capacidad de horas-máquina	$4.50 por hora-máquina
2. Costos de pruebas	Pruebas de componentes y del producto final (cada unidad de CE100 se prueba en forma individual)	Horas de pruebas	$2 por hora de prueba
3. Costos de reprocesamiento	Corrección y reparación de errores y defectos	Unidades del CE100 reprocesadas	$20 por unidad
4. Costos de órdenes de compra	Órdenes de compra de los componentes	Número de órdenes	$21 por orden
5. Costos de ingeniería	Diseño y administración de productos y de procesos	Capacidad de horas de ingeniería	$35 por hora de ingeniería

La gerencia de Cutler visualiza los costos de los materiales directos y los costos de la mano de obra directa como variables con respecto a las unidades de CE100 manufacturadas. En un horizonte a largo plazo, cada uno de los costos indirectos que se describen en el cuadro anterior varía, como se describe, según los generadores del costo elegidos.

La siguiente información adicional describe el diseño actual:

a) El tiempo de prueba por unidad es de 2.5 horas.
b) El 10% de los CE100 manufacturados debe reprocesarse.
c) Cutler coloca dos órdenes mensuales con cada proveedor de componentes. Cada componente es abastecido por un proveedor diferente.
d) Actualmente se requiere de una hora para fabricar cada unidad del CE100.

En respuesta a ciertas presiones de la competencia, Cutler debe reducir su precio a $62 por unidad y sus costos en $8 por unidad. No se anticipan ventas adicionales a este precio más bajo. Sin embargo, Cutler espera perder ventas significativas si no reduce su precio. Se le ha pedido al área de manufactura que reduzca sus costos en $6 por unidad. Se espera que los mejoramientos en la eficiencia de manufactura generen ahorros netos de $1.50 por reproductor de MP3, pero eso no es suficiente. El director de ingeniería propone un nuevo diseño modular que reduce el número de componentes a 50 y también facilita las pruebas. El recientemente diseñado reproductor de MP3, denominado "Nuevo CE100", reemplazará al CE100.

Los efectos que se esperan del nuevo diseño son los siguientes:

a) Se espera que los costos de los materiales directos para el Nuevo CE100 sean más bajos en $2.20 por unidad.
b) Se espera que el costo de la mano de obra directa para el nuevo CE100 sea más bajo en $0.50 por unidad.
c) Se espera que el tiempo de operaciones mecánicas requerido para fabricar el Nuevo CE100 sea 20% menor, pero la capacidad de las horas-máquina no se reducirá.
d) Se espera que el tiempo requerido para probar el nuevo CE100 sea 20% menor.
e) Se espera que el reprocesamiento disminuya a 4% de los nuevos CE100 fabricados.
f) La capacidad de las horas de ingeniería seguirá siendo la misma.

Suponga que el costo por unidad de cada generador del costo para el CE100 se sigue aplicando al nuevo CE100.

Se requiere

1. Calcule el costo de manufactura por unidad del nuevo CE100 para Cutler.
2. ¿Logrará el nuevo diseño las metas de reducción de costos por unidad que se han establecido para los costos de manufactura del nuevo CE100? Muestre sus cálculos.
3. El problema describe dos estrategias para reducir los costos: a) el mejoramiento en la eficiencia de la manufactura y b) la modificación del diseño del producto. ¿Qué estrategia tendrá un efecto mayor sobre los costos de Cutler? Explique brevemente.

12-30 Costo más margen de utilidad, fijación de precios basada en el rendimiento meta sobre la inversión. Vend-o-licious elabora barras de dulces para máquinas expendedoras y las vende a proveedores en cajas de 30 barras. Aunque Vend-o-licious elabora diversos dulces, las diferencias en costos son insignificantes, y todas las cajas se venden al mismo precio.

Vend-o-licious tiene una inversión total de capital de $13,000,000. Espera producir y vender 500,000 cajas de dulces el año siguiente. Vend-o-licious requiere de un rendimiento sobre la inversión de 10% fijado como meta.

Los costos que se esperan para el año siguiente son:

Costos de producción variables	$3.50 por caja
Costos variables de marketing y de distribución	$1.50 por caja
Costos de producción fijos	$1,000,000
Costos fijos de marketing y de distribución	$700,000
Otros costos fijos	$500,000

Vend-o-licious fija el precio de las cajas de dulces al costo total más un margen de utilidad para generar utilidades iguales al rendimiento meta sobre el capital.

Se requiere

1. ¿Cuál es la utilidad en operación meta?
2. ¿Cuál es el precio de venta que Vend-o-licious necesita cobrar para obtener la utilidad en operación meta? Calcule el porcentaje de margen de ganancia sobre el costo total.
3. El competidor más cercano de Vend-o-licious acaba de aumentar el precio de su caja de dulces a $15, aunque vende 36 barras de dulces por caja. Vend-o-licious está considerando aumentar su precio de venta a $14 por caja. Suponiendo que las ventas y la producción disminuyen en 5%, calcule el rendimiento sobre la inversión de Vend-o-licious. ¿Es una buena idea aumentar el precio de venta?

12-31 Costo más margen de utilidad, tiempo y materiales, ética. R & C Mechanical vende insumos y presta servicios de plomería, calefacción y sistemas de aire acondicionado. El sistema de contabilidad de costos de R & C da seguimiento a dos categorías de costos: mano de obra directa y materiales directos. R & C usa un sistema de fijación de precio basado en el tiempo y en los materiales, con la mano de obra directa aumentada hasta 100% y los materiales directos aumentados hasta 60% para recuperar los costos indirectos del personal de apoyo, los costos de los materiales de apoyo y los costos de los equipos y herramientas compartidas, así como para obtener a la vez una utilidad.

Greg Garrison, el técnico de R & C, ha sido llamado a la casa de Ashley Briggs en un día de verano muy caluroso para investigar sus sistema central de aire acondicionado, el cual se encuentra descompuesto. Ella considera dos opciones: reemplazar la compresora o repararla. La información de costos disponible para Garrison se presenta a continuación:

	Mano de obra	**Materiales**
Opción de reparación	5 horas	$100
Opción de reemplazo	2 horas	$200
Tasa de mano de obra	$30 por hora	

Se requiere

1. Si Garrison presenta a Briggs las opciones de reemplazo o reparación, ¿qué precio cotizaría por cada una?
2. Si las dos opciones fueran igualmente efectivas para los tres años en los que Briggs pretende vivir en su casa, ¿qué opción elegiría ella?
3. Si el objetivo de Garrison es maximizar las utilidades, ¿qué opción recomendaría él a Briggs? ¿Cuál sería el curso de acción ético?

12-32   Fijación de precios basada en el costo más el margen de utilidad y fijación de precios basada en el mercado. Florida Temps, un importante contratista de mano de obra, proporciona mano de obra por contrato a compañías dedicadas a la construcción de edificios. Para 2012, Florida Temps presupuesta suministrar 84,000 horas de mano de obra por contrato. Sus costos variables son de $13 por hora, y sus costos fijos son de $168,000. Roger Mason, el gerente general, propone un enfoque basado en el costo más un margen de utilidad para fijar el precio de la mano de obra al costo total más un 20 por ciento.

Se requiere

1. Calcule el precio por hora que Florida Temps debería cobrar con base en la propuesta de Mason.
2. El gerente de marketing suminista la siguiente información sobre los niveles de la demanda a diferentes precios:

Precio por hora	Demanda (Horas)
$16	124,000
17	104,000
18	84,000
19	74,000
20	61,000

Florida Temps puede satisfacer cualquiera de estos niveles de la demanda. Los costos fijos permanecerán sin cambio para todos los niveles de la demanda. Con base en esta información adicional, calcule el precio por hora que Florida Temp debería cargar para maximizar la utilidad en operación.
3. Comente sus respuestas a los puntos 1 y 2. ¿Por qué son las mismas o por qué son diferentes?

12-33   Fijación de precios basada en el costo más el margen de utilidad y fijación de precios basada en el mercado. (Adaptado de CMA.) Los laboratorios de Best Test evalúa la reacción de los materiales a los aumentos extremos en la temperatura. Gran parte del crecimiento inicial de la compañía se atribuyó a los contratos del gobierno, pero el crecimiento reciente ha sido resultado de la expansión hacia mercados comerciales. Dos tipos de pruebas en Best Test son la prueba de calor (PBC) y la prueba de condición ártica (PCA). Actualmente, todos los costos en operación presupuestados se recopilan en un solo grupo común de costos indirectos. Todas las horas de prueba estimadas también se recopilan en un solo grupo. Se usa una tasa por hora de prueba para ambos tipos. Esta tasa por hora se aumenta en 45% para recuperar los costos administrativos y los impuestos, así como para obtener una utilidad.

Rick Shaw, el contralor de Best Test, considera que hay una variación suficiente en los procedimientos de prueba y en la estructura de costos, para establecer tasas de costeo separadas y tasas de facturación con un margen de ganancia de 45%. También considera que la estructura inflexible de tasas que se está usando actualmente es inadecuada en el ambiente competitivo de la actualidad. Después de analizar los datos de la compañía, divide los costos en operación en los tres siguientes grupos de costos:

Mano de obra y supervisión	$ 491,840
Costos de configuración de las máquinas y las instalaciones	402,620
Servicios generales	368,000
Costos totales presupuestados para el periodo	$1,262,460

Rick Shaw presupuesta 106,000 de horas de prueba totales para el próximo periodo. Este es también el generador del costo para la mano de obra y la supervisión. La cantidad presupuestada del generador del costo para los costos de configuración y los de las instalaciones es de 800 horas de configuración de máquinas. La cantidad presupuestada del generador del costo para los servicios generales es de 10,000 horas-máquina.

Rick ha estimado que PBC usa el 60% de las horas de prueba, el 25% de las horas de configuración y la mitad de horas-máquina.

Se requiere

1. Encuentre la tasa individual de los costos en operación con base en las horas de prueba y la tasa de facturación por hora para PBC y para PCA.
2. Encuentre las tres tasas basadas en actividades para los costos en operación.

3. ¿En qué se basará la tasa de facturación para PBC y para PCA de acuerdo con la estructura del costeo basado en actividades? Exprese las tasas en términos de las horas de prueba. Con referencia a los puntos 1 y 2, ¿qué tasas tienen más sentido para Best Test?

4. Si todos los competidores de Best Test cargan $20 por hora por las PCA, ¿qué puede hacer Best Test para seguir siendo competitivo?

12-34 Costeo del ciclo de vida. A la empresa New Life Metal Recycling and Salvage se le acaba de dar la oportunidad de recuperar metales de desperdicio y otros materiales de un sitio industrial antiguo. Los propietarios actuales del sitio transferirán la posesión del sitio a New Life sin costo alguno. New Life tiene la intención de extraer metales de desperdicio del sitio durante 24 meses, y posteriormente limpiará el sitio, regresará la tierra a una condición utilizable y la venderá a un desarrollador. Los costos proyectados asociados con el proyecto son los siguientes:

		Fijos	Variables
Meses 1–24	Extracción y procesamiento de metales	$4,000 por mes	$100 por tonelada
Meses 1–27	Renta de los edificios temporales	$2,000 por mes	—
	Administración	$5,000 por mes	—
Meses 25–27	Limpieza	$30,000 por mes	—
	Restauración del terreno	$475,000 totales	—
	Costo de la venta del terreno	$150,000 totales	—

Ignore el valor del dinero a través del tiempo.

Se requiere

1. Suponiendo que New Life espera recuperar 50,000 toneladas de metal del sitio, ¿cuál será el costo total del ciclo de vida del proyecto?

2. Suponga que New Life puede vender el metal en $150 por tonelada y desea ganar una utilidad (antes de impuestos) de $40 por tonelada. ¿A qué precio deberá New Life vender el terreno al final del proyecto, para lograr su utilidad en operación meta por tonelada?

3. Ahora suponga que New Life puede vender únicamente el metal en $140 por tonelada y el terreno en $100,000 menos de lo que usted calculó en el punto 2. Si New Life quisiera mantener el mismo porcentaje del margen de ganancia sobre el costo total del ciclo de vida del proyecto que en el punto 2, ¿en qué cantidad tendría que reducir el costo total del ciclo de vida del proyecto?

12-35 Fijación de precio de las aerolíneas, consideraciones distintas al costo en la fijación de precios. Air Eagle está a punto de introducir un vuelo diario con viaje redondo de Nueva York a Los Ángeles y está determinando cómo debería fijar el precio de sus boletos de viaje redondo.

El grupo de investigación de mercados de Air Eagle segmenta el mercado en viajeros de negocios y viajeros por recreación. Ha proporcionado la siguiente información acerca de los efectos de dos diferentes precios sobre el número de asientos que se espera que se vendan y los costos variables por boleto, incluyendo la comisión que se paga a los agentes de viajes.

		Número de asientos que se espera vender	
Precio cargado	Costo variable por boleto	Negocios	Recreación
$ 500	$ 65	200	100
2,100	175	180	20

Los viajeros por recreación empiezan sus viajes durante una semana, pasan por lo menos un fin de semana en su lugar de destino y regresan la siguiente semana o después de esa fecha. Los viajeros de negocios generalmente empiezan y completan sus viajes dentro de la misma semana de trabajo. No se quedan los fines de semana.

Suponga que los costos del combustible por un viaje redondo son costos fijos de $24,000 y que los costos fijos que se aplican al vuelo de viaje redondo por concepto de los costos de arrendamiento del avión, de los servicios terrestres y de los salarios de la tripulación dan un total de $188,000.

Se requiere

1. Si usted pudiera cobrar diferentes precios a los viajeros de negocios y a los viajeros por recreación, ¿lo haría? Muestre sus cálculos.

2. Explique el(los) factor(es) fundamental(es) para su respuesta en el punto 1.

3. ¿Cómo podría Air Eagle implementar la discriminación de precios? Es decir, ¿qué plan podría formular la aerolínea, de modo que los viajeros de negocios y los viajeros por recreación pagaran cada uno de ellos el precio que desea la aerolínea?

12-36 Ética y fijación de precios. Se le ha pedido a Apex Art que prepare una licitación sobre 500 piezas de pinturas enmarcadas para un nuevo hotel. El hecho de ganar la oferta sería un gran avance para el representante de ventas, Jason Grant, quien trabaja totalmente sobre comisiones. Sonia Gómez, la contadora de costos de Apex, preparó la licitación con base en la siguiente información de costos:

Costos directos		
Pinturas		$30,000
Materiales para enmarcado		40,000
Mano de obra directa		20,000
Entrega e instalación		7,500
Costos indirectos		
Orden de producción	2,000	
Configuración de máquinas	4,000	
Manejo de materiales	5,500	
Gastos generales y de gerencia	12,000	
Total de costos indirectos		23,500
Costos totales del producto		$121,000

Con base en la política de la compañía de fijar el precio al 125% del costo total, Gómez proporciona a Grant una cifra de $151,250 para someterse a consideración en el trabajo. Grant está muy preocupado. Indica a Gómez que a ese precio, Apex no tiene la oportunidad de ganar el trabajo. Le confía a ella que gastó $500 de los fondos de la compañía para llevar al agente de compras del hotel a un juego profesional de básquetbol en semifinales, donde el agente de compras reveló que una oferta de $145,000 ganaría el trabajo. Él no había planeado decir esto a Gómez porque tenía confianza en que la oferta que ella desarrolló estuviera por debajo de dicha cantidad. Gómez razonó que los $500 que él gastó serán un desperdicio si Apex no capitaliza esa valiosa información. En cualquier caso, la compañía todavía ganará dinero si el obtiene la licitación a $145,000, porque es más alta que el costo total de $121,000.

Se requiere

1. ¿Los $500 que se gastaron en los boletos de básquetbol son relevantes para la decisión de la licitación? ¿Por qué?
2. Gómez sugiere que si Grant está dispuesto a usar materiales más baratos para el marco, él podrá conseguir una oferta de $145,000. La pintura ya se seleccionó y no se puede cambiar, de modo que la cantidad total de reducción del costo necesitará provenir del enmarcado de los materiales. ¿Cuál es el costo meta de enmarcado de los materiales que permitirá a Grant someter a consideración una oferta de $145, suponiendo un margen de ganancia meta del 25% del costo total?
3. Evalúe si la sugerencia de Gómez para que Grant aproveche la información del agente de compras es inmoral. ¿Sería inmoral que Grant volviera a realizar el diseño del proyecto para llegar a una oferta más baja? ¿Qué pasos deberían tomar Grant y Gómez para resolver tal situación?

Problema de aprendizaje colaborativo

12-37 **Ingeniería del valor, fijación de precios meta y costos comprometidos.** Pacific Décor, Inc., diseña, fabrica y vende muebles de madera contemporáneos. Ling Li es un diseñador de muebles para Pacific. Li dedicó una gran parte del mes pasado trabajando en el diseño de una mesa para comedor de alta calidad. El diseño ha sido bien recibido por José Álvarez, el gerente de desarrollo del producto, quien, no obstante, quiere asegurarse de que se fije un precio competitivo a dicha mesa. Amy Hoover, la contadora de costos de Pacific, presentó a Álvarez los siguientes datos de costos para la producción esperada de 200 mesas:

Costo del diseño	$ 5,000
Materiales directos	120,000
Mano de obra directa	142,000
Costos indirectos variables de manufactura	64,000
Costos indirectos fijos de manufactura	46,500
Mercadotecnia	15,000

Se requiere

1. Álvarez piensa que Pacific puede comercializar con éxito la mesa en $2,000. La utilidad en operación de la compañía fijada como meta es de 10% de los ingresos. Calcule el costo total meta por producir las 200 mesas. ¿La estimación de costos desarrollada por Hoover cubre las necesidades de Pacific? ¿Se necesita una ingeniería del valor?
2. Álvarez descubre que Li ha diseñado la mesa dos pulgadas más angosta que el tamaño estándar de la madera que de ordinario usa Pacific. La reducción del tamaño de la mesa en dos pulgadas disminuirá el costo de los materiales directos en 40%. Sin embargo, el rediseño requerirá una cantidad adicional de $6,000 de costo de diseño, y la mesa se venderá en $1,950. ¿Permitirá este cambio de diseño que la mesa satisfaga el costo fijado como meta? ¿Los costos de los materiales son un costo comprometido?
3. Li insiste en que las dos pulgadas son una necesidad absoluta en términos del diseño de la mesa. Ella considera que el hecho de gastar $7,000 adicionales en una mejor campaña de marketing permitirá a Pacific vender las mesas en $2,200. Si este es el caso, ¿se logrará el costo de la mesa fijado como meta sin la ingeniería del valor?
4. Compare la utilidad en operación total sobre las 200 mesas en los puntos 2 y 3. ¿Qué recomienda usted que haga Pacific, basándose únicamente en sus cálculos? Explique brevemente.

13 Estrategia, tablero de control balanceado (*balanced scorecard*) y análisis de la rentabilidad estratégica

▶ Objetivos de aprendizaje

1. Reconocer cuál de las dos estrategias genéricas está usando una compañía.

2. Entender qué abarca la reingeniería.

3. Explicar las cuatro perspectivas del tablero de control balanceado.

4. Analizar los cambios en la utilidad en operación para evaluar la estrategia.

5. Identificar la capacidad no usada y cómo administrarla.

Olive Garden quiere saber.

Y también Barnes and Noble, PepsiCo y L.L. Bean. Incluso el concesionario de automóviles local y las autoridades de tránsito son curiosos. Todos ellos quieren saber qué tan bien van las cosas y cómo califican contra las medidas que ellos se esfuerzan por alcanzar. El tablero de control balanceado (*balanced scorecard*) los ayuda a responder dicha pregunta evaluando las medidas clave del desempeño. Muchas compañías han utilizado con éxito el enfoque del tablero de control balanceado. Infosys Technologies, una de las principales empresas de tecnología de la información en India, es una de ellas.

El tablero de control balanceado ayuda a Infosys a transformarse en una firma de consultoría líder[1]

En los albores del nuevo milenio, Infosys Technologies era una organización en transición. Esta compañía con sede en Bangalore era un líder de mercado en la subcontratación de servicios de tecnología de la información; no obstante, necesitaba expandirse para satisfacer el aumento en la demanda de los clientes. Infosys invirtió en muchas áreas nuevas incluyendo la subcontratación de procesos de negocios, la administración de proyectos y la consultoría en gerencia. Esto colocó a Infosys en competencia directa con las firmas de consultoría establecidas, como IBM y Accenture.

Conducida por el director general Kris Gopalakrishnan, la compañía desarrolló una estructura administrativa integrada que le ayudaría a alinear estas iniciativas nuevas y diversas. Infosys recurrió al tablero de control balanceado para tender un marco de referencia que la compañía usara para formular y vigilar su estrategia. El tablero de control balanceado mide el desempeño corporativo a lo largo de cuatro dimensiones: financiera, del cliente, del proceso interno del negocio, y del aprendizaje y el crecimiento.

El tablero de control balanceado desempeñó de inmediato su función en la transformación de Infosys. El equipo ejecutivo usó el tablero de control para orientar las discusiones durante sus juntas. El proceso continuo de adaptación, ejecución y administración que fomentó el tablero de control ayudó al equipo a responder ante las necesidades en evolución de sus clientes, incluso anticiparlas. Finalmente, el uso del tablero de control para la evaluación del desempeño se expandió al resto de la organización, y los incentivos monetarios quedaron vinculados con el desempeño de la compañía en las diferentes dimensiones.

Con el paso del tiempo, la tablero de control balanceado se volvió parte de la cultura de Infosys, quien, en años recientes, ha empezado a usar el concepto del tablero de control balanceado para crear "tableros de control de relaciones" para muchos de sus principales clientes.

---

[1] *Fuente:* Asis Martínez-Jerez, F., Robert S. Kaplan y Katherine Miller. 2001. Infosys's relationship scorecard: Measuring transformational partnerships. Harvard Business School, caso núm. 9-109-006. Boston: Harvard Business School Publishing.

Con el marco de referencia del tablero de control, Infosys empezó a medir su desempeño para los clientes clave, no solamente sobre la administración de proyectos y la satisfacción del consumidor, sino también sobre los negocios repetidos y la anticipación de las necesidades estratégicas futuras de los clientes.

El tablero de control balanceado ayudó con éxito a dirigir la transformación de Infosys desde un subcontratista de tecnología hasta una firma líder en la consultoría empresarial. De 1999 a 2007, la compañía tuvo una tasa anual de crecimiento compuesto del 50 %, y las ventas crecieron de $120 millones en 1999 hasta más de 3,000 millones en 2007. Infosys fue reconocida por sus logros cuando quedó incluida en las listas de *Wired 40*, de *BusinessWeek* IT 100 y de las compañías más innovadoras de *BusinessWeek*.

Este capítulo se centra en la forma en que la información de la contabilidad administrativa ayuda a las empresas como Infosys, Merck, Verizon y Volkswagen a implementar y a evaluar sus estrategias. La estrategia da impulso a las operaciones de una compañía y orienta las decisiones a corto y a largo plazos de los gerentes. Describimos el enfoque del tablero de control balanceado para la implementación de la estrategia, así como los métodos de análisis de la utilidad en operación para evaluar el éxito de una estrategia. También mostramos cómo la información de la contabilidad administrativa ayuda a las iniciativas estratégicas, así como el mejoramiento en la productividad, la reingeniería y la reducción de operaciones.

¿Qué es la estrategia?

La *estrategia* especifica la manera en que una organización acopla sus propias capacidades con las oportunidades existentes en el mercado para alcanzar sus objetivos. En otras palabras, la estrategia describe cómo una organización puede crear valor para sus clientes diferenciándose al mismo tiempo frente a sus competidores. Por ejemplo, Wal-Mart, el gigante minorista, crea valor para sus clientes localizando las tiendas en áreas suburbanas y rurales, y ofreciendo precios bajos, una amplia gama de categorías de productos, y pocas alternativas dentro de cada categoría de productos. De manera consistente con su estrategia, Wal-Mart desarrolló la capacidad de mantener los costos a un nivel bajo, negociando con firmeza precios bajos con sus proveedores a cambio de altos volúmenes de compra, y manteniendo a la vez un ambiente austero y consciente en los costos.

Al formular su estrategia, una organización debe entender primero su industria cabalmente. El análisis de la industria se centra en cinco fuerzas: **1.** competidores, **2.** futuros participantes potenciales en el mercado, **3.** productos equivalentes, **4.** poder de negociación de los clientes y **5.** poder de negociación de los proveedores de insumos.[2] El efecto colectivo de estas fuerzas constituye el potencial de utilidades de una organización. En general, el potencial de utilidades disminuye cuando se enfrenta una gran competencia, participantes potenciales más fuertes, productos que sean similares, así como clientes y proveedores más exigentes. Ilustramos estas cinco fuerzas para Chipset, Inc., un fabricante de dispositivos de circuitos integrados lineales (DCIL) que se usan en los módems y en las redes de comunicaciones. Chipset elabora un solo producto especializado, CX1, un microchip estándar y de alto rendimiento, que se utiliza en aplicaciones múltiples. Chipset diseñó CX1 con una amplia colaboración por parte de los clientes.

[2] M. Porter, *Competitive Strategy* (Nueva York: Free Press, 1980); M. Porter, *Competitive Advantage* (Nueva York: Free Press, 1985); y M Porter, "What's Strategy?" *Harvard Business Review* (noviembre-diciembre de 1996): 61-78.

Objetivo de aprendizaje 1

Reconocer cuál de las dos estrategias genéricas está usando una compañía

. . . diferenciación del producto o liderazgo en costos

1. **Competidores.** El modelo CX1 se enfrenta a una severa competencia con respecto al precio, a la entrega oportuna y a la calidad. Las compañías que se encuentran en la industria enfrentan altos costos fijos, así como presiones persistentes para reducir los precios de venta y utilizar la capacidad en forma total. Las reducciones de precio estimulan el crecimiento porque hacen que los DCIL sean una opción eficaz en cuanto a costos en las aplicaciones nuevas, como las líneas digitales para suscriptores (LDS).

2. **Entrantes potenciales al mercado.** Los pequeños márgenes de utilidad y los altos costos de capital desalientan a los nuevos candidatos. Asimismo, las compañías interesadas como Chipset se encuentran mucho más abajo de la curva de aprendizaje con respecto a las reducciones de costos, y a la formación de relaciones estrechas con los clientes y los proveedores.

3. **Productos equivalentes.** Chipset elabora el CX1 de acuerdo con las necesidades de los clientes y disminuye los precios mejorando en forma continua el diseño del CX1 y los procesos para reducir los costos de producción. Esto reduce el riesgo de que los productos equivalentes o las nuevas tecnologías reemplacen el CX1.

4. **Poder de negociación de los clientes.** Los clientes, como EarthLink y Verizon, negocian de manera firme con Chipset y con sus competidores para mantener los precios a un nivel bajo, porque compran grandes cantidades del producto.

5. **Poder de negociación de los proveedores de los insumos.** Para producir el CX1, Chipset requiere de materiales de alta calidad (como obleas de silicio, pernos para conectividad y empaques de plástico o de cerámica), así como ingenieros, técnicos y mano de obra de manufactura calificada. Los conjuntos de habilidades que aportan los proveedores y los empleados les brindan un poder de negociación para exigir precios y sueldos más altos.

En resumen, la existencia de una fuerte competencia y el poder de negociación de clientes y proveedores ejercen presiones significativas sobre los precios de venta de Chipset. Para responder ante tales desafíos, Chipset debe elegir una de dos estrategias básicas: *diferenciar su producto o lograr el liderazgo en costos.*

La **diferenciación del producto** es la capacidad de una organización para ofrecer productos o servicios que los clientes perciban como superiores y únicos, en relación con los productos o los servicios de sus competidores. Apple Inc., ha diferenciado de manera exitosa sus productos en la industria electrónica de bienes de consumo, como lo ha hecho Johnson & Johnson en la industria farmacéutica y Coca-Cola en la industria de bebidas refrescantes. Tales compañías han logrado la diferenciación a través la investigación y el desarrollo de un producto innovador, de un desarrollo y una promoción cuidadosos de sus marcas, y del rápido impulso de los productos hacia el mercado. La diferenciación aumenta la lealtad hacia la marca y la disposición de los clientes para pagar mayores precios.

El **liderazgo en costos** es la capacidad de una organización para lograr costos más bajos en relación con competidores gracias a mejoramientos en la productividad y la eficiencia, la eliminación de desperdicios y un riguroso control de costos. Los líderes en costos de sus respectivas industrias incluyen a Wal-Mart (comercio minorista de bienes de consumo), a Home Depot y a Lowe's (productos para la construcción), a Texas Instruments (bienes electrónicos de consumo) y a Emerson Electric (motores eléctricos). Tales compañías ofrecen productos y servicios que son similares a los de sus competidores, pero que no están diferenciados de ellos, a un precio menor para el consumidor. La existencia de precios de venta más bajos, en vez de productos o servicios únicos, ofrece una ventaja competitiva para estos líderes en costos.

¿Qué estrategia debería seguir Chipset? Para ayudarse a decidir, Chipset desarrolla el mapa de preferencias del consumidor que se presenta en la ilustración 13-1. El eje de las *y* describe diversos atributos del producto que desean los clientes. El eje de las *x* describe qué tan bien Chipset y Visilog, un competidor de Chipset que sigue una estrategia de diferenciación del producto, se desempeñan en los diversos atributos que desean los clientes: desde 1 (deficiente) hasta 5 (muy bueno). El mapa pone de relieve los valores de equilibrio en cualquier estrategia. Muestra las ventajas que disfruta CX1 en términos de precio, escalabilidad (la tecnología del CX1 permite al cliente de Chipset lograr diferentes niveles de desempeño simplemente alterando el número de unidades de CX1 en su producto), y el servicio al cliente. Sin embargo, los chips de Visilog son más rápidos y más poderosos, y están personalizados para diversas aplicaciones como, por ejemplo, diferentes tipos de módems y redes de comunicación.

CX1 se encuentra un tanto diferenciado de los productos de la competencia. Una mayor diferenciación del CX1 sería costosa, pero Chipset podría cobrar un precio más alto. De manera opuesta, la reducción del costo de manufactura del CX1 permitiría a Chipset disminuir el precio, estimular el crecimiento e incrementar la participación de mercado. La escalabilidad del CX1 lo hace ser una solución efectiva para satisfacer las necesidades cambiantes de los clientes. Asimismo, el personal actual de ingeniería de Chipset está más capacitado para fabricar el producto y para lograr mejoras en los procesos, que para diseñar de una manera creativa productos y tecnologías nuevos. Chipset tomó la decisión de seguir una estrategia de liderazgo en costos.

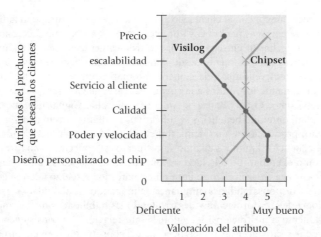

Ilustración 13-1

Mapa de preferencias
de los clientes para los
DCIL

Para lograr su liderazgo en costos, Chipset debe mejorar sus propias capacidades internas. Tiene que mejorar la calidad y los procesos de reingeniería para reducir y eliminar los excesos de capacidad. Al mismo tiempo, el equipo gerencial de Chipset no quiere hacer recortes de personal que dañen la moral de la compañía y obstaculicen el crecimiento futuro.

Formación de capacidades internas: Mejoramiento de la calidad y reingeniería en Chipset

◀ **Punto de decisión**

¿Cuáles son dos estrategias genéricas que puede utilizar una compañía?

Para mejorar la calidad del producto —es decir, para reducir las tasas de defectos y mejorar los rendimientos en sus procesos de manufactura— Chipset debería mantener los parámetros del proceso dentro de rangos de variación estrechos y basados en datos de tiempo real acerca de los parámetros del proceso de manufactura, como la temperatura y la presión. También es necesario que Chipset capacite a sus trabajadores en técnicas de administración de la calidad, con la finalidad de ayudarlos a identificar las causas fundamentales de los defectos y las formas de prevenirlos; asimismo, debe conferirles autoridad para que tomen acciones en favor del mejoramiento de la calidad.

Objetivo de aprendizaje **2**

Entender qué es lo que abarca la reingeniería

. . . rediseño del proceso del negocio para mejorar el desempeño mediante la reducción de los costos y el mejoramiento de la calidad

Un segundo elemento de la estrategia de Chipset es la reingeniería de su proceso de entrega de las órdenes. Algunos de los clientes de Chipset se han quejado del ensanchamiento del intervalo de tiempo entre el ordenamiento de los productos y su recepción. La **reingeniería** es la reconsideración y el rediseño fundamentales de los procesos de negocio para lograr mejoras en las medidas críticas del desempeño, como costo, calidad, servicio, rapidez y satisfacción del cliente.[3] Para ilustrar la reingeniería, considere el sistema de entrega de órdenes de Chipset en 2010. Cuando Chipset recibía una orden de un cliente, se enviaba una copia a manufactura, donde un programador de la producción empezaba a plantear la fabricación de los productos ordenados. Con frecuencia, transcurría una cantidad de tiempo considerable antes de que iniciara la producción del producto ordenado. Después de que se completaba la fabricación, los chips CX1 se desplazaban al departamento de embarques, donde se verificaba que las cantidades de CX1 que deberían embarcarse se ajustaran a las órdenes recibidas de los clientes. A menudo los chips CX1 completados permanecían en el inventario hasta que se disponía de un camión para su embarque. Si la cantidad a embarcarse era inferior al número de chips que requería un cliente, se hacía un embarque especial por la parte restante de los chips. Los documentos de embarque se enviaban al departamento de facturación para emitir las facturas. Cierto personal especializado del departamento de contabilidad daba seguimiento a los pagos con los clientes.

Las diversas transferencias de los chips CX1 y la información a través de los departamentos (ventas, manufactura, embarques, facturación y contabilidad) para cumplir con la orden de un cliente ocasionaban demoras. Además, ningún individuo era responsable en forma única por el cumplimiento de la orden de un cliente. Para responder ante tales desafíos, a finales de 2010 Chipset formó un equipo interfuncional y en 2011 implementó un proceso de entrega de órdenes después de someterlo a un proceso de reingeniería.

Con el nuevo sistema, un gerente de relaciones con el cliente es responsable por cada cliente y negocia contratos a largo plazo que especifican cantidades y precios. El gerente de relaciones con el

---

[3] Véase M. Hammer y J. Champy, *Reengineering the Corporation: A Manifesto for Business Revolution* (Nueva York: Harper, 1993); E. Ruhli, C. Treichler, y S. Schmidt, "From Business Reengineering to Management Reengineering—A European Study", *Management International Review* (1995): 361-371; y K. Sandberg, "Reengineering Tries a Comeback—This Time for Growth, Not Just for Cost Savings", *Harvard Management Update* (noviembre de 2011).

cliente trabaja estrechamente con el cliente y con el área de manufactura, con la finalidad de especificar los programas de entregas para el CX1 un mes antes del embarque. El cronograma de pedidos de los clientes y de las fechas de entrega se envía electrónicamente al área de manufactura. Los chips completados se embarcan directamente desde la planta de manufactura hasta las instalaciones del cliente. Cada embarque desencadena de manera automática una factura electrónica y los clientes transfieren electrónicamente los fondos a la cuenta bancaria de Chipset.

Las compañías como AT&T, Banca di America e di Italia, Cigna Insurance, Cisco, PepsiCo y Siemens Nixdorf, han obtenido beneficios significativos mediante la reingeniería de sus procesos en las áreas de diseño, producción y marketing (tal como en el ejemplo del Chipset). La reingeniería tiene únicamente beneficios limitados cuando sus esfuerzos se concentran en forma exclusiva en una sola actividad, como el embarque o la facturación, en vez de enfocarse únicamente en la totalidad del proceso de la entrega de las órdenes. Para tener éxito, los esfuerzos de reingeniería deben centrarse en funciones y responsabilidades cambiantes, eliminando las actividades y tareas innecesarias, usando la tecnología de la información y desarrollando las habilidades de los empleados.

Revise nuevamente la ilustración 13-1 y note la interrelación y la consistencia en la estrategia de Chipset. Para ayudar a satisfacer las preferencias de los consumidores en cuanto a precio, calidad y servicio al cliente, Chipset decide sobre una estrategia de liderazgo en costos. Para alcanzar el liderazgo en costos, Chipset construye capacidades internas mediante la reingeniería de sus procesos. El siguiente desafío de Chipset consiste en implementar con efectividad su estrategia.

Punto de decisión ▶

¿Qué es la reingeniería?

Implementación de la estrategia y el tablero de control balanceado

Objetivo de aprendizaje 3

Explicar las cuatro perspectivas del tablero de control balanceado

. . . dimensiones financiera, del cliente, del proceso interno del negocio y del aprendizaje y el crecimiento

Muchas organizaciones, como Allstate Insurance, Bank of Montreal, BP y Dow Chemical, han introducido el enfoque del tablero de control balanceado para dar seguimiento al progreso y para administrar la implementación de sus estrategias.

El tablero de control balanceado

El **tablero de control balanceado** traduce la misión y la estrategia de una organización en un conjunto de medidas del desempeño que brinda un marco de referencia para la implementación de su estrategia.[4] El tablero de control balanceado no se concentra únicamente en el logro de los objetivos financieros a corto plazo. También pone de relieve los objetivos no financieros que una organización debe lograr para cumplir y mantener sus objetivos financieros. El tablero de control mide el desempeño de una organización desde cuatro perspectivas: **1.** financiera, la utilidad y el valor que se crea para los accionistas; **2.** del cliente, el éxito de la compañía en su mercado meta; **3.** de los procesos internos del negocio, las operaciones internas que crean valor para los consumidores; y **4.** de aprendizaje y crecimiento, las capacidades de los individuos y los sistemas que apoyan las operaciones. La estrategia de una compañía influye en las medidas que usa para dar seguimiento al desempeño en cada una de tales perspectivas.

¿Por qué se llama a esta herramienta tablero de control balanceado? Porque nivela el uso de las medidas de desempeño tanto financieras como no financieras para evaluar, en un solo reporte, el desempeño a corto y a largo plazos. El tablero de control balanceado reduce el énfasis de los gerentes en el desempeño financiero a corto plazo, como la utilidad trimestral, porque los indicadores estratégicos clave tanto no financieros como operacionales, como la calidad del producto y la satisfacción del cliente, miden los cambios que realiza una compañía para el largo plazo. Los beneficios financieros de dichos cambios a largo plazo quizá no aparezcan de inmediato en la utilidad a corto plazo; sin embargo, un mejoramiento significativo en las medidas no financieras por lo general indica la creación de un valor económico futuro. Un aumento en la satisfacción del cliente, por ejemplo, como lo miden las encuestas a los clientes y las compras repetidas, señala una alta probabilidad de mayores ventas e ingresos en el futuro. Al equilibrar la mezcla de medidas financieras y no financieras, el tablero de control balanceado amplía la atención de la gerencia para el desempeño tanto a corto como a largo plazos. *No se debe perder nunca de vista el punto clave. En las compañías con*

---

[4] Véase R. S. Kaplan y D. P. Norton, *The Balanced Scorecard* (Boston: Harvard Business School Press, 1996); R. S. Kaplan y D. P. Norton, *The Strategy-Focused Organization: How Balanced Scorecard Companies Thrive in the New Business Environment* (Boston: Harvard Business School Press, 2004); y R. S. Kaplan y D. P. Norton, *Strategy Maps: Converting Intangible Assets into Tangible Outcomes* (Boston: Harvard Business School Press, 2004); y R. S. Kaplan y D. P. Norton, *Alignment: Using the Balanced Scorecard to Create Corporate Synergies* (Boston: Harvard Business School Press, 2006).

Por sencillez, este capítulo, y gran parte de la literatura, destacan los objetivos financieros a largo plazo como la meta primaria de las compañías con fines de lucro, las cuales están interesadas en objetivos económicos, ambientales y sociales a largo plazo, y adaptan el tablero de control balanceado para implementar los tres objetivos.

fines de lucro, la meta primaria del tablero de control balanceado consiste en sostener el desempe-
ño financiero a largo plazo. Las medidas no financieras simplemente sirven como indicadores clave
para medir el siempre difícil desempeño financiero a largo plazo.

Mapas estratégicos y el tablero de control balanceado

Usamos el ejemplo de Chipset para desarrollar mapas estratégicos y las cuatro perspectivas del tablero de control balanceado. Los objetivos y las medidas que eligen los gerentes de Chipset para cada perspectiva se relacionan con los planes de acción para fortalecer la estrategia de liderazgo en costos de Chipset: el *mejoramiento de la calidad* y de los *procesos de reingeniería*.

Mapas estratégicos

Un primer paso útil en el diseño de un tablero de control balanceado es un *mapa estratégico*. Un **mapa estratégico** es un diagrama que describe la forma en que una organización crea valor mediante la conexión de los objetivos estratégicos en relaciones explícitas de causa y efecto entre sí, según las perspectivas financieras, del cliente, del proceso interno del negocio, y del aprendizaje y el creci-miento. La ilustración 13-2 presenta el mapa de una estrategia de Chipset. Siga las flechas para saber cómo un objetivo estratégico influye en otros objetivos estratégicos. Por ejemplo, el hecho de conferir autoridad (*empowering*) a la fuerza de trabajo ayuda a alinear las metas de los empleados y de la organización, en tanto que mejora los procesos. La alineación de los empleados y la orga-nización también ayudan a optimizar los procesos que mejoran la calidad de la manufactura y la productividad, así como a reducir el tiempo de entrega al cliente, a cumplir las fechas de entrega especificadas y a mejorar el servicio posterior a la venta, todo lo cual aumenta la satisfacción del cliente. El mejoramiento de la calidad de la manufactura y la productividad aumenta la utilidad en

Ilustración 13-2 Mapa estratégico de Chipset, Inc., para 2011

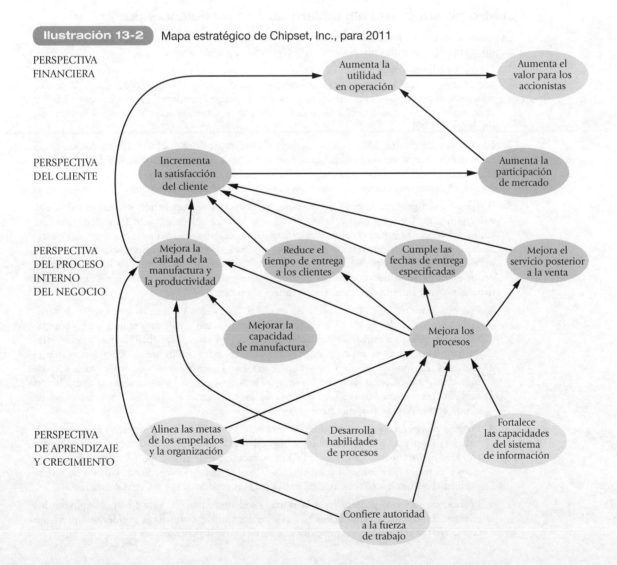

operación e incrementa la satisfacción del cliente lo cual, a la vez, acrecienta la participación de mercado, la utilidad en operación y el valor para los accionistas.

Chipset opera en una industria con un uso intenso del conocimiento. Para competir de una manera exitosa, Chipset invierte en sus empleados, implementa nuevas tecnologías y controles del proceso, mejora la calidad y efectúa una reingeniería de los procesos. La realización adecuada de estas actividades permite que Chipset vaya forjando capacidades y activos intangibles, los cuales no se registran como activos en los libros financieros. El mapa estratégico ayuda a Chipset a evaluar si dichos activos intangibles están generando rendimientos financieros.

Chipset podría incluir muchas otras relaciones de causa y efecto en el mapa estratégico de la ilustración 13-2. Sin embargo, al igual que otras compañías que implementan el tablero de control balanceado, Chipset se concentra solamente en aquellas relaciones que considera que son las más significativas.

Chipset usa el mapa estratégico de la ilustración 13-2 para elaborar el tablero de control balanceado que se presentó en la ilustración 13-3. El tablero de control destaca las cuatro perspectivas del desempeño: financiera, del cliente, del proceso interno del negocio, y del aprendizaje y el crecimiento. La primera columna presenta los objetivos del mapa estratégico de la ilustración 13-2. Al inicio de 2011, los gerentes de la compañía especifican los objetivos estratégicos, las medidas, las iniciativas (las acciones necesarias para lograr los objetivos) y el desempeño meta (las cuatro primeras columnas de la ilustración 13-3).

Chipset desea usar las metas del tablero de control balanceado para impulsar a la organización hacia mayores niveles de desempeño. Por lo tanto, los gerentes fijan metas a un nivel de desempeño que es alcanzable, pero que es distintivamente mejor que el de los competidores. Los gerentes de Chipset completan la quinta columna, reportando el desempeño real a finales de 2011. Esta columna compara el desempeño de Chipset en relación con la meta.

Cuatro perspectivas del tablero de control balanceado

A continuación describimos las perspectivas en términos generales e ilustramos cada perspectiva usando las medidas elegidas por Chipset en el contexto de su estrategia.

1. **Perspectiva financiera**. Evalúa la rentabilidad de la estrategia y la creación de valor para los accionistas. Ya que las iniciativas estratégicas clave de Chipset son la reducción de costos en relación con los costos y el crecimiento de ventas de los competidores, la perspectiva financiera se centra en la cantidad de utilidad en operación que resulta al reducir los costos y vender más unidades de CX1.

2. **Perspectiva del cliente**. Identifica al cliente y los segmentos del mercado fijados como meta y mide el éxito de la empresa en dichos segmentos. Para supervisar los objetivos de sus clientes, Chipset usa medidas como la participación de mercado en el segmento de las redes de comunicación, el número de clientes nuevos y las evaluaciones de satisfacción de los clientes.

3. **Perspectiva del proceso interno del negocio**. Se enfoca en las operaciones internas que crean valor para los clientes y que, a la vez, ayudan a alcanzar el desempeño financiero deseado. Chipset determina las metas del mejoramiento del proceso interno del negocio, después de establecer estándares de comparación contra sus principales competidores, usando información de los estados financieros publicados, de los precios vigentes, de los clientes, de los proveedores, de los ex empleados, de los expertos de la industria y de los analistas financieros. La perspectiva del proceso interno del negocio abarca tres subprocesos:

   ■ Proceso de innovación. La creación de productos, servicios y procesos que habrán de satisfacer las necesidades de los clientes. Se trata de un proceso muy importante para las compañías que siguen una estrategia de diferenciación de precios, y que deben diseñar y desarrollar en forma constante nuevos productos innovadores para seguir siendo competitivas en el mercado. La innovación de Chipset se centra en el mejoramiento de sus capacidades de manufactura y sus controles del proceso, para reducir los costos y mejorar la calidad. Chipset mide la innovación a través del número de mejoras en el proceso de manufactura y en el porcentaje de procesos que tienen controles avanzados.

   ■ **Proceso de operaciones:** La producción y la entrega de productos y servicios existentes que habrán de satisfacer las necesidades de los clientes. Las iniciativas estratégicas de Chipset son *a*) el mejoramiento de la calidad de manufactura, *b*) la reducción del tiempo de entrega a los clientes, y *c*) el cumplimiento con las fechas de entrega especificadas, de modo que se evalúen el rendimiento, el tiempo de entrega de las órdenes y las entregas puntuales.

   ■ **Proceso de servicios posteriores a la venta:** Es el suministro de servicios y de apoyo a los clientes después de la venta de un bien o servicio. Chipset controla la rapidez y la precisión con la cual se responde a las peticiones de servicios de los clientes.

| Ilustración 13-3 | El tablero de control balanceado para Chipset, Inc., para 2011 |

Objetivos estratégicos	Medidas	Iniciativas	Desempeño meta	Desempeño real
Perspectiva financiera				
Hacer crecer la utilidad en operación	Utilidad en operación por el aumento en la productividad	Administrar los costos y la capacidad no usada	$1,850,000	$1,912,500
Aumentar el valor para los accionistas	Utilidad en operación por el crecimiento	Forjar buenas relaciones con los clientes	$2,500,000	$2,820,000
	Crecimiento en ingresos		9%	10%[a]
Perspectiva del cliente				
Incrementar el valor de mercado	Participación de mercado en el segmento de comunicaciones y redes	Identificar las necesidades futuras de los clientes	6%	7%
Aumentar la satisfacción del cliente	Número de clientes nuevos	Identificar nuevos segmentos de clientes como meta	1	1[b]
	Evaluaciones de satisfacción del cliente	Aumentar la concentración en el cliente de la organización de ventas	90% de los clientes da dos evaluaciones de nivel superior	87% de los clientes proporciona dos evaluaciones de nivel superior
Perspectiva del proceso interno del negocio				
Mejorar los servicios posteriores a la venta	Tiempo de respuesta del servicio	Mejorar el proceso de servicio al cliente	Dentro de 4 horas	Dentro de 3 horas
Aumentar la calidad de manufactura y la productividad	Rendimiento	Identificar las causas fundamentales de los problemas y mejorar la calidad	78%	79.3%
Reducir el tiempo de entrega para los clientes	Tiempo de entrega de las órdenes	Someter a reingeniería el proceso de entrega de pedidos	30 días	30 días
Cumplir las fechas de entrega especificadas	Entregas puntuales	Someter a reingeniería el proceso de entrega de pedidos	92%	90%
Mejorar los procesos	Número de mejoras importantes en procesos de manufactura y negocios	Organizar equipos de manufactura y ventas para modificar el proceso	5	5
Mejorar la capacidad de manufactura	Porcentaje de procesos con controles avanzados	Organizar los equipos de investigación y desarrollo y de manufactura para implementar controles avanzados	75%	75%
Perspectiva del aprendizaje y el crecimiento				
Alinear las metas de los empleados y la organización	Evaluaciones de satisfacción de los empleados	Fomentar la participación de los empleados y las sugerencias para formar equipos de trabajo	80% de los empleados da dos evaluaciones de nivel superior	88% de los empleados da dos evaluaciones superiores
Dar autoridad a la fuerza de trabajo	Porcentaje de trabajadores en línea dotados de autoridad para administrar los procesos	Hacer que los supervisores actúen como instructores en vez de que actúen como tomadores de decisiones	85%	90%
Desarrollar habilidades en los procesos	Porcentaje de empleados capacitados en la administración de procesos y la calidad	Tener programas de capacitación de los empleados	90%	92%
Mejorar las capacidades de los sistemas de información	Porcentaje de procesos de manufactura con retroalimentación en tiempo real	Mejorar la recolección de datos en línea y por otros medios	80%	80%

[a] (Ingresos en 2011 − ingresos en 2010) ÷ ingresos en 2010 = ($25,300,000 − $23,000,000 ÷ $23,000,000 = 10%.
[b] El número de clientes aumentó de siete a ocho en 2011.

4. **Perspectiva del aprendizaje y el crecimiento.** Identifica aquellas capacidades donde la organización tiene que lograr la excelencia para lograr procesos internos superiores que, al mismo tiempo, creen valor para los clientes y los accionistas. La perspectiva del aprendizaje y el crecimiento de Chipset hace énfasis en tres capacidades: *a)* capacidades del sistema de información, que se miden a través del porcentaje de procesos de manufactura con una retroalimentación en tiempo real; *b)* capacidades de los empleados, que se miden por el porcentaje de empleados capacitados en la administración del proceso y la calidad; y *c)* motivación, la cual se mide a través de la satisfacción de los empleados y del porcentaje de empleados de manufactura y de ventas (empleados en línea) que tienen facultades para administrar el proceso.

Las flechas que se presentan en la ilustración 13-3 indican los *amplios* vínculos de causa y efecto: la manera en que los progresos en la perspectiva del aprendizaje y el crecimiento conducen a mejoramientos en el proceso interno del negocio, lo cual da lugar a una mayor satisfacción de los clientes, así como a una mayor participación de mercado y, finalmente, lleva a un desempeño financiero superior. Observe la manera cómo el tablero de control describe los elementos de la implementación de la estrategia de Chipset. La capacitación y la dotación de autoridad a los trabajadores mejoran la satisfacción de los empleados y conducen a mejoramientos en la manufactura y en el proceso del negocio, que optimizan la calidad y reducen el tiempo de entrega. El resultado es un incremento en la satisfacción del cliente y una mayor participación de mercado. Estas iniciativas han sido exitosas desde una perspectiva financiera. Chipset ha obtenido una utilidad en operación significativa a partir de su estrategia de liderazgo en costos, y tal estrategia también ha dado como resultado crecimiento.

Un beneficio importante del tablero de control balanceado es que fomenta el pensamiento causal. Piense en el tablero de control balanceado como un *tablero de control vinculado* o como un *tablero de control causal.* Los gerentes deben buscar una evidencia empírica (en lugar de basarse únicamente en la intuición) para probar la validez y la fortaleza de las diversas conexiones. Un tablero de control causal capacita a una compañía para concentrarse en los generadores clave que dirigen la implementación de la estrategia. En ausencia de vínculos convincentes, el tablero de control pierde gran parte de su valor.

Implementación de un tablero de control balanceado

Para implementar de manera exitosa un tablero de control balanceado se requiere un compromiso y un liderazgo por parte de la alta gerencia. En Chipset, el equipo que construye el tablero de control balanceado (dirigido por el vicepresidente de planeación estratégica) realizó entrevistas con los gerentes de nivel superior, examinó a los ejecutivos en relación con los clientes, competidores y desarrollos tecnológicos, y buscó propuestas para los objetivos del tablero de control balanceado a través de las cuatro perspectivas. El equipo se reunió luego para discutir las respuestas y elaborar una lista prioritaria de objetivos.

Durante una reunión con toda la alta gerencia, el equipo trató de lograr un consenso sobre los objetivos del tablero de control. La alta gerencia se dividió entonces en cuatro grupos, y cada grupo era responsable por una de las perspectivas. Además, cada grupo amplió la base de los insumos mediante la inclusión de representantes de los siguientes niveles más bajos de la administración y de los gerentes funcionales clave. Los grupos identificaron medidas para cada objetivo, así como las fuentes de información para cada medida. Los grupos se reunieron entonces para finalizar los objetivos, las medidas, las metas y las iniciativas del tablero de control balanceado para el logro de las metas. Los contadores administrativos desempeñaron una función importante en el diseño y la implementación del tablero de control balanceado, sobre todo al determinar medidas para representar las realidades de la empresa. Ello requirió que los contadores administrativos entendieran el ambiente económico de la industria, a los clientes y a los competidores de Chipset, y las cuestiones de negocios internos como recursos humanos, operaciones y distribución.

Los gerentes se aseguraron de que los empleados entendieran el tablero de control y el proceso de este. El tablero de control balanceado final se comunicó a todos los empleados. El uso compartido del tablero de control permitió a los ingenieros y al personal operativo, por ejemplo, entender las razones para la satisfacción y la insatisfacción de los clientes, así como para realizar sugerencias en aras del mejoramiento en los procesos internos directamente dirigidos a la satisfacción de los clientes y a la implementación de la estrategia de Chipset. Con demasiada frecuencia, los tableros de control tan solo los revisa un grupo selecto de gerentes. Al limitar la exposición del tablero de control, una organización pierde la oportunidad de un amplio compromiso y una alineación de la organización.

Chipset (al igual que Cigna Property, Casualty Insurance y Wells Fargo) también motiva a cada departamento para que desarrolle su propio tablero de control y para que dicho tablero esté vinculado dentro del tablero de control principal de Chipset, que se describe en la ilustración 13-3. La calidad del tablero de control del departamento de control de calidad, por ejemplo, tiene medidas que los gerentes departamentales usan para mejorar el rendimiento: el número de círculos de calidad, las gráficas del control del proceso estadístico, los diagramas de Pareto y los análisis de causas fundamentales (véase el capítulo 19, disponible en el sitio Web de este libro, donde se presentan más detalles). Los tableros de control por departamento ayudan a alinear las acciones de cada departamento para implementar la estrategia de Chipset.

Las compañías usan con frecuencia los tableros de control balanceado para evaluar y recompensar el desempeño gerencial, y para influir en su comportamiento. El uso del tablero de control balanceado para la evaluación del desempeño amplía la óptica de la administración del desempeño y motiva a los gerentes para que pongan mayor atención en los generadores del desempeño no financieros. Sin embargo, las encuestas indican que las compañías continúan asignando más peso a la perspectiva financiera (55%) que a otras perspectivas: cliente (19%), proceso interno del negocio (12%) y aprendizaje y crecimiento (14%). Las compañías citan varias razones para el peso relativamente más pequeño que se otorga a las medidas no financieras: la dificultad para evaluar la importancia relativa de las medidas no financieras; los desafíos en la medición y la cuantificación de los datos cualitativos no financieros; y la dificultad para remunerar a los gerentes aun a pesar de un desempeño financiero deficiente (véase capítulo 23, disponible en el sitio Web de este libro, donde se incluye una exposición más detallada de la evaluación del desempeño). No obstante, muchas compañías dan un mayor peso a las medidas no financieras en las decisiones de promoción, ya que consideran que las medidas no financieras (como la satisfacción del cliente, los mejoramientos del proceso y la motivación de la fuerza laboral) evalúan mejor el potencial de un gerente para tener éxito a los niveles gerenciales superiores. Para que un tablero de control balanceado sea efectivo, los gerentes deben visualizarlo como un instrumento que evalúa y recompensa adecuadamente todos los aspectos de importancia en el desempeño y la promoción de un gerente.

Alineación del tablero de control balanceado con la estrategia

Distintas estrategias requieren diferentes tableros de control. Recuerde a Visilog, el competidor de Chipset, el cual sigue una estrategia de diferenciación del producto mediante el diseño de circuitos a la medida para módems y redes de comunicación. Visilog diseña su tablero de control balanceado de modo que se ajuste a su estrategia. Por ejemplo, en la perspectiva financiera, Visilog evalúa qué cantidad de su utilidad en operación proviene de cobrar precios altos por sus productos. En la perspectiva del cliente, Visilog mide el porcentaje de sus ingresos proveniente de nuevos productos y de nuevos clientes. En la perspectiva del proceso interno del negocio, Visilog pondera el número de artículos nuevos que se han introducido, así como el tiempo de desarrollo de cada uno. En la perspectiva de aprendizaje y crecimiento, Visilog mide el desarrollo de las capacidades avanzadas de manufactura para fabricar chips personalizados. Visilog también usa algunas de las medidas que se describen en el tablero de control balanceado de Chipset de la ilustración 13-3. Por ejemplo, el crecimiento en ingresos, las evaluaciones de la satisfacción del cliente, el tiempo de entrega de las órdenes, las entregas puntuales, el porcentaje de trabajadores de primera línea dotados de facultades para administrar los procesos, y las evaluaciones de satisfacción de los empleados son también medidas importantes con la estrategia de diferenciación del producto. La meta es alinear el tablero de control balanceado con la estrategia de la compañía.[5] La ilustración 13-4 presenta algunas medidas comunes que se encuentran en los tableros de control de compañías ubicadas en los sectores de servicios, comercio al menudeo y manufactura.

Características de un buen tablero de control balanceado

Un tablero de control balanceado bien diseñado tiene varias características:

1. Cuenta la historia de la estrategia de una compañía que articula una secuencia de relaciones de causa y efecto —los vínculos entre las diversas perspectivas que alinean la implementación de la estrategia. En las organizaciones lucrativas, cada una de las medidas del tablero de control forma parte de una cadena de causa y efecto que conduce a ciertos resultados financieros. Las organizaciones sin fines de lucro diseñan la cadena de causa y efecto de modo que puedan lograr sus objetivos estratégicos de servicio —por ejemplo, el número de personas que ya no son pobres o el número de niños que todavía están en la escuela.

2. El tablero de control balanceado ayuda a comunicar la estrategia a todos los miembros de la organización, traduciendo la estrategia en un conjunto coherente y vinculado de metas ope-

---

[5] Con fines de sencillez, hemos presentado el tablero de control balanceado dentro del contexto de compañías que han seguido, ya sea una estrategia de liderazgo en costos o de diferenciación del producto. Desde luego, una empresa puede tener algunos productos para los cuales el liderazgo en costos sea fundamental, y otros, para los cuales la diferenciación del producto sea importante. La compañía desarrollará entonces tableros de control separados para incrementar las diferentes estrategias del producto. Aun en otros contextos, la diferenciación del producto sería de gran importancia, aunque también se debe lograr algún liderazgo en costos. Los tableros de control balanceados estarían entonces vinculados a manera de causa y efecto con dicha estrategia.

Ilustración 13-4

Medidas del tablero de control balanceado que se citan con frecuencia

Perspectiva financiera

Medidas de ingresos: utilidad en operación, porcentaje de la utilidad bruta.

Medidas de ingresos y de costos: crecimiento en los ingresos, ingresos provenientes de nuevos productos, reducciones de costos en áreas clave.

Medidas de ingresos y de inversiones: valor económico agregado[a] (EVA®), rendimiento sobre la inversión.

Perspectiva del cliente

Participación de mercado, satisfacción del cliente, porcentaje de retención de clientes, tiempo necesario para satisfacer las peticiones de los clientes, número de quejas de los clientes.

Perspectiva del proceso interno del negocio

Proceso de innovación: capacidades operativas, número de nuevos productos o servicios, tiempos de desarrollo de nuevos productos y número de nuevas patentes.

Proceso de las operaciones: rendimiento, tasas de defectuosos, tiempo necesario para entregar el producto a los clientes, porcentaje de entregas puntuales, tiempo promedio necesario para responder a las órdenes, tiempo de configuración de máquinas, tiempo muerto en manufactura.

Proceso de servicio posterior a la venta: tiempo necesario para reemplazar o reparar los productos defectuosos, horas de capacitación del cliente para el uso del producto.

Perspectiva del aprendizaje y crecimiento

Medidas del empleado: educación del empleado y niveles de habilidades, evaluaciones de la satisfacción de los empleados, tasas de rotación de empleados, porcentaje de sugerencias de los empleados implementadas, porcentaje de remuneración basado en incentivos individuales y de equipo.

Medidas de tecnología: disponibilidad de sistemas de información, porcentaje de procesos con controles avanzados.

[a] Esta medida se describe en el capítulo 23 (disponible en el sitio Web de este libro).

racionales comprensibles y mensurables. Guiados por el tablero de control, los gerentes y los empleados realizan acciones y toman decisiones para seguir la estrategia de la compañía. Las compañías que tienen distintas unidades estratégicas de negocios (UEN), como los productos de consumo y los fármacos de Johnson & Johnson, desarrollan sus tableros de control balanceado al nivel de la UEN. Cada UEN tiene su propia estrategia única, así como sus metas de implementación; la utilización de tableros de control separados permite que cada UEN elija medidas que ayudan a implementar su estrategia distintiva.

3. En las organizaciones sin fines de lucro, el tablero de control balanceado debe motivar a los gerentes para que tomen acciones que, a final de cuentas, den como resultado mejoras en el desempeño financiero. Algunas veces, los gerentes se enfocan demasiado en la innovación, la calidad y la satisfacción del cliente como fines en sí mismos. Por ejemplo, Xerox gastó fuertes cantidades de dinero para aumentar la satisfacción del cliente sin una retribución financiera consecuente debido a que los niveles más altos de satisfacción no aumentaron la lealtad de los clientes. Algunas empresas usan métodos estadísticos, como el análisis de regresión, para probar las relaciones anticipadas de causa y efecto entre las medidas no financieras y el desempeño financiero. Los datos para este análisis pueden provenir ya sea de datos de series de tiempo (recabados con el paso del tiempo), o bien, de datos transversales (recabados, por ejemplo, en diversas tiendas de una cadena minorista). En el caso de Chipset, los mejoramientos en los factores no financieros, de hecho, ya han conducido a mejoras en los factores financieros.

4. El tablero de control balanceado limita el número de medidas, identificando únicamente las más críticas. El tablero de control de Chipset, por ejemplo, tiene 16 medidas, entre 3 y 6 medidas para cada perspectiva. La limitación del número de medidas centra la atención de los gerentes en aquellas que más influyen en la implementación de la estrategia. El empleo de demasiadas medidas hace difícil que los gerentes procesen la información relevante.

5. El tablero de control balanceado pone de relieve valores de equilibrio menos que óptimos, que los gerentes podrían seleccionar cuando dejan de considerar en forma conjunta las medidas operacionales y financieras. Por ejemplo, una compañía, cuya estrategia sea la innovación y la diferenciación del producto, lograría un desempeño financiero superior a corto plazo gracias la reducción de los gastos en investigación y desarrollo. Un buen tablero de control balanceado señalaría que el desempeño financiero a corto plazo quizá se haya logrado tomando acciones que socaven el desempeño financiero futuro, porque declinó un indicador líder de ese desempeño, los gastos en investigación y desarrollo y los resultados finales de dicha investigación.

Fallas en la implementación de un tablero de control balanceado

Los problemas que se deben evitar en la implementación de un tablero de control balanceado incluyen:

1. Los gerentes no deberían suponer que los vínculos de causa y efecto son precisos: son únicamente hipótesis. Con el paso del tiempo, una compañía debe reunir evidencia acerca de la fortaleza y lo oportuno de los vínculos entre las medidas financieras y las no financieras. Con la experiencia, las organizaciones tienen que alterar sus tableros de control para incluir aquellos objetivos y medidas estratégicos no financieros que sean los mejores indicadores líderes (las causas) del desempeño financiero (un indicador posterior o el efecto). El entendimiento de que el tablero de control evoluciona a lo largo del tiempo ayuda a los gerentes a evitar un gasto improductivo de tiempo y dinero, cuando intentan diseñar el tablero de control "perfecto" desde el principio. Además, conforme el ambiente y la estrategia del negocio cambian con el paso del tiempo, las medidas del tablero de control también necesitan cambiar.

2. Los gerentes no deben buscar siempre mejoramientos para todas las medidas. Por ejemplo, se tienen que esforzar por la calidad y por un desempeño puntual, aunque no más allá del punto en que una mejora adicional en esos objetivos sea tan costosa que resulte inconsistente con la maximización de la utilidad a largo plazo. Se requiere que las consideraciones de costo-beneficio siempre sean de importancia fundamental cuando se diseña un tablero de control balanceado.

3. Los gerentes no deberían usar únicamente medidas objetivas en el tablero de control balanceado. El tablero de control balanceado de Chipset incluye tanto medidas objetivas (como la utilidad en operación proveniente del liderazgo en costos, la participación de mercado y el rendimiento de manufactura), así como medidas subjetivas (como las evaluaciones de satisfacción de clientes y empleados). Sin embargo, cuando se utilizan medidas subjetivas, es necesario que los gerentes tengan cuidado de que los beneficios de tal información potencialmente rica no se pierdan, como resultado del uso de medidas que sean inexactas o que logren manipularse con facilidad.

4. A pesar de los cambios de mediciones, la alta gerencia no debe ignorar las medidas no financieras cuando evalúa a los gerentes y a otros empleados. Los gerentes suelen concentrarse en las medidas que se han utilizado para retribuir su desempeño. La exclusión de medidas no financieras cuando se evalúa el desempeño reducirá el significado y la importancia que los gerentes dan a las medidas no financieras.

Evaluación del éxito de la estrategia y de su implementación

Punto de decisión

¿Cómo puede una organización traducir su estrategia en un conjunto de medidas del desempeño?

Para evaluar qué tan exitosa ha sido la estrategia de Chipset y su implementación, su gerencia compara las columnas de desempeño meta y desempeño real en el tablero de control balanceado (ilustración 13-3). Chipset logró satisfacer la mayoría de los objetivos establecidos con base en los estándares de comparación de los competidores en 2011. Ello es así porque, en el contexto de Chipset, los mejoramientos en la perspectiva del aprendizaje y el crecimiento se propagan rápidamente en toda la perspectiva financiera. Chipset seguirá buscando mejoras sobre las metas que no logró, pero el cumplimiento de la mayoría de las metas indica que las iniciativas estratégicas que Chipset identificó y midió para el aprendizaje y el crecimiento dieron como resultado mejoras en el proceso interno del negocio, en las medidas de los clientes y en el desempeño financiero.

¿Cómo sabría Chipset si tuvo problemas en la implementación de la estrategia? La respuesta es, observando si no logró satisfacer sus objetivos sobre las dos perspectivas que están más internamente concentradas: aprendizaje y crecimiento, y procesos internos del negocio.

¿Qué sucedería si Chipset tuviera un buen desempeño en el aprendizaje y el crecimiento y en los procesos internos del negocio, pero no mejoraran las medidas del cliente y el desempeño financiero de este año y del siguiente? Los gerentes de Chipset concluirían entonces que Chipset realizó un buen trabajo de implementación (mejoraron las diversas medidas internas no financieras que estableció como meta), pero que su estrategia era defectuosa (no hubo efecto sobre los clientes sobre el desempeño financiero a largo plazo ni sobre la creación de valor). La gerencia dejó de identificar los vínculos causales correctos. ¡Implementó bien la estrategia equivocada! La gerencia volvería a evaluar entonces la estrategia y los factores que la impulsan.

Ahora, ¿qué sucedería si Chipset tuviera un buen desempeño sobre sus diversas medidas no financieras, y la utilidad en operación sobre este año y el siguiente también aumentaran? Los gerentes de Chipset podrían verse tentados a declarar que la estrategia fue un éxito porque se incrementó la utilidad en operación. Por desgracia, la gerencia todavía no puede concluir con ningún grado de confianza que Chipset hubiera formulado e implementado exitosamente su estrategia. ¿Por qué? Porque la utilidad en operación puede aumentar simplemente porque los mercados estén en expansión, y no porque la estrategia de una compañía haya sido exitosa. Asimismo, los cambios en la utilidad en operación podrían ocurrir debido a factores ajenos a la estrategia. Por ejemplo, una organización como Chipset que haya elegido una estrategia de liderazgo en costos quizás encuentre que el incremento de su utilidad en operación realmente provino de, por ejemplo, algún grado de diferenciación del producto. *Para evaluar el éxito de una estrategia, los gerentes y los contadores administrativos necesitan vincular la estrategia con las fuentes de los incrementos en la utilidad en operación.*

Para que Chipset concluya que tuvo éxito en la implementación de su estrategia, debe demostrar que los mejoramientos en su desempeño financiero y en su utilidad en operación a lo largo del tiempo fueron resultado del logro de los ahorros en costos fijados como meta y del crecimiento en la participación de mercado. Afortunadamente, las dos hileras superiores del tablero de control balanceado de Chipset en la ilustración 13-3 muestran que los aumentos en las utilidades en operación provenientes de la productividad ($1,912,500) y el crecimiento ($2,820,000) excedieron las metas. La siguiente sección de este capítulo describe la manera en que se calcularon estas cifras. Ya que su estrategia ha sido exitosa, la gerencia de Chipset tiene más confianza en que los incrementos se sostendrán en los años venideros.

Los contadores administrativos de Chipset subdividen los cambios de la utilidad en operación en componentes que se identifican con la diferenciación del producto, el liderazgo en costos y el crecimiento. ¿Por qué el crecimiento? Porque una diferenciación del producto o un liderazgo en costos exitosos suelen aumentar la participación de mercado y ayudan a una compañía a crecer. La subdivisión del cambio en la utilidad en operación para evaluar el éxito de una estrategia es conceptualmente similar al análisis de variaciones que se expuso en los capítulos 7 y 8. Sin embargo, una diferencia es que los contadores administrativos comparan el desempeño operativo real durante dos periodos distintos, y no las cifras reales con las cifras presupuestadas en el mismo periodo de tiempo que en el análisis de variaciones.[6]

Análisis estratégico de la utilidad en operación

Objetivo de aprendizaje 4

Analizar los cambios en la utilidad en operación para evaluar la estrategia

... crecimiento, recuperación de precios y productividad

La siguiente información explica cómo subdividir el cambio en la utilidad en operación de un periodo a *cualquier* periodo futuro. Los componentes individuales describen el desempeño de una compañía con respecto a la diferenciación del producto, el liderazgo en costos y el crecimiento.[7] Ilustramos el análisis usando datos provenientes de 2010 y 2011 porque Chipset implementó ciertos elementos clave de su estrategia a finales de 2010 y a principios de 2011, y espera que las consecuencias financieras de tales estrategias ocurran en 2011. Suponga que se hubiera esperado que las consecuencias financieras de esas estrategias afectaran la utilidad en operación tan solo en 2012. De este modo, simplemente podríamos haber comparado 2010 con 2012 con la misma facilidad. En caso de ser necesario, también podríamos haber comparado 2010 con 2011 y 2012 tomados en forma conjunta.

Los datos de Chipset para 2010 y 2011 se presentan a continuación:

	2010	2011
1. Unidades de CX1 producidas y vendidas	1,000,000	1,150,000
2. Precio de venta	$23	$22
3. Materiales directos (centímetros cuadrados de obleas de silicio)	3,000,000	2,900,000
4. Costo de los materiales directos por centímetro cuadrado	$1.40	$1.50
5. Capacidad de procesamiento de la manufactura (en centímetros cuadrados de obleas de silicio)	3,750,000	3,500,000
6. Costos de conversión (todos ellos costos de manufactura distintos de los costos de los materiales directos)	$16,050,000	$15,225,000
7. Costos de conversión por unidad de capacidad (fila 6 ÷ fila 5)	$4.28	$4.35

Chipset proporciona la siguiente información adicional:

1. Los costos de conversión (mano de obra y costos indirectos) de cada año dependen de la capacidad de procesamiento de producción, definida en términos de la cantidad de centímetros cuadrados de obleas de silicio que Chipset puede procesar. Dichos costos no varían con la cantidad real de obleas de silicio procesadas.

2. Chipset no incurre en costos de investigación y desarrollo. Sus costos de marketing, ventas y servicio al cliente son pequeños en relación con los demás costos. Chipset tiene menos de 10 clientes, y cada uno de ellos compra aproximadamente las mismas cantidades del CX1. Debido a la naturaleza altamente técnica del producto, Chipset usa un equipo interfuncional para sus actividades de marketing, ventas y servicio al cliente. El enfoque interfuncional asegura que, aunque los costos de marketing, ventas y servicio al cliente sean pequeños, la totalidad de la organización de Chipset, incluyendo a los ingenieros de manufactura, sigue enfocándose en el aumento de la satisfacción del cliente y en la participación de mercado. (El problema para

---

[6] Otros ejemplos sobre la concentración de la atención en el desempeño real a lo largo de dos periodos, en vez de la comparación de las cifras reales con las cifras presupuestadas, se encuentran en J. Hope y R. Fraser, *Beyond Budgeting* (Boston, MA: Harvard Business School Press, 2003).

[7] Si se desean más detalles, véase R. Banker, S. Datar y R. Kaplan, "Productivity Measurement and Management Accounting", *Journal of Accounting, Auditing and Finance* (1989): 528-554; y A. Hayzen y J. Reeve, "Examining the Relationships in Productivity Accounting", *Management Accounting Quarterly* (2000): 32-39.

autoestudio que se presenta al final de este capítulo describe una situación donde los costos de marketing, ventas y servicio al cliente son significativos.)

3. La estructura de los activos de Chipset es muy similar en 2010 y 2011.

4. La utilidad en operación de cada año es como sigue:

	2010	2011
Ingresos		
($23 por unidad × 1,000,000 de unidades; $22 por unidad × 1,150,000 unidades)	$23,000,000	$25,300,000
Costos		
Costos de los materiales directos		
($1.40/cm² × 3,000,000 cm²; $1.50/cm² × 2,900,000 cm²)	4,200,000	4,350,000
Costos de conversión		
($4.28/cm² × 3,750,000 cm²; $4.35/cm² × 3,500,000 cm²)	16,050,000	15,225,000
Costos totales	20,250,000	19,575,000
Utilidad en operación	$ 2,750,000	$ 5,725,000
Cambio en la utilidad en operación	$2,975,000 F	

La meta de los gerentes de Chipset es evaluar cuánto del aumento de $2,975,000 de la utilidad en operación fue resultado de la implementación exitosa de la estrategia de liderazgo en costos en la compañía. Para hacerlo, los contadores administrativos empiezan con el análisis de los tres principales factores: crecimiento, recuperación del precio y productividad.

El **componente de crecimiento** mide el cambio en la utilidad en operación atribuible únicamente al cambio en la cantidad de producción vendida entre 2010 y 2011.

El **componente de recuperación del precio** mide el cambio en la utilidad en operación atribuible únicamente a los cambios en los precios de los insumos y los productos de Chipset entre 2010 y 2011. Asimismo, mide el cambio en el precio del producto en comparación con los cambios en los precios de los insumos. Una compañía que haya perseguido con éxito una estrategia de diferenciación del producto tendrá la capacidad de aumentar el precio del producto más rápido que el aumento en los precios de sus insumos, lo cual mejorará los márgenes de utilidad y la utilidad en operación: Mostrará un componente grande de recuperación positiva del precio.

El **componente de la productividad** mide el cambio en los costos atribuible a un cambio en la cantidad de insumos usados en 2011, con respecto a la cantidad de insumos que se hubieran usado en 2010 para lograr la producción de 2011. El componente de la productividad mide la cantidad en la cual la utilidad en operación aumenta gracias al uso eficiente de los insumos para reducir los costos. Una compañía que ha perseguido exitosamente una estrategia de liderazgo en costos tendrá la capacidad de producir una cantidad determinada de productos con un menor costo de los insumos: Mostrará un gran componente de productividad positivo. Dada la estrategia de liderazgo en costos de Chipset, esperamos que el incremento en la utilidad en operación sea atribuible a los componentes de productividad y crecimiento, y no a la recuperación del precio. A continuación examinamos estos tres componentes con detalle.

Componente de crecimiento de un cambio en la utilidad en operación

El componente de crecimiento proveniente de un cambio en la utilidad en operación mide el incremento en los ingresos menos el aumento en los costos debido a la venta de más unidades del CX1 en 2011 (1,150,000 unidades) que en 2010 (1,000,000 de unidades), *suponiendo que no ha cambiado nada más*.

Efecto del crecimiento en los ingresos

$$\text{Efecto del crecimiento en los ingresos} = \left(\begin{array}{c} \text{Unidades producidas} \\ \text{reales vendidas} \\ \text{en 2011} \end{array} - \begin{array}{c} \text{Unidades} \\ \text{producidas} \\ \text{reales vendidas} \\ \text{en 2010} \end{array} \right) \times \begin{array}{c} \text{Precio de venta} \\ \text{en 2010} \end{array}$$

$$= (1,150,000 \text{ unidades} - 1,000,000 \text{ de unidades}) \times \$23 \text{ por unidad}$$

$$= \$3,450,000 \text{ F}$$

Este componente es favorable (F) porque el incremento en la producción vendida en 2011 aumenta la utilidad en operación. Los componentes que disminuyen la utilidad en operación son desfavorables (D).

Observe que Chipset usa el precio de 2010 del CX1 y se centra únicamente en el incremento en las unidades vendidas entre 2010 y 2011, porque el componente del efecto del crecimiento en los ingresos mide cuánto habrían cambiado los ingresos en 2010, si Chipset hubiera vendido 1,150,000 unidades en vez de 1,000,000 de unidades.

Efecto del crecimiento en los costos

El efecto del crecimiento en los costos mide cuánto habrían cambiado los costos en 2010, si Chipset hubiera producido 1,150,000 unidades de CX1 en vez de 1,000,000 de unidades. Para medir el efecto del crecimiento en los costos, los gerentes de Chipset distinguen los costos variables (como los costos de los materiales directos) de los costos fijos (como los costos de conversión), porque a medida que aumentan las unidades producidas (y vendidas), los costos variables se incrementan de manera proporcional, pero los costos fijos, por lo general, no cambian.

$$\text{Efecto del crecimiento en los costos para los costos variables} = \left(\begin{array}{c} \text{Unidades de insumos requeridos para elaborar la producción de 2011 en 2010} \end{array} - \begin{array}{c} \text{Unidades reales de los insumos usados para elaborar la producción de 2010} \end{array} \right) \times \begin{array}{c} \text{Precio de los insumos en 2010} \end{array}$$

$$\text{Efecto del crecimiento en los costos para los materiales directos} = \left(3,000,000 \text{ cm}^2 \times \frac{1,150,000 \text{ unidades}}{1,000,000 \text{ unidades}} - 3,000,000 \text{ cm}^2 \right) \times \$1.40 \text{ por cm}^2$$

$$= (3,450,000 \text{ cm}^2 - 3,000,000 \text{ cm}^2) \times \$1.40 \text{ por cm}^2 = \$630,000 \text{ D}$$

Las unidades de los insumos necesarios para lograr la producción de 2011 en 2010 también se calcula como:

$$\text{Unidades de insumos por unidad de producción en 2010} = \frac{3,000,000 \text{ cm}^2}{1,000,000 \text{ unidades}} = 3 \text{ cm}^2 \text{ por unidad}$$

Unidades de insumos que se requieren para lograr la producción de 2011 de 1,150,000 unidades en 2010 = 3 cm² por unidad × 1,150,000 unidades = 3,450,000 cm².

$$\text{El efecto del crecimiento en los costos para los costos fijos} = \left(\begin{array}{c} \text{Unidades reales de capacidad en 2010 debido a que existe una capacidad adecuada para alcanzar la producción de 2011 en 2010} \end{array} - \begin{array}{c} \text{Unidades reales de capacidad en 2010} \end{array} \right) \times \begin{array}{c} \text{Precio por unidad de capacidad en 2010} \end{array}$$

$$\text{Efecto del crecimiento en los costos para los costos de conversión} = (3,750,000 \text{ cm}^2 - 3,750,000 \text{ cm}^2) \times \$4.28 \text{ por cm}^2 = \$0$$

Los costos de conversión son costos fijos a un nivel de capacidad determinado. Chipset tiene una capacidad de manufactura que le permite procesar 3,750,000 centímetros cuadrados de obleas de silicio en 2010 a un costo de $4.28 por centímetro cuadrado (filas 5 y 7 de los datos de la p. 478). Para elaborar 1,150,000 unidades producidas en 2010, Chipset necesita procesar 3,450,000 centímetros cuadrados de materiales directos, lo cual es inferior a la capacidad disponible de 3,750,000 centímetros cuadrados. En todo el capítulo, supondremos que existe una capacidad adecuada en el año actual (2010) para alcanzar la producción del año siguiente (2011). Con este supuesto, el efecto del crecimiento en los costos para los costos fijos relacionados con la capacidad es, por definición, de $0. Si la capacidad de 2010 hubiera sido inadecuada para elaborar la producción de 2011 en 2010, necesitaríamos calcular la capacidad adicional necesaria para elaborar la producción de 2011 en 2010. Estos cálculos van más allá del alcance de este libro.

En resumen, el incremento neto en la utilidad en operación atribuible al crecimiento es igual a:

Efecto del crecimiento sobre los ingresos		$3,450,000 F
Costos de materiales directos		
Costos de materiales directos	$630,000 D	
Costos de conversión	0	630,000 D
Cambio en la utilidad en operación debido al crecimiento		$2,820,000 F

Componente de recuperación del precio proveniente del cambio en la utilidad en operación

Suponiendo que la relación de 2010 entre los insumos y los productos continuara en 2011, el componente de recuperación del precio proveniente del cambio en la utilidad en operación mide solamente el efecto de los cambios de precios sobre los ingresos y los costos necesarios para producir y vender 1,150,000 unidades de CX1 en 2011.

Efecto de la recuperación del precio sobre los ingresos

$$\begin{matrix} \text{Efecto de la recuperación} \\ \text{del precio sobre los} \\ \text{ingresos} \end{matrix} = \begin{pmatrix} \text{Precio de venta} \\ \text{en 2011} \end{pmatrix} - \begin{matrix} \text{Precio de venta} \\ \text{en 2010} \end{matrix} \times \begin{matrix} \text{Unidades reales} \\ \text{producidas y vendidas} \\ \text{en 2011} \end{matrix}$$

$$= (\$22 \text{ por unidad} - \$23 \text{ por unidad}) \times 1,150,000 \text{ unidades}$$

$$= \$1,150,000 \text{ D}$$

Observe que el cálculo se concentra en los cambios en los ingresos ocasionados por las variaciones en el precio de venta del CX1 entre 2010 y 2011.

Efecto de la recuperación del precio sobre los costos

Los contadores administrativos de Chipset calculan los efectos de la recuperación del precio sobre los costos en forma separada para los costos variables y los costos fijos, tal como lo hicieron cuando calcularon el efecto del crecimiento sobre el costo.

$$\begin{matrix} \text{Efecto de la recuperación} \\ \text{del precio sobre los costos} \\ \text{para costos variables} \end{matrix} = \begin{pmatrix} \text{precios de los} \\ \text{insumos en 2011} \end{pmatrix} - \begin{matrix} \text{precios de los} \\ \text{insumos en 2010} \end{matrix} \times \begin{matrix} \text{Unidades de insumos} \\ \text{necesarios para} \\ \text{lograr la producción} \\ \text{de 2011 en 2010} \end{matrix}$$

$$\begin{matrix} \text{Efecto de la recuperación} \\ \text{del precio sobre el costo} \\ \text{para materiales directos} \end{matrix} = (\$1.50 \text{ por cm}^2 - \$1.40 \text{ por cm}^2) \times 3,450,000 \text{ cm}^2 = \$345,000 \text{ D}$$

Recuerde que los materiales directos de 3,450,000 centímetros cuadrados que se necesitan para elaborar la producción de 2011 en 2010 ya se calcularon cuando se calculó el efecto del crecimiento sobre el costo (p. 480).

$$\begin{matrix} \text{Efecto de la recuperación} \\ \text{del precio sobre el costo} \\ \text{para costos fijos} \end{matrix} = \begin{pmatrix} \text{Precio por} \\ \text{unidad} \\ \text{de capacidad} \\ \text{en 2011} \end{pmatrix} - \begin{matrix} \text{Precio por} \\ \text{unidad} \\ \text{de capacidad} \\ \text{en 2010} \end{matrix} \times \begin{matrix} \text{Unidades reales de capacidad en} \\ \text{2010 (ya que existe una capacidad} \\ \text{adecuada para lograr la producción} \\ \text{de 2011 en 2010)} \end{matrix}$$

El efecto de la recuperación del precio sobre los costos para los costos fijos es como sigue:

$$\text{Costos de conversión: } (\$4.35 \text{ por cm}^2 - \$4.28 \text{ por cm}^2) \times 3,750,000 \text{ cm}^2 = \$262,500 \text{ D}$$

Observe que los análisis detallados de las capacidades se presentaron cuando se calculó el efecto del crecimiento sobre el costo (p. 480).

En resumen, el incremento neto en la utilidad en operación atribuible a la recuperación del precio es igual a:

Efecto de la recuperación del precio sobre los ingresos		$1,150,000 D
Efecto de la recuperación del precio sobre el costo		
Costos de los materiales directos	$345,000 D	
Costos de conversión	262,500 D	607,500 D
Cambio en la utilidad en operación proveniente de la recuperación del precio		$1,757,500 D

El análisis de la recuperación del precio indica que, incluso cuando los precios de sus insumos aumentaron, los precios de venta del CX1 disminuyeron y Chipset no pudo transferir los aumentos en los precios de los insumos a sus clientes.

Componente de productividad proveniente del cambio en la utilidad en operación

El componente de productividad proveniente del cambio en la utilidad en operación usa los precios de los insumos de 2011, para medir la forma en que los costos han disminuido como resultado del uso de una menor cantidad de insumos, una mejor mezcla de insumos y/o una menor capacidad para obtener la producción de 2011, en comparación con los insumos y la capacidad que se hubieran usado para elaborar la producción en 2010.

Los cálculos del componente de productividad usan los precios y la producción de 2011. Ello se debe a que el componente de productividad aísla el cambio en los costos entre 2010 y 2011, ocasionados únicamente por el cambio en las cantidades, la mezcla y/o las capacidades de los insumos.[8]

$$
\begin{array}{c}\text{Efecto de la productividad} \\ \text{sobre el costo para} \\ \text{costos variables}\end{array} = \left(\begin{array}{c}\text{Unidades reales} \\ \text{de insumos} \\ \text{usados para} \\ \text{alcanzar la} \\ \text{producción} \\ \text{de 2011}\end{array} - \begin{array}{c}\text{Unidades} \\ \text{de insumos} \\ \text{requeridos} \\ \text{para alcanzar} \\ \text{la producción} \\ \text{de 2011 en 2010}\end{array}\right) \times \begin{array}{c}\text{Precio de los} \\ \text{insumos en} \\ \text{2011}\end{array}
$$

Usando los datos de 2011 que se proporcionan en la p. 478, así como el cálculo de las unidades de insumos que se requieren para elaborar la producción de 2011 en 2010, cuando se discuten los efectos del crecimiento sobre los costos (p. 480),

$$
\begin{array}{c}\text{Efecto de la productividad} \\ \text{sobre los costos para} \\ \text{materiales directos}\end{array} = (2{,}900{,}000 \text{ cm}^2 - 3{,}450{,}000 \text{ cm}^2) \times \$1.50 \text{ por cm}^2
$$

$$
= 550{,}000 \text{ cm}^2 \times \$1.50 \text{ por cm}^2 = \$825{,}000 \text{ F}
$$

Los mejoramientos en la calidad y en el rendimiento de Chipset redujeron la cantidad de materiales directos necesarios para alcanzar la producción en 2011 respecto de 2010.

$$
\begin{array}{c}\text{Efecto de la productividad} \\ \text{sobre los costos para} \\ \text{costos fijos}\end{array} = \begin{array}{c}\text{Unidades reales} \\ \text{de capacidad} \\ \text{en 2010}\end{array} - \left(\begin{array}{c}\text{Unidades reales de capacidad} \\ \text{en 2010 debido a que hay} \\ \text{una capacidad adecuada} \\ \text{para alcanzar la producción} \\ \text{de 2011 en 2010}\end{array}\right) \times \begin{array}{c}\text{Precio por unidad} \\ \text{de capacidad} \\ \text{en 2011}\end{array}
$$

Para calcular el efecto de la productividad sobre los costos para costos fijos, usamos los datos de 2011 que se incluyen en la p. 478, y el análisis de la capacidad que se requiere para alcanzar la producción de 2011 en 2010, cuando se analiza el efecto del crecimiento sobre los costos (p. 480).

Los efectos de la productividad sobre los costos para costos fijos son

Costos de conversión: $(3{,}500{,}000 \text{ cm}^2 - 3{,}750{,}000 \text{ cm}^2) \times \$4.35 \text{ por cm}^2 = \$1{,}087{,}500 \text{ F}$

Los gerentes de Chipset disminuyeron la capacidad de manufactura en 2011 a 3,500,000 centímetros cuadrados mediante la venta de equipo antiguo y el despido de trabajadores.

En resumen, el aumento neto de la utilidad en operación atribuible a la productividad es igual a

Efecto de la productividad sobre los costos		
Costos de los materiales directos	$ 825,000	F
Costos de conversión	1,087,500	F
Cambio en la utilidad en operación debido a la productividad	1,912,500	F

El componente de la productividad indica que Chipset tuvo la capacidad de aumentar la utilidad en operación gracias al mejoramiento de la calidad y la productividad, y a la eliminación de la capacidad para reducir los costos. El apéndice de este capítulo examina los cambios parciales y totales en la productividad del factor entre 2010 y 2011, en tanto que describe la manera en que el contador administrativo puede obtener un entendimiento más profundo acerca de la estrategia de liderazgo

---

[8] Observe que el cálculo del componente de productividad usa los precios reales de los insumos de 2011; mientras que su contraparte, la variación en eficiencia de los capítulos 7 y 8, utiliza los precios presupuestados. (En efecto, los precios presupuestados corresponden a los precios de 2010). Los precios de 2011 se usan en el cálculo de la productividad porque Chipset quiere que sus gerentes elijan cantidades de insumos capaces de minimizar los costos en 2011 con base en los precios actualmente vigentes. Si se hubieran usado los precios de 2010 en el cálculo de la productividad, los gerentes elegirían las cantidades de insumos ¡tomando como base los precios irrelevantes de los insumos que prevalecían hace un año! ¿Por qué no se crea un problema similar cuando se utilizan los precios presupuestados de los capítulos 7 y 8? Porque, a diferencia de los precios de 2010 que describen lo que sucedió hace un año, los precios presupuestados representan precios que se espera que prevalezcan en el periodo actual. Además, los precios presupuestados se pueden cambiar, en caso de que sea necesario, para ponerlos en línea con los precios reales del periodo actual.

Ilustración 13-5 Análisis estratégico de la rentabilidad

	Montos del estado de resultados en 2010 (1)	Efectos del componente de crecimiento sobre los ingresos y los costos en 2011 (2)	Efectos del componente de recuperación del precio sobre los ingresos y los costos en 2011 (3)	Efecto del componente de la productividad sobre el costo en 2011 (4)	Montos del estado de resultados en 2011 (5)= (1)+(2)+(3)+(4)
Ingresos	$23,000,000	$3,450,000 F	$1,150,000 D	—	$25,300,000
Costos	20,250,000	630,000 D	607,500 D	$1,912,000 F	19,575,000
Utilidad en operación	$ 2,750,000	$2,820,000 F	$1,757,500 D	$1,912,500 F	$ 5,725,000

$2,975,000 F

Cambio en la utilidad en operación

en costos de Chipset. Advierta que el componente de la productividad se centra exclusivamente sobre los costos y, por lo tanto, no existe un efecto sobre los ingresos para este componente.

La ilustración 13-5 resume los componentes de crecimiento, recuperación del precio y productividad provenientes de los cambios en la utilidad en operación. Por lo general, las compañías que han sido exitosas en el liderazgo en costos mostrarán componentes favorables de productividad y crecimiento.

Las compañías que han diferenciado con éxito sus productos mostrarán componentes favorables de recuperación del precio y de crecimiento. En el caso de Chipset, de manera consistente con su estrategia y su implementación, la productividad contribuyó con $1,912,500 al incremento de la utilidad en operación, en tanto que el crecimiento contribuyó con $2,820,000. Sin embargo, la recuperación del precio contribuyó con un decremento de $1,757,500 en la utilidad en operación ya que, incluso cuando los precios de los insumos aumentaron, el precio de venta del CX1 disminuyó. Si Chipset hubiera tenido la capacidad de diferenciar su producto y de cobrar un precio más alto, los efectos de la recuperación del precio podrían haber sido menos favorables o tal vez incluso favorables. En consecuencia, los gerentes de Chipset planean evaluar algunos cambios modestos en las características del producto que pudieran ayudar a diferencia CX1 un tanto más con respecto a los productos de la competencia.

Un análisis más profundo de los componentes del crecimiento, de la recuperación del precio y de la productividad

Como en todos los análisis de variaciones y de utilidades, los gerentes de Chipset quieren analizar más de cerca los cambios de la utilidad en operación. El crecimiento de Chipset podría haber ayudado, por ejemplo, mediante un incremento en el tamaño del mercado de la industria. Por lo tanto, por lo menos una parte del incremento de la utilidad en operación se puede atribuir a condiciones económicas favorables en la industria, en vez de atribuirse a cualquier implementación exitosa de la estrategia. Una parte del crecimiento se podría relacionar con la decisión de la administración de disminuir el precio de venta, hecho posible gracias a los mejoramientos en la productividad. En este caso, el incremento en la utilidad en operación proveniente de liderazgo en los costos debe incluir la utilidad en operación proveniente de un crecimiento relacionado con la productividad en la participación de mercado, además del mejoramiento en la productividad.

Ilustraremos estas ideas utilizando el ejemplo de Chipset y la siguiente información adicional. *Los profesores que no deseen cubrir estos cálculos detallados pueden saltarse a la siguiente sección sobre "La aplicación a la estrategia del marco de referencia de cinco pasos en la toma de decisiones" sin que haya pérdida de continuidad.*

- La tasa de crecimiento de la industria es de 8% en 2011. De las 150,000 (1,150,000 − 1,000,000) unidades del aumento en ventas del CX1 entre 2010 y 2011, 80,000 (0.08 × 1,000,000) unidades son el resultado de un incremento en el tamaño del mercado de la industria (del cual se debería haber beneficiado Chipset indistintamente de los mejoramientos en su productividad), y las 70,000 unidades restantes se deben a un incremento en la participación de mercado.

- Durante 2011, Chipset podría haber mantenido el precio del CX1 al precio de 2010 de $23 por unidad. Sin embargo, la administración decidió tomar ventaja de las mejoras en la productividad para reducir el precio del CX1 en $1 para hacer crecer la participación de mercado y llegar al incremento en ventas de 70,000 unidades.

El efecto del factor del tamaño del mercado de la industria sobre la utilidad en operación (y no de ninguna acción estratégica) es como sigue:

Cambio en la utilidad en operación debido al crecimiento en el tamaño del mercado de la industria

$$\$2,820,000 \text{ (ilustración 13-5, columna 2)} \times \frac{80,000 \text{ unidades}}{150,000 \text{ unidades}} = \$1,504,000 \text{ F}$$

Conceptos en acción

La elección del crecimiento *versus* la rentabilidad en Facebook

La ventaja competitiva proviene de la diferenciación del costo o del liderazgo en costos. La implementación exitosa de tales estrategias ayuda a una compañía a ser rentable y a crecer. Muchas empresas de nueva creación en Internet buscan una estrategia de crecimiento a corto plazo para formar una base de clientes, con la meta de beneficiarse posteriormente de tal crecimiento, ya sea cobrando por los servicios al usuario, o bien, manteniendo un servicio gratuito para los usuarios apoyado por los anunciantes. Sin embargo, durante el auge de las empresas punto.com de la década de 1990 (y el declive posterior), ocurrieron los derrumbes más espectaculares en las compañías punto.com que siguieron al modelo de "crezca mucho y rápido", pero que más tarde fracasarían al diferenciar sus productos o al reducir sus costos.

En la actualidad, muchas compañías de redes sociales (comunidades basadas en el Web que conectan a amigos, colegas y grupos con intereses comunes) se enfrentan a este mismo desafío. En Facebook, el más notable de los sitios de redes sociales, los usuarios pueden crear perfiles potenciales que les permiten interactuar con los amigos a través de la emisión de mensajes, las salas de conversación, el uso compartido de vínculos a sitios Web, video clips y otras herramientas más. Además, Facebook motiva a otras compañías a elaborar programas de terceras partes, incluyendo juegos y encuestas, para su sitio Web y aplicaciones móviles en los dispositivos iPhone y BlackBerry. Desde 2007 hasta 2010, Facebook creció de 12 millones de usuarios hasta más de 400 millones de usuarios que cargaban fotos, compartían actualizaciones, planeaban eventos y participaban en juegos en el ecosistema Facebook.

Durante este crecimiento fenomenal, la compañía enfrentó un dilema significativo: ¿Cómo podría Facebook convertirse en una empresa rentable? En 2009, los expertos estimaban que Facebook tuvo ingresos de $635 millones, sobre todo por publicidad y por la venta de regalos virtuales (como una empresa privada, Facebook no revela públicamente su información financiera). Sin embargo, la compañía todavía no obtenía utilidades. ¿Por qué no? Para mantener operando su sitio Web global y sus aplicaciones móviles, Facebook requiere de una cantidad enorme de electricidad, Internet de banda ancha y servidores de almacenamiento para archivos digitales. En 2009, la compañía destinó $100 millones de dólares para comprar 50,000 servidores nuevos, junto con un sistema nuevo de almacenamiento de redes de $2 millones de dólares por semana.

La estructura de costos de Facebook significa que la compañía debe generar 10 millones al mes en ingresos para mantener sus operaciones a largo plazo. Pero, ¿cómo? Facebook ha implementado los siguientes métodos populares de generación de ingresos en línea:

- Publicidad adicional: Para hacer crecer sus ya de por sí significativos ingresos por publicidad, Facebook introdujo recientemente "las páginas corporativas (*Fan Pages*)" para las marcas comerciales y las compañías que tratan de comunicarse directamente con sus usuarios. La compañía también está trabajando sobre una herramienta que permitirá a los usuarios compartir información acerca de su localización física a través del sitio, y ello le permitirá a Facebook vender anuncios dirigidos a muchas empresas circundantes.

- Transacciones: Facebook también está probando una característica que ampliaría el funcionamiento de Facebook Credits, su plataforma de transacciones que permite a los usuarios comprar juegos y regalos, para convertirla en una "moneda virtual" extensiva a todo Internet, la cual podría ser aceptada por cualquier sitio Web que integrara la plataforma administrativa de la identidad en línea de Facebook Connect. Asimismo, Facebook tiene actualmente un descuento de 30% sobre todas las transacciones que se realizan a través de FaceBook Credits.

Aun a pesar de ciertos rumores crecientes, Facebook ha rechazado la idea de cobrar una tarifa mensual por suscripción para el acceso a su sitio Web o por características avanzadas y por contenido de calidad superior.

Con un alto crecimiento alrededor del mundo, Facebook estimó que sus ingresos para 2010 excedieron los $1,000 millones de dólares. Pese a la oportunidad para convertirse en el "joven de veintitantos años más rico del mundo", el director ejecutivo de Facebook de 25 años de edad Mark Zuckerberg se ha resistido hasta la fecha en convertir a la empresa en una institución pública mediante una oferta (de acciones) pública inicial. "Un gran número de compañías puede desviarse del rumbo debido a presiones corporativas", afirma el señor Zuckerberg. "No sé lo que vamos a estar construyendo dentro de cinco años contados a partir de hoy." Con el enfoque de su compañía consistente en facilitar la habilidad de las personas para compartir casi cualquier cosa con quien sea, en cualquier momento, a través de Internet, de los teléfonos móviles e incluso de los videojuegos, Facebook espera ofrecer a los usuarios una experiencia en línea altamente personal y diferenciada en los años venideros, y que tal diferenciación del producto impulse su crecimiento y rentabilidad futuros.

Fuentes: Vascellaro, Jessica E. 2010. Facebook CEO in no rush to 'friend' wall street. *Wall Street Journal*, 3 de marzo, http://online.wsj.com/article/SB10001424052748703787304575075942803630712.html; Eldon, Eric. 2010. Facebook revenues up to $700 million in 2009, on track towards $1.1 billion in 2010. *Inside Facebook.* Blog, 2 de marzo. http://www.insidefacebook.com/2010/03/02/facebook-made-up-to-700 million-in-2009on-track-towards-1.1-billion-in-2010/; Arrington, Michael. 2010. Facebook may be growing too fast. And hitting the capital markets again. *Tech Crunch.* Blog, 31 de octubre, http://techcrunch.com/2010/10/31/facebooks-growing-problem/

Sin un producto diferenciado, Chipset podría haber mantenido el precio de CX1 a $23 por unidad, aun cuando aumentara el precio de sus insumos.

El *efecto de la diferenciación del producto sobre la utilidad en operación* es como sigue:

Cambio en los precios de los insumos (efecto de la recuperación del precio sobre el costo)	607,500 D
Cambio en la utilidad en operación por la diferenciación del producto	$607,500 D

Para ejercer el liderazgo en costos y precio, Chipset tomó la decisión estratégica de reducir el precio de CX1 en $1. Esta decisión dio como resultado un incremento en la participación de mercado y 70,000 unidades de ventas adicionales.

El *efecto del liderazgo en costos sobre la utilidad en operación* es el siguiente:

Componente de productividad	$1,912,500 F
Efecto de una decisión estratégica para reducir el precio ($1/unidad 1,150,000 unidades)	1,150,000 D
Crecimiento en la participación de mercado gracias a un mejoramiento en la productividad y por la decisión estratégica de reducir los precios	
$2,820,000 (ilustración 13-5, columna 2) $\times \dfrac{70,000 \text{ unidades}}{150,000 \text{ unidades}}$	1,316,000 F
Cambio en la utilidad en operación proveniente del liderazgo en costos	$2,078,500 F

A continuación se presenta un resumen del cambio en la utilidad en operación entre 2010 y 2011:

Cambio debido al tamaño del mercado en la industria	$1,504,000 F
Cambio debido a la diferenciación del producto	607,500 D
Cambio debido al liderazgo en costos	2,078,500 F
Cambio en la utilidad en operación	$2,975,000 F

De manera consistente con su estrategia de liderazgo en costos, los mejoramientos en la productividad de $1,912,500 en 2011 fueron una parte considerable del incremento en la utilidad en operación de 2010 a 2011. Chipset aprovechó tales mejoramientos en la productividad para disminuir el precio en $1 por unidad a un costo de $1,150,000, para un mejoramiento de $1,316,000 en la utilidad en operación mediante la venta de 70,000 unidades adicionales. El problema para autoestudio de la página 488 describe el análisis de los componentes de crecimiento, recuperación del precio y productividad, para una compañía que sigue una estrategia de diferenciación de productos. La sección Conceptos en acción describe los desafíos únicos a los que se enfrentan las compañías punto. com al elegir una estrategia de rentabilidad.

Con *diferentes supuestos acerca de un cambio en el precio de venta, el análisis atribuirá diferentes cantidades a distintas estrategias.*

Aplicación a la estrategia del marco de referencia de cinco pasos en la toma de decisiones

A continuación describiremos con brevedad la manera en que el marco de referencia de cinco pasos en la toma de decisiones, que se introdujo en el capítulo 1, también es de utilidad para tomar decisiones acerca de la estrategia.

1. *Identificar el problema y las incertidumbres*. La elección de la estrategia de Chipset depende de la resolución de dos incertidumbres: si Chipset es capaz de agregar un valor para sus clientes que no logre ser imitado por sus competidores, y si Chipset puede desarrollar las capacidades internas necesarias para agregar dicho valor.

2. *Obtener información*. Los gerentes de Chipset desarrollan mapas de preferencias de los clientes para identificar diversos atributos del producto que desean los clientes, así como la ventaja o desventaja competitiva que la empresa tiene sobre cada atributo en relación con los competidores. Los gerentes también recopilan datos sobre las capacidades internas de Chipset. ¿Qué

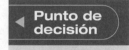

Punto de decisión

¿Cómo puede una compañía analizar los cambios en la utilidad en operación para evaluar el éxito de su estrategia?

tan buena es Chipset en el diseño y el desarrollo de productos nuevos e innovadores? ¿Qué tan buenos son sus procesos y sus capacidades de marketing?

3. *Hacer predicciones acerca del futuro.* Los gerentes de Chipset concluyen que no podrán desarrollar nuevos productos innovadores de una manera efectiva en cuanto a costos. Consideran que la fortaleza de Chipset se encuentra en el mejoramiento de la calidad, en los procesos de reingeniería, en la reducción de costos y en una entrega de productos más rápida a los clientes.

4. *Tomar decisiones mediante la elección entre alternativas.* La gerencia de Chipset toma la decisión de seguir una estrategia de liderazgo en costos, en vez de una estrategia de diferenciación del producto. Decide introducir un tablero de control balanceado para alinear y medir sus esfuerzos de mejoramiento en la calidad y reingeniería del proceso.

5. *Implementar la decisión, evaluar el desempeño y aprender.* En su tablero de control balanceado, los gerentes de Chipset comparan el desempeño real y el desempeño fijado como meta, y evalúan posibles relaciones de causa y efecto. Ellos aprenden, por ejemplo, que el incremento en el porcentaje de procesos con controles avanzados mejora el rendimiento. En consecuencia, justo como lo habían anticipado, las iniciativas de productividad y crecimiento dan como resultado aumentos en la utilidad en operación para 2011. El único cambio que los gerentes de Chipset planean para 2012 consiste en realizar cambios modestos en las características del producto que pudieran diferenciar un tanto a CX1 de los productos de la competencia. De esta manera, la retroalimentación y el aprendizaje ayudan en el desarrollo de estrategias futuras y planes de implementación.

Reducción de operaciones y administración de la capacidad de procesamiento

Objetivo de aprendizaje 5

Identificar la capacidad no usada

. . . capacidad disponible menos capacidad usada para los costos diseñados pero su determinación es difícil para los costos discrecionales

y como administrarla

. . . recortar operaciones para reducir la capacidad

Como vimos en nuestra exposición acerca del componente de la productividad, los costos fijos están vinculados con la capacidad. A diferencia de los costos variables, los costos fijos no cambian de manera automática con las variaciones en el nivel de actividad (por ejemplo, los costos fijos de conversión no cambian con las variaciones en la cantidad de obleas de silicio empezadas en producción). ¿Cómo pueden entonces los gerentes reducir los costos fijos basados en la capacidad? Con la medición y la administración de la **capacidad no usada**, que es la cantidad de capacidad productiva que está disponible más allá de la capacidad productiva que se ha utilizado para satisfacer la demanda de los clientes en el periodo actual. Para entender la capacidad no usada, es necesario distinguir los *costos de ingeniería* de los *costos discrecionales*.

Costos de ingeniería y costos discrecionales

Los costos de ingeniería provienen de una relación de causa y efecto entre el generador del costo —la producción— y los recursos (directos o indirectos) que se han utilizado para elaborar esa producción. Los costos de ingeniería tienen una relación detallada, físicamente observable y repetitiva con la producción. En el ejemplo de Chipset, los costos de los materiales directos son *costos directos de ingeniería*. Los costos de conversión son un ejemplo de los *costos indirectos de ingeniería*. Considere 2011. La producción de 1,150,000 unidades de CX1 y la eficiencia con la cual los insumos se convierten en productos dan como resultado 2,900,000 centímetros cuadrados de obleas de silicio que se han iniciado en la producción. Los recursos de los costos de conversión de manufactura usados son iguales a $12,615,000 ($4.35 por cm² × 2,900,000 cm²), pero los costos de conversión reales ($15,225,000) son mayores porque Chipset tiene una capacidad de manufactura que le permite procesar 3,500,000 centímetros cuadrados de obleas de silicio ($4.35 por cm² 3,500,000 cm² = $15,225,000). Aunque en el corto plazo estos costos son fijos, en el largo plazo existe una relación de causa y efecto entre la producción y la capacidad de manufactura que se requiere (y los costos de conversión necesarios). En el largo plazo, Chipset tratará de acoplar su capacidad con sus necesidades.

Los **costos discrecionales** tienen dos características importantes: **1.** surgen a partir de decisiones periódicas (generalmente anuales) en relación con la cantidad máxima en la cual se incurrirá, y **2.** no tienen una relación mensurable de causa y efecto entre la producción y los recursos utilizados. Con frecuencia hay una demora entre el momento en que se adquiere un recurso y el momento en que se emplea. Algunos ejemplos de costos discrecionales incluyen la publicidad, la capacitación de ejecutivos, la investigación y el desarrollo, y los costos del departamento de personal corporativo como las áreas legal, de recursos humanos y de relaciones públicas. A diferencia de los costos de ingeniería, la relación entre los costos discrecionales y la producción es una caja negra porque es de tipo no repetitivo y no rutinario. Un aspecto de los costos discrecionales de importancia es que los gerentes rara vez tienen confianza en que se estén gastando las cantidades "correctas". El fundador de Lever Brothers, una compañía internacional de productos de consumo, señaló una vez lo siguiente: "La mitad del dinero que gasto en publicidad se desperdicia; ¡el problema es que no sé cuál sea esa mitad!"[9]

Identificación de la capacidad no usada para los costos indirectos discrecionales y de ingeniería

La identificación de la capacidad no usada es muy diferente para los costos de ingeniería en comparación con los costos discrecionales. Considere los costos de conversión de ingeniería.

A principios de 2011, Chipset tenía la capacidad de procesar 3,750,000 centímetros cuadrados de obleas de silicio. Los mejoramientos en la calidad y la productividad que se lograron durante 2011 permitieron que Chipset fabricara 1,150,000 unidades de CX1 mediante el procesamiento de 2,900,000 centímetros cuadrados de obleas de silicio. La capacidad de manufactura no utilizada es de 850,000 (3,750,000 − 2,900,000) centímetros cuadrados de capacidad de procesamiento de obleas de silicio a principios de 2011. A los costos de conversión de 2011 de $4.35 por centímetro cuadrado,

$$\begin{matrix} \text{Costo de la} \\ \text{capacidad no usada} \end{matrix} = \begin{matrix} \text{Costo} \\ \text{de la capacidad} \\ \text{al inicio del año} \end{matrix} - \begin{matrix} \text{Recursos de manufactura} \\ \text{usados durante el año} \end{matrix}$$

$$= (3{,}750{,}000 \text{ cm}^2 \times \$4.35 \text{ por cm}^2) - (2{,}900{,}000 \text{ cm}^2 \times \$4.35 \text{ por cm}^2)$$

$$= \$16{,}312{,}500 - \$12{,}615{,}000 = \$3{,}697{,}500$$

La ausencia de una relación de causa y efecto hace difícil la identificación de la capacidad no usada para los costos discrecionales. Por ejemplo, la gerencia no puede determinar los recursos de investigación y desarrollo utilizados para la producción realmente obtenida. Y sin una medida de la capacidad usada, no es posible calcular la capacidad no usada.

Administración de la capacidad no usada

¿Qué acciones podría tomar la gerencia de Chipset cuando identifica la capacidad no usada? En general, tiene dos alternativas: eliminar la capacidad no usada, o bien, aumentar la producción para utilizar la capacidad no usada.

En años recientes, muchas compañías han efectuado una *reducción de operaciones* como un intento por eliminar la capacidad no usada. La **reducción de operaciones** (también denominados **recortes de personal**) es un enfoque integrado para la configuración de procesos, productos e individuos, con la finalidad de igualar los costos con las actividades que se necesitan ejecutar para operar de una manera efectiva y eficiente en el presente y el futuro. Las compañías como AT&T, Delta Airlines, Ford Motor Company e IBM han reducido sus operaciones para concentrarse en su negocio fundamental y han instituido cambios organizacionales para aumentar la eficiencia, reducir los costos y mejorar la calidad. Sin embargo, la reducción de operaciones significa a menudo la eliminación de puestos de trabajo, lo cual puede afectar de una manera adversa el estado de ánimo de los trabajadores y la cultura de una compañía.

Considere las alternativas de Chipset con respecto a su capacidad de manufactura no usada. Ya que necesitaba procesar 2,900,000 centímetros cuadrados de obleas de silicio en 2011, podría haber reducido la capacidad a 3,000,000 de centímetros cuadrados (Chipset puede agregar o reducir la capacidad de manufactura en incrementos de 250,000 cm²), dando como resultado ahorros en costos de $3,262,500 [(3,750,000 cm² − 3,000,000 cm²) × $4.35 por cm²]. Sin embargo, la estrategia de Chipset no es tan solo reducir los costos, sino también hacer crecer su empresa. Por lo tanto, a principios de 2011, Chipset reduce su capacidad de manufactura únicamente en 250,000 centímetros cuadrados —de 3,750,000 centímetros cuadrados a 3,500,000 centímetros cuadrados— ahorrando $1,087,500 ($4.35 por cm² × 250,000 cm²). Conserva alguna capacidad adicional para el crecimiento futuro. Al evitar mayores reducciones en la capacidad, también mantiene alto el estado de

---

[9] Los gerentes también describen algunos costos como costos de infraestructura, que son los costos que surgen del hecho de tener la propiedad, la planta y el equipo y una organización en funcionamiento. Algunos ejemplos son la depreciación, las rentas a largo plazo y la adquisición de capacidades técnicas a largo plazo. Estos costos son generalmente fijos porque son costos acordados y se adquieren antes de que se usen. Los costos de infraestructura pueden ser de ingeniería o discrecionales. Por ejemplo, los costos indirectos de manufactura en que incurrió Chipset para adquirir una capacidad de manufactura son un costo de infraestructura que es un ejemplo de un costo de ingeniería. En el largo plazo, existe una relación de causa y efecto entre la producción y los costos indirectos de manufactura que se necesitan para obtener esa producción. Los costos de investigación y desarrollo en los cuales se incurre para adquirir una capacidad técnica son un costo de infraestructura que es un ejemplo de un costo discrecional. No existe una relación mensurable de causa y efecto entre la producción y los costos de investigación y desarrollo en que se haya incurrido.

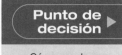

Punto de decisión ▶

¿Cómo puede una compañía identificar y administrar la capacidad no usada?

ánimo de su fuerza de trabajo calificada y capaz. El éxito de esta estrategia dependerá de que Chipset logre el crecimiento futuro que ha proyectado.

Ya que la identificación de la capacidad no usada para los costos discrecionales, como los costos de investigación y desarrollo, resulta difícil, los recortes de personal o alguna otra forma de administrar esta capacidad no usada también son difíciles. La gerencia debe ejercer un juicio considerable al decidir el nivel de costos de investigación y desarrollo que generarían el producto necesario y los mejoramientos del proceso. A diferencia de los costos de ingeniería, no hay una forma bien definida para saber si la gerencia está gastando demasiado (o muy poco) en investigación y desarrollo.

Problema para autoestudio

Siguiendo una estrategia de diferenciación del producto, Westwood Corporation elabora una campana extractora de alta calidad para cocina, la KE8. Los datos de Westwood para 2010 y 2011 se presentan a continuación:

		2010	2011
1.	Unidades de la KE8 producidas y vendidas	40,000	42,000
2.	Precio de venta	$100	$110
3.	Materiales directos (pies cuadrados)	120,000	123,000
4.	Costo de los materiales directos por pie cuadrado	$10	$11
5.	Capacidad de manufactura para la KE8	50,000 unidades	50,000 unidades
6.	Costos de conversión	$1,000,000	$1,100,000
7.	Costos de conversión por unidad de capacidad (fila 6 fila 5)	$20	$22
8.	Capacidad de ventas y servicio al cliente	30 clientes	29 clientes
9.	Costos de ventas y servicio al cliente	$720,000	$725,000
10.	Costo por cliente para la capacidad de ventas y servicio al cliente (fila 9 ÷ fila 8)	$24,000	$25,000

En 2011, Westwood no fabricó unidades defectuosas y redujo el consumo de los materiales directos por unidad de KE8. Los costos de conversión de cada año están vinculados con la capacidad de manufactura. Los costos de ventas y el servicio al cliente están relacionados con el número de clientes que las funciones de ventas y servicios están diseñadas para apoyar. Westwood tiene 23 clientes (mayoristas) en 2010 y 25 clientes en 2011.

Se requiere

1. Describa brevemente los elementos que se incluirían en el tablero de control balanceado de Westwood.

2. Calcule los componentes de crecimiento, recuperación de precio y productividad que explican el cambio en la utilidad en operación de 2010 a 2011.

3. Suponga que durante 2011, el tamaño de mercado para la campana extractora de alta calidad para cocina hubiera crecido 3% en términos del número de unidades y que todos los incrementos en la participación de mercado (es decir, los aumentos en el número de unidades vendidas mayores de 3%) se deban a la estrategia de diferenciación del producto de Westwood. Calcule la cantidad del cambio en la utilidad en operación de 2010 a 2011 que se debe al factor del tamaño del mercado en la industria, al liderazgo en costos y a la diferenciación del producto.

4. ¿Qué tan exitosa ha sido Westwood en la implementación de su estrategia? Explique su respuesta.

Solución

1. El tablero de control balanceado debería describir la estrategia de diferenciación del producto de Westwood. Los elementos que se tienen que incluir en su tablero de control balanceado son los siguientes:
   - **Perspectiva financiera.** Aumentar la utilidad en operación gracias a mayores márgenes sobre la KE8 y al crecimiento.
   - **Perspectiva del cliente.** Satisfacción del cliente y participación de mercado en el mercado de alta calidad.
   - **Perspectiva del proceso interno del negocio.** Características de los nuevos productos, tiempo de desarrollo para los nuevos productos, mejoramientos en los procesos de manufactura, calidad de la manufactura, tiempo de la entrega de las órdenes y entregas puntuales.
   - **Perspectiva de aprendizaje y crecimiento.** Porcentaje de empleados capacitados en la administración del proceso y la calidad, así como evaluaciones de la satisfacción de los empleados.

2. La utilidad en operación para cada año es:

	2010	2011
Ingresos		
($100 por unidad × 40,000 unidades; $110 por unidad × 42,000 unidades)	$4,000,000	$4,620,000
Costos		
Costos de los materiales directos		
($10 por pie^2 × 120,000 pies^2; $11 por pie^2 × 123,000 pies^2)	1,200,000	1,353,000
Costos de conversión		
($20 por unidad × 50,000 unidades; $22 por unidad × 50,000 unidades)	1,000,000	1,100,000
Costos de ventas y de servicio al cliente		
($24,000 por cliente × 30 clientes		
$25,000 por cliente × 29 clientes)	720,000	725,000
Costos totales	2,920,000	3,178,000
Utilidad en operación	$1,080,000	$1,442,000
Cambio en la utilidad en operación	$362,000 F	

Componente de crecimiento del cambio en la utilidad en operación

$$\begin{array}{c}\text{Efecto del crecimiento} \\ \text{sobre los ingresos}\end{array} = \left(\begin{array}{c}\text{unidades reales} \\ \text{producidas y} \\ \text{vendidas en 2011}\end{array} - \begin{array}{c}\text{unidades reales} \\ \text{producidas y} \\ \text{vendidas en 2010}\end{array}\right) \times \begin{array}{c}\text{precio} \\ \text{de venta} \\ \text{en 2010}\end{array}$$

$$= (42{,}000 \text{ unidades} - 40{,}000 \text{ unidades}) \times \$100 \text{ por unidad} = \$200{,}000 \text{ F}$$

$$\begin{array}{c}\text{Efecto del crecimiento} \\ \text{sobre los costos} \\ \text{para costos variables}\end{array} = \left(\begin{array}{c}\text{unidades de insumos} \\ \text{requeridas para alcanzar la} \\ \text{producción de 2011 en 2010}\end{array} - \begin{array}{c}\text{unidades reales de} \\ \text{insumos usados para alcanzar} \\ \text{la producción de 2010}\end{array}\right) \times \begin{array}{c}\text{precio} \\ \text{de los insumos} \\ \text{en 2010}\end{array}$$

$$\begin{array}{c}\text{Efecto del crecimiento} \\ \text{sobre los costos} \\ \text{para materiales directos}\end{array} = \left(120{,}000 \text{ pies}^2 \times \frac{42{,}000 \text{ unidades}}{40{,}000 \text{ unidades}} - 120{,}000 \text{ pies}^2\right) \times \$10 \text{ por pie}^2$$

$$= (126{,}000 \text{ pies}^2 - 120{,}000 \text{ pies}^2) \times \$10 \text{ por pie}^2 = \$60{,}000 \text{ D}$$

$$\begin{array}{c}\text{Efecto del crecimiento} \\ \text{sobre los costos} \\ \text{para los costos fijos}\end{array} = \left(\begin{array}{c}\text{unidades reales de capacidad en 2010,} \\ \text{dado que existe una capacidad adecuada} \\ \text{para alcanzar la producción de 2011 en 2010}\end{array} - \begin{array}{c}\text{unidades reales} \\ \text{de capacidad} \\ \text{en 2010}\end{array}\right) \times \begin{array}{c}\text{precio por} \\ \text{unidad de} \\ \text{capacidad} \\ \text{en 2010}\end{array}$$

Los efectos del crecimiento sobre los costos para costos fijos son como sigue:

$$\text{Costos de conversión: } (50{,}000 \text{ unidades} - 50{,}000 \text{ unidades}) \times \$20 \text{ por unidad} = \$0$$

$$\text{Costos de ventas y servicio al cliente: } (30 \text{ clientes} - 30 \text{ clientes}) \times \$24{,}000 \text{ por cliente} = \$0$$

En resumen, el incremento neto en la utilidad en operación atribuible al crecimiento es igual a lo siguiente:

Efecto del crecimiento sobre los ingresos		$200,000 F
Efecto del crecimiento sobre el costo		
Costos de los materiales directos	$60,000 D	
Costos de conversión	0	
Costos de ventas y servicio al cliente	0	60,000 D
Cambio en la utilidad en operación gracias al crecimiento		$140,000 F

Componente de recuperación del precio del cambio en la utilidad en operación

$$\begin{pmatrix} \text{Efecto de la recuperación} \\ \text{del precio sobre el ingreso} \end{pmatrix} = \begin{pmatrix} \text{precio de} \\ \text{venta en 2011} - \text{precio de} \\ \text{venta en 2010} \end{pmatrix} \times \begin{pmatrix} \text{unidades reales} \\ \text{producidas y} \\ \text{vendidas en 2011} \end{pmatrix}$$

$$= (\$110 \text{ por unidad} - \$100 \text{ por unidad}) \times 42{,}000 \text{ unidades} = \$420{,}000 \text{ F}$$

$$\begin{pmatrix} \text{Efecto de la recuperación} \\ \text{del precio sobre el costo} \\ \text{para costos variables} \end{pmatrix} = \begin{pmatrix} \text{Precio de} \\ \text{los insumos} - \text{precio de} \\ \text{en 2011} \quad \text{los insumos} \\ \text{en 2010} \end{pmatrix} \times \begin{pmatrix} \text{unidades producidas} \\ \text{requeridas para alcanzar} \\ \text{la producción de 2011 en 2010} \end{pmatrix}$$

Costos de los materiales directos: $(\$11 \text{ por pie}^2 - \$10 \text{ por pie}^2) \times 126{,}000 \text{ pies}^2 = \$126{,}000 \text{ D}$

$$\begin{pmatrix} \text{Efecto de la recuperación} \\ \text{de precios sobre los} \\ \text{costos para los costos fijos} \end{pmatrix} = \begin{pmatrix} \text{Precio por} \\ \text{unidad de} \\ \text{capacidad} - \text{unidad de} \\ \text{en 2011} \quad \text{capacidad} \\ \text{en 2010} \end{pmatrix} \times \begin{pmatrix} \text{unidades reales de capacidad en 2010,} \\ \text{porque existe una capacidad adecuada} \\ \text{para alcanzar la producción de 2011 en 2010} \end{pmatrix}$$

Los efectos de la recuperación de precios sobre los costos para costos fijos son como sigue:

Costos de conversión: $(\$22 \text{ por unidad} - 20 \text{ por unidad}) \times 50{,}000 \text{ unidades} = \$100{,}000 \text{ D}$

Costos de ventas y servicios al cliente: $(\$25{,}000 \text{ por cliente} - \$24{,}000 \text{ por cliente}) \times 30 \text{ clientes} = \$30{,}000 \text{ D}$

En resumen, el incremento neto en la utilidad en operación atribuible a la recuperación del precio es igual a lo siguiente:

Efecto de la recuperación del precio sobre los ingresos		$420,000 F
Efecto de la recuperación del precio sobre el costo		
Costos de los materiales directos	$126,000 D	
Costos de conversión	100,000 D	
Costos de ventas y de servicio al cliente	30,000 D	256,000 D
Cambio en la utilidad en operación debido a la recuperación del precio		$164,000 F

Componente de productividad del cambio de la utilidad en operación

$$\begin{pmatrix} \text{Efecto de la productividad} \\ \text{sobre el costo para} \\ \text{costos variables} \end{pmatrix} = \begin{pmatrix} \text{unidades reales de insumos} \\ \text{usados para alcanzar} - \text{unidades de insumos} \\ \text{la producción de 2011} \quad \text{requeridos para alcanzar la} \\ \text{producción de 2011 en 2010} \end{pmatrix} \times \begin{pmatrix} \text{precio} \\ \text{de los insumos} \\ \text{en 2011} \end{pmatrix}$$

$$\begin{pmatrix} \text{Efecto de la productividad} \\ \text{sobre el costo para} \\ \text{los materiales directos} \end{pmatrix} = (123{,}000 \text{ pies}^2 - 126{,}000 \text{ pies}^2) \ \$11 \text{ por pie}^2 = \$33{,}000 \text{ F}$$

$$\begin{pmatrix} \text{Efecto de la productividad} \\ \text{sobre el costo} \\ \text{para costos fijos} \end{pmatrix} = \begin{pmatrix} \text{unidades reales} \\ \text{de capacidad} - \text{en 2010, porque existe una} \\ \text{en 2011} \quad \text{capacidad adecuada para alcanzar} \\ \text{la producción de 2011 en 2010} \end{pmatrix} \times \begin{pmatrix} \text{precio} \\ \text{por unidad} \\ \text{de capacidad} \\ \text{en 2011} \end{pmatrix}$$

Los efectos de la productividad sobre el costo para costos fijos son como sigue:

Costos de conversión $= (50{,}000 \text{ unidades} - 50{,}000 \text{ unidades}) \times \$22 \text{ por unidad} = \$0$

Costos de ventas y servicio al cliente: $(29 \text{ clientes} - 30 \text{ clientes}) \times \$25{,}000/\text{cliente} = \$25{,}000 \text{ F}$

En resumen, el incremento neto en la utilidad en operación atribuible a la productividad es igual a:
Efecto de la productividad sobre el costo

Efecto de la productividad sobre el costo	
Costos de materiales directos	$33,000 F
Costos de conversión	0
Costos de ventas y servicio al cliente	25,000 F
Cambio en la utilidad en operación debido a la productividad	$58,000 F

A continuación se presenta un resumen del cambio en la utilidad en operación entre 2010 y 2011:

	Monto del estado de resultados en 2010 (1)	Efectos del componente del crecimiento sobre los ingresos y los costos en 2011 (2)	Efectos del componente de la recuperación del precio sobre los ingresos y los costos en 2011 (3)	Efecto del componente de la productividad sobre el costo en 2011 (4)	Montos del estado de resultados en 2011 (5) = (1) + (2) + (3) + (4)
Ingresos	$4,000,000	$200,000 F	$420,000 F	—	$4,620,000
Costos	2,920,000	60,000 D	256,000 D	$58,000 F	3,178,000
Utilidad en operación	$1,080,000	$140,000 F	$164,000 F	$58,000 F	$1,442,000
			362,000 F		

Cambio en la utilidad en operación

3. **Efectos del factor del tamaño del mercado de la industria sobre la utilidad en operación**
   Del incremento en ventas de 40,000 a 42,000 unidades, el 3% o 1,200 unidades (0.03 × 40,000), se debe al crecimiento en el tamaño del mercado, y 800 unidades (2,000 − 1,200) se deben a un incremento en la participación del mercado. El cambio en la utilidad en operación de Westwood proveniente del factor del tamaño de mercado en la industria, en vez de las acciones estratégicas específicas, es el siguiente:

   $$\$140,000 \text{ (columna 2 de la tabla anterior)} \times \frac{1,200 \text{ unidades}}{2,000 \text{ unidades}} \quad \$84,000 \text{ F}$$

Efecto de la diferenciación del producto sobre la utilidad en operación

Incremento en el precio de venta de la KE8 (efecto del componente de la recuperación del precio sobre los ingresos)	$420,000 F
Incremento en el precio de los insumos (efecto del componente de la recuperación del precio sobre los costos)	256,000 D
Crecimiento en el tamaño del mercado debido a la diferenciación del producto	
$140,000 (columna 2 del cuadro anterior) × $\frac{800 \text{ unidades}}{2,000 \text{ unidades}}$	56,000 F
Cambio en la utilidad en operación debido a la diferenciación del producto	$220,000 F

Efecto del liderazgo en costos sobre la utilidad en operación

Componente de productividad	$ 58,000 F

A continuación se presenta un resumen del incremento neto en la utilidad en operación de 2010 a 2011:

Cambio debido al factor del tamaño del mercado de la industria	$ 84,000 F
Cambio debido a la diferenciación del producto	220,000 F
Cambio debido al liderazgo en costos	58,000 F
Cambio en la utilidad en operación	$362,000 F

4. El análisis de la utilidad en operación indica que una cantidad significativa de incremento en la utilidad en operación fue resultado de la implementación exitosa de Westwood de su estrategia de diferenciación del producto. La compañía tuvo la capacidad de continuar cobrando un precio elevado por la KE8, y de incrementar a la vez la participación de mercado. Westwood también tuvo la capacidad de obtener una utilidad en operación adicional como resultado del mejoramiento en su productividad.

Puntos de decisión

El siguiente formato de pregunta y respuesta resume los objetivos de aprendizaje del capítulo. Cada decisión presenta una pregunta clave relacionada con un objetivo de aprendizaje. Los lineamientos son la respuesta a esa pregunta.

Decisión	Lineamientos
1. ¿Cuáles son dos estrategias genéricas que puede utilizar una compañía?	Dos estrategias genéricas son la diferenciación del producto y el liderazgo en costos. La diferenciación del producto consiste en ofrecer productos y servicios que los clientes perciben como superiores y únicos. El liderazgo en costos consiste en lograr costos bajos en relación con los competidores. Una compañía elige su estrategia con base en la comprensión de las preferencias del cliente y en sus propias capacidades internas, a la vez que se diferencia a sí misma de sus competidores.
2. ¿Qué es la reingeniería?	La reingeniería es la reconsideración de los procesos del negocio, como el proceso de entrega de los pedidos, para mejorar las medidas críticas del desempeño como el costo, la calidad y la satisfacción del cliente.
3. ¿Cómo puede una organización traducir su estrategia en un conjunto de medidas del desempeño?	Una organización puede desarrollar un tablero de control balanceado que proporcione el marco de referencia para una medición estratégica y para un sistema de administración. El tablero de control balanceado mide el desempeño desde cuatro perspectivas: *a)* financiera, *b)* del cliente, *c)* de los procesos internos del negocio, y *d)* del aprendizaje y el crecimiento. Para construir su tablero de control balanceado, las organizaciones crean con frecuencia mapas estratégicos para representar las relaciones de causa y efecto a lo largo de varios objetivos estratégicos.
4. ¿Cómo puede una compañía analizar los cambios en la utilidad en operación para evaluar el éxito de su estrategia?	Para evaluar el éxito de su estrategia, una compañía subdivide el cambio en la utilidad en operación en componentes de crecimiento, de recuperación del precio y de productividad. El componente de crecimiento mide el cambio en los ingresos y los costos por vender una mayor o una menor cantidad de unidades, suponiendo que ninguna otra cuestión haya cambiado. El componente de la recuperación del precio mide los cambios en los ingresos y en los costos debidos únicamente a las variaciones en los precios de los productos y de los insumos. El componente de productividad mide la disminución en los costos debido al uso de una menor cantidad de insumos, a una mejor mezcla de insumos y a la reducción de la capacidad. Si una compañía tiene éxito en la implementación de su estrategia, los cambios en los componentes de la utilidad en operación se alinean estrechamente con la estrategia.
5. ¿Cómo puede una compañía identificar y administrar la capacidad no usada?	Una compañía debe distinguir primero entre los costos de ingeniería y los costos discrecionales. Los costos de ingeniería surgen de una relación de causa y efecto entre la producción y los recursos necesarios para elaborar esa producción. Los costos discrecionales surgen de decisiones administrativas periódicas (generalmente anuales) relacionadas con el monto del costo en que se habrá de incurrir. Los costos discrecionales no están vinculados con una relación de causa y efecto entre los insumos y los productos. La identificación de la capacidad no usada es más fácil para los costos de ingeniería y más difícil para los costos discrecionales. La reducción de operaciones es un enfoque para administrar la capacidad no usada, el cual vincula los costos con las actividades que necesitan ejecutarse para operar con efectividad.

Apéndice

Medición de la productividad

La **productividad** mide la relación entre los insumos reales usados (tanto cantidades como costos) y la producción real elaborada. Cuanto más bajos sean los insumos para una cantidad determinada de productos o cuanto más altos sean los productos para una cantidad determinada de insumos, más alta será la productividad. La medición de los mejoramientos en la productividad con el paso del tiempo destaca la relación específica insumo-producto, que contribuye al liderazgo en costos.

Medidas de la productividad parcial

La **productividad parcial**, la medida de productividad que se utiliza con mayor frecuencia, compara la cantidad de la producción elaborada con la cantidad de un insumo individual utilizado. En su forma más común, la productividad parcial se expresa como una relación:

$$\text{Productividad parcial} = \frac{\text{cantidad de producción obtenida}}{\text{cantidad de insumos utilizados}}$$

Cuanto más alta sea la razón, mayor será la productividad.

Considere la productividad de los materiales directos en Chipset en 2011:

$$\begin{aligned}
\text{Productividad parcial} \atop \text{de los materiales directos} &= \frac{\text{cantidad de unidades de CX1 producidas durante 2011}}{\text{cantidad de materiales directos usados para elaborar el CX1 en 2011}} \\[2mm]
&= \frac{1,150,000 \text{ unidades del CX1}}{2,900,000 \text{ cm}^2 \text{ de materiales directos}} \\[2mm]
&= 0.397 \text{ unidades del CX1 por cm}^2 \text{ de materiales directos}
\end{aligned}$$

Observe que la productividad parcial de los materiales directos ignora los demás insumos de Chipset, la capacidad de conversión de la manufactura. Las medidas de la productividad parcial se vuelven más significativas cuando se hacen comparaciones que examinan los cambios en la productividad con el paso del tiempo, ya sea a través de distintas instalaciones o en relación con un estándar de comparación. La ilustración 13-6 presenta medidas de productividad parcial para los insumos de Chipset en 2011 y los insumos comparables de 2010 que se habrían usado para lograr la producción de 2011, usando información proveniente de los cálculos del componente de productividad de la p. 482. Tales medidas comparan los insumos reales que se usaron en 2011 para fabricar 1,150,000 unidades de CX1 con los insumos que se hubieran usado en 2011, si la relación insumo-producto de 2010 continuara en 2011.

Evaluación de los cambios en las productividades parciales

Observe la manera en que las medidas de la productividad parcial difieren para los componentes de costos variables y de costos fijos. Para los elementos de los costos variables, como los materiales directos, los mejoramientos de la productividad miden la reducción en los recursos de los insumos utilizados para obtener la producción (3,450,000 centímetros cuadrados de obleas de silicio a 2,900,000 centímetros cuadrados). En el caso de los elementos de costo fijo, como la capacidad de conversión de manufactura, la productividad parcial mide la reducción en la capacidad general de 2010 a 2011 (3,750,000 centímetros cuadrados de obleas de silicio a 3,500,000 centímetros cuadrados), indistintamente de la cantidad de capacidad que realmente se utilice en cada periodo.

Una ventaja de las medidas de la productividad parcial es que se concentran en un solo insumo. Como resultado, son sencillas de calcular y el personal del área de operaciones las entiende con facilidad. Los gerentes y los operadores examinan dichas cantidades y tratan de entender las razones de los cambios en la productividad, como una mejor capacitación de los trabajadores, una rotación más baja de la mano de obra, mejores incentivos, métodos mejorados o sustitución de materiales. El hecho de aislar los factores relevantes ayuda a Chipset a implementar y sostener tales prácticas en el futuro.

Por todas sus ventajas, las medidas de la productividad parcial también tienen serios inconvenientes. Ya que la productividad parcial se concentra únicamente en un insumo a la vez, en lugar de en todos los insumos en forma simultánea, los gerentes no pueden evaluar el efecto sobre la productividad general, si (por ejemplo) la productividad parcial de la capacidad de conversión de manufactura aumenta mientras que la productividad parcial de los materiales directos disminuye. La productividad total del factor (PTF), o productividad total, es una medida de productividad que considera al mismo tiempo todos los insumos.

Ilustración 13-6 Comparación de las productividades parciales de Chipset en 2010 y 2011

Insumo (1)	Productividad parcial en 2011 (2)	Productividad parcial comparable tomando como base las relaciones insumos-producto de 2010 (3)	Cambio porcentual de 2010 a 2011 (4)
Materiales directos	$\dfrac{1,150,000}{2,900,000} = 0.397$	$\dfrac{1,150,000}{3,450,000} = 0.333$	$\dfrac{0.397 - 0.333}{0.333} = 19.2\%$
Capacidad de conversión de manufactura	$\dfrac{1,150,000}{3,500,000} = 0.329$	$\dfrac{1,150,000}{3,750,000} = 0.307$	$\dfrac{0.329 - 0.307}{0.307} = 7.2\%$

Productividad total del factor

La **productividad total del factor** (PTF) es la razón entre la cantidad de producción obtenida y los costos de todos los insumos usados, tomando como base los precios del periodo actual.

$$\text{Productividad total del factor} = \frac{\text{Cantidad de producción obtenida}}{\text{Costos de todos los insumos usados}}$$

La PTF considera todos los insumos en forma simultánea y los valores de equilibrio en los insumos, tomando como base los precios actuales de los insumos. No se debe pensar en todas las medidas de productividad como medidas físicas que carecen de un contenido financiero: la cantidad de unidades de producción que se obtienen por unidad de insumo. La PTF está intrincadamente vinculada con la minimización del costo total: un objetivo financiero.

Cálculo y comparación de la productividad total del factor

Primero calculamos la productividad total del factor de Chipset en 2011, usando los precios de 2011 y 1,150,000 unidades de producción obtenida (tomando como base la información proveniente de la primera parte de los cálculos del componente de productividad de la p. 482).

$$\begin{aligned}\text{Productividad total del factor} \\ \text{para 2011 usando los precios de 2011}\end{aligned} = \frac{\text{Cantidad de producción obtenida en 2011}}{\text{Costos de los insumos usados en 2011 con base en los precios de 2011}}$$

$$= \frac{1,150,000}{(2,900,000 \times \$1.50) + (3,500,000 \times \$4.35)}$$

$$= \frac{1,150,000}{\$19,575,000}$$

$$= 0.058748 \text{ unidades de producción por dólar de costos de insumos}$$

Por sí misma, la PTF de 2011 de 0.058748 unidades del CX1 por dólar de costos de insumos no es muy útil. Necesitamos algo contra lo cual comparar la PTF de 2011. Una alternativa consiste en comparar las PTF de otras compañías similares en 2011. Sin embargo, el hecho de encontrar compañías similares y la obtención de datos comparables exactos con frecuencia son tareas difíciles. Por consiguiente, las compañías suelen comparar sus propias PTF a lo largo del tiempo. En el ejemplo de Chipset, usamos como estándar de comparación la PTF calculada con el uso de los insumos que Chipset hubiera utilizado en 2010 para producir 1,150,000 unidades de CX1 a los precios de 2011 (es decir, usamos los costos calculados a partir de la segunda parte de los cálculos del componente de productividad de la p. 482). ¿Por qué usamos los precios de 2011? Porque el uso de los precios del año actual en ambos cálculos controla las diferencias insumo-precio, y centra el análisis en los ajustes que el administrador hizo en las cantidades de insumos, en respuesta a los cambios en los precios.

$$\begin{aligned}\text{Estándar de} \\ \text{comparación PTF}\end{aligned} = \frac{\text{cantidad de producción obtenida en 2011}}{\begin{array}{c}\text{costos de los insumos a los precios de 2011 que se hubieran usado} \\ \text{en 2010 para obtener la producción de 2011}\end{array}}$$

$$= \frac{1,150,000}{(3,450,000 \times \$1.50) + (3,750,000 \times \$4.35)}$$

$$= \frac{1,150,000}{\$21,487,500}$$

$$= 0.053519 \text{ unidades producidas por dólar del costo de insumos}$$

Usando los precios de 2011, la PTF aumentó 9.8% [(058748 − 0.053519) ÷ 0.053519 = 0.098, o 9.8%) de 2010 a 2011. Observe que el incremento de 9.8% en la PTF también es igual a la ganancia de $1,912,500 (ilustración 13-5, columna 4) dividida entre los $19,575,000 de costos reales en que se incurrió en 2011 (figura 13-5, columna 5). La productividad total del factor aumentó por que Chipset obtuvo una mayor cantidad de producción por dólar del costo de insumos en 2011 en relación con 2010, medida en ambos años usando los precios de 2011. El aumento en la PTF ocurre porque Chipset incrementa las productividades parciales de los insumos individuales y, de manera consistente con su estrategia, combina los insumos para reducir los costos. Observe que los incrementos en la PTF no se debe a diferencias en los precios de los insumos, porque hemos usado los precios de 2011 para evaluar tanto los insumos que Chipset hubiera usado en 2010 para producir 1,150,000 unidades de CX1, así como los insumos que realmente se usaron en 2011.

Uso de medidas parciales y totales de la productividad del factor

Una ventaja importante de la PTF es que mide la productividad combinada de todos los insumos que se han usado para obtener la producción y considera de manera explícita los mejoramientos provenientes del uso de un menor número de insumos físicos, así como de la sustitución entre insumos. Los gerentes pueden analizar estas cifras para entender las razones de los cambios en la PTF; por ejemplo, mejores prácticas de administración de recursos humanos, una calidad más alta de los materiales o procesos de manufactura mejorados.

Aunque las medidas de la PTF son comprensibles, el personal del área de operaciones encuentra que las medidas financieras de la PTF son más difíciles de entender y menos útiles, que las medidas de la productividad parcial física. Por ejemplo, las compañías que hacen un uso más intenso de la mano de obra, en comparación con Chipset, usan medidas de productividad parcial para la mano de obra de manufactura. Sin embargo, si los bonos basados en la productividad dependen solamente de las mejoras en la productividad parcial de la mano de obra de manufactura, los trabajadores tienen incentivos para sustituir los materiales (y el capital) por mano de obra. Esta sustitución mejora su propia medida de productividad, aunque posiblemente disminuye la productividad general de la compañía como la mide la PTF. Para superar tales problemas de incentivos, algunas compañías —por ejemplo, TRW, Eaton y Whirlpool— ajustan de manera explícita los bonos basados en la productividad parcial de la mano de obra de manufactura por los efectos de otros factores como las inversiones en equipos nuevos y mayores niveles de desperdicio. Es decir, combinan la productividad parcial con medidas similares a la PTF.

Muchas compañías como Behlen Manufacturing, un fabricante de acero, y Dell Computers usan tanto una productividad parcial como la productividad total del factor para evaluar el desempeño. *La productividad parcial y las medidas de la PTF funcionan mejor en forma conjunta, porque las ventajas de una compensan las desventajas de la otra.*

Términos contables

Este capítulo y el glosario que se presenta al final del libro contienen definiciones de los siguientes términos de importancia:

capacidad no usada o inactiva (**p. 486**)
componente de crecimiento (**p. 479**)
componente de productividad (**p. 479**)
componente de recuperación
 del precio (**p. 479**)
costos de ingeniería (**p. 486**)

costos discrecionales (**p. 486**)
diferenciación del producto (**p. 468**)
liderazgo en costos (**p. 468**)
mapa estratégico (**p. 471**)
productividad (**p. 492**)
productividad parcial (**p. 493**)

productividad total del factor (PTF) (**p. 494**)
recorte de personal (**p. 486**)
reducción de operaciones (**p. 487**)
reingeniería (**p. 469**)
tablero de control balanceado (**p. 470**)

Material para tareas

Preguntas

13-1 Proporcione la definición de estrategia.

13-2 Describa las cinco fuerzas clave que se deben considerar al analizar una industria.

13-3 Describa dos estratégicas genéricas.

13-4 ¿Qué es el mapa de preferencias de un cliente y por qué es de utilidad?

13-5 ¿Qué es la reingeniería?

13-6 ¿Cuáles son cuatro perspectivas clave en el tablero de control balanceado?

13-7 ¿Qué es un mapa estratégico?

13-8 Describa tres características de un buen tablero de control balanceado.

13-9 ¿Cuáles son tres complicaciones de importancia que se deben evitar al implementar un tablero de control balanceado?

13-10 Describa tres componentes clave en la realización de un análisis estratégico de la utilidad en operación.

13-11 ¿Por qué un analista podría incorporar el factor del tamaño del mercado de la industria y las interrelaciones entre los componentes de crecimiento, recuperación del precio y productividad en un análisis estratégico de la utilidad en operación?

13-12 ¿Cómo difiere un costo de ingeniería de un costo discrecional?

13-13 ¿Qué es una reducción de operaciones?

13-14 ¿Qué es una medida parcial de la productividad?

13-15 "Ya estamos midiendo la productividad total del factor. La medición de las productividades parciales no tendría ningún valor." ¿Está usted de acuerdo? Comente con brevedad.

Ejercicios

13-16 Tablero de control balanceado. La corporación Ridgecrest fabrica cajas de cartón corrugado. Compite y planea crecer mediante la venta de cajas de alta calidad a un precio bajo y entregándolas a los clientes con rapidez después de recibir las órdenes respectivas. Hay muchos otros productores que elaboran cajas similares. Ridgecrest considera que el mejoramiento continuo de sus procesos de manufactura y el hecho de tener empleados satisfechos son aspectos fundamentales para la implementación de su estrategia en 2012.

1. ¿La estrategia de Ridgecrest de 2012 es una estrategia de diferenciación del producto o de liderazgo en costos? Explique con brevedad.
2. La corporación Kearney, un competidor de Ridgecrest, fabrica cajas corrugadas con más combinaciones de diseños y colores que Ridgecrest a un precio mayor. Las cajas de Kearney son de alta calidad, pero requieren de más tiempo para elaborarse y, por lo tanto, tienen tiempos de entrega más largos. Dibuje un mapa sencillo de preferencias del cliente como en la ilustración 13-1 para Ridgecrest y Kearney usando los atributos de precio, tiempo de entrega, calidad y diseño.

3. Dibuje un mapa estratégico como en la ilustración 13-2 con dos objetivos estratégicos que usted esperaría ver con cada perspectiva del tablero de control balanceado.

4. Para cada objetivo estratégico, indique una medida que usted esperaría ver en el tablero de control balanceado de Ridgecrest para 2012.

13-17 Análisis de los componentes de crecimiento, recuperación del precio y productividad (continuación del 13-16). Un análisis de los cambios en la utilidad en operación de Ridgecrest entre 2011 y 2012 muestra lo siguiente:

Utilidad en operación para 2011	$1,850,000
Más componente de crecimiento	85,000
Menos componente de recuperación de precios	(72,000)
Más componente de productividad	150,000
Utilidad en operación para 2011	$2,013,000

El tamaño del mercado de la industria para las cajas de cartón corrugado no creció en 2012, los precios de los insumos no cambiaron, y Ridgecrest redujo los precios de sus cajas.

Se requiere
1. ¿El aumento de la utilidad en operación de Ridgecrest en 2012 fue consistente con la estrategia que se identificó en el punto 1 del ejercicio 13-16?
2. Explique el componente de productividad. En general, ¿representa ahorros únicamente en los costos variables, tan solo en los costos fijos, o tanto en los costos variables como en los costos fijos?

13-18 Estrategia, tablero de control balanceado, operación comercial. Roberto & Sons compra playeras a granel, aplica sus propios diseños de estampado, los cuales se consideran como iniciadores de modas, y después venden las playeras a diferentes detallistas. Roberto quiere ser conocido por sus diseños vanguardistas, y desea que todo quinceañero sea visto con una playera distintiva de Roberto, quien presenta los siguientes datos para sus primeros dos años de operaciones, 2010 y 2011.

		2010	2011
1	Número de playeras compradas	200,000	250,000
2	Número de playeras descartadas	2,000	3,300
3	Número de playeras vendidas (fila 1 – fila 2)	198,000	246,700
4	Precios de venta promedio	$25.00	$26.00
5	Costo promedio por playera	$10.00	$8.50
6	Capacidad administrativa (número de clientes)	4,000	3,750
7	Costos administrativos	$1,200,000	$1,162,500
8	Costo administrativo por cliente (fila 8 ÷ fila 7)	$300	$310

Los costos administrativos dependen del número de clientes para los cuales Roberto haya creado una capacidad de apoyo, y no del número real de clientes atendidos. Roberto tuvo 3,600 clientes en 2010 y 3,500 clientes en 2011.

Se requiere
1. ¿La estrategia de Roberto es una estrategia de diferenciación del producto o de liderazgo en costos? Explique con brevedad.
2. Describa brevemente las medidas clave que Roberto debería incluir en su tablero de control balanceado y las razones por las cuales lo tendría que hacer así.

13-19 Análisis estratégico de la utilidad en operación (continuación del 13-18). Remítase al ejercicio 13-18.

Se requiere
1. Calcule la utilidad en operación de Roberto tanto en 2010 como en 2011.
2. Calcule los componentes de crecimiento, de recuperación del precio y de productividad, que expliquen el cambio en la utilidad en operación de 2010 a 2011.
3. Comente sus respuestas al punto 2. ¿Qué indica cada uno de estos componentes?

13-20 Análisis de los componentes de crecimiento, de recuperación del precio y de productividad (continuación del 13-19). Remítase al ejercicio 13-19. Suponga que el mercado para las playeras con estampados creciera en 10% durante 2011. Todos los incrementos en ventas mayores de 10% son el resultado de las acciones estratégicas de Roberto.

Se requiere
Calcule el cambio en la utilidad en operación de 2010 a 2011 debido al crecimiento en la participación de mercado, a la diferenciación del producto y al liderazgo en costos. ¿Qué tan exitoso ha sido Roberto en la implementación de su estrategia? Explique su respuesta.

13-21 Identificación y administración de la capacidad no usada (continuación del 13-18). Remítase al ejercicio 13-18.

Se requiere
1. Calcule la cantidad y el costo de la capacidad administrativa no usada al inicio de 2011, tomando como base el número real de clientes que Roberto atendió en 2011.
2. Suponga que Roberto tan solo puede agregar o reducir la capacidad administrativa en incrementos de 250 clientes. ¿Cuál es el monto máximo de costos que Roberto ahorraría en 2011 al reducir la capacidad administrativa?
3. ¿Qué factores, además del costo, debería considerar Roberto antes de que reduzca su capacidad administrativa?

13-22 Estrategia, tablero de control balanceado. La corporación Stanmore fabrica una máquina para propósitos especiales, la D4H, la cual se utiliza en la industria de textiles. Stanmore ha diseñado la máquina D4H para 2011, de modo que se distinga de las máquinas de sus competidores. Generalmente se le ha considerado como una máquina superior. Stanmore presenta los siguientes datos para 2010 y 2011.

	2010	2011
1. Unidades de D4H producidas y vendidas	200	210
2. Precio de venta	$40,000	$42,000
3. Materiales directos (kilogramos)	300,000	310,000
4. Costo de los materiales directos por kilogramo	$8	$8.50
5. Capacidad de manufactura en unidades de la D4H	250	250
6. Costos totales de conversión	$2,000,000	$2,025,000
7. Costo de conversión por unidad de capacidad (fila 6 ÷ fila 5)	$8,000	$8,100
8. Capacidad de venta y servicio al cliente	100 clientes	95 clientes
9. Costos totales de venta y servicio al cliente	$1,000,000	$940,500
10. Costo de ventas y servicio al cliente por cliente (fila 9 ÷ fila 8)	$10,000	$9,900

Stanmore no produce máquinas defectuosas, pero quiere reducir el consumo de los materiales directos por cada máquina D4H en 2011. Los costos de conversión de cada año dependen de la capacidad de producción definida en términos de las unidades de D4H que se pueden producir, y no de las unidades realmente producidas. Los costos de ventas y servicio al cliente dependen del número de clientes que Stanmore pueda apoyar, y no del número real de clientes que atienda. Stanmore tiene 75 clientes en 2010 y 80 clientes en 2011.

1. ¿La estrategia de Stanmore es una estrategia de diferenciación del producto o de liderazgo en costos? Explique con brevedad.
2. Describa brevemente las medidas clave que usted incluiría en el tablero de control balanceado de Stanmore y las razones para hacerlo.

13-23 Análisis estratégico de la utilidad en operación (continuación del 13-22). Remítase al ejercicio 13-22.

1. Calcule la utilidad en operación de la corporación Stanmore en 2010 y 2011.
2. Calcule los componentes de crecimiento, de recuperación del precio y de productividad, que explican el cambio en la utilidad en operación de 2010 a 2011.
3. Comente su respuesta al inciso 2. ¿Qué indican estos componentes?

13-24 Análisis de los componentes de crecimiento, de recuperación de precio y de productividad (continuación del 13-23). Suponga que durante 2011, el mercado de máquinas para fines especiales de Stanmore creciera en 3%. Todos los incrementos en la participación de mercado (es decir, los incrementos en ventas mayores de 3%) son el resultado de las acciones estratégicas de Stanmore.

Calcule qué cantidad del cambio en la utilidad en operación de 2010 a 2011 se debe al factor del tamaño del mercado de la industria, a la diferenciación del producto y al liderazgo en costos. ¿Qué tan exitosa ha sido Stanmore en la implementación de su estrategia? Explique su respuesta.

13-25 Identificación y administración de la capacidad no usada (continuación del 13-22). Remítase al ejercicio 13-22.

1. Calcule la cantidad y el costo de: *a*) la capacidad de manufactura no usada, y *b*) la capacidad no usada de ventas y de servicio al cliente al inicio de 2011, con base en la producción real y en el número real de clientes atendidos en 2011.
2. Suponga que Stanmore puede agregar o reducir su capacidad de manufactura en incrementos de 30 unidades. ¿Cuál es el monto máximo de costos que Stanmore podría haber ahorrado en 2011 al reducir su capacidad de manufactura?
3. Stanmore, de hecho, no elimina ninguna parte de su capacidad de manufactura no usada. ¿Por qué Stanmore optaría por no reducir su capacidad?

13-26 Estrategia, tablero de control balanceado, compañía de servicios. La corporación Westlake es una pequeña firma de consultoría en sistemas de información que se especializa en ayudar a las compañías a implementar programas de software estándar para la administración de las ventas. El mercado de los servicios de Westlake está muy competido. Para ingresar con éxito en él, Westlake debe dar un servicio de calidad a un bajo costo. Westlake presenta los siguientes datos para 2010 y 2011.

	2010	2011
1. Número de trabajos facturados	60	70
2. Precio de venta por trabajo	$50,000	$48,000
3. Horas de mano de obra para la implementación del software	30,000	32,000
4. Costo por hora de mano de obra para la implementación del software	$60	$63
5. Capacidad de apoyo para la implementación del software (número de trabajos que puede hacer)	90	90
6. Costo total del apoyo a la implementación del software	$360,000	$369,000
7. Costo de la capacidad de apoyo a la implementación del software por trabajo (fila 6 ÷ fila 5)	$4,000	$4,100

Los costos por la hora de mano de obra en la implementación del software son costos variables. Los costos de apoyo a la implementación del software de cada año dependen de la capacidad de apoyo a la implementación del software que Westlake decida mantener cada año (es decir, el número de trabajos que puede realizar cada año). No varía con el número real de trabajos efectuados en ese año.

Se requiere

1. ¿La estrategia de la corporación Westlake es una estrategia de diferenciación del producto o de liderazgo en costos? Explique brevemente.
2. Describa las medidas clave que usted incluiría en el tablero de control balanceado de Westlake y sus razones para hacerlo.

13-27 Análisis estratégico de la utilidad en operación (continuación del 13-26). Remítase al ejercicio 13-26.

Se requiere

1. Calcule la utilidad en operación de la corporación de Westlake en 2010 y en 2011.
2. Calcule los componentes de crecimiento, de recuperación del precio y de productividad que explican el cambio en la utilidad en operación de 2010 a 2011.
3. Comente su respuesta al punto 2. ¿Qué indican tales componentes?

13-28 Análisis de los componentes de crecimiento, de recuperación del precio y de productividad (continuación del 13-27). Suponga que durante 2011 el mercado para la implementación del software de administración de ventas aumenta en 5%. Suponga que cualquier decremento en el precio de venta, y cualquier aumento en la participación de mercado de más de 5%, son el resultado de elecciones estratégicas de la administración de Westlake para la implementación de su estrategia.

Se requiere

Calcule qué cantidad del cambio de la utilidad en operación de 2010 a 2011 se debe al factor del tamaño del mercado en la industria, a la diferenciación del producto y al liderazgo en costos. ¿Qué tan exitosa ha sido Westlake en la implementación de su estrategia? Explique su respuesta.

13-29 Identificación y administración de la capacidad no usada (continuación del 13-26). Remítase al ejercicio 13-26.

Se requiere

1. Calcule el monto y el costo de la capacidad de apoyo no usada a la implementación del software al inicio de 2011, con base en el número de trabajos que realmente se realizaron en 2011.
2. Suponga que Westlake puede agregar o reducir su capacidad de apoyo a la implementación del software en incrementos de 15 unidades. ¿Cuál es la cantidad máxima de costos que Westlake podría haber ahorrado en 2011 mediante la reducción de su capacidad de apoyo a la implementación del software?
3. Westlake, de hecho, no elimina ninguna parte de su capacidad de apoyo no usada a la implementación del software. ¿Por qué Westlake optaría por no reducir su capacidad?

MyAccountingLab

Problemas

13-30 Tablero de control balanceado y estrategia. La compañía Music Master fabrica un reproductor de MP3 denominado Mini. La compañía vende el reproductor a tiendas de descuento en todo el país. Este reproductor es significativamente menos costoso que los productos similares que venden los competidores de Music Master, pero el Mini ofrece tan solo cuatro gigabytes de espacio, en comparación con los ocho que ofrece el competidor Vantage Manufacturing. Además, el Mini ha experimentado problemas de fabricación que dieron como resultado costos significativos de reprocesamiento. El modelo de Vantage tiene una excelente reputación en cuanto a calidad, pero es considerablemente más costoso.

Se requiere

1. Dibuje un mapa sencillo de preferencias del cliente para Music Master y para Vantage usando los atributos de precio, de calidad y de capacidad de almacenamiento. Use el formato de la ilustración 13-1.
2. ¿La estrategia actual de Music Master es una estrategia de diferenciación del producto o de liderazgo en costos?
3. A Music Master le gustaría mejorar la calidad y disminuir los costos mediante el mejoramiento de los procesos y la capacitación de los trabajadores, con la finalidad de reducir los reprocesamientos. Los gerentes de Music Master consideran que el incremento en la calidad aumentará las ventas. Elabore un mapa estratégico como en la ilustración 13-2, donde se describan las relaciones de causa y efecto entre los objetivos estratégicos que usted esperaría ver en el tablero de control balanceado de Music Master.
4. Para cada objetivo estratégico sugiera una medida que usted recomendaría en el tablero de control balanceado de Music Master.

13-31 Análisis estratégico de la utilidad en operación (continuación del 13-30). Remítase al problema 13-30. Como resultado de las acciones que se han tomado, la calidad ha mejorado de manera significativa en 2011 mientras que los costos de reprocesamiento y los costos unitarios del Mini han disminuido. Music Master redujo la capacidad de manufactura porque ya no se requiere de más capacidad para apoyar los reprocesamientos. Music Master también disminuyó el precio de venta del Mini para aumentar su participación de mercado y las ventas unitarias se incrementaron. La información acerca del periodo actual (2011) y del periodo anterior (2010) es la siguiente:

		2010	2011
1.	Unidades de Mini producidas y vendidas	8,000	9,000
2.	Precio de venta	$45	$43
3.	Onza de materiales directos utilizados	32,000	33,000
4.	Costos del material directo por onza	$3.50	$3.50
5.	Capacidad de manufactura en unidades	12,000	11,000
6.	Costos totales de conversión	$156,000	$143,000
7.	Costos de conversión por unidad de capacidad (fila 6 ÷ fila 5)	$13	$13
8.	Capacidad de venta y servicio al cliente	90 clientes	90 clientes
9.	Total de costos de venta y servicio al cliente	$45,000	$49,500
10.	Costo de la capacidad de ventas y servicio al cliente por cliente (fila 9 ÷ fila 8)	$500	$550

Los costos de conversión de cada año dependen de la capacidad de producción definida en términos de las unidades del Mini que se pueden fabricar, y no en las unidades reales producidas. Los costos de ventas y servicio al cliente dependen del número de clientes que Music Master pueda apoyar, y no del número real de clientes que atienda. Music Master tiene 70 clientes en 2010 y 80 clientes en 2011.

1. Calcule la utilidad en operación de la compañía Music Master para 2010 y 2011.
2. Calcule los componentes de crecimiento, de recuperación del precio y de productividad que expliquen el cambio en la utilidad en operación de 2010 a 2011.
3. Comente su respuesta al inciso 2. ¿Qué indican estos componentes?

13-32 Análisis de los componentes del crecimiento, de la recuperación del precio y de la productividad (continuación del 13-31). Suponga que durante 2011, el mercado para los reproductores de MP3 creciera 3%. Todas las disminuciones en el precio de venta del Mini y los aumentos en la participación de mercado (es decir, los aumentos de ventas mayores del 3%) son el resultado de las acciones estratégicas de Music Master.

Calcule cuánto del cambio en la utilidad en operación de 2010 a 2011 que se debe al factor del tamaño del mercado de la industria, a la diferenciación del producto y al liderazgo en costos. ¿Cómo se relaciona esto con la estrategia de Music Master y con su éxito en la implementación? Explique su respuesta.

13-33 Identificación y administración de la capacidad no usada (continuación del 13-31). Remítase a la información para la compañía Music Master en 13-31.

1. Calcule la cantidad y el costo de: *a*) la capacidad de manufactura no usada y *b*) la capacidad no usada de ventas y servicio al cliente a principios de 2011, tomando como base la producción real y el número real de clientes atendidos en 2011.
2. Suponga que Music Master puede agregar o reducir su capacidad de ventas y servicio al cliente en bloques de cinco clientes. ¿Cuál es la cantidad máxima de costos que Music Master podría haber ahorrado en 2011, mediante la reducción de la capacidad de ventas y servicio al cliente?
3. Music Master, de hecho, no elimina nada de su capacidad no usada de ventas y servicio al cliente. ¿Por qué Music Master optaría por no reducir su capacidad?

13-34 Tablero de control balanceado. A continuación se presenta una lista de perspectivas con un orden aleatorio, de objetivos estratégicos y medidas de desempeño para el tablero de control balanceado.

Perspectivas	**Medidas del desempeño**
Proceso interno del negocio	Porcentaje de unidades de productos defectuosas
Cliente	Rendimiento sobre los activos
Aprendizaje y crecimiento	Número de patentes
Financiera	Tasa de rotación de personal
Objetivos estratégicos	Utilidad neta
Adquirir nuevos clientes	Rentabilidad de los clientes
Aumentar el valor de los accionistas	Porcentaje de procesos con retroalimentación en tiempo real
Retener clientes	Rendimiento sobre las ventas
Mejorar la calidad de manufactura	Promedio de horas de capacitación relacionadas con el trabajo por empleado
Desarrollar clientes rentables	Rendimiento sobre el capital contable
Aumentar los productos patentados	Porcentaje de entregas puntuales por parte de los proveedores
Aumentar las capacidades del sistema de información	Costo del producto por unidad
Mejorar las habilidades de los empleados	Utilidad por vendedor
Entregas puntuales por parte de los proveedores	Porcentaje de facturas sin error
Aumentar la utilidad que genera cada vendedor	Costo del cliente por unidad
Lanzar nuevos productos	Utilidades por acción
Minimizar la tasa de errores en las facturas	Número de clientes nuevos
	Porcentaje de clientes retenidos

Para cada perspectiva, seleccione aquellos objetivos estratégicos de la lista que mejor se relacionen con ella. Para cada objetivo estratégico, seleccione de la lista la(s) medida(s) de desempeño más adecuada(s).

13-35 Tablero de control balanceado. (Adaptado de R. Kaplan.) Caltex, Inc., refina gasolina y la vende en sus propias estaciones de servicio llamadas Gasolineras Caltex. Con base en la investigación de mercados, Caltex determina que el 60% del mercado general de gasolina consiste en "clientes orientados hacia el servicio", es decir, individuos con ingresos de medianos a altos que están dispuestos a pagar un mayor precio por la gasolina, si las estaciones dan un servicio de excelencia al cliente, como instalaciones limpias, una tienda de abarrotes, empleados amigables, un tiempo de servicio rápido, la capacidad de pagar con tarjeta de crédito y gasolina Premium de alto octanaje. El 40% restante del mercado en general son "compradores sensibles al precio", quienes buscan adquirir la gasolina disponible más barata. La estrategia de Caltex consiste en concentrarse en el 60% de los clientes orientados hacia el servicio. A continuación se presenta el tablero de control balanceado de Caltex para 2011. Por brevedad, se omiten las iniciativas que se tomaron con cada objetivo.

Objetivos	Medidas	Desempeño meta	Desempeño real
Perspectiva financiera			
Incremento en el valor de los accionistas	Cambios en la utilidad en operación debidos a la recuperación del precio	$90,000,000	$95,000,000
	Cambios en la utilidad en operación debidos al crecimiento	$65,000,000	$67,000,000
Perspectiva del cliente			
Incremento en la participación de mercado	Participación de mercado en el mercado general de la gasolina	10%	9.8%
Perspectiva del proceso interno del negocio			
Mejorar la calidad de la gasolina	Índice de calidad	94 puntos	95 puntos
Mejorar el desempeño de refinación	Índice de confiabilidad de la refinación (%)	91%	91%
Asegurar la disponibilidad de la gasolina	Índice de disponibilidad del producto (%)	99%	100%
Perspectiva del aprendizaje y el crecimiento			
Aumentar la capacidad del proceso de refinación	Porcentaje de procesos de la refinería con controles avanzados	88%	90%

Se requiere

1. ¿Caltex fue exitosa en la implementación de su estrategia en 2011? Explique su respuesta.
2. ¿Hubiera usted incluido alguna medida de la satisfacción de los empleados y de la capacitación de estos en la perspectiva del aprendizaje y el crecimiento? ¿Estos objetivos son fundamentales para Caltex en la implementación de su estrategia? ¿Por qué? Explique brevemente.
3. Explique cómo fue que Caltex no logró su participación de mercado meta en el mercado total de gasolina, pero que todavía logró exceder sus objetivos financieros. ¿La "participación de mercado en el mercado general de gasolina" es la medida correcta de la participación de mercado? Explique brevemente.
4. ¿Existe un vínculo de causa y efecto entre los mejoramientos en las medidas de su perspectiva del proceso interno del negocio y la medida en la perspectiva del cliente? Es decir, ¿agregaría usted otras medidas a la perspectiva del proceso interno del negocio o a la perspectiva del cliente? ¿Por qué? Explique brevemente.
5. ¿Está usted de acuerdo con la decisión de Caltex de no incluir las medidas de los cambios en la utilidad en operación provenientes de las mejoras en la productividad con la perspectiva financiera del tablero de control balanceado? Explique brevemente.

13-36 Tablero de control balanceado. Lee Corporation fabrica varios tipos de impresoras láser a color en una planta altamente automatizada con costos fijos elevados. El mercado de las impresoras láser está muy competido. Las diversas impresoras láser a color del mercado son comparables en términos de funcionalidad y precio. Lee considera que el hecho de satisfacer a los clientes con productos de alta calidad a bajo costo es la clave para el logro de su rentabilidad fijada como meta. Para 2011, Lee planea alcanzar una calidad más alta y costos más bajos gracias al mejoramiento de los rendimientos y la reducción de defectos en sus operaciones de manufactura. Lee capacitará a sus trabajadores y los motivará y los dotará de autoridad para tomar las acciones necesarias. Actualmente, se usa una cantidad significativa de la capacidad de Lee para elaborar productos que resultan defectuosos y que no se pueden vender. Lee espera que los rendimientos más altos reduzcan la capacidad que necesita para fabricar los productos. Lee no ha anticipado que el mejoramiento de la manufactura conduzca automáticamente a la disminución de los costos, porque Lee tiene altos costos fijos. Para reducir los costos fijos por unidad, Lee podría despedir empleados y vender equipos, o bien, podría usar su capacidad para fabricar y vender una mayor cantidad de sus productos actuales o modelos mejorados de estos.

El tablero de control balanceado de Lee (se omiten las iniciativas) para el año fiscal de 2011 que acaba de terminar es el siguiente:

Objetivos	Medidas	Desempeño meta	Desempeño real
Perspectiva financiera			
Incremento en el valor de los accionistas	Cambios en la utilidad en operación debidos a los mejoramientos en la productividad	$1,000,000	$400,000
	Cambios en la utilidad en operación debidos al crecimiento	$1,500,000	$600,000
Perspectiva del cliente			
Incremento en la participación de mercado	Participación de mercado en las impresoras láser a color	5%	4.6%
Perspectiva del proceso interno del negocio			
Mejorar la calidad de la manufactura	Rendimiento de la producción	82%	85%
Reducir el tiempo de entrega a los clientes	Tiempo de entrega de las órdenes	25 días	22 días
Perspectiva de aprendizaje y crecimiento			
Desarrollar habilidades de procesos	Porcentaje de empleados capacitados en la administración del proceso y de la calidad	90%	92%
Mejorar las capacidades del sistema de información	Porcentaje de procesos de manufactura con retroalimentación en tiempo real	85%	87%

1. ¿Lee fue exitosa en la implementación de su estrategia en 2011? Explique su respuesta.
2. ¿El tablero de control balanceado de Lee es de utilidad al ayudar a la compañía a entender por qué no alcanzó su participación de mercado fijada como meta en 2011? En caso de ser así, explique por qué. En caso contrario, explique qué otras medidas podría usted querer agregar con la perspectiva del cliente y por qué.
3. ¿Hubiera usted incluido alguna medida de la satisfacción del empleado según la perspectiva del aprendizaje y el crecimiento, y en el desarrollo de nuevos productos según la perspectiva del proceso interno del negocio? Es decir, ¿cree usted que la satisfacción de los empleados y el desarrollo de nuevos productos sean fundamentales para que Lee implemente su estrategia? ¿Por qué? Explique con brevedad.
4. ¿Qué problemas, si es que alguno, ve usted en que Lee mejore la calidad y en que haga una reducción de operaciones significativa para eliminar la capacidad no usada?

13-37 Medición parcial de la productividad. La compañía Gerhart fabrica billeteras usando tela. En 2011, Gerhart elaboró 2,520,000 billeteras usando 2,000,000 de yardas de tela. En 2011, Gerhart tiene capacidad para elaborar 3,307,500 billeteras e incurre en un costo de $9,922,500 para esta capacidad. En 2012, Gerhart planea elaborar 2,646,000 billeteras, hacer más eficiente el uso de la tela y reducir la capacidad.

Suponga que en 2012, Gerhart elabora 2,646,000 billeteras, usa 1,764,000 yardas de tela y reduce la capacidad a 2,700,000 billeteras, incurriendo en un costo de $8,370,000 para esta capacidad.

1. Calcule las razones parciales de productividad para los materiales y la conversión (costos de capacidad) para 2012 y compárelas con un estándar para 2011 calculado con base en la producción de 2012.
2. ¿Cómo puede la compañía Gerhart usar la información proveniente de los cálculos de la productividad parcial?

13-38 Productividad total del factor (continuación del 13-37). Remítase a los datos del problema 13-37. Suponga que la tela tiene un costo de $3.70 por yarda en 2012 y de $3.85 por yarda en 2011.

1. Calcule la productividad total del factor (PTF) de la compañía Gerhart para 2012.
2. Compare la PTF para 2012 con un estándar de comparación de la PTF para los insumos de 2011 con base en los precios y la producción de 2012.
3. ¿Qué información adicional proporciona la PTF que no se encuentre en las medidas parciales de la productividad?

Problema de aprendizaje colaborativo

13-39 Análisis estratégico de la utilidad en operación. La compañía Halsey vende ropa para mujer. La estrategia de Hasley consiste en ofrecer una amplia selección de prendas de vestir y un excelente servicio al cliente, así como en cobrar un precio elevado. Hasley presenta los siguientes datos para 2010 y 2011. Por sencillez, suponga que cada cliente compra una pieza de ropa.

	2010	2011
1. Piezas de ropa compradas y vendidas	40,000	40,000
2. Precio de venta promedio	$60	$59
3. Costo promedio por pieza de ropa	$40	$41
4. Capacidad de ventas y servicio al cliente	51,000 clientes	43,000 clientes
5. Costos por ventas y servicio al cliente	$357,000	$296,700
6. Costo por ventas y capacidad de servicio al cliente por cliente (fila 5 ÷ fila 4)	$7 por cliente	$6.90 por cliente
7. Capacidad de compras y administración	980 diseños	850 diseños
8. Costos de compras y administración	$245,000	$204,000
9. Costo de la capacidad de compras y administración por diseño distinto (fila 8 ÷ fila 7)	$250 por diseño	$240 por diseño

Los costos totales de ventas y servicio al cliente dependen del número de clientes para quienes Hasley haya creado la capacidad de apoyar, y no del número real de clientes que atiende Hasley. Los costos totales de compras y administración dependen de la capacidad de compras y de la capacidad administrativa que Hasley haya creado (definida en términos del número de diseños distintos de ropa que Hasley puede comprar y administrar). Los costos de compras y los costos de administración no dependen del número real de diseños distintos de ropa comprados. Hasley compró 930 diseños distintos en 2010 y 820 diseños distintos en 2011.

A principios de 2010, Hasley planeaba aumentar la utilidad en operación en 10% sobre la utilidad en operación de 2011.

1. ¿La estrategia de Hasley es una estrategia de diferenciación del producto o de liderazgo en costos? Explique su respuesta.
2. Calcule la utilidad en operación de Hasley en 2010 y en 2011.
3. Calcule los componentes de crecimiento, de recuperación del precio y de productividad, para los cambios en la utilidad en operación entre 2010 y 2011.
4. ¿El análisis estratégico de la utilidad en operación indica que Hasley tuvo éxito en la implementación de su estrategia en 2011? Explique su respuesta.

Aplicación de costos, análisis de rentabilidad del cliente y análisis de las variaciones en ventas

Las empresas buscan en forma desesperada satisfacer a sus clientes.

Pero, ¿hasta dónde deberían llegar para complacerlos y a qué precio? ¿En qué punto se encuentra uno mejor en absoluto al no realizar operaciones de negocios con ciertos clientes? El siguiente artículo explica la razón por la cual es tan importante que los gerentes entiendan qué tan rentable es cada uno de sus clientes.

Cuidado de la tienda: Análisis de los clientes, Best Buy decide que no todos son bienvenidos[1]

Como ex director ejecutivo de Best Buy, Brad Anderson tomó la decisión de implementar un enfoque más bien ortodoxo para las operaciones al menudeo: clasificar a sus 1.5 millones de clientes diarios en "ángeles" y "demonios".

Los ángeles son los clientes que aumentan las utilidades mediante la compra de televisiones de alta definición, aparatos electrónicos portátiles y reproductores de DVD lanzados en forma reciente, y que no esperan las reducciones de precio ni los remates. Los ángeles se ven favorecidos sobre los demonios, quienes compran los productos, solicitan descuentos, devuelven las compras y luego vuelven a comprar los productos con las rebajas propias de las mercancías devueltas. Tales demonios concentran su gasto en los "líderes en las pérdidas", es decir, la mercancía con descuento que se ofrece para fomentar el tráfico en la tienda, pero después comercializan los bienes con una utilidad en sitios como eBay.com.

Best Buy descubrió que sus clientes más rentables caían en cinco grupos distintos: hombres con ingresos superiores, madres suburbanas, propietarios de negocios pequeños, hombres de familias jóvenes y entusiastas por la tecnología. Los entusiastas por la tecnología masculinos, a quienes se les conoce también como "Buzzes", son los adoptantes iniciales que están interesados en la compra y la ostentación de los gadget más recientes. Cada tienda analiza la demografía de su mercado local y, posteriormente, se enfoca en dos de esos grupos. Por ejemplo, en las tiendas populares con Buzzes, Best Buy establece áreas de video-juegos con sillas de piel y consolas de juegos conectadas a enormes televisores con pantalla de plasma.

Best Buy también empezó a trabajar para encontrar formas de disuadir a los clientes que hacen descender las utilidades. Aunque no logró alejarlos de sus tiendas. En 2004 empezó a tomar medidas para detener sus prácticas más nocivas, exigiendo una cuota de reabastecimiento de 15% del precio de compra sobre la mercancía devuelta. Para desalentar a los clientes que devuelven los artículos con la intención de volver a comprarlos a un descuento de "caja abierta", Best Buy empezó a revender los artículos devueltos a través del Internet y,

---
[1] *Fuentes:* Bustillo, Miguel. 2009 Best Buy confronts newer nemesis. *Wall Street Journal*, 16 de marzo; McWilliams, Gary. 2004. Minding the store: Analyzing customers, Best Buy decides not all are welcome. *Wall Street Journal*, 8 de noviembre.

por consiguiente, dicha mercancía no volvía a aparecer en la tienda donde se había comprado originalmente.

Esta estrategia estimuló el crecimiento durante varios años en Best Buy y ayudó a la compañía a sobrevivir a la recesión económica, mientras que Circuit City, su principal competidor, se fue a la quiebra. No obstante, la estrategia de ángeles y demonios de Best Buy debe ahora enfrentar a un competidor nuevo, Walmart. Con el enfoque de Walmart sobre los consumidores que buscan gangas austeras, Best Buy intenta igualar los precios de su nuevo competidor, mediante el aplacamiento de su fuerza de ventas conocedora en tecnología para ayudar a los clientes a navegar a través de una tecnología cada vez más compleja.

Para determinar qué producto, cliente, programa o departamento es rentable, las organizaciones tienen que decidir cómo aplicar los costos. Best Buy analizó sus operaciones y eligió aplicar los costos hacia el servicio de sus clientes más rentables. En este capítulo y en el siguiente, veremos diversos enfoques de la aplicación de los costos. El énfasis de este capítulo es sobre los principales aspectos en la aplicación de los costos. El capítulo 15 describe las cuestiones de menor relevancia en la aplicación de los costos —la aplicación de los costos de los departamentos de apoyo a los departamentos operativos, y la aplicación de los costos a diversos objetos de costos—, así como las aplicaciones de los ingresos.

Propósitos de la aplicación de los costos

Recuerde que los *costos indirectos* de un objeto de costos específico son aquellos que están relacionados con ese objeto de costos, pero que no se le pueden atribuir de una manera económicamente viable (efectiva en cuanto a costos). Estos costos incluyen con frecuencia un alto porcentaje de los costos generales que se asignan a los objetos de costos como productos, clientes y canales de distribución. ¿Por qué los gerentes aplican los costos indirectos a estos objetos de costos? La ilustración 14-1 muestra cuatro propósitos de la aplicación de costos.

Diferentes conjuntos de costos son adecuados para los distintos propósitos, como se describe en el ilustración 14-1. Considere los costos de diferentes funciones del negocio dentro de la cadena de valor, los cuales se ilustran como sigue:

Investigación y desarrollo — Diseño de productos y procesos — Producción — Marketing — Distribución — Servicio al cliente

Para algunas decisiones relacionadas con el propósito de una decisión económica (por ejemplo, fijación de precios a largo plazo para los productos), los costos de las seis funciones son relevantes. Para otras decisiones, sobre todo las decisiones económicas a corto plazo (por ejemplo, decisiones de fabricar o comprar), los costos provenientes únicamente de una o dos funciones, como diseño y manufactura, podrían ser relevantes.

Propósitos de la
aplicación de costos

Propósito	Ejemplos
1. Brindar información para las decisiones económicas	Decidir si se debe añadir un nuevo vuelo comercial
	Decidir si se debe fabricar un componente de un televisor o comprarlo a otro productor
	Decidir sobre el precio de venta para un producto o servicio personalizado
	Evaluar el costo de la capacidad disponible usada para dar apoyo a diferentes productos
2. Motivar a los gerentes y a otros empleados	Fomentar el diseño de productos que sean más sencillos de elaborar o menos costosos de atender
	Motivar a los representantes de ventas para que enfaticen los productos o servicios con un alto margen
3. Justificar los costos o calcular las cantidades de reembolso	Costear los productos a un precio "justo", lo cual es con frecuencia un requisito legal y en los contratos de defensa gubernamentales
	Calcular el reembolso para una empresa de consultoría con base en un porcentaje de los ahorros en costos, provenientes de la implementación de sus recomendaciones
4. Medir los ingresos y los activos	Costear los inventarios para informar a partes externas
	Costear los inventarios para informar a las autoridades fiscales

Para fines de motivación, los costos que provienen de más de una función del negocio, pero no de todas las funciones, se incluyen con frecuencia para enfatizar a quienes toman decisiones la manera en que los costos de diferentes funciones están relacionados entre sí. Por ejemplo, para estimar los costos del producto, los diseñadores de este en compañías como Hitachi y Toshiba incluyen los costos de producción, distribución y servicio al cliente. La finalidad es concentrar la atención de los diseñadores sobre cómo las diferentes alternativas de diseño del producto afectan los costos totales.

Para fines de reembolso de los costos, un contrato en particular estipulará a menudo qué costos se reembolsarán. Por ejemplo, las reglas de reembolso de costos para los contratos del gobierno de Estados Unidos excluyen de manera explícita los costos de marketing.

Para fines de la medición de los ingresos y los activos para informar a las partes externas según las normas de información financiera, tan solo los costos de manufactura y, en algunos casos, los costos del diseño del producto son inventariables y se aplican a los productos. En Estados Unidos, los costos de investigación y desarrollo de la mayoría de las industrias, marketing, distribución y costos de servicio al cliente son costos del periodo en que se erogan a medida en que se incurre en ellos. De acuerdo con las Normas de Información Financiera Internacionales (NIFI), los costos de investigación se deben erogar a medida en que se incurre en ellos, pero los costos de desarrollo se tienen que capitalizar si un producto/proceso ha alcanzado su viabilidad técnica, y la empresa tiene la intención y la capacidad de usar o vender el activo futuro.

Criterios para orientar las decisiones de aplicación de costos

Después de identificar los propósitos de la aplicación de los costos, los gerentes y los contadores administrativos deberían decidir cómo aplicar los costos.

La ilustración 14-2 presenta cuatro criterios que se utilizan para orientar las decisiones de aplicación de costos. Tales decisiones influyen tanto en el número de grupos de costos indirectos como en la base de aplicación de costos para cada grupo de costos indirectos. Hacemos énfasis en la superioridad de los criterios de causa y efecto y de los beneficios recibidos, sobre todo cuando el propósito de la aplicación de costos es brindar información para decisiones económicas, o bien, para motivar a los gerentes y a los empleados.[2] La relación de causa y efecto es el criterio primario que se utiliza en las aplicaciones del costeo basado en actividades (ABC). Los sistemas de costeo basado en actividades usan el concepto de una jerarquía de costos para identificar los generadores del costo que demuestran mejor

---

[2] El Consejo Asesor de Normas de Contabilidad Financiera (que se encarga de establecer las normas de la contabilidad administrativa para las dependencias gubernamentales en Estados Unidos) recomienda que "las asignaciones del costo deberían realizarse mediante: *a*) la atribución directa de los costos, siempre y cuando sea viable y económicamente práctico; *b*) una base de causa y efecto; y *c*) una base razonable y consistente". (FASAB, 1995, p. 12).

Ilustración 14-2

Criterios para las decisiones de aplicación de costos

1. Causa y efecto. Al usar este criterio, los gerentes identifican las variables que ocasionan que se consuman los recursos. Por ejemplo, los gerentes pueden usar las horas de prueba como variable cuando aplican los costos de una área de pruebas de calidad a los productos. Es probable que las asignaciones de costos basadas en un criterio de causa y efecto sean más creíbles para el personal operativo.

2. Beneficios recibidos. Al emplear este criterio, los gerentes identifican a los beneficiarios de los resultados de los objetos de costos. Los costos del objeto de costos se aplican entre los beneficiarios en proporción a los beneficios que cada uno recibe. Considere un programa de publicidad extensivo a toda la corporación que promueva la imagen general de la empresa, en vez de promover cualquier producto individual. Los costos de este programa se pueden aplicar con base en los ingresos de la división; cuanto más altos sean los ingresos, mayor será el costo aplicado de la división del programa de publicidad. El fundamento de tal aplicación es que las divisiones que tienen mayores ingresos aparentemente se han beneficiado más de la publicidad que las divisiones con menores y, por lo tanto, se les debería aplicar una mayor cantidad de los costos de publicidad.

3. Justicia o equidad. Este criterio se cita con frecuencia en los contratos del gobierno, cuando las aplicaciones de costos son la base para el establecimiento de un precio satisfactorio tanto para el gobierno como para sus proveedores. Aquí, la aplicación de costos se visualiza como un medio "razonable" o "justo" para establecer un precio de venta en las mentes de las partes contratantes. Para la mayoría de las decisiones de aplicación, la equidad es una cuestión de buen juicio y no un criterio operacional.

4. Capacidad para absorber costos. Este criterio defiende la aplicación de los costos en proporción a la capacidad del objeto de costos para absorber o soportar los costos que se le asignen. Un ejemplo es la aplicación de los salarios de los ejecutivos corporativos, tomando como base la utilidad en operación de la división. La presunción es que las divisiones más rentables tienen una mayor capacidad para absorber los costos de las oficinas matrices de la corporación.

la relación de causa y efecto entre cada actividad y los costos en el grupo común de costos relacionados. Los generadores del costo se eligen entonces como bases para la aplicación de los costos.

Los criterios de equidad y de capacidad para absorber se usan con menos frecuencia y son más problemáticos, que los de causa y efecto o de beneficios recibidos. La equidad es un criterio difícil sobre el cual se logre alcanzar un acuerdo. Lo que una parte considera equitativo, otra lo podría visualizar como injusto.[3] Por ejemplo, una universidad quizá considere la aplicación de una porción de los costos generales administrativos para los contratos del gobierno como equitativa, porque se incurren en los costos generales administrativos para apoyar todas las actividades de la universidad. El gobierno podría visualizar la aplicación de tales costos como injusta, ya que la universidad hubiera incurrido en los costos generales administrativos indistintamente de que existiera o no el contrato gubernamental. Tal vez la forma más equitativa de resolver este dilema sea entender, lo mejor que sea posible, la relación de causa y efecto entre la actividad del contrato gubernamental y los costos generales administrativos. En otras palabras, la equidad es más bien una cuestión de juicio que un criterio de elección fácil de implementar.

Para tener una idea de los problemas que surgen cuando se emplea el criterio de la capacidad para absorber, considere un producto que consume una gran cantidad de costos indirectos y que actualmente se vende a un precio inferior a sus costos directos. Este producto no tiene capacidad para absorber ninguno de los costos indirectos que usa. Sin embargo, si los costos indirectos que consume se aplican a otros productos, estos otros productos están subsidiando el producto que pierde dinero. Una aerolínea integrada, por ejemplo, podría aplicar un menor número de costos a sus actividades en un mercado altamente concurrido como los fletes de transporte, subsidiándolo de este modo a través del transporte de pasajeros. Algunos aeropuertos realizan un subsidio cruzado de los costos que se asocian con la atención de los pasajeros de la aerolínea, mediante la venta de productos libres de impuestos. Tales prácticas dan una perspectiva distorsionada de la rentabilidad relativa del producto y del servicio, y tienen el potencial de invitar tanto a un escrutinio regulador, como de causar que los competidores intenten rebajar el precio de los servicios con un precio artificialmente más alto.

Lo más importante es que las organizaciones deben ponderar los costos y los beneficios, cuando diseñan e implementan sus aplicaciones de costos. Las compañías incurren en costos no solamente en la recolección de datos, sino también al tomar el tiempo para educar a los gerentes en relación con las aplicaciones de costos. En general, cuanto más complejas sean las aplicaciones de costos, más altos serán estos costos de capacitación.

Los costos del diseño y de la implementación de aplicaciones complejas de costos son altamente visibles. Por desgracia, los beneficios provenientes del uso de aplicaciones de costos bien diseñadas, como el hecho de capacitar a los gerentes para tomar decisiones mejor informadas de abastecimiento, de fijación de precios, de control de costos, etc, son difíciles de medir. No obstante, cuando se realizan aplicaciones de costos, los gerentes tienen que considerar tanto los beneficios como los costos. A medida que disminuyen los costos por la recolección y el procesamiento de la información, las compañías están favoreciendo aplicaciones de costos más detalladas.

◄ Punto de decisión

¿Qué criterios deberían usar los gerentes para orientar las decisiones de aplicación de costos?

---

[3] Kaplow y Shavell, en una revisión de la literatura legal, destacan que "las nociones de equidad son muchas y muy diversas. Diferentes autores las analizan y las racionalizan de una manera distinta, y también dependen por lo general de las circunstancias que se consideran. Por lo que no es factible identificar y lograr una perspectiva consensual sobre tales nociones". Véase L. Kaplow y S. Shavell, "Fairness Versus Welfare", *Harvard Law Review* (febrero de 2011), y L. Kaplow y S. Shavell, *Fairness Versus Welfare* (Boston: Harvard University Press, 2002).

Decisiones de aplicación de costos

Objetivo de aprendizaje 3

Analizar las decisiones que deben enfrentarse cuando los costos se recopilan en grupos de costos indirectos

. . . determinación del número de grupos de costos y de los costos que se deberán incluir en cada grupo

En esta sección nos centraremos en el primer propósito de la aplicación de costos: brindar información para las decisiones económicas, como la fijación de precios, midiendo los costos totales de las entregas de productos según un sistema ABC.

El capítulo 5 describió la manera en que los sistemas ABC definen los grupos de costos indirectos para diferentes actividades, y usan los generadores del costo como bases de aplicación para asignar los costos de los grupos de costos indirectos a los productos (la segunda fase de la aplicación de costos). En esta sección, enfocaremos la atención en la primera fase de la aplicación de costos: la asignación de los costos a los grupos de costos indirectos.

Usaremos el caso de Consumer Appliances, Inc. (CAI), para ilustrar la manera en que los costos generados en diferentes partes de una compañía se pueden asignar, y posteriormente reasignar, para el costeo de productos, servicios, clientes o contratos. CAI tiene dos divisiones; cada una con su propia planta de manufactura. La división de refrigeradores tiene una planta en Minneapolis, y la división de secadoras de ropa tiene una planta en St. Paul. Las oficinas matrices de CAI están en una localidad separada en Minneapolis. Cada división fabrica y vende varios productos que difieren en cuanto a tamaño y complejidad.

El equipo gerencial de CAI recopila costos a los siguientes niveles:

■ **Costos corporativos.** Hay tres categorías principales de costos corporativos:
   1. **Costos de tesorería:** $900,000 de costos generados para el financiamiento de la construcción de un nuevo equipo de ensamblado en dos divisiones. El costo de un nuevo equipo de ensamblado es de $5,200,000 en la división de refrigeradores y de $3,800,000 en la división de secadoras de ropa.
   2. **Costos de la administración de recursos humanos:** reclutamiento y programas de capacitación continua y desarrollo de los trabajadores, $1,600,000.
   3. **Costos de la administración corporativa:** salarios de ejecutivos, renta y costos generales de administración, $5,400,000.

■ **Costos de la división.** Cada división tiene dos categorías de costos directos (materiales directos y mano de obra directa) y siete grupos de costos indirectos, es decir, un grupo de costos para cada una de las cinco actividades (diseño, configuración de las máquinas, manufactura, distribución y administración), un grupo de costos para acumular los costos de las instalaciones, y un grupo de costos para los costos corporativos de tesorería asignados. La ilustración 14-3 presenta los datos para seis de los grupos de costos indirectos de la división y para las bases de aplicación de los costos. (En una sección posterior, describiremos la forma en que los costos corporativos de tesorería se asignan a cada división para crear el grupo de costos indirectos de

Ilustración 14-3 Grupos de costos indirectos de la división y bases de aplicación de los costos, CAI, para la división de refrigeradores (R) y para la división de secadoras de ropa (SR)

Grupos de costos indirectos de la división	Ejemplo de costos	Costos indirectos totales		Categoría de la jerarquía de costos	Base de aplicación de los costos	Relación de causa y efecto que motiva la elección de la gerencia para la base de aplicación
Diseño	Salarios de ingenieros de diseño	(R) (SR)	$6,000,000 4,250,000	Mantenimiento del producto	Partes por pie cúbico	Los productos complejos (con más piezas y mayor tamaño) requieren de más recursos de diseño
Configuración de las máquinas	Mano de obra para configuración de las máquinas y costo de los equipos	(R) (SR)	$3,000,000 2,400,000	Nivel de lote	Horas de configuración de máquinas	Los costos indirectos de la actividad de configuración de máquinas aumentan conforme se incrementan las horas para la configuración
Operaciones de manufactura	Planta y equipo, energía	(R) (SR)	$25,000,000 18,750,000	Nivel de unidad producida	Horas-máquina	Los costos indirectos de las operaciones de manufactura apoyan las máquinas y, por lo tanto, aumentan con el uso de estas
Distribución	Mano de obra y equipos para embarque	(R) (SR)	$8,000,000 5,500,000	Nivel de unidad producida	Pies cúbicos	Los costos indirectos de distribución aumentan con los pies cúbicos del producto embarcado
Administración	Salarios de los ejecutivos de la división	(R) (SR)	$1,000,000 800,000	Mantenimiento de las instalaciones	Ingresos	Relación débil entre los salarios de los ejecutivos de la división y los ingresos, pero justificada por CAI con base en los beneficios recibidos
Instalaciones	Costos anuales del edificio y del espacio	(R) (SR)	$4,500,000 3,500,000	Todos	Pies cuadrados	Los costos de las instalaciones aumentan con los pies cuadrados de espacio

la séptima división). CAI identifica la categoría de la jerarquía de costos para cada grupo de costos; a nivel de unidades producidas, a nivel de lote, a nivel de mantenimiento del producto y a nivel de mantenimiento de las instalaciones (como se describe en el capítulo 5, p. 149).

La ilustración 14-4 presenta un diagrama del panorama general para la aplicación de los costos indirectos, corporativos y divisionales, a los productos de la división de refrigeradores. Nota: la división de secadoras de ropa tiene sus propios siete grupos de costos indirectos que usa para aplicar los costos a los productos. Dichos grupos de costos y las bases de aplicación de los costos mantienen un paralelo con los grupos de costos indirectos y las bases de aplicación para la división de refrigeradores.

Observe primero la hilera intermedia de la ilustración, donde se lee "Grupos de costos indirectos de la división", y examine la mitad inferior. Es similar a la ilustración 5-3 (p. 150), la cual muestra los sistemas ABC usando grupos de costos indirectos y generadores del costo para diferentes actividades. Una diferencia importante en la mitad inferior de la ilustración 14-4 es el grupo de costos denominado "Costos de las instalaciones" (extrema derecha, fila intermedia), el cual acumula todos los costos anuales de los edificios y los muebles (como la depreciación) en que se haya incurrido

Ilustración 14-4 Diagrama general de la aplicación de los costos indirectos corporativos y divisionales a los productos de la división de refrigeradores, CAI

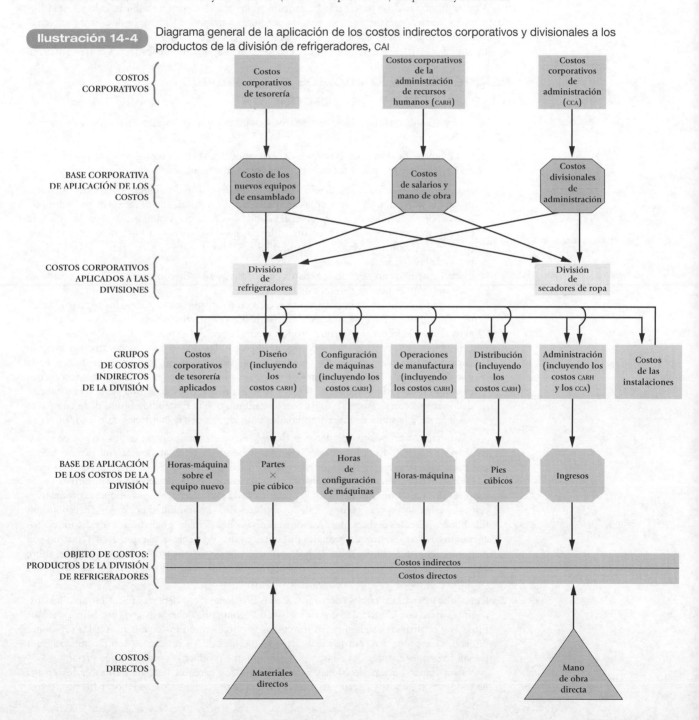

en la división. Las flechas de la ilustración 14-4 indican que CAI asigna los costos de las instalaciones a los cinco grupos de costos de las actividades. Recuerde de la ilustración 14-3 que CAI utiliza el área de pies cuadrados requerida para varias actividades (diseño, configuración de las máquinas, manufactura, distribución y administración) para aplicar tales costos de las instalaciones. Los grupos de costos de las actividades incluyen, entonces, los costos del edificio y las instalaciones necesarios para efectuar las diversas actividades.

Los costos de los seis grupos restantes de costos indirectos (es decir, después de que los costos de los grupos de costos de las instalaciones se aplicaron a otros grupos de costos) se asignan a los productos con base en los generadores del costo que se describieron en la ilustración 14-3. Estos generadores del costo se eligen como las bases de aplicación de los costos, porque hay una relación de causa y efecto entre los generadores del costo y los costos en el grupo de costos indirectos. Se calcula una tasa de costos por unidad para cada base de aplicación de los costos. Los costos indirectos se asignan a los productos con base en la cantidad total de la base de aplicación de los costos, para cada actividad que usa el producto.

A continuación se debe concentrar la atención en la mitad superior de la ilustración 14-4: la forma en que los costos operativos se aplican a las divisiones y después a los grupos de costos indirectos.

Antes de entrar en los detalles de las asignaciones, consideremos primero algunas alternativas más amplias a las cuales se enfrenta CAI en relación con la aplicación de los costos corporativos.

Asignación de los costos corporativos a las divisiones y los productos

El equipo gerencial de CAI tiene varias alternativas cuando acumula y aplica los costos corporativos a las divisiones.

1. ¿Qué categorías de costos corporativos debería aplicar CAI como costos indirectos de las divisiones? ¿Debería CAI aplicar todos los costos corporativos o tan solo algunos de ellos?

   ■ Algunas compañías aplican todos los costos corporativos a las divisiones, porque los costos corporativos se generan para apoyar las actividades de la división. La aplicación de todos los costos corporativos motiva a los gerentes de la división para que examinen la manera en que se planean y se controlan dichos costos. Además, las compañías que buscan calcular el costo total de los productos deben aplicar todos los costos corporativos a los grupos de costos indirectos de las divisiones.

   ■ Otras compañías no asignan los costos corporativos a las divisiones porque estos costos no son controlables por los gerentes de las divisiones.

   ■ Incluso otras compañías aplican tan solo esos costos corporativos, como los recursos humanos corporativos, que se perciben ampliamente como relacionados causalmente con las actividades de la división o que proporcionan beneficios explícitos a las divisiones. Estas compañías excluyen los costos corporativos como las donaciones corporativas a las fundaciones caritativas porque los gerentes de las divisiones con frecuencia no tienen nada que decir al tomar estas decisiones, y porque los beneficios para las divisiones son menos evidentes o demasiado remotos. Si una compañía decide no aplicar una parte o la totalidad de los costos corporativos, esto da como resultado que la rentabilidad total de la compañía sea inferior a la suma de las rentabilidades individuales de las divisiones o de los productos.

   Para ciertos propósitos de decisión, la aplicación de una porción de los costos corporativos, pero no de todos ellos, a las divisiones suele ser la alternativa preferida. Considere la evaluación del desempeño de los gerentes de las divisiones. La noción de nivel de control (véase p. 200) se usa con frecuencia para justificar la exclusión de algunos costos corporativos de los reportes de la división. Por ejemplo, los salarios de la alta gerencia de las oficinas corporativas centrales se excluyen con frecuencia de los reportes de la contabilidad por áreas de responsabilidad de los gerentes divisionales. Aunque las divisiones tienden a beneficiarse de dichos costos corporativos, los gerentes divisionales argumentan que no tienen nada que decir ("que no son responsables por decidir") sobre la cantidad de estos recursos corporativos que usan o sobre su costo. El argumento opuesto es que la aplicación total está justificada porque las divisiones reciben los beneficios de todos los costos corporativos.

2. Cuando se asignan los costos corporativos a las divisiones, ¿CAI debería aplicar tan solo los costos que varían con la actividad de la división, o la compañía debería asignar también los costos fijos? Las compañías asignan tanto los costos variables como los costos fijos a las divisiones y luego a los productos, porque los costos resultantes de los productos son de utilidad para tomar decisiones estratégicas a largo plazo, como qué productos vender y a qué precio.

   Para tomar buenas decisiones a largo plazo, los gerentes necesitan conocer los costos de todos los recursos (ya sean variables o fijos) que se requieren para elaborar los productos.

¿Por qué? Porque en el largo plazo las empresas pueden administrar los niveles de prácticamente todos sus costos; muy pocos costos son verdaderamente fijos. Además, para sobrevivir y prosperar en el largo plazo, las organizaciones deben asegurarse de que los precios que se cargan por los productos excedan los recursos totales consumidos para producirlos, indistintamente de si tales costos sean variables o fijos en el corto plazo.

Las compañías que asignan los costos corporativos a las divisiones deben identificar con sumo cuidado los costos relevantes para las decisiones específicas. Suponga que una división es rentable antes de que cualesquiera costos corporativos se apliquen, pero que es "improductiva" después de la asignación de los costos corporativos. ¿Debería cerrarse la división? Los costos corporativos relevantes en este caso no son los costos corporativos aplicados, sino aquellos costos corporativos que se ahorrarían si se cierra la división. Cuando las utilidades de la división exceden los costos corporativos relevantes, la división no debería cerrarse.

3. Si CAI aplica los costos corporativos a las divisiones, ¿qué cantidad de grupos de costos debería usar? Un extremo consiste en acumular todos los costos corporativos en un solo grupo de costos. El otro extremo es tener numerosos grupos individuales de costos corporativos. Como se expuso en el capítulo 5, una consideración importante es construir **grupos de costos homogéneos**, de modo que todos los costos del grupo tengan la misma relación, o una relación similar, de causa y efecto o de beneficios recibidos con la base de aplicación del costo.

Por ejemplo, cuando se aplican los costos corporativos a las divisiones, CAI puede combinar los costos corporativos de administración y los costos corporativos de administración de recursos humanos en un solo grupo de costos, si ambas categorías de costos tienen la misma relación, o una relación similar, de causa y efecto con la misma base de aplicación de los costos (como el número de empleados en cada división).

Sin embargo, cuando cada categoría de costos tiene una relación de causa y efecto con una base diferente de aplicación de costos (por ejemplo, el número de empleados de cada división influye en los costos corporativos de la administración de recursos humanos, en tanto que los ingresos de cada división afectan los costos corporativos de administración), CAI preferirá mantener grupos separados de costos para cada uno de estos costos. La determinación de grupos de costos homogéneos requiere de buen juicio y debería revisarse con regularidad.

El beneficio de usar un sistema de grupos de costos múltiples se debe equilibrar contra los costos por implementarlo. Los avances en la tecnología de la recolección de información hacen más probable que los sistemas de grupos de costos múltiples pasen la prueba del costo-beneficio.

Implementación de las asignaciones de costos corporativos

Después de muchos análisis y debates, el equipo gerencial de CAI decide aplicar todos los costos corporativos a las divisiones. Ahora veamos la aplicación de los costos corporativos a las divisiones en el sistema ABC de CAI.

Las demandas de recursos corporativos provenientes de la división de refrigeradores y de la división de secadoras de ropa dependen de las exigencias que ejerzan los productos de cada división sobre dichos recursos. La mitad superior de la ilustración 14-4 representa gráficamente las aplicaciones.

1. CAI aplica los costos de tesorería a cada división con base en el costo de un equipo de ensamblado nuevo instalado en cada división (el generador del costo de los costos de tesorería). Aplica los $900,000 de los costos de tesorería como sigue (usando la información de la p. 506):

$$\text{División de refrigeradores: } \$900,000 \times \frac{\$5,200,000}{\$5,200,000 \ + \ \$3,800,000} = \$520,000$$

$$\text{División de secadoras de ropa: } \$900,000 \times \frac{\$3,800,000}{\$5,200,000 \ + \ \$3,800,000} = \$380,000$$

Cada división crea entonces un *grupo de costos separado*, el cual consiste en todos los costos de tesorería corporativos aplicados y reasigna tales costos a los productos con base en las horas-máquina usadas en el nuevo equipo. Los costos de tesorería son un costo a nivel de unidad producida, porque representan los recursos que se emplearon en las actividades que se realizaron sobre cada unidad individual de un producto.

2. El análisis de CAI indica que la demanda de los costos de la administración de recursos humanos corporativa (ARHC) para reclutamiento y capacitación varía con los costos totales del salario y la mano de obra en cada división. Suponga que los costos del salario y la mano de obra son

de $44,000,000 en la división de refrigeradores y de $36,000,000 en la división de secadoras de ropa. De este modo, los costos CARH se aplican a las divisiones como sigue:

$$\text{División de refrigeradores: } \$1,600,000 \times \frac{\$44,000,000}{\$44,000,000 \ + \ \$36,000,000} = \$880,000$$

$$\text{División de secadoras de ropa: } \$1,600,000 \times \frac{\$36,000,000}{\$44,000,000 \ + \ \$36,000,000} = \$720,000$$

Todas las divisiones reasignan los costos CARH que se aplicaron a los grupos de costos indirectos —diseño, configuración de las máquinas, operaciones de manufactura, distribución y administración de la división (el grupo de costos de tesorería corporativos aplicados y el grupo de costos de las instalaciones no tienen costos por salarios y mano de obra, de modo que los costos CARH se aplican a ellos)— con base en los costos totales de salarios y mano de obra para cada grupo de costos indirectos. Los costos CARH que se agregan a los grupos de costos indirectos de la división se aplican entonces a los productos usando el generador del costo para el grupo de costos respectivo. Por lo tanto, los costos CARH son costos de mantenimiento del producto (para la porción de costos CARH aplicada al grupo de costos de diseño), costos a nivel de lote (para la porción de costos CARH aplicada al grupo de costos de configuración de las máquinas), costos a nivel de unidades producidas (para las porciones de costos CARH aplicadas a los grupos de costos de operaciones de manufactura y distribución) y costos de mantenimiento de las instalaciones (para la porción de los costos CARHaplicada al grupo de costos de administración de la división).

3. CAI aplica los costos corporativos de administración a cada división con base en los costos divisionales de administración (la ilustración 14-3 muestra las cantidades de los costos divisionales de administración) ya que el principal papel de la administración corporativa es apoyar a la administración de la división.

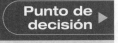

Punto de decisión ▶

¿Cuáles son dos decisiones clave que los gerentes deben tomar cuando organizan costos en los grupos de costos indirectos?

$$\text{División de secadoras de ropa: } \$5,400,000 \times \frac{\$1,000,000}{\$1,000,000 \ + \ \$800,000} = \$3,000,000$$

$$\text{División de refrigeradores: } \$5,400,000 \times \frac{\$800,000}{\$1,000,000 \ + \ \$800,000} = \$2,400,000$$

Cada división suma los costos corporativos de administración aplicados al grupo de costos divisionales de administración. Los costos en este grupo de costos son costos de mantenimiento de las instalaciones, y no tienen una relación de causa y efecto con los productos individuales elaborados y vendidos por cada división. Sin embargo, la política de CAI consiste en aplicar todos los costos a los productos, de modo que los gerentes divisionales de CAI estén conscientes de todos los costos en que haya incurrido CAI en sus decisiones de fijación de precios y de otro tipo. Asigna los costos divisionales de administración de la división (incluyendo los costos corporativos de administración aplicados) a los productos, con base en los ingresos de estos (un criterio de beneficios recibidos).

Los aspectos que se expusieron en esta sección en relación con las divisiones y los productos se aplican de una manera casi idéntica a los clientes, como veremos a continuación. *Los profesores y los estudiantes que, en este momento, quieran explorar aspectos más detallados en la aplicación de costos, en vez de concentrarse en la manera en que el costeo basado en actividades se extiende a la rentabilidad del cliente, pueden remitirse al capítulo 15.*

Objetivo de aprendizaje 4

Discutir por qué los ingresos y los costos de una compañía pueden diferir entre los diferentes clientes

. . . los ingresos pueden diferir debido a las diferencias en la cantidad comprada y a los descuentos de precio concedidos, mientras que los costos pueden diferir porque diferentes clientes ejerzan exigencias distintas sobre los recursos de una compañía

Análisis de la rentabilidad de los clientes

El **análisis de la rentabilidad de los clientes** es la descripción informativa y la evaluación de los ingresos que se hayan obtenido de los clientes, así como de los costos en que se haya incurrido para la obtención de tales ingresos. Un análisis de las diferencias de los clientes en cuanto a ingresos y costos daría información valiosa en cuanto al porqué existen diferencias en el ingreso en operación obtenido a partir de clientes diferentes. Los gerentes emplean esta información para asegurarse de que los clientes que efectúan contribuciones considerables a la utilidad en operación de una compañía reciban un alto nivel de atención de esa compañía.

Considere el caso de la compañía Spring Distribution, la cual comercializa agua embotellada. Tiene dos canales de distribución: **1.** un canal de distribución al mayoreo, donde el mayorista vende a supermercados, farmacias y otras tiendas; y **2.** un canal de distribución al menudeo para un pequeño número de clientes de negocios. Nos enfocaremos básicamente en el análisis de la rentabilidad de los clientes en el canal de distribución al menudeo de Spring. El precio de venta de lista de este canal es de $14.40 por caja (24 botellas). El costo total de Spring es de $12 por caja. Si cada caja se vendiera al precio de lista de este canal de distribución, Spring ganaría una utilidad bruta de $2.40 por caja.

Análisis de los ingresos provenientes de los clientes

Considere los ingresos provenientes de 4 de los 10 clientes al menudeo de Spring en junio de 2012.

	A	B	C	D	E
1		CLIENTE			
2		**A**	**B**	**G**	**J**
3	Cajas vendidas	42,000	33,000	2,900	2,500
4	Precio de venta de lista	$ 14.40	$ 14.40	$ 14.40	$ 14.40
5	Descuento sobre el precio	$ 0.96	$ 0.24	$ 1.20	$ 0.00
6	Precio de factura	$ 13.44	$ 14.16	$ 13.20	$ 14.40
7	Ingresos (fila 3 × fila 6)	$564,480	$467,280	$38,280	$36,000

Dos variables explican las diferencias en ingresos entre estos cuatro clientes: **1.** el número de cajas que compraron, y **2.** la magnitud de los descuentos sobre el precio. Un **descuento sobre el precio** es la reducción del precio de venta por debajo del precio de venta de lista, para motivar a los clientes a comprar más. Las compañías que registran únicamente el precio de factura final en su sistema de información no pueden dar seguimiento directo a la magnitud de sus descuentos sobre el precio.[4]

Los descuentos sobre el precio son una función de diversos factores, que incluyen el volumen del producto comprado (los clientes con un mayor volumen reciben descuentos más altos) y el deseo de vender a un cliente que pudiera ayudar a promover las ventas a otros clientes. Los descuentos también podrían deberse a una negociación deficiente por parte de un vendedor o a un efecto indeseable de un plan de incentivos basado tan solo en los ingresos. En ningún momento los descuentos sobre el precio deberían contravenir la ley como discriminación de precios, fijación de precios predatoria o fijación de precios colusoria.

El seguimiento a los descuentos sobre el precio por cliente y por vendedor ayuda a mejorar la rentabilidad de los clientes. Por ejemplo, Spring Distribution podría tomar la decisión de reforzar de manera estricta su política de descuento sobre el precio basada en el volumen. Quizá también requiera a sus agentes de ventas que obtengan una aprobación para otorgar fuertes descuentos a aquellos clientes que, por lo general, no califican para tales descuentos. Además, la compañía daría seguimiento a las ventas futuras de los clientes a quienes los vendedores hayan concedido descuentos considerables sobre el precio debido a su "alto potencial de crecimiento". Por ejemplo, Spring debería dar seguimiento a las ventas futuras del cliente G para saber si el descuento de $1.20 por caja se convierte en mayores ventas futuras.

Los ingresos provenientes de los clientes son un elemento de la rentabilidad del mismo. El otro elemento que es igualmente importante de entender es el costo por ganar, atender y retener a los clientes. A continuación veremos este tema.

Análisis del costo de los clientes

Aplicamos a los clientes la jerarquía de costos que se expuso en la sección anterior y en el capítulo 5 (p. 149). Una **jerarquía de costos de los clientes** clasifica los costos relacionados con los clientes en diferentes grupos de costos sobre la base de distintos tipos de generadores del costo, o bases de aplicación de costos, o diferentes grados de dificultad para la determinación de relaciones de causa y efecto o de beneficios recibidos. El sistema ABC de Spring se concentra en los clientes en vez de concentrarse en los productos. Tiene un costo directo, el costo del agua embotellada, y diversos grupos de costos indirectos. Spring identifica cinco categorías de costos indirectos en su jerarquía de costos de los clientes:

---

[4] Un análisis más profundo de los ingresos provenientes de los clientes podría distinguir los ingresos brutos de los ingresos netos. Este enfoque destaca las diferencias entre los clientes en devoluciones de ventas. Una exposición adicional acerca de las formas para analizar las diferencias en ingresos entre los clientes se encuentra en R. S. Kaplan y R. Cooper, *Cost and Effect* (Boston, MA: Harvard Business School Press, 1998, capítulo 10); y G. Cokins, *Activity-Based Cost Management: An Executive's Guide* (Nueva York; John Wiley & Sons, 2001, capítulo 3).

1. **Costos del cliente a nivel de unidades producidas:** costos de las actividades necesarias para vender cada unidad (caja) a un cliente. Un ejemplo son los costos por el manejo de los productos de cada caja vendida.

2. **Costos del cliente a nivel de lote:** costos de las actividades relacionadas con un grupo de unidades (cajas) vendidas a un cliente. Algunos ejemplos son los costos generados para procesar las órdenes o para realizar las entregas.

3. **Costos de mantenimiento de los clientes:** costos de las actividades necesarias para apoyar a los clientes individuales, indistintamente del número de unidades o lotes de productos entregados al mismo. Algunos ejemplos son los costos de las visitas a los clientes o los costos de los exhibidores colocados en las instalaciones de los clientes.

4. **Costos de canales de distribución:** costos de las actividades relacionadas con un canal de distribución específico, en vez de relacionarse con cada unidad del producto, con cada lote del producto o con determinados clientes. Un ejemplo es el salario del gerente del canal de distribución al menudeo de Spring.

5. **Costos de mantenimiento corporativo:** costos de actividades que no pueden atribuirse a clientes o a canales de distribución individuales. Algunos ejemplos son los costos de la alta gerencia y los costos generales de administración.

Observe a partir de estas descripciones que cuatro de los cinco niveles de la jerarquía de costos de Spring tienen un paralelismo estrecho con la jerarquía de costos que se describió en el capítulo 5, excepto porque Spring se enfoca en los *clientes*, en tanto que la jerarquía de costos del capítulo 5 se concentró en los *productos*. Spring tiene una categoría adicional en la jerarquía de costos, los costos del canal de distribución, para los costos en que incurre al dar apoyo a sus canales de distribución al mayoreo y al menudeo.

Costos a nivel del cliente

Spring muestra mucho interés en analizar los *costos indirectos a nivel del cliente*, es decir, los costos que se generan en las tres primeras categorías de la jerarquía de costos del cliente: costos del cliente a nivel de unidades producidas, costos del cliente a nivel de lote y costos de mantenimiento del cliente. Spring considera que puede trabajar con los clientes para reducir dichos costos y que las acciones de un cliente tendrán un menor efecto sobre los costos del canal de distribución y sobre los costos corporativos de mantenimiento. El siguiente cuadro muestra cinco actividades (además del costo de los bienes vendidos) que Spring identifica como un resultado de los costos a nivel de cliente. El cuadro indica los generadores del costo y las tasas de los generadores del costo para cada actividad, así como la categoría de la jerarquía de costos para cada actividad.

	G	H	I	J
1	**Área de actividad**	**Tasa y generador del costo**		**Categoría de la jerarquía de costos**
2	Manejo del producto	$0.50	Por caja vendida	Costos del cliente a nivel de unidades producidas
3	Recepción de la orden	$ 100	Por orden de compra	Costos del cliente a nivel de lote
4	Vehículos de reparto	$ 2	Por milla recorrida para entrega	Costos del cliente a nivel de lote
5	Entregas urgentes	$ 300	Por entrega urgente	Costos del cliente a nivel de lote
6	Visitas a los clientes	$ 80	Por visita de ventas	Costos de mantenimiento del cliente

La información acerca de la cantidad de generadores del costo que usa cada uno de los cuatro clientes es la siguiente:

	A	B	C	D	E
10		**CLIENTE**			
11		**A**	**B**	**G**	**J**
12	Número de órdenes de compra	30	25	15	10
13	Número de entregas	60	30	20	15
14	Millas recorridas por entrega	5	12	20	6
15	Número de entregas urgentes	1	0	2	0
16	Número de visitas a los clientes	6	5	4	3

La ilustración 14-5 muestra un análisis de la rentabilidad del cliente para los cuatro clientes al menudeo usando la información sobre los ingresos de los clientes que se presentó anteriormente (p. 511) y los costos a nivel del cliente provenientes del sistema ABC.

Spring Distribution puede usar la información de la ilustración 14-5 para trabajar con los clientes y reducir así la cantidad de actividades necesarias para apoyarlos. Considere una comparación del cliente G y del cliente A. El cliente G compra únicamente 7% de las cajas que el cliente A compra (2,900 *versus* 42,000). Sin embargo, en comparación con el cliente A, el cliente G usa la mitad de las órdenes de compra, dos tercios de las visitas a los clientes, un tercio de las entregas y el doble de las entregas urgentes. Al implementar los cargos por tales servicios, Spring podría inducir al cliente G a hacer menos órdenes de compra, pero de un monto mayor, y a requerir un menor número de visitas a los clientes, entregas y órdenes urgentes mientras busca aumentar las ventas en el futuro.

Considere el caso de Owens and Minor, un distribuidor de suministros médicos para hospitales. Estratégicamente fija el precio de cada uno de sus servicios por separado. Si un hospital desea una entrega urgente o un embarque especial, por ejemplo, Owens and Minor cobra al hospital un precio adicional por cada servicio en particular. ¿Cómo reaccionaron los clientes de Owens and Minor? Los hospitales que valoran estos servicios continúan solicitándolos y pagando por ellos, en tanto que los hospitales que no los valoran dejan de pedirlos, y con ello ahorran algunos costos a Owens and Minor. La estrategia de fijación de precios de Owens and Minor influye en el comportamiento de los clientes en una forma que aumenta sus ingresos o disminuye sus costos.

El sistema ABC también destaca una segunda oportunidad para la reducción de costos. Spring puede tratar de reducir los costos de cada actividad. Por ejemplo, el mejoramiento de la eficiencia del proceso de recepción de órdenes de compra (como lograr que los clientes hagan sus pedidos en forma electrónica) reduciría los costos, incluso si los clientes colocan el mismo número de órdenes.

La ilustración 14-6 muestra un estado financiero de la utilidad en operación mensual para Spring Distribution. La utilidad en operación a nivel del cliente para los clientes A y B en la ilustración 14-5 se muestra en las columnas 8 y 9 de la ilustración 14-6. El formato de la ilustración 14-6 se basa en la jerarquía de costos de Spring. Todos los costos en que se incurre para atender a los clientes no se incluyen en los costos a nivel de cliente y, por lo tanto, no se aplican a los clientes en la ilustración 14-6. Por ejemplo, los costos del canal de distribución como el salario del gerente del canal de distribución al menudeo no se incluyen en los costos a nivel del cliente ni se aplican a los clientes. En cambio, tales costos se identifican como costos del canal al menudeo como un todo, ya que la gerencia de Spring considera que los cambios en el comportamiento de los clientes no afectarán los costos del canal de distribución. Estos costos se verán afectados tan solo por las decisiones relacionadas con la totalidad del canal, como una decisión para descontinuar la distribución al menudeo. Otra razón por la cual Spring no aplica los costos del canal de distribución a los clientes es la motivación. Los gerentes de Spring alegan que los vendedores responsables por la administración

Ilustración 14-5 Análisis de la rentabilidad del cliente para cuatro clientes de canales al menudeo de Spring Distribution durante junio de 2012

	A	B	C	D	E
1			CLIENTE		
2		**A**	**B**	**G**	**J**
3	Ingresos al precio de lista $14.40 × 42,000; 33,000; 2,900; 2,500	$604,800	$475,200	$41,760	$36,000
4	Descuento sobre el precio: $0.96 x 42,000; $0.24 × 33,000; $1.20 × 2,900; $0 × 2,500	40,320	7,920	3,480	0
5	Ingresos (al precio real)	564,480	467,280	38,280	36,000
6	Costo de los bienes vendidos: $12 × 42,000; 33,000; 2,900; 2,500	504,000	396,000	34,800	30,000
7	Utilidad bruta	60,480	71,280	3,480	6,000
8	Costos en operación a nivel del cliente				
9	Manejo de productos $0,50 × 42,000; 33,000; 2,900; 2,500	21,000	16,500	1,450	1,250
10	Recepción de órdenes $100 × 30; 25; 15; 10	3,000	2,500	1,500	1,000
11	Vehículos de entrega $ 2 × (5 × 60); (12 × 30); (20 × 20); (6 × 15)	600	720	800	180
12	Entregas urgentes $300 × 1; 0; 2; 0	300	0	600	0
13	Visitas a los clientes $80 × 6; 5; 4; 3	480	400	320	240
14	Total de costos en operación a nivel del cliente	25,380	20,120	4,670	2,670
15	Utilidad en operación a nivel del cliente	$ 35,100	$ 51,160	$(1,190)	$ 3,330

Ilustración 14-6 Estado de resultados de Spring Distribution para junio de 2012

	A	B	C	D	E	F	G	H	I	J	K	L	M
1					CANALES DE DISTRIBUCIÓN DE LOS CLIENTES								
2				Clientes al mayoreo						Clientes al menudeo			
3		Total	Total	A1	A2	A3	▪		Total	Aª	Bª	C	▪
4		(1) = (2) + (7)	(2)	(3)	(4)	(5)	(6)		(7)	(8)	(9)	(10)	(11)
5	Ingresos (a los precios reales)	$12,138,120	$10,107,720	$1,946,000	$1,476,000	▪	▪		$2,030,400	$564,480	$467,280	▪	▪
6	Costos a nivel del cliente	11,633,760	9,737,280	1,868,000	1,416,000	▪	▪		1,896,480	529,380[b]	416,120[b]	▪	▪
7	Utilidad en operación a nivel del cliente	504,360	370,440	$ 78,000	$ 60,000	▪	▪		133,920	$ 35,100	$ 51,160	▪	▪
8	Costos del canal de distribución	160,500	102,500						58,000				
9	Utilidad en operación a nivel del canal de distribución	343,860	$ 267,940						$ 75,920				
10	Costos corporativos de mantenimiento	263,000											
11	Utilidad en operación	$ 80,860											
12													
13	ªLos detalles completos se presentan en la ilustración 14-5.												
14	bCosto de los bienes vendidos + costos en operación totales a nivel del cliente en la ilustración 14-5.												

de las cuentas individuales de clientes perderían motivación, si sus bonos se vieran afectados negativamente por la aplicación a los clientes de los costos del canal de distribución, sobre los cuales ellos tuvieron una influencia mínima.

A continuación, considere los costos corporativos de mantenimiento como los costos de la alta gerencia y los costos generales de administración. Los gerentes de Spring concluyeron que no hay una relación de causa y efecto, o de beneficios recibidos, entre ninguna base de aplicación del costo y los costos de mantenimiento corporativo. En consecuencia, la aplicación de los costos corporativos de mantenimiento no sirve para ningún propósito útil en la toma de decisiones, la evaluación del desempeño o la motivación. Por ejemplo, suponga que Spring aplicara los $263,000 de costos corporativos de mantenimiento a sus canales de distribución: $173,000 al canal al mayoreo y $90,000 al canal al menudeo. Con base en la información de la ilustración 14-6, el canal al menudeo mostraría entonces una pérdida de $14,080 ($75,920 − $90,000).

Si esta misma situación persistiera en los meses siguientes, ¿debería Spring cerrar el canal de distribución al menudeo? No, porque si se descontinuara la distribución al menudeo, los costos corporativos de mantenimiento no se verían afectados. La aplicación de los costos corporativos de mantenimiento a los canales de distribución podría dar la engañosa impresión de que los ahorros potenciales en costos gracias a la discontinuación de un canal de distribución serían mayores que la cantidad probable.

Punto de decisión ▶

¿Cómo pueden los ingresos y los costos de una compañía diferir entre los clientes?

Algunos gerentes y contadores administrativos abogan por la aplicación de todos los costos a los clientes y a los canales de distribución, de modo que **1.** la suma de las utilidades en operación de todos los clientes en un canal (segmento) de distribución sea igual a la utilidad en operación del canal de distribución; y **2.** la suma de las utilidades en operación del canal de distribución sea igual a la utilidad en operación extensiva a toda la compañía. Estos gerentes y contadores administrativos argumentan que los clientes y los productos deben finalmente ser rentables sobre una base de costos totales. En el ejemplo anterior, CAI aplicó todos los costos corporativos y los costos a nivel de división a sus refrigeradores y a sus productos de secadoras para ropa (véase pp. 509-510). Para algunas decisiones, como la fijación de precios, la aplicación de todos los costos asegura que los precios a largo plazo se establezcan a un nivel para cubrir el costo de todos los recursos utilizados para producir y vender los productos. Sin embargo, el valor del formato jerárquico de la ilustración 14-6 es que distingue entre varios grados de objetividad cuando se aplican los costos, y coincide con los diferentes niveles a los cuales se toman las decisiones y se evalúa el desempeño. El aspecto de qué costos se deben aplicar y cuándo, es otro ejemplo del tema de "costos diferentes para propósitos distintos", que se ha enfatizado a lo largo de todo este libro.

Objetivo de aprendizaje 5

Identificar la importancia de los perfiles de rentabilidad del cliente

. . . destacar que un pequeño porcentaje de clientes aporta un alto porcentaje de utilidad en operación.

Perfiles de rentabilidad del cliente

Los perfiles de rentabilidad del cliente ofrecen una herramienta útil para los gerentes. La ilustración 14-7 clasifica a los 10 clientes al menudeo de Spring con base en la utilidad en operación a nivel del cliente. (En la ilustración 14-5 se analizan cuatro de estos clientes.)

Ilustración 14-7   Análisis de rentabilidad para clientes de canales al menudeo: Spring Distribution, junio de 2012

	A	B	C	D	E	F
1	Clientes clasificados de acuerdo con la utilidad en operación a nivel del cliente					
2						Utilidad en operación
3						acumulativa a nivel
4				Utilidad en operación	Utilidad en	del cliente como
5		Utilidad	Ingreso	a nivel del cliente	operación	% de la utilidad en
6	Código	en operación	proveniente	dividida entre	acumulativa a	operación total al
7	del cliente	a nivel de cliente	del cliente	los ingresos	nivel del cliente	nivel del cliente
8	al menudeo	(1)	(2)	(3) = (1) ÷ (2)	(4)	(5) = (4) ÷ $133,920
9	B	$ 51,160	$ 467,280	10.9%	$ 51,160	38%
10	A	35,100	564,480	6.2%	86,260	64%
11	C	27,070	295,640	9.2%	113,330	85%
12	D	20,580	277,000	7.4%	133,910	100%
13	F	12,504	143,500	8.7%	146,414	109%
14	J	3,330	41,000	8.1%	149,744	112%
15	E	176	123,000	0.1%	149,920	112%
16	G	−1,190	38,280	−3.1%	148,730	111%
17	H	−5,690	38,220	−14.9%	143,040	107%
18	I	−9,120	42,000	−21.7%	133,920	100%
19		$133,920	$2,030,400			
20						

La columna 4, la cual se calcula sumando las cantidades individuales de la columna 1, muestra la utilidad en operación acumulativa a nivel del cliente. Por ejemplo, el cliente C tiene un ingreso acumulativo de $113,330 en la columna 4. Estos $113,330 son la suma de $51,160 para el cliente B, $35,100 para el cliente A y $27,070 para el cliente C.

La columna 5 muestra qué porcentaje representan los $113,330 del total *acumulativo* para los clientes B, A y C, con respecto a la utilidad en operación total a nivel del cliente de $133,920, obtenidos en el canal de distribución al menudeo a partir de los 10 clientes. Los tres clientes más rentables aportan el 85% de la utilidad en operación total a nivel del cliente. Estos clientes merecen el más alto nivel de servicio y de prioridad. Las compañías tratan de mantener contentos a sus mejores clientes de diferentes maneras: números telefónicos especiales y privilegios superiores para viajeros frecuentes de alto nivel, uso gratuito de suites en hoteles de lujo y amplias líneas de crédito para los grandes apostadores en casinos, etcétera. En muchas empresas, es común que un pequeño número de clientes aporte un alto porcentaje de la utilidad en operación. Microsoft usa la frase "no todos los dólares de ingresos se asignan por igual en la rentabilidad" para enfatizar este punto.

La columna 3 muestra la rentabilidad por dólar de ingresos por cliente. Esta medida de la rentabilidad del cliente indica que, aunque el cliente A aporte la segunda utilidad en operación más alta, la rentabilidad por dólar de ingresos es menor debido a altos descuentos sobre el precio. La meta de Spring es aumentar los márgenes de utilidad para el cliente A mediante la disminución de los descuentos sobre el precio o mediante el ahorro en costos a nivel del cliente, manteniendo o aumentado al mismo tiempo las ventas. El cliente J tiene un margen de utilidad más alto pero tiene ventas totales más bajas. El desafío de Spring con el cliente J es conservar los márgenes e incrementar al mismo tiempo las ventas.

Presentación del análisis de rentabilidad

Hay dos formas comunes de presentar los resultados del análisis de la rentabilidad del cliente. Los gerentes encuentran con frecuencia que la gráfica de barras de la ilustración 14-8, panel A, es una forma intuitiva de visualizar la rentabilidad del cliente. Los clientes altamente rentables sobresalen con claridad. Además, el número de clientes "improductivos" y la magnitud de sus pérdidas son evidentes. Una forma alternativa de expresar la rentabilidad del cliente es graficar el contenido de la columna 5 de la ilustración 14-7. Esta gráfica se denomina **curva de ballena**, ya que esta doblada

Panel A: Gráfica de barras de la utilidad en operación a nivel del cliente, para los clientes del canal de distribución al menudeo de Spring Distribution en junio de 2012

Panel B: Curva en forma de ballena de la rentabilidad acumulativa, para los clientes del canal de distribución al menudeo de Spring Distribution en junio de 2012

Utilidad en operación a nivel del cliente

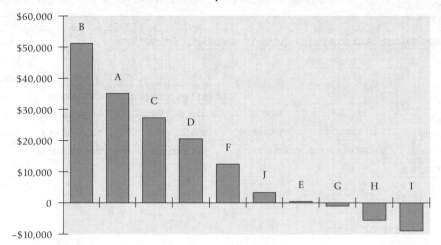

Clientes del canal al menudeo

Curva en forma de ballena de la rentabilidad acumulativa, para los clientes del canal de distribución al menudeo de Spring en junio de 2012

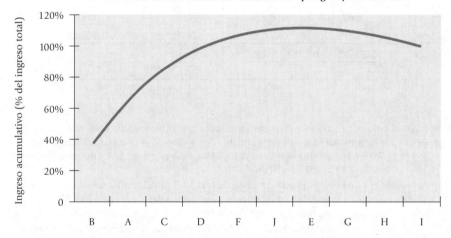

hacia atrás en el punto donde los clientes empiezan a volverse improductivos y, por consiguiente, se asemeja a una ballena jorobada.[5]

Los gerentes de Spring deben explorar formas de hacer rentables a los clientes improductivos. Las ilustraciones 14-5 a 14-8 destacan la rentabilidad del cliente a corto plazo. Otros factores que deberían considerar los gerentes al decidir cómo aplicar los recursos entre los clientes incluyen lo siguiente:

■ **Probabilidad de retención del cliente.** Cuanto más probable sea que un cliente continúe realizando operaciones de negocios con una compañía, más valioso será ese cliente. Los clientes difieren en su lealtad y en su voluntad para hacer con frecuencia "compras en un negocio".

■ **Potencial de crecimiento en ventas.** Cuanto más alto sea el crecimiento probable de la industria y las ventas a un cliente, más valioso será ese cliente. Los clientes a quienes una empresa les puede vender otras mercancías en forma cruzada son más deseables.

■ **Rentabilidad del cliente a largo plazo.** Este factor estará influido por los dos primeros factores especificados y por el costo del personal para el apoyo al cliente, así como por los servicios especiales necesarios para retener las cuentas de este.

[5] En la práctica, la curva de la gráfica suele estar muy inclinada. La curva en forma de ballena para la rentabilidad acumulativa generalmente revela que el 20% más rentable de los clientes generan entre 150% y 300% de las utilidades totales, que el 70% intermedio de los clientes alcanzan su punto de equilibrio y que el 10% menos rentable de los clientes pierden del 50% al 200% de las utilidades totales (véase Robert Kaplan y V.G. Narayanan, Measuring and Managing Customer Profitability, Journal of Cost Management, septiembre/octubre de 2001, pp. 1-11).

■ **Aumentos en la demanda general resultante del hecho de tener clientes bien conocidos.** Los clientes con reputaciones establecidas ayudan a generar ventas para otros clientes gracias a su aval del producto.

■ **Habilidad para aprender de los clientes.** Los clientes que proporcionan ideas acerca de los nuevos productos o formas de mejorar los productos actuales son especialmente valiosos.

Los gerentes deben tener cuidado cuando toman la decisión de descontinuar a los clientes. En la ilustración 14-7, la improductividad actual del cliente G, por ejemplo, daría señales engañosas acerca de la rentabilidad de G en el largo plazo. Además, en cualquier sistema basado en el ABC, no todos los costos asignados al cliente G son variables. En el corto plazo, el hecho de que Spring use su capacidad de reserva para atender a G con base en el margen de contribución bien pudo haber sido una medida eficiente. La descontinuación del cliente G no eliminará todos los costos asignados a ese cliente, y dejará a la empresa en una situación peor que la que tenía con anterioridad.

Desde luego, ciertos clientes bien podrían ser crónicamente improductivos y mantener prospectos futuros limitados. O bien podrían caer fuera del mercado meta de la empresa, o incluso requerir altos niveles de servicio que resultaran insostenibles en relación con las estrategias y las capacidades de la empresa. En tales casos, las organizaciones se están volviendo cada vez más dinámicas para atender las relaciones con los clientes. Por ejemplo, ING Direct, el prestamista directo más grande y la organización de servicios financieros con el crecimiento más rápido en Estados Unidos, solicita a 10,000 clientes de "alto mantenimiento" que cierren sus cuentas cada mes.[6] La sección Conceptos en acción de la p. 518 señala un ejemplo de una compañía que lucha contra la cuestión de cómo administrar sus recursos y su rentabilidad sin afectar la satisfacción de sus clientes.

Uso del proceso de toma de decisiones de cinco pasos para administrar la rentabilidad de los clientes

Los diferentes tipos de análisis de clientes que acabamos de examinar brindan a la compañía información clave para orientar la aplicación de los recursos entre los clientes. Use el proceso de toma de decisiones en cinco pasos, el cual se estudió en el capítulo 1, para pensar cómo los gerentes usan estos análisis para tomar decisiones de administración de sus clientes.

1. *Identificar el problema y las incertidumbres.* El problema es cómo administrar y asignar los recursos entre los clientes.

2. *Obtener información.* Los gerentes identifican los ingresos pasados que ha generado cada cliente y los costos a nivel de cliente que se generaron en el pasado para apoyar a cada cliente.

3. *Realizar predicciones acerca del futuro.* Los gerentes estiman los ingresos que esperan de cada cliente y los costos a nivel del cliente que se generarán en el futuro. Al efectuar tales predicciones, los gerentes consideran los efectos que los descuentos futuros sobre el precio tendrán en los ingresos, el efecto que tendrá la fijación de precio para diferentes servicios (como las entregas urgentes) en la demanda para estos servicios por parte de los clientes, y las formas de reducir el costo del suministro de los servicios. Por ejemplo, Deluxe, Corp., un impresor líder de talonarios de cheques, inició reducciones del proceso para reducir los costos de atención a los clientes, mediante la apertura de un canal electrónico para que los clientes que hacían pedidos a base de órdenes de compra en papel evolucionaran a los pedidos electrónicos automatizados.

4. *Tomar decisiones mediante la elección entre alternativas.* Los gerentes usan los perfiles de rentabilidad de los clientes para identificar aquel pequeño conjunto de clientes que merece el mejor servicio y la mayor prioridad. También identifican las formas de conseguir que los clientes menos rentables (como el cliente G de Spring) se vuelvan más rentables. Por ejemplo, los bancos imponen con frecuencia requisitos de saldos mínimos sobre los clientes. Las empresas de distribución quizá requieran cantidades mínimas de ordenamiento, o bien, imponer un sobrecargo para las órdenes más pequeñas o personalizadas. Al tomar decisiones de aplicación de recursos, los gerentes también consideran los efectos a largo plazo, como el potencial para el crecimiento futuro en las ventas y la oportunidad de apalancar una cuenta particular de un cliente para vender a otros clientes.

5. *Implementar la decisión, evaluar el desempeño y aprender.* Después de que se implementa una decisión, los gerentes comparan los resultados reales con los resultados predichos para evaluar la decisión que tomaron, su implementación y las formas en que podrían mejorar su rentabilidad.

◀ **Punto de decisión**

¿Cómo ayudan los perfiles de rentabilidad de los clientes a los gerentes?

---

[6] Véase, por ejemplo, "The New Math o f Customer Relationships" en http://hbswk.hbs.edu/item/5884.html.

Conceptos en acción | Las aplicaciones del iPhone desafían a la rentabilidad de los clientes en AT&T

AT&T es el segundo proveedor inalámbrico más grande en Estados Unidos. La compañía ofrece teléfonos móviles y accesos de datos a más de 85 millones de individuos, negocios y agencias gubernamentales. AT&T usa la contabilidad de costos para fijar el precio de sus diversos planes de servicios inalámbricos, así como para calcular la rentabilidad general de sus clientes, incluyendo más de 10 millones de propietarios del iPhone de Apple. AT&T es el proveedor inalámbrico exclusivo del popular dispositivo inteligente iPhone.

Tradicionalmente, el costo por atender a diferentes clientes inalámbricos era variable. La mayoría de los clientes de negocios, por ejemplo, requiere de un servicio confiable durante las horas de negocios y grandes cantidades de datos de banda ancha para el acceso al correo electrónico y a Internet. En contraste, muchos individuos usan sus dispositivos inalámbricos extensamente en las noches y en los fines de semana, y usan características como los mensajes de texto y los tonos de marcado musicales. Por consiguiente, los proveedores inalámbricos consideraban los costos de estos servicios cuando desarrollaron sus planes de fijación de precios y cuando calcularon la rentabilidad de sus clientes. De esta manera, los individuos con poco uso de sus servicios telefónicos podían seleccionar un plan menos costoso con un menor número de minutos y un uso básicamente en las noches y los fines de semana, en tanto que los individuos más exigentes y los clientes de negocios lucrativos elegían planes con más minutos de teléfono, grandes cantidades de datos inalámbricos de banda ancha y una confiabilidad garantizada... por un mayor precio.

Cuando AT&T empezó a vender el iPhone a mediados de 2007, los contadores de costos proyectaron la rentabilidad para sus nuevos clientes, y los nuevos planes se diseñaron considerándolos. De manera similar a los planes inalámbricos tradicionales, a los compradores del iPhone se les ofrecían opciones de suscripción con diferentes cantidades de minutos de teléfono a diferentes precios. Por ejemplo, 450 minutos de teléfono tenían un costo de $59.99, mientras que 1,350 minutos costaban $99.99. Sin embargo, para promover las capacidades inalámbricas y de Internet del iPhone, Apple insistió en que AT&T ofreciera tan solo un paquete de datos, un plan ilimitado.

Aunque el paquete de datos ilimitados demostró ser inicialmente lucrativo, los desarrollos tecnológicos agregaron costos significativos a AT&T. Cuando Apple lanzó el iPhone 3G en 2008, las capacidades de datos de la tercera generación motivaron a los fabricantes de software para que desarrollaran nuevos programas para la plataforma iPhone. Después de dos años, casi 140,000 aplicaciones, las cuales iban desde el reproductor móvil de música de Pandora hasta el programa de presupuestos Mint, fueron descargados más de 3,000 millones de veces por usuarios del iPhone. Sin embargo, cada una de sus aplicaciones usa una gran cantidad de banda ancha.

Recuerde que AT&T no cobra a los suscriptores del iPhone por el uso marginal de la banda ancha. En consecuencia, los suscriptores que descargan y usan muchas aplicaciones del iPhone se vuelven rápidamente improductivos para la compañía. Dado que cada 100 MB de banda ancha cuestan $1 a AT&T, la compañía está considerando actualmente algunas opciones de reducción de costos, como la limitación al acceso de datos y la modificación de su plan de suscripción de datos tipo buffet, pero está muy preocupada en relación con la pérdida de clientes.

El uso de las aplicaciones del iPhone también creó un problema de costos más grande para la compañía. Dado que la banda ancha en la red inalámbrica de AT&T ha aumentado en 5,000% entre 2006 y 2009, la red de la compañía está mostrando signos de saturación y un desempeño deficiente. Para actuar sobre tales preocupaciones, AT&T gastó de $18 a 19 mil millones para hacer mejoramientos a su red de datos en 2010 y gastará más en los años venideros. En consecuencia, AT&T necesitará equilibrar la satisfacción del cliente asegurándose de que los clientes de iPhone sigan siendo rentables para el proveedor.

Fuentes: AT&T Inc. and Apple Inc. 2007. AT&T and Apple announce simple, affordable service plans for iPhone. AT&T Inc. and Apple Inc. Press Release, 26 de junio. http://www.apple.com/pt/library/2007/06/26plans.html; Fazard, Roben. 2010. AT&T's iPhones mess. *Business Week*, 3 de febrero; Sheth, Niraj, 2010. AT&T, boosted and stressed by iPhone, lays out network plans. *Wall Street Journal*, 29 de enero; Sheth, Niraj, 2010. For wireless carriers, iPad signals further loss of clout. *Wall Street Journal*, 28 de enero.

Variaciones en ventas

El análisis de la rentabilidad del cliente de la sección anterior concentró la atención en la rentabilidad real de los clientes individuales dentro de un canal de distribución (al menudeo, por ejemplo) y su efecto sobre la rentabilidad de Spring Distribution para junio de 2012. Sin embargo, a un nivel más estratégico recuerde que Spring opera en dos mercados diferentes: al mayoreo y al menudeo. Los márgenes operativos del mercado al menudeo son mucho mayores que en el mercado al mayoreo. En junio de 2012, Spring había presupuestado vender el 80% de sus cajas a los mayoristas y el 20% a los minoristas. En total, vendió más cajas que las que había presupuestado, pero su mezcla real de ventas (en cajas) fue de 84% a los mayoristas y de 16% a los minoristas. Indistintamente de la rentabilidad en ventas para los clientes individuales dentro de cada uno de los canales al menudeo y al mayoreo, la utilidad en operación real de Spring, en relación con el presupuesto maestro, quizá se vería positivamente afectada por el nivel más alto de venta de cajas, y negativamente afectada por el cambio en la mezcla que aleja a los clientes al menudeo más rentables. Las variaciones en la cantidad de ventas y la mezcla de ventas pueden identificar el efecto de cada uno de estos factores sobre la rentabilidad de Spring. Las compañías como Cisco, GE y Hewlett Packard realizan análisis similares porque venden sus productos usando varios canales de distribución como Internet, teléfono y tiendas detallistas.

Spring clasifica todos los costos a nivel del cliente como costos variables, y los costos del canal de distribución y de mantenimiento corporativo como costos fijos. Para simplificar el análisis y los cálculos de las variaciones en ventas, suponemos que todos los costos variables son variables con respecto a las unidades (cajas) vendidas. (Esto significa que el tamaño promedio de los lotes sigue siendo el mismo cuando varía el total de las cajas vendidas.) Sin este supuesto, el análisis se volvería más complejo y tendría que realizarse usando el enfoque del análisis de variaciones ABC que se describió en el capítulo 8, pp. 281-285. Sin embargo, las nociones fundamentales no cambiarían.

Los datos operativos reales y presupuestados para junio de 2012 son:

> **Objetivo de aprendizaje 6**
>
> Subdividir la variación del volumen en ventas en la variación de la mezcla de ventas
>
> . . . la variación surge porque la mezcla en las ventas reales difiere de la mezcla en las ventas presupuestadas
>
> y en la variación de la cantidad de ventas
>
> . . . esta variación surge porque las ventas unitarias totales reales difieren de las ventas unitarias totales presupuestadas

Datos presupuestados para junio de 2012

	Precio de venta (1)	Costo variable por unidad (2)	Margen de contribución por unidad (3) = (1) − (2)	Volumen de ventas en unidades (4)	Mezcla de ventas (basada en unidades) (5)	Margen de contribución (6) = (3) × (4)
Canal al mayoreo	$13.37	$12.88	$0.49	712,000	80%[a]	$348,880
Canal al menudeo	14.10	13.12	0.98	178,000	20%	174,440
Total				890,000	100%	$523,320

[a]Porcentaje de ventas unitarias hechas al canal al mayoreo = 712,000 unidades ÷ 890,000 unidades totales = 80%.

Datos reales para junio de 2012

	Precio de venta (1)	Costo variable por unidad (2)	Margen de contribución por unidad (3) = (1) − (2)	Volumen de ventas en unidades (4)	Mezcla de ventas (basada en unidades) (5)	Margen de contribución (6) = (3) × (4)
Canal al mayoreo	$13.37	$12.88	$0.49	756,000	84%[a]	$370,440
Canal al menudeo	14.10	13.17	0.93	144,000	16%	133,920
Total				900,000	100%	$504,360

[a]Porcentaje de ventas unitarias hechas al canal al mayoreo = 756,000 unidades ÷ 900,000 unidades totales = 84%.

Los costos fijos presupuestados y reales del canal de distribución y los costos de mantenimiento corporativo son de $160,500 y de $263,000, respectivamente (véase la ilustración 14-6, p. 514).

Recuerde que los niveles de detalle que se introdujeron en el capítulo 7 (pp. 230-233) incluyeron la variación en el presupuesto estático (nivel 1), la variación en el presupuesto flexible (nivel 2) y la variación en el volumen de ventas (nivel 2). Las variaciones en la cantidad de ventas y en la mezcla de ventas son variaciones del nivel 3 que subdividen a la variación del volumen de ventas.[7]

---

[7] La presentación de las variaciones en este capítulo y en el apéndice se basan en las notas académicas preparadas por J. K. Harris.

Variación en el presupuesto estático

La *variación en el presupuesto estático* es la diferencia entre un resultado real y el monto presupuestado correspondiente en el presupuesto estático. Nuestro análisis se concentra en la diferencia entre los márgenes de contribución reales y presupuestados (columna 6 en los cuadros anteriores). La variación total en el presupuesto estático es de $18,960 D (margen de contribución real de $504,360 – margen de contribución presupuestado de $523,320). La ilustración 14-9 (columnas 1 y 3) usa el formato por columnas que se introdujo en el capítulo 7 para mostrar los cálculos detallados de la variación en el presupuesto estático. Los gerentes pueden obtener un mejor entendimiento acerca de la variación en el presupuesto estático subdividiéndolo en la variación en el presupuesto flexible y la variación en el volumen de ventas.

Variación en el presupuesto flexible y variación en el volumen de ventas

La *variación en el presupuesto flexible* es la diferencia entre un resultado real y el monto correspondiente del presupuesto flexible, con base en el nivel real de producción del periodo del presupuesto. El margen de contribución del presupuesto flexible es igual al margen de contribución presupuestado por unidad multiplicado por las unidades reales vendidas de cada producto. La ilustración 14-9, columna 2, muestra los cálculos del presupuesto flexible. El presupuesto flexible mide el margen de contribución que Spring hubiera presupuestado para las cantidades reales de cajas vendidas. La variación en el presupuesto flexible es la diferencia entre las columnas 1 y 2 de la ilustración 14-9. La única diferencia entre las columnas 1 y 2 es que las unidades reales vendidas de cada producto se multiplican por el margen de contribución real por unidad en la columna 1 y el margen de contribución presupuestado por unidad en la columna 2. La variación en el presupuesto flexible de $7,200 D surge porque el margen de contribución real sobre las ventas al menudeo de $0.93 por caja es menor que el monto presupuestado de $0.98 por caja. La administración de Spring está consciente de que esta diferencia de $0.05 por caja fue el resultado de descuentos excesivos sobre el precio, y ha puesto en marcha planes de acción para reducir los descuentos en el futuro.

La *variación en el volumen de ventas* es la diferencia entre una cantidad del presupuesto flexible y la cantidad correspondiente del presupuesto estático. En la ilustración 14-9, la variación en el volumen de ventas muestra el efecto sobre el margen de contribución presupuestado proveniente de la diferencia entre la cantidad real de unidades vendidas y la cantidad presupuestada de unidades vendidas. La variación en el volumen de ventas de $11,760 D es la diferencia entre las columnas 2 y 3 de la ilustración 14-9. En este caso, es desfavorable en general porque, aunque las ventas unitarias al mayoreo fueron mayores que lo presupuestado, las ventas al menudeo, las cuales se espera que sean dos veces más rentables sobre una base unitaria, estuvieron por debajo del presupuesto. Los

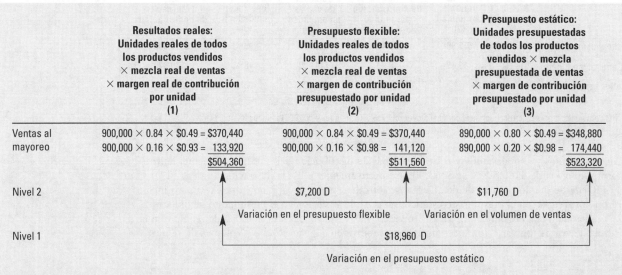

Ilustración 14-9 Análisis de variaciones del presupuesto flexible y del volumen de ventas en Spring Distribution para junio de 2012

	Resultados reales: Unidades reales de todos los productos vendidos × mezcla real de ventas × margen real de contribución por unidad (1)	**Presupuesto flexible:** Unidades reales de todos los productos vendidos × mezcla real de ventas × margen de contribución presupuestado por unidad (2)	**Presupuesto estático:** Unidades presupuestadas de todos los productos vendidos × mezcla presupuestada de ventas × margen de contribución presupuestado por unidad (3)
Ventas al mayoreo	900,000 × 0.84 × $0.49 = $370,440	900,000 × 0.84 × $0.49 = $370,440	890,000 × 0.80 × $0.49 = $348,880
	900,000 × 0.16 × $0.93 = 133,920	900,000 × 0.16 × $0.98 = 141,120	890,000 × 0.20 × $0.98 = 174,440
	$504,360	$511,560	$523,320
Nivel 2		$7,200 D	$11,760 D
		Variación en el presupuesto flexible	Variación en el volumen de ventas
Nivel 1		$18,960 D	
		Variación en el presupuesto estático	

F = efecto favorable sobre la utilidad en operación; D = efecto desfavorable sobre la utilidad en operación.

gerentes de Spring pueden obtener una comprensión sustancial de la variación en el volumen en ventas, subdividiéndola en la variación en la mezcla de ventas y la variación en la cantidad de ventas.

Variación en la mezcla de ventas

La **variación en la mezcla de ventas** es la diferencia entre: **1.** el margen de contribución presupuestado para la *mezcla de ventas real* y **2.** el margen de contribución presupuestado para la *mezcla de ventas presupuestada*. La fórmula y los cálculos (usando los datos de la p. 519) son los siguientes:

	Unidades reales de todos los productos vendidos		Ventas reales - porcentaje de la mezcla	−	Ventas presupuestadas - porcentaje de la mezcla			Margen de contribución presupuestado por unidad	−	Variación en la mezcla de ventas
Mayoreo	900,000 unidades	×		(0.84 − 0.80)		×	$0.49 por unidad	=	$17,640 F
Menudeo	900,000 unidades	×		(0.16 − 0.20)		×	$0.98 por unidad	=	35,280 D
Variación total en la mezcla de ventas									$17,640 D

Surge una variación favorable en la mezcla de ventas para el canal al mayoreo, porque el 84% del porcentaje real de la mezcla de ventas excede el 80% del porcentaje de la mezcla de ventas presupuestada. En contraste, el canal al menudeo tiene una variación desfavorable ya que el 16% del porcentaje de la mezcla de ventas reales es inferior al 20% del porcentaje de la mezcla de ventas presupuestada. La variación en la mezcla de ventas es desfavorable, porque la mezcla de ventas real cambió hacia el canal al mayoreo menos rentable, en relación con la mezcla de ventas presupuestada.

El concepto que da fundamento a la variación en la mezcla de ventas se explicaría mejor en términos de unidades compuestas. Una **unidad compuesta** es una unidad hipotética con pesos que se basan en la mezcla de unidades individuales. Dadas las ventas presupuestadas para junio de 2012, la unidad compuesta consiste en 0.80 unidades de ventas para el canal al mayoreo y 0.20 unidades de ventas para el canal al menudeo. Por consiguiente, el margen de contribución presupuestado por unidad compuesta para la mezcla de ventas presupuestada es:

$$(0.80) \times (\$0.49) + (0.20) \times (\$0.98) = \$0.5880.[8]$$

De manera similar, para la mezcla de ventas real, la unidad compuesta consiste en 0.84 unidades de ventas para el canal al mayoreo y 0.16 unidades de ventas para el canal al menudeo. El margen de contribución presupuestado por unidad compuesta para la mezcla de ventas reales es, por lo tanto, el siguiente:

$$(0.84) \times (\$0.49) + (0.16) \times (\$0.98) = \$0.5684.$$

El efecto del cambio en la mezcla de ventas es ahora evidente. Spring obtiene un margen de contribución presupuestado más bajo por unidad compuesta de $0.0196 ($0.5880 − $0.5684). Para las 900,000 unidades que realmente se vendieron, este decremento se convierte en una variación en la mezcla de ventas de $17,640 D ($0.0196 por unidad × 900,000 unidades).

Los gerentes deberían investigar la razón por la cual la variación en la mezcla de ventas de $17,640 D ocurrió en junio de 2012. ¿El cambio en la mezcla de vetas se debe al hecho de que, como lo demostró el análisis de la sección anterior, los clientes rentables al menudeo resultaron ser más difíciles de encontrar? ¿Se debe al hecho de que algún competidor en el canal al menudeo proporcionó un mejor servicio a un menor precio? ¿O se debe al hecho de que las estimaciones iniciales del volumen de ventas se hicieron sin un análisis adecuado del potencial de mercado?

La ilustración 14-10 usa el formato por columnas para calcular la variación en la mezcla de ventas y las variaciones en la cantidad de ventas.

Variación en la cantidad de ventas

La **variación en la cantidad de ventas** es la diferencia entre: **1.** el margen de contribución presupuestado con base en las *unidades reales vendidas de todos los productos* de acuerdo con la mezcla pre-

---

[8] El margen de contribución presupuestado por unidad compuesta se calcula de otra manera, dividiendo el margen de contribución total presupuestado de $523,320 entre el total de las unidades presupuestadas de 890,000 (p. 519): $523,320 ÷ 890,000 unidades = $0.5880 por unidad.

Ilustración 14-10 Análisis de variaciones de la mezcla de ventas y de la cantidad de ventas en Spring Distribution para junio de 2012

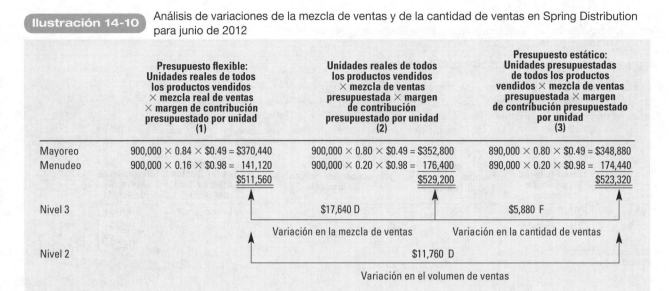

	Presupuesto flexible: Unidades reales de todos los productos vendidos × mezcla real de ventas × margen de contribución presupuestado por unidad (1)	Unidades reales de todos los productos vendidos × mezcla de ventas presupuestada × margen de contribución presupuestado por unidad (2)	Presupuesto estático: Unidades presupuestadas de todos los productos vendidos × mezcla de ventas presupuestada × margen de contribución presupuestado por unidad (3)
Mayoreo	900,000 × 0.84 × $0.49 = $370,440	900,000 × 0.80 × $0.49 = $352,800	890,000 × 0.80 × $0.49 = $348,880
Menudeo	900,000 × 0.16 × $0.98 = 141,120	900,000 × 0.20 × $0.98 = 176,400	890,000 × 0.20 × $0.98 = 174,440
	$511,560	$529,200	$523,320

Nivel 3 $17,640 D $5,880 F

      Variación en la mezcla de ventas   Variación en la cantidad de ventas

Nivel 2 $11,760 D

           Variación en el volumen de ventas

F = efecto favorable sobre la utilidad en operación; D = efecto desfavorable sobre la utilidad en operación.

supuestada y **2.** el margen de contribución en el presupuesto estático (el cual se basa en las *unidades presupuestadas de todos los productos que se van a vender de acuerdo con la mezcla presupuestada*). La fórmula y los cálculos (con los datos de la p. 519) son los siguientes:

		×	Porcentajes presupuestado de la mezcla de ventas	×	Margen de contribución presupuestado por unidad	=	Variación en la cantidad de ventas
Mayoreo	(900,000 unidades – 890,000 unidades)	×	0.80	×	$0.49 por unidad	=	$3,920 F
Menudeo	(900,000 unidades – 890,000 unidades)	×	0.20	×	$0.98 por unidad	=	1,960 F
Variación total en la cantidad de ventas							$5,880 F

Esta variación es favorable cuando las unidades reales de todos los productos vendidos exceden las unidades presupuestadas de todos los productos vendidos. Spring vendió 10,000 cajas más que las que se presupuestaron, lo cual dio como resultado una variación en la cantidad de ventas de $5,880 F (también igual al margen de contribución presupuestado por unidad compuesta para la mezcla de ventas presupuestada multiplicada por las cajas adicionales vendidas, $0.5880 × 10,000). A los gerentes les gustaría saber las razones para el incremento en ventas. ¿Surgieron las ventas más altas como resultado de los problemas de distribución de un competidor? ¿Por un mejor servicio a los clientes? ¿O del crecimiento en el mercado general? Se puede obtener información adicional en relación con las causas de la variación de la cantidad de ventas analizando los cambios en la participación de Spring en el mercado total de la industria y en el tamaño de ese mercado. La variación en la cantidad de ventas se puede desglosar en las variaciones de la participación de mercado y en las variaciones del tamaño del mercado, como se expuso en el apéndice del capítulo 7.[9]

La ilustración 14-11 presenta un panorama general de la variación en la mezcla de ventas y de la variación en la cantidad de ventas para el ejemplo de Spring. La variación en la mezcla de ventas y la variación en la cantidad de ventas también se calculan en una compañía de diversos productos, donde cada producto individual tiene un margen de contribución por unidad diferente. El problema para autoestudio lleva al lector a través de tal ambiente, y también demuestra la relación entre estas variaciones en ventas y la participación de mercado, y las variaciones en el tamaño del mercado que se estudiaron anteriormente. El apéndice de este capítulo describe la variación en la mezcla y la variación en la cantidad para los insumos de producción.

Punto de decisión ▶

¿Cuáles son los dos componentes de la variación en el volumen en ventas?

[9] Recuerde que se calculó la variación en la participación de mercado y la variación en el tamaño de mercado en el apéndice del capítulo 7 (pp. 248-249) para Webb Company, la cual vendía un sólo producto (chamarras) usando un solo canal de distribución. El cálculo de estas variaciones prácticamente no queda afectado cuando existen canales múltiples de distribución, como en el ejemplo de Spring. El único cambio que se requiere es la sustitución de la frase "margen de contribución presupuestado por unidad", en las fórmulas de la variación en la participación de mercado y en el tamaño del mercado, por la frase "margen de contribución presupuestado por unidad compuesta para la mezcla de ventas presupuestada" (que es igual a $0.5880 en el ejemplo de Spring). Si se desean mayores detalles y un ejemplo, consulte el problema para autoestudio de este capítulo.

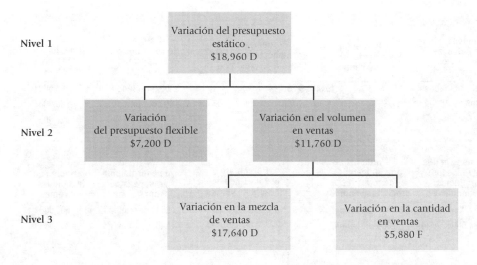

Ilustración 14-11

Panorama general de las variaciones para Spring Distribution en junio de 2012

F = efecto favorable sobre la utilidad en operación; D = efecto desfavorable sobre la utilidad en operación

Problema para autoestudio

La compañía Payne fabrica dos tipos de pisos de vinilo. Los datos operativos reales y presupuestados para 2012 son los siguientes:

	Presupuesto estático			Resultados reales		
	Comercial	Residencial	Total	Comercial	Residencial	Total
Unidades de ventas en rollos	20,000	60,000	80,000	25,200	58,800	84,000
Margen de contribución	$10,000,000	$24,000,000	$34,000,000	$11,970,000	$24,696,000	$36,666,000

A finales de 2011, una firma de investigación de mercados estimó que el volumen de la industria para los pisos comerciales y residenciales de vinilo para 2012 sería de 800,000 rollos. El volumen real de la industria para 2012 fue de 700,000 rollos.

Se requiere

1. Calcule la variación en la mezcla de ventas y la variación en la cantidad de ventas por tipo de piso de vinilo y en total. (Calcule todas las variaciones en términos de los márgenes de contribución.)

2. Calcule la variación en la participación de mercado y la variación en el tamaño del mercado (véase el capítulo 7, pp. 248-249).

3. ¿Qué información preliminar dan las variaciones que se calcularon en los puntos 1 y 2 acerca del desempeño de la compañía Payne en 2012?

Solución

1. Porcentaje real de la mezcla de ventas:

$$\text{Comercial} = 25{,}200 \div 84{,}000 = 0.30, \text{o } 30\%$$

$$\text{Residencial} = 58{,}800 \div 84{,}000 = 0.70, \text{o } 70\%$$

Porcentaje presupuestado de la mezcla de ventas:

$$\text{Comercial} = 20{,}000 \div 80{,}000 = 0.25, \text{o } 25\%$$

$$\text{Residencial} = 60{,}000 \div 80{,}000 = 0.75, \text{o } 75\%$$

Margen de contribución presupuestado por unidad:

$$\text{Comercial} = \$10{,}000{,}000 \div 20{,}000 \text{ unidades} = \$500 \text{ por unidad}$$

$$\text{Residencial} = \$24{,}000{,}000 \div 60{,}000 \text{ unidades} = \$400 \text{ por unidad}$$

	Unidades reales de todos los productos vendidos		(Porcentaje real de la mezcla de ventas − Porcentaje presupuestado de la mezcla de ventas)		Margen de contribución presupuestado por unidad		Variación en la mezcla de ventas
Comercial	84,000 unidades	×	(0.30 − 0.25)	×	$500 por unidad	=	$2,100,000 F
Residencial	84,000 unidades	×	(0.70 − 0.75)	×	$400 por unidad	=	1,680,000 D
Variación total en la mezcla de ventas							$ 420,000 F

	(Unidades reales de todos los productos vendidos − Unidades presupuestadas de todos los productos vendidos)		Porcentaje presupuestado de la mezcla de ventas		Margen de contribución presupuestado por unidad		Variación en la cantidad de ventas
Comercial	(84,000 unidades − 80,000 unidades)	×	0.25	×	$500 por unidad	=	$ 500,000 F
Residencial	(84,000 unidades − 80,000 unidades)	×	0.75	×	$400 por unidad	=	1,200,000 F
Variación total en la mezcla de ventas							$1,700,000 F

2. Participación real de mercado = 84,000 ÷ 700,000 = 0.12 o 12%
Participación de mercado presupuestada = 80,000 ÷ 800,000 unidades = 0.10 o 10%

$$\text{Margen de contribución presupuestado por unidad compuesta de la mezcla presupuestada} = \$34,000,000 \div 80,000 \text{ unidades} = \$425 \text{ por unidad}$$

El margen de contribución presupuestado por unidad compuesta de la mezcla presupuestada también se calcula como:

Comercial: $500 por unidad × 0.25 = $125
Residencial: $400 por unidad × 0.75 = 300
Margen de contribución presupuestado por unidad compuesta = $425

$$\text{Variación en la participación de mercado} = \text{Tamaño real del mercado en unidades} \times \left(\begin{array}{c}\text{participación del mercado} - \text{participación de mercado} \\ \text{real} \quad \text{presupuestada}\end{array}\right) \times \text{margen de contribución presupuestado por unidad compuesta para la mezcla presupuestada}$$

= 700,000 unidades × (0.12 − 0.10) × $425 por unidad

= $5,950,000 F

$$\text{Variación en el tamaño de mercado} = \left(\begin{array}{c}\text{tamaño real} - \text{tamaño presupuestado} \\ \text{de mercado} \quad \text{del mercado} \\ \text{en unidades} \quad \text{en unidades}\end{array}\right) \times \text{participación de mercado presupuestada} \times \text{margen de contribución presupuestado por unidad compuesta para la mezcla presupuestada}$$

= (700,000 unidades − 800,000 unidades) × 0.10 × $425 por unidad

= $4,250,000 D

Observe que la suma algebraica de la variación en la participación de mercado y la variación en el tamaño del mercado es igual a la variación en la cantidad de ventas: $5,950,000 F + $4,250,000 D = $1,700,000 F.

3. Tanto la variación en la mezcla de ventas total como la variación en la cantidad de ventas total son favorables. La variación favorable en la mezcla de ventas ocurrió porque la mezcla real comprendió una mayor cantidad del piso de vinilo comercial con un margen más alto. La variación total favorable en la cantidad de ventas ocurrió porque la cantidad total real de rollos vendidos excedió la cantidad presupuestada.

La alta variación favorable de la compañía en la participación de mercado se debe a una participación de mercado real de 12%, en comparación con una participación de mercado presupuestada de 10%. La variación en el tamaño del mercado es desfavorable porque el tamaño real del mercado fue de 100,000 rollos menos que el tamaño del mercado presupuestado. El desempeño de Payne en 2012 parece ser muy bueno. Aunque el tamaño general del mercado declinó, la compañía vendió más unidades que las presupuestadas y mejoró su participación de mercado.

Puntos de decisión

El siguiente formato de preguntas y respuestas resume los objetivos de aprendizaje del capítulo. Cada decisión presenta una pregunta clave relacionada con un objetivo de aprendizaje. Los lineamientos son la respuesta a esa pregunta.

Decisión	Lineamientos
1. ¿Cuáles son los cuatro propósitos que fundamentan la aplicación de los costos a los objetos de costos?	Los cuatro propósitos de la aplicación de costos son: *a*) brindar información para las decisiones económicas, *b*) motivar a los gerentes y a otros empleados, *c*) justificar los costos o calcular los montos del reembolso, y *d*) medir los ingresos y los activos para informar a terceras partes. Diferentes aplicaciones de costos son adecuadas para fines distintos.
2. ¿Qué criterios deben usar los gerentes para orientar las decisiones de aplicación de costos?	Los gerentes deben usar los criterios de causa y efecto y de beneficios recibidos para guiar la mayoría de las decisiones de aplicación de costos. Otros criterios son la equidad y la capacidad para absorber.
3. ¿Cuáles son dos decisiones clave que deben tomar los gerentes cuando reúnen costos en grupos de costos indirectos?	Dos decisiones clave relacionadas con los grupos de costos indirectos son el número de grupos comunes de costos indirectos que se deben formar, y las partidas individuales de costos que se tienen que incluir en cada grupo de costos para formar grupos de costos homogéneos.
4. ¿Cómo pueden diferir los ingresos y los costos de una compañía entre los clientes?	Los ingresos pueden diferir debido a las diferencias en la cantidad comprada y a los descuentos sobre el precio otorgados a partir del precio de lista para venta. Los costos suelen diferir cuando diferentes clientes ejercen diferentes demandas sobre los recursos de una compañía en términos del procesamiento de las órdenes de compra, la realización de entregas y el apoyo al cliente.
5. ¿Cómo ayudan a los gerentes los perfiles de rentabilidad del cliente?	Las compañías deberían estar enteradas y dedicar recursos suficientes al mantenimiento y a la expansión de las relaciones con los clientes que hacen aportaciones significativas a la rentabilidad. Los perfiles de rentabilidad del cliente con frecuencia destacan que un pequeño porcentaje de clientes contribuyen con un alto porcentaje de la utilidad en operación.
6. ¿Cuáles son dos componentes de la variación en el volumen en ventas?	Los dos componentes de la variación en el volumen en ventas son: *a*) la diferencia entre la mezcla real de ventas y la mezcla de ventas presupuestada (la variación en la mezcla de ventas), y *b*) la diferencia entre las ventas reales en unidades y las ventas presupuestadas en unidades (la variación en la cantidad de ventas).

Apéndice

Variaciones en mezclas y rendimientos para insumos sustituibles

El marco de referencia para el cálculo de la variación en la mezcla de ventas y la variación en la cantidad de ventas también se utiliza para analizar las variaciones en los insumos de producción en aquellos casos donde los gerentes tienen alguna libertad para combinar y sustituir los insumos. Por ejemplo, Del Monte puede combinar los insumos de materiales (como piñas, cerezas y uvas) en proporciones variantes para sus latas de cócteles de fruta. Dentro de ciertos límites, estas frutas individuales son *insumos sustituibles* al elaborar el cóctel de frutas.

Ilustramos la manera en que la variación en eficiencia que se expuso en el capítulo 7 (pp. 236-237) se puede subdividir en variaciones que ponen de relieve el efecto financiero de la mezcla de insumos y el rendimiento de los insumos, cuando dichos insumos son sustituibles. Considere el caso de la corporación Delpino, la cual elabora salsa de tomate (*ketchup*). Nuestro ejemplo se concentra en los insumos de materiales directos y en la sustitución entre tres de estos insumos. Se usa el mismo enfoque para examinar los insumos sustituibles de la mano de obra directa.

Para producir salsa de tomate con cierta consistencia, y color y sabor específicos, Delpino mezcla tres tipos de tomates cultivados en diferentes regiones: tomates latinoamericanos (Latoms), tomates de California (Caltoms), y tomates de Florida (Flotoms).

Los estándares de producción de Delpino requieren 1.60 toneladas de tomates para producir 1 tonelada de salsa de tomate; se presupuesta que el 50% de los tomates son Latoms, el 30% son Caltoms y el 20% son Flotoms. Los insumos de materiales directos presupuestados para producir 1 tonelada de salsa de tomate son:

0.80 (50% de 1.6) toneladas de Latoms a $70 por tonelada	$ 56.00
0.48 (30% de 1.6) toneladas de Caltoms a $80 por tonelada	38.40
0.32 (20% de 1.6) toneladas de Flotoms a $90 por tonelada	28.80
Total del costo presupuestado de 1.6 toneladas de tomates	$123.20

El costo promedio presupuestado por tonelada de tomates es de $123.20 ÷ 1.60 toneladas = $77 por tonelada.

Ya que Delpino usa tomates frescos para elaborar la salsa de tomate, no se lleva ningún inventario de tomates. Las compras se hacen a medida que se necesitan y, por consiguiente, todas las variaciones en precio se relacionan con los tomates comprados y usados. Los resultados reales para junio de 2012 muestran que se usó un total de 6,500 toneladas de tomates para producir 4,000 toneladas de salsa de tomate:

3,250 toneladas de Latoms a un costo real de $70 por tonelada	$227,500
2,275 toneladas de Caltoms a un costo real de $82 por tonelada	186,550
975 toneladas de Flotoms a un costo real de $96 por tonelada	93,600
6,500 toneladas de tomates	507,650
Costo presupuestado de 4,000 toneladas de salsa de tomate a $123.20 por tonelada	492,800
Variación en el presupuesto flexible para los materiales directos	$ 14,850 D

Dada la razón estándar de 1.60 toneladas de tomates a 1 tonelada de salsa de tomate, se deberían usar 6,400 toneladas de tomates para producir 4,000 toneladas de salsa de tomate. A la mezcla estándar, las cantidades de cada tipo de tomate que se requieren son:

Latoms:	0.50 × 6,400 = 3,200 toneladas
Caltoms:	0.30 × 6,400 = 1,920 toneladas
Flotoms:	0.20 × 6,400 = 1,280 toneladas

Variaciones en el precio y en la eficiencia de los materiales directos

La ilustración 14-12 presenta un formato por columnas el análisis en la variación del presupuesto flexible para los materiales directos, como se expuso en el capítulo 7. Las variaciones en precio y en eficiencia de los materiales se calculan de manera separada para cada material de insumo y, posteriormente, se suman. El análisis de variaciones motiva a Delpino para que investigue las variaciones desfavorables en precio y eficiencia. ¿Por qué pagó más por los tomates y por qué usó mayores cantidades de las que había presupuestado? ¿Fueron mayores los precios de mercado reales de los tomates, en general, o el departamento de compras podría haber negociado menores precios? ¿Las ineficiencias fueron el resultado de tomates de calidad inferior o de problemas en el procesamiento?

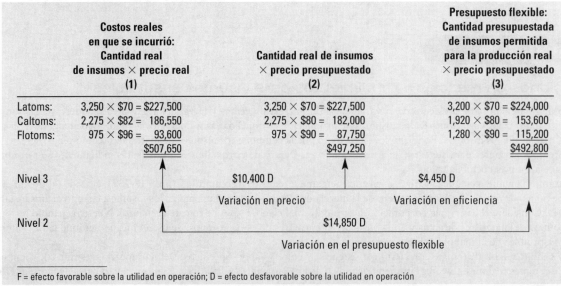

Ilustración 14-12 Variaciones en precio y eficiencia en los materiales directos para la corporación Delpino, junio de 2012

	Costos reales en que se incurrió: Cantidad real de insumos × precio real (1)	Cantidad real de insumos × precio presupuestado (2)	Presupuesto flexible: Cantidad presupuestada de insumos permitida para la producción real × precio presupuestado (3)
Latoms:	3,250 × $70 = $227,500	3,250 × $70 = $227,500	3,200 × $70 = $224,000
Caltoms:	2,275 × $82 = 186,550	2,275 × $80 = 182,000	1,920 × $80 = 153,600
Flotoms:	975 × $96 = 93,600	975 × $90 = 87,750	1,280 × $90 = 115,200
	$507,650	$497,250	$492,800

Nivel 3 $10,400 D $4,450 D
                Variación en precio   Variación en eficiencia

Nivel 2 $14,850 D
                    Variación en el presupuesto flexible

F = efecto favorable sobre la utilidad en operación; D = efecto desfavorable sobre la utilidad en operación

Variaciones en la mezcla y el rendimiento de los materiales directos

Los gerentes tienen algunas veces cierta discreción para sustituir un material por otro. El gerente de la planta de salsa de tomate de Delpino tiene cierta libertad para combinar Latoms, Caltoms y Flotoms sin afectar la calidad de la salsa de tomate. Nosotros supondremos que para mantener la calidad, los porcentajes de las mezclas de cada tipo de tomate tan solo pueden variar hasta un 5% con respecto a la mezcla estándar. Por ejemplo, el porcentaje de Caltoms de la mezcla puede variar entre 25% y 35% (30% ± 5%). Cuando los insumos son sustituibles, el mejoramiento en la eficiencia de los materiales directos en relación con los costos presupuestados podría surgir de dos fuentes: **1.** el uso de una mezcla más barata para obtener una cantidad de producción determinada, medida por la variación en la mezcla de materiales directos, y **2.** el uso de una menor cantidad de insumos para lograr una cantidad de producción determinada, medida por la variación en el rendimiento de los materiales directos.

Manteniendo constante la cantidad total real de todos los insumos de materiales directos usados, el total de la **variación en la mezcla de materiales directos** es la diferencia entre: **1.** el costo presupuestado para la mezcla real de la cantidad total real de materiales directos usados y **2.** el costo presupuestado de la mezcla presupuestada de la cantidad total real de materiales directos usados. Manteniendo constante la mezcla de insumos presupuestada, la **variación en el rendimiento de los materiales directos** es la diferencia entre: **1.** el costo presupuestado de los materiales directos con base en la cantidad total real de los materiales directos usados y **2.** el costo del presupuesto flexible de los materiales directos con base en la cantidad total presupuestada de los materiales directos permitidos para la producción realmente obtenida. La ilustración 14-13 presenta las variaciones en la mezcla de los materiales directos y en el rendimiento para la corporación Delpino.

Variación en la mezcla de materiales directos

La variación total en la mezcla de materiales directos es la suma de las variaciones en la mezcla de los materiales directos para cada insumo:

$$
\begin{array}{c}
\text{Variación en la} \\
\text{mezcla de materiales} \\
\text{directos para} \\
\text{cada insumo}
\end{array}
=
\begin{array}{c}
\text{Cantidad total real} \\
\text{de todos los insumos} \\
\text{de materiales} \\
\text{directos usados}
\end{array}
\times
\left(
\begin{array}{c}
\text{Porcentaje} \\
\text{real de la mezcla} \\
\text{de insumos} \\
\text{de materiales directos}
\end{array}
-
\begin{array}{c}
\text{Porcentaje} \\
\text{presupuestado de la} \\
\text{mezcla de insumos} \\
\text{de materiales directos}
\end{array}
\right)
\times
\begin{array}{c}
\text{Precio} \\
\text{presupuestado de los} \\
\text{insumos de materiales} \\
\text{directos}
\end{array}
$$

Las variaciones en la mezcla de materiales directos son:

Latoms: 6,500 toneladas × (0.50 − 0.50) × $70 por tonelada = 6,500 × 0.00 × $70 = $ 0
Caltoms: 6,500 toneladas × (0.35 − 0.30) × $80 por tonelada = 6,500 × 0.05 × $80 = 26,000 D
Flotoms: 6,500 toneladas × (0.15 − 0.20) × $90 por tonelada = 6,500 × -0.05 × $90 = <u>29,250</u> F
Total de la variación en la mezcla de materiales directos   <u>$ 3,250</u> F

La variación total en la mezcla de materiales directos es favorable porque según la mezcla presupuestada, Delpino sustituye el 5% de los Caltoms más baratos por el 5% de los Flotoms, que son más costosos.

Ilustración 14-13   Variaciones totales en rendimiento y mezcla de materiales directos para la corporación Delpino en junio de 2012

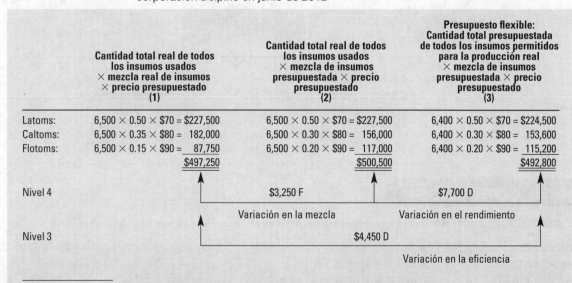

	Cantidad total real de todos los insumos usados × mezcla real de insumos × precio presupuestado (1)	Cantidad total real de todos los insumos usados × mezcla de insumos presupuestada × precio presupuestado (2)	Presupuesto flexible: Cantidad total presupuestada de todos los insumos permitidos para la producción real × mezcla de insumos presupuestada × precio presupuestado (3)
Latoms:	6,500 × 0.50 × $70 = $227,500	6,500 × 0.50 × $70 = $227,500	6,400 × 0.50 × $70 = $224,500
Caltoms:	6,500 × 0.35 × $80 = 182,000	6,500 × 0.30 × $80 = 156,000	6,400 × 0.30 × $80 = 153,600
Flotoms:	6,500 × 0.15 × $90 = <u>87,750</u>	6,500 × 0.20 × $90 = <u>117,000</u>	6,400 × 0.20 × $90 = <u>115,200</u>
	$497,250	$500,500	$492,800

Nivel 4 $3,250 F $7,700 D

Variación en la mezcla   Variación en el rendimiento

Nivel 3 $4,450 D

Variación en la eficiencia

F = efecto favorable sobre la utilidad en operación   D = efecto desfavorable sobre la utilidad en operación

Variación en el rendimiento de materiales directos

La variación en el rendimiento de los materiales directos es la suma de las variaciones en el rendimiento de los materiales directos para cada insumo:

$$
\begin{pmatrix}
\text{Variación en el} \\
\text{rendimiento} \\
\text{de materiales} \\
\text{directos para} \\
\text{cada insumo}
\end{pmatrix}
=
\begin{pmatrix}
\text{Cantidad total} \\
\text{real de todos} \\
\text{los insumos} \\
\text{de materiales} \\
\text{directos usados}
\end{pmatrix}
-
\begin{pmatrix}
\text{Cantidad total} \\
\text{presupuestada de todos} \\
\text{los insumos de materiales} \\
\text{directos permitidos para} \\
\text{la producción real}
\end{pmatrix}
\times
\begin{pmatrix}
\text{Porcentaje} \\
\text{presupuestado} \\
\text{de la mezcla} \\
\text{de insumos de los} \\
\text{materiales directos}
\end{pmatrix}
\times
\begin{pmatrix}
\text{Precio} \\
\text{presupuestado} \\
\text{de los insumos} \\
\text{de los materiales} \\
\text{directos}
\end{pmatrix}
$$

Las variaciones en el rendimiento de los materiales directos son como sigue:

Latoms:	$(6,500 - 6,400)$ toneladas $\times 0.50 \times \$70$ por tonelada $= 100 \times 0.50 \times \$70 =$	\$3,500 D
Caltoms:	$(6,500 - 6,400)$ toneladas $\times 0.30 \times \$80$ por tonelada $= 100 \times 0.30 \times \$80 =$	2,400 D
Flotoms:	$(6,500 - 6,400)$ toneladas $\times 0.20 \times \$90$ por tonelada $= 100 \times 0.20 \times \$90 =$	1,800 D
Variación total en el rendimiento de materiales directos		**\$7,700 D**

La variación total en el rendimiento de los materiales directos es desfavorable porque Delpino utilizó 6,500 toneladas de tomates en vez de las 6,400 toneladas que debería haber usado para producir 4,000 toneladas de salsa de tomate. Manteniendo constante la mezcla presupuestada y los precios presupuestados de los tomates, el costo presupuestado por tonelada de tomates en la mezcla presupuestada es de \$77 por tonelada. La variación desfavorable en el rendimiento representa el costo presupuestado de usar 100 toneladas más de tomates $(6,500 - 6,400)$ toneladas $\times \$77$ por tonelada $= \$7,700$ D. Delpino quisiera investigar las razones para esta variación desfavorable en el rendimiento. Por ejemplo, ¿la sustitución de los Caltoms más baratos por los Flotoms que dio como resultado la variación favorable en la mezcla causó también la variación desfavorable en el rendimiento?

Las variaciones en los materiales directos que se calcularon en las ilustraciones 14-12 y 14-13 se resumen de la siguiente manera:

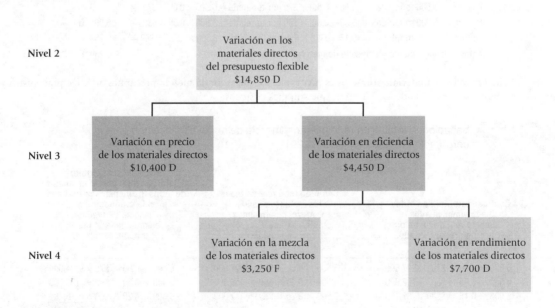

Términos contables

Este capítulo y el glosario que se presenta al final del libro contienen definiciones de los siguientes términos de importancia:

análisis de la rentabilidad del cliente (**p. 510**)
curva en forma de ballena (**p. 516**)
descuento sobre el precio (**p. 511**)
grupo de costos homogéneos (**p. 509**)

jerarquía de costos del cliente (**p. 511**)
unidad compuesta (**p. 521**)
variación en el rendimiento de materiales directos (**p. 527**)

variación en la cantidad de ventas (**p. 521**)
variación en la mezcla de materiales directos (**p. 527**)
variación en la mezcla de ventas (**p. 521**)

Material para tareas

Preguntas

14-1 "Me voy a concentrar en los clientes de mi empresa y voy a dejar los asuntos de la aplicación de costos a mi contador." ¿Está usted de acuerdo con este comentario hecho por un gerente de división? ¿Por qué?

14-2 Un costo determinado se puede aplicar para uno o más propósitos. Mencione cuatro de ellos.

14-3 ¿Qué criterios se podrían usar para orientar las decisiones de aplicación de costos? ¿Cuáles son los criterios dominantes?

14-4 "Una compañía no debería aplicar todos sus costos corporativos a las divisiones." ¿Está usted de acuerdo? Explique su respuesta.

14-5 "Una vez que una compañía aplica los costos corporativos a las divisiones, estos costos no se deberían volver a asignar a los grupos de costos indirectos de la división." ¿Está usted de acuerdo? Explique su respuesta.

14-6 ¿Por qué el análisis de la rentabilidad de un cliente es un tema de mucha importancia para los gerentes?

14-7 ¿Cómo se puede dar seguimiento a la magnitud del descuento sobre el precio sobre una base de cliente por cliente?

14-8 "El perfil de la rentabilidad de un cliente destaca aquellos clientes que tienen que eliminarse para mejorar la rentabilidad." ¿Está usted de acuerdo? Explique su respuesta.

14-9 Mencione ejemplos de tres niveles de costos diferentes en una jerarquía de costos de clientes.

14-10 ¿Qué información proporciona la curva en forma de ballena?

14-11 Muestre la manera en que los gerentes pueden obtener información en relación con las causas de la variación en el volumen en ventas, subdividiendo los componentes de tal variación.

14-12 ¿Cómo se utiliza el concepto de una unidad compuesta para explicar la razón por la cual ocurre una variación total desfavorable en la mezcla de ventas del margen de contribución?

14-13 Explique por qué ocurre una variación favorable en la cantidad de ventas.

14-14 ¿Cómo puede desglosarse más la variación en la cantidad de ventas?

14-15 Explique la manera en que la variación en la mezcla y el rendimiento de materiales directos brindan información adicional acerca de la variación en eficiencia de los materiales directos.

Ejercicios

14-16 Aplicación de costos en hospitales, criterios alternativos de asignación. David Meltzer tomó sus vacaciones en el lago Tahoe el invierno pasado. Por desgracia, se rompió un tobillo mientras estaba esquiando y pasó dos días en el Hospital de la Universidad Sierra. La compañía de seguros de Meltzer recibió una factura de $4,800 por su estancia de dos días. Un aspecto que llamó la atención de Meltzer fue un cargo de $11.52 por un rollo de algodón. Meltzer es un vendedor de Johnson & Johnson, y sabe que el costo para el hospital del rollo de algodón está dentro del rango de $2.20 a $3.00. Él solicitó un análisis del cargo de $11.52. La oficina de contabilidad del hospital le envió la siguiente información:

a)	Costo facturado del rollo de algodón	$ 2.40
b)	Costo del procesamiento de trámites por la compra	0.60
c)	Cuota de administración del almacén de suministros	0.70
d)	Costos del manejo de la sala de operaciones y del cuarto del paciente	1.60
e)	Costos administrativos del hospital	1.10
f)	Costos de enseñanza relacionados con la universidad	0.60
g)	Costos del seguro contra negligencia profesional	1.20
h)	Costo por tratamiento a pacientes no asegurados	2.72
i)	Componente de utilidad	0.60
	Total	$11.52

Meltzer considera que los cargos indirectos son indebidos. Comenta lo siguiente: "No había nada que yo pudiera hacer al respecto. Cuando ellos cometen sus abusos, uno no puede simplemente decir: 'Guarde su rollo de algodón que yo traje el mío.'"

Se requiere

1. Calcule la tasa de costos indirectos que el Hospital de la Universidad Sierra cargó sobre el rollo de algodón.
2. ¿Qué criterios podría usar Sierra para justificar la aplicación de las partidas de costos indirectos *b)* a *i)* en la lista anterior? Examine cada partida por separado y use los criterios de aplicación que se numeran en la ilustración 14-2 (p. 505) en su respuesta.
3. ¿Qué debería hacer Meltzer acerca del cobro de $11.52 por el rollo de algodón?

14-17 Aplicación de costos y toma de decisiones. Greenbold Manufacturing tiene cuatro divisiones que se llaman como sus localidades: Arizona, Colorado, Delaware y Florida. Las oficinas matrices corporativas están en Minnesota. Las oficinas matrices corporativas de Greenbold incurren en $5,600,000 por periodo, lo cual es un costo indirecto de las divisiones. Las oficinas matrices corporativas aplican actualmente este costo a las divisiones con base en los ingresos de cada división. El director general pide al gerente de cada división que sugiera una base de aplicación para los costos indirectos de las oficinas matrices eligiendo entre los ingresos, el margen del segmento, los costos directos y el número de empleados. A continuación se presenta información relevante para cada división:

	Arizona	Colorado	Delaware	Florida
Ingresos	$7,800,000	$8,500,000	$6,200,000	$5,500,000
Costos directos	5,300,000	4,100,000	4,300,000	4,600,000
Margen del segmento	$2,500,000	$4,400,000	$1,900,000	$ 900,000
Número de empleados	2,000	4,000	1,500	500

Se requiere

1. Aplique los costos indirectos de las oficinas matrices de Greenbold Manufacturing a cada una de las cuatro divisiones, usando los ingresos, los costos directos, el margen del segmento y el número de empleados como las bases de aplicación. Calcule los márgenes operativos para cada división después de asignar los costos de las oficinas matrices.
2. ¿Qué base de aplicación considera usted que preferiría el gerente de la división de Florida? Explique su respuesta.
3. ¿Qué factores consideraría usted al decidir qué base de aplicación debería usar Greenbold?
4. Suponga que el director general de Greenbold decide usar los costos directos como la base de aplicación. ¿Debería cerrarse la división de Florida? ¿Por qué?

14-18 Aplicación de los costos a las divisiones. El Hotel y Casino Rembrandt está situado en el hermoso lago Tahoe de Nevada. El complejo incluye un hotel de 300 habitaciones, un casino y un restaurante. Como nuevo contralor del Rembrandt, a usted se le pide que recomiende las bases que se deberán usar para aplicar los costos indirectos fijos a las tres divisiones en 2012. A usted se le presenta la siguiente información del estado de resultados para 2011:

	Hotel	Restaurante	Casino
Ingresos	$16,425,000	$5,256,000	$12,340,000
Costos directos	9,819,260	3,749,172	4,248,768
Margen del segmento	$ 6,605,740	$1,506,828	$ 8,091,232

También se le proporcionan los siguientes datos sobre las tres divisiones:

	Hotel	Restaurante	Casino
Área disponible (pies cuadrados)	80,000	16,000	64,000
Número de empleados	200	50	250

A usted se le indica que puede elegir aplicar los costos indirectos con base en uno de los siguientes criterios: costos directos, área disponible o número de empleados. Los costos indirectos fijos para 2011 fueron de $14,550,00.

Se requiere

1. Calcule los márgenes de la división en términos porcentuales antes de la aplicación de los costos indirectos fijos.
2. Asigne los costos indirectos a las tres divisiones usando cada una de las tres bases de aplicación sugeridas. Para cada base de aplicación, calcule los márgenes operativos de la división, después de las aplicaciones en dólares y como un porcentaje de los ingresos.
3. Analice los resultados. ¿Cómo decidiría usted cómo aplicar los costos indirectos a las divisiones? ¿Por qué?
4. ¿Recomendaría usted cerrar alguna de las tres divisiones (y posiblemente reasignar los recursos a otras divisiones) como resultado de su análisis? En caso de ser así, ¿qué división cerraría y por qué?

14-19 Aplicación de costos a las divisiones. La corporación Lenzing tiene tres divisiones: pulpa, papel y fibras. El nuevo contralor de Lenzing, Ari Bardem, está revisando la aplicación de los costos indirectos fijos corporativos a las tres divisiones. Se le presenta la siguiente información para cada división en 2012.

	A	B	C	D
1		Pulpa	Papel	Fibras
2	Ingresos	$8,500,000	$17,500,000	$ 24,000,000
3	Costos directos de manufactura	4,100,000	8,600,000	11,300,000
4	Costos administrativos de la división	2,000,000	1,800,000	3,200,000
5	Margen de la división	$2,400,000	$7,100,000	$ 9,500,000
6				
7	Número de empleados	350	250	400
8	Área disponible (pies cuadrados)	35,000	24,000	66,000

Hasta ahora, la corporación Lenzing ha aplicado los costos indirectos corporativos fijos a las divisiones con base en los márgenes de la división. Bardem solicita una lista de costos que comprenda los costos indirectos corporativos fijos y sugiere las siguientes nuevas bases de aplicación:

	F	G	H
1	**Costos indirectos corporativos fijos**		**Bases de aplicación sugeridas**
2	Administración de recursos humanos	$1,800,000	Número de empleados
3	Instalaciones	2,700,000	Área disponible (pies cuadrados)
4	Administración corporativa	4,500,000	Costos administrativos de la división
5	Total	$9,000,000	

1. Asigne los costos indirectos corporativos fijos de 2012 a las tres divisiones usando el margen de la división como base de aplicación. ¿Cuál es el porcentaje del margen operativo de cada división (margen de la división menos costos indirectos fijos corporativos aplicados como un porcentaje de los ingresos)?
2. Aplique los costos fijos de 2012 usando las bases sugeridas por Bardem. ¿Cuál es el porcentaje del margen operativo de cada división con el nuevo esquema de aplicación?
3. Compare y comente los resultados de los puntos 1 y 2. Si el desempeño de la división está vinculado con el porcentaje del margen operativo, ¿qué división sería más receptiva al nuevo esquema de aplicación? ¿Cuál sería la menos receptiva? ¿Por qué?
4. ¿Qué esquema de aplicación debería usar la corporación Lenzing? ¿Por qué? ¿Cómo podría Bardem superar cualesquiera objeciones que pudieran surgir de las divisiones?

Se requiere

14-20 Rentabilidad del cliente, jerarquía de costos de clientes. Orsack Electronics tiene únicamente dos clientes al menudeo y dos clientes al mayoreo. A continuación se presenta la información relacionada con cada cliente para 2012 (en miles):

	A	B	C	D	E
1		**Clientes al mayoreo**		**Clientes al menudeo**	
2		**Mayorista de Norteamérica**	**Mayorista de Sudamérica**	**Big Sam Stereo**	**Mercado mundial**
3	Ingresos al precio de lista	$435,000	$550,000	$150,000	$115,000
4	Descuentos sobre los precios de lista	30,000	44,000	7,200	520
5	Costo de los bienes vendidos	330,000	475,000	123,000	84,000
6	Costos de entrega	475	690	220	130
7	Costos de procesamiento de la orden	750	1,020	175	120
8	Costos de las visitas de ventas	5,400	2,500	2,500	1,400

Los costos anuales del canal de distribución de Orsack son de $34 millones para los clientes al mayoreo y de $5 millones para los clientes al menudeo. Sus costos anuales de mantenimiento corporativo, como el salario de la alta gerencia y los costos generales de administración, son de $61 millones. No hay una relación de causa y efecto ni de beneficios recibidos entre alguna base de aplicación de los costos y los costos de mantenimiento corporativo. Es decir, los costos de mantenimiento corporativo se podrían ahorrar tan solo si Orsack Electronics cerrara por completo.

1. Calcule la utilidad en operación a nivel del cliente usando el formato de la ilustración 14-5.
2. Prepare un reporte de la jerarquía de costos del cliente, usando el formato de la ilustración 14-6.
3. La gerencia de Orsack decide aplicar todos los costos de mantenimiento corporativo a los canales de distribución: $48 millones al canal al mayoreo y $13 millones al canal al menudeo. Como resultado de ello, los costos del canal de distribución son ahora de $82 millones ($34 millones + $48 millones) para el canal al mayoreo, y de $18 millones ($5 millones + $13 millones) para el canal al menudeo. Calcule la utilidad en operación al nivel del canal de distribución. Con base en tales cálculos, ¿qué acciones, si acaso, deberían tomar los gerentes de Orsack? Explique su respuesta.

Se requiere

14-21 Rentabilidad del cliente, compañía de servicios. Instant Service (IS) repara impresoras y fotocopiadoras para cinco compañías con diversas ubicaciones en una área de tres estados. Los costos de IS consisten en el costo de los técnicos y los equipos que se atribuyen directamente al sitio del cliente y un grupo de costos indirectos de oficinas.

Se requiere Hasta fechas recientes, IS estimaba la rentabilidad de los clientes mediante la aplicación de los costos indirectos de las oficinas a cada cliente con base en la participación en los ingresos. En 2012, IS reportó los siguientes resultados:

	A	B	C	D	E	F	G
1		**Avery**	**Okie**	**Wizard**	**Grainger**	**Duran**	**Total**
2	Ingresos	$260,000	$200,000	$322,000	$122,000	$212,000	$1,116,000
3	Costos de técnicos y equipos	182,000	175,000	225,000	107,000	178,000	867,000
4	Costos indirectos de oficinas aplicados	31,859	24,507	39,457	14,949	25,978	136,750
5	Utilidad en operación	$ 46,141	$ 493	$ 57,543	$ 51	$ 8,022	$ 112,250

Tina Sherman, la nueva contralora de IS, observa que los costos indirectos de la oficina son de más del 10% de los costos totales y, por consiguiente, ella pasa un par de semanas analizando el consumo de los recursos de los costos indirectos de las oficinas por cliente. Recaba la siguiente información:

	I	J	K
1	**Área de actividad**		**Tasa del generador del costo**
2	Manejo de llamadas de servicio	$75	por llamada de servicio
3	Órdenes de partes	$80	por orden de partes con base en la Web
4	Facturación y cobranza	$50	por factura (o recordatorio)
5	Mantenimiento de bases de datos de clientes	$10	por llamada de servicio

	A	B	C	D	E	F
8		**Avery**	**Okie**	**Wizard**	**Grainger**	**Duran**
9	Número de llamadas de servicio	150	240	40	120	180
10	Número de órdenes de partes con base en la Web	120	210	60	150	150
11	Número de facturas (o recordatorios)	30	90	90	60	120

Se requiere
1. Calcule la utilidad en operación a nivel del cliente usando la nueva información que Sherman recopiló.
2. Prepare reportes para IS similares a las ilustraciones 14-7 y 14-8. Comente los resultados.
3. ¿Qué opciones debería considerar IS, con respecto a los clientes individuales, a la luz de los nuevos datos y del análisis de los costos indirectos de las oficinas?

14-22 Rentabilidad del cliente, distribución. Figure Four es un distribuidor de productos farmacéuticos. Su sistema ABC tiene cinco actividades:

Área de actividad	Tasa del generador del costo en 2012
1. Procesamiento de la orden	$40 por orden
2. Órdenes de artículos en línea	$3 por artículo en línea
3. Entregas de la tienda	$50 por entrega de la tienda
4. Entregas de cajas	$1 por caja
5. Almacenamiento en estantes	$16 por hora de almacenamiento

Rick Flair, el contralor de Figure Four, quiere usar este sistema ABC para examinar la rentabilidad individual de los clientes dentro de cada mercado de distribución. Se concentra primero en el mercado de distribución de una sola tienda de Ma and Pa. Se usan dos clientes para ejemplificar las aplicaciones disponibles con el enfoque ABC. Los datos relacionados con estos dos clientes en agosto de 2012 son:

	Charleston Pharmacy	Chapel Hill Pharmacy
Órdenes totales	13	10
Promedio de artículos en línea por orden	9	18
Entregas totales de la tienda	7	10
Promedio de cajas embarcadas por entrega de la tienda	22	20
Horas promedio de almacenamiento en estantes por entrega de la tienda	0	0.5
Ingreso promedio por entrega	$2,400	$1,800
Costo promedio de los bienes vendidos por entrega	$2,100	$1,650

1. Use la información del ABC para calcular la utilidad en operación de cada cliente en agosto de 2012. Comente los resultados y qué debería hacer Flair, si es que debería hacer algo. **Se requiere**

2. Flair clasifica a los clientes individuales del mercado de distribución de una sola tienda de Ma and Pa con base en la utilidad en operación mensual. La utilidad en operación acumulativa del 20% superior de los clientes es de $55,680. Figure Four reporta pérdidas en operación de $21,247 para el 40% inferior de sus clientes. Haga cuatro recomendaciones que usted crea que Figure Four debería considerar, a la luz de esta nueva información de la rentabilidad del cliente.

14-23 Análisis de variaciones, productos múltiples. Los Pingüinos de Detroit juegan en la Liga Estadounidense de Hockey sobre Hielo. Los Pingüinos juegan en la Arena del Centro (la cual es poseída y administrada por la ciudad de Detroit), y tiene una capacidad de 15,000 asientos (5,000 asientos en la zona baja y 10,000 asientos en la zona alta). La Arena del Centro cobra a los Pingüinos un cargo por boleto por el uso de sus instalaciones. La Red de Reservaciones vende todos los boletos y cobra a los Pingüinos una cuota de reservación por boleto. El margen de contribución presupuestado de los Pingüinos para cada tipo de boleto en 2012 se calcula como sigue:

	Boletos de la zona baja	Boletos de la zona alta
Precio de venta	$35	$14
Cuota de la arena del centro	10	6
Cuota de la red de reservaciones	5	3
Margen de contribución por boleto	$20	$ 5

Las cifras de la asistencia promedio real y presupuestada y por juego en la temporada de 2012 son las siguientes:

	Presupuesto de asientos vendidos	Asientos realmente vendidos
Zona baja	4,000	3,300
Zona alta	6,000	7,700
Total	10,000	11,000

No hubo diferencia alguna entre el margen de contribución presupuestado y el margen de contribución real para los asientos de las zonas alta o baja.

El gerente de los Pingüinos estuvo muy contento de que la asistencia real fuera del 10% por arriba de la asistenta presupuestada por juego, especialmente dado el estado de depresión de la economía local en los últimos seis meses.

1. Calcule la variación en el volumen de ventas para cada tipo de boleto y en total para los Pingüinos de Detroit en 2012. (Calcule todas las variaciones en términos de los márgenes de contribución.) **Se requiere**

2. Calcule las variaciones en la cantidad de ventas y en la mezcla de ventas para cada tipo de boleto y en total en 2012.

3. Presente un resumen de las variaciones en los puntos 1 y 2. Comente los resultados.

14-24 Análisis de variaciones, trabajo a la inversa. La corporación Jinwa vende dos marcas de vasos de vidrio: Sencillo y Ornamental. Jinwa proporciona la siguiente información para las ventas del mes de junio de 2011:

Margen de contribución total del presupuesto estático	$11,000
Unidades presupuestadas para venta de todos los vasos	2,000 unidades
Margen de contribución presupuestado por unidad del Sencillo	$4 por unidad
Margen de contribución presupuestado por unidad del Ornamental	$10 por unidad
Variación total en la cantidad de ventas	$2,200 D
Porcentaje real de la mezcla de ventas del Sencillo	60%

Todas las variaciones se deben calcular en términos del margen de contribución.

1. Calcule las variaciones en la cantidad de ventas para cada producto durante junio de 2011. **Se requiere**

2. Calcule las variaciones en los productos individuales y en el total de la mezcla de ventas para junio de 2011. Calcule las variaciones en los productos individuales y en el volumen total de ventas para junio de 2011.

3. Describa brevemente las conclusiones que usted obtenga de sus variaciones.

14-25 Análisis de variaciones, productos múltiples. Soda-King elabora y vende tres bebidas refrescantes: Kola, Limor y Orlem. Los resultados presupuestados y reales para 2011 son los siguientes:

Producto	Presupuesto para 2011			Cifras reales para 2011		
	Precio de venta	Costo variable por caja	Cajas vendidas	Precio de venta	Costo variable por caja	Cajas vendidas
Kola	$8.00	$5.00	480,000	$8.20	$5.50	467,500
Limor	$6.00	$3.80	720,000	$5.75	$3.75	852,500
Orlem	$7.50	$5.50	1,200,000	$7.80	$5.60	1,430,000

Se requiere

1. Calcule la variación total en el volumen de ventas, la variación total en la mezcla de ventas y la variación total en la cantidad de ventas. (Calcule las variaciones en términos del margen de contribución.) En sus cálculos, muestre los resultados para cada producto.

2 ¿Qué inferencias obtendría usted a partir de las variaciones que se calcularon en el punto 1?

14-26 Variaciones en la participación de mercado y en el tamaño del mercado (continuación del 14-25). Soda King preparó el presupuesto para 2011 suponiendo una participación de mercado de 12% con base en las ventas totales de la región occidental de Estados Unidos. Se estimó que el mercado de bebidas refrescantes alcanzaría ventas de 20 millones de cajas en la región. Sin embargo, el volumen real de ventas totales en la región occidental fue de 27.5 millones de cajas.

Se requiere

Calcule la variación en la participación de mercado y la variación en el tamaño del mercado para Soda-King en 2011. (Determine todas las variaciones en términos del margen de contribución.) Comente los resultados.

MyAccountingLab

Problemas

14-27 Aplicación de los costos corporativos a las divisiones. Dusty Rhodes, contralor de Richfield Oil Company, está realizando una presentación para los altos ejecutivos acerca del desempeño de sus cuatro divisiones. Los datos resumidos (montos en millones de dólares) relacionados con las cuatro divisiones para el año más reciente son:

	A	B	C	D	E	F
1		DIVISIONES				
2		Petróleo y gas vía ascendente	Petróleo y gas vía descendente	Productos químicos	Minería de cobre	Total
3	Ingresos	$ 8,000	$16,000	$4,800	$3,200	$32,000
4	Costos operativos	3,000	15,000	3,800	3,500	25,300
5	Utilidad en operación	$ 5,000	$ 1,000	$1,000	$ (300)	$ 6,700
6						
7	Activos identificables	$14,000	$ 6,000	$3,000	$2,000	$25,000
8	Número de empleados	9,000	12,000	6,000	3,000	30,000

Con el sistema contable actual, los costos generados en las oficinas matrices corporativas se recopilan en un solo grupo de costos ($3,228 millones en el año más reciente) y se aplican a cada división con base en sus ingresos reales.

La alta gerencia de cada división comparte un bono común por los ingresos de la división, los cuales se definen como la utilidad en operación menos los costos corporativos asignados.

Rhodes analizó los componentes de los costos corporativos y propone que los costos corporativos se recopilen en cuatro grupos de costos. Los componentes de los costos corporativos para el año más reciente (montos en dólares en millones) y las bases sugeridas por Rhodes para los grupos de costos y la asignación de costos son:

	A	B	C	D	E	F
11	Categoría de costos corporativos	Monto	Grupo de costos sugerido	Base de aplicación sugerida		
12	Intereses sobre la deuda	$2,000	Grupo de costos 1	Activos identificables		
13	Salarios corporativos	150	Grupo de costos 2			
14	Contabilidad y control	110	Grupo de costos 2			
15	Marketing en general	200	Grupo de costos 2			
16	Legal	140	Grupo de costos 2	Ingresos de la división		
17	Investigación y desarrollo	200	Grupo de costos 2			
18	Asuntos públicos	203	Grupo de costos 3	Utilidad en operación positiva*		
19	Personal y nómina	225	Grupo de costos 4	Número de empleados		
20	Total	$3,228				
21						
22	*Ya que los costos de los asuntos públicos incluyen el costo del personal de relaciones públicas, los cabilderos					
23	y los donativos a las instituciones caritativas de tipo ambiental, Rhodes propone que este costo se asigne usando					
24	la utilidad en operación (si es positiva) de las divisiones, y que tan solo se incluyan las divisiones con una utilidad en operación positiva en la base de aplicación.					

Se requiere

1. Exponga dos razones por las cuales Richfield Oil debería aplicar los costos corporativos a cada división.
2. Calcule la utilidad en operación de cada división, cuando todos los costos corporativos se aplican con base en los ingresos de cada división.
3. Calcule la utilidad en operación de cada división, cuando todos los costos corporativos se aplican usado los cuatro grupos de costos.
4. ¿Cómo piensa usted que recibirán la nueva propuesta los gerentes de las divisiones? ¿Cuáles son los puntos fuertes y los puntos débiles de la propuesta de Rhodes en relación con el método actual de un solo grupo de costos?

14-28 Aplicación de los costos a las divisiones. Forber Bakery elabora productos horneados para tiendas de abarrotes, y tiene tres divisiones: pan, pasteles y rosquillas. Cada división se administra y se evalúa de manera separada, aunque las principales oficinas matrices incurren en costos que son costos indirectos para las divisiones. Los costos que se han generado en las principales oficinas matrices son los siguientes:

Costos de recursos humanos (RH)	$1,900,000
Costos del departamento de contabilidad	1,400,000
Renta y depreciación	1,200,000
Otros	600,000
Costos totales	$5,100,000

Actualmente la alta gerencia de Forber aplica este costo a las divisiones por igual. Uno de los gerentes de las divisiones realizó algunas investigaciones sobre el costeo basado en actividades, y propuso el uso de diferentes bases de aplicación para los distintos costos indirectos: número de empleados para los costos de recursos humanos, ingresos totales para los costos del departamento de contabilidad, pies cuadrados de espacio para la renta y los costos de depreciación, así como una aplicación igual entre las divisiones para "otros" costos. La información acerca de las tres divisiones se presenta a continuación:

	Pan	Pasteles	Rosquillas
Ingresos totales	$20,900,000	$4,500,000	$13,400,000
Costos directos	14,500,000	3,200,000	7,250,000
Margen del segmento	$ 6,400,000	$1,300,000	$ 6,150,000
Número de empleados	400	100	300
Pies cuadrados de espacio	10,000	4,000	6,000

Se requiere

1. Aplique los costos indirectos de Forber a cada división por igual. Calcule la utilidad en operación de cada división después de la aplicación de los costos de la oficina matriz.
2. Aplique los costos de la oficina matriz a las divisiones individuales usando las bases de aplicación propuestas. Calcule la utilidad en operación de cada división después de la aplicación. Comente las bases de aplicación que se utilizaron para aplicar los costos de la oficina matriz.
3. ¿Cuál gerente de división considera usted que haya sugerido esta nueva aplicación? Explique brevemente. ¿Qué aplicación considera usted que sea "mejor"?

14-29 Rentabilidad de los clientes. Ring Delights es una nueva compañía que fabrica joyería personalizada y tiene actualmente seis clientes referenciados por número de cliente: 01, 02, 03, 04, 05 y 06. Además de los costos de la fabricación de la joyería, la compañía tiene las siguientes actividades:

1. Órdenes de los clientes. Los vendedores, los diseñadores y los fabricantes de joyería pasan un tiempo con los clientes. La tasa del generador del costo es de $40 por cada hora que se pasa con el cliente.
2. Ajustes del cliente. Antes de que se complete el precio de la joyería, el cliente puede llegar para asegurarse de que se vea bien y que la pieza le ajuste adecuadamente. La tasa del generador del costo es de $25 por hora.
3. Órdenes urgentes. Algunos clientes quieren su joyería con rapidez. La tasa del generador del costo es de $100 por orden urgente.
4. Número de visitas de los clientes para devolución. Los clientes pueden devolver la joyería hasta 30 días después de recoger la pieza para hacerle algún reajuste o repararla sin cargo alguno. La tasa del generador del costo es de $30 por visita de devolución.

A continuación se presenta la información acerca de los seis clientes. Algunos clientes compraron diversos artículos. El costo de la joyería es del 70% del precio de venta.

Número de cliente	01	02	03	04	05	06
Ingreso por ventas	$600	$4,200	$300	$2,500	$4,900	$700
Costo del (los) artículo (s)	$420	$2,940	$210	$1,750	$3,430	$490
Horas utilizadas en la orden del cliente	2	7	1	5	20	3
Horas para los ajustes	1	2	0	0	4	1
Número de órdenes urgentes	0	0	1	1	3	0
Número de visitas para devolución	0	1	0	1	5	1

Se requiere

1. Calcule la utilidad en operación a nivel del cliente para cada cliente. Clasifique a los clientes en orden del más rentable al menos rentable, y prepare un análisis de la rentabilidad de los clientes, como en la ilustración 14-7.
2. ¿Hay algunos clientes que sean improductivos? ¿Qué es lo que está ocasionando esto? ¿Qué debería hacer Ring Delights con respecto a tales clientes?

14-30 Rentabilidad del cliente, distribución. Spring Distribution ha decidido analizar la rentabilidad de cinco clientes nuevos (véase pp. 510-517). Compra agua embotellada a $12 por caja y la vende a clientes al menudeo a un precio de lista de $14.40 por caja. Los datos relacionados con los cinco clientes son como sigue:

	Cliente				
	P	**Q**	**R**	**S**	**T**
Cajas vendidas	2,080	8,750	60,800	31,800	3,900
Precio de venta de lista	$14.40	$14.40	$14.40	$14.40	$14.40
Precio de venta real	$14.40	$14.16	$13.20	$13.92	$12.96
Número de órdenes de compra	15	25	30	25	30
Número de visitas al cliente	2	3	6	2	3
Número de entregas	10	30	60	40	20
Millas recorridas por entrega	14	4	3	8	40
Número de entregas urgentes	0	0	0	0	1

Sus cinco actividades y sus generadores del costo son los siguientes:

Actividad	Tasa del generador del costo
Toma de la orden	$100 por orden de compra
Visitas al cliente	$80 por vista al cliente
Entregas	$2 por milla recorrida para la entrega
Manejo del producto	$0.50 por caja vendida
Entregas urgentes	$300 por entrega urgente

Se requiere

1. Calcule la utilidad en operación a nivel del cliente para cada uno de los cinco clientes al menudeo que se están examinando ahora (P, Q, R, S y T). Comente los resultados.
2. ¿Qué información se obtiene al reportar tanto el precio de venta de lista como el precio de venta real para cada cliente?
3. ¿Qué factores debería considerar Spring Distribution al decidir si debe descartar a uno o más de los cinco clientes?

14-31 Rentabilidad del cliente en una empresa de manufactura. Bizzan Manufacturing fabrica un componente denominado P14-31, el cual se elabora únicamente cuando lo ordena un cliente, por lo que Bizzan no mantiene un inventario del P14-31. El precio de lista es de $100 por unidad, pero los clientes que colocan órdenes "grandes" reciben un descuento de 10% sobre el precio. Actualmente, los vendedores deciden si un pedido es lo suficientemente grande como para obtener el descuento. Cuando el producto se termina, se empaca en cajas de 10. Cuando la orden de un cliente no es un múltiplo de 10, Bizzan usa una caja completa para empacar el monto parcial sobrante (por ejemplo, si el cliente C ordena 25 unidades, se necesitarán tres cajas). Los clientes recogen la orden, de manera que Bizzan incurre en costos de mantenimiento del producto en el almacén, hasta que los clientes lo recogen. Los clientes son empresas de manufactura; si el componente necesita cambiarse o repararse, los clientes pueden regresar dentro de 10 días y obtener un cambio o una reparación sin costo.

El costo total para la manufactura de una unidad de P14-31 es de $80. Además, Bizzan incurre en costos a nivel del cliente. Las tasas del generador del costo a nivel del cliente son:

Toma de la orden	$390 por orden
Manejo del producto	$10 por caja
Almacenamiento (mantenimiento del producto terminado)	$55 por día
Procesamiento de órdenes urgentes	$540 por orden urgente
Costos de cambio y de reparación	$45 por unidad

A continuación se presenta la información acerca de los cinco clientes más grandes de Bizzan:

	A	B	C	D	E
Número de unidades compradas	6,000	2,500	1,300	4,200	7,800
Descuentos otorgados	10%	0	10%	0	10% sobre la mitad de las unidades
Número de órdenes	10	12	52	18	12
Número de cajas	600	250	120	420	780
Días en el almacén (total para todas las órdenes)	14	18	0	12	140
Número de órdenes urgentes	0	3	0	0	6
Número de unidades cambiadas/reparadas	0	25	4	25	80

El vendedor proporcionó al cliente C un precio de descuento porque, aunque el cliente C ordenó solamente 1,300 unidades en total, se colocaron 52 órdenes (una por semana). El vendedor quería recompensar al cliente C por operaciones de negocios repetidas. Todos los clientes excepto E ordenaron unidades del mismo tamaño de la orden. La cantidad de la orden del cliente E variaba y, por lo tanto, E obtuvo a veces un descuento.

Se requiere

1. Calcule la utilidad en operación a nivel del cliente para estos cinco clientes. Use el formato de la ilustración 14-5. Prepare un análisis de la rentabilidad del cliente clasificando a los clientes del más rentable al menos rentable, como en la ilustración 14-7.
2. Discuta los resultados de su análisis de la rentabilidad del cliente. ¿Tiene Bizzan clientes improductivos? ¿Hay algo que Bizzan debería hacer en forma distinta con sus cinco clientes?

14-32 Análisis de variaciones, variación en la mezcla de ventas y variación en la cantidad de ventas. Chicago Infonautics, Inc., fabrica organizadores digitales manuales compatibles con Windows CE™. Chicago Infonautics comercializa tres modelos manuales diferentes. PalmPro es una versión escalada para el ejecutivo en movimiento continuo, PalmCE es una versión orientada hacia el consumidor y PalmKid es una versión simplificada para el mercado de adultos jóvenes. Suponga que usted es el vicepresidente de marketing en Chicago Infonautics. El director general ha descubierto que el margen de contribución total resultó ser más bajo que lo presupuestado y es responsabilidad de usted explicarle por qué los resultados reales son diferentes al presupuesto. Los datos operativos presupuestados y reales para el tercer trimestre de la compañía de 2012 son:

Datos operativos presupuestados. Tercer trimestre de 2012

	Precio de venta	Costo variable por unidad	Margen de contribución por unidad	Volumen de ventas en unidades
PalmPro	$374	$185	$189	13,580
PalmCE	272	96	176	35,890
PalmKid	144	66	78	47,530
				97,000

Datos operativos reales. Tercer trimestre de 2012

	Precio de venta	Costo variable por unidad	Margen de contribución por unidad	Volumen de ventas en unidades
PalmPro	$365	$175	$190	10,120
PalmCE	288	94	194	32,200
PalmKid	110	75	35	49,680
				92,000

Se requiere

1. Calcule el margen de contribución real y presupuestado en dólares para cada producto y en total, para el tercer trimestre de 2012.
2. Encuentre la mezcla de ventas real y la mezcla de ventas presupuestada para los tres productos, para el tercer trimestre de 2012.

3. Calcule la variación total en el volumen de ventas, en la mezcla de ventas y en la cantidad de ventas para el tercer trimestre de 2012. (Calcule todas las variaciones en términos de los márgenes de contribución.)
4. Dado que su director general es conocido por su carácter irascible, usted quiere estar bien preparado para esta reunión. Para hacerlo, escriba un párrafo o dos que comparen los resultados reales con las cantidades presupuestadas.

14-33 Variaciones en la participación de mercado y en el tamaño del mercado (continuación del 14-32). El vicepresidente de marketing de Chicago Infonautics elaboró su presupuesto al inicio del tercer trimestre, suponiendo una participación de mercado de 25% con base en las ventas totales. Foolinstead Research estimó que el mercado total del organizador digital manual alcanzaría ventas de 388,000 unidades en todo el mundo durante el tercer trimestre. No obstante, las ventas reales del tercer trimestre fueron de 400,000 unidades.

Se requiere

1. Calcule la variación en la participación de mercado y la variación en el tamaño del mercado para Chicago Infonautics en el tercer trimestre de 2012 (calcule todas las variaciones en términos de los márgenes de contribución).
2. Explique lo que sucedió con base en la variación en la participación de mercado y en la variación en el tamaño del mercado.
3. Calcule el tamaño real del mercado, en unidades, que hubiera conducido a la ausencia de una variación en el tamaño del mercado (usando una vez más el margen de contribución presupuestado por unidad). Use esta cifra del tamaño de mercado para calcular la participación real del mercado que hubiera conducido a una variación de cero en la participación de mercado.

14-34 Análisis de variaciones, productos múltiples. Split Banana, Inc., opera una cadena de tiendas italianas de helados. Aunque Split Banana cobra a los clientes el mismo precio por todos los sabores, los costos de producción varían, dependiendo del tipo de ingredientes. Los datos operativos presupuestados y reales para sus tres tiendas en Washington DC durante agosto de 2011 son:

Presupuesto para agosto de 2011

	Precio de venta por pinta	Costo variable por pinta	Margen de contribución por pintas	Volumen de ventas en pintas
Chips de chocolate con menta	$9.00	$4.80	$4.20	25,000
Vainilla	9.00	3.20	5.80	35,000
Pasas con ron	9.00	5.00	4.00	5,000
Durazno	9.00	5.40	3.60	15,000
Café	9.00	3.90	5.10	20,000
				100,000

Datos reales para agosto de 2011

	Precio de venta por pinta	Costo variable por pinta	Margen de contribución por pinta	Volumen de ventas en pintas
Chips de chocolate con menta	$9.00	$4.60	$4.40	30,800
Vainilla	9.00	3.25	5.75	27,500
Pasas con ron	9.00	5.15	3.85	8,800
Durazno	9.00	5.40	3.60	14,300
Café	9.00	4.00	5.00	28,600
				100,000

Split Banana se concentra en el margen de contribución para realizar el análisis de sus variaciones.

Se requiere

1. Calcule la variación total en el volumen de ventas para agosto de 2011.
2. Calcule la variación total en la mezcla de ventas para agosto de 2011.
3. Calcule la variación total en la cantidad de ventas para agosto de 2011.
4. Comente sus resultados a los puntos 1, 2 y 3.

14-35 Variaciones en eficiencia, mezcla y rendimiento de los materiales directos. Nature's Best Nuts elabora productos de nuez especializados para el mercado gourmet y de alimentos naturales. Su producto más popular es el Zesty Zingers, una mezcla de nueces tostadas que se condimentan con una mezcla secreta de especias, y que se vende en latas de una libra. Los materiales directos que se usan en Zesty Zingers son las almendras, los anacardos, los pistaches y diversos aderezos. Para cada lote de 100 latas, las cantidades y los precios presupuestados de los materiales directos son como sigue:

	Cantidad por lote	Precio del insumo
Almendras	180 copas	$1 por copa
Anacardos	300 copas	$2 por copa
Pistaches	90 copas	$3 por copa
Aderezos	30 copas	$6 por copa

El hecho de cambiar ligeramente la mezcla estándar de las cantidades de los materiales directos no afecta de manera significativa el producto final en general, sobre todo en el caso de las nueces. Asimismo, no todas las nueces que se agregan a la producción terminan en el producto terminado, ya que algunas se rechazan durante la inspección.

En el periodo actual, Nature's Best elaboró 2,500 latas de Zesty Zingers en 25 lotes con los siguientes cantidad, costo y mezcla reales de insumos:

	Cantidad real	Costo real	Mezcla real
Almendras	5,280 copas	$ 5,280	33%
Anacardos	7,520 copas	15,040	47%
Pistaches	2,720 copas	8,160	17%
Aderezos	480 copas	2,880	3%
Total real	16,000 copas	$31,360	100%

Se requiere

1. ¿Cuál es el costo presupuestado de los materiales directos para las 2,500 latas?
2. Calcule la variación total en eficiencia de los materiales directos.
3. ¿Por qué es de cero la variación total en el precio de los materiales directos?
4. Calcule las variaciones totales en los rendimientos y en la mezcla de los materiales directos. ¿Qué indican estas variaciones acerca de las 2,500 latas producidas durante este periodo? ¿Las variaciones son lo suficientemente grandes como para efectuar una investigación?

14-36 Variaciones en la mano de obra directa: precio, eficiencia, mezcla y rendimiento. Trevor Joseph emplea a dos trabajadores en su negocio de fabricación de guitarras. El primer trabajador, George, ha estado haciendo guitarras durante 20 años y gana $30 por hora. El segundo trabajador, Earl, tiene menos experiencia y gana $20 por hora. Una guitarra requiere en promedio 10 horas de mano de obra. Las cantidades y los precios presupuestados para la mano de obra directa de una guitarra son:

	Cantidad	Precio por hora de mano de obra	Costo de una guitarra
George	6 horas	$30 por hora	$180
Earl	4 horas	$20 por hora	80

Es decir, se presupuesta que cada guitarra requiere 10 horas de mano de obra directa, formada por 60% de la mano de obra de George y 40% de la de Earl, aunque a veces Earl trabaja más horas en una guitarra en particular y George trabaja menos, o viceversa, sin evidente cambio alguno en la calidad o el funcionamiento de la guitarra.

Durante el mes de agosto, Joseph elabora 25 guitarras. Los costos reales de la mano de obra directa son los siguientes:

George (45 horas)	$4,350
Earl (108 horas)	2,160
Total del costo real de la mano de obra directa	$6,510

Se requiere

1. ¿Cuál es el costo presupuestado de la mano de obra directa para las 25 guitarras?
2. Calcule las variaciones totales en precio y eficiencia de la mano de obra directa.
3. Para las 25 guitarras, ¿cuál es el monto real total de la mano de obra directa utilizada? ¿Cuál es el porcentaje real de la mezcla del insumo de la mano de obra directa? ¿Cuál es la cantidad presupuestada de la mano de obra de George y de Earl, que se debería haber usado para las 25 guitarras?
4. Calcule las variaciones totales en la mezcla y en el rendimiento de la mano de obra directa. ¿Cómo se relacionan estas cantidades con la variación total en la eficiencia de la mano de obra directa? ¿Qué le indican tales variaciones?

14-37 Propósitos de las aplicaciones de costos. Sarah Reynolds empezó recientemente un trabajo como asistente administrativo en el departamento de contabilidad de costos de Mize Manufacturing. Siendo nueva en el área de contabilidad de costos, Sarah está asombrada por el hecho de que uno de los productos fabricados por Mize, el SR460, parece tener un costo diferente dependiendo de quién lo solicite. Cuando el departamento de marketing solicitó el costo del SR460 para determinar el precio para el nuevo catálogo, se le dijo a Sarah que reportara una cantidad, pero cuando se recibió una requisición el mismo día proveniente del departamento de información financiera para el costo del SR460, se le dijo que reportara un costo muy diferente. Sarah elabora un reporte usando el sistema de contabilidad de costos de Mize, el cual produce los siguientes elementos de costos para una unidad de SR460:

Materiales directos	$28.50
Mano de obra directa	16.35
Costos indirectos variables de manufactura	8.76
Costos indirectos fijos de manufactura aplicados	32.84
Costos de investigación y desarrollo específicos para el SR460[a]	6.20
Costos de marketing[a]	5.95
Comisiones de ventas[a]	11.40
Costos administrativos aplicados del departamento de producción	5.38
Costos administrativos aplicados de las oficinas matrices corporativas	18.60
Costos de servicio al cliente[a]	3.05
Costos de distribución[a]	8.80

[a]Estos costos son específicos para el SR460, pero no se eliminarían si el SR460 se comprara a un proveedor externo.

Se requiere
1. Explique usted a Sarah la razón por la cual el costo proporcionado a los departamentos de marketing y de información financiera serían diferentes.
2. Calcule el costo de una unidad de SR460 para determinar lo siguiente:
   a) El precio de venta del SR460.
   b) El costo del inventario para fines de información financiera.
   c) Si se debe continuar fabricando el SR460, o si se debe comprar a una fuente externa (Suponga que el SR460 se utiliza como un componente de uno de los otros productos de Mize).
   d) La capacidad del gerente de producción de Mize para controlar los costos.

14-38 Jerarquía de los costos de los clientes, rentabilidad de los clientes. Denise Nelson opera la empresa Interiors by Denise, un negocio de consultoría de diseño de interiores y de fabricación de ventanas. Su negocio está formado por dos canales de distribución diferentes, un negocio de consultoría donde Denise atiende a dos firmas de arquitectura (Attractive Abodes y Better Buildings), y un negocio comercial de fabricación ventanas, en el cual Denise diseña y construye ventanas para tres clientes comerciales (Cheery Curtains, Delightful Drapes y Elegant Extras). A Denise le gustaría evaluar la rentabilidad de sus dos clientes de firmas de arquitectura y de sus tres clientes comerciales de ventanas, y también le gustaría evaluar la rentabilidad de cada una de las dos divisiones, y a la empresa como un todo. A continuación se presenta la información acerca del trimestre más reciente:

Utilidad bruta de Attractive Abodes (AA)	$58,500
Utilidad bruta de Better Buildings (BB)	47,200
Utilidad bruta de Cheery Curtains (CC)	89,345
Utilidad bruta de Delightful Drapes (DD)	36,960
Utilidad bruta de Elegant Extras (EE)	18,300
Cosos específicos para (AA)	36,750
Cosos específicos para (BB)	29,300
Cosos específicos para (CC)	54,645
Cosos específicos para (DD)	28,930
Cosos específicos para (EE)	14,260
Costos indirectos[a]	85,100

[a]Denise determinó que el 25% de sus costos indirectos se relaciona directamente con su negocio de arquitectura, el 40% se relaciona directamente con su negocio de ventanas y la parte restante es de naturaleza general.

Denise otorgó un descuento de 10% a Attractive Abodes con la finalidad de alejarla de un competidor, y le otorgó un descuento de 5% a Elegant Extras por un pago anticipado en efectivo.

Se requiere
1. Elabore un reporte de la jerarquía de costos del cliente para Interiors by Denise, usando el formato de la ilustración 14-16.
2. Prepare un análisis de la rentabilidad del cliente para los cinco clientes, usando el formato de la ilustración 14-7.
3. Comente los resultados sobre los reportes anteriores. ¿Qué recomendaciones haría usted a Denise?

Problema de aprendizaje colaborativo

14-39 Rentabilidad del cliente y ética. Snark Corporation fabrica un producto denominado snark, el cual vende a firmas comerciales como Snark Republic (SR), Snarks-R-Us (SRU), Neiman Snark-us (NS), Snark Buy (SB) Snark-Mart (SM) y Wal-Snark (WS). El precio de lista de un snark es de $50, y los costos totales de manufactura son de $35. Los vendedores reciben una comisión sobre ventas, pero la comisión se basa en el número de órdenes tomadas, y no en los ingresos por ventas generados o en el número de unidades vendidas. Los vendedores reciben una comisión de $25 por orden (además de su salario regular).

Snark Corporation elabora los productos con base en la demanda anticipada y lleva un inventario de snarks, de manera que las órdenes urgentes no dan como resultado costo adicional alguno de manufactura más allá de los $35 por snark. Snark Corporation embarca los productos terminados al cliente sin ningún cargo adicional, ya sea por una entrega regular o urgente. Snark Corporation incurre en costos significativamente más altos por las entregas urgentes que por las entregas regulares. Ocasionalmente los clientes devuelven los embarques a Snark, y estas devoluciones se restan de la utilidad bruta. A los clientes no se les cobran cuotas de reabastecimiento por las devoluciones.

Las tasas presupuestadas (esperadas) del generador del costo a nivel del cliente son:

Recepción de la orden (excluyendo comisiones por ventas)	$30 por orden
Manejo del producto	$2 por unidad
Entrega	$0.50 por milla recorrida
Entrega urgente	$325 por embarque
Reabastecimiento	$100 por embarque devuelto
Visitas a los clientes	$150 Por cliente

Ya que a los vendedores se les paga $25 por orden, con frecuencia desglosan las órdenes grandes en órdenes múltiplos más pequeñas. Esta práctica reduce el costo real de recepción de la orden en $16 por cada orden más pequeña (de $30 por orden a $14 por orden), ya que las órdenes más pequeñas se escriben todas al mismo tiempo. Esta menor tasa de costos no se incluye en las tasas presupuestadas porque los vendedores crean órdenes más pequeñas sin decírselo a la administración o al departamento de contabilidad. Todos los demás costos reales son los mismos que los costos presupuestados.

A continuación se presenta información adicional acerca de los clientes de Snark Corporation:

	SR	SRU	NS	SB	SM	WS
Número total de unidades compradas	250	550	320	130	450	1,200
Número de órdenes reales	3	15	3	4	5	15
Número de órdenes escritas	6	15*	8	7	20	30
Número total de millas recorridas para entregar todos los productos	420	620	470	280	806	900
Número total de unidades devueltas	20	35	0	0	40	60
Número de embarques devueltos	2	1	0	0	2	6
Número de entregas urgentes	0	6	0	0	2	5

*Ya que SRU coloca 15 órdenes separadas, sus costos de ordenamiento son de $30 por orden. Todas las demás órdenes son órdenes múltiplos más pequeñas y, por lo tanto, tienen costos reales de ordenamiento de $14 cada una.

Se requiere

1. Clasifique cada uno de los costos operativos a nivel de cliente, como costos de clientes a nivel de unidad producida, costos de clientes a nivel de lote, o costos de mantenimiento de clientes.
2. Usando la información anterior, calcule la utilidad en operación esperada a nivel del cliente para los seis clientes de Snark Corporation. Use el número de órdenes escritas a $30 cada una para calcular los costos por las órdenes de compra esperadas.
3. Vuelva a calcular la utilidad en operación a nivel del cliente usando el número de órdenes escritas, pero tomando en consideración su costo real de $14 por orden, en vez de $30 (excepto para SRU, cuyo costo real es de $30 por orden). ¿Cómo evaluará Snark Corporation el desempeño de los costos operativos a nivel del cliente durante este periodo?
4. Vuelva a calcular la utilidad en operación a nivel del cliente, si los vendedores no hubieran desglosado las órdenes reales en órdenes múltiplo más pequeñas. No olvide ajustar también las comisiones sobre ventas.
5. ¿Cómo está afectando el comportamiento de los vendedores las ganancias de Snark Corporation? ¿Su comportamiento es ético? ¿Qué podría hacer Snark Corporation para cambiar el comportamiento de los vendedores?

Aplicación de los costos del departamento de apoyo, costos comunes e ingresos

La forma en la cual una organización aplica sus costos indirectos y los costos de apoyo interno —costos relacionados con marketing, publicidad y otros servicios internos— entre sus diversos departamentos o proyectos de producción puede tener una gran influencia sobre la magnitud de la rentabilidad de tales departamentos o proyectos.

Aunque la aplicación no afecta las utilidades de la empresa en general, si dicha asignación no se realiza de manera adecuada, ocasionaría que algunos departamentos o proyectos (y sus gerentes) se vieran mejor o peor que lo que deberían, desde el punto de vista de la rentabilidad. Como muestra el siguiente artículo, el método para la aplicación de los costos de un proyecto no afecta únicamente a la empresa, sino también al consumidor. Con base en el método usado, los consumidores pueden gastar una cantidad mayor o menor por el mismo servicio.

La aplicación de costos y el futuro de la infraestructura de la energía proveniente de la "red de distribución inteligente de energía eléctrica"[1]

En todo el mundo, los países están adoptando métodos alternativos para la generación y distribución de energía. En Estados Unidos, los líderes del gobierno y las compañías que van desde GE hasta Google están apoyando el movimiento hacia una "red de distribución inteligente de energía eléctrica", es decir, buscan lograr que las líneas de energía y de transmisión operen y se comuniquen de una manera más efectiva y eficiente empleando la tecnología, las computadoras y el software. El sistema propuesto también se integraría con las fuentes emergentes de energía limpia —como las granjas solares y los sistemas geotérmicos— para ayudar a crear un suministro de electricidad más sustentable capaz de reducir las emisiones de carbono.

De acuerdo con el Instituto de Recursos de Energía Eléctrica, el costo por el desarrollo de la "red de distribución inteligente de energía eléctrica" será de 165,000 millones de dólares durante las dos siguientes décadas. Estos costos incluyen nuevas infraestructura y tecnología —sobre todo redes de transporte de energía—, así como los costos indirectos tradicionales para las organizaciones que deseen actualizar el sistema de energía, lo cual incluye los costos tradicionales de los departamentos de apoyo y los costos comunes. Las compañías privadas de servicios públicos y el gobierno de Estados Unidos pagarán los costos iniciales para el desarrollo de la "red de distribución inteligente de energía eléctrica", pero dichos costos se recuperarían con el paso del tiempo al aplicar los cargos correspondientes a los consumidores de la energía. No obstante, aún queda una pregunta: ¿Cómo se deberían aplicar tales costos para el reembolso?

---

1 *Fuente:* Garthwaite, Josie. 2009. The $160B question: Who shcould foot the bill for transmission buidout?" Salon.com, 12 de marzo; Jaffe, Mark. 2010. Cost of Smart-Grid projects shcocks consumer advocates. *The Denver Post*, 14 de febrero.

Surgió controversia en tanto que se debatían dos métodos de aplicación de costos en el gobierno norteamericano. Un método es la aplicación de costos extensiva a toda la interconexión. Con este sistema, todas las personas que se encuentren dentro de una región donde se esté utilizando una nueva tecnología tendrían que ayudar a pagarla. Si en Denver, por ejemplo, se emplean nuevas redes de energía y medidores "inteligentes" de energía, todas las personas de Colorado tendrían que ayudar a pagarlas. Los defensores de este argumento señalan que este método ayudaría a disminuir los costos que las compañías de servicios públicos cobrarían a los consumidores con motivo de las inversiones significativas en nuevas tecnologías.

Otra proposición alternativa tan solo aplicaría los costos a los contribuyentes de las compañías de servicios generales, que realmente se beneficiaran con el nuevo sistema de la "red de distribución inteligente de energía eléctrica". Usando el ejemplo anterior, solamente los clientes de los servicios generales en Denver recibirían un cargo por las nuevas redes de suministro de energía y por los medidores (quizás a través de costos mensuales por concepto de servicios públicos generales). Los defensores de este método consideran que los clientes con nuevos sistemas de "red de distribución inteligente de energía eléctrica" no deberían estar subsidiados por quienes no reciben alguno de sus beneficios.

Indistintamente del método que se seleccione, la aplicación de los costos va a jugar un rol clave en el futuro de los sistemas de generación y distribución de energía en Estados Unidos. Los mismos dilemas de aplicación se relacionan con los costos de los departamentos de apoyo corporativo y con el prorrateo de los ingresos, cuando los productos se venden en grupos o paquete. Esas preocupaciones son comunes para los gerentes de las compañías de manufactura como Nestlé, de servicios como Comcast, comerciales como Trader Joe's e instituciones académicas como la universidad de Auburn. El presente capítulo se concentra en varios desafíos que surgen con respecto a las aplicaciones de costos y de ingresos.

Aplicación de los costos de los departamentos de apoyo con los métodos de tasa única y de tasa doble

Las compañías distinguen los departamentos operativos (y las divisiones operativas) de los departamentos de apoyo. Un **departamento operativo**, también denominado **departamento de producción**, agrega valor directamente a un bien o servicio. Un **departamento de apoyo**, también denominado **departamento de servicio**, brinda los servicios que ayudan a otros departamentos internos (departamentos operativos y otros departamentos de apoyo) dentro de la compañía. Algunos ejemplos de los departamentos de apoyo son los sistemas de información y de mantenimiento de la planta. Los gerentes se enfrentan a dos preguntas cuando aplican los costos de un departamento de apoyo a los departamentos o divisiones operativos: 1. ¿Deberían los costos fijos de los departamentos de apoyo aplicarse a las divisiones operativas? 2. Si los costos fijos se aplican, ¿los costos tanto fijos como variables tendrían que aplicarse de la misma manera? En relación con la primera pregunta, la mayoría de las empresas considera que los costos fijos de los departamentos de apoyo tienen que aplicarse porque el departamento de apoyo necesita incurrir en costos fijos, para brindar a las divisiones operativas los servicios que requieren. Dependiendo de la respuesta a la segunda pregunta, existen dos enfoques para la aplicación de los costos de los departamentos de apoyo: el *método de aplicación de costos de tasa única* y el método de *aplicación de costos de tasa doble*.

Método de tasa única y método de tasa doble

El **método de tasa única** no hace distinción entre los costos fijos y los costos variables. Aplica los costos en cada grupo de costos (departamento de apoyo en esta sección) a los objetos de costos (divisiones operativas en esta sección), usando la misma tasa por unidad de una sola base de aplicación. En contraste, el **método de la tasa doble** divide el costo de cada departamento de apoyo en dos grupos, uno de costos variables y otro de costos fijos, y aplica cada grupo usando una base diferente de aplicación de costos. Cuando se utiliza ya sea el método de tasa única o el método de tasa doble, los gerentes pueden asignar los costos del departamento de apoyo a las divisiones operativas con base en una tasa *presupuestada* o en la tasa de costo estimado. El último enfoque no es ni conceptualmente preferido ni ampliamente usado en la práctica (explicamos la razón para ello en la siguiente sección). A continuación exponemos los métodos de tasa única y de tasa doble de acuerdo con las tasas presupuestadas.

Considere el caso del departamento central de cómputo de la compañía Sand Hill (SH). Este departamento de apoyo tiene dos usuarios, y ambos son divisiones operativas: la división de microcomputadoras y la división de equipo periférico. Los siguientes datos se relacionan con el presupuesto de 2012:

Capacidad práctica	18,750 horas
Costos fijos de operación de las instalaciones de cómputo dentro del rango relevante de 6,000 horas a 18,750 horas	$3,000,000
Consumo presupuestado a largo plazo (cantidad) en horas:	
División de microcomputadoras	8,000 horas
División de equipo periférico	4,000 horas
Total	12,000 horas
Costo variable presupuestado por hora dentro del rango relevante de 6,000 horas a 18,750 horas	$200 por hora de uso
Consumo real de 2012 en horas:	
División de microcomputadoras	9,000 horas
División de equipo periférico	3,000 horas
Total	12,000 horas

Las tasas presupuestadas para los costos del departamento central de cómputo se calculan con base en la demanda de los servicios de cómputo, o bien, con base en la oferta de dichos servicios. Consideramos la aplicación de los costos del departamento central de cómputo primero sobre la demanda (o el consumo) de los servicios de cómputo y, posteriormente, sobre la oferta de esos servicios.

Aplicación basada en la demanda (o el consumo) de los servicios de cómputo

Presentamos el método de tasa única seguido por el método de tasa doble.

Método de tasa única

Con este método, se usa una tasa presupuestada de tipo combinado para los costos tanto fijos como variables. La tasa se calcula de la siguiente manera:

Uso presupuestado	12,000 horas
Grupo de costos totales presupuestados: $3,000,000 + (12,000 horas × $200/hora)	$5,400,000
Tasa total presupuestada por hora: $5,400,000 ÷ 12,000 horas	$450 por hora de uso
Tasa de aplicación para la división de microcomputadoras	$450 por hora de uso
Tasa de aplicación para la división de equipo periférico	$450 por hora de uso

Observe que la tasa presupuestada de $450 por hora es sustancialmente más alta que el costo *variable* presupuestado de $200 por hora. Ello es así porque la tasa de $450 incluye una cantidad aplicada de $250 por hora (costos fijos presupuestados, $3,000,000 ÷ uso presupuestado, 12,000 horas) para los costos *fijos* de la operación de las instalaciones.

Con el método de tasa única, a las divisiones se le carga la tasa presupuestada por cada hora de uso *real* de las instalaciones centrales.

Aplicando esto a nuestro ejemplo, SH aplica los costos del departamento de cómputo con base en la tasa presupuestada de $450 por hora y las horas reales que usan las divisiones operativas. Los costos de apoyo aplicados a las dos divisiones con este método son los siguientes:

División de microcomputadoras: 9,000 horas × $450 por hora	$4,050,000
División de equipo periférico: 3,000 horas × $450 por hora	$1,350,000

Método de tasa doble

Cuando se usa el método de tasa doble, se deben elegir bases de aplicación para los grupos de costos, tanto variables como fijos, del departamento central de cómputo. Como en el método de tasa única, los costos variables se asignan con base en el costo variable *presupuestado* por hora de $200 para las horas *reales* utilizadas por cada división. Sin embargo, los costos fijos se asignan con base en los costos fijos *presupuestados* por hora y en el número de horas *presupuestado* para cada división. Dado el consumo presupuestado de 8,000 horas para la división de microcomputadoras y de 4,000 horas para la división de equipo periférico, la tasa del costo fijo presupuestado es de $250 por hora ($3,000,000 ÷ 12,000 horas), como antes. Sin embargo, ya que dicha tasa se carga con base en el consumo *presupuestado*, los costos fijos se aplican efectivamente en forma anticipada como una suma acumulada basada en las proporciones relativas de las instalaciones centrales de cómputo que se espera que utilicen las divisiones operativas.

Los costos aplicados a la división de microcomputadoras en 2012 con el método de la tasa doble serían:

Costos fijos: $250 por hora × 8,000 horas (presupuestadas)	$2,000,000
Costos variables: $200 por hora × 9,000 horas (reales)	1,800,000
Costos totales	$3,800,000

Los costos aplicados a la división de equipo periférico en 2012 serían:

Costos fijos: $250 por hora × 4,000 horas (presupuestadas)	$1,000,000
Costos variables: $200 por hora × 3,000 horas (reales)	600,000
Costos totales	$1,600,000

Observe que con el método de tasa única y con el método de tasa doble a cada división operativa se le carga la misma cantidad para los costos variables ($200 por hora multiplicados por las horas reales de consumo). No obstante, la asignación general de los costos difiere con los dos métodos, porque el método de tasa única aplica los costos fijos del departamento de apoyo con base en el consumo real de los recursos de cómputo por parte de las divisiones operativas; en tanto que el método de tasa doble aplica los costos con base en el consumo presupuestado.

A continuación veremos un enfoque alternativo, consistente en aplicar los costos del departamento central de cómputo según la capacidad de servicios de cómputo suministrados.

Aplicación basada en la oferta de capacidad

Ilustraremos este enfoque usando las 18,750 horas de capacidad práctica del departamento central de cómputo. La tasa presupuestada se determina entonces como sigue:

Tasa presupuestada de costos fijos por hora, $3,000,000 ÷ 18,750 horas	$160 por hora
Tasa presupuestada de costos variables por hora	200 por hora
Tasa presupuestada del costo total por hora	$360 por hora

Utilizando los mismos procedimientos para el método de tasa única y el método de tasa doble que en la sección anterior, las aplicaciones de los costos de apoyo a las divisiones operativas son:

Método de tasa única

División de microcomputadoras: $360 por hora × 9,000 horas (reales)	$3,240,000
División de equipo periférico: $360 por hora × 3,000 horas (reales)	1,080,000
Costos fijos de la capacidad de cómputo no usada	
$160 por hora × 6,750 horas[a]	1,080,000

[a] 6,750 horas = Capacidad práctica de 18,750 − (9,000 horas usadas por la división de microcomputadoras + 3,000 horas usadas por la división de equipo periférico).

Método de tasa doble

División de microcomputadoras

Costos fijos: $160 por hora × 8,000 horas (presupuestadas)	$1,280,000
Costos variables: $200 por hora × 9,000 horas (reales)	1,800,000
Costos totales	$3,080,000

División de equipo periférico

Costos fijos: $160 por hora × 4,000 horas (presupuestadas)	$ 640,000
Costos variables: $200 por hora × 3,000 horas (reales)	600,000
Costos totales	$1,240,000

Costos fijos de la capacidad de cómputo sin usar:

$160 por hora × 6,750 horas[b]	$1,080,000

[b]6,750 horas = Capacidad práctica de 18,750 horas − (8,000 horas presupuestadas a ser utilizadas por la división de microcomputadoras + 4,000 horas presupuestadas a ser utilizadas por la división de equipo periférico).

Cuando se utiliza la capacidad práctica para asignar los costos, el método de tasa única se aplica únicamente a los recursos reales de los costos fijos, que utilizan las divisiones de microcomputadoras y de equipo periférico; mientras que el método de tasa doble asigna los recursos de los costos fijos presupuestados que usarán las divisiones operativas. Se destacan los recursos no consumidos del departamento central de cómputo pero, por lo general, no se aplican a las divisiones.[2]

La ventaja de usar la capacidad práctica para asignar los costos es que centra la atención de la gerencia en el manejo de la capacidad no usada (la cual se describió en el capítulo 9, pp. 317-318, y en el capítulo 13, pp. 486-487). Utilizar la capacidad práctica también evita sobrecargar los diferentes usuarios con el costo de la capacidad no usada del departamento central de cómputo. En contraste, cuando los costos se aplican con base en la demanda de los servicios de cómputo, la totalidad de los $3,000,000 de costos fijos presupuestados, incluyendo el costo de la capacidad no usada, se aplican a los diferentes usuarios. Si los costos se emplean como una base para la fijación de precios, entonces, el hecho de cargar la capacidad no usada a los diferentes usuarios daría como resultado una espiral descendente de la demanda (véase la p. 317-318).

Método de tasa única *versus* método de tasa doble

Existen algunos beneficios y costos tanto para el método de la tasa única como para el de tasa doble. Un beneficio del método de tasa única es el bajo costo por implementarlo. El método de tasa única evita el frecuentemente costoso análisis que se requiere para clasificar las partidas individuales de costos de un departamento en las categorías fija y variable. Asimismo, al condicionar las aplicaciones finales sobre el uso real de las instalaciones centrales, en vez de basarlas únicamente en pronósticos inciertos de la demanda esperada, ofrece a los diferentes usuarios algún control operacional sobre los cargos que absorben.

Un problema con el método de tasa única es que causa que los costos fijos aplicados del departamento de apoyo aparezcan como costos variables para las divisiones operativas. En consecuencia, el método de tasa única conduciría a los gerentes de la división a tomar decisiones de subcontratación que vayan en su mejor interés, pero que serían ineficientes desde el punto de vista de la organización en su conjunto. Considere un ambiente donde las aplicaciones se hacen tomando como base la demanda por los servicios de cómputo. En tal caso, a cada división usuaria se le cargarían $450 por hora con el método de tasa única (recuerde que $250 de este cargo se relacionan con los costos fijos aplicados del departamento central de cómputo). Suponga que un proveedor externo ofrece a la división de microcomputadoras servicios de cómputo a una tasa de $340 por hora, en un momento en que el departamento central de cómputo tiene capacidad no usada. Los gerentes de la división de microcomputadoras se verían tentados a contratar a este proveedor, ya que así disminuirían los costos de la división ($340 por hora en vez del cargo interno de $450 por hora por los servicios de cómputo). Sin embargo, en el corto plazo, los costos fijos del departamento central de cómputo permanecen sin cambiar dentro del rango relevante (entre 6,000 horas de uso y la capacidad práctica de 18,750 horas). Por lo tanto, SH incurrirá en un costo adicional de $140 por hora si los gerentes tomaran esta oferta —la diferencia entre el precio de compra externo de $340 y el verdadero costo variable interno de $200 que resulta de usar el departamento central de cómputo.

---

[2] En nuestro ejemplo, coinciden los costos de la capacidad no usada con el método de tasa única y el con método de tasa doble (cada uno es igual a $1,080,000). Ello ocurre porque el consumo real total de las instalaciones coincide con el consumo total esperado de 12,000 horas. El costo presupuestado de la capacidad no usada (en el método de tasa doble) puede ser mayor o menor que el costo real (en el método de la tasa individual), dependiendo de si el uso real total es menor o mayor que el uso presupuestado.

La divergencia que surge entre los intereses de SH y los de sus gerentes divisionales con el método de tasa única se aminora cuando la asignación se realiza con base en la capacidad práctica. El costo variable por hora que perciben los gerentes de la división operativa es ahora de $360 (en vez de la tasa de $450, cuando la aplicación se basa en un consumo presupuestado). Sin embargo, cualquier oferta externa por arriba de $200 (el verdadero costo variable de la SH) y por debajo de $360 (el cargo por hora de tasa individual) daría todavía como resultado que el gerente que lo utilice prefiera subcontratar el servicio a expensas de las utilidades generales de SH.

Un beneficio del método de tasa doble es que señala a los gerentes divisionales la manera en que los costos variables y los costos fijos se comportan de forma diferente. Esta información orienta a los gerentes divisionales para que tomen decisiones que beneficien a la organización tanto en su conjunto como a nivel de cada división. Por ejemplo, el hecho de contratar a un proveedor de computadoras como un tercero que cobre más de $200 por hora, daría como resultado que SH se encontrara en una situación peor que si se usara su propio departamento central de cómputo, porque este último tiene un costo variable de $200 por hora. Con el método de tasa doble, ningún gerente de división tiene incentivos para pagar más de $200 por hora a un proveedor externo, ya que el cargo interno por los servicios de cómputo es precisamente de esa cantidad. Al cargar los costos fijos de los recursos presupuestados que habrán de usar las divisiones como una suma acumulada, el método de tasa doble tiene éxito para eliminar los costos fijos de la consideración de los gerentes divisionales, cuando toman decisiones marginales relacionadas con la subcontratación de servicios. Por lo tanto, se evita el potencial conflicto de intereses que surgiría con el método de tasa única.

En fechas recientes, el método de tasa doble ha estado recibiendo más atención. Resource Consumption Accounting (RCA), un sistema de contabilidad administrativa emergente, utiliza un procedimiento de aplicación similar al sistema de tasa doble. Para cada grupo de costos/recursos, las tasas de asignación de los costos para los costos fijos se basan en la capacidad práctica suministrada, en tanto que las tasas para los costos proporcionales (es decir, los costos que varían con respecto al resultado del grupo de recursos) se basan en cantidades planeadas.[3]

◄ Punto de decisión

¿Cuándo deberían usar los gerentes el método de tasa doble en vez del método de tasa única?

Costos presupuestados *versus* costos reales y elección de la base de aplicación

Los métodos de aplicación que se describieron con anterioridad siguen procedimientos específicos en términos de los costos del departamento de apoyo que se consideran, así como en cuanto a la manera en la cual los costos se asignan a los departamentos operativos. En esta sección, examinaremos tales alternativas con mayor detalle y consideraremos la influencia de los enfoques alternativos. Mostraremos que la decisión de si deben utilizarse los costos reales o los costos presupuestados, así como la elección entre el consumo real y el consumo presupuestado como base de aplicación, tiene un efecto significativo sobre los costos que se aplican a cada división y sobre los incentivos de los gerentes divisionales.

Tasas presupuestadas *versus* tasas reales

Tanto en el método de tasa única como en el método de tasa doble, usamos tasas presupuestadas para asignar los costos a los departamentos de apoyo (costos fijos y variables). Un enfoque alternativo implicaría el uso de tasas reales con base en los costos de apoyo realizados durante el periodo. Este método es mucho menos común debido al nivel de incertidumbre que impone sobre las divisiones usuarias. Cuando las aplicaciones se realizan mediante tasas presupuestadas, los gerentes de las divisiones a las cuales se aplican los costos saben con certeza las tasas que se usarán en ese periodo presupuestal. Los usuarios pueden entonces determinar la cantidad del servicio que deberán requerir y —cuando la política de la compañía lo permite— si se deberá usar una fuente interna o un proveedor externo. En contraste, cuando se usan tasas reales para la aplicación de los costos, las divisiones usuarias no se enteran de sus cargos sino hasta el final del periodo del presupuesto.

Las tasas presupuestadas también ayudan a motivar al gerente del departamento de apoyo (o a un proveedor), por ejemplo, el departamento central de cómputo, para el mejoramiento de la eficiencia. Durante el periodo del presupuesto, el departamento de apoyo, y no las divisiones usuarias, corren el

Objetivo de aprendizaje 2

Entender cómo se ven afectados los incentivos divisionales por la elección entre una aplicación basada en tasas presupuestadas y en tasas reales

. . . las tasas presupuestadas brindan certeza para los usuarios en relación con los cargos, y motivan a la división de apoyo para que intervenga en el control de costos

y entre el uso presupuestado y el uso real

. . . el consumo presupuestado ayuda en la planeación y la utilización eficiente de los recursos fijos, el consumo real controla el consumo de los recursos variables

---

[3] Otras características sobresalientes del Resource Consumption Accounting (RCA) incluyen el uso selectivo de un costeo basado en actividades, la falta de aplicación de los costos fijos cuando no pueden establecerse relaciones causales, y la depreciación de los activos con base en su costo de reemplazo. RCA tiene sus raíces en el sistema de contabilidad de costos alemán con casi 50 años de antigüedad, denominado Grenzplankostenrechnung (GPK), el cual utilizan organizaciones como Mercedes-Benz, Porsche y Stihl. Si se desean más detalles, así como ejemplos del uso del RCA y el GPK en las empresas, véase S. Webber y B. Clinton, "Resource Consumption Accounting Applied: The Clopay Case", *Management Accounting Quarterly* (otoño de 2004) y B. Mackie, "Merging GPK and ABC on the Road to RCA", *Strategic Finance* (noviembre de 2006).

riesgo de cualesquiera variaciones desfavorables en los costos. Ello es así porque las divisiones usuarias no pagan ningún costo o ineficiencia del departamento proveedor que ocasione que las tasas reales excedan las tasas presupuestadas.

El gerente del departamento de suministro probablemente visualizaría las tasas presupuestadas de una forma negativa, si ocurrieran variaciones desfavorables en costos por aumentos de precio fuera de su control. Algunas organizaciones tratan de identificar estos factores incontrolables y liberan al gerente del departamento de apoyo de la responsabilidad por tales variaciones. En otras organizaciones, el departamento proveedor y la división usuaria acuerdan compartir el riesgo (a través de una fórmula explícita) de un aumento considerable e incontrolable en los precios de los insumos que usa el departamento proveedor. Este procedimiento evita imponer el riesgo completamente, ya sea sobre el departamento proveedor (como cuando se usan las tasas presupuestadas) o sobre la división usuaria (como en el caso de las tasas reales).

En la parte restante de este capítulo, seguiremos considerando tan solo los métodos de aplicación que se basan en el costo presupuestado de los servicios de apoyo.

Consumo presupuestado *versus* consumo real

Tanto en el método de tasa única como en el de tasa doble, los costos variables se asignan tomando como base las tasas presupuestadas y el consumo real. Ya que los costos variables están directa y causalmente relacionados con el consumo, es adecuado cargarlos como una función del consumo real. Además, la aplicación de los costos variables con base en el consumo presupuestado dejaría a los departamentos usuarios sin incentivo alguno para controlar su consumo de los servicios de apoyo.

¿Qué podría decirse de los costos fijos? Considere el presupuesto de costos fijos por $3,000,000 del departamento central de cómputo de SH. Recuerde que el uso presupuestado es de 8,000 horas para la división de microcomputadoras y de 4,000 horas para la división de equipo periférico. Suponga que el consumo real de la división de microcomputadoras siempre es igual al consumo presupuestado. Consideramos tres casos: cuando el consumo real de la división de equipo periférico es igual (caso 1), es mayor (caso 2) y es menor (caso 3) que el consumo presupuestado.

Aplicación de los costos fijos con base en las tasas presupuestadas y en el consumo presupuestado

Se trata del procedimiento de tasa doble que se describió en la sección anterior. Cuando el consumo presupuestado es la base de aplicación, indistintamente del uso real de las instalaciones (es decir, indistintamente de que ocurran los casos 1, 2 o 3), las divisiones usuarias reciben un cargo de un costo fijo preestablecido por una suma acumulada. Si las tasas se basan en la demanda esperada ($250 por hora), a la división de microcomputadoras se le asignan $2,000,000 y a la división de equipos periféricos se le asigna $1,000,000. Si las tasas se establecen usando la capacidad práctica ($160 por hora), a la división de microcomputadoras se le cargan $1,280,000, a la división de equipo periférico se le aplican $640,000, y la parte restante de $1,080,000 es el costo no aplicado de la capacidad excedente o no utilizada.

La ventaja del hecho de conocer de antemano las aplicaciones es que ayuda a las divisiones usuarias con la planeación tanto a corto como a largo plazos. Las organizaciones se comprometen con costos de infraestructura (como los costos fijos de un departamento de apoyo) con base en un horizonte de planeación a largo plazo; el consumo presupuestado mide las exigencias a largo plazo de las divisiones usuarias para los departamentos de servicios.

La aplicación de los costos fijos con base en el uso presupuestado a largo plazo podría tentar a algunos gerentes a subestimar su consumo planeado. Una subestimación daría como resultado que las divisiones absorbieran un menor porcentaje de costos fijos (suponiendo que todos los demás gerentes no subestiman su consumo de manera similar). Para desalentar las subestimaciones, algunas compañías ofrecen bonos u otras recompensas —el enfoque de "la zanahoria"— a los gerentes que hacen pronósticos exactos del consumo a largo plazo. Otras compañías imponen sanciones por costos —el enfoque "del garrote"— por subestimar el consumo a largo plazo. Por ejemplo, se carga una tasa de costos más alta después de que una división haya excedido su consumo presupuestado.

Aplicación de los costos fijos con base en las tasas presupuestadas y en el consumo real

La columna 2 de la ilustración 15-1 muestra las aplicaciones cuando la tasa presupuestada se basa en la demanda esperada ($250 por hora), en tanto que la columna 3 muestra las aplicaciones cuando se usa la capacidad práctica para obtener la tasa ($160 por hora).

Observe que la aplicación de los costos fijos de cada división operativa varía de acuerdo con su consumo real de las instalaciones de apoyo. Sin embargo, las variaciones en el consumo real de una división no afectan los costos aplicados a la otra división. A la división de microcomputadoras se le

| Ilustración 15-1 | Efectos de las variaciones en el consumo real sobre la aplicación del costo fijo a las divisiones operativas |

	(1)		(2) Tasa presupuestada con base en la demanda esperada[a]		(3) Tasa presupuestada con base en la capacidad práctica[b]		(4) Aplicación del costo fijo total presupuestado	
	Consumo real							
Caso	Div. de microcomp.	Div. de eq. perif.	Div. de microcomp.	Div. de eq. perif.	Div. de microcomp.	Div. de eq. perif.	Div. de microcomp.	Div. de eq. perif.
1	8,000 horas	4,000 horas	$2,000,000	$1,000,000	$1,280,000	$ 640,000	$2,000,000[c]	$1,000,000[d]
2	8,000 horas	7,000 horas	$2,000,000	$1,750,000	$1,280,000	$1,120,000	$1,600,000[e]	$1,400,000[f]
3	8,000 horas	2,000 horas	$2,000,000	$ 500,000	$1,280,000	$ 320,000	$2,400,000[g]	$ 600,000[h]

[a] $\dfrac{\$3,000,000}{(8,000 + 4,000)\text{ horas}} = \$250$ por hora [b] $\dfrac{\$3,000,000}{18,750\text{ horas}} = \$160$ por hora [c] $\dfrac{8,000}{(8,000 + 4,000)} \times \$3,000,000$ [d] $\dfrac{4,000}{(8,000 + 4,000)} \times \$3,000,000$

[e] $\dfrac{8,000}{(8,000 + 7,000)} \quad \$3,000,000$ [f] $\dfrac{7,000}{(8,000 + 7,000)} \times \$3,000,000$ [g] $\dfrac{8,000}{(8,000 + 2,000)} \times \$3,000,000$ [h] $\dfrac{2,000}{(8,000 + 2,000)} \times \$3,000,000$

aplican ya sea $2,000,000 o $1,280,000, dependiendo de la tasa presupuestada que se haya elegido, indistintamente del consumo real de la división de equipos periféricos. Por consiguiente, la combinación del consumo real como la base de aplicación con las tasas presupuestadas brinda a las divisiones usuarias un conocimiento avanzado acerca de las tasas, así como un control sobre los costos que se les cargan.[4]

Note, sin embargo, que este procedimiento de aplicación para los costos fijos es exactamente el mismo que el que se empleó con el método de tasa única. Por lo tanto, el procedimiento comparte las desventajas del método de tasa única que se expuso en la sección anterior, como cargar costos excesivamente altos, incluyendo el costo de la capacidad no usada, cuando las tasas se basan en el uso esperado. Además, incluso cuando las tasas se basan en la capacidad esperada, recuerde que la aplicación de las tasas de costos fijos con base en el consumo real origina conflictos de interés entre las divisiones usuarias y la empresa, cuando se evalúan las posibilidades de la subcontratación.

Aplicación de los costos fijos presupuestados con base en el consumo real

Finalmente, considere el efecto de seleccionar el consumo uso real como la base de aplicación, cuando la empresa asigna los costos fijos totales presupuestados a las divisiones operativas (en vez de especificar las tasas de los costos fijos presupuestados, como hemos hecho hasta ahora). Si los costos fijos presupuestados de $3,000,000 se asignan usando el consumo presupuestado, nos encontramos de nuevo en el escenario familiar de tasa doble. Por otro lado, si el uso real de las instalaciones es la base para la aplicación, los cargos serían iguales a las cantidades de la ilustración 15-1, columna 4. En el caso 1, la aplicación del costo fijo es igual al monto presupuestado (que es también el mismo que el cargo con el método de tasa doble). En el caso 2, la aplicación del costo fijo es de $400,000 menos para la división de microcomputadoras que el monto basado en el uso presupuestado ($1,600,000 *versus* $2,000,000). En el caso 3, la aplicación del costo fijo es de $400,000 más para la división de microcomputadoras que el monto basado en el uso presupuestado ($2,400,000 *versus* $2,000,000). ¿Por qué la división de microcomputadoras recibe $400,000 más en costos en el caso 3, aun cuando su consumo real es igual a su consumo presupuestado? Porque los costos fijos totales de $3,000,000 se distribuyen ahora sobre 2,000 horas menos de consumo total real. En otras palabras, el menor consumo por parte de la división de equipo periférico conduce a un incremento en los costos fijos que se aplica a la división de microcomputadoras. Cuando los costos fijos presupuestados se aplican con base en el consumo real, las divisiones usuarias no conocerán sus aplicaciones de los costos fijos, sino hasta el final del periodo del presupuesto. Por consiguiente, este método adolece del mismo defecto que aquellos que se basan en el uso de la comprensión del costo real, en vez de basarse en las tasas de costos presupuestadas.

En resumen, hay excelentes razones económicas y motivacionales para justificar las formas precisas de los métodos de tasa única y de tasa doble que se consideraron en la sección anterior y, en particular, para recomendar el procedimiento de aplicación de tasa doble.

◄ Punto de decisión

¿Qué factores deberían considerar los gerentes al decidir entre una aplicación basada en tasas reales y tasas presupuestadas, y entre el consumo real y el consumo presupuestado?

---

[4] El monto total de los costos fijos aplicados a las divisiones en general no será igual a los costos verdaderos realizados. En estos casos se deben hacer ajustes por las sobreaplicaciones y las subaplicaciones usando los métodos que se examinaron con anterioridad en los capítulos 4, 7 y 8.

Aplicación de los costos en diversos departamentos de apoyo

Acabamos de examinar los problemas generales que se presentan cuando se aplican los costos de un departamento de apoyo a las divisiones operativas. En esta sección examinaremos los problemas especiales de aplicación de costos que surgen cuando dos o más de los departamentos de apoyo, cuyos costos se están asignando, gozan de un apoyo recíproco entre sí o cuando brindan apoyo a los departamentos operativos. Un ejemplo de apoyo recíproco es el departamento de recursos humanos de una empresa, el cual proporciona servicios de reclutamiento, capacitación y administración del desempeño para todos los empleados de una organización, incluyendo a quienes trabajan en el departamento legal, y que asimismo utiliza los servicios del departamento legal para las actividades de acatamiento, la redacción de contratos, la verificación de documentos en los planes sobre opciones de acciones, etcétera. Las aplicaciones más exactas de los costos del departamento de apoyo dan como resultado costos más exactos del producto, del servicio y de los clientes.

Considere el caso de Castleford Engineering, la cual opera a una capacidad práctica para la fabricación de motores que se usan en plantas generadoras de energía eléctrica. Castleford tiene dos departamentos de apoyo y dos departamentos operativos en su planta de manufactura:

Departamentos de apoyo	Departamentos operativos
Mantenimiento de la planta (y del equipo)	Trabajos mecánicos
Sistemas de información	Ensamblado

Los dos departamentos de apoyo de Castleford gozan de un apoyo recíproco entre sí y también dan apoyo a los dos departamentos operativos. Los costos se acumulan en cada departamento para fines de planeación y control. La ilustración 15-2 presenta los datos del ejemplo. Para entender los porcentajes de esta ilustración, considere el departamento de mantenimiento de la planta. Este departamento de apoyo proporciona un total de 20,000 horas de trabajo de apoyo: 20% (4,000 ÷ 20,000 = 0.20) para el departamento de sistemas de información, 30% (6,000 ÷ 20,000 = 0.30) para el departamento de operaciones mecánicas y 50% (10,000 ÷ 20,000 = 0.50) para el departamento de ensamblado.

A continuación examinaremos tres métodos para la aplicación de los costos de los departamentos de apoyo recíproco: *el método directo, el método escalonado y el método recíproco*. Para simplificar la explicación y para concentrar la atención en los conceptos, usaremos el método de tasa única para aplicar los costos de cada departamento de apoyo, utilizando las tasas presupuestadas y las horas presupuestadas empleadas por los otros departamentos. (El problema para autoestudio ilustra el método de tasa doble para la aplicación de los costos recíprocos del departamento de apoyo.)

Método directo

El **método directo** aplica los costos de cada departamento de apoyo únicamente a los departamentos operativos. El método directo no aplica los costos del departamento de apoyo a otros departamentos de apoyo. La ilustración 15-3 ilustra este método usando los datos de la ilustración 15-2.

Ilustración 15-2 Datos para la aplicación de los costos del departamento de apoyo en Castleford Engineering durante 2012

	A	B	C	D	E	F	G
1		DEPARTAMENTOS DE APOYO			DEPARTAMENTOS OPERATIVOS		
2		Mantenimiento de la planta	Sistemas de información		Operaciones mecánicas	Ensamblado	Total
3	Costos indirectos presupuestados antes de cualesquiera						
4	aplicaciones de costos interdepartamentales	$6,300,000	$1,452,150		$4,000,000	$2,000,000	$13,752,150
5	Trabajo de apoyo suministrado:						
6	Por el área de mantenimiento de la planta						
7	Horas de mano de obra presupuestadas	—	4,000		6,000	10,000	20,000
8	Porcentaje	—	20%		30%	50%	100%
9	Por el área de sistemas de información						
10	Horas de cómputo presupuestadas	500	—		4,000	500	5,000
11	Porcentaje	10%	—		80%	10%	100%

Ilustración 15-3

Método directo de aplicación de los costos del departamento de apoyo en Castleford Engineering durante 2012

	A	B	C	D	E	F	G
1		**DEPARTAMENTOS DE APOYO**			**DEPARTAMENTOS OPERATIVOS**		
2		Mantenimiento de la planta	Sistemas de información		Operaciones mecánicas	Ensamblado	Total
3	Costos indirectos presupuestados antes de cualesquiera						
4	aplicaciones interdepartamentales de costos	$6,300,000	$1,452,150		$4,000,000	$2,000,000	$13,752,150
5	Aplicación de mantenimiento de la planta (3/8, 5/8)[a]	(6,300,000)			2,362,500	3,937,500	
6	Aplicación de sistemas de información (8/9, 1/9)[b]		(1,452,150)		1,290,800	161,350	
7							
8	Total de costos indirectos presupuestados						
9	de los departamentos operativos	$ 0	$ 0		$7,653,300	$6,098,850	$13,752,150
10	[a] La base es (6,000 + 10,000) o 16,000 horas; 6,000 ÷ 16,000 = 3/8; 10,000 ÷ 16,000 = 5/8.						
11	[b] La base es (4,000 + 500) o 4,500 horas; 4,000 ÷ 4,500 = 8/9; 500 ÷ 4,500 = 1/9.						

La base utilizada para aplicar los costos del mantenimiento de la planta a los departamentos operativos son las horas totales de mano de obra de mantenimiento presupuestadas que se han trabajado en los departamentos operativos: 6,000 + 10,000 = 16,000 horas. Esta cantidad excluye las 4,000 horas del tiempo de apoyo presupuestado suministrado por el área de mantenimiento de la planta al área de sistemas de información. De manera similar, la base que se utilizó para la aplicación de los costos del área de sistemas de información a los departamentos operativos es de 4,000 + 500 = 4,500 horas presupuestadas de tiempo de cómputo, lo cual excluye las 500 horas del tiempo de apoyo presupuestado, suministrado por el área de sistemas de información al área de mantenimiento de la planta.

Un enfoque equivalente para la implementación del método directo implica el cálculo de una tasa presupuestada, para cada uno de los costos de los departamentos de apoyo. Por ejemplo, la tasa para los costos del departamento de mantenimiento de la planta es de $6,300,000 ÷ 16,000 horas, o bien, $393.75 por hora. Al departamento de operaciones mecánicas se le aplican entonces $2,362,500 ($393.75 por hora × 6,000 horas); en tanto que al departamento de ensamblado se le aplican $3,937,500 ($393.75 por hora × 10,000 horas). Para facilitar las explicaciones en esta sección, usaremos la fracción de los servicios del departamento de apoyo que usan otros departamentos, en vez de calcular las tasas presupuestadas, para aplicar los costos del departamento de apoyo.

El método directo se utiliza con mucha frecuencia gracias a su facilidad de uso. El beneficio del método directo es su sencillez. No hay necesidad de predecir el uso de los servicios de los departamentos de apoyo por parte de otros departamentos de apoyo. Una desventaja del método directo es que ignora la información acerca de los servicios recíprocos suministrados entre los departamentos de apoyo y, por lo tanto, podría conducir a estimaciones inexactas del costo de los departamentos operativos. A continuación examinaremos un segundo enfoque, el cual reconoce de manera parcial los servicios que se proporcionan entre los departamentos de apoyo.

Método escalonado

Algunas organizaciones emplean el **método escalonado,** también denominado **método de aplicación secuencial,** el cual aplica los costos del departamento de apoyo a otros departamentos de apoyo y a los departamentos operativos en una forma secuencial que reconoce parcialmente los servicios mutuos suministrados entre todos los departamentos de apoyo.

La ilustración 15-4 muestra el método escalonado. Los costos de mantenimiento de la planta de $6,300,000 se aplican primero. La ilustración 15-2 muestra que el área de mantenimiento de la planta proporciona el 20% de sus servicios al área de sistemas de información, el 30% al área de operaciones mecánicas y el 50% al área de ensamblado.

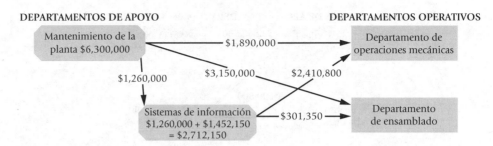

Ilustración 15-4

Forma en que la contabilidad ayuda en la toma de decisiones, en la planeación y el control en el *Daily News*

	A	B	C	D	E	F	G
1		**DEPARTAMENTOS DE APOYO**			**DEPARTAMENTOS OPERATIVOS**		
2		Mantenimiento de la planta	Sistemas de información		Operaciones mecánicas	Ensamblado	Total
3	Costos indirectos presupuestados antes de cualesquiera						
4	aplicaciones de costos interdepartamentales	$6,300,000	$1,452,150		$4,000,000	$2,000,000	$13,752,150
5	Aplicación de mantenimiento de la planta (2/10, 3/10, 5/10)[a]	(6,300,000)	1,260,000		1,890,000	3,150,000	
6			2,712,150				
7	Aplicación de sistemas de información (8/9, 1/9)[b]		(2,712,150)		2,410,800	301,350	
8							
9	Total de costos indirectos presupuestados						
10	de los departamentos operativos	$ 0	$ 0		$8,300,800	$5,451,350	$13,752,150
11	[a] La base es (4,000 + 6,000 + 10,000) o 20,000 horas; 4,000 ÷ 20,000 = 2/10; 6,000 ÷ 20,000 = 3/10; 10,000 ÷ 20,000 = 5/10.						
12	[b] La base es (4,000 + 500) o 4,500 horas; 4,000 ÷ 4,500 = 8/9; 500 ÷ 4,500 = 1/9.						

Por consiguiente, $1,260,000 se aplican a sistemas de información (20% de $6,300,000), $1,890,000 a operaciones mecánicas (30% de $6,300,000) y $3,150,000 a ensamblado (50% de $6,300,000). Los costos de sistemas de información dan ahora un total de $2,712,150: los costos presupuestados del departamento de sistemas de información antes de cualesquiera aplicaciones de costos interdepartamentales, $1,452,150, más $1,260,000 provenientes de la asignación de los costos de mantenimiento de la planta al departamento de sistemas de información. Los $2,712,150 se aplican entonces únicamente entre los dos departamentos operativos, con base en la proporción de los servicios del departamento de sistemas de información proporcionados a las áreas de operaciones mecánicas y de ensamblado. A partir de la ilustración 15-2, el departamento de sistemas de información suministra el 80% de sus servicios a operaciones mecánicas y el 10% a ensamblado, de manera que se aplican $2,410,800 (8/9 × $2,712,150) a operaciones mecánicas y $301,350 (1/9 × $2,712,150) a ensamblado.

Observe que este método requiere que los departamentos de apoyo se clasifiquen (secuencialmente) en el orden en que tendrá que proceder la aplicación descendente. En nuestro ejemplo, los costos del departamento de mantenimiento de la planta se aplicaron primero a todos los demás departamentos, incluyendo el departamento de sistemas de información. Los costos del departamento de apoyo de sistemas de información se aplicaron en segundo lugar, aunque tan solo a los dos departamentos operativos. Si los costos del departamento de sistemas de información se hubieran aplicado primero y los costos del departamento de mantenimiento de la planta se hubieran aplicado en segundo lugar, las asignaciones resultantes de los costos del departamento de apoyo a los departamentos operativos habrían sido diferentes. Una secuencia descendente popular empieza con el departamento de apoyo que brinda el mayor porcentaje de sus servicios totales a *otros departamentos de apoyo*. La secuencia continúa con el departamento que proporciona el siguiente porcentaje más alto y así sucesivamente, y termina con el departamento de apoyo que suministra el menor porcentaje.[5] En nuestro ejemplo, los costos del departamento de mantenimiento de la planta se asignaron primero ya que proporciona el 20% de sus servicios al departamento de sistemas de información, mientras que el departamento de sistemas de información proporciona tan solo el 10% de sus servicios al departamento de mantenimiento de la planta (véase la ilustración 15-2).

Con el método escalonado, una vez que se hayan aplicado los costos del departamento de apoyo, no se vuelve a asignar ningún costo subsiguiente del departamento de apoyo. Una vez que

---

[5] Un enfoque alternativo para la selección de la secuencia de aplicaciones consiste en empezar con el departamento de apoyo que proporciona los servicios con la mayor cantidad en dólares a otros departamentos de apoyo. La secuencia termina con la aplicación de los costos del departamento que suministra los servicios con el menor valor en dólares a otros departamentos de apoyo.

se asignan los costos del departamento de mantenimiento de la planta, no recibe ninguna aplicación adicional proveniente de otros departamentos de apoyo (con una clasificación más baja). El resultado es que el método escalonado no reconoce los servicios totales que los departamentos de apoyo se proporcionan entre sí. El método recíproco reconoce en forma total todos estos servicios, como veremos a continuación.

Método recíproco

El **método recíproco** aplica los costos del departamento de apoyo a los departamentos operativos, reconociendo en forma total los servicios mutuos que se hayan suministrado entre todos los departamentos de apoyo. Por ejemplo, el departamento de mantenimiento de la planta mantiene todos los equipos de cómputo del departamento de sistemas de información. De manera similar, sistemas de información brinda apoyo en la base de datos para mantenimiento de la planta. El método recíproco incorpora en forma total las relaciones interdepartamentales en las aplicaciones de costos del departamento de apoyo.

Una forma de entender el método recíproco es como una extensión del método escalonado. Este enfoque se presenta en la ilustración 15-5. Como en el procedimiento escalonado, los costos de mantenimiento de la planta se aplican primero a todos los demás departamentos, incluyendo el departamento de apoyo de sistemas de información: sistemas de información, 20%; operaciones mecánicas, 30%; ensamblado, 50%. Los costos del departamento de sistemas de información totalizan entonces $2,712,150 ($1,452,150 + $1,260,000 de la primera ronda de aplicación), como en la ilustración 15-4. Con el método escalonado, estos costos se asignan directamente tan solo a los departamentos operativos. No obstante, el método recíproco reconoce que una porción de los costos del departamento de sistemas de información surge como resultado del apoyo que proporciona al área de mantenimiento de la planta.

Ilustración 15-5 Determinación de los ingresos relevantes y de los costos relevantes de Precision Sporting Goods

	A	B	C	D	E	F	G
1		DEPARTAMENTOS DE APOYO			DEPARTAMENTOS OPERATIVOS		
2		Mantenimiento de la planta	Sistemas de información		Operaciones mecánicas	Ensamblado	Total
3	Costos indirectos presupuestados antes de cualesquiera						
4	aplicaciones de costos interdepartamentales	$6,300,000	$1,452,150		$4,000,00 0	$2,000,000	$13,752,150
5	Primera aplicación de mantenimiento de la planta (2/10, 3/10, 5/10)[a]	(6,300,000)	1,260,000		1,890,000	3,150,000	
6			2,712,150				
7	Primera aplicación de sistemas de información (1/10, 8/10, 1/10)[b]	271,215	(2,712,150)		2,169,720	271,215	
8	Segunda aplicación de mantenimiento de la planta (2/10, 3/10, 5/10)[a]	(271,215)	54,243		81,364	135,608	
9	Segunda aplicación de sistemas de información (1/10, 8/10, 1/10)[b]	5,424	(54,243)		43,395	5,424	
10	Tercera aplicación de mantenimiento de la planta (2/10, 3/10, 5/10)[a]	(5,424)	1,085		1,627	2,712	
11	Tercera aplicación de sistemas de información (1/10, 8/10, 1/10)[b]	109	(1,085)		867	109	
12	Cuarta aplicación de mantenimiento de la planta (2/10, 3/10, 5/10)[a]	(109)	22		33	54	
13	Cuarta aplicación de sistemas de información (1/10, 8/10, 1/10)[b]	2	(22)		18	2	
14	Cuarta aplicación de mantenimiento de la planta (2/10, 3/10, 5/10)[a]	(2)	0		1	1	
15							
16	Total de costos indirectos presupuestados de los departamentos operativos	$ 0	$ 0		$8,187,025	$5,565,125	$13,752,150
17							
18	Total de montos del departamento de apoyo aplicados y reaplicados (los números entre paréntesis en las dos primeras columnas):						
19	Mantenimiento de la planta: $6,300,000 + $271,215 + $5,424 + $109 + $2 = $6,576,750						
20	Sistemas de información: $2,712,150 + $54,243 + $1,085 + $22 = $2,767,500						
21							
22	[a]La base es (4,000 + 6,000 + 10,000) o 20,000 horas; 4,000 ÷ 20,000 = 2/10; 6,000 ÷ 20,000 = 3/10; 10,000 ÷ 20,000 = 5/10.						
23	[b]La base es (500 + 4,000 + 500) o 5,000 horas; 500 ÷ 5,000 = 1/10; 4,000 ÷ 5,000 = 8/10; 500 ÷ 5,000 = 1/10.						

De esta manera, los $2,712,150 se aplican a todos los departamentos que el departamento de sistemas de información apoya, incluyendo al departamento de mantenimiento de la planta: mantenimiento de la planta, 10%; operaciones mecánicas, 80%; y ensamblado, 10% (véase la ilustración 15-2). Los costos de mantenimiento de la planta que tuvieron que reducirse a $0 ahora tienen $271,215 provenientes de la aplicación del departamento de sistemas de información. En el siguiente paso, dichos costos se vuelven a asignar a todos los demás departamentos, incluyendo sistemas de información, en la misma proporción que los costos de mantenimiento de la planta se asignaron con anterioridad. Ahora los costos del departamento de sistemas de información que tuvieron que reducirse a $0 tienen $54,243 provenientes de las aplicaciones del departamento de mantenimiento de la planta. Estos costos se aplican de nuevo en la misma proporción que se asignaron anteriormente los costos del departamento de sistemas de información. Rondas sucesivas dan como resultado montos cada vez más pequeños que se aplican a los departamentos de apoyo —y que se vuelven a aplicar a partir de dichos departamentos— hasta que finalmente todos los costos del departamento de apoyo se asignan a los departamentos operativos. Los costos indirectos finales presupuestados para los departamentos operativos con el método recíproco están dados por las cantidades de la línea 16 de la ilustración 15-5.

Una forma alternativa de implementar el método recíproco consiste en la formulación y la resolución de ecuaciones lineales. Este proceso requiere de tres pasos:

Paso 1:   Expresar los costos del departamento de apoyo y las relaciones recíprocas con la forma de ecuaciones lineales. Usaremos el término **costos recíprocos completos,** o **costos artificiales,** para designar los propios costos del departamento de apoyo más cualesquiera aplicaciones de costos interdepartamentales. Sea MP los *costos completos recíprocos de mantenimiento de la planta* y SI los *costos recíprocos completos* de sistemas de información. Expresamos los datos de la ilustración 15-2 como:

$$MP = \$6,300,000 + 0.1\,SI \qquad (1)$$
$$SI = \$1.452.150 + 0.2\,MP \qquad (2)$$

El término $0.1\,SI$ de la ecuación 1 es el porcentaje de los servicios de los sistemas de información *utilizados por* el área de mantenimiento de la planta. El término $0.2\,MP$ de la ecuación 2 es el porcentaje de los servicios de mantenimiento de la planta *utilizados por* el área de sistemas de información.

Paso 2:   Resolver el conjunto de ecuaciones lineales para obtener los costos recíprocos completos de cada departamento de apoyo. Sustituyendo la ecuación 1 en la 2,

$$SI = \$1,452,150 + [0.2(\$6,300,000 + 0.1\,SI\,)]$$
$$SI = \$1,452,150 + \$1,260,000 + 0.02\,SI$$
$$0.98\,SI = \$2,712,150$$
$$SI = \$2,767,500$$

Al sustituir esto en la ecuación 1,

$$MP = \$6,300,000 + 0.1(\$2,767,500)$$
$$MP = \$6,300,000 + \$276,750 = \$6,576,750$$

Los costos recíprocos completos o costos artificiales para mantenimiento de la planta y sistemas de información son de $6,576,750 y $2,767,500, respectivamente. Observe que estas son las mismas cantidades que aquellas que aparecen en la parte inferior de la ilustración 15-5 (líneas 19 y 20), como los costos totales del departamento de apoyo asignados y reasignados durante el proceso iterativo. Al establecer el sistema de ecuaciones simultáneas, resolvemos estas cantidades en forma directa. Cuando hay más de dos departamentos de apoyo con relaciones recíprocas, se necesita software como Excel o Matlab para calcular los costos recíprocos completos de cada departamento de apoyo. Ya que los cálculos implican la obtención del inverso de una matriz, el método recíproco también se denomina algunas veces como **método de matriz.**[6]

Paso 3:   Aplicar los costos recíprocos completos de cada departamento de apoyo a todos los demás departamentos (tanto departamentos de apoyo como departamentos operativos) con base en los porcentajes de consumo (según las unidades totales del servicio suministrado a todos los departamentos).

---

[6] Si hay *n* departamentos de apoyo, entonces el paso 1 dará *n* ecuaciones lineales. La resolución de las ecuaciones para calcular los costos recíprocos completos requiere entonces determinar el inverso de una matriz de *n* por *n*.

Considere al departamento de sistemas de información. Los costos recíprocos completos de $2,767,500 se aplican como sigue:

A mantenimiento de la planta (1/10) × $2,767,500	= $ 276,750
A operaciones mecánicas (8/10) × $2,767,500	= 2,214,000
A ensamblado (1/10) × $2,767,500	= 276,750
Total	$2,767,500

La ilustración 15-6 presenta datos de resumen relacionados con el método recíproco.

Los costos recíprocos completos de Castleford por $9,344,250 de los departamentos de apoyo exceden el monto presupuestado de $7,752,150.

Departamento de apoyo	Costos recíprocos completos	Costos presupuestados	Diferencia
Mantenimiento de la planta	$6,576,750	$6,300,000	$ 276,750
Sistemas de información	2,767,500	1,452,150	1,315,350
Total	$9,344,250	$7,752,150	$1,592,100

El costo recíproco completo de cada departamento de apoyo es mayor que el monto presupuestado, para tomar en cuenta que los costos de apoyo se asignarán a todos los departamentos que utiliza sus servicios y no tan solo a los departamentos operativos. Este paso asegura que el método recíproco reconozca por completo todas las interrelaciones entre los departamentos de apoyo, así como las relaciones entre los departamentos de apoyo y los departamentos operativos.

Ilustración 15-6 Método recíproco para la aplicación de los costos del departamento de apoyo usando ecuaciones lineales en Castleford Engineering durante 2012

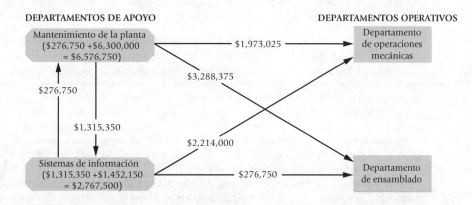

	A	B	C	D	E	F	G
1		DEPARTAMENTOS DE APOYO			DEPARTAMENTOS OPERATIVOS		
2		Mantenimiento de la planta	Sistemas de información		Operaciones mecánicas	Ensamblado	Total
3	Costos indirectos presupuestados antes de cualesquiera						
4	aplicaciones de costos interdepartamentales	$6,300,000	$1,452,150		$4,000,000	$2,000,000	$13,752,150
5	Aplicación de mantenimiento de la planta (2/10, 3/10, 5/10)[a]	(6,576,750)	1,315,350		1,973,025	3,288,375	
6	Aplicación de sistemas de información (1/10, 8/10, 1/10)[b]	276,750	(2,767,500)		2,214,000	276,750	
7							
8	Total de costos indirectos presupuestados de los departamentos operativos	$ 0	$ 0		$8,187,025	$5,565,125	$13,752,150
9							
10	[a]La base es (4,000 + 6,000 + 10,000) o 20,000 horas 4,000 ÷ 20,000 = 2/10; 6,000 ÷ 20,000 = 3/10; 10,000 ÷ 20,000 = 5/10.						
11	[b]La base es (500 + 4,000 + 500) o 5,000 horas 500 ÷ 5,000 = 1/10; 4,000 ÷ 5,000 = 8/10; 500 ÷ 5,000 = 1/10.						

La diferencia entre los costos recíprocos completos y los costos presupuestados para cada departamento de apoyo refleja los costos aplicados entre los departamentos de apoyo. Los costos totales asignados a los departamentos operativos con el método recíproco todavía son únicamente de $7,752,150.

Panorama general de los métodos

Suponga que Castleford vuelve a aplicar los costos indirectos totales presupuestados de cada departamento operativo, que aparecen en las ilustraciones 15-3 a 15-6, a los productos individuales con base en las horas-máquina presupuestadas para el departamento de operaciones mecánicas (18,000 horas) y las horas de la mano de obra directa presupuestada para el departamento de ensamblado (25,000 horas). Las tasas presupuestadas de aplicación de los costos indirectos (al dólar más cercano) para cada departamento operativo con el método de aplicación son:

Método de aplicación del costo del departamento de apoyo	Total de costos indirectos presupuestados después de la aplicación de todos los costos del departamento de apoyo		Tasa presupuestada de costos indirectos por hora para fines de costeo de productos	
	Operaciones mecánicas	Ensamblado	Operaciones mecánicas (18,000 horas-máquina)	Ensamblado (25,000 horas de mano de obra)
Directo	$7,653,300	$6,098,850	$425	$244
Escalonado	8,300,800	5,451,350	461	218
Recíproco	8,187,025	5,565,125	455	223

Tales diferencias en las tasas de los costos indirectos presupuestados con los tres métodos de aplicación de los costos del departamento de apoyo pueden, por ejemplo, afectar al monto de los costos que se reembolsan a Castleford por los motores que fabrica, según los contratos de reembolso de costos. Considere un contrato de reembolso de costos para un proyecto que utiliza 200 horas-máquina en el departamento de operaciones mecánicas y 50 horas de mano de obra directa en el departamento de ensamblado. Los costos indirectos aplicados a este contrato con los tres métodos serían:

Directo: $97,200 ($425 por hora × 200 horas + $244 por hora × 50 horas)
Escalonado: 103,100 ($461 por hora × 200 horas + $218 por hora × 50 horas)
Recíproco: 102,150 ($455 por hora × 200 horas + $223 por hora × 50 horas)

El monto del costo reembolsado a Castleford diferirá dependiendo del método que se use para aplicar los costos del departamento de apoyo al contrato. Las diferencias entre las aplicaciones de los tres métodos aumentan: **1.** conforme se incrementa la magnitud de las aplicaciones recíprocas, y **2.** conforme aumentan las diferencias en el consumo de los departamentos operativos de los servicios de cada departamento de apoyo. Observe que mientras que las aplicaciones finales con el método recíproco se encuentran en un punto intermedio entre las del método directo y las del método escalonado de nuestro ejemplo, esto en general no es verdad. Para evitar disputas en los contratos de reembolso de costos que requieren de la aplicación de los costos del departamento de apoyo, los gerentes siempre deberían aclarar el método que se usará para la aplicación. Por ejemplo, los contratos federales de reembolso de Medicare con las universidades que pagan la recuperación de los costos indirectos suelen requerir el método escalonado, con requisitos explícitos acerca de los costos que se incluirán en los grupos de costos indirectos.

El método recíproco es conceptualmente el método más preciso porque considera los servicios mutuos que se suministran entre todos los departamentos de apoyo. La ventaja del método directo y del método escalonado es que son fáciles de calcular y de entender, en comparación con el método recíproco. Sin embargo, a medida que aumente la capacidad de cómputo para ejecutar interacciones repetidas (como en la ilustración 15-5) o para resolver conjuntos de ecuaciones simultáneas (como en las pp. 554-555), muchas compañías encontrarán más fácil de implementar el método recíproco.

Otra ventaja del método recíproco es que destaca los costos recíprocos completos de los departamentos de apoyo y la manera en que tales costos difieren de los costos presupuestados o de los costos reales de los departamentos. El conocimiento de los costos recíprocos completos de un departamento de apoyo es un recurso fundamental para las decisiones acerca de si se deben subcontratar todos los servicios que el departamento de apoyo suministra.

Suponga que todos los costos del departamento de apoyo de Castleford son variables durante el periodo de un posible contrato de subcontratación. Considere la oferta de un tercero consistente en suministrar, por ejemplo, todos los servicios de los sistemas de información que actualmente proporciona el departamento de sistemas de información de Castleford. No se debe comparar la oferta con los costos de $1,452,150 reportados para el departamento de sistemas de información.

Los costos recíprocos completos del departamento de sistemas de información, que incluyen los servicios que el departamento de mantenimiento de la planta suministra al departamento de sistemas de información, son de $2,767,500 por el suministro de 5,000 horas de tiempo de cómputo a todos los demás departamentos de Castleford. Los costos recíprocos completos del tiempo de cómputo son de $553.50 por hora ($2,767,500 ÷ 5,000 horas). Si todo lo demás se mantiene igual, la oferta de una tercera parte de proporcionar los mismos servicios de información que el departamento interno de Castleford a una cantidad inferior a $2,767,500, o $553.50 por hora (incluso si fueran mucho mayores que $1,452,150), mejoraría la utilidad en operación de Castleford.

Para entender este punto, observe que los ahorros revelantes por el cierre del departamento de sistemas de información son de $1,452,150 provenientes del costo de este departamento, *más* $1,315,350 de los costos del departamento de mantenimiento de la planta. Al cerrar el departamento de sistemas de información, Castleford ya no incurrirá en el 20% de los costos recíprocos del departamento de mantenimiento de la planta (iguales a $1,315,350) que se generaron para dar apoyo al departamento de sistemas de información. Por consiguiente, los ahorros totales en costos son de $2,767,500 ($1,452,150 + $1,315,350).[7] Ni el método directo ni el método escalonado pueden brindar esta información relevante para las decisiones de subcontratación.

A continuación consideraremos los costos comunes, otra clase especial de costos para los cuales los contadores administrativos desarrollaron métodos de aplicación específicos.

Aplicación de costos comunes

Un **costo común** es aquel que resulta de la operación de una instalación, de una actividad o de un objeto de costos similar que comparten dos o más usuarios. Los costos comunes existen porque cada usuario obtiene un menor costo al compartirlo, que el costo separado que resultaría si tal usuario fuera una entidad independiente.

La meta es aplicar los costos comunes a cada usuario de una manera razonable. Considere el caso de Jason Stevens, un estudiante del último año a punto de graduarse en Seattle, quien ha sido invitado a una entrevista de trabajo con un empleador en Albany. La tarifa aérea de viaje redondo de Seattle a Albany es de $1,200. Una semana más tarde, Stevens también es invitado a una entrevista con un empleador en Chicago. La tarifa aérea por un viaje redondo de Seattle a Chicago es de $800. Stevens decide combinar los dos viajes de reclutamiento en un viaje Seattle-Albany-Chicago-Seattle que costará $1,500. Los $1,500 son un costo común que beneficia a ambos empleadores potenciales. Dos métodos de aplicación de este costo común entre los dos empleadores factibles son el método individual (independiente) y el método incremental.

Método individual de aplicación de costos

El **método individual (independiente) de aplicación** de costos determina los pesos para la aplicación de costos considerando a cada uno de los usuarios del costo como una entidad separada. Para la tarifa aérea de costos comunes por $1,500, se usa la información acerca de las tarifas aéreas separadas (individuales) de viaje redondo ($1,200 y $800) para determinar el peso de aplicación:

$$\text{Empleador en Albany: } \frac{\$1,200}{\$1,200 + \$800} \times \$1,500 = 0.60 \times \$1,500 = \$900$$

$$\text{Empleador en Chicago: } \frac{\$800}{\$800 + \$1,200} \times \$1,500 = 0.40 \times \$1,500 = \$600$$

Los defensores de este método con frecuencia destacan el criterio de equidad que se describió en la ilustración 14-1 (p. 504). El método se visualiza como razonable porque cada empleador lleva una fracción proporcional de los costos totales en relación con los costos individuales.

Método incremental de aplicación de costos

El **método incremental de aplicación de costos** clasifica a los usuarios individuales de un objeto de costos en el orden de los usuarios que tienen mayor responsabilidad por los costos comunes y, posteriormente, utiliza esta clasificación para aplicar el costo entre esos usuarios. El usuario clasificado en primer lugar con respecto al objeto de costos es el *usuario principal* (también denominado como *parte primaria*) y se le asignan costos del usuario principal como un usuario directo. El usuario clasificado

---

[7] Los problemas técnicos que se surgen cuando se utiliza el método recíproco en las decisiones de subcontratación se exponen en R. S. Kaplan y A. A. Atkinson, *Advanced Management Accounting*, 3a. ed. (Upper Saddle River, NJ: Prentice-Hall, 1998), 73-81.

en segundo lugar es el *primer usuario incremental* (*primera parte adicional*) y se le aplican los costos adicionales que surgen de dos usuarios en vez de tan solo el usuario principal. El usuario clasificado en tercer lugar es el *segundo usuario incremental* (*segunda parte adicional*) y se le aplican los costos adicionales que surgen de tres usuarios en vez de dos usuarios, y así sucesivamente.

Para saber cómo funciona este método, considere de nuevo el caso de Jason Stevens y el costo de la tarifa aérea por $1,500. Suponga que el empleador de Albany se visualiza como la parte primaria. El fundamento de Stevens es que él ya se había comprometido a ir a Alabny antes de aceptar la invitación de la entrevista en Chicago. Las aplicaciones de costos serían como sigue:

Parte	Costos aplicados	Costos acumulativos aplicados
Albany (primaria)	$1,200	$1,200
Chicago (incremental)	300 ($1,500 – $1,200)	$1,500
Total	$1,500	

Al empleador de Albany se le asigna la totalidad de la tarifa aérea Seattle-Albany. La parte no asignada de la tarifa aérea total se aplica entonces al empleador en Chicago. Si este hubiera sido elegido como la parte primaria, las aplicaciones de costos habrían sido: Chicago, $800 (la tarifa aérea individual del viaje redondo Seattle-Chicago); y Albany, $700 ($1,500 − $800). Cuando se tienen más de dos partes, este método requiere que se clasifiquen desde la primera hasta la última (como por la fecha en la cual cada empleador invitó al candidato a entrevistarse).

Con el método incremental, la parte primaria recibe por lo general la aplicación más alta de los costos comunes. Si los usuarios incrementales son compañías o subunidades de creación reciente, como una nueva línea de productos o un nuevo territorio de ventas, el método incremental puede mejorar sus oportunidades de supervivencia a corto plazo asignándoles una baja aplicación de los costos comunes. La dificultad con este método es que, particularmente si se tiene un costo común grande, ¡cualquier usuario preferiría que lo visualicen como la parte incremental!

Un enfoque para las disputas elusivas en tales situaciones consiste en usar el método individual de aplicación de costos. Otro enfoque es emplear el *valor de Shapley*, el cual considera cada parte como la primera parte primaria y, posteriormente, como parte incremental. Partiendo de los cálculos que se mostraron anteriormente, al empleador de Albany se le aplican $1,200 como la parte primaria y $700 como la parte incremental, lo cual da un promedio de $950 [($1,200 + $700) ÷ 2). Al empleador en Chicago se le asignan $800 como la parte primaria y $300 como la parte incremental, lo cual da un promedio de $550 [($800 + 300) ÷ 2). El método del valor de Shapley asigna, a cada empleador, el promedio de los costos aplicados como la parte primaria y como la parte incremental: $950 al empleador en Albany y $550 al empleador en Chicago.[8]

Como indica nuestra exposición, la aplicación de los costos comunes no es clara y quizá genere controversia. Siempre que sea factible, las reglas para tales aplicaciones deberían acordarse en forma anticipada. Si esto no es posible, entonces, en vez de seguir ciegamente un método u otro, los gerentes tienen que valerse del buen juicio cuando aplican los costos comunes. Por ejemplo, Stevenson debe elegir un método de aplicación para el costo de su tarifa aérea que sea aceptable para cada empleador potencial. Él no podría, digamos, exceder el monto máximo reembolsable de las tarifas aéreas para cualquier empresa. La siguiente sección expone el papel de los datos de costos en varios tipos de contratos, otra área donde con frecuencia surgen las controversias en torno a la aplicación de costos.

Punto de decisión ▶

¿Qué método pueden usar los empleadores para aplicar los costos comunes a dos o más usuarios?

Objetivo de aprendizaje 5

Explicar la importancia de un acuerdo explícito entre las partes contratantes, cuando el monto del reembolso se basa en los costos generados

. . . para evitar controversias relacionadas con las partidas de costos permisibles y la manera en que deberían aplicarse los costos indirectos

Aplicaciones de costos y controversia en contratos

Muchos contratos comerciales incluyen cláusulas que se basan en la información de la contabilidad de costos. Algunos ejemplos incluyen lo siguiente:

■ Un contrato entre el Departamento de Defensa y una compañía que diseñe y ensamble un nuevo avión de combate, especifica que el precio pagado por la aeronave se tendrá que basar en los costos directos e indirectos del contratista más una tarifa fija.

■ Un contrato entre una firma de consultoría en energía y un hospital especifica que la firma de consultoría recibirá una tarifa fija, más una porción de los ahorros en los costos de energía que surjan por la implementación de sus recomendaciones.

Las controversias sobre los contratos surgen con frecuencia en torno a la aplicación de costos. Las áreas de controversia entre las partes contratantes se pueden reducir al establecer "reglas del

---

[8] Si se desea una mayor exposición acerca del valor de Shapley, véase J. Demski, "Cost Allocation Games", in *Joint Cost Allocations*, ed. S. Moriarity (Univesity of Oklahoma Center for Economic and Management Research, 1981); L. Kruz and P. Bronisz, "Cooperative Game Solution Concepts to a Cost Allocation Problem", *European Journal of Operations Research* 122 (2000): 258-271.

juego" explícitas y al ponerlas por escrito cuando se firma el contrato. Tales reglas del juego incluyen la definición de las partidas de costos permisibles; las definiciones de los términos empleados, como qué constituye la mano de obra directa; las bases admisibles para la aplicación de costos; y la manera en que se contabilizarán las diferencias entre los costos presupuestados y los costos reales.

Celebración de contratos con el gobierno de Estados Unidos

El gobierno estadounidense reembolsa a la mayoría de los contratistas en una de dos formas principales:

1. **Al contratista se le paga un precio establecido sin llevar a cabo un análisis de los datos de costos reales del contrato.** Este enfoque se usa, por ejemplo, cuando hay licitaciones en competencia, cuando existe una competencia de precios adecuada, o cuando hay un catálogo de precios establecido con precios que se cotizan para artículos que se venden en cantidades sustanciales entre el público en general.

2. **Al contratista se le paga después del análisis de los datos de costos reales del contrato.** En algunos casos, el contrato expone de manera explícita que el monto del reembolso se basará en los costos reales permisibles más una tarifa fija.[9] Este acuerdo se denomina *contrato de costo más margen de ganancia*.

Todos los contratos que se celebran con las agencias gubernamentales estadounidenses deben cumplir con los principios de contabilidad de costos emitidos por el **Buró de Normas de Contabilidad de Costos** (BNCC). En el caso de los contratos del gobierno, el BNCC tiene la autoridad exclusiva de realizar, hacer entrar en vigor, reformar y rescindir los principios de contabilidad de costos y sus interpretaciones. Dichos principios se diseñan para lograr *uniformidad y consistencia* con respecto a la medición, la asignación y la aplicación de los costos en los contratos gubernamentales dentro de Estados Unidos.[10]

En los contratos del gobierno, hay una compleja interacción de consideraciones políticas y de principios de contabilidad. Términos tales como "equidad" y "justicia", así como causa y efecto y beneficios recibidos, se emplean con frecuencia en los contratos gubernamentales.

Equidad en la fijación de precios

En muchos contratos de defensa, existe una gran incertidumbre acerca del costo final que resultará de producir una nueva arma o un nuevo equipo. Tales contratos rara vez se someten a licitación. La razón es que ningún contratista está dispuesto a asumir todos los riesgos de recibir un precio fijo por el contrato y de incurrir subsiguientemente en altos costos para cumplirlo. Por lo tanto, establecer un precio fijo basado en el mercado para el contrato deja de atraer a los contratistas, o requiere un precio de contrato que sea demasiado alto desde el punto de vista del gobierno. Para resolver este problema, el gobierno asume por lo general una porción mayor del riesgo de los costos potencialmente elevados para el cumplimiento del contrato. En vez de basarse en precios de venta como los suelen establecer los proveedores en el mercado, el gobierno negocia los contratos con base en el *costo más una tarifa fija*, que implican con frecuencia miles de millones de dólares, y donde la aplicación de un costo específico suele ser difícil de defender con base en cualquier razonamiento de causa y efecto. Sin embargo, las partes contratantes quizá lo visualicen como un medio "razonable" o "justo" para ayudar a establecer el monto de un contrato.

Algunos costos son "admisibles", en tanto que otros son "inadmisibles". Un **costo admisible** es aquel que las partes de un contrato convienen en incluir dentro de los costos que habrán de reembolsarse. Algunos contratos especifican cómo tendrán que determinarse los costos admisibles. Por ejemplo, tan sólo las tarifas aéreas de la clase turista son admisibles en muchos contratos del gobierno de Estados Unidos. Otros contratos identifican las categorías de costos que son inadmisibles. Los costos de actividades de cabildeo y de bebidas alcohólicas, por ejemplo, no son costos admisibles en los contratos gubernamentales estadounidenses. Sin embargo, el conjunto de costos admisibles no siempre es muy claro. Las controversias y las argumentaciones sobre el contrato en relación con posibles sobrecargos aplicados al gobierno surgen de cuando en cuando (véase la sección Conceptos en acción, p. 560).

> ◀ **Punto de decisión**
>
> ¿Cómo pueden las controversias en un contrato sobre los montos a reembolsarse basarse en los costos que buscarán reducirse?

---

[9] La Reglamentación Federal sobre Adquisiciones (RFA), emitida en marzo de 2005 (véase http://www.acquisiton.gov/far/current/pdf/FAR.pdf) incluye la siguiente definición de "aplicabilidad" (en FAR, por sus siglas en inglés, 31.204-4): "Un costo es aplicable si es susceptible asignarse o cargarse a uno o más objetivos de costos, con base en los beneficios relativos recibidos o en otra relación equitativa. Considerando lo anterior, un costo es aplicable a un contrato del gobierno si:
a) Se incurre en él de forma específica para el contrato.
b) Beneficia tanto al contrato como a otros trabajos, y se puede distribuir entre ellos en una proporción razonable con los beneficios recibidos.
c) Es necesario para la operación general del negocio, aunque no se puede demostrar una relación directa con cualquier objetivo de costos en particular."
[10] Los detalles acerca del Buró de Normas de Contabilidad de Costos están disponibles en www.whitehouse.gov/omb/procurement/casb.html. El BNCC forma parte de la Oficina Federal de Adquisiciones, Buró Estadounidense de Administración y Presupuesto.

Conceptos en acción

Controversias en contratos sobre costos reembolsables para el Departamento de Defensa de Estados Unidos

Para 2011, el costo de las operaciones militares de Estados Unidos en Afganistán se calculó en $159,000 millones de dólares. Como en años anteriores, una porción de este dinero se asigna a compañías privadas que suministran servicios específicos contratados por el Departamento de Defensa norteamericano. En años recientes, el gobierno estadounidense ha demandado legalmente a varios contratistas por sobrecargos en los servicios proporcionados en las zonas de combate. Los cuatro ejemplos siguientes provienen de juicios solicitados por la División Civil del Departamento de Justicia de Estados Unidos, en representación del gobierno federal. Estos ejemplos recientes ilustran varios tipos de controversias sobre costos que surgen en la práctica.

1. Eagle Global Logistics estuvo de acuerdo en pagar $4 millones de dólares para resolver la acusación de presuntamente haber incrementado indebidamente el monto de las facturas de embarques de cargamento militar a Irak. El quejoso reclamaba que un ejecutivo de la compañía había añadido 50 centavos adicionales por kilogramo como "sobrecargo por riesgos de guerra" a las facturas de ciertos vuelos entre Dubai e Irak. Este sobrecargo apócrifo, que no se incluía en el contrato de Eagle con el Departamento de Defensa, se aplicó 379 veces entre 2003 y 2004.

2. En otro caso relacionado con embarques, APL Limited pagó al gobierno federal $26.3 millones de dólares para resolver diversas quejas por haber sobrecargado conscientemente, y por haber facturado dos veces al Departamento de Defensa norteamericano, el transporte de miles de contenedores a destinos en Afganistán e Irak. APL fue acusada de aumentar indebidamente el monto de las facturas en varias formas: incrementar los costos por la electricidad de ciertos contenedores con cargamento perecedero, facturar por arriba de la tasa contractual para mantener la operación de ciertos contenedores refrigerados en el puerto de Karachi, Paquistán, y facturar por servicios no reembolsables realizados por un subcontratista de APL en un puerto de Kuwait.

3. L-3 communications, un contratista líder del Departamento de Defensa, pagó $4 millones para resolver una demanda que lo acusaba de haber facturado con un monto excesivo las horas trabajadas por los empleados de la empresa, según un contrato de apoyo para las operaciones militares de Estados Unidos en Irak. Supuestamente la compañía presentó registros de tiempo falsos e infló las reclamaciones por horas del personal, como parte de un contrato continuo con el Ejército de Estados Unidos para suministrar servicios de mantenimiento a los helicópteros en Camp Taji, Irak.

4. A finales de 2009, la compañía Public Warehousing —un importante proveedor de alimentos para el personal militar de Estados Unidos en Irak, Kuwait y Jordania desde 2003— fue demandado por el gobierno norteamericano por presentar reclamaciones falsas en ciertos pagos con un contrato multimillonario en dólares, que la compañía había celebrado con la Agencia de Logística de la Defensa. La queja señalaba que la compañía había sobrecargado al gobierno de Estados Unidos por ciertas frutas y verduras frescas que estaban disponibles localmente, y que había dejado de revelar las rebajas y los descuentos transferibles que consiguió de proveedores asentados en Estados Unidos, como lo requerían sus contratos.

Fuente: Boletines de prensa del Departamento de Justicia de Estados Unidos, División Civil (2006-2009).

Objetivo de aprendizaje 6

Entender la manera en que el empaquetamiento de productos

. . . dos o más productos que se venden por un solo precio

da lugar a aspectos de asignación de los ingresos

. . . asignando los ingresos a cada producto del paquete, para evaluar a los gerentes de los productos individuales

y los métodos para hacerlo

. . . usando el método individual o el método incremental

Productos empaquetados y métodos de aplicación de los ingresos

Suele haber problemas de aplicación cuando los ingresos provenientes de varios productos (por ejemplo, diferentes paquetes de software o de cable e Internet) se conjuntan y se venden por un solo precio. Los métodos para la asignación de los ingresos mantienen un paralelismo con aquellos que se describieron para las aplicaciones de costos comunes.

Empaquetamiento y aplicación de ingresos

Los *ingresos* son flujos de entrada de activos (casi siempre efectivo o cuentas por cobrar) que se reciben a cambio de los productos o servicios que se proporcionan a los clientes. De manera similar a la asignación de costos, la **aplicación de los ingresos** ocurre cuando los ingresos están relacionados con un *objeto de ingresos* en particular, pero no pueden atribuirse a él de una manera económicamente viable (efectiva en cuanto a costos). Un **objeto de ingresos** es cualquier cosa para la cual se desea una medición separada de los ingresos. Los ejemplos de los objetos de ingresos incluyen productos, clientes y divisiones. Ilustraremos los aspectos de la aplicación de ingresos para la corporación Dynamic Software, la cual desarrolla y vende tres programas software y también les da soporte técnico:

1. WordMaster, un software de procesamiento de textos, lanzado hace 36 meses.
2. DataMaster, un software de hoja de cálculo, introducido hace 18 meses.

3. FinanceMaster, un software de presupuestos y de administración del efectivo, lanzado hace seis meses con mucha expectativa favorable por parte de los medios de comunicación.

Dynamic Software comercializa estos productos en forma individual y en forma conjunta como productos empaquetados.

Un **producto empaquetado** es un conjunto de dos o más productos (o servicios) que se vende en un solo precio, pero cuyos componentes individuales se venden también como artículos separados a sus respectivos precios "individuales". El precio de un producto empaquetado es por lo general inferior a la suma de los precios de los productos individuales cuando se venden por separado. Por ejemplo, los bancos proporcionan con frecuencia a los clientes individuales un paquete de servicios proveniente de diferentes departamentos (cuentas de cheques, bóveda de seguridad y asesoría en inversiones) por una sola tarifa. Un hotel turístico puede ofrecer, por una sola cantidad por cliente, un paquete de fin de semana que incluya servicios provenientes de sus departamentos de hospedaje (la habitación), de alimentos (el restaurante) y de actividades recreativas (golf y tenis). Cuando los gerentes de los departamentos tienen responsabilidades por los ingresos o por las ganancias de productos individuales, el ingreso del paquete se debe aplicar entre los productos individuales incluidos en el paquete.

Dynamic Software aplica los ingresos provenientes de sus ventas de productos empaquetados (denominados "ventas de paquetes") a los productos individuales. Se usa la rentabilidad del producto individual para remunerar a los ingenieros en sistemas, a los desarrolladores externos y a los gerentes de producto responsables por el desarrollo y la administración de cada producto.

¿Cómo debería Dynamic Software aplicar los ingresos de los paquetes a los productos individuales? Considere la información relacionada con los tres productos en forma "individual" y como "paquete" en 2002:

	Precio de venta	Costo de manufactura por unidad
Producto individual		
WordMaster	$125	$18
DataMaster	150	20
FinanceMaster	225	25
Paquete		
Word + Data	$220	
Word + Finance	280	
Finance + Data	305	
Word + Finance + Data	380	

Tal como vimos en la sección de aplicaciones de los costos comunes, los dos principales métodos de aplicación de ingresos son el método individual y el método incremental.

Método individual de aplicación de ingresos

El **método individual de aplicación de ingresos** usa la información específica del producto sobre los productos incluidos en el paquete como pesos para la aplicación de los ingresos del paquete a los diferentes productos. El término *individual* se refiere al producto como un artículo separado (que no está incluido en un paquete). Considere el paquete Word + Finance, el cual se vende en $280. Tres tipos de ponderaciones para el método individual son:

1. **Precios de venta**. Usando los precios de venta individuales de $125 para el WordMaster y de $225 para el FinanceMaster, los pesos para la aplicación de los ingresos del paquete de $280 entre los productos son los siguientes:

$$\text{WordMaster:} \quad \frac{\$125}{\$125 + \$225} \times \$280 = 0.357 \times \$280 = \$100$$

$$\text{FinanceMaster:} \quad \frac{\$225}{\$125 + \$225} \times \$280 = 0.643 \times \$280 = \$180$$

2. **Costos unitarios**. Este método usa los costos de los productos individuales (en este caso, el costo de manufactura por unidad) para determinar los pesos para las aplicaciones de ingresos.

$$\text{WordMaster:} \quad \frac{\$18}{\$18 + \$25} \times \$280 = 0.419 \times \$280 = \$117$$

$$\text{FinanceMaster:} \quad \frac{\$25}{\$18 + \$25} \times \$280 = 0.581 \times \$280 = \$163$$

3. **Unidades físicas**. Este método da a cada unidad de producto en el paquete el mismo peso cuando se aplican los ingresos de esta a los productos individuales. Por consiguiente, con dos productos en el paquete Word + Finance, a cada producto se le asigna el 50% de los ingresos del paquete.

$$\text{WordMaster: } \frac{1}{1 + 1} \times \$280 = 0.50 \times \$280 = \$140$$

$$\text{FinanceMaster: } \frac{1}{1 + 1} \times \$280 = 0.50 \times \$280 = \$140$$

Estos tres enfoques para la determinación de los pesos en el método individual dan como resultado aplicaciones de ingresos muy diferentes a los productos individuales:

Pesos para la aplicación de los ingresos	WordMaster	FinanceMaster
Precios de venta	$100	$180
Costos unitarios	117	163
Unidades físicas	140	140

¿Qué método es preferible? El método de precios de venta es el mejor, ya que los pesos consideran en forma explícita los precios que los clientes están dispuestos a pagar por los productos individuales. Los enfoques de ponderación que usan la información de los ingresos captan mejor los "beneficios recibidos" por los clientes, que los de costos unitarios o unidades físicas.[11] Se utiliza el método de aplicación de ingresos por unidades físicas cuando no se puede usar cualquiera de los otros métodos (como cuando los precios de venta son inestables o cuando los costos unitarios son difíciles de calcular para los productos individuales).

Método incremental de aplicación de ingresos

El **método incremental de aplicación de ingresos** clasifica los productos individuales dentro del paquete de acuerdo con los criterios determinados por la gerencia —como el producto dentro del paquete que tenga las ventas más altas— y, posteriormente, usa esta clasificación para aplicar los ingresos del paquete a los productos individuales. El producto clasificado en primer lugar es el *producto primario* dentro del paquete. El producto clasificado en segundo lugar es el *primer producto incremental*, el producto clasificado en tercer lugar es el *segundo producto incremental*, y así sucesivamente.

¿Cómo deciden las empresas acerca de las clasificaciones de los productos con el método incremental de aplicación de ingresos? Algunas compañías entrevistan a los clientes sobre la importancia de cada uno de los productos individuales en su decisión de compra. Otras usan los datos sobre el desempeño reciente de las ventas particulares de los productos individuales incluidos dentro del paquete. Un tercer enfoque es que la alta gerencia use sus conocimientos o su intuición para decidir sobre tales clasificaciones jerárquicas.

Considere nuevamente el paquete Word + Finance. Suponga que WordMaster se designa como el producto primario. Si el precio de venta del paquete excede el precio individual del producto primario, a este se le asigna el 100% de su ingreso *individual*. Ya que el precio del paquete de $280 excede el precio individual de $125 para WordMaster, a WordMaster se le asignan ingresos de $125, y los ingresos restantes de $115 ($280 − $125) se aplican a FinanceMaster:

Producto	Ingreso aplicado	Ingreso acumulativo aplicado
WordMaster	$125	$125
FinanceMaster	155 ($280 – $125)	$280
Total	$280	

Si el precio del paquete es inferior o igual al precio individual del producto primario, a este se aplica el 100% del ingreso del *paquete*. El resto de los demás productos del paquete no reciben aplicación de ingresos.

---

[11] Las cuestiones relacionadas con la aplicación de los ingresos también se presentan al preparar información externa. El Estado de Posición 97-2 (Reconocimiento de los Ingresos del Software) del AICPA establece que, en el caso de los productos empaquetados, se requiere una aplicación de los ingresos basada en "evidencia objetiva del valor justo del proveedor específico (EOVJP)". Se dice que el "precio que se carga cuando el elemento se vende en forma separada" es la "evidencia objetiva del valor justo" (véase "Statement of Position 97-2", Jersey City, NJ: AICPA, 1998). En septiembre de 2009, el BNCF ratificó el Boletín 08-1 de la Fuerza de Trabajo de Puntos de Disputa en Surgimiento (FTPD), que especificaba que en la ausencia de EOVJP o de una evidencia de terceras partes con respecto al precio de venta de todas las unidades susceptibles de contabilizarse en un acuerdo, la consideración recibida para el acuerdo debería aplicarse a las unidades separadas tomando como base sus precios de venta relativos.

Ahora suponga que FinaceMaster se designa como el producto primario y que WordMaster se designa como el primer producto incremental. De este modo, el método incremental de aplicación de los ingresos asigna los ingresos del paquete Word + Finance de la siguiente manera:

Producto	Ingreso aplicado	Ingreso acumulativo aplicado
FinanceMaster	$225	$225
WordMaster	55 ($280 – $225)	$280
Total	$280	

Si Dynamic Software vende cantidades iguales de WordMaster y de FinaceMaster, entonces, el método del valor Shapley asigna a cada producto el promedio de los ingresos aplicados como el producto primario y el primer producto incremental:

WordMaster:	($125 + $55) ÷ 2 = $180 ÷ 2 =	$90
FinanceMaster:	($225 + $155) ÷ 2 = $380 ÷ 2 =	190
Total		$280

Pero, ¿qué sucedería si en el trimestre más reciente la empresa vendiera 80,000 unidades de WordMaster y 20,000 unidades de FinaceMaster? Ya que Dynamic Software vende cuatro veces más las unidades de WordMaster, sus gerentes consideran que las ventas del paquete Word + Finance tienen cuatro veces más probabilidades de verse beneficiadas por WordMaster como el producto primario. El *método del valor ponderado de Shapley* toma en cuenta ese hecho. Asigna cuatro veces el peso a las aplicaciones de ingresos, cuando WordMaster es el producto primario y cuando FinaceMaster es el producto primario, lo cual da como resultado las siguientes aplicaciones:

WordMaster:	($125 × 4 + $55 × 1) ÷ (4 + 1) = $555 ÷ 5 = $111
FinanceMaster:	($225 × 1 + $155 × 4) ÷ (4 + 1) = $845 ÷ 5 = 169
Total	$280

Cuando se tienen más de dos productos en el paquete, el método incremental de aplicación de ingresos asigna los ingresos del mismo en forma secuencial. Suponga que WordMaster es el producto primario en el paquete de tres productos de Dynamic Software (Word + Finance + Data). FinaceMaster es el primer producto incremental y DataMaster es el segundo producto incremental. El paquete se vende en $380. La aplicación de los ingresos de $380 es como sigue:

Producto	Ingreso aplicado	Ingreso acumulativo aplicado
WordMaster	$125	$125
FinanceMaster	155 ($280 – $125)	$280 (precio del paquete Word + Finance)
DataMaster	100 ($380 – $280)	$380 (precio del paquete Word + Finance + Data)
Total	$380	

Ahora suponga que WordMaster es el producto primario. DataMaster es el primer producto incremental y FinaceMaster es el segundo producto incremental.

Producto	Ingreso aplicado	Ingreso acumulativo aplicado
WordMaster	$125	$125
DataMaster	95 ($220 – $125)	$220 (precio del paquete Word + Data)
FinanceMaster	160 ($380 – $220)	$380 (precio del paquete Word + Data + Finance)
Total	$380	

La clasificación de los productos individuales dentro del paquete determina los ingresos que se les han aplicado. Los gerentes de producto de Dynamic Software probablemente diferirían en cuanto a la manera en que consideran que sus productos individuales contribuyen a las ventas de los productos del paquete. De hecho, ¡cada gerente de producto alegaría ser responsable por el producto primario dentro del paquete Word + Finance + Data![12]

Punto de decisión

¿Qué es el empaquetamiento de productos y cómo pueden los gerentes aplicar los ingresos de un producto empaquetado a los elementos individuales incluidos en el paquete?

---

[12] El cálculo del valor de Shapley mitiga este problema ya que cada producto se considera como el producto primario, el primer producto incremental y el segundo producto incremental. Al suponer pesos iguales sobre todos los productos, el ingreso que se aplica a cada producto es un promedio de los ingresos calculados para el producto con estos diferentes supuestos. En el ejemplo anterior, el lector interesado puede verificar que esto daría como resultado las siguientes asignaciones de ingresos: FinaceMaster, $180; WordMaster, $87.50; y DataMaster, $112.50.

Ya que el método individual de aplicación de ingresos no requiere de clasificaciones jerárquicas de los productos individuales incluidos en el paquete, este método tiene menos probabilidades de ocasionar debates entre los gerentes de los productos.

Problema para autoestudio

Este problema ilustra la manera en que los costos de los dos departamentos de apoyo corporativo se aplican a las divisiones operativas usando el método de tasa doble. Los costos fijos se aplican usando los costos presupuestados y las horas presupuestadas que usarán otros departamentos. Los costos variables se aplican usando los costos reales y las horas reales utilizadas por otros departamentos.

Computer Horizons presupuestó las siguientes cantidades para sus dos departamentos centrales de apoyo corporativo (legal y personal) en cuanto a su apoyo mutuo y para las dos divisiones de manufactura, la división de computadoras portátiles (DCP) y la división de estaciones de trabajo (DET).

	A	B	C	D	E	F	G
		APOYO			**OPERATIVO**		
1							
2		Departamento legal	Departamento de personal		DCP	DET	Total
3	USO PRESUPUESTADO						
4	Legal (horas)	—	250		1,500	750	2,500
5	(Porcentajes)	—	10%		60%	30%	100%
6	Personal (horas)	2,500	—		22,500	25,000	50,000
7	(Porcentajes)	5%	—		45%	50%	100%
8							
9	USO REAL						
10	Legal (horas)	—	400		400	1,200	2,000
11	(Porcentajes)	—	20%		20%	60%	100%
12	Personal (horas)	2,000	—		26,600	11,400	40,000
13	(Porcentajes)	5%	—		66.50%	28.5%	100%
14	Costos indirectos fijos presupuestados antes						
15	de cualquier aplicación de costos interdepartamentales	$360,000	$475,000		—	—	$835,000
16	Costos indirectos variables reales antes						
17	de cualquier aplicación de costos interdepartamentales	$200,000	$600,000		—	—	$800,000

Se requiere ¿Qué monto de los costos del departamento de apoyo para el departamento legal y para el departamento de personal se aplicarán a la DCP y a la DET usando: *a*) el método directo, *b*) el método escalonado (la aplicación de los costos del departamento legal primero) y *c*) el método recíproco con ecuaciones lineales?

Solución

La ilustración 15-7 presenta los cálculos para la aplicación de los costos fijos y variables del departamento de apoyo. A continuación se presenta un resumen de tales costos:

	División de computadoras portátiles (DCP)	División de estaciones de trabajo (DET)
***a*) Método directo**		
Costos fijos	$465,000	$370,000
Costos variables	470,000	330,000
	$935,000	$700,000
***b*) Método escalonado**		
Costos fijos	$458,053	$376,947
Costos variables	488,000	312,000
	$946,053	$688,947
***c*) Método recíproco**		
Costos fijos	$462,513	$372,487
Costos variables	476,364	323,636
	$938,877	$696,123

Ilustración 15-7 Métodos alternativos para la aplicación de los costos del departamento de apoyo corporativo a las divisiones operativas de Computer Horizons. Método de tasa doble

	A	B	C	D	E	F	G
20		DEPARTAMENTOS DE APOYO CORPORATIVO			DIVISIONES OPERATIVAS		
21	Método de aplicación	Departamento legal	Departamento de personal		DCP	DET	Total
22	**A. MÉTODO DIRECTO**						
23	Costos fijos	$360,000	$475,000				
24	Legal (1,500 ÷ 2,250; 750 ÷ 2,250)	(360,000)			$240,000	$120,000	
25	Personal (22,500 ÷ 47,500; 25,000 ÷ 47,500)		(475,000)		225,000	250,000	
26	Costos fijos del departamento de apoyo aplicados a las divisiones operativas	$ 0	0		$465,000	$370,000	$835,000
27	Costos variables	$200,000	$600,000				
28	Legal (400 ÷ 1,600; 1,200 ÷ 1,600)	(200,000)			$ 50,000	$150,000	
29	Personal (26,600 ÷ 38,000; 11,400 ÷ 38,000)		(600,000)		420,000	180,000	
30	Costos variables del departamento de apoyo aplicados a las divisiones operativas	$ 0	0		$470,000	$330,000	$800,000
31	**B. MÉTODO ESCALONADO**						
32	(Departamento legal primero)						
33	Costos fijos	$360,000	$475,000				
34	Legal (250 ÷ 2,500; 1,500 ÷ 2,500; 750 ÷ 2,500)	(360,000)	36,000		$216,000	$108,000	
35	Personal (22,500 ÷ 47,500; 25,000 ÷ 47,500)		(511,000)		242,053	268,947	
36	Costos fijos del departamento de apoyo aplicados a las divisiones operativas	$ 0	0		$458,053	$376,947	$835,000
37	Costos variables	$200,000	$600,000				
38	Legal (400 ÷ 2,000; 400 ÷ 2,000; 1,200 ÷ 2,000)	(200,000)	40,000		$ 40,000	$120,000	
39	Personal (26,600 ÷ 38,000; 11,400 ÷ 38,000)		(640,000)		448,000	192,000	
40	Costos variables del departamento de apoyo aplicados a las divisiones operativas	$ 0	0		$488,000	$312,000	$800,000
41	**C. MÉTODO RECÍPROCO**						
42	Costos fijos	$360,000	$475,000				
43	Legal (250 ÷ 2,500; 1,500 ÷ 2,500; 750 ÷ 2,500)	(385,678)[a]	38,568		$231,407	$115,703	
44	Personal (2,500 ÷ 50,000; 22,500 ÷ 50,000; 25,000 ÷ 50,000)	25,678	(513,568)[a]		231,106	256,784	
45	Costos fijos del departamento de apoyo aplicados a las divisiones operativas	$ 0	$ 0		$462,513	$372,487	$835,000
46	Costos variables	$200,000	$600,000				
47	Legal (400 ÷ 2,000; 400 ÷ 2,000; 1,200 ÷ 2,000)	(232,323)[b]	46,465		$ 46,465	$139,393	
48	Personal (2,000 ÷ 40,000; 26,600 ÷ 40,000; 11,400 ÷ 40,000)	32,323	(646,465)[b]		429,899	184,243	
49	Costos variables del departamento de apoyo aplicados a las divisiones operativas	$ 0	$ 0		$476,364	$323,636	$800,000
50							
51	[a]COSTOS FIJOS	[b]COSTOS VARIABLES					
52	Sea *FL* = costos fijos del departamento legal y FP = costos fijos del departamento de personal, entonces, las ecuaciones simultáneas para los costos fijos por el método recíproco son	Sea *VL* = costos variables del departamento legal y VP = costos variables del departamento de personal, entonces, las ecuaciones simultáneas para los costos variables por el método recíproco son					
53	$FL = \$360{,}000 + 0.05\,FP$	$VL = \$200{,}000 + 0.05\,VP$					
54	$FP = \$475{,}000 + 0.10\,FL$	$VP = \$600{,}000 + 0.20\,VL$					
55	$FL = \$360{,}000 + 0.05\,(\$475{,}000 + 0.10\,FL)$	$VL = \$200{,}000 + 0.05\,(\$600{,}000 + 0.20\,VL)$					
56	$FL = \$385{,}678$	$VL = \$232{,}323$					
57	$FP = \$475{,}000 + 0.10\,(\$385{,}678) = \$513{,}568$	$VP = \$600{,}000 + 0.20\,(\$232{,}323) = \$646{,}465$					

Puntos de decisión

El siguiente formato de pregunta y respuesta resume los objetivos de aprendizaje del capítulo. Cada decisión presenta una pregunta clave relacionada con un objetivo de aprendizaje. Los lineamientos son la respuesta a esa pregunta.

Decisión

Lineamientos

1. ¿Cuándo deben los gerentes usar el método de tasa doble en vez del método de tasa única?

El método de tasa única agrega los costos fijos y variables y los aplica a los objetos usando una sola base y tasa de aplicación. Con el método de tasa doble, los costos se agrupan en costos variables separados y en grupos de costos fijos; cada grupo usa una base y una tasa distintas de aplicación de costos. Si los costos se pueden separar con facilidad en costos variables y fijos, se debería usar el método de tasa doble porque brinda mejor información para la toma de decisiones.

2. ¿Qué factores deberían considerar los gerentes cuando deciden entre una aplicación basada en tasas presupuestadas y en tasas reales, y en un uso presupuestado y un uso real?

El uso de tasas presupuestadas permite que los gerentes de los departamentos usuarios tengan certeza en relación con los costos aplicados a tales departamentos, y protege a los usuarios contra ineficiencias en el departamento de suministro. El hecho de cargar tasas presupuestadas de costos variables a los usuarios con base en el uso real es causalmente adecuado y promueve el control del consumo de recursos. Cobrar tasas de costos fijos con base en el consumo presupuestado ayuda a las divisiones usuarias en la planeación, y conduce a una congruencia de metas cuando se consideran las decisiones de subcontratación.

3. ¿Qué métodos pueden usar los gerentes para aplicar los costos de diversos departamentos de apoyo a los departamentos operativos?

Los tres métodos que pueden usar los gerentes son el método directo, el método escalonado y el método recíproco. El método directo aplica los costos de cada departamento de apoyo a los departamentos operativos, sin aplicar los costos del departamento de apoyo a otros departamentos de apoyo. El método escalonado aplica los costos del departamento de apoyo, a otros departamentos de apoyo y a los departamentos operativos, de una manera secuencial que reconoce parcialmente los servicios mutuos que se han suministrado entre todos los departamentos de sostén. El método recíproco reconoce en forma total los servicios mutuos proporcionados entre todos los departamentos de apoyo.

4. ¿Qué métodos pueden usar los gerentes para aplicar los costos comunes a dos o más usuarios?

Los costos comunes son aquellos costos de un objeto de costos (como la operación de una planta o en la realización de una actividad) que son compartidos por dos o más usuarios. El método individual de aplicación de costos utiliza la información relacionada con cada usuario del objeto de costos para determinar los pesos para la aplicación del costo. El método incremental para la aplicación de costos clasifica a los usuarios individuales del objeto de costos y asigna los costos comunes primero al usuario primario y, posteriormente, a los demás usuarios incrementales. El método del valor de Shapley considera a cada usuario, a la vez, como el usuario primario y el usuario incremental.

5. ¿Cómo se pueden reducir las controversias contractuales sobre el reembolso de cantidades basadas en los costos?

Las controversias se reducen haciendo que las reglas de aplicación de los costos sean lo más explícitas posible y poniéndolas por escrito en el momento en que se firma el contrato. Estas reglas tienen que incluir detalles como las partidas de costos admisibles, las bases aceptables de aplicación de costos y la forma como se pueden contabilizar las diferencias entre los costos presupuestados y los costos reales.

6. ¿Qué es el empaquetamiento de un producto y cómo aplican los gerentes los ingresos de un producto empaquetado a los productos individuales incluidos en dicho paquete?

El empaquetamiento ocurre cuando un paquete de dos o más productos (o servicios) se vende por un solo precio. La aplicación de los ingresos del precio del paquete es necesaria cuando los gerentes de los productos individuales incluidos en el paquete se evalúan con base en los ingresos de los productos o en la utilidad en operación de dichos productos. En un producto empaquetado, los ingresos se asignan usando el método individual, el método incremental o el método del valor de Shapley.

Términos contables

Este capítulo y el glosario que se presenta al final del libro contienen definiciones de los siguientes términos de importancia:

aplicación de ingresos (**p. 561**)

Buró de Normas de Contabilidad de Costos (**p. 559**)

costo común (**p. 557**)

costo permisible (**p. 559**)

costos artificiales (**p. 554**)

costos recíprocos completos (**p. 554**)

departamento de apoyo (**p. 543**)

departamento de producción (**p. 543**)

departamento de servicios (**p. 543**)	método de tasa única (**p. 544**)	método individual de aplicación de costos (**p. 557**)
departamento operativo (**p. 543**)	método directo (**p. 550**)	método individual de aplicación de ingresos (**p. 561**)
método de aplicación secuencial (**p. 552**)	método escalonado (**p. 552**)	
	método incremental de aplicación de costos (**p. 557**)	método recíproco (**p. 553**)
método de matriz (**p. 554**)	método incremental de aplicación de ingresos (**p. 562**)	objeto de ingresos (**p. 561**)
método de tasa doble (**p. 544**)		producto empaquetado (**p. 561**)

Material para tareas

Preguntas

15-1 Distinga entre el método de tasa única y el método de tasa doble.

15-2 Describa la manera en que el método de tasa doble es de utilidad para los gerentes divisionales en la toma de decisiones.

15-3 ¿Cómo motivan las tasas de costos presupuestadas al gerente de un departamento de apoyo para mejorar la eficiencia?

15-4 Mencione ejemplos de las bases de aplicación que se usan para asignar los grupos de los costos de un departamento de apoyo a los departamentos operativos.

15-5 ¿Por qué un gerente preferiría tasas presupuestadas de aplicación de costos, en vez de tasas reales, para los costos que se asignen a su departamento a partir de otro departamento?

15-6 "Para garantizar aplicaciones de costos sin sesgo, los costos fijos se deberían aplicar con base en el uso estimado a largo plazo que harán los gerentes del departamento usuario." ¿Está usted de acuerdo? ¿Por qué?

15-7 Distinga entre los tres métodos de aplicación de costos de los departamentos de apoyo a los departamentos operativos.

15-8 ¿Cuál es conceptualmente el método más defendible para la aplicación de los costos de un departamento de apoyo? ¿Por qué?

15-9 Distinga entre dos métodos de aplicación de costos comunes.

15-10 ¿Qué rol juega el Buró de Normas de Contabilidad de Costos cuando las compañías celebran contratos con el gobierno de Estados Unidos?

15-11 ¿Cuál es una forma clave para reducir las controversias acerca de la aplicación de costos que surgen en los contratos del gobierno?

15-12 Describa la forma en que las compañías se enfrentan a cada vez más decisiones de aplicación de ingresos.

15-13 Distinga entre el método individual de aplicación de ingresos y el método incremental de aplicación de ingresos.

15-14 Identifique y exponga los argumentos que los gerentes de producto específicos pueden esgrimir para sustentar su método preferido de aplicación de ingresos.

15-15 ¿Cómo podría resolverse una controversia sobre la aplicación de los ingresos de un producto empaquetado?

Ejercicios

15-16 Método de tasa única *versus* método de tasa doble, departamento de apoyo. La planta de energía de Chicago que da servicio a todos los departamentos de manufactura de MidWest Engineering tiene un presupuesto para el año siguiente. Tal presupuesto se expresa en los siguientes términos mensuales:

Departamento de manufactura	Nivel de producción necesario a la capacidad práctica (kilowatt-horas)	Consumo promedio mensual esperado (kilowatt-horas)
Rockford	10,000	8,000
Peoria	20,000	9,000
Hammond	12,000	7,000
Kankakee	8,000	6,000
Total	50,000	30,000

Los costos mensuales esperados por la operación de la planta de energía durante el año del presupuesto son de $15,000: $6,000 variables y $9,000 fijos.

1. Suponga que se utiliza un solo grupo de costos para los costos de la planta de energía. ¿Qué montos presupuestados se aplicarán a cada departamento de manufactura, si: a) la tasa se calcula con base en la capacidad práctica y los costos se aplican con base en la capacidad práctica, y b) la tasa se calcula con base en el consumo mensual esperado y los costos se aplican con base en el consumo mensual esperado?

 Se requiere

2. Suponga que se usa el método de tasa doble con grupos de costos separados para los costos variables y los costos fijos. Los costos variables se aplican con base en el consumo mensual esperado. Los costos fijos se aplican con base en la capacidad práctica. ¿Qué montos presupuestados se aplicarán a cada departamento de manufactura? ¿Por qué preferiría usted el método de tasa doble?

15-17   Método de tasa única, costos y cantidades presupuestados *versus* reales. Chocolat Inc. es un productor de chocolates de alta calidad con sede en Palo Alto, California. La compañía tiene una división separada para cada uno de sus dos productos: chocolate oscuro y chocolate con leche. Chocolat compra ingredientes a Wisconsin para su división de chocolate oscuro, y a Louisiana para su división de chocolate con leche. Ambas ubicaciones se encuentran a la misma distancia de la planta de Chocolat en Palo Alto.

Chocolat Inc. opera una flotilla de camiones como un centro de costos que asigna a las divisiones los costos variables (conductores y combustible) y los costos fijos (depreciación del vehículo, seguros y cuotas de registro) generados por operar la flotilla. Cada división se evalúa con base en su utilidad en operación. En 2012, la flotilla de camiones tenía una capacidad práctica de 50 viajes redondos entre la planta de Palo Alto y los dos proveedores. Registró la siguiente información:

	A	B	C
1		**Presupuestado**	**Real**
2	Costos de la flotilla de camiones	$115,000	$96,750
3	Número de viajes redondos para la división chocolate oscuro (planta de Palo Alto-Wisconsin)	30	30
4	Número de viajes redondos para la división de chocolate con leche (planta de Palo Alto-Louisiana)	20	15

Se requiere

1. Usando el método de tasa única, aplique los costos a la división de chocolate oscuro y a la división de chocolate con leche en estas tres formas:

   a) Calcule la tasa presupuestada por viaje redondo y aplique los costos con base en los viajes redondos presupuestados para cada división.
   b) Calcule la tasa presupuestada por viaje redondo y aplique los costos con base en los viajes redondos reales efectuados por cada división.
   c) Calcule la tasa real por viaje redondo y aplique los costos con base en los viajes redondos reales usados por cada división.

2. Describa las ventajas y las desventajas de usar cada uno de los tres métodos del punto 1. ¿Recomendaría usted a Chocolat Inc. que empleara alguno de dichos métodos? Explique e indique cualesquiera supuestos que usted haya hecho.

15-18   Método de la tasa doble, costos y cantidades presupuestados *versus* reales (continuación del 15-17). Chocolat Inc. toma la decisión de examinar el efecto de usar el método de tasa doble para la aplicación de los costos de los camiones a cada viaje redondo. Al inicio de 2012, los costos presupuestados fueron como sigue:

Costo variable por viaje redondo	$1,350
Costos fijos	$47,500

Los resultados reales para los 45 viajes redondos que se realizaron en 2012 fueron como sigue:

Costos variables	$58,500
Costos fijos	38,250
	$96,750

Suponga que toda la demás información es la misma que la del ejercicio 15-17.

Se requiere

1. Usando el método de tasa doble, ¿cuáles son los costos que se aplicarán a la división de chocolate oscuro y a la división de chocolate con leche cuando: *a*) los costos variables se aplican usando la tasa presupuestada por viaje redondo y los viajes redondos reales efectuados por cada división, y *b*) cuando los costos fijos se aplican con base en la tasa presupuestada por viaje redondo y los viajes redondos presupuestados para cada división?

2. Desde el punto de vista de la división de chocolate oscuro, ¿cuáles son los efectos de usar el método de tasa doble en vez de los métodos de tasa única?

15-19   Aplicación de los costos del departamento de apoyo; método directo y método escalonado. Phoenix Partners ofrece servicios de consultoría gerencial a clientes del gobierno y a clientes corporativos. Phoenix tiene dos departamentos de apoyo —servicios administrativos (SA) y sistemas de información (SI)— y dos departamentos operativos —consultoría del gobierno (GOBN) y consultoría corporativa (CORP). Durante el primer trimestre de 2012, los registros de costos de Phoenix indican lo siguiente:

	A	B	C	D	E	F	G
1		\multicolumn{2}{APOYO}			OPERATIVO		
		APOYO			**OPERATIVO**		
2		**SA**	**SI**		**GOBN**	**CORP**	**Total**
3	Costos indirectos presupuestados antes de cualquier						
4	aplicación de costos interdepartamentales	$600,000	$2,400,000		$8,756,000	$12,452,000	$24,208,000
5	Trabajos de apoyo suministrados por SA (cuanta presupuestada)	—	25%		40%	35%	100%
6	Trabajos de apoyo suministrados por SI (tiempo de cómputo presupuestado)	10%	—		30%	60%	100%

1. Aplique los costos de los dos departamentos de apoyo a los dos departamentos operativos usando los siguientes métodos:

a) El método directo.
b) El método escalonado (aplique primero SA).
c) El método escalonado (aplique primero SI).

2. Compare y explique las diferencias en los costos del departamento de apoyo aplicados a cada departamento operativo.

3. ¿Qué enfoques se podrían utilizar para decidir la secuencia en la cual se deberán aplicar los departamentos de apoyo cuando se usa el método escalonado?

15-20 **Aplicación del costo del departamento de apoyo, método recíproco (continuación del 15-19).** Remítase a los datos del ejercicio 15-19.

1. Aplique los costos de los dos departamentos de apoyo a los dos departamentos operativos usando el método recíproco. Utilice: *a*) ecuaciones lineales y *b*) iteraciones repetidas.

2. Compare y explique las diferencias en el punto 1 con las del punto 1 del ejercicio 15-19. ¿Qué método prefiere usted? ¿Por qué?

15-21 **Aplicación directa y aplicación descendente.** E-books, un minorista de libros en línea, tiene dos departamentos operativos —ventas corporativas y ventas al consumidor— y dos departamentos de apoyo —recursos humanos y sistemas de información. Cada departamento de ventas realiza operaciones de comercialización y marketing en forma independiente. E-books usa el número de empleados para aplicar los costos de los recursos humanos y usa el tiempo de procesamiento para aplicar los costos de los sistemas de información. Se dispone de los siguientes datos para el mes de septiembre de 2012:

	A	B	C	D	E	F
1		**DEPARTAMENTOS DE APOYO**			**DEPARTAMENTOS OPERATIVOS**	
2		**Recursos humanos**	**Sistemas de información**		**Ventas corporativas**	**Ventas al consumidor**
3	Costos presupuestados en que se incurrió antes de					
4	cualquier aplicación de costos interdepartamentales	$72,700	$234,400		$998,270	$489,860
5	Trabajo de apoyo suministrado por el departamento de recursos humanos					
6	Número de empleados presupuestado	—	21		42	28
7	Trabajo de apoyo suministrado por el departamento de sistemas de información					
8	Tiempo de procesamiento presupuestado (en minutos)	320	—		1,920	1,600

1. Aplique los costos de los departamentos de apoyo a los departamentos operativos usando el método directo.
2. Clasifique los departamentos de apoyo con base en el porcentaje de sus servicios proporcionados a otros departamentos de apoyo. Use esta clasificación para aplicar los costos de los departamentos de apoyo a los departamentos operativos según el método escalonado.
3. ¿Cómo podría usted haber clasificado de una manera distinta los departamentos de apoyo?

15-22 **Aplicación de costos en forma recíproca (continuación del 15-21).** Considere nuevamente el caso de E-books. El contralor de E-books lee un libro de texto que se usa ampliamente y el cual afirma que "el método recíproco es conceptualmente el más defendible". Él necesita su ayuda.

Se requiere

1. Describa los factores básicos del método recíproco.
2. Aplique los costos del departamento de apoyo (recursos humanos y sistemas de información) a los dos departamentos operativos usando el método recíproco.
3. En el caso que se presenta en este ejercicio, ¿qué método (directo, escalonado o recíproco) recomendaría usted? ¿Por qué?

15-23   Aplicación de costos comunes. Ben y Gary son estudiantes de Berkeley College. Comparten un departamento que es propiedad de Gary, quien considera suscribirse a un proveedor de Internet que tiene los siguientes paquetes disponibles:

Paquete	Por mes
A. Acceso a Internet	$60
B. Servicios telefónicos	15
C. Acceso a Internet + servicios telefónicos	65

Ben pasa la mayoría de su tiempo navegando en Internet ("hoy en día se puede encontrar de todo en línea"). Gary prefiere pasar su tiempo hablando por teléfono en vez de usar Internet ("estar en línea es un desperdicio de tiempo"). Ambos están de acuerdo en que la compra del paquete total de $65 es una situación "donde todos ganan".

Se requiere

1. Aplique los $65 entre Ben y Gary usando: *a*) el método individual de aplicación de costos, *b*) el método incremental de aplicación de costos y *c*) el método del valor de Shapley.
2. ¿Qué método recomendaría usted que usaran y por qué?

15-24   Aplicación de costos comunes. Sunny Gunn, una consultora que trabaja por su cuenta cerca de Sacramento, California, recibió una invitación para visitar a un cliente potencial en Baltimore. Unos días más tarde, ella recibió una invitación para efectuar una presentación a un posible cliente en Chicago. Sunny tomó la decisión de combinar sus visitas, viajando de Sacramento a Baltimore, de Baltimore a Chicago y de Chicago a Sacramento.

Ella recibió ofertas por sus servicios de consultoría de ambas compañías. A su regreso, decidió aceptar el compromiso con Chicago. Ella está confundida en cuanto a la forma de aplicar sus costos de viaje entre los dos clientes; recopiló los siguientes datos para las tarifas de viajes redondos regulares sin escalas:

Sacramento a Baltimore	$1,200
Sacramento a Chicago	$800

Gunn pagó $1,600 por su vuelo de tres etapas (Sacramento-Baltimore, Baltimore-Chicago, Chicago-Sacramento). Además, ella pagó $40 en cada viaje por las limusinas desde su casa hasta el aeropuerto de Sacramento y de regreso.

Se requiere

1. ¿Cómo debería Gunn aplicar la tarifa aérea de $1,600 entre los clientes de Baltimore y Chicago con: *a*) el método individual de aplicación de costos, *b*) el método incremental de aplicación de costos y *c*) el método del valor de Shapley?
2. ¿Qué método recomendaría usted a Gunn que usara y por qué?
3. ¿Cómo debería Gunn aplicar los cargos de las limusinas de $80 entre los clientes de Baltimore y Chicago?

15-25   Aplicación de ingresos, productos empaquetados. Yves Parfum Company mezcla y vende fragancias para diseñadores. Tiene una división de fragancias para hombre y una división de fragancias para mujer, cada una con diferentes estrategias de ventas, canales de distribución y oferta de productos. Yves considera ahora la venta de un producto empaquetado que consiste en una colonia para hombre y un perfume para mujer. En el año más reciente, reportó lo siguiente:

	A	B
1	**Producto**	**Precio al menudeo**
2	Mónaco (colonia para hombre)	$ 48
3	Innocence (perfume para mujer)	112
4	L'Amour (Mónaco + Innocence)	130

Se requiere

1. Aplique los ingresos provenientes de la venta de cada unidad de L'Amour a Monaco y a Innocence usando lo siguiente:

   a) El método individual de aplicación de ingresos con base en el precio de venta de cada producto.
   b) El método incremental de aplicación de ingresos, con Mónaco clasificado como producto primario.
   c) El método incremental de aplicación de ingresos, con Innocence clasificado como el producto primario.
   d) El método del valor de Shapley, suponiendo ventas unitarias iguales de Móncao y de Innocence.

2. De los cuatro métodos del punto 1, ¿cuál de ellos recomendaría usted para la aplicación de los ingresos de L'Amour a Mónaco y a Innocence? Explique su respuesta.

15-26   Aplicación de costos comunes. Jim Dandy Auto Sales usa todos los tipos de medios para anunciar sus productos (televisión, radio, periódico, etc.). A finales de 2011, el presidente de la compañía, Jim Dandridge, decidió que todos los costos por publicidad se incurrirían en las oficinas matrices corporativas y que se aplicarían a cada una de las tres localidades de ventas de la compañía con base en el número de vehículos vendidos. Jim tenía confianza en que su gerente de compras corporativo pudiera negociar mejores contratos de publicidad en forma extensiva a toda la compañía, en comparación con lo que pudiera negociar cada uno de los gerentes de ventas por su propia cuenta. Dandridge presupuestó costos totales de publicidad de $1.8 millones para 2012 y presentó el nuevo plan a sus gerentes de ventas justo antes del Año Nuevo.

El gerente de la localidad de ventas del este, Tony Snider, no estaba satisfecho, pues se quejaba de que el nuevo método de aplicación era inequitativo y aumentaría de manera significativa sus costos de publicidad para el año anterior. La localidad del este vendía altos volúmenes de automóviles usados de bajo precio y la mayoría del presupuesto corporativo de publicidad estaba relacionado con ventas de automóviles nuevos.

Considerando la queja de Tony, Jim decidió dar otra minuciosa revisión a lo que cada una de las divisiones estaba pagando por la publicidad antes del nuevo plan de aplicación. Los resultados fueron los siguientes:

Localidad de ventas	Número real de automóviles vendidos en 2011	Costo real de publicidad incurrido en 2011
Este	3,150	$ 324,000
Oeste	1,080	432,000
Norte	2,250	648,000
Sur	2,520	756,000
	9,000	$2,160,000

1. Usando los datos de 2011 como las bases de costos, muestre el monto del costo por publicidad en 2012 ($1,800,000) que se aplicaría a cada una de las divisiones con los siguientes criterios:

    a) El método de aplicación de Dandridge basado en el número de automóviles vendidos.
    b) El método individual.
    c) El método incremental de aplicación, donde las divisiones clasificaban con base en los dólares gastados en publicidad para 2011.

2. ¿Qué método considera usted que sea más equitativo para los gerentes de ventas divisionales? ¿Qué otras opciones podría tener el presidente Jim Dandridge para la aplicación de los costos por publicidad?

Problemas

MyAccountingLab

15-27   Tasa individual, tasa doble y aplicación de la capacidad práctica. Perfection Department Store tiene un nuevo programa promocional que ofrece un servicio gratuito de envoltura de regalos para sus clientes. El departamento de servicios para los clientes de Perfection tiene capacidad práctica para envolver 7,000 regalos a un costo fijo presupuestado de $6,650 cada mes. El costo variable presupuestado para la envoltura de un artículo para regalo es de $0.40. Aunque el servicio es gratuito para los clientes, se efectúa una aplicación del costo del servicio de envoltura para regalo al departamento donde se compró el artículo. El departamento de servicios para los clientes informó lo siguiente para el mes más reciente:

	A	B	C	D
1	Departamento	Número real de regalos envueltos	Número presupuestado de regalos por envolver	Capacidad práctica disponible para la envoltura para regalo
2	Limpieza facial de para mujeres	2,020	2,470	2,640
3	Limpieza facial para hombres	730	825	945
4	Fragancias	1,560	1,805	1,970
5	Lavado corporal	545	430	650
6	Productos para cabello	1,495	1,120	795
7	Total	6,350	6,650	7,000

1. Usando el método de tasa única, aplique los costos de la envoltura para regalo a los diferentes departamentos en estas tres formas.   **Se requiere**

    a) Calcule la tasa presupuestada con base en el número presupuestado de regalos por envolver y aplique los costos con base en el uso presupuestado (de servicios para la envoltura como regalo).
    b) Calcule la tasa presupuestada con base en el número presupuestado de regalos por envolverse y aplique los costos con base en el consumo real.
    c) Calcule la tasa presupuestada con base en la capacidad práctica disponible para envoltura de regalos y aplique los costos con base en el consumo real.

2. Usando el método de tasa doble, calcule el monto aplicado a cada departamento cuando: *a*) la tasa del costo fijo se calcula usando los costos presupuestados y la capacidad práctica para la envoltura como regalo, *b*) los costos fijos se aplican con base en el consumo presupuestado de los servicios para la envoltura como regalo, y *c*) los costos variables se aplican usando la tasa presupuestada del costo variable y el consumo real.

3. Comente sus resultados en los puntos 1 y 2. Exponga las ventajas del método de tasa doble.

15-28   **Aplicación de ingresos.** Lee Shu-yu Inc. produce y vende discos de video digital (DVD) a personas de negocios y estudiantes que planean estancias prolongadas en China. Ha sido muy exitosa con dos DVD: Mandarín para principiantes y Conversación en mandarín. Está introduciendo un tercer DVD, Lectura de caracteres chinos. Decidió comercializar su nuevo DVD en dos diferentes paquetes agrupando el DVD Lectura de caracteres chinos con cada uno de los otros dos DVD para el lenguaje. A continuación se presenta la información acerca de los DVD por separados y por paquete.

DVD	Precio de venta
Mandarín para principiantes (Manpp)	$ 50
Conversación en mandarín (Conman)	$ 90
Lectura de caracteres chinos (LCC)	$ 30
Manpp + LCC	$ 60
Conman + LCC	$100

Se requiere

1. Utilizando los precios de venta, aplique los ingresos provenientes del paquete Manpp + LCC a cada DVD del paquete, usando: *a*) el método individual; *b*) el método incremental, en cualquier orden; y *c*) el método del valor de Shapley.

2. Utilizando los precios de venta, aplique los ingresos provenientes del paquete Conman + LCC a cada DVD incluido en ese paquete, usando: a) el método individual; b) el método incremental, en cualquier orden; y c) el método del valor de Shapley.

3. ¿Qué método es más adecuado para aplicar los ingresos entre los DVD? ¿Por qué?

15-29 Aplicación de costos fijos. State University terminó la construcción de su nuevo edificio administrativo para finales de 2011. Los empleados actuales de la universidad se mudaron al edificio el 1 de enero de 2012. El edificio consiste en espacio para oficinas, salas para juntas comunes (incluyendo un centro de conferencias), una cafetería e incluso una sala de entrenamiento para los aficionados al ejercicio. En 2012 el total de los 125,000 pies cuadrados de espacio del edificio se utilizaron de la siguiente manera:

Utilización del espacio	% del espacio total del edificio
Espacio para oficinas (ocupado)	52%
Espacio libre para oficinas	8%
Espacio común para juntas	25%
Sala de entrenamiento	5%
Cafetería	10%

El nuevo edificio costó a la universidad $30 millones y se depreció usando el método de línea recta durante 20 años. A finales de 2012 tres departamentos ocupaban al edificio: oficinas ejecutivas del presidente, contabilidad y recursos humanos. El uso de cada departamento con respecto a su espacio asignado fue como sigue:

Departamento	Espacio de oficinas realmente usado (pies²)	Uso planeando del espacio para oficinas (pies²)	Capacidad práctica del espacio para oficinas (pies²)
Ejecutivo	16,250	12,400	18,000
Contabilidad	26,000	26,040	33,000
Recursos humanos	22,750	23,560	24,000

Se requiere

1. ¿Qué cantidad del costo total del edificio se aplicará en 2012 a cada uno de los departamentos, si se aplica con base en lo siguiente?
   a) Uso real.
   b) Uso planeando.
   c) Capacidad práctica.

2. Suponga que State University aplica el costo total anual del edificio de la siguiente manera:

   a) Todo el espacio libre para las oficinas lo absorbe la universidad y no se aplica a los departamentos.
   b) Todos los costos del espacio para oficinas ocupado se aplican con base en los pies cuadrados realmente usados.
   c) Todos los costos comunes se aplican con base en la capacidad práctica de un departamento.

   Calcule el costo aplicado a cada departamento en 2012 con este plan. ¿Considera usted que el método de aplicación que se utiliza aquí es adecuado? Explique su respuesta.

15-30 Aplicación de los costos de los departamentos de apoyo; método escalonado y método directo. La compañía Valle Central elaboró presupuestos departamentales de costos indirectos para los niveles de volumen presupuestados antes de las asignaciones como sigue:

Departamentos de apoyo:		
Edificio y terrenos	$10,000	
Personal	1,000	
Administración general de la planta	26,090	
Cafetería: pérdida en operación	1,640	
Almacén	2,670	$ 41,400
Departamentos operativos:		
Operaciones mecánicas	$34,700	
Ensamblado	48,900	83,600
Total para los departamentos de apoyo y operativos		$125,000

La administración decidió que los costos más adecuados del inventario se logran mediante el uso de tasas de costos indirectos para los departamentos específicos. Dichas tasas se desarrollan después de que se aplican los costos del departamento de apoyo a los departamentos operativos.

Las bases de aplicación se deberán seleccionar entre las siguientes alternativas:

Departamento	Horas-mano de obra directa	Número de empleados	Pies² del espacio disponible ocupados	Horas-mano de obra	Número de requisiciones
Edificio y terrenos	0	0	0	0	0
Personal[a]	0	0	2,000	0	0
Administración general de la planta	0	35	7,000	0	0
Cafetería: pérdida en operación	0	10	4,000	1,000	0
Almacén	0	5	7,000	1,000	0
Operaciones mecánicas	5,000	50	30,000	8,000	2,000
Ensamblado	15,000	100	50,000	17,000	1,000
Total	20,000	200	100,000	27,000	3,000

[a]La base usada es el número de empleados.

Se requiere

1. Usando el método escalonado, aplique los costos del departamento de apoyo. Desarrolle tasas de costos indirectos por hora de mano de obra directa para operaciones mecánicas y ensamblado. Aplique los costos de los departamentos de apoyo en el orden que se da en este problema. Utilice la base de aplicación para cada departamento de apoyo que usted considere que sea más adecuada.
2. Con el método directo, vuelva a contestar el punto 1.
3. Con base en la siguiente información acerca de los dos trabajos, determine los costos indirectos totales para cada uno usando las tasas que se desarrollaron en: *a*) el punto 1 y *b*) el punto 2.

	Horas-mano de obra directa	
	Operaciones mecánicas	Ensamblado
Trabajo 88	18	2
Trabajo 89	3	17

4. La compañía evalúa el desempeño de los gerentes del departamento operativo considerando qué tan bien administraron sus costos totales, incluyendo los costos aplicados. Como gerente del departamento de operaciones mecánicas, ¿qué método de aplicación preferiría usted considerando los resultados que se obtuvieron en los puntos 1 y 2? Explique su respuesta.

15-31 Aplicaciones de los costos del departamento de apoyo; grupos de costos de un solo departamento; método directo, método escalonado y método recíproco. La compañía Manes tiene dos productos. El producto 1 se fabrica totalmente en el departamento X. El producto 2 se fabrica totalmente en el departamento Y. Para elaborar estos dos productos, Manes tiene dos departamentos de apoyo: A (un departamento de manejo de materiales) y B (un departamento de generación de energía).

A continuación se presenta un análisis de los trabajos realizados por los departamentos A y B en un período típico:

	Usado por			
Suministrado por	A	B	X	Y
A	—	100	250	150
B	500	—	100	400

El trabajo que se realiza en el departamento se mide por las horas de mano de obra directa del tiempo de manejo de materiales. El trabajo que se realiza en el departamento B se mide por los kilowatt-horas de energía. A continuación se presentan los costos presupuestados de los departamentos de apoyo para el siguiente año:

	Departamento A (Manejo de materiales)	Departamento B (Generación de energía)
Mano de obra indirecta variable y costos de materiales indirectos	$ 70,000	$10,000
Supervisión	10,000	10,000
Depreciación	20,000	20,000
	$100,000	$40,000
	+Costos de energía	+Costos del manejo de materiales

Los costos presupuestados de los departamentos operativos para el año siguiente son de $1,500,000 para el departamento X y de sus $800,000 para el departamento Y.

Los costos de la supervisión son costos de salarios. La depreciación del departamento B es la depreciación en línea recta del equipo de generación de energía en su año 19 con una vida útil estimada de 25 años; se trata de un equipo antiguo, pero se le ha dado un buen mantenimiento.

Se requiere

1. ¿Cuáles son las aplicaciones de los costos de los departamentos de apoyo A y B a los departamentos operativos X y Y usando: a) el método directo, b) el método escalonado (aplicar primero al departamento A), c) el método escalonado (aplicar primero al departamento B) y d) el método recíproco?
2. Una compañía externa ofrece suministrar toda la energía que necesita la compañía Manes y todos los servicios del departamento de energía actual. Los costos de este servicio serán de $40 por kilowatt-horas de energía. ¿Debería aceptar Manes? Explique su respuesta.

15-32 Costos comunes. Wright Inc. y Brown Inc. son dos pequeñas compañías que elaboran prendas de vestir y que consideran el arrendamiento de una máquina de pigmentación en forma conjunta. Ambas estimaron que para poder satisfacer la producción, Wright necesita la máquina durante 800 horas y Brown la necesita durante 200 horas. Si cada empresa renta la máquina por su propia cuenta, la tarifa sería de $50 por hora de uso. Si rentan la máquina en forma conjunta, la tarifa disminuirá a $42 por hora de uso.

Se requiere

1. Calcule la participación respectiva de la renta de Wright y Brown con el método individual de aplicación de costos.
2. Calcule la participación respectiva de la renta de Wright y Brown con el método incremental de aplicación de costos. Suponga que Wright es la parte primaria.
3. Calcule la participación respectiva de la renta de Wright y Brown con el método del valor de Shapley.
4. ¿Qué método recomendaría usted que usaran Wright y Brown para compartir la renta?

15-33 Aplicación de ingresos en forma individual. MaxSystems, Inc. vende equipos de cómputo para consumidores finales. Su modelo más popular, el CX30, se vende como un "paquete" que incluye tres productos: una torre de cómputo personal (PC), un monitor de 23 pulgadas y una impresora láser a color. Cada uno de estos artículos se elabora en una división separada de manufactura de MaxSystems y se puede adquirir por separado, así como en forma de paquete. Los precios de venta independientes y los costos por unidad son:

Componente de cómputo	Precio de venta independinte por unidad	Costo por unidad
Torre de PC	$ 840	$300
Monitor	$ 280	$180
Impresora láser a color	$ 480	$270
Precio de compra del paquete de cómputo	$1,200	

Se requiere

1. Aplique los ingresos provenientes de la compra del paquete de cómputo a cada uno de los artículos usando el método individual con base en el precio de venta independiente por unidad.
2. Aplique los ingresos provenientes de la compra de paquete de cómputo a cada uno de los artículos usando el método individual con base en el costo por unidad.
3. Aplique los ingresos provenientes de la compra del paquete de cómputo a cada uno de los artículos usando el método individual con base en las unidades físicas (es decir, el número de unidades individuales del producto vendido por paquete).
4. ¿Qué base de aplicación tiene más sentido en esta situación? Explique su respuesta.

15-34 Aplicaciones de los costos de los departamentos de apoyo; grupos de costos de un solo departamento; método directo, método escalonado y método recíproco. Spirit Training, Inc., fábrica zapatos y vestimenta deportivos tanto para aficionados como para profesionales. La compañía tiene dos líneas de productos (ropa y zapatos), que se elaboran en instalaciones separadas de manufactura; sin embargo, ambas instalaciones de manufactura comparten los mismos servicios de apoyo para tecnología de la información y para recursos humanos. A continuación se presentan los costos totales para cada instalación de manufactura y para cada departamento de apoyo.

	Costos variables	Costos fijos	Costos totales por departamento (en miles)
Tecnología de la información (TI)	$ 500	$ 1,500	$ 2,000
Recursos humanos (RH)	$ 100	$ 900	$ 1,000
Ropa	$3,000	$ 7,000	$10,000
Zapatos	$2,500	$ 5,500	$ 8,000
Costos totales	$7,100	$16,900	$24,000

Los costos totales de los departamentos de apoyo (TI y RH) se aplican a los departamentos de producción (ropa y zapatos) usando la tasa única y con base en lo siguiente:

Tecnología de la información: Número de horas de mano de obra de TI trabajadas por departamento

Recursos humanos: Número de empleados apoyados por departamento

Los datos acerca de las bases, por departamento, son:

Departamento	Horas de TI usadas	Número de empleados
Ropa	5,000	120
Zapatos	3,000	40
Tecnología de la información	-	40
Recursos humanos	2,000	-

Se requiere

1. ¿Cuáles son los costos totales de los departamentos de producción (ropa y zapatos) después de que los costos de tecnología de la información y de recursos humanos del departamento de apoyo se hayan aplicado usando: *a*) el método directo, *b*) el método escalonado (aplicando primero a tecnología de la información), *c*) el método escalonado (aplicando primero a recursos humanos) y *d*) el método recíproco?

2. Suponga que todo el trabajo del departamento de TI se pudiera subcontratar a una compañía independiente en $97.50 por hora. Si Spirit Training ya no operara su propio departamento de TI, se podrían eliminar el 30% de los costos fijos del departamento de TI. ¿Debería Spirit subcontratar sus servicios de tecnología de la información?

Problema de aprendizaje colaborativo

15-33   Aplicación de ingresos, productos empaquetados. Exclusive Resorts (ER) opera un hotel de cinco estrellas con un campo para campeonatos de golf. ER tiene una estructura administrativa descentralizada, con tres divisiones:

■ Hospedaje (habitaciones, salas de conferencias).

■ Alimentos (restaurantes y servicio a la habitación).

■ Recreación (campo de golf, canchas de tenis, albercas, etc.).

A partir del mes siguiente, ER ofrecerá un "paquete de retiro" de dos días para dos personas en $1,000.

Este paquete incluye lo siguiente:

	Precios en forma separada
Una estancia de dos noches para dos personas en una habitación con vista al mar	$ 800 ($400 por noche)
Dos vueltas de golf (que pueden ser usadas por cualquier huésped)	$ 375 ($187.50 por vuelta)
Cena de lujo para dos personas en el mejor restaurante de ER	$ 200 ($100 por persona)
Valor total del paquete	$1,375

Jenny Lee, presidenta de la división recreativa, recientemente preguntó al director general de ER como participaría su división en el ingreso de $1,000 proveniente del paquete de retiro. El campo de golf operaba al 100% de su capacidad. Actualmente, cualquier cliente que reservara el paquete tenía un acceso garantizado al campo de golf. Lee observó que cada reservación del paquete de retiro desplazaría $375 de otras reservaciones de golf que no estuvieran relacionadas con el paquete. Ella hizo hincapié en que la alta demanda reflejaba la devoción de su equipo por mantener el campo de golf clasificado como uno de "los 10 mejores campos de golf del mundo" según la revista Golf Monthly. Por otro lado, ella también hizo notar que las divisiones de hospedaje y de alimentos tenían que rechazar a clientes únicamente durante los "eventos de la temporada alta como el periodo de Año Nuevo".

Se requiere

1. Usando los precios de venta, aplique los ingresos del paquete de retiro de $1,000 a las tres divisiones usando:

   a) El método individual de aplicación de los ingresos.

   b) El método incremental de aplicación de los ingresos (con recreación primero, luego hospedaje y por último alimentos).

2. ¿Cuáles son los pros y los contras de los dos métodos del punto 1?

3. Ya que la división de actividades recreativas tiene la capacidad de reservar el campo de golf al 100%, el director general de la compañía decidió revisar el paquete de retiro para incluir únicamente los servicios de hospedaje y de alimentos que se mostraron con anterioridad. El nuevo paquete se venderá en $900. Aplique los ingresos a las divisiones de hospedaje y de alimentos usando lo siguiente:

   a) El método del valor de Shapley.

   b) El método del valor ponderado de Shapley, suponiendo que el servicio de hospedaje tiene el triple de posibilidades de venderse que el de alimentos.

16 Aplicaciones de costos: Productos conjuntos y subproductos

▶ **Objetivos de aprendizaje**

1. Identificar el punto de separación en una situación de costos conjuntos y distinguir los productos conjuntos de los subproductos.

2. Explicar la razón por la cual los costos conjuntos se aplican a productos individuales.

3. Aplicar los costos conjuntos usando cuatro métodos.

4. Explicar cuándo es preferible el método del valor de ventas en el punto de separación al aplicar los costos conjuntos.

5. Explicar la razón por la cual los costos conjuntos son irrelevantes en una decisión de vender o de dar un procesamiento adicional.

6. Contabilizar los subproductos con dos métodos.

Muchas compañías, como las refinerías de petróleo, producen y venden dos o más productos en forma simultánea.

De manera similar, algunas empresas, como las de servicios para el cuidado de la salud, venden o suministran varios servicios. La pregunta es "¿cómo deberían estas organizaciones aplicar los costos a los productos o servicios "conjuntos"? Saber cómo aplicar los costos de los productos conjuntos no es algo que solamente tengan que entender las compañías. Es algo que enfrentan también los agricultores, en especial cuando se trata de la producción lucrativa de maíz para fabricar miles de millones de galones de combustible de etanol.

La aplicación de costos conjuntos y la producción del combustible de etanol[1]

El incremento en la demanda global por el petróleo impulsó los precios a un nivel más alto y obligó a las economías nacionales a buscar alternativas ambientalmente sustentables. En Estados Unidos, la principal fuente de combustible alternativo proviene del etanol a base de maíz. En 2009, este país produjo 10,750 millones de galones de etanol, es decir, el 55% de la producción mundial, lo cual representa un aumento de casi 1,700 millones de galones anuales en relación con 2001.

La producción de etanol requiere de volúmenes significativos de maíz. En 2011, el Departamento de Agricultura de la Unión Americana predijo que más de la tercera parte de la producción nacional de maíz se usaría para crear combustible de etanol. Sin embargo, no todo ese maíz genera el etanol que se mezcla con la gasolina y se comercializa en las estaciones de servicio.

La mayoría de las operaciones de la biotecnología, como la producción del etanol, originan dos o más productos. Mientras el maíz se destila para convertirse en etanol, la masa de células del proceso —como los antibióticos y las fermentaciones de levadura— se separan del líquido y se convierten en un producto separado, el cual se comercializa a menudo como alimento para ganado. Este punto de separación, donde los productos finales se vuelven distintivamente dentificables, se denomina punto de separación. De manera similar, los residuos provenientes de las plantas de procesamiento de maíz crean productos secundarios como maíz en polvo y gluten de los destiladores.

Los contadores se refieren a estos productos secundarios como subproductos. Los subproductos del etanol como el alimento para ganado y el gluten se contabilizan restando el ingreso proveniente de la venta de estos productos del costo del combustible de etanol, el producto principal.

---

[1] *Fuentes:* Hacking, Andrew, 1987. *Economic aspects of biotechnology.* Cambridge, Reino Unido: Cambridge University Press; Leber, Jessica, 2010. Economics improve for first commercial cellulosic ethanol plants. *New York Times*, 16 de febrero; *USDA Agricultural Predictions to 2019.* 2010 Washington, DC: Government Printing Office; PBS. 2006 Glut of Ethanol byproducts coming. *The Environmental Report*, primavera; *Entrepreneur.* 2007. Edible ethanol byproduct is a source of novel foods. Agosto.

Dado que la producción del etanol tiene un costo de aproximadamente $2 por galón y que los subproductos se comercializan en unos cuantos centavos por libra, la mayoría de los costos de producción se asignan al combustible de etanol en sí mismo, el producto principal. Ya que de otra manera los fabricantes tendrían que pagar para desechar los subproductos del etanol, la mayoría simplemente trata de "alcanzar el punto de equilibrio" en los ingresos de los subproductos.

Sin embargo, en los años venideros, esto podría cambiar. En tanto que la producción de etanol crezca, los subproductos de alimentos para ganado a base de maíz se volverán más abundantes. Algunos productores de etanol están trabajando juntos para crear un mercado para los alimentos derivados del etanol, que sean más baratos y más altos en proteínas que el maíz solo. Esto permitiría que el ganado de las granjas aumentara de peso más rápido y a un menor costo por libra. De manera adicional, los científicos están tratando de crear un producto comestible a partir de los granos secos de los destiladores, los cuales se convertirían en un sustituto con bajas calorías y pocos carbohidratos en alimentos como panes y pastas.

Ciertas preocupaciones contables similares a las del ejemplo del etanol también se presentan cuando las compañías tradicionales de energía como ExxonMobil obtienen, de manera simultánea y en un solo proceso, petróleo crudo, gas natural y gas natural licuado a partir del petróleo. Este capítulo examina los métodos para la aplicación de los costos a los productos conjuntos. También examinamos la forma en que las cifras de costos apropiadas para un fin, como la información financiera externa, quizá no sean adecuadas para otros propósitos, como las decisiones acerca de un mayor procesamiento de los productos conjuntos.

Fundamentos de los costos conjuntos

Los **costos conjuntos** son aquellos costos de un proceso de producción que generan diversos productos de manera simultánea. Considere la destilación del carbón, la cual da lugar al coque, al gas natural y a otros productos. Los costos por dicha destilación se denominan costos conjuntos. El **punto de separación** es la coyuntura en un proceso de producción conjunto en que dos o más productos se vuelven identificables por separado. Un ejemplo es el punto donde el carbón se convierte en coque, gas natural y otros productos. Los **costos separables** son todos los costos —manufactura, marketing, distribución, etcétera— en los cuales se incurre más allá del punto de separación, y que son aplicables a cada uno de los productos específicos identificados en el punto de separación. En el punto de separación o más allá de él, las decisiones relacionadas con la venta inmediata o mayor procesamiento para cada producto identificable se pueden tomar de manera independiente con respecto a las decisiones acerca de los otros productos.

Son muchas las industrias donde un proceso de producción da como resultado simultáneamente dos o más productos, ya sea en el punto de separación o después de un mayor procesamiento. La ilustración 16-1 presenta algunos ejemplos de situaciones de costos conjuntos en diversas industrias. En cada uno de esos ejemplos, no se puede obtener ningún producto individual sin que aparezcan los productos concomitantes, aunque en algunos casos las proporciones suelen variar. El foco de atención del costeo conjunto es sobre la aplicación de los costos a los productos individuales en el punto de separación.

Los productos resultantes de un proceso de producción conjunto se clasifican en dos categorías generales: productos con un valor positivo de ventas y productos con un valor de ventas de cero.[2]

Objetivo de aprendizaje 1

Identificar el punto de separación en una situación de costos conjuntos

. . . donde dos o más productos se vuelven identificables en forma separada

y distinguir los productos conjuntos

. . . productos con alto valor de venta

de los subproductos

. . . productos con bajo valor de venta

---

[2] Algunos productos resultantes de un proceso de producción conjunto tienen ingresos "negativos", cuando se consideran sus costos de desecho (como los costos por el manejo de substancias tóxicas sin valor de venta que requieren de un procedimiento de desecho especial). Estos costos de desecho se deberían agregar a los costos de la producción conjunta que se aplican a los productos conjuntos o a los productos principales.

Ilustración 16-1

Ejemplos de
situaciones de costos
conjuntos

Industria	Productos segregables en el punto de separación
Agricultura e industrias de procesamiento de alimentos	
Granos de cacao	Mantequilla de cacao, cocoa en polvo, mezclas para bebidas de cocoa, crema para bronceado
Corderos	Cortes de cordero, callos, cueros, huesos, manteca
Cerdos	Tocino, jamón, costillas descarnadas, cochinillo asado
Leche cruda	Crema, leche descremada
Madera	Madera de varios niveles de calidad y formas
Pavos	Pechuga, alas, muslos, piernas, cocidos, alimentos para aves de ornato y para aves de corral
Industrias extractivas	
Carbón	Coque, gas, benzol, alquitrán, amoniaco
Mineral de cobre	Cobre, plata, plomo, zinc
Petróleo	Petróleo crudo, gas natural
Sal	Hidrógeno, cloro, sosa cáustica
Industrias químicas	
Gas natural licuado (GNL)	Butano, etano, propano
Petróleo crudo	Gasolina, queroseno, benceno, nafta
Industria de semiconductores	
Fabricación de circuitos en obleas de silicio	Chips de memoria de calidad (en cuanto a capacidad), velocidad, durabilidad y resistencia a diferentes temperaturas

Por ejemplo, el procesamiento de hidrocarburos en ultramar origina petróleo y gas natural, los cuales tienen un valor de ventas positivo, y también genera agua, la cual tiene un valor de ventas de cero y se recicla devolviéndose al océano. El término **producto** describe cualquier resultado final que tenga un valor de ventas total positivo (o un resultado final que permita que una compañía evite incurrir en costos, como un producto químico intermedio que se use como un insumo en otro proceso). El valor total de las ventas puede ser alto o bajo.

Cuando un proceso conjunto de producción genera un bien con un alto valor de ventas totales, en comparación con los valores totales de ventas de otros productos del proceso, ese bien se denomina **producto principal.** Cuando un proceso de producción conjunto origina dos o más productos con altos valores de venta totales, en comparación con los valores de venta totales de otros productos, si acaso, esos productos se denominan **productos conjuntos.** Los productos de un proceso de producción conjunto que tienen bajos valores de ventas totales en comparación con el valor de ventas total del producto principal o de los productos conjuntos se denominan **subproductos.**

Considere algunos ejemplos. Si la madera (los leños) se procesa hasta convertirse en madera estándar y en aserrín, la madera estándar es el producto principal y el aserrín es el subproducto, porque la madera estándar tiene un alto valor de ventas totales en comparación con el aserrín. Sin embargo, si los leños se procesan hasta convertirse en madera de alta calidad, en madera estándar y en aserrín, la madera de alta calidad y la madera estándar son los productos conjuntos, y el aserrín es el subproducto. Ello es así porque tanto la madera de alta calidad como la madera estándar tienen altos valores de ventas totales, cuando se comparan con el aserrín.

Las distinciones entre los productos principales, los productos conjuntos y los subproductos no son tan claras en la vida real. Por ejemplo, algunas compañías pueden clasificar el queroseno que se obtiene cuando se refina el petróleo crudo como un subproducto, ya que consideran que el queroseno tiene un bajo valor de ventas totales en relación con los valores de ventas totales de la gasolina y de otros productos. Otras compañías pueden clasificar el queroseno como un producto conjunto porque consideran que el queroseno tiene un alto valor de ventas totales en relación con el valor de ventas total de la gasolina y de otros productos. Además, la clasificación de los productos —principal, conjunto o subproducto— quizá cambie con el paso del tiempo, sobre todo en el caso de los productos como los semiconductores con menor calidad, cuyos precios de mercado suelen aumentar o disminuir 30% o más en un año. Cuando los precios de los semiconductores de menor calidad son altos, se consideran productos conjuntos junto con los semiconductores de mejor calidad; cuando los precios de los semiconductores de menor calidad disminuyen en forma considerable, se les considera subproductos. En la práctica, es importante entender los criterios que una compañía específica elige para clasificar sus productos.

Punto de decisión ▶

¿Qué significan los términos costo conjunto y punto de separación, y cómo difieren los productos conjuntos de los subproductos?

Aplicación de costos conjuntos

Antes de que un gerente pueda aplicar los costos conjuntos, primeramente debe observar el contexto para la realización de esa tarea. Hay varios contextos donde se requiere que los costos conjuntos se apliquen a productos o a servicios individuales, como los siguientes:

■ El cálculo de los costos inventariables y del costo de los bienes vendidos. Recuerde del capítulo 9 que para fines de la contabilidad financiera y de la información fiscal se necesita del costeo absorbente. Ello requiere que se apliquen a los productos los costos de manufactura conjuntos o de procesamiento, para el cálculo de los valores del inventario final.

■ Cálculo de los costos inventariables y del costo de los bienes vendidos para fines de información interna. Muchas empresas usan datos de la contabilidad interna basados en las aplicaciones de los costos conjuntos para efectuar el análisis de la rentabilidad divisional y para evaluar el desempeño de los gerentes de la división.

■ Reembolso de costos para aquellas compañías donde algunos de sus productos o servicios, pero no todos ellos, se reembolsan gracias a contratos del tipo costo más margen de ganancia, los cuales se pueden celebrar, por ejemplo, con una agencia del gobierno. En este caso, una serie de normas rigurosas especifican por lo general la manera en que los costos conjuntos se asignan a aquellos productos o servicios que cubre el contrato de costo más margen de ganancia. Dicho esto, el fraude en los contratos de defensa, que se realizan a menudo mediante contratos de costo más margen de ganancia, sigue siendo una de las áreas más activas de litigios por declaraciones falsas, según la legislación federal respectiva. Una práctica común consiste en la realización de "cargos cruzados", donde un contratista transfiere los costos conjuntos desde contratos de la defensa convenidos a "precio fijo", hasta acuerdos que se convienen con base en el costo más margen de ganancia. Los contratistas de defensa también han tratado de adquirir contratos provenientes de empresas privadas o de gobiernos extranjeros, mediante la aplicación de una porción inadecuada de costos conjuntos en los contratos de costo más margen de ganancia que hayan celebrado con el gobierno de Estados Unidos.[3]

■ Regulación de tasas o de precios para uno o más de los productos o servicios elaborados de manera conjunta. Esta cuestión está conceptualmente vinculada con el punto anterior, y es de gran importancia en las industrias extractiva y de energía, cuyos productos tienen precios que están regulados para generar un rendimiento fijo con base en un costo que incluya aplicaciones de costos conjuntos. En las telecomunicaciones, por ejemplo, con frecuencia se observa que una empresa con un poder de mercado significativo tiene algunos productos sometidos a una regulación de precios (por ejemplo, las interconexiones) y que otras de sus actividades no están reguladas (como las rentas de equipos a usuarios finales). En este caso, en la aplicación de los costos conjuntos resulta fundamental asegurarse de que los costos no se transfieran de los servicios no regulados a los servicios regulados.[4]

■ Cálculos de indemnizaciones de seguros en reclamaciones por daños hechas con base en la información de costos de los productos elaborados en forma conjunta. En este caso, las aplicaciones de costos conjuntos son esenciales para realizar un análisis de la pérdida de valor según los costos.

■ De una manera más general, cualquier situación de litigio comercial donde los costos de los productos o servicios conjuntos sean insumos fundamentales requiere la aplicación de los costos conjuntos.

Enfoques para la aplicación de costos conjuntos

Hay dos enfoques para la aplicación de los costos conjuntos.

■ **Enfoque 1.** Aplicar los costos conjuntos usando datos *basados en el mercado* como los ingresos. Este capítulo presenta tres métodos que usan este enfoque:

1. Método del valor de ventas en el punto de separación.
2. Método del valor neto de realización (VNR).
3. Método del porcentaje constante de la utilidad bruta del VNR.

■ **Enfoque 2.** Aplicar los costos conjuntos utilizando medidas físicas, como el peso, la cantidad (unidades físicas) o el volumen de los productos conjuntos.

En los capítulos anteriores, usamos los criterios de causa y efecto y de beneficios recibidos, para orientar las decisiones de aplicación de costos (véase la ilustración 14-2, p. 505). Los costos con-

---

[3] Véase, por ejemplo, www.dodig.mil/iginformation/IGInformationReleases/3eSettlementPR.pdf
[4] Si se desean mayores detalles, véase el International Telecommunication Unions's ICT Regulation Toolkit en www.ictregulationtoolkit.org/en/Section.3497.html.

Objetivo de aprendizaje 2

Explicar la razón por la cual los costos conjuntos se aplican a productos individuales

. . . para calcular el costo de los bienes vendidos y del inventario, y para los reembolsos con contratos de costo más margen de ganancia y para otros tipos de derechos

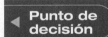
Punto de decisión

¿Por qué los costos conjuntos se aplican a los productos individuales?

Objetivo de aprendizaje 3

Aplicar los costos conjuntos usando cuatro métodos

. . . valor de ventas en el punto de separación, medida física, valor neto de realización (VNR) y porcentaje constante de utilidad bruta del VNR

juntos no tienen una relación de causa y efecto con los productos individuales, ya que el proceso de producción genera en forma simultánea diversos productos. El uso del criterio de los beneficios recibidos conduce a una preferencia por métodos con el enfoque 1 porque los ingresos son, en general, un mejor indicador de los beneficios recibidos que las medidas físicas.

Las compañías mineras, por ejemplo, reciben más beneficios de 1 tonelada de oro que de 10 toneladas de carbón. En el proceso más sencillo de producción conjunta, los productos conjuntos se venden en el punto de separación sin procesamiento adicional. El ejemplo 1 ilustra los dos métodos que se aplican en este caso: el método del valor de ventas en el punto de separación y el método de unidades físicas. Más adelante introduciremos los procesos conjuntos de producción que dan como resultado productos que requieren de un procesamiento adicional más allá del punto de separación. El ejemplo 2 ilustra el método de VNR y el método del porcentaje constante de la utilidad bruta del VNR. Para ayudarle a concentrarse en los conceptos fundamentales, usamos cifras y montos que son menores que aquellos que por lo general se encuentran en la práctica.

Las ilustraciones de este capítulo usan los siguientes símbolos para distinguir un producto conjunto o principal de un subproducto:

Producto conjunto o producto principal   Subproducto

Para comparar los métodos, reportamos los porcentajes de la utilidad bruta para los productos individuales con cada método.

> Ejemplo 1: Farmers' Dairy compra leche cruda a granjas individuales y la procesa hasta el punto de separación, cuando surgen dos productos: la crema y la leche descremada. Estos dos productos se venden a una compañía independiente, la cual los comercializa y los distribuye a supermercados y a otros establecimientos minoristas.
>
> En mayo de 2012, Farmers' Dairy procesa 110,000 galones de leche cruda. Durante el procesamiento, se pierden 10,000 galones debido a la evaporación y a los derramamientos, con lo cual quedan 25,000 galones de crema y a 75,000 galones de leche descremada. A continuación se presentan los datos de resumen:

	A	B	C
1		**Costos conjuntos**	
2	Costos conjuntos (costos de 110,000 galones de leche cruda y procesamiento hasta el punto de separación)	$400,000	
3			
4		**Crema**	**Leche descremada**
5	Inventario inicial (galones)	0	0
6	Producción (galones)	25,000	75,000
7	Ventas (galones)	20,000	30,000
8	Inventario final (galones)	5,000	45,000
9	Precio de venta por galón	$ 8	$ 4

La ilustración 16-2 presenta las relaciones básicas de este ejemplo.

¿Qué cantidad de los $400,000 de costos conjuntos se debería aplicar al costo de los bienes vendidos de 20,000 galones de crema y de 30,000 galones de leche descremada, y qué cantidad se tendría que aplicar al inventario final de 5,000 galones de crema y 45,000 galones de leche descremada? Empezaremos con los dos métodos que usan las propiedades de los productos en el punto de separación: el método del valor de ventas en el punto de separación y el método de unidades físicas.

Método del valor de ventas en el punto de separación

El **método del valor de ventas en el punto de separación** aplica los costos conjuntos a los productos conjuntos elaborados durante el periodo contable, con base en el valor relativo de ventas totales en el punto de separación.

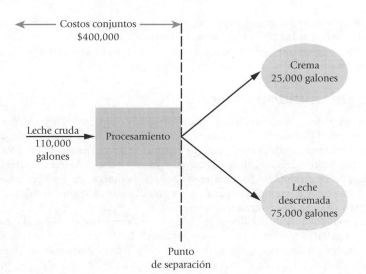

Ejemplo 1: Panorama general de Farmers' Dairy

El uso de este método para el ejemplo 1, ilustración 16-3, panel A, muestra la forma en que se aplican los costos conjuntos a los productos individuales para calcular el costo por galón de crema y de leche descremada en la evaluación del inventario final. Este método usa el valor de ventas de la *producción total del periodo contable* (25,000 galones de crema y 75,000 galones de leche descremada), y no tan solo la cantidad vendida (20,000 galones de crema y 30,000 galones de leche descremada). La razón por la cual este método no se basa únicamente en la cantidad vendida es que los costos conjuntos se generaron en todas las unidades producidas, y no únicamente en la porción vendida durante el periodo actual. La ilustración 16-3, panel B, muestra el estado de resultados de la línea del producto usando el método del valor de ventas en el punto de separación. Observe que el porcentaje de la utilidad bruta para cada producto es de 20%, porque el método del valor de ventas en el punto de separación aplica los costos conjuntos a cada producto en proporción al valor de venta de la producción total (crema: $160,000 ÷ $200,000 = 80%; leche descremada: $240,000 ÷ $300,000 = 80%). Por consiguiente, el porcentaje de la utilidad bruta para cada producto manufacturado en mayo de 2012 es el mismo: 20 por ciento.[5]

Observe la manera en que el método del valor de ventas en el punto de separación sigue el criterio de los beneficios recibidos de la aplicación de costos: Los costos se aplican a los productos en proporción a su poder de generación de ingresos (sus ingresos esperados).

Aplicación de costos conjuntos y estado de resultados por línea del producto usando el método del valor de ventas en el punto de separación: Farmers' Dairy, mayo de 2012

	A	B	C	D
1	**Panel A. Aplicación de costos conjuntos usando el método del valor de ventas en el punto de separación**	**Crema**	**Leche descremada**	**Total**
2	Valor de ventas de la producción total en el punto de separación			
3	(25,000 galones × $8 por galón; 75,000 galones × $4 por galón)	$200,000	$300,000	$500,000
4	Ponderación (200,000 ÷ $500,000; $300,000 ÷ $400,000)	0.40	0.60	
5	Costos conjuntos aplicados (0.40 × $400,000; 0.60 × $400,000)	$160,000	$240,000	$400,000
6	Costos conjuntos de producción por galón			
7	($160,000 ÷ 25,000 galones; $240,000 ÷ 75,000 galones)	$ 6.40	$ 3.20	
8				
9	**Panel B: Estado de resultados por línea del producto usando el valor de ventas en el método de separación, mayo de 2012**	**Crema**	**Leche descremada**	**Total**
10	Ingresos (20,000 galones × $8 por galón; 30,000 galones × $4 por galón)	$160,000	$120,000	$280,000
11	Costo de los bienes vendidos (costos conjuntos)			
12	Costos de producción (0.40 × $400,000; 0.60 × $400,000)	160,000	240,000	400,000
13	Menos inventario final (5,000 galones × $6.40 por galón; 45,000 galones × $3.20 por galón)	32,000	144,000	176,000
14	Costo de los bienes vendidos (costos conjuntos)	128,000	96,000	224,000
15	Utilidad bruta	$ 32,000	$ 24,000	$ 56,000
16	Porcentaje de utilidad bruta ($32,000 ÷ $160,000; $24,000 ÷ $120,000; $56,000 ÷ $280,000)	20%	20%	20%

---

[5] Suponga que Farmers' Dairy tiene un inventario inicial de crema y de leche descremada en mayo de 2012 y cuando se vende el inventario, Farmers' gana una utilidad bruta diferente del 20%. De este modo, el porcentaje de la utilidad bruta para la crema y la leche descremada no será el mismo. Los porcentajes relativos de la utilidad bruta dependerán de la cantidad de ventas de cada producto que provenga del inventario inicial, y de la cantidad que provenga de la producción del periodo actual.

Su base de aplicación de costos (el valor total de ventas en el punto de separación) se expresa en términos de un denominador común (el monto de ingresos), que se registra sistemáticamente en el sistema contable. Para utilizar este método, deben existir precios de venta para todos los productos en el punto de separación.

Método de unidades físicas

El **método de unidades** o **medidas físicas** aplica los costos conjuntos a los productos conjuntos elaborados durante el periodo contable con base en una medida física *comparable*, como el peso, la cantidad o el volumen relativos en el punto de separación. En el ejemplo 1, los $400,000 de costos conjuntos produjeron 25,000 galones de crema y 75,000 galones de leche descremada. Usando el número de galones producidos como la medida física, la ilustración 16-4, panel A, muestra la forma en que los costos conjuntos se aplican a los productos individuales al calcular el costo por galón de crema y de leche descremada.

Ya que el método de unidades físicas aplica los costos conjuntos con base al número de galones, el costo por galón es el mismo para ambos productos. La ilustración 16-4, panel B, presenta el estado de resultados por línea del producto usando el método de medidas físicas. Los porcentajes de la utilidad bruta son de 50% para la crema y de 0% para el leche descremada.

Con el criterio de beneficios recibidos, el método de unidades físicas es mucho menos deseable que el método del valor de ventas en el punto de separación, ya que la medida física de los productos individuales quizá no tenga relación con sus capacidades respectivas de generación de ingresos. Considere el caso de una mina de oro que extrae mineral que contiene oro, plata y plomo. El uso de una medida física común (toneladas) daría como resultado que casi todos los costos se aplicaran al plomo, el producto que pesa más pero que tiene el menor poder de generación de ingresos. En el caso de los metales, el método de aplicación de costos es inconsistente con la principal razón por la cual la compañía minera está incurriendo en costos de explotación minera: para obtener ingresos a partir del oro y la plata, no del plomo. Cuando una empresa usa el método de unidades físicas en un estado de resultados por línea del producto, aquellos productos que tienen un alto valor de ventas por tonelada, como el oro y la plata, mostrarían una utilidad "alta", en tanto que los productos con un bajo valor de ventas por tonelada, como el plomo, mostrarían pérdidas cuantiosas.

La obtención de medidas físicas comparables para todos los productos no siempre es una tarea sencilla. Considere los costos conjuntos de producir petróleo y gas natural; el petróleo es un líquido y el gas es un vapor. Para utilizar una medida física, el petróleo y el gas necesitan convertirse al equivalente de energía para petróleo y gas: las unidades térmicas inglesas (BTU). El uso de algunas medidas físicas para aplicar los costos conjuntos podría requerir de la ayuda de personal técnico fuera del área de contabilidad.

La determinación de qué productos de un proceso conjunto se tiene que incluir en un cálculo de medidas físicas suele afectar de manera significativa las aplicaciones de esos productos. Siempre se excluyen los productos finales sin valor de venta (como el lodo en la extracción del oro). Aunque se obtienen mucho más toneladas de lodo que de oro, no se incurre en costos para elaborar productos que tengan valor de ventas de cero. Los subproductos se excluyen con frecuencia del denominador que

Ilustración 16-4 Aplicación de costos conjuntos y estado de resultados por línea del producto usando el método de unidades físicas: Farmers' Dairy, mayo de 2012

	A	B	C	D
1	**PANEL A: Aplicación de costos conjuntos con el método de medidas físicas**	**Crema**	**leche descremada**	**Total**
2	Medida física de la producción total (galones)	25,000	75,000	100,000
3	Ponderación (25,000 galones ÷ 100,000 galones; 75,000 galones ÷ 100,000 galones)	0.25	0.75	
4	Costos conjuntos aplicados (0.25 × $400,000; 0.75 × $400,000)	$100,000	$300,000	$400,000
5	Costo conjunto de producción por galón ($100,000 ÷ 25,000 galones; $300,000 ÷ 75,000 galones)	$ 4.00	$ 4.00	
6				
7	**PANEL B: Estado de resultados por línea del producto usando el método de unidades físicas, mayo de 2012**	**Crema**	**leche descremada**	**Total**
8	Ingresos (20,000 galones × $8 por galón; 30,000 galones × $4 por galón)	$160,000	$120,000	$280,000
9	Costo de los bienes vendidos (cotos conjuntos)			
10	Costos de producción (0.25 × $400,000; 0.75 × $400,000)	100,000	300,000	400,000
11	Menos inventario final (5,000 galones × $4 por galón; 45,000 galones × $4 por galón)	20,000	180,000	200,000
12	Costo de los bienes vendidos (costos conjuntos)	80,000	120,000	200,000
13	Utilidad bruta	$ 80,000	$ 0	$ 80,000
14	Porcentaje de utilidad bruta ($80,000 ÷ $160,000; $0 ÷ $120,000; $80,000 ÷ $280,000)	50%	0%	28.6%

se usa en el método de unidades físicas, debido a su bajo valor en ventas en relación con los productos conjuntos o con el producto principal. El lineamiento general para el método de medidas físicas consiste en incluir tan solo los resultados finales de los productos conjuntos en los cálculos de ponderación.

Método del valor neto de realización

En muchos casos, los bienes se procesan más allá del punto de separación para darles una forma comercializable, o bien, para aumentar su valor por arriba de su precio de venta en el punto de separación. Por ejemplo, cuando se refina petróleo crudo, la gasolina, el queroseno, el benceno y la nafta necesitan procesarse aún más antes de que se puedan vender. Como ilustración, ampliemos el ejemplo de Farmers' Dairy.

> Ejemplo 2: Suponga los mismos datos que en el ejemplo 1, excepto que tanto la crema como la leche descremada se pueden procesar aún más:
>
> ■ Crema → Crema de mantequilla: 25,000 galones de crema se procesan aún más para elaborar 20,000 galones de crema de mantequilla, con costos adicionales por procesamiento de $280,000. La crema de mantequilla, la cual se vende en $25 por galón, se utiliza en la elaboración de alimentos a base de mantequilla.
> ■ Leche descremada → Leche condensada: 75,000 galones de leche descremada se procesan aún más para elaborar 50,000 galones de leche condensada con costos adicionales por procesamiento de $520,000. La leche condensada se vende en $22 por galón.
> ■ Las ventas durante mayo de 2012 son de 12,000 galones de crema de mantequilla y de 45,000 galones de leche condensada.

La ilustración 16-5, panel A, muestra cómo: *a*) la leche cruda se convierte en crema y en leche descremada en el proceso de producción conjunto, y *b*) la manera en que la crema se procesa en forma separada hasta extraer crema de mantequilla, y en que el leche descremada se procesa en forma separada hasta extraer leche condensada. El panel B muestra los datos del ejemplo 2.

El **método del valor neto de realización** (VNR) aplica los costos conjuntos a los productos conjuntos elaborados durante un periodo contable con base en su VNR relativo: valor en ventas final menos los costos separables. El método del VNR se suele preferir el método del valor de ventas en el punto de separación, tan solo cuando no existen precios de venta para uno o más productos en el punto de separación. Usando este método en el ejemplo 2, la ilustración 16-6, panel A, muestra la forma en que los costos conjuntos se aplican a los productos individuales para calcular el costo por galón de la crema de mantequilla y la leche condensada.

La ilustración 16-6, panel B, presenta el estado de resultados por línea del producto con el método del VNR. Los porcentajes de la utilidad bruta son de 22.0% para la crema de mantequilla y de 26.4% para la lecha condensada.

El método del VNR se implementa con frecuencia usando supuestos simplificadores. Por ejemplo, incluso cuando los precios de venta de los productos conjuntos varían, las organizaciones implementan el método del VNR usando un conjunto determinado de precios de venta durante todo el periodo contable.

PANEL A: Presentación gráfica del proceso del ejemplo 2

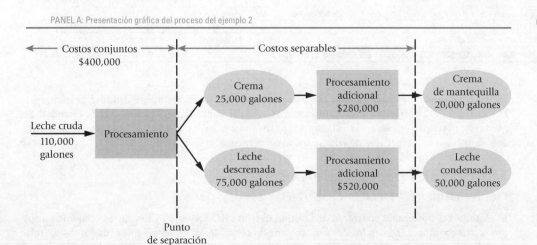

Ilustración 16-5 Ejemplo 2: Panorama general de Farmers' Dairy (*continuación*)

PANEL B. Datos para el ejemplo 2

	A	B	C	D	E
1		Costos conjuntos		Crema de mantequilla	Leche condensada
2	Costos conjuntos (costos de 110,000 galones de leche cruda y procesamiento hasta el punto de separación)	$400,000			
3	Costos separables del procesamiento de 25,000 galones de crema en 20,000 galones de crema de mantequilla			$280,000	
4	Costo separable del procesamiento de 75,000 galones de leche descremada en 50,000 galones de leche condensada				$520,000
5					
6		Crema	Leche descremada	Crema de mantequilla	Leche condensada
7	Inventario inicial (galones)	0	0	0	0
8	Producción (galones)	25,000	75,000	20,000	50,000
9	Transferencia a procesamiento adicional (galones)	25,000	75,000		
10	Ventas (galones)			12,000	45,000
11	Inventario final (galones)	0	0	8,000	5,000
12	Precio de venta por galón	$ 8	$ 4	$ 25	$ 22

Ilustración 16-6 Aplicación de costos conjuntos y estado de resultados por línea del producto usando el método del VNR: Farmers' Dairy, mayo de 2012

	A	B	C	D
1	PANEL A: Aplicación de costos conjuntos con el método del valor neto de realización	Crema de mantequilla	Leche condensada	Total
2	Valor de ventas final de la producción total durante el periodo contable			
3	(20,000 galones × $25 por galón; 50,000 galones × $22 por galón)	$500,000	$1,100,000	$1,600,000
4	Menos costos separables	280,000	520,000	800,000
5	Valor neto de realización en el punto de separación	220,000	$ 580,00	$ 800,000
6	Ponderación ($220,000 ÷ $800,000; $580,000 ÷ $800,000)	0.275	0.725	
7	Costos conjuntos aplicados (0.275 × $400,000; 0.725 × $400,000)	$110,000	$ 290,000	$ 400,000
8	Costo de producción por galón			
9	([$110,000 + $280,000] ÷ 20,000 galones [$290,0000 + $520,000] ÷ 50,000 galones)	$ 19.50	$ 16.20	
10				
11	PANEL B: Estado de resultados por línea del producto con el método del valor neto de realización para mayo de 2012	Crema de mantequilla	Leche condensada	Total
12	Ingresos (12,000 galones × $25 por galón; 45,000 galones × $22 por galón)	$300,000	$ 990,000	$1,290,000
13	Costo de los bienes vendidos			
14	Costos conjuntos (0.275 × $400,000; 0.725 × $400,000)	110,000	290,000	400,000
15	Costos separables	280,000	520,000	800,000
16	Costos de producción	390,000	810,000	1,200,000
17	Menos inventario final (8,000 galones × $19.50 por galón; 5,000 galones × $16.20 por galón)	156,000	81,000	237,000
18	Costo de los bienes vendidos	234,000	729,000	963,000
19	Utilidad bruta	$ 66,000	$261,000	$ 327,000
20	Porcentaje de utilidad bruta ($66,000 ÷ $300,000; $261,000 ÷ $990,000; $327,000 ÷ $1,290,000)	22.0%	26.4%	25.3%

De manera similar, incluso cuando las compañías pueden ocasionalmente cambiar el número o la secuencia de los pasos de procesamiento más allá del punto de separación, con la finalidad de ajustarse a las variaciones en la calidad de los insumos o en las condiciones locales, suponen un conjunto constante específico de tales pasos al implementar el método del VNR.

Método del porcentaje constante de la utilidad bruta del VNR

El **método del porcentaje constante de la utilidad bruta del** VNR aplica los costos conjuntos a los productos conjuntos elaborados durante un periodo contable, en tal forma que cada producto individual obtenga un porcentaje idéntico de utilidad bruta. El método funciona a la inversa en el sentido de que se calcula primero la utilidad bruta general. Luego, para cada producto, este porcentaje de la utilidad bruta y cualesquiera costos separables se restan del valor de ventas final de la producción, para regresar luego a la aplicación de los costos conjuntos para ese producto. Este método se divide en tres pasos. La ilustración 16-7, panel A, muestra dichos pasos para la aplicación de los costos conjuntos de $400,000 entre la crema de mantequilla y la leche condensada, en el ejemplo de Farmers' Dairy. Conforme vayamos describiendo cada paso, remítase a la ilustración 16-7, panel A, donde se muestra cada uno.

Paso 1: Cálculo del porcentaje general de la utilidad bruta. El porcentaje general de la utilidad bruta para todos los productos conjuntos se calcula primero en forma global, con base en el valor de ventas final de la *producción total* durante el periodo contable, y no en los *ingresos totales* del periodo. Observe que la ilustración 16-7, panel A, usa $1,600,000 del valor final de ventas esperadas para la producción total de crema de mantequilla y leche condensada, y no el $1,290,000 del ingreso de ventas real para el mes de mayo.

Paso 2: Cálculo de los costos totales de producción para cada producto. La utilidad bruta (en dólares) para cada producto se calcula multiplicando el porcentaje general de la utilidad bruta por el valor de ventas final de la producción total para cada producto. La diferencia entre el valor de ventas final de la producción total y la utilidad bruta genera entonces los costos totales de producción que el producto debe absorber.

Paso 3: Cálculo de los costos conjuntos aplicados. Como paso final, los costos separables para cada producto se disminuyen de los costos de producción totales que el producto debe absorber, con la finalidad de obtener la aplicación de costos conjuntos en ese producto.

La ilustración 16-7, panel B, presenta el estado de resultados por línea del producto con el método del porcentaje constante de la utilidad bruta del VNR.

Ilustración 16-7 Aplicación de costos conjuntos y estado de resultados por líneas de productos con el método del porcentaje constante de la utilidad bruta del VNR: Farmers' Dairy, mayo de 2012

	A	B	C	D
1	Panel A: Aplicación de los costos conjuntos usando el método del porcentaje constante de la utilidad bruta del VNR			
2	Paso 1			
3	Valor de ventas final de la producción total durante el periodo contable: (20,000 galones × $25 por galón) + (50,000 galones × $22 por galón)	$1,600,000		
4	Menos costos conjuntos y separables ($400,000 + $280,000 + $520,000)	1,200,000		
5	Utilidad bruta	$ 400,000		
6	Porcentaje de la utilidad bruta ($400,000 ÷ $1,600,000)	25%		
7		Crema de mantequilla	Leche condensada	Total
8	Paso 2			
9	Valor de ventas final de la producción total durante el periodo contable: (20,000 galones × $25 por galón; 50,000 galones × $22 por galón)	$ 500,000	$1,100,000	$1,600,000
10	Menos utilidad bruta, usando el porcentaje general de la utilidad bruta (25% × $500,000; 25% × $1,100,000)	125,000	275,000	400,000
11	Total de costos de producción	375,000	825,000	1,200,000
12	Paso 3			
13	Menos costos separables	280,000	520,000	800,000
14	Costos conjuntos aplicados	$ 95,000	$ 305,000	$ 400,000
15				
16	Panel B: Estado de resultados por línea del producto con el método del porcentaje constante de la utilidad bruta del VNR, mayo de 2012	Crema de mantequilla	Leche condensada	Total
17	Ingresos (12,000 galones× $25 por galón; 45,000 galones × $22 por galón)	$ 300,000	$ 990,000	$1,290,000
18	Costo de los bienes vendidos			
19	Costos conjuntos (del panel A)	95,000	305,000	400,000
20	Costos separables	280,000	520,000	800,000
21	Costos de producción	375,000	825,000	1,200,000
22	Menos inventario final			
23	(8,000 galones × $18.75 por galón[a]; 5,000 galones × $16.50 por galón[b])	150,000	82,500	232,500
24	Costo de los bienes vendidos	225,000	742,500	967,500
25	Utilidad bruta	$ 75,000	$ 247,500	$ 322,500
26	Porcentaje de la utilidad bruta ($75,000 ÷ 300,000; $247,500 ÷ $990,000; $322,500 ÷ $1,290,000)	25%	25%	25%
27				
28	[a]Costos totales de producción de crema de mantequilla ÷ producción total de crema de mantequilla = $375,000 ÷ 20,000 galones = $18.75 por galón.			
29	[b]Costos totales de producción de la leche condensada ÷ producción total de la leche condensada = $825,000 ÷ 50,000 galones = $16.50 por galón.			

Punto de decisión ▶

¿Qué métodos se utilizan para aplicar los costos conjuntos a los productos individuales?

El método del porcentaje constante de la utilidad bruta del VNR es el único método de aplicación de costos conjuntos con el cual los productos pueden recibir aplicaciones de costos negativas. Esto suele ser necesario para llevar los porcentajes de la utilidad bruta de productos relativamente improductivos hasta el promedio general. El método del porcentaje constante de la utilidad bruta del VNR también difiere de los otros dos métodos de aplicación de costos conjuntos basados en el mercado —que se describieron anteriormente— de otra manera fundamental. Ni el método del valor de ventas en el punto de separación ni el método del VNR toman en cuenta las utilidades obtenidas, ya sea antes o después del punto de separación, cuando se aplican los costos conjuntos. En contraste, el método del porcentaje constante de la utilidad bruta aplica tanto los costos como las utilidades conjuntos: la utilidad bruta se aplica a los productos conjuntos para determinar las aplicaciones de costos conjuntos, de modo que el porcentaje de la utilidad bruta resultante para cada producto sea el mismo.

Elección de un método de aplicación

Objetivo de aprendizaje 4

Explicar cuándo es preferible el método del valor de ventas en el punto separación cuando se aplican costos conjuntos

. . . porque mide de una manera objetiva los beneficios recibidos por cada producto

¿Qué método de aplicación de costos se debería usar? El método del valor de ventas en el punto de separación es preferible cuando existen datos del precio de venta en el punto de separación (incluso si se realiza un procesamiento adicional). Las razones para usar el método del valor de ventas en el punto de separación incluyen lo siguiente:

1. **Medición del valor de los productos conjuntos en el punto de separación**. El valor de ventas en el punto de separación es la mejor medida de los beneficios recibidos, como resultado de un procesamiento conjunto en relación con todos los demás métodos de aplicación de costos conjuntos. Es una base significativa para la aplicación de los costos conjuntos, ya que la generación de ingresos es, en primer lugar, la razón por la cual una compañía incurre en costos conjuntos. También algunas veces es posible variar la mezcla física de la producción final y producir con ello un mayor o un menor valor de mercado al incurrir en más costos conjuntos. En tales casos, existe un claro vínculo causal entre el costo total y el valor de la producción total, validando con ello aún más el uso del método del valor de ventas en el punto de separación.[6]

2. **Ausencia de anticipación en decisiones administrativas subsiguientes**. El método del valor de ventas en el punto de separación no requiere de información sobre los pasos de procesamiento luego de la separación, cuando hay un procesamiento adicional. En cambio, el método del VNR y el método del porcentaje constante de la utilidad bruta del VNR requieren de información sobre: *a*) la secuencia específica de las decisiones de procesamiento adicional, *b*) los costos separables de un procesamiento adicional, y *c*) el punto donde se venderán los productos individuales.

3. **Disponibilidad de una base común para aplicar los costos conjuntos a los productos**. El método del valor de ventas en el punto de separación (así como otros métodos basados en el mercado) tiene una base común para aplicar los costos conjuntos a los productos; dicha base son los ingresos. En contraste, el método de medidas físicas en el punto de separación puede carecer de una base común fácilmente identificable para aplicar los costos conjuntos a los productos individuales.

4. **Sencillez**. El método del valor de ventas en el punto de separación es fácil de usar. En contraste, el método del VNR y el método del porcentaje constante de la utilidad bruta del VNR suelen ser complejos para las operaciones de procesamiento que tienen diversos productos y diversos puntos de separación. Esta complejidad aumenta cuando la gerencia realiza cambios frecuentes en la secuencia específica de las decisiones de procesamiento posteriores al punto de separación, o bien, en el punto donde se venden los productos individuales.

Cuando no están disponibles los precios de venta de todos los productos en el punto de separación, se usa comúnmente el método del VNR, ya que trata de aproximar el valor de venta en el punto de separación, restando de los precios de venta los costos separables en que se incurrió después del punto de separación. El método del VNR supone que la totalidad del margen de ganancia o del margen de utilidad es atribuible al proceso conjunto, y que ninguna parte del margen de ganancia es atribuible a los costos separables. Sin embargo, las utilidades son atribuibles a todas las fases de la producción y de marketing, y no tan sólo al proceso conjunto. Una mayor parte de la utilidad puede ser atribuible al proceso conjunto, si el proceso separable es relativamente rutinario; mientras que una mayor parte de la utilidad puede ser atribuible al proceso separable, si dicho proceso usa una tecnología patentada especial. A pesar de sus complejidades, el método del VNR se utiliza cuando no están disponibles los precios de venta en el punto de separación, dado que ofrece una mejor medida de los beneficios recibidos en comparación con el método del porcentaje constante de la utilidad bruta del VNR o del método de medidas físicas.

---

[6] En la industria de semiconductores, por ejemplo, el uso de instalaciones más limpias, de obleas de silicio de mayor calidad y de equipo tecnológicamente más sofisticado (todo lo cual requiere de costos conjuntos más altos) cambia la distribución de la producción a dispositivos de memoria de mayor calidad con más valor de mercado. Para más detalles, véase J. F. Gatti y D. J. Grinnell, "Joint Cost Allocations: Measuring and Promoting Productivity and Quality Improvements", *Journal of Cost Management* (2000). Los autores también demuestran que las aplicaciones de costos conjuntos basadas en el valor de mercado son preferibles para promover la calidad y los mejoramientos en la productividad.

El método del porcentaje constante de la utilidad bruta del VNR hace el supuesto simplificador de tratar a los productos conjuntos como si fueran un solo producto. Este método calcula el porcentaje agregado de la utilidad bruta, aplica este porcentaje a cada producto y visualiza el residuo después de que los costos separables se contabilizan como la cantidad implícita de costos conjuntos asignados a cada producto. Una ventaja de este método es que evita las complejidades inherentes al método del VNR, para medir los beneficios recibidos por cada uno de los productos conjuntos en el punto de separación. El principal problema con el método del porcentaje constante de la utilidad bruta del VNR es el supuesto de que todos los productos tienen la misma razón entre costo y valor de ventas. Recuerde de nuestra exposición del costeo basado en actividades (ABC) del capítulo 5, que tal situación es muy poco frecuente cuando las compañías ofrecen un conjunto diverso de productos.

Aunque hay algunas dificultades en el uso del método de unidades físicas —como una falta de congruencia con el criterio de los beneficios recibidos—, existen situaciones donde es el método preferido. Considere las regulaciones de precios o de tarifas. Las medidas basadas en el mercado son difíciles de emplear en este contexto, porque el uso de los precios de venta como una base para la fijación de precios (tarifas) y el uso simultáneo de los precios de venta para aplicar los costos sobre los cuales se basan los precios (las tarifas) conducen a un razonamiento circular. Para evitar este dilema, el método de unidades físicas es de utilidad en la regulación de las tarifas.

Ausencia de aplicación de los costos conjuntos

Algunas compañías eligen no aplicar los costos conjuntos a los productos. El fundamento común que dan tales empresas es la complejidad de sus procesos de producción o extracción, y la dificultad para recopilar datos suficientes para llevar a cabo las aplicaciones de una manera correcta. Por ejemplo, una encuesta reciente de nueve aserraderos de Noruega reveló que ninguno de ellos aplicaba los costos conjuntos. Los autores del estudio destacaron que "los aserraderos entrevistados consideraron el problema de los costos conjuntos como muy interesante, aunque señalaron que no tenía una solución sencilla. Por ejemplo, existe claramente una desventaja en los sistemas administrativos diseñados para el manejo de la aplicación de los costos conjuntos".[7]

En la ausencia de una aplicación de costos conjuntos, algunas organizaciones simplemente restan los costos conjuntos directamente de los ingresos totales de las cuentas administrativas. Si hay inventarios significativos, entonces las empresas que no aplican los costos conjuntos con frecuencia llevan sus propios inventarios al VNR. Las industrias que emplean algunas variaciones de este enfoque incluyen las empacadoras de carne, así como las compañías enlatadoras y de minería. Los contadores por lo regular no registran los inventarios al VNR porque esta práctica da como resultado que se reconozca el ingreso sobre cada producto en el momento en que se termina la producción y *antes* de que se hagan las ventas. Como respuesta, algunas organizaciones que usan este enfoque sin aplicación llevan sus inventarios al VNR, menos un margen estimado de utilidad en operación. Cuando se vende cualquier inventario de final del periodo en el siguiente periodo, entonces el costo de los bienes vendidos es igual a ese valor de mantenimiento. Este enfoque es similar al "método de producción" de contabilidad para los subproductos, el cual describiremos con detalle posteriormente en este capítulo.

◀ **Punto de decisión**

¿Cuándo se considera preferible el método del valor de ventas en el punto de separación al aplicar los costos conjuntos a los productos individuales y por qué?

Irrelevancia de los costos conjuntos en la toma de decisiones

El capítulo 11 introdujo los conceptos de *ingresos relevantes*, es decir, los ingresos futuros esperados que difieren entre cursos de acción alternativos; y los *costos relevantes*, que son los costos futuros esperados que difieren entre cursos de acción alternativos. Tales conceptos se aplican a las decisiones acerca de si un producto conjunto o un producto principal debería venderse en el punto de separación o procesarse aún más.

Decisiones de vender o de dar mayor procesamiento

Considere las decisiones de Farmers' Dairy ya sea de vender los productos conjuntos, crema y leche descremada, en el punto de separación, o bien, darles un procesamiento adicional hasta convertirlos en crema de mantequilla y en leche condensada. La decisión de incurrir en costos adicionales para darles un mayor procesamiento debería basarse en la utilidad en operación adicional que se logre más allá del punto de separación. El ejemplo 2 supuso que tanto para la crema como para la leche descremada era rentable darles mayor procesamiento, hasta convertirlos en crema de mantequilla y en leche condensada, respectivamente.

Objetivo de aprendizaje 5

Explicar la razón por la cual los costos conjuntos son irrelevantes en una decisión de vender o de dar un procesamiento adicional

. . . porque los costos conjuntos son los mismos indistintamente de que haya o no un mayor procesamiento

[7] Si se desean mayores detalles, véase T. Tunes, A. Nyrud y B. Eikenes, "Cost and Performance Management in the Sawmill Industry", *Scandinavian Forest Economics* (2006).

El análisis incremental para la decisión de dar un procesamiento adicional es el siguiente:

Procesamiento adicional para convertir la crema en crema de mantequilla

Ingresos adicionales	
($25/galón × 20,000 galones) − ($8/galón × 25,000 galones)	$300,000
Menos costos adicionales del procesamiento	280,000
Incremento en la utilidad en operación proveniente de la crema de mantequilla	$ 20,000

Procesamiento adicional para convertir la leche descremada en leche condensada

Ingresos adicionales	
($22/galón × 50,000 galones) − ($4/galón × 75,000 galones)	$800,000
Menos costos incrementales del procesamiento	520,000
Incremento en la utilidad en operación proveniente de la leche condensada	$280,000

En este ejemplo, la utilidad en operación aumenta para ambos productos y, por lo tanto, el gerente decide procesar la crema hasta convertirla en crema de mantequilla y convertir la leche descremada en leche condensada. *Los $400,000 de costos conjuntos en que se incurrió antes del punto de separación son irrelevantes al decidir si se debe realizar un procesamiento adicional.* ¿Por qué? Porque los costos conjuntos de $400,000 son los mismos indistintamente de que los productos se vendan en el punto de separación o que se procesen aún más.

Los costos adicionales son los costos en que se incurre en relación con una actividad, como efectuar un mayor procesamiento. *No se debe suponer que en las aplicaciones de costos conjuntos todos los costos separables son siempre costos adicionales.* Algunos costos separables son costos fijos, como los costos de arrendamiento sobre los edificios donde se efectúa el procesamiento adicional; en tanto que otros costos separables son costos hundidos, como la depreciación sobre el equipo que convierte la crema en crema mantequilla; y otros costos separables más son costos aplicados, como los costos corporativos aplicados a las operaciones de la leche condensada. Ninguno de estos costos diferirá entre las alternativas de la venta de productos en el punto de separación o la decisión de darles un procesamiento adicional; por consiguiente, son irrelevantes.

Aplicación de costos conjuntos y evaluación del desempeño

El conflicto potencial entre los conceptos de costos que se hayan usado para la toma de decisiones, y los conceptos de costos que se hayan utilizado para evaluar el desempeño de los gerentes, también podría surgir en las decisiones de vender o de dar un mayor procesamiento. Para saber cómo, continuemos con el ejemplo 2. Suponga que los costos fijos corporativos y administrativos *aplicados* que resultan de dar un procesamiento adicional al convertir la crema en crema de mantequilla son de $30,000 y que dichos costos se aplicarán únicamente a la crema de mantequilla y al estado de resultados por línea del producto del gerente, si se produce la crema de mantequilla. ¿Cómo podría esta política afectar la decisión de dar un mayor procesamiento?

Como hemos visto, con base en los ingresos adicionales y en los costos adicionales, la utilidad en operación de Farmers' aumentará en $20,000 si procesa la crema hasta convertirla en crema de mantequilla. Sin embargo, la producción de la crema de mantequilla también daría como resultado un cargo adicional de $30,000 por los costos fijos aplicados. Si el gerente se evalúa con base en el costo total (es decir, después de aplicar todos los costos), el procesamiento de la crema hasta convertirla en crema de mantequilla disminuirá en $10,000 la medida de evaluación del desempeño del gerente (utilidad en operación adicional, $20,000 − costos fijos aplicados, $30,000). Por lo tanto, el gerente se sentiría tentado a vender la crema en el punto de separación y a no procesarla para su conversión en crema de mantequilla.

También podría surgir un conflicto similar con respecto a la elaboración de productos conjuntos. Considere nuevamente el ejemplo 1. Suponga que Farmers' Dairy tienen la opción de vender leche cruda con una utilidad de $20,000. Desde el punto de vista de la toma de decisiones, Farmers' maximizaría la utilidad en operación al procesar la leche cruda hasta convertirla en crema y en leche descremada, porque los ingresos totales provenientes de la venta de ambos productos conjuntos ($500,000, véase la ilustración 16-3, p. 581) exceden en $100,000 los costos conjuntos ($400,000, p. 580). (Esta cantidad es mayor que los $20,000 que ganaría Farmers' Dairy si vendiera la leche cruda en vez de procesarla). No obstante, suponga que las líneas de producto crema y leche descremada son administradas por gerentes distintos, cada uno de los cuales se evalúa según un estado de resultados por línea del producto. Si se utiliza el método de unidades físicas de aplicación de costos conjuntos y si el precio de venta por galón de leche descremada disminuye por debajo de $4.00 por galón, la línea del producto de leche descremada mostrará una pérdida (de la ilustración 16-4, p. 582, los ingresos serán inferiores a $120,000, pero el costo de los bienes vendidos permanecerá sin cambio en $120,000). El gerente de la línea de leche descremada preferirá, desde el punto de vista de la evaluación del desempeño, no elaborarla sino más bien vender la leche cruda.

Este conflicto entre la toma de decisiones y la evaluación del desempeño sería menos severo si Farmers' Dairy usa cualquiera de los métodos de aplicación de costos conjuntos basados en el mercado —valor de ventas en el punto de separación, VNR, o del porcentaje constante de la utilidad bruta del VNR—, ya que cada uno de tales métodos aplica los costos usando los ingresos, lo cual conduce por lo general a un ingreso positivo para cada producto conjunto.

Decisiones de fijación de precio

Las empresas deben tener cuidado al usar el costo total de un producto conjunto (es decir, el costo después de que se aplican los costos conjuntos) como base para las decisiones de fijación de precio. ¿Por qué? Porque en muchas situaciones, no hay una relación directa de causa y efecto que identifique los recursos que requiere cada producto conjunto y que puedan usarse como base para la fijación de precios. De hecho, el uso del valor de ventas en el punto de separación o del método del valor neto de realización para aplicar los costos conjuntos da como resultado un efecto inverso: los precios de venta de los productos conjuntos conducen a las aplicaciones de costos conjuntos, ¡en vez de que las aplicaciones de costos conjuntos sirvan como la base para la fijación del precio de los productos conjuntos! Desde luego, los principios de fijación de precios que se cubrieron en el capítulo 12 se aplican al proceso conjunto tomado como un todo. Incluso si la empresa no puede alterar la mezcla de productos generados por el proceso conjunto, debe asegurarse de que los productos conjuntos generen un ingreso combinado suficiente en el largo plazo, con la finalidad de cubrir los costos conjuntos del procesamiento.

◄ Punto de decisión

¿Los costos conjuntos son relevantes en una decisión de vender o de dar procesamiento adicional?

Contabilización de subproductos

Los procesos de producción conjuntos originan no solamente productos conjuntos y productos principales, sino también subproductos. Aunque los subproductos tienen valores de venta totales relativamente bajos, la presencia de subproductos en un proceso de producción conjunto llega a afectar la aplicación de costos conjuntos. Consideremos un ejemplo de dos productos formado de un producto principal y un subproducto (véase también la sección Conceptos en acción en la p. 590).

Objetivo de aprendizaje 6

Contabilizar los subproductos con dos métodos

. . . con reconocimiento en los estados financieros en el momento de la producción o en el momento de la venta

Ejemplo 3: La corporación Westlake procesa madera hasta convertirla en madera de alta calidad y aserrín, el cual se usa tanto en jardines como en céspedes. A continuación se presenta la información relacionada con estos productos:

■ Madera de alta calidad (el producto principal): se vende en $6 por pie de madera (p.m.)
■ Aserrín (el subproducto): se vende en $1 por pie cúbico (p.c.)

	Inventario inicial	Producción	Ventas	Inventario final
Madera de alta calidad (p.m)	0	50,000	40,000	10,000
Aserrín (p.c.)	0	4,000	1,200	2,800

Los costos conjuntos de manufactura para estos productos en julio de 2012 son de $250,000, los cuales incluyen $150,000 para los materiales directos y $100,000 para los costos de conversión. Ambos productos se venden en el punto de separación sin un procesamiento adicional, como muestra la ilustración 16-8.

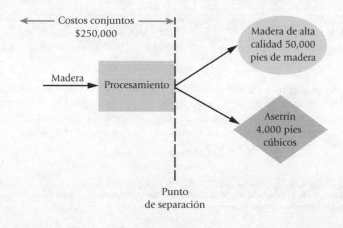

Ilustración 16-8

Ejemplo 3: Panorama general de la corporación Westlake

Conceptos en acción — El costeo de los subproductos mantiene el Chili de Wendy's a un nivel rentable… y en el menú

Hay muchos ejemplos donde surgen problemas de costeo conjunto y costeo de subproductos, como el carbón en la minería, la fabricación de semiconductores y la preparación del chili de Wendy's. Uno se preguntaría, "¿hay este producto en Wendy's?" ¡Sí! El ingrediente principal del chili en Wendy's, una de las cadenas más grandes de comida rápida en Estados Unidos, es un subproducto de las hamburguesas muy cocidas e invendibles.

El producto más importante que Wendy's ofrece a sus clientes es una hamburguesa "clásica o tradicional", que se sirve directamente desde la parrilla de acuerdo con las órdenes de los clientes individuales. Operacionalmente, la única forma de servir hamburguesas de esta manera es anticipando la demanda de los clientes y teniendo un suministro suficiente de hamburguesas, que ya se estén cocinando cuando los clientes entran al restaurante. Sin embargo, el problema con este enfoque es el destino de las hamburguesas bien cocidas adicionales cuando los cocineros sobreestiman la demanda de los clientes. Tirarlas a la basura sería demasiado costoso y un desperdicio, y el servirlas como hamburguesas "clásicas" probablemente daría como resultado una gran insatisfacción por parte de los clientes.

Para Wendy's, la solución a este dilema implicaba encontrar un producto que fuera único para la industria de la comida rápida, y que requiriera carne molida como uno de sus principales ingredientes. Por lo tanto, el chili "rico y sustancioso" de Wendy's se convirtió en uno de sus principales artículos originales en el menú. Para cada lote de chili, que se prepara diariamente en todos los restaurantes, Wendy's necesita 48 hamburguesas de un cuarto de libra con carne molida cocinada junto con tomates picados, jugo de tomate, frijoles rojos y especias. Tan solo se necesita el 10% del tiempo para que Wendy's cocine la carne que habrá de usar específicamente para la elaboración del chili.

Hace varios años, la gerencia de Wendy's consideró la eliminación de algunos de sus artículos del menú tradicional. El chili, que comprendía tan solo aproximadamente el 5% de las ventas totales del restaurante, se señaló como un posible objetivo para su eliminación, y a un precio de $0.99 por una porción de ocho onzas, aportaba mucho menos ingresos que un producto como una hamburguesa sencilla, la cual se vendía en $1.89. Sin embargo, cuando Wendy's comparó el costo por la elaboración del chili con su precio de venta, el artículo se quedó en el menú. ¿Cómo sucedió esto? La carne de res en la receta del chili de Wendy's era un subproducto de las hamburguesas, su producto principal, lo cual afectaba la asignación de los costos conjuntos.

Con excepción de la carne molida, los costos de producir el chili de Wendy's son de cerca de $0.37 por una porción de ocho onzas, lo cual incluye la mano de obra. Cuando Wendy's tiene que cocinar la carne para su chili, nuevamente tan solo el 10% de las veces, la receta requiere carne molida que tiene un costo de cerca de $0.73 por porción. Con estas circunstancias, hacer el chili cuesta a Wendy's $1.10, y cada porción de $.99 se vende entonces con una pérdida de $0.11. Sin embargo, el 90% de las veces Wendy's usa carne molida precocida para su chili, y la mayoría de tales costos ya se aplicaron a las hamburguesas, el producto principal. Como resultado, cada porción de chili de ocho onzas que Wendy's vende usando carne molida previamente cocinada aporta una utilidad significativa. Con un margen de utilidad lucrativo para cada porción que se vende, es probable que los clientes sigan encontrando el chili en el menú de Wendy's durante mucho tiempo más.

Fuente: Brownlee, E. Richard. 2005. Wendy's chili: A Costing conundrum. The University of Virginia Darden School of Business Case No. UVA-C-2206. Charlottesville, VA. Darden Business Publishing.

Presentamos dos métodos para la contabilización de los subproductos: el método de producción y el método de ventas. El primero reconoce los subproductos en los estados financieros en el momento en el que se termina la producción. El segundo demora el reconocimiento de los subproductos hasta el momento de la venta.[8] La ilustración 16-9 presenta el estado de resultados de la corporación Westlake con ambos métodos.

---

[8] Si se desea una exposición de las aplicaciones de los costos conjuntos y de los métodos para la contabilidad de los subproductos, véase P. D. Marshall y R. F. Dombrowski, "A Small Business Review of Accounting for Primary Products, Byproducts and Scrap", *The Nacional Public Accountant* (febrero/marzo de 2003): 10-13.

	Método de producción	Método de ventas
Ingresos		
Producto principal: Madera de alta calidad (40,000 p.m. × $6 por p.m,)	$240,000	$240,000
Subproducto: Aserrín (1,200 p.c. × $1 por p.c.)	—	1,200
Ingresos totales	240,000	241,200
Costo de los bienes vendidos		
Costos totales de manufactura	250,000	250,000
Menos ingresos por subproductos (4,000 p.c. × $1 por p.c.)	(4,000)	—
Costo neto de manufactura	246,000	250,000
Menos inventario del producto principal	(49,200)ᵃ	(50,000)ᵇ
Costo de los bienes vendidos	196,800	200,000
Utilidad bruta	$ 43,200	$ 41,200
Porcentaje de utilidad bruta ($43,200 ÷ $240,000; $41,200 ÷ $241,200)	18.00%	17.08%
Costos inventariables (fin del periodo):		
Producto principal: madera de alta calidad	$ 49,200	$ 50,000
Subproducto: Aserrín (2,800 p.c. × $1 por p.c.)ᶜ	2,800	0

ᵃ(10,000 ÷ 50,000) × costo neto de manufactura = (10,000 ÷ 50,000) × $246,000 = $49,200.

ᵇ(10,000 ÷ 50,000) × costo neto de manufactura = (10,000 ÷ 50,000) × $250,000 = $50,000.

ᶜRegistrado al precio de venta

Estados de resultados de la corporación Westlake para julio de 2012 con los métodos de producción y ventas para contabilizar los subproductos

Método de producción: los subproductos se reconocen en el momento cuando se termina la producción

Este método reconoce los subproductos en los estados financieros —los 4,000 pies cúbicos de aserrín— en el mes en el cual que se producen, julio de 2012. El VNR proveniente del subproducto elaborado se compensa contra los costos del producto principal. Los siguientes asientos de diario ilustran el método de producción:

1. Productos en proceso   150,000

     Cuentas por pagar   150,000

Para registrar los materiales directos que se compraron y se usaron en la producción durante julio.

2. Productos en proceso   100,000

     Cuentas varias como sueldos por pagar y depreciación acumulada para registrar los costos   100,000

de conversión en el proceso de producción durante julio; algunos ejemplos son la energía, los suministros de manufactura, toda la mano de obra de manufactura y la depreciación de la planta.

3. Inventario de subproductos: aserrín (4,000 p.c. × $1 por p.c.)   4,000

Productos terminados: madera de alta calidad ($250,000 − $4,000)   246,000

     Productos en proceso ($150,000 + $100,000)   250,000

Para registrar el costo de los bienes terminados durante julio.

4a. Costo de los bienes vendidos [(40,000 p.m. ÷ 50,000 p.m.) × $246,000]   196,800

     Productos terminados: madera de alta calidad   196,800

Para registrar el costo del producto principal vendido durante julio.

4b. Efectivo o cuentas por cobrar (40,000 p.m × $6 por p.m.)   240,000

     Ventas: Madera de alta calidad   240,000

Para registrar las ventas del producto principal durante julio.

5. Efectivo o cuentas por cobrar (1,200 p.c. × $1 por p.c.)   1,200

     Inventario de subproductos: aserrín   1,200

Para registrar las ventas del subproducto durante julio.

Este método de producción reporta el inventario del subproducto de aserrín en el balance general a su precio de venta de $1 por pie cúbico [(4,000 pies cúbicos − 1,200 pies cúbicos) × $1 por pie cúbico = $2,800].

    Una variación de este método sería reportar el inventario de subproductos a su VNR de acuerdo con un margen de utilidad normal ($2,800 − 20% × $2,800 = $2,240, suponiendo un margen de utilidad normal de 20%).[9] Cuando el inventario de subproductos se vende en un periodo subsiguiente, el estado de resultados confronta el precio de venta, $2,800, con el "costo" registrado para el inventario del subproducto, $2,240, lo cual da como resultado una utilidad en operación por concepto de subproductos de $560 ($2,800 − $2,240).

Método de ventas: reconocimiento de los subproductos en el momento de la venta

Este método no requiere asientos de diario para los subproductos, sino hasta que se venden. Los ingresos provenientes del subproducto se reportan como una partida de ingresos en el estado de resultados en el momento de la venta. Dichos ingresos se agrupan con otras ventas, incluyéndose como otros ingresos, o bien, se restan del costo de los bienes vendidos. En el ejemplo de la corporación Westlake, los ingresos por subproductos en julio de 2012 son de $1,200 (1,200 pies cúbicos $1 por pie cúbico), ya que tan solo 1,200 pies cúbicos de aserrín se venden en julio (de los 4,000 pies cúbicos producidos). Los asientos de diario son los siguientes:

1. y **2.** *Igual que con el método de producción.*

Productos en proceso	150,000	
Cuentas por pagar		150,000
Productos en proceso	100,000	
Cuentas diversas como sueldos por pagar y depreciación acumulada		100,000
3. Productos terminados: madera de alta calidad	250,000	
Productos en proceso		250,000
Para registrar el costo del producto principal terminado durante julio		
4a. Costo de los bienes vendidos [(40,000 p.m. ÷ 50,000 p.m) × $250,000]	200,000	
Productos terminados: madera de alta calidad		200,000
Para registrar el costo del producto principal vendido durante julio.		
4b. Igual que con el método de producción.		
Efectivo o cuentas por cobrar (40,000 p.m. × $6 por p.m.)	240,000	
Ventas: madera de alta calidad		240,000
5. Efectivo o cuentas por cobrar	1,200	
Ventas: aserrín		1,200
Para registrar las ventas del subproducto durante julio.		

Punto de decisión ▶

¿Qué métodos se utilizan para contabilizar los subproductos y cuál de ellos es preferible?

¿Qué método debería usar una compañía? El método de producción es conceptualmente correcto en tanto que es consistente con el principio del periodo contable. Este método reconoce el inventario de subproductos en el periodo contable en que se produce, y reduce simultáneamente el costo de la manufactura del producto principal o de los productos conjuntos, acoplando mejor los ingresos y los gastos provenientes de la venta del producto principal. Sin embargo, el método de ventas es más sencillo y se usa con frecuencia en la práctica, sobre todo cuando los montos en dólares de los subproductos son de escasa importancia. De este modo, nuevamente, el método de ventas permite a los gerentes "administrar" las utilidades reportadas en función de la época en que se venden los subproductos. Los gerentes pueden almacenar los subproductos durante varios periodos y dar a los ingresos y a las utilidades "apoyos modestos", mediante la venta de los subproductos acumulados a lo largo de varios periodos, cuando son bajos los ingresos y las utilidades del producto principal o de los subproductos.

Problema para autoestudio

Inorganic Chemicals (IC) procesa sal hasta convertirla en varios productos industriales. En julio de 2012, IC incurrió en costos conjuntos de $100,000 para comprar sal y convertirla en dos productos: sosa cáustica y cloro. Aunque existe un mercado exterior activo para el cloro, IC procesa la totalidad de las 800 toneladas de cloro que produce hasta convertirlas en 500 toneladas de PVC (cloruro de polivinilo), el cual se vende después. En julio no hay inventarios inicial ni final de sal, sosa cáustica, cloro o PVC. La información de la producción y las ventas durante julio de 2012 se muestra a continuación:

---

[9] Una forma de efectuar este cálculo consiste en suponer que todos los productos tienen el mismo margen de utilidad "normal", que con el método del porcentaje constante de la utilidad bruta del VNR. De manera alternativa, la compañía permitiría que los productos tuvieran diferentes márgenes de utilidad con base en un análisis de los márgenes que ganan otras compañías que venden estos productos en forma individual.

	A	B	C	D
1		**Costos conjuntos**		**PVC**
2	Costos conjuntos (costos de la sal y de su procesamiento hasta el punto de separación)	$100,000		
3	Costos separables por procesar 800 ton de cloro en 500 ton de PVC			$20,000
4				
5		**Sosa cáustica**	**Cloro**	**PVC**
6	Inventario inicial (ton)	0	0	0
7	Producción (ton)	1,200	800	500
8	Transferencia para un procesamiento adicional (ton)		800	
9	Ventas (ton)	1,200		500
10	Inventario final (ton)	0	0	0
11	Precio de venta por ton en el mercado externo activo (para productos que no se venden realmente)		$ 75	
12	Precio de venta por tonelada para los productos vendidos	$ 50		$ 200

1. Aplique los costos conjuntos de $100,000 entre la sosa cáustica y el PVC con: *a*) el método del valor de ventas en el punto de separación y *b*) el método de medidas físicas.
2. Aplique los costos conjuntos de $100,000 entre la sosa cáustica y el PVC con el método del VNR.
3. Con los tres métodos de aplicación de los puntos 1 y 2, ¿cuál es el porcentaje de la utilidad bruta de: *a*) la sosa cáustica y *b*) el PVC?
4. Lifetime Swimming Pool Products ofrece comprar 800 toneladas de cloro en agosto de 2012 a $75 por tonelada. Suponga que todos los demás datos de producción y ventas son los mismos, tanto para agosto como para julio. Esta venta de cloro a Lifetime significaría que IC no produciría ningún PVC en agosto. ¿Cómo afectaría la aceptación de esta oferta la utilidad en operación de IC en agosto de 2012?

Solución

La siguiente figura brinda una ilustración visual de los principales hechos de este problema.

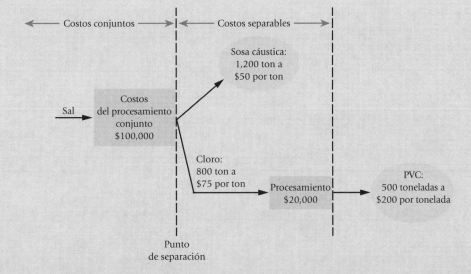

Observe que la sosa cáustica se comercializa en las condiciones en que se encuentra mientras que el cloro, aun a pesar de tener un valor de mercado en el punto de separación, se vende únicamente en forma procesada como PVC. La meta es aplicar los costos conjuntos de $100,000 a los productos finales: sosa cáustica y PVC. Sin embargo, ya que el PVC existe únicamente con la forma de cloro en el punto de separación, usamos el valor de ventas del cloro y las medidas físicas como la base para la aplicación de los costos conjuntos al PVC con los métodos del valor de ventas en el punto de separación y de las medidas físicas en el punto de separación. Los cálculos detallados se muestran a continuación.

	A	B	C	D
1	**Aplicación de los costos conjuntos usando el método del valor de ventas en el punto de separación**	**Sosa cáustica**	**PVC/cloro**	**Total**
2	Valor de ventas de la producción total en el punto de separación			
3	(1,200 ton × $50 por ton; 800 × $75 por ton)	$60,000	$60,000	$120,000
4	Ponderación ($60,000 ÷ $120,000; $60,000 ÷ $120,000)	0.50	0.50	
5	Costos conjuntos aplicados (50.0 × $100,000; 0.50 × $100,000)	$50,000	$50,000	$100,000

1b. Método de unidades físicas.

	A	B	C	D
8	**Aplicación de los costos conjuntos usando el método de medidas físicas**	**Sosa cáustica**	**PVC/Cloro**	**Total**
9	Unidad física de la producción total (ton)	1,200	800	2,000
10	Ponderación (1,200 toneladas ÷ 2,000 ton; 800 ton ÷ 2,000 ton)	0.60	0.40	
11	Costos conjuntos aplicados (0.60 × $100,000; 0.40 × $100,000)	$60,000	$40,000	$100,000

2. Método del valor neto de realización (VNR).

	A	B	C	D
14	**Aplicación de los costos conjuntos usando el método del valor neto de realización**	**Sosa cáustica**	**PVC**	**Total**
15	Valor de las ventas finales de la producción total durante el periodo contable			
16	(1,200 ton × $50 por ton; 500 ton × $200 por ton)	$60,000	$100,000	$160,000
17	Menos costos separables para terminación y venta	0	20,000	20,000
18	Valor neto de realización en el punto de separación	$60,000	$ 80,000	$140,000
19	Ponderación ($60,000 ÷ $140,000; $80,000 ÷ $140,000)	3/7	4/7	
20	Costos conjuntos aplicados (3/7 × $100,000; 4/7 × $100,000)	$42,857	$ 57,143	$100,000

3a. Porcentaje de la utilidad bruta de la sosa cáustica.

	A	B	C	D
23	**Sosa cáustica**	**Valor de ventas en el punto de separación**	**Medida física**	**NRV**
24	Ingresos (1,200 ton × $50 por ton)	$60,000	$60,000	$120,000
25	Costo de los bienes vendidos (costos conjuntos)	50,000	60,000	42,857
26	Utilidad bruta	$10,000	$ 0	$ 17,143
27	Porcentaje de la utilidad bruta ($10,000 ÷ $60,000; $0 ÷ $60,000; $17,143 ÷ $60,000)	16.67%	0.00%	28.57%

3b. Porcentaje de la utilidad bruta del PVC.

	A	B	C	D
30	**PVC**	**Valor de ventas en el punto de separación**	**Medida física**	**VNR**
31	Ingresos (500 ton × $200 por ton)	$100,000	$100,000	$100,000
32	Costo de los bienes vendidos			
33	Costos conjuntos	50,000	40,000	57,143
34	Costos separables	20,000	20,000	20,000
35	Costo de los bienes vendidos	70,000	60,000	77,143
36	Utilidad bruta	$ 30,000	$ 40,000	$ 22,857
37	Porcentaje de la utilidad bruta ($30,000 ÷ $100,000; $40,000 ÷ $100,000; $22,857 ÷ $100,000)	30.00%	40.00%	22.86%

4. Venta de cloro *versus* su procesamiento como PVC.

	A	B
40	Ingreso adicional proveniente del procesamiento de 800 ton de cloro como 500 ton de PVC	
41	(500 ton × $200 por ton) − (800 ton × $75 por ton)	$40,000
42	Costo adicional proveniente del procesamiento de 800 ton de cloro como 500 toneladas de PVC	20,000
43	Utilidad en operación adicional proveniente de un mayor procesamiento	$20,000

Si IC vende 800 toneladas de cloro a Lifetime Swimming Pool Products en vez de darles un procesamiento adicional hasta convertirlas en PVC, su utilidad en operación para agosto de 2012 se reducirá en $20,000.

Puntos de decisión

El siguiente formato de pregunta y respuesta resume los objetivos de aprendizaje del capítulo. Cada decisión presenta una pregunta clave relacionada con un objetivo de aprendizaje. Los lineamientos son la respuesta a esa pregunta.

Decisión	Lineamientos
1. ¿Qué significan los términos costo conjunto y punto de separación, y cómo difieren los productos conjuntos de los subproductos?	Un costo conjunto es el costo de un solo proceso de producción que genera diversos productos en forma simultánea. El punto de separación es la coyuntura en un proceso de producción conjunto, donde los productos se vuelven identificables en forma separada. Los productos conjuntos tienen un alto valor total de ventas en el punto de separación. Un subproducto tiene un bajo valor total de ventas en el punto de separación en comparación con el valor de ventas total de un producto conjunto o principal.
2. ¿Por qué los costos conjuntos se aplican a los productos individuales?	Los fines de la aplicación de los costos conjuntos a los productos incluyen el costeo del inventario para la contabilidad financiera y para la elaboración de informes internos, el reembolso de los costos, las indemnizaciones por seguros, la regulación de tarifas y los litigios del costo del producto.
3. ¿Qué métodos se utilizan para aplicar los costos conjuntos a los productos individuales?	Los métodos para aplicar los costos conjuntos a los productos son el del valor de ventas en el punto de separación, el del valor neto de realización (VNR), el del porcentaje constante de la utilidad bruta del VNR y el de unidades físicas.

4. ¿Cuándo se considera el método del valor de ventas en el punto de separación preferible al aplicar los costos conjuntos a productos individuales y por qué?

El método del valor de ventas en el punto de separación es preferible cuando existen precios de mercado en el punto de separación porque el uso de los ingresos es consistente con el criterio de beneficios recibidos; además, el método no anticipa decisiones administrativas subsiguientes sobre un procesamiento adicional, y es muy sencillo.

5. ¿Los costos conjuntos son relevantes en una decisión de vender o de aplicar un procesamiento adicional?

No, los costos conjuntos y la manera en que se aplican son irrelevantes al decidir si se debe dar un mayor procesamiento, porque los costos conjuntos son los mismos indistintamente de que haya o no un procesamiento adicional.

6. ¿Qué métodos se utilizan para contabilizar los subproductos y cuál de ellos es preferible?

El método de producción reconoce los subproductos en los estados financieros en el momento de la producción, en tanto que el método de ventas reconoce los subproductos en los estados financieros en el momento de la venta. El método de producción es conceptualmente superior, pero el método de ventas se usa con frecuencia en la práctica, ya que los montos en dólares de los subproductos son de escasa importancia.

Términos contables

Este capítulo y el glosario que se presenta al final del libro contienen definiciones de los siguientes términos de importancia:

costos conjuntos (**p. 577**)
costos separables (**p. 577**)
método de unidades físicas (**p. 582**)
método del porcentaje constante de la utilidad bruta del VNR (**p. 584**)

método del valor de ventas en el punto de separación (**p. 580**)
método del valor neto de realización (VNR) (**p. 583**)
producto (**p. 578**)

producto principal (**p. 578**)
productos conjuntos (**p. 578**)
punto de separación (**p. 577**)
subproductos (**p. 578**)

Material para tareas

MyAccountingLab

Preguntas

16-1 Mencione dos ejemplos de industrias donde haya costos conjuntos. Para cada ejemplo, mencione cuáles son los productos individuales en el punto de separación.

16-2 ¿Qué es un costo conjunto? ¿Qué es un costo separable?

16-3 Distinga entre un producto conjunto y un subproducto.

16-4 ¿Por qué en una situación de costos conjuntos el número de productos podría diferir del número de productos finales? Indique un ejemplo.

16-5 Mencione tres razones para la aplicación de los costos conjuntos a productos o servicios individuales.

16-6 ¿Por qué el método del valor de ventas en el punto de separación utiliza el valor de ventas de la producción total en el periodo contable, y no tan solo los ingresos provenientes de los productos vendidos?

16-7 Describa una situación donde no se pueda usar el método del valor de ventas en el punto de separación; pero sí se utilice el método del VNR para una aplicación de costos conjuntos.

16-8 Distinga entre el método del valor de ventas en el punto de separación y el método del VNR.

16-9 Mencione dos limitaciones del método de unidades físicas en la aplicación de costos conjuntos.

16-10 ¿Cómo podría una organización simplificar su uso del método del VNR, cuando los precios de venta finales pueden variar considerablemente en un periodo contable y la gerencia cambia con frecuencia el momento cuando vende los productos individuales?

16-11 ¿Por qué algunas veces se hace referencia al método del porcentaje constante de la utilidad bruta del VNR como método de "aplicación de costos conjuntos y de aplicación de utilidades"?

16-12 "Los gerentes tienen que decidir si un producto debería venderse en el punto de separación o si debería someterse a un proceso adicional. El método del valor de ventas en el punto de separación para la aplicación de los costos conjuntos es el mejor método para generar la información que necesitan los gerentes para tomar dicha decisión." ¿Está usted de acuerdo? Explique su respuesta.

16-13 "Los gerentes deben considerar únicamente los ingresos adicionales y los costos separables, cuando toman decisiones acerca de una venta en el punto de separación o de un procesamiento adicional." ¿Está usted de acuerdo? Explique su respuesta.

16-14 Describa dos de los principales métodos para la contabilización de los subproductos.

16-15 ¿Por qué los gerentes que busquen un bono mensual, basado en el logro de una utilidad en operación meta, preferirían el método de ventas para la contabilidad de los subproductos, en vez del método de producción?

Ejercicios

MyAccountingLab®

16-16 **Aplicación de costos conjuntos, indemnizaciones por seguros.** Quality Chiken se dedica a la crianza y al procesamiento de pollos. Cada pollo se descompone en cinco partes principales. La información relacionada con la producción en julio de 2012 es la siguiente:

Piezas	Libras del producto	Precio de venta al mayoreo por libra cuando se termina la producción
Pechugas	100	$0.55
Alas	20	0.20
Muslos	40	0.35
Huesos	80	0.10
Plumas	10	0.05

En julio de 2012 el costo conjunto de producción fue de $50.

En un incendio se destruyó un embarque especial de 40 libras de pechugas y 15 libras de alas. La póliza de seguro de Quality Chiken ofrece el reembolso del costo de los artículos siniestrados. La compañía de seguros permite a Quality Chiken usar el método de aplicación de costos conjuntos. Se supone que el punto de separación ocurre al final del proceso de producción.

1. Calcule el costo del embarque especial destruido usando lo siguiente:
   a) El método del valor de ventas en el punto de separación.
   b) El método de medidas físicas (libras del producto terminado).
2. ¿Qué método de aplicación de costos conjuntos recomendaría usted usar a Quality Chiken? Explique su respuesta.

Se requiere

16-17 **Productos conjuntos y subproductos (continuación del 16-16).** Quality Chiken está calculando los valores del inventario final para su balance general al 31 de julio de 2012. Los montos del inventario final al 31 de julio son de 15 libras de pechugas, 4 libras de alas, 6 libras de muslos, 5 libras de huesos y 2 libras de plumas.

La gerencia de Quality Chiken desea emplear el método del valor de ventas en el punto de separación. Sin embargo, la gerencia quiere que usted explore el efecto que se produciría sobre los valores del inventario final, al clasificar uno o más productos como subproducto en vez de producto conjunto.

1. Suponga que Quality Chiken clasifica los cinco productos como productos conjuntos. ¿Cuáles son los valores del inventario final de cada producto al 31 de julio de 2012?
2. Suponga que Quality Chiken utiliza el método de producción para la contabilidad de los subproductos. ¿Cuáles serán los valores del inventario final para cada producto conjunto al 31 de julio de 2012, suponiendo que las pechugas y los muslos son los productos conjuntos, y las alas, los huesos y las plumas son los subproductos?
3. Comente las diferencias en las respuestas de los puntos 1 y 2.

Se requiere

16-18 **Método del valor neto de realización.** La compañía Convad es uno de los refinadores de maíz más importantes del mundo. Elabora dos productos conjuntos —jarabe de maíz y almidón de maíz— usando un proceso de producción común. En julio de 2012, Convad reportó la siguiente información de producción y de precios de venta:

	A	B	C	D
1		Jarabe de maíz	Almidón de maíz	Costos conjuntos
2	Costos conjuntos (costos de procesamiento del maíz hasta el punto de separación)			$325,000
3	Costo separable del procesamiento más allá del punto de separación	$375,000	$93,750	
4	Inventario inicial (cajas)	0	0	
5	Producción y ventas (cajas)	12,500	6,250	
6	Inventario final (cajas)	0	0	
7	Precio de venta por caja	50	$25	

Aplique los costos conjuntos de $325,000 usando el método del VNR.

Se requiere

16-19 **Métodos alternativos de aplicación de costos conjuntos, decisión de procesamiento adicional.** La compañía Wood Spirits elabora dos productos —trementina (aguarrás) y metanol (alcohol de madera)— mediante un proceso conjunto. Los costos conjuntos ascienden a $120,000 por lote producido. Cada lote da un total de 10,000 galones: 25% de metanol y 75% de trementina. Ambos productos se someten a un procesamiento adicional sin aumento ni pérdida de volumen. Los costos separables del procesamiento son metanol, $3 por galón; y trementina, $2 por galón. El metanol se vende en $21 por galón. La trementina se vende en $14 por galón.

1. ¿Qué cantidad de los costos conjuntos por lote se aplicará a la trementina y al metanol, suponiendo que los costos conjuntos se aplican con base en el número de galones en el punto de separación?
2. Si los costos conjuntos se aplican con base en el VNR, ¿qué cantidad de los costos conjuntos se aplicará a la trementina y al metanol?
3. Prepare estados de resultados por línea del producto y por lote para los puntos 1 y 2. Suponga que no hay inventarios inicial ni final.

Se requiere

4. La compañía ha descubierto un proceso adicional con el cual el metanol (alcohol de madera) se procesa hasta convertirse en una bebida alcohólica con sabor agradable. El precio de venta de esta bebida sería de $60 por galón. El procesamiento adicional aumentaría los costos separables en $9 por galón (además de los $3 por galón de costo separable que se requieren para producir el metanol).

La compañía tendría que pagar impuestos adicionales de 20% sobre el precio de venta de la bebida. Suponiendo que no hay ningún otro cambio en el costo, ¿cuál es el costo conjunto aplicable al alcohol de madera (usando el método del VNR)? ¿Debería la compañía producir la bebida alcohólica? Muestre sus cálculos.

16-20 Métodos alternativos de aplicación de costos conjuntos, inventarios finales. La compañía Evrett opera un proceso químico sencillo para convertir un solo material en tres artículos separados, a los cuales nos referiremos como X, Y y Z. Los tres productos se separan simultáneamente en un sólo punto de separación.

Los productos X y Y están listos para la venta inmediatamente en el punto de separación, sin necesidad de un procesamiento adicional o de incurrir en cualesquiera otros costos adicionales. Sin embargo, el producto Z se somete a un proceso adicional antes de venderse. No hay un precio de mercado disponible para Z en el punto de separación.

Se espera que los precios de venta que se cotizaron aquí sigan siendo los mismos para el año siguiente. Durante 2012, los precios de venta de los artículos y las cantidades totales vendidas fueron como sigue:

- X: 75 ton vendidas a $1,800 por ton
- Y: 225 ton vendidas a $1,300 por ton
- Z: 280 ton vendidas a $800 por ton

El total de los costos conjuntos de manufactura para el año fue de $328,000. Evrett gastó $120,000 adicionales para terminar el producto Z.

No había inventarios iniciales de X, Y o Z. Al final de ese año, se disponía de los siguientes inventarios de unidades terminadas: X, 175 ton; Y, 75 ton; Z, 70 ton. No había inventarios iniciales o finales de productos en proceso.

Se requiere

1. Calcule el costo de los inventarios de X, Y y Z para fines del balance general, y el costo de los bienes vendidos para fines del estado de resultados al 31 de diciembre de 2012, usando los siguientes métodos de aplicación de costos conjuntos:
   a) El método del VNR.
   b) El método del porcentaje constante de la utilidad bruta del VNR.
2. Compare los porcentajes de la utilidad bruta para X, Y y Z usando los dos métodos que se mencionan en el punto 1.

16-21 Aplicación de costos conjuntos, procesamiento adicional. Sinclair Oil & Gas, un conglomerado de energía de gran tamaño, procesa en forma conjunta hidrocarburos comprados para generar tres productos intermedios no comercializables: ICR8, ING4 y XGE3. Estos productos intermedios se someten a un procesamiento adicional en forma separada para producir petróleo crudo, gas natural líquido (GNL) y gas natural (que se mide en equivalentes líquidos). A continuación se muestra un panorama general del proceso y los resultados para agosto de 2012. (Nota: los montos son pequeños para conservar la atención sobre los conceptos clave.)

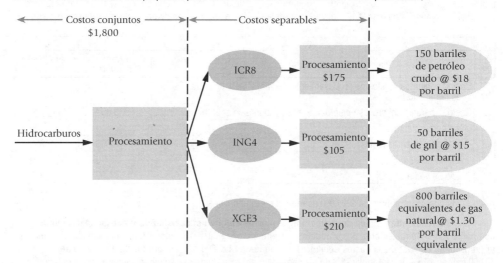

Recientemente se promulgó una nueva ley federal que grava el petróleo crudo al 30% de la utilidad en operación. No se debe pagar ningún impuesto nuevo sobre el gas natural líquido ni sobre el gas natural. Empezando en agosto de 2012, Sinclair Oil & Gas debe reportar un estado de resultados por línea del producto separado para el petróleo crudo. Un desafío al que se enfrenta Sinclair Oil & Gas es la manera de aplicar el costo conjunto que resultará de elaborar tres productos comercializables por separado. Suponga que no hay inventarios inicial ni final.

Se requiere

1. Aplique el costo conjunto correspondiente a agosto de 2012 entre los tres productos, usando lo siguiente:
   a) El método de unidades físicas.
   b) El método del VNR.

2. Muestre la utilidad en operación para cada producto usando los métodos del punto 1.
3. Exponga los pros y los contras de los dos métodos para la toma de decisiones de Sinclair Oil & Gas, en relación con el énfasis del producto (sistema de precios, decisiones de vender o de procesamiento adicional, etcétera).
4. Escriba una carta para las autoridades fiscales en representación de Sinclair Oil & Gas, donde se justifique el método de aplicación de costos conjuntos que usted recomendó a Sinclair.

16-22 **Métodos de aplicación de costos conjuntos, valor de ventas, unidades físicas, VNR.** Instant Foods elabora dos tipos de alimentos para microondas: sopa con sabor a carne de res y sopa con sabor a camarón. Ambos productos comparten insumos comunes como macarrones y especias. La producción de la sopa genera un producto sobrante que se denomina sedimento, y el cual Instant elimina a un costo muy bajo en una área de desecho local. En junio de 2012, se reportaron los siguientes datos para la producción y venta de la sopa de res y de camarón:

	A	B	C
1		**Costos conjuntos**	
2	Costos conjuntos (costos de los macarrones, las especias y otros insumos y del procesamiento hasta el punto de separación)	$240,000	
3			
4		**Sopa de res**	**Sopa de camarón**
5	Inventario inicial (ton)	0	0
6	Producción (ton)	10,000	20,000
7	Ventas (ton)	10,000	20,000
8	Precio de venta por ton	$ 10	$ 15

Debido a la popularidad de sus alimentos para microondas, Instant decide agregar una nueva línea de productos dirigida a quienes siguen una dieta. Estos nuevos productos se elaborarán agregando un ingrediente especial para diluir la sopa original y se venderán con los nombres de Especial B y Especial S, respectivamente. A continuación se presentan los datos mensuales para todos los productos:

	A	B	C	D	E
11		**Costos conjuntos**		**Especial B**	**Especial S**
12	Costos conjuntos (costos de los macarrones, las especias y otros insumos y del procesamiento hasta el punto de separación)	$240,000			
13	Costos separables del procesamiento de 10,00 ton de sopa de res hasta convertirlas en 12,000 ton de Especial B			$48,000	
14	Costos separables del procesamiento de 20,000 ton de la sopa de camarón hasta convertirlas en 24,000 ton de Especial S				$168,000
15					
16		**Sopa de res**	**Sopa de camarón**	**Especial B**	**Especial S**
17	Inventario inicial (ton)	0	0	0	0
18	Producción (ton)	10,000	20,000	12,000	24,000
19	Transferencia a un procesamiento adicional (ton)	10,000	20,000		
20	Ventas (ton)			12,000	24,000
21	Precios de venta por ton	$ 10	$ 15	18	$ 25

Se requiere

1. Calcule el porcentaje de la utilidad bruta de Instant para el Especial B y el Especial S, cuando los costos conjuntos se aplican usando:
   a) El método del valor de ventas en el punto de separación
   b) El método de unidades físicas
   c) El método del valor neto de realización
2. En fechas recientes, Instant descubrió que los sedimentos, de los cuales se está deshaciendo, se podrían vender a ranchos ganaderos a $5 por tonelada. En un mes típico, con los niveles de producción que se muestran, se generan 4,000 ton de sedimentos y se pueden vender incurriendo en costos de marketing de $10,800. Sherrie Dong, una contadora administrativa, señala que al tratar los sedimentos como un producto conjunto y al usar el método del valor de ventas en el punto de separación, el sedimento perdería cerca de $2,228 cada mes y, por lo tanto, no debería venderse. ¿Cómo llegó Dong a esa cifra final y qué piensa usted de su análisis? ¿Debería Instant vender los sedimentos?

16-23 **Aplicación de costos conjuntos: venta inmediata o procesamiento adicional.** Iowa Soy Products (ISP) compra semillas de soya y las procesa hasta convertirlas en otros productos de soya. Cada tonelada de semillas de soya que compra ISP en $300 se puede convertir, con $200 adicionales, en 500 libras de soya molida y en 100 galones de aceite de soya. Una libra de soya molida se puede vender en el punto de separación en $1 y el aceite de soya se puede vender a granel en $4 por galón.

ISP puede procesar las 500 libras de soya molida hasta convertirlas en 600 libras de galletas de soya con un costo adicional de $300. Cada libra de galletas de soya se vende en $2 por libra. Los 100 galones de aceite de soya se empacan a un costo de $200 y se convierten en 400 cuartos de Soyola. Cada cuarto de Soyola se vende en $1.25.

Se requiere 1. Aplique el costo conjunto a las galletas y a la Soyola usando lo siguiente:
   a) El valor de ventas con el método del punto de separación.
   b) El método del VNR.
2. ¿Debería ISP haber procesado aún más cada uno de los productos? ¿Qué efectos tiene el método de aplicación sobre esta decisión?

16-24 **Contabilización de un producto principal y de un subproducto.** (Adaptado de Cheatham y Green) Tasty, Inc., es un productor de papas fritas. Un solo proceso de producción en Tasty, Inc., genera las papas fritas como el producto principal y un subproducto que también se puede vender como bocadillo. Ambos productos se procesan totalmente mediante el punto de separación, y no hay costos separables.

Para septiembre de 2012, el costo de las operaciones es de $500,000. Los datos de producción y de ventas son:

	Producción (en libras)	Ventas (en libras)	Precio de venta por libra
Producto principal			
Papas fritas	52,000	42,640	$16
Subproducto	8,500	6,500	$10

Se requiere 1. ¿Cuál es la utilidad bruta de Tasty, Inc., con el método de producción y con el método de ventas para la contabilidad de los subproductos?
2. ¿Cuáles son los costos del inventario reportados en el balance general al 30 de septiembre de 2012 para el producto principal y para el subproducto con los dos métodos de contabilidad de subproductos del punto anterior?

16-25 **Costos conjuntos y subproductos.** (Adaptado de W. Crum.) Royston, Inc., es una compañía de procesamiento de alimentos de gran tamaño. Procesa 150,000 libras de maní en el departamento de nueces a un costo de $180,000, lo cual genera 12,000 libras del producto A, 65,000 libras del producto B y 16,000 libras del producto C.

■ El producto A se somete a un procesamiento adicional en el departamento de salado para generar 12,000 libras de maní salado a un costo de $27,000 y este se vende en $12 por libra.

■ El producto B (maní crudo) se vende sin ningún procesamiento adicional a $3 por libra.

■ El producto C se considera un subproducto y se procesa adicionalmente en el departamento de aderezos, para generar 16,000 libras de mantequilla de maní a un costo de $12,000 que se venden a $6 por libra.

La compañía desea obtener una utilidad bruta de 10% de los ingresos sobre el producto C y necesita prever el 20% de los ingresos para los costos de marketing sobre el producto C. A continuación se presenta un panorama general de las operaciones:

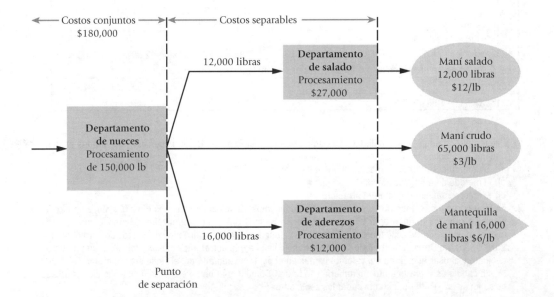

1. Calcule los costos unitarios por libra para los productos A, B y C, tratando a C como un subproducto. Utilice el método del VNR para asignar los costos conjuntos. Deduzca el VNR del subproducto elaborado a partir del costo conjunto de los productos A y B.

2. Calcule los costos unitarios por libra para los productos A, B y C, tratando estos tres como productos conjuntos y aplicando los costos conjuntos con el método del VNR.

Problemas

16-26 **Contabilidad de un subproducto.** La compañía Sunny Day Juice produce naranjas en varios cultivadores orgánicos de Florida. El jugo se extrae de las naranjas, y quedan la pulpa y la cáscara. Sunny Day considera que la pulpa y la cáscara son subproductos de su producción de jugo y las puede comercializar a un agricultor local en $2.00 por libra. Durante el mes más reciente, Sunny Day compró 4,000 libras de naranjas y produjo 1,500 galones de jugo y 900 libras de pulpa y de cáscara, a un costo conjunto de $7,200. El precio de venta para medio galón de jugo de naranja es de $2.50. Sunny Day vendió 2,800 medios galones de jugo y 860 libras de pulpa y de cáscara durante el mes más reciente. La compañía no tenía inventarios iniciales.

1. Suponiendo que Sunny Day contabiliza el subproducto utilizando el método de producción, ¿cuál es el costo inventariable para cada producto y cuál es la utilidad bruta de Sunny Day?

2. Suponiendo que Sunny Day contabiliza el subproducto usando el método de ventas, ¿cuál es el costo inventariable para cada producto y cuál es la utilidad bruta de Sunny Day?

3. Exponga la diferencia entre los dos métodos de contabilidad de los subproductos.

16-27 **Métodos alternativos de la aplicación de costos conjuntos, decisiones de mezcla de productos.** La compañía Southern Oil compra aceite vegetal crudo. El refinamiento del aceite da como resultado cuatro productos en el punto de separación: A, B, C y D. El producto C queda totalmente procesado en el punto de separación. Los productos A, B y C se pueden refinar individualmente hasta convertirse en Super A, Super B y Super D. En el mes más reciente (diciembre) la producción lograda en el punto de separación fue:

■ Producto A, 322,400 galones.

■ Producto B, 119,600 galones.

■ Producto C, 52,000 galones.

■ Producto D, 26,000 galones.

Los costos conjuntos de la compra y del procesamiento del aceite vegetal crudo fueron de $96,000. Southern no tuvo inventarios inicial ni final. Las ventas del producto C en diciembre fueron de $24,000. Los productos A, B y D se sometieron a un refinamiento adicional y posteriormente se vendieron. Los datos relacionados con el mes de diciembre fueron los siguientes:

Costos separables del procesamiento para elaborar los productos	Ingresos
Super A	$249,600	$300,000
Super B	102,400	160,000
Super D	152,000	160,000

Southern tenía la opción de vender los productos A, B y D en el punto de separación. Esta alternativa habría generado los siguientes ingresos para la producción de diciembre:

■ Producto A, $84,000.

■ Producto B, $72,000.

■ Producto D, $60,000.

1. Calcule el porcentaje de la utilidad bruta para cada producto vendido en diciembre, usando los siguientes métodos para aplicar los costos conjuntos de $96,000:
   a) Valor de ventas en el punto de separación.
   b) Unidades físicas.
   c) VNR.

2. ¿Podría Southern haber aumentado su utilidad en operación de diciembre tomando diferentes decisiones acerca de un procesamiento adicional de los productos A, B o D? Muestre el efecto sobre la utilidad en operación resultante de cualesquiera cambios que usted recomiende.

16-28 **Comparación de métodos alternativos para la aplicación de costos conjuntos, decisión de procesamiento adicional, productos de chocolate.** La fábrica Chocolate elabora y distribuye productos de cacao. Compra granos de cacao y los procesa hasta convertirlos en dos productos intermedios: una base en polvo para licor de chocolate y una base de leche para licor de chocolate. Estos dos productos intermedios se vuelven identificables por separado en un solo punto de separación. Cada 1,500 libras de granos de cacao generan 60 galones de la base en polvo para licor de chocolate y 90 galones de la base de leche para licor de chocolate.

La base en polvo para licor de chocolate se somete a un procesamiento adicional hasta convertirse en chocolate en polvo. Cada 60 galones de la base en polvo para licor de chocolate genera 600 libras de chocolate en polvo. La base de leche para licor de chocolate se somete a un procesamiento adicional hasta convertirse en leche de chocolate. Cada 90 galones de la base de leche para licor de chocolate producen 1,020 libras de leche de chocolate.

Los datos de producción y ventas para el mes de agosto de 2012 son los siguientes (suponga que no hay inventario inicial):

■ Granos de cacao procesados, 15,000 libras.

■ Costos del procesamiento de los granos de cacao hasta el punto de separación (incluyendo la compra de granos), $30,000.

	Producción	Ventas	Precio de venta	del procesamiento
Chocolate en polvo	6,000 libras	6,000 libras	$4 por libra	$12,750
Leche de chocolate	10,200 libras	10,200 libras	$5 por libra	$26,250

La fábrica Chocolate procesa en forma total sus dos productos intermedios, hasta convertirlos en chocolate en polvo y leche de chocolate. Existe un mercado activo para estos productos intermedios. En agosto de 2012, Chocolate podría haber vendido la base en polvo para licor de chocolate en $21 por galón, y la base de leche para licor de chocolate en $26 por galón.

Se requiere

1. Calcule la forma en que los costos conjuntos de $30,000 se aplicarían entre el chocolate en polvo y el chocolate de leche con los siguientes métodos:
   a) El valor de ventas en el punto de separación.
   b) Las unidades físicas (galones).
   c) El VNR.
   d) El porcentaje constante de la utilidad bruta del VNR.
2. ¿Cuáles son los porcentajes de la utilidad bruta de chocolate en polvo y leche de chocolate con cada uno de los métodos del punto 1?
3. ¿Chocolate podría haber aumentado su utilidad en operación mediante un cambio en su decisión de procesar totalmente sus dos productos intermedios? Muestre sus cálculos.

16-29 Aplicación de costos conjuntos, procesar más o vender. (Adaptado de CMA.) Sonimad Sawmill, Inc. (SSI) compra leños a contratistas madereros independientes y los procesa hasta convertirlos en tres tipos de productos de madera:

■ Tablarroca para construcciones residenciales (paredes, techos).

■ Piezas decorativas (repisas para chimeneas, vigas para techos de catedral).

■ Postes que se usan como refuerzos de apoyo (en minas, bardas exteriores en propiedades agrícolas).

Estos productos son el resultado de un proceso conjunto del aserradero, que incluye la eliminación de la corteza de los leños, el corte de estos hasta conseguir un tamaño manejable (que va de 8 a 16 pies de longitud) y luego el corte de los productos individuales a partir de los leños.

El proceso conjunto genera los siguientes costos de productos en un mes típico:

Materiales directos (leños de madera ásperos)	$ 500,000
Eliminación de la corteza (mano de obra y costos indirectos)	50,000
Fijación del tamaño (mano de obra y costos indirectos)	200,000
Corte del producto (mano de obra y costos indirectos)	250,000
Total de costos conjuntos	$1,000,000

Los rendimientos de los productos y los valores de ventas promedio con una base unitaria a partir del proceso conjunto son:

Producto	Producción mensual de materiales en el punto de separación	Precio de venta con un procesamiento total
Tablarroca	75,000 unidades	$ 8
Piezas decorativas	5,000 unidades	100
Postes	20,000 unidades	20

La tablarroca se vende como madera de corte burdo después de que sale de las operaciones del aserradero, sin ningún procesamiento adicional por parte de SSI. Asimismo, los postes no requieren procesamiento adicional más allá del punto de separación. Las piezas decorativas deben planearse con antelación y se les debe dar el tamaño adecuado después de que salen del aserradero. El procesamiento adicional tiene un costo de 100,000 por mes y normalmente da como resultado una pérdida de 10% de las unidades que ingresan al proceso. Sin esta planeación y sin estos procesos de ajuste del tamaño, existe todavía un mercado intermedio activo para las piezas decorativas sin terminar, donde el precio de venta alcanza un promedio de $60 por unidad.

Se requiere

1. Con base en la información que se tiene de Sonimad Sawmill, aplique los costos conjuntos del procesamiento de $1,000,000 a los tres productos usando:
   a) El método del valor de ventas en el punto de separación.
   b) El método de unidades físicas (volumen en unidades).
   c) El método del VNR.
2. Prepare un análisis para Sonimad Sawmill que compare el procesamiento adicional de las piezas decorativas, como lo hace actualmente, con su venta como un producto cortado en forma burda justo en el punto de separación.

3. Suponga que Sonimad Sawmill anuncia que dentro de seis meses venderá las piezas decorativas sin terminar en el punto de separación, debido a una creciente presión por parte de los competidores. Identifique por lo menos tres tipos de comportamientos que quizá mostraría la mano de obra calificada en el proceso de planeación y ajuste del tamaño, como resultado de este anuncio. Mencione en su exposición la manera en que la gerencia podría influir en tal comportamiento.

16-30 Aplicación de costos conjuntos. La corporación Elsie Dairy Products compra un insumo, leche entera, y lo refina mediante un proceso de batido. De cada galón de leche, Elsie produce tres tazas de mantequilla y nueve tazas de suero de leche. Durante mayo de 2010, Elsie compró 12,000 galones de leche en $22,250. Elsie gastó otros $9,430 en el proceso de batido para separar la leche en mantequilla y en suero de leche. La mantequilla se podría vender de inmediato en $2.20 por libra y el suero de leche se podría vender de inmediato en $1.20 por cuarto (Nota: dos tazas = una libra; cuatro tazas = un cuarto).

Elsie decide procesar la mantequilla aún más hasta convertirla en mantequilla para untar mezclándola con aceite de canola, incurriendo en un costo adicional de $1.60 por libra. Este proceso da como resultado dos barras de mantequilla para untar por cada libra de mantequilla procesada. Cada barra de mantequilla para untar se vende en $2.30.

1. Aplique el costo conjunto de $31,680 a la mantequilla para untar y al suero de leche usando lo siguiente:
  a) El método de unidades físicas (con tazas) para la aplicación de costos conjuntos.
  b) El método del valor de ventas en el punto separación para la aplicación de costos conjuntos.
  c) El método del VNR de aplicación de costos conjuntos.
  d) El método del porcentaje constante de la utilidad bruta para la aplicación de costos conjuntos.
2. Cada una de estas medidas tiene ventajas y desventajas. ¿Cuáles son estas?
3. Hay quienes afirman que el valor de ventas en el método del punto de separación es el mejor que existe. Discuta la lógica de tal afirmación.

Se requiere

16-31 Decisión de procesar más (continuación del 16-30). Elsie tomó la decisión de que el suero de leche podría venderse mejor si se comercializa para horneados y se vende en pintas. Esto implicaría un empacado adicional a un costo adicional de $0.35 por pinta. Cada pinta se vendería en $0.75 (Nota: un cuarto = dos pintas).

1. Si Elsie emplea el método del valor de ventas en el punto de separación, ¿qué combinación de productos debería vender Elsie para maximizar las utilidades?
2. Si Elsie utiliza el método de unidades físicas, ¿qué combinación de productos debería vender Elsie para maximizar las utilidades?
3. Explique el efecto que tienen los diferentes métodos de aplicación de costos, sobre la decisión de vender los productos en el punto de separación, o bien, de procesarlos aún más.

16-32 Aplicación de costos conjuntos con un subproducto. Mat Place compra llantas usadas y las recicla para producir tapetes de hule para piso y para automóvil. La compañía lava, tritura y moldea las llantas recicladas hasta convertirlas en hojas. Los tapetes para piso y para automóvil se cortan a partir de las hojas. Queda una pequeña cantidad de restos de hule triturados luego de que se cortan los tapetes, la cual se puede comercializar para usarse como recubrimiento para veredas o campos de juego. A partir de 100 llantas usadas la compañía fabrica 25 tapetes para piso, 75 tapetes para automóvil y 40 libras de hule triturado.

En mayo, Mat Place, que no tenía inventario inicial, procesó 125,000 llantas y tuvo costos conjuntos de producción de $600,000. Mat Place vendió 25,000 tapetes para piso, 85,000 tapetes para automóvil y 43,000 libras de hule triturado. La compañía vende cada tapete para piso en $12 y cada tapete para automóvil en $6. Asimismo, trata el hule triturado como un subproducto que puede vender en $0.70 por libra.

1. Suponga que Mat Place aplica los costos conjuntos a los tapetes para piso y a los tapetes para automóvil, usando el método del valor de ventas en el punto de separación, y que contabiliza el subproducto con el método de producción. ¿Cuál es el costo del inventario final para cada producto y la utilidad bruta para Mat Place?
2. Suponga que Mat Place aplica los costos conjuntos a los tapetes para piso y a los tapetes para automóvil, usando el método del valor de ventas en el punto de separación, y que contabiliza el subproducto con el método de ventas. ¿Cuál es el costo del inventario final para cada producto y cuál es la utilidad bruta para Mat Place?
3. Señale la diferencia entre los dos métodos de contabilidad de los subproductos, centrando la atención en las condiciones que se necesitan para emplear cada método.

Se requiere

16-33 Asientos de diario para el costeo de los subproductos (continuación del 16-32). El contador de Mat Place necesita registrar la información acerca de los productos conjuntos y de los subproductos en el mayor, pero no está seguro de qué asientos deberían hacerse. La compañía lo contrata a usted como asesor para que ayude a su contador.

1. Muestre los asientos de diario en el momento de la producción y en el momento de la venta, suponiendo que Mat Place contabiliza el subproducto usando el método de producción.
2. Muestre los asientos de diario en el momento de la producción y en el momento de la venta, suponiendo que Mat Place contabiliza el subproducto usando el método de venta.

Se requiere

16-34 Procesar más o vender un subproducto. (Adaptado de CMA.) Rochester Mining Company (RMC) extrae carbón, lo somete a un proceso de trituración de un paso y carga el carbón crudo a granel en botes de río para enviarlo a los clientes.

La gerencia de RMC evalúa actualmente la posibilidad de dar un procesamiento adicional al carbón crudo ajustando su tamaño, limpiándolo y vendiéndolo a mayor precio a un conjunto ampliado de clientes.

La opción de construir una nueva planta de ajuste del tamaño y limpieza quedó descartada por haberse considerado financieramente inviable. En lugar de ello, se solicitó a Amy Kimbell, una ingeniera en minería, que explore los acuerdos de contratación externa para los procesos de limpieza y ajuste del tamaño. Kimbell integró el siguiente resumen:

	A	B	C
1	Precio de venta del carbón crudo	$ 27	por tonelada
2	Costo de producir carbón crudo	$ 21	por tonelada
3	Precio de venta del carbón calibrado y limpiado	$ 35	por tonelada
4	Producción anual de carbón crudo	9,800,000	por tonelada
5	Porcentaje de pérdida de peso del material en las operaciones de calibrado y limpieza del carbón	10%	
6			
7		**Costos adicionales de los procesos de ajuste y limpieza**	
8	Mano de obra directa	$ 820,000	por año
9	Personal de supervisión	$ 225,000	por año
10	Equipo pesado: renta, costos operativos y costos de mantenimiento	$ 15,000	por mes
11	Contrato para calibración y limpieza	$ 3.60	por ton de carbonilla
12	Fletes ferroviarios externos	$ 210	por vagón de 60 ton
13			
14	Porcentaje de desperdicios por calibración y limpieza que puede ahorrarse en la carbonilla	75%	
15	Rango de costos por ton en la preparación de la carbonilla para venta	$2	$4
16	Rango de precios de venta para la carbonilla (por ton)	$16	$27

Kimbell también se entera de que el 75% de la pérdida de material que ocurre en los procesos de limpieza y de ajuste del tamaño se pueden recuperar como carbonilla, la cual se vendería a los fabricantes de acero para sus hornos. La venta de la carbonilla es irregular y RMC podría necesitar almacenarla hasta por un año en una área protegida. El precio de venta de la carbonilla va desde $16 hasta $27 por tonelada, y los costos por su elaboración van de $2 a $4 por tonelada.

Se requiere

1. Prepare un análisis para mostrar si es más rentable para RMC continuar vendiendo carbón crudo a granel, o bien, procesarlo más mediante un ajuste de tamaño y limpieza (ignore la carbonilla en su análisis).
2. ¿Cómo se vería afectado su análisis, si el costo de producir carbón crudo pudiera reducirse y mantenerse a un nivel de $17 por tonelada?
3. Considere ahora el valor potencial de la carbonilla y prepare un suplemento que muestre cómo su valor influye en los resultados del análisis del punto 1.

16-35 Aplicación de costos conjuntos. La compañía Memory Manufacturing (MM) fabrica módulos de memoria en un proceso de dos pasos: fabricación de chips y ensamblado de módulos.

En la fabricación de chips, cada lote de obleas de silicio crudo genera 400 chips estándar y 600 chips de lujo. Los chips se clasifican como estándar o de lujo según su densidad (el número de bits de memoria en cada chip). Los chips estándar tienen 500 bits de memoria por chip, y los chips de lujo tienen 1,000 bits de memoria por chip. Los costos conjuntos de procesar cada lote son de $28,900.

En el ensamblado de los módulos, cada lote de chips estándar se convierte en módulos estándar de memoria con un costo identificado separable de $1,050 y, posteriormente, se venden en $14,000. Cada lote de chips de lujo se convierte en módulos de memoria de lujo, a un costo identificable separado de $2,450, y luego se venden en $26,500.

Se requiere

1. Aplique los costos conjuntos de cada lote a los módulos de lujo y los módulos estándar, usando: *a)* el método del VNR, *b)* el método del porcentaje constante de la utilidad bruta y *c)* el método de medidas físicas, con base en el número de bits de memoria. ¿Qué método debería usar MM?
2. MM puede procesar cada lote de 400 módulos de memoria estándar para obtener 350 módulos DRAM a un costo adicional de $1,600. El precio de venta por DRAM sería de $46. Suponga que MM usa el método de medidas físicas. ¿Debería MM vender los módulos de memoria estándar o los módulos DRAM?

16-36 Aplicación de costos conjuntos, inventario final de productos en proceso. Tastee Freez, Inc., elabora dos sabores de una mezcla de helados de especialidad para máquinas de helado de crema. Los dos sabores, Extreme Chocolate y Very Strawberry, empiezan con una base de vainilla, la cual se puede vender a $2 por galón. La compañía no tuvo inventarios iniciales sino que produjo 8,000 galones de la base de vainilla, durante el mes más reciente, a un costo de $5,200. Los 8,000 galones de base se usaron para iniciar la producción de 5,000 galones de Extreme Chocolate y 3,000 galones de Very Strawberry.

Al final del mes, la compañía tenía todavía en proceso una parte de su mezcla de helado. Había 1,200 galones de Extreme Chocolate completados al 30% y 200 galones de Very Strawberry completados al 80%. Los costos de procesamiento durante el mes para Extreme Chocolate y para Very Strawberry fueron de $9,152 y $8,800, respectivamente. Los precios de venta de Extreme Chocolate y de Very Strawberry fueron de $4 y de $5, respectivamente.

1. Aplique los costos conjuntos a Extreme Chocolate y a Very Strawberry con los siguientes métodos:
   a) Valor de ventas en el punto de separación.
   b) Valor neto de realización.
   c) El método del porcentaje constante de la utilidad bruta del VNR.
2. Calcule los porcentajes de la utilidad bruta para Extreme Chocolate y para Very Strawberry con cada uno de los métodos anteriores.

Se requiere

Problema de aprendizaje colaborativo

16-37 **Aplicación de costos conjuntos, procesamiento adicional y ética.** La compañía Unified Chemical tiene un proceso de producción conjunto, el cual convierte al Zeta en dos sustancias químicas: Alfa y Beta. La compañía compra el Zeta en $12 por libra e incurre en un costo de $30 por libra para procesarlo hasta elaborar los productos Alfa y Beta. Por cada 10 libras de Zeta, la compañía puede obtener 8 libras de Alfa y 2 libras de Beta. El precio de venta de Alfa y de Beta es de $76.50 y $144.00, respectivamente.

Unified Chemical generalmente da un procesamiento adicional a Alfa y Beta, usando procesos separables para elaborar así productos más refinados. Alfa se procesa por separado hasta convertirse en Alfalita a un costo de $25.05 por libra. Beta se procesa por separado hasta convertirse en Betalita a un costo de $112.80 por libra. Alfalita y Betalita se venden en $105 y en $285 por libra, respectivamente. En el mes más reciente, Unified Chemical compró 15,000 libras de Zeta. La compañía no tuvo inventarios inicial ni final de Zeta.

1. Aplique los costos conjuntos a Alfalita y Betalita con los siguientes métodos:
   a) Valor de ventas en el punto de separación.
   b) Unidades físicas (libras).
   c) Valor neto de realización.
   d) Porcentaje constante de la utilidad bruta del VNR.
2. Unified Chemical considera la oportunidad de procesar la Betalita aún más para convertirla en un nuevo producto denominado Ultra-Betalita. El procesamiento separable tendrá un costo de $85 por libra y se espera un costo adicional de empacado de $15 por libra para la Ultra-Betalita. El precio de venta esperado sería de $360 por libra. ¿Debería Unified Chemical vender la Betalita o la Ultra-Betalita? ¿Qué precio de venta para la Ultra-Betalita haría indiferente para Unified Chemical la venta de la Betalita o de la Ultra-Betalita?
3. Indistintamente de su respuesta al número 2, suponga que Danny Dugard, el contralor asistente, completó un análisis que demuestra que no debería producirse Ultra-Betalita. Antes de presentar sus resultados a la alta gerencia, él recibió una visita de Sally Kemper, quien fue personalmente responsable por el desarrollo de la Ultra-Betalita y estaba desilusionada al saber que esta no se produciría.

Se requiere

Sally: La compañía cometería un grave error al dejar pasar esta oportunidad. La Ultra-Betalita será una mercancía con muchas ventas y nos llevará a nuevos mercados.
Danny: Pero el análisis demuestra que perderíamos dinero sobre cada libra de Ultra-Betalita que fabriquemos.
Sally: Pero eso es tan solo un problema temporal. Finalmente el costo del procesamiento se verá reducido.
Danny: ¿Tiene alguna estimación de las reducciones de costos que usted espera?
Sally: No hay forma de saberla en este momento. ¿No se podrían "maquillar" las cifras un poco, para ayudarme a obtener una aprobación para fabricar la Ultra-Betalita? Tengo confianza en que se lograrán las reducciones en costos.

Comente los aspectos éticos en una situación así. ¿Qué debería hacer Danny?

17

Costeo por procesos

Las empresas que producen unidades idénticas o similares de un bien o servicio (por ejemplo, una compañía refinadora de petróleo) utilizan con frecuencia un costeo por procesos.

Una parte fundamental del costeo por procesos es la evaluación del inventario, lo cual implica la determinación de la cantidad de unidades de un producto que una empresa tiene disponible al final del periodo de la información contable, la evaluación de las etapas de terminación de las unidades y la asignación de los costos a las unidades. Hay diferentes métodos para hacer esto, y cada uno de ellos puede generar diferentes utilidades. En ocasiones, las variaciones en las reglas y en las costumbres internacionales hacen difícil comparar los costos del inventario entre los competidores. En el caso de ExxonMobil, las diferencias en las reglas contables entre Estados Unidos y Europa también reducen las utilidades y el pasivo fiscal de la compañía.

ExxonMobil y las diferencias contables en la búsqueda del petróleo[1]

En 2010, ExxonMobil ocupó el segundo lugar en la clasificación anual de Fortune 500 de las compañías estadounidenses más grandes. En 2009, la empresa obtuvo $284,000 millones de dólares en ingresos con más de $19,000 millones en ganancias. Sin embargo, se crea o no, en cierto modo las utilidades de ExxonMobil están subestimadas.

ExxonMobil, al igual que la mayoría de las compañías de energía de Estados Unidos, emplea una contabilidad basada en el método de últimas entradas primeras salidas (UEPS). Con dicho tratamiento, ExxonMobil registra el costo de su inventario al precio más reciente pagado por el petróleo crudo en el mercado abierto, aun cuando con frecuencia vende el petróleo producido a un costo mucho menor. Esto aumenta el costo de los bienes vendidos de la empresa, lo cual reduce a la vez las utilidades. El beneficio de usar una contabilidad basada en el UEPS para propósitos de información financiera es que a ExxonMobil se le permite usar el UEPS también para propósitos fiscales, reduciendo con ello sus pagos a las autoridades hacendarias.

En contraste, las normas internacionales de información financiera (NIIF) no permiten el uso de una contabilidad basada en el UEPS. Las compañías de petróleo europeas como Royal Dutch Shell y British Petroleum utilizan la metodología de primeras entradas primeras salidas (PEPS) cuando contabilizan el inventario. Con el método PEPS, las compañías petroleras usan el costo del crudo más antiguo en su inventario, para calcular el costo de los barriles de petróleo vendidos. Esto reduce los costos en el estado de resultados, y ello aumenta la utilidad bruta.

La asignación de costos al inventario es una parte fundamental del costeo por procesos, y el método que elija una compañía podría dar como resultado utilidades sustancialmente diferentes.

---

1 *Fuente*: ExxonMobil Corporation. 2010. 2009 Annual Report. Irwin, TX; Exxon Mobil Corporation; Kaminska, Izabella. 2010. Shell, BP, and the increasing cost of inventory. *Financial Times*. "FT Alphaville" blog, 29 de abril; Reilly, David. 2006. Big oil's accounting methods fuel criticism. *Wall Street Journal*, 8 de agosto.

Por ejemplo, la utilidad neta de ExxonMobil en 2009 habría sido $7,100 millones de dólares mayor con el PEPS. Además, al final del año fiscal 2009, la diferencia acumulativa —o "reserva de UEPS"— entre el valor del inventario que ExxonMobil mantenía en su balance general, con base en el costo inicial *versus* el costo actual de reemplazo de ese inventario, fue de $17,100 millones de dólares. Tal cifra adquiere una relevancia especial en el contexto de los esfuerzos actuales para lograr una convergencia entre las normas de información financiera de Estados Unidos y las normas internacionales de información financiera. En caso de que suceda así, y si las empresas norteamericanas se ven obligadas a adoptar el PEPS para propósitos de información financiera y fiscal, tendrían que pagar impuestos adicionales sobre los ahorros acumulados a la fecha al mostrar un mayor costo de los bienes vendidos con el UEPS. Como una aproximación, la aplicación de la tasa fiscal marginal del 35% de la reserva de UEPS de ExxonMobil de $17,100 millones de dólares indica una carga fiscal adicional de casi $6,000 millones de dólares.

Las compañías como ExxonMobil, Coca-Cola y Novartis elaboran muchas unidades idénticas o similares de un producto usando técnicas de producción en masa. Al enfocar estas compañías en los procesos de producción individuales se origina el costeo por procesos. Este capítulo describe la manera en que las organizaciones usan los métodos del costeo por procesos para determinar los costos de los bienes o servicios, y para evaluar el inventario y el costo de los bienes vendidos (usando métodos como el PEPS).

Ilustración del costeo por procesos

Antes de que examinemos el costeo por procesos con mayor detalle, comparemos brevemente el costeo por órdenes de trabajo y el costeo por procesos. Ambos se entenderán mejor como los extremos de un continuo:

Sistema de costeo por órdenes de trabajo	Sistema de costeo por procesos
Unidades distintas e identificables de un bien o servicio (por ejemplo, máquinas y casas hechas de acuerdo con las preferencias del cliente)	Masas de unidades idénticas o similares de un bien o servicio (por ejemplo, procesamiento de alimentos o de sustancias químicas)

En un *sistema de costeo por procesos*, el costo unitario de un producto o servicio se obtiene asignando los costos totales a una gran cantidad de unidades producidas idénticas o similares. En otras palabras, los costos unitarios se calculan dividiendo los costos totales generados entre el número de unidades producidas en el proceso. En un ambiente de costeo por procesos de manufactura, cada unidad recibe las mismas cantidades o cantidades similares de costos de materiales directos, de costos de mano de obra directa y de costos indirectos de manufactura.

La principal diferencia entre el costeo por procesos y el costeo por órdenes de trabajo es el *alcance de los promedios* que se utiliza para calcular los costos unitarios de los bienes o servicios. En un sistema de costeo por órdenes de trabajo, los trabajos individuales usan diferentes cantidades de recursos de producción y, por lo tanto, sería incorrecto costear cada trabajo al mismo costo promedio de producción. En contraste, cuando una serie de unidades idénticas o similares de productos o servicios se elaboran en masa, en vez de procesarse como trabajos individuales, se usa un costeo por procesos para calcular el costo promedio de producción de todas las unidades obtenidas. Algunos procesos como la fabricación de prendas de vestir tienen aspectos tanto del costeo por procesos (el costo por unidad de cada operación, como el corte o la costura, es idéntico) como del costeo por órdenes de trabajo (se usan diferentes materiales en distintos lotes de prendas de vestir, por ejemplo, lana *versus* algodón). La sección final de este capítulo describe los sistemas de costeo "híbridos", los cuales combinan los elementos tanto del costeo por órdenes de trabajo como del costeo por procesos.

Considere lo siguiente acerca del costeo por procesos: suponga que Pacific Electronics fabrica diferentes modelos de teléfonos celulares. Los modelos se arman en el departamento de ensamblado. Una vez terminadas, las unidades se transfieren al departamento de pruebas. Nos centraremos en el proceso del departamento de ensamblado para un modelo, el SG-40. Todas las unidades del SG-40 son idénticas y deben satisfacer un conjunto de especificaciones de desempeño rigurosas. El sistema del costeo por procesos para el SG-40 en el departamento de ensamblado tiene una sola categoría de costos directos —los materiales directos— y una sola categoría de costos indirectos —los costos de conversión. Los costos de conversión son todos los costos de manufactura distintos de los costos de los materiales directos, incluyendo la mano de obra de manufactura, la energía, la depreciación de la planta, etcétera. Los materiales directos se agregan al principio del proceso de ensamblado. Los costos de conversión se agregan uniformemente durante el ensamblado.

La siguiente gráfica representa estos hechos:

Los sistemas de costeo por procesos dividen los costos en categorías de costos según el *momento en que los costos se introducen en el proceso*. Con frecuencia, como en nuestro ejemplo de Pacific Electronics, tan solo se necesitan dos clasificaciones de costos —materiales directos y costos de conversión— para asignar los costos a los productos. ¿Por qué únicamente dos? Porque *todos* los materiales directos se agregan al proceso en un solo momento y todos los costos de conversión por lo general se agregan al proceso uniformemente a lo largo del tiempo. Sin embargo, si se agregaran dos diferentes materiales directos al proceso en momentos distintos, se necesitarían dos categorías diferentes de materiales directos para asignar estos costos a los productos. De manera similar, si los costos de la mano de obra de manufactura se agregaran al proceso en un momento diferente con respecto a la fecha cuando se agregaron otros costos de conversión, se necesitaría una categoría de costos adicional —costos de la mano de obra directa— para asignar en forma separada tales costos a los productos.

Usaremos la producción del componente SG-40 en el departamento de ensamblado para ilustrar el costeo por procesos en tres casos, empezando con el caso más sencillo e introduciendo complejidades adicionales en los casos subsiguientes:

■ **Caso 1:** Costeo por procesos con inventario inicial de cero y con inventario final de productos en proceso de cero para el SG-40. (Es decir, todas las unidades se empiezan y se terminan totalmente dentro del periodo contable.) *Este caso presenta los conceptos más básicos del costeo por procesos e ilustra la característica de la formación de promedios de costos.*

■ **Caso 2:** Costeo por procesos con inventario inicial de productos en proceso de cero y un poco de inventario final de productos en proceso para el SG-40. (Es decir, algunas unidades del SG-40 que se empezaron durante el periodo contable están incompletas al final del mismo.) *Este caso introduce los cinco pasos del costeo por procesos y el concepto de unidades equivalentes.*

■ **Caso 3:** Costeo por procesos con un poco de inventario inicial y un poco de inventario final de productos en proceso del SG-40. *Este caso agrega más complejidad e ilustra el efecto de los supuestos del flujo de costos del promedio ponderado y del método de primeras entradas primeras salidas (PEPS), sobre el costo de las unidades terminadas y el costo del inventario de productos en proceso.*

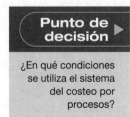

Punto de decisión ▶

¿En qué condiciones se utiliza el sistema del costeo por procesos?

Caso 1: Costeo por procesos sin inventario inicial o final de productos en proceso

El 1 de enero de 2012, no había inventario inicial de unidades del SG-40 en el departamento de ensamblado. Durante el mes de enero, Pacific Electronics empezó 400 unidades, las ensambló totalmente y las transfirió al departamento de pruebas.

Los datos del departamento de ensamblado para enero de 2012 son los siguientes:

Unidades físicas para enero de 2012

Productos en proceso, inventario inicial (1 de enero)	0 unidades
Empezado durante enero	400 unidades
Terminadas y transferidas durante enero	400 unidades
Productos en proceso, inventario final (31 de enero)	0 unidades

Las unidades físicas se refieren al número de unidades producidas, indistintamente de que estén completas o incompletas. En enero de 2012, se terminó la totalidad de las 400 unidades físicas que se empezaron.

Costos totales para enero de 2012

Costos de los materiales directos agregados durante enero	$32,000
Costos de conversión agregados durante enero	24,000
Costos totales del departamento de ensamblado agregados durante enero	$56,000

Pacific Electronics registra los costos de los materiales directos y los costos de conversión en el departamento de ensamblado, conforme se van generando. En promedio, el costo del ensamblado del SG-40 es de $56,000 ÷ 400 unidades = $140 por unidad, el cual se desglosa de la siguiente manera:

Costo del material directo por unidad ($32,000 ÷ 400 unidades)	$ 80
Costos de conversión por unidad ($24,000 ÷ 400 unidades)	60
Costos del departamento de ensamblado por unidad	$140

El caso 1 muestra que en un sistema de costeo por procesos, los costos unitarios promedio se calculan dividiendo los costos totales de un periodo contable determinado entre las unidades producidas en ese periodo. Ya que cada unidad es idéntica, suponemos que todas las unidades reciben la misma cantidad de costos de materiales directos y de costos de conversión. El caso 1 se aplica siempre que una compañía elabora un producto o servicio homogéneo, pero no tiene unidades incompletas cuando termina cada periodo contable, lo cual es una situación común en las organizaciones del sector de servicios. Por ejemplo, un banco adoptaría este enfoque de costeo por procesos para calcular el costo unitario de procesar 100,000 depósitos de los clientes, cada uno similar al siguiente, realizados durante un mes.

Caso 2: Costeo por procesos con un inventario inicial de productos en proceso de cero y un poco de inventario final de productos en proceso

En febrero de 2012, Pacific Electronics coloca otras 400 unidades del SG-40 en producción. Ya que todas las unidades que se colocaron en producción en enero estaban totalmente ensambladas, no existe un inventario inicial de unidades parcialmente terminadas en el departamento de ensamblado al 1 de febrero. Algunos clientes ordenan tarde y, por consiguiente, no todas las unidades empezadas en febrero se terminan al final del mes. Tan solo 175 unidades se completan y se transfieren al departamento de pruebas.

Los datos del departamento de ensamblado para febrero de 2012 son:

	A	Unidades físicas(SG-40) (1)	Materiales directos (2)	Costos de conversión (3)	Costos totales (4) = (2) + (3)
2	Productos en proceso, inventario inicial (1 de febrero)	0			
3	Empezados durante febrero	400			
4	Terminados y transferidos durante febrero	175			
5	Productos en proceso, inventario final (29 de febrero)	225			
6	Grado de avance del inventario final de productos en proceso		100%	60%	
7	Total de costos agregados durante febrero		$32,000	$18,600	$50,600

Las 225 unidades parcialmente ensambladas al 29 de febrero de 2012 fueron totalmente procesadas con respecto a los materiales directos, porque todos los materiales directos del departamento de ensamblado se agregaron al inicio del proceso de ensamble. Sin embargo, los costos de conversión se agregan uniformemente durante el ensamblado.

Con base en el trabajo terminado en relación con el trabajo total que se requiere para terminar las unidades del SG-40 que todavía están en proceso a finales de febrero, un supervisor del departamento de ensamblado estima que las unidades parcialmente ensambladas están, en promedio, terminadas al 60% con respecto a los costos de conversión.

La exactitud en la estimación de la terminación de los costos de conversión depende del cuidado, la habilidad y la experiencia de quien realiza la estimación, así como de la naturaleza del proceso de conversión. La estimación del grado de avance generalmente es más sencilla para los costos de los materiales directos que para los costos de conversión, porque la cantidad de materiales directos necesarios para una unidad terminada y la cantidad de materiales directos en una unidad parcialmente terminada se pueden medir con más precisión. En contraste, la secuencia de conversión consiste por lo general en diversas operaciones, cada una de ellas para un periodo específico, para varias fases en el proceso de producción.[2] El grado de avance para los costos de conversión depende de la proporción de los costos de conversión totales necesarios para terminar una unidad (o un lote de producción) y que ya se han incurrido sobre todas las unidades que todavía están en proceso. Efectuar dicha estimación en forma precisa es todo un desafío para los contadores administrativos.

Debido a esas incertidumbres, los supervisores de departamento y los gerentes de línea —quienes están más familiarizados con el proceso— con frecuencia hacen estimaciones de costos de conversión. Sin embargo, en algunas industrias, como en la fabricación de semiconductores, no es posible lograr una estimación exacta; en otros ambientes, como en la industria de los textiles, la existencia de grandes cantidades en proceso hace que la tarea de estimación sea muy costosa. En casos así, resulta necesario suponer que toda la producción en proceso de un departamento está completa hasta algún grado preestablecido con respecto a los costos de conversión (por ejemplo, un tercio, la mitad, o dos tercios de terminación).

El aspecto que se debe entender aquí es que una unidad parcialmente ensamblada no es lo mismo que una unidad totalmente ensamblada. Al enfrentarnos con algunas unidades totalmente ensambladas y algunas unidades parcialmente ensambladas, necesitamos una medida común que nos permita comparar el trabajo realizado en cada categoría y, lo que es más importante, obtener una medida total del trabajo efectuado. El concepto que usaremos al respecto son las *unidades equivalentes*. Explicaremos esta noción con mayor detalle a continuación, como parte del conjunto de cinco pasos que se requiere para calcular: **1.** los costos de las unidades totalmente ensambladas en febrero de 2012 y **2.** el costo de las unidades parcialmente ensambladas que todavía están en proceso al final del mes, para Pacific Electronics. Los cinco pasos del costeo por procesos son:

Paso 1: Resumir el flujo de unidades físicas producidas.

Paso 2: Calcular la producción en términos de unidades equivalentes.

Paso 3: Resumir los costos totales por contabilizar.

Paso 4: Calcular el costo por unidad equivalente.

Paso 5: Asignar los costos totales a las unidades terminadas y a las unidades que haya en el inventario final de productos en proceso.

Unidades físicas y unidades equivalentes (pasos 1 y 2)

El **paso 1** da seguimiento a las unidades físicas producidas. Recuerde que las unidades físicas son el número de unidades producidas, indistintamente de que estén completas o incompletas. ¿De dónde vinieron las unidades físicas? ¿A dónde fueron? La columna de unidades físicas de la ilustración 17-1 da seguimiento al punto desde el cual vinieron las unidades físicas (400 unidades iniciadas) y al punto al cual se destinaron (175 unidades terminadas y transferidas, y 225 unidades en el inventario final). Recuerde que cuando no hay un inventario inicial, las unidades iniciadas deben ser iguales a la suma de las unidades transferidas y al inventario final.

Como no todas las 400 unidades físicas están totalmente terminadas, la producción en el **paso 2** se calcula en *unidades equivalentes*, y no en unidades físicas. Para saber lo que significan las unidades equivalentes, digamos que durante un mes se iniciaron 50 unidades físicas pero no se terminaron al final de ese mes. Se estima que estas 50 unidades en el inventario final se encuentran terminadas al 70% con respecto a los costos de conversión. Examinemos esas unidades desde la perspectiva de los costos de conversión en los cuales ya se ha incurrido para que las unidades se encuentren terminadas al 70%. Suponga que dedicamos todos los costos de conversión representados por ese 70% para obtener unidades totalmente terminadas. ¿Cuántas unidades podrían estar terminadas al 100% al final del mes? La respuesta son 35 unidades. ¿Por qué? Porque el 70% de los costos de conversión en que se incurrió sobre 50 unidades incompletas podría haberse generado para elaborar 35 (0.70×50)

---

[2] Por ejemplo, considere el proceso convencional de curtido para convertir el cuero crudo en piel. La obtención de 250-300 kilogramos de piel requiere que 1 tonelada métrica de cuero crudo se someta a casi 15 pasos: desde el remojo, el abonado con cal, y el encurtido hasta el curtido, la pigmentación y la eliminación de grasa, el paso donde se introducen los aceites dentro de la piel antes de que esta se seque.

	A	B	C	D
		(Paso 1)	**(Paso 2)**	
1			Unidades equivalentes	
2				
3	**Flujo de producción**	**Unidades físicas**	**Materiales directos**	**Costos de conversión**
4	Producción en proceso, inicial	0		
5	Empezada durante el periodo actual	400		
6	Por contabilizar	400		
7	Terminada y transferida durante el periodo actual	175	175	175
8	Productos en proceso, finalª	225		
9	(225 × 100%; 225 × 60%)		225	135
10	Contabilizado	400		
11	Unidades equivalentes del trabajo hecho en el periodo actual		400	310
12				
13	ªGrado de avance en este departamento; materiales directos, 100%; costos de conversión, 60 por ciento.			

Ilustración 17-1

Pasos 1 y 2: Resumen de la producción en unidades físicas y cálculo de la producción en unidades equivalentes para el departamento de ensamblado de Pacific Electronics, febrero de 2012

unidades terminadas al final del mes. Es decir, si se hubiera usado todo el insumo del costo de conversión de las 50 unidades del inventario para elaborar unidades producidas totalmente terminadas, la compañía habría producido 35 unidades terminadas (también denominadas *unidades equivalentes*).

Las **unidades equivalentes** son una cantidad derivada de unidades producidas que: **1.** toman la cantidad de cada insumo (factor de producción) en las unidades terminadas y en las unidades no terminadas de productos en proceso y **2.** convierten la cantidad de insumos en el monto de las unidades producidas terminadas que se obtuvieron con esa cantidad de insumos. Observe que las unidades equivalentes se calculan en forma separada para cada insumo (como materiales directos y costos de conversión). Además, cada unidad terminada, por definición, está compuesta de una unidad equivalente de cada insumo que se requiere para elaborarla. Este capítulo se concentra en los cálculos de las unidades equivalentes en los ambientes de manufactura. Los conceptos de las unidades equivalentes también se encuentran en los ambientes que no son de manufactura. Por ejemplo, las universidades convierten las inscripciones de sus estudiantes de tiempo parcial en "equivalentes de estudiantes de tiempo completo".

Cuando se calculan las unidades equivalentes en el paso 2, se debe centrar la atención en las cantidades. Haga caso omiso de las cantidades en dólares hasta después de que se hayan calculado las unidades equivalentes. En el ejemplo de Pacific Electronics, la totalidad de las 400 unidades físicas —las 175 unidades totalmente ensambladas y las 225 unidades parcialmente ensambladas— se encuentran 100% terminadas con respecto a los materiales directos, ya que todos los materiales directos se agregan en el departamento de ensamblado al inicio del proceso. Por lo tanto, la ilustración 17-1 muestra la producción como 400 *unidades equivalentes* para los materiales directos: 175 unidades equivalentes para las 175 unidades físicas ensambladas y transferidas, y 225 unidades equivalentes para las 225 unidades físicas en el inventario final de productos en proceso.

Las 175 unidades totalmente ensambladas también fueron totalmente procesadas con respecto a los costos de conversión. Las unidades parcialmente ensambladas en el inventario final de productos en proceso se encuentran terminadas al 60% (en promedio). Por ello, los costos de conversión en las 225 unidades parcialmente ensambladas son *equivalentes* a los costos de conversión en 135 (60% de 225) unidades totalmente ensambladas. De este modo, la ilustración 17-1 muestra la producción como 310 *unidades equivalentes* con respecto a los costos de conversión: 175 unidades equivalentes para las 175 unidades físicas ensambladas y transferidas, y 135 unidades equivalentes para las 225 unidades físicas en el inventario final de productos en proceso.

Cálculo de los costos del producto (pasos 3, 4 y 5)

La ilustración 17-2 muestra los pasos 3, 4 y 5. En forma conjunta, se les denomina *hoja de trabajo del costo de producción.*

El **paso 3** resume los costos totales que se deben contabilizar. Puesto que el saldo inicial del inventario de productos en proceso es de cero al 1 de febrero, los costos totales que se tienen que contabilizar (es decir, los abonos totales o los cargos a la cuenta de productos en proceso-ensamblado) consisten únicamente en los costos agregados durante febrero: materiales directos de $32,000 y costos de conversión de $18,600, lo cual da un total de $50,600.

El **paso 4** de la ilustración 17-2 calcula el costo por unidad equivalente en forma separada para materiales directos y para costos de conversión, dividiendo los costos de los materiales directos y los costos de conversión agregados durante febrero entre la cantidad relacionada de unidades equivalentes del trabajo hecho en febrero (como se calcula en la ilustración 17-1).

612 ● CAPÍTULO 17 COSTEO POR PROCESOS

| Ilustración 17-2 | Pasos 3, 4 y 5: Resumen de los costos totales por contabilizar, cálculo del costo por unidad equivalente, y asignación de los costos totales a las unidades terminadas y a las unidades en el inventario final de productos en proceso, para el departamento de ensamblado de Pacific Electronics, febrero de 2012 |

	A	B	C	D	E
1			Total de costos de producción	Materiales directos	Costos de conversión
2	(Paso 3)	Costos agregados durante febrero	$50,600	$32,000	$18,600
3		Costos totales por contabilizar	$50,600	$32,000	$18,600
4					
5	(Paso 4)	Costos agregados en el periodo actual	$50,600	$32,000	$18,600
6		Divididos entre las unidades equivalentes del trabajo realizado en el periodo actual (ilustración 17-1)		÷ 400	÷ 310
7		costo por unidad equivalente		$ 80	$ 60
8					
9	(Paso 5)	Asignación de costos:			
10		Terminado y transferido (175 unidades)	$24,500	$(175^a \times \$80)$	$+ (175^a \times \$60)$
11		Productos en proceso, final (225 unidades):	26,100	$(225^b \times \$80)$	$+ (135^b \times \$60)$
12		Total de costos contabilizados	$50,600	$32,000	$+ \ \$18,600$
13					
14	^{a}Unidades equivalentes terminadas y transferidas fuera del proceso de la ilustración 17-1, paso 2.				
15	^{b}Unidades equivalentes en el inventario final de productos en proceso de la ilustración 17-1, paso 2.				

Para destacar la importancia de usar unidades equivalentes en los cálculos del costo unitario, compare los costos de conversión para enero y febrero de 2012. Los costos totales de conversión de $18,600 para las 400 unidades procesadas durante febrero son menores que los costos de conversión de $24,000 para las 400 unidades que se produjeron en enero.

Sin embargo, en este ejemplo, los costos de conversión para ensamblar totalmente una unidad son de $60 tanto en enero como en febrero. Los costos totales de conversión son más bajos en febrero porque un menor número de unidades equivalentes en cuanto a la aplicación del costo de conversión se terminaron en febrero (310), en comparación con enero (400). Utilizar las unidades físicas en vez de las unidades equivalentes en el cálculo por unidad habría conducido a la conclusión errónea de que los costos de conversión por unidad disminuyeron de $60 en enero a $46.50 ($18,600 × 400 unidades) en febrero. Este costeo incorrecto podría haber impulsado a Pacific Electronics a suponer que se habían logrado mayores eficiencias en el procesamiento y la disminución en el precio del SG-40, por ejemplo, cuando de hecho los costos no disminuyeron.

El **paso 5** de la ilustración 17-2 asigna estos costos a las unidades terminadas y transferidas, y a las unidades que todavía están en proceso al final de febrero de 2012. La idea es asignar cantidades en dólares a las unidades de producción equivalentes para los materiales directos, y para los costos de conversión de: *a*) las unidades terminadas y *b*) el inventario final de productos en proceso, como se cálculo en la ilustración 17-1, paso 2. *Las unidades producidas equivalentes para cada insumo se multiplican por el costo por unidad equivalente, como se calculó en el paso 4 de la ilustración 17-2.* Por ejemplo, los costos asignados a las 225 unidades físicas en el inventario final de productos en proceso son:

Costos de materiales directos de 225 unidades equivalentes (ilustración 17-1, paso 2) × $80 de costo por unidad equivalente de materiales directos, como se calculó en el paso 4	$18,000
Costos de conversión de 135 unidades equivalentes (ilustración 17-1, paso 2) × $60 de costo por unidad equivalente de costos de conversión, como se calculó en el paso 4	8,100
Costo total del inventario final de productos en proceso	$26,100

Observe que los costos totales por contabilizar en el paso 3 ($50,600) son iguales a los costos totales contabilizados en el paso 5.

Asientos de diario

Los asientos de diario en los sistemas de costeo por procesos son similares a los asientos que se realizan en los sistemas de costeo por órdenes de trabajo, con respecto a los materiales directos y a los costos de conversión. La principal diferencia es que, en el costeo por procesos, existe una cuenta de productos en proceso para cada proceso. En nuestro ejemplo, tenemos cuentas para productos en proceso —ensamblado y productos en proceso— y para pruebas. Pacific Electronics compra los materiales directos según los va necesitando. Estos materiales se entregan directamente al departamento de ensamblado.

Empleando las cantidades de la ilustración 17-2, los asientos de diario resumidos para febrero son como sigue:

1. Productos en proceso: ensamblado   32,000
      Control de cuentas por pagar   32,000
      Para registrar los materiales directos que se compraron
      y se usaron en la producción durante febrero.

2. Productos en proceso: ensamblado   18,600
      Cuentas varias como control de sueldos por pagar   18,600
      y depreciación acumulada
      Para registrar los costos de conversión de febrero; algunos
      ejemplos incluyen energía, suministros de manufactura, toda
      la mano de obra de manufactura y depreciación de la planta.

3. Productos en proceso: pruebas   24,500
      Productos en proceso: ensamblado   24,500
      Para registrar el costo de los bienes terminados y transferidos
      desde ensamblado hasta pruebas durante febrero.

La ilustración 17-3 presenta un marco de referencia general para el flujo de costos a través de cuentas-T. Observe la manera en que el asiento 3 por $24,500 sigue la transferencia física de bienes, desde el departamento de ensamblado hasta el departamento de pruebas. La cuenta-T, productos en proceso-ensamblado, muestra el saldo final de $26,100 de febrero de 2012, el cual es el saldo inicial de productos en proceso-ensamblado en marzo de 2012. Es importante asegurarse de que todos los costos se hayan contabilizado, así como de que el inventario final del mes actual sea el inventario inicial del mes siguiente.

> ◀ **Punto de decisión**
>
> ¿Cuáles son los cinco pasos de un sistema de costeo por procesos y cómo se calculan las unidades equivalentes?

Caso 3: Costeo por procesos con un poco de inventario inicial y un poco de inventario final de productos en proceso

A principios de marzo de 2012, Pacific Electronics tenía 225 unidades SG-40 parcialmente ensambladas en el departamento de ensamblado. Empezó la producción de otras 275 unidades en marzo. Los datos del departamento de ensamblado para marzo son:

	A	B	C	D	E
1		Unidades físicas (SG-40) (1)	Materiales directos (2)	Costos de conversión (3)	Costos totales (4) = (2) + (3)
2	Productos en proceso, inventario inicial (1 de marzo)	225	$18,000[a]	$8,100[a]	$26,100
3	Grado de avance de productos en proceso inicial		100%	60%	
4	Empezados durante marzo	275			
5	Terminados y transferidos fuera del proceso durante marzo	400			
6	Productos en proceso, inventario final (31 de marzo)	100			
7	Grado de avance del inventario final de productos en proceso		100%	50%	
8	Costos totales agregados durante marzo		$19,800	$16,380	$36,180
9					
10					
11	[a] Productos en proceso, inventario inicial (es igual a productos en proceso, inventario final de febrero).				
12	Materiales directos: 225 unidades físicas × 100% terminadas × $80 por unidad = $18,000				
13	Costos de conversión: 225 unidades físicas × 60% terminadas × $60 por unidad = $8,100				

Pacific Electronics tiene ahora unidades incompletas tanto en el inventario inicial como en el final de productos en proceso para marzo de 2012. Todavía podemos usar los cinco pasos que se describieron anteriormente para calcular: **1.** los costos de las unidades terminadas y transferidas, y **2.** el costo del inventario final de productos en proceso. Sin embargo, para asignar los costos a cada una de estas categorías, primero necesitamos elegir un método de evaluación de inventarios. A continuación describimos el enfoque de cinco pasos para dos métodos de importancia: el *método del*

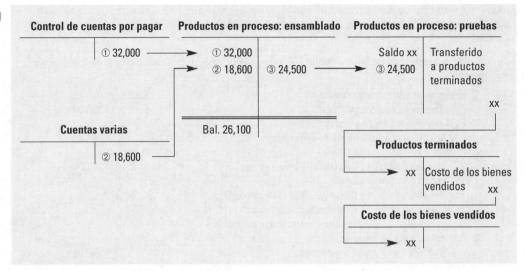

promedio ponderado, y el método de primeras entradas primeras salidas. Estos distintos métodos de evaluación dan como resultado diferentes cantidades para el costo de las unidades terminadas y para el inventario final de productos en proceso, cuando el costo unitario de los insumos cambia de un periodo al siguiente.

Método del promedio ponderado

El **método de costeo por procesos por promedio ponderado** calcula el costo por unidad equivalente de todo el *trabajo realizado a la fecha* (indistintamente del periodo contable en el cual se haya realizado) y asigna este costo a las unidades equivalentes terminadas y transferidas fuera del proceso y a las unidades equivalentes en el inventario final de productos en proceso. El costo promedio ponderado es el total de todos los costos que ingresan a la cuenta de productos en proceso (indistintamente de que los costos provengan del inventario inicial de productos en proceso o del trabajo iniciado durante el periodo actual), dividido entre el total de unidades equivalentes para el trabajo realizado a la fecha. A continuación describimos el método del promedio ponderado usando el procedimiento de cinco pasos que se presentó en la p. 610.

Paso 1: Resumir el flujo de unidades físicas producidas. La columna de unidades físicas de la ilustración 17-4 muestra de dónde vinieron las unidades —225 unidades provenientes del inventario inicial y 275 unidades empezadas durante el periodo actual— y a dónde fueron —400 unidades terminadas y transferidas fuera del proceso y 100 unidades en el inventario final.

Paso 2: Calcular la producción en términos de unidades equivalentes. El costo promedio ponderado del inventario se calcula fusionando los costos del inventario inicial y los costos de manufactura de un periodo, y dividiéndolos entre el número total de unidades en el inventario inicial y las unidades producidas durante el periodo contable. Aplicamos el mismo concepto aquí, excepto que el cálculo

	A	B	C	D
1		(Paso 1)	(Paso 2)	
2			Unidades equivalentes	
3	Flujo de producción	Unidades físicas	Materiales directos	Costos de conversión
4	Productos en proceso, inicial (dado, p. 613)	225		
5	Iniciados durante el periodo actual (dado, p. 613)	275		
6	Pendiente de contabilizar	500		
7	Terminado y transferido durante el periodo actual	400	400	400
8	Productos en proceso, final ª (dado, p. 613)	100		
9	(100 × 100%; 100 × 50%)		100	50
10	Contabilizado	500		
11	Unidades equivalentes del trabajo realizado a la fecha		500	450
12				
13	ª Grado de avance en este departamento; materiales directos, 100%; costos de conversión, 50 por ciento.			

de las unidades —en este caso las unidades equivalentes— se hace de una manera distinta. Usamos la relación que se muestra en la siguiente ecuación:

Unidades equivalentes en el inventario inicial de productos en proceso	+	Unidades equivalentes realizado en el periodo actual	=	Unidades equivalentes terminadas y transferidas en el periodo actual	+	Unidades equivalentes en el inventario final de productos en proceso

Aunque nos interesa calcular el lado izquierdo de la ecuación anterior, es más fácil calcular esta suma empleando su lado derecho: **1.** unidades equivalentes terminadas y transferidas en el periodo actual más **2.** unidades equivalentes en el inventario final de productos en proceso. *Observe que la etapa de terminación del inventario inicial de productos en proceso del periodo actual no se utiliza en este cálculo.*

Las columnas de unidades equivalentes de la ilustración 17-4 muestran las unidades equivalentes del trabajo realizado a la fecha: 500 unidades equivalentes de materiales directos y 450 unidades equivalentes de costos de conversión. Todas las unidades terminadas y transferidas se encuentran terminadas al 100% tanto en materiales directos como en costos de conversión. Las unidades parcialmente terminadas en el inventario final de productos en proceso están terminadas al 100% en cuanto a materiales directos, ya que dichos materiales se introducen al inicio del proceso, y están terminadas al 50% en cuanto a costos de conversión, con base en las estimaciones efectuadas por el gerente del departamento de ensamblado.

Paso 3: Resumir los costos totales por contabilizar: La ilustración 17-5 presenta el paso 3. Los costos totales por contabilizar en marzo de 2012 se describen en los datos del ejemplo de la p. 615: inventario inicial de productos en proceso, $26,100 (materiales directos, $18,000, más costos de conversión, $8,100), más costos agregados durante marzo, $36,180 (materiales directos, $19,800, más costos de conversión, $16,380). El total de estos costos es de $62,280.

Paso 4: Calcular el costo por unidad equivalente. La ilustración 17-5, paso 4, muestra el cálculo del costo promedio ponderado por unidad equivalente, para los materiales directos y para los costos de conversión. El costo promedio ponderado por unidad equivalente se obtiene dividiendo la suma de los costos para el inventario inicial de productos en proceso más los costos por los trabajos realizados en el periodo actual, entre el total de unidades equivalentes del trabajo realizado a la fecha.

Ilustración 17-5 Pasos 3, 4 y 5: Resumen de los costos totales por contabilizar, cálculo del costo por unidad equivalente, y asignación de los costos totales a las unidades terminadas y a las unidades en el inventario final de productos en proceso, usando el método del promedio ponderado para el costeo por procesos del departamento de ensamblado en Pacific Electronics, marzo de 2012

	A	B	C	D	E
1			Total de costos de producción	Materiales directos	Costos de conversión
2	**(Paso 3)**	Productos en proceso, inicial (dado, p. 613)	$26,100	$18,000	$ 8,100
3		Costos agregados en el periodo actual (dado, p. 613)	36,180	19,800	16,380
4		Total de costos por contabilizar	$62,280	$37,800	$24,480
5					
6	**(Paso 4)**	Costos generados a la fecha		$37,800	$24,480
7		Divididos entre las unidades equivalentes del trabajo realizado a la fecha (ilustración 17-4)		÷ 500	÷ 450
8		Costo por unidad equivalente del trabajo realizado a la fecha		$ 75.60	$ 54.40
9					
10	**(Paso 5)**	Asignación de costos:			
11		terminado y transferido fuera del proceso (400 unidades)	$52,000	(400[a] × $75.60)	+(400[a] × $54.40)
12		Productos en proceso, final (100 unidades)	10,280	(100[b] × $75.60)	+ (50[b] × $54.40)
13		Total de costos contabilizados	$62,280	$37,800	+ $24,480
14					
15		[a] Unidades equivalentes terminadas y transferidas de la ilustración 17-4, paso 2.			
16		[b] Unidades equivalentes en el inventario final de productos en proceso de la ilustración 17-4, paso 2			

Cuando se calcula el promedio ponderado del costo de conversión por unidad equivalente en la ilustración 17-5, por ejemplo, dividimos los costos totales de conversión, $24,480 (inventario inicial de productos en proceso, $8,100, más el trabajo realizado en el periodo actual, $16,380), entre el total de unidades equivalentes del trabajo realizado a la fecha, 450 (unidades equivalentes de costos de conversión en el inventario inicial de productos en proceso y en el trabajo realizado en el periodo actual), para obtener el costo promedio ponderado por unidad equivalente de $54.40.

Paso 5: Asignar los costos totales a las unidades terminadas y a las unidades que haya en el inventario final de productos en proceso. El paso 5 de la ilustración 17-5 toma las unidades equivalentes terminadas y transferidas, así como las unidades equivalentes en el inventario final de productos en proceso que se calculó en la ilustración 17-4, paso 2, y les asigna montos en dólares usando el costo promedio ponderado por unidad equivalente, para los materiales directos y para los costos de conversión que se calcularon en el paso 4. Por ejemplo, los costos totales de las 100 unidades físicas en el inventario final de productos en proceso son:

Materiales directos:
    100 unidades equivalentes × costo promedio ponderado por unidad equivalente de $75.60 $ 7,560
Costos de conversión:
    50 unidades equivalentes × costo promedio ponderado por unidad equivalente de $54.40   2,720
Total de costos del inventario final de productos en proceso $10,280

La siguiente ilustración resume los costos totales por contabilizar ($62,280) y la manera en que se contabilizan en la ilustración 17-5. Las flechas indican que los costos de las unidades terminadas y transferidas y de las unidades en el inventario final de productos en proceso se calculan usando el promedio ponderado de los costos totales obtenidos después de fusionar los costos del inventario inicial de productos en proceso y los costos agregados en el periodo actual.

Costos por contabilizar		Costos contabilizados y calculados con base en un promedio ponderado	
Inventario inicial de productos en proceso	$26,100	Terminados y transferidos fuera del proceso	$52,000
Costos agregados en el periodo actual	36,180	Inventario final de productos en proceso	10,280
Total de costos por contabilizar	$62,280	Total de costos contabilizados	$62,280

Antes de continuar, repase las ilustraciones 17-4 y 17-5 para verificar su comprensión del método del promedio ponderado. Nota: La ilustración 17-4 trata tan solo con unidades físicas y con unidades equivalentes, y no con costos. La ilustración 17-5 presenta los montos de los costos.

Usando los montos de la ilustración 17-5, los asientos de diario resumidos con el método del promedio ponderado para marzo de 2012 en Pacific Electronics son:

1. Productos en proceso: ensamblado   19,800
    Control de cuentas por pagar   19,800
    Para registrar los materiales directos comprados y usados en la producción durante marzo.
2. Productos en proceso: ensamblado   16,380
    Cuentas varias como control de sueldos por pagar y depreciación
    acumulada   16,380
    Para registrar los costos de conversión de marzo; algunos ejemplos incluyen energía, suministros de manufactura, toda la mano de obra de manufactura y depreciación de la planta.
3. Productos en proceso: pruebas   52,000
    Productos en proceso: ensamblado   52,000
    Para registrar el costo de los bienes terminados y transferidos del área de ensamblado al área de pruebas durante marzo.

La cuenta-T de productos en proceso: ensamblado, según el método del promedio ponderado, es como sigue:

Productos en proceso: ensamblado

Inventario inicial, 1 de marzo	26,100	③ Terminado y transferido	52,000
① Materiales directos	19,800	a productos en proceso:	
② Costos de conversión	16,380	pruebas	
Inventario final, 31 de marzo	10,280		

Método de primeras entradas primeras salidas

El **método de primeras entradas primeras salidas** (PEPS) **de costeo por procesos 1.** asigna el costo de las unidades equivalentes del periodo contable anterior en el inventario inicial de productos en proceso a las primeras unidades terminadas y transferidas fuera del proceso, y **2.** asigna el costo de las unidades equivalentes procesadas durante el periodo *actual* primero para completar el inventario inicial, después para empezar y terminar las unidades nuevas y, finalmente, a las unidades del inventario final de productos en proceso. El método PEPS supone que las unidades equivalentes más recientes en productos proceso se terminan primero.

Una característica distintiva del método PEPS en el costeo por procesos es que el trabajo realizado en el inventario inicial antes del periodo actual se mantiene separado del trabajo realizado en el periodo actual. Los costos generados y las unidades producidas en el periodo actual se utilizan para calcular el costo por unidad equivalente del trabajo realizado en el periodo actual. En contraste, los cálculos de las unidades equivalentes y del costo por unidad equivalente con el método del promedio ponderado *fusionan* las unidades y los costos del inventario inicial, con las unidades y los costos del trabajo realizado en el periodo actual.

A continuación describiremos el método de PEPS y, para ello, utilizaremos el procedimiento de cinco pasos que se introdujo en la p. 610.

Paso 1: Resumir el flujo de unidades físicas producidas. La ilustración 17-6, paso 1, da seguimiento al flujo de unidades físicas producidas. Las siguientes observaciones ayudan a explicar el cálculo de las unidades físicas con el método de PEPS para Pacific Electronics.

■ Las primeras unidades físicas que se supone que se terminaron y se transfirieron durante el periodo son las 225 unidades del inventario inicial de productos en proceso.

■ Los datos de marzo, de la p. 613, indican que 400 unidades físicas se terminaron durante marzo. El método de PEPS supone que de estas 400 unidades, 175 unidades (400 unidades – 225 unidades del inventario inicial de productos en proceso) deben haberse iniciado y terminado durante marzo.

■ El inventario final de productos en proceso consiste en 100 unidades físicas: las 275 unidades físicas iniciadas menos las 175 unidades que se iniciaron y se terminaron.

■ Las unidades físicas "por contabilizar" son iguales a las unidades físicas "contabilizadas" (500 unidades).

Paso 2: Calcular la producción en términos de unidades equivalentes. La ilustración 17-6 también presenta los cálculos para el paso 2 con el método de PEPS. *Los cálculos de las unidades equivalentes para cada categoría de costos se concentran en las unidades equivalentes del trabajo realizado únicamente en el periodo actual (marzo).*

Según el método de PEPS, las unidades equivalentes del trabajo efectuado en marzo sobre el inventario inicial de productos en proceso son iguales a 225 unidades físicas multiplicadas por *el porcentaje del trabajo que falta por hacer en marzo para completarlas*: 0% para los materiales directos, ya que el inventario inicial de productos en proceso está terminado al 100% con respecto a los materiales directos, y 40% para los costos de conversión, porque el inventario inicial de productos en proceso está terminado al 60% con respecto a los costos de conversión. Los resultados son de 0 (0% × 225) unidades equivalentes para materiales directos y 90 (40% × 225) unidades equivalentes para los costos de conversión.

Las unidades equivalentes del trabajo realizado sobre las 175 unidades físicas iniciadas y terminadas son iguales a 175 unidades multiplicadas por 100%, tanto para los materiales directos como para los costos de conversión, ya que todo el trabajo sobre estas unidades se realiza en el periodo actual.

Las unidades equivalentes del trabajo realizado sobre las 100 unidades del inventario final de productos en proceso son iguales a 100 unidades físicas multiplicadas por 100% para los materiales directos (porque todos los materiales directos para estas unidades se agregan en el periodo actual) y por 50% para los costos de conversión (porque el 50% del trabajo de los costos de conversión sobre estas unidades se hace en el periodo actual).

Paso 3: Resumir los costos totales por contabilizar. La ilustración 17-7 presenta el paso 3 y resume los costos totales por contabilizar en marzo de 2012 (inventario inicial de productos en proceso y costos agregados en el periodo actual), los cuales son de $62,280, como se describe en los datos del ejemplo (p. 613).

Paso 4: Calcular el costo por unidad equivalente. La ilustración 17-7 muestra el cálculo del paso 4 para el costo por unidad equivalente en relación con el *trabajo realizado en el periodo actual tan solo* para los materiales directos y los costos de conversión. Por ejemplo, los costos de conversión por unidad equivalente de $52 se obtienen dividiendo los costos de conversión del periodo actual de $16,380 entre las unidades equivalentes del costo de conversión del periodo actual, que son 315.

Ilustración 17-6

Pasos 1 y 2: Resumen de la producción en unidades físicas y cálculo de la producción en términos de unidades equivalentes, usando el método de PEPS para el costeo por procesos en el departamento de ensamblado de Pacific Electronics, marzo de 2012

	A	B	C	D
1		**(Paso 1)**	**(Paso 2)**	
2			**Unidades equivalentes**	
3	**Flujo de producción**	**Unidades físicas**	**Materiales directos**	**Costos de conversión**
4	Productos en proceso, inicial (dado, p. 613)	225	(trabajo realizado antes del periodo actual)	
5	Iniciado durante el periodo actual (dado, p. 613)	275		
6	Por contabilizar	500		
7	Terminado y transferido fuera del proceso durante el periodo actual:			
8	Del inventario inicial de productos en proceso[a]	225		
9	[225 × (100% − 100%); 225 × (100% − 60%)]		0	90
10	Iniciado y terminado	175[b]		
11	(175 × 100%; 175 × 100%)		175	175
12	Productos en proceso, final[c] (dado, p. 613)	100		
13	(100 × 100%; 100 × 50%)		100	50
14	Contabilizado	500		
15	Unidades equivalentes del trabajo realizado en el periodo actual		275	315
16				
17	[a]Grado de avance en este departamento; materiales directos, 100%; costos de conversión, 60 por ciento.			
18	[b]400 unidades físicas terminadas y transferidas menos 225 unidades físicas terminadas			
19	y transferidas fuera del proceso, a partir del inventario inicial de productos en proceso.			
20	[c]Grado de avance en este departamento: materiales directos, 100%; costos de conversión, 50 por ciento.			

Paso 5:   Asignar los costos totales a las unidades terminadas y a las unidades en el inventario final de productos en proceso. La ilustración 17-7 muestra la asignación de costos con el método de PEPS. Los costos de los trabajos realizados durante el periodo actual se asignan: **1.** al trabajo adicional realizado para terminar el inventario inicial de productos en proceso, **2.** al trabajo realizado sobre las unidades iniciadas y terminadas durante el periodo actual y, finalmente, **3.** al inventario final de productos en proceso. *El paso 5 toma cada cantidad de unidades equivalentes calculadas en la ilustración 17-6, paso 2, y les asigna los montos en dólares (usando los cálculos del costo por unidad equivalente en el paso 4).* La meta consiste en usar el costo del trabajo realizado en el periodo actual para determinar los costos totales de todas las unidades terminadas, a partir del inventario inicial y del trabajo iniciado y terminado en el periodo actual, y los costos del inventario final de productos en proceso.

De las 400 unidades terminadas, 225 unidades provienen del inventario inicial, y 175 unidades se inician y terminan durante marzo. El método de PEPS empieza asignando los costos del inventario inicial de productos en proceso de $26,100 a las primeras unidades terminadas y transferidas. Como vimos en el paso 2, se necesita una cantidad de 90 unidades equivalentes de costos de conversión para terminar estas unidades en el periodo actual. Los costos de conversión del periodo actual por unidad equivalente son de $52 y, por lo tanto, se incurre en $4,680 (90 unidades equivalentes × $52 por unidad equivalente) de costos adicionales para terminar el inventario inicial. Los costos de producción totales para las unidades del inventario inicial son de $26,100 + $4,680 = $30,780. Las 175 unidades iniciadas y terminadas en el periodo actual consisten en 175 unidades equivalentes de materiales directos y 175 unidades equivalentes de costos de conversión. Estas unidades se costean al costo por unidad equivalente en el periodo actual (materiales directos, $72, y costos de conversión, $52), lo cual genera un costo de producción total de $21,700 [175 × ($72 + $52)].

Con el PEPS, el inventario final de productos en proceso surge de las unidades que se iniciaron, pero que no se terminaron totalmente durante el periodo actual. Los costos totales de las 100 unidades físicas parcialmente ensambladas en el inventario final de productos en proceso son:

Materiales directos:

100 unidades equivalentes × $72 de costo por unidad equivalente en marzo $7,200

Costos de conversión:

50 unidades equivalentes × $52 de costo por unidad equivalente en marzo   2,600

Costo total de productos en proceso al 31 de marzo $9,800

La siguiente ilustración resume los costos totales por contabilizar y los costos contabilizados de $62,280 en la ilustración 17-7. Observe cómo usando el método de PEPS, las capas del inventario inicial de productos en proceso y los costos agregados en el periodo actual se mantienen en forma separada.

Las flechas indican adónde van los costos de cada capa, es decir, a las unidades terminadas y transferidas, o al inventario final de productos en proceso. Asegúrese de incluir los costos del inventario

Ilustración 17-7 Pasos 3, 4 y 5: Resumen de los costos totales por contabilizar, cálculo del costo por unidad equivalente, y asignación de los costos totales a las unidades terminadas y a las unidades en el inventario final de productos en proceso, usando el método de PEPS para el costeo por procesos del departamento de ensamblado en Pacific Electronics, marzo de 2012.

	A	B	C	D	E
1			Costos de producción totales	Material directo	Costos de conversión
2	(Paso 3)	Productos en proceso, inicial (dado, p. 613)	$26,100	$18,000	$ 8,100
3		Costos agregados en el periodo actual (dado, p. 613)	36,180	19,800	16,380
4		Costos totales por contabilizar	$62,280	$37,800	$24,480
5					
6	(Paso 4)	Costos agregados en el periodo actual		$19,800	$16,380
7		Divididos entre las unidades equivalentes del trabajo realizado en el periodo actual (ilustración 17-6)		÷ 275	÷ 315
8		Costo por unidad equivalente del trabajo realizado en el periodo actual		$ 72	$ 52
9					
10	(Paso 5)	Asignación de costos:			
11		Terminado y transferido (400 unidades):			
12		Productos en proceso, inicial (225 unidades)	$26,100	$18,000 +	$8,100
13		Costos agregados al inventario inicial de productos en proceso en el periodo actual	4,680	$(0^a \times \$72)$ +	$(90^a \times \$52)$
14		Total del inventario inicial	30,780		
15		Iniciado y terminado (175 unidades)	21,700	$(175^b \times \$72)$ +	$(175^b \times \$52)$
16		Costos totales de las unidades terminadas y transferidas	52,480		
17		Productos en proceso, final (100 unidades):	9,800	$(100^c \times \$72)$ +	$(50^c \times \$52)$
18		Costos totales contabilizados	$62,280	$37,800 +	$24,480
19					
20		[a]Unidades equivalentes usadas para terminar el inventario inicial de productos en proceso según la ilustración 17-6, paso 2.			
21		[b]Unidades equivalentes iniciadas y terminadas de acuerdo con la ilustración 17-6, paso 2.			
22		[c]Unidades equivalentes en el inventario final de productos en proceso según la ilustración 17-6, paso 2.			

inicial de productos en proceso ($26,100) cuando se calculen los costos de las unidades terminadas a partir del inventario inicial.

Costos por contabilizar		Costos contabilizados y calculados con base en el PEPS	
		terminados y transferidos	
Inventario inicial de productos en proceso	$26,100	Inventario inicial de productos en proceso	$26,100
Costos agregados en el periodo actual	36,180	Usado para completar el inventario inicial de productos en proceso	4,680
		Iniciados y terminados	21,700
		Terminados y transferidos	52,480
		Inventario final de productos en proceso	9,800
Costos totales por contabilizar	$62,280	Costos totales contabilizados	$62,280

Antes de continuar, repase las Ilustraciones 17-6 y 17-7 para verificar su comprensión del método de PEPS. Nota: La ilustración 17-6 trata únicamente con las unidades físicas y las unidades equivalentes, y no con los costos. La ilustración 17-7 muestra las cantidades de los costos.

Los asientos de diario con el método de PEPS son idénticos a los asientos de diario con el método del promedio ponderado, excepto por una diferencia. El asiento para registrar el costo de los bienes terminados y transferidos sería de $52,480 con el método de PEPS, en vez de $52,000 con el método del promedio ponderado.

Es importante tener presente que el método de PEPS se aplica dentro de cada departamento para compilar los costos de las unidades *transferidas salientes*. Sin embargo, como regla práctica, las unidades *transferidas entrantes* durante un periodo determinado generalmente se llevan a un solo costo unitario promedio. Por ejemplo, el departamento de ensamblado usa el PEPS en el ejemplo anterior para distinguir entre los lotes mensuales de producción. El costo promedio resultante de las unidades transferidas al departamento de ensamblado es de $52,480 ÷ 400 unidades = $131.20 por unidad del SG-40. Sin embargo, el departamento que sigue, el departamento de pruebas, costea estas unidades (que consisten en los costos en que se incurrió tanto en febrero como en marzo) a un costo unitario promedio ($131.20 en esta ilustración). Si no se realizara tal aplicación del promedio, el intento por dar seguimiento a los costos con una base estrictamente de PEPS a lo largo de toda una serie de procesos sería una tarea muy engorrosa. En consecuencia, el método de PEPS debería en realidad llamarse método de PEPS *modificado* o método de PEPS *departamental*.

Comparación del método del promedio ponderado y del método de PEPS

Considere el resumen de los costos asignados a las unidades terminadas y a las unidades que todavía están en proceso con los métodos de costeo por procesos del promedio ponderado y de PEPS en nuestro ejemplo para marzo de 2012:

	Promedio ponderado (de la ilustración 17-5)	PEPS (de la ilustración 17-7)	Diferencia
Costo de las unidades terminadas y transferidas	$52,000	$52,480	+ $480
Productos en proceso, final	10,280	9,800	− $480
Total de costos contabilizados	$62,280	$62,280	

El inventario final de acuerdo con el promedio ponderado es mayor que el inventario final con el PEPS en $480 o 4.9% ($480 ÷ $9,800 = 0.049 o 4.9%). Esto sería una diferencia significativa, si se agregara sobre los muchos miles de productos que fabrica Pacific Electronics. Cuando se venden las unidades terminadas, el método del promedio ponderado de nuestro ejemplo conduce a un costo de ventas más bajo y, por consiguiente, a una utilidad en operación más alta y a impuestos sobre utilidades más altos, en comparación con el método de PEPS. Para saber por qué el método del promedio ponderado genera un menor costo en las unidades terminadas, recuerde los datos de la p. 613. El costo de los materiales directos por unidad equivalente en el inventario inicial de productos en proceso es de $80, y el costo de conversión por unidad equivalente en el inventario inicial de productos en proceso es de $60. Estos costos son mayores, respectivamente, que el costo de $72 de los materiales directos y el costo de conversión de $52 por unidad equivalente del trabajo realizado durante el periodo actual. Los costos del periodo actual podrían ser menores debido a una disminución en los precios de los materiales directos y de los insumos del costo de conversión, o bien, como resultado de que Pacific Electronics se vuelva más eficiente en su proceso mediante el uso de menores cantidades de insumos por unidad producida o ambas cuestiones.

Para el departamento de ensamblado, el PEPS supone que: **1.** todas las unidades con un mayor costo, provenientes del periodo anterior en el inventario inicial de productos en proceso, son las primeras en terminarse y transferirse hacia afuera del proceso; y **2.** el inventario final de productos en proceso consiste únicamente en las unidades con un menor costo del periodo actual. Sin embargo, el método del promedio ponderado uniforma los costos por unidad equivalente, suponiendo que: **1.** una mayor cantidad de las unidades con menor costo se terminan y se transfieren, y **2.** una parte de las unidades con mayores costos se colocan en el inventario final de productos en proceso. La disminución en el costo por unidad equivalente del periodo actual da como resultado un costo más bajo para las unidades terminadas y transferidas, y un inventario final de productos en proceso más alto con el método del promedio ponderado que con el método de PEPS.

El costo de las unidades terminadas y, por consiguiente, la utilidad en operación pueden diferir en forma sustancial entre el método del promedio ponderado y el método de PEPS, cuando: **1.** los materiales directos o el costo de conversión por unidad equivalente varían en forma significativa de un periodo a otro, y **2.** los niveles de inventario físico de productos en proceso son grandes en relación con el número total de unidades transferidas hacia el exterior del proceso. A medida que las compañías se desplacen hacia contratos de adquisición a largo plazo capaces de reducir las diferencias en los costos unitarios de un periodo a otro, y a medida que disminuyan los niveles del inventario, disminuirá la diferencia en el costo de las unidades terminadas con el método del promedio ponderado y el método de PEPS.[3]

---

[3] Por ejemplo, suponga que el inventario inicial de productos en proceso para marzo fuera de 125 unidades físicas (en vez de 225), y suponga que los costos por unidad equivalente del trabajo realizado en el periodo actual (marzo) fueran: materiales directos $75; y costos de conversión, $55. Suponga que todos los demás datos para marzo son los mismos que los de nuestro ejemplo. En este caso, el costo de las unidades terminadas y transferidas sería de $52,833 con el método del promedio ponderado y de $53,000 con el método de PEPS. El inventario final de productos en proceso sería de $10,417 con el método del promedio ponderado y de $10,250 con el método de PEPS (los cálculos no se muestran aquí). Estas diferencias son mucho menores que en el ejemplo del capítulo. El inventario final calculado por promedio ponderado es más alto que el inventario final calculado por el método de PEPS en tan solo $167 ($10,417 − $10,250), o 1.6% ($167 ÷ $10,250 = 0.016, o 1.6%), en comparación con un 4.9% más alto en el ejemplo del capítulo.

Los gerentes usan la información proveniente de los sistemas de costeo por procesos como ayuda en las decisiones de fijación de precio y de mezcla de productos, así como para obtener retroalimentación acerca de su desempeño. El PEPS brinda a los gerentes información acerca de los cambios en los costos por unidad de un periodo al siguiente. Los gerentes pueden usar esta información para ajustar los precios de venta según las condiciones actuales (por ejemplo, con base en el costo de $72 de los materiales directos y de $52 en los costos de conversión durante marzo). También pueden evaluar con mayor facilidad el desempeño en el periodo actual, comparado contra un presupuesto o en relación con el desempeño del periodo anterior (por ejemplo, reconociendo la disminución tanto en los costos de materiales directos como en los costos de conversión en relación con el periodo anterior). Al concentrar la atención en el trabajo realizado y en los costos del trabajo realizado durante el periodo actual, el método de PEPS brinda información de utilidad para tales propósitos de planeación y de control.

El método del promedio ponderado se fusiona con los costos unitarios provenientes de distintos periodos contables, y ello oscurece las comparaciones de un periodo a otro. Por ejemplo, el método del promedio ponderado conduciría a los gerentes de Pacific Electronics a tomar decisiones con base en los costos de los materiales directos de $75.60 y en los costos de conversión de $54.40, en vez de los costos de $72 y $52 que prevalecieron en el periodo actual. Sin embargo, las ventajas del método del promedio ponderado son su facilidad relativa de cálculo y el hecho de que reporta un costo unitario promedio más representativo, cuando los precios de los insumos fluctúan de manera importante de un mes al siguiente.

El costeo basado en actividades juega un rol fundamental en nuestro estudio del costeo por órdenes de trabajo, ¿pero cómo se relaciona con el costeo por procesos? Cada proceso —ensamblado, pruebas, etcétera— se podría considerar una actividad (producción) diferente. Sin embargo, no se requiere identificar actividades adicionales dentro de cada proceso, ya que los productos son homogéneos y utilizan recursos de cada proceso de manera uniforme. El resultado final es que el costeo basado en actividades tiene menos aplicabilidad en los escenarios de costeo por procesos. El apéndice ilustra el uso del método de costeo estándar para el departamento de ensamblado.

Costos anteriores en el costeo por procesos

Muchos sistemas de costeo por procesos tienen dos o más departamentos o procesos en el ciclo de producción. A medida que las unidades se desplazan de un departamento a otro, los costos relacionados también se transfieren a través de asientos de diario mensuales. Los **costos anteriores** (también denominados **costos del departamento anterior**) son aquellos que se generan en los departamentos anteriores y que se traspasan como el costo del producto, cuando este se desplaza a un proceso subsiguiente dentro del ciclo de producción.

A continuación ampliamos nuestro ejemplo de Pacific Electronics al departamento de pruebas. A medida que se termina el proceso de ensamblado, el departamento de ensamblado de Pacific Electronics transfiere de inmediato las unidades SG-40 al departamento de pruebas. Los costos de conversión se agregan uniformemente durante el proceso del departamento de pruebas. Al *final del proceso* de pruebas, las unidades reciben materiales directos adicionales, incluyendo el embalaje y otros materiales de empaque para preparar las unidades para el embarque. A medida que las unidades se terminan en el departamento de pruebas, se transfieren de inmediato a productos terminados. El cálculo de los costos del departamento de pruebas consiste en los costos anteriores, así como en los costos de los materiales directos y los costos de conversión que se agregan en el departamento de pruebas.

El siguiente diagrama representa los hechos:

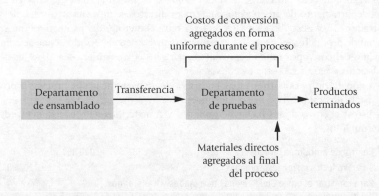

◀ **Punto de decisión**

En el costeo por procesos, ¿en qué consiste el método del promedio ponderado y el método de primeras entradas primeras salidas (PEPS)? ¿En qué condiciones darán diferentes niveles de utilidad en operación?

Objetivo de aprendizaje 5

Aplicar los métodos de costeo por procesos a las situaciones que incluyen costos anteriores

. . . usando el método del promedio ponderado y el método de PEPS

Los datos del departamento de pruebas para marzo de 2012 son los siguientes:

	A	B	C	D	E
1		Unidades físicas (SG-40)	Costos anteriores	Materiales directos	Costos de conversión
2	Productos en proceso, inventario inicial (1 de marzo)	240	$33,600	$ 0	$18,000
3	Grado de avance del inventario inicial de productos en proceso		100%	0%	62.5%
4	Transferido en forma interna durante marzo	440			
5	Terminado y transferido fuera del proceso en marzo	440			
6	Productos en proceso, inventario final (31 marzo)	200			
7	Grado de avance del inventario final de productos en proceso		100%	0%	80%
8	Total de costos agregados durante marzo				
9	Materiales directos y costos de conversión			$13,200	$48,600
10	Transferido en forma interna (promedio ponderado de la ilustración 17-5)[a]		$52,000		
11	Transferido en forma interna (PEPS de la ilustración 17-7)[a]		$52,480		
12					
13	[a]Los costos anteriores durante marzo son diferentes con el método del promedio ponderado (ilustración 17-5) y con el método de PEPS (ilustración 17-7). En nuestro ejemplo, el inventario inicial de productos en proceso, $51,600 ($33,600 + $0 + $18,000) es el mismo tanto con el método del promedio ponderado como con el método de PEPS, porque suponemos que los costos por unidad equivalente son los mismos tanto en enero como en febrero. Si los costos por unidad equivalente hubieran sido distintos en los dos meses, el inventario de productos en proceso a finales de febrero (inventario inicial de marzo) se habría costeado de una manera distinta con el método del promedio ponderado y con el método de PEPS. Sin embargo, el enfoque básico para el costeo por procesos con costos anteriores sería todavía el mismo que el que describimos en esta sección.				

Los costos anteriores se tratan como si fueran un tipo separado del material directo agregado al inicio del proceso. Es decir, los costos anteriores siempre se encuentran terminados al 100% al inicio del proceso en el nuevo departamento. Cuando intervienen varios departamentos sucesivos, las unidades transferidas a partir de un departamento se vuelven la totalidad o una parte de los materiales directos del siguiente departamento; sin embargo, se les denomina costos anteriores y no costos de los materiales directos.

Costos anteriores y el método del promedio ponderado

Para examinar el método del promedio ponderado en el costeo por procesos con costos anteriores, usamos el procedimiento de cinco pasos que ya se describió (p. 610), con la finalidad de asignar los costos del departamento de pruebas a las unidades terminadas y transferidas fuera del proceso, así como a las unidades que hay en el inventario final de productos en proceso.

La ilustración 17-8 muestra los pasos 1 y 2. Los cálculos son similares a aquellos de las unidades equivalentes con el método del promedio ponderado para el departamento de ensamblado de acuerdo con la ilustración 17-4. Aquí la única diferencia es que tenemos a los costos anteriores como un insumo adicional. Todas las unidades, indistintamente de que se hayan terminado y transferido fuera del proceso durante el periodo o que se encuentren en el inventario final de productos en proceso, siempre están totalmente completas con respecto a los costos anteriores. La razón es que los costos anteriores se refieren a los costos en que se incurre en el departamento de ensamblado, y cualesquiera unidades que se reciban en el departamento de pruebas deben haberse terminado primero en el departamento de ensamblado. Sin embargo, los costos de los materiales directos tienen un grado de avance de cero tanto en el inventario inicial como en el final de productos en proceso ya que, en el departamento de pruebas, los materiales directos se introducen al *final* del proceso.

La ilustración 17-9 describe los pasos 3, 4 y 5 para el método del promedio ponderado. El inventario inicial de productos en proceso y el trabajo realizado en el periodo actual se combinan para fines del cálculo del costo por unidad equivalente para los costos anteriores, para los costos de los materiales directos y para los costos de conversión.

El asiento de diario para la transferencia que va del departamento de pruebas a productos terminados (véase la ilustración 17-9) es como sigue:

Para registrar el costo de los bienes terminados y transferidos del departamento de pruebas a productos terminados.

Control de productos terminados	120,890	
Productos en proceso: pruebas		120,890

Para registrar el costo de los bienes terminados y transferidos del departamento de pruebas a productos terminados.

Los asientos de la cuenta de productos en proceso-pruebas (véase la ilustración 17-9) son:

Productos en proceso: pruebas

Inventario inicial, 1 de marzo	51,600	Transferido fuera del proceso	120,890
Costos anteriores	52,000		
Materiales directos	13,200		
Costos de conversión	48,600		
Inventario final, 31 de marzo	44,510		

Ilustración 17-8　Pasos 1 y 2. Resumen de la producción en unidades físicas y cálculo de la producción en unidades equivalentes, usando el método del promedio ponderado del costeo por procesos para el departamento de pruebas en Pacific Electronics, marzo de 2012

	A	B	C	D	E
1		(Paso 1)	(Paso 2)		
2			Unidades equivalentes		
3	Flujo de producción	Unidades físicas	Costos anteriores	Materiales directos	Costos de conversión
4	Productos en proceso, inicial (dado, p. 622)	240			
5	Transferido internamente durante el periodo actual (dado, p. 622)	400			
6	Por contabilizar	640			
7	Terminado y transferido fuera del proceso durante el periodo actual	440	440	440	440
8	Productos en proceso, finalª (dado, p. 622)	200			
9	(200 × 100%; 200 × 0%; 200 × 80%)		200	0	160
10	Contabilizado	640			
11	Unidades equivalentes del trabajo hecho a la fecha		640	440	600
12					
13	ªGrado de avance en este departamento; costos anteriores, 100%; materiales directos, 0%; costos de conversión, 80 por ciento.				

Ilustración 17-9　Pasos 3, 4 y 5: Resumen de los costos totales por contabilizar, cálculo del costo por unidad equivalente, y asignación de los costos totales a las unidades terminadas y a las unidades en el inventario final de productos en proceso, usando el método del promedio ponderado o el costeo por procesos, para el departamento de pruebas de Pacific Electronics, marzo de 2012

	A	B	C	D	E	F
1			Total de costos de producción	Costos anteriores	Materiales directos	Costos de conversión
2	(Paso 3)	Productos en proceso, inicial (dado, p. 622)	$ 51,600	$33,600	$ 0	$18,000
3		Costos agregados en el periodo actual (dado, p. 622)	113,800	52,000	13,200	48,600
4		Costos totales por contabilizar	$165,400	$85,600	$13,200	$66,600
5						
6	(Paso 4)	Costos generados a la fecha		$85,600	$13,200	$66,600
7		Divididos entre las unidades equivalentes del trabajo realizado a la fecha (ilustración 17-8)		÷ 640	÷ 440	÷ 600
8		Costo por unidad equivalente del trabajo realizado a la fecha		$133.75	$ 30.00	$111.00
9						
10	(Paso 5)	Asignación de costos:				
11		Terminados y transferidos fuera del proceso (440 unidades)	$120,890	(440ª × $133.75) +	(440ª × $30) +	(440ª × $111)
12		Productos en proceso, final (200 unidades)	44,510	(200ᵇ × $133.75) +	(0ᵇ × $30) +	(160ᵇ × $111)
13		Total de costos contabilizados	$165,400	$85,600 +	$13,200 +	$66,600
14						
15	ªUnidades equivalentes terminadas y transferidas de acuerdo con la ilustración 17-8, paso 2.					
16	ᵇUnidades equivalentes en el inventario final de productos en proceso de acuerdo con la ilustración 17-8, paso 2.					

Costos anteriores y el método de PEPS

Para examinar el método de PEPS del costeo por procesos con costos anteriores, usamos de nuevo el procedimiento de cinco pasos. La ilustración 17-10 muestra los pasos 1 y 2. Aparte de la consideración de los costos anteriores, los cálculos de las unidades equivalentes son los mismos que los que se aplican usando el método de PEPS para el departamento de ensamblado que se muestra en la ilustración 17-6.

La ilustración 17-11 describe los pasos 3, 4 y 5. En el paso 3, los costos totales por contabilizar de $165,880 con el método de PEPS difieren del monto correspondiente con el método del promedio ponderado, el cual es de $165,400. La razón es la diferencia entre el costo de las unidades terminadas y transferidas en forma interna, a partir del departamento de ensamblado con los dos métodos: $52,480 con el método de PEPS y $52,000 con el método del promedio ponderado. El costo por unidad equivalente para el periodo actual en el paso 4 se calcula con base en los costos anteriores y en el trabajo realizado en el periodo actual únicamente. El paso 5 contabiliza luego los costos totales de $165,880 al asignarlos a las unidades transferidas fuera del proceso y a aquellas unidades en el inventario final de productos en proceso. Una vez más, aparte de la consideración de los costos anteriores, los cálculos reflejan aquellos que se realizaron con el método de PEPS para el departamento de ensamblado que se presenta en la ilustración 17-7.

Recuerde que en una serie de transferencias interdepartamentales, cada departamento se considera como separado y distinto para fines contables. El asiento de diario para la transferencia desde el departamento de pruebas hasta productos terminados (véase la ilustración 17-11) es:

Control de productos terminados	122,360	
Productos en proceso: departamento de pruebas		122,360
Para registrar el costo de los bienes terminados y transferidos del departamento de pruebas al de productos terminados.		

Ilustración 17-10 Pasos 1 y 2: Resumen de la producción en unidades físicas y cálculo de la producción en unidades equivalentes, usando el método de PEPS de costeo por procesos para el departamento de pruebas en Pacific Electronics, marzo de 2012

	A	B	C	D	E
1		(Paso 1)	(Paso 2)		
2			Unidades equivalentes		
3	Flujo de producción	Unidades físicas	Costos anteriores	Materiales directos	Costos de conversión
4	Productos en proceso, inicial (dado, p. 622)	240	(trabajo realizado antes del periodo actual)		
5	Transferido en forma interna durante el periodo actual (dado, p. 622)	400			
6	Por contabilizar	640			
7	Terminado y transferido fuera del proceso durante el periodo actual:				
8	Del inventario inicial de productos en proceso[a]	240			
9	[240 × (100% – 100%); 240 × (100% – 0%); 240 × (100% – 62.5%)]		0	240	90
10	Iniciado y terminado	200[b]			
11	(200 × 100%; 200 × 100%; 200 × 100%)		200	200	200
12	Productos en proceso, final[c] (dado, p. 622)	200			
13	(200 × 100%; 200 × 0%; 200 × 80%)		200	0	160
14	Contabilizado	640			
15	Unidades equivalentes del trabajo realizado en el periodo actual		400	440	450
16					
17	[a]Grado de avance en este departamento: costos anteriores, 100%; materiales directos, 0%; costos de conversión, 62.5%.				
18	[b]440 unidades físicas terminadas y transferidas fuera del proceso menos 240 unidades físicas terminadas y transferidas fuera				
19	del proceso, a partir del inventario inicial de productos en proceso.				
20	[c]Grado de avance en este departamento: costos anteriores, 100%; materiales directos, 0%; costos de conversión, 80 por ciento.				

Ilustración 17-11 Pasos 3, 4 y 5: Resumen de los costos totales por contabilizar, cálculo del costo por unidad equivalente y asignación de los costos totales a las unidades terminadas y a las unidades en el inventario final de productos en proceso, usando el método de PEPS del costeo por procesos, para el departamento de pruebas en Pacific Electronics, marzo de 2012

	A	B	C	D	E	F
1			Costos totales de producción	Costos anteriores	Materiales directos	Costos de conversión
2	**(Paso 3)**	Productos en proceso, inicial (dado, p. 622)	$ 51,600	$33,600	$ 0	$18,000
3		Costos agregados en el periodo actual (dado, p. 622)	114,280	52,480	13,200	48,600
4		Costos totales por contabilizar	$165,880	$86,080	$13,200	$66,600
5						
6	**(Paso 4)**	Costos agregados en el periodo actual		$52,480	$13,200	$48,600
7		Dividido entre las unidades equivalentes del trabajo hecho en el periodo actual (ilustración 17-10)		÷ 400	÷ 440	÷ 450
8		Costo por unidad equivalente del trabajo hecho en el periodo actual		$131.20	$ 30	$ 108
9						
10	**(Paso 5)**	Asignación de costos:				
11		Terminado y transferido fuera del proceso (440 unidades)				
12		Productos en proceso, inicial (240 unidades)	$ 51,600	$33,600 +	$0 +	$18,000
13		Costos agregados al inventario inicial de productos en proceso en el periodo actual	16,920	(0[a] × $131.20) +	(240[a] × $30) +	(90[a] × $108)
14		Total proveniente del inventario inicial	68,520			
15		Iniciado y terminado (200 unidades)	53,840	(200[b] × $131.20)+	(200[b] × $30) +	(200[b] × $108)
16		Costos totales de las unidades terminadas y transferidas fuera del proceso	122,360			
17		Productos en proceso, final (200 unidades)	43,520	(200[c] × $131.20)+	(0[c] × $30) +	(160[c] × $108)
18		Costos totales contabilizados	$165,880	$86,080 +	$13,200 +	$66,600
19						
20	[a]Unidades equivalentes usadas para calcular la producción en proceso inicial de acuerdo con la ilustración 17-10, paso 2.					
21	[b] Unidades equivalentes iniciadas y terminadas de acuerdo con la ilustración 17-10, paso 2.					
22	[c]Unidades equivalentes en el inventario final de productos en proceso según la ilustración 17-10, paso 2					

Los asientos de la cuenta de productos en proceso: departamento de pruebas (véase la ilustración 17-11) son:

Productos en proceso: departamento de pruebas

Inventario inicial, 1 de marzo	51,600	Transferido fuera del proceso	122,360
Costos anteriores	52,480		
Materiales directos	13,200		
Costos de conversión	48,600		
Inventario final, 31 de marzo	43,520		

Puntos a recordar acerca de los costos anteriores

Algunos aspectos que se deben recordar al contabilizar los costos anteriores son los siguientes:

1. Asegúrese de incluir en sus cálculos los costos anteriores resultantes de los departamentos previos.

2. Al calcular los costos por transferirse con base en el PEPS, no omita los costos asignados en el periodo anterior a las unidades que estaban en proceso al inicio del periodo actual, pero que ahora se han incluido en las unidades transferidas. Por ejemplo, no pase por alto los $51,600 de la ilustración 17-11.

3. Los costos unitarios pueden fluctuar entre periodos. Por lo tanto, las unidades transferidas quizá contengan lotes acumulados a diferentes costos unitarios.

Por ejemplo, las 400 unidades transferidas en forma interna a $52,480 en la ilustración 17-11 usando el método de PEPS consisten en unidades con costos unitarios diferentes de materiales directos y de conversión, cuando las unidades se procesaron en el departamento de

Punto de decisión ▶

¿Cómo se aplica el método del promedio ponderado y el método de PEPS del costeo por procesos a los costos anteriores?

ensamblado (véase la ilustración 17-7). Sin embargo, recuerde que cuando tales unidades se transfieren al departamento de pruebas, se costean a *un costo unitario promedio* de $131.20 ($52,480 ÷ 400 unidades), como en la ilustración 17-11.

4. Las unidades se pueden medir en diferentes denominaciones y en departamentos distintos. Considere cada departamento en forma separada. Por ejemplo, los costos unitarios se podrían basar en kilogramos en el primer departamento y en litros en el segundo departamento. Por consiguiente, a medida que se reciban las unidades en el segundo departamento, sus mediciones se tienen que convertir a litros.

Sistemas de costeo híbridos

Objetivo de aprendizaje 6

Entender la necesidad de sistemas de costeo híbridos como el costeo de las operaciones

. . . cuando el costeo de productos no cae dentro de las categorías de costeo por órdenes de trabajo o de costeo por procesos

Los sistemas de costeo de productos no siempre caen nítidamente dentro de las categorías de costeo por órdenes de trabajo o de costeo por procesos. Considere el caso de Ford Motor Company. Los automóviles se pueden manufacturar en un flujo continuo (conveniente para el costeo por procesos); no obstante, algunas unidades individuales se podrían personalizar con una combinación especial de tamaño de motor, transmisión, sistema de audio, etcétera (lo cual requiere de un costeo por órdenes de trabajo). Un **sistema de costeo híbrido** mezcla las características de los sistemas tanto de costeo por órdenes de trabajo como de costeo por procesos. Los sistemas de costeo de los productos con frecuencia se tienen que diseñar para ajustarse a las características particulares de diferentes sistemas de producción. Muchos sistemas de producción son un híbrido: tienen algunas características de la manufactura de órdenes personalizadas y otras características de la fabricación en masa. Las compañías manufactureras que elaboran una variedad relativamente amplia de productos estandarizados estrechamente relacionados (por ejemplo, televisores, lava-vajillas y lava-doras en general) tienden a usar los sistemas de costeo híbridos. La sección Conceptos en acción (p. 627) describe un sistema de costeo híbrido en Adidas. El siguiente apartado explica el *costeo de las operaciones*, un tipo común de sistema de costeo híbrido.

Panorama general de los sistemas de costeo de operaciones

Una **operación** es una técnica o un método estandarizado que se ejecuta de manera repetida, con frecuencia sobre diferentes materiales, lo cual da como resultado distintos productos terminados. Dentro de un departamento con frecuencia se realizan diferentes operaciones. Por ejemplo, un fabricante de trajes puede tener una operación de corte y una operación de dobladillos dentro de un solo departamento. Sin embargo, el término *operación* se utiliza a menudo en forma indistinta. Puede ser un sinónimo para un departamento o proceso. Por ejemplo, algunas compañías suelen designar a su departamento de acabados como proceso de acabado u operación de acabado.

Un **sistema de costeo de operaciones** es un sistema de costeo híbrido que se aplica a lotes de productos similares, pero no idénticos. Cada lote de productos es a menudo una variación de un solo diseño, y procede mediante una secuencia de operaciones. Dentro de cada operación, todas las unidades del producto se tratan exactamente de igual forma, usando cantidades idénticas de los recursos de la operación. Un aspecto clave en el sistema de operación es que cada lote no necesariamente se desplaza por las mismas operaciones que otros lotes. Los lotes también se denominan corridas de producción.

En una compañía que fabrica trajes, la gerencia puede seleccionar un solo diseño básico para cada traje que se tenga que elaborar pero, dependiendo de las especificaciones, cada lote de trajes variará un tanto con respecto a otros lotes. Los lotes suelen variar con respecto al material que se utilice o al tipo de costura. Los semiconductores, los textiles y los zapatos también se fabrican en lotes y pueden tener variaciones similares de un lote a otro.

Un sistema de costeo por operaciones utiliza órdenes de trabajo que especifican los materiales directos necesarios y las operaciones paso por paso. Los costos del producto se compilan para cada orden de trabajo. Los materiales directos que son únicos para diferentes órdenes de trabajo se identifican en forma específica con la orden de trabajo adecuada, como en el costeo por órdenes de trabajo. Sin embargo, se supone que cada unidad usa una cantidad idéntica de costos de conversión para una operación determinada, como en el costeo por procesos. Se calcula un solo costo de conversión promedio por unidad para cada operación, dividiendo los costos de conversión totales para esa operación entre el número de unidades que pasan a través de ella. Este costo promedio se asigna después a cada unidad que pasa a través de la operación. A las unidades que no pasan a través de una operación no se les asigna ningún costo de esa operación.

Nuestros ejemplos suponen únicamente dos categorías de costos (materiales directos y costos de conversión); no obstante, el costeo de operaciones puede tener más de dos categorías de costos. Los

Conceptos en acción

Costeo híbrido para calzado deportivo personalizado en Adidas

Adidas ha diseñado y fabricado calzado atlético durante casi 90 años. Aunque durante mucho tiempo los productores de calzado han fabricado zapatos deportivos para atletas profesionales como Reggie Bush de los Santos de Nueva Orleans, Adidas llevó este concepto un paso más allá cuando inició el programa *Mi Adidas*, el cual ofrece a los clientes la oportunidad de crear su calzado de acuerdo con especificaciones personales exactas en cuanto a funcionalidad, ajuste y estética. *Mi Adidas* está disponible en las tiendas al menudeo (minoristas) en todo el mundo, y sobre todo en las "tiendas especializadas" *Mi Adidas* en ciudades como Nueva York, Chicago y San Francisco.

El proceso funciona de la siguiente manera: el cliente acude a una estación *Mi Adidas*, donde un vendedor desarrolla un perfil integral del cliente, un escáner computarizado desarrolla un gráfico tridimensional del pie del cliente, y este selecciona entre 90 y 100 estilos y colores diferentes para su zapato modularmente diseñado. Durante este proceso de alta tecnología y de tres pasos que dura cerca de 30 minutos, los expertos de *Mi Adidas* llevan a los clientes a través de las fases "mi ajuste", "mi desempeño" y "mi diseño", lo cual da como resultado un calzado personalizado que se ajustará a sus necesidades. Los datos obtenidos se transfieren a una planta de Adidas, donde equipos pequeños y con diversos talentos elaboran el calzado personalizado del consumidor. El proceso de medición y de ajuste es gratuito, pero la compra de sus propios zapatos especialmente diseñados cuesta entre $40 y $65 más que el precio normal al menudeo, dependiendo del estilo.

Históricamente, los costos asociados con productos que se personalizan en forma individual han caído dentro del dominio del costeo por órdenes de trabajo. Sin embargo, Adidas usa un sistema de costeo híbrido: un costeo por órdenes de trabajo para los materiales y los componentes personalizables que los clientes eligen, y un costeo por procesos para contabilizar los costos de conversión de la producción. El costo por fabricar cada par de zapatos deportivos se calcula acumulando todos los costos de producción y dividiéndolos entre el número de zapatos fabricados. En otras palabras, aun cuando cada par de zapatos sea diferente, se supone que el costo de conversión de cada par es el mismo.

La combinación de la personalización con ciertas características de la producción en masa se denomina personalización en masa. Es el resultado de ser capaz de digitalizar la información que los clientes individuales indican que es de importancia para ellos. Actualmente, varias compañías tienen la capacidad de personalizar productos dentro de un ambiente de producción en masa (por ejemplo, computadoras personales, jeans azules, bicicletas), pero todavía requieren de un costeo por órdenes de trabajo para los materiales, así como de una considerable intervención humana. Sin embargo, a medida que los sistemas de manufactura se vuelvan flexibles, las compañías también estarán usando un costeo por procesos para contabilizar los costos de conversión estandarizados.

Fuentes: Adidas, 2010. New Orleans Saints running back Reggie Bush designs custom Adidas shoes to aid in Haiti relief efforts. Boletín de prensa. Portland, OR: 5 de febrero; Kamenev, Marina, 2006. Adidas' high tech footwear. *BusinessWeek.com*, 3 de noviembre; Seifert, Ralf. 2003. The "mi adidas" mass customization initiative. IMD núm. 159. Lausanne, Suiza: International Institute for Management Development.

costos en cada categoría se identifican con las órdenes de trabajo específicas usando los métodos de costeo por órdenes de trabajo o de costeo por procesos según resulte adecuado.

Los gerentes encuentran que el costeo de las operaciones es de utilidad en la administración de los costos, porque el costeo por operaciones se concentra en el control de los procesos físicos, u operaciones, de un sistema de producción determinado. Por ejemplo, en la fabricación de prendas de vestir, los gerentes se interesan en el desperdicio de la tela, en la cantidad de capas de tela que se pueden cortar en una sola operación, etcétera. El costeo por operaciones mide, en términos financieros, qué tan bien los gerentes controlan los procesos físicos.

Caso de un sistema de costeo por operaciones

La compañía Baltimore Clothing, un fabricante de prendas de vestir, elabora dos líneas de blazers para tiendas por departamentos: los que están hechos de lana y los que están hechos de poliéster. Los blazers de lana usan materiales de mejor calidad y se someten a más operaciones que los de poliéster.

La información de operaciones sobre la orden de trabajo 423 por 50 blazers y de la orden 424 por 100 blazers es como sigue:

	Orden de trabajo 423	Orden de trabajo 424
Materiales directos	Lana	Poliéster
	Revestimiento satinado completo	Revestimiento parcial de rayón
	Botones de hueso	Botones de plástico
Operaciones		
1. Corte de la tela	Use	Use
2. Verificación de bordes	Use	No use
3. Costura del cuerpo	Use	Use
4. Verificación de costuras	Use	No use
5. Costura a máquina para cuellos y solapas	No use	Use
6. Costura a mano para cuellos y solapas	Use	No use

Los datos de costos para estas órdenes de trabajo, iniciadas y terminadas en marzo de 2012, son como sigue:

	Orden de trabajo 423	Orden de trabajo 424
Número de blazers	50	100
Costos de los materiales directos	$ 6,000	$3,000
Costos de conversión aplicados:		
Operación 1	580	1,160
Operación 2	400	—
Operación 3	1,900	3,800
Operación 4	500	—
Operación 5	—	875
Operación 6	700	—
Total de costos de manufactura	$10,080	$8,835

Como en el costeo por procesos, se supone que todas las unidades del producto en cualquier orden de trabajo consumen cantidades idénticas de costos de conversión de una operación determinada. El sistema de costeo de operaciones de Baltimore usa una tasa presupuestada para calcular los costos de conversión de cada operación. La tasa presupuestada para la operación 1 (cantidades supuestas) son:

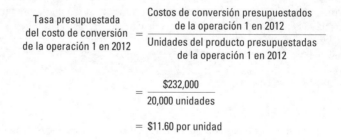

$$\begin{array}{l} \text{Tasa presupuestada} \\ \text{del costo de conversión} \\ \text{de la operación 1 en 2012} \end{array} = \dfrac{\begin{array}{c}\text{Costos de conversión presupuestados}\\\text{de la operación 1 en 2012}\end{array}}{\begin{array}{c}\text{Unidades del producto presupuestadas}\\\text{de la operación 1 en 2012}\end{array}}$$

$$= \dfrac{\$232,000}{20,000 \text{ unidades}}$$

$$= \$11.60 \text{ por unidad}$$

Los costos de conversión presupuestados de la operación 1 incluyen mano de obra, energía, reparaciones, proveedores, depreciación y otros costos indirectos de esta operación. Si algunas unidades no se han terminado (y, por lo tanto, todas las unidades de la operación 1 no recibieron las mismas cantidades de costos de conversión), la tasa del costo de conversión se calcula dividiendo los costos de conversión presupuestados entre las *unidades equivalentes* de los costos de conversión, como en el costeo por procesos.

A medida que se fabrican los bienes, los costos de conversión se aplican a las órdenes de trabajo procesadas en la operación 1, multiplicando los $11.60 del costo de conversión unitario por el número de unidades procesadas. Los costos de conversión de la operación 1 para 50 blazers de lana (orden de trabajo 423) son de $11.60 por blazer × 50 blazers = $580, y para 100 blazers de poliéster (orden de trabajo 424) son de $11.60 por blazer × 100 blazers = $1,160. Cuando se usan las unidades equivalentes para calcular la tasa del costo de conversión, los costos se aplican a las órdenes de trabajo multiplicando el costo de conversión por unidad equivalente por el número de unidades equivalentes en la orden de trabajo. Los costos de los materiales directos de $6,000 para los 50 blazers de lana (orden de trabajo 423) y los $3,000 para los 100 blazers de poliéster (orden de trabajo 424) se identifican específicamente con cada orden, como en el costeo por órdenes de trabajo. Recuerde el aspecto básico del costeo de operaciones: se supone que los costos unitarios de operación son los mismos indistintamente de la orden de trabajo, pero varían los costos de los materiales directos entre las órdenes, cuando varían los materiales de cada orden de trabajo.

Asientos de diario

Los costos de conversión reales para la operación 1 en marzo de 2012 —los cuales se supone que son de $24,400, incluyendo a los costos reales generados para la orden de trabajo 423 y para la orden de trabajo 424— se registran en la cuenta de control de costos de conversión:

1. Control de costos de conversión   24,400
       Cuentas varias (como control de sueldos
       por pagar y depreciación acumulada)   24,400

A continuación se presentan los asientos de diario resumidos para asignar los costos a los blazers de poliéster (orden de trabajo 424). Los asientos para los blazers de lana serían similares. De los $3,000 de materiales directos para la orden de trabajo 424, $2,975 se utilizan en la operación 1, y los restantes $25 de materiales se usan en otra operación. El asiento de diario para registrar los materiales directos usados para los 100 blazers de poliéster en marzo de 2012 es:

2. Productos en proceso, operación 1   2,975
       Control del inventario de materiales   2,975

El asiento de diario para registrar la aplicación de los costos de conversión a los productos usa la tasa presupuestada de $11.60 por blazer multiplicada por los 100 blazers de poliéster procesados, o $1,160:

3. Productos en proceso, operación 1   1,160
       Costos de conversión aplicados   1,160

El asiento de diario para registrar la transferencia de los 100 blazers de poliéster (a un costo de $2,975 + $1,160) de la operación 1 a la operación 3 (los blazers de poliéster no pasan por la operación 2) es:

4. Productos en proceso, operación 3   4,135
       Productos en proceso, operación 1   4,135

Después de traspasar estos asientos, la cuenta de productos en proceso, operación 1, aparece como sigue:

Productos en proceso, operación 1			
② Materiales directos	2,975	④ Transferido a la operación 3	4,135
③ Costos de conversión aplicados	1,160		
Inventario final, 31 de marzo	0		

Los costos de los blazers se transfieren a través de las operaciones donde se procesan los blazers y, posteriormente, se transfieren a productos terminados en la manera acostumbrada. Los costos se agregan durante todo el año fiscal en la cuenta de control de costos de conversión y en la cuenta de costos de conversión aplicados. Cualquier sobreaplicación o subaplicación de los costos de conversión se elimina de la misma forma en que los costos indirectos de manufactura sobreaplicados o subaplicados en un sistema de costeo por órdenes de trabajo (véase las pp. 117 a 122).

Punto de decisión

¿Qué es un sistema de costeo de operaciones y cuándo es un mejor enfoque para el costeo de productos?

Problema para autoestudio

Allied Chemicals opera un proceso de ensamblado térmico como el segundo de tres procesos en su planta de plásticos. Los materiales directos en el ensamblado térmico se agregan al final del proceso. Los costos de conversión se agregan uniformemente durante el proceso. Los siguientes datos pertenecen al departamento de ensamblado térmico para junio de 2012:

	A	B	C	D	E
1		Unidades físicas	Costos anteriores	Materiales directos	Costos de conversión
2	Productos en proceso, inventario inicial	50,000			
3	Grado de avance del inventario inicial de productos en proceso		100%	0%	80%
4	Transferido en forma interna durante el periodo actual	200,000			
5	Terminado y trasferido en forma externa durante el periodo actual	210,000			
6	Productos en proceso, inventario final	?			
7	Grado de avance del inventario final de productos en proceso		100%	0%	40%

Se requiere Calcule las unidades equivalentes: **1.** con el método del promedio ponderado y **2.** con el método de PEPS.

Solución

1. El método del promedio ponderado usa las unidades equivalentes del trabajo realizado a la fecha, para calcular el costo por unidad equivalente. Los cálculos de las unidades equivalentes son:

	A	B	C	D	E
1		(Paso 1)	(Paso 2)		
2			Unidades equivalentes		
3	Flujo de producción	Unidades físicas	Costos anteriores	Materiales directos	Costos de conversión
4	Productos en proceso, inicial (dado)	50,000			
5	Transferido en forma interna durante el periodo actual (dado)	200,000			
6	Por contabilizar	250,000			
7	Terminado y transferido en forma externa durante el periodo actual	210,000	210,000	210,000	210,000
8	Producción en proceso, final[a]	40,000[b]			
9	(40,000 × 100%; 40,000 × 0%; 40,000 × 40%)		40,000	0	16,000
10	Contabilizado	250,000			
11	Unidades equivalentes del trabajo realizado a la fecha		250,000	210,000	226,000
12					
13	[a]Grado de avance en este departamento: costos anteriores, 100%; materiales directos, 0%; costos de conversión, 40 por ciento.				
14	[b]250,000 unidades físicas por contabilizar menos 210,000 unidades físicas terminadas y transferidas fuera del proceso.				

2. El método de PEPS usa las unidades equivalentes del trabajo realizado en el periodo actual tan solo para calcular el costo por unidad equivalente. Los cálculos de las unidades equivalentes son como sigue:

	A	B	C	D	E
1		(Paso 1)	(Paso 2)		
2			Unidades equivalentes		
3	Flujo de producción	Unidades físicas	Costos anteriores	Materiales directos	Costos de conversión
4	Productos en proceso, inicial (dado)	50,000			
5	Transferido en forma interna durante el periodo actual (dado)	200,000			
6	Por contabilizar	250,000			
7	Terminado y transferido fuera del proceso durante el periodo actual:				
8	Del inventario inicial de productos en proceso[a]	50,000			
9	[50,000 × (100% – 100%); 50,000 × (100% – 0%); 50,000 × (100% – 80%)]		0	50,000	10,000
10	Iniciado y terminado	160,000[b]			
11	(160,000 × 100%; 160,000 × 100%; 160,000 × 100%)		160,000	160,000	160,000
12	Productos en proceso, final[c]	40,000[d]			
13	(40,000 × 100%; 40,000 × 0%; 40,000 × 40%)		40,000	0	16,000
14	Contabilizado	250,000			
15	Unidades equivalentes del trabajo realizado en el periodo actual		200,000	210,000	186,000
16					
17	[a]Grado de avance en este departamento: costos anteriores, 100%; materiales directos, 0%; costos de conversión, 80 por ciento.				
18	[b]210,000 unidades físicas terminadas y transferidas fuera del proceso, menos 50,000 unidades físicas terminadas y transferidas fuera del proceso a partir del inventario inicial de productos en proceso.				
19	[c]Grado de avance en este departamento: costos anteriores, 100%; materiales directos, 0%; costos de conversión, 40 por ciento.				
20	[d]250,000 unidades físicas por contabilizar menos 210,000 unidades físicas terminadas y transferidas fuera del proceso.				

Puntos de decisión

El siguiente formato de pregunta y respuesta resume los objetivos de aprendizaje del capítulo. Cada decisión presenta una pregunta clave relacionada con un objetivo de aprendizaje. Los lineamientos son la respuesta a esa pregunta.

Decisión

Lineamientos

1. ¿En qué condiciones se utiliza un sistema de costeo por procesos?

El sistema de costeo por procesos se usa para determinar el costo de un producto o servicio, cuando se producen masas de unidades idénticas o similares. Las industrias que emplean los sistemas de costeo por procesos incluyen alimentos, textiles y refinación de petróleo.

2. ¿Cómo se calculan los costos unitarios promedio cuando no hay inventarios presentes?

Los costos unitarios promedio se calculan dividiendo los costos totales de un periodo contable dado, entre las unidades producidas en ese periodo.

3. ¿Cuáles son los cinco pasos que deben seguirse en un sistema de costeo por procesos y cómo se calculan las unidades equivalentes?

Los cinco pasos de un sistema de costeo por procesos son: **1.** resumir el flujo de unidades físicas producidas, **2.** calcular la producción en términos de unidades equivalentes, **3.** resumir los costos totales por contabilizar, **4.** calcular el costo por unidad equivalente, y **5.** asignar los costos totales a las unidades terminadas y a las unidades que haya en el inventario final de productos en proceso.

Las unidades equivalentes son un monto derivado de las unidades producidas que: *a*) toma la cantidad de cada insumo (factor de producción) contenida en las unidades terminadas o en las unidades incompletas de productos en proceso y *b*) convierte la cantidad de insumos en la cantidad de unidades producidas terminadas que podrían elaborarse con esa cantidad de insumos.

4. ¿En qué consisten el método del promedio ponderado y el método de primeras entradas primeras salidas en el costeo por procesos? ¿En qué condiciones darán como resultado niveles diferentes de utilidad en operación?

El método del promedio ponderado calcula los costos unitarios dividiendo los costos totales de la cuenta de productos en proceso entre las unidades equivalentes totales terminadas a la fecha, y asigna este costo promedio a las unidades terminadas y a las unidades en el inventario final de productos en proceso.

El método de primeras entradas primeras salidas (PEPS) calcula los costos unitarios basándose en los costos en que se incurrió durante el periodo actual y en las unidades equivalentes del trabajo realizado en el periodo actual. La utilidad en operación puede diferir de manera significativa entre los dos métodos, cuando: **1.** los materiales directos o los costos de conversión por unidad equivalente varían en forma considerable de un periodo a otro, y **2.** los niveles del inventario físico de productos en proceso son grandes en relación con el número total de unidades transferidas fuera del proceso.

5. ¿Cómo se aplican el método del promedio ponderado y el método de PEPS en el costeo por procesos a los costos anteriores?

El método del promedio ponderado calcula los costos anteriores por unidad dividiendo los costos anteriores totales a la fecha entre las unidades totales equivalentes transferidas internamente y terminadas a la fecha, y asigna este costo promedio a las unidades terminadas y a las unidades en el inventario final de productos en proceso. El método de PEPS calcula los costos anteriores por unidad, tomando como base los costos anteriores durante el periodo actual, así como las unidades equivalentes de los costos anteriores en relación con el trabajo realizado en el periodo actual. El método de PEPS asigna los costos anteriores del inventario inicial de productos en proceso a las unidades terminadas, y los costos anteriores durante el periodo actual primero para terminar el inventario inicial, después, para iniciar y terminar las unidades nuevas y, finalmente, a las unidades en el inventario final de productos en proceso.

6. ¿Qué es un sistema de costeo de operaciones y cuándo es un mejor enfoque para el costeo de productos?

El costeo de las operaciones es un sistema de costeo híbrido que mezcla las características tanto del sistema de costeo por órdenes de trabajo como del sistema de costeo por procesos. Es un mejor enfoque para el costeo de los productos, cuando los sistemas de producción comparten algunas características de la manufactura de órdenes personalizadas y otras características de la manufactura de la producción en masa.

Apéndice

Método de costeo estándar para el costeo por procesos

El capítulo 7 describió la contabilidad de un sistema de costeo estándar. Recuerde que ello implica realizar asientos usando costos estándar y aislando, posteriormente, las variaciones de tales estándares para dar apoyo al control administrativo. Este apéndice describe la manera en que se utilizan los principios del costeo estándar en los sistemas de costeo por procesos.

Beneficios de un costeo estándar

Las compañías que usan sistemas de costeo por procesos elaboran masas de unidades producidas idénticas o similares. En tales compañías, es bastante fácil establecer estándares para las cantidades de insumos que se necesitan para obtener la producción. El costo estándar por unidad de insumo se multiplica entonces por los estándares de la cantidad de insumos, con la finalidad de desarrollar un costo estándar por unidad producida.

El método del promedio ponderado y el método de PEPS se complican mucho cuando se utilizan en las industrias con procesos que generan una amplia gama de productos similares. Por ejemplo, una fábrica de laminados de acero emplea varias aleaciones de acero y elabora hojas de varios tamaños y acabados. Los diferentes tipos de materiales directos que se usan y las operaciones que se ejecutan son pocas; sin embargo, cuando se utilizan en varias combinaciones, generan una amplia variedad de productos. De manera similar, con frecuencia se encuentran condiciones complejas, por ejemplo, en las plantas de manufactura de productos de hule, textiles, cerámica, pinturas y alimentos empacados. En cada uno de estos casos, si se usara el procedimiento general de promediar el costeo *real* del proceso, el resultado serían costos inexactos para cada producto. Por consiguiente, en esas industrias se usa frecuentemente el método de costos estándar para el costeo por procesos.

Con el método de costeo estándar, los equipos de diseño y los ingenieros del proceso, el personal de operaciones y los contadores administrativos trabajan en forma conjunta, con la finalidad de determinar costos estándar *separados* por unidad equivalente con base en las diferentes especificaciones del procesamiento técnico para cada producto. La identificación de los costos estándar para cada producto solventa la desventaja de costear todos los productos a una sola cantidad promedio, como sucede con el costeo real.

Cálculos con el costeo estándar

Regresaremos al departamento de ensamblado de Pacific Electronics, pero esta vez usaremos costos estándar. Suponga que se aplican los mismos costos estándar en febrero y en marzo de 2012. Los datos del departamento de ensamblado son:

	A	B	C	D	E
1		Unidades físicas (SG-40) (1)	Materiales directos (2)	Costos de conversión (3)	Costos totales (4) = (2) + (3)
2	Costo estándar por unidad		$ 74	$ 54	
3	Productos en proceso, inventario inicial (1 de marzo)	225			
4	Grado de avance del inventario inicial de productos en proceso		100%	60%	
5	Inventario inicial de productos en proceso a los costos estándar		$16,650[a]	$ 7,290[a]	$23,940
6	Iniciado durante marzo	275			
7	Terminado y transferido fuera del proceso durante marzo	400			
8	Productos en proceso, inventario final (31 de marzo)	100			
9	Grado de avance del inventario final de productos en proceso		100%	50%	
10	Costos totales reales agregados durante marzo		$19,800	$16,380	$36,180
11					
12	[a]Productos en proceso, inventario inicial a costos estándar				
13	Materiales directos: 225 unidades físicas 100% terminadas $74 por unidad = $16,650.				
14	Costos de conversión: 225 unidades físicas 60% terminadas $54 por unidad = $7,290.				

Ilustramos el método de costeo estándar para el costeo por procesos usando el procedimiento de cinco pasos que se introdujo anteriormente (p. 610).

La ilustración 17-12 presenta los pasos 1 y 2. Estos pasos son idénticos a los que se describieron con el método de PEPS en la ilustración 17-6 ya que, como sucede con el PEPS, el método de costeo estándar también supone que las primeras unidades equivalentes en el inventario inicial de productos en proceso se terminen primero. El trabajo realizado en el periodo actual para los materiales directos es de 275 unidades equivalentes. El trabajo realizado en el periodo actual para los costos de conversión es de 315 unidades equivalentes.

La ilustración 17-13 describe los pasos 3, 4 y 5. En el paso 3, los costos totales por contabilizar (es decir, los cargos totales a productos en proceso: ensamblado) difieren de los cargos totales a productos en proceso: ensamblado con el método del promedio ponderado basado en costos reales y el método de PEPS.

	A	B	C	D
1		(Paso 1)	(Paso 2)	
2			Unidades equivalentes	
3	Flujo de producción	Unidades físicas	Materiales directos	Costos de conversión
4	Productos en proceso, inicial (dado, p. 633)	225		
5	iniciado durante el periodo actual (dado, p. 633)	275		
6	Por contabilizar	500		
7	Terminado y transferido fuera del proceso en el periodo actual:			
8	Del inventario inicial de productos en proceso[a]	225		
9	[225 × (100% – 100%); 225 × (100% – 60%)]		0	90
10	Iniciado y terminado	175[b]		
11	(175 × 100%; 175 × 100%)		175	175
12	Productos en proceso, final[c] (dado, p. 633)	100		
13	(100 × 100%; 100 × 50%)		100	50
14	Contabilizado	500		
15	Unidades equivalentes del trabajo realizado en el periodo actual		275	315
16				
17	[a]Grado de avance en este departamento: materiales directos, 100%; costos de conversión, 60 por ciento.			
18	[b]400 unidades físicas terminadas y transferidas fuera del proceso menos 225 unidades físicas terminadas y transferidas fuera del proceso, desde el inventario inicial de productos en proceso.			
19	[c]Grado de avance en este departamento: materiales directos, 100%; costos de conversión, 50 por ciento.			

Ilustración 17-12

Pasos 1 y 2: Resumen de la producción en unidades físicas y cálculo de la producción en unidades equivalentes, usando el método de costeo estándar para el costeo por procesos en el departamento de ensamblado de Pacific Electronics, marzo de 2012

Ilustración 17-13 Pasos 3, 4 y 5: Resumen de los costos totales por contabilizar, cálculo del costo por unidad equivalente, y asignación de los costos totales a las unidades terminadas y a las unidades en el inventario inicial de productos en proceso, usando el método de costeo estándar para el costeo por procesos en el departamento de ensamblado de Pacific Electronics, marzo de 2012

	A	B	C	D	E	F	G
1			Costos totales de producción	Materiales directos		Costos de conversión	
2	(Paso 3)	Productos en proceso, inicial (dado, p. 633)					
3		Materiales directos, 225 × $74; costos de conversión, 135 × $54	$23,940	$16,650		$ 7,290	
4		Costos agregados en el periodo actual a costos estándar					
5		Materiales directos, 275 × $74; costos de conversión, 315 × $54	37,360	20,350		17,010	
6		Total de costos por contabilizar	$61,300	$37,000		$24,300	
7							
8	(Paso 4)	Costo estándar por unidad equivalente (dado, p. 633)		$ 74		$ 54	
9							
10	(Paso 5)	Asignación de costos a costos estándar:					
11		Terminado y transferido fuera del proceso (400 unidades):					
12		Productos en proceso, inicial (225 unidades)	$23,940	$16,650	+	$ 7,290	
13		Costos agregados al inventario inicial de productos en proceso en el periodo actual	4,860	(0ª × $74)	+	(90ª × $54)	
14		Total proveniente del inventario inicial	28,800				
15		Iniciado y terminado (175 unidades)	22,400	(175ᵇ × $74)	+	(175ᵇ × $54)	
16		Costos totales de las unidades terminadas y transferidas fuera del proceso	51,200				
17		Productos en proceso, final (100 unidades):	10,100	(100ᶜ × $74)	+	(50ᶜ × $54)	
18		Total de costos contabilizados	$61,300	$37,000	+	$24,300	
19							
20		Resumen de las variaciones para el desempeño actual:					
21		Costos agregados en el periodo actual a los costos estándar (véase paso 3)		$20,350		$17,010	
22		Costos reales generados (dado, p. 633)		$19,800		$16,380	
23		Variación		$ 550	F	$ 630	F
24							
25		ªUnidades equivalentes usadas para terminar el inventario inicial de productos en proceso, según la ilustración 17-12, paso 2.					
26		ᵇUnidades equivalentes iniciadas y terminadas, según la ilustración 17-12, paso 2.					
27		ᶜUnidades equivalentes en el inventario final de productos en proceso, según la ilustración 17-12, paso 2.					

Ello se debe al hecho de que, como en todos los sistemas de costeo estándar, los cargos a la cuenta de productos en proceso se hacen a los costos estándar, y no a los costos reales. Los costos estándar hacen un total de $61,300 en la ilustración 17-13. En el paso 4, los costos por unidad equivalente son costos estándar: materiales directos, $74, y costos de conversión, $54. *Por consiguiente, los costos por unidad equivalente no tienen que calcularse como se calcularon con el método del promedio ponderado y con el método de PEPS.*

La ilustración 17-13, paso 5, asigna los costos totales a las unidades terminadas y transferidas fuera del proceso y a las unidades en el inventario final de productos en proceso, como con el método de PEPS. El paso 5 asigna los montos de los costos estándar a las unidades equivalentes calculadas en la ilustración 17-12. Estos costos se asignan: **1.** para terminar el inventario inicial de productos en proceso, **2.** para iniciar y terminar las unidades nuevas, y **3.** para iniciar las unidades nuevas que están en el inventario final de productos en proceso. Observe la manera en que los costos totales de $61,300 contabilizados en el paso 5 de la ilustración 17-13 son iguales a los costos totales por contabilizar.

Contabilización de las variaciones

Los sistemas de costeo por procesos que usan los costos estándar registran los costos reales de los materiales directos en la cuenta de control de materiales directos y los costos de conversión reales en la cuenta de control de costos de conversión (de forma similar a la cuenta de control de costos indirectos variables y fijos del capítulo 8). En los asientos de diario que se presentan a continuación, los dos primeros registran estos *costos reales*. En los asientos 3 y 4a, la cuenta de productos en proceso-ensamblado acumula los costos de los materiales directos y los costos de conversión en *costos estándar*. Los asientos 3 y 4b aíslan las variaciones totales. El asiento final transfiere fuera del proceso las unidades terminadas a los costos estándar.

1. Control de materiales directos del departamento de ensamblado (a costos reales)   19,800
    Control de cuentas por pagar   19,800
    Para registrar los materiales directos comprados y usados en producción durante marzo. Esta cuenta de control de costos se carga con costos reales.

2. Control de costos de conversión del departamento de ensamblado (a costos reales) — 16,380

Cuentas diversas como control de sueldos por pagar y depreciación acumulada — 16,380

Para registrar los costos de conversión del departamento de ensamblado para marzo.

Esta cuenta de control de costos se carga con costos reales. *Los asientos 3, 4 y 5 usan cantidades de costos estándar de la ilustración 17-13.*

3. Productos en proceso: ensamblado (a costos estándar) — 20,350

Variaciones en los materiales directos — 550

Control de materiales directos del departamento de ensamblado — 19,800

Para registrar los costos estándar de los materiales directos asignados a las unidades procesadas y a las variaciones totales de materiales directos.

4a. Productos en proceso: ensamblado (a costos estándar) — 17,010

Aplicación de los costos de conversión al departamento de ensamblado — 17,010

Para registrar los costos de conversión aplicados a tasas estándar a las unidades procesadas durante marzo.

4b. Aplicación de costos de conversión al departamento de ensamblado — 17,010

Variaciones en los costos de conversión — 630

Control de costos de conversión del departamento de ensamblado — 16,380

Para registrar las variaciones totales en los costos de conversión.

5. Productos en proceso: pruebas (a costos estándar) — 51,200

Productos en proceso: ensamblado (a costos estándar) — 51,200

Para registrar los costos estándar de las unidades terminadas y transferidas fuera del proceso desde ensamblado hasta pruebas.

Las variaciones surgen en el costeo estándar, como en los asientos 3 y 4b. Ello se debe a que los costos estándar asignados a los productos con base en el trabajo realizado en el periodo actual no son iguales a los costos reales incurridos en el periodo en curso. Recuerde que las variaciones que dan como resultado un ingreso más alto que lo esperado se denominan favorables, mientras que aquellas variaciones que reducen el ingreso son desfavorables. Desde un punto de vista contable, las variaciones favorables en costos son asientos de abono, en tanto que las desfavorables son cargos. En el ejemplo anterior, las variaciones tanto en materiales directos como en costos de conversión son favorables. Esto también se refleja en las designaciones de "F" para ambas variaciones en la ilustración 17-13.

Las variaciones se analizan con poco o con mucho detalle con fines de planeación y de control, como se describe en los capítulos 7 y 8. Algunas veces las variaciones en los precios de los materiales directos se aíslan en el momento en que se compran los materiales directos, y tan solo se calculan las variaciones en eficiencia en el asiento 3. La ilustración 17-14 indica la manera en que los costos fluyen a través de las cuentas del mayor general con un costeo estándar.

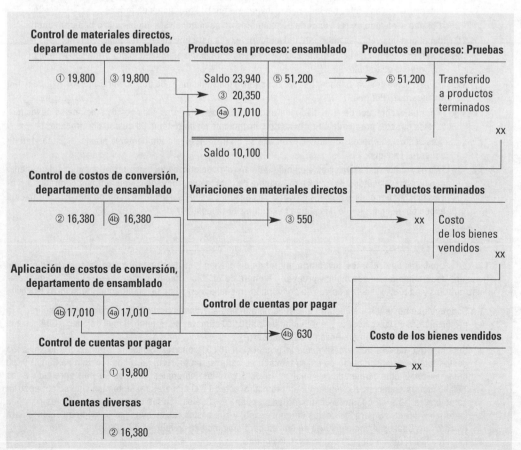

Ilustración 17-14

Flujo de costos estándar en un sistema de costeo por procesos para el departamento de ensamblado de Pacific Electronics, marzo de 2012

Términos contables

Este capítulo y el glosario que se presenta al final del libro contienen definiciones de los siguientes términos de importancia:

costos anteriores (**p. 621**)

costos del departamento anterior (**p. 621**)

método de primeras entradas primeras salidas (PEPS) en el costeo por procesos (**p. 617**)

método del promedio ponderado para el costeo por procesos (**p. 614**)

sistema de costeo híbrido (**p. 626**)

sistema de costeo por operaciones (**p. 626**)

operación (**p. 626**)

unidades equivalentes (**p. 611**)

Material para tareas

MyAccountingLab

Preguntas

17-1 Mencione tres ejemplos de industrias que utilicen sistemas de costeo por procesos.

17-2 En el costeo por procesos, ¿por qué los costos se dividen con frecuencia en dos clasificaciones básicas?

17-3 Explique el concepto de unidades equivalentes. ¿Por qué son necesarios los cálculos de las unidades equivalentes en el costeo por procesos?

17-4 ¿Qué problemas podrían surgir al estimar el grado de avance de los chips para semiconductores en una planta de manufactura?

17-5 Mencione los cinco pasos del costeo por procesos cuando se calculan las unidades equivalentes.

17-6 Mencione los tres métodos de inventarios que se asocian comúnmente con el costeo por procesos.

17-7 Describa la característica distintiva de los cálculos con el promedio ponderado, al asignar los costos a las unidades terminadas y a las unidades en el inventario final de productos en proceso.

17-8 Describa la característica distintiva de los cálculos basados en el PEPS, al asignar los costos a las unidades terminadas y a las unidades en el inventario final de productos en proceso.

17-9 ¿Por qué el método de PEPS debería denominarse como método PEPS modificado o departamental?

17-10 Identifique una ventaja importante del método de PEPS para fines de planeación y control.

17-11 Identifique la principal diferencia entre los asientos de diario en el costeo por procesos y en el costeo por órdenes de trabajo.

17-12 "El método de costeo estándar es muy aplicable a las situaciones de costeo por procesos." ¿Está usted de acuerdo? ¿Por qué?

17-13 ¿Por qué el contador debería distinguir entre los costos anteriores y los costos adicionales de los materiales directos para cada departamento subsiguiente en un sistema de costeo por procesos?

17-14 "Los costos anteriores son aquellos en que se incurre en el periodo contable previo." ¿Está usted de acuerdo? Explique.

17-15 "No hay motivo para que yo esté emocionado en relación con la elección entre el método del promedio ponderado y el método de PEPS en mi sistema de costeo por procesos. Siempre tengo contratos a precios fijos y a largo plazo con mis proveedores de material." ¿Está usted de acuerdo con esta afirmación hecha por el contralor de una planta? Explique su respuesta.

MyAccountingLab

Ejercicios

17-16 **Unidades equivalentes, inventario inicial de cero.** Nihon, Inc., es un fabricante de cámaras digitales. Tiene dos departamentos: ensamblado y pruebas. En enero de 2012, la compañía incurrió en $750,000 sobre materiales directos y en $798,000 sobre costos de conversión, lo cual dio un costo de manufactura total de $1,548,000.

Se requiere

1. Suponga que no se tenía inventario inicial de ningún tipo al 1 de enero de 2012. Durante enero, se inició la producción de 10,000 cámaras y la totalidad de las 10,000 cámaras se terminó al final del mes. ¿Cuál será el costo unitario de una cámara ensamblada en enero?

2. Suponga que durante febrero se inicia la producción 10,000 cámaras. Suponga además que los mismos costos totales de ensamblado de enero también se incurren en febrero, pero que tan solo se tienen 9,000 cámaras totalmente terminadas al final del mes. Todos los materiales directos se han agregado a las 1,000 cámaras restantes. Sin embargo, en promedio, estas 1,000 cámaras restantes tan solo se encuentran completas al 50% en cuanto a costos de conversión. *a)* ¿Cuáles son las unidades equivalentes para los materiales directos y para los costos de conversión, y sus costos respectivos por unidad equivalente para febrero? *b)* ¿Cuál es el costo unitario de una cámara ensamblada en febrero de 2012?

3. Explique la diferencia en sus respuestas a los puntos 1 y 2.

17-17 **Asientos de diario (continuación del 17-16).** Remítase al punto 2 del ejercicio 17-16.

Prepare asientos de diario resumidos para el uso de los materiales directos y de los costos de conversión gene- **Se requiere**
rados. Prepare también un asiento de diario para transferir fuera del proceso el costo de los bienes terminados.
Muestre los traspasos a la cuenta de productos en proceso.

17-18 **Inventario inicial de cero, materiales introducidos a la mitad del proceso.** Roary Chemicals tiene un departamento de mezclado y un departamento de refinación. Su sistema de costeo por procesos en el departamento
de mezclado tiene dos categorías de costos de materiales directos (el químico P y el químico Q), y un grupo común de
costos de conversión. Los siguientes datos se relacionan con el departamento de mezclado para julio de 2012:

Unidades	
Productos en proceso, 1 de julio	0
Unidades iniciadas	50,000
Terminadas y transferidas al departamento de refinación	35,000
Costos	
Químico P	$250,000
Químico Q	70,000
Costos de conversión	135,000

El químico P se introduce al inicio de las operaciones en el departamento de mezclado, y el químico Q se agrega
cuando el producto se encuentra terminado en sus tres cuartas partes en el departamento de mezclado. Los costos de conversión se agregan uniformemente durante el proceso. El inventario final de productos en proceso en el
departamento de mezclado se encuentra terminado en sus dos terceras partes.

1. Calcule las unidades equivalentes en el departamento de mezclado para julio de 2012 con cada categoría de **Se requiere**
   costos.
2. Calcule: *a*) el costo de los bienes terminados y transferidos al departamento de refinación durante julio, y *b*)
   el costo de los productos en proceso al 31 julio 2012.

17-19 **Método del promedio ponderado, unidades equivalentes.** Considere los siguientes datos para la división de ensamblado de Fenton Watches, Inc.:
   La división de ensamblado utiliza el método del promedio ponderado para el costeo por procesos.

	Unidades físicas (relojes)	Materiales directos	Costos de conversión
Inventario inicial de productos en proceso (1 de mayo)[a]	80	$ 493,360	$ 91,040
Iniciado en mayo de 2012	500		
Terminado durante mayo de 2012	460		
Inventario final de productos en proceso (31 mayo)[b]	120		
Total de costos agregados durante mayo de 2012		$3,220,000	$1,392,000

[a]Grado de avance: materiales directos, 90%; costos de conversión, 40 por ciento.
[b]Grado de avance: materiales directos, 60%; costos de conversión, 30 por ciento.

Calcule las unidades equivalentes para los materiales directos y para los costos de conversión. Muestre las uni- **Se requiere**
dades físicas en la primera columna de su informe.

17-20 **Método del promedio ponderado, asignación de costos (continuación del 17-19).**

Para los datos del ejercicio 17-19, resuma los costos totales por contabilizar, calcule el costo por unidad equi- **Se requiere**
valente para los materiales directos y para los costos de conversión, y asigne los costos totales a las unidades
terminadas (y transferidas fuera del proceso) y a las unidades en el inventario final de productos en proceso.

17-21 **Método de PEPS, unidades equivalentes.** Remítase a la información del ejercicio 17-19. Suponga que la
división de ensamblado de Fenton Watches, Inc., utiliza el método de PEPS para el costeo por procesos en vez del
método del promedio ponderado.

Calcule las unidades equivalentes para los materiales directos y para los costos de conversión. Muestre las uni- **Se requiere**
dades físicas en la primera columna de su informe.

17-22 **Método de PEPS, asignación de costos (continuación del 17-21).**

Para los datos del ejercicio 17-19, use el método de PEPS para resumir los costos totales por contabilizar, calcule **Se requiere**
el costo por unidad equivalente para los materiales directos y para los costos de conversión, y asigne los costos
totales a las unidades terminadas (y transferidas fuera del proceso) y a las unidades en el inventario final de
productos en proceso.

17-23 **Costeo de las operaciones.** Whole Goodness Bakery necesita determinar el costo de dos órdenes de
trabajo para el mes de junio. La orden de trabajo 215 es por 1,200 paquetes de bollos y la orden de trabajo 216 es
por 1,400 barras de pan multigrano. Los bollos se mezclan y se cortan en trozos individuales antes de hornearse y
luego se empacan.

Las barras de multigrano se mezclan y se forman antes de hornearse, rebanarse y empacarse. La siguiente información corresponde a las órdenes de trabajo 215 y 216:

	Orden de trabajo 215	Orden de trabajo 216
Cantidad (paquetes)	1,200	1,400
Operaciones		
1. Mezclado	Use	Use
2. Formación de barras	No use	Use
3. Corte de bollos	Use	No use
4. Horneado	Use	Use
5. Rebanado de barras	No use	Use
6. Empacado	Use	Use

A continuación se presenta información selecta para junio:

	Bollos	Barras multigrano	Total
Paquetes	4,800	6,500	11,300
Costos de materiales directos	$2,640	$5,850	$ 8,490

Los costos de conversión presupuestados para cada operación en junio se presentan a continuación:

Mezclado	$9,040
Formación	1,625
Corte	720
Horneado	7,345
Rebanado	650
Empacado	8,475

Se requiere

1. Use la cantidad presupuestada de paquetes como denominador, para calcular las tasas presupuestadas del costo de conversión en cada operación.
2. Usando la información del punto 1, calcule el costo presupuestado de los bienes manufacturados para las dos órdenes de trabajo de junio.
3. Calcule el costo por paquete de bollos para cenas y de barras multigrano de las órdenes de trabajo 215 y 216.

17-24 Método del promedio ponderado, asignación de costos. La corporación Bio Doc es una compañía de biotecnología basada en Milpitas. Elabora un fármaco para el tratamiento del cáncer en un solo departamento de procesamiento. Los materiales directos se agregan al inicio del proceso. Los costos de conversión se agregan de manera uniforme durante el proceso. Bio Doc usa el método del promedio ponderado para el costeo por procesos. Se dispone de la siguiente información para julio de 2012.

		Unidades equivalentes	
	Unidades físicas	Materiales directos	Costos de conversión
Productos en proceso, 1 de julio	8,500[a]	8,500	1,700
Iniciado durante julio	35,000		
Terminado y transferido fuera del proceso durante julio	33,000	33,000	33,000
Productos en proceso, 31 de julio	10,500[b]	10,500	6,300

[a]Grado de avance: materiales directos, 100%; costos de conversión, 20 por ciento.
[b]Grado de avance: materiales directos, 100%; costos de conversión, 60 por ciento.

Costos totales para julio de 2008

Productos en proceso, inicial		
Materiales directos	$63,100	
Costos de conversión	45,510	$108,610
Materiales directos agregados durante julio		284,900
Costos de conversión agregados durante julio		485,040
Costos totales por contabilizar		$878,550

Se requiere

1. Calcule el costo por unidad equivalente para los materiales directos y para los costos de conversión.
2. Resuma los costos totales por contabilizar, y asigne los costos totales a las unidades terminadas (y transferidas fuera del proceso) y a las unidades en el inventario final de productos en proceso.

17-25 Método de PEPS, asignación de costos. Resuelva el ejercicio 17-24 usando el método de PEPS. Observe que primero se necesitarán calcular las unidades equivalentes del trabajo realizado en el periodo actual (materiales directos y costos de conversión) para terminar el inventario inicial de productos en proceso, para iniciar y terminar las unidades nuevas, y para obtener el inventario final de productos en proceso.

17-26 Método de costeo estándar, asignación de costos. Remítase a la información del ejercicio 17-24. Suponga que Bio Doc determina costos estándar de $8.25 por unidad equivalente para los materiales directos y $12.70 por unidad equivalente para los costos de conversión, tanto para el inventario inicial de productos en proceso, como para el trabajo realizado en el periodo actual.

Se requiere

1. Resuelva el ejercicio 17-24 usando el método del costeo estándar. Observe que primero necesitará calcular las unidades equivalentes del trabajo realizado en el periodo actual (para los materiales directos y para los costos de conversión), con la finalidad de terminar el inventario inicial de productos en proceso, para iniciar y terminar las unidades nuevas y obtener el inventario final de productos en proceso.
2. Calcule las variaciones totales en los materiales directos y en los costos de conversión para julio de 2011.

17-27 Costos anteriores, método del promedio ponderado. Asaya Clothing, Inc., es un fabricante de ropa para invierno. Tiene un departamento de tejido y un departamento de acabados. Este ejercicio se concentra en el departamento de acabados. Los materiales directos se agregan al final del proceso. Los costos de conversión se agregan uniformemente durante el proceso. Asaya usa el método del promedio ponderado para el costeo por procesos. Se dispone de la siguiente información para junio de 2012.

	A	Unidades físicas (ton)	Costos anteriores	Materiales directos	Costos de conversión
1		B	C	D	E
2	Productos en proceso, inventario inicial (1 de junio)	75	$ 75,000	$ 0	$30,000
3	Grado de avance, inventario inicial de productos en proceso		100%	0%	60%
4	Transferido en forma interna durante junio	135			
5	Terminado y transferido fuera del proceso durante junio	150			
6	Productos en proceso, inventario final (30 de junio)	60			
7	Grado de avance, inventario final de productos en proceso		100%	0%	75%
8	Costos totales agregados durante junio		$142,500	$37,500	$78,000

Se requiere

1. Calcule las unidades equivalentes de los costos anteriores, de los materiales directos y de los costos de conversión.
2. Resuma los costos totales por contabilizar, y calcule el costo por unidad equivalente para los costos anteriores, para los materiales directos y para los costos de conversión.
3. Asigne los costos totales a las unidades terminadas (y transferidas fuera del proceso) y a las unidades en el inventario final de productos en proceso.

17-28 Costos anteriores, método de PEPS. Remítase a la información del ejercicio 17-27. Suponga que Asaya utiliza el método de PEPS en vez del método del promedio ponderado en todos sus departamentos. Los únicos cambios al ejercicio 17-27 con el método de PEPS son que los costos anteriores totales, en relación con el inventario inicial de productos en proceso al 1 de junio, son $60,000 (en vez de $75,000) y que los costos anteriores totales durante junio son de $130,800 (en vez de $142,500).

Se requiere

Resuelva el ejercicio 17-27 usando el método de PEPS. Observe que primero se necesitarán calcular las unidades equivalentes del trabajo realizado en el periodo actual (para los costos anteriores, para los materiales directos y para los costos de conversión), con la finalidad de terminar el inventario inicial de productos en proceso, iniciar y terminar las unidades nuevas, y obtener el inventario final de productos en proceso.

17-29 Costeo por operaciones. La compañía UB Healthy Company fabrica tres tipos distintos de vitaminas: vitamina A, vitamina B y multivitaminas. La compañía utiliza cuatro operaciones para fabricar las vitaminas: mezclado, formación de tabletas, encapsulado y embotellado. Las vitaminas A y B se elaboran en forma de tabletas (en el departamento de formación de tabletas) y las multivitaminas se elaboran en cápsulas (en el departamento de encapsulado). Cada botella contiene 200 vitaminas, indistintamente del producto.

Los costos de conversión se aplican con base en el número de botellas en los departamentos de formación de tabletas y de encapsulado. Los costos de conversión se aplican con base en las horas de mano de obra en el departamento de mezclado. Se necesitan 1.5 minutos para mezclar los ingredientes de una botella de 200 unidades para cada producto. Los costos de conversión se aplican con base en las horas máquina en el departamento de embotellado. Se necesita 1 minuto de tiempo de máquina para llenar una botella de 200 unidades, indistintamente del producto.

UB Healthy está planeando completar un lote de cada tipo de vitamina en julio. La cantidad presupuestada de botellas y el costo esperado de los materiales directos para cada tipo de vitamina son:

	Vitamina A	Vitamina B	Multivitaminas
Número de botellas de 200 unidades	12,000	9,000	18,000
Costo de materiales directos	$23,040	$21,600	$47,520

Los costos de conversión presupuestados para cada departamento en el mes de julio son:

Departamento	Costo de conversión presupuestado
Mezclado	$ 8,190
Formación de tabletas	24,150
Encapsulado	25,200
Embotellado	3,510

Se requiere

1. Calcule las tasas de los costos de conversión para cada departamento.
2. Calcule el costo presupuestado de los bienes manufacturados para la vitamina A, la vitamina B y las multivitaminas en el mes de julio.
3. Calcule el costo de cada botella con 200 unidades para cada tipo de vitamina en el mes de julio.

MyAccountingLab

Problemas

17-30   Método del promedio ponderado. La compañía Larsen fabrica asientos para automóvil en su planta de San Antonio. Cada asiento pasa por el departamento de ensamblado y el departamento de pruebas. Este problema se centra en el departamento de ensamblado. El sistema de costeo por procesos de Larsen tiene una sola categoría de costos directos (materiales directos) y una sola categoría de costos indirectos (costos de conversión). Los materiales directos se agregan al inicio del proceso. Los costos de conversión se agregan uniformemente durante todo el proceso. Cuando el departamento de ensamblado termina el trabajo sobre cada asiento, este se transfiere de inmediato al departamento de pruebas.

Larsen usa el método del promedio ponderado para el costeo por procesos. Los datos del departamento de ensamblado para el mes de octubre de 2012 son:

	Unidades físicas (asientos para automóvil)	Materiales directos	Costos de conversión
Productos en proceso, 1 de octubre[a]	5,000	$1,250,000	$ 402,750
Iniciado durante octubre de 2012	20,000		
Terminado durante octubre de 2012	22,500		
Productos en proceso, 31 de octubre[b]	2,500		
Costos totales agregados durante octubre de 2012		$4,500,000	$2,337,500

[a]Grado de avance: materiales directos, ?%; costos de conversión, 60
[b]Grado de avance: materiales directos, ?%; costos de conversión, 70%

Se requiere

1. Para cada categoría de costos, calcule las unidades equivalentes en el departamento de ensamblado. Muestre las unidades físicas en la primera columna de su informe.
2. Para cada categoría de costos, resuma los costos totales del departamento de ensamblado para octubre de 2012, y calcule el costo por unidad equivalente.
3. Asigne los costos totales a las unidades terminadas y transferidas fuera del proceso, así como a las unidades en el inventario final de productos en proceso.

17-31   Asientos de diario (continuación del 17-30).

Se requiere

Prepare un conjunto de asientos del diario resumidos para todas las transacciones de octubre de 2012 que afectaron la cuenta de productos en proceso-ensamblado. Prepare una cuenta-T para la cuenta de productos en proceso-ensamblado y traspase sus asientos.

17-32   Método de PEPS (continuación del 17-30).

Se requiere

Resuelva el problema 17-30 usando el método de PEPS para el costeo por procesos. Explique cualesquiera diferencias entre el costo por unidad equivalente en el departamento de ensamblado con el método del promedio ponderado y el método de PEPS.

17-33   Costos anteriores, método del promedio ponderado (relacionado con 17-30 a 17-32). Como usted sabe, la compañía Larsen es una empresa fabricante de asientos para automóvil. Cada asiento pasa a través del departamento de ensamblado y del departamento de pruebas. Este problema se centra en el departamento de pruebas. Los materiales directos se agregan cuando el proceso del departamento de pruebas se encuentra terminado al 90%. Los costos de conversión se agregan uniformemente durante el proceso del departamento de pruebas. A medida que se termina el trabajo en el departamento de ensamblado, cada unidad se transfiere de inmediato al departamento de pruebas. Cuando cada unidad se completa en el departamento de pruebas, se transfiere de inmediato a productos terminados.

Larsen usa el método del promedio ponderado para el costeo por procesos. Los datos del departamento de pruebas para octubre de 2012 son:

	Unidades físicas (asientos para automóvil)	Costos anteriores	Materiales directos	Costos de conversión
Productos en proceso, 1 de octubre[a]	7,500	$2,932,500	$ 0	$ 835,460
Transferido en forma interna durante octubre de 2012	?			
Terminado durante octubre de 2012	26,300			
Productos en proceso, 31 de octubre[b]	3,700			
Costos totales agregados durante octubre de 2012		$7,717,500	$9,704,700	$3,955,900

[a]Grado de avance: costos anteriores, ?%; materiales directos, ?%; costos de conversión, 70%
[b]Grado de avance: costos anteriores, ?%; materiales directos, ?%; costos de conversión, 60%

1. ¿Cuál es el porcentaje de terminación para: *a*) los costos anteriores y los materiales directos en el inventario inicial de productos en proceso, y *b*) los costos anteriores y los materiales directos en el inventario final de productos en proceso?
2. Para cada categoría de costos, calcule las unidades equivalentes en el departamento de pruebas. Muestre las unidades físicas en la primera columna de su informe.
3. Para cada categoría de costos, resuma los costos totales del departamento de pruebas para octubre de 2012, calcule el costo por unidad equivalente y asigne los costos totales a las unidades terminadas (y transferidas fuera del proceso) y a las unidades en el inventario final de productos en proceso.
4. Prepare asientos de diario para las transferencias de octubre del departamento de ensamblado al departamento de pruebas, y del departamento de pruebas a productos terminados.

17-34 **Costos anteriores, método de PEPS (continuación del 17-33).** Remítase a la información del problema 17-33. Suponga que la compañía Larsen utiliza el método de PEPS en vez del método del promedio ponderado en todos sus departamentos. Los únicos cambios al problema 17-33 con el método de PEPS son que los costos anteriores totales del inventario inicial de productos en proceso al 1 de octubre son de $2,881,875 (en vez de $2,932,500), y que los costos anteriores totales agregados durante octubre son de $7,735,250 (en vez de $7,717,500).

Usando el método de PEPS para el costeo por procesos, complete el problema 17-33.

17-35 **Método del promedio ponderado.** Ashworth Handcraft es un fabricante de marcos para cuadros que distribuye entre minoristas de gran tamaño. Cada marco pasa a través de dos departamentos: el departamento de ensamblado y el departamento de acabado. Este problema se concentra en el departamento de ensamblado. El sistema de costeo por procesos de Ashworth tiene una sola categoría de costos directos (materiales directos) y una sola categoría de costos indirectos (costos de conversión). Los materiales directos se agregan cuando el proceso del departamento de ensamblado se encuentra 10% terminado. Los costos de conversión se agregan uniformemente durante el proceso del departamento de ensamblado.

Ashworth usa el método del promedio ponderado para el costeo por procesos. Considere los siguientes datos para el departamento de ensamblado en abril de 2012:

	Unidades físicas (marcos)	Materiales directos	Costos de conversión
Productos en proceso, 1 de abril[a]	95	$ 1,665	$ 988
Iniciado durante abril de 2012	490		
Terminado durante abril de 2012	455		
Productos en proceso, 30 abril[b]	130		
Costos totales agregados durante abril de 2012		$17,640	$11,856

[a]Grado de avance: materiales directos, 100%; costos de inversión, 40%.
[b]Grado de avance: materiales directos, 100%; costos de inversión, 30%.

Resuma los costos totales del departamento de ensamblado para abril de 2012, y asigne los costos totales a las unidades terminadas (y transferidas fuera del proceso) y a las unidades en el inventario final de productos en proceso.

17-36 **Asientos de diario (continuación del 17-35).**

Prepare un conjunto de asientos de diario resumidos para todas las transacciones de abril que afecten la cuenta de productos en proceso-ensamblado. Prepare una cuenta-T para productos en proceso-ensamblado y traspase sus asientos a dicha cuenta.

17-37 **Método de PEPS (continuación del 17-35).**

Resuelva el problema 17-35 usando el método de PEPS para el costeo por procesos. Si usted resolvió el problema 17-35, explique cualquier diferencia entre el costo del trabajo terminado y transferido fuera del proceso, y el costo del inventario final de productos en proceso en el departamento de ensamblado, tanto con el método del promedio ponderado como con el método de PEPS.

17-38 **Costos anteriores, método del promedio ponderado.** Bookworm, Inc., tiene dos departamentos: impresión y encuadernado. Cada departamento tiene una categoría de costos directos (materiales directos) y una categoría de costos indirectos (costos de conversión). Este problema se concentra en el departamento de encuadernado. Los libros que se sometieron al proceso de impresión se transfieren de inmediato al departamento de encuadernado.

Los materiales directos se agregan cuando el proceso de encuadernado se encuentra 80% terminado. Los costos de conversión se agregan uniformemente durante las operaciones de encuadernado. Cuando esas operaciones terminan, los libros se transfieren de inmediato a productos terminados. Bookworm, Inc., usa el método del promedio ponderado para el costeo por procesos. A continuación se presenta un resumen de las operaciones de abril de 2012 para el departamento de encuadernado.

	A	B	C	D	E
1		Unidades físicas (libros)	Costos anteriores	Materiales directos	Costos de conversión
2	Inventario inicial de productos en proceso	1,050	$ 32,550	$ 0	$13,650
3	Grado de avance, inventario inicial de productos en proceso		100%	0%	50%
4	Transferido en forma interna durante abril de 2012	2,400			
5	Terminado y transferido fuera del proceso durante abril	2,700			
6	Inventario final de productos en proceso (30 de abril)	750			
7	Grado de avance, inventario final de productos en proceso		100%	0%	70%
8	Costos totales agregados durante abril		$129,600	$23,490	$70,200

Se requiere

1. Resuma los costos totales del departamento de encuadernado para abril de 2012, y asigne tales costos a las unidades terminadas (y transferidas fuera del proceso) y a las unidades en el inventario final de productos en proceso.
2. Prepare asientos de diario para las transferencias de abril del departamento de impresión al departamento de encuadernado, y del departamento de encuadernado a productos terminados.

17-39   Costos anteriores, método de PEPS. Remítase a la información del problema anterior. Suponga que Bookworm, Inc., usa el método de PEPS en vez del método del promedio ponderado en todos sus departamentos. Los únicos cambios al problema 17-38 con el método de PEPS son que los costos anteriores totales del inventario inicial de productos en proceso al 1 de abril son de $36,750 (en vez de $32,550) y que los costos anteriores totales que se agregan durante abril son de $124,800 (en vez de $129,600).

Se requiere

1. Usando el método de PEPS para el costeo por procesos, resuelva el problema 17-38.
2. Si usted resolvió el problema 17-38, explique cualquier diferencia entre el costo del trabajo terminado y transferido fuera del proceso, y el costo del inventario final de productos en proceso en el departamento de encuadernado, tanto con el método del promedio ponderado como con el método de PEPS.

17-40   Costos anteriores, método del promedio ponderado y método de PEPS. Frito-Lay, Inc., elabora alimentos de consumo básico, como papas fritas y frituras de maíz. La producción de las frituras de maíz ocurre en cuatro departamentos: limpiado, mezclado, cocinado, y secado y empacado. Considere el departamento de secado y empacado, donde los materiales directos (empacado) se agregan al final del proceso. Los costos de conversión se agregan uniformemente durante el proceso. Los registros contables de la planta de Frito-Lay dan la siguiente información para las frituras de maíz, en su departamento de secado y empacado durante un periodo semanal (semana 37):

	Unidades físicas (cajas)	Costos anteriores	Materiales directos	Costos de conversión
Inventario inicial de productos en proceso[a]	1,200	$26,750	$ 0	$ 4,020
Transferido durante la semana 37 del departamento de cocinado	4,200			
Terminado durante la semana 37	4,000			
Inventario final de productos en proceso, semana 37[b]	1,400			
Costos totales agregados durante la semana 37		$91,510	$23,000	$27,940

[a]Grado de avance: costos anteriores, 100%; materiales directos, ?%; costos de conversión, 25%
[b]Grado de avance: costos anteriores, 100%; materiales directos, ?%; costos de conversión, 50%

Se requiere

1. Usando el método del promedio ponderado, resuma los costos totales del departamento de secado y de empacado para la semana 37, y asigne los costos totales a las unidades terminadas (y transferidas fuera del proceso), así como a las unidades en el inventario final de productos en proceso.
2. Suponga que se usa el método de PEPS para el departamento de secado y empacado. Con el PEPS, los costos anteriores para el inventario inicial de productos en proceso en la semana 37 son de $28,920 (en vez de $26,750 con el método del promedio ponderado), y los costos anteriores durante la semana 37 a partir del departamento de cocinado son de $93,660 (en vez de $91,510 con el método del promedio ponderado). Todos los demás datos permanecen sin cambio. Resuma los costos totales del departamento de secado y empacado para la semana 37, y asigne los costos totales a las unidades terminadas y transferidas fuera del proceso a las unidades en el inventario final de productos en proceso usando el método de PEPS.

17-41   Costeo estándar con los inventarios inicial y final de productos en proceso. La compañía Perlas de Penélope (CPP) es un fabricante de joyería de imitación. Penélope asiste a la Semana de Modas en la Ciudad de Nueva York cada mes de septiembre y de febrero, para apreciar las tendencias más recientes de la moda en joyería. Luego ella fabrica joyería de moda a una fracción del costo de aquellos diseñadores que participan en la Semana de Modas. El artículo más grandioso de este otoño son los collares de perlas de triple trenza. Debido a su alto volumen, Penélope usa el costeo por procesos para la contabilidad de su producción. En octubre, había empezado algunos de sus collares de triple trenza y continuó trabajando en ellos en noviembre. Las cifras de costos y de producción son las siguientes:

Compañía Perlas de Penélope
Costeo por procesos
Para el mes que terminó el 30 de noviembre de 2012

	Unidades	Materiales directos	Costos de conversión
Costos estándar por unidad		$3.00	$10.50
Productos en proceso, inventario inicial (1 de nov.)	24,000	$72,000	$176,400
Grado de avance del inventario inicial de productos en proceso		100%	70%
Iniciado durante noviembre	124,400		
Terminado y transferido fuera del proceso	123,000		
Productos en proceso, inventario final (30 de nov.)	25,400		
Grado de avance del inventario final de productos en proceso		100%	50%
Costos totales agregados durante noviembre		$329,000	$1,217,000

1. Calcule las unidades equivalentes para los materiales directos y para los costos de conversión. Muestre las unidades físicas en la primera columna de su informe.
2. Calcule los costos estándar totales de las perlas transferidas fuera del proceso en noviembre, y los costos estándar totales del inventario de productos en proceso al 30 de noviembre.
3. Calcule las variaciones totales de noviembre para los materiales directos y para los costos de conversión.

Se requiere

Problema de aprendizaje colaborativo

17-42 **Método de costeo estándar.** Ozumo's Gardening elabora varios tipos de mantillo (capa de abono protector para suelos). Su periodo más activo es durante los meses del verano. En agosto, el contralor se renunció repentinamente debido a un trastorno relacionado con el estrés. Él se llevó consigo los resultados del costeo estándar para RoseBark, que es el producto de más alta calidad de Ozumo. El contralor ya había terminado la asignación de costos a los productos terminados y a los productos en proceso, pero Ozumo no conoce los costos estándar ni los niveles de terminación del inventario. Se dispone de la siguiente información:

Unidades físicas y unidades equivalentes para RoseBark
Para el mes que terminó el 31 de agosto de 2012

	Unidades físicas (yardas de mantillo)	Unidades equivalentes (yardas) Materiales directos	Costos de conversión
Terminación del inventario inicial de productos en proceso	965,000	—	434,250
Iniciado y terminado	845,000	845,000	845,000
Trabajo sobre el inventario final de productos en proceso	1,817,000	1,817,000	1,090,200
		2,662,000	2,369,450
Unidades por contabilizar	3,627,000		

	Costos
Costo de las unidades terminadas del inventario inicial de productos en proceso	$ 7,671,750
Costo de las nuevas unidades iniciadas y terminadas	6,717,750
Costo de las unidades terminadas en agosto	14,389,500
Costo del inventario final de productos en proceso	12,192,070
Costos totales contabilizados	$26,581,570

1. Calcule los porcentajes de terminación del inventario inicial de productos en proceso con respecto a los dos insumos.
2. Calcule los porcentajes de terminación del inventario final de productos en proceso con respecto a los dos insumos.
3. ¿Cuáles son los costos estándar por unidad para los dos insumos?
4. ¿Cuál es el costo total del inventario de productos en proceso al 1 de agosto de 2012?

Se requiere

◄ Ejercicio integrador

Sistema de acumulación de costos en la producción por procesos

Ejercicio integrador 2

Como material adicional para la edición en español, incluimos un ejercicio integrador, apéndice C, en la parte final de este libro, denominado "Sistema de acumulación de costos en la producción por procesos". Se recomienda al lector su resolución al terminar de estudiar este capítulo.

Unidades defectuosas, reprocesamiento y material de desecho

A la situación en que un producto no satisface las especificaciones y, subsecuentemente, se repara y se vende se le denomina reprocesamiento.

Durante la producción, las organizaciones tratan de minimizar los reprocesamientos, así como las unidades defectuosas y los materiales de desecho. ¿Por qué? Porque los niveles de unidades defectuosas y de materiales de desecho mayores que lo normal tendrían un efecto negativo de importancia sobre las utilidades de una empresa. Los reprocesamientos también suelen ocasionar demoras sustanciales en la producción, como lo muestra el siguiente artículo acerca de Boeing.

Los reprocesamientos demoran tres años el Boeing Dreamliner[1]

En 2007 Boeing planeaba la introducción de su avión más novedoso, el Dreamliner 787. Diseñado para ser el avión comercial más eficiente en cuanto a uso de combustible, el Dreamliner recibió casi 600 pedidos de parte de los clientes, convirtiéndose así en el avión comercial con las ventas más rápidas en la historia.

Sin embargo, en 2010, el primer Dreamliner todavía no había salido de la línea de producción. El proceso de diseño y de ensamblado estaba plagado de errores de producción, y había faltantes de piezas y cuellos de botella en la cadena de suministro. El Dreamliner fue el primer gran intento de Boeing para dar a los proveedores y a los socios una responsabilidad de largo alcance en cuanto al diseño y la construcción de las alas, el fuselaje y otros componentes fundamentales, que deberían enviarse a Boeing para el ensamble final. El enfoque no funcionó como se había planeado, y muchos de los componentes del 787 se entregaron sin terminar, con defectos y sin todas sus piezas.

En consecuencia, la aeronave Dreamliner de Boeing requirió de un reprocesamiento significativo. Los ingenieros de la compañía tuvieron que volver a diseñar los defectos estructurales en las alas del avión, reparar agrietamientos en los materiales compuestos que se habían utilizado para construir el avión, y corregir programas de software defectuosos entre muchos otros problemas. En 2009 uno de los sindicatos de Boeing cálculo que la mitad del tiempo de sus trabajadores afiliados se había destinado a efectuar reprocesamientos.

Tales reprocesamientos condujeron a demoras costosas para Boeing. Muchos de sus clientes, incluyendo Virgen Atlantic y All Nippon Airways de Japón, solicitaron a la compañía que los compensara por mantener en el aire sus aviones menos eficientes en cuanto a uso de combustible. Otros clientes cancelaron sus pedidos. Quantas Airways de Australia y una compañía arrendadora de aviones con sede en Dubai cancelaron sus pedidos por 15 aviones, lo cual costó a Boeing por

[1] *Fuente*: Lunsford, J. Lymn, 2009. Dubai firm cancels 16 of Boeing's Dreamliners. *Wall Street Journal*. 5 de febrero; Matalack, Carol. 2009. More Boeing 787 woes as Quantas drops order. *Business Week*, 26 de junio; Sanders, Peter. 2009. At Boeing, Dreamliner fix turns up new glitch. *Wall Street Journal*, 13 de noviembre; West, Karen. 2009. Boeign has much to prove with 787. *MSNBC.com*, 16 de diciembre; Wilhelm, Steve. 2009 Boeing engineers seek credit for fixing goofs. *Puget Sound Business Journal*, 17 de agosto.

lo menos $4,500 millones de dólares. La compañía también asumió un cargo de $2,500 millones de dólares relacionado con los costos de desarrollo sobre el programa del Dreamliner.

Al igual que Boeing, las organizaciones se están enfocando cada vez más en el mejoramiento de la calidad de sus productos, servicios y actividades, así como en la reducción de defectos en los mismos. Una tasa de defectos considerada como normal en el pasado quizá ya no sea tolerable en la actualidad. En este capítulo, nos concentramos en tres tipos de costos que surgen como resultado de fallas y defectos —las unidades defectuosas, el reprocesamiento y los materiales de desecho— y en la forma de contabilizarlos. También describimos la manera de determinar: **1.** el costo de los productos, **2.** el costo de los bienes vendidos y **3.** los valores del inventario cuando se presentan las unidades defectuosas, el reprocesamiento y los materiales de desecho.

Definición de unidades defectuosas, reprocesamiento y materiales de desecho

Aunque los términos que se usan en este capítulo tal vez le parezcan familiares, asegúrese de entenderlos en el contexto de la contabilidad administrativa.

Las **unidades defectuosas** (dañadas) son las unidades producidas, indistintamente de que estén total o parcialmente terminadas, que no cumplen las especificaciones que requieren los clientes como unidades aceptables, y que se descartan o se venden a precios reducidos. Algunos ejemplos de estas son las camisas, los jeans, los zapatos y las alfombras defectuosas que se venden como "artículos de segunda", o bien, las latas de aluminio dañadas que se venden a los productores de aluminio para volverse a fundir y elaborar otros artículos de aluminio.

Los **reprocesamientos** son las unidades producidas que no satisfacen las especificaciones requeridas por los clientes, pero que se reparan en forma subsiguiente y se venden como unidades terminadas aceptables. Por ejemplo, las unidades producidas defectuosas (como localizadores, computadoras y teléfonos) que se detectan durante el proceso de producción o después de él, pero antes de que las unidades lleguen a los clientes, algunas veces se pueden reprocesar y vender como artículos aceptables.

Los **materiales de desecho** se refieren a los materiales residuales que surgen en la fabricación de un producto. Algunos ejemplos son la pedacería o los retazos resultantes de las operaciones del corte de madera, las rebabas que surgen las operaciones de moldeado del plástico, y el deshilachado y los cortes sobrantes en las operaciones de hechura de trajes. Algunas veces, los materiales de desecho se venden en cantidades relativamente pequeñas. En ese sentido, los desechos son similares a los subproductos que estudiamos en el capítulo 16. La diferencia es que los materiales de desecho surgen como un residuo de un proceso de manufactura, y no son un producto que la organización haya programado para su manufactura o venta.

Algunas cantidades de unidades defectuosas, reprocesamientos y desechos son inherentes a muchos procesos de producción. La manufactura de semiconductores, por ejemplo, es tan compleja y delicada que comúnmente surgen algunas unidades defectuosas; por lo general, tales unidades no se pueden reprocesar. En la fabricación de herramientas para maquinaria de alta precisión, las unidades defectuosas se logran reprocesar para satisfacer los estándares, pero tan solo con un costo significativo. Y en la industria de la minería, las compañías procesan minerales que contienen cantidades variables de metales valiosos y de rocas. Algunas cantidades de roca, las cuales son un material de desecho, son inevitables.

Objetivo de aprendizaje 1

Entender las definiciones de unidades defectuosas,

. . . unidades producidas inaceptables

reprocesamiento,

. . . unidades producidas inaceptables que se reparan en forma subsiguiente

y materiales de desecho

. . . recursos sobrantes

◀ **Punto de decisión**

¿Qué son las unidades defectuosas, el reprocesamiento y los materiales de desecho?

Dos tipos de unidades defectuosas

La contabilidad de las unidades defectuosas tiene como finalidad determinar la magnitud de sus costos, y distinguir entre los costos de unidades defectuosas normales y anormales.[2] Para administrar, controlar y reducir los costos por unidades defectuosas, las compañías necesitan resaltarlas, y no enterrarlas como una parte no identificada de los costos de manufactura de las unidades aceptables.

Para ilustrar las unidades defectuosas normales y anormales, considere el caso de Plásticos Mendoza, compañía que elabora revestimientos para las computadoras iMac, usando un moldeado de inyección de plástico. En enero de 2012, Mendoza incurre en costos de $615,000 para producir 20,500 unidades. De estas 20,500 unidades, 20,000 son unidades aceptables y 500 son unidades defectuosas. Mendoza no tiene un inventario inicial ni tampoco un inventario final durante ese mes. De las 500 unidades defectuosas, 400 unidades se debieron a que las máquinas de moldeado por inyección son incapaces de manufacturar revestimientos aceptables el 100% de las veces. Es decir, estas unidades salen defectuosas aun cuando las máquinas se operaron de una forma cuidadosa y eficiente. Las 100 unidades restantes salieron dañadas por descomposturas de las máquinas y errores del operador.

Unidades defectuosas normales

La **obtención normal de unidades defectuosas** ocurre en forma inherente a un proceso de producción en particular. Específicamente, surge aun cuando el proceso se opere de una manera eficiente. Los costos de las unidades defectuosas normales se incluyen por lo general como un componente de los costos de las unidades aceptables manufacturadas, porque estas no se pueden elaborar sin también generar algunas unidades defectuosas. Existe un valor de equilibrio entre la velocidad de la producción y la tasa normal de unidades defectuosas. La gerencia toma una decisión consciente en relación con la cantidad de unidades a producir por hora en el entendimiento de que, a la tasa decidida, un cierto nivel de unidades defectuosas es casi inevitable. Por tal razón, el costo de las unidades defectuosas normales se incluye en el costo de las unidades aceptables terminadas. En Plásticos Mendoza, las 400 unidades salieron defectuosas debido a las limitaciones de las máquinas de moldeado por inyección y aun a pesar de que las condiciones operativas son eficientes. Los cálculos son como sigue:

Costo de manufactura por unidad, $615,000 ÷ 20,500 unidades = $30

Costos de manufactura de las unidades aceptables solas $30 por unidad × 20,000 unidades	$600,000
Costos normales por defectos, $30 por unidad × 400 unidades	12,000
Costos de manufactura de las unidades aceptables terminadas (incluye defectos normales)	$612,000

$$\text{Costo de manufactura por unidad aceptable} = \frac{\$612,000}{20,000 \text{ unidades}} = \$30.60$$

Ya que el nivel normal de unidades defectuosas es aquel que está relacionado con las unidades aceptables obtenidas, las tasas de defectos normales se calculan dividiendo las unidades defectuosas normales entre el total de *unidades aceptables terminadas*, y no entre el total de *unidades reales iniciadas* en producción. En Plásticos Mendoza, por lo tanto, la tasa normal de unidades defectuosas se calcula como 400 ÷ 20,000 = 2 por ciento.

Unidades defectuosas anormales

Las **unidades defectuosas anormales** son aquellas que no son inherentes a un proceso de producción en particular y que no surgirían en condiciones operativas eficientes. Si una empresa tiene el 100% de unidades aceptables como su meta, entonces cualquier tasa de defectuosas se consideraría anormal. En Mendoza, las 100 unidades defectuosas debido a fallas de las máquinas y a errores del operador son anormales. Las unidades defectuosas anormales se consideran por lo general como evitables y controlables. Los operadores de línea y otro personal de la planta suelen disminuir o eliminar las unidades defectuosas anormales, identificando las razones para las fallas en las máquinas, los errores del operador, etcétera, y tomando medidas para evitar que ello suceda. Para resaltar el efecto de los costos por los defectos anormales, las compañías calculan las unidades defectuosas anormales y registran el costo en la cuenta de pérdidas por unidades defectuosas anormales, la cual aparece como una partida separada en el estado de resultados. En Mendoza, la pérdida de las unidades defectuosas anormales es de $3,000 ($30 por unidad × 100 unidades).

Se presentan problemas acerca de la contabilidad de las unidades defectuosas, tanto en el sistema de costeo por procesos como en el sistema de costeo por órdenes de trabajo. A continuación expondremos ambos casos, empezando con las unidades defectuosas en el costeo por procesos.

[2] Reconocemos ampliamente las sugerencias útiles de Samuel Laimon, de la Universidad de Saskatchewan.

Unidades defectuosas en el costeo por procesos con el método del promedio ponderado y el método de PEPS

¿Cómo contabilizan las unidades defectuosas los sistemas de costeo por procesos? Ya hemos mencionado que las unidades defectuosas anormales deberían contabilizarse y registrarse en forma separada, en una cuenta denominada Pérdida por unidades defectuosas anormales. Pero, ¿qué podría decirse acerca de las unidades defectuosas normales? El método correcto es contabilizar estas unidades cuando se calculan las unidades producidas —físicas o equivalentes— en un sistema de costeo por procesos. El siguiente ejemplo y la siguiente exposición ilustran este enfoque.

Conteo de todas las unidades defectuosas

Ejemplo 1: Chipmakers, Inc., fabrica chips computarizados para aparatos de televisión. Todos los materiales directos se agregan al inicio del proceso de producción. Para destacar los problemas que surgen con las unidades defectuosas normales, suponemos que no hay inventario inicial y nos centraremos únicamente en los costos de los materiales directos. Se dispone de los siguientes datos para mayo de 2012.

	A	B Unidades físicas	C Materiales directos
2	Productos en proceso, inventario inicial (1 de mayo)	0	
3	Iniciado durante mayo	10,000	
4	Unidades aceptables terminadas y transferidas fuera del proceso durante mayo	5,000	
5	Unidades defectuosas (todas normales)	1,000	
6	Productos en proceso, inventario final (31 de mayo)	4,000	
7	Costos de los materiales directos agregados en mayo		$270,000

Las unidades defectuosas se detectan en el momento de la terminación del proceso y tienen un valor neto de realización de cero.

Un **punto de inspección** es la fase del proceso de producción donde se examinan los productos, para determinar si las unidades son aceptables o inaceptables. Por lo general, se supone que las unidades defectuosas surgen en la fase de terminación y cuando ocurre la inspección. Por consiguiente, se supone que las unidades defectuosas en nuestro ejemplo están 100% terminadas con respecto a los materiales directos.

La ilustración 18-1 calcula y asigna el costo por unidad de materiales directos. En general, Chipmakers generó 10,000 unidades producidas equivalentes: 5,000 unidades equivalentes como unidades aceptables terminadas (5,000 unidades físicas × 100%), 4,000 unidades en el inventario

	A	B Enfoque del conteo de las unidades defectuosas cuando se calcula la producción en unidades equivalentes
2	Costos por contabilizar	$270,000
3	Dividido entre las unidades producidas equivalentes	÷ 10,000
4	Costo por unidad producida equivalente	$ 27
5	Asignación de costos:	
6	Unidades aceptables terminadas (5,000 unidades × $27 por unidad)	$135,000
7	Más unidades defectuosas normales (1,000 unidades × $27 por unidad)	27,000
8	Costos totales de las unidades aceptables terminadas y transferidas fuera del proceso	162,000
9	Productos en proceso, final (4,000 unidades × $27 por unidad)	108,000
10	Costos contabilizados	$270,000

Ilustración 18-1

Efecto del reconocimiento de las unidades equivalentes en las unidades defectuosas en los costos de los materiales directos para Chipmakers, Inc., mayo de 2012

final de productos en proceso (4,000 unidades físicas $\times$ 100%) y 1,000 unidades equivalentes como unidades defectuosas normales (1,000 unidades físicas $\times$ 100%). Dados los costos totales de materiales directos por $270,000 en mayo, esto da como resultado un costo por unidad equivalente de $27. El costo total de las unidades aceptables terminadas y transferidas fuera del proceso, el cual incluye el costo de las unidades defectuosas normales es, por lo tanto, de $162,000 (6,000 unidades equivalentes $\times$ $27); mientras que al inventario final de productos en proceso se le asigna un costo de $108,000 (4,000 unidades equivalentes $\times$ $27).

Hay dos características sobresalientes en este enfoque. Primero, a las 4,000 unidades en el inventario final de productos en proceso no se les asigna ninguno de los costos de las unidades defectuosas normales. Esto es adecuado porque las unidades todavía no se han inspeccionado. Mientras que las unidades en el inventario final de productos en proceso indudablemente incluyen algunas que se detectarán como defectuosas cuando se inspeccionen, dichas unidades tan solo se identificarán cuando se terminen en el siguiente periodo contable. En ese momento, los costos de las unidades defectuosas normales se asignarán a las unidades aceptables terminadas en ese periodo. Segundo, el enfoque utilizado en la ilustración 18-1 determina el costo de las unidades defectuosas normales como de $27,000. Al destacar la magnitud de este costo, el enfoque ayuda a centrar la atención de la gerencia en los beneficios económicos potenciales de la reducción de las unidades defectuosas.

Procedimiento de cinco pasos para el costeo por procesos con unidades defectuosas

Ejemplo 2: La compañía Anzio fabrica un contenedor para reciclado en su departamento de moldeado. Los materiales directos se agregan al inicio del proceso de producción. Los costos de conversión se agregan uniformemente durante el proceso de producción. Algunas unidades de este producto salen defectuosas como resultado de fallas, las cuales son detectables tan solo en la inspección de las unidades terminadas. Por lo general, las unidades defectuosas son del 10% de la producción terminada de unidades aceptables. Es decir, por cada 10 unidades aceptables producidas, existe 1 unidad defectuosa normal. A continuación se presentan los datos resumidos para julio de 2012:

	A	B	C	D	E
1		Unidades físicas (1)	Materiales directos (2)	Costos de conversión (3)	Costos totales (4) = (2) + (3)
2	Productos en proceso, inventario inicial (1 de julio)	1,500	$12,000	$ 9,000	$ 21,000
3	Grado de avance del inventario inicial de productos en proceso		100%	60%	
4	Iniciado durante julio	8,500			
5	Unidades aceptables terminadas y transferidas fuera del proceso durante julio	7,000			
6	Productos en proceso, inventario final (31 de julio)	2,000			
7	Grado de avance del inventario final de productos en proceso		100%	50%	
8	Costos totales agregados durante julio		$76,500	$89,100	$165,600
9	Unidades defectuosas normales como porcentaje de las unidades aceptables	10%			
10	Grado de avance de las unidades defectuosas normales		100%	100%	
11	Grado de avance de las unidades defectuosas anormales		100%	100%	

El procedimiento de cinco pasos para el costeo por procesos que se expuso en el capítulo 17 necesita únicamente de una ligera modificación para usarlo con las unidades defectuosas.

Paso 1:   Resumir el flujo de las unidades físicas producidas. Identificar el número de unidades defectuosas tanto normales como anormales.

$$\begin{pmatrix} \text{Unidades} \\ \text{defectuosas} \\ \text{totales} \end{pmatrix} = \begin{pmatrix} \text{unidades en el inventario} \\ \text{inicial de productos} + \text{unidades} \\ \text{en proceso} \quad \text{iniciadas} \end{pmatrix} - \begin{pmatrix} \text{unidades aceptables} \quad \text{unidades aceptables} \\ \text{terminadas y transferidas} + \text{terminadas y transferidas} \\ \text{fuera del proceso} \quad \text{fuera del proceso} \end{pmatrix}$$

$$= (1,500 + 8,500) - (7,000 + 2,000)$$
$$= 10,000 - 9,000$$
$$= 1,000 \text{ unidades}$$

Recuerde que las unidades defectuosas normales son del 10% de la producción aceptable en la compañía Anzio. Por consiguiente, las unidades defectuosas normales = 10% de las 7,000 unidades producidas *aceptables* = 700 unidades.

$$\begin{aligned} \text{Unidades defectuosas anormales} &= \text{unidades defectuosas totales} - \text{unidades defectuosas normales} \\ &= 1{,}000 \text{ unidades} - 700 \text{ unidades} \\ &= 300 \text{ unidades} \end{aligned}$$

Paso 2: Calcular la producción en términos de unidades equivalentes. Calcule las unidades equivalentes para las unidades defectuosas de la misma forma que calculamos las unidades equivalentes para las unidades aceptables. Como se ilustró antes, todas las unidades defectuosas se incluyen en el cálculo de las unidades producidas. Ya que el punto de inspección de Anzio ocurre al terminar la producción, se habrá realizado la misma cantidad de trabajo sobre cada unidad defectuosa que sobre cada unidad aceptable terminada.

Paso 3: Resumir los costos totales por contabilizar. Los costos totales por contabilizar son todos aquellos costos que se cargan a la cuenta de productos en proceso. Los detalles para esta paso son similares al paso 3 del capítulo 17.

Paso 4: Calcular el costo por unidad equivalente. Este paso es similar al paso 4 del capítulo 17.

Paso 5: Asignar los costos totales a las unidades terminadas, a las unidades defectuosas y a las unidades en el inventario final de productos en proceso. Este paso incluye ahora el cálculo del costo de las unidades defectuosas y del costo de las unidades aceptables.

A continuación ilustraremos estos cinco pasos del costeo por procesos con el método del promedio ponderado y con el método de PEPS. *El método de costeo estándar se ilustra en el apéndice de este capítulo.*

Método del promedio ponderado y unidades defectuosas

La ilustración 18-2, panel A, muestra los pasos 1 y 2 para calcular las unidades equivalentes del trabajo realizado a la fecha, e incluye los cálculos de las unidades equivalentes de las unidades defectuosas normales y anormales. La ilustración 18-2, panel B, muestra los pasos 3, 4 y 5 (conjuntamente denominados como hoja de trabajo de costo de producción).

El paso 3 resume los costos totales por contabilizar. El paso 4 muestra los cálculos del costo por unidad equivalente usando el método del promedio ponderado. Observe la manera en que, para cada categoría de costos, los costos del inventario inicial de productos en proceso y los costos del trabajo realizado en el periodo actual se suman y se dividen entre las unidades equivalentes de todo el trabajo realizado a la fecha, con la finalidad de calcular el costo promedio ponderado por unidad equivalente. El paso 5 asigna los costos totales a las unidades terminadas, a las unidades defectuosas normales y anormales, y al inventario final, multiplicando las unidades equivalentes que se calcularon en el paso 2 por el costo por unidad equivalente que se calculó en el paso 4. Note también que los $13,825 de los costos de las unidades defectuosas normales se agregaron a los costos de las unidades aceptables relacionadas, que se terminaron y se transfirieron fuera del proceso.

$$\begin{aligned} \text{Costo por unidad aceptable terminada y transferida fuera del proceso} &= \frac{\text{costos totales transferidos fuera del proceso (incluyendo las unidades defectuosas normales)}}{\text{número de unidades aceptables producidas}} \\ &= \$152{,}075 \div 7{,}000 \text{ unidades aceptables} = \$21.725 \text{ por unidad aceptable} \end{aligned}$$

Esta cantidad no es igual a $19.75 por unidad aceptable, la suma del costo de $8.85 por unidad equivalente de materiales directos más el costo de $10.90 por unidad equivalente de costos de conversión. Ello se debe a que el costo por unidad aceptable es igual a la suma de los costos de materiales directos y de los costos de conversión por unidad equivalente, $19.75, más una porción de las unidades defectuosas normales, $1.975 ($13,825 ÷ 7,000 unidades aceptables), lo cual da un total de $21.725 por unidad aceptable. Los costos de $5,925 de las unidades defectuosas anormales se cargan a la cuenta de pérdida por unidades defectuosas anormales y no aparecen en los costos de las unidades aceptables.[3]

---

[3] Los costos reales de las unidades defectuosas (y del reprocesamiento) con frecuencia son mayores que los costos que se registran en el sistema contable, ya que los costos de oportunidad de la interrupción de la línea de producción, del almacenamiento y de los márgenes de contribución perdidos no se registran en los sistemas contables. El capítulo 19 (disponible en el sitio Web de este libro) expone estos costos de oportunidad desde la perspectiva de la administración de los costos.

Ilustración 18-2 Método del promedio ponderado para el costeo por procesos con unidades defectuosas, para el departamento de moldeado en la compañía Anzio, julio de 2012

Panel A. Pasos 1 y 2: resumen de la producción en unidades físicas y cálculo de las unidades equivalentes

	A	B	C	D	E
1			(paso 1)	(paso 2)	
2				Unidades equivalentes	
3		Flujo de producción	Unidades físicas	Materiales directos	Costos de conversión
4		Productos en proceso, inicial (dado, p. 648)	1,500		
5		Iniciado durante el periodo actual (dado, p. 648)	8,500		
6		Por contabilizar	10,000		
7		Unidades aceptables terminadas y transferidas fuera del proceso durante el periodo actual	7,000	7,000	7,000
8		Unidades defectuosas normales[a]	700		
9		(700 × 100%; 700 × 100%)		700	700
10		Unidades defectuosas anormales[b]	300		
11		(300 × 100%; 300 × 100%)		300	300
12		Productos en proceso, fina[c] (dado, p. 648)	2,000		
13		(2,000 × 100%; 2,000 × 50%)		2,000	1,000
14		Contabilizado	10,000		
15		Unidades equivalentes del trabajo realizado a la fecha		10,000	9,000
16					
17		[a]Las unidades defectuosas normales son el 10% de las unidades transferidas fuera del proceso; 10% × 7,000 = 700 unidades. Grado			
18		de avance de las unidades defectuosas normales en este departamento: materiales directos, 100%; costos de conversión, 100%			
19		[b]Unidades defectuosas anormales = unidades defectuosas totales − unidades defectuosas normales = 1,000 − 700 = 300 unidades.			
20		Grado de avance de las unidades defectuosas anormales en este departamento: materiales directos, 100%; costos de conversión, 100%			
21		[c]Grado de avance en este departamento: materiales directos, 100%; costos de conversión, 50%			

Panel B. Pasos 3, 4 y 5: resumen de los costos totales por contabilizar, cálculo del costo por unidad equivalente y asignación de los costos totales a las unidades terminadas, a las unidades defectuosas y a las unidades en el inventario final de productos en proceso

			Total de costos de producción	Materiales directos	Costos de conversión
23					
24	(Paso 3)	Productos en proceso, inicial (dado, p. 648)	$ 21,000	$12,000	$ 9,000
25		Costos agregados en el periodo actual (dado, p. 648)}	165,600	76,500	89,100
26		Total de costos por contabilizar	$186,600	$88,500	$98,100
27	(Paso 4)	Costos generados a la fecha		$88,500	$98,100
28		Dividido entre las unidades equivalentes del trabajo realizado a la fecha (panel A)		÷10,000	÷ 9,000
29		Costo por unidad equivalente		$ 8.85	$ 10.90
30	(Paso 5)	Asignación de costos:			
31		Unidades aceptables terminadas y transferidas fuera del proceso (7,000 unidades)			
32		Costos antes de agregar las unidades defectuosas normales	$138,250	(7,000[d] × $8.85) +	(7,000[d] × $10.90)
33		Unidades defectuosas normales (700 unidades)	13,825	(700[d] × $8.85) +	(700[d] × $10.90)
34	(A)	Costos totales de las unidades aceptables terminadas y transferidas fuera del proceso	152,075		
35	(B)	Unidades defectuosas anormales (300 unidades)	5,925	(300[d] × $8.85) +	(300[d] × $10.90)
36	(C)	Productos en proceso, final (2,000 unidades)	28,600	(2,000[d] × $8.85) +	(1,000[d] × $10.90)
37	(A)+(B)+(C)	Costos totales contabilizados	$186,600	$88,500 +	$98,100
38					
39		[d]Unidades equivalentes de materiales directos y de costos de conversión calculados en el paso 2 del panel A.			

Panel A. Pasos 1 y 2: resumen de la producción en unidades físicas y cálculo de las unidades equivalentes

Ilustración 18-3

Ilustración 18-3

Método de primeras entradas primeras salidas (PEPS) en el costeo por procesos, con unidades defectuosas para el departamento de moldeado de la compañía Anzio, julio de 2012.

	A	B	C	D	E
1			(Paso 1)	(Paso 2)	
2				Unidades equivalentes	
3		Flujo de producción	Unidades físicas	Materiales directos	Costos de conversión
4		Productos en proceso, inicial (dado, p. 648)	1,500		
5		Iniciado durante el periodo actual (dado, p. 648)	8,500		
6		Por contabilizar	10,000		
7		Unidades aceptables terminadas y transferidas fuera del proceso durante el periodo actual:			
8		Del inventario inicial de productos en proceso[a]	1,500		
9		[1,500 × (100% − 100%); 1,500 × (100% − 60%)]		0	600
10		Iniciado y terminado	5,500[b]		
11		(5,500 × 100%; 5,500 × 100%)		5,500	5,500
12		Unidades defectuosas normales[c]	700		
13		(700 × 100%; 700 × 100%)		700	700
14		Unidades defectuosas anormales[d]	300		
15		(300 × 100%; 300 × 100%)		300	300
16		Productos en proceso, final[e] (dado, p. 648)	2,000		
17		(2,000 × 100%; 2,000 × 50%)		2,000	1,000
18		Contabilizado	10,000		
19		Unidades equivalentes del trabajo realizado en el periodo actual		8,500	8,100
20					
21	[a]Grado de avance en este departamento: materiales directos, 100%; costos de conversión, 60 por ciento.				
22	[b]7,000 unidades físicas terminadas y transferidas fuera del proceso menos 1,500 unidades físicas terminadas y transferidas fuera				
23	del proceso a partir del inventario inicial de productos en proceso.				
24	[c]Las unidades defectuosas normales son el 10% de las unidades aceptables transferidas fuera del proceso: 10% × 7,000 = 700 unidades.				
25	Grado de avance de las unidades defectuosas normales en este departamento: materiales directos, 100%; costos de conversión, 100%				
26	[d]Unidades defectuosas anormales = unidades defectuosas reales − unidades defectuosas normales = 1,000 − 700 = 300 unidades.				
27	Grado de avance de las unidades defectuosas anormales en este departamento: materiales directos, 100%; costos de conversión, 100%				
28	[e]Grado de avance en este departamento: materiales directos, 100%; costos de conversión 50%				

Panel B. Pasos 3, 4 y 5: resumen de los costos totales por contabilizar, cálculo del costo por unidad equivalente y asignación de los costos totales a las unidades terminadas, a las unidades defectuosas y a las unidades en el inventario final de productos en proceso

			Total de costos de producción	Materiales directos	Costos de conversión
30					
31	(Paso 3)	Productos en proceso, inicial (dado, p. 648)	$ 21,000	$12,000	$ 9,000
32		Costos agregados en el periodo actual (dado, p. 648)	165,000	76,500	89,100
33		Costos totales por contabilizar	$186,600	$88,500	$98,100
34	(Paso 4)	Costos agregados en el periodo actual		$76,500	$89,100
35		Dividido entre las unidades equivalentes del trabajo realizado en el periodo actual (panel A)		÷ 8,500	÷ 8,100
36		Costo por unidad equivalente		$ 9.00	$ 11.00
37	(Paso 5)	Asignación de costos:			
38		Unidades aceptables terminadas y transferidas fuera del proceso (7,000 unidades)			
39		Productos en proceso, inicial (1,500 unidades)	$ 21,000	$12,000 +	$9,000
40		Costos agregados al inventario inicial de productos en proceso en el periodo actual	6,600	(0[f] × $9) +	(600[f] × $11)
41		Total del inventario inicial antes de las unidades defectuosas normales	27,600		
42		Iniciado y terminado antes de las unidades defectuosas normales (5,500 unidades)	110,000	(5,500[f] × $9) +	(5,500[f] × $11)
43		Unidades defectuosas normales (700 unidades)	14,000	(700[f] × $9) +	(700[f] × $11)
44	(A)	Total de costos de las unidades aceptables terminadas y transferidas fuera del proceso	151,600		
45	(B)	Unidades defectuosas anormales (300 unidades)	6,000	(300[f] × $9) +	(300[f] × $11)
46	(C)	Productos en proceso, final (2,000 unidades)	29,000	(2,000[f] × $9) +	(1,000[f] × $11)
47	(A)+(B)+(C)	Total de costos contabilizados	$186,600	$88,500 +	$98,100
48					
49					
50					
51	[f]Unidades equivalentes de materiales directos y de costos de conversión calculados en el paso 2 del panel A				

Método de PEPS y unidades defectuosas

La ilustración 18-3, panel A, muestra los pasos 1 y 2 usando el método de PEPS, el cual se enfoca en las unidades equivalentes del trabajo realizado en el periodo actual. La ilustración 18-3, panel B, muestra los pasos 3, 4 y 5. Observe cómo, cuando se asignan los costos, el método de PEPS mantiene los costos del inventario inicial de productos en proceso separados y distintos de los costos del trabajo realizado en el periodo actual. Se supone que todos los costos de las unidades defectuosas están relacionados con las unidades terminadas durante este periodo, usando los costos unitarios del periodo actual.[4]

Asientos de diario

La información proveniente del panel B en las ilustraciones 18-2 y 18-3 dan apoyo a los siguientes asientos de diario, para transferir las unidades aceptables terminadas a productos terminados, así como para reconocer la pérdida que surge de las unidades defectuosas anormales.

Punto de decisión ▶

En el costeo por procesos, ¿el método del promedio ponderado y el método de peps cómo calculan los costos de las unidades aceptables y de las unidades defectuosas?

	Promedio ponderado		PEPS
Productos terminados	152,075		151,600
Productos en proceso: moldeado		152,075	151,600
Para registrar la transferencia de las unidades aceptables terminadas en julio			
Pérdida por las unidades defectuosas anormales	5,925		6,000
Productos en proceso: moldeado		5,925	6,000
Para registrar las unidades defectuosas anormales detectadas en julio			

Puntos de inspección y aplicación de los costos por unidades defectuosas normales

Objetivo de aprendizaje 4

Contabilizar las unidades defectuosas en varias fases de terminación con el costeo por procesos

. . . los costos de las unidades defectuosas varían según el punto donde se lleva a cabo la inspección

Nuestro ejemplo acerca de la compañía Anzio supone que la inspección ocurre al terminarse las unidades. Aunque las unidades defectuosas por lo general se detectan tan solo en uno o más puntos de inspección, en realidad podrían surgir en varias fases de un proceso de producción. Se supone que el costo de las unidades defectuosas es igual a todos los costos en que se incurrió para su producción hasta el punto de inspección. Cuando las unidades defectuosas tienen un valor de realización (por ejemplo, las alfombras que se venden como "productos de segunda"), el costo neto de las unidades defectuosas se calcula restando el valor de realización de los costos de los bienes defectuosos que se fueron acumulando hasta el punto de inspección.

Los costos unitarios de las unidades defectuosas normales y anormales son los mismos cuando los dos se detectan en el mismo punto de inspección. Sin embargo, podría haber situaciones en las cuales se detecten unidades defectuosas anormales en un punto diferente al de las unidades defectuosas normales. Considere la fabricación de camisas. Las unidades defectuosas normales con la forma de camisas defectuosas se identifican en la inspección al final del proceso de producción. Ahora suponga que una máquina dañada ocasiona que se fabriquen muchas camisas defectuosas a la mitad del proceso de producción. Las camisas defectuosas son unidades defectuosas anormales y ocurren en un punto diferente en el proceso de producción, con respecto a las unidades defectuosas normales. En tales casos, el costo unitario de las unidades defectuosas anormales, que se basa en los costos generados hasta el punto medio del proceso de producción, difiere del costo unitario de las unidades defectuosas normales, el cual se basa en los costos en que se incurre hasta el final del proceso de producción.

Los costos de las unidades defectuosas anormales se contabilizan en forma separada como pérdidas del periodo contable en que se detectan. Sin embargo, recuerde que los costos de las unidades defectuosas normales se agregan a los costos de las unidades aceptables, lo cual origina un problema adicional: ¿Deberían los costos de las unidades defectuosas normales aplicarse entre las unidades terminadas y el inventario final de productos en proceso? *El enfoque común es suponer que las unidades defectuosas normales ocurren en el punto de inspección en el ciclo de producción y aplicar su costo sobre todas las unidades que hayan pasado por ese punto durante el periodo contable.*

En el ejemplo de la compañía Anzio, se supone que las unidades defectuosas ocurren cuando las unidades se inspeccionan al final del proceso de producción y, por lo tanto, no se aplica ningún costo de unidades defectuosas normales al inventario final de productos en proceso. Sin embargo, si las unidades en el inventario final de productos en proceso ya pasaron el punto de inspección, los costos de las unidades defectuosas normales se aplican a las unidades en el inventario final de productos en proceso, así como a las unidades terminadas. Por ejemplo, si el punto de inspección se encuentra a la mitad de la producción, entonces a cualquier inventario final de productos en proceso que se encuentre, por lo menos, terminado al 50% se le aplicaría una medida completa de los costos de las unidades

---

[4] Para simplificar los cálculos con el PEPS, las unidades defectuosas se contabilizan como si se hubieran iniciado en el periodo actual. Aunque una parte del inventario inicial de productos en proceso quizá salió defectuosa, todas las unidades defectuosas se tratan como si surgieran de la producción actual.

defectuosas normales, y esos costos de unidades defectuosas se calcularían con base en todos los costos generados hasta el punto de inspección. Sin embargo, si el inventario final de productos en proceso se encuentra a menos del 50% de terminación, no se le aplicaría ningún costo de unidades defectuosas.

Para entender mejor estos aspectos, supongamos ahora que la inspección de la compañía Anzio ocurre en varias fases del proceso de producción. ¿Cómo afecta esto la cantidad de unidades defectuosas normales y anormales? Como antes, considere el departamento de moldeado, y recuerde que los materiales directos se agregan al inicio de la producción, mientras que los costos de conversión se agregan uniformemente durante el proceso.

Considere tres casos diferentes: la inspección ocurre **1.** al 20%, **2.** al 55% o **3.** al 100% de la fase de terminación. La última opción es la que hemos analizado hasta este momento (véase la ilustración 18-2). Suponga que las unidades defectuosas normales son del 10% de las unidades aceptables que pasaron la inspección. Un total de 1,000 unidades están defectuosas en los tres casos. Las unidades defectuosas normales se calculan con base en el número de *unidades aceptables* que pasan el punto de inspección *durante el periodo actual*. Los siguientes datos son para julio de 2012. Observe cómo cambia el número de las unidades defectuosas normales y anormales, dependiendo de cuándo ocurra la inspección.

A	B	C	D
1	**Unidades físicas: fase de terminación donde ocurre la inspección**		
2 **Flujo de producción**	**20%**	**55%**	**100%**
3 Productos en proceso, inicial[a]	1,500	1,500	1,500
4 Iniciado durante julio	8,500	8,500	8,500
5 Por contabilizar	10,000	10,000	10,000
6 Unidades aceptables terminadas y transferidas fuera del proceso			
7 (10,000 – 1,000 unidades defectuosas – 2,000 finales)	7,000	7,000	7,000
8 Unidades defectuosas normales	750[c]	550[d]	700[e]
9 Unidades defectuosas anormales (1,000 – unidades defectuosas normales)	250	450	300
10 Productos en proceso, final[b]	2,000	2,000	2,000
11 Contabilizado	10,000	10,000	10,000
12			
13 [a]Grado de avance en este departamento: materiales directos, 100%; costos de conversión, 60 por ciento.			
14 [b]Grado de avance en este departamento: materiales directos, 100%; costos de conversión, 50 por ciento.			
15 [c]10% × (8,500 unidades iniciadas – 1,000 unidades defectuosas), ya que tan solo las unidades iniciadas pasaron			
16 el punto de inspección del 20% en el periodo actual. El inventario inicial de productos en proceso se excluye de este			
17 cálculo porque, estando terminado al 60% al inicio del periodo, pasó el punto de inspección en el periodo anterior.			
18 10% × (8,500 unidades iniciadas – 1000 unidades defectuosas – 2,000 unidades en el inventario final de productos			
19 en proceso). Se excluyen tanto el inventario inicial como el final de productos en proceso, ya que ninguno de ellos se inspeccionó en este periodo.			
20 [e]10% × 7,000, ya que 7,000 unidades se terminaron e inspeccionaron totalmente en el periodo actual.			

El siguiente diagrama muestra el flujo de unidades físicas para julio e ilustra las cifras de unidades defectuosas normales en el cuadro. Observe que 7,000 unidades aceptables se terminan y se transfieren fuera del proceso (1,500 del inventario inicial de productos en proceso, y 5,500 iniciadas y terminadas durante el periodo); mientras que 2,000 unidades están en el inventario final de productos en proceso.

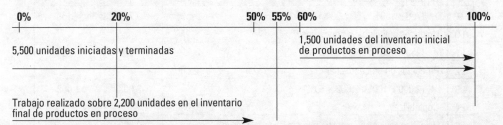

Para conocer el número de unidades que pasan cada punto de inspección, considere en el diagrama las líneas verticales a los puntos de inspección del 20%, del 55% y del 100%. Observe que la línea vertical al 20% cruza dos líneas horizontales (5,500 unidades aceptables iniciadas y terminadas y 2,000 unidades en el inventario final productos en proceso), lo cual da un total de 7,500 unidades aceptables. (La línea vertical del 20% no cruza la línea que representa el trabajo realizado sobre las 1,500 unidades aceptables terminadas del inventario inicial de productos en proceso, porque estas unidades ya se terminaron al 60% al inicio del periodo y, por lo tanto, no se inspeccionan en este periodo.) Las unidades defectuosas normales son iguales al 10% de 7,500 = 750 unidades. Por otro lado, la línea vertical al punto del 55% cruza justo la segunda línea horizontal, lo cual indica que únicamente 5,500 unidades aceptables pasan este punto. En tal caso, las unidades defectuosas normales son el 10% de 5,500 = 550 unidades. En el punto del 100%, las unidades defectuosas normales = 10% de 7,000 (1,500 + 5,500) unidades aceptables = 700 unidades.

La ilustración 18-4 muestra el cálculo de las unidades equivalentes con el método del promedio ponderado, suponiendo una inspección en la fase del 20% de terminación. Los cálculos dependen de los materiales directos y de los costos de conversión en los que se incurra para llevar a las unidades a este punto de inspección. Las unidades defectuosas tienen una medida completa de materiales directos y una medida de 20% de costos de conversión. Los cálculos de los costos por unidad equivalente y la asignación de los costos totales a las unidades terminadas y al inventario final de productos en proceso son similares a los cálculos de las ilustraciones anteriores de este capítulo. Ya que el inventario final de productos en proceso ha pasado el punto de inspección, estas unidades llevan costos normales de unidades defectuosas, del mismo modo que las unidades terminadas y transferidas fuera del proceso. Por ejemplo, los costos de conversión para las unidades terminadas y transferidas fuera del proceso incluyen los costos de conversión para 7,000 unidades aceptables producidas, más 20% × (10% × 5,500) = 110 unidades equivalentes de unidades defectuosas normales. *Multiplicamos por 20% para obtener las unidades equivalentes de las unidades defectuosas normales, ya que los costos de conversión están completos únicamente al 20 % en el punto de inspección.* Los costos de conversión del inventario final de productos en proceso incluyen los costos de conversión del 50 % de 2,000 = 1,000 unidades equivalentes aceptables, más 20% × (10% × 2,000) = 40 unidades equivalentes de unidades defectuosas normales. De este modo, las unidades equivalentes de las unidades defectuosas normales contabilizadas son 110 unidades equivalentes en relación con las unidades terminadas y transferidas fuera del proceso, más 40 unidades equivalentes en relación con las unidades en el inventario final de productos en proceso, lo cual da un total de 150 unidades equivalentes, como se indica en la ilustración 18-4.

Las inspecciones tempranas ayudan a evitar que se desperdicien más materiales directos y costos de conversión, sobre aquellas unidades que ya hayan salido defectuosas. Por ejemplo, si la inspección puede ocurrir cuando las unidades se encuentran terminadas al 70% (en vez del 100%), en cuanto a los costos de conversión, y si las unidades defectuosas ocurren antes del punto del 70%, una compañía podría evitar incurrir en el 30% final de los costos de conversión sobre las unidades defectuosas. El inconveniente de realizar inspecciones en un momento muy temprano de una fase es que las unidades defectuosas que surjan en fases posteriores del proceso quedarían sin detectarse. Por consiguiente, las empresas con frecuencia realizan inspecciones múltiples y también dotan de autoridad a los trabajadores para identificar y resolver los defectos y los daños con una base oportuna.

Punto de decisión ▶

¿Cómo afecta la cantidad de unidades defectuosas normales y anormales la inspección en varias fases de terminación?

Ilustración 18-4

Cálculo de las unidades equivalentes con unidades defectuosas usando el método del promedio ponderado en el costeo por procesos, con una inspección al 20% de terminación, para el departamento de moldeado en la compañía Anzio, julio de 2012

	A	B	C	D
1		(Paso 1)	(Paso 2)	
2			Unidades equivalentes	
3	Flujo de producción	Unidades físicas	Materiales directos	Costos de conversión
4	Productos en proceso, inicial[a]	1,500		
5	Iniciado durante el periodo actual	8,500		
6	Por contabilizar	10,000		
7	Unidades aceptables terminadas y transferidas fuera del proceso	7,000	7,000	7,000
8	Unidades defectuosas normales	750		
9	(750 × 100%; 750 × 20%)		750	150
10	Unidades defectuosas anormales	250		
11	(250 × 100%; 250 × 20%)		250	50
12	Productos en proceso, final[b]	2,000		
13	(2,000 × 100%; 2,000 × 50%)	_____	2,000	1,000
14	Contabilizado	10,000	_____	_____
15	Unidades equivalentes del trabajo realizado a la fecha		10,000	8,200
16				
17	[a]Grado de avance: materiales directos, 100%; costos de conversión, 60%			
18	[b]Grado de avance: materiales directos, 100%; costos de conversión, 50%			

Costeo por órdenes de trabajo y unidades defectuosas

Los conceptos de unidades defectuosas normales y anormales también se aplican a los sistemas de costeo por órdenes de trabajo. Las unidades defectuosas anormales se identifican por separado, de tal forma que las compañías puedan trabajar para eliminarlas en forma total. Los costos de las unidades defectuosas anormales no se consideran como costos inventariables y se eliminan como costos del periodo contable en que se detectan las unidades defectuosas anormales. Los costos de las unidades defectuosas normales en los sistemas de costeo por órdenes de trabajo —como en los sistemas de costeo por procesos— son costos inventariables, aunque de una manera creciente las compañías están tolerando tan solo pequeñas cantidades de unidades defectuosas como normales. Cuando se asignan los costos, los sistemas de costeo por órdenes de trabajo generalmente distinguen las *unidades defectuosas normales atribuibles a un trabajo específico de las unidades defectuosas normales comunes a todos los trabajos*.

Describimos la contabilización de las unidades defectuosas en un sistema de costeo por órdenes de trabajo mediante el siguiente ejemplo.

> Ejemplo 3: En la empresa Hull Machine Shop, salen defectuosas cinco piezas de avión de un lote de 50 piezas. Los costos asignados antes del punto de inspección son de $2,000 por pieza. Cuando se detectan las unidades defectuosas, los bienes defectuosos se inventarían a $600 por pieza, el valor neto de realización.

La presentación que hacemos aquí y en las secciones siguientes se centra en la manera en que se contabiliza el costo por pieza de $2,000.

Objetivo de aprendizaje 5

Contabilizar las unidades defectuosas con un sistema de costeo por órdenes de trabajo

. . . las unidades defectuosas normales asignadas en forma directa o indirecta a una orden de trabajo; las unidades defectuosas anormales registradas como una pérdida del periodo

Unidades defectuosas normales atribuibles a un trabajo específico

Cuando surgen unidades defectuosas normales debido a las especificaciones de un trabajo en particular, ese trabajo lleva el costo de las unidades defectuosas menos el valor de realización de estas. El asiento del diario para reconocer el valor de realización (las partidas entre paréntesis indican traspasos del mayor auxiliar) es como sigue:

Control de materiales (bienes defectuosos al valor neto de realización actual):
5 unidades × $600 por unidad   3,000
    Control de productos en proceso (trabajo específico): 5 unidades × $600 por unidad   3,000

Note que la cuenta de control de productos en proceso (trabajo específico) ya recibió un cargo de $10,000 por las piezas defectuosas (5 piezas defectuosas × $2,000 por pieza). El costo neto de las unidades defectuosas normales = $7,000 ($10,000 − $3,000), el cual es un costo adicional de las 45(50 − 5) unidades aceptables producidas. Por consiguiente, el costo total de las 45 unidades aceptables es de $97,000: $90,000 (45 unidades × $2,000 por unidad) que se generó para producir las unidades aceptables, más el costo neto de $7,000 de las unidades defectuosas normales. El costo por unidad aceptable es de $2,155.56 ($97,000 ÷ 45 unidades aceptables).

Unidades defectuosas normales comunes a todos los trabajos

En algunos casos, las unidades defectuosas se pueden considerar una característica normal del proceso de producción. Las unidades defectuosas inherentes a la producción, desde luego, ocurrirán cuando se procese un trabajo específico. Sin embargo las unidades defectuosas no son atribuibles a ese trabajo específico y, por lo tanto, no se cargan directamente a él. En cambio, se aplican indirectamente al trabajo como un costo indirecto de manufactura, porque los defectos son comunes a todos los trabajos. El asiento de diario es el siguiente:

Control de materiales (bienes defectuosos al valor de realización actual): 5 unidades × $600 por unidad   3,000
Control de costos indirectos de manufactura (unidades defectuosas normales): ($10,000 − $3,000)   7,000
    Control de productos en proceso (trabajo específico): 5 unidades × $2,000 por unidad   10,000

Cuando las unidades defectuosas normales son comunes a todos los trabajos, la tasa presupuestada del costo indirecto de manufactura incluye una provisión para el costo de las unidades defectuosas normales. El costo de las unidades defectuosas normales se distribuye, mediante una aplicación de costos indirectos, sobre todos los trabajos en vez de asignarse a un trabajo específico.[5] Por ejemplo, si Hull produjo 140 unidades aceptables a partir de todos los trabajos en un mes determinado, los $7,000 de costos indirectos por unidades defectuosas normales se aplicarían a la tasa de $50 por unidad aceptable ($7,000 ÷ 140 unidades aceptables). Los costos indirectos de las unidades defec-

---

[5] Observe que los costos que ya se asignaron a los productos se vuelven a cargar a la cuenta de control de costos indirectos de manufactura, donde generalmente se acumulan tan solo los costos generados, y no los costos generados y los costos asignados.

tuosas normales aplicados a las 45 unidades aceptables del trabajo serían de $2,250 ($50 × 45 unidades aceptables). El costo total de las 45 unidades aceptables es de $92,250: $90,000 (45 unidades × $2,000 por unidad) que se generaron para producir las unidades aceptables más $2,250 de los costos indirectos de las unidades defectuosas normales. El costo por unidad aceptable es de $2,050 ($92,250 ÷ 45 unidades aceptables).

Unidades defectuosas anormales

Si las unidades defectuosas son anormales, la pérdida neta se carga a la cuenta de pérdida por unidades defectuosas anormales. A diferencia de los costos normales de las unidades defectuosas, los costos de las unidades defectuosas anormales no se incluyen como parte del costo de las unidades aceptables producidas. El costo total de las 45 unidades aceptables es de $90,000 (45 unidades $2,000 por unidad). El costo por unidad aceptable es de $2,000 ($90,000 ÷ 45 unidades aceptables).

Control de materiales (bienes defectuosos al valor de realización actual): 5 unidades × $600 por unidad	3,000	
Pérdida por unidades defectuosas anormales ($10,000 − $3,000)	7,000	
Control de productos en proceso (trabajo específico): 5 unidades × $2,000 por unidad		10,000

Aun cuando, para fines de información externa, los costos de los bienes defectuosos anormales se eliminan en el periodo contable, y no están vinculados con trabajos o unidades específicas, las compañías identifican con frecuencia las razones particulares para los bienes defectuosos anormales y, cuando resulta conveniente, vinculan los bienes defectuosos anormales con unidades o trabajos específicos para propósitos de administración de costos.

Punto de decisión ▶

¿Cómo contabilizan las unidades defectuosas los sistemas de costeo por órdenes de trabajo?

Objetivo de aprendizaje 6

Contabilizar el reprocesamiento en el costeo por órdenes de trabajo

. . . el reprocesamiento normal se asigna directa o indirectamente a un trabajo; el reprocesamiento anormal se cancela como una pérdida del periodo

El costeo por órdenes de trabajo y el reprocesamiento

El reprocesamiento se refiere a las unidades producidas que se inspeccionan, se determina que son inaceptables, se reparan y se venden como productos terminados aceptables. Nuevamente distinguimos: **1.** el reprocesamiento normal atribuible a un trabajo específico, **2.** el reprocesamiento normal común a todos los trabajos y **3.** el reprocesamiento anormal.

Considere los datos de Hull Machine Shop en el ejemplo 3 de la p. 655. Suponga que las cinco piezas defectuosas se reprocesan. El asiento de diario para los $10,000 de costos totales (los detalles de estos costos son supuestos), asignados a las cinco unidades defectuosas antes de considerar los costos del reprocesamiento, son como sigue:

Control de productos en proceso (trabajo específico)	10,000	
Control de materiales		4,000
Control de sueldos por pagar		4,000
Costos indirectos de manufactura aplicados		2,000

Suponga que los costos de reprocesamiento son iguales a $3,800 (incluyendo $800 de materiales directos, $2,000 de mano de obra directa de manufactura y $1,000 de costos indirectos de manufactura).

Reprocesamiento normal atribuible a un trabajo específico

Si el reprocesamiento es anormal pero ocurre debido a los requisitos de un trabajo específico, los costos de reprocesamiento se cargan a ese trabajo. El asiento de diario es como sigue:

Control de productos en proceso (trabajo específico)	3,800	
Control de materiales		800
Control de sueldos por pagar		2,000
Costos indirectos de manufactura aplicados		1,000

Reprocesamiento normal común a todos los trabajos

Cuando el reprocesamiento es normal y no es atribuible a un trabajo específico, los costos del reprocesamiento se cargan a los costos indirectos de manufactura y se distribuyen, en toda la aplicación de los costos indirectos, sobre todos los trabajos.

Control de costos indirectos de manufactura (costos de reprocesamiento)	3,800	
Control de materiales		800
Control de sueldos por pagar		2,000
Costos indirectos de manufactura aplicados		1,000

Reprocesamiento anormal

Si el reprocesamiento es anormal, se registra cargando el reprocesamiento anormal a una cuenta de pérdidas.

Pérdida del reprocesamiento anormal	3,800	
Control de materiales		800
Control de sueldos por pagar		2,000
Costos indirectos de manufactura aplicados		1,000

En un sistema de costeo por procesos, la contabilidad del reprocesamiento también requiere que el reprocesamiento anormal se distinga del reprocesamiento normal. El costeo por procesos contabiliza el reprocesamiento anormal de la misma manera que el costeo por órdenes de trabajo. La contabilidad del reprocesamiento normal sigue a las pautas que se describieron para el reprocesamiento normal común a todos los trabajos (las unidades), porque se fabrican masas de unidades idénticas o similares.

El costeo del reprocesamiento enfoca la atención de los gerentes en los recursos desperdiciados sobre actividades que no se habrían emprendido, si el producto se hubiera elaborado correctamente. El costo del reprocesamiento induce a los gerentes a buscar formas para reducirlo, por ejemplo, mediante el diseño de nuevos productos o procesos, la capacitación de los trabajadores o la inversión en máquinas nuevas. Para eliminar el reprocesamiento y para simplificar la contabilidad, algunas compañías establecen un estándar de reprocesamiento cero. Todo el reprocesamiento se trata entonces como anormal y se elimina como un costo del periodo actual.

Punto de decisión

¿Cómo contabilizan el reprocesamiento los sistemas de costeo por órdenes de trabajo?

Contabilidad de los materiales de desecho

Los *desechos* son aquellos materiales residuales que resultan de la manufactura de un producto; tienen un bajo valor de venta total en comparación con el valor de venta total del producto. No se hace ninguna distinción entre los materiales de desecho normal y anormal, ya que a los materiales de desecho no se les asigna ningún costo. La única distinción que hay es entre los materiales de desecho es que son atribuibles a un trabajo específico, o bien, son comunes a todos los trabajos.

Existen dos aspectos para la contabilidad de los materiales de desecho:

1. Planeación y control, incluyendo el seguimiento físico.
2. Costeo del inventario, incluyendo la fecha y la manera en que los materiales de desecho afectan la utilidad en operación.

Los asientos iniciales de los registros para los materiales de desecho se expresan comúnmente en términos físicos. En varias industrias, las compañías cuantifican los artículos como las hojas de metal dañadas o las rebabas de las piezas de plástico moldeado, de acuerdo con su peso, su número o alguna otra medida. Los registros de los materiales de desecho no solamente ayudan a medir la eficiencia, sino que también ayudan a dar un seguimiento a los desperdicios y a reducir las probabilidades de robo. Las compañías usan los registros de los materiales de desecho para preparar resúmenes periódicos de los montos de los materiales de desecho reales, comparados con las cantidades presupuestadas o las estándar. Los materiales de desecho se venden, se eliminan de inmediato o se almacenan para su venta, desecho o reutilización posterior.

El cuidadoso seguimiento de los materiales de desecho con frecuencia se extiende a los registros contables. Muchas compañías mantienen una cuenta distinta para los costos de los materiales de desecho en alguna parte dentro de su sistema contable. Los puntos de análisis que se presentan aquí son similares a los del capítulo 16 acerca de la contabilidad de los subproductos:

- ¿Cuando debería reconocerse el valor de los materiales de desecho en los registros contables, en el momento en que se producen o en el momento en que se venden?
- ¿Cómo deberían contabilizarse los ingresos provenientes de los materiales de desecho?

Como ilustración, ampliaremos nuestro ejemplo de Hull. Suponga que la fabricación de piezas de avión genera materiales de desecho y que ciertos desechos provenientes de un trabajo tienen un valor de venta neto de $900.

Objetivo de aprendizaje 7

Contabilizar los materiales de desecho

. . . reduce el costo de los trabajos, ya sea en el momento de la venta o en el momento de la producción

Reconocimiento de los materiales de desecho en el momento de su venta

Cuando la cantidad monetaria de los materiales de desecho no es significativa, la contabilidad más sencilla consiste en registrar la cantidad física de desechos regresados al almacén, y en considerar las ventas de los materiales de desecho como una partida separada en el estado de resultados. En este caso, el único asiento del diario es como sigue:

Venta de materiales de desecho: Efectivo o cuentas por cobrar   900
　　　　　　　　　　　　　　Ingresos por desechos   　　　　　　900

Cuando la cantidad monetaria de los materiales de desecho es significativa y cuando tales desechos se venden rápidamente después de que se producen, la contabilidad depende de si los desechos son atribuibles a un trabajo específico o si son comunes a todos los trabajos.

Materiales de desecho atribuibles a un trabajo específico

Los sistemas de costeo por órdenes de trabajo algunas veces atribuyen los ingresos por desechos a los trabajos que generaron tales desperdicios. Este método se usa únicamente cuando la atribución se puede realizar de una manera económicamente factible. Por ejemplo, Hull Machine Shop y sus clientes, como el Departamento de Defensa de Estados Unidos, pueden alcanzar un acuerdo que prevea cargar a ciertos trabajos específicos todos los costos de reprocesamientos o de unidades defectuosas, y que estos trabajos se abonen posteriormente con todos los ingresos por desechos que surjan de esos trabajos. En este caso, el asiento del diario es como sigue:

Desechos devueltos al almacén:	Sin asiento de diario		
	[Anotar cantidad recibida y el trabajo relacionado registrado en el libro del inventario]		
Venta del material de desecho:	Efectivo o cuentas por cobrar	900	
	Control de productos en proceso		900
	Traspaso hecho a un registro de costos de un trabajo específico		

A diferencia de las unidades defectuosas y del reprocesamiento, no se asigna ningún costo a los materiales de desecho y, por lo tanto, no se efectúa ninguna distinción entre los materiales de desecho normales y los anormales. Todos los ingresos por los materiales de desecho, cualquiera que sea su monto, se abonan al trabajo específico. Los ingresos por materiales de desperdicio reducen los costos del trabajo.

Materiales de desecho comunes a todos los trabajos

En este caso, el asiento de diario es el siguiente:

Desechos devueltos al almacén:	Sin asiento de diario		
	[Anotar la cantidad recibida y el trabajo relacionado registrado en el libro del inventario]		
Venta del material de desecho:	Efectivo o cuentas por cobrar	900	
	Traspaso hecho al mayor auxiliar: columna de "ventas del material de desecho" en el registro de costos del departamento		900

Los desechos no están vinculados con ningún trabajo o producto en particular. En cambio, todos los productos absorben los costos de producción sin ningún abono por los ingresos por materiales de desecho, excepto de una manera indirecta: los ingresos esperados por desechos se consideran cuando se establece la tasa presupuestada de costos indirectos de manufactura. De este modo, la tasa presupuestada de costos indirectos es más baja de lo que sería si el presupuesto de costos indirectos no se hubiera reducido por los ingresos esperados por materiales de desecho. Este método de contabilizar los desechos también se usa en el costeo por procesos, cuando la cantidad monetaria de los materiales de desecho es irrelevante, porque en el costeo por procesos los desechos son comunes a la manufactura de todas las unidades idénticas o similares producidas (y no se pueden identificar con las unidades específicas).

Reconocimiento de los materiales de desecho en el momento de su producción

Nuestros ejemplos anteriores suponen que los materiales de desecho devueltos al almacén se venden rápidamente y, por consiguiente, no se les asigna ninguna cifra de costos del inventario. Algunas veces, como en el caso de las rebabas de las piezas de plástico moldeadas, el valor de los materiales de desperdicios no es irrelevante, y el tiempo entre su almacenamiento y su venta o reutilización suele ser largo e impredecible. En tales situaciones, la compañía asigna un costo del inventario a los materiales de desecho, según una estimación conservadora de su valor neto de realización, de modo que los costos de producción y los ingresos por materiales de desecho relacionados se reconozcan en el mismo periodo contable. Algunas compañías tienden a demorar las ventas de materiales de desecho hasta que su precio de mercado se considera atractivo. Las fluctuaciones volátiles del precio son típicas en los desechos de metales. En esos casos, no es fácil determinar algún "valor razonable del inventario".

Materiales de desecho atribuibles a un trabajo específico

El asiento de diario para el ejemplo de Hull es el siguiente:

Desechos devueltos al almacén:	Control de materiales	900	
	Control de productos en proceso		900

Materiales de desecho comunes a todos los trabajos

El asiento de diario en este caso es el siguiente:

Desechos devueltos al almacén:	Control de materiales	900	
	Control de costos indirectos de manufactura		900

Observe que se carga la cuenta de control de materiales, en vez de las cuentas de efectivo o cuentas por cobrar. Cuando el desecho se vende, el asiento de diario es el siguiente:

Venta de desechos:	Efectivo o cuentas por cobrar	900	
	Control de materiales		900

Conceptos en acción

Administración del desperdicio y de los costos ambientales en KB Home

KB Home es uno de los principales constructores de viviendas en Estados Unidos. En años recientes, la conciencia pública sobre los problemas ambientales y el interés en productos y servicios ecológicamente amigables han generado un aumento en la demanda por la construcción de casas sustentables. KB Home respondió incrementando la sustentabilidad de sus operaciones en la construcción de viviendas, lo cual incluye la reducción de sus desperdicios y de sus costos ambientales.

Mediante su programa denominado "Mi casa. Mi planeta", lanzado en 2007, KB Home estableció la sustentabilidad ambiental como un aspecto administrativo de alta prioridad. Asimismo, ha desarrollado principios básicos para guiar sus esfuerzos, incluyendo el uso de "la innovación y un enfoque impulsado por el proceso para reducir los desperdicios, así como la utilización de recursos naturales a lo largo de toda su organización". Gran parte de ese enfoque implica la reducción de los materiales de desecho, es decir, aquellos materiales residuales que surgen de su proceso de construcción de viviendas. Dichos materiales representan problemas adicionales para organizaciones como KB Home, ya que muchas leyes ambientales tanto federales como estatales dictan que los materiales de desecho se eliminen de una forma ambientalmente amigable y, por consiguiente, contribuyen con los costos por la generación de desperdicios.

Para reducir tales costos durante el proceso de construcción de viviendas, todas las casas nuevas se elaboran con armaduras prefabricadas para el plafón (techo), mientras que el 90% también usan paneles preconstruidos. Los materiales preconstruidos se cortan en una ubicación externa para lograr una mayor precisión, lo cual reduce el desperdicio de madera. Asimismo, los materiales previamente cortados se fabrican con productos de madera diseñados ex profeso, lo cual reduce el uso de las tablas sólidas largas que requieren que se corten árboles más grandes. Más allá de la reducción de materiales de desecho, estas armaduras y paneles también eliminan la necesidad de un reprocesamiento costoso en el lugar de trabajo, o de la reparación de materiales defectuosos durante la construcción.

De manera similar, todas las viviendas nuevas utilizan madera contrachapada, la cual está hecha con trozos madera, en vez de madera laminada. Los trozos de madera son más baratos y ambientalmente más sustentables que los materiales de construcción tradicionales. Estas prácticas sustentables ayudaron a KB Home a reducir el costo, con exclusión del terreno, de cada vivienda fabricada en 2009 en casi 39% con respecto al año anterior, y a la vez aumentaron los márgenes de utilidad en 13%, a pesar del espectacular derrumbe en el mercado inmobiliario estadounidense.

Más allá del proceso de construcción, KB Home también incluye características estándar amigables con el ambiente en todas sus viviendas, sin ningún costo para los compradores de las casas, incluyendo ventanas con un uso eficiente de la energía, alfombras reciclables, termostatos programables y grifos que reducen el consumo del agua potable. Además de reducir los costos, los esfuerzos de KB Home para administrar de una manera efectiva el desperdicio y los costos ambientales han ayudado a la compañía a estabilizar parcialmente los ingresos en el difícil mercado de los bienes raíces. El director ejecutivo Jeffrey Mazger señaló lo siguiente: "Hace algunos años menos del 2% de los clientes estaban preguntando acerca de las opciones para un uso eficiente de la energía. Desde que introducimos el programa 'Mi casa. Mi planeta' en abril de 2007, ese porcentaje aumentó al 75 por ciento." Esto ha ayudado a KB Home a diferenciarse dentro de un mercado muy competitivo para los constructores de viviendas.

Fuentes: KB Home. 2010. 2009 annual report. Los Ángeles: KB Home, KB Home. 2010. 2009 sustainability report. Los Ángeles: KB Home; Tischler, Linda. 2008. The green housing boom. *Fast Company,* 23 de junio.

Los materiales de desecho se reutilizan algunas veces como materiales directos en vez de venderse como materiales de desecho. En este caso, la cuenta de control de materiales se carga a su valor neto de realización estimado y, luego, se abona cuando se reutilizan los materiales de desecho. Por ejemplo, los asientos que deben realizarse cuando los materiales de desecho son comunes a todos los trabajos son los siguientes:

Desechos devueltos al almacén:	Control de materiales	900	
	Control de costos indirectos de manufactura		900
Reutilización de los desechos:	Control de productos en proceso	900	
	Control de materiales		900

La contabilidad de los desechos siguiendo el costeo por procesos es similar a la contabilidad con un costeo por órdenes de trabajo, cuando los materiales de desecho son comunes a todos los trabajos. Ello es así porque en el costeo por procesos, los materiales de desecho son comunes a la fabricación de masas de unidades idénticas o similares.

Los gerentes centran su atención en la forma de reducir los materiales de desecho y de usarlos de una forma más rentable, sobre todo cuando el costo de los materiales de desecho es alto (véase Conceptos en acción, p. 659). Por ejemplo, General Motors rediseñó sus procesos de moldeado por inyección de plástico para reducir los desechos de plástico que deben retirarse de sus productos moldeados. General Motors también tritura y reutiliza sus desechos de plástico como materiales directos, con lo cual ahora cantidades de insumos significativas.

Punto de decisión

¿Cómo se contabilizan los materiales de desecho?

Problema para autoestudio

Burlington Textiles tiene algunos bienes defectuosos a los cuales ha asignado un costo de $40,000 y un valor neto de realización de cero.

Se requiere Prepare un asiento de diario para cada una de las siguientes condiciones con: *a*) un costeo por procesos (departamento A) y *b*) un costeo por órdenes de trabajo.

1. Unidades defectuosas anormales de $40,000.
2. Unidades defectuosas normales de $40,000 consideradas comunes a todas las operaciones.
3. Unidades defectuosas normales de $40,000 atribuibles a las especificaciones de un trabajo en particular.

Solución

a) Costeo por procesos			b) Costeo por órdenes de trabajo		
1. Pérdida de las unidades defectuosas anormales	40,000		Pérdida de las unidades defectuosas anormales	40,000	
Productos en proceso: dept. A		40,000	Control de productos en proceso (trabajo específico)		40,000
2. Ningún asiento hasta que las unidades se terminen y se transfieran fuera del proceso. Luego los costos de unidades defectuosas normales se transfieren como parte del costo de las unidades aceptables.			Control de costos indirectos de manufactura	40,000	
			Control de productos en proceso (trabajo específico)		40,000
Productos en proceso: dept. B	40,000				
Productos en proceso: dept. A		40,000			
3. No aplicable			Ningún asiento. Se mantiene el costo de las unidades defectuosas normales Control de productos en proceso (trabajo específico)		

Puntos de decisión

El siguiente formato de pregunta y respuesta resume los objetivos de aprendizaje del capítulo. Cada decisión presenta una pregunta clave relacionada con un objetivo de aprendizaje. Los lineamientos son la respuesta a esa pregunta.

Decisión	Lineamientos
1. ¿Qué es son las unidades defectuosas, el reprocesamiento y los materiales de desecho?	Las unidades defectuosas son las unidades producidas que no satisfacen las especificaciones requeridas por los clientes para considerarse unidades aceptables, y que se descartan o se venden a precios reducidos. Las unidades defectuosas por lo general se dividen en *normales*, que son inherentes a un proceso de producción en particular, y en *anormales*, las cuales surgen como resultado de ineficiencia en las operaciones. El reprocesamiento se refiere a las unidades inaceptables que se reparan en forma subsiguiente y que se venden como bienes terminados aceptables. Los materiales de desecho son los residuos que surgen de la manufactura de un producto; tienen un bajo valor total de ventas en comparación con el valor total de ventas de un producto.
2. ¿Cuál es la diferencia entre unidades defectuosas normales y unidades defectuosas anormales?	Las unidades defectuosas normales son inherentes a un proceso de producción en particular y surgen aun cuando un proceso se opere de una manera eficiente. Las unidades defectuosas anormales, por otro lado, no son inherentes a un proceso de producción en particular y no se presentarían en condiciones operativas eficientes. Las unidades defectuosas anormales generalmente se consideran evitables y controlables.
3. En el costeo por procesos, ¿los métodos del promedio ponderado y de PEPS cómo calculan los costos de las unidades aceptables y de las unidades defectuosas?	El método del promedio ponderado combina los costos del inventario inicial con los costos del periodo actual, cuando se determinan los costos de las unidades aceptables, los cuales incluyen las unidades defectuosas normales, y los costos de las unidades defectuosas anormales, que se eliminan como una pérdida del periodo contable. El método de PEPS mantiene separados los costos del inventario inicial de los costos del periodo actual, cuando se determinan los costos de las unidades aceptables (que incluyen

las unidades defectuosas normales) y los costos de las unidades defectuosas anormales, los cuales se eliminan como una pérdida del periodo contable.

4. ¿Cómo afecta la cantidad de unidades defectuosas normales y anormales la inspección en varias fases de terminación?

Se supone que el costo de las unidades defectuosas es igual a todos los costos generados en la producción de las unidades defectuosas hasta el punto de inspección. Por consiguiente, los costos de las unidades defectuosas varían con base en los diferentes puntos de inspección.

5. ¿Cómo contabilizan las unidades defectuosas los sistemas de costeo por órdenes de trabajo?

Las unidades defectuosas normales específicas a un trabajo se asignan a ese trabajo o, cuando son comunes a todos los trabajos, se aplican como parte de los costos indirectos de manufactura. El costo de las unidades defectuosas anormales se elimina como una pérdida del periodo contable.

6. ¿Cómo contabilizan los reprocesamientos los sistemas de costeo por órdenes de trabajo?

Las unidades terminadas y reprocesadas deberían ser indistinguibles de las unidades aceptables no reprocesadas. El reprocesamiento normal específico para un trabajo se asigna a ese trabajo o, cuando es común a todos los trabajos, se aplica como parte de los costos indirectos de manufactura. El costo del reprocesamiento anormal se elimina como una pérdida del periodo contable.

7. ¿Cómo se contabilizan los materiales de desecho?

Los materiales de desecho se reconocen en los registros contables, ya sea en el momento de su venta o en el momento de su producción. La venta de los materiales de desecho, en caso de que sean de poca cuantía, con frecuencia se reconoce como otros ingresos. En caso de no ser de poca cuantía, la venta de los materiales de desecho o su valor neto de realización reduce el costo de un trabajo específico o, cuando es común a todos los trabajos, reduce la cuenta de control de los costos indirectos de manufactura.

Apéndice

Método de costeo estándar y unidades defectuosas

El método de costeo estándar simplifica los cálculos para las unidades defectuosas normales y anormales. Para ejemplificar, regresamos al ejemplo de la compañía Anzio del capítulo. Suponga que Anzio desarrolla los siguientes costos estándar por unidad para los trabajos realizados en el departamento de moldeado en julio de 2012:

Materiales directos	$ 8.50
Costos de conversión	10.50
Total de costos de manufactura	$19.00

Suponga que los mismos costos estándar por unidad también se aplican al inventario inicial; 1,500 (1,500 × 100%) unidades equivalentes de materiales directos y 900 (1,500 × 60%) unidades equivalentes de costos de conversión. Por consiguiente, el inventario inicial a los costos de conversión es el siguiente:

Materiales directos, 1,500 unidades × $8.50 por unidad	$12,750
Costos de conversión, 900 unidades × $10.50 por unidad	9,450
Total de costos de manufactura	$22,200

La ilustración 18-5, panel A, muestra los pasos 1 y 2 para el cálculo de las unidades físicas y de las unidades equivalentes. Tales pasos son los mismos que los que se describieron para el método de PEPS en la ilustración 18-3. La ilustración 18-5, panel B, muestra los pasos 3, 4 y 5.

Los costos por contabilizar en el paso 3 son a costos estándar y, por lo tanto, difieren de los costos por contabilizar con el método del promedio ponderado y con el método de PEPS, los cuales son a costos reales. En el paso 4, el costo por unidad equivalente es simplemente el costo estándar: $8.50 por unidad para materiales directos y $10.50 por unidad para costos de conversión. El método del costeo estándar hace innecesario calcular los costos de las unidades equivalentes y, por lo tanto, simplifica el costeo por procesos. El paso 5 asigna los costos estándar a las unidades terminadas (incluyendo las unidades defectuosas normales), las unidades defectuosas anormales y el inventario final de productos en proceso, multiplicando las unidades equivalentes que se calcularon en el paso 2 por los costos estándar por unidad equivalente que se muestran en el paso 4. Las variaciones se pueden medir y analizar entonces en la manera que se describió en el apéndice del capítulo 17 (pp. 634-635).[6]

---

[6] Por ejemplo, de la ilustración 18-5, panel B, los costos estándar para el mes de julio son los materiales directos utilizados, 8,500 × $8.50 = $72,250, y los costos de conversión, 8,100 × $10.50 = $85,050. De la página 648, los costos reales agregados durante julio son materiales directos, $76,500, y los costos de conversión, $89,100, lo cual da como resultado una variación en materiales directos de $72,250 − $76,500 = $4,250 D y una variación en costos de conversión de $85,050 − $89,100 = $4,050 D. Estas variaciones podrían entonces subdividirse aún más como en los capítulos 7 y 8; las unidades defectuosas anormales serían una parte de la variación en eficiencia.

Ilustración 18-5 Método de costeo estándar en el costeo por procesos con unidades defectuosas para el departamento de moldeado de la compañía Anzio, julio de 2012

Panel A. Pasos 1 y 2: resumen de la producción en unidades físicas y cálculo de las unidades equivalentes

	A	B	C	D	E
1			(Paso 1)	(Paso 2)	
2				Unidades equivalentes	
3		Flujo de producción	Unidades físicas	Materiales directos	Costos de conversión
4		Productos en proceso, inicial (dado p. 648)	1,500		
5		Iniciado durante el periodo actual (dado, p. 648)	8,500		
6		Por contabilizar	10,000		
7		Unidades aceptables terminadas y transferidas fuera del proceso durante el periodo actual:			
8		Del inventario inicial de productos en proceso[a]	1,500		
9		[1,500 × (100% − 100%); 1,500 × (100% − 60%)]		0	600
10		Iniciado y terminado	5,500[b]		
11		(5,500 × 100%; 5,500 × 100%)		5,500	5,500
12		Unidades defectuosas normales[c]	700		
13		(700 × 100%; 700 × 100%)		700	700
14		Unidades defectuosas anormales[d]	300		
15		(300 × 100%; 300 × 100%)		300	300
16		Productos en proceso, final[e] (dado, p. 648)	2,000		
17		(2,000 × 100%; 2,000 × 50%)		2,000	1,000
18		Contabilizado	10,000		
19		Unidades equivalentes del trabajo realizado en el periodo actual		8,500	8,100
20					
21		[a]Grado de avance en este departamento: materiales directos, 100%; costos de conversión, 60%.			
22		[b]7,000 unidades físicas terminadas y transferidas fuera del proceso menos 1,500 unidades físicas terminadas y transferidas fuera			
23		del proceso, a partir del inventario inicial de productos en proceso.			
24		[c]Las unidades defectuosas normales son del 10% de las unidades aceptables transferidas fuera del proceso: 10% × 7,000 = 700 unidades.			
25		Grado de avance de las unidades defectuosas normales en este departamento: materiales directos, 100%; costos de conversión, 100 por ciento.			
26		[d]Unidades defectuosas anormales = Unidades defectuosas reales − Unidades defectuosas normales = 1,000 − 700 = 300 unidades. Grado			
27		de avance de las unidades defectuosas anormales en este departamento: materiales directos, 100%, costos de conversión, 100 por ciento.			
28		[e]Grado de avance en este departamento: materiales directos, 100%; costos de conversión, 50%			

Panel B. Pasos 3, 4 y 5: resumen de los costos totales por contabilizar, cálculo del costo por unidad equivalente y asignación de los costos totales a las unidades terminadas, a las unidades defectuosas y a las unidades en el inventario final de productos en proceso

	A	B	C	D	E
30			Total de costos de producción	Materiales directos	Costos de conversión
31	(Paso 3)	Productos en proceso, inicial (dado, p. 661)	$ 22,200	(1,500 × $8.50)	(900 × $10.50)
32		Costos agregados en el periodo actual a precios estándar	157,300	(8,500 × $8.50)	(8,100 × $10.50)
33		Total de costos por contabilizar	$179,500	$85,000	$94,500
34	(Paso 4)	Costos estándar por unidad equivalente (dado, p. 661)	$ 19.00	$ 8.50	$ 10.50
35	(Paso 5)	Asignación de costos a costos estándar:			
36		Unidades aceptables terminadas y transferidas fuera del proceso (7,000 unidades)			
37		Productos en proceso, inicial (1,500 unidades)	$ 22,200	(1,500 × $8.50) +	(900 × $10.50)
38		Costos agregados al inventario inicial de productos en proceso en el periodo actual	6,300	(0[f] × $8.50) +	(600[f] × $10.50)
39		Total del inventario inicial antes de las unidades defectuosas normales	28,500		
40		Iniciado y terminado antes de las unidades defectuosas normales (5,500 unidades)	104,500	(5,500[f] × $8.50) +	(5,500[f] × $10.50)
41		Unidades defectuosas normales (700 unidades)	13,300	(700[f] × $8.50) +	(700[f] × $10.50)
42	(A)	Costos totales de las unidades aceptables terminadas y transferidas fuera del proceso	143,300		
43	(B)	Unidades defectuosas anormales (300 unidades)	5,700	(300[f] × $8.50) +	(300[f] × $10.50)
44	(C)	Productos en proceso, final (2,000 unidades)	27,500	(2,000[f] × $8.50) +	(1,000[f] × $10.50)
45	(A)+(B)+(C)	Total de costos contabilizados	$179,500	$85,000 +	$94,500
46					
47		[f]Las unidades equivalentes de materiales directos y costos de conversión se calcularon en el paso 2 del panel A.			

Finalmente, observe que los asientos de diario correspondientes a las cantidades que se calcularon en el paso 5 son:

Productos terminados	146,300	
Productos en proceso: moldeado		146,300
Para registrar la transferencia de las unidades aceptables terminadas en julio		
Pérdida de las unidades defectuosas anormales	5,700	
Productos en proceso: moldeado		5,700
Para registrar las unidades defectuosas anormales detectadas en julio.		

Términos contables

Este capítulo y el glosario que se presenta al final del libro contienen definiciones de los siguientes términos de importancia:

materiales de desecho (**p. 645**) reprocesamiento (**p. 645**) unidades defectuosas anormales (**p. 646**)
punto de inspección (**p. 647**) unidades defectuosas (**p. 645**) unidades defectuosas normales (**p. 646**)

Material para tareas

Preguntas

18-1 ¿Por qué en la manufactura hay una tendencia inequívoca hacia el mejoramiento de la calidad?

18-2 Distinga entre unidades defectuosas, reprocesamiento y materiales de desecho.

18-3 "Las unidades defectuosas normales son algo así como daños planeados." Comente esta afirmación.

18-4 "Los costos de las unidades defectuosas anormales son pérdidas." Explique su razonamiento.

18-5 "Lo que se ha considerado como unidades defectuosas normales en el pasado no es necesariamente aceptable como unidades defectuosas normales en el presente o en el futuro." Explique su respuesta.

18-6 "Las unidades defectuosas normales se infieren en vez de identificarse." Explique su respuesta.

18-7 "En la contabilidad de las unidades defectuosas, estamos tratando con una asignación de costos en vez de costos generados." Explique su respuesta.

18-8 "Los insumos totales incluyen las unidades defectuosas tanto normales como anormales y, por lo tanto, son inadecuados como una base para el cálculo de las unidades defectuosas normales." ¿Está usted de acuerdo? ¿Por qué?

18-9 "El punto de inspección es la clave para la aplicación de los costos de las unidades defectuosas." ¿Está usted de acuerdo? ¿Por qué?

18-10 "El costo unitario de las unidades defectuosas normales es el mismo que el costo unitario de las unidades defectuosas anormales." ¿Está usted de acuerdo? Explique su respuesta.

18-11 "En el costeo por órdenes de trabajo, los costos de las unidades defectuosas normales que ocurren mientras se está realizando un trabajo específico se cargan a ese trabajo específico." ¿Está usted de acuerdo? Explique su respuesta.

18-12 "Los costos del reprocesamiento siempre se cargan a los trabajos específicos en los cuales se descubrieron originalmente los defectos." ¿Está usted de acuerdo? Explique su respuesta.

18-13 "Los costos de los reprocesamientos anormales deberían cargarse a una cuenta de pérdidas, y no a los costos indirectos de manufactura." ¿Está usted de acuerdo? Explique su respuesta.

18-14 ¿Cuándo están justificados los materiales de desecho en el inventario de una compañía?

18-15 ¿Cómo usan los gerentes la información acerca de los materiales de desecho?

Ejercicios

18-16 **Bienes defectuosos normales y anormales en unidades**. Los siguientes datos, en unidades físicas, describen un proceso de molido para enero:

Productos en proceso, inicial	19,000
Iniciado durante el periodo actual	150,000
Por contabilizar	169,000
Unidades defectuosas	12,000
Unidades aceptables terminadas y transferidas fuera del proceso	132,000
Productos en proceso, final	25,000
Contabilizado	169,000

La inspección ocurre al 100% de la fase de terminación. Las unidades defectuosas normales son del 5% de las unidades aceptables que pasaron la inspección.

1. Calcule los bienes defectuosos normales y anormales en unidades.

Se requiere

2. Suponga que el costo de las unidades equivalentes de una unidad defectuosa es de $10. Calcule el monto de los ahorros potenciales si se evitaran todas las unidades defectuosas, suponiendo que todos los demás costos no se verían afectados. Comente su respuesta.

18-17 Método del promedio ponderado, unidades defectuosas, unidades equivalentes. (Adaptado de CMA.) Considere los siguientes datos para noviembre de 2012 acerca de la compañía Gray Manufacturing, la cual fabrica gallardetes de seda y usa un sistema de costeo por procesos. Todos los materiales directos se agregan al inicio del proceso y los costos de conversión se agregan uniformemente durante el proceso. Las unidades defectuosas se detectan en el momento de la inspección a la terminación del proceso. Las unidades defectuosas se descartan a un valor neto de realización de cero. Gray Manufacturing usa el método del promedio ponderado para el costeo por procesos.

	Unidades físicas (gallardetes)	Materiales directos	Costos de conversión
Productos en proceso, 1 de noviembre[a]	1,000	$ 1,423	$ 1,110
Iniciado en noviembre de 2012	?		
Unidades aceptables terminadas y transferidas fuera del proceso durante noviembre de 2012	9,000		
Unidades defectuosas normales	100		
Unidades defectuosas anormales	50		
Productos en proceso, 30 de noviembre[b]	2,000		
Costos totales sumados durante noviembre de 2012		$12,180	$27,750

[a]Grado de avance: materiales directos, 100%; costos de conversión, 50 por ciento.
[b]Grado de avance: materiales directos, 100%; costos de conversión, 30 por ciento.

Se requiere Calcule las unidades equivalentes para los materiales directos y para los costos de conversión. Muestre las unidades físicas en la primera columna de su informe.

18-18 Método del promedio ponderado, asignación de costos (continuación del 18-17).

Se requiere Para los datos del ejercicio 18-17, resuma los costos totales por contabilizar, calcule el costo por unidad equivalente para los materiales directos y para los costos de conversión, y asigne los costos totales a las unidades terminadas y transferidas fuera del proceso (incluyendo las unidades defectuosas normales), a las unidades defectuosas anormales y a las unidades en el inventario final de productos en proceso.

18-19 Método de PEPS, unidades defectuosas, unidades equivalentes. Remítase a la información del ejercicio 18-17. Suponga que la compañía Gray Manufacturing usa el método de PEPS en el costeo por procesos, en vez del método del promedio ponderado.

Se requiere Calcule las unidades equivalentes para los materiales directos y para los costos de conversión. Muestre las unidades físicas en la primera columna de su informe.

18-20 Método de PEPS, asignación de costos (continuación del 18-19).

Se requiere Para los datos del ejercicio 18-17, use el método de PEPS para resumir los costos totales por contabilizar; calcule el costo por unidad equivalente para los materiales directos y para los costos de conversión, y asigne los costos totales a las unidades terminadas y transferidas fuera del proceso (incluyendo las unidades defectuosas normales), a las unidades defectuosas anormales y a las unidades en el inventario final de productos en proceso.

18-21 Método del promedio ponderado, unidades defectuosas. La compañía Appleton fabrica juguetes de madera en su departamento de moldeado y usa el método del promedio ponderado para el costeo por procesos. Todos los materiales directos se agregan al inicio del proceso, y los costos de conversión se agregan uniformemente

	A	B	C	D
1		Unidades físicas	Materiales directos	Costos de conversión
2	Productos en proceso, inventario inicial (1 de agosto)	2,000	$17,700	$10,900
3	Grado de avance del inventario inicial de productos en proceso		100%	50%
4	Iniciado durante agosto	10,000		
5	Unidades aceptables terminadas y transferidas fuera del proceso durante agosto	9,000		
6	Productos en proceso, inventario final (31 de agosto)	1,800		
7	Grado de avance del inventario final de productos en proceso		100%	75%
8	Costos totales agregados durante agosto		$81,300	$39,000
9	Unidades defectuosas normales como porcentaje de las unidades aceptables	10%		
10	Grado de avance de las unidades defectuosas normales		100%	100%
11	Grado de avance de las unidades defectuosas anormales		100%	100%

durante el proceso. Las unidades defectuosas se detectan en la inspección al final del proceso y se descartan a un valor neto de realización de cero. Los datos resumidos para agosto de 2012 son:

1. Para cada categoría de costos, calcule las unidades equivalentes. Muestre las unidades físicas en la primera columna de su informe. **Se requiere**
2. Resuma los costos totales por contabilizar, calcule el costo por unidad equivalente para cada categoría de costos, y asigne los costos totales a las unidades terminadas y transferidas fuera del proceso (incluyendo las unidades defectuosas normales) a las unidades defectuosas anormales y a las unidades del inventario final de productos en proceso.

18-22 Método de costeo estándar, unidades defectuosas y asientos de diario. Jordan, Inc., es un fabricante de respiraderos para calentadores de agua. Esta compañía usa un sistema de costeo por procesos para contabilizar sus inventarios de productos en proceso. Cuando se estaba procesando la orden de trabajo 512 en el departamento de operaciones mecánicas, una pieza de lámina metálica estaba fuera del centro en la máquina de doblado y dos respiraderos se dañaron. Ya que este problema ocurre de forma periódica, se considera como unidad defectuosa normal y, en consecuencia, se registra como un costo indirecto. Dado que este paso se desarrolla primero en el procedimiento para la elaboración de los respiraderos, los únicos costos en que se incurrió fueron los $475 para los materiales directos. Suponga que la lámina metálica no se puede vender, y que su costo se ha registrado en el inventario de productos en proceso.

Prepare los asientos de diario para registrar las unidades defectuosas generadas. **Se requiere**

18-23 Reconocimiento de pérdidas provenientes de las unidades defectuosas. Arokia Electronics fabrica modelos de teléfonos celulares en su planta de Walnut Creek. Suponga que la compañía da a usted la siguiente información, en relación con la información acerca de las operaciones para septiembre de 2011:

Total de teléfonos celulares fabricados	8,000
Teléfonos rechazados como unidades defectuosas	300
Total del costo de manufactura	$320,000

Suponga que las unidades defectuosas no tienen valor de realización. **Se requiere**

1. ¿Cuál es el costo unitario de la fabricación de los 8,000 teléfonos celulares?
2. ¿Cuál es el costo total de las 300 unidades defectuosas?
3. Si las unidades defectuosas se consideran normales, ¿cuál es el incremento en el costo unitario de los teléfonos aceptables fabricados como resultado de las unidades defectuosas?
4. Si las unidades defectuosas se consideran anormales, prepare los asientos de diario para las unidades defectuosas generadas.

18-24 Método del promedio ponderado, unidades defectuosas. Chipcity es un fabricante de chips para computadora de rápido crecimiento. Los materiales directos se agregan al inicio del proceso de producción. Los costos de conversión se agregan uniformemente durante el proceso. Algunas unidades de este producto se dañan como resultado de defectos no detectables antes de la inspección de los bienes terminados. Las unidades defectuosas se descartan a un valor neto de realización de cero. Chipcity usa el método del promedio ponderado del costeo por procesos.

Los datos resumidos para septiembre de 2011 son:

	A	B	C	D
1		Unidades físicas (chips para computadora)	Materiales directos	Costos de conversión
2	Productos en proceso, inventario inicial (1 de septiembre)	600	$ 96,000	$ 15,300
3	Grado de avance del inventario inicial de productos en proceso		100%	30%
4	Iniciado durante septiembre	2,550		
5	Unidades aceptables terminadas y transferidas fuera del proceso durante septiembre	2,100		
6	Productos en proceso, inventario final (30 de septiembre)	450		
7	Grado de avance del inventario final de productos en proceso		100%	40%
8	Costos totales agregados durante septiembre		$567,000	$230,000
9	Unidades defectuosas normales como porcentaje de las unidades aceptables	15%		
10	Grado de avance de las unidades defectuosas normales		100%	100%
11	Grado de avance de las unidades defectuosas anormales		100%	100%

1. Para cada categoría de costos, calcule las unidades equivalentes. Muestre las unidades físicas en la primera columna de su informe. **Se requiere**
2. Resuma los costos totales por contabilizar, calcule el costo por unidad equivalente para cada categoría de costos, y asigne los costos totales a las unidades terminadas y transferidas fuera del proceso (incluyendo las unidades defectuosas normales), a las unidades defectuosas anormales y a las unidades en el inventario final de productos en proceso.

18-25 Método de PEPS, unidades defectuosas. Remítase a la información del ejercicio 18-24.

Se requiere Resuelva el ejercicio 18-24 usando el método de PEPS para el costeo por procesos.

18-26 Método de costeo estándar, unidades defectuosas. Remítase a la información del ejercicio 18-24. Suponga que Chipcity determina costos estándar de $200 por unidad equivalente para los materiales directos, y de $75 por unidad equivalente para los costos de conversión, tanto para el inventario inicial de productos en proceso como para el trabajo realizado en el periodo actual.

Se requiere Resuelva el ejercicio 18-24 usando el método de costeo estándar.

18-27 Unidades defectuosas y costeo por órdenes de trabajo. (L. Bamber.) Barrett Kitchens fabrica una variedad de artículos de acuerdo con órdenes de trabajo especiales provenientes de hospitales, cafeterías de fábricas y dormitorios en universidades. Una orden de 2,100 cajas de verduras mixtas cuesta $9 por caja: materiales directos, $4; mano de obra directa, $3; y costos indirectos de manufactura aplicados, $2. La tasa de costos indirectos de manufactura incluye una provisión para las unidades defectuosas normales. Considere cada requisito de manera independiente.

Se requiere
1. Suponga que un trabajador dejara caer 420 cajas y que una parte de estas pudiera venderse a una prisión cercana por $420 en efectivo. Prepare un asiento de diario para registrar este suceso. Calcule y explique brevemente el costo unitario de las 1,680 cajas restantes.
2. Remítase a los datos originales. Los catadores de la compañía rechazan 420 de las 2,100 cajas. Se desechan las 420 cajas por $840. Suponga que esta tasa de rechazo se considera normal. Prepare un asiento de diario para registrar este evento y, además:
   a) Calcule el costo unitario si el rechazo se atribuye a especificaciones muy exigentes de este trabajo en particular.
   b) Calcule el costo unitario si el rechazo es característico del proceso de producción y no se atribuye a este trabajo específico.
   c) ¿Los costos unitarios son los mismos que los de los requisitos 2a y 2b? Explique brevemente su razonamiento.
3. Remítase a los datos originales. Los catadores rechazaron las 420 cajas que tenían una cantidad insuficiente de sal. El producto se puede vaciar en un recipiente, agregársele la sal y reprocesar en tarros. Esta operación, la cual se considera normal, tendrá un costo de $420. Prepare un asiento de diario para registrar este evento y haga lo siguiente:
   a) Calcule el costo unitario de todas las cajas, si este costo adicional se generara debido a especificaciones rigurosas de este trabajo en particular.
   b) Calcule el costo unitario de todas las cajas si este costo adicional ocurre en forma regular debido a la dificultad en la condimentación.
   c) ¿Los costos unitarios son los mismos en los puntos 3a y 3b? Explique brevemente su razonamiento.

18-28 Unidades reprocesadas, costos del reprocesamiento. White Goods ensambla lavadoras en su planta de Auburn. En febrero de 2012, 60 unidades del tambor secador que tuvieron un costo de $44 cada una (a partir de un nuevo proveedor quien en forma subsiguiente cayó en bancarrota) estaban defectuosas, y se tuvieron que desechar a un valor neto de realización de cero. White Goods logró reprocesar la totalidad de las 60 lavadoras sustituyendo nuevas unidades de tambor secador compradas a uno de sus proveedores actuales. Cada tambor secador de reemplazo tiene un costo de $50.

Se requiere
1. ¿Qué enfoques alternativos existen para contabilizar el costo de los materiales en las unidades reprocesadas?
2. ¿Debería White Goods usar el tambor secador de $44 o el de $50 para calcular el costo de los materiales reprocesados? Explique su respuesta.
3. ¿Qué otros costos podría incluir White Goods en su análisis de los costos reales de reprocesamiento debido a las unidades de tambor secador compradas al proveedor (ahora) en bancarrota?

18-29 Material de desecho, costeo por órdenes de trabajo. La compañía Morgan tiene una gran instalación de costeo por órdenes de trabajo que usa una variedad de metales. Considere cada requisito de manera independiente.

Se requiere
1. La orden de trabajo 372 usa una aleación de metal particular que no sirve para ningún otro trabajo. Suponga que los materiales de desecho son de una cantidad significativa y que se venden en $520 rápidamente después de que se producen. Prepare el asiento de diario.
2. Los materiales de desecho del trabajo 372 consisten en un metal que se utiliza para muchos otros trabajos. No se mantiene ningún registro de los desechos generados por los trabajos individuales. Suponga que los desechos se contabilizan en el momento de su venta. Se venden desechos que dan un total de $4,400. Prepare dos asientos de diario alternativos que sean útiles para contabilizar la venta de los materiales de desecho.
3. Suponga que los desechos que se generaron en el requerimiento 2 se regresan al almacén para su uso futuro y que se hace un asiento de diario para registrar los desechos. Un mes más tarde, los desechos se reutilizan como materiales directos en un trabajo subsiguiente. Prepare los asientos de diario para registrar dichas transacciones.

MyAccountingLab

Problemas

18-30 Método del promedio ponderado, unidades defectuosas. La compañía Boston es una procesadora de alimentos con sede en San Francisco, que opera con el método del promedio ponderado, siguiendo un costeo por procesos, y tiene dos departamentos: limpieza y empacado. En el departamento de limpieza, los costos de conversión se agregan de manera uniforme durante el proceso, y los materiales directos se agregan al inicio del proceso. Las unidades defectuosas se detectan en la inspección al final del proceso y se desechan a un valor neto de realización de cero. Todo el trabajo completado se transfiere al departamento de empacado. Los datos resumidos para mayo son los siguientes:

	A	B	C	D
1	**Compañía Boston, departamento de limpieza**	**Unidades físicas**	**Costos transferidos en forma interna**	**Materiales directos**
2	Productos en proceso, inventario inicial (1 de mayo)	3,000	$ 4,500	$ 2,700
3	Grado de avance del inventario inicial de productos en proceso		100%	60%
4	Iniciado durante mayo	25,000		
5	Unidades aceptables terminadas y transferidas fuera del proceso durante mayo	20,500		
6	Productos en proceso, inventario final (31 de mayo)	4,200		
7	Grado de avance del inventario final de productos en proceso		100%	30%
8	Costos totales agregados durante mayo		$46,250	$37,216
9	Unidades defectuosas normales como porcentaje de las unidades aceptables	10%		
10	Grado de avance de las unidades defectuosas normales		100%	100%
11	Grado de avance de las unidades defectuosas anormales		100%	100%

Para el departamento de limpieza, resuma los costos totales por contabilizar y asigne los costos totales a las **Se requiere** unidades terminadas y transferidas fuera del proceso (incluyendo las unidades defectuosas normales), a las unidades defectuosas anormales y a las unidades en el inventario final de productos en proceso. Realice los cálculos de los costos unitarios a cuatro lugares decimales cuando sea necesario. Calcule los totales finales al dólar más cercano. (El problema 18-32 explora las facetas adicionales de este problema.)

18-31 Método de PEPS, unidades defectuosas. Remítase a la información del problema 18-30.

Resuelva el problema 18-30 usando el método de PEPS del costeo por procesos. (El problema 18-33 explora las **Se requiere** facetas adicionales de este problema.)

18-32 Método del promedio ponderado, departamento de empacado (continuación del 18-30). En el departamento de empacado de la compañía Boston, los costos de conversión se agregan de manera uniforme durante el proceso, y los materiales directos se agregan al final del proceso. Las unidades defectuosas se detectan en la inspección al final del proceso y se desechan a un valor neto de realización de cero. Todo el trabajo terminado se transfiere al siguiente departamento. Los costos transferidos en forma interna para mayo son iguales al costo total de las unidades aceptables terminadas y transferidas fuera del proceso en mayo del departamento de limpieza, lo cual calculamos en el problema 18-30 usando el método del promedio ponderado para el costeo por procesos. A continuación se presentan los datos resumidos para mayo.

	A	B	C	D	E
1	**Compañía Boston: departamento de empacado**	**Unidades físicas**	**Costos transferidos en forma interna**	**Materiales directos**	**Costos de conversión**
2	Productos en proceso, inventario inicial (1 de mayo)	10,500	$39,460	$ 0	$14,700
3	Grado de avance del inventario inicial de productos en proceso		100%	0%	70%
4	Iniciado durante mayo	20,500			
5	Unidades aceptables terminadas y transferidas fuera del proceso durante mayo	22,000			
6	Productos en proceso, inventario final (31 de mayo)	7,000			
7	Grado de avance del inventario final de productos en proceso		100%	0%	40%
8	Costos totales agregados durante mayo		?	$4,800	$38,900
9	Unidades defectuosas normales como porcentaje de las unidades aceptables	8%			
10	Grado de avance de las unidades defectuosas normales			100%	100%
11	Grado de avance de las unidades defectuosas anormales			100%	100%

Para el departamento de empacado, use el método del promedio ponderado para resumir los costos totales por **Se requiere** contabilizar, y asigne los costos totales a las unidades terminadas y transferidas fuera del proceso (incluyendo las unidades defectuosas normales), a las unidades defectuosas anormales y a las unidades en el inventario final de productos en proceso.

18-33 Método de PEPS, departamento de empacado (continuación del 18-31). Remítase a la información del problema 18-32, excepto en lo que se refiere a los costos transferidos en forma interna para mayo, los cuales son iguales al costo total de las unidades aceptables terminadas y transferidas fuera del proceso en mayo desde el departamento de limpieza, como se calculó en el problema 18-31 usando el método de PEPS del costeo por procesos.

Se requiere   Para el departamento de empacado, use el método de PEPS para resumir los costos totales por contabilizar, y para asignar los costos totales a las unidades terminadas y transferidas fuera del proceso (incluyendo las unidades defectuosas normales), a las unidades defectuosas anormales y a las unidades en el inventario final de productos en proceso.

18-34 Unidades defectuosas y material de desecho en el costeo por procesos. MetalWorks, Inc., fabrica varias partes de metal en lotes tal y como las ordenan sus clientes, y las contabiliza usando el costeo por órdenes de trabajo. La orden de trabajo 2346-8, una orden grande para el cliente X, incurrió en $240,000 de costos de materiales directos y en $620,000 de costos de mano de obra directa. MetalWorks aplica los costos indirectos a una tasa de 150% de los costos de la mano de obra directa. MetalWorks cotizó al cliente X un precio fijo para la orden de trabajo de $2,000,000. El trabajo consistió en 90,000 unidades aceptables y en 10,000 unidades defectuosas sin ningún valor de reprocesamiento o de realización. El trabajo también generó 200 libras de material de desecho que se puede vender a $3 por libra.

1. Calcule el margen bruto que MetalWorks ganará por este trabajo, suponiendo que la venta de los materiales de desecho se trata como un material y,
   a) que todas las unidades defectuosas se consideran como anormales;
   b) que las unidades defectuosas normales son del 8% de las unidades aceptables;
   c) que las unidades defectuosas normales son del 12% de las unidades aceptables.
2. ¿Cómo podría diferir su respuesta al número 1, si la venta de los materiales de desecho se trata como una cantidad poco significativa?

18-35 Unidades defectuosas en el costeo por órdenes de trabajo. Crystal Clear Machine Shop es un fabricante de carritos motorizados para centros vacacionales.

Peter Cruz, el gerente de la planta de Crystal Clear, obtiene la siguiente información para la orden de trabajo #10 en agosto de 2010. Se iniciaron un total de 32 unidades, se detectaron 7 unidades defectuosas y se rechazaron en la inspección final, lo cual generó 25 unidades aceptables. Las unidades defectuosas se consideraron normales. Los costos asignados antes del punto de inspección son de $1,450 por unidad. El valor actual de realización de las unidades defectuosas es de $230 por unidad. Cuando se detectan los defectos, los bienes defectuosos se inventarían a $230 por unidad.

Se requiere
1. ¿Cuál es la tasa de unidades defectuosas normales?
2. Prepare los asientos de diario necesarios para registrar las unidades defectuosas normales, suponiendo lo siguiente:
   a) Las unidades defectuosas están relacionadas con un trabajo específico.
   b) Las unidades defectuosas son comunes a todos los trabajos.
   c) Las unidades defectuosas se consideran anormales.

18-36 Reprocesamiento en el costeo por órdenes de trabajo, asiento de diario (continuación del 18-35). Suponga que las 7 unidades defectuosas de la orden de trabajo #10 de Whitefish Machine Shop se pueden reprocesar a un costo total de $1,700. Un costeo total de $10,150, asociado con estas unidades, ya se había asignado a la orden de trabajo #10 antes del reprocesamiento.

Se requiere   Prepare los asientos de diario para el reprocesamiento, suponiendo lo siguiente:
   a) El reprocesamiento está relacionado con un trabajo específico.
   b) El reprocesamiento es común a todos los trabajos.
   c) El reprocesamiento se considera anormal.

18-37 Material de desecho en el momento de la venta o en el momento de la producción, asientos de diario (continuación del 18-35). Suponga que la orden de trabajo #10 de Crystal Clear Machine Shop genera materiales de desecho normales, con un valor de ventas total de $650 (se supone que el desperdicio que se regresa al almacén se vende rápidamente).

Se requiere   Prepare asientos de diario para el reconocimiento de los materiales de desecho, suponiendo lo siguiente:
   a) El valor del desecho es de poca cuantía y se reconoce en el momento de la venta.
   b) El valor del desecho es significativo, está relacionado con un trabajo específico y se reconoce en el momento de la venta.
   c) El valor del desecho es significativo, es común a todos los trabajos y se reconoce en el momento de la venta.
   d) El valor del desecho es significativo, y se reconoce como inventario en el momento de la producción y se registra a su valor neto de realización.

18-38 Unidades físicas, inspección en varias fases de terminación. Fantastic Furniture elabora muebles de plástico para jardines en un proceso continuo. La compañía vierte plástico fundido en moldes y después enfría el plástico. Los materiales se agregan al principio del proceso, y la conversión se considera uniforme a lo largo del periodo. Ocasionalmente, el molde de plástico no se llena por completo debido a la intromisión de bolsas de aire, y la silla se considera entonces defectuosa. Las unidades defectuosas son del 6% de las unidades aceptables que pasan la inspección. La siguiente información se refiere a marzo de 2011:

Inventario inicial	1,400 unidades (100% terminadas en cuanto a materiales, 20% terminadas en cuanto a costos de conversión)
Unidades empezadas	12,000
Unidades en el inventario final de productos en proceso	1,100 (100% terminadas en cuanto a materiales, 70% terminadas en cuanto a costos de conversión)

Fantastic Furniture tenía 1,000 unidades defectuosas en marzo de 2011.

Se requiere   Usando el formato de la p. 653, calcule las unidades defectuosas normales y anormales, suponiendo que el punto de inspección está: *a*) al 15% de la fase de terminación, *b*) al 40% de la fase de terminación y *c*) al 100% de la fase de terminación.

18-39 Método del promedio ponderado, inspección al 80% de terminación. (A. Atkinson.) La compañía Kim es un fabricante de muebles con dos departamentos: moldeado y acabado. La empresa utiliza el método del promedio ponderado para el costeo por procesos. En agosto, se registraron los siguientes datos para el departamento de acabado:

Unidades del inventario inicial de productos en proceso	12,500
Porcentaje de terminación de las unidades en el inventario inicial de productos en proceso	25%
Costo de los materiales directos en el inventario inicial de productos en proceso	$0
Unidades empezadas	87,500
Unidades terminadas	62,500
Unidades en el inventario final	25,000
Porcentaje de terminación de las unidades en el inventario final de productos en proceso	95%
Unidades defectuosas	12,500
Costos totales agregados durante el periodo actual:	
Materiales directos	$819,000
Mano de obra directa	$794,500
Costos indirectos de manufactura	$770,000
Productos en proceso, inicial:	
Costos transferidos internamente	$103,625
Costos de conversión	$52,500
Costo de las unidades transferidas internamente durante el periodo actual	$809,375

Los costos de conversión se agregan uniformemente durante el proceso. Los costos de los materiales directos se agregan cuando la producción está terminada al 90%. El punto de inspección ocurre al 80% de la fase de producción. Las unidades defectuosas normales son del 10% de todas las unidades aceptables que pasan la inspección. Las unidades defectuosas se desechan a un valor neto de realización de cero.

Para agosto, resuma los costos totales por contabilizar y asigne tales costos a las unidades terminadas y transferidas fuera del proceso (incluyendo las unidades defectuosas normales), a las unidades defectuosas anormales y a las unidades en el inventario final de productos en proceso. **Se requiere**

18-40 Costeo por órdenes de trabajo, reprocesamiento. La corporación Riposte fabrica un chip para computadora denominado XD1. Los costos de manufactura de un chip XD1, excluyendo los costos de reprocesamiento, son materiales directos, $60; mano de obra directa, $12; y costos indirectos de manufactura, $38. En el punto de inspección, las unidades defectuosas se envían a su reprocesamiento. Los costos de reprocesamiento por cada chip XD1 son materiales directos, $12; mano de obra directa, $9; y costos indirectos de manufactura, $15.

En agosto de 2011, Riposte manufacturó 1,000 chips XD1, 80 de los cuales requirieron de un reprocesamiento. De estos 80 chips, 50 se consideraron un reprocesamiento normal común a todos los trabajos y los otros 30 se consideraron un reprocesamiento anormal.

1. Prepare asientos de diario para registrar la contabilización de los reprocesamientos tanto normal como anormal. **Se requiere**
2. ¿Cuáles fueron los costos totales de reprocesamiento de los chips XD1 en agosto de 2011?
3. Suponga ahora que el reprocesamiento normal es atribuible totalmente a la orden de trabajo #3879, por 200 unidades de XD1. En este caso, ¿cuáles serían el costo total y el costo unitario de las unidades aceptables producidas para ese trabajo en agosto de 2011? Prepare asientos de diario para la manufactura de las 200 unidades, así como para los costos normales de reprocesamiento.

Problema de aprendizaje colaborativo

18-41 Unidades físicas, inspección a varios niveles de terminación, reporte del promedio ponderado en el costeo por procesos. La compañía Lester fabrica productos de metal y tiene un departamento de forjado. En este departamento, los materiales se agregan al inicio del proceso y la conversión ocurre de manera uniforme. Al principio de noviembre de 2011, el departamento de forjado tenía 20,000 unidades en el inventario inicial de productos en proceso, las cuales están 100% terminadas en cuanto a materiales y 40% terminadas en cuanto a costos de conversión. Se empiezan 10,000 unidades adicionales en este departamento en noviembre y 30,000 unidades permanecen en productos en proceso al final del mes. Estas unidades sin terminar se encuentran 100% terminadas en cuanto a materiales y 70% terminadas en cuando a costos de conversión.

El departamento de forjado tenía 15,000 unidades defectuosas en noviembre. Las unidades defectuosas normales son del 12% de las unidades aceptables. Los costos del departamento para el mes de noviembre son:

	Costos de los materiales directos	Costos de conversión
Inventario inicial de productos en proceso	$ 64,000	$ 200,000
Costos incurridos durante el periodo	102,500	1,000,000

1. Usando el formato de la p. 653, calcule las unidades defectuosas normales y anormales para el mes de noviembre, suponiendo que el punto de inspección está: *a*) al 30% de la fase de terminación, *b*) al 60% de la fase de terminación y *c*) al 100% de la fase de terminación. **Se requiere**
2. Remítase a su respuesta en el requisito 1. ¿Por qué hay diferentes cantidades de unidades defectuosas normales y anormales en diferentes puntos de inspección?
3. Suponga ahora que el departamento de forjado inspecciona al 60% de la fase de terminación. Usando el método del promedio ponderado, calcule el costo de las unidades transferidas fuera del proceso, el costo de las unidades defectuosas anormales y el costo del inventario final para el departamento de forjado en el mes de noviembre.

Apéndice A

Notas acerca del interés compuesto y de las tablas de intereses

El interés es el costo que resulta de utilizar el dinero. Es el cargo por la renta de los fondos, del mismo modo que la renta de un edificio y de un equipo implican un cargo por renta. Cuando tales fondos se utilizan durante un periodo de tiempo, es necesario reconocer el interés como un costo derivado del uso de fondos tomados en préstamo ("rentados"). Este requisito se aplica incluso si los fondos representan la propiedad de capital y aun cuando el interés no implique un desembolso de efectivo. ¿Por qué debe considerarse el interés? Porque la selección de una alternativa compromete de manera automática una cantidad determinada de fondos que de otra manera podrían invertirse en alguna otra alternativa.

Los intereses son por lo general de importancia, incluso cuando se estén considerando proyectos a corto plazo. La importancia de los intereses aumenta de manera correspondiente cuando se estudian planes a largo plazo. La tasa de interés tiene un efecto lo suficientemente significativo para influir en las decisiones relacionadas con la solicitud de fondos en préstamo y con las inversiones de fondos. Por ejemplo, $100,000 invertidos el día de hoy y compuestos en forma anual durante 10 años al 8% crecerán acumulativamente hasta $215,900; al 20%, los $100,000 crecerán hasta $619,200.

Tablas de interés

Se dispone de muchos programas de software y calculadoras de bolsillo, los cuales tienen la capacidad de manejar cálculos que implican el valor del dinero a través del tiempo. También se puede recurrir a las cuatro tablas básicas siguientes para calcular los intereses.

Tabla 1: Valor futuro de $1

La tabla 1 muestra a cuánto crecerá $1 invertido el día de hoy después de un número de períodos a una tasa específica de interés compuesto por periodo. Considere la inversión de $1,000 el día de hoy durante tres años al 8% de interés compuesto. A continuación se muestra una presentación tabular de la manera en que los $1000 se acumularían hasta llegar a $1,259.70:

Año	Interés por año	Interés acumulativo denominado interés compuesto	Total al final del año
0	$ —	$ —	$1,000.00
1	80.00 (0.08 × $1,000)	80.00	1,080.00
2	86.40 (0.08 × $1,080)	166.40	1,166.40
3	93.30 (0.08 × $1,166.40)	259.70	1,259.70

Esta presentación tabular es una serie de cálculos que podrían aparecer como sigue, donde S es el monto futuro y los subíndices 1, 2 y 3 indican el número de periodos.

$$S_1 = \$1,000(1.08)^1 = \$1,080$$

$$S_2 = \$1,080(1.08) = \$1,000(1.08)^2 = \$1,166.40$$

$$S_3 = \$1,166.40 \times (1.08) = \$1,000(1.08)^3 = \$1,259.70$$

La fórmula para el "monto de $P", con frecuencia denominada "valor futuro de $P" o "monto futuro de $P", se escribe como:

$$S = P(1 + r)^n$$

S es el monto del valor futuro; P es el valor presente, r es la tasa de interés; y n es el número de periodos.

Cuando $P = \$1,000$, $n = 3$, $r = 0.08$, $S = \$1,000(1 + .08)^3 = \$1,259.70$

Por fortuna, las tablas hacen que los cálculos clave estén fácilmente disponibles. La facilidad al seleccionar la tabla *adecuada* minimiza los cálculos. Verifique la exactitud de la respuesta anterior usando la tabla 1, página A-4.

Tabla 2: Valor presente de $1

En el ejemplo anterior, si $1,000 capitalizables al 8% anual se acumulan hasta llegar a $1,259.70 dentro de tres años, entonces $1,000 debe ser el valor presente de $1,259.70 vencidos al final de tres años. La fórmula para el valor presente se deriva revirtiendo el proceso de *acumulación* (encontrando el monto futuro) que acabamos de terminar.
Si

$$S = P(1 + r)^n$$

entonces,

$$P = \frac{S}{(1 + r)^n}$$

En nuestro ejemplo, $S = \$1,259.70$, $n = 3$, $r = 0.08$ y, por lo tanto,

$$P = \frac{\$1,259.70}{(1.08)^3} = \$1,000$$

Utilice la tabla 2, página A-5, para verificar este cálculo.

Cuando hacemos una acumulación o capitalización, avanzamos hacia adelante en el tiempo. La diferencia entre nuestro monto original y el monto acumulado se denomina *interés compuesto*. Cuando hacemos un descuento, retrocedemos hacia atrás en el tiempo. La diferencia entre el monto futuro y el valor presente se denomina *descuento compuesto*. Observe las siguientes fórmulas:

$$\text{Interés compuesto} = P[(1 + r)^n - 1]$$

En nuestro ejemplo, $P = \$1,000$, $n = 3$, $r = 0.08$ y, por lo tanto,

$$\text{Interés compuesto} = \$1,000\left[(1.08)^3 - 1\right] = \$259.70$$

$$\text{Descuento compuesto} = S\left[1 - \frac{1}{(1 + r)^n}\right]$$

En nuestro ejemplo, $S = \$1,259.70$, $n = 3$, $r = 0.08$ y, por lo tanto,

$$\text{Descuento compuesto} = \$1,259.70\left[1 - \frac{1}{(1.08)^3}\right] = \$259.70$$

Tabla 3: Monto de una anualidad de $1

Una *anualidad* (ordinaria) es una serie de pagos iguales (entradas de fondos) que se pagarán (o recibirán) al final de una serie de periodos sucesivos de igual magnitud. Suponga que se invierten $1,000 al final de cada uno de tres años al 8%:

Final del año			Monto
Primer pago	$1,000.00 ⟶ $1,080.00 ⟶		$1,166.40, que es $1,000(1.08)²
Segundo pago		$1,000.00 ⟶	1,080.00, que es $1,000(1.08)¹
Tercer pago			1,000.00
Acumulación (monto futuro)			$3,246.40

La aritmética anterior se expresa de manera algebraica como el monto de una anualidad ordinaria de $1,000 durante tres años = $1,000(1 + r)^2 + $1,000(1 + r)^1 + $1,000.

Podemos desarrollar la fórmula general para S_n, el monto de una anualidad ordinaria de $1, usando el ejemplo anterior como una base donde $n = 3$ y $r = 0.08$:

1. $\qquad\qquad S_3 = 1 + (1 + r)^1 + (1 + r)^2$
2. Sustituya: $\qquad\qquad S_3 = 1 + (1.08)^1 + (1.08)^2$

3. Multiplique (2) por $(1 + r)$:

$$(1.08)\,S_3 = (1.08)^1 + (1.08)^2 + (1.08)^3$$

4. Reste (2) de (3): Observe que todos los términos del lado derecho se eliminan, excepto $(1.08)^3$ en la ecuación (3) y 1 en la ecuación (2).

$$1.08\,S_3 - S_3 = (1.08)^3 - 1$$

5. Factorice (4):

$$S_3\,(1.08 - 1) = (1.08)^3 - 1$$

6. Divida (5) entre $(1.08 - 1)$:

$$S_3 = \frac{(1.08)^3 - 1}{1.08 - 1} = \frac{(1.08)^3 - 1}{.08} = \frac{0.2597}{0.08} = 3.246$$

7. La fórmula general para el monto de una anualidad ordinaria de \$1 se vuelve:

$$S_n = \frac{(1 + r)^n - 1}{r} \quad \text{o bien,} \quad \frac{\text{interés compuesto}}{\text{tasa}}$$

Esta fórmula es la base para la tabla 3, página A-6. Verifique la respuesta en la tabla.

Tabla 4: Valor presente de una anualidad ordinaria de \$1

Usando el mismo ejemplo que el de la tabla 3, podemos demostrar la manera en la que se desarrolla la fórmula del P_n, *el valor presente de una anualidad ordinaria.*

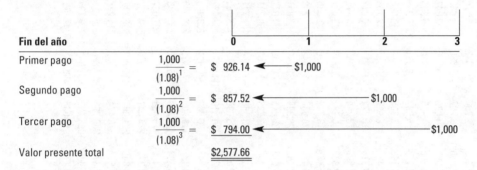

Podemos desarrollar la fórmula general para P_n usando el ejemplo anterior como base donde $n = 3$ y $r = 0.08$:

1.

$$P_3 = \frac{1}{1 + r} + \frac{1}{(1 + r)^2} + \frac{1}{(1 + r)^3}$$

2. Sustituya:

$$P_3 = \frac{1}{1.08} + \frac{1}{(1.08)^2} + \frac{1}{(1.08)^3}$$

3. Multiplique por 1/1.08:

$$P_3 \frac{1}{1.08} = \frac{1}{(1.08)^2} + \frac{1}{(1.08)^3} + \frac{1}{(1.08)^4}$$

4. Reste (3) de (2):

$$P_3 - P_3 \frac{1}{1.08} = \frac{1}{1.08} - \frac{1}{(1.08)^4}$$

5. Factorice (4):

$$P_3 \left(1 - \frac{1}{(1.08)}\right) = \frac{1}{1.08}\left[1 - \frac{1}{(1.08)^3}\right]$$

6. o bien,

$$P_3 \left(\frac{.08}{1.08}\right) = \frac{1}{1.08}\left[1 - \frac{1}{(1.08)^3}\right]$$

7. Multiplique por 1.08/.08

$$P_3 = \frac{1}{.08}\left[1 - \frac{1}{(1.08)^3}\right] = \frac{.2062}{.08} = 2.577$$

La fórmula general para el valor presente de una anualidad de \$1.00 es como sigue:

$$P_n = \frac{1}{r}\left[1 - \frac{1}{(1 + r)^n}\right] = \frac{\text{Descuento compuesto}}{\text{Tasa}}$$

La fórmula es la base para la tabla 4, página A-7. Verifique la respuesta de la tabla. Las tablas de valor presente, 2 y 4, se usan con la mayor frecuencia en la elaboración del presupuesto de capital.

Las tablas de las anualidades no son esenciales. Con las tablas 1 y 2, el interés compuesto y el descuento compuesto se calculan fácilmente. Es simplemente cuestión de dividir cualquiera de estos entre la tasa para obtener valores equivalentes a aquellos que se muestran en las tablas 3 y 4.

Tabla 1

Monto compuesto de $1.00 (el valor futuro de $1.00)

$S = P(1 + r)^n$. En esta tabla $P = \$1.00$

Periodos	2%	4%	6%	8%	10%	12%	14%	16%	18%	20%	22%	24%	26%	28%	30%	32%	40%	Periodos
1	1.020	1.040	1.060	1.080	1.100	1.120	1.140	1.160	1.180	1.200	1.220	1.240	1.260	1.280	1.300	1.320	1.400	1
2	1.040	1.082	1.124	1.166	1.210	1.254	1.300	1.346	1.392	1.440	1.488	1.538	1.588	1.638	1.690	1.742	1.960	2
3	1.061	1.125	1.191	1.260	1.331	1.405	1.482	1.561	1.643	1.728	1.816	1.907	2.000	2.097	2.197	2.300	2.744	3
4	1.082	1.170	1.262	1.360	1.464	1.574	1.689	1.811	1.939	2.074	2.215	2.364	2.520	2.684	2.856	3.036	3.842	4
5	1.104	1.217	1.338	1.469	1.611	1.762	1.925	2.100	2.288	2.488	2.703	2.932	3.176	3.436	3.713	4.007	5.378	5
6	1.126	1.265	1.419	1.587	1.772	1.974	2.195	2.436	2.700	2.986	3.297	3.635	4.002	4.398	4.827	5.290	7.530	6
7	1.149	1.316	1.504	1.714	1.949	2.211	2.502	2.826	3.185	3.583	4.023	4.508	5.042	5.629	6.275	6.983	10.541	7
8	1.172	1.369	1.594	1.851	2.144	2.476	2.853	3.278	3.759	4.300	4.908	5.590	6.353	7.206	8.157	9.217	14.758	8
9	1.195	1.423	1.689	1.999	2.358	2.773	3.252	3.803	4.435	5.160	5.987	6.931	8.005	9.223	10.604	12.166	20.661	9
10	1.219	1.480	1.791	2.159	2.594	3.106	3.707	4.411	5.234	6.192	7.305	8.594	10.086	11.806	13.786	16.060	28.925	10
11	1.243	1.539	1.898	2.332	2.853	3.479	4.226	5.117	6.176	7.430	8.912	10.657	12.708	15.112	17.922	21.199	40.496	11
12	1.268	1.601	2.012	2.518	3.138	3.896	4.818	5.936	7.288	8.916	10.872	13.215	16.012	19.343	23.298	27.983	56.694	12
13	1.294	1.665	2.133	2.720	3.452	4.363	5.492	6.886	8.599	10.699	13.264	16.386	20.175	24.759	30.288	36.937	79.371	13
14	1.319	1.732	2.261	2.937	3.797	4.887	6.261	7.988	10.147	12.839	16.182	20.319	25.421	31.691	39.374	48.757	111.120	14
15	1.346	1.801	2.397	3.172	4.177	5.474	7.138	9.266	11.974	15.407	19.742	25.196	32.030	40.565	51.186	64.359	155.568	15
16	1.373	1.873	2.540	3.426	4.595	6.130	8.137	10.748	14.129	18.488	24.086	31.243	40.358	51.923	66.542	84.954	217.795	16
17	1.400	1.948	2.693	3.700	5.054	6.866	9.276	12.468	16.672	22.186	29.384	38.741	50.851	66.461	86.504	112.139	304.913	17
18	1.428	2.026	2.854	3.996	5.560	7.690	10.575	14.463	19.673	26.623	35.849	48.039	64.072	85.071	112.455	148.024	426.879	18
19	1.457	2.107	3.026	4.316	6.116	8.613	12.056	16.777	23.214	31.948	43.736	59.568	80.731	108.890	146.192	195.391	597.630	19
20	1.486	2.191	3.207	4.661	6.727	9.646	13.743	19.461	27.393	38.338	53.358	73.864	101.721	139.380	190.050	257.916	836.683	20
21	1.516	2.279	3.400	5.034	7.400	10.804	15.668	22.574	32.324	46.005	65.096	91.592	128.169	178.406	247.065	340.449	1171.356	21
22	1.546	2.370	3.604	5.437	8.140	12.100	17.861	26.186	38.142	55.206	79.418	113.574	161.492	228.360	321.184	449.393	1639.898	22
23	1.577	2.465	3.820	5.871	8.954	13.552	20.362	30.376	45.008	66.247	96.889	140.831	203.480	292.300	417.539	593.199	2295.857	23
24	1.608	2.563	4.049	6.341	9.850	15.179	23.212	35.236	53.109	79.497	118.205	174.631	256.385	374.144	542.801	783.023	3214.200	24
25	1.641	2.666	4.292	6.848	10.835	17.000	26.462	40.874	62.669	95.396	144.210	216.542	323.045	478.905	705.641	1033.590	4499.880	25
26	1.673	2.772	4.549	7.396	11.918	19.040	30.167	47.414	73.949	114.475	175.936	268.512	407.037	612.998	917.333	1364.339	6299.831	26
27	1.707	2.883	4.822	7.988	13.110	21.325	34.390	55.000	87.260	137.371	214.642	332.955	512.867	784.638	1192.533	1800.927	8819.764	27
28	1.741	2.999	5.112	8.627	14.421	23.884	39.204	63.800	102.967	164.845	261.864	412.864	646.212	1004.336	1550.293	2377.224	12347.670	28
29	1.776	3.119	5.418	9.317	15.863	26.750	44.693	74.009	121.501	197.814	319.474	511.952	814.228	1285.550	2015.381	3137.935	17286.737	29
30	1.811	3.243	5.743	10.063	17.449	29.960	50.950	85.850	143.371	237.376	389.758	634.820	1025.927	1645.505	2619.996	4142.075	24201.432	30
35	2.000	3.946	7.686	14.785	28.102	52.800	98.100	180.314	327.997	590.668	1053.402	1861.054	3258.135	5653.911	9727.860	16599.217	130161.112	35
40	2.208	4.801	10.286	21.725	45.259	93.051	188.884	378.721	750.378	1469.772	2847.038	5455.913	10347.175	19426.689	36118.865	66520.767	700037.697	40

Tabla 2 *(ponga un clip en esta página para tener una fácil referencia)*
Valor presente de $1.00

$P = \dfrac{S}{(1+r)^n}$.   En esta tabla $P = \$1.00$

Periodos	2%	4%	6%	8%	10%	12%	14%	16%	18%	20%	22%	24%	26%	28%	30%	32%	40%	Periodos
1	0.980	0.962	0.943	0.926	0.909	0.893	0.877	0.862	0.847	0.833	0.820	0.806	0.794	0.781	0.769	0.758	0.714	1
2	0.961	0.925	0.890	0.857	0.826	0.797	0.769	0.743	0.718	0.694	0.672	0.650	0.630	0.610	0.592	0.574	0.510	2
3	0.942	0.889	0.840	0.794	0.751	0.712	0.675	0.641	0.609	0.579	0.551	0.524	0.500	0.477	0.455	0.435	0.364	3
4	0.924	0.855	0.792	0.735	0.683	0.636	0.592	0.552	0.516	0.482	0.451	0.423	0.397	0.373	0.350	0.329	0.260	4
5	0.906	0.822	0.747	0.681	0.621	0.567	0.519	0.476	0.437	0.402	0.370	0.341	0.315	0.291	0.269	0.250	0.186	5
6	0.888	0.790	0.705	0.630	0.564	0.507	0.456	0.410	0.370	0.335	0.303	0.275	0.250	0.227	0.207	0.189	0.133	6
7	0.871	0.760	0.665	0.583	0.513	0.452	0.400	0.354	0.314	0.279	0.249	0.222	0.198	0.178	0.159	0.143	0.095	7
8	0.853	0.731	0.627	0.540	0.467	0.404	0.351	0.305	0.266	0.233	0.204	0.179	0.157	0.139	0.123	0.108	0.068	8
9	0.837	0.703	0.592	0.500	0.424	0.361	0.308	0.263	0.225	0.194	0.167	0.144	0.125	0.108	0.094	0.082	0.048	9
10	0.820	0.676	0.558	0.463	0.386	0.322	0.270	0.227	0.191	0.162	0.137	0.116	0.099	0.085	0.073	0.062	0.035	10
11	0.804	0.650	0.527	0.429	0.350	0.287	0.237	0.195	0.162	0.135	0.112	0.094	0.079	0.066	0.056	0.047	0.025	11
12	0.788	0.625	0.497	0.397	0.319	0.257	0.208	0.168	0.137	0.112	0.092	0.076	0.062	0.052	0.043	0.036	0.018	12
13	0.773	0.601	0.469	0.368	0.290	0.229	0.182	0.145	0.116	0.093	0.075	0.061	0.050	0.040	0.033	0.027	0.013	13
14	0.758	0.577	0.442	0.340	0.263	0.205	0.160	0.125	0.099	0.078	0.062	0.049	0.039	0.032	0.025	0.021	0.009	14
15	0.743	0.555	0.417	0.315	0.239	0.183	0.140	0.108	0.084	0.065	0.051	0.040	0.031	0.025	0.020	0.016	0.006	15
16	0.728	0.534	0.394	0.292	0.218	0.163	0.123	0.093	0.071	0.054	0.042	0.032	0.025	0.019	0.015	0.012	0.005	16
17	0.714	0.513	0.371	0.270	0.198	0.146	0.108	0.080	0.060	0.045	0.034	0.026	0.020	0.015	0.012	0.009	0.003	17
18	0.700	0.494	0.350	0.250	0.180	0.130	0.095	0.069	0.051	0.038	0.028	0.021	0.016	0.012	0.009	0.007	0.002	18
19	0.686	0.475	0.331	0.232	0.164	0.116	0.083	0.060	0.043	0.031	0.023	0.017	0.012	0.009	0.007	0.005	0.002	19
20	0.673	0.456	0.312	0.215	0.149	0.104	0.073	0.051	0.037	0.026	0.019	0.014	0.010	0.007	0.005	0.004	0.001	20
21	0.660	0.439	0.294	0.199	0.135	0.093	0.064	0.044	0.031	0.022	0.015	0.011	0.008	0.006	0.004	0.003	0.001	21
22	0.647	0.422	0.278	0.184	0.123	0.083	0.056	0.038	0.026	0.018	0.013	0.009	0.006	0.004	0.003	0.002	0.001	22
23	0.634	0.406	0.262	0.170	0.112	0.074	0.049	0.033	0.022	0.015	0.010	0.007	0.005	0.003	0.002	0.002	0.001	23
24	0.622	0.390	0.247	0.158	0.102	0.066	0.043	0.028	0.019	0.013	0.008	0.006	0.004	0.003	0.002	0.001	0.000	24
25	0.610	0.375	0.233	0.146	0.092	0.059	0.038	0.024	0.016	0.010	0.007	0.005	0.003	0.002	0.001	0.001	0.000	25
26	0.598	0.361	0.220	0.135	0.084	0.053	0.033	0.021	0.014	0.009	0.006	0.004	0.002	0.002	0.001	0.001	0.000	26
27	0.586	0.347	0.207	0.125	0.076	0.047	0.029	0.018	0.011	0.007	0.005	0.003	0.002	0.001	0.001	0.001	0.000	27
28	0.574	0.333	0.196	0.116	0.069	0.042	0.026	0.016	0.010	0.006	0.004	0.002	0.002	0.001	0.001	0.000	0.000	28
29	0.563	0.321	0.185	0.107	0.063	0.037	0.022	0.014	0.008	0.005	0.003	0.002	0.001	0.001	0.000	0.000	0.000	29
30	0.552	0.308	0.174	0.099	0.057	0.033	0.020	0.012	0.007	0.004	0.003	0.002	0.001	0.001	0.000	0.000	0.000	30
35	0.500	0.253	0.130	0.068	0.036	0.019	0.010	0.006	0.003	0.002	0.001	0.001	0.000	0.000	0.000	0.000	0.000	35
40	0.453	0.208	0.097	0.046	0.022	0.011	0.005	0.003	0.001	0.001	0.000	0.000	0.000	0.000	0.000	0.000	0.000	40

Tabla 3

Monto compuesto de una anualidad de $1.00 con pagos atrasados* (valor futuro de una anualidad)

$$S_n = \frac{(1+r)^n - 1}{r}$$

Periodos	2%	4%	6%	8%	10%	12%	14%	16%	18%	20%	22%	24%	26%	28%	30%	32%	40%	Periodos
1	1.000	1.000	1.000	1.000	1.000	1.000	1.000	1.000	1.000	1.000	1.000	1.000	1.000	1.000	1.000	1.000	1.000	1
2	2.020	2.040	2.060	2.080	2.100	2.120	2.140	2.160	2.180	2.200	2.220	2.240	2.260	2.280	2.300	2.320	2.400	2
3	3.060	3.122	3.184	3.246	3.310	3.374	3.440	3.506	3.572	3.640	3.708	3.778	3.848	3.918	3.990	4.062	4.360	3
4	4.122	4.246	4.375	4.506	4.641	4.779	4.921	5.066	5.215	5.368	5.524	5.684	5.848	6.016	6.187	6.362	7.104	4
5	5.204	5.416	5.637	5.867	6.105	6.353	6.610	6.877	7.154	7.442	7.740	8.048	8.368	8.700	9.043	9.398	10.946	5
6	6.308	6.633	6.975	7.336	7.716	8.115	8.536	8.977	9.442	9.930	10.442	10.980	11.544	12.136	12.756	13.406	16.324	6
7	7.434	7.898	8.394	8.923	9.487	10.089	10.730	11.414	12.142	12.916	13.740	14.615	15.546	16.534	17.583	18.696	23.853	7
8	8.583	9.214	9.897	10.637	11.436	12.300	13.233	14.240	15.327	16.499	17.762	19.123	20.588	22.163	23.858	25.678	34.395	8
9	9.755	10.583	11.491	12.488	13.579	14.776	16.085	17.519	19.086	20.799	22.670	24.712	26.940	29.369	32.015	34.895	49.153	9
10	10.950	12.006	13.181	14.487	15.937	17.549	19.337	21.321	23.521	25.959	28.657	31.643	34.945	38.593	42.619	47.062	69.814	10
11	12.169	13.486	14.972	16.645	18.531	20.655	23.045	25.733	28.755	32.150	35.962	40.238	45.031	50.398	56.405	63.122	98.739	11
12	13.412	15.026	16.870	18.977	21.384	24.133	27.271	30.850	34.931	39.581	44.874	50.895	57.739	65.510	74.327	84.320	139.235	12
13	14.680	16.627	18.882	21.495	24.523	28.029	32.089	36.786	42.219	48.497	55.746	64.110	73.751	84.853	97.625	112.303	195.929	13
14	15.974	18.292	21.015	24.215	27.975	32.393	37.581	43.672	50.818	59.196	69.010	80.496	93.926	109.612	127.913	149.240	275.300	14
15	17.293	20.024	23.276	27.152	31.772	37.280	43.842	51.660	60.965	72.035	85.192	100.815	119.347	141.303	167.286	197.997	386.420	15
16	18.639	21.825	25.673	30.324	35.950	42.753	50.980	60.925	72.939	87.442	104.935	126.011	151.377	181.868	218.472	262.356	541.988	16
17	20.012	23.698	28.213	33.750	40.545	48.884	59.118	71.673	87.068	105.931	129.020	157.253	191.735	233.791	285.014	347.309	759.784	17
18	21.412	25.645	30.906	37.450	45.599	55.750	68.394	84.141	103.740	128.117	158.405	195.994	242.585	300.252	371.518	459.449	1064.697	18
19	22.841	27.671	33.760	41.446	51.159	63.440	78.969	98.603	123.414	154.740	194.254	244.033	306.658	385.323	483.973	607.472	1491.576	19
20	24.297	29.778	36.786	45.762	57.275	72.052	91.025	115.380	146.628	186.688	237.989	303.601	387.389	494.213	630.165	802.863	2089.206	20
21	25.783	31.969	39.993	50.423	64.002	81.699	104.768	134.841	174.021	225.026	291.347	377.465	489.110	633.593	820.215	1060.779	2925.889	21
22	27.299	34.248	43.392	55.457	71.403	92.503	120.436	157.415	206.345	271.031	356.443	469.056	617.278	811.999	1067.280	1401.229	4097.245	22
23	28.845	36.618	46.996	60.893	79.543	104.603	138.297	183.601	244.487	326.237	435.861	582.630	778.771	1040.358	1388.464	1850.622	5737.142	23
24	30.422	39.083	50.816	66.765	88.497	118.155	158.659	213.978	289.494	392.484	532.750	723.461	982.251	1332.659	1806.003	2443.821	8032.999	24
25	32.030	41.646	54.865	73.106	98.347	133.334	181.871	249.214	342.603	471.981	650.955	898.092	1238.636	1706.803	2348.803	3226.844	11247.199	25
26	33.671	44.312	59.156	79.954	109.182	150.334	208.333	290.088	405.272	567.377	795.165	1114.634	1561.682	2185.708	3054.444	4260.434	15747.079	26
27	35.344	47.084	63.706	87.351	121.100	169.374	238.499	337.502	479.221	681.853	971.102	1383.146	1968.719	2798.706	3971.778	5624.772	22046.910	27
28	37.051	49.968	68.528	95.339	134.210	190.699	272.889	392.503	566.481	819.223	1185.744	1716.101	2481.586	3583.344	5164.311	7425.699	30866.674	28
29	38.792	52.966	73.640	103.966	148.631	214.583	312.094	456.303	669.447	984.068	1447.608	2128.965	3127.798	4587.680	6714.604	9802.923	43214.343	29
30	40.568	56.085	79.058	113.263	164.494	241.333	356.787	530.312	790.948	1181.882	1767.081	2640.916	3942.026	5873.231	8729.985	12940.859	60501.081	30
35	49.994	73.652	111.435	172.317	271.024	431.663	693.573	1120.713	1816.652	2948.341	4783.645	7750.225	12527.442	20188.966	32422.868	51869.427	325400.279	35
40	60.402	95.026	154.762	259.057	442.593	767.091	1342.025	2360.757	4163.213	7343.858	12936.535	22728.803	39792.982	69377.460	120392.883	207874.272	1750091.741	40

*Los pagos (o las entradas de fondos) ocurren al final de cada periodo.

Tabla 4 (ponga un clip en esta página para tener una fácil referencia)

Valor presente de una anualidad de $1.00 con pagos atrasados*

$$P_n = \frac{1}{r}\left[1 - \frac{1}{(1+r)^n}\right]$$

Periodos	2%	4%	6%	8%	10%	12%	14%	16%	18%	20%	22%	24%	26%	28%	30%	32%	40%	Periodos
1	0.980	0.962	0.943	0.926	0.909	0.893	0.877	0.862	0.847	0.833	0.820	0.806	0.794	0.781	0.769	0.758	0.714	1
2	1.942	1.886	1.833	1.783	1.736	1.690	1.647	1.605	1.566	1.528	1.492	1.457	1.424	1.392	1.361	1.331	1.224	2
3	2.884	2.775	2.673	2.577	2.487	2.402	2.322	2.246	2.174	2.106	2.042	1.981	1.923	1.868	1.816	1.766	1.589	3
4	3.808	3.630	3.465	3.312	3.170	3.037	2.914	2.798	2.690	2.589	2.494	2.404	2.320	2.241	2.166	2.096	1.849	4
5	4.713	4.452	4.212	3.993	3.791	3.605	3.433	3.274	3.127	2.991	2.864	2.745	2.635	2.532	2.436	2.345	2.035	5
6	5.601	5.242	4.917	4.623	4.355	4.111	3.889	3.685	3.498	3.326	3.167	3.020	2.885	2.759	2.643	2.534	2.168	6
7	6.472	6.002	5.582	5.206	4.868	4.564	4.288	4.039	3.812	3.605	3.416	3.242	3.083	2.937	2.802	2.677	2.263	7
8	7.325	6.733	6.210	5.747	5.335	4.968	4.639	4.344	4.078	3.837	3.619	3.421	3.241	3.076	2.925	2.786	2.331	8
9	8.162	7.435	6.802	6.247	5.759	5.328	4.946	4.607	4.303	4.031	3.786	3.566	3.366	3.184	3.019	2.868	2.379	9
10	8.983	8.111	7.360	6.710	6.145	5.650	5.216	4.833	4.494	4.192	3.923	3.682	3.465	3.269	3.092	2.930	2.414	10
11	9.787	8.760	7.887	7.139	6.495	5.938	5.453	5.029	4.656	4.327	4.035	3.776	3.543	3.335	3.147	2.978	2.438	11
12	10.575	9.385	8.384	7.536	6.814	6.194	5.660	5.197	4.793	4.439	4.127	3.851	3.606	3.387	3.190	3.013	2.456	12
13	11.348	9.986	8.853	7.904	7.103	6.424	5.842	5.342	4.910	4.533	4.203	3.912	3.656	3.427	3.223	3.040	2.469	13
14	12.106	10.563	9.295	8.244	7.367	6.628	6.002	5.468	5.008	4.611	4.265	3.962	3.695	3.459	3.249	3.061	2.478	14
15	12.849	11.118	9.712	8.559	7.606	6.811	6.142	5.575	5.092	4.675	4.315	4.001	3.726	3.483	3.268	3.076	2.484	15
16	13.578	11.652	10.106	8.851	7.824	6.974	6.265	5.668	5.162	4.730	4.357	4.033	3.751	3.503	3.283	3.088	2.489	16
17	14.292	12.166	10.477	9.122	8.022	7.120	6.373	5.749	5.222	4.775	4.391	4.059	3.771	3.518	3.295	3.097	2.492	17
18	14.992	12.659	10.828	9.372	8.201	7.250	6.467	5.818	5.273	4.812	4.419	4.080	3.786	3.529	3.304	3.104	2.494	18
19	15.678	13.134	11.158	9.604	8.365	7.366	6.550	5.877	5.316	4.843	4.442	4.097	3.799	3.539	3.311	3.109	2.496	19
20	16.351	13.590	11.470	9.818	8.514	7.469	6.623	5.929	5.353	4.870	4.460	4.110	3.808	3.546	3.316	3.113	2.497	20
21	17.011	14.029	11.764	10.017	8.649	7.562	6.687	5.973	5.384	4.891	4.476	4.121	3.816	3.551	3.320	3.116	2.498	21
22	17.658	14.451	12.042	10.201	8.772	7.645	6.743	6.011	5.410	4.909	4.488	4.130	3.822	3.556	3.323	3.118	2.498	22
23	18.292	14.857	12.303	10.371	8.883	7.718	6.792	6.044	5.432	4.925	4.499	4.137	3.827	3.559	3.325	3.120	2.499	23
24	18.914	15.247	12.550	10.529	8.985	7.784	6.835	6.073	5.451	4.937	4.507	4.143	3.831	3.562	3.327	3.121	2.499	24
25	19.523	15.622	12.783	10.675	9.077	7.843	6.873	6.097	5.467	4.948	4.514	4.147	3.834	3.564	3.329	3.122	2.499	25
26	20.121	15.983	13.003	10.810	9.161	7.896	6.906	6.118	5.480	4.956	4.520	4.151	3.837	3.566	3.330	3.123	2.500	26
27	20.707	16.330	13.211	10.935	9.237	7.943	6.935	6.136	5.492	4.964	4.524	4.154	3.839	3.567	3.331	3.123	2.500	27
28	21.281	16.663	13.406	11.051	9.307	7.984	6.961	6.152	5.502	4.970	4.528	4.157	3.840	3.568	3.331	3.124	2.500	28
29	21.844	16.984	13.591	11.158	9.370	8.022	6.983	6.166	5.510	4.975	4.531	4.159	3.841	3.569	3.332	3.124	2.500	29
30	22.396	17.292	13.765	11.258	9.427	8.055	7.003	6.177	5.517	4.979	4.534	4.160	3.842	3.569	3.332	3.124	2.500	30
35	24.999	18.665	14.498	11.655	9.644	8.176	7.070	6.215	5.539	4.992	4.541	4.164	3.845	3.571	3.333	3.125	2.500	35
40	27.355	19.793	15.046	11.925	9.779	8.244	7.105	6.233	5.548	4.997	4.544	4.166	3.846	3.571	3.333	3.125	2.500	40

*Los pagos (o las entradas de fondos) ocurren al final de cada periodo.

Apéndice B

Ejercicio integrador: Sistema de acumulación de costos en la producción por órdenes

Elaborado por Irma Elia Damián González

El objetivo de esta práctica integradora es ayudar a que el estudiante vincule los conocimientos aprendidos en su formación en el área de contabilidad de costos. La base metodológica para la elaboración de esta práctica integradora es el capítulo 4, "Costeo por órdenes de trabajo". Adicionalmente se integró la metodología de los capítulos 1, "El gerente y la contabilidad administrativa"; 2, "Introducción a los términos y propósitos de los costos"; 6, "Presupuesto maestro y contabilidad por áreas de responsabilidad"; y 15, "Aplicación de los costos del departamento de apoyo, costos comunes e ingresos".

La empresa Manufacturera Industrial se dedica a la fabricación y venta de cortinas plásticas para uso industrial, las cuales se pueden ofrecer a solicitud del cliente con la medida de ancho que este requiera, con un máximo de 2.30 metros, manteniendo siempre un largo de 1.30 metros. Este tipo de cortinas se utilizan principalmente como cubiertas de productos y materiales, para evitar daños causados por la lluvia y el polvo. Otro importante uso industrial es la protección de accesos, pues limitan la entrada de polvo en las instalaciones.

Como materia prima directa (MPD), las cortinas utilizan tela ahulada en color marfil, antiinflamable y anticorrosiva; y como materia prima indirecta (MPI), ganchos metálicos. El método de valuación de los inventarios que se usa consistentemente en la empresa es el de primeras entradas primeras salidas (PEPS).

La empresa Manufacturera Industrial tiene tres departamentos productivos: *corte, ensamble* y *terminado*; y tres departamentos de servicio a los productivos: *taller mecánico, mantenimiento* y *servicios generales*.

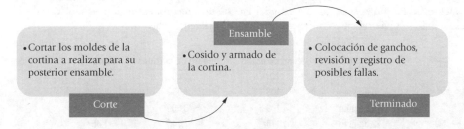

Tanto para el costeo de la mano de obra directa (MOD) como para los costos indirectos de fabricación (CIF) se utilizan tasas presupuestadas. Las prestaciones al personal, los impuestos y las contribuciones sobre nómina se registran como gastos de la operación fuera del costo de producción, se calculan con base en el importe de la mano de obra empleada y se asignan en partes iguales entre las órdenes vendidas en el mes.

La cuota estándar por hora de la mano de obra directa es de $16.50 para todos los departamentos. El tiempo empleado por cada cortina es de 6 minutos en el departamento de corte; 9 minutos en el departamento de ensamble; y 12 minutos en el departamento de terminado.

Se espera que los conceptos que integran los costos indirectos de fabricación sean:

Concepto	Importe
Materia prima indirecta (MPI)	$ 29,640
Mano de obra indirecta (MOI)	$ 47,880
Depreciación de maquinaria	$ 30,000
Vigilancia	$ 19,380
Suma	$126,900

Los criterios, los métodos y las bases de asignación de los costos indirectos de fabricación son:

1. **Criterio:** causa y efecto; método de asignación: por actividades a tasa única.

   a) La materia prima indirecta se utiliza solo en el último departamento de la producción.

   b) La mano de obra indirecta se asigna con base en el número de empleados de cada departamento de servicio.

   c) La depreciación se asigna con base en el valor de la maquinaria.

   d) Los pagos de vigilancia se asignan con base en la superficie ocupada.

2. **Criterio:** beneficios recibidos; método de asignación: directo y secuencial o consecutivo.

   a) Taller mecánico: por partes iguales a los departamentos productivos.

   b) Mantenimiento: 10% para el taller mecánico; 20% para el departamento de corte; el 70% en partes iguales para los otros departamentos productivos.

   c) Servicios generales: por partes iguales entre los departamentos de producción y de servicios de la fábrica.

3. **Criterio:** causa y efecto; método de asignación: tasa de costo indirecto presupuestada.

   a) Se realiza tomando como base las horas de MOD acumulada en cada uno de los centros de producción, distribuida en las diferentes órdenes de producción.

Datos adicionales de los departamentos:

Concepto	Valor de la maquinaria	Superficie en metros cuadrados	Número de empleados
Departamento de corte	$340,000	400	10
Departamento de ensamble	$200,000	600	10
Departamento de terminado	$160,000	400	5
Taller mecánico	$120,000	320	1
Mantenimiento	$130,000	100	2
Servicios generales	$ 50,000	180	2
Suma	$1,000,000	2,000	30

Para esta práctica integradora se considerará que la empresa cuenta con maquinaria con un valor total de $1,000,000 que, junto con el inventario inicial de materia prima, fue aportado por los socios. Los otros conceptos de activos, pasivos y capital contable no se identifican en este momento, ya que no es el objetivo a estudiar en este documento. Asimismo, se sabe que durante el mes de julio se tuvieron cinco órdenes o pedidos de diferentes clientes.

Fecha	Núm. de orden	Número de cortinas	Ancho
6 de julio	107	1,480	1.55
10 de julio	108	1,560	1.85
15 de julio	109	3,600*	1.60
22 de julio	110	1,740	1.45
27 de julio	111	990	2.30

Al inicio del mes de julio la empresa contaba con 3,000 metros de tela ahulada, cuyo costo es de $34.00 por metro. Posteriormente se realizaron las siguientes transacciones:

Compras	Fecha	Unidad/metros	Costos unitarios
1	3 de julio	2,200	$35.30
2	7 de julio	2,900	$36.30
3	13 de julio	2,800	$37.60
4	18 de julio	2,200	$38.70
5	25 de julio	2,310	$40.00
6	29 de julio	2,400	$40.90

---

*(Primero se produjeron 2,120 cortinas, y las que faltan de esta orden al final del mes).

Los costos incurridos en el proceso fueron los siguientes:

1. La tarifa pagada por hora de mano de obra directa fue de $16.50 para todos los departamentos.

2. La empresa hace una provisión por concepto de aguinaldo y prima vacacional de $2,996 por mano de obra directa; y de $2,164 por mano de obra indirecta.

3. Los impuestos y retenciones al personal totalizaron $43,907, mientras que los impuestos y contribuciones del empleador fueron de $30,305.

Los costos indirectos de fabricación del mes fueron:

Concepto	Importe
Materia prima indirecta (MPI)	$29,640
Mano de obra indirecta (MOI)	$47,880
Depreciación de maquinaria	$30,000
Vigilancia	$19,380
Suma	$126,900

La orden número 111 no se termina y se queda en el segundo departamento.
Las órdenes que se facturan como ventas al cliente del mes fueron:

Núm. de orden	Precio
107	$170.00/cortina
109	$290.00/cortina

Las otras órdenes terminadas se quedan en el almacén de producto terminado.

Realice los cálculos correspondientes para completar la siguiente información:

Se requiere

1. Identifique el importe del saldo final del inventario de materia prima directa.
2. Determine el monto de las compras del mes.
3. Precise el importe total de materia prima directa utilizada.
4. Calcule el total de sueldos y salarios a pagar durante el mes.
5. Realice la asignación de costos indirectos de fabricación del mes.
6. Elabore la hoja de costos de cada orden de trabajo para obtener el importe de:
   a) materia prima directa
   b) mano de obra directa
   c) costos indirectos de fabricación
7. Calcule el costo unitario de producción de cada orden terminada.
8. Determine el costo primo y el costo de conversión de cada orden terminada.
9. Prepare el estado del costo de producción y ventas y estado de resultados del mes, para cada orden de producción y para el total de la compañía.
10. Determine el importe del saldo final del inventario de artículos terminados.
11. Elabore el registro contable de las transacciones del mes hasta obtener el importe de la utilidad retenida.
12. Como tomador de decisiones, interprete el resultado de la empresa en el mes.

NOTA: para el registro contable solicitado en el inciso 11, en esta práctica integradora se utilizará la metodología del mayor tabular, que consiste en plantear dicho registro en una matriz. Las cuentas contables se plantean en las columnas; y los registros de diario, en los renglones; los cargos se indicarán con signo positivo; y los abonos, con signo negativo, de tal forma que la suma horizontal deberá ser cero y la suma vertical representará el saldo de la cuenta. El catálogo contable de la empresa es:

Nombre de la cuenta	Presentación en el mayor tabular
Capital social	Cap. social
Clientes	Clientes
Costo de ventas	CV
Costos indirectos de fabricación	CIF
Cuentas por pagar	C. por P.
Depreciación acumulada de maquinaria	Dep. acum. maq
Gastos de operación	G. Op.
Inventario de artículos terminados	Inv. art. term.
Inventario de materia prima directa	Inv. MP
Inventario de producción en proceso	Inv. P. en P.
Mano de obra directa	MOD
Maquinaria	Maquinaria
Producción en proceso, orden 107	P. en P. O. 107
Producción en proceso, orden 108	P. en P. O. 108
Producción en proceso, orden 109	P. en P. O. 109
Producción en proceso, orden 110	P. en P. O. 110
Producción en proceso, orden 111	P. en P. O. 111
Utilidad neta	Util. neta
Utilidades retenidas	Util. ret
Ventas	Ventas

Documentos adicionales
Los siguientes formatos sirven de base para la solución del ejercicio.

	A	B	C	D	E	F	G	H	I	J	K
1	**Cédula 1**	La siguiente tarjeta de almacén es para obtener el saldo final del inventario de materia prima directa									
2		Método de valuación de inventarios			**PEPS**						
3		Artículo o materia prima	**tela ahulada**					Unidad de medida	**metros**		
5			Unidades			Costos		Importe			
6	Fecha	Concepto	Entrada	Salida	Existencia	Unitario	Mét-Salida	Debe	Haber	Saldo	
7		Saldo al inicio			3,000.00	$34.00				102,000.00	
8	Jul-03	Compra 1	2,200.0		5,200.00	$35.30		77,660.00		179,660.00	
9	Jul-06	**Orden 107**		2,294.00	2,906.00				**77,996.00**	101,664.00	
10		Saldo al inicio		2,294.00			$34.00		77,996.00		Celdas solo para control de
11											las capas del inventario
12	Jul-07	Compra 2	2,900.0		5,806.00	$36.30		105,270.00		206,934.00	
13	Jul-10	**Orden 108**		2,886.00	2,920.00				**100,958.00**	105,976.00	
14		Saldo al inicio		706.00			$34.00		24,004.00		Celdas solo para control de
15		Compra 1		2,180.00			$35.30		76,954.00		las capas del inventario
16	Jul-13	Compra 3	2,800.0		5,720.00	$37.60		105,280.00		211,256.00	
17	Jul-15	**Orden 109**									
18											Celdas solo para control de
19											las capas del inventario
20											
21											
22											
23											Celdas solo para control de
24											las capas del inventario
25											
26											
27											
28											Celdas solo para control de
29											las capas del inventario
30											
31											
32											
33											Celdas solo para control de
34											las capas del inventario
35											
36											
37											
38						Comprobación del saldo de inventarios					
39					Unidades		Costos unitarios		Importe		
40											

	A	B	C	D	E	F	G	H
1	*Cédula 2*	En las tablas siguientes se realiza el cálculo de las horas de mano de obra directa y el
2		importe de sueldos y salarios a pagar durante el mes.
3			Tiempo (horas)	0.1000	0.1500	0.2000		
4		Núm. de orden	Cortinas	Depto. corte	Depto. ensamble	Depto. terminado	Total de horas	
5		107	1,480	148.00	222.00	296.00	666.00	
6		108	1,560	156.00				
7		109	3,600					
8		110	1,740					
9		111	990					
10			Total de horas					
11								
12	Tasa presupuestada de MOD por hora			$16.50	$16.50	$16.50		
13		Núm. de orden		Depto. corte	Depto. ensamble	Depto. terminado	Importe del total de horas	
14		107		$2,442	$3,663	$4,884	$10,989	
15		108		$2,574				
16		109						
17		110						
18		111						
19		Importe aplicado de MOD						
20		Concepto		Depto. corte	Depto. ensamble	Depto. terminado	Importe del total de horas	
21		Total de horas reales		937 hrs				
22		Tarifa real por hora		$16.50				
23		Importe real		$15,461				
26		*Información para la nómina*						
27		*Empleados*	Sueldos y salarios reales	– Impuestos y retenciones al personal	= Sueldos y salarios por pagar		*Empleados*	Aguinaldo y prima vacacional
28		**MOD**	$66,305				**MOD**	
29		**MOI**	$47,880				**MOI**	
30		Suma	$114,185				Suma	
31								
32				*Empleador*	Impuestos y contribuciones por pagar			
33					Total			
34								

	A	B	C	D	E	F	G	H	I	J
1		*Cédula 3*	Realiza la asignación de costos indirectos de fabricación, presupuestados, para cada uno de los incisos de manera ordenada							
2			verificando en todos los casos que el importe total asignado sea el correcto							
3										
4		**A. Criterio, causa y efecto; método de asignación, por actividades a tasa única.**								
5		1. La materia prima indirecta se utiliza sólo en el último departamento de la producción.								
6		2. La mano de obra indirecta se asigna con base en el número de empleados de cada departamento de servicio.								
7		3. La depreciación se asigna con base en el valor de la maquinaria.								
8		4. Los pagos de vigilancia se asignan con base en la superficie ocupada.								
9										
10		*Determinación de las tasas de asignación:*								
11		*2. Mano de obra indirecta se asigna con base en el número de empleados de cada departamento de servicio.*								
12	A.2	Tasa de MOI =	MOI			$47,880				
13			Número de empleados de los		=	5 empl	=		$9,576.0000/ empl	
14			departamentos de servicio							
15		*Para el cálculo del importe de la mano de obra indirecta (MOI) para cada departamento de servicio se requiere:*								
16				Concepto	Taller mecánico	Mantenimiento	Servicios generales	S u m a		
17		Número de empleados de los departamentos de servicios			1 empl	2 empl	2 empl	5 empl		
18				Tasa de MOI	$9,576/empl	$9,576/empl	$9,576/empl	$9,576/empl		
19				Importe	$9,576	$19,152	$19,152	$47,880		
20		*3. La depreciación se asigna con base en el valor de la maquinaria.*								
21	A.3	Tasa dep. =			=		=			
22										
23		*Para el cálculo del importe de la depreciación de maquinaria para cada departamento se requiere:*								
24										
25		Concepto		Departamento de corte	Departamento de ensamble	Departamento de terminado	Taller mecánico	Mantenimiento	Servicios generales	S u m a
26										
27										
28			Importe							
29		*4. Los pagos de vigilancia se asignan con base en la superficie ocupada.*								
30	A.4	Tasa vig. =			=		=			
31										
32		*Para el cálculo del importe de la vigilancia para cada departamento se requiere:*								
33										
34			Concepto	Departamento de corte	Departamento de ensamble	Departamento de terminado	Taller mecánico	Mantenimiento	Servicios generales	S u m a
35			Superficie							
36			Tasa							
37			Importe							
38										
39		**Asignación de costos indirectos de fabricación del periodo a todos los departamentos, resumen**								
40		Concepto		Departamento de corte	Departamento de ensamble	Departamento de terminado	Taller mecánico	Mantenimiento	Servicios generales	Total
41	A.1	Materia prima indirecta (MPI)		-	-	29,640	-	-	-	29,640
42	A.2	Mano de obra indirecta (MOI)		-	-	-	9,576			
43	A.3	Depreciación de maquinaria								
44	A.4	Vigilancia								
45		**Total (tasa única)**								**126,900**

	A	B	C	D	E	F	G	H	I	J
46										
47		**B. Criterio, beneficios recibidos; nétodo de asignación, directo y secuencial o consecutivo.**								
48		1. Taller mecánico: por partes iguales a los centros productivos								
49		2. Mantenimiento: 10% para el taller mecánico; 20% para el departamento de corte; 70% en partes iguales para los otros departamentos productivos								
50		3. Servicios generales: por partes iguales entre los departamentos de producción y de servicios de la fábrica.								
51			Departamento de corte	Departamento de ensamble	Departamento de terminado	Taller mecánico	Mantenimiento	Servicios generales	Total	*Orden para asignar CIFs*
52		Taller mecánico	33.33%	33.33%	33.33%	-	-	-	100.00%	3
53		mantenimiento					-			
54		Servicios generales						-		
55										
56										
57		**Asignación de costos indirectos de fabricación del periodo a los departamentos productivos.**								
58		Concepto	Departamento de corte	Departamento de ensamble	Departamento de terminado	Taller mecánico	Mantenimiento	Servicios generales	Total	
59		**Total (tasa única)**								
60	B.3	Servicios generales								
61		Parcial								
62	B.2	Mantenimiento								
63		Parcial								
64	B.1	Taller mecánico								
65		**TOTAL (Consecutivo)**								**126,900**
66										
67		**C. Criterio, causa y efecto; método de asignación, tasa de costo indirecto presupuestada.**								
68		1. Se realiza tomando como base las horas de MOD acumulada en cada uno de los centros de producción,								
69		distribuida en las diferentes órdenes de producción.								
70					Horas de la mano de obra directa					
71		Concepto	Depto. corte	%	Depto. ensamble	%	Depto. terminado	%	Total de horas	
72		Orden 107	148							
73		Orden 108								
74		Orden 109								
75		Orden 110								
76		Orden 111								
77		S u m a		100.00%						
78										
79										
80		**Asignación de costos indirectos de fabricación del periodo a las órdenes de producción.**								
81		Concepto	Departamento de corte	Departamento de ensamble	Departamento de terminado	Taller mecánico	Mantenimiento	Servicios generales	Total	
82		**TOTAL (Consecutivo)**								
83		Orden 107								
84		Orden 108								
85		Orden 109								
86		Orden 110								
87		Orden 111								
88		S u m a								**126,900**

	A	B	C	D	E	F	G	I	J	K	L	M	N
1	*Cédula 4*	Elaborar la hoja de costos de cada orden de trabajo para obtener el importe de: la materia prima directa, la mano de obra directa, los costos											
2		indirectos de fabricación											
4		COSTEO POR ORDENES				Año			COSTEO POR ORDENES				Año
5													
6	Orden - Trabajo núm.		Orden 107	CLIENTE				Orden - Trabajo No.		Orden 108	CLIENTE		
7	Fecha de inicio:			Fecha de término:				Fecha de inicio:			Fecha de término:		
8	Núm de artículos cortinas plá		1,480					N° de artículos cortinas plás		1,560			
10	*Materia prima directa*							*Materia prima directa*					
11	Fecha de	Requisición	Parte No.	Cantidad	Costo	Costos totales		Fecha de	Requisición	Parte núm.	Cantidad	Costo	Costos totales
12													
13			Tela ahulada	2,294 mts	$34.00	$ 77,996				Tela ahulada	706 mts	$34.00	$ 24,004
14													
15													
16													
17													
18					Total	$ 77,996						Total	
20	*Mano de obra directa*							*Mano de obra directa*					
21													
22	Periodo que cubre	Registro de tiempo de mano de obra núm.	Empleado núm.	Horas utilizadas	Salario por hora	Costos totales		Periodo que cubre	Registro de tiempo de mano de obra núm.	Empleado núm.	Horas utilizadas	Salario por hora	Costos totales
23		Departamento de corte				$ 2,442			Departamento de corte				
24		Departamento de ensamble				$ 3,663			Departamento de ensamble				
25		Departamento de terminado				$ 4,884			Departamento de terminado				
26	Total					$ 10,989		Total					
28	*Costos indirectos de fabricación*							*Costos indirectos de fabricación*					
29													
30	Fecha	Categoría del grupo de costos	Base de asignación	Unidades utilizadas de la base de asignación	Tasa de la base de asignación	Costos totales		Fecha	Categoría del grupo de costos	Base de asignación	Unidades utilizadas de la base de asignación	Tasa de la base de asignación	Costos totales
31						5,074							
32			MOD			5,392				MOD			
33						10,710							
34	Total					$ 21,175		Total					
36			Costo de fabricación de	orden 107	$	110,160				Costo de fabricación de	orden 108		
37			Costo unitario de fabricación de la orden		$	74.43				Costo unitario de fabricación de la orden			

	A	B	C	D	E	F	G	I	J	K	L	M	N
42		COSTEO POR ORDENES				Año			COSTEO POR ORDENES				Año
43													
44	Orden - Trabajo núm.			CLIENTE				Orden - Trabajo núm.			CLIENTE		
45	Fecha de inicio:			Fecha de término:				Fecha de inicio:			Fecha de término:		
46	Núm de artículos cortinas plásticas							Núm de artículos cortinas plásticas					
48	*Materia prima directa*							*Materia prima directa*					
49	Fecha de	Requisición	Parte núm.	Cantidad	Costo	Costos totales		Fecha de	Requisición	Parte núm.	Cantidad	Costo	Costos totales
50													
51													
52													
53													
54													
55					Total							Total	
57	*Mano de obra directa*							*Mano de obra directa*					
58													
59	Periodo que cubre	Registro de tiempo de mano de obra núm.	Empleado núm.	Horas utilizadas	Salario por hora	Costos totales		Periodo que cubre	Registro de tiempo de mano de obra núm.	Empleado núm.	Horas utilizadas	Salario por hora	Costos totales
60													
61													
62													
63	Total							Total					
65	*Costos indirectos de fabricación*							*Costos indirectos de fabricación*					
66													
67	Fecha	Categoría del grupo de costos	Base de asignación	Unidades utilizadas de la base de asignación	Tasa de la base de asignación	Costos totales		Fecha	Categoría del grupo de costos	Base de asignación	Unidades utilizadas de la base de asignación	Tasa de la base de asignación	Costos totales
68													
69													
70													
71	Total							Total					
72													
73													
74			Costo unitario de fabricación de la orden							Costo unitario de fabricación de la orden			
75													

77		COSTEO POR ORDENES				Año	
78							
79	Orden - Trabajo núm.			CLIENTE			
80	Fecha de inicio:			Fecha de término:			
81	Núm. de artículos cortinas plásticas						
82							
83	*Materia prima directa*						
84	Fecha de	Requisición	Parte núm.	Cantidad	Costo	Costos totales	
85							
86							
87							
88					Total		
89							
90	*Mano de obra directa*						
91							
92	Periodo que cubre	Registro de tiempo de mano de obra núm.	Empleado núm.	Horas utilizadas	Salario por hora	Costos totales	
93							
94							
95							
96	Total						
97							
98	*Costos indirectos de fabricación*						
99							
100	Fecha	Categoría del grupo de costos	Base de asignación	Unidades utilizadas de la base de asignación	Tasa de la base de asignación	Costos totales	
101							
102							
103							
104	Total						
105							
106							
107				Costo <u>unitario</u> de fabricación de la orden			

	A	B	C	D	E	F	G	H
1	*Cédula 5*		Determine el costo primo y el costo de conversión de cada orden terminada					
3			Costo primo:					
4				Órdenes terminadas	Materia prima directa		Mano de obra directa	Total
5				Orden 107	77,996	+	10,989	= 88,985
6				Orden 108	100,958			
7				Orden 109				
8				Orden 110				
9								
10			Costo de conversión:					
11				Órdenes terminadas	Mano de obra directa		Costos indirectos de fabricación	Total
12				Orden 107	10,989	+	21,175	= 32,164
13				Orden 108				
14				Orden 109				
15				Orden 110				

	A	B	C	D	E	F	G	H	I
1	*Cédula 6*		Prepare el estado del costo de producción y ventas y estado de resultados del periodo, para cada orden de producción y para el total de la compañía. Adicionalmente, determine el importe del saldo final del inventario de artículos terminados.						
2									
3			- Considere que el inventario inicial, el inventario final y las compras de materia prima directa se identificarán con el total de la compañía, ya que no se tiene claridad a qué orden de producción corresponden.						
4									
5									
6			**Estado del costo de producción y ventas**						
7				Orden 107	Orden 108	Orden 109	Orden 110	Orden 111	Total
8		+	Inventario inicial de materia prima directa						$ 102,000
9		+	Compras netas de materia prima directa						563,910
10		=	Materiales directos disponibles						
11		-	Inventario final de materia prima directa						
12		=	Materia prima directa utilizada	$ 77,996					
13		+	Mano de obra directa	10,989					
14		+	Gastos indirectos de la producción	21,175					
15		=	Costos de manufactura incurridos en el periodo	$110,160					
16		+	Inventario inicial de producción en proceso						
17		=	Costo de manufactura totales	$110,160					
18		-	Inventario final de producción en proceso	-					
19		=	Costo de los artículos o mercancías terminados	$110,160					
20		+	Inventario inicial de artículos terminados						
21		=	Costo de artículos terminados disponibles	$110,160					
22		-	Inventario final de artículos terminados	-					
23		=	**Costo de ventas**	$110,160					
24									
25									
26			**Estado de resultados**						
27				Orden 107					Total
28		+	Ventas	$251,600					
29		-	Costo de ventas	110,160					
30		=	**Utilidad bruta**	$141,440					
31		-	Gastos de operación	17,733					
32		=	**Utilidad en operación**	**$123,707**					

Cédula 7

Mayor tabular

Elabore el registro contable de las transacciones del mes hasta obtener el importe de la utilidad retenida.

Utiliza un renglón por cada registro contable y afecta las cuentas que corresponden en las columnas de la matriz.

Nota: *ya están registrados los saldos iniciales, la compra de materia prima y el material empleado*

Nº reg.	Registro	MOD	CIF	P en P O 107	P en P O 108	P en P O 109	P en P O 110	P en P O 111	C V	G Op.	Ventas	Util. neta	Inv. MP	Inv. Pen P	Inv. art. term.	Clientes	Maquinaria	Dep. acum. Maq.	C por P	Util. Ret.	Cap. social	Total
	Saldos iniciales												102,000				1,000,000				-1,102,000	0
1	Compra MPD tela ahulada												563,910						-563,910			0
2	Material empleado			77,996	100,958	218,740	95,079	88,474					-581,247									0
3	Nómina de mano de obra																					
4	Aplicación a P en P de MOD																					
5	Depreciación del periodo																					
6	Compra de MPI																					
7	Aplicación a P en P de CIF																					
8	Provisión para pago de Vigilancia																					
9	Impuestos y contribuciones de la nómina																					
10	Traspaso de la producción terminada																					
11	Traspaso de la producción en proceso																					
12	Venta de órdenes																					
	Suma parcial																					
13	Cancelación de las cuentas de resultados																					
14	Registro de la utilidad del periodo																					
	Suma total																					

Ejercicio integrador: Sistema de acumulación de costos en la producción por procesos

Elaborado por Irma Elia Damián González

El objetivo de esta práctica integradora es ayudar a que el estudiante logre vincular conocimientos vistos a lo largo de su formación en el área de contabilidad de costos. La base metodológica para la elaboración de esta práctica integradora es el capítulo 17, "Costeo por procesos". Adicionalmente se integró metodología de los capítulos 1, "El gerente y la contabilidad administrativa"; 2, "Introducción a los términos y propósitos de los costos"; 6, "Presupuesto maestro y contabilidad por áreas de responsabilidad"; y 15, "Asignación de costos del departamentos de apoyo, costos comunes e ingresos".

La empresa Fabricante Industrial se dedica a la producción y venta de cortinas plásticas para uso industrial, las cuales tienen 2.10 metros de ancho y 1.30 metros de largo. Este tipo de cortinas se utilizan principalmente como cubiertas de productos y materiales, para evitar daños causados por la lluvia y el polvo. Otro importante uso industrial es la protección de accesos, pues limita la entrada de polvo en las instalaciones.

Como materia prima directa (MPD) Las cortinas utilizan tela ahulada en color marfil, antiinflamable y anticorrosiva, y como materia prima indirecta (MPI) ganchos metálicos. El método de valuación de los inventarios que se usa consistentemente en la empresa es el de *promedios*.

La empresa Fabricante Industrial tiene tres departamentos productivos: corte, ensamble y terminado; y tres departamentos de servicio a los productivos: taller mecánico, mantenimiento y planta física.

Tanto para el costeo de la mano de obra directa (MOD) como para los costos indirectos de fabricación (CIF) se utilizan tasas presupuestadas. Las prestaciones al personal, los impuestos y las contribuciones sobre nómina se registran como gastos de la operación fuera del costo de producción y se calculan con base en el importe de la mano de obra.

La cuota estándar por hora de la mano de obra directa es de $14.30 para todos los departamentos. El tiempo empleado por cada cortina en el departamento de corte es de 6 minutos, en el departamento de ensamble es de 3 minutos y en el departamento de terminado es de 9 minutos.

Se espera que los conceptos que integran los costos indirectos de fabricación sean:

Concepto	Importe
Materia prima indirecta (MPI)	$ 18,560
Mano de obra indirecta (MOI)	$ 40,800
Depreciación de maquinaria	$ 38,500
Vigilancia	$ 19,700
Suma	$117,560

Los criterios, los métodos y las bases de asignación de los costos indirectos de fabricación son:

1. **Criterio**: causa y efecto; método de asignación: por actividades a tasa única.

   a) La materia prima indirecta se utiliza solo en el último departamento de la producción.

   b) Mano de obra indirecta se asigna con base en el número de empleados de cada departamento de servicio.

   c) La depreciación se asigna con base en el valor de la maquinaria.

   d) Los pagos de vigilancia se asignan con base en la superficie ocupada.

2. **Criterio**: beneficios recibidos; método de asignación: directo y secuencial o consecutivo.

   a) Taller mecánico: por partes iguales a los departamentos productivos.

   b) Mantenimiento: 15% para el taller mecánico; 30% para el departamento de corte; y 55% en partes iguales para los otros departamentos productivos.

   c) Planta física: por partes iguales entre los departamentos de producción y de servicios de la fábrica.

Datos adicionales de los departamentos:

Concepto	Valor de la maquinaria	Superficie en metros cuadrados	Número de empleados
Departamento de corte	$440,000	400	8
Departamento de ensamble	$200,000	600	8
Departamento de terminado	$160,000	400	4
Taller mecánico	$120,000	320	1
Mantenimiento	$130,000	100	2
Planta física	$ 50,000	180	2
Suma	$1,100,000	2,000	25

Al inicio del mes de julio, la empresa contaba con 980 metros de tela ahulada de 1.30 metros de largo, cuyo costo es de $25.00 por metro. Posteriormente se realizó la compra de 20,000 metros con costo de $25.90 por metro.

Para esta práctica integradora se considerará que los socios aportaron tanto la maquinaria como el inventario inicial de materia prima. Los otros conceptos de activos, pasivos y capital contable no se identifican en este momento ya que no es el objetivo a estudiar en este documento. Asimismo, se sabe que al inicio del mes de julio no se contaba con inventario en proceso de las cortinas plásticas en ninguno de los departamentos productivos de la empresa.

En el mismo mes, el plan de producción indicaba que se debían elaborar 9,370 cortinas plásticas, por lo que se entregó al departamento de corte la cantidad necesaria de la tela ahulada, que es la única materia prima directa en su elaboración.

Al finalizar el mes, el reporte de producción indica que, de las cortinas iniciadas en el departamento de corte, se transfirieron 9,300 unidades físicas al siguiente proceso productivo —departamento de ensamble—, y quedaron en el inventario final 70 unidades con 100% de avance en materiales y 80% de avance en costos de conversión.

El departamento de ensamble transfirió las 9,250 unidades físicas al siguiente proceso productivo —departamento de terminado—, por lo que el inventario final fue de 50 unidades con 70% de avance en costos de conversión.

El departamento de terminado transfirió 9,240 unidades físicas al almacén de artículos terminados, puesto que el inventario final fue de 10 unidades con 90% de avance en costos de conversión.

Los costos incurridos en el proceso fueron los siguientes:

1. La tarifa pagada por hora de la mano de obra directa fue de $14.30 para todos los departamentos.

2. La empresa hace una provisión por concepto de aguinaldo y prima vacacional de $1,803 por mano de obra directa, y de $1,844 por mano de obra indirecta.

3. Los impuestos y las retenciones al personal totalizaron $31,146, mientras que los impuestos y las contribuciones del empleador fueron de $21,497.

Los costos indirectos de fabricación del mes fueron:

Concepto	Importe
Materia prima indirecta (MPI)	$18,560
Mano de obra indirecta (MOI)	$40,800
Depreciación de maquinaria	$38,500
Vigilancia	$19,700
Suma	$117,560

En el mes se facturaron 9,214 cortinas plásticas a un precio de $180.00/cortina.

Realice los cálculos correspondientes para completar la siguiente información:

Se requiere

1. Identifique el importe del saldo final del inventario de materia prima directa.

2. Determine el monto de las compras del mes.

3. Precise el importe total de materia prima directa utilizada.

4. Calcule el total de sueldos y salarios a pagar durante el mes.

5. Realice la asignación de costos indirectos de fabricación del mes.

6. Determine el costo de conversión de cada departamento productivo.

7. Prepare el flujo de producción para los tres departamentos productivos.

8. Obtenga el costo por unidad equivalente del trabajo realizado en cada departamento productivo.

9. Elabore, para cada departamento productivo, la cédula de asignación de los costos totales a las unidades terminadas y a las unidades que se tienen en el inventario final de producción en proceso, usando el método de acumulación promedio.

10. Determine el costo del inventario final de producción en proceso.

11. Identifique el importe del saldo final del inventario de artículos terminados

12. Prepare el estado del costo de producción y ventas, así como el estado de resultados de la compañía.

13. Elabore el registro contable de las transacciones del mes, hasta obtener el importe de la utilidad retenida.

14. Como tomador de decisiones, interprete el resultado de la empresa en el mes.

NOTA: para el registro contable, solicitado en el inciso 13, en esta práctica integradora se utilizará la metodología del mayor tabular, que consiste en plantear dicho registro en una matriz. Las cuentas contables se plantean en las columnas; y los registros de diario, en los renglones. Los cargos se indicarán con signo positivo, y los abonos con signo negativo, de tal forma que la suma horizontal deberá ser cero y la suma vertical representará el saldo de la cuenta. El catálogo de contables de la empresa es:

Nombre de la cuenta	Presentación en el mayor tabular
Capital social	Cap. social
Clientes	Clientes
Costo de ventas	CV
Costos indirectos de fabricación	CIF
Cuentas por pagar	C. por P.
Depreciación acumulada de maquinaria	Dep. acum. maq
Gastos de operación	G. Op.
Inventario de artículos terminados	Inv. art. term.
Inventario de materia prima directa	Inv. MP
Inventario de producción en proceso	Inv. P. en P.
Mano de obra directa	MOD
Maquinaria	Maquinaria
Producción en proceso departamento corte	P. en P., dept. cort
Producción en proceso departamento ensamble	P. en P., dept. ensam.
Producción en proceso departamento terminado	P. en P., dept. term.
Utilidad neta	Util. neta
Utilidades retenidas	Util. Ret.
Ventas	Ventas

Documentos adicionales

Los siguientes formatos sirven de base para la solución del ejercicio.

	A	B	C	D	E	F	G	H	I	J
1	**Cédula 1**	La siguiente tarjeta de almacén es para obtener el saldo final del inventario de materia prima directa								
2		Método de valuación de inventarios			**Acumulación Promedios**					
3		Artículo o materia prima		**Tela ahulada**			Unidad de medida		**Metros**	
5				Unidades			Costos unitarios		Importe	
6	Fecha	Concepto	Entrada	Salida	Existencia	Entrada	Mét-Salida	Debe	Haber	Saldo
7		Saldo al inicio			980.00	$25.00				24,500.00
8	Jul-03	Compra 1	20,000.0							
9	Jul-06	**Producción**								
10							Comprobación del Saldo de Inventarios			
11					Unidades		Costos unitarios		Importe	
12										

	A	B	C	D	E	F	G	H
1	*Cédula 2*		En las tablas siguientes realiza el cálculo de las horas de mano de obra directa y el importe					
2			de sueldos y salarios a pagar durante el mes.					
4			Concepto	Depto. corte	Depto. ensamble	Depto. terminado	Total	
5		Cortinas al inicio del periodo		9,370				
6		Tiempo por cortina (horas)		0.1000				
7			Total	937 hrs				
8		Tasa presupuestada de MOD por hora		$14.30				
9		Importe aplicado de MOD		$13,399				
10			Concepto	Depto. corte	Depto. ensamble	Depto. terminado	Importe total	
11		Total horas reales		937 hrs				
12		Tarifa real por hora		$14.30				
13			Importe real	$13,399				
14								
15		*Información para la nómina*						
16		*Empleados*	**Sueldos y salarios reales**	**Impuestos y retenciones al personal**	**Sueldos y salarios por pagar**		*Empleados*	**Aguinaldo y prima vacacional**
17		**MOD**					MOD	$1,803
18		**MOI**	$40,800				MOI	
19		Suma		- $31,146 =			Suma	
20								
21				*Empleador*	**Impuestos y contribuciones por pagar**			
22				Total	$21,497			
23								

	A	B	C	D	E	F	G	H	I	J
2		*Cédula 3*	Realiza la asignación de costos indirectos de fabricación, presupuestados, para cada uno de los incisos de							
3			manera ordenada verificando en todos los caso que el importe asignado sea el correcto							
5		**A. Criterio: causa y efecto; método de asignación: por actividades a tasa única.**								
6		1. La materia prima indirecta se utiliza solo en el último departamento de la producción.								
7		2. Mano de obra indirecta se asigna con base en el número de empleados de cada departamento de servicio.								
8		3. La depreciación se asigna con base en el valor de la maquinaria de cada departamento.								
9		4. Los pagos de vigilancia se asignan con base en la superficie ocupada.								
10										
11		*Determinación de las tasas de asignación:*								
12		*2. Mano de obra indirecta se asigna con base en el número de empleados de cada departamento de servicio.*								
13	A.2	Tasa de MOI =	MOI		=	$40,800	=	**$8,160.0000/ empl**		
14						5 empl.				
15			Número de empleados de los departamentos de servicios							
16		*Para el cálculo del importe de la mano de obra indirecta (MOI) para cada departamento de servicios se requiere:*								
17				Concepto	Taller mecánico	Mantenimiento	Planta física	S u m a		
18		Número de empleados de los departamentos de servicios			1 empl	2 empl	2 empl	5 empl		
19				Tasa de MOI	$8,160/empl	$8,160/empl	$8,160/empl	$8,160/empl		
20				Importe	$8,160	$16,320	$16,320	$40,800		
21		*3. La depreciación se asigna con base en el valor de la maquinaria de cada departamento.*								
22	A.3	Tasa dep. =			=		=			
23										
24		*Para el cálculo del del importe de la depreciación de maquinaria para cada departamento se requiere:*								
25										
26		Concepto		Departamento de corte	Departamento de ensamble	Departamento de terminado	Taller mecánico	Mantenimiento	Planta física	S u m a
27										
28										
29			Importe							

30		4. Los pagos de vigilancia se asignan con base en la superficie ocupada.							
31	A.4	Tasa vig. =	Vigilancia	=		=			
32									
33		Para el cálculo del importe de la vigilancia para cada departamento se requiere:							
34									
35		Concepto	Departamento de corte	Departamento de ensamble	Departamento de terminado	Taller mecánico	Mantenimiento	Planta física	S u m a
36									
37									
38		Importe							
39									
40		**Asignación de costos indirectos de fabricación del periodo a todos los departamentos, resumen**							
41		Concepto	Departamento de corte	Departamento de ensamble	Departamento de terminado	Taller mecánico	Mantenimiento	Planta física	Total
42	A.1	Materia prima indirecta (MPI)	-	-	18,560	-	-	-	18,560
43	A.2	Mano de obra indirecta (MOI)	-	-	-	8,160			
44	A.3								
45	A.4								
46		**Total (tasa única)**							**117,560**
47									

48	**B. Criterio: beneficios recibidos; método de asignación: directo y secuencial o consecutivo.**								
49	1. Taller mecánico: por partes iguales a los centros productivos								
50	2. Mantenimiento: 15% para el taller mecánico; 30% para el departamento de corte; 55% en partes iguales para los otros departamentos productivos								
51	3. Planta física: por partes iguales entre los departamentos de producción y de servicios de la fábrica.								
52		Departamento de corte	Departamento de ensamble	Departamento de terminado	Taller mecánico	Mantenimiento	Planta física	Total	Orden para asignar CIFs
53	Taller mecánico	33.33%	33.33%	33.33%	-	-	-	100.00%	3
54	Mantenimiento						-		
55	Planta física						-		
56									
57									
58	**Asignación de costos indirectos de fabricación del periodo a los departamentos productivos.**								
59	Concepto	Departamento de corte	Departamento de ensamble	Departamento de terminado	Taller mecánico	Mantenimiento	Planta física	Total
60	**Total (tasa única)**								**117,560**
61									
62									
63									
64									
65									
66	**TOTAL (consecutivo)**								**117,560**
67									

	A	B	C	D	E	F	G	H
1	**Cédula 4**		Determine el costo de conversión de cada departamento productivo					
2								
3			Costo de conversión:					
4			Departamentos productivos	Mano de obra directa		Costos indirectos de fabricación		Total
5			Corte	13,399	+	38,840	=	52,239
6			Ensamble		+		=	
7					+		=	
8								

Cédula 5

	A	B	C	D	E
4		**Departamento de corte**	unidades físicas	Unidades equivalentes	
5		Flujo de producción		Materia prima	Costos de conversión
6	+	Inventario inicial de producción en proceso	0		
7	+	Producción iniciada durante el periodo actual	9,370		
8	=	Disponible, pendiente de contabilizar	9,370		
10	+	Terminados y transferido al siguiente proceso	9,300	9,300	
11	+	Inventario final de producción en proceso	70	100%	80%
12				70	56
13	=	Disponible, contabilizado	9,370	9,370	
14					
15-16		*Cálculo del costo por unidad equivalente:*	Costo total de producción	Materiales directos	Costos de conversión
17	+	Costo de la producción en proceso	$0	$0	
18	+	Costos añadidos en el periodo actual	$561,047	$508,807	
19	=	Costo total generado por insumo a la fecha, pendientes de contabilizar	$561,047	$508,807	
20	÷	Unidades equivalentes			÷ 9,356
21	=	*Costo unitario por unidad equivalente*	$59.8852	$54.3017	$5.5835
23		*Asignación de los costos totales*			
24	+	*Costo de unidades terminadas y transferidas*		= 9,300 * $59.8852	
25	+	*Costo de producción en proceso*	$4,114		
26		Materia prima	$3,801		
27		Costos de conversión		= 56 * $5.5835	
28	=	**Costos aplicados**	$561,047		
29					

Cédula 6

	A	B	C	D	E	F
4		**Departamento de ensamble**	unidades físicas	Unidades equivalentes		
5		Flujo de producción		Costos del proceso	Materia prima	Costos de conversión
6	+	Inventario inicial de producción en proceso	0			
7	+	Producción trasnsferida internamente durante el periodo actual	9,300			
8	=	Disponible, pendiente de contabilizar	9,300			
10	+	Terminados y transferido al siguiente proceso	9,250	9,250	9,250	
11	+	Inventario final de producción en proceso		100%		70%
12						35
13	=	Disponible, contabilizado	9,300	9,300		
14						
15-16		*Cálculo del costo por unidad equivalente:*	Costo total de producción	Costos proceso anterior	Materiales directos	Costos de conversión
17	+	Costo de la producción en proceso	$0	$0	$0	
18	+	Costos añadidos en el periodo actual		$556,933	$0	
19	=	Costo total generado por insumo a la fecha, pendientes de contabilizar	$595,347	$556,933	$0	$38,414
20	÷	Unidades equivalentes		÷ 9,300		
21	=	*Costo unitario por unidad equivalente*	$64.0225	$59.8852		
22						
23		*Asignación de los costos totales*				
24	+	*Costo de unidades terminadas y transferidas*	$592,208			
25	+	*Costo de producción en proceso*				
26		Costos de proceso anterior		= 50 * $59.8852		
27		Materia prima				
28		Costos de conversión	$145			
29	=	**Costos aplicados**				
30						

	A	B	C	D	E	F
2		*Cédula 7*				
4		**Departamento de terminado**	unidades físicas	Unidades equivalentes		
5		**Flujo de producción**		Costos del proceso	Materia prima	Costos de conversión
6	+	Inventario inicial de producción en proceso	0			
7	+	Producción trasnsferida internamente durante el periodo actual	9,250			
8	=	Disponible, pendiente de contabilizar				
10	+	Terminados y transferido al siguiente proceso			9,240	9,240
11	+	Inventario final de producción en proceso		100%		
12				10		
13	=	Disponible, contabilizado		<u>**9,250**</u>		
14						
15		*Cálculo del costo por unidad equivalente:*	Costo total de producción	Costos del proceso anterior	Materiales directos	Costos de conversión
16						
17	+	Costo de la producción en proceso	$0	$0	$0	$0
18	+	Costos añadidos en el periodo actual			$0	$66,796
19	=	Costo total generado por insumo a la fecha, pendientes de contabilizar			$0	
20	÷	Unidades equivalentes		÷ 9,250		
21	=	*Costo unitario por unidad equivalente*			<u>$0.0000</u>	<u>$7.2220</u>
22						
23		*Asignación de los costos totales*				
24	+	*Costo de unidades terminadas y transferidas*		= 9,240 * $		
25	+	*Costo de producción en proceso*	$705			
26		Costos del proceso anterior		= 10 * $64.0225		
27		Materia prima	$0			
28		Costos de conversión	$65			
29	=	**Costos aplicados**				
30						

	A	B	C	D	E	F
1	*Cédula 8*		Determine el costo del inventario final de producción en proceso			
2						
3			Departamentos productivos	Importe al final del periodo		
4			Corte	$4,114		
5						
6			Terminado			
7			Costo del inventario final de			
8			producción en proceso			
9						
10	*Cédula 9*		Identifique el costo del inventario final de artículo terminado			
11						
12						
13			Concepto	Unidades	Costo	Importe
14			Producción	9,240	$71.2445	$658,299
15			Venta			
16			Inventario final			
17						

3		**Cédula 10**	Prepare el estado del costo de producción y ventas y el estado de		
4			resultados del periodo.		
5			*Estado del costo de producción y ventas*		
6	+	Inventario inicial de materiales directos			$ 24,500
7	+	Compras netas de materiales directos			
8	=	Materiales directos disponibles			
9	-	Inventario final de materiales directos			
10	=	Materiales directos utilizados			$ 508,807
11	+	Mano de obra directa			39,890
12	=	Costo directo o costo primo			$ 548,697
13	+	Gastos indirectos de la producción			
14	=	Costos incurridos o costos de manufactura			
15	+	Inventario inicial de producción en proceso			
16	=	Costos de fabricacion totales disponibles			666,257
17	-	Inventario final de producción en proceso			
18	=	Costo de los artículos terminados o de las mercancías fabricadas			$ 658,299
19	+	Inventario inicial de artículos terminados			
20	=	Costo de artículos terminados disponibles			
21	-	Inventario final de artículos terminados			1,852
22			**Costo de ventas**		
23					
24			*Estado de resultados*		
25	+	Ventas			
26	-	Costo de ventas			656,446
27	=	**Utilidad bruta**			
28	-	Gastos de operación			
29	=	**Utilidad de operación**			
30					

Cédula 11

Mayor tabular: Elabore el registro contable de las transacciones del mes hasta obtener el importe de la utilidad retenida.

Utiliza un renglón por cada registro contable y afecta a las cuentas que corresponden en las columnas de la matriz.

Nota: Ya están registrados los saldos iniciales, la compra de materia prima y el material empleado.

Núm. reg	Registro de:	MOD	CIF	P en P. dept. cort.	P en P. dept. ensam.	P en P. dept. term.	CV	G. Op.	Ventas	Utilidad neta	Inv. MP	Inv. P en P	Inv art. term.	Clientes	Maquinaria	Dep. acum. maq.	C. por P.	Utilidad retenida	Cap. social	
	Saldos iniciales										24,500				1,100,000				-1,124,500	0
1	Compra MPD tela ahulada										518,000						-518,000			0
2	Material empleado			508,807	0	0					-508,807									0
3	Nómina de mano de obra																			
4	Aplicación de la MOD a productos en proceso																			
5	Depreciación del periodo																			
6	Compra de MPI																			
8	Provisión para pago de Vigilancia																			
7	Aplicación del CIF a productos en proceso																			
9	Impuestos y contribuciones de la nómina																			
10	Traspaso del departamento de corte al departamento de ensamble																			
11	Traspaso del departamento de ensamble al departamento de terminado																			
12	Traspaso del departamento de terminado a Inv. artículos terminados																			
13	Traspaso al Inventario de productos en Proceso																			
14	Venta del periodo																			
	Suma parcial																			
15	Cancelación de las cuentas de resultados																			
16	Registro de la utilidad del periodo																			
	Suma total																			

Glosario

Actividad. Evento, tarea o unidad de trabajo que tiene un propósito específico. (146)

Acumulación de costos. Recopilación de datos sobre costos en alguna forma organizada, mediante un sistema contable. (28)

Administración basada en actividades (ABM). Método de toma de decisiones gerenciales que usa la información del costeo basado en actividades para mejorar tanto la satisfacción del cliente como la rentabilidad. (156)

Administración de costos. Describe los enfoques y las actividades de los gerentes para utilizar los recursos con miras a incrementar el valor para los clientes y al logro de los objetivos organizacionales. (4)

Administración estratégica de costos. Describe la administración del costo y la manera en que ésta específicamente se enfoca en cuestiones estratégicas. (5)

Administración por excepción. Práctica de concentrar la atención de la gerencia en áreas que no están funcionando como se esperaba y la dedicación de menos tiempo a las áreas que realmente estén operando de acuerdo con las expectativas. (227)

Análisis costo-volumen-utilidad (CVU). Estudia el comportamiento y la relación entre ingresos totales, costos totales e ingresos, a medida que ocurren cambios en las unidades vendidas, el precio de venta, el costo variable por unidad o los costos fijos de un producto. (63)

Aplicación de costos. Describe la aplicación de los costos indirectos a un objeto de costos en particular. (29)

Aplicación de ingresos. Ocurre cuando los ingresos están relacionados con un objeto de ingresos en particular, pero no pueden atribuirse a él de una manera económicamente viable (efectiva en cuanto a costos). (561)

Aprendizaje. Examinar el desempeño anterior (la función de control) y explorar sistemáticamente formas alternativas, para tomar decisiones mejor informadas y realizar planes en el futuro. (10)

Asignación de costos. Término general que abarca: 1. la atribución de los costos directos a un objeto de costos y 2. la asignación de los costos indirectos a un objeto de costos. (29)

Cadena de suministro. Flujo de bienes, servicios e información desde las fuentes iniciales de materiales y servicios hasta la entrega de productos a los clientes, indistintamente de si tales actividades ocurren en la misma organización o en otras organizaciones. (7)

Cadena de valor. Secuencia de funciones empresariales donde se agrega a los productos una utilidad para el cliente. (6)

Centro de costos. Centro de responsabilidad donde el gerente es únicamente responsable de los costos. (199)

Centro de ingresos. Centro de responsabilidad donde el gerente es únicamente responsable de los ingresos. (199)

Centro de inversión. Centro de responsabilidad donde el gerente es responsable de las inversiones, los ingresos y los costos. (199)

Centro de responsabilidad. Parte, segmento o subunidad de una organización cuyo líder es responsable por un conjunto específico de actividades. (199)

Centro de utilidades. Centro de responsabilidad donde el gerente es responsable de los ingresos y los costos. (199)

Coeficiente de determinación (r^2). Mide el porcentaje de variación en Y explicado por X (la variable independiente). (367)

Compañías del sector de servicios. Brindan servicios o productos intangibles a sus clientes. (36)

Constante. Componente del costo total que no varía con los cambios en el nivel de la actividad. (343)

Contabilidad administrativa. Mide, analiza y reporta información financiera y no financiera para ayudar a los gerentes a tomar decisiones encaminadas al logro de los objetivos de una organización. Se centra en la información interna. (4)

Contabilidad financiera. Mide y registra las transacciones del negocio para proporcionar estados financieros elaborados con base en las normas de información financiera (NIF). (3)

Contabilidad por áreas de responsabilidad. Sistema que mide los planes, los presupuestos, las acciones y los resultados reales de cada centro de responsabilidad. (199)

Contralor. Ejecutivo financiero cuya función fundamental es ser el responsable por la contabilidad administrativa y por la contabilidad financiera. También es denominado *director de contabilidad*. (13)

Costeo absorbente. Método de costeo de inventarios donde todos los costos variables de manufactura y todos los costos fijos de manufactura se incluyen como costos inventariables. (302)

Costeo basado en actividades (ABC). Enfoque para el costeo que se concentra en las actividades individuales como los objetos fundamentales de costos. Usa los costos de estas actividades como base para la asignación de costos a otros objetos de costos como productos o servicios. (146)

Costeo real. Sistema de costeo que atribuye los costos directos a un objeto de costeo, mediante el uso de las tasas reales de costos directos multiplicadas por las cantidades reales de los insumos de costos directos; asigna los costos indirectos con base en las tasas reales de costos indirectos multiplicadas por las cantidades reales de las bases de asignación de costos. (102)

Costo. Sacrificio de recursos que se asigna para lograr un objetivo específico. (27)

Costo admisible. Aquel que las partes de un contrato convienen en incluir dentro de los costos que habrán de reembolsarse. (559)

Costo atribuible. Se utiliza para describir la asignación de los costos directos a un objeto de costos específico. (28)

Costo controlable. Cualquier costo que esté básicamente sujeto a la influencia de un cierto *gerente de centro de responsabilidad* durante un periodo determinado. (200)

Costo de los productos manufacturados. Costo de los bienes que llegaron a su terminación, indistintamente de que se hayan empezado antes o durante el periodo contable actual. (41)

Costo del producto. Suma de los costos que se han asignado a un producto para un propósito específico. (45)

Costo diferencial. La diferencia en el costo total entre las dos alternativas. (399)

Costo fijo. Aquel que se mantiene estable *en su totalidad* durante cierto periodo de tiempo, a pesar de los amplios cambios en el nivel de actividad o volumen total. (30)

Costo presupuestado. Costo predicho o pronosticado (un costo futuro) que se distingue del costo real o histórico. (27)

Costo real. Costo en que ya se ha incurrido (un costo histórico o pasado), a diferencia de un costo presupuestado o pronosticado. (27)

Costo unitario. Se calcula dividiendo el costo total entre el número de unidades relacionadas. También se denomina *costo promedio.* (35)

Costo variable. Cambia *totalmente* en proporción con los cambios relacionados con el nivel de actividad o volumen total. (30)

Costos a nivel de lote. Costos de las actividades relacionadas con un grupo de unidades de un producto o servicio. (149)

Costos a nivel de unidades de producción. Costos de las actividades que se ejecutan sobre cada unidad individual de un producto o servicio. (149)

Costos de conversión. Son todos los costos de manufactura, pero sin incluir los costos de los materiales directos. (43)

Costos de mantenimiento de las instalaciones. Costos de aquellas actividades que no se pueden atribuir a productos o servicios individuales, pero que apoyan a la organización en su conjunto. (149)

Costos de mantenimiento del producto (del servicio). Se refieren a los costos de aquellas actividades que se realizan para dar apoyo a productos o servicios individuales. (149)

Costos de periodo. Aquellos costos reflejados en el estado de resultados, distintos del costo de los productos vendidos. (38)

Costos de la función empresarial. Suma de todos los costos (variables y fijos) de una función empresarial en particular dentro de la cadena de valor. (395)

Costos de los materiales directos. Costos de adquisición de todos los materiales que, en última instancia, se convertirán en parte del objeto de costos (productos en elaboración y luego productos terminados), y que se pueden atribuir al objeto de costos de una manera económicamente factible. (37)

Costos directos de mano de obra. Incluyen la remuneración de toda la mano de obra de manufactura que se puede atribuir al objeto de costos (productos en elaboración y luego productos terminados) de una manera económicamente factible. (37)

Costos directos de un objeto de costos. Se relacionan con el objeto de costos en particular y pueden atribuirse a dicho objeto desde un punto de vista económico (eficiente en cuanto a costos). (28)

Costos indirectos de manufactura. Son todos los costos de manufactura que están relacionados con el objeto de costos (productos en elaboración y luego productos terminados), pero que no pueden atribuirse a ese objeto de costos de una manera económicamente factible. También se denomina *costos indirectos de manufactura o costos indirectos de fábrica.* (37)

Costos indirectos de un objeto de costos. Se relacionan con el objeto de costos particular; sin embargo, no pueden atribuirse a dicho objeto desde un punto de vista económico (eficiente en cuanto a costos). (28)

Costos inventariables. Todos aquellos costos de un producto que, cuando se incurre en ellos, se consideran como activos en el balance general, y que se convierten en costo de los productos vendidos tan solo cuando el producto se vende. (37)

Costos primos. Todos los costos directos de manufactura (materia prima y mano de obra). (43)

Criterio de selección. Objetivo susceptible de cuantificarse en un modelo de decisión. (84)

Curva de aprendizaje. Función que mide la forma en que las horas de mano de obra por unidad disminuyen a medida que aumentan las unidades producidas, dado que los trabajadores están aprendiendo y se están volviendo mejores en sus labores. (358)

Decisiones acerca de fabricar o comprar. Decisiones sobre si un productor de bienes y servicios procederá a las subcontrataciones o al abastecimiento interno.

Diseño del producto y de los procesos. Planeación, ingeniería y prueba detallada de los productos y de los procesos. (6)

Desempeño presupuestado. Punto de referencia para efectuar comparaciones. (227)

Enfoque de costo-beneficio. Recursos que se tienen que gastar si los beneficios esperados para la organización superan los costos deseados. (12)

Enfoque de la tasa de aplicación ajustada. Reformula todos los asientos de costos indirectos en el mayor general y en los mayores auxiliares, usando las tasas de costos reales en vez de las tasas de costos presupuestadas. (118)

Estados financieros proforma. Estados financieros presupuestados.

Estimación de costos. Medición de una relación tomando como base los datos provenientes de los costos históricos y el nivel relacionado de una actividad. (344)

Estrategia. Forma en que una organización ajusta sus propias capacidades con las oportunidades existentes en el mercado para lograr sus objetivos. (5)

Estructura de una organización. Arreglo de las líneas de responsabilidad dentro de la empresa. (199)

Fijación de estándares de comparación (*benchmarking*). Proceso continuo de comparar los niveles de desempeño en la elaboración de productos y servicios, así como de ejecutar actividades contra los mejores niveles de desempeño en las compañías rivales o en las organizaciones que tienen procesos similares. (244)

Función de costos. Descripción matemática acerca de la manera en que un costo cambia con las variaciones en el nivel de una actividad relacionada con ese costo. (341)

Generador de costos. Variable, como el nivel de actividad o de volumen, que influye de una manera causal en los costos durante cierto periodo de tiempo. (32)

Gerencia de línea. Es directamente responsable por el logro de los objetivos de la organización, como la administración de la producción, la comercialización y la distribución. (13)

Gerencia de *staff*. Brinda asesoría, apoyo y ayuda a la gerencia de línea, como los contadores administrativos, las tecnologías de información y los gerentes de recursos humanos. (13)

Holgura presupuestal. Describe la práctica de subestimar los ingresos presupuestados o sobreestimar los costos presupuestados, con la finalidad de que las metas presupuestadas se alcancen con mayor facilidad. (201)

Ingreso diferencial. Diferencia en el ingreso total entre dos alternativas. (399)

Ingresos. Flujos de entrada de activos (por lo general, efectivo o cuentas por cobrar) que se reciben a partir de que los bienes o servicios se entregan a los clientes. (38)

Inventario de materiales directos. Materiales directos almacenados y que aguardan a ser usados en el proceso de manufactura. (37)

Inventario de productos en proceso. Productos parcialmente procesados pero que aún no se han terminado. (37)

Inventario de productos terminados. Productos terminados pero sin venderse. (37)

Investigación y desarrollo (IyD). Es la generación y la experimentación de ideas relacionadas con nuevos productos, servicios o procesos. (6)

Jerarquía de costos. Clasifica los diversos grupos comunes de costos de las actividades tomando como base los diferentes tipos de generadores de costos o bases de asignación de los costos, o bien, los diferentes grados de dificultad para la determinación de las relaciones de causa y efecto (o beneficios recibidos). (149)

Margen de contribución. Diferencia entre los ingresos totales y los costos variables totales. (64)

Margen de contribución en porcentaje. Margen de contribución por unidad dividido por el precio de venta. También se denomina *razón del margen de contribución*. (65)

Margen de contribución por unidad. Precio de venta menos el costo variable por unidad. (65)

Margen de seguridad. Cantidad en que los ingresos presupuestados superan los ingresos del punto de equilibrio. (74)

Marketing. Promoción y venta de productos o servicios a clientes o a clientes potenciales. (6)

Método de análisis de cuentas. Estima las funciones de costos mediante la clasificación de las diversas cuentas de costos como variables, fijas o mixtas con respecto al nivel identificado de la actividad. (347)

Método de conferencia. Estima las funciones de costos tomando como base el análisis y las opiniones acerca de los costos y de sus generadores, después de recabarlos a partir de varios departamentos de una compañía (compras, ingeniería del proceso, manufactura, relaciones con los empleados, etcétera). (346)

Método del valor neto de realización (VNR). Aplica los costos conjuntos a los productos conjuntos elaborados durante un periodo contable con base en su VNR relativo: valor en ventas final menos los costos separables. (584)

Modelo de aprendizaje del tiempo promedio acumulativo. Tiempo promedio acumulativo por unidad que dismi-nuye en un porcentaje constante, cada vez que se duplica la cantidad acumulativa de unidades producidas. (359)

Modelo de decisión. Método formal para hacer una elección que implica a menudo un análisis tanto cuantitativo como cualitativo. (391)

Modelos de planeación financiera. Representaciones matemáticas de las relaciones que hay entre las actividades operativas, las actividades de financiamiento y otros factores que influyen en el presupuesto maestro. (197)

Nivel de control. Grado de influencia que un gerente específico tiene sobre los costos, los ingresos o los aspectos relacionados por los cuales es responsable. (200)

Objeto de costos. Cualquier cosa para la cual se desea una medición de costos. (27)

Objeto de ingresos. Cualquier cosa para la cual se desea una medición separada de los ingresos. (561)

Obtención normal de unidades defectuosas. Ocurre en forma inherente a un proceso de producción en particular aun cuando el proceso se opere de una manera eficiente. (646)

Órdenes especiales. Aquellas que no tienen implicaciones a largo plazo. (394)

Planeación. Selección de los objetivos organizacionales y las estrategias, la predicción de resultados con varias formas alternativas para el logro de tales objetivos, la decisión de cómo alcanzar los objetivos deseados, así como la comunicación de dichos objetivos y de cómo lograrlos en toda la organización. (10)

Presupuesto. Expresión cuantitativa de un plan de acción propuesto por la gerencia, y ayuda a la coordinación cuando esta es necesaria para la ejecución del plan. (10)

Presupuesto basado en actividades (PBA). Se enfoca en el costo presupuestado de las actividades necesarias para fabricar y vender bienes y servicios. (193)

Presupuesto continuo (presupuesto móvil). Es aquel que siempre está disponible para un periodo futuro específico. (188)

Presupuesto en efectivo. Es un esquema con las entradas y salidas de dinero esperadas. (207)

Presupuesto financiero. Parte del presupuesto maestro que centra la atención en la manera en que las operaciones y los desembolsos de capital planeados afectan el efectivo. Se forma con el presupuesto de los gastos de capital, el presupuesto en efectivo, el balance general presupuestado y el estado de flujos de efectivo presupuestados. (189)

Presupuestos *kaizen*. Incorporan explícitamente en las cifras del presupuesto un mejoramiento continuo anticipado durante el periodo presupuestal. (203)

Presupuesto maestro. Expresa los planes operativos y financieros de la administración para un periodo especificado (por lo general, un año fiscal), e incluye un conjunto de estados financieros presupuestados. (185)

Presupuesto móvil. Aquel que siempre está disponible para un periodo futuro específico y se crea mediante la adición de un periodo (mes, trimestre o año) al periodo que acaba de terminar. También se denomina *presupuesto continuo*. (188)

Presupuesto operativo. Estado de resultados presupuestado y sus programas presupuestales de apoyo. (189)

Producción. Adquisición, coordinación y ensamble (también denominados como operaciones) y recursos para elaborar un producto o para suministrar un servicio. (6)

Producto empaquetado. Conjunto de dos o más productos (o servicios) que se vende en un solo precio, pero cuyos componentes individuales se venden también como artículos separados a sus respectivos precios "individuales". (561)

Punto de equilibrio (PDE). Es aquella cantidad de producción vendida a la cual los ingresos totales son iguales a los costos totales, es decir, la cantidad de producción vendida que da como resultado $0 de utilidad.

Rango relevante. Banda del nivel o volumen de la actividad normal donde hay una relación específica entre el nivel de actividad o volumen, y el costo en cuestión. (33)

Servicio al cliente. Suministro de un servicio posterior a la venta para los clientes. (6)

Sistema de costeo mejorado. Reduce el uso de promedios amplios para la asignación del costo de los recursos a los objetos de costos, y ofrece una mejor medición de los costos de los recursos indirectos que usan diferentes objetos de costos —indistintamente de las formas variadas en que diversos objetos de costos usen los recursos indirectos. (145)

Sobreestimación del costo de un producto. Cuando un producto consume un bajo nivel de recursos, pero se reporta que tiene un costo alto por unidad. (140)

Subestimación del costo de un producto. Cuando un producto consume un alto nivel de recursos, pero se reporta que tiene un costo bajo por unidad. (140)

Subproductos. Los productos de un proceso de producción conjunto que tienen bajos valores de ventas totales en comparación con el valor de ventas total del producto principal o de los productos conjuntos. (578)

Subsidio del costo de los productos. Significa que si una organización subestima el costo de uno de sus productos, sobreestimará el costo de, por lo menos, uno de sus demás productos. (140)

Tablero de control balanceado (*balanced scorecard*). Marco de referencia para la implementación de su estrategia que traduce la misión y la estrategia de una organización en un conjunto de medidas del desempeño. (470)

Tasa presupuestada de costos indirectos. Tasa presupuestada de costos indirectos igual a costos anuales indirectos presupuestados entre la base presupuestada de la cantidad anual para la aplicación del costo. El uso de las tasas presupuestadas de costos indirectos da como resultado el costeo estimado. (104)

Tasa real de costos indirectos. Costos totales indirectos reales en el grupo divididos entre la cantidad total real de la base de aplicación del costo para ese grupo de costos. (110)

Tiempo ocioso. Sueldos que se pagan por el tiempo improductivo ocasionado por la falta de pedidos u órdenes, la descompostura de maquinaria o computadoras, las demoras en el trabajo, una programación deficiente y otras cuestiones similares. (45)

Valor en libros. Costo original menos la depreciación acumulada de un activo. (410)

Variable dependiente. El costo por pronosticarse. (348)

Variación general en el total de gastos indirectos. Suma de la variación en el presupuesto flexible y la variación en el volumen de producción.

Índice analítico

Esta obra se terminó de imprimir en marzo del 2014
en los talleres de Litográfica Ingramex, S.A. de C.V.
Centeno 162-1, Col. Granjas Esmeralda,
C.P. 09810 México, D.F.